U0787428

山西交通运输大事记

（2020）

SHANXI JIAOTONG YUNSHU DASHIJI 2020

山西省交通运输厅 编

方志出版社
Publishing House of Local Records

图书在版编目（CIP）数据

山西交通运输大事记．2020／山西省交通运输厅编．—北京：方志出版社，2021.12
ISBN 978-7-5144-5210-5

Ⅰ．①山… Ⅱ．①山… Ⅲ．①交通运输业－大事记－山西－2020 Ⅳ．①F512.725

中国版本图书馆CIP数据核字（2021）第270753号

责任编辑：齐 笑
责任校对：刘玉霞
责任印制：梅中英
出 版 者：方志出版社
地 址：北京市朝阳区潘家园东里9号（国家方志馆4层）
邮 编：100021
网 址：http://www.zgfzcb.cn
发 行：方志出版社图书营销中心（010-67110500）
印 刷：太原市今天西马彩色印刷有限公司
开 本：889毫米×1194毫米 1/16
印 张：28.75
字 数：1095千字
版 次：2021年12月第1版
印 次：2021年12月第1次印刷
定 价：120.00元

·版权所有 侵权必究·
（如有印装质量问题，请与我社图书营销中心联系）

《山西交通运输大事记(2020)》
编审委员会

主　　　任　赵建平　闫晨曦

常务副主任　王　晋

副　主　任　秦红保　段新源　王四小　郭丙福　王建业
郝玉柱　雷天才　李贵顺　贾　勇　张希亮

编 委 委 员　（按姓氏笔画为序）

卫　君　马剑锋　王　克　王大为　王亚虎　王旭青
车雄伟　尹新平　冯小宁　史晓华　任大为　刘贵良
刘清平　刘瑞平　许有志　苏　敏　杨　斌　杨　毅
杨建平　杨增梅　吴秀武　辛泉生　张　翼　张　耀
张立承　张俊生　张晓东　张海芳　陈　俊　武安瑜
武建勇　范彦军　赵俊生　赵振伟　赵晓宙　胡旭东
胡钢成　荆立新　柴洪江　高保全　高海青　高新文
郭富平　姬　鸽　梁　庆　董化金　董占文　靳　泽
解宝平　薛玉马

《山西交通运输大事记(2020)》
编纂人员

主　　编　王　晋

执行主编　胡旭东

副 主 编　侯金铃　白彦萍

特约编审　师国梁

编　　辑　陈瑞丽　王晴红　李文瑾

特约编辑　郝丽欣　薛东梅　杨金成　胡　敏　杨　婷　刘海檄　高　青　王建国　侯　兴　王开瑞　赵　勇　田光铭　陶建强　张一飞　常晋美　马　可　郭晋波　董　芳　庞燕东　朱振东　柴苏坡　王兴宇　程才锋　周应华　郭　静　张　芮

编辑说明

一、《山西交通运输大事记》以马克思列宁主义、毛泽东思想、邓小平理论、“三个代表”重要思想、科学发展观、习近平新时代中国特色社会主义思想为指导，坚持辩证唯物主义和历史唯物主义的立场、观点和方法，全面、系统、完整地反映山西省交通运输系统改革、发展、建设的辉煌成就。2014年起，组织编纂《山西交通大事记》，2021年更名为《山西交通运输大事记》，每年一卷，公开出版发行。

二、《山西交通运输大事记(2020)》为大事记系列第七卷，由山西省交通运输厅组织编纂，与《山西交通运输年鉴》同时编写，单独出版，互为补充。其功能定位是进一步丰富和完善全省交通运输研究史料，便于全系统各级领导和干部职工参考、借鉴，有效地发挥资料宣传的积极作用。收载文稿涵盖全省交通运输系统县处级以上各单位、各部门的建设、改革与发展情况，时限为2020年1月1日至2020年12月31日。

三、《山西交通运输大事记(2020)》设省交通运输厅机关、厅直属单位、公路系统单位、交通运输执法系统单位、邮政管理系统、交通控股集团、航空产业集团、各市交通运输局8个栏目，总字数约101万字。

四、《山西交通运输大事记(2020)》记述内容按时间先后顺序排列，一事一条。各县(市、区)交通运输局不单独报送大事记，其相关内容载入各市交通运输局大事记中。增设省邮政管理系统、山西交通控股集团各单位、山西航空产业集团各单位等内容。

五、《山西交通运输大事记(2020)》使用的计量单位，长度用千米(公里)、米、厘米、毫米，重量用千克(公斤)、克，面积用平方公里、公顷、平方米、亩，体积用立方米、升、毫升。

六、《山西交通运输大事记(2020)》中所称“山西”“全省”，均指“山西省”；文中所称“省交通运输厅”“省厅”，均指山西省交通运输厅。

目录

省交通运输厅机关

山西省交通运输厅大事记 …………………………… （3）
1月 ………………………………………………………… （3）
2月 ……………………………………………………… （10）
3月 ……………………………………………………… （17）
4月 ……………………………………………………… （27）
5月 ……………………………………………………… （35）
6月 ……………………………………………………… （43）
7月 ……………………………………………………… （51）
8月 ……………………………………………………… （58）
9月 ……………………………………………………… （65）
10月 …………………………………………………… （72）
11月 …………………………………………………… （79）
12月 …………………………………………………… （87）

厅直属单位

山西省公路局大事记 ………………………………… （99）
山西省交通运输执法局大事记 …………………… （109）
山西省运输事业发展中心（山西省城市客运服务中心）
大事记 ………………………………………… （112）
山西省交通运输运行监测与应急处置中心（山西省交通
运输厅新闻中心）大事记 ……………………… （117）

山西省交通建设中心大事记 …………………………………………………………………… (123)
山西省交通运输厅发展研究中心大事记 ………………………………………………………… (130)
山西省交通运输厅联网收费结算与会计核算中心大事记 …………………………………………… (132)
山西省交通运输厅后勤服务中心大事记 ………………………………………………………… (134)
山西省交通干部学校大事记 …………………………………………………………………… (135)

公路系统

山西省公路局太原分局大事记 ………………………………………………………………… (153)
山西省公路局大同分局大事记 ………………………………………………………………… (156)
山西省公路局朔州分局大事记 ………………………………………………………………… (157)
山西省公路局忻州分局大事记 ………………………………………………………………… (159)
山西省公路局阳泉分局大事记 ………………………………………………………………… (161)
山西省公路局吕梁分局大事记 ………………………………………………………………… (164)
山西省公路局晋中分局大事记 ………………………………………………………………… (170)
山西省公路局长治分局大事记 ………………………………………………………………… (173)
山西省公路局晋城分局大事记 ………………………………………………………………… (176)
山西省公路局临汾分局大事记 ………………………………………………………………… (178)
山西省公路局运城分局大事记 ………………………………………………………………… (184)
山西晋路投资开发有限公司大事记 …………………………………………………………… (185)
山西省筑路机械厂大事记 …………………………………………………………………… (186)

交通运输执法系统

山西省太原交通运输执法局大事记 …………………………………………………………… (191)
山西省大同交通运输执法局大事记 …………………………………………………………… (193)
山西省朔州交通运输执法局大事记 …………………………………………………………… (194)
山西省忻州交通运输执法局大事记 …………………………………………………………… (195)
山西省阳泉交通运输执法局大事记 …………………………………………………………… (197)
山西省吕梁交通运输执法局大事记 …………………………………………………………… (200)
山西省晋中交通运输执法局大事记 …………………………………………………………… (203)
山西省长治交通运输执法局大事记 …………………………………………………………… (204)
山西省晋城交通运输执法局大事记 …………………………………………………………… (206)
山西省临汾交通运输执法局大事记 …………………………………………………………… (207)
山西省运城交通运输执法局大事记 …………………………………………………………… (209)
山西省交通运输执法网络监控中心大事记 ……………………………………………………… (210)

邮政管理系统

山西省邮政管理局大事记 …………………………………………………………………… (213)
太原市邮政管理局大事记 …………………………………………………………………… (222)

大同市邮政管理局大事记 ……（227）
吕梁市邮政管理局大事记 ……（228）
运城市邮政管理局大事记 ……（229）
临汾市邮政管理局大事记 ……（236）
晋中市邮政管理局大事记 ……（239）
忻州市邮政管理局大事记 ……（240）
晋城市邮政管理局大事记 ……（242）
长治市邮政管理局大事记 ……（243）
阳泉市邮政管理局大事记 ……（252）
朔州市邮政管理局大事记 ……（255）
山西省邮政业安全中心大事记 ……（256）

山西交通控股集团

山西交通控股集团有限公司大事记 ……（259）
山西路桥集团有限公司大事记 ……（262）
山西交通开发投资集团有限公司大事记 ……（277）
山西省高速公路集团有限责任公司大事记 ……（281）
山西交通科学研究院集团有限公司大事记 ……（286）
山西交通养护集团有限公司大事记 ……（289）
山西交通物流集团有限公司大事记 ……（290）
山西交通实业发展集团有限公司大事记 ……（293）
山西交通建设监理咨询集团有限公司大事记 ……（304）
山西省交通环境保护中心站（有限公司）大事记 ……（306）
山西交控置地有限公司大事记 ……（312）
山西交控金资管理有限公司大事记 ……（313）
山西交控数字交通科技有限公司大事记 ……（314）
大同北高速公路管理有限公司大事记 ……（314）
大同南高速公路管理有限公司大事记 ……（322）
朔州高速公路管理有限公司大事记 ……（324）
忻州北高速公路管理有限公司大事记 ……（326）
忻州南高速公路管理有限公司大事记 ……（332）
吕梁北高速公路管理有限公司大事记 ……（334）
吕梁南高速公路管理有限公司大事记 ……（339）
晋中高速公路管理有限公司大事记 ……（342）
太原高速公路管理有限公司大事记 ……（348）
太旧高速公路管理（太原）有限公司大事记 ……（351）
临汾北高速公路管理有限公司大事记 ……（352）
临汾南高速公路管理有限公司大事记 ……（353）
长治高速公路管理有限公司大事记 ……（355）
晋城高速公路管理有限公司大事记 ……（356）

运城北高速公路管理有限公司大事记 …… (358)
运城南高速公路管理有限公司大事记 …… (367)

山西航空产业集团

山西航空产业集团有限公司大事记 …… (373)
太原武宿国际机场三期改扩建工程现场指挥部大事记 …… (384)
太原国际机场有限责任公司大事记 …… (385)
大同机场有限责任公司大事记 …… (386)
吕梁机场有限责任公司大事记 …… (389)
山西通用航空集团有限公司大事记 …… (396)

各市交通运输局

太原市交通运输局大事记 …… (399)
大同市交通运输局大事记 …… (404)
朔州市交通运输局大事记 …… (406)
忻州市交通运输局大事记 …… (408)
阳泉市交通运输局大事记 …… (414)
吕梁市交通运输局大事记 …… (421)
晋中市交通运输局大事记 …… (423)
长治市交通运输局大事记 …… (427)
晋城市交通运输局大事记 …… (433)
临汾市交通运输局大事记 …… (440)
运城市交通运输局大事记 …… (451)

省交通运输厅机关

山西省交通运输厅
大 事 记

1月

1日 零时起，全国29个联网省份的487个省界收费站全部取消。全省23个省界收费站与全国同步撤销。交通运输部党组书记杨传堂出席并网切换仪式并讲话。深化收费公路制度改革取消高速公路省界收费站工作领导小组组长、交通运输部部长李小鹏指挥切换并宣布取消高速公路省界收费站工程并网切换圆满成功。省委常委、副省长胡玉亭，省交通运输厅领导闫晨曦、李贵顺、王晋、郭贵堂，交控集团领导袁清茂等在山西分会场参加切换仪式。

杨传堂在讲话中，要求按照党中央、国务院决策部署，进一步深化改革，加快推进高速公路"一张网"运行、"一盘棋"管理，实现公路交通高质量发展，努力建设人民满意交通。一是守牢安全底线，确保路网稳定顺畅。提高系统稳定性、可靠性和安全性，提高交易成功率和通行效率，按照应急预案做好交通疏导和秩序维护。二是要完善制度体系，提升现代治理能力。推动相关法律法规修订工作，开展基于ETC的自由流收费研究，加快形成统一规范的收费公路管理和服务的制度体系。三是要深化降本增效，服务国家发展大局。扎实推进收费公路控规模、调结构、降成本、强监管、优服务，更好支撑经济社会发展。四是要强化创新驱动，提高服务能力水平。加快车路协同、自动驾驶等研究应用，完善服务体系，提高服务质量，创新服务载体，拓展服务网络。

李小鹏主持切换仪式时，提出4点要求：一是加强取消高速公路省界收费站后过渡期间特别是春运期间的路网运行保障。二是进一步深化收费公路制度改革，研究探索ETC自由流收费技术应用，完善系统运营和服务保障体系，加强对客户的服务。三是做好货车通行费计费方式改革调整工作，确保不增加货车通行费总体负担。四是深化ETC技术拓展应用，优化货车不停车快捷通行，继续推广高速公路差异化收费，优化落实鲜活农产品运输"绿色通道"等政策，开展ETC智慧停车城市创建活动，不断增强人民群众的获得感、幸福感。

并网切换后，厅领导闫晨曦、李贵顺、王晋、郭贵堂、交控集团领导袁清茂等分别连夜深入交通运行监测与应急处置中心等部门，专题调研并现场解决路网运行问题，确保全省高速公路平稳运行。

同日 省交通运输厅、省委宣传部、省直属机关事务管理局、省发展和改革委员会、省工业和信息化厅、省公安厅、省财政厅、省生态环境厅、省住房和城乡建设厅、省市场监督管理局、省总工会、中国铁路太原局集团有限公司联合印发晋交运管〔2020〕13号文《关于印发绿色出行行动实施方案（2019—2022年）的通知》。

6日 省交通运输厅召开公路转型项目年度调度暨安全生产会，厅党组成员、副厅长李贵顺出席会议并讲话。会议传达学习习近平总书记关于安全生产工作和高质量发展重要讲话以及全国交通运输工作会议精神，总结2019年"深化转型项目年"工作落实情况，通报当前安全生产、质量管理形势，重点分析"12·30"晋城太行一号析城山隧道事故，安排2020年全省公路转型项目推进和安全生产工作，部署开展"冬季攻坚"专项行动，全力确保"首季开门红"目标。

李贵顺在讲话中，要求全系统要认真贯彻习近平总书记关于安全生产、生态保护、高质量发展系列重要讲话以及"三篇光辉文献"精神，全面贯彻落实省委、省政府重大决策部署，扎实推动2020年转型项目建设。一是提高思想认识，全面领会"四为四高两同步"总要求内涵，全面加强公路建设管理；二是突出加强安全、质量管理，深刻汲取"12·30"晋城太行一号析城山隧道事故教训，持续推进创建平安百年品质工程、绿色公路，提升公路建设安全、质量治理能力和治理水平；三是进一步加强生态保护，落实好黄河流域生态保护要求；四是进一步加强信用建设，强化公路建设从业企业履约考核和信用评价；五是加大岁末年初农民工工资专项治理，切实保障农民工权益；六是加强党建工作，以党建统领和促进转型项目建设。

8日 省交通运输厅党组成员、副厅长段新源一行到王繁高速进行督导检查。为全面完成取消高速公路省界收费站各项任务，确保收费站工程并网切换过渡期间高速公路收费站正常通行，保障春运期间公众便捷高效出行，段新源一行在五台山北收费站现场查看新收费模式下ETC系统运行情况及车辆通行等情况，听取王繁高速工作汇报，详细了解收费系统切换过程、运营期间的应急保畅处置过程以及春运安排等工作的进展情况。段新源对王繁高速取消省界收费站工程并网切换工作及春运工作给予充分肯定，要求王繁高速高度重视，精心组织，统筹安排，全力攻坚，保障系统顺利切换、稳定运营。

同日 省交通运输厅一级巡视员雷天才深入吕梁南高速公路分公司，督导调研取消高速公路省界收费站联网收费、除雪保畅和备战春运工作。

雷天才指出，取消省界收费站是通过技术手段实现不停车快捷收费，是一项便民工程，要切实采取有力措施，多想办法，主动作为，确保高速公路安全通畅。领导干部要提高政治站位，加强责任意识，紧紧围绕保畅通、保安全、保运行、保稳定的工作要求，迎难而上，不等不靠，切实发挥领导干部示范带头作用；要保证信息畅通，严格执行24小时值班制度，提前预警，有效处置，确保各类应急事件及时处置；要加强收费人员业务培训，熟练处理车道各种特殊情况，加派车道疏导保畅人员，快速疏导滞留车辆并做好宣传、解释工作，全力以赴做好并网过渡期和春运期间交通服务保障工作，为人民群众提供良好出行环境。

同日 国道G307、国道G207线阳泉市绕城改线工程百日大干总结暨今冬明春再掀工程建设高潮动员会召开。大会总结百日大干建设成果及重点工作进展情况，表彰工作成绩突出的施工单位，部署项目总体目标和阶段目标，安排冬春会战任务以及下一步工作。市长雷健坤出席会议并讲话。

雷健坤在讲话中，要求锁定目标干，全力保节点促进度。紧紧围绕项目建设三大时间节点目标任务，倒排工期、压实责任、层层传导、快速推进，不断凝聚大干快干的强大合力，掀起冬春会战新高潮。一是创优环境干，做好各项保障工作。严格对照各项问题解决时限，切实做好征地拆迁、资金筹措、土地交付等保障工作。各项目责任单位要切实履行好主体责任，“一把手要亲自协调、靠前指挥，在一线解决问题、化解矛盾、督促推进”。二是全力以赴干，确保如期完成任务。国道G307、国道G207线阳泉市绕城改线工程项目是中建公司在山西省中标的首个PPP项目，公司要切实增强做好项目建设的责任感、紧迫感和使命感，充分发挥企业文化的引领带动作用，以勇争一流的工作态度，苦干实干、攻坚克难，确保项目保质保量如期完成。三是严守底线干，打造示范样板工程。对标工程建设目标，严守质量、安全、环保红线，狠抓安全生产责任、措施和工作的落实，严格环保“六个百分百”要求，真正把项目打造成品质工程、绿色工程、安全工程、廉洁工程。

9日 省交通运输厅、省发展和改革委员会、省财政厅、省自然资源厅、省农业农村厅、省文化和旅游厅、省扶贫开发办公室、省邮政管理局、省供销合作联合社联合印发晋交农路发〔2020〕9号文《关于推进“四好农村路”高质量发展的实施意见》。

同日 省交通运输厅召开全省交通运输局长座谈会，听取11个地市交通运输局2019年重点工作完成情况，分析当前形势，研究2020年工作打算。厅党组书记、厅长闫晨曦主持会议并讲话。

闫晨曦在讲话中，要求全省交通运输工作要坚持问题导向、目标导向、结果导向，突出工作重点，注重务实、高效，科学谋划，齐心协力，共同努力，全力做好全年各项工作，向省委、省政府交一份满意的成绩单。

闫晨曦听取汇报后，逐一对各市工作进行点评，要求从11个方面科学谋划2020年工作。一是抓好高速公路、干线公路、农村公路、民航机场、综合交通枢纽等投资和项目建设。把项目建设作为硬任务、硬指标、硬抓手，扎实做好项目谋划工作，全过程做好要素配套、服务保障和分析调度等工作，持之以恒完成好项目建设。二是落实交通强国建设工作，加快建立实施机制，加快完善规划体系，结合山西实际，组织实施全省获批的第二批交通强国建设试点任务，确保高质量启动并形成成果，力争用1~2年时间在点上实现突破，用3~5年时间取得较为完善的系统性成果。三是提升运输服务水平。加快运输结构调整，确保全省所有具备条件的建制村通客车。加快推进新能源车和清洁能源车推广应用工作。四是推进城市公交一体化运营。深入研究实施太原、晋中、忻州、吕梁城市基础设施互联互通，建设组团城市半小时通勤交通路网。五是全力打好三大攻坚战。高质量打赢交通脱贫攻坚战，全力打好防范化解重大风险攻坚战，坚决打好交通污染防治攻坚战。六是推进交通运输供给侧结构性改革。降低物流成本，改进提升服务水平，优化营商环境，增强发展动能。七是深化交通运输重点改革。深化收费公路制度改革，深化交通运输综合行政执法和厅属事业单位改革。八是加快提升行业治理体系和治理能力现代化水平。完善综合交通法规体系，深入推进法治政府部门建设，提高执法规范化和现代化水平。九是大力发展绿色交通。积极推进绿色机场、绿色公路建设，持续深化公交都市、城市绿色货运配送等示范工程。十是牢牢守住交通运输安全发展底线。进一步加强安全体系建设，加强安全风险管控，强化重大运输安保和应急处置能力。十一是全面加强党的建设。推进全面从严治党向纵深发展，加强干部人才队伍建设和机关建设，进一步提升行业软实力。

同日 省交通运输厅召开全省“四好农村路”和三个一号旅游公路建设工作推进会，认真分析、准确把握当前面临的形势，部署2020年工作任务，确保圆满完成各项任务目标。厅党组成员、副厅长王四小出席会议并讲话。

各市交通运输局汇报2019年“四好农村路”、三个一号旅游公路建设完成情况，2020年工作安排及旅游公路建设项目前期工作进展情况和“十四五”农村公路发展规划编制情况。厅机关相关处室、厅“四好办”负责人分别就2020年全省“四好农村路”和三个一号旅游公路建设、旅游公路项目设计咨询、工程质量安全、农民工工资支付、交通扶贫工作以及“十四五”农村公路发展规划编制等工作做具体安排。

2019年全省“四好农村路”建成2.4万公里，完成投资210亿元；三个一号旅游公路新开工1032公里，建成1030公里，完成投资101亿元，超额完成年度目标任务。

2020年“四好农村路”方面，要认真做好3项工作：一是全面完成三年规划内的剩余任务。要重点抓建制村通客车工程，确保9月底前实现具备条件的建制村通客车。集中力量实施农村公路养护提质改造工程1.35万公里，各级交通运输部门要正确认识、认真对待，科学掌握建设标准，切实发挥资金效益。实施农村公路安全生命防护工程4813公里，完成农村公路危桥改造39座，到年底基本实现县乡道安全隐患治理率100%，农村公路危桥总数逐年下降、当年治理。二是全力推进农村公路养护提质改革，加快构建农村公路现代治理体系。下一步将从“以建为主”转到“建管养运协调发展”上来。从2020年开始，省厅将在全省范围推行县、乡、村三级“路长制”，各级路长负责相应农村公路管理养护工作，建立“精干高效、专兼结合、以专为主”的管理体系。三是全面实施“百乡千村万里美丽农村路”建设。各市交通运输局要统筹考虑、认真组织，以示范路创建为抓手，进一步细化示范内容、示范标准、时间节点、工作措施等，扎实开展“百乡千村万里路”创建活动，确保到2020年年底，建成一批示范工程。

2020年三个一号旅游公路方面，要认真做好7项工作：一是按照“打通主线、连通主景、区域成网”的工作思路，持续加大力度推进三个一号旅游公路建设。2020年复（开）工2000公里，其中主线项目全部安排计划，争取上半年开工建设，力争建成1600公里，其中主线大部分建成，完成投资100亿元。二是按照省委经济工作会要求，紧扣“畅安舒绿美”五字要诀，突出旅游公路“安全性、专用性、智慧性和环境友好型”特点，打造一批精品旅游公路。三是加快推进拟开工项目的前期工作。省厅已经下达2020年“四好农村路”和三大板块旅游公路建设计划，全省2020年开工旅游公路项目143个，各市交通运输局、特别是主要领导要引起重视，主动上手抓，扎实开展项目前期手续办理和设计工作，并及时报厅“四好办”进行咨询，力争3月底前完成。四是抓好三个一号旅游公路零公里标志点主题文化公园建设。让广大游客在此了解三个一号旅游公路及全域旅游基本情况，深度体验山西博大精深的人文历史文化和无限美好的自然风光，涉及任务的市、县要高度重视，按要求高质量完成。五是抓好建设资金监管，严格执行《旅游公路建设资金管理办法》，任何单位、个人都不得挪用、占用，确保资金使用安全，建设廉洁阳光工程。六是抓好生态环境保护工作。高度重视旅游公路两侧的生态环境保护，对公路沿线生态环境实行最大限度地保护、最低程度地破坏、最强力度地恢复，推动三大板块旅游公路建设绿色发展。七是在探索建立后期管护长效机制上下工夫，不仅要在实体工程上出精品，还要在制度上出成果、出经验。

王四小在讲话中，要求各级交通运输部门要认清形势，明确目标，坚决打赢“四好农村路”建设决胜战，抓住省厅成功申报交通强国第二批试点单位这一历史性发展机遇，攻坚克难，扎实推进，奋力谱写交通强国山西农村交通新篇章。

同日 省交通运输厅召开厅属事业单位机构改革档案处置工作推进会，厅党组成员、副厅长王晋出席会议并讲话。

会议传达《山西省交通运输厅关于做好机构改革中档案处置工作》通知的文件精神；研究讨论《山西省交通运输厅直属单位机构改革档案处置工作实施方案》。

王晋在讲话中，要求提高思想认识，切实增强做好档案处置工作的责任感和使命感。要及时制定档案管理和处置工作方案，明确档案资料的处置具体内容，圆满完成任务。要加强组织领导，全力确保涉改单位档案处置工作顺利完成。

9日至10日 省交通运输厅副厅长级干部郭贵堂到临汾、运城督导取消高速公路省界收费站切换过渡期保通保畅工作。郭贵堂在收费站现场了解车辆通行情况，在监控中心查看各收费站整体运行情况，组织召开两次座谈会，听取高速公路公司在联网切换运营期间的应急保畅以及春运安排工作情况汇报。

郭贵堂在讲话中，对临汾和运城高速公路公司在取消省界收费站切换过渡期所做的工作给予充分肯定，代表厅党组对辛勤工作在保通保畅一线的干部职工表示慰问和感谢。郭贵堂指出，取消高速公路省界收费站是党中央、国务院做出的重大决策部署，是提高交通运输网络效率、降低物流成本的有效手段，也是事关人民群众便捷出行的重要民生工作，春运即将到来，全省、全国“两会”也将陆续召开，做好保通保畅工作至关重要。郭贵堂强调，各高速公路公司在联网切换初期主动作为、主动担当、群策群力，做了大量卓有成效的工作，基本保证高速公路的平稳有序运行。各单位要提高政治站位，增强保通保畅的使命感，认真履职尽责，细化应急预案，严格执行值班制度，加强业务培训，加大宣传力度，做好耐心细致的解释应诉工作，努力做到不堵车、不漏费、无舆情，把保畅通、保安全、保运行、保稳定的各项工作落到实处，为人民群众提供良好的出行环境。

10日 2020年春运正式开启，省交通运输厅党组书记、厅长闫晨曦到太原汽车客运总站、太原武宿机场检查春运工作。厅党组成员、副厅长、省民航机场管理局局长段新源一同检查。

在太原汽车客运总站，闫晨曦实地检查春运组织、安全保障、运输衔接、便民服务等情况，调研调度指挥监控中心运行情况，仔细查看旅客进站“三品”检查、车辆安全例检、视频监控等各工作环节安全措施落实情况，认真查阅车辆检查检验记录和出站车辆检查登记表，并上车特别叮嘱驾驶员和乘客佩戴好安全带，切实增强安全意识，时刻敬畏生命。

在太原武宿机场，闫晨曦调研现场指挥中心、应急救援指挥中心，详细了解客流特点、运力安排、应急保障等相关情况，在T2航站楼查看候机、安检等以及志愿者服务工作情况。

闫晨曦在讲话中，要求各相关部门要进一步提高政治站位，增强责任意识，强化安全监管，实化服务举措，全力以赴做好春运交通运输服务保障工作，确保人民群众安全便捷出行。一是始终坚持把安全摆在首位，牢牢守住安全底线，压实企业安全生产主体责任，严格执行客车“三不进站、六不出站”制度，加大安全源头和动态监管力度，深入排查问题隐患，切实把各项安全保障措施落到实处。二是加强应急管控，严格应急值守，密切关注天气变化，提前做好预警，妥善应对处置各类突发事件，确保春运安全平稳有序。三是准确研判形势，统筹调度运力资源，强化运输服务保障，切实提高运输效率。四是进一步提高服务质量，提升精细化管理水平，细化实化便民利民服务举措，改善旅客购票、候车、换乘环境，不断增强人民群众的幸福感、获得感、安全感，为广大人民群众欢度新春佳节提供坚强的交通运输保障。

14日 省交通运输厅晋交运管发〔2020〕15号文印发《关于进一步做好网络平台道路货物运输经营管理工作的通知》。

同日 新华每日电讯点赞山西省治超工作：“连续12年强力治超不松懈，山西打破‘不超载不挣钱’恶性循环。”

山西2019年共检测货运车辆1.9亿余辆次，其中超载车辆13730辆次，超载率持续控制在0.2%以内。12年来，全省累计节约各类道路维修费用300亿元左右。山西省治超办数据显示，截至2019年年底，山西省各级政府共公示货运源头企业6653家。源头核查以来，全省超限超载车辆数大幅减少，由此前的月均1105台，降至核查后的月均350台。

同日 省交通运输厅党组成员、副厅长王晋深入天镇县玉泉镇葛家屯村、石家庄村进行实地调研，实地查看村委会建设、爱心超市等帮扶项目，与玉泉镇干部、贫困村“两委”干部和驻村工作队进行座谈。

王晋强调，2019年驻村帮扶工作取得可喜的成绩，但2020年是巩固提升的关键一年，也是脱贫攻坚衔接乡村振兴的开局之年，全体驻村干部不可松懈、不可掉以轻心，必须以更加昂扬的精神状态、更加扎实的工作作风，坚决夺取脱贫攻坚战全面胜利，确保实现中央和省委提出的决战完胜的战略目标。一是坚持抓党建促脱贫。把村支委建设放在重要位置，真正将脱贫攻坚同党建工作融为一体，建立制度性长效机制。二是坚持扶贫扶志相结合。鼓励每一位贫困群众参与到这场攻坚战中，使贫困群众真正有获得感、成就感。三是坚持规划引领，着眼眼前，谋划长远，稳步推进各项驻村帮扶工作。同时希望6名第一书记继续用心扶贫，真心扶贫，切实为百姓利益着想，把扶贫工作往实里做，心里做，切实解决贫困村实际需求，确保工作计划落到实处。

同日 省交通运输厅党组成员、副厅长李贵顺赴吕梁市交通运输系统走访慰问离退休干部、困难职工，深入吕梁市汽车站检查了解春运情况，到杏花村高速公路服务区检查危化品运输车辆的安全管理工作。

李贵顺在讲话中，提出4点要求：一是强化安全责任，抓好“两客一危”安全生产工作；二是强化安全监督，防范农村客运事故发生；三是强化春运保障，扎实开展春运安全检查和隐患排查；四是强化应急值守，及时高效应对各类突发事件。

同日 省交通运输厅副厅长级干部郭贵堂深入朔州公路分局检查春运安全专项行动部署情况，慰问分局离退休老干部和困难职工家属。实地查看分局前寨应急保障服务中心应急保障、机械设备、物资储备以及朔城区公路管理段清雪除冰作业现场。

郭贵堂在讲话中，提出4点要求：一是提高思想认识，强化组织领导，确保安全无事故；二是加强监督检查，强化问题整改，确保稳定无隐患；三是充分发挥公路服务区作用，努力提升服务品质；四是提升应急处置能力，建立与地方有关部门的联动机制，服务广大司乘人员安全便捷出行。

15日 省交通运输厅党组成员、副厅长段新源带队到长治市深入市客运中心、长治王村机场等现场检查春运期间各项安全保障措施落实情况，走访慰问困难职工和离退休老干部。

段新源在讲话中，要求各相关部门要进一步提高政治站位，增强责任感、使命感，扎实做好春运工作，开展“情满旅途”活动，强化安全应急管理，保障路网畅通，提升服务品质，加强宣传引导，坚持应急值守，切实抓好春运期间交通运输安全工作，圆满完成交通运输保障任务，确保人民群众度过一个安全祥和的春节。

15日至17日 省交通运输厅二级巡视员郭全英带队到运城市督查2020年春运工作，对部分困难职工进行走访慰问。郭全英听取各相关单位情况汇报，先后实地检查关公机场、机场高速收费站、运城高速服务区、渡口码头、治超站点，抽查2个汽车站、3个扫雪除冰设施设备储备点、5家运输（道路、水运）企业。

郭全英在讲话中，要求切实提高政治站位，强化组织领导，夯实安全基础，加强运力保障，实化服务举措，打造平安、便捷、温馨、诚信、绿色春运，切实增强旅客获得感、幸福感、安全感；要始终坚持把安全摆在首位，牢固树立红线意识和底线思维，狠抓安全责任落实；要压实企业安全生产主体责任，督促企业进行自查自纠，全面排查治理事故隐患，确保各项工作制度落实；要牢固树立以人民为中心的发展思想，继续开展“情满旅途”活动，积极倡导“出行即服务”理念，不断提升运输服务能力。

16日 省交通运输厅晋交人发〔2020〕19号文印发《关于成立厅推进交通强国建设领导小组的通知》。

同日 省交通运输厅一级巡视员雷天才赴阳泉检查春运安全保障工作。

雷天才指出，春运伊始，春节、“两会”临近，做好春运安全保障和保通保畅工作至关重要，各单位要进一步提高政治站位，增强使命感和责任感，认真履职尽责，全力做好春运安全和保通保畅。

雷天才还看望慰问阳泉公路分局、阳泉交通运输执法局和阳泉市交通运输局困难职工和离退休老干部，为他们送上慰问金和慰问品，并代表厅党组向他们致以新春的问候。

17日 省交通运输厅晋交运管发〔2020〕20号文印发《关于开展第二批机动车排放污染维修治理站建设工作的通知》。

同日 省通运输厅晋交运管发〔2020〕23号文印发《关于进一步做好2020年春运工作的通知》。

19日 省交通运输厅晋交建管函〔2020〕23号文印发《关于做好春节期间农民工返乡返城服务保障工作的通知》，要求各市交通运输局，省公路局、省海事局、厅重点办遵照执行。

21日 省交通运输厅晋交安监发〔2020〕26号文印发《做好新冠状病毒感染的肺炎疫情防控工作的实施方案》的紧急通知。

22日 山西航产集团第一时间成立防控领导小组，对新型冠状病毒感染的肺炎防控工作进行专题部署。会议决定，集团党委书记、董事长担任组长，班子其他成员为副组长，机关职能部门、二级单位主要负责人为成员，防控办公室设在集团公司安质部。集团统一领导和协调疫情防控工作，全面动员、全面部署、全面加强工作，各单位要围绕安全防护、健康监护、信息报送、应急隔离、消杀消毒等工作，严格落实防控职责，健全工作责任制和管理制度。各级领导要站在疫情防控第一线，确保职责明确、决策果断、程序清晰、信息畅通、处置迅速。

同日 省交通运输厅晋交财发〔2020〕29号文印发《山西省交运输厅事业单位改革经费划转和预算管理工作方案》《山西省交通运输厅事业单位改革国有资产清查工作方案》的通知。

同日 省交通运输厅、省财政厅、省人力资源和社会保障厅、省人民政府国有资产监督管理委员会联合印发晋交人发〔2020〕31号文《关于印发山西省取消高速公路省界收费站人员安置工作实施方案的通知》。

同日 省交通运输厅晋交规划发〔2020〕28号文印发《关于上报交通强国建设山西省试点实施方案的请示》。

23日 省交通运输厅晋交安监发〔2020〕41号文印发《加强新型冠状病毒感染的肺炎疫情防控工作的实施方案》的紧急通知。

同日 山西航产集团公司下发《新型冠状病毒感染的肺炎疫情防控工作方案》《关于进一步做好新型冠状病毒感染的肺炎疫情防控工作提示》，明确具体防控措施；1月26日，落实肺炎疫情一级响应工作方案，明确体温监测过程中或收到发热旅客报告时，应立即采取的措施；1月28日，集团公司下发《关于疫情防控工作再次动员部署的通知》，要求坚持联防联控，做好一线监督检查。

疫情发生以后，集团党委先后下发7个红头文件和6个部门文件，召开5次专题会议，制定3项工作方案，明确11个方面23项工作措施，2次调整应急响应等级。在肺炎疫情领导组的微信工作群里，主要领导下达60余条工作指令，要求全体干部职工坚决落实最严格的主体责任和工作责任，进入“战时状态”，坚决防止疫情通过航空运输环节传播。

25日 农历正月初一，省交通运输厅党组书记、厅长闫晨曦带领厅机关有关处室负责人赴清徐南高速公路收费站等地慰问春节期间坚守岗位的一线干部职工，检查春运安全保障服务工作和新型冠状病毒感染的肺炎疫情防控工作，代表厅党组向全省交通系统干部职工致以节日的问候和祝福。

闫晨曦在讲话中，要求贯彻落实好省委、省政府、交通运输部关于做好疫情防控工作的部署，要做好应急处置预案，细化疫情监测防控措施，强化值班值守与信息报送，特别是对疫情防治应急物资及医患等人员运输的车辆，保障优先通行。关键时期，要按照交通运输部要求，做好春运保畅工作。同时，也要做好新的通行费收费标准政策的宣传和解读工作，确保广大人民群众安全便捷出行。

27日 下午，省交通运输厅召开全省交通运输系统新型冠状病毒感染的肺炎疫情联防联控工作会议，深入学习贯彻习近平总书记重要讲话精神，迅速贯彻中央、省部有关会议精神，传达新型冠状病毒感染的肺炎疫情防控省委专题会议精神、交通运输部电视电话会议精神，就扎实做好全省交通运输系统新型冠状病毒感染的肺炎疫情防控工作进行再研究、再部署、再动员。厅党组书记、厅长闫晨曦在讲话中，要求全省交通运输系统要自觉扛起重大政治责任，要有打攻坚战决心、歼灭战信心、持久战准备，严防死守、不留死角、不出纰漏，坚决有力打好疫情防控这场硬仗。厅党组成员、副厅长王晋主持会议。厅领导段新源、王四小、王建业、郭贵堂、雷天才、郭全英出席会议。厅机关有关处室、省公路局、省执法局、省运管局、省高管局、省海事局、航产集团、交控集团、汽运集团负责人参加会议。各市交通运输局、公路分局、执法局、高速公路公司运营单位在分会场参加会议。

会议要求，重点做好5个方面工作。一是加强道路运输领域防控工作。各级运管部门要根据疫情一级应急响应要求，除政府指令及疫情防控工作需要外，暂停省际班车、旅游客运和包车业务。其他班线客车营运调整或停发，要严格按照当地疫情防控工作领导机构要求执行。二是加强城市客运领域防控工作。根据各市县疫情防控工作领导机构要求，可以暂停或部分暂停城市公交车、出租车、网约车跨行政区域客运服务。各市交通运输主管部门要协调筹措防疫、消毒设施用具，确保城市客运领域驾驶员、一线工作人员必须戴口罩上岗。要建立完善检查登记制度。三是加强公路运营领域防控工作。高速公路运营企业、公路部门要积极配合当地卫生健康部门，在全省22个高速公路入省口、49个普通国省干线入省口设置卫生检疫站，严格检查跨省车辆。四是加强民用航空领域防控工作。要注重防护隔离，要建立“绿色通道”，保障应急人员、药品、设备、器械优先紧急运输，要严格机场管控措施，从即日起，暂时停运机场巴士全部线路。五是加强场站、车辆卫生防疫防控工作。各单位要加强服务区、汽运场站、民航机场的卫生管理，做好清洁、通风、消毒等工作，要加强从业人员的卫生防疫常识的教育，督促落实佩戴必要的防护用品，保障工作人员自身安全。

闫晨曦强调，一要提高政治站位，切实增强疫情防控的责任感和使命感。二要坚持联防联控、精准施策，各单位要保持高度警醒、高度清醒，采取最有力有效的措施，把打赢疫情防控攻坚战作为检验政治自觉、工作能力、工作作风的试金石，举全行业之力做好疫情防控工作。三要加强组织领导，做好协调保障。加强组织领导、注重协同配合、强化运输保障、强化督导落实、加强值班值守。

会议要求，各单位要迅速成立疫情防控领导小组，主要领导要作为第一责任人，对本级本领域疫情防控工作负总责，要注重各级班子集体功能发挥，形成疫情防控分工负责、人人有责的工作格局。领导班子成员要深入一线、靠前指挥，以铁的纪律、铁的手段抓好落实。交通运输系统涉及疫情防控的各单位、各领域、各战线要全面落实联防联控工作要求，涉及的工作人员要停止休假，全身心投入疫情防控工作。各单位要落实领导24小时带班值守制度，特别是要确保通信畅通、确保突发事件及时决策处置。在疫情防控工作中，对工作不力、敷衍塞责造成疫情失控的单位和个人，省厅将严肃问责。

29日 省交通运输厅发放第一张新型冠状病毒感染的肺炎疫情防控应急物资及人员运输车辆通行证（001号），为民企山西快成物流运送山西到湖北的医用物资援助开通“绿色通道”，实现第一批物资运输。

为将医用物资及食品尽快运送到武汉，省交通运输厅统筹做好疫情防控和交通运输保障工作，在最短时间内审批发放疫情防控应急物资及人员运输车辆通行证，为山西支援湖北防疫工作提供运输保障。30日，车牌号为晋J36152的第一辆车运载着这些医用物资及食品日夜兼程送往目的地武汉金银潭医院。在高速公路、国省干线和民航机场全面开启“绿色通道”，对防疫物资运输、医护人员和疫情人员转运等应急车辆，按照“三不一优先”（不停车、不检查、不收费，应急车辆免费优先通行）原则，统一印发通行证，保障应急车辆免费优先通行。截至2月2日，共发放通行证65张。

30日 省交通运输厅晋交城客发〔2020〕43号文印发《关于转发〈交通运输部关于做好出租汽车行业疫情防控和行业稳定有关工作的通知〉的通知》。

同日 为贯彻落实山西省启动重大突发公共卫生事件一级响应的相关要求，认真落实省交通运输厅党组关于疫情防控的工作安排，省交通运输厅下发《关于转发〈交通运输部关于做好出租汽车行业疫情防控和行业稳定有关工作的通知〉的通知》，全省公路水运建设项目原则上不早于2月9日（正月十六）24时复（开）工或组织已返乡的农民工返回施工现场。

《关于转发〈交通运输部关于做好出租汽车行业疫情防控和行业稳定有关工作的通知〉的通知》提出7点要求：一是提高政治站位，把疫情防控放在工作首位。要进一步深刻认识防控工作的严峻形势，强化风险意识和责任担当，认真履行相关职责，配合做好联防联控联治工作。二是密切关注疫情动态，认真做好宣传工作。要积极了解最新疫情动态，及时准确将党中央、国务院和省委、省政府的决策部署和要求，传达到每一个建设项目参建单位、在建工地和参建者，确保防控全覆盖。三是严格落实属地、行业监管责任。要以疫情防控工作为中心，全力配合属地政府，落实属地政府和厅防控领导组有关工作要求，在建工程项目疫情的摸排、防控要精确到人，做到统一部署、统一调度、统一监管。四是制定复（开）工预案，为首季“开门红”奠定基础。要结合疫情防控形势，贯彻全省经济工作会议要求和省政府工作安排，落实省厅转型项目年度专题会议要求，围绕一季度“开门红”工作，调整细化工作计划，确保工作不停摆、不耽误。续建项目要加强沟通协调，加快推动土地等制约工程建设各类手续办理，做好材料、人员、机械等准备工作，具备条件后尽快复工；新开项目要加快完善制度建设，推进项目公司组建、施工图设计、监理招标等前期工作，开展“一室两区三场”和“三通一平”建设，加快征地测量放线，协助地方政府开展征迁工作。各单位要针对建设项目从业人员流动性大、异地务工人员多的特点，采取严密的复（开）工应对措施，根据疫情变化，制定周密的复（开）工预案，合理部署复（开）工安全管控，加强对从业人员的疫情监测，强化工地饮食、环境卫生管理，建立疫情报告台账、从业人员每日体温监测和考勤登记制度，明确应急处置措施，对存在安全隐患、不具备安全生产条件的，坚决不予复（开）工。五是严格人员和工地封闭管理。要严格落实实名制，及时掌握人员动态信息，加强在晋人员及其探亲亲属的排查和登记，保证人员生活供给。防控期间，用人单位不准私招乱雇零散工和无健康信息的劳务人员；人员进场后，建立健康档案，组织个人防护培训，配备体温监测仪和防疫防护用品，每日不少于两次体温监测，并做好记录；严格落实施工现场和生活区环境消毒制度，严格管控人员出入，实施封闭管理；设立专职卫生员，发挥监督检查的作用，督促从业人员佩戴口罩作业；专车或包车运送劳务人员上下班。各项目法人要提前与当地卫生部门协商，明确收治医院，一旦发现疑似疫情人员或来往疫区人员，要第一时间隔离观察，及时送医诊治，并对密切接触者采取防护措施，做到早发现、早报告、早隔离、早处置。六是做好当前安全防范工作，严控安全生产风险。要密切关注疫情防控和气候变化特点，充分估计可能出现的极端不利因素，扎实做好安全生产重大风险防控和隐患排查工作；复（开）工后紧盯工程关键环节，强化施工现场管理，严禁违章作业和不顾安全赶抢工期；要通过信息化、远程视频等方式创新安全生产监管手段，防止生产安全事故和疫情事件相互叠加，坚决不给疫情防控工作添乱，做到疫情防控与安全防范工作“两手抓、两不误”。七是全面做好值班值守和信息报送工作。各单位要严格执行领导带班和值班人员24小时值班制度，指定专人每日上报疫情防控情况，实行疫情零报告制度。各项目党政负责人应提前返岗，值守待命，靠前指挥，加强疫情和安全形势研判，严格落实疫情防控和安全生产各项措施，积极主动做好相关工作。一旦发生应急事件，要第一时间处置，第一时间报告，对出现瞒报、误报和迟报的要严肃问责。

2月

2日 省交通运输厅疫情防控领导组、省交通运输厅下发《进一步简化“新型冠状病毒感染的肺炎疫情防控物资及人员运输车辆通行证”紧急通知》（以下简称《通知》），要求进一步简化“新型冠状病毒感染的肺炎疫情防控物资及人员运输车辆通行证”（以下简称“通行证”）办理流程等有关事宜。

《通知》指出，疫情防控特殊时期，应对疫情的各类应急物资、生活物资、重点生产物资、医护及防控人员的运输车辆全部纳入“通行证”办理范围，进一步简化“通行证”办理流程。省交通运输厅收到相关部门提供调拨和转运等函件及车辆信息后，电话通知承运单位或驾驶人，向其提供“通行证”式样由其在本地自行打印，自行填写，随车携带，享受免费通行政策。跨省运输的，由省交通运输厅承办处室安排专人与目的地省级交通运输主管部门联系；省内运输的，由省交通运输厅将车辆信息发送给相关收费公路的主管单位，由其通知目的地出口收费站，确保车辆快捷免费通行。办理“通行证”的应急运输车辆，在通过山西省高速公路收费站时，建议通过“防疫运输专用通道”（人工或混合车道）出入，确保免费快捷操作通行。

《通知》要求，各单位要按照“属地负责、特事特办、部省联动”原则，第一时间协调解决通过公开电话所反映应急运输车辆通行问题。省内应急物资运输车辆通行问题，属于高速公路的，由省高管局进行协调；属于普通国省干线公路的，由省公路局进行协调；属于普通县乡公路的，由各市交通运输局进行协调；省内跨行业、跨部门以及跨省应急物资运输车辆通行问题，由省交通运输厅进行协调，解决不了的向部物流保障办公室报告。严禁各单位无故推诿、搪塞、拖延不解决问题，造成不良后果的，省交通运输厅在调查核实后追究相关负责人责任。

为切实保障疫情防控应急运输车辆快速通行，省交通运输厅确定应急物资运输电话为0351-4663025（工作时间）、0351-4663010（休息日及夜班时间），受理和解决应急运输车辆通行中的相关问题。

3日 省交通运输厅下发通知，要求各市交通运输局、省运管局、山西汽运集团提前做好道路客运班线及旅游包车恢复运营准备工作。

通知提出7点要求：一要科学判断形势、精准把握疫情；二要抓紧研究制定道路客运班线及旅游包车恢复运营工作方案；三要督促指导道路客运企业、汽车客运站尽快制定恢复运营工作方案；四要督导道路客运企业全面落实疫情防控责任制；五要督促汽车客运站配备体温监测设备，按照当地政府要求设置留观区和隔离区；六要督导客运企业、汽车客运站坚决遏制疫情通过客运车辆传播和交叉感染；七要全力做好返程高峰运输服务保障工作。

同日 省交通运输厅晋交办函〔2020〕40号文印发《关于切实做好交通运输领域防控新型冠状病毒感染的肺炎疫情宣传工作的通知》，要求各市交通运输局、厅直各单位、厅机关各处室做好相关工作。

4日 省委书记楼阳生主持召开专题会议，研究汾河流域生态景观规划和黄河、长城、太行一号旅游公路建设工作。会议明确指出，山西文旅集团为三个一号旅游公路“零公里”标志文化驿站工程建设、运营管理的实施主体。临汾、忻州、晋城3市及相关县要主动对接、密切配合、全力推进，确保4月全面开工建设，9月底前全面建成，“十一”黄金周正式投入使用。

同日 省交通运输厅副厅长级干部郭贵堂带领省交通运输厅疫情防控第四督导组一行3人到临汾、运城两市，对新型冠状病毒感染的肺炎疫情防控工作落实情况进行督导检查。

检查组采取“四不两直”方式，坚持不干扰基层正常工作秩序，不加重基层负担的原则，深入临汾西站公交车和出租车接驳点、市区出租车消毒点，运城市高速公路入省口卫生检疫站等疫情防控一线现场督导检查。郭贵堂强调，疫情防控是当前最重要的工作，大家在思想上要重视到位、行动上要排查到位、措施上要防控到位。要充分发挥基层党组织战斗堡垒作用和党员先锋模范作用，继续发扬不怕苦、不怕累的工作作风，坚决打赢这场疫情防控阻击战。

4日至7日 省交通运输厅一级巡视员雷天才带领省交通运输厅疫情防控第五督导组到忻州、吕梁督导检查高速公路和普通国省干线公路的疫情防控工作。

督查组深入忻州、吕梁片区的高速公路收费站、机场和汽车客运中心以及部分国省干线公路超限检测站仔细查看疫情防控工作部署落实情况，详细了解值班值守、体温监测、消毒防疫、乘客信息登记和公路交通保通保畅以及应急物资管理等情况，就疫情防控中存在的一些困难问题进行交流指导。

雷天才在讲话中，要求进一步提高政治站位，加强组织领导，按照党中央、国务院、省委、省政府和交通运输部以及厅党组部署要求，坚定信心，科学防治、精准施策，全力把公路交通疫情防控工作做好，坚决打赢疫情防控阻击战。

5日 上午，省交通运输厅党组成员、副厅长王晋带领省交通运输厅疫情防控第三督导组到槐树铺超限检测站设立的“旧关卫生检疫站”进行督导检查疫情防控工作。仔细询问值班值守，疫情排查、物资保障和过往车辆、人员登记检查等情况，协调解决在疫情防控中存在的困难，和驻站医务人员进行交流。

王晋在讲话中，要求不遗余力将防控工作做细做实，构筑联防联控严密防线，密切关注外来车辆及人员动态，坚决打赢疫情防控阻击战。

同日 山西航空产业集团党委组织召开疫情防控第五次专题会议，研究部署下一步疫情防控工作。集团党委书记、董事长、总经理在讲话中要求，同时间赛跑、与病魔较量，党员干部要做到坚守岗位、靠前指挥，守土有责、守土尽责、守土担责，认真抓好“双返“双防”工作，继续把防输入作为重要环节，严防死守，坚决打赢疫情防控阻击战。截至12时，航产集团下辖5个机场设置温度监测点27个，对3568个航班旅客进行体温监测，共计187229人次，投入工作人员27375人次，移交发热旅客18人。向昆明、南昌、乌鲁木齐、哈尔滨、深圳等地优先紧急运输处置突发公共卫生事件所需药品、设备、器械等防疫物资3705千克，协助省疫情防控工作领导小组运送两批共268名山西省援鄂医疗队员。

5日至7日 省交通运输厅二级巡视员郭全英带队分赴朔州、大同督导检查疫情防控工作。督导组深入右玉服务区、杀虎口、神泉堡收费站、新荣北收费站等一线出入省口卫生检疫站进行现场检查指导，实地查看大同、朔州两市公交站点和客运站场疫情防控措施，到大同云冈机场进行督导检查。

7日 省政府新闻办举行新闻发布会。省交通运输厅与省卫健委、省工信厅、省教育厅、省公安厅介绍全省近期疫情情况和假期后、上班后、复工后、开学后"四后"以及"双返"防控相关工作有关情况并回答记者提问。省委宣传部副部长骞进主持，厅党组成员、副厅长、新闻发言人王晋代表省交通运输厅介绍全省交通运输行业"四后"防控和保通保畅工作并回答记者提问。

发布会上，王晋介绍，交通运输既是遏制病毒传播的重要环节，又是服务人民群众出行、保障物资运输的重要支撑。疫情发生以来，省交通运输厅按照省委、省政府和交通运输部的部署要求，采取一系列措施，统筹做好疫情防控和交通运输保通、保畅两方面工作，全系统1.6万余名工作人员目前正奋战在防疫一线。针对春运返程高峰的"四后"防控任务，进行全方位部署，确保做到"一断三不断"，即坚决阻断病毒传播渠道，保障公路交通网络不断，保障应急运输绿色通道不断，保障必要的群众生产生活物资运输通道不断。交通运输疫情防控方面，重点从3个领域进行布控。一是加强公路路网领域布控。按照省疫情防控领导小组要求，在全省高速公路、普通国省干线公路省界出入口设置联合防疫站点73个，在高速公路收费站的出入口或连接线上设置联合防疫点234个，在普通国省干线公路上设置联合防疫点342个，与公安交警和卫健部门全方位做好卫生检疫检查、隔离、留验和转运等防控措施落实。二是加强道路运输领域布控。根据山西省启动的重大突发公共卫生事件一级响应要求，在基本保证群众出行的情况下，暂停或调整班线客车、旅游客车等业务，调整城市客运车辆发车班次、缩短运行时间、减少发车频率。严格落实交通运输工具清洁、消毒、通风和司乘人员佩戴口罩等措施。严格执行"点对点"运输，不得站外上下客、不得在未设置卫生检疫站的站点配客，客运包车不得招揽包车合同以外的乘客。汽车客运站在"三不进站、六不出站"的基础上，增加"客车不消毒不进站"和"司乘人员及乘客不戴口罩不出站"等更严更实的措施。三是加强民航机场领域布控。对省航产集团所属机构和其他地方机场共7个民航机场，全部实施疫情防控措施：对进出机场的所有人员进行体温测量；对发现的发热人员，积极与卫生健康部门加强衔接，做好留观、转运等相应工作；所有机场巴士暂停运营。

在公路机场保通保畅方面，重点做好三方面保障服务。一是保障重点物资应急运输。在高速公路、普通国省干线公路开启"绿色通道"，对防疫物资运输、医护人员和疫情人员转运等应急车辆，按照"三不一优先"原则，即不停车、不检查、不收费，应急车辆免费优先通行，统一印发通行证，已制发通行证450张。各级交通运输部门积极做好应急运力储备，全省共建立44支应急运输保障车队。其中：客车556台、普货车887台、危货车185台、冷藏车29台、公交车722台、出租汽车3408台。省级能够动态调用的应急运输车辆不低于100台。二是保障返程高峰群众便捷出行。全力做好运输组织保障和运力保障，全省各级交通运输部门已研究制定恢复道路客运班线及旅游包车运营服务实施方案，1.1万余台营运客车、113个汽车客运站严阵以待，一旦地方政府下达恢复运营指令，将第一时间恢复运营服务。同时，针对春运返程客流特征，鼓励开展定制运输，特别是针对大学城、工业园区、大型企业等返程人流相对集中的区域，按照"一企一时间、一校一方案"原则，组织交通运输机构及企业积极开展定制服务。民航机场方面，全省7个民航机场一直保持开通，现有大量富余运力。三是保障公路顺畅通行。与省公安、卫健部门共同部署，严令禁止各地出现擅自封闭高速公路、阻断国省干线公路、阻碍农村公路交通等行为。规范关闭高速公路收费站行为，做到四个"确保"：确保高速公路主线不封闭、确保各市一级环城高速公路至少保留50%以上的收费站正常通行、确保每个通高速公路的市县至少保留1~2个收费站正常通行、确保高速公路收费站不发生严重拥堵。提高卫生检疫站检查检疫效率，加大高速公路入省服务区、大交通量收费站卫生检疫站检疫力量、设备投入，增设检查通道或开辟"复式"检查通道，优化简化检疫流程，优化信息登记，最大限度降低车辆排队等候时间。

《人民日报》、新华社、《山西日报》、山西广播电视台等中央及省内30余家新闻媒体参加发布会。

8日 省交通运输厅下发《关于统筹做好春节返程疫情防控和恢复道路旅客运输的紧急通知》，要求有力有序有效做好春节返程疫情防控和运输保障各项工作。

通知要求从5个方面扎实做好运输组织工作。一是加强客流需求研判，做好运输保障工作。按照积极稳妥的原则，加快研究制定恢复道路客运班线及旅游包车运营服务的条件、范围和具体要求，完善省际、市际道路运输服务保障工作方案，组织运营者全面做好运力、站场、人员、防疫物资等各项准备工作，形成方案报当地人民政府或疫情防控领导机构决策。同时，要有序开展县际、县内道路运输服务保障工作。一旦政府下达恢复运营指令，要及时组织督导相关客运企业和汽车客运站迅速恢复运营服务。要按照“防运并举、分类指导、一车一方案”的原则，科学制定运输保障方案。必要时各市可以启动道路旅客应急保障车队，确保旅客运输安全、有序、不滞留。二是做好返岗返工运输。继续执行省际客运班线停班措施。对具有一定数量规模且同一出发地、目的地的企事业员工和农民工以及需返回湖北等疫区从事必需工作的返程人员，提请由各设区市统一制定运送方案，实施点到点包车运输，确保直达目的地。三是做好学生返校运输。鼓励学校包车接送来源地相对集中的学生。省际道路客运班线停运期间，鼓励学生改用其他运输方式返校。要加强公路、铁路、民航等各种运输方式的协同衔接，尽量做到点到点运输。四是加强对接协调。各地交通运输部门要做好与来源地、目的地交通运输等部门的沟通衔接，提前获取或函告疏运人员、车辆、运行路线等信息。遇有车辆通行受阻等情况，及时协调解决。疫情防控期间，对地方政府组织的农民工返程包车免收高速公路通行费。五是加强运行安全管理。各单位要进一步压实企业安全生产主体责任，督促企业做好交通运输工具的检测和维护，严防交通运输工具带病投入运营，保障道路运输安全。

通知强调，要严格运输全程疫情防控。加强交通运输场所和运输工具防疫，控制交通运输工具客座率，认真做好司乘人员信息登记，落实司乘人员、旅客佩戴口罩和测温制度。对于未佩戴口罩旅客，一律拒绝乘车。实施包车运输的，各地统一做好旅客出行前体温监测工作，确保人员不带病出行。

通知要求，切实加强组织领导。各市交通运输主管部门，一要切实加强对做好春运返程高峰运输服务保障工作的组织领导；二要做好疫情防控保障工作。提请人民政府落实对运输企业和一线从业人员防疫物资的保障。各地交通运输部门要与公安、应急管理、市场监管等部门加强沟通协作，配合公安等部门形成联合执法机制，维护道路客运市场秩序，防止疫情通过“黑车”扩散。通知还要求，要建立工作督查机制，及时上报通车信息，加强宣传报道及舆情管理工作。

9日 省交通运输厅召开疫情防控工作视频调度会。厅党组成员、副厅长段新源主持会议并对太原、运城、大同3市交通运输局疫情防控工作进行视频调度。会议听取太原、运城、大同3市交通运输局前段时间工作情况汇报和春运返程交通运输保障、重点物资运输保障、春运返程、城市客运工作的安排情况，以及存在的问题。

段新源在讲话中充分肯定3市交通运输局前段时间所做大量工作和近期工作安排，强调当前疫情防控仍处在关键期，对于交通运输行业，叠加即将到来春运返程高峰考验，要强化防大疫、打大仗、扛大梁思想精神准备、运输保障准备、人员物资准备。要继续勇挑重担、不负重托、不辱使命，按照各地党委、政府部署，干净彻底切断交通运输领域传播渠道，做到防输入、防扩散、防输出，同时要完成好运输服务保障，坚决守住山西疫情防控“交通运输阵地”，让省委、省政府放心，让全省人民满意。省交通运输厅将按照这种方法，对其他地市疫情防控工作进行视频调度，进一步明确责任，扎实落实防疫、运输各项措施，为人民群众生活、生产提供保障服务。

厅公路运输管理处、水运管理处、城市客运管理处、省运管局相关负责人在主会场参加疫情防控工作调度会。

10日 省交通运输厅晋交建管函〔2020〕45号文印发《关于印发公路水运建设领域新冠肺炎疫情防控专项应急预案（试行）的通知》，要求各市交通运输局，省公路局、省海事局、厅重点办，各高速公路建设项目公司认真贯彻落实。

12日 省交通运输厅党组成员、副厅长段新源带领省交通运输厅疫情防控第二督导组到长治、晋城两市对新型冠状病毒感染的肺炎疫情防控工作落实情况进行督导检查。督导组坚持实事求是、务实高效的原则，采取“四不两直”方式，深入长治襄垣服务区、晋城汽车东站、高平服务区、长治王村机场进行实地检查和了解疫情防控工作落实情况。督导组仔细查看体温监测、消毒防疫、乘客信息登记和民航机场疫情管控措施落实情况，对个别服务区存在的安全隐患问题进行现场纠正。

段新源强调，当前疫情防控仍处在关键期，要把各项防控措施抓实抓好落实到位。要主动担当作为，积极应对，加强动态排查筛查；要严防死守，把好第一道关口，全力守住“双返”高峰、“双防”警戒线，坚决打赢这场疫情防控阻击战。

13日 省交通运输厅晋交建管发〔2020〕49号文印发《关于做好疫情防控期间高速公路和普通国省干线公路工程建设项目招标投标工作的通知》。

14日 省交通运输厅召开转型项目视频调度会，部署公路转型项目复（开）工准备工作。厅党组成员、副厅长李贵顺及省厅有关处室负责人在主会场参加会议，有关地市交通运输局、省公路局、厅重点办、转型项目实施机构、有关投资企业、项目公司等单位负责人以视频连线方式参加会议。

会议传达学习习近平总书记有关重要指示批示精神，中央政治局常委会关于坚持疫情防控和经济社会发展“两手抓”工作部署，省委书记楼阳生重要讲话精神以及省委、省政府、交通运输部有关工作部署。围绕疫情对公路转型项目首季“开门红”和年度目标任务的影响进行分析研判，对公路转型项目继续做好疫情防控重点工作的基础上努力抓好复（开）工准备工作进行部署。

李贵顺在讲话中，提出3点要求：一是强化政治担当，提高抗击疫情和复（开）工重要性的认识；二是坚定信心，确保首季“开门红”和全年投资任务目标不动摇；三是科学组织、统筹谋划，保证防控和建设“两手抓、两不误”。

同日 省交通运输厅、省发展和改革委员会、省财政厅联合印发晋交财发〔2020〕50号文《关于通过差异化收费方式优化完善我省高速公路货车计费方式的意见》的通知。

15日 省交通运输厅晋交规划函〔2020〕50号文印发《关于我省与京津冀地区协作联动发展推进情况的函》，向省发改委报告。

16日 为确保新冠肺炎疫情防控期间免收收费公路车辆通行费执行落实到位，做好公路保通保畅工作，省交通运输厅印发《新冠肺炎疫情防控期间免收收费公路车辆通行费工作方案》，要求各市交通运输局、省公路局、省高管局、山西交控集团及各收费公路经营管理单位认真贯彻执行。

17日 按照省委、省政府有关复工复产要求，即日起，全省各市和县（市）城市公交、出租汽车，在疫情防控期间做好群众基本出行保障工作的基础上，结合当地实际，采取灵活调度措施，按照客流量大小，实时加密车距，提供充足运力，陆续恢复运营。

18日 全国春运结束，全省完成道路春运任务。春运共计40天，受疫情影响，全省道路客运1月29日全部停运，实际运行19天。

春运期间，全省道路客运共投入客车130513台次（其中班车121074台次，包车9439台次），班车共运行167155趟次，包车共运行9439趟次，累计完成发送旅客327.07万人次，同比下降69.7%。全省城市公交共投入公交运力264043台次、289668.4标台次，完成客运量6639.69万人次，日均运送乘客165.99万人次，同比下降58.75%。全省城市出租共投入出租运力42877台，完成客运总量4360万人次，日均运送旅客109万人次，同比下降63%。全省道路运输春运没有发生一例疫情感染，没有发生安全责任事故。

23日 为科学防治精准施策、分区分级做好疫情防控工作，确保“四后”和“双返”期间公路保通保畅保运工作有效开展，有序恢复正常生产生活秩序，努力实现全年经济社会发展目标任务，根据国家和山西省关于做好恢复正常交通运输秩序保障道路交通畅通工作要求，省交通运输厅晋交路网发〔2020〕62号文印发《关于做好恢复交通秩序保通保畅保运工作的通知》，要求各市交通运输局、厅直各单位、厅机关各处室，山西交控集团要在做好疫情防控工作的前提下，加快交通运输复工复产，支撑经济平稳运行。

24日至25日 省交通运输厅一级巡视员雷天才赴忻州、吕梁督导检查片区交通运输部门疫情防控和复工复产开展情况。

雷天才在讲话中，要求各单位要认真落实习近平总书记和党中央、国务院、省委、省政府以及交通运输部关于统筹做好疫情防控和复工复产的重要部署，按照厅党组统一安排，加强组织领导，坚持分区分级精准实施疫情防控，全力保障路网畅通和客运服务，主动与企业进行协调对接和服务指导，努力为企业复工复产创造条件、排忧解难，确保疫情防控与促进经济社会发展工作“两手抓、两不误”。

24日至26日 省交通运输厅副厅长级干部郭贵堂赴临汾、运城督导检查交通运输主管部门、交通企业疫情防控及复工复产情况。

郭贵堂指出，各市交通运输主管部门、交通企业要认真贯彻党中央、省委、省政府决策部署，按照厅党组统一安排，特别是认真贯彻落实2月25日省厅视频会议要求，结合本地区、本部门实际，切实抓紧抓好疫情防控和复工复产工作；要按照市人民政府及市疾控中心统一领导，协调配合有关部门，加强分析研判，精准做好分区分级的疫情防控工作；要深入基层，帮助解决实际困难，切实关心一线职工生活，全力保障路网畅通，有序推动企业复工复产，为打赢疫情防控阻击战体现交通担当，贡献交通力量。

25日 省交通运输厅晋交建管函〔2020〕62号文印发《关于新冠肺炎疫情防控期间公路工程建设项目工程价款调整的指导意见》，要求各有关单位做好相关工作。

同日 下午，全省交通运输系统统筹做好疫情防控加快交通运输复工复产支撑经济平稳运行电视电话会议召开。会议的主要任务是：深入贯彻落实习近平总书记统筹推进新冠肺炎疫情防控和经济社会发展重要讲话精神，落实全省与交通运输部相关会议精神，进一步做好疫情防控工作，加快交通运输复工复产，支撑经济平稳运行，努力实现年度目标任务，推动交通运输高质量发展。厅党组书记、厅长闫晨曦出席会议并讲话，厅党组成员、副厅长李贵顺主持会议。

闫晨曦强调，全省交通运输系统要认真学习、深刻领会、坚决贯彻、扎实落实习近平总书记关于统筹推进新冠肺炎疫情防护和经济社会发展工作部署的重要讲话精神，增强“四个意识”，坚定“四个自信”，做到“两个维护”，坚决把思想和行动统一到总书记的重要讲话和重要批示指示精神上来，统一到党中央、国务院决策部署和交通运输部、省委、省政府具体部署上来，深刻领会，深入贯彻，深化落实，按照省委书记楼阳生的要求，胸怀大局抓落实，精准科学抓落实，抢抓机遇抓落实，通盘统筹抓落实，勇挑重担，积极作为，不辱使命，切实当好先行官，为经济社会发展提供有力的交通运输支撑。

闫晨曦指出，山西省交通运输疫情防控取得积极成效，但形势依然严峻复杂，突出抓好疫情防控仍是工作的重中之重。要坚定必胜信念，坚持分区分级、精准施策，再接再厉、再鼓干劲，为打赢疫情防控人民战争、总体战、阻击战，提供坚强的交通运输服务保障。交通疫情防控工作仍然是当前交通运输系统丝毫不能放松的一项首要政治任务，必须按照省委、省政府统一指挥、统一部署、统一要求，扎扎实实、不折不扣将多项工作措施落实落细落到位。要坚决做好环京出省口的“双防”工作，坚决做好应急物资和重点生活生产物资运输保障，坚决做好“双返”期间的疫情防控，坚决做好复工复产后的疫情防控。

闫晨曦要求，要在做好防控工作的基础上，打通“大动脉”、畅通“微循环”，为推进复工复产当好先行、走在前列，为经济社会发展大局服务好、服好务。一是全力保障交通网络的畅通高效。各地交通运输部门要认真贯彻国务院关于恢复交通秩序的部署要求，主动与公安等部门密切配合，明确分级分类防控策略，严格按照“一断三不断”的要求，坚决纠正一些地方，将公路的出入口一关了之、将城乡公共交通一停了之的做法，立即纠正硬隔离或挖断农村公路的做法，结合实际，分类管理，精准施策，加快打通人流、物流通道，切实保障公路路网的顺畅运行。二是全力组织做好农民工返岗运输服务保障工作。各地交通运输部门要认真落实“四位一体”协调机制分工要求，根据企业和本地人社部门提供的务工人员出行需求信息，制定专门运输方案，按照“一车一方案”等原则，开展“点对点”直达运输，按照省厅《关于进一步做好新冠肺炎疫情防控期间应急运输车辆和农民工返岗包车顺畅通行的通知》精神，将农民工包车纳入应急运输绿色通道政策范围予以优先保障通行，实现“出发有组织、健康有监测、运输有保障、运达有交接、全程可追溯”。三是全力有序推进公路客运、城市客运恢复运营。对于低风险地区，要立即全面地恢复正常交通运输秩序；对于中风险地区，要尽快全面恢复运输服务，加强运营组织调度，优先恢复连接交通枢纽、城市中心区域和主要生产生活区域的城市公交服务，指导各地运输企业加大复工复运力度，加强运营监测，强化客流疏导，采取灵活调度发车班次、加密发车间隔等方式，降低车辆满载率，避免乘客大量聚集和滞留；对于不具备恢复到正常运输服务的高风险地区，要做好应急运输组织和保障。各地要根据辖区内客流情况，统筹考虑各方利益诉求，实时调整出租车运营方案，满足个性化出行需求。

四是全力做好复工复产期间的安全生产工作。要聚焦"两客一危"、农村客运、重点桥隧、客运枢纽站场、城乡公交等关键领域，深入开展安全生产隐患排查，严厉打击非法营运、超限超载和疲劳驾驶等违法违规行为，加强道路客运车辆动态监管，依法从严查处"三超一疲劳"非法运营等违法经营行为，督促企业严格执行凌晨2点至5点停止运行或者接驳运输的安全管理等要求。五是全力做好民航机场服务保障工作。积极对接人社等部门，对复工人员包机返岗情况提前做好摸底工作，有序推进返岗复工"点对点"民航运输服务；逐步恢复减量航班及断航航线；持续做好机场疫情防输出、防输入、防扩散等相关工作。六是全力加强货运物流服务保障力度。充分发挥综合交通的组合优势和整体效率，保障运输通道干线和毛细血管的畅通，保障"米袋子""菜篮子"产品和农业生产资料正常流通、及时进城入村，确保农资供应不误时。七是全力保障邮政快递正常运营。各地交通运输部门要将邮政快递车辆纳入疫情防控以及运输应急生活生产物资车辆的管理，对执行应急物资运输的邮政快递车辆实行"三不一优先"的政策，要根据本地实际，配合邮政部门研究制定保障末端投递的相关政策，落实好分级防控的举措，切实解决快递进小区、进农村、进企业难等问题，畅通"最后一公里"的物流通道，满足人民群众对正常寄递服务的需求。八是全力有序推动全省交通建设项目复工开工。各级交通运输部门在落实好分区分级、精准防控工作要求的同时，要把握好时间节奏，及时有效调度，坚持"工地无疫情、人员零感染、项目早复工、首季开门红"工作思路，推进项目尽快复工开工。

闫晨曦还对紧抓重点工作，实现全年目标提出5个方面硬性任务：一是坚决打赢交通脱贫攻坚战，为决胜全面建成小康社会当好先行；二是毫不放松抓好交通强国建设试点工作；三是深入推进运输结构调整；四是进一步深化交通运输重点改革；五是毫不放松抓好交通运输安全稳定工作。

省公路局、省运管局、山西交控集团、太原市交通运输局、晋中市交通运输局、吕梁市交通运输局负责人作交流发言。

同日 省交通运输厅党组成员、副厅长王晋带队对晋中、阳泉统筹做好疫情防控加快交通运输复工复产工作进行督导检查。

检查组一行采取"四不两直"的方式，先后前往平定县、昔阳县、和顺县、左权县就客运站、长途班线、城市客运恢复运营情况，东吕高速晋中康家楼省界检查站，高速公路和顺服务区、左权服务区、太谷服务区，平定高速口超限检查站服务保障情况进行实地检查。王晋强调，要根据"分级分区"的原则，加快解决公路堵点，恢复路网正常运行；要在当地人民政府统一领导下，有序推进长途客运、城市客运服务；要提升服务意识和服务品质，切实做好服务区基本服务保障工作。

同日 省交通运输厅党组成员、副厅长段新源深入长治、晋城督导检查交通运输重点领域疫情防控和复工复产工作。

段新源强调，要统筹推进疫情防控和服务经济社会发展工作，继续毫不放松地抓紧抓细抓实各项疫情防控工作，积极有序推进道路客运和城市公交恢复运营，全力做好农民工返岗运输服务保障，切实保障应急物资和重点生产生活物资运输通畅。同时，要积极关注疫情对行业从业人员的影响，积极采取有效办法帮助他们解决困难，促进交通运输行业稳定向好。

同日 上午9:30，随着一声火车汽笛响起，X8436次图定中欧班列（中鼎至明斯克）缓缓驶出中鼎物流园，这标志着山西省受新冠肺炎疫情影响以来，中欧班列正式恢复常态化开行。为助力山西省进出口企业尽快复工复产，促进外贸健康平稳发展做出新贡献。

此趟中欧班列由42节40英尺（12.192米）集装箱组成，装载法兰、箱包、毛巾、自行车配件、百货等货物，预计15天后抵达明斯克，这是全省累计开行的第180列中欧（中亚）班列。

为快速恢复山西中欧班列常态化开行，山西晋欧物流有限公司积极组织班列货源，挖掘当地外贸企业，服务周边出口货源，针对疫情期间部分公路运输受阻的情况，采取公路运输+铁路运输相结合的新型集货模式（铁路集货25车，公路集货15车，站内拼装箱2车）。同时协调中鼎物流园区，为疫情期间中欧班列集货车辆开通绿色通道，设专人接待受理中欧班列集货车辆，采用线上审核资料、远程操作卸车的方式，有效减少生产一线作业人员与货车司机接触的风险，确保疫情防控万无一失的同时，保证中欧班列常态化开行。

为建立山西国际物流新通道，山西中鼎物流园驶往波兰·马拉舍维奇的新线路于2月29日开通。

27日 省交通运输厅党组书记、厅长闫晨曦到太原市大南门地铁站、下元公交停保场、太原汽车客运西站督导检查交通运输疫情防控和复工复产工作。

闫晨曦在讲话中，要求结合实际，进一步抓好“统筹疫情防控、统筹经济社会发展”两个统筹工作，正确处理好疫情防控和经济发展的关系，真正做到一手抓防疫，一手抓经济，确保疫情防控与经济发展两促进、双胜利。要进一步做好复工复产后的疫情防控工作，努力实现年度目标任务，有力推动全省交通运输高质量发展。

28日 省交通运输厅党组成员、副厅长李贵顺赴省公路局调研指导工作。

李贵顺对省公路局近期疫情防控和复工复产工作给予充分肯定，对下一阶段的工作提出4点要求：一要认真贯彻落实好中央、省委、省政府和省厅有关疫情防控和复工复产的一系列部署要求，做实做细项目复工预案，坚决做到“两手抓、两不误”。二要总结完善近年来公路部门建设项目、地方政府承建项目和PPP项目的不同类型和特点，针对性健全完善相关制度和办法，进一步规范和加强干线公路建养项目管理。三要围绕“十三五”国检推动重点工作落实。路面改造PPP项目和公路安全生命防护工程要严格按照时间节点加快推进，务必于8月底全面完工。安防工程资金缺口、未纳入路面改造PPP项目的次差路段改造和交通部挂牌督办路段整改等问题，要尽快形成专题报告上报省厅研究解决。四要保障干线公路安全畅通。要压实安全生产责任，加强隐患排查整治，确保新改建项目施工安全，确保干线公路运营安全。

同日 省交通运输厅晋交水运函〔2020〕71号文印发《关于开展2020年典型事故案例进航运公司进船员培训机构活动的通知》，要求各市交通运输局，省地方海事局做好相关工作。

同日 省交通运输厅晋交规划函〔2020〕72号文印发《关于有效应对新冠肺炎疫情进一步做好交通脱贫攻坚工作的通知》，要求各市交通运输局，省公路局、省运管局、厅重点办做好相关工作。

3月

2日 省委常委、太原市委书记罗清宇深入太原东二环高速项目施工现场开展包联帮扶工作，强调要深入贯彻习近平总书记关于统筹推进疫情防控和经济社会发展工作的重要讲话和重要指示批示精神，认真落实省委专题会议部署，落实包联责任，落细帮扶举措，坚决夺取抗击疫情和复工复产工作双胜利，努力完成2020年项目建设任务。省交通运输厅党组成员、副厅长李贵顺参加。

阳曲县凌井店南庄枢纽施工现场，罗清宇详细了解防疫措施落实和工程进展情况，为一线施工人员送上防疫物资，到项目驻地，就工程建设中存在的问题现场办公。他指出，太原市委、市政府高度重视东二环高速项目建设，将全力为项目顺利推进提供坚实保障，帮助企业强化组织调度，加强施工力量，抢抓工程进度，努力把失去的时间“抢”回来，把落下的进度“补”上来。业主单位和施工单位负责人表示，一定严格落实疫情防控各项举措，全力加快项目建设进度，确保2020年8月竣工通车。

同日 为做好厅属事业单位改革期间全省联网收费运营和服务管理工作，进一步加快取消省界收费站省级联网收费系统的建设和完善步伐，确保系统稳定运行，实现与部级业务的良好有序对接，省交通运输厅晋交财发〔2020〕66号文印发《关于明确改革过渡期内省级联网收费运营和服务管理工作有关事项的通知》，要求省高管局、山西交控集团、汾平公司、龙城公司、阳五公司、中交翼侯公司认真做好过渡期内省级联网收费运营和服务管理工作。

4日 省交通运输厅安委会第一次全体（扩大）会议暨全省交通运输安全生产工作电视电话会议召开。厅党组书记、厅长闫晨曦出席会议并讲话，要求坚决贯彻落实党中央、国务院和省委、省政府的决策部署，以更加坚定决心、更加有力举措、更加务实作风，扎实做好安全生产各项工作，为全省高质量转型发展、交通强国建设和全面建成小康社会创造安全稳定的交通运输环境。

闫晨曦指出，过去一年，全省交通运输安全生产形势总体平稳，但安全短板依然突出，交通运输安全生产事故在各行业各领域占比仍较大。当前正处于抗击疫情和复工复产的关键时期，疫情防控和安全生产风险相互交织，今年又是全面建成小康社会和“十三五”规划的收官之年，也是山西省推进高质量转型发展的起步之年，做好安全生产工作更具特殊意义。各单位各部门务必清醒认识当前安全生产形势，充分认清做好全行业安全生产工作的极端重要性、严峻性、复杂性、艰巨性，切实增强做好安全生产工作的责任感和紧迫感，时刻绷紧安全生产这根弦，站在讲政治、讲党性、讲大局的高度，在统筹做好疫情防控和交通运输发展工作的同时，以极端负责的态度持之以恒、坚持不懈抓好安全生产工作，坚定不移树牢“生命至上、安全第一”的理念，坚定不移守住安全生产这条红线，坚定不移实施铁腕强安，坚定不移扛起安全生产责任，推动全省交通运输安全生产形势持续稳定向好。

闫晨曦强调，要进一步强化责任担当，压实安全生产各项责任，健全完善最严格的安全生产责任体系，层层传导责任，层层推动工作落实。要强化组织领导，严格落实“党政同责、一岗双责、齐抓共管、失责追究”要求，真正把安全生产作为“一把手”工程，把安全生产列入重要议事日程。要从严落实监管责任，坚持管行业必须管安全、管业务必须管安全、管生产经营必须管安全，强化重点行业领域安全监管，消除监管盲区和漏洞。要从严落实企业的主体责任，督促交通运输企业严格落实全员安全生产责任制、全过程安全责任追溯制度，认真开展“反三违”行动。要强化问责追责，建立依法依规追究事故企业责任工作机制。

闫晨曦要求，要全力抓好复工复产期间的安全生产工作，强力推进道路运输、公路运营、公路水运工程建设、水上交通等重点领域专项整治，全面落实平安交通三年攻坚行动，提升交通运输安全保障能力。要健全完善风险分级管控和隐患排查治理双重预防机制，积极运用大数据、人工智能等手段，加强对风险隐患预测预警，深入开展各领域、各地区重大风险辨识评估，科学编制风险分布图、风险清单台账和风险动态数据库，制定落实针对性管控措施，不断防范化解交通运输领域重大安全风险。

闫晨曦强调，要夯实基层基础，提升本质安全水平。一是加强交通运输安全监管执法，健全完善交通运输安全执法机制，建立健全安全生产监督管理权责清单和责任规范，逐步建立落实分类监管制度，实施差异化动态监管。二是全面开展员工安全能力素质提升行动，加强交通运输安全生产管理、监督、执法人才队伍建设，加强关键岗位人员安全教育培训，不断提升从业人员整体安全素质。三是深入开展科技强安，继续推进“两客一危”重点营运车辆加装智能视频监控报警系统100%完成安装任务，加强营运车辆动态监管，加快安全生产信息化建设。四是认真落实全省《关于推进应急管理体制机制建设的意见》，进一步细化明确任务，健全应急管理“五大体系”，完善应急管理“五项机制”，提升应急管理“五种能力”。要严格执行领导干部到岗带班、关键岗位24小时值班制度和事故信息报告制度，确保一旦发生事故险情，能够及时科学有效应对。

厅党组成员、副厅长李贵顺主持会议，厅党组成员、副厅长段新源传达省政府安委会第一次全体（扩大）会议暨全省安全生产工作电视电话会议精神，厅二级巡视员郭全英通报2019年全省交通运输系统生产安全事故情况。会上，晋城市交通运输局、省公路局、省运管局、厅重点办、山西交控集团、山西汽运集团对近期安全生产工作开展情况和下一步打算作汇报。

同日 省政府新闻办召开交通运输专场新闻发布会。省交通运输厅与省邮政管理局、中国铁路太原局集团有限公司、山西航产集团等介绍全省交通运输行业助力社会复产复工有关情况并回答记者提问。省委宣传部副部长张羽主持。厅党组成员、副厅长、新闻发言人王晋代表省交通运输厅介绍交通运输系统助力社会复产复工情况并回答记者问。

王晋从6方面介绍省交通运输厅助力复产复工采取的措施和取得的成效。一是全力保障路网畅通。全省交通运输部门立足实际，分类管理，认真贯彻落实国务院关于恢复交通秩序的部署要求，与公安、防疫等部门密切配合，加大路面巡查和路网运行监测力度，及时调度、疏导公路拥堵情况，着力保障运输通道干线和毛细血管的顺畅运行，及时发布公路预警信息，引导社会公众安全便捷出行。截至3月3日，设置在高速公路、普通国省公路的721个卫生检疫站点，除进京方向17处予以保留外，其余704处已全部取消；高速公路335个收费站出入口全部恢复正常通行；原来运营的128对高速公路服务区，已有118对恢复停车、加水、如厕、方便食品供应等基本服务，103对恢复加油服务；普通国省公路和农村公路交通阻滞现象基本消除。据统计，全省公路交通量逐日递增，以3月2日为例，全省高速公路通行量已达44万辆次，是2月初的3倍，是2019年同期的62%。普通国省干线和农村公路的交通量也与日俱增。二是全力保障客运服务。根据全省分区分级管理的要求，对低风险地区，协调当地全面恢复正常交通运输秩序；对中风险地区，协调当地尽快全面恢复交通运输服务；对不具备恢复运输服务的地区，通过定制方式进行交通运输服务，做好应急运输组织和保障。截至3月2日，城市公交方面，全省11个设区的市城区城市公共交通全部恢复（开）通；受疫情影响停运的92个县（市）的公交已有56个恢复运营；出租车方面，停运的73个县（市）已有39个恢复运行；网约车除晋城市外，其他已批准网约车运营的设区市已全面恢复运营。长途客运方面，全省113个县级以上长途汽车站，疫情发生后陆续停运，105个低风险区中的93个已恢复运营。省际、市际长途客运大部分正在与对开省（市）协商，协商一致后逐步恢复运行，其中长治至临汾城际公交已恢复运营。针对省际班车尚未恢复的情况，开展跨省“点对点”包车服务。据统计，2月底以来的日均客运量与2月初相比明显上升，道路客运（含班车、包车）日均14.1万人次（增长354.8%），公交日均33.29万人次（增长71.33%）。民航方面，始终保持运力充足。三是全力保障应急运输，做到物畅其流。交通运输部门严格落实应急物资“三不一优先”的绿色通道政策，除应急防疫物资外，将重要生产生活物资运输全部纳入应急保障范围，对紧急物资应急运输车辆和重要生活生产物资运输车辆，不检查、不停车、不收费、优先通行，保障“米袋子”“菜篮子”等民生物资和工农业生产资料及时进城入村，确保货物运输“零阻碍”、农资供应不误时、工业生产不影响，为复工复产提供支撑和保障。特别是2月17日零时起，全国公路免收车辆通行费政策的实施以来，不仅使客货车辆在全省全国畅通无阻，而且为企业降低近35%的物流成本。四是全力保障农民工返岗运输。客运方面，认真落实“四位一体”协调机制分工要求，根据企业和人社部门提供的务工人员出行需求，制定专门运输方案，按照“一车一方案”原则，开展“点对点”直达运输服务，将农民工包车纳入应急运输绿色通道政策范围予以优先保障通行，确保做到“出发有组织、健康有监测、运输有保障、运达有交接、全程可追溯”。如2月16日以来，组织农民工返岗“点对点”包车运输，累计为富士康等企业发送909趟次包车，运送农民工17590人。民航方面，积极对接人社等部门，对复工人员包机返岗需求提前摸底，有序推进返岗复工“点对点”民航运输服务。为保障农民工安全有序返岗，各级交通运输部门和相关企业勇于担当，主动作为，为农民工安心、放心、舒心地返岗复工做了大量的工作。如运城机场为157名农民工赴广东返岗复工提供民航包机“点对点”服务。山西路桥集团通过“点对点”包车运输方式，分别为晋中市国道G207新建工程项目、浙江丽水国道G322改线工程项目，集中运送返岗复工农民工。在交通运输部门帮助下，山西路桥集团分批次包车从贵州、河南、陕西等地将返岗复工的农民工送到太原东二环高速、隰吉高速等省重点项目工地。五是全力保障邮政快递正常运营。将邮政快递车辆纳入疫情防控及运输应急生活生产物资车辆统一管理，实行“三不一优先”政策，落实好分区分级防控举措，切实解决了快递进小区、进农村、进企业难等问题。六是全面推广应用“健康码”，方便群众出行。与有关部门协同配合，在汽车站、机场，公交车、客运车、出租车、网约车等人员密集场所和交通工具，推广应用山西“健康码”，保障人民群众安全便捷出行。针对全省交通运输建设项目复（开）工情况，王晋介绍说，2020年，全省共有44个公路、机场项目列为省级重点工程，还要建成1.3万公里“四好农村路”和旅游公路，全年总投资460亿元。省交通运输厅早动手、早安排，提前做好一切复工准备，在抓好疫情防控各项工作的前提下，积极主动谋划交通运输项目的复（开）工。高速公路11个续建项目已全部复工，普通国省公路17个续建项目已复工7个，“四好农村路”和三个一号旅游公路项目，临汾、运城、晋城3市已陆续复工。到3月下旬，全省所有公路项目将全部复工。

王晋最后表示，当前疫情防控正处在关键阶段，复工复产重任在肩，省交通运输厅将按照党中央、国务院和省委、省政府统一部署，进一步强化必胜之心、责任之心，用硬肩膀担当、用硬作风保障，不折不扣将各项工作措施落实落细落到位。

在记者提问环节，王晋回答记者提问。省邮政管理局副局长高日勇、中国铁路太原局集团有限公司副总经理刘枫、山西航产集团副董事长邓保平分别介绍各自领域助力社会复产复工情况，并回答记者问。《人民日报》、新华社、《山西日报》、山西广播电视台等中央及省内30余家新闻媒体参加发布会。

6日 省交通运输厅晋交运管发〔2020〕72号文印发《关于做好2020年运输结构调整工作的通知》，要求各市交通运输局做好相关工作。

同日 2020年全省交通运输工作会暨党风廉

政建设和反腐败工作电视电话会议召开，传达学习省委常委、副省长胡玉亭重要批示精神，总结工作，分析形势，部署2020年全省交通运输工作暨党风廉政建设和反腐败工作。厅党组书记、厅长闫晨曦作工作报告并强调，要以习近平新时代中国特色社会主义思想为指导，全面贯彻落实中共十九大和十九届二中、三中、四中全会及中央经济工作会议精神，贯彻落实省委经济工作会议、省两会和全国交通运输工作会议精神，动员全系统广大干部职工乘势而上、砥砺前行，开启交通强国建设山西篇章新征程。

闫晨曦指出，2019年是山西交通运输勇担使命、爬坡过坎、再创佳绩的一年。交通运输经济稳增长成效明显，综合交通运输网络加快构建，三大攻坚战取得重大阶段性成果，交通运输供给侧结构性改革不断深入，取消高速公路省界收费站工作圆满完成，厅属事业单位改革和综合行政执法改革全面实施，行业治理能力和治理水平进一步提升，智慧绿色交通进一步发展，交通运输安全生产形势保持稳定，党的建设质量不断提高。

闫晨曦强调，要把思想和行动统一到中央、省委、省政府和交通运输部对发展形势、疫情防控形势的分析判断及各项工作的决策部署上来，尤其要做到“四个务必”，一要务必深入学习贯彻习近平总书记对交通运输工作系列重要指示精神和习近平总书记“三篇光辉文献”精神；二要务必围绕“四为四高两同步”的总体思路和要求谋划和推动交通运输工作；三要务必把落实《交通强国建设纲要》作为新时代做好交通工作的总抓手；四要务必按照统筹做好疫情防控和经济社会发展的要求做好当前交通运输工作。

闫晨曦指出，2020年是全面建成小康社会和“十三五”规划的收官之年，是第一个百年奋斗目标的实现之年，是加快建设交通强国的紧要之年，做好今年的交通运输工作至关重要。总体要求是：以习近平新时代中国特色社会主义思想为指导，全面贯彻中共十九大和十九届二中、三中、四中全会精神，深入贯彻习近平总书记“三篇光辉文献”精神，坚决贯彻党的基本理论、基本路线、基本方略，增强“四个意识”、坚定“四个自信”、做到“两个维护”，按照省委经济工作会议、省“两会”和全国交通运输工作会议部署，紧扣全面建成小康社会目标任务，坚持稳中求进工作总基调，坚持新发展理念，坚持以供给侧结构性改革为主线，坚持“四为四高两同步”总体思路和要求，全面开启交通强国建设山西篇章新征程，加快构建现代化综合交通运输体系，有效提升交通运输服务品质，不断深化交通运输领域改革，坚决打赢交通运输三大攻坚战、疫情防控阻击战，牢牢守住安全生产底线，持续营造良好政治生态，为推进全省转型发展，确保山西与全国同步全面建成小康社会当好先行、提供支撑。主要预期指标是：全省公路、机场和枢纽建设完成投资500亿元，较2019年计划同比增长16%；高速公路新改建11个项目809公里、再打通1个出省口，普通国省干线公路完成新改建110公里、完成PPP模式路面改造2200公里，“四好农村路”和三个一号旅游公路完成新改建1.8万公里，机场新开工项目3个（其中通用机场2个）；高速公路优等路率、普通国省道优良路率、农村公路优良中等路率分别保持在90%、80%、75%以上，非法超限率控制在0.2%以内；实现具备条件的建制村全部通客车，99%以上的建制村通客车；巩固发展安全生产形势，坚决防止重大及以上责任事故。全面完成“十三五”规划各项目标任务。

闫晨曦要求，要重点做好11个方面工作：一是全力做好疫情防控和复工复产工作。全面压实法人单位防控责任，坚决做好环京出省口的“双防”工作，全力做好交通运输保通保畅保运各项工作，全方位推进交通建设项目复（开）工。二是全面启动贯彻落实《交通强国建设纲要》的各项工作。推动建立组织领导机制，制定出台贯彻《建设纲要》的实施意见，加快完善规划体系，扎实推进交通强国试点工作。三是推动“四好农村路”和三个一号旅游公路高质量发展。全面完成“四好农村路”和“十三五”规划内剩余任务，加快推进三个一号旅游公路建设，深化农村公路管理养护体制改革。四是加快完善综合交通基础设施网络。进一步完善高速公路网络体系，进一步提升普通国省道服务水平，进一步加快推进机场项目建设，进一步加强综合交通枢纽建设，进一步推进水运基础设施建设。五是坚决打赢交通运输领域三大攻坚战。高质量打赢交通脱贫攻坚战，全力打好防范化解重大风险攻坚战，坚决打好交通污染防治攻坚战。六是进一步深化交通运输供给侧结构性改革。推进运输结构调整，降低物流成本，改进提升服务水平，优化营商环境，增强发展动能。七是进一步深化交通运输重点改革。全面完成厅属事业单位改革和交通运输综合行政执法改革，深化转职能转方式，做好机构改革“后半篇”文章。八是大力推动智慧绿色交通发展。着力提升交通运输信息化应用水平，大力发展绿色交通，提高交通运输科技创新能力。九是加快提升行业治理体系和治理能力现代化水平。完善综合交通运输法规制度体系，深入推进法治政府部门建设，提高规范执法水平，强化社会治安综合治理。十是牢牢守住交通运输安全发展底线。从严落实安全生产责任，加强安全风险管控，切实加强安全生产基础和基本功建设，强化重大运输安保和应急处置能力。十一是全面加强党的建设。坚持把政治建设摆在首位，全面提高党建工作质量和水平，持续加大干部和人才队伍建设。

闫晨曦要求，要扎实做好2020年党风廉政建设和反腐败工作，重点抓好6方面工作：一要坚持强化政治监督，切实加强党的领导。坚决做到“两个维护”，做好巡察工作，严肃党内政治生活。二要坚持思想教育不放松，筑牢“不想腐”的思想堤坝。扎实推进理论武装，进一步坚定理想信念。继续开展党风廉政宣传教育。三要开展纪律作风专项整治，树立新风正气。提高思想认识、聚焦整顿重点、注重分类实施、做到惩防并举。四要强化对权力运行的监督和制约，提升治理效能。着力完善权力制约机制、推进权力公开、完善监督体系、加强制度建设。五要用好监督执纪“四种形态”，强化高压态势。坚持“严”的主基调，开展常态化的监督检查，用好“四种形态”化存量、遏增量。六要压紧压实“两个责任”，提高监督执纪效能。不断完善监督责任体系，督促各级领导干部认真履责，加强全系统纪检队伍建设。

会上，厅党组成员、驻厅纪检监察组组长王建业在讲话中对新一年全系统纪检监察工作提出3点要求。一要以政治监督为统领，不断增强“两个维护”的能力和效果。二要以精准监督为保障，推动落实“两个责任”。三要以日常监督为基础，驰而不息正风肃纪。四要以专项监督为抓手，一体推进不敢腐不能腐不想腐“三不”体系。五要以加强自身建设为基础，锻造纪检监察铁军。

厅党组成员、副厅长秦红保宣读《山西省交通运输厅关于表彰2019年度完成目标任务优秀单位的决定》。厅党组成员、副厅长李贵顺主持会议。厅领导王晋、段新源、郭贵堂、雷天才、刘玉柱、郭全英，驻厅纪检监察组副组长，厅机关有关处室、山西航产集团、山西交控集团、山西汽运集团主要负责人在主会场参加会议，各市交通运输局、厅直各单位领导班子成员，各公路分局、各市交通运输执法局党政主要负责人和纪委书记在分会场参加会议。

同日 省交通运输厅晋交办函〔2020〕85号文印发《关于认真学习贯彻2020年全省交通运输工作暨党风廉政建设和反腐败工作电视电话会议精神的通知》，要求各市交通运输局，厅直各单位，厅机关各处室抓好会议精神的学习贯彻工作。

10日 中共山西省交通运输厅党组晋交党发〔2020〕11号文印发《山西省交通运输厅所属单位纪律检查工作“两为主一报告一把关”实施办法(试行)》通知。

同日 中共山西省交通运输厅党组晋交党发〔2020〕12号文印发《巩固“不忘初心、牢记使命”主题教育成效 开展纪律作风专项整治实施方案》通知。

同日 省交通运输厅召开黄河、长城、太行三个一号旅游公路“零公里”标志文化驿站建设工作协调会，厅党组书记、厅长闫晨曦强调，要坚决贯彻落实省委、省政府关于建设三个一号旅游公路“零公里”标志文化驿站部署要求，明确任务、细化分工、压实责任，立即全面启动三个一号旅游公路“零公里”标志文化驿站建设，加快推进交通旅游融合发展。山西文旅集团董事长王文保在主会场参加会议。

会上，厅党组成员、副厅长王四小主持会议并介绍《三个一号旅游公路“零公里”标志文化驿站建设方案》，山西文旅集团副总经理郭凯介绍文化驿站建设前期工作安排，省发改委副厅长级干部李详就推进“零公里”标志文化驿站项目建设具体工作进行部署。2月4日，省委书记楼阳生主持召开专题会议，研究汾河流域生态景观规划和黄河、长城、太行一号旅游公路建设工作。会议明确指出，山西文旅集团为三个一号旅游公路“零公里”标志文化驿站工程建设、运营管理的实施主体。临汾、忻州、晋城三市及相关县要主动对接、密切配合、全力推进，确保4月全面开工建设，9月底前全面建成，“十一”黄金周正式投入使用。

闫晨曦指出，设置“零公里”标志文化驿站，是三个一号旅游公路的画龙点睛之作，是加快推进交通强国建设试点工作的紧迫任务，是交通基础设施建设的创新之举。各级各部门、各相关单位一定要提高站位、高度重视，切实把“零公里”标志文化驿站建设作为当前工作的重中之重，抓紧抓实抓好，主要负责人要亲自挂帅、靠前指挥，及时跟踪项目建设进展，推动“零公里”标志文化驿站建设落地落实。

闫晨曦要求，要进一步优化设计方案，确保将三个一号旅游公路“零公里”标志文化驿站项目打造成为精品工程。交通和文旅部门要树立“设计是基础、设计是灵魂”的建设理念，加大实地调研力度，深挖历史文化、旅游资源的内涵特点，广泛征求市县政府意见建议，对设计方案进一步优化、细化，为打造精品工程奠定坚实基础。具体要做到“两突出一实现”，即突出黄河、长城、太行历史文化底蕴和元素；突出与自然环境和谐共处，建筑形态、环境营造设计等要坚持因地制宜，贴近自然、融入自然；实现基本服务功能，从服务旅游角度出发，建设标识景观、文化体验、旅游服务、功能配套等设施，满足游客多样化服务需求，全面提升服务水平。

闫晨曦强调，要压实责任、严密组织、倒排工期，全力推进项目建设。一是强化要素保障。相关市县要加大支持力度，按照省政府印发的三大板块旅游公路规划纲要，以旅游公路服务系统来对“零公里”文化驿站建设项目进行立项，同时做好项目建设用地、选址意见和立项审批等工作，为项目开工建设创造良好的外部环境。二是落实建设资金。三个一号旅游公路“零公里”文化驿站建设资金将按照“四好农村路”和三大板块旅游公路建设资金管理办法予以落实，确保工程建设顺利推进。三是建立协同工作机制。相关市、县政府要统筹协调本地区发改、财政、自然资源、交通、文旅等部门，明确职责分工、细化责任落实，切实做好相关工作。各部门要加强沟通、密切配合，形成“上下联动、部门协同”的工作机制，及时研究解决项目建设过程中存在的问题，确保按时高质量完成文化驿站建设任务。

临汾、忻州、晋城市交通运输局负责人和永和、偏关、陵川县政府负责人在分会场作表态发言。

同日 省交通运输厅晋交安监发〔2020〕1号文印发《关于做好2020年安全生产工作的通知》。

11日 省交通运输厅召开2020年第一季度全省交通运输疫情防控复工复产工作视频调度会议，总结全省交通运输第一季度疫情防控和重点领域复工复产工作情况，分析当前形势，部署下一步工作，动员全系统广大干部职工同心协力、共克时艰、奋勇前行，统筹有序推进疫情防控和复工复产工作，全力以赴完成全省交通运输各项目标任务。厅党组书记、厅长闫晨曦出席会议并讲话。

闫晨曦指出，新冠肺炎疫情发生以来，全省交通运输系统认真学习贯彻习近平总书记关于统筹推进新冠肺炎疫情防控和经济社会发展的重要讲话精神，坚决按照党中央、国务院的决策部署和省委、省政府工作安排，坚持一手抓疫情防控，一手抓复工复产，打通“大动脉”、畅通“微循环”，当好“先行官”，取得初步成效。当前全系统疫情防控战果持续扩大，但防控工作的标准和要求丝毫不能降低，要坚决杜绝麻痹思想、厌战情绪、侥幸心理、松劲心态，始终保持应对突发事件的警惕性、敏锐性，聚焦重点工作，全力做好疫情防控和交通运输服务保障。一是全力守好入京通道防线，保障首都安全。要把保障首都安全作为重大政治责任，加强联防联控，落实“双返”“双防”等各项防控措施，加强重点人群管控，强化卡点管理。二是全力保障交通网络畅通高效，确保“货畅其流”。要打通综合交通运输大通道，打通物流堵点，切实做到“一断三不断”，坚持分级分类精准防控，有序推动交通运输恢复秩序。三是全力保障客运服务，确保“人畅其行”。要积极协调各地交通运输部门做好客流研判、道路运输和城市公交保障等各项工作，继续采取“点对点”等多种交通运输方式，保障返程运输工作，尤其是农民工等重点群体运输。四是全面有序推广“健康码”，确保健康出行。要积极引领、强化协调，率先在党政机关、企事业单位、工地、小区等生产生活场所，汽车站、机场等交通枢纽，公交车、客运车、出租车、网约车等交通工具和人员密集场所全面普及，全力保障人民群众安全健康出行。

闫晨曦强调，各级各部门要深刻认识推进复工复产的重要性和紧迫性，围绕中心任务，抢抓时机，主动服务，积极作为，推动交通运输企业复工复运、交通建设项目达产增效，尽快恢复全省交通运输正常秩序，力争在一季度开好局、起好步。要抓住复工复产的关键和重点，加快推进交通运输企业复工复运，加快推进交通建设项目复工开工，同时要贯彻新发展理念，坚持高质量发展，抓紧谋划实施一批新项目、大项目、好项目，提前启动一批支持和支撑国家战略实施的符合“十四五”规划方向的建设项目。要抓好复工复产期间的安全生产，树牢“生命至上、安全第一”的理念，强化企业主体责任、部门监管责任落实，加强分级分类精准监管，提升本质安全水平。要精准帮扶受疫情影响的企业，因时因势调整完善并落实好帮助企业渡过难关的政策措施，有效降低企业成本，深化入企服务，建立重点企业派驻联络员制度，实行“一企一策”“一问题一策”精准帮扶，切实帮助企业解决困难和问题。

闫晨曦要求，要迎难而上，砥砺前行，强化使命担当，层层压实责任。各部门各单位主要负责人要靠前指挥、善抓善成，增强忧患意识，提高工作本领，不断提升交通运输行业治理体系和治理能力现代化水平。各级交通运输主管部门要全方位推动复工复产，加强前瞻服务、精准服务、上门服务，强化要素保障，促进上下游、产供链整体配套、协同复工，最大限度降低疫情影响。各级党组织要充分发挥党组织的核心作用、基层党组织的战斗堡垒作用和共产党员的先锋模范作用，及时总结宣传先进典型和感人事迹，加大对一线人员的关心关爱和防护装备保障力度。各级纪检部门要加强明察暗访，严厉杜绝形式主义、官僚主义，督促全系统下工夫深化作风建设，抓好责任落实。

闫晨曦最后强调，面对新形势新任务，全省交通运输系统要坚决按照党中央、国务院决策部署和省委、省政府工作要求，进一步巩固疫情防控持续向好态势，精准有序扎实推动复工复产，加快恢复正常生产生活秩序，在这场大战大考中交上合格答卷。

厅党组成员、副厅长李贵顺主持会议，厅领导段新源、王四小在主会场参加会议。

会上，各分管厅领导结合分管工作，通报有关情况，并对下一步工作做出具体安排。山西航产集团、山西交控集团、山西汽运集团和各市交通运输局先后对各单位的疫情防控、复工复产和公共交通服务恢复运营等工作进行汇报，并就工作中存在的问题提出建议。

同日 省交通运输厅召开统筹做好疫情防控坚决打赢交通扶贫脱贫攻坚战电视电话会议，厅党组书记、厅长闫晨曦出席会议并讲话。要求深入学习贯彻习近平总书记重要讲话和指示批示精神，坚决落实党中央、国务院和省委、省政府决策部署，坚决克服新冠肺炎疫情影响，坚决夺取交通扶贫脱贫攻坚战全面胜利，确保如期高质量完成交通扶贫各项目标任务，为全省全面建成小康社会、决战完胜脱贫攻坚提供先行支撑。

闫晨曦指出，在脱贫攻坚进入决战完胜、全面收官的关键阶段，面对新冠肺炎疫情冲击，习近平总书记站在全局和战略的高度，充分肯定脱贫攻坚取得的成绩，深刻分析脱贫攻坚面临的形势，再动员、再部署统筹做好疫情防控和脱贫攻坚工作，进一步坚定全党全国全社会坚决打赢脱贫攻坚战的信心决心，为我们高质量实现脱贫攻坚的决战决胜，指明前进方向，提供根本遵循。省委及时就贯彻落实工作进行部署。全系统要认真学习领会习近平总书记的重要讲话精神，坚决贯彻落实省委决策部署，坚决克服新冠肺炎疫情影响，勇挑重担、不忘初心、牢记使命，坚决打赢打好交通扶贫脱贫攻坚战。

闫晨曦强调，要坚决做好打通“大动脉”，畅通“微循环”各项工作，充分发挥交通运输在疫情防控和脱贫攻坚的先行作用。一是坚决抓好贫困地区交通运输疫情防控工作。要把外防输入摆在疫情防控工作第一位，精准精确精细防控各项举措，内置关口，继续抓好客运站、机场防控措施，严密防范、及时化解来自晋外可能出现疫情输入风险。要把保障首都安全作为重大政治责任，落实重点人员管理责任，强化卡点管控，坚决守好入京通道防线。二是切实做好贫困地区春耕生产运输保障工作。要聚焦问题、精准服务，加强供需对接，联合制定春季农业生产物资运输保障方案，实施“点对点”支持，一事一处理。三是全力做好贫困地区劳动力返岗运输。要加强与人力社会保障、扶贫等部门对接，根据人社等部门提供的务工人员集中返岗需求，制定专门运输方案，开展“点对点、一站式”直达运输，为贫困地区劳动力外出务工提供运输便利条件。四是加快推动交通运输复工复产。要全力做好交通工程项目建设、道路运输等工作部署，推动交通建设项目“应开尽开、能开快开”，支持交通运输企业全面复工复产。要引导交通运输企事业单位就近吸纳贫困劳动力就业，同等条件下优先保障建档立卡贫困人口就业。要会同扶贫等部门，继续做好扶贫公益性岗位和农村公路养护等工作有机结合，积极为贫困劳动力提供更多就近就业机会。

闫晨曦指出，“十三五”以来，全省各级交通运输部门和广大干部职工，共同努力，艰苦奋斗，交通扶贫脱贫攻坚取得显著成效，2019年10月底实现具备条件建制村100%通硬化路，具备条件建制村通客车率也达到99.4%。要坚定不移地把各项工作落实到位，全力确保如期完成各项目标任务。一是以深度贫困县为重点，全面完成“十三五”交通扶贫规划任务。要建立台账，压实责任，分解落实好任务目标，把建设资金落实到位。加快推进具备条件的普通国省道项目尽快开工建设，继续推进撤并建制村等较大人口规模自然村通硬化路、安全生命防护工程、窄路加宽项目建设。二是确保8月底前高质量完成建制村“通客车”兜底任务。要详细排查，逐一跟踪了解疫情对通客车工作影响情况，灵活采取公交、班线、区域经营、预约响应等方式推动农村客运开通运营，确保8月底前全面完成任务。三是对标对表脱贫攻坚专项巡视和国考省考工作要求，坚决整改和清除存在问题。要举一反三，紧盯交通扶贫工程项目分配、审批、招投标、验收等环节开展专项排查整治，坚决杜绝形象工程、半拉子工程、豆腐渣工程，切实以问题整改带动交通脱贫攻坚提质增效，继续巩固好巡视整改成果，推动有关制度落地运行，保障年度目标任务有力完成。四是持续抓好交通扶贫领域腐败和作风问题专项治理。要按照厅党组关于开展交通扶贫领域腐败和作风问题专项治理、交通扶贫目标任务及部省投资项目督导核查工作的通知要求，毫不放松抓好交通扶贫领域的腐败和作风问题治理，着力治理责任落实不到位、措施不精准、项目和资金使用不规范、工作作风不扎实等问题。要坚决杜绝数字脱贫、虚假脱贫，确保脱贫成果经得起历史和人民的检验。五是提前谋划好交通扶贫总结宣传工作。要及早谋划交通扶贫脱贫攻坚宣传重点，创新方式方法，系统总结好交通扶贫取得的工作经验和新举措好办法，全方位宣传好交通扶贫的典型经验、典型案例、典型人物，讲好交通扶贫故事。

闫晨曦就协同推进“四好农村路”高质量发展，统筹做好交通脱贫攻坚与服务乡村振兴战略的有机衔接，提出4点要求。即进一步推动交通项目更多向进村入户倾斜；进一步推动“四好农村路”示范创建；进一步深化农村公路管理养护体制改革；进一步研究持续推进交通扶贫的长效机制。

会议传达全省决战完胜脱贫攻坚推进会和交通运输部统筹做好疫情防控坚决打赢交通扶贫脱贫攻坚战会议精神，大同、忻州、吕梁、长治、临汾市交通运输局作表态发言。厅党组成员、副厅长王四小主持会议，厅领导段新源、王建业，驻厅纪检监察组、厅机关相关处室主要负责人在主会场参加。

13日 省交通运输厅、省发展和改革委员会、省财政厅晋交财发〔2020〕83号文联合印发《关于规范城市周边高速公路起始路段收费工作有关事项的通知》，要求省高管局、山西交控集团做好相关工作。

14日 省交通运输厅晋交城客发〔2020〕82号文印发《关于立即恢复城市客运服务的通知》，要求全省已全部调整为低风险地区的117个县（市、区）完成。

17日 省交通运输厅晋交科技发〔2020〕89号文印发《关于进一步加强全省公路扬尘污染治理工作的通知》，要求各市交通运输局、省公路局、省高管局、省运管局、山西交控集团做好相关工作。

18日 省交通运输厅晋交水运发〔2020〕87号文印发《水路运输市场信用信息管理实施细则（试行）》的通知，要求各市交通运输局、省地方海事局结合实际，认真贯彻执行。

同日 省交通运输厅晋交办发〔2020〕92号文印发《关于印发2020年工作要点的通知》，要求各市交通运输局，厅直各单位、厅机关各处室结合实际认真抓好贯彻落实。

20日 省交通运输厅晋交安监发〔2020〕95号文印发《公路水路行业安全生产信用管理实施细则（试行）》的通知，要求省市交通运输局，厅直各单位，山西交控集团、山西汽运集团结合实际认真贯彻执行。

同日 全省公路工作会议在太原召开。会议深入贯彻落实省委经济工作会议和全国、全省交通运输工作会议精神，总结2019年工作，部署2020年工作。厅党组成员、驻厅纪检监察组组长王建业，驻厅纪检监察组副组长聂洪、一级调研员刘杰涛出席会议。省公路局党委书记尹新平及领导班子成员在主会场参加会议。局长胡钢成作题为“把握历史机遇，保持战略定力，奋力书写不负时代不负使命的公路篇章”工作报告。

2019年，省公路局扎实推进改革发展稳定各项工作，公路建设有力健康发展，路网综合服务保障能力稳步提升，三大攻坚战成效显著，重点领域改革全面加速，安全稳定局面持续巩固，党的建设全面加强，较好完成年初确定的各项目标任务，畅行公路、人文公路、法治公路、智慧公路、绿色公路、平安公路建设取得新进展。

2020年是全面建成小康社会和“十三五”规划

收官之年，是全国干线公路养护管理检查年，也是全系统整体深化改革年，做好全年各项工作至关重要。主要预期指标是：完成投资140亿元，完成新改建110公里、路面改造2200公里。全面完成交通运输部“十三五”规划安排的安防工程和省交通运输厅年度安排的各类养护工程，PQI达到80以上。非法超限率控制在0.2%以内。收取车辆通行费1.8亿元。安全稳定形势持续巩固，坚决防止重大及以上责任事故。行业治理能力和软实力有新的提高。全面完成“十三五”规划各项目标任务，完成省委、省政府和省交通运输厅安排的各项改革任务。

会议要求，2020年要围绕全年总体要求和主要目标，重点抓好10个方面工作：一是统筹推进疫情防控和保通保畅，助力经济社会秩序恢复正常；二是贯彻交通强国战略，积极争取将重载交通建设列入试点，打造资源型省份公路建设新样板；三是坚持“项目为王”，分类精准推进项目实施，优化在建项目管理，加大项目储备力度，推进公路建设持续快速健康发展；四是以迎国检为契机，优质高效完成路面改造PPP项目建设，坚决完成安全生命防护工程、交通部挂牌督办次差路段整改、服务设施建设改造等重点任务，大力加强公路养护和养护管理，全面提升公路养护水平；五是坚决打胜公路脱贫、防范化解政府债务风险和污染防治三大攻坚战，助力全面建成小康社会；六是深入研究推进公路改革，通过深化公路系统整体改革、完成涉改事业单位转隶整合、稳步加快养护运行机制改革等方式，不断增创体制机制新优势；七是通过提高安全发展能力、提升应急管理能力、提高维稳处突能力，不断提升本质安全稳定水平；八是坚持创新引领绿色发展，充分发挥信息化驱动引领作用，加快绿色公路创建；九是通过加强制度建设、财务和预算管理、编外用工管理、国有资产管理和政策研究，积极研究化解历史遗留问题，抓基层打基础练内功，扎实提升行业治理能力和水平；十是进一步加强政治建设、作风建设、廉政建设和行业文明建设，为改革发展提供坚强保障。

同日 山西省公路局党的建设工作会议召开。会议认真回顾总结2019年党建工作，客观分析研判当前面临的形势，指出目前存在的差距和不足，着重从5个方面对2020年党建工作进行部署。厅党组成员、驻厅纪检监察组组长王建业，驻厅纪检监察组副组长聂洪、一级调研员刘杰涛出席会议。省公路局党委领导班子成员在主会场参加会议。党委书记尹新平代表省公路局党委作题为“践行初心使命，以党建工作新成效推进新时代公路行业治理能力和治理水平全面提升”工作报告。

会议强调，全局要坚持以习近平新时代中国特色社会主义思想为指导，深入贯彻中共十九大和十九届二中、三中、四中全会精神，深入贯彻十九届中央纪委四次全会精神、省纪委十一届六次全会精神，深入贯彻2020年全省交通运输系统党风廉政建设和反腐败工作会议精神，增强“四个意识”、坚定“四个自信”、做到“两个维护”，围绕省委“四为四高两同步”总体思路和要求，牢牢把握新时代党的建设总要求，巩固深化“不忘初心、牢记使命”主题教育成果，坚持以党组织规范化建设、纪律作风专项整治为抓手，以激发各级党组织和广大党员积极性、主动性、创造性为着力点，全面提升党建工作质量，为全系统改革、发展、稳定提供坚强政治保障、组织保障和纪律保障。要坚持党对公路工作的领导，不断提升党建工作引领力；坚持以干部队伍建设为根本，不断提升攻坚克难战斗力；坚持以抓基层为导向，不断提升基层党组织组织力；坚持以高质量发展为中心，不断提升党建载体渗透力；持续加强党风廉政建设和反腐败工作，不断提升党规党纪约束力。

23日 省交通运输厅晋交人函〔2020〕98号文印发《关于推荐选派优秀干部到村担任党组织书记的通知》，要求厅属各单位、厅机关各处室、厅包村工作队按要求做好相关工作。

同日 省交通运输厅晋交运管函〔2020〕99号文印发《关于转发〈交通运输部关于进一步依法加强野生动物运输管理工作的通知〉的通知》，要求各市交通运输局，省运管局、省地方海事局认真贯彻执行，对涉及野生动物运输相关工作做好部署安排。

同日 省交通运输厅晋交农路发〔2020〕101号文印发《关于全省交通运输行业大力吸纳当地劳动力就业助推脱贫攻坚的通知》，要求各市交通运输局、省公路局、省邮政管理局、山西航产集团、山西交通集团结合实际吸纳当地劳动力（尤其是贫困户劳动力）就业，助推脱贫攻坚工作。

同日 省交通运输厅晋交路发〔2020〕102号文印发《关于农村公路“十四五”发展规划编制的指导意见》，为指导市、县（市、区）科学编制农村公路“十四五”发展规划，符合中央“三农”工作要求和全省实际的农村公路网布局、发展目标、重点任务，推动农村公路高质量发展，有效支撑农村经济社会发展和乡村振兴，提出指导意见。

同日 太原市公交和出租汽车全部恢复正常运营。太原市解除巡游出租汽车、网约出租汽车单双号运营管控措施，巡游出租汽车企业继续免除服务费，巡游出租汽车经营者仍按照不高于50元/日的标准收取承租费。要求各巡游出租汽车企业、网约出租汽车企业进一步做好疫情防控工作，严格落实驾驶员佩戴口罩上岗、车辆每日消毒、开窗通风、乘客佩戴口罩、出示健康码、实名登记、后排就坐乘车等疫情防控措施。同时积极做好政策宣传解释工作，密切关注运营动态，主动协调解决车主及驾驶员面临的困难，全力维护行业稳定。

24日 省交通运输厅晋交办发〔2020〕103号文印发《关于认真做好2020年版〈山西交通年鉴〉〈山西交通大事记〉资料提供工作的通知》，要求各市交通运输局、厅直各单位、厅机关各处室做好组稿工作。

同日 为深入贯彻落实省纪委十一届六次全会精神，驻厅纪检监察组组长王建业带领驻厅纪检监察组、厅建管处及省公路局相关负责人一行赴省行政审批局调研电子招投标工作，与省行政审批局纪检监察组组长李峰及相关部门负责人进行座谈会商。双方就对交通系统工程建设招投标领域存在的围标串标、违法分包、转包及公路建设等问题，如何专项监督，如何同向发力、协同监督，进一步维护公路建设市场秩序，落实廉政监督和风险防控措施，促进交通运输建设市场健康有序发展进行深入探讨。

交通运输肩负保障经济平稳运行的重要任务，交通系统工程建设招投标是社会关注的重点。扎实开展交通系统工程建设招投标专项整治，严肃查处围标串标、违法分包、转包及公路建设背后存在的腐败问题，从程序上完善、从制度上防范围标串标、弄虚作假问题，发挥“互联网+”监管优势，实现平台技术创新和监管体制机制创新有机融合，切实做到用制度管人管事，以专项治理促进标本兼治，打造全省交通运输领域风清气正。

王建业听取厅建管处新开发的招投标电子监督平台的汇报，详细询问招标投标电子交易平台与监督平台的建设运行情况，认真了解疫情防控期间招标投标工作进展及复工复产。他要求，驻厅纪检监察组要与驻省行政审批局纪检组密切配合，协同监督，形成监督合力，让制度“长牙”，让纪律“带电”，不断完善智能化手段，让监督插上科技翅膀，科学高效加强招标投标全过程监管，提升招标投标治理能力，营造统一开放、竞争有序的招标投标市场环境。

李峰表示，促进公共资源交易监督与交通运输专项监督深化融合，协同监督，共同推动交通运输工程建设招投标工作高质量发展，更好地服务群众、服务社会，是共同的责任。下一步，将在思想沟通交流中、监管制度对接中、人员力量使用上等方面全方位协同监督，真正实现交通运输招投标领域的海晏河清。

当日，全省首个公路安全防护工程项目远程异地分散评标顺利完成。此举标志着全省率先实现交通运输领域交易“不见面、零次跑”远程异地分散开评标，打通招投标交易全流程电子化“最后一公里”，有力地促进疫情期间的复工复产。

25日 省交通运输厅晋交科技发〔2020〕104号文印发《山西省交通运输生态环境保护2020年行动方案》的通知，要求各市交通运输局、厅直各单位、厅机关各处室，山西交控集团、山西航产集团认真贯彻执行。

26日 上午，省政府新闻办举行系列新闻发布会。省交通运输厅与太原市政府、省公安厅等四部门介绍当前全省严防境外疫情输入工作有关情况并回答记者问。省委宣传部副部长、省政府新闻办主任张羽主持，厅党组成员、副厅长、省民航机场管理局局长段新源介绍当前交通运输厅严防境外疫情输入工作有关情况并回答记者问。

发布会上，段新源介绍，全省交通运输部门坚决贯彻落实“外防输入、内防反弹”总体防控策略，将“防境外输入”作为疫情防控工作的重中之重来抓，重点做好民航机场、道路运输领域返晋人员防控工作。一是强化组织领导。按照职责分工，省交通运输厅重点做好协调指导全省民航机场疫情防控工作，同时做好需经陆路转运旅客交通运输服务保障工作。二是细化措施、精准防控。针对国际航班经停太原入境防控工作，省交通运输厅协调太原机场积极做好相关准备工作，要求太原机场与当地政府、医疗疾控、公安、外事、机场海关、机场检验检疫、航空公司、空管部门联动，及时掌握机上发热病人状况，确保发热病人落地后快速高效救治和转诊。要求所有旅客全程佩戴口罩，做好健康申报，密切关注来自疫情严重国家的人员乘机信息，及时通报情况，强化信息共享，全程掌握重点人员实时状况，加强进港筛查和疫情防控。安排专用停机位和廊桥，配合海关、卫健、公安等部门做好机上乘客入境、测温、筛查检测、分流等工作，与其他各部门做到密切配合。同时要求太原机场始终做好候机楼和员工工作区域环境卫生和通风工作，加大通风次数和新风量，候机楼内保持适宜温度和光照度，实施环境消毒并增加日常消毒频率；对现场实施应急处置和运输的人员采取有效的防护措施；对受污染的车辆、设备及其他物品予以专门消毒处理；加强对机场员工和直接服务旅客工作人员的健康监控。三是确保转运安全、做到无缝对接。针对旅客分流隔离运输保障工作，省交通输厅安排30辆转运保障大型客运车辆，根据国际航班旅客情况随时提供运力保障。转运过程中，按照高等级防护标准对车辆驾驶员做好防护，转运旅客乘车前后严格做好两次车辆消毒杀菌工作，严格按照交通运输部要求将客座率控制在50%以下，确保国际航班转运司乘人员的安全。截至3月25日，共保障国际航班6班，调派转运车辆70台次，转运1460名旅客。

27日 省交通运输厅晋交路网发〔2020〕105号文印发《关于推进全省取消高速公路省界收费站第十战役重点工作的通知》，要求省高管局，山西交控集团做好相关工作。

30日 位于永和县阁底乡的黄河一号旅游公路“零公里”标志文化驿站开工。省交通运输厅党组成员、副厅长王四小出席开工仪式，临汾市副市长潘海燕致辞。

潘海燕在致辞中表示，设置“零公里”标志文化驿站是黄河一号旅游公路的画龙点睛之作，必将为黄河板块建设增添浓墨重彩的一笔。临汾市作为项目实施地，将主动对接、创造条件、全力支持，尽最大努力为项目建设创造良好环境。永和县要落实属地责任，全程跟踪服务，全力协调解决各类困难问题；市直各部门要加大协调支持力度，建立协同配合机制，全方位做好各项服务保障工作；项目建设单位要树立精品意识、发扬工匠精神，严格按照规划要求，科学管理、精细施工，真正把“零公里”标志文化驿站打造成设计一流、质量一流、景观一流的民心工程、品牌工程、样板工程。

黄河一号旅游公路“零公里”标志文化驿站项目紧邻乾坤湾、红军东征纪念馆、黄河蛇曲地质公园、天然地质石雕园林，以“零公里”标志景观石为中心，结合周边环境，挖掘文化元素，建设旅游标识文化公园，并植入房车营地、直升机低空旅游等现代时尚旅游业态。

31日 省交通运输厅晋交建管发〔2020〕109号文印发《关于进一步加强高速公路和普通国省干线公路施工监理招标投标管理工作的通知》，要求各市交通运输局，省公路局、省交通建设中心遵照执行。

4月

8日 省交通运输厅晋交运管函〔2020〕124号文印发《农村交通运输综合信息服务平台推广实施指南》的通知，要求各市交通运输局，省运管局做好相关工作。

同日 与省道S36广源高速相连的河北省京石高速公路蔚县支线（京蔚西段）全面贯通。全长30.083公里，与省道S3701太行山高速京蔚段相接，和张石高速丁字交叉。起点位于蔚县南杨庄乡南，终点位于蔚县暖泉镇西北。采用双向4车道高速公路标准建设，设计速度100公里/时，设匝道收费站三处：暖泉古镇收费站、蔚州古城收费站、代王城收费站（在建）。京蔚高速西段的建成通车将大大缩短山西境内广灵、浑源等地到达河北、北京行车时间，并对两地经济发展起到积极影响。

9日 省交通运输厅晋交运管发〔2020〕116号文印发《关于全力推进乡镇和建制村通客车工作确保完成交通运输脱贫攻坚兜底任务的通知》，要求各市交通运输局，省运管局做好相关工作。

同日 省交通运输厅晋交人发〔2020〕118号文印发《驻村帮扶工作2020年工作要点》，要求厅直各单位、厅机关各处室、厅包村工作队结合实际，认真抓好落实。

10日 交通运输部召开2020年第二次部安委会全体会议暨交通运输安全生产视频会，传达学习习近平总书记等中央领导人重要指示和全国安全生产电视电话会议精神，部署当前及下一阶段安全生产重点工作。交通运输部部长李小鹏出席会议并讲话，要求深入贯彻落实习近平总书记重要指示精神，坚决落实党中央、国务院决策部署，以更加强烈责任担当、更加有力务实举措，有效防范化解重大安全风险，坚决遏制重特大事故，统筹做好疫情防控和复工复产期间交通运输安全生产工作，为全面打赢疫情防控人民战争、总体战、阻击战，有力保障企业复工复产、顺利实现经济社会发展目标提供可靠的交通运输安全保障。

李小鹏指出，习近平总书记的一系列重要指示，为做好当前和今后一个时期安全生产工作指明方向，提供根本遵循。交通运输系统要进一步增强“四个意识”、坚定“四个自信”、做到“两个维护”，增强责任之心、为民之心、敬畏之心、必胜之心，高度警惕麻痹思想、厌战情绪、侥幸心理，勇当先锋，敢打头阵，抓紧抓实抓细疫情防控常态化条件下安全生产各项工作。

李小鹏强调，受疫情影响，交通运输安全生产面临许多新情况、新挑战，安全生产形势更加严峻复杂。要在统筹抓好疫情防控和复工复产的关键时期，坚决贯彻落实习近平总书记重要指示精神，充分把握当前安全生产形势，切实把思想和行动统一到习近平总书记关于安全生产工作的系列重要指示精神上来，统一到党中央、国务院决策部署上来，切实抓好安全生产各项工作，让党中央放心，让人民群众安心。一要切实担负起防范化解安全风险的重要责任。真正做到生命至上、安全第一，始终把人民群众生命安全和身体健康放在第一位，绷紧安全生产这根弦，摆正安全和发展的位置。二要坚决防范遏制复工复产期间发生重特大安全生产事故。严把企业“开工关”，分区分级分类实施差异化管理。紧盯开工作业“现场关”，有效落实道路水路客运、港口危化品储存、公路水运工程建设施工等重点领域安全保障措施。狠抓运输保障“过程关”，加强路网巡查维护、保通保畅和务工人员返岗包车安全管理。三要切实加大安全监管执法力度。加强部门间协同联动，强化行业与地方安全监管条块衔接。深刻汲取事故教训，从源头上消除事故隐患。规范开展行业安全生产检查，强化远程监控预警。加强重点时段和重大活动期间安全生产工作，扎实做好灾害事故应急准备。四要扎实开展行业重点领域专项整治。强化危险化学品运输系统性、区域性安全生产风险防控。扎实开展交通运输安全生产专项整治三年行动。深入开展道路客运、公路治超、水上交通等重点领域专项整治和“坚守公路水运工程质量安全红线”专项行动。五要抓紧推动各项工作扎实有序开展。建立完善防范化解重大风险工作机制。研究出台《交通运输安全生产监督管理规定》，科学编制《交通运输安全应急“十四五”发展规划》，努力构建与加快建设交通强国相适应的安全生产治理体系。深化综合交通运输安全研究，推动安全生产社会共建共治共享。

厅党组书记、厅长闫晨曦，厅党组成员、副厅长李贵顺以及厅机关有关处室、厅直有关单位负责人，山西交控集团、山西汽运集团等交通运输企业分管领导及相关部门负责人在山西分会场参加会议。

同日 省交通运输厅晋交政法发〔2020〕120号文印发《2020年交通运输信用体系建设工作要点》，要求各市交通运输局、厅直各单位、厅机关各处室遵照执行。

同日 省交通运输厅晋交运管发〔2020〕121号文印发《关于开展交通运输系统爱国卫生和健康中国·山西行动有关活动的通知》，要求各市交通运输局，省公路局、省运管局，航产集团，临汾机场、运城机场做好相关工作。

13日 省交通运输厅晋交水运函〔2020〕136号文印发《关于进一步规范水上交通事故调查处理工作的通知》，要求各市交通运输局，省地方海事局做好相关工作。

同日 省交通运输厅晋交规划发〔2020〕123号文印发《关于转发下达农村扶贫公路2020年第一批中央预算内投资计划的通知》，要求大同、忻州、吕梁、临汾市交通运输局认真贯彻落实。

同日 省交通运输厅晋交科技发〔2020〕122号文印发《2020年全省交通运输科技创新和标准化工作要点》，要求各市交通运输局、厅直各单位结合工作实际，抓好贯彻落实。

13日至26日 省交通运输厅审计处派出专人赴临汾、运城、忻州、阳泉、太原等地，配合省审计厅开展农村公路建设补助资金延伸审计工作。一是主动对接，第一时间对接各市交通运输局，确定联系人和承办部门。二是协调沟通，根据省审计厅审计组要求，确定相关工作细节，协调各市交通运输局认真做好相关资料的收集、整理和报送工作。三是随时跟进，及时了解审计组需求，随时沟通审计相关情况，上传下达，切实配合审计组做好农村公路建设补助资金延伸审计工作。

15日 省交通运输厅晋交公安发〔2020〕130号文印发《关于开展“零上访零事故零案件”企业、单位创建工作的实施方案》的通知，要求各市交通运输局、厅直各单位结合工作实际，认真组织实施。

同日 上午，全省首家高速公路“中化石油和高速能源”双品牌加油站在晋城服务区正式营业，车主们加油更加方便，标志着以高速公路为基础，共同打造合作共赢的新模式、新经验取得实质性进展，构筑起中国石油、中化石油、壳牌优选、国新华储、高速能源等油品供应圈，打造一批便民、快捷、优质的高速公路加油站又迈出新步伐。

截至4月14日，全省高速公路里程达5711公里，随着通车里程不断增加，人们日益增长的美好出行需要不断提高，高速公路服务区作为行车人、行路人休憩的驿站，不断得到社会广泛关注。但全省有75对服务区加油站暂时不能为车辆提供加油服务，影响司乘人员出行感受。针对这一问题，全省高速公路服务区管理单位多方沟通协调，采取措施全力推进服务区加油站运营启动工作，加大服务区基础设施建设、工程亮化美化、地域特色服务、品牌文化建设等方面的资金投入力度，积极打造优美驿站、温馨驿站、幸福驿站，为旅客提供更加便捷顺畅的服务，进一步提升服务公众水平。

晋城服务区位于二广高速公路K1055+778处，毗邻晋城市区，占地面积4公顷、建筑面积5300平方米，人流客流络绎不绝。为确保公众通行服务区期间加到安全放心的油品，山西交通实业集团联合中化石油山西有限公司，为晋城服务区加油站提供成品标号的汽油及柴油，加油站两侧建筑面积共550平方米、占地面积2000平方米，12台加油机24把加油枪，8个油罐总容积240立方米，保证晋城服务区能够满足公众在高速公路上快速加油。在安全方面，加油站内设置有消防沙箱、灭火毯、灭火器等消防设备设施，加强对服务人员的岗前安全学习培训，提高加油员安全意识，时刻绷紧安全链条，保障公众出行安全。在支付手段方面，该加油站支持现金、支付宝、微信、油卡等便捷的支付方式，为旅客加油支付提供便捷，未来还将开通ETC设备支付功能，让旅客尽享智慧交通之便利。

同日 省交通运输厅召开事业单位改革经费划转和资产清查推进会，对事业单位改革经费划转、资产清查、加强改革期间国有资产和资金管理进行部署。

会议要求，各单位要按照省厅关于事业单位改革经费划转和预算管理工作的相关要求，按时报送经费划转建议；要加强改革期间国有资产与资金管理，严格执行财经纪律，确保国有资产安全，不得突击花钱、巧立名目发放和私存私放钱物，不得违规动用单位存量资金；要按照省厅关于事业单位改革国有资产清查工作的相关要求，认真开展自查工作，提前研究资产划转事宜，配合第三方机构做好资产清查工作。

会议强调，各单位要提高政治站位，高度重视事业单位改革期间资金、资产管理，加强政策理论学习，坚决响应党中央牢固树立“过紧日子”的思想；要增强规矩意识，加强预算资金管理，特别是在改革过渡期，不得突击花钱，规范政府采购管理，加强支票与印鉴使用管理，确保资金安全；要明确主体责任，建立问责监督机制，确保按时完成各项工作任务。

16日 省交通运输厅晋交政法函〔2020〕141号文印发《关于组织开展规范行政执法优化营商环境调研的通知》，要求各市交通运输局、省交通运输执法局做好相关工作。

17日 为加快推进撤站第十战役及收费准备工作，省交通运输厅召开调度会议，研究部署有关工作。厅党组书记、厅长闫晨曦参加会议并实地调研太原高速迎西收费站实车测试工作，厅党组成员、副厅长李贵顺主持会议并对下一步恢复收费工作进行部署。

会上，山西交控集团、省高管局汇报撤站第十战役各项重点工作的进展和恢复收费的准备情况，梳理下一步工作思路。厅路网运行管理处传达《山西省取消高速公路省界收费站“第十战役”推进及恢复收费准备工作方案》(以下简称《方案》)。

闫晨曦指出，取消高速公路省界收费站是党中央、国务院部署的一项重要工作，是关系人民群众切身利益的民生工程。以“费显”和系统优化工程为主要内容的第十战役，是确保取消高速公路省界收费站工作圆满收官的关键战役。各单位一把手要抓住最后的“窗口期”，把打好撤站第十战役、做好恢复收费准备作为近期的一项重要工作来抓。对重大问题要亲自过问、亲自调度，在关键节点要亲临一线、亲自指挥，确保各项工作了然于胸、落在实处。

闫晨曦要求，省高管局、山西交控集团等单位要严格按照《方案》要求，建立“日计划、周安排”的工作机制和“日推进、周督导”的督查机制，狠抓任务落实，特别是对八个“一票否决项”中的问题，全力解决、坚决杜绝。要明确责任，层层压实，落实到人，倒排工期，确保事事有人做，件件能落实。要周密组织，挂图作战，压茬推进，扎实有序推进实车测试等各项工作。要强化人员、车辆、技术保障，测试发现问题，现场制定方案，调集精干力量边测边改，做到发现一处，解决一处，绝不能影响测试进度。一是加快推进“费显”和系统优化完善工作。全面检视系统部署情况，做好硬件设备运行维护和联调联试，验证计费精准度、一致性，真正实现全网用户“一次行程、一次扣费、一张账单、一次告知”，全面提升人民群众通行满意度。二是扎实做好全流程实车测试和运行监测工作。做好实车测试准备工作，扎实开展省内自测和省际互测工作，全力配合做好全网复测和部级验收工作，部现场指导组实车体验工作，做好特情车辆信息显示正确性验证和验证通行信息发布的准确性。三是全方位优化提升客户服务。加快完善客服体系，提高投诉处理效率，推动客服系统与生产系统对接，规范通行信息查询渠道，做到全天候运转、一事一处理、省际快协调，实现件件有着落、事事有回音。

闫晨曦强调，撤站第十战役已经到了发起总攻、检验成果的时刻，要做好全面恢复收费各项准备，完成运营规则修订工作，加强宣传解读，严格超限治理，加强培训演练，做好保通保畅，加强舆情应对。要统一思想，坚定信心，勇于担当，坚决打赢第十战役，做好恢复收费后的各项运营服务工作，确保启动收费后，系统稳定可靠运行，各项工作有序开展。为公众提供高效率、高品质的公路交通服务，向党和人民交上一份满意答卷。

20日 省交通运输厅晋交政法函〔2020〕142号文印发《关于进一步做好信用交通工作的通知》，要求各市交通运输局做好相关工作。

同日 交通运输部召开电视电话会议，深入分析当前交通运输疫情防控、复工复产面临的形势和一季度交通运输经济运行态势。交通运输部党组书记杨传堂、部长李小鹏出席会议并讲话，要求认真贯彻落实习近平总书记重要讲话精神、中央政治局和中央政治局常委会会议精神，切实增强紧迫感，统一思想、坚定信心、迎难而上、化危为机，统筹做好常态化疫情防控和经济社会发展交通运输工作，努力完成全年目标任务，为确保完成决战决胜脱贫攻坚目标任务、全面建成小康社会当好先行。

会议指出，疫情发生以来，交通运输行业上下联动、团结奋战，全力投入疫情防控“主战场”，筑起应急物资保障“生命线”，当好复工复产“先行官”，各项政策措施效果逐步显现，与疫情防控相适应的交通运输秩序基本建立，交通运输经济正在加快恢复。但要清醒看到，当前保持疫情防控成果、防止疫情反弹的任务繁重，交通运输疫情防控、复工复产和平稳运行面临的困难和风险明显增多，“疫后综合征”等问题仍需要高度警惕和防范。

会议强调，2020年以来，交通运输行业坚决贯彻落实习近平总书记重要指示精神和党中央、国务院决策部署，全力做好统筹推进疫情防控和经济社会发展交通运输各项工作，努力建立与疫情防控相适应的交通运输秩序，千方百计把疫情造成的损失降到最低限度。要增强“四个意识”、坚定“四个自信”、做到“两个维护”，深刻把握当前形势和任务，全力服务“六稳”和保居民就业、保基本民生、保市场主体、保粮食能源安全、保产业链供应链稳定、保基层运转工作，采取切实措施，在落实常态化疫情防控、维护经济发展和社会稳定大局中当好先行。

会议要求，要坚决落实外防输入、内防反弹，毫不放松抓好疫情防控各项工作。一是继续抓好重点地区重点领域重点环节疫情防控工作。继续全力支持湖北省和武汉市疫情防控工作。全力配合、坚决服从、有力保障首都疫情防控工作。部机关和部属在京单位按要求加强内部管理。二是做好疫情常态化科学精准防控相关工作。继续加强交通运输工具、场站、人员防疫工作，加强公路网、船舶、港口运行监测，保障安全畅通，指导铁路、民航、邮政做好相关工作。三是严格做好境外疫情输入防控工作。精准做好国际道路货运驾驶员、船员、国际航空货运机组人员疫情防控工作，确保转运全闭环管理，加强口岸交通运输一线工作人员个人防护，进一步加强防疫国际合作。

会议强调，要牢牢把握稳中求进工作总基调，抓实经济社会发展交通运输工作。一要在常态化疫情防控中有力有序扎实做好复工复产工作，进一步加大对交通企业的支持力度。二要保通保畅保运保供保障物流畅通。三要坚决打赢交通扶贫脱贫攻坚战，高质量完成“两通”兜底任务。四要全力做好加快建设交通强国各项工作。五要着力扩大交通固定资产有效投资，加强资金政策研究，努力形成更多投资增量。六要确保取消高速公路省界收费站工作圆满收官。七要继续筹备办好第二届联合国全球可持续交通大会，扩大交通运输对外开放。八要牢牢守住交通运输安全稳定发展底线，加大重点领域专项整治和隐患排查力度。同时，统筹抓好深化交通运输供给侧结构性改革等各项工作，推动交通运输高质量发展。

会议强调，要全面加强党的领导和党的建设，充分发挥各级党组织和党员“先锋队”作用，发扬斗争精神，迎难而上、担当作为，坚决杜绝形式主义、官僚主义，推动各项工作蹄疾步稳、落地落实。

厅领导闫晨曦、李贵顺、王晋、段新源、王四小、王建业、郭贵堂、雷天才以及厅机关相关处室负责人，省公路局、省高速公路综合执法总队、省运输事业发展中心、省交通运输运行监控与应急处置中心、省交通建设中心、厅发展研究中心等相关部门负责人在山西分会场参加会议。

同日 省交通运输厅召开重点项目车购税资金管理座谈会。会议召集2020年车购税资金补助的14个项目涉及的市(县)交通运输局、公路分局、项目建设单位及山西路桥集团分管财务的领导和财务部门负责人等共30余人参加座谈。

会上，参会人员共同学习省交通运输厅印发的《关于规范重点项目车辆购置税预算资金拨付管理工作的通知》；各项目建设单位负责人对项目基本情况、资金落实及工程进展情况进行简要交流发言；同时，与会人员就工程建设中车购税资金申请、使用等方面的问题及强化项目资金管理的手段进行探讨和研究。

会议强调，各单位要增强法律意识，风险忧患意识，未雨绸缪，用战略的眼光准确预测未来资金监管趋势，切实规范预算资金的使用，规范项目资本金和债务性资金的筹措工作；要进一步提高绩效管理意识，推进预算资金绩效管理，更好发挥车购税资金使用效益，助力全省交通建设事业的发展。

21日 省交通运输厅晋交安监函〔2020〕149号文印发《关于做好2020年防汛备汛工作的通知》，要求厅直各单位进一步完善各项工作机制，确保人民群众生命财产安全。

同日 省交通运输厅晋交运管发〔2020〕132号文印发《关于打击非法客运经营行为的通知》，要求各市交通运输局，省运管局(省运输事业发展中心)，省交通执法局(省交通运输综合行政执法局)做好相关工作。

21日至23日 省交通运输厅党组成员、副厅长李贵顺带队到吕梁调研重点公路建设情况。调研组一行深入静兴、祁离、离隰等高速公路项目和国道G209、国道G307、中阳东过境等干线公路项目施工一线现场调研，检查疫情防控工作及工程进度、质量、安全管理措施。

现场调研结束后，调研组会同吕梁市政府召开座谈会。李贵顺指出，吕梁市2020年重点公路建设项目集中，投资任务占比高，对全省重点工程任务完成具有至关重要的影响。在新冠肺炎疫情对全省经济产生重大影响的紧要关头，公路建设领域要挺身而出、积极担当，坚决克服疫情影响，大力推进达产达效，全力争取增产增效，努力扩大有效投资，为全省经济平稳运行做出积极贡献。

李贵顺要求，各项目建设单位要在坚持疫情防控常态化条件下，加快推进有关前期手续，积极落实项目资金，配合沿线政府加快征拆补偿工作进度，着力扩大工作面，尽快掀起大干高潮。李贵顺着重对工程建设疫情防控和质量、安全生产工作进行部署，要求参建单位深刻吸取“12·30”晋城太行一号析城山隧道事故教训，严格落实安全责任制，加强安全风险辨识、评价，强化风险管控，尤其是桥梁架设、隧道施工等高风险作业环节，确保安全生产“零事故”；要继续加强疫情防控措施，进一步强化打好外防输入持久战的思想准备，始终绷紧疫情防控这根弦，要严格按照要求执行外来新进场工人隔离措施。

22日 省公路运输工会第三届委员会第四次全体会议以网络会议的形式召开。会议总结省公路运输工会2019年工作，部署2020年工作任务，审议通过省公路运输工会第三届委员会常委会2019年度工作报告。副厅长级干部郭贵堂出席会议。

2019年，全省交通运输系统各级工会紧紧围绕全省交通运输中心工作，立足交通产业实际，坚持“维护核心、服务中心、凝聚人心”，切实突出“覆盖主群体、壮大主力军、服务主人翁”三个重点，团结动员广大职工为全面拓展交通强国建设山西发展新局面建功立业，取得新成绩。

郭贵堂就如何开展好全系统工会工作提出要求。他指出，要树牢“四个意识”、把准政治方向，深入学习贯彻习近平总书记关于工人阶级和工会工作的重要论述，深入学习中共十九大和中国工会十七大精神。要把学习贯彻好“三篇光辉文献”作为一项重要政治任务，与学习习近平总书记相关重要论述结合起来，与工会干部日常学习教育结合起来。要深化工会改革、增强组织活力，加强自身建设、打造过硬队伍，主动服务大局、展现工会作为，为推动全省交通运输事业发展做出更大贡献。

23日 备受关注的霍永高速西段永和乾坤湾景区收费站正式通车运营。临汾市副市长潘海燕出席开通仪式，宣布永和乾坤湾景区收费站开通运营。

霍永高速公路是山西省高速公路网规划“三纵十二横十二环”第九横的重要组成部分，乾坤湾互通位于永和县黄河东岸，是永和县西部乡镇及沿黄旅游车辆上下高速的唯一出入口，收费站共设3入5出8条车道。它的建成通车，不仅优化路网结构，改善交通发展环境，打通沿黄景区旅游的交通瓶颈，对于拉动区域经济发展，助力扶贫攻坚，决胜全面建成小康社会，都具有极其重要的意义。

24日 省交通运输厅晋交工会函〔2020〕153号文印发《关于开展〈中华人民共和国残疾人保障法〉〈山西省残疾人保障条例〉执法自查和迎接执法检查的通知》，要求厅直各单位、各相关交通运输企业做好相关工作。

同日 省交通运输厅召开“零上访”工作部署会议，厅党组成员、副厅长王晋主持会议并讲话。

会议传达学习省委“三零”单位创建工作动员会精神和2020年全省信访工作电视电话会议精神，听取省公路局、省运管局、厅后勤中心等厅直有关单位“零上访”工作情况汇报，并对下一阶段工作进行部署。

王晋在讲话中，提出4点要求：一是提高政治站位，深化思想认识。各单位必须站在讲政治、讲党性、讲大局的高度，深刻认清当前和今后一段时间做好信访工作的极端重要性，切实增强做好信访工作的自觉性、主动性，充分发挥信访部门在推进交通运输行业治理体系和治理能力现代化中的作用，全力保证交通运输行业健康稳定发展。二是全面排查化解，努力从源头上预防和减少信访问题发生。各单位各部门要集中精力，开足马力，抓好各类隐患苗头和问题的治理解决。要紧盯重点不放松。特别是要把事业单位改革、省界撤站、拖欠农民工工资和疫情期间客运影响等作为工作重点。各单位要从即日起迅速开展为期百天的矛盾纠纷大排查大化解活动，通过采取报告个人思想、基层走访了解、实地检查等多种形式，自下而上对重点单位、重点群体、重点隐患进行拉网式排查，做到不漏一人；要始终坚持依法处置，在政策法规框架内寻求解决问题的最佳途径和办法，并按照宽严相济原则，注重原则性与灵活性相合，综合施策，最大限度维护信访人合法权益。三是加强组织领导，强化责任担当。各单位各部门要强化党建工作，充分发挥基层党组织战斗堡垒作用和党员先锋模范作用；强化责任落实，坚持守土有责，守土尽责，把信访工作作为政治工程、党建工程和维稳工程，把信访工作列入重要日程，抓实、抓好、抓出成效；强化结果导向，把“零上访”目标纳入目标责任考核体系。各单位必须在思想和行动上强化“一盘棋”的思想，切实克服“与己无关”的认识偏差，严格职责要求，认真接待和办理每一起信访问事件，切实通过各负其职、共同努力，达到矛盾问题有效解决，真正做到“看好自己的门、管好自己的人、办好自己的事”。四是健全完善机制，提高工作本领。各单位各部门必须在完善机制、创新方法和加强力量上下工夫，不断增强信访干部工作本领，提升网络信访工作能力。

同日 上午，省自然资源厅党组成员、副厅长武耀文带领有关处室负责人深入省交通运输厅调研全省公路建设用地情况，并召开专题座谈会。厅党组成员、副厅长李贵顺主持会议，厅有关处室及省公路局、省交控集团具体负责人参加座谈会。

会上，省交通运输厅介绍全省公路建设用地总体情况，省自然资源厅对土地指标、补充耕地、土地预审报批、压覆矿产等具体问题给予政策的详细解读和回应，并提出一些可操作的措施和办法，深入研究探讨解决困扰公路建设的一些难点问题，为下一步加快公路建设用地奠定良好的基础。

武耀文指出，为认真贯彻落实省委、省政府“四为四高两同步”“项目为王”要求，省自然资源厅将继续保持发展和省交通运输厅多年来通力协作、定期沟通的良好合作关系。公路建设事关全省经济发展大局，用地保障义不容辞，本着“既有利于更好保障项目建设用地，又有利于全省重点高速公路建设”原则，对于省级以上重点工程，省自然资源厅将按照“特事特办、急事急办、全程跟踪、积极服务”原则，努力保障重点工程的土地供给。他要求，省自然资源厅相关处室要进一步加强沟通协调，在公路用地报批中存在且暂时无法解决的一些难点问题上，要充分用足用好政策，积极争取自然资源部支持，在依法依规前提下，结合全省实际出台具有可操作性具体办法，全力保障全省公路建设用地。

李贵顺指出，省自然资源厅主动来省交通运输厅上门服务，就是贯彻“四为四高两同步”“项目为王”的实际举措，本次调研成效大，为下一步公路用地报批指明方向，不仅解决一些公路用地报批的实际问题，对重大政策性制约问题也有了针对性的建设性指导建议。他强调，省交通运输厅将严格按照有关土地方面要求，全力配合自然资源部门督促公路建设项目加快推进公路用地报批工作。他希望省自然资源厅继续给予公路建设关心和支持，勤沟通、多对接，借鉴学习外省好的经验做法，积极探索研究公路建设中存在的历史老大难问题，通过向国家有关职能部门和省政府汇报，共同推进制约公路建设用地问题的解决，促进公路建设，为全省经济平稳健康发展做出应有贡献。

同日 省交通运输厅晋交建管发〔2020〕135号文印发《关于发布〈山西省普通国省干线公路养护工程预算定额及编制实施细则（试行）〉的通知》，自2020年6月1日起施行。要求全省境内普通国省干线公路养护工程预算、最高投标限价的编制应遵照该定额及编制实施细则执行。

同日 中共山西省交通运输厅党组晋交党发〔2020〕20号文印发《关于加强督查工作的实施意见（试行）》的通知。

25日 省交通运输厅晋交政法发〔2020〕134号文印发《关于印发“双随机、一公开”抽查工作细则的通知》，要求厅直各单位、厅机关各处室做好相关工作。

27日 中共山西省交通运输厅党组晋交党发〔2020〕30号文印发《关于厅属事业单位改革期间建立健全党组织的实施方案》的通知。

同日 省交通运输厅晋交规划发〔2020〕140号文《关于印发〈2019年交通脱贫攻坚考核反馈问题整改工作方案〉的通知》，要求各市交通运输局、厅脱贫攻坚领导组各成员单位遵照执行，切实抓好整改工作，务求整改实效。

27日至29日 省交通运输厅一级巡视员雷天才率厅调研组先后到吕梁、朔州、晋中三市开展实地调研。

调研组在三市分别组织召开规范行政执法优化营商环境专题座谈会，听取当地交通运输局所作关于规范行政执法优化营商环境情况的汇报，广泛听取当地工商联、中小企业局、司法局、交通运输企业、律师、群众、一线执法人员的意见和建议，并与当地党委、政府领导同志就有关问题交流意见。

在座谈会上，雷天才就如何贯彻落实习近平总书记有关重要讲话精神，推动交通运输综合执法改革，规范文明执法，发挥行政执法在优化营商环境中的重要作用提出3点要求。一是下大力气推进营商环境持续优化。围绕省委“四为四高两同步”总体思路和要求，站在“法治是最好的营商环境”的高度，大力推进“放管服”改革，加强事中事后监管，综合运用信用监督、“双随机、一公开”监管、包容和审慎监管、“互联网+监管”等手段和方法，进一步优化营商环境，充分发挥行政执法在优化营商环境中的重要作用。二是全面推进交通运输综合执法改革。各级交通运输部门要认真研究交通运输综合行政执法改革中执法机构设置、执法职能整合、执法队伍建设、执法保障、协调配合机制方面存在的问题，找准找实，提出切实可行的解决对策。三是统筹做好疫情防控和复工复产工作。要规范交通运输行政执法，主动服务务工人员顺利返岗和就业，服务企业复产，服务重大项目建设，全力保障运输畅通。

28日 省交通运输厅晋交路政发〔2020〕144号文印发《2020年全省“路政宣传月”活动实施方案》的通知，要求各市交通运输局、厅直有关单位结合工作实际，认真贯彻执行。

同日 省交通运输厅、省财政厅、省发展和改革委员会晋交财发〔2020〕145号文印发《关于国道108线神堂堡至砂河段一级公路设置收费公路收费站及相关事宜的通知》，要求省公路局、山西路桥集团做好相关工作。

同日 省公安厅、省交通运输厅、省文旅厅、交控集团联合召开“五一”假期全省旅游客运交通安全管理工作部署视频会，分析研判“五一”假期旅游客运交通安全形势，部署“五一”假期旅游客运交通安全管理工作。厅党组成员、副厅长段新源出席会议并讲话。

段新源在讲话中，要求切实提升抓好道路运输安全生产工作的思想自觉和行动自觉，认真学习领会、深入贯彻落实习近平总书记等中央领导人关于安全生产的重要指示精神，坚持底线思维，做好较长时间应对外部环境变化的思想准备和工作准备，毫不放松统筹推进疫情防控和防范化解重大安全风险工作，抓实抓细复工复产安全防范工作。要正确审视和准确把握当前道路运输安全生产面临的严峻复杂形势，及时调整工作重心，注重远近结合，坚持在常态化疫情防控中，统筹研究影响行业长远发展的深层次问题，统筹处理好安全与发展的关系，促进行业健康稳定发展，千方百计把疫情造成的损失降到最低限度。要统筹抓好疫情防控与小长假道路运输安全生产工作，一是提前谋划做好准备工作，督促道路客运企业、汽车客运站制定运输组织和应急疏运方案，有针对性地采取措施为旅客出行提供方便；二是严格落实交通运输疫情防控措施，严格落实《客运场站和交通运输工具新冠肺炎疫情分区分级防控指南（第二版）》要求；三是全力把好旅游客运安全关，指导客运企业做好车辆检查、驾驶员安全警示提醒，加强运行线路安全评估、旅游客运市场联合监管；四是加强道路运输安全监管，督促运输企业、客运场站深入开展安全隐患排查治理，加强车辆进出站、安全例检、动态监控、驾驶人遵守交通法规教育；五是严厉开展打击“黑车”非法营运，加强部门协同配合，全面清查道路客运市场“黑企业”“黑站点”“黑车”“黑服务区”，完善非法营运举报查处机制。

29日 上午10时38分，阳蟒高速公路举行通车试运营仪式。省交通运输厅副厅长级干部郭贵堂出席。项目是由山西路桥集团以BOT模式投资建设，总投资概算56.85亿元，全长40.093公里，桥隧比例高达56%。起点位于西河枢纽接阳翼高速公路，终点在省界十里河大桥处接河南省济源高速公路。

阳蟒高速公路贯通山西南部与河南中西部，形成又一条全省通往中部省份和沪、浙、苏等东部发达地区的经济通道，有效连接青兰、荷宝、连霍等国家高速公路，对于加强全省与经济发达地区的交流、促进区域经济发展、改善投资环境、带动旅游产业发展具有重要意义。

时值全国高速公路联网收费体制改革、全国联网调试阶段，阳蟒高速先行实行区域小循环，自4月30日零时起开放交通试运营，试运营期暂定为4个月，至8月31日24时止。试运营期间不收取该路段车辆通行费。

同日 省纪委监委驻省交通运输厅纪检监察组召开厅属单位纪检工作推进会，34个厅属单位共计46人参加会议。省纪委监委第六监督检查室副主任禾永盛应邀参加，厅党组成员、驻厅纪检监察组组长王建业主持会议并讲话。

王建业结合全省交通运输系统纪检监察工作实际，强调要认真学习领会省纪委监委有关会议和文件精神，把实现更深层次、更高水平“三转”作为全年工作的重中之重，坚决迅速地把省纪委监委部署转化为实际行动，再动员、再警示、再培训、再推进、再落实，形成上下同心、团结拼搏的强大合力，高质量推进全系统纪检监察工作。

王建业在讲话中，提出3点要求：一是深化思想认识，提升政治站位抓推进。要深刻认识深化“三转”是纪检监察工作高质量发展的迫切需要，落实落细会议布置的任务和重点工作是必须坚决完成的政治任务，掀起比质量、比创新、比担当、比作为的热潮。二是突出问题导向，坚持整改落实抓推进。要把握工作的主动权，发现问题，纠正偏差，实施有效监督，克服被动应战思想。要敢于监督、善于监督，通过评判结果来检验落实的程度、发展的质量，以结果为导向来推广好思路、好经验和识别好干部。三是强化自身建设，聚焦各项工作任务落到实处抓推进。要加强自身能力建设，虚心学习新知识新技能，切实增强做好本职工作的本领，争做本职工作的行家里手。要坚持以上率下，以身作则，一个环节一个环节抓实，一个节点一个节点推进，进一步提高政治站位，坚决克服畏难、松懈情绪，直面各种矛盾和问题，巩固既有成果，确保圆满完成全年目标任务。

30日 省交通运输厅晋交审批函〔2020〕165号文印发《关于下放部分行政审批事项的通知》，要求各市交通运输局，行政审批服务管理局做好相关工作。

同日 省交通运输厅晋交建管函〔2020〕166号文印发《关于开展“五一”节期间公路水运工程安全生产督促检查工作的通知》，要求各市交通运输局，省公路局、省交通建设中心，山西交控集团，各有关重点公路建设单位做好相关工作。

同日 省交通运输厅晋交建管发〔2020〕147号文印发《关于开展高速公路和普通国省干线公路工程项目招标投标领域专项整治行动的通知》，要求省公路局、省高管局、厅重点办，各有关单位认真组织实施。

同日 省交通运输厅召开山西省高速公路恢复收费新闻通气会。会议介绍山西省收费公路恢复收费时间、收费标准的确定、有关减免车辆通行费优惠政策，明确新冠肺炎疫情防控应急物资运输车辆将继续享受“三不一优先”政策。针对取消省界收费站初期ETC系统的故障问题，表示省厅已进行全面调整和改善，目前收费系统保持稳定。下一步，省厅将积极发挥行业监管指导作用，不断完善收费系统、不断优化客户服务、切实增强公众出行体验，更好地为社会群众提供高品质服务。

5月

1日 省交通运输厅党组书记、厅长闫晨曦带领厅机关相关处室负责同志采取“四不两直”方式，对“五一”假日期间公共交通运力保障和疫情防控工作进行检查，向坚守一线工作岗位的广大干部职工致以节日问候。

当日，闫晨曦深入太原公共交通控股有限公司第三分公司场站，登上公交车仔细查看车内安全设施配备及公交场站建设情况，听取节日期间疫情防控及运营安全保障工作汇报，对太原公共交通控股有限公司的工作给予肯定。他指出，城市公交是疫情防控的前沿，一定要坚持车辆早晚消毒，运行全程开窗通风，做好一线上岗人员的防护工作，为他们创造安全的工作环境。所有司乘人员要经测温后佩戴口罩上岗，为乘客提供安心、舒心的乘车环境，有效阻断疫情通过公共交通工具传播的途径。

闫晨曦最后强调，要认真贯彻落实好省委、省政府关于做好新型冠状病毒肺炎疫情防控工作部署，做好应急处置预案，细化疫情监测防控措施。要密切关注节日期间客流量变化，结合实际，科学规划公交线路，根据群众出行需求合理增加公交车数量，让公共交通更加便利，确保乘客通行顺畅、公交安全运行。

2日至3日 全国高速公路即将恢复收费关键时刻，省交通运输厅党组书记、厅长闫晨曦深入山西高速公路不停车收费运营服务中心、太原滨河西路南收费站调研收费公路恢复收费前各项准备工作。

在山西高速公路不停车收费运营服务中心，闫晨曦仔细查看ETC客户服务联络中心、ETC投诉退费业务组工作情况，认真查阅ETC客服电话接通、投诉处理、投诉结案台账，听取中心主要负责人王瑜波关于接通率、及时率、结案率以及用户满意度等情况介绍，打开工作人员手机浏览中心开发的App“山西ETC”和微信小程序“山西不停车收费服务平台”，鼓励大家线上线下双管齐下，全力以赴做好服务工作。在太原滨河西路南收费站，闫晨曦在收费岗亭查看收费站入口运行情况，详细询问收费站车费车道系统、费额显示器及ETC门架系统软硬件设施升级运行稳定情况，了解查验特情处理能力、费额显示的准确性、及时性等。其间，就高速公路联网收费系统工作中存在的问题与有关工作人员、技术人员进行探讨和研究分析，给出指导性意见。

闫晨曦指出，ETC运营服务工作是交通运输服务保障工作重要内容，也是山西交通的窗口，要进一步提升服务水平，巩固“三率”100%同时，不断提高用户满意度，减轻ETC收费相关问题处理的压力。5月6日，全国高速公路恢复收费后通行车辆会相对下降，但ETC收费系统可能会出现其他情况，客户投诉、咨询服务工作的压力挑战会更大更强，一定要加强客服支撑服务能力建设，更要前瞻性地有针对性地做好可能出现问题的分析研判，更好地为公众提供品质服务。

闫晨曦强调，目前正处于深化收费公路制度改革关键期，要进一步提高认识，做好高速收费系统恢复运行的各项工作，狠抓任务落实，特别是对八个“一票否决项”中的问题，全力解决、坚决杜绝。要制定详细的突发情况应对预案，提高应对能力，不断优化完善收费系统软硬件功能，积极做好收费信息推送相关工作，全力确保数据信息的精确性、及时性，确保恢复收费后广大人民群众便捷出行，进一步提高综合交通运输网络效率，提升人民群众满意度，努力树立山西交通良好形象。

3日 太原机场开启2020年夏航季。受新冠肺炎疫情影响，民航传统换季时间由3月29日延期至5月3日。此次航班换季以国内航线航班调整为主，国际及地区航班编排仍由国家统一调控。

本航季太原机场共有25家航空公司，运营国内客运航线80条，通航国内城市56个。2020年夏航季太原机场计划新增至江苏扬州、湖北襄阳、湖南岳阳及四川泸州，恢复至山东威海、广东惠州等国内城市的航班，同时保证太原至上海、广州、深圳、珠海、杭州、南京、成都、武汉、天津和乌鲁木齐等10余个国内重点城市和旅游城市的航班密度。

换季后，太原至上海航班13班/天，至杭州9班/天，至南京、广州7班/天，至深圳6班/天。随着国内疫情防控工作成效的逐步显现，太原机场的国内航班及客流量已开始出现回升迹象,太原机场在做好疫情防控各项工作的同时,积极为国际及地区航线复航、国际航空市场开拓等做好相关准备工作,助力太原航空旅游经济全面复苏。

6日 省交通运输厅晋交农路函〔2020〕175号文印发《关于农村公路管理养护体制改革试点的推荐报告》,向交通运输部、财政部报告。

同日 零时起,全国收费公路恢复收费,“五一”假期期间,全省运营高速公路全力以赴“迎大考”。“五一”假期期间,全省运营高速公路各公司科学部署,统筹谋划,多措并举,全力保障高速公路联网收费工作平稳实施,确保在关键时刻展现交通担当,树立交通良好形象,向党和人民交上一份满意的答卷。

山西高速公路不停车收费运营服务中心依托全省ETC自有宣传媒介、微信公众号、小程序、网站、抖音和App等开展形式多样的宣传推广活动,宣传ETC高效、便捷出行方式。同时配足线上、线下客服工作人员,客服人员全员上岗加强线上服务渠道,中国ETC服务小程序在线客服提供7×24小时服务,“山西ETC”微信小程序、官方抖音等为用户提供多方位、高效能的优质服务。确保95022热线、省内客户服务热线0351-7337793、服务网点等服务渠道畅通,客服微信小程序及手机App的客户消费记录查询、信息推送、月账单、在线客服等功能正式上线,努力提高客户体验感。

7日 省交通运输厅晋交建管函〔2020〕177号文印发《关于扎实做好疫情防控常态化条件下重点工程项目建设的函》,要求山西交控集团做好相关工作。

同日 省公路局召开赶超进位迎国检攻坚战调度会。会议听取各分局迎国检工作准备、路面改造PPP项目、公路安全生命防护工程推进情况,查找存在问题,对深入贯彻省交通运输厅党组迎国检决策部署及厅长闫晨曦指示精神作进一步安排。

会议强调,全省干线公路迎国检赶超进位的任务十分艰巨,全省公路系统责任重大。一是认清形势,明确任务。要进一步梳理各项工作,明确目标任务,做到事有人管、责有人担,相互协调顺畅,确保内业资料不丢分、路况检查少丢分、相关问题全部整改到位。二是坚定信心、勇于担当。各单位特别是主要领导要有高度的政治责任感,带领干部职工采取各项有力措施,加强对项目的服务保障,积极开展党组织共建,做到与项目实施单位融合共进,确保迎国检、路面改造PPP项目、公路安全生命防护工程顺利完成。三是及早准备,重点突破。要快准备、快启动、快推进,确保所有迎检准备工作在8月底前完成。要创新管理机制,强化绩效考核,抓好项目监管,统筹做好工程质量、安全生产、资金使用、廉政建设、新技术应用等各项工作。要全面推行工程任务清单式管理,加强关键节点控制,同时充分考虑汛期及干线公路交通压力增大等不利影响,提前做好应对措施。四是相互交流,学习借鉴。要广泛开展比、学、赶、超活动,不断提升各项工作质量和水平。要加大迎国检工作宣传力度,积极发动全系统广大干部职工为深入推进三项工程建设、打好赶超进位迎国检攻坚战做出应有贡献。

8日 省交通运输厅召开《中共山西省委、省人民政府关于贯彻落实〈交通强国建设纲要〉的实施意见》(以下简称《实施意见》)和《山西交通强国建设三年行动计划》(以下简称《三年行动计划》)专家论证会,来自交通运输部和省内多名专家参加论证。厅党组书记、厅长闫晨曦出席会议。厅党组成员、副厅长王四小主持会议。

会上,王四小就《实施意见》和《三年行动计划》的起草、制定、征求意见等情况作介绍。课题组汇报实施意见对标对表、起草背景及主要内容。与会专家围绕《实施意见》和《三年行动计划》的体系架构、目标设定、实施举措以及与山西实际的衔接等方面进行充分论证,一致认为课题组提交的两项成果贯彻习近平总书记对交通运输工作、对山西工作的重要指示精神,落实《交通强国建设纲要》的总体要求,体现山西特色,符合山西推进交通强国建设客观需求,具有较强的系统性、前瞻性和可操作性,并着眼增强两项成果的针对性、科学性、严谨性提出书面论证意见。

闫晨曦在讲话中,对各位专家长期以来对山西交通运输工作的关心支持表示感谢,请大家发挥专长,抓好修改完善工作,切实发挥《实施意见》和《三年行动计划》对山西交通强国建设的总纲作用。一是进一步深化对交通强国建设重大意义的理解认识,抓住这一难得的历史机遇,坚持问题导向,瞄准短板差距,深入研究提出富有实际意义的举措,为山西建设“示范区”、打造“排头兵”、构建“新高地”三大目标定位,提供强有力的交通运输保障。二是进一步实施《三年行动计划》,坚持“项目为王”,实施为要，把各项工作举措落到具体项目上，把土地、资金等实施要素进一步明确细化，确保《三年行动计划》能够顺利实现。三是全力以赴加快工作进度，加大工作力度，倒排工期，集中精力抓好《实施意见》和《三年行动计划》修改完善工作，力争5月中旬前拿出高质量、高水平、可操作性的成果上报省委、省政府，为下一步工作奠定坚实基础。

同日 省交通运输厅召开全省交通运输生态环境保护工作电视电话会议。会议以习近平生态文明思想为指导，传达贯彻全省决战决胜蓝天保卫战电视电话会议精神，总结2019年交通运输生态环境保护工作，分析研判当前面临的形势，部署2020年重点工作任务。厅党组成员、副厅长王晋主持会议并讲话。

会议指出，2019年全省交通运输生态环保工作取得明显成效，但对表国家、省委、省政府和交通运输部要求，对标先进省份，全省交通运输生态环保工作面临的形势依然严峻、任务艰巨繁重。各部门各单位要进一步提高政治站位，提升责任意识，强化目标导向、问题导向和结果导向，持之以恒推动各项工作落实，坚决打赢交通运输领域污染防治攻坚战。要以习近平生态文明思想为根本遵循，结合行业实际，坚持新发展理念，牢固树立"绿水青山就是金山银山"的理念，坚持生态优先；坚持高质量转型，大力推进交通运输业转型升级，推进交通运输智能化、绿色化；坚持科技革命，全面采用新技术、新材料、新工艺，大力推广新能源、清洁能源汽车和固废利用；坚持污染整治，持续抓好"公转铁"、道路扬尘、施工降尘等重点任务落实，形成绿色低碳循环发展模式；坚持党政齐抓，强化联防联控，形成部门合力、行业合力。

会议强调，要针对关键环节、重点领域和目标任务，加强监管治理，推动各项防治措施落地见效。一是突出精准治污、科学治污、依法治污，深化柴油货车和散装物料运输车污染治理，全面建立机动车排放检测与强制维护(I/M)制度。二是全力推进绿色交通建设，将绿色交通发展理念融入交通运输规划、设计、建设、运营和养护的全过程，深入开展绿色生态示范公路建设。三是抓好公路扬尘治理，加强散装物料运输源头监管，强化抛撒扬尘联合执法力度，严格落实施工工地扬尘整治"六个100%"要求。四是促进交通运输结构优化调整，积极淘汰落后产能，大力推广新能源汽车。五是抓好道路保洁，持续抓好全省公路路域环境综合整治。六是抓好水污染防治，全面完成码头与船舶污染物接收转运及处置设施建设任务，禁止使用水污染物超标排放的船舶。

王晋强调，2020年是打赢污染防治攻坚战的"交账年"。各级各部门要加强组织领导，细化工作任务，坚持"党政同责、一岗双责"，压紧压实责任，强化考核指导，努力实现高水平保护和高质量发展的双赢目标，为全省生态环境保护和高质量转型发展做出交通运输应有贡献。

9日 省交通运输厅晋交人发〔2020〕155号文印发《关于杨云峰等489名同志具备交通运输专业工程师任职资格的通知》。

同日 省交通运输厅晋交安监发〔2020〕156号文印发《关于在全国"两会"期间开展安全生产专项检查的通知》，要求各市交通运输局、厅直各单位、山西交控集团、山西汽运集团做好相关工作。

10日 上午，山西路桥集团投资建设的国道G108线神堂堡至砂河段一级公路通车运营。

国道G108线神堂堡至砂河段一级公路项目，是全省第一个以BOT模式投资建设的一级公路，投资概算14.8亿元，全长53.402公里。全线采用双向四车道标准，横跨大清河水系，沿五台山脉而建，是由晋入冀、入京和晋煤外运的重要经济通道，也是自东向西进入五台山景区的主要旅游通道。

该项目建成通车后，对提升国道G108全线的通行能力和服务水平，促进全省交通运输事业发展起着重要作用。依托这条交通运输通道，可以更好满足山西煤炭经济持续发展和旅游产业快速壮大的需要，有效支撑山西新型能源和工业基地建设，对完善全省区域路网结构、促进当地经济发展、助力地方脱贫攻坚具有重要战略意义。

12日至13日 省交通运输厅党组成员、副厅长李贵顺到临汾开展公路建设、运营情况调研及安全生产督查。

在隰吉高速公路建设工地，李贵顺指出，当前"一室两区三场"的标准化建设取得较大进展，但施工现场的精细化管理还存在明显不足，要加快工程进度，确保实现上半年"双过半"目标，扎实实施黄河流域生态保护和高质量发展国家战略，将隰吉高速打造成黄河流域生态治理的样板工程。在国省道PPP路面改造、安全生命防护工程施工现场，李贵顺强调，国省干线公路改造必须全面贯彻绿色公路理念,以工程质量为前提,以安全生产为底线,兼顾工程经济性,因地制宜,在全寿命周期内最大限度节约资源、减少污染,为沿线人民提供畅通、高效、舒适出行服务。此外,他还对高速公路运营、干线公路限速标志排查、整治工作进行现场指导。

13日 省交通运输厅党组成员、副厅长王四小到阳泉综合交通客运枢纽施工现场进行调研。王四小实地查看施工现场,详细了解工程概况、施工进度等情况。他指出,阳泉综合交通客运枢纽建成后,将成为晋东地区第一个集多功能于一体的"零换乘"现代化综合交通枢纽,可有效解决铁路、公共交通、公路客运等出行方式不能有效衔接的问题,满足本省东部交通发展需要,也将极大推动阳泉市新城建设。各级各部门要精心组织、统筹配合,为项目顺利完工提供坚实保障。施工单位要抓紧施工,加快工程扫尾,同时做好防汛、安全、环保降尘、配套设施建设等工作,确保综合交通客运枢纽如期高质量建成投运。

14日 省交通运输厅党组扩大会议召开,传达学习习近平总书记视察山西重要讲话重要指示和省委常委会扩大会议有关要求,对全省交通运输系统兴起学习热潮、抓好贯彻落实进行部署。厅党组书记、厅长闫晨曦主持会议并讲话。

闫晨曦指出,全省交通运输系统各级党组织和广大干部职工要把学习宣传、贯彻落实习近平总书记视察山西重要讲话重要指示作为当前和今后一个时期的首要政治任务,切实增强贯彻落实的自觉性和坚定性,不断开创山西交通运输各项工作发展新局面,为谱写山西转型发展新篇章当好先行、提供支撑。

闫晨曦强调,5月11日至12日,习近平总书记亲临山西考察指导工作,就统筹推进常态化疫情防控和经济社会发展工作、巩固脱贫攻坚成果进行视察,做出一系列重要指示,发表重要讲话,充分体现国家领导人对山西人民的最大关心,对山西工作的最大支持,为我们做好新时代交通运输工作指明前进方向、提供根本遵循。

闫晨曦指出,省委在第一时间对学习贯彻习近平总书记视察山西重要讲话重要指示进行研究部署,书记楼阳生提出抓好学习贯彻的7点要求,全系统要结合实际,迅速抓好贯彻落实。一是统筹做好交通运输疫情防控和复工复产工作。坚持"外防输入、内防反弹"工作方针,严把高速公路、普通国省公路的进京出省口,做好国际航班分流和入境入关旅客检疫等工作,牢牢守住交通运输领域防输入、防反弹、防进京底线。同时,全力做好交通运输保通保畅保运各项工作,全方位推进交通建设项目复(开)工。二是加快落实推进交通强国建设工作。坚决贯彻习近平总书记关于奋发有为推进高质量发展的要求,尽快协调出台全省落实《交通强国建设纲要》的实施意见和三年行动计划,抓好交通强国建设试点工作,推进交通运输建设发展从"有"变"好"、从规模速度向高质量转变。三是加快追赶补欠步伐,确保圆满完成交通运输年度重点工作目标任务。2020年是"十三五"规划"交账年",要紧扣全面建成小康社会和"十三五"规划交通目标任务,对重点工作、重点项目采取清单化管理,加快进度,补齐短板,确保年底各项目标任务圆满完成。四是以政治建设为统领,坚持不懈巩固交通运输良好政治生态。要以事业单位改革为契机,全面加强纪律作风建设,坚定扛起全面从严治党主体责任,持续提升人员素质和队伍形象,大力营造干事创业优良作风和良好氛围,为交通运输科学发展提供纪律和作风保障。

闫晨曦要求,各单位要成立工作专班,把学习贯彻习近平总书记视察山西重要讲话重要指示和省委、省政府、厅党组提出的落实要求紧密结合起来,研究制定实施方案、任务清单、标准要求,切实做到条条落实、件件落地、事事见效,确保学习贯彻习近平总书记重要讲话重要指示在交通运输系统落地生根、开花结果。

厅领导、厅直各单位负责人、厅机关有关处室负责人参加会议。

同日 省交通运输厅召开全省交通运输行业"三零"企业、单位创建工作推进会。厅党组书记、厅长闫晨曦强调,要深入贯彻落实习近平总书记关于社会治理的重要论述和中共十九届四中全会精神,认真落实全省"三零"单位创建工作动员部署会议精神,深入开展"三零"单位创建工作,以"三零"为标尺,坚决筑牢安全稳定底线红线,为全省实现高质量发展、高水平崛起、高标准保护、高品质生活提供坚强的交通运输保障。厅领导李贵顺、王晋、雷天才参加会议,厅党组成员、副厅长王四小主持会议。

闫晨曦指出,开展"三零"单位创建工作是省委立足省情民意、聚焦治晋兴晋强晋战略目标在全省做出的一项重大决策部署。“三零”单位创建工作部署开展以来，全系统各单位立足各自实际，制定工作方案，细化工作举措，实现“三零”单位创建工作良好开局。

闫晨曦要求，要把此次开展“三零”单位创建作为提升行业治理能力和治理体系的有利契机，切实把思想和行动统一到省委的决策部署上来。尤其是在全国“两会”即将召开的重要时期，要以守土有责、守土尽责的使命感和时不我待、刻不容缓的紧迫感，扎实深入推进“三零”单位创建工作，为服务保障全省和谐稳定大局、迎接“两会”顺利召开营造良好的社会环境。

闫晨曦指出，各级各部门要坚持目标导向，重点聚焦信访、安全生产、社会综治三方面工作，靶向发力、精准施策，确保“三零”单位创建高标准推进、高质量完成。在强化信访问题处理方面，各级各部门要把“减存量”“控增量”“防变量”作为信访维稳工作的出发点和落脚点，坚持控新治旧、关口前移，最大限度把各类矛盾纠纷化解在基层、消灭在萌芽状态。在整治安全生产隐患，加强安全生产工作方面，各级各部门要牢固树立发展绝不能以牺牲安全为代价的红线意识，认真贯彻落实中央、省委、省政府和交通运输部关于安全生产工作的系列部署，坚持“党政同责、一岗双责、齐抓共管、失职追责”，从严落实安全生产责任。在强化社会治安综合防控工作方面，各级各部门要以扫黑除恶专项斗争为牵引，严厉打击各类违法犯罪，深入开展平安公路、车站、码头、校园、工地等创建活动，不断强化创建力度和扩大覆盖面。

闫晨曦强调，创建“三零”单位的核心是做好基础性、源头性工作，关键是防范在先、发现在早、处置在小，健全治理方式，提升治理效能。各级各部门要全面加强组织保障，突出抓好责任落实，牢固树立结果导向，广泛宣传形成良好舆论氛围，压实责任链条，强化工作保障，确保“三零”单位创建工作取得实实在在的成效。要深刻理解开展“三零”单位创建的重大意义，在深入化解矛盾纠纷、排查整治风险隐患中，切实增强服务意识、提高发展本领、改进作风形象。

会上，省公路局、省运输发展中心、山西交控集团作了表态发言。厅机关各处室负责人，厅直各单位负责人，山西交控集团、山西航产集团、省汽运集团负责人参加会议。

15日 山西交控集团旗下实业集团打造的全省首家高速公路提档升级改造示范服务区——盂县服务区全新亮相，山西交控集团在盂县服务区召开高速公路服务区提档升级观摩推进会。厅党组书记、厅长闫晨曦，山西交控集团公司总经理郝玉柱出席推进会并讲话。

高速公路服务区提档升级改造是依据交通运输部有关要求，着眼于当前供给侧结构性改革要求，着力推动高速公路服务区业态、形态转型升级的重要举措。盂县服务区此次提档升级改造于2019年8月开工，项目主要包括南北区综合服务楼餐厅、超市、公共卫生间改扩建、完善司机之家、母婴室设施、停车场优化改造、区容区貌建设、信息智慧化建设、煤改电工程等内容。改造后的盂县服务区，业态更加丰富、功能更加完善，更适合于现代消费群体的需求，成为山西省高速公路亮丽风景线上的一颗璀璨明珠。

闫晨曦在讲话中指出，在全省上下学习宣传、贯彻落实习近平总书记视察山西重要讲话重要指示之际，召开高速公路服务区提档升级观摩推进会，就是要深入贯彻落实交通运输部、省委、省政府决策部署，为山西坚定坚实走好转型发展之路添砖加瓦，做出交通运输行业切实的努力和应有的贡献。他强调，要深刻认识开展高速公路服务区提档升级的重要意义，进一步增强工作的主动性和责任感，把打造优质响亮的“山西高速”服务品牌作为使命担当，切实把这件关乎民生的实事办好、办扎实；要充分发挥试点示范作用，形成全省可复制可推广的提档升级模式，认真总结提炼盂县服务区经验，统筹规划布局、提升服务品质、加强绿色服务区建设、强化安全保障，全面推进高速公路服务区提档升级；要以服务区提档升级为牵引，全面提升高速公路管理服务水平，进一步加强公路养护、强化高速公路的安全保障、持续巩固撤站成果、提升管理水平，乘势而上、再接再厉，奋力谱写交通强国山西篇章。

郝玉柱表示，集团公司将认真贯彻落实省委、省政府、省交通运输厅服务区提档升级部署要求，大力实施“设施完善、品质提升、创新驱动、信息智能、环境整治、安全保障”六大品质提升工程，深化与“壳牌”等一流企业战略合作，积极推动混改，实现服务区整体服务质量和经营效益有效提升。

17日 由中铁十局承建的太(原)至焦(作)高

铁太谷隧道安全顺利贯通，标志着太焦高铁全线隧道正式贯通，为2020年年底建成通车奠定坚实基础。

隧道全长11.497公里，2016年10月开工，是太焦高铁重点控制性工程，为双线高铁隧道。隧道施工区域穿越断层28条，存在8处溢出泉和流塑粉砂层，日最大涌水量6.5万立方米，坍塌、涌砂涌水风险极高，是太焦高铁全线高风险隧道之一。面对施工难点，全体参建者24小时施工，工序“零”衔接作业，采取超前大管棚、帷幕注浆等有效施工措施，特别是130米的地表袖阀管深孔注浆为国内罕见，从山顶以“梅花”型注入2万余立方米注浆料。同时，设立抽排水小组，5级泵站，24小时进行抽排水作业，以此来降低坍塌、涌砂涌水风险。

疫情发生以来，项目部在做好疫情防控工作的同时，挂图作业，倒排工期，累计投入各类机械设备399台套，细分600多个节点，全线1200余名施工作业人员，24小时紧盯现场，确保“问题不出洞”“方案在现场”。

18日 省交通运输厅召开2020年全国“两会”期间维稳安保工作会议。厅党组书记、厅长闫晨曦出席会议并讲话，要求迅速行动起来，以认真负责的工作态度和务实高效的工作作风推进各项工作任务落实落地，全力确保“两会”期间全省交通运输行业安全稳定。厅党组成员、副厅长段新源出席会议，厅党组成员、副厅长王四小主持会议。

闫晨曦指出，做好全国“两会”期间的安全稳定工作，是当前必须担负起的重要政治责任。各级各部门一定要站在全省、全国安全稳定大局的高度，深刻认识做好“两会”期间维稳安保工作的重大意义，切实以最高标准、最严要求、最强措施投入到工作中去。当前，全省交通运输行业安全稳定形势总体是好的，但是受疫情、改革等多种因素影响，不稳定不确定的因素仍然存在，新老风险隐患交织叠加，安全稳定的基础还较为薄弱。各级各部门一定要有清醒认识，充分预判形势，全方位做好应对准备。

闫晨曦强调，要严格按照“谁主管谁负责”的原则，全面加强组织领导，抓实维稳举措，以“三零”单位创建为契机，全面夯实维稳安保工作基础，结合“两会”期间的新要求，进一步做到“四个强化”。一是强化常态化疫情防控举措。要认真贯彻落实党中央、国务院、省委、省政府和交通运输部关于疫情防控的各项部署，结合工作实际不断完善常态化防控体制机制，外防输入、内防反弹，坚决守住来之不易的防控成果。二是强化情报信息搜集研判。按照“减存量、控增量、防变量”的总体思路，对可能影响“两会”期间安全稳定的情报信息进行全面搜集研判，全力配合网信、公安、安全等部门做好网上监控工作，对在网上进行攻击污蔑、造谣煽动、策划组织破坏活动的，要迅速核查清楚，坚决依法打击处理。三是强化不稳定因素源头化解。针对当前交通运输行业存在的、可能成为社会关注焦点的问题，各级各部门要深入摸排掌握涉稳风险隐患，从源头上进行防范化解。四是强化重点行业领域反恐防范措施。全面加强道路运输领域、公路运营领域、公路工程建设领域、水上交通领域、城市公交领域、人员密集场所、民航运输领域等重点领域、重点部位、重点区域治安防控和出省进京管控力度，严密防控各类涉恐隐患。会上，省公路局、省运输发展中心、省交通建设中心、山西交控集团作表态发言。

同日 省交通运输厅晋交治超发〔2020〕177号文印发《关于高速公路省界公路超限检测站启动检测工作的通知》，要求山西交控集团、各高速运营公司做好相关工作。

同日 省交通运输厅党组成员、副厅长王晋到山西交通职业技术学院和山西交通技师学院督导检查全面开学复学工作。

王晋先后到两院校学生报到点、医务所、学生食堂和学生宿舍进行实地检查并分别与两校院领导进行座谈。王晋对两校疫情防控工作和开学准备工作措施及成果表示肯定，提出3点要求：一要在思想上高度重视，密切关注校内外疫情防控总体形势，统筹开展疫情防控工作与日常教育教学工作。二要在细节上严密把控，继续依据“错峰分类分区管理”原则，把各项措施抓紧抓细抓实，最大限度减少人员交叉。三要在工作中坚持属地管理原则，积极与属地疫情防控部门密切沟通，以严格举措确保学校不出现疫情。

19日 省交通运输厅、省财政厅、省发展和改革委员会晋交财发〔2020〕166号文联合印发《关于太原至长治高速公路和晋城至焦作高速公路设置入口收费站及相关事宜的通知》，要求太长高速公路公司、晋焦高速公路公司做好相关工作。

同日 省交通运输厅晋交路网发〔2020〕167号文印发《迎接“十三五”全国干线公路养护管理评价工作方案》的通知，要求厅直有关单位，山西交控集团，厅机关各处室认真贯彻实施，确保做好“十三五”全国干线公路养护管理评价的各项迎检准备工作。

19日至22日 省交通运输厅党组成员、副厅长段新源采取“四不两直”方式，对忻州、阳泉两市全国“两会”期间道路、城市客运、水路运输安全生产和建制村通客车工作进行检查督导。要求进一步提高政治站位，树牢安全发展理念，切实增强做好道路运输安全的紧迫感、责任感和使命感。要毫不放松地抓好常态化疫情防控，继续严格落实客运场站和交通运输工具防疫措施。要从严落实行业监管和企业安全生产主体责任，加强风险隐患排查，全力抓好“两会”期间安全稳定工作。要精准定位，发挥道路客运优势，加快道路客运转型升级。

20日 省交通运输厅、省生态环境厅晋交运管发〔2020〕170号文联合印发《关于全省I/M指导实施情况的通报》，要求各市交通运输局、生态环境局、省运输发展中心按照要求加快推进I/M制度贯彻落实，认真实施机动车排放检测和维修治理的闭环管理工作。

同日 省交通运输厅党组书记、厅长闫晨曦深入省公路局就公路系统改革工作进行调研指导。厅党组成员、副厅长李贵顺，厅党组成员、副厅长王晋，省委编办省直事业处处长王家富参加调研。省公路局党委书记尹新平、局长胡钢成分别就公路系统改革整体进展情况、存在的困难和问题、改革的主要思路等作了汇报。

闫晨曦在讲话中对省公路局党委前一阶段改革工作给予肯定，再次强调中央和省委对事业单位改革的有关精神，结合近年来普通国省干线公路建设管理中存在的问题和困难，阐明改革的必要性和紧迫性。要求深入学习领会中央《关于深化事业单位改革试点工作的指导意见》，按照省委加快事业单位改革的有关要求，坚持目标导向、问题导向、结果导向，聚焦事权划分、人员安置、政策完善、功能再造、机构重塑、队伍稳定6个重点，加强顶层设计，解决发展瓶颈，推进公路系统整体性、重塑性改革。要加强组织领导，组建工作专班，细化工作方案，确定时间表、任务书、路线图，确保改革顺利推进。

21日 省交通运输厅党组成员、副厅长王晋深入天镇县玉泉镇石家庄村、李家庄村、葛家屯村实地调研黄花种植基地、现代农业实验园等扶贫项目，慰问贫困户，并与镇、村“两委”干部和驻村工作队进行座谈。

王晋在讲话中，要求全体驻村干部必须以更加昂扬的精神状态、更加扎实的工作作风，坚决夺取脱贫攻坚战全面胜利。一是继续坚持抓党建促脱贫，把村支委建设放在重要位置，建立制度性长效机制，打造一支“不走的工作队”。二是坚持扶贫扶志相结合，鼓励每一位贫困群众参与到这场攻坚战中。三是发挥行业优势，利用好扶贫资金，继续完善贫困村基础设施建设，统筹推进人居环境整治工作。第一书记和全体驻村工作队员要振奋精神，继续用心扶贫、真心扶贫，切实为百姓谋利益，真正把各项工作落实落细。

同日 省交通运输厅一级巡视员雷天才深入长治市进行国防交通建设调研指导。雷天才深入潞城区国防交通项目建设现场调研国防交通规划、建设情况，了解工程建设进展，并召开军地双方调研座谈会，听取长治市“十三五”国防交通建设项目完成情况及“十四五”国防交通规划情况汇报。雷天才指出，国防交通项目对保障国防安全、方便百姓出行和助力地方经济发展具有重大意义。要加大国防交通项目建设的推进力度，加强与部队沟通联系，及时解决国防公路建设中发现的问题。要谋划好“十四五”国防交通建设规划，充分满足国防交通建设要求。

22日 省交通运输厅晋交治超发〔2020〕173号文印发《关于对高速公路省界公路超限检测站建设有关事项的通知》，要求厅机关有关处室、山西交控集团贯彻落实。

同日 省交通运输厅召开迎接“十三五”全国干线公路养护管理评价工作动员会议，对全省做好迎国检工作进行部署。厅党组书记、厅长闫晨曦出席会议并讲话。要求以迎国检为契机，坚持目标导向、问题导向、结果导向，凝心聚力、全力以赴、攻坚克难、担当作为，全面提升全省干线公路养护管理水平，以实际行动落实好习近平总书记重要讲话重要指示，推进全省公路事业高质量发展，建设人民满意交通。

闫晨曦强调，要坚持目标导向，提高政治站位，全面提升全省公路养护管理水平。要站在服务社会经济发展、建设人民满意交通、推进交通强国建设的高度，深刻领会习近平总书记关于交通运输工作的新理念、新思想、新战略，坚决贯彻落实省委、省政府和交通运输部对公路事业发展和公路养护管理工作的各项要求，把提高公路养护管理水平作为推进交通运输高质量发展的重大举措，坚决打赢五年一次迎国检硬仗，把全省公路建设好、养护好、管理好、运营好，为山西坚定坚实走好转型发展之路添砖加瓦。

闫晨曦强调，要保持清醒头脑，坚持问题导向。对照国检要求，全省迎检工作面临的形势十分严峻，任务艰巨繁重，短板依然存在。要采取有力措施，进一步加强公路养护，加快挂牌督办路段整改，加快推进路面PPP项目改造，加快完善制度、规范基础管理，切实推进重点、难点任务限时完成。各公路养护部门要结合春季路况调查结果，精准确定养护方案，在主汛期之前完成路面病害治理和路基构造物养护，做好排水系统的疏通防护，确保公路安全度汛。省公路局要切实履行监管推进服务职能，督促各项目公司按期优质完成改造。

闫晨曦要求，要坚持结果导向，完善保障措施，确保迎检工作取得良好成效。一是强化组织保障。各单位要成立相应的组织领导机构，明确任务分工，确保各项工作、各个环节有人抓、有人管、落实到位。二是强化资金保障。要积极争取地方财政支持、争取发行债券资金，通过政府和社会资本合作等方式，多方筹措公路建设和养护资金，为养护工作开展和项目推进做好保障。三是强化督导推进。省交通运输厅将对各单位迎检准备工作进行专项督导，严格责任考核。省公路局要对挂牌督办路段整改情况、PPP路面改造情况和安全生命防护工程推进情况进行督导检查。山西交控集团要加强对所属单位的督导检查，确保既定的大中修工程和日常养护任务按期完成。四是统筹兼顾形成合力。迎接“十三五”国检是一项系统工程，要在统筹做好日常工作的同时，切实把迎检工作作为当前重中之重的任务，明确时间表、路线图，加强协作配合，全力以赴共同推进，确保各项任务按期优质完成。

厅党组成员、副厅长李贵顺主持会议，副厅长级干部郭贵堂宣读省厅《迎接“十三五”全国干线公路养护管理检查评价工作方案》。会议通报2019年度全省高速公路、普通国省干线公路路况检测情况，省公路局、山西交控集团对迎检工作准备情况进行汇报。

25日 省交通运输厅、省公安厅晋交路网发〔2020〕176号文联合印发《关于印发〈规范全省国省干线公路速度管理工作方案〉的通知》，要求各市公安局、交通运输局，省公路局，山西交控集团等高速公路运营公司遵照执行。

同日 省交通运输厅、省生态环境厅、省财政厅、省商务厅、省公安厅晋交运管发〔2020〕178号文联合印发《关于加快推进国三及以下排放标准营运柴油货车淘汰工作的通知》，要求各市交通运输局、生态环境局、财政局、商务局、公安局做好相关工作。

同日 省交通运输厅党组成员、副厅长李贵顺到山西路桥集团开展公路建设质量安全调研和入企服务。

李贵顺指出，公路质量安全关乎山西交通全局，路桥集团作为全省公路投资建设的骨干力量，要重点落实5个方面要求。一要决战五个月，在复工复产、达产达效的基础上实现增产增效。二要深入学习贯彻习近平总书记视察山西重要讲话重要指示和关于质量安全工作的重要论述精神，扎实开展“三零”企业创建活动。三要深入贯彻省委“四为四高两同步”总体思路和要求，对标对表，全面推动企业高质量发展。四要以科技创新为引领，全面提升质量和安全管理水平。五要时刻绷紧疫情防控这根弦，做好常态化疫情防控工作。同时，就项目建设组织、设计变更管理、投资控制、招投标等工作提出要求，并对企业有关问题提出指导性意见。

27日 省交通运输厅党组成员、驻厅纪检监察组组长王建业赴天镇县玉泉镇李家庄村、唐八里村和石家庄村调研省厅驻村帮扶工作。

王建业实地调研李家庄村现代农业试验园、黄花种植基地，唐八里村雁同府黄酒厂扶贫车间以及石家庄村果树种植园等产业项目，考察农作物产业发展情况以及现代化技术运用、贫困群众的参与情况，看望慰问贫困户。

王建业听取包村工作队长和驻村第一书记工作汇报，要求全体驻村干部进一步增强脱贫攻坚的使命感、责任感和紧迫感，提高交总账意识，深入开展“十个清零”行动，坚持问题导向，锁定目标任务，对标对表，对账销号，精准施策，把扶贫资金用到刀刃上，抓好各项帮扶举措的落实，确保实现高质量脱贫，打赢打好脱贫攻坚战。

同日 省交通运输厅晋交安监发〔2020〕186号文印发《山西省交通运输安全生产专项整治三年行动方案》的通知，要求各市交通运输局、厅直各单位、山西交控集团、山西汽运集团结合实际贯彻落实。

同日 为贯彻落实山西省中部盆地城市群一

体化建设的战略部署，按照晋中市、太原市推进中部盆地城市群一体化发展联席会议要求，在晋中市委、市政府坚强领导下，在省交通运输厅大力帮助协调下，晋中市交通运输局与太原市交通运输局、山西航产集团多次对接达成共识后，开通晋中至武宿机场的机场专线。

该线路全长22公里，经初步测算客流量暂配备2台纯电动车辆，运行时间为早6:30至晚20:00，每日往返8班次，目前已投入试运行。该线路的开通补齐多年来晋中市城区到太原武宿国际机场无直达专线短板，实现晋中市城区公路客运与航空交通的无缝衔接，对于加快晋中市综合立体化交通运输体系建设、加快龙城区域实质性建设服务全市“四个百里”工程建设具有重大意义。此后，晋中市交通运输局结合机场航班和客流实际，及时调整运力，提高服务水平，为市民、旅客航空出行提供“最先和最后一公里”保障，创造一条经济、便捷、舒适、高效、安全的出行通道。

28日至29日 省交通运输厅党组成员、驻厅纪检监察组组长王建业赴大同、朔州、忻州三地，就贯彻落实全省交通运输系统党风廉政建设和反腐败工作会议精神、厅属单位纪检工作推进会精神、推进深化“三转”工作、做好交通扶贫领域及省厅扶贫点的监督工作情况进行专题调研。

王建业在讲话中，提出5点要求：一是进一步提高政治站位，旗帜鲜明讲政治，自觉适应党中央坚持全面从严治党，深入推进党风廉政建设和反腐败斗争的新要求，持之以恒深入学习领会习近平新时代中国特色社会主义思想和习近平总书记视察山西重要讲话重要指示。二是心存敬畏，手握戒尺，从心底强化守纪律、讲规矩、重名节、保廉洁的思想自觉，深刻汲取“3·08”案件的教训，筑牢拒腐防变的思想防线。三是严格落实中央八项规定精神和实施细则，严守“六大纪律”，特别是政治纪律，抵制特权现象，规范自身行为。四是落实好主体责任和“一岗双责”，党委要切实履行全面从严治党主体责任，做到守土有责、守土尽责，纪委要继续加大办案力度，以问责倒逼责任落实。五是正确对待监督，强化自我监督，自觉主动接受监督，全力营造风清气正政治生态和干事创业良好环境。

同日 省交通运输厅党组成员、副厅长李贵顺赴运城开展省领导包联重点工程项目工作小组第二季度调研。

在临猗黄河大桥及引线工程建设工地，李贵顺要求，各参建单位要提高政治站位，充分认识公路建设投资对国家以及区域经济发展的基础性、引领性作用，抓住疫情期间国家政策调整的“窗口期”，加快各项前期手续的办理，结合建设项目实际，倒排工期，确保2020年度投资任务目标顺利实现。在山西建筑产业现代化（运城）园区，李贵顺要求进一步加快高压线迁移工作，加快推动二期项目建设土地征收，保证项目的建设进度和投资任务的完成。要积极开展一期产品的宣传推广工作，尽早服务社会，形成经济效益。

调研期间，省厅工作小组与运城市政府工作小组进行座谈，就各重点工程项目存在的问题及解决措施进行沟通，对闻垣古城联络线工程、国道G108禹门口黄河大桥山西侧接线工程、国省道路面改造PPP工程、安全生命防护工程的进度、质量、安全管理等进行现场督查。

29日 省交通运输厅晋交公安发〔2020〕191号文件印发《“零上访零事故零案件”单位（企业）创建工作指南》的通知，要求厅直各单位、厅机关有关处室遵照执行。

同日 中共山西省交通运输厅党组晋交党发〔2020〕34号文印发《关于事业单位改革期间建立健全工会组织有关工作的通知》。

同日 省交通运输厅晋交农路发〔2020〕183号文印发《关于黄河、长城、太行三个一号旅游公路“城景通、景景通”示范段创建实施方案》的通知，要求各市交通运输局高度重视，按照本实施方案要求，加强领导，强化目标落实，制定推动措施，层层压实责任，确保高质量如期完成示范段创建工作。

同日 省交通运输厅晋交路网发〔2020〕184号文印发《山西省运营国省干线公路限速方案调整实施指导意见》的通知，要求省公路局，山西交控集团遵照执行。

6月

1日 省交通运输厅晋交政法函〔2020〕212号文印发《山西省交通运输厅2020年度法治惠民活动实施方案》的通知，要求各市交通运输局、省交通运输执法局结合实际认真贯彻落实。

同日 省交通运输厅召开会议，传达贯彻习近平总书记在全国“两会”期间重要讲话精神、全国“两会”

精神、刘鹤副总理参加山西代表团审议时的讲话精神，对全省交通运输系统抓好贯彻落实进行部署。厅党组书记、厅长闫晨曦主持会议并提出贯彻落实要求。

会议指出，这次全国“两会”，是在决胜全面建成小康社会和决战脱贫攻坚即将收官召开的十分重要的会议。“两会”期间，习近平总书记发表一系列重要讲话，刘鹤副总理参加山西代表团审议并发表讲话，为山西做好新时代交通运输工作指明前进方向、提供根本遵循。

会议强调，各级各部门要把深入学习贯彻全国“两会”精神作为当前和今后一个时期的重要政治任务，与学习贯彻习近平总书记视察山西重要讲话重要指示、习近平总书记“三篇光辉文献”有机结合起来，领会精神实质，把握核心要义。要充分运用报刊、新媒体等平台开辟学习宣传新阵地，发挥党支部植根基层、贴近群众的优势，教育引导党员干部在深学深悟上先行一步，推动“两会”精神在全系统落地生根。

会议强调，面对艰巨繁重的全年目标任务，各级各部门要增强军令状、交总账意识，坚持方案化、项目化、清单化的推进工作办法，找准问题、精准施策，补上补好短板弱项，努力把疫情造成的影响降到最低，确保圆满完成各项年度工作目标。当前要重点抓好6个方面的工作。即毫不放松抓紧抓实抓细常态化疫情防控工作；集全行业之力进一步加快推进项目建设；按要求科学编制“十四五”发展规划和各专项规划；确保全面完成建制村通客车的脱贫攻坚兜底保障任务；扎实推进交通强国建设试点工作；加快完成交通运输综合行政执法和事业单位改革工作。

会议强调，要提升法治思维，加快完善行业治理体系和治理能力，广泛开展《中华人民共和国民法典》普法工作，建设好法治交通。要认真落实“六稳”“六保”要求，进一步深化交通运输“放管服”改革。要坚持以人民为中心的发展思想，以“三零”单位创建为抓手，加强和创新社会治理，坚决守住行业安全稳定底线红线。

会议要求，要坚持全面从严治党，强化责任担当，进一步加强作风建设、树牢结果导向，推动中央、省委、省政府及厅党组各项决策部署落实落地。要以政治建设为统领，全面强化各级党组织领导事业发展的能力和水平。要认真落实廉洁政府建设有关要求，力戒形式主义、官僚主义，充分发挥考核“指挥棒”作用，以过硬作风、过硬标准、过硬业绩，推动各项工作任务保质保量完成。

厅领导李贵顺、王晋、段新源、王四小、王建业、郭贵堂、雷天才出席会议，厅机关有关处室负责人和厅直有关单位负责人参加会议。

2日 省交通运输厅晋交规划函〔2020〕216号文印发《关于深入开展交通扶贫领域腐败和作风问题专项治理决战决胜交通脱贫攻坚的通知》，要求各市交通运输局，厅直单位、厅机关各处室做好相关工作。

同日 省交通运输厅召开安委会第二次全体（扩大）会议暨全省交通运输安全生产专项整治三年行动动员部署视频会。厅党组书记、厅长闫晨曦出席会议并讲话。要求各部门各单位要切实把交通运输领域部门监管责任和企业主体责任落到实处，全力抓实抓细抓好安全生产工作，坚决防止重特大安全事故发生，确保行业安全生产形势持续向好。

会议要求，要认真学习、深刻领会，充分认识当前做好安全生产工作的极端重要性，切实把思想和行动统一到习近平总书记的重要论述、重要讲话、重要批示指示上来，统一到交通运输部和省委、省政府的决策部署上来，坚决扎实贯彻、有力有效落实。要进一步提高政治站位，增强责任担当，夯实工作作风，增强敬畏之心，树牢红线意识，毫不放松抓紧抓实抓细安全生产工作。

会议强调，要对集中复工复产可能造成道路运输领域安全风险集聚，对工程建设领域赶进度、抢工期可能埋下的安全隐患，对机构改革可能造成的安全监管漏洞、盲区，对突发自然灾害事件带来的安全风险等四类风险引起高度重视，提前做好应对措施，狠抓风险隐患排查治理，加强本地区本行业安全形势分析研判，努力将各类安全隐患消除在萌芽状态。

会议指出，省交通运输厅制定三年行动方案和五个专项实施方案。各部门各单位要抓紧研究制定实施方案，加强组织领导，加强统筹协调，狠抓工作落实，强化督导考核，努力实现减少一般事故、遏制较大事故、杜绝重特大事故“三大目标”，确保全省交通运输安全生产整体水平明显提升。

会议就做好全行业疫情常态化防控工作、汛期安全生产工作、高标准开展好“安全生产月”活动提出要求，传达省政府安委会第二次会议精神。太原市交通运输局、山西交控集团、山西汽运集团分别作了交流发言。

厅党组成员、副厅长李贵顺主持会议，厅党组成员、副厅长段新源出席会议。

2日至4日 省交通运输厅党组成员、驻厅纪检监察组组长王建业深入太原交通运输执法局、吕梁公路分局调研指导工作。

王建业在讲话中，提出5点要求：一是要提高政治站位，旗帜鲜明讲政治，以新要求增强政治建设，以学业务提高办事质量。二是心存敬畏、手握戒尺，强化守纪律、讲规矩、重名节、保廉洁的思想自觉，不断增强政治定力、纪律定力、道德定力和拒腐定力。三是严守各项纪律，严格落实中央八项规定精神及其实施细则，坚决做到"两个维护"。四是强化引领作用，落实好主体责任和"一岗双责"。党委在党内监督中要严格落实主体责任，班子成员要切实履行好"一岗双责"，纪检部门要做到专责监督具体化，加大执纪办案力度。五是正确对待监督，不断强化自我监督，自觉主动接受监督。

4日 省交通运输厅召开第二季度重点公路工程调度暨安全生产会议，厅党组成员、副厅长李贵顺出席会议并讲话。

李贵顺在讲话中，要求各单位各部门要统一思想，坚定信心，坚决贯彻落实党中央、国务院和省委、省政府的决策部署，提高政治站位，强化责任担当，迎难而上、开拓进取，充分认识公路建设行业达产增效在"六稳""六保"中的重要作用。一是全力保障投资任务按期完成，以"等不起"的紧迫感、"慢不得"的危机感、"坐不住"的责任感推动重点项目建设，确保投资任务的足额完成，力争增产增效；二是高度重视质量安全，统筹推进"平安百年品质工程"、安全生产专项整治三年行动、坚守公路水运工程红线行动、平安工地建设、"三零"示范项目创建等专项行动，持续推进创建品质工程、平安工程、绿色工程；三是统筹做好常态化疫情防控与工程达产达效，严格落实常态化疫情防控要求；四是加快推动各项前期工作，积极落实项目融资、加快专项审批、持续跟踪设计进度、加快征地拆迁；五是保障农民工工资支付，进一步完善保障农民工工资支付的各项制度和长效机制，切实保障农民工合法权益。

5日 省交通运输厅召开全省"四好农村路"和三个一号旅游公路建设工作推进会。厅党组成员、副厅长王四小出席会议并讲话。

会议指出，2020年是"十三五"收官之年，也是打赢脱贫攻坚战、全面建成小康社会的决胜之年，同时也是全省完成农村公路三年6万公里建设任务的交账之年。2018年至2019年累计完成"四好农村路"和三个一号旅游公路4.6万公里。2020年计划完成"四好农村路"1.67万公里，完成投资69亿元；复（开）工三个一号旅游公路2000公里，完成1600公里，完成投资100亿元。

会议要求，各相关单位和部门要有"军令状"和"交总账"意识，全面盘点建设任务，认真梳理项目，切实做到任务清、责任明，确保年底能够圆满"交账"。"四好农村路"方面，要全面完成剩余建设任务，积极推进农村公路管理养护体制改革，加快构建农村公路现代治理体系，全面抓好"百乡千村万里美丽农村路"示范创建工作，因地制宜推进自然村通硬化路，做好农村公路"十四五"发展规划编制工作和脱贫攻坚考核准备工作。三个一号旅游公路方面，要继续加快推进旅游公路前期工作，做好三个一号旅游公路规划调整工作，加快推进工程建设进度，切实加强质量安全管理，抓好三个"零公里"标志文化驿站以及示范段建设，切实把生态环保新发展理念贯穿到旅游公路建设全过程。

王四小在讲话中，要求以交通强国建设为总抓手，抢抓发展机遇，牢固树立示范意识，坚持目标导向、问题导向，进一步增强抓好"四好农村路"和三个一号旅游公路建设的责任感和使命感，在政策制度学习、创新资金筹措方式、过程督导上下工夫，全力确保各项任务目标圆满完成，为决胜脱贫攻坚、全面建成小康社会提供坚实的交通支撑。

7日 省交通运输厅晋交规划发〔2020〕195号文印发《关于下达2019年和2020年农村公路平交路口"一灯一带"示范工程建设补助计划的通知》，要求各市交通运输局按要求执行。

8日 省交通运输厅党组成员、副厅长王晋主持召开省厅驻村帮扶工作座谈会，听取各包村单位分管领导和承办部门负责人、厅包村工作队长、各贫困村第一书记兼驻村工作队长2020年驻村帮扶情况汇报，对做好下一步帮扶工作提出要求。

王晋在讲话中，提出5点要求：一是强化对帮扶工作的认识。要认真学习领会习近平总书记在全国脱贫攻坚座谈会上的讲话精神，贯彻落实好全省脱贫攻坚推进会精神和厅党组关于驻村帮扶工作有关要求，切实把思想认识统一到党中央、省委、省政府和厅党组要求上来。二是强化驻村帮扶工作责任。各包村单位要按照任务分工继续做好驻村帮扶工作。结对帮扶责任人要落实有关要求，切实履行好帮扶责任。三是强化驻村工作队的目标任务。要严格按照“四个不摘”要求，继续深化“六大行动”，全面落实“十个清零”行动，加强村党支部建设，做好迎接“三查一考”等准备工作。四是强化对驻村干部的关心。要坚持严管与厚爱相结合，在严格执行各项纪律的同时，认真落实驻村干部各项待遇，确保驻村干部顺畅履行帮扶职责。五是强化帮扶工作总结宣传。要利用各种媒体广泛宣传驻村帮扶工作的好经验、好典型、好代表，做好典型事迹和先进人物的选树工作。

同日 省交通运输厅召开全省交通建设项目前期工作专题视频会。厅党组书记、厅长闫晨曦主持会议并讲话，要求抢抓国家重点支持“两新一重”建设政策机遇，加快推进交通建设项目前期工作，突破制约因素，加强项目储备，确保完成年度交通基础设施建设目标任务，为推进“十四五”发展提供好项目支撑。

会议指出，要深刻认识做好项目前期工作的重要意义，加强对新形势分析研判，强化和树牢项目意识，加快补齐短板，赢得建设和发展的主动权。要切实提升前期工作质量，选好前期工作队伍，提高前期工作深度，加强质量把关。要建立健全推进前期工作的责任体系，强化组织领导，把前期工作作为“一把手”工程。

会议强调，要强力推进交通基础设施重大项目谋划落地。各级交通运输部门要主动对接交通运输部和各省直部门，把事关全省交通运输事业当前和长远发展的大事要事、重大项目更多列入国家“十四五”规划中。要聚焦重点领域，谋划一批“新基建”项目，抢占行业发展制高点和全省高质量发展“新坐标”。要按照加快推进在建项目、开工和力争开工一批新建项目、谋划一批储备项目的思路，扎实推进续建项目建设进度，确保2020年年内完成投资500亿元。对谋划新开工的20个高速公路和普通国省干线公路项目，要实现第三季度全面开工建设，确保2020年年内完成投资100亿元；对力争新开工的14个项目，要加快推进前期工作，力争第三季度完成批复立项，2020年年内开工建设；同时，要积极谋划储备一批使用地方政府专项债券的项目，牢牢把握国家增发地方政府收费公路专项债券政策机遇，加快项目土地预审、立项报批等工作，加快推进项目落地。

会上，厅党组成员、副厅长王四小就抓好项目谋划和提升前期工作质量作动员部署，省发改委、省自然资源厅有关处室分别就项目立项审批和用地指标、土地预审作指导，省公路局、省交通建设中心、晋城和临汾市交通运输局作表态发言。

会后，邀请交通运输部科学研究院发展研究中心研究员、副主任李晓峰作关于“新基建”政策解读方面报告。

9日 省交通运输厅晋交水运函〔2020〕225号文印发《关于进一步做好水路运输领域常态化疫情防控工作的通知》，要求各市交通运输局、省运输事业发展中心做好相关工作。

11日 省交通运输厅晋交治超发〔2020〕206号文印发《关于进一步做好高速公路治超工作的通知》，要求山西交控集团，各高速公司经营管理单位做好此项工作。

12日 交通运输部、人力资源和社会保障部举行全国交通运输系统先进集体劳动模范和先进工作者表彰大会，厅领导闫晨曦、段新源、雷天才在山西分会场参加会议，全省交通运输系统4个集体12名个人受表彰。

根据表彰决定，山西省公路局晋中分局、沁水县交通运输局、临汾公共交通有限公司、长治市交通运输局4个单位被授予“全国交通运输系统先进集体”称号；张艳聪、张铮、李志军、张天文、韩伟、雷林萍、王晓峰、郭玉生8人被授予“全国交通运输系统劳动模范”称号；谢育斌、柳夺奎、齐秀廷、张力4人被授予“全国交通运输系统先进工作者”称号。

同日 省交通运输厅晋交科技发〔2020〕205号文印发《关于进一步加强厅属院校学生安全教育管理工作的紧急通知》，要求山西交通职业学院、山西交通技师学院做好相关工作。

14日 为深刻吸取浙江温岭槽罐车爆炸事故教训，举一反三，省交通运输厅迅速下发《关于切实做好危化品道路运输安全生产工作的紧急通知》，部署加强行业安全生产工作，全面开展危化品道路运输安全隐患排查整治行动，防范类似事故在本省发生。一是高度重视，深刻汲取事故教训。坚决按照“党政同责、一岗双责、齐抓共管、失职追责”和“三管三必须”的总要求，严格落实管理部门安全监管责任和企业安全生产主体责任，不断健全安全生产责任链条，压实压紧层级安全责任，坚守红线、守住底线，确保全省交通运输行业安全生产形势稳定向好。二是突出重点，切实加强危化品道路运输安全监管。督促指导危化品道路运输企业严格履行安全生产主体责任，切实做好车辆技术状况的维护和检测，严格执行“五不承运、五不出车”制度，切实加强危化品道路运输企业资质及从业人员、专用车辆资格资质管理，并加强对运输车辆和驾驶员的动态监控。严格落实高速公路服务区危化品车辆停放区和危化品车辆停车场站的安全管理，加强与公安交警、生态环境、应急管理、市场监管等部门的协同联动，依法加强托运、充装、运输车辆及容器检验、道路运行等环节安全管理，严厉打击各类违法违规行为，构建危化品道路运输全链条安全管理体系。三是迅速行动，全面开展危化品道路运输安全隐患排查整治。按照省政府安委会《关于在全省立即开展危货运输环节安全风险隐患专项排查的通知》要求，在当地政府统一部署下，通过企业自查自改、部门全面检查方式，开展危化品道路运输安全隐患排查整治工作，坚持立查立改、边查边改，做到排查整改、执法查处、督查督办贯穿全过程。对非法违法生产经营运输的有关单位和责任人，一律按规定予以上限处罚；对发生生产安全事故的企业，一律责令停产整顿，依法查处、上限处罚，并依法追究企业主要负责人责任；对存在严重违法违规行为企业，一律纳入“黑名单”实施联合惩戒；对存在的重大安全隐患，一律挂牌督办，并监督整改到位。四是压实责任，切实抓实抓细安全生产专项整治三年行动。抓紧制定出台本单位安全生产专项整治三年行动实施方案，迅速开展行业安全生产事故隐患全面排查和突出问题治理，全力补短板、固底板、强弱项、堵漏洞，坚决防范和遏制交通运输安全生产重特大事故发生，着力推进提升行业安全生产治理体系和治理能力现代化水平。

16日 省交通运输厅、省财政厅、省发展和改革委员会晋交财发〔2020〕210号文联合印发《关于调整运城至风陵渡高速公路收费期限的通知》，要求山西交控集团执行。

同日 省交通运输厅晋交公安发〔2020〕212号文印发《建立健全“三零”单位（企业）创建工作机制》的通知，要求各市交通运输局、厅直各单位、厅机关有关处室结合工作实际，认真抓好贯彻落实。

同日 下午，全省首家高速公路VR安全体验馆在平遥服务区正式开馆。此举是山西交控集团贯彻落实2020年全省“安全生产月”活动的一项重要内容，旨在高速公路服务区长期向广大过往司乘人员提供特殊的“安全体验课堂”，将交通安全知识直观深刻地体现出来，以强化宣传教育功能，进一步培养安全出行自觉性。厅党组成员、副厅长李贵顺，山西交控集团总经理郝玉柱出席开馆仪式。

2020年，山西交控集团面对传统安全教育以教为主、形式单一的问题，组织交科集团安全中心自主研发VR安全驾驶模拟技术，并建造全省第一家高速公路VR安全体验馆，将高科技虚拟现实VR设施与多媒体运用到安全体验中。体验馆通过“大国速度”“正道之行”“覆辙之鉴”“临危之际”“交互式VR设备体验区”等主题展区，将交通安全知识全方位立体地呈现给每一位体验者，使其身临其境感同身受，提高司乘人员的安全意识与应急能力。

随后，李贵顺一行到太原东服务区现场检查安全生产工作。

同日 省交通运输厅晋交审批发〔2020〕208号文印发《关于印发省道平偏线水毁恢复（二期）工程竣工验收鉴定书的通知》，要求山西省公路局朔州分局按照鉴定书要求，及时将工程遗留问题处理完毕，确保项目运营安全。

同日 省交通运输厅晋交审批发〔2020〕209号文印发《关于印发省道长神线长城乡至县城公路改建工程竣工验收鉴定书的通知》，要求山西省公路局大同分局按照鉴定书要求，及时将工程遗留问题处理完毕，确保项目运营安全。

同日 省交通运输厅党组书记、厅长闫晨曦会见大同市市长武宏文一行，双方就进一步推动大同市重点交通设施项目建设进行深入交流。厅党组成员、副厅长王四小出席座谈会。

闫晨曦在讲话中感谢大同市委、市政府多年来对交通运输工作的支持，并表示省交通运输厅将全力支持大同市高速公路建设项目、高速公路收费站迁建项目、普通国省干线公路改建工程项目、民航机场项目等交通基础设施建设，进一步协调推进相关项目落实。他希望省市相关部门共同协调，做好项目对接，加快推进“四好农村路”和旅游公路建设，确保2020年年内目标任务按期完成。要充分发挥交通运输的先行作用，在创新资金筹措方式上下工夫，加快构建现代综合交通运输体系，以综合交通优势带动大同市社会经济发展，共同为大同市交通运输建设做出应有贡献。

武宏文表示，大同市将进一步厘清思路，明确短板，积极作为，加强配合，统筹安排，做实项目前期工作，细化工作方案，加快建设，积极推进全市交通运输各项工作。

17日至18日 省交通运输厅党组成员、副厅长李贵顺带队到长治开展公路工程综合调研。调研组一行先后深入黎霍高速、国道G309线路面改造工程、安全生命防护工程、国道G207线长治过境段、国道G341线平顺王庄至晋豫界段等项目施工一线，现场检查工程施工进度、质量管理措施和疫情防控工作。随后，调研组会同长治市政府召开座谈会。

调研组要求，要认真落实省委“四为四高两同步”总体思路和要求，突出“项目为王”，提高政治站位，强化责任担当，全面推动公路建设提质增速。要推进高质量发展，以平安百年品质工程创建为载体，建立健全质量管理体系，提高现代化管理水平。要坚持高标准保护，努力打造高品质绿色公路示范工程。市交通运输主管部门要履行好公路建设的总体协调职责，加快推进项目前期工作，全力优化营商环境，保证工程建设顺利推进。调研组还对太长高速运营安全等工作进行现场督导。

18日 由省交通运输厅党组成员、副厅长段新源带队的省政府安委会第二督查组就朔州市危货运输安全风险隐患排查专项行动进行督查。

通过走访督查，督查组对朔州市危货运输安全工作取得的成绩表示肯定，要求高度重视危货运输安全工作，深刻汲取事故教训，举一反三，迅速行动，全面开展危货运输环节安全风险隐患排查专项行动，加强重点领域安全风险督办，坚决消除重大隐患，遏制重大事故发生。要全面压实责任，强化对企业危货运输安全风险隐患排查的监督检查，为道路运输形势平稳有序奠定基础。

同日 省交通运输厅召开扫黑除恶专项斗争领导组第九次会议暨“三零”创建第二次推进会，厅党组成员、副厅长王四小出席会议并讲话。

会议指出，全系统要准确把握扫黑除恶专项斗争工作方向，推进“六清行动”，全力提升重点行业领域专项整治工作质效，推动建立扫黑除恶专项斗争长效机制，坚持以扫黑除恶专项斗争为切入点，扎实推进“三零”单位创建工作。要扎实做好“六稳”工作，全面落实“六保”任务，坚持把常态化疫情防控和推进专项斗争紧紧抓在手上，不断推动治理重心向基层下移，推动全省交通运输系统扫黑除恶专项斗争取得全面胜利。

19日 省交通运输厅晋交建管函〔2020〕241号文印发《关于统筹做好新冠肺炎疫情常态化防控与公路建设领域达产达效工作的意见》，要求各有关单位做好相关工作。

同日 省交通运输厅晋交办函〔2020〕243号文印发《全省交通运输系统2020年宣传工作要点》的通知要求各市交通运输局，厅直各单位结合实际认真遵照执行。

21日 省交通运输厅党组书记、厅长闫晨曦分别会见晋中市市长常书铭、太原市副市长张齐山，双方就进一步推动高速公路建设、普通国省干线公路建设及重点交通设施项目规划进行深入交流。厅党组成员、副厅长王四小出席座谈会。

闫晨曦在讲话中感谢晋中市委、市政府和太原市委、市政府多年来对全省交通运输工作的支持，并表示省交通运输厅将全力支持两市高速公路、普通国省干线公路建设项目等交通基础设施建设，进一步协调相关项目落实，共同推进重点工程项目建设。他希望省市相关部门加强协调，加快推进前期工作，创新资金筹措方式，推动项目尽快落地见效，充分发挥交通运输的先行作用，以综合交通优势带动两市社会经济发展，共同为交通运输事业发展做出应有贡献。

常书铭表示，晋中市将紧紧结合经济社会发展需求，助力推进太原榆次同城化、山西中部盆地城市群一体化建设等重大战略，统筹推进项目规划、项目前期及重点工程建设。

张齐山表示，太原市将加快重点项目前期工作，按照应开尽开、达产达效目标要求，履职尽责，助推省城实现高质量发展，为谱写建设交通强国太原篇章奠定坚实基础。

23日 省交通运输厅党组书记、厅长闫晨曦赴天镇县玉泉镇调研交通扶贫工作，并代表厅党组看望慰问工作在一线的扶贫队员。

在李家庄村现代农业实验园，闫晨曦走进蔬菜大棚、蔬菜种植园，考察农作物产业发展情况以及现代化技术运用、群众参与情况。他对省厅驻村扶贫工作队千方百计帮助贫困户脱贫致富给予充分肯定，要求以脱贫典型引领树立新导向，带动群众解放思想，打破传统思维，充分调动贫困群众自主脱贫的积极性和主动性。要因地制宜，以市场需求为导向，培育壮大特色优势产业，切实将产业发展与贫困户的利益紧密结合起来，努力使贫困户实现持续增收、稳定脱贫。

在贫困户石何山、柴花枝家中，闫晨曦从家庭收入、子女情况、就医保障等方面详细询问他们的生产生活状况。同时特别叮嘱驻村工作队员要多关注贫困户的生产生活情况，立足政策、因人而异、因户施策、精准帮扶，积极帮助他们解决现实需求和实际困难。

在石家庄村村委会，闫晨曦听取驻村第一书记关于帮扶工作情况汇报，对全体扶贫队员全天在岗付出的艰苦努力、取得的工作成效给予充分肯定，希望他们继续把扶贫工作往实里做，切实解决贫困村实际需求，确保工作计划落到实处。

闫晨曦指出，脱贫攻坚已经到决战完胜收官阶段，任务艰巨，使命光荣。全体驻村工作队员要进一步加强学习，提高政治站位，熟悉扶贫政策，了解村情民意；要结合省厅纪检监察组政治巡察反馈意见和“十个清零”行动积极整改，举一反三，确保整改落实到位，问题全部清零，在2020年国家“三查一考”中继续走在省直单位前列；要用心扶贫，真心扶贫，为百姓利益着想，切实提高贫困群众满意度和认可度；要积极探索产业扶贫新路子，将扶贫资金用在刀刃上，实现脱贫攻坚与乡村振兴有机衔接，为坚决打赢脱贫攻坚战、全面建成小康社会做出交通人应有贡献。

闫晨曦还考察天镇县长城一号旅游公路项目部分路段。他指出，大同市委、市政府高度重视长城一号旅游公路建设并取得显著进展。下一步，要进一步加快推进工程建设进度，切实加强质量安全管理，把生态环保新发展理念贯穿到建设全过程，着力打造景观之路。要高标准做好道路景观规划设计，统筹推进沿线绿化彩化、景观营造等工作，做到路在景中、景在路中、路景一体，真正实现交旅融合，将长城一号旅游公路打造成一条休闲路、观光路、幸福路、致富路。

厅党组成员、副厅长王四小一同调研。

同日 山西路桥集团围绕“品质工程”和“安全生产”两大主题，在隰吉高速公路项目现场开展公路施工标准化观摩暨隧道综合应急演练。由省交通运输厅、临汾市政府、山西交控集团、山西路桥集团、隰县政府等相关单位、部门组成的观摩团共100余人参加活动。

在隰吉高速LJ2项目部，观摩组一行先后参观“三集中”（混凝土集中拌和、钢筋集中加工、梁板和小型构件集中预制）厂站、VR安全体验馆、工地试验室、产业工人社区。

10时30分，隧道综合应急演练在隰吉LJ3项目部牛中岭隧道进行。演练模拟场景为隰吉高速牛中岭隧道左洞进口开挖面后25米处拱部发生坍塌，6人安全撤离、3人被困的紧急抢险救援情况。演练共设置事故发生、前期处置、信息上报、指挥协调、专业救援、应急状态解除、善后处理和事故调查7个场景。

模拟事故发生后，各单位立即响应，多方力量迅速集结，专业救援队伍通力协作，经过一个半小时的紧张救援，坍塌现场及时处置，救援通道顺利打通，3名被困人员被成功救出，及时送往医院救治。现场应急处置工作全部结束，各支参加演练的队伍有序撤离现场，演练圆满完成，取得预期效果。

24日 省交通运输厅党组书记、厅长闫晨曦带队到朔州调研交通项目建设工作。厅党组成员、副厅长王四小一同调研。

闫晨曦一行先后深入朔神高速公路、雁阳公路项目施工现场，听取项目推进情况汇报，现场协调解决项目建设中存在的问题和困难。随后，召开座谈会，听取朔州市“十四五”交通运输重点项目谋划情况汇报，指导项目谋划推进工作。

闫晨曦指出，交通建设对城市发展的重要性不言而喻，要结合“十四五”规划，立足朔州高质量转型发展，方便人民群众出行，规划建设交通项目。要强化沟通对接，认真梳理研究谋划项目用地、资金来源、建设主体与方式等关键问题，紧抓国家“两新一重”重大政策和扩大专项债券规模窗口期、机遇期，加快推进条件成熟项目前期工作。对已经确定的项目，要明确时间节点、细化责任分工，抢抓施工黄金期加快推进，确保早日建成通车。

朔州市市长熊燕斌表示，朔州将做深做细做实交通建设项目谋划工作，争取更多的项目纳入“十四五”规划和国省公路网规划，为高质量转型发展蓄势储能；加快推进谋划项目前期工作，确保项目早日实施、早日建成。同时，进一步加强与省交通运输厅沟通联络，保持常态化对接机制，按照既定节点推进各项工作。

26日 第33个“国际禁毒日”到来之际，省交通运输厅在太原汽车客运西站举办“健康人生、绿色无毒”为主题的全省交通运输行业全民禁毒集中宣传活动。厅党组成员、副厅长王四小参加活动。

在活动现场，太原市交通运输局向全市交通运输行业各领域发出“健康人生、绿色无毒”的禁毒倡议，全体参加人员进行庄严宣誓并在禁毒誓词墙上签名，太原市交通运输行业的志愿者代表作表态发言。

宣传活动开展以来，全省交通运输系统各级各部门广泛动员不同群体参与禁毒斗争，推动形成上下一心、全民共建的禁毒宣传工作格局。活动当日，超限检测站、政务服务大厅、高速公路收费站、高速公路服务区、车站等区域普遍设立宣传点，开展形式多样宣传，使禁毒观念深入人心。

28日 省交通运输厅晋交水运函〔2020〕258号文印发《关于开展2020年“航海日”活动的通知》，要求各市交通运输局，省运输事业发展中心做好相关工作。

同日 省交通运输厅晋交科技函〔2020〕260号文关于印发《2020年节能宣传周活动方案》的通知，要求各市交通运输局、厅直各单位、厅机关各处室，山西交控集团、山西航产集团结合实际，抓好工作落实。

同日 山西省交通运输安全应急保障技术中心在山西交科集团揭牌运营。省交通运输厅党组成员、副厅长李贵顺，山西交控集团副总经理武艺揭牌并讲话。

中心以交通运输安全应急体系建设为指引，面向公路工程建设、公路运营管理和道路运输领域，积极研究探索交通运输安全生产规律，融合现代化安全管理手段，充分利用国内外技术资源，不断开展全方位的安全科学研究、安全决策咨询和安全产品研发，努力打造成为全省乃至全国的交通运输安全应急保障技术的重要基地。

李贵顺在讲话中，要求中心要充分发挥科研平台作用，加强科技创新，走“产学研用”一体化路径；要牢固树立“人才是第一资源”的理念，大胆引进综合素质高、专业能力强的优秀人才；要明确战略定位、优化资源配置、提升核心竞争力，布好局、起好步、走好路，力争用三到五年的时间，把中心打造成国内领军型交通运输应急保障技术中心。

同日 中共山西省交通运输厅党组晋交党发〔2020〕37号文印发《关于表彰2020年厅直优秀共产党员、优秀党务工作者和先进基层党组织的决定》。

29日 省交通运输厅晋交水运发〔2020〕221号文印发《关于做好〈国内水路运输管理规定〉实施有关工作的通知》，要求各市交通运输、行政审批服务管理局、省运输事业发展中心按要求做好相关工作。

同日 省交通运输厅晋交审批发〔2020〕234号文下发《关于印发大营至神池高速公路工程竣工验收鉴定书的通知》，要求忻州北高速公路管理有限公司按照鉴定书要求，尽快将工程遗留问题处理完毕，确保项目运营安全。

29日至30日 为贯彻落实省委“四为四高两同步”总体思路和要求，抢抓国家重点支持“两新一重”建设政策机遇，省交通运输厅党组书记、厅长闫晨曦分别会见临汾市市长李云峰一行、晋城市市长王震一行、运城市市长储祥好一行、吕梁市市长王立伟一行，双方就加快推进重点交通基础建设项目落地见效进行座谈。厅党组成员、副厅长王四小参加座谈。

会上，省交通运输厅与各地市对每个重点交通基础建设项目逐一厘清重点推进事项，对土地指标和资金落实、采取建设模式，以及前期工作完成时间等进行认真研究，与各市初步形成2020年再开工一批、2021年计划开工一批和“十四五”实施一批重点项目任务清单，双方还表示要建立协调机制，明确时间节点，按职责分头并举、共同推进。

会议强调，省市相关部门要坚持工作跟着项目走、资金跟着项目走、要素跟着项目走、服务跟着项目走，重点推动一批使用收费公路专项债券建设项目。与此同时，加快推进项目可行性研究及土地预审、环评、水保、勘察设计等前期工作，突破制约因素，确保年内开工建设一批项目。同时强化项目储备，为全省推进交通强国建设和“十四五”交通运输发展提供项目支撑。

同日 省交通运输厅组织山西交控集团、山西交投集团、项目建设单位、设计单位、咨询审查单位、特邀专家和地方政府代表对晋阳高速公路改扩建工程初步设计进行外业验收。厅党组成员、副厅长李贵顺参加。

李贵顺指出，晋阳高速公路改扩建工程作为全省第一条高速公路“四改八”项目，要拓宽思路、更新理念，充分参考借鉴省内外先进经验和技术，特别是要贯彻好绿色公路和平安百年品质工程的各项要求，在资源集约利用、生态保护和“四新”技术应用等方面出成果、出亮点。本项目作为省重点工程，各方要充分认识其紧迫性和重要性，严格落实各项节点工期任务，加快推进项目前期工作。设计单位要认真贯彻落实专家、地方政府意见，充分研究各专项评估成果，加大调查深度，优化完善初步设计，为项目开工建设打好基础，保证项目达产达效。

30日 中共山西省交通运输厅党组、山西省纪委监委驻省交通运输厅纪检监察组晋交党发〔2020〕38号文印发《省纪委监委驻交通运输厅纪检监察组与省交通运输厅党组联动机制》的通知。

7月

1日 省交通运输厅召开庆祝中国共产党成立99周年暨“两优一先”表彰大会，表彰厅直系统优秀共产党员、优秀党务工作者和先进基层党组织。厅党组书记、厅长闫晨曦出席会议并讲授主题为“强化政治机关意识，带头做到‘三个表率’”专题党课。

会议在雄壮的国歌声中开幕。会上，厅党组成员、副厅长王晋宣读厅党组《关于表彰2020年厅直系统优秀共产党员、优秀党务工作者和先进基层党组织的决定》，与会厅领导向受表彰的党组织和个人代表颁发证书。闫晨曦代表厅党组向受到表彰的先进个人和先进集体表示热烈祝贺，向辛勤工作在山西交通运输战线的广大共产党员致以节日的问候。

在讲授党课中，闫晨曦带领大家重温习近平总书记关于全面从严治党的重要论述，对各级党组织负责人和广大党员提出要求。要牢固树立政治机关意识，把讲政治要求贯穿于推动交通运输发展全过程。各级党组织要提高政治站位，把准政治方向，必须自觉做到“两个维护”，必须坚决贯彻党的基本理论、基本路线、基本方略，必须始终坚持以人民为中心的发展思想，持续深化交通运输领域供给侧结构性改革，推动交通运输转型发展成果更多惠及人民群众，为全省与全国同步建成小康社会贡献交通力量。要在深入学习贯彻党的思想理论上、在始终同以习近平同志为核心的党中央保持高度一致上、在坚决贯彻落实党中央各项决策部署上作表率，建设让党中央放心、让人民群众满意的模范机关。

闫晨曦强调，要深入理解和把握习近平总书记重要讲话精神，认真学习贯彻省委十一届十次全会精神，坚定发展信心，发扬斗争精神，落实好中央和省委“六稳”“六保”各项决策部署，全力以赴完成全年目标任务，努力夺取疫情防控和推动交通运输发展双胜利，为全省转型发展当好先行。

厅一级巡视员雷天才主持会议。厅领导段新源、王四小、郭贵堂、郭全英，厅机关各处室负责人，厅直各单位党政主要负责人参加会议。

同日 省交通运输厅晋交治超发〔2020〕224号文印发《关于认真贯彻落实〈交通运输部关于进一步加强全国治理车辆超限超载工作的通知〉做好全省治超工作的通知》，要求各市交通运输局、省公路局、山西交控集团、各高速公司经营管理单位做好相关工作。

同日 省交通运输厅党组召开扩大会议，学习传达贯彻省委十一届十次全会精神，对全省交通运输系统兴起学习热潮、抓好贯彻落实进行部署。厅党组书记、厅长闫晨曦主持会议并讲话。

会议指出，6月28日至29日，中国共产党山西省第十一届委员会第十次全体会议在太原举行，对深入学习贯彻习近平总书记视察山西重要讲话重要指示进行全面部署，对动员全省上下进一步强化思想武装、凝聚共识合力，保持战略定力、坚定必胜信念，为决胜全面建成小康社会、决战脱贫攻坚，在转型发展上率先蹚出一条新路来，乘势而上书写山西践行新时代中国特色社会主义的新篇章而努力奋斗，具有极为重要意义。

会议强调，全系统各级党组织和广大干部职工要充分认识省委十一届十次全会的深刻内涵，切实把思想和行动统一到省委部署上来。一是把学习贯彻省委书记楼阳生重要讲话和全会精神作为当前首要政治任务，开展专题学习，进行交流研讨，切实理解和把握重大意义、深刻内涵和实践要求。二是聚焦“六新”突破，在交通运输领域加快推进新基建、新业态工程，推进一批变革性、牵引性、标志性项目。要加快推进智慧公路、交通信息化、高速公路服务区新能源汽车充电桩三个项目建设，同时积极谋划智慧物流园区项目，争取在两年内先行建设2个市域物流园区、15个县域物流中心。三是坚持谋划前期、“项目为王”，加强对市县规划编制工作的指导，主动对标要求，进一步审视完善，全力做好“十四五”规划制定工作。四是树立“交总账”意识，坚持项目化、清单化管理，明确时间表、路线图、任务书，全力推进年度重点工作任务圆满完成。五是不断锤炼政治能力，提高工作本领，增强学习能力，优化知识结构，着力提高把握全局、统揽工作、驾驭复杂局面、分析和解决问题的能力，推动交通运输在山西转型发展的征程中建功立业。

厅领导王晋、段新源、王四小、郭贵堂、雷天才、郭全英，厅机关有关处室以及厅直有关单位负责人参加会议。

2日 省交通运输厅晋交水运函〔2020〕265号文印发《关于规范海事远程执法工作的通知》，要求各市交通运输局，省运输事业发展中心做好相关工作。

同日 省交通运输厅晋交规划发〔2020〕225号文印发《关于转发下达2020年车购税补助投资计划(第二批)的通知》。要求太原、晋中、长治、晋城、运城市交通运输局做好相关工作。

同日 省交通运输厅晋交审批发〔2020〕231号文下发《关于印发省道长晋线南王庄至司徒段公路(凤凰山隧道)工程竣工验收鉴定书的通知》。要求省公路局晋城分局按照鉴定书要求，尽快将工程遗留问题处理完毕，确保项目运营安全。

同日 运城市委常委、常务副市长陈杰主持召开全市公路建设领导组会议，对运城高速公路及国省干线项目建设工作进行研究部署。

会议要求，各级各部门要抓紧同上级相关部门深入对接沟通，对项目进行再谋划、再补充、再完善，吃透政策、把准政策、用好政策，确保项目顺利落地。对已确定的项目，要紧锣密鼓开展各项前期工作。对于今明两年开工建设的项目，要抓紧利用当前有利时机，加快做好项目报告编制、土地预审、环评、水保、批复立项等项目前期，明确各个阶段时间节点，为项目开工创造良好条件。要履行好政府主体责任，抢抓国家政策机遇，加大政策支持力度，依法依规解决好土地指标，多措并举做好资金筹措，为项目顺利实施提供有力保障。要牢固树立质量至上、安全第一的发展理念，严格落实基本建设程序规定，严格项目管理，全方位打造品质工程，圆满完成省、市部署的目标任务。

3日 省交通运输厅晋交安监发〔2020〕228号文印发《关于全国“两会”期间安全生产专项检查情况的通报》。

同日 省交通运输厅党组书记、厅长闫晨曦到隰吉高速公路建设一线调研项目建设情况。

在隰吉高速LJ2项目部，闫晨曦查看“三集中”(混凝土集中拌和、钢筋集中加工、梁板和小型构件集中预制)厂站、VR安全体验馆、工地试验室，并走进“产业工人园区”，仔细参观学习培训室、餐厅、医疗室等办公生活场所，与项目建设工人进行亲切交谈。

闫晨曦详细了解工程进度、质量管理、安全生产、征地拆迁及环境保护等情况，充分肯定隰吉高速公路项目建设工作取得的成绩。要求深入学习习近平总书记视察山西重要讲话重要指示，按照省委、省政府部署要求，提高政治站位，增强责任感、使命感和紧迫感，努力推进项目建设，为交通强国强省建设做出积极贡献。项目各方要各司其职、各负其责、积极配合，抓落实促成效，形成攻坚克难的合力，全力加快项目建设步伐，确保完成年度投资目标。

同日 省交通运输厅召开防汛工作会议，传达贯彻全省防汛工作电视电话会议精神，对做好当前全省交通运输行业防汛工作进行安排部署。厅党组成员、副厅长李贵顺主持会议并讲话。

会议强调，防汛抗旱事关人民生命财产安全、经济社会发展大局，责任重于泰山。全省即将进入主汛期，各单位各部门要清醒认识防汛工作面临的形势，立足防大汛、抗大洪、抢大险、救大灾，抓紧抓细抓实各项工作，确保全省交通运输行业汛期安全稳定。

会议要求，要全面落实各项防御措施，结合实际情况和行业特点，突出抓好公路运营、道路运输、工程建设、水上交通等重点领域，扎实开展隐患排查整治，密切关注天气变化和汛情灾情发展，强化指挥调度，及时组织抢险救灾，做好灾情统计评估、灾后恢复重建等各项工作。要扎实抓好抢险队伍建设，足额足量储备防汛抗洪抢险物资，加强专群结合的队伍建设，充分发挥综合性消防救援队伍、专业抢险救援队伍、蓝天救援队、天龙救援队等应急救援力量在防洪抢险中的作用，保障防汛抗洪抢险工作需要。要持续强化汛期应急值守，确保信息报送及时畅通，严格落实领导带班和值班员24小时值班制度，按照预案要求做好交通运输突发事件应急处置，用信息化手段及时对本系统汛期日常值守、极端天气预防预警和突发事件应急处置情况进行监督指导，确保安全度汛。

会前，与会人员在山西分会场参加交通运输部

2020年部安委会第三次全体会议暨交通运输安全生产专项整治三年行动推进工作视频会议。

8日 副省长卢东亮深入省交通运输厅就全省交通运输工作情况进行调研并召开座谈会。省政府办公厅副主任张红良主持，厅党组书记、厅长闫晨曦作汇报。

卢东亮在讲话中充分肯定全省交通运输工作，指出全省交通运输各项工作正在全面稳步推进，疫情防控、交通基础设施建设、运输服务水平提升、事业单位改革、交通强国试点建设、安全生产和全面从严治党等各方面工作都取得明显成效。当前，全省各行各业都按照省委“四为四高两同步”的思路和要求，把转型发展作为山西的根本出路，紧紧围绕转型发展谋篇布局，一切工作围绕转型，一切工作服务转型。交通运输作为基础性、先导性产业，全系统要以高度的责任感、使命感、紧迫感把工作放到省委、省政府转型发展战略大局上谋划，在蹚新路的征程中做好先行，走在前列。

卢东亮强调，要聚焦“六新”，推动转型发展。在新基建方面，要加快现代综合交通运输体系建设、运输结构调整，在全省构建起立体联网、内外联通、多式联运、有机接驳的现代综合交通运输体系。要加强对智慧物流新业态的研究，尽快推进智慧物流园区项目谋划、推进和实施。在制度建设上，要完成好交通运输综合执法改革工作，重点完成好交通运输综合行政执法改革后续工作、省公路局改革等任务，进一步优化交通运输管理体制机制，提升治理效能和治理水平。

卢东亮要求，要突出重点抓落实。交通运输行业点多、线长、面广，与公共事业密切联系，人民群众高度关注。要坚持稳中求进工作总基调，在保持相对稳定的基础上，加大改革创新力度，做到稳中有进、稳中向好。要突出工作重点，树牢底线思维，建立常态化的疫情防控机制，落实好防控责任。要强化“交总账”意识，系统梳理“十三五”规划任务，对未完成的要加大攻坚力度，确保圆满收官。重点要扎实推进“十四五”规划制定和交通强国试点工作，统筹好整体和局部、当前和长远、传承和创新之间的关系。要加大全年基础设施投资建设力度，创造条件在“增量”上下工夫，加快推进在建项目，筹备一批即将开工项目，还要谋划、储备一批，助力全省“六稳”“六保”。同时，按照省委、省政府的相关部署要求，狠抓“四好农村路”和三大板块旅游公路等转型项目建设，加快推进工程进度，尽快推动一批转型项目、示范性项目的实质性开工。要创新理念和办法，拓宽筹融资渠道，对标中央要求，把更多项目列入国家大盘子里，争取国家支持，对标发达地区、对接国际，学习好的投资方式和办法。抓好这三方面工作，要突出“三高”，在精准化上下工夫，夯实主体责任，建立项目清单，高水平、高质量、高效益推动可持续发展。

卢东亮强调，要落实好全面从严治党主体责任，层层压实管党治党政治责任，严肃党内政治生活，建强基层组织，强化作风整治，以管党治党新成效，凝聚起全系统推进改革发展的强大合力，共同推进交通运输事业坚韧向前。

闫晨曦从全省交通运输2020年上半年重点工作推进情况，当前面临形势、困难和问题以及下半年工作打算等方面作汇报，重点汇报省委、省政府主要领导指示批示事项落实情况。厅领导秦红保、李贵顺、王晋、段新源、王四小、郭贵堂、雷天才、郭全英，厅机关各处室和厅直单位负责人参加会议。

座谈会后，卢东亮专题听取关于《山西省深化农村公路管理养护体制改革实施方案》的汇报。

9日 省交通运输厅晋交水运发〔2020〕236号文印发《关于开展长期逃避海事监管和涉客船舶运输安全专项整治行动的通知》，要求各市交通运输局，省运输事业发展中心做好相关工作。

同日 省交通运输厅晋交水运函〔2020〕279号文印发《关于开展2020年水路运输业核查工作的通知》，要求各市交通运输局，省运输事业发展中心做好相关工作。

10日 省交通运输厅晋交财函〔2020〕283号文印发《关于编报2019年度行政事业单位内部控制报告的通知》，要求厅直各单位做好相关工作。

同日 省交通运输厅晋交运管函〔2020〕284号文印发《关于做好农村客运候车亭（招呼站牌）建设管理工作的通知》，要求各市交通运输局，省公路局、省运输事业发展中心、省交通建设中心做好相关工作。

同日 我国“八纵八横”高速铁路网规划中呼南通道（呼和浩特至南宁）的重要组成部分，太原至焦作高铁山西段全线铺轨完成，为年底按期开通运营奠定重要基础。

太原至焦作高铁北起山西省太原，南至河南省焦作，全长358.8公里，山西段325.4公里，设计时速

250公里。全线2016年10月开工,计划2020年年底建成。线路途经山西省太原市、晋中市、长治市、晋城市4个市的14个县(市、区),新建太谷东、榆社西、武乡西、襄垣东、长治东、长治县、高平东、晋城东8座车站,改建太原南、新鸣李、晋中站3座既有车站。

太原至焦作高铁建成通车后,衔接郑州至焦作、太原至郑州间高铁,旅行时间将压缩到2个多小时,比目前绕行石家庄节省近一半,比普速列车节省8至9小时。长治、晋城全面接入全国高铁网,构建起连通呼包鄂榆、山西中部、中原城市群的快速通道,对助力晋东南太行革命老区脱贫致富,加速晋豫两省间经济文化交流和人民生活往来,助推山西高质量转型发展都具有积极作用和深远影响。

同日 阳泉市政府召开国道G307、国道G207线阳泉市绕城改线工程推进会。阳泉市市长雷健坤出席会议并讲话。

会议强调,国道G307、国道G207线阳泉市绕城改线工程是阳泉市拉大城市框架、改善人居环境的重大举措。各部门各单位要坚持问题导向,对照项目推进中存在的问题,每个标段要成立服务保障组,建立问题清单,明确解决时限,强化责任落实,加强协调配合,及时解决项目建设中的堵点难点。要强化交账意识,聚焦通车目标,提高政治站位,增强工作主动性,把解决问题、抢抓进度作为检验能力素质、作风状态的重要标尺,严格落实一周一调度工作推进机制,精准调度,全力攻坚,确保项目如期建成通车。要树牢底线思维,对标工程建设目标,严守质量、安全、环保红线,强化项目单位管理,严格施工现场管控,加强施工环境保障,真正把项目打造成品质工程、绿色工程、安全工程。

13日 省委常委、太原市委书记罗清宇,省政协副主席、太原市委副书记、市长李晓波带队专程赴省交通运输厅,对接太原市重点交通基础设施建设项目工作,厅党组书记、厅长闫晨曦主持召开座谈会,双方就进一步加快推进太原市重点交通基础设施建设项目落地见效进行深入交流。厅领导李贵顺、王四小、郭贵堂参加座谈。

会上,省交通运输厅与太原市聚焦"十四五"交通运输发展规划、太原西北二环高速公路、东西山旅游公路建设项目、尧城机场路网建设项目、公交都市创建、智慧交通建设等重点交通基础设施建设项目,逐一厘清重点推进事项,与太原市初步形成计划开工一批和"十四五"实施一批的重点项目任务清单。

罗清宇对省交通运输厅长期以来给予太原市的关心和支持表示感谢。他指出,交通运输业是国民经济的重要组成部分,是基础性、先导性产业,省交通运输厅站在全省转型发展的战略高度,提高政治站位,认真履职尽责,在推进太原交通运输事业发展中实现交通先行,展现交通担当。

罗清宇强调,2020年是"十三五"规划的收官之年,也是"十四五"的谋篇布局之年。太原市和省交通运输厅要按照省委"四为四高两同步"总体思路和要求,紧抓项目建设,加快高速公路、国省干线公路规划及建设,解决好项目征地拆迁、压覆资源等前期工作中存在的问题,强化沟通协调,突破制约因素,保质保量推进重点工程项目建设。要高度重视在建高速公路连接线规划问题,进一步提升路网密度,优化路网结构,打通连接要道。要明确时间节点,强化项目储备,为转型发展蓄势赋能,助推脱贫攻坚和乡村振兴,实现"十四五"良好开局。双方要切实把学习贯彻省委十一届十次全会精神的成效转化为具体行动和硬核举措,进一步凝聚共识,加强沟通交流,深化合作层次,共同谋划好"十四五"交通运输工作,有效引领全省经济社会实现高质量转型发展。

闫晨曦对太原市委、市政府到省厅对接洽谈表示欢迎,对罗清宇、李晓波亲自到省厅指导工作表示感谢。他指出,支持、推动太原交通率先发展是省厅义不容辞的责任,一定会全力以赴,不遗余力地和太原市一道,进一步加强沟通协作,建立健全工作机制,完善梳理对接项目,坚持方案化、项目化、清单化管理,加紧推动各项工作任务落实,统筹各方资源形成合力,共同推进太原市交通运输事业高质量发展。他希望太原市委、市政府一如既往地大力支持交通运输工作,除推动好项目建设外,在出租车行业改革、交通强国试点、货运枢纽及物流园区建设等创新工作方面继续走在全省前列,为全省提供可复制、可推广经验。

13日至14日 由省交通运输厅党组成员、副厅长、省民航机场管理局局长段新源带队省厅调研组到临汾、晋中就深化出租汽车行业改革开展调研。

段新源在讲话中,要求充分认识出租汽车行业改革的重要性和迫切性,把握行业发展存在的问题和瓶颈,坚定信心,因地制宜,全面深化出租汽车行业改革,不断增加群众的获得感、幸福感、安全感和满意度。要准确把握改革精神,明确经营权、理顺经营关系、探索定价机制,提升巡游出租车企业经营水平,规范网约车企业运营,加快出台和完善相应配套政策、措施,切实维护出租车行业稳定,促使出租车行业健康有序发展。

临汾市表示,将以改革试点为契机,高度重视,成立专班,明确职责,加强宣传,依法推动,坚守廉洁,全面完成深化出租汽车行业改革工作,建设人民满意交通,为全力打造省域副中心城市、开创高质量转型发展新局面率先蹚出新路。

晋中市表示,将坚决贯彻省委、省政府决策部署,坚持稳妥推进、逐步落实的原则攻坚克难、推进改革,实现行业监管和企业服务之间的平衡。

14日 省交通运输厅晋交规划发〔2020〕296号文印发《关于调整2020年普通国省道日常养护资金计划和下达2020年普通国省道安全生命防护工程资金计划的通知》,要求省公路局做好相关工作。

15日 省交通运输厅晋交规划函〔2020〕296号文印发《关于深化纳入国土空间规划公路建设项目工程可行性研究的函》,要求各市人民政府,省公路局做好相关工作。

同日 山西省交通运输标准化技术委员会成立(以下简称交标委)。厅党组成员、副厅长王晋主持会议并讲话。省市场监督管理局副局长李志强出席会议并作标准化建设专题讲座。

会议指出,加强和改进交通运输标准化工作,是促进交通运输高质量发展的有力抓手,是推进供给侧结构性改革的有效工具,是适应政府职能转变、简政放权、加强监管和改善服务的重要方面,也是提升交通运输治理能力的重要途径。要深入贯彻新发展理念,以“新时代新担当新作为”的精神做好交通运输标准化工作。

会议要求,交标委和各单位各部门要从战略高度深化对标准化工作的认识,强化标准在推进交通运输体系建设、深化政府职能转变和简政放权、推进行业治理体系和治理能力现代化、促进行业提质增效升级方面的作用。要进一步完善交通运输技术标准体系,提升交通运输标准化水平,重视团体和企业标准。

会议强调,交标委要推动全省更多的交通运输企业在提升标准化能力和产业竞争力上下工夫,充分发挥标准在企业构建质量优势中的引领作用,企业自身除使用先进标准外,要通过更多地参与标准化活动来促进自身高质量发展。

会议介绍交标委筹建过程,宣读交标委成立批复,为交标委、交标委秘书处授牌并颁发交标委委员证书。省公路局、山西路桥集团、山西交科集团就标准化工作开展情况交流发言。

同日 长晋跨线桥最后一片T梁进入预定位置,标志着晋城太行一号高平北部旅游大通道控制性工程长晋跨线桥顺利贯通。

长晋跨线桥荷载二级公路,桥面净宽11米,横跨长治到晋城国道G55高速公路,施工难度较大。施工单位桥隧公司始终按照“精细管理、科学施工”的要求,全面落实“安全、质量、进度、成本、廉政、环保”六大管理理念,着力打造品质工程,克服施工作业面狭窄,夏季施工高温、暴雨等不利影响,统筹协调工期,发扬“钉钉子”精神,脚踏实地狠抓工期进度,顺利完成阶段性目标。

16日 省交通运输厅晋交路网发〔2020〕244号文印发《国省干线公路长大桥隧养护管理和安全运行实施细则》的通知,要求省公路局,山西交控集团,各高速公路运营公司认真贯彻执行。

17日 省交通运输厅晋交建管函〔2020〕297号文印发《关于做好汛期公路水运建设领域安全生产工作的通知》,要求各有关单位做好相关工作。

20日 省交通运输厅、省教育厅晋交水运发〔2020〕300号文印发《关于加强中小学生水上交通安全教育工作的通知》,要求各市交通运输局、教育局,省运输事业发展中心做好相关工作。

同日 省交通运输厅晋交审批发〔2020〕257号文下发《关于印发忻州至保德高速公路工程验收鉴定书的通知》,要求忻州南高速公路管理有限公司按照鉴定书要求,及时将工程遗留问题处理完毕,确保项目运营安全。

20日至21日 省交通运输厅专项督查工作组赴武乡县对交通脱贫问题整改和“十三五”农村公路建管养运情况进行督查指导。

督查工作组听取该县交通运输局关于农村公路建设、管理、养护和运营等相关工作汇报,查阅内业工作资料,并先后到贾豁乡榆连线、墨镫乡上北台村等农村公路建设项目进行实地查看,对路面宽度、波形护栏的厚度、立柱厚度和高度等进行精准测量。同时要求,武乡县交通运输部门要全力做好农村公路建管养运各项工作,主动扛起脱贫攻坚的主体责任，加强与各级党委、政府沟通，争取政策和资金支持，严格按照脱贫攻坚验收标准，精准施策，久久为功，确保交通脱贫攻坚任务如期圆满完成，实现“四好农村路”高质量发展。

21日 省交通运输厅晋交运管发〔2020〕252号文印发《关于加强道路运输安全的通知》，要求各市交通运输局，省运输发展中心做好相关工作。

同日 省交通运输厅晋交规划发〔2020〕253号文印发《公路建设项目可行性研究报告编制单位信用评价规则（试行）》的通知，要求各市交通运输局，厅直各单位，厅机关有关处室遵照执行。

同日 省交通运输厅晋交规划发〔2020〕254号文印发《公路建设项目可行性研究报告技术咨询审查细则（试行）》的通知，要求各市交通运输局，厅直各单位，厅机关有关处室遵照执行。

21日至22日 由省交通运输厅党组成员、副厅长李贵顺带队的省厅督导组先后赴阳泉公路分局就路面改造工程PPP项目、安全生命防护工程建设情况进行督导，赴阳泉市交通运输局就安全生产责任落实情况进行调研，并召开座谈会。

李贵顺对安全生命防护工程实施效果、路面改造工程厂拌冷再生实施效果、沥青上面层施工铺筑现场和沥青混合料拌合场标准化建设情况进行督导检查，实地查看国道G307、国道G207线阳泉绕城改线工程建设情况。

李贵顺在讲话中要求，路面改造工程PPP项目要处理好质量和进度关系，在确保工程质量的前提下，正排工序，倒排工期，加快工程进度；要树立“隐患就是事故”的理念，坚持“安全第一、预防为主”的方针，全面做好安全生产工作；要做好“防大汛、抗大灾”的准备，完善应急预案，充实防汛物资，全面排查隐患，确保安全度汛。国道G307、国道G207线改线工程参建单位要依据标准抓细节，规范施工，加强现场施工安全管理工作，确保施工安全，打造品质工程；要统筹实施好道路沿线的绿化，及时协调解决项目建设过程中存在的问题与困难，为项目建设创造良好条件，按照阳泉市委、市政府要求如期完成建设任务，为振兴地方经济做出新贡献。

李贵顺强调，要时刻绷紧疫情防控这根弦，慎终如始抓紧抓细抓实疫情防控工作，严格落实场站、客运、公交、出租等防控措施，坚决守住交通运输疫情防控防线；要从严落实安全生产领导责任和主体责任，深刻汲取近期国内交通运输事故教训，扎实做好公交、客运和危化品运输企业隐患风险排查整治，注重做好从业人员的思想稳定工作，牢牢守住安全生产底线。

22日 省交通运输厅晋交水运发〔2020〕255号文印发《关于进一步加强水上交通安全管理工作的通知》，要求各市交通运输局，省运输事业发展中心做好相关工作。

同日 省交通运输厅晋交政法发〔2020〕245号文印发《2020年全省交通运输法制工作要点》的通知，要求各市交通运输局、厅直各单位、厅机关各处室认真贯彻落实。

23日 省交通运输厅晋交路网发〔2020〕258号文印发《国省干线公路养护工程管理办法（试行）》的通知，要求省公路局，山西交控集团遵照执行。

24日 省交通运输厅晋交路网发〔2020〕265号文印发《关于做好公路养护工程招标投标工作进一步推动优化营商环境政策落实的通知》，要求各市交通运输局，省公路局，山西交控集团做好相关工作。

同日 省交通运输厅晋交路网发〔2020〕266号文印发《公路交通阻断信息报送工作实施细则（试行）》的通知，要求省公路局，省交通运行监测中心，山西交控集团认真贯彻执行。

同日 山西省邮政管理局召开省邮政业安全中心座谈会。会议回顾邮政发展历史和邮政交通历次改革，阐述邮政管理体制改革意义和进程，并对省邮政业安全中心工作提出要求。一是充分认识成立邮政业安全中心的重要意义和重要作用。安全中心全体人员要坚定信心、攻坚克难，认真履职、发挥作用，为行业安全监管做好支撑服务。二是主动融入新环境，尽快进入新角色。全体人员要干一行、爱一行、钻一行，做到思想融入、角色进入、工作投入，立足岗位，勤勉敬业，努力成为行家里手。三是打好基础建好平台，开好局起好步。要注重计划性、系统性、整体性，围绕全省邮政业安全监管大局，制定完善工作计划，做到有条不紊；要系统安排、有机衔接安全中心整体工作和各科室工作以及科室之间工作，系统推进具体项目、工程建设和维护运行；安全中心工作要服从服务于全省行业安全监管工作，阶段性工作要服从服务于中心整体工作。四要继承优良传统，争取更大光荣。要继承和发扬交通运输业、邮政业优良传统，锤炼“恪尽职守、一丝不苟、严守秘密、严格纪律”工作作风，在新岗位上勇于担当、甘于奉献，为全省邮政业高质量发展做出更大贡献。

25日 上午10时43分，太焦高铁焦作与晋城钢轨连接点上最后一根500米长轨焊接开始，5分钟后钢轨焊接圆满成功。标志着太焦高铁河南段全线铺轨顺利完成。

太焦高铁是国家规划建设的“八纵八横”高速铁路网及河南省规划的“米”字形铁路网的重要组成部分。太焦高铁轨道全长358.8公里，其中山西段境内325.4公里、河南段境内33.4公里，设计时速250公里，全线于2016年10月开工建设，计划2020年年底建成。

太焦高铁全线设13座车站，山西境内设太原南、新鸣李、晋中、太谷东、榆社西、武乡西、襄垣东、长治东、长治县、高平东、晋城东11座车站，其中太原南、新鸣李、晋中站为既有改建站，其余为新建站；河南境内设博爱站、焦作站。

26日 中共山西省交通运输厅党组晋交党函〔2020〕8号文印发关于《山西交通技师学院并入山西交通职业技术学院划转省教育厅工作方案的通知》。

28日 省交通运输厅晋交路网发〔2020〕272号文下发《关于印发国省干线公路长大桥隧目录的通知》，要求省公路局，山西交控集团及各高速公路运营公司根据交通运输部和全省有关工作要求，健全养护管理体系，完善相关制度办法，切实做好养护和运行管理工作，确保达到良好的技术状况和安全保障水平。

29日 省交通运输厅晋交政法发〔2020〕273号文印发《山西省交通运输信用信息目录(2020年版)》的通知，要求各市交通运输局、厅直有关单位、厅机关有关处室按照目录要求做好信息归集共享工作。

同日 昔阳(晋冀界)至榆次高速公路开工仪式在晋中市昔阳县举行。昔榆高速建成后，与河北境内拟建高速公路相接，全省新增一条出省主通道。

昔榆高速是2020年山西省、晋中市确定的重点建设工程，是国家发改委《关于支持山西省与京津冀地区加强协作实现联动发展的意见》中的重点建设项目，是山西省高速公路网规划“三纵十二横十二环”第七横的重要一段。项目起点位于昔阳县太行山虎寨岭孔氏乡刀把口村省界处，与河北境内拟建高速公路相接，途经昔阳县、和顺县、寿阳县，终点在榆次区庄子乡杨梁村附近与榆祁高速相接。全线采用双向四车道高速公路标准建设，设计速度100公里/时，整体式路基宽度26米，全长125.42公里。项目批复概算为209.86亿元，是目前为止省内单公里造价最高、投资最大的在建高速公路项目。整个项目预计施工工期为48个月。

2013年，省政府将昔榆高速项目纳入“十三五”综合交通发展规划，2019年1月正式启动项目前期各项工作，同年12月，马坊至松塔连接线先期开工。

昔榆高速的建设对内贯穿全省中部，对于实质性建强太原都市区主板块具有重要战略意义；对外它是连接晋、冀两省的一条重要的东西走廊，对于连通京津冀，构建陆海双向对外开放走廊，改善区域经济纵深发展条件，促进晋中贫困地区脱贫攻坚等方面都具有重要意义。

30日 省扫黑除恶专项斗争第四督导组深入省交通运输厅督导检查扫黑除恶专项斗争工作进展情况。厅党组成员、副厅长王四小出席会议并作汇报。

督导组通过听取汇报、查阅台账、实地调研等形式，对省厅扫黑除恶专项斗争在压实责任、行业清源、宣传发动、长效长治等方面进行深入细致督导调研，充分肯定省厅在扫黑除恶专项斗争中取得的阶段性成效，并对做好下一阶段工作提出要求。

省督导组强调，要坚持问题导向、目标导向，积极配合政法机关深入推进“六清”行动，特别是“行业清源”行动，扎实开展交通运输行业乱点乱象专项整治工作，认真分析研判排查发现的行业黑、恶、乱等突出问题，制定具体整治措施，集中力量开展打击整治行动，有效铲除黑恶势力滋生土壤。要认真落实“三书两办”工作制度，对政法机关发出的司法建议、检察建议、公安提示函及提出的交办、督办事项逐一认真梳理，扎实开展专项整治，推进行政执法和刑事司法的有效衔接。要认真梳理、提炼专项斗争中成熟的经验和做法，并转化为制度、规范，同时进一步压实市场准入、规范管理、重点管控等主体责任，形成打击、整治、管理、建设的长效机制。

王四小表示，省交通运输厅将坚决贯彻落实省扫黑除恶专项斗争领导小组部署，以此次督导为契机，深入推进全省交通运输系统专项斗争各项工作，保持高压震慑态势，确保除恶务尽，为夺取全省扫黑除恶专项斗争的全面胜利做出应有贡献。

31日 省交通运输厅晋交农路函〔2020〕329号

文印发《关于开展全省三个一号旅游公路建设生态环境保护专项排查整治工作的通知》，要求各市交通运输局，各市专项督导组做好相关工作。

8月

3日 省政府召开全省运输结构调整工作攻坚视频会，深入贯彻落实全国运输结构调整工作电视电话会议精神，总结前期工作，研判形势，部署今后一个时期全省运输结构调整工作。副省长卢东亮出席会议并讲话。

卢东亮指出，运输结构调整是党中央、国务院部署的重大决策，是打好污染防治攻坚战、打赢蓝天保卫战的必然选择，是促进物流降本增效、推进经济转型的有效途径。全省高度重视运输结构调整工作，全力实施推进运输结构调整三年行动计划，各单位各部门主动担当作为，狠抓工作落实，运输结构调整工作取得积极成效。上半年受疫情影响，运输结构调整工作进展不及预期，面临的形势严峻复杂，剩余目标任务仍艰巨而繁重。要进一步提高政治站位，切实增强运输结构调整工作的责任感、紧迫感，加大工作力度，增强工作合力，全面完成我省运输结构调整三年行动计划目标任务。

卢东亮强调，要聚焦短板弱项，加快补齐货运量增长指标、铁路专用线建设、铁路专用线接入比例和运输量占比明显滞后的短板，着力解决思想认识、协同联动、勇于担当和政策创新不到位的问题，加强组织领导，压实工作责任，加强指挥调度，强化督导考核，为实现运输结构调整目标任务提供坚强保障，全力打好运输结构调整攻坚战。一要攻坚“转”的问题，充分发挥铁路运输的比较优势，深挖铁路货运增量潜能，积极发挥大型工矿企业骨干作用；二要攻坚“联”的问题，全力推进铁路专用线建设，全面提升多式联运服务水平；三要攻坚“集”的问题，深入推动综合货运枢纽综合开发，优化公路运输组织；四要攻坚“优”的问题，深入了解企业政策诉求，持续加强政策创新，扎实推进“放管服”改革；五要攻坚“稳”的问题，积极了解司机群体诉求，加强舆论引导和舆情监测工作，有效防范化解风险隐患。

会上，厅党组书记、厅长闫晨曦通报全省运输结构调整工作进展情况，分析面临的形势，提出下一步工作意见。省发改委、省工信厅结合各自职责提出工作要求，太原铁路局及太原、大同、晋城、临汾市政府分别作表态发言。厅党组成员、副厅长段新源参加会议。

据悉，为全面完成全省运输结构调整三年行动计划目标任务，省政府决定成立推进运输结构调整攻坚行动指挥部，实行月调度、旬例会和工作专报制度，加强指挥调度，组织交通、发改、工信、公安、财政、自然资源、生态环境、铁路8部门合力攻坚，并将运输结构调整列入“13710”督办事项进行重点督办。

同日 省交通运输厅晋交政法发〔2020〕301号文印发《关于开展交通运输领域信用承诺有关工作的通知》，要求各市交通运输局，厅机关有关处室结合全省信用交通工作实际，做好相关工作。

4日 省交通运输厅党组书记、厅长闫晨曦深入太原西北二环项目骆驼山隧道工地一线开展“进工地、送清凉、解难题”活动，向奋战在一线广大职工送去防暑慰问品，并致以亲切问候，对项目施工进展、资金拨付等情况进行调研，现场解决实际困难和问题。

听取关于推进征拆情况、项目整体推进情况汇报后，闫晨曦对太原西北二环项目的施工进度表示肯定，认为项目参与各方认真贯彻落实省委“四为四高两同步”总体思路和要求，施工进展快、形象进度好、完成投资多，走在全省高速公路项目建设前列，希望加快征地拆迁工作，加强项目科技攻关，积极推进智慧交通建设。

闫晨曦强调，要坚持目标导向，根据工程进度目标倒排工期，扎实推进工程建设，确保完成本年度固定资产投资目标任务；要落实省委“四为四高两同步”要求，以创建品质工程为载体，建立健全质量管理体系，推动公路建设项目高质量发展；要深刻汲取安全事故教训，举一反三，牢固树立“安全为天、质量为先”的理念，把施工安全放在首位，太原西北二环高速项目桥隧比高、施工难度大，要加大安全设施和人员投入力度，确保整体施工安全。

同日 临汾市区出租车更新纯电动工作提前完成，临汾市区成为全国首个实现出租车、公交车纯电动双覆盖城市。

临汾市区有出租车1862台、公交车423台，已全部更换为纯电动车辆，市区公共交通实现“零排放”，这标志着临汾市城市公共交通全面步入“绿色出行”新能源时代，对于打赢蓝天保卫战、能源革命综合改革、推动交通运输行业高质量发展具有重要意义。

近年来，临汾市已投资4亿多元支持公交都市创建、充电（桩）站建设、出租车更新和公共自行车发展。截至年底，临汾市已形成以“公交车为主体、出租车为补充、公共自行车为延伸”的城市绿色公共交通体系。此后，临汾市大力发展智能交通，探索云轨出行、个性化智能交通服务等新课题，进一步提高城市客运管理水平，改善城市面貌，塑造城市形象，全力打造省域副中心城市，建设人民满意交通。

4日至5日 省交通运输厅党组成员、副厅长李贵顺带领厅督导组到晋中开展公路建设检查暨“送清凉”慰问活动。

李贵顺一行深入国道G108线限速标志、国道G340线PPP路面改造、生命安全防护工程、国道G207线一级公路改建、国道G339线PPP路面改造等项目施工现场，实地查看工程进度、质量控制、安全生产及汛期防范、疫情防控等各项工作。李贵顺强调，要进一步加强质量控制，树立品质工程理念，同时将防撞墙防腐涂层施工工艺进行推广应用；要时刻谨记“安全至上”，持续关注气象及地质灾害预报预警，加强对高边坡工程、人员驻地、弃渣场等重点区域的巡查，以点带面，对项目存在的安全风险隐患进行全面排查、立即整改；要时刻绷紧疫情防控这根弦，慎终如始抓好常态化疫情防控工作，坚决守牢防输入、防反弹、防复燃底线，巩固已有的疫情防控工作战果。

调研期间，李贵顺代表厅党组开展“送清凉”慰问活动，将各种防暑慰问品发放给奋战在晋中市交通建设工程一线的广大职工，并向他们致以崇高敬意和亲切的问候。

5日、11日 省交通运输厅党组成员、副厅长王四小，副厅长级干部郭贵堂分别深入太原东西山旅游公路项目、黄河一号旅游公路永和段阁底至大宁界项目施工现场，开展“夏送清凉”慰问活动，向奋战一线的建设者送去诚挚问候，并发放防暑降温慰问品。

入夏以来，全省交通运输系统广大干部职工积极响应省委、省政府的号召，顶烈日、战酷暑，在做好常态化疫情防控的同时，一如既往地坚守在工作岗位上，用过硬作风、优异成绩、钢铁般的精神为全省交通运输事业贡献自己力量。厅领导在讲话中，要求各交通工程项目部要认真贯彻“以人民为中心”的发展思想，着眼于维护广大职工根本利益，做好防暑降温工作和劳动保障措施，最大限度减少夏季高温天气给职工生产生活带来的不利影响，确保职工平安工作。他们勉励建设者继续发扬交通人吃苦耐劳的精神，不忘初心、牢记使命，抢抓工期，保证质量，以高昂工作激情投入到建设中去，确保工程任务顺利完成，为夺取疫情防控和经济社会发展“双胜利”做出新贡献。王四小、郭贵堂还对工程项目建设进行实地调研。

10日 省交通运输厅晋交运管发〔2020〕309号文印发《关于打击非法客运经营行为的通报》，要求各市交通运输局，省运输事业发展中心、省交通运输综合行政执法局做好相关工作。

11日 中共山西省交通运输厅党组晋交党发〔2020〕52号文印发《关于深入开展“五型机关”创建推进模范机关建设的实施方案》的通知。

11日至12日 省交通运输厅党组成员、副厅长李贵顺带队到忻州境内的忻五线PPP路面改造和生命安全防护工程、万瓦线PPP路面改造工程、国道G337线限速标志工程等项目施工现场，调研质量、安全和疫情防控等工作。

李贵顺在讲话中，提出4点要求：一要提高质量意识，严格按照行业规范、规程等标准文件要求施工，进一步压实质量控制责任、抓实抓细日常质量管理，规范质量行为，确保工程建设质量；二要重视安全生产，尤其要重视持续强降雨对施工的影响，在加强对高边坡工程、人员驻地、弃渣场等重点区域风险分级管控和隐患排查治理的常态化工作基础上，制定汛期结束后对高边坡的排查工作方案，毫不放松做好安全生产各项工作；三要慎终如始抓好常态化疫情防控，未雨绸缪做好秋冬季防控准备工作；四要确保工程进度，加大各项投入，保证按期完工。

13日 省交通运输厅晋交城客发〔2020〕311号文件印发《关于贯彻落实〈山西省人民政府办公厅关于加快发展流通促进商业消费的实施意见〉的通知》，要求各市交通运输局，省运输发展中心做好相关工作。

同日 省交通运输厅一级巡视员雷天才赴天镇县玉泉镇李家庄村进行实地调研，并为李家庄村干部村民和省交通运输厅全体驻村工作队员宣讲学习贯彻习近平总书记视察山西重要讲话重要指示、《习近平谈治国理政》(第三卷)和《中国制度面对面》。

雷天才指出,2020年是脱贫攻坚决战完胜、全面建成小康社会的收官之年,也是脱贫攻坚衔接乡村振兴的开局之年,全体驻村干部要高度重视、不可松懈,必须以更加昂扬精神状态、更加扎实工作作风,坚决夺取脱贫攻坚战全面胜利。

14日 省交通运输厅党组成员、副厅长王晋赴省交通干部学校,对校领导班子建设和干部培训工作进行专题调研,并与学校领导和中层干部进行座谈。

王晋在讲话中,要求进一步加强领导班子和干部队伍建设,充分发挥领导班子"指挥部""战斗部"作用,讲政治、讲大局、讲担当、讲奉献,全面落实党委主体责任,认真履行"一岗双责",守住党风廉政底线。要厘清工作思路,找准学校定位,改进提升干部培训工作,深入调研了解不同类别、不同层次、不同岗位干部职工能力提升诉求,有针对性地制定干部培训方案,充分发挥干部职工教育培训主阵地作用。要扎实做好人才服务和职业技能鉴定两项新职能工作,为全省交通运输高质量发展做出新的更大贡献。

15日 太原市出租车将启用人脸识别系统,出租车司机只有"刷脸"确认身份后,才能开车上路运营。

据太原市客运办有关负责人介绍,太原市将依托出租车现有智能管理系统,启用人脸识别功能。即驾驶员取得从业资格证后,必须经注册并取得IC卡,且其人脸影像信息与IC卡绑定后,才可从事出租汽车运营。其中,IC卡是"从业资格证"的电子证件,具有管理功能,与"从业资格证"具有同等效力。

驾驶员运营时,必须人、车、证、卡相符。驾驶员无证营运或未在本车注册营运的违规行为,将受到相应处罚。太原市客运办稽查部门在加大路查路检力度的同时,将利用智能系统及人脸识别系统实施线上随机抽查。对已取得从业资格证并在此车注册的驾驶员,在营运时未按规定使用本人IC卡的,将带车召回约谈,责令写出检查,并安排进行不少于4个学时相关法规的学习。如有再次出现上述行为的,将按不携带营运证件的相关规定给予行政处罚。

17日 省交通运输厅晋交审批发〔2020〕314号文下发《关于印发国道208线忻州市过境改线(泡池至张野段)二期工程竣工验收鉴定书的通知》,要求省公路局忻州分局按照鉴定书要求,尽快将工程遗留问题处理完毕,确保项目运营安全。

同日 省交通运输厅晋交建管发〔2020〕316号文印发《山西省公路水运工程建设领域保障农民工工资支付的实施意见》的通知,要求各市交通运输局,省公路局、省交通建设中心认真遵照执行。

同日 为贯彻落实习近平总书记关于制止餐饮浪费行为的重要指示精神,厅直机关党委下发《"厉行勤俭节约 杜绝餐饮浪费"的通知》(以下简称《通知》)要求,从当日起,全系统各级党组织和广大党员干部开展"厉行勤俭节约、杜绝餐饮浪费"主题党日活动,推动广大党员干部在厉行节约、反对浪费特别是餐饮浪费上走在前、作表率。

《通知》提出4点要求:一是以支部为单位,号召全体党员争当勤俭节约观念的倡导者、勤俭节约行动的实践者和勤俭节约美德的传播者;二是各级党组织要从食堂就餐、在外就餐和家庭用餐3个层面组织党员开展"勤俭节约、从我做起"主题实践活动,将口号变成行动;三是在全体党员干部公开承诺杜绝餐饮浪费的基础上,各级党组织对承诺情况进行跟踪检查;四是认真学习习近平总书记关于坚决制止餐饮浪费行为的重要指示等有关内容,教育引导广大党员干部职工对粮食安全要有危机意识。

《通知》强调,党员领导干部要以身作则,争做节约的先锋;广大党员干部要互相监督,做到厉行节约、人人有责,坚持勤俭作风,抵制享乐主义和奢靡之风。各级党组织要认真组织,周密部署,抓住制度建设这个重点,一抓到底,常抓不懈,常抓常新,防止搞成形式主义。要充分发挥媒体的宣传作用,加大力度营造"厉行节约、反对浪费"的声势,并对活动中涌现出来的勤俭节约先进典型进行广泛宣传,并对浪费严重的现象进行曝光。同时,要严肃纪律、强化监督,引导全系统形成人人讲节约、事事讲节约、处处讲节约的良好氛围。

同日 经省市场监督管理局批准,由山西路桥集团主编的《工业固废CFB灰渣注浆充填采空区施工技术指南》《工业固废煤气化炉渣路面基层施工技术指南》两项省级地方标准正式发布。这是全省首次出台公路建设领域固废利用技术标准,为工业固废在全省公路工程中的规模化、资源化、常态化应用掀开崭新篇章。

截至8月15日,山西路桥集团已累计成熟利用道路弃渣、煤矸石、煤气化炉渣、CFB灰渣、钢渣及铁尾矿等各类固废600余万吨。近年来，山西路桥集团结合全省固废资源大省省情和地域特征，依托覆盖全省公路投资建设项目优势，先行先试，主动实践，进一步推动绿色发展，率先开展以“创新驱动绿色发展、研发保障固废利用”为主旨的技术应用研究，走出公路建设领域固废资源综合利用的新路。

两项省级地方标准的正式发布，是山西路桥集团主动探索固废利用标准化开端。下一阶段，山西路桥集团将继续以科技为引领，借助山西国家标准化综合改革试点政策优势，大力开展科技创新，主导推进固废利用，逐步在全省公路建设领域形成固废利用标准体系，推动企业不断向高质量发展迈进。

同日 省交通运输厅晋交规划函〔2020〕346号文印发《关于1—7月重点任务进展情况的通报》，要求各市交通运输局，省公路局，省交通建设中心，山西交控集团高度重视，坚持问题导向和目标导向，进一步完善工作举措，加大推进力度，确保全年目标任务完成。

同日 省交通运输厅晋交运管函〔2020〕347号文印发《关于开展2020年司机之家建设工作的通知》，要求山西交控集团，中国石化销售山西石油分公司做好相关工作。

18日 运城市委书记丁小强主持召开全市道路交通规划专题汇报会。

丁小强对全市交通运输发展取得的成绩给予充分肯定。他指出，道路交通基础设施建设是民生工程和发展工程，是加快高质量转型发展的重要基础支撑。一是认真谋划，进一步完善路网规划。要高站位、宽视野谋划“十四五”全市道路交通基础设施建设，突出科学性、前瞻性，着力形成以市区为中心、连接各县(市)的市域路网，以县城为中心、连接各乡镇的县域路网，加快构筑畅通高效、方便快捷的高质量立体交通网络。二是做实前期工作，确保项目有序推进、高标准建设。要通盘研究市域路网规划与城市相关规划，多方论证、深入分析路网构架，做细做深前期各项工作。处理好道路建设和生态保护的关系，全力打造精品、优质、样板工程。三是多措筹资，全力做好资金保障。通过加大市级财政投入、积极向上争取支持、全力确保县级配套资金、广泛吸引企业和社会投资等方式，多渠道筹集整合资金。四是加强组织领导，创优项目建设环境。各县(市、区)和相关部门要提高站位、躬身入局、主动作为，为道路交通项目建设提供一流服务、创造一流环境，确保项目顺利实施。

同日 省交通运输厅召开“十三五”公路养护管理评价工作调度会议，厅党组书记、厅长闫晨曦出席会议并讲话，厅党组成员、副厅长李贵顺主持会议，山西交控集团、厅直有关单位和厅机关有关处室负责人参加会议。

会议听取省公路局、山西交控集团和厅路网处关于“十三五”迎检工作情况汇报，肯定自省厅5月22日召开“十三五”国检动员会以来，各单位、各部门高度重视，认真贯彻落实有关工作要求，扎实开展各项准备工作所取得的成效，对进一步做好“十三五”迎检工作进行再动员、再部署。

李贵顺对“十三五”迎检工作作进一步部署。一是提升路面技术状况水平，充分提高路面完好率；二是强化路域环境整治，规范标牌设置，做到“八个无”；三是加快实施国省道路面PPP改造项目，确保按期、优质完成目标任务；四是加快挂牌督办路段整改，尽快予以验收销号；五是扎实做好养护治理能力评价准备工作，加快推进未完工作事项；六是充分做好汛期国省公路保通保畅和地质灾害防范工作。

闫晨曦强调，各单位、各部门要抓紧时间，进一步把各项准备工作做得更有效、更扎实。一是切实增强迎检工作的紧迫感和责任感。要紧紧围绕迎检工作，只争朝夕、全力以赴、奋力拼搏，确保取得预期目标。二是以迎检工作引领我省公路养护管理水平全面提升。要全面总结回顾全省“十三五”国省公路管养工作，进一步发现问题、解决问题，提升全省公路养护保障能力和基础管理水平。三是建立落实良好的迎检工作机制。要强化部门协同，实行清单管理和销号管理，加强督导考核，确保各项工作有序推进、按期优质完成。

同日 省交通运输厅晋交农路函〔2020〕355号文关于印发《山西省黄河、长城、太行三个一号旅游公路设计技术指南(修订)》的通知，要求各市交通运输局、各市专项督导组认真贯彻执行。

19日 省交通运输厅晋交城客发〔2020〕278号文印发《关于2019年度山西省出租汽车服务质量信誉考核工作有关事项的通知》，要求各市交通运输局、省运输发展中心做好相关工作。

同日 省公路运输工会召开第三届委员会第五次全体会议，传达学习省总工会十三届九次全委

(扩大)会议精神,选举第三届委员会主席、副主席、常委、经费审查委员会主任。副厅长级干部郭贵堂出席会议并讲话。

郭贵堂在讲话中提出4点要求:一是树牢“四个意识”,把准政治方向。要把坚持党的领导作为根本保证,把习近平新时代中国特色社会主义思想作为根本指引,把加强思想政治引领作为根本任务,切实承担起引导广大职工听党话、跟党走的政治任务。二是深入贯彻落实中央和省委党的群团工作会议精神,切实做到“增三性、去四化”。工会干部要广泛听取职工群众的意见建议,真正做到掌握实情、宣传政策、搞好服务、解决难题,切实保持和增强工会组织和工会工作的政治性先进性群众性。三是围绕中心服务大局,履行好工会职能,发挥好工会作用。要坚持“维护核心、服务中心、凝聚人心”,牢牢肩负起工会组织的责任和使命,切实做好工会各项工作。四是加强自身建设,打造过硬队伍。省公路运输工会领导班子要履行好“一岗双责”,重视工会经费的管理,管好用好工会阵地和资产,严防黑洞、严堵漏洞。要创新教育培训形式,加强工会干部的培养,打造一支高素质的产业工会干部队伍。

20日 太原地铁2号线正式进入ATO高速动车调试阶段。

ATO(Automatic Train Operation)即列车自动驾驶,是地铁信号系统的重要子系统之一。信号系统作为地铁运行指挥系统的核心系统,相当于人类的大脑,控制列车安全运行。太原地铁2号线一期工程共配置车辆24列,全部采用6编组A型不锈钢的全自动运行车辆,全国首次。在当日调试中,列车首次尝试在ATO模式下以接近最高速度80公里/时安全运行。ATO高速动车调试需要地面子系统、车载子系统、中央控制子系统联动支持。

调试期间,工作人员穿梭在地下设备室、区间隧道中,配合高速动车调试,准确记录设备运行状态、精准定位故障位置、快速联合排除故障,为高速调试提供安全保障,更为太原地铁2号线安全运营打下坚实基础。

同日 省交通运输厅召开第三季度重点公路建设调度暨安全生产会议。厅党组成员、副厅长李贵顺出席会议并讲话。

会议听取省公路局和各高速公路建设单位工作汇报,通报近期安全生产形势、典型事故案例和重点项目质量安全监督、工程投资进度、前期工作进展等情况,讨论分析制约项目进展问题,部署下一阶段工作。

李贵顺在讲话中,提出5点要求:一是咬定目标,确保完成年度投资目标和工程建设任务。要提高政治站位,充分认识到公路建设投资对全省经济发展的基础性、引领性作用,确保完成全年投资任务,争取实现“增产增效”。二是补齐短板,高效推动前期工作。要在土地手续办理、压覆矿产资源、补充耕地、文物影响等方面积极研究破解当前制约性困难的办法,运用好省领导包联工作机制和“点办理、批处理”工作制度,瞄准失地农民养老保险等重点、难点问题,力争实现突破。三是加强管控,实现高质量发展。要开展试验数据专项整治行动,抓实抓细日常质量管理,扎实推进“绿色公路”“平安百年品质工程”创建。四是守住红线,确保工程安全。要落实安全生产责任制,全面开展安全红线专项整治行动,加强隐患排查治理和安全基础保障,确保工程安全。五是严防严控,做好秋冬季疫情防控工作。要对重点项目、薄弱环节加强督促检查,完善防控措施,确保工地无疫情、人员无感染。六是以人为本,全面做好农民工工资支付保障工作。要严格落实《山西省公路水运工程建设领域保障农民工工资支付的实施意见》要求,确保农民工合法权益,为全省高质量转型发展提供坚强保障。

同日 省交通运输厅召开厅属事业单位经济责任审计工作部署会。厅党组成员、副厅长王晋出席会议并讲话。

此次审计采取“1+N”审计组织方式,即:以厅属单位主要负责人经济责任审计为主,同时在部分单位实施重大改革事项落实情况审计、资产管理审计、绩效审计等其他专项审计。重点突出以下7个方面:一是贯彻执行党和国家、省委、省政府和厅党组的经济方针政策、决策部署情况;二是本单位重要发展规划和政策措施的制定、执行和效果情况;三是重大经济事项的决策、执行情况;四是经济责任风险防控情况;五是资金管理使用和效益情况;六是落实有关党风廉政建设责任和遵守廉洁从政规定情况;七是对以往审计发现问题的整改情况。

王晋在讲话中,提出了3点要求:一是提高认识,高度重视此次审计工作。各单位要进一步提高政治站位,切实高度重视领导干部经济责任审计,此次开展的厅属事业单位领导干部经济责任审计,既是对领导干部任期内的管理监督，又能促进领导干部今后履职尽责、担当作为，促进反腐倡廉、深化改革、高质量发展，推进行业治理体系和治理能力。二是构建合力，积极配合有序组织审计工作。各被审单位要树立全局观念，强化责任落实，配合审计组共同做好此次审计工作，确保此项工作顺利实施。各审计组要依法依规审计，确保审计质量。三是落实整改，确保经责审计取得实效。要坚持即知即改、立行立改，将此次审计作为检验工作成效、提升工作水平的重要机遇，扎实做好审计整改工作。

21日 省交通运输厅晋交政法函〔2020〕361号文印发《关于组织开展“七五”普法总结验收工作的通知》，要求各市交通运输局，厅直各单位做好相关工作。

同日 省交通运输厅晋交人发〔2020〕280号文印发《关于开展2020年度交通运输专业中级工程技术职务任职资格评审工作的通知》。

同日 省政府新闻办举行新闻发布会，解读《山西省人民政府关于禁止生产、经营、储存、运输和燃放烟花爆竹的通告》(以下简称《通告》)。厅党组成员、副厅长李贵顺代表省交通运输厅介绍有关情况并回答记者提问。

省交通运输厅负责全省范围内危险货物道路运输管理工作。按照《危险货物道路运输规则》关于危险化学品的分类规定，烟花爆竹属于第1类第4项。截至8月15日，全省可承运烟花爆竹的道路危货运输企业共计8家，可从事烟花爆竹运输的危货车辆69台，可从事烟花爆竹运输的驾驶员1017人、押运员2471人。

在发布会上，李贵顺表示，省交通运输厅将坚决贯彻落实省政府部署，不折不扣把《通告》落实落细落到位，重点要做好两方面工作。一是做好宣传教育工作。组织有关人员到道路危货运输企业对《通告》进行专门宣传讲解，加大社会宣传力度，在省内的汽车客运站、民航机场、公路服务区等人流量较大场所，积极宣传《通告》有关内容，引导群众自觉抵制、积极举报相关非法违法行为。二是强化道路运输环节的监督执法。自8月21日起至10月1日，省交通运输厅将结合近期开展的危险货物道路运输专项整治行动，进一步强化对烟花爆竹承运单位、运输车辆及驾驶员、押运员的监管，督促危化品道路运输企业严格落实“五不承运、五不出车”制度，督促汽车客运站严格执行“三不进站、六不出站”制度，坚决杜绝烟花爆竹等易燃易爆品进站上车，并将客货混装列为重点检查内容。10月1日后，省交通运输厅将常态化开展针对烟花爆竹禁运的执法监督检查。同时，加强与公安、生态环境、应急管理、市场监管等部门的协同联动，依法加强托运、充装、运输车辆及容器检验、道路运行等环节安全管理，构建危化品道路运输全链条安全管理 体系。

在记者提问环节，李贵顺指出，危险货物承运人应当制作危险货物运单，并交由驾驶人随车携带。交通运输部门执法人员可通过查验随车运单，实时了解承运危险货物信息，发现违规承运烟花爆竹的，将依法依规严肃处理。10月底前全省将建设完成并接入交通运输部电子运单监管系统，实现电子运单数据全国联网共享。

23日 临汾境内路面改造工程PPP项目主体工程在全省率先完工，这意味着全省在国内首次以PPP模式进行的普通国省道路面改造进入竣工高峰期，2020年全部项目将陆续完工。

“省交通运输厅坚持‘项目为王’鲜明导向，积极在模式、机制、技术方面抓创新求突破。”厅党组书记、厅长闫晨曦介绍说，2020年全省共实施普通国省道路面改造2190公里，投资59.7亿元，进一步提升全省普通国省干线路况水平。

面对国省干线次差路段逐年增多和养护投入不足的矛盾，经省政府授权，省厅组织省公路局积极运作、创新模式，按照轻重缓急，优先选择11个市68条路线的次差路段，打包成8个项目包，向社会投资人招标进行路面改造。2020年以来，中国交通建设集团、山西路桥集团等中标企业全力推进工程建设，8月底主体工程全部完工。

本次国省道路面改造中，省公路局结合路况实际，更加注重保护环境和节约资源，在1200公里改造路段中使用乳化沥青厂拌冷再生、泡沫沥青冷再生等路面材料循环再生技术，应用规模在国内首屈一指。采用此项技术，可在满足路面结构使用性能前提下，高价值利用近一半的废旧沥青路面材料，减少固废排放150万吨以上，有效控制废气排放量，同时降低工程造价10%至15%，有着显著的经济、社会和环境效益。

在PPP模式下，项目的施工、监理、试验检测等队伍选择权和资金拨付权掌握在投资方手中，公路部门难以实施有效监管。厅领导亲自督战，省公路局着力完善，建立项目一体化推进机制，即建立定期对接机制、引入第三方监管机制以及建立工作闭环机制，确保各项工作有序推进。

24日 省交通运输厅，省人力资源和社会保障厅联合印发《关于开展2020年度全省交通运输专业高级工程师评审工作的通知》。

25日 省交通运输厅晋交财〔2020〕285号文印发《关于2019年部门决算的批复》，要求厅直有关单位结合改革情况做好相关工作。

同日 随着汽笛声响起，满载着日用百货、切割机、阀门等各类物资共计541吨X8436/5次班列，由中鼎物流园开行，本次班列编组43节，班列运行约12天后抵达白俄罗斯首都明斯克。

本次班列适逢晋欧物流2020年开行第100列中欧班列，回顾过去与2019年1月至8月相比开行量同比增长21.95%，在过去三年，晋欧物流累计开行中欧班列267列，并形成辐射9国23城的全方位立体化运行线路。

当日13时58分，山西省第101列中欧班列从大同平旺站顺利开行。该班列由山西晋欧物流有限公司携手山西亚欧进出口贸易有限公司共同组织，货品涉及药品、病床、口罩、医疗器械以及玩具、毛巾等14个品种，总计48节40英尺（12.192米）大柜，货品重量1400吨，货值8530万元。其中，药品运至俄罗斯邦萨兰斯克站卸载，其余货品分别送抵俄罗斯联邦莫斯科市和白俄罗斯共和国首都明斯克市，全程9639公里。

作为山西省中欧班列唯一平台，晋欧物流立足本省国际物流实际需求，为进一步加速山西货源走出国门走向国际，完善本省国际物流供应链，全力打造山西国际物流新通道做出积极贡献。

26日 省公路运输工会举办理论宣讲活动，副厅长级干部郭贵堂为全体干部宣讲习近平总书记视察山西重要讲话重要指示和《习近平谈治国理政》（第三卷）、《中国制度面对面》部分内容。

郭贵堂传达习近平总书记对山西工作提出的总体要求，阐述六项重点任务。他强调，深入学习贯彻习近平总书记视察山西重要讲话重要指示，是当前的首要政治任务，要进一步增强学习的政治自觉和行动自觉，提高工作水平和工作效率，确保习近平总书记视察山西重要讲话重要指示条条落实、件件落地、事事见效。

郭贵堂还就加强理论学习提出新要求，要充分认识学习的重要性和必要性，要把学习与工作实践有机结合起来，要将学习常态化制度化。

同日 省交通运输厅晋交科技函〔2020〕363号文关于转发《关于做好秋季学期开学及疫情防控有关工作的通知》的通知，要求省交通学院、省交通技校认真贯彻执行。

23日至28日 交通运输部第七督查组组长、运输服务司副司长李华强带领部督查组一行，深入阳泉、长治、晋城、晋中、太原等五市重点对全省“四好农村路”、旅游公路、高速公路、国道等重点工程建设以及“公转铁”、交通扶贫、城乡交通运输一体化等2020年交通运输重点工作进行督查指导并召开座谈会。厅党组书记、厅长闫晨曦介绍山西基本情况及2020年上半年交通运输重点工作情况，厅党组成员、副厅长王晋汇报全省交通运输重点工作进展情况，厅党组成员、副厅长段新源出席座谈会。

座谈会上，李华强介绍督查情况，充分肯定全省2020年交通运输重点工作所取得的成绩。他指出，开展交通运输综合督查，是深入践行“两个维护”，统筹疫情防控和交通运输发展的迫切需要，对于做好“六稳”工作、落实“六保”任务，服务疫情防控和经济社会发展大局具有重要意义。下一步要全面推进交通运输高质量发展，进一步提升和完善ETC使用率，加大公交都市创建力度，推进“四好农村路”高质量发展，为服务保障国家战略决策、当地经济社会发展提供有力支撑。要加快推进运输结构调整，为“十四五”综合交通运输规划编制谋篇布局、实现“交通强国”目标打下坚实基础。

闫晨曦代表厅党组对部督查组来晋督查指导工作表示感谢。他说，2020年以来，山西交通运输系统在做好疫情防控工作前提下，狠抓重点工作落实，保持固定资产投资高位运行、加快构建现代化综合交通运输体系、坚决打赢交通脱贫攻坚战、研究推进交通强国建设工作，取得良好成效。他表示，省交通运输厅将坚决贯彻落实好此次部门综合督查工作要求，真正把此次督查作为改进和提升工作水平的契机，全面完成好各项重点工作，高质量推进山西交通运输发展。

27日 省交通运输厅晋交财发〔2020〕288号文印发《公路系统事业单位及所办企业资产清查（清产核算）工作方案》的通知，要求省公路局认真贯彻执行。

28日 省交通运输厅晋交建管发〔2020〕318号文印发《关于深刻汲取近期施工安全生产事故教训

进一步加强公路水运工程安全管理工作的通知》，要求各市交通运输局，山西交控集团，省公路局，省交通建设中心，各项目建设单位深刻汲取事故教训，举一反三，切实做好公路水运建设工程安全生产工作，坚决防范和遏制安全生产事故发生。

同日 省交通运输厅晋交运管发〔2020〕290号文印发《关于开展山西省道路运输电子证照项目推进工作的通知》，要求省运输发展中心具体负责。

同日 中共山西省交通运输厅党组晋交党发〔2020〕54号文印发《关于建立厅党组书记和班子成员党支部工作联系点的通知》。

同日 省交通运输厅与运城市政府召开高速公路风陵渡黄河大桥及连接线项目研讨会，邀请中交第一公路勘察设计院、黄河水利科学研究院及晋陕豫三省有关专家，就该项目技术方案进行研讨论证。厅党组成员、副厅长王四小，运城市委常委、常务副市长陈杰出席。

王四小指出，要充分吸纳专家及各相关部门的意见和建议，对项目可行性进行深入研究，进一步开展好调研工作，同步进行现有方案研究，从技术、经济和可行性等方面拿出更优更科学的方案，尽快确定项目建设方案，确保项目尽快落地见效。

陈杰希望有关部门进一步加强对接沟通，继续加大对项目的支持力度，为项目实施继续提供意见和建议。项目设计单位要进一步做好项目建设的可行性研究，拿出科学、具体、有效实施方案，为运城市高质量转型发展提供强有力交通支撑。

29日 省交通运输厅晋交运管发〔2020〕294号文印发《关于做好公路运输恢复性增长的通知》，要求各市交通运输局，省公路局，省运输发展中心，山西交控集团做好相关工作。

30日 随着16趟试验动车组安全驶过太原南站，历时635分钟的太焦高铁引入太原枢纽施工改造顺利完成，标志着线路主体施工全部完成。

施工从8月29日7点25分开始，太原南站、鸣李站等7个站场同时开工，拆除道岔3组，新铺道岔8组，铺设线路4.2公里，架设供电接触线近30条公里，敷设光电缆77条公里，联锁试验道岔220组。

改造施工完成后，太焦高铁经太原枢纽，与大西高铁、石太客专线实现衔接，汇入全国高铁网。这条线路建成通车后，山西与河南两省间将增添快速客运通道，太原至郑州间高铁旅行时间压缩到2个多小时，对高铁沿线的太行老区发展将形成有力带动，为山西打造现代化交通枢纽，加快高质量转型发展步伐，都有积极推动作用。

9月

1日 太原地铁2号线是全省第一条地铁线，随着工程验收顺利通过，地铁2号线正式进入空载试运行阶段，标志着载客试运营进入"倒计时"。

上午8时，地铁2号线列车从化章西街站驶出，正式开启空载试运行，这是线路在载客运营前最后一个重要试验阶段。通过模拟开通后的真实运营环境，对列车运行各项参数、各设备系统和功能的可用性、安全性和可靠性，进行反复校验和调整完善。空载试运行时间不少于3个月，将按照信号级别由低到高，上线列车由少到多，列车跑图时间由短到长，行车间隔由长到短，运营水平逐步提高。2号线开通后，贯穿太原市南北，加快主城区与新城区快速联系，为太原市民绿色环保出行增添动力。

同日 山西省运输结构调整攻坚行动指挥部召开第二次旬例会，省运输结构调整攻坚行动指挥部办公室副主任、厅党组成员、副厅长段新源出席并讲话。

会议通报8月中上旬任务完成情况及第一次旬例会后各单位的推进落实情况、问题协调解决情况，各市人民政府介绍推进运输结构调整工作经验和做法，指挥部各成员单位结合第一次旬例会进行发言。

段新源在讲话中，对下一阶段工作提出3点要求：一是进一步提高重视程度。要畅通信息渠道，细化分解任务，明确责任、倒排工期，稳步推进各项工作有序开展。二是进一步加快铁路专用线建设工作。要结合实际提出解决措施，帮助企业解决项目用地、资金筹措等方面的实际困难，推进铁路专用线建设各项工作有效落实。三是进一步加大矛盾问题解决力度，以高度负责态度做好协调工作，确保全省运输结构调整目标任务顺利完成。

2日 中共山西省交通运输厅党组晋交党发〔2020〕57号文印发《省纪委监委驻省交通运输厅纪检监察组与厅审计处构建联动协作机制的实施意见》的通知。

3日 省交通运输厅晋交办发〔2020〕337号文下发《关于印发2020年度目标责任考核指标的通知》，要求各厅直单位认真抓好组织实施，确保各项任务圆满完成。

4日 省政协常委、省政协经济委员会主任孙跃进带队深入省交通运输厅开展交通运输“十四五”发展规划编制工作调研。厅党组书记、厅长闫晨曦介绍近两年来全省交通运输重点工作开展情况，厅党组成员、副厅长王四小汇报全省交通运输“十四五”发展规划编制情况，厅二级巡视员柴洪江出席座谈会。

孙跃进在讲话中对全省交通运输工作给予充分肯定，并提出相关建议。他指出，交通运输作为经济社会发展的基础性、先导性、战略性行业，做好“十四五”规划编制意义重大。要强化协同配合，突出规划的创新性、科学性、引领性和指导性，进一步在实现高质量发展上久久为功。要发扬先行先试、敢为人先的精神，抓住战略机遇，发挥比较优势，奋力实现直道冲刺、弯道超车、换道领跑。要切实加强前瞻性思考、全局性谋划、战略性布局，高标准高质量做好“十四五”规划编制工作，为全省转型发展率先蹚出一条新路打好坚实基础。

闫晨曦代表厅党组对省政协调研组来省交通运输厅调研指导工作表示感谢。他说，近年来，全省交通运输系统按照省委“四为四高两同步”总体思路和要求，统筹推进交通运输改革发展稳定各方面工作，交通固定资产投资保持高位运行、交通项目建设和谋划工作扎实推进、运输结构调整深入实施、物流业降本增效持续深化、债务风险总体可控、交通扶贫脱贫工作成效明显、柴油货车污染防治攻坚战取得良好成效、高速公路沿线广告设施清理工作圆满完成、规范全省干线公路速度管理工作有序推进、省界收费站撤站工作高质量完成、交通强国建设试点工作稳步推进，为全省“十三五”规划圆满收官和“十四五”规划良好开局提供有力交通运输支撑。他表示，省交通运输厅将以此次调研座谈为契机，全力做好交通运输“十四五”规划编制工作，持续推动山西交通运输高质量发展。

会上，调研组听取厅综合规划处、公路运输管理处、民航建设运行处等相关处室专项规划编制情况的汇报，并围绕编制工作互动交流，积极建言，提出具有针对性意见和建议。

同日 省交通运输厅召开安委会第三次全体会议暨做好秋冬季疫情防控工作视频会议，分析全省交通运输安全生产形势，部署下一步安全生产和秋冬季疫情防控工作。厅党组书记、厅长闫晨曦出席会议并讲话。

会议指出，今年1月至8月，全省安全生产形势总体稳定，但安全隐患依然存在，事故险情依然多发，暴露出安全生产方面的一些短板弱项。各单位各部门要清醒认识全省交通运输安全生产面临的形势和新特点，牢固树立安全生产永远在路上的理念，扎实开展安全生产专项整治三年行动、扎实推进重点领域重大风险防范、扎实做好秋冬季节交通运输安全保障，确保安全生产各项工作落实落地。

会议要求，要慎终如始抓好交通运输常态化疫情防控，未雨绸缪做好秋冬季防控准备，切实履行疫情防控责任，从严落实工作措施，强化行业防疫督导检查，坚决守住疫情防控交通运输主阵地。

闫晨曦在讲话中对深入学习贯彻习近平总书记重要指示，落实省委、省政府和交通运输部安全生产部署提出要求。他强调，要提高政治站位，坚决把思想和行动统一到习近平总书记关于安全生产重要论述精神上来，坚持人民至上、生命至上，坚持党政同责、一岗双责、齐抓共管、失职追责，坚持管行业必须管安全、管业务必须管安全、管生产经营必须管安全，坚持预防为主、关口前移，坚持最严格的安全生产制度，坚持最严肃责任追究，切实强化源头管理，及时消除安全隐患，加强安全基础保障。

会议还对继续做好防汛防洪防地质灾害工作提出要求，传达交通运输部安全生产创新发展暨大型企业交流座谈会精神。

厅党组成员、副厅长李贵顺主持会议，厅党组成员、副厅长段新源出席会议。

7日 由交通运输部主办、中国交通报社承办的2020年“小康路·交通情”交通扶贫重大主题宣传活动在山西大同正式启动。

本次重大主题宣传活动为期一周，由《人民日报》、新华社、中央广播电视总台、《经济日报》、《农民日报》、新华网、澎湃新闻、第一财经、《中国交通报》等20余家媒体记者组成的采访团，除大同市外，还深入陕西省咸阳市、甘肃省庆阳市、湖南省湘西土家族苗族自治州，近距离感知交通扶贫“拔节”之声，采访报道交通运输带动当地产业发展、促进经济转型、助力群众脱贫致富有效举措和典型经验。

交通运输部政策研究室二级巡视员李占川主持召开山西省交通扶贫采访座谈会，厅党组成员、副厅长王晋，大同市副市长郝献民分别介绍省市开展交通扶贫工作的情况。

“十三五”以来，山西省以实现“两通”目标、建好“四好农村路”和三大板块旅游公路为重点，持续推动交通基础设施建设向“进村入户”倾斜，奋力蹚出一条山西交通脱贫攻坚的新路子。截至8月31日，山西省58个贫困县（包括36个国定贫困县、22个省定贫困县）公路通车里程达到73817公里，占全省公路通车里程的51%。其中高速公路2978公里，占全省52%，具备条件的建制村100%通硬化路、100%通客车，贫困地区基本建成“外通内联、通村畅乡、客车到村、安全便捷”交通运输网络，为全省打赢脱贫攻坚战、实施乡村振兴战略提供坚实交通基础支撑。

活动启动当天，采访团前往长城一号旅游公路沿线，采访阳高县镇边堡村，天镇县李二口村、李家庄村以及万亩黄花扶贫基地。所到之处，以交通为抓手，因地制宜抓好精准扶贫、精准脱贫的典型措施和“交通+扶贫”“交通+旅游”“交通+特色产业”取得的成效，给采访团留下深刻印象。

同日 省交通运输厅晋交建管发〔2020〕327号文印发《关于开展公路养护市场信用评价工作的通知》，要求省公路局、山西交控集团、各有关公路运营养护单位做好相关工作。

同日 省交通运输厅晋交安监发〔2020〕330号文印发《关于调整厅安全生产委员会（应急领导组）及其工作机构成员与职责的通知》，要求各市交通运输局、厅直有关单位应依照省厅建立健全安委会（应急领导组）机构及相应工作制度，并依据人员变动、机构调整等实际情况，及时进行调整，切实加强安全生产和应急工作的领导与管理。

同日 《太原武宿国际机场总体规划（2020年版）》获得中国民航局正式批复。太原武宿国际机场定位为区域枢纽机场、北京首都国际机场和北京大兴国际机场的备降机场。

近年来，太原武宿国际机场航空业务量快速增长。2019年完成旅客吞吐量1400万人次、飞机起降10.8万架次，货运吞吐量达到5.76万吨，跨入全国繁忙机场行列。为进一步提高机场保障能力和服务水平，满足经济社会发展需要，集团公司对太原武宿国际机场总体规划进行修编。

新修编的总体规划按照满足近期飞机起降22.56万架次、旅客吞吐量3000万人次、货邮吞吐量15万吨的使用需求进行规划；客运终端年飞机起降28.38万架次、旅客吞吐量4000万人次、货邮吞吐量20万吨的使用需求进行规划；货运终端年飞机起降28.43万架次、货邮吞吐量30万吨的使用需求进行规划。近期规划新增第二跑道；新建T3航站楼；规划机位131个；在T3航站楼前设置综合交通中心，引入太原轨道交通1号线，并预留第二条轨道交通线路接入条件。

总体规划的正式获批，不仅为太原机场三期改扩建工程奠定基础条件，更开启工程加速建设发展新阶段。

8日 全国抗击新冠肺炎疫情表彰大会在北京召开。太原国际机场有限责任公司党委受到表彰，被授予“全国抗击新冠肺炎疫情先进集体”和“全国先进基层党组织”称号。

新冠肺炎疫情发生后，公司党委坚决贯彻习近平总书记重要指示批示精神和党中央决策部署，带领1442名干部群众始终坚守在疫情防控第一线，严守山西空中门户，筑牢首都护城河。公司坚持疫情防控“一盘棋”思想、坚持党建与疫情防控深度融合，512名党员纷纷递交“请战书”，成立党员突击队11支，制定“五专一免”专项运输保障方案，做到严格排查，精准识别，确保广大旅客和员工身体健康与生命安全。

同日 省交通运输厅晋交城客发〔2020〕331号文印发《关于开展2020年绿色出行宣传月和公交出行宣传周活动的通知》，要求各市交通运输局、省运输事业发展中心做好相关工作。

同日 省交通运输厅晋交水运发〔2020〕332号文《关于印发长期逃避海事监管船舶专项整治行动方案的通知》，要求各市交通运输局、省运输事业发展中心认真贯彻落实。

10日 省交通运输厅晋交建管发〔2020〕336号文印发《关于开展2020年度公路建设市场综合督查的通知》，要求省交通建设中心、各有关公路建设管理单位做好相关工作。

同日 省交通运输厅晋交建管发〔2020〕338号文印发《关于开展高速公路工程智慧建设的通知》，要求省交通建设中心、各高速公路建设单位做好相关工作。

13日 由省交通运输厅、省直属机关事务管理局、省公安厅、省总工会联合举办的山西省2020年绿色出行宣传月和公交出行宣传周活动在太原市启动。厅一级巡视员雷天才出席启动仪式并宣布活动启动。

此次活动以“践行绿色出行、建设美丽中国”为主题。根据活动安排，“绿色出行宣传月”活动时间为9月，其中“公交出行宣传周”活动时间为9月21日至27日，从倡导绿色出行、创建公交都市、公交优先发展、关爱司乘人员、提升公交服务、创新城市客运服务新业态等方面开展多角度、全方位、立体化的宣传，深入宣传绿色出行的重大意义，加快推动形成绿色生活方式，在全社会营造良好的公交优先和绿色出行宣传氛围。

启动仪式上，雷天才指出，太原市作为国家公交都市建设示范工程第一批创建城市，在城市轨道交通建设、公交优先发展、新能源公交车、出租车推广应用以及公交智能化发展等方面的工作成效显著。本次活动有助于进一步展示太原市在落实公交优先发展战略、倡导绿色出行等方面取得的积极成果，也为全省其他城市推进绿色出行提供示范借鉴。他要求，要精心组织实施，进一步加大宣传力度，扩大覆盖面和影响力，广泛动员社会公众积极参与到绿色出行行动中，大力营造“文明交通、绿色出行”的良好氛围。

太原市交通运输局介绍太原绿色出行发展情况；志愿者代表宣读“绿色出行倡议书”；仪式结束后，与会领导参观太原市公交优先发展成果展示，并乘坐新能源公交车体验绿色出行；职工和群众代表共计200人参加公共自行车、共享单车骑行活动。

全省积极推动国家公交都市建设示范城市创建工作，统筹推进公共交通基础设施建设，公众绿色出行意识、公交运行保障能力和服务品质日益增强，城市绿色出行水平明显提升。截至9月，全省公交运营线路总长度4.5万公里，公交车约1.6万辆，其中，纯电动公交车1.1万辆，比全国平均水平高出18个百分点。网约车和共享单车等交通运输新业态蓬勃发展。

14日 省交通运输厅晋交运管发〔2020〕341号文印发《关于做好〈道路旅客运输及客运站管理规定〉实施工作的通知》，要求各市交通运输局，省运输事业发展中心做好相关工作。

同日 中共山西省交通运输厅党组晋交党发〔2020〕60号文印发《山西省交通运输系统党组（党委）理论学习中心组学习制度》的通知。

15日 阳泉市委书记姜四清深入平定县、郊区，专题调研国道G307、国道G207线阳泉市绕城改线工程，现场办公研究解决问题。

改线工程为阳泉市政府和社会资本方中国建筑股份有限公司合作的PPP项目，路线起点位于平定县巨城镇，终点位于郊区平坦镇辛兴村，项目涉及2个县区、6个乡镇、40个村庄。路线全长52公里，为双向四车道一级公路，设计速度80公里/时，路基宽度24.5米。截至9月14日，项目累计完成投资28.74亿元，完成总投资的50.3%。

调研中，姜四清先后来到国道G307、国道G207线阳泉市绕城改线工程平定互通、辛兴互通现场，听取进展情况汇报、了解存在困难问题，对建筑物拆迁、土地交付、资金筹措等影响工程进度的问题提出解决明确要求。

姜四清强调，国道G307、国道G207线阳泉市绕城改线工程既是重点工程项目，又是重大民生项目，还是重要环保工程，建成后对全市调整公路运输结构、解决入市货车绕城及污染防治问题和沿线及周边区域经济社会发展意义重大。要树牢“项目为王”的理念，坚持问题导向、目标导向、结果导向，实行市领导挂帅、全过程包联，加快推动项目建设。有关县区和市直部门要进一步提高政治站位，坚决贯彻落实市委、市政府关于项目建设的部署和要求，强化主动服务意识，健全协调联席机制，对标问题清单，细化落实责任，明确时间节点，切实解决问题，为工程顺利推进创造最优环境。项目施工单位要严把工程质量，紧盯时间节点，倒排工期，加大力度，加快进度，确保将国道G307、国道G207线阳泉市绕城改线工程建成标杆项目。要推进标准化建设，严格过程管理、现场管理，突出抓好本质安全，努力将项目打造成为品质工程、安全工程。

同日 运城市中心城区1801辆出租车全部更换为新能源汽车，实现100%纯电动，为促进广大群众绿色低碳出行、着力创建绿色文明城市、构建资源节约型社会提供积极保障。

加快新能源汽车在城市客运领域的推广和广泛应用，是深入贯彻落实党中央、国务院和省委、省政府打赢蓝天保卫战决策部署的重大举措，是创建文明绿色城市、构建低碳绿色交通体系的生动实践，对于推进经济社会高质量发展、增强广大人民群众出行幸福指数具有重要作用。2020年以来，运城市委、市政府高度重视环境污染防治工作，坚决把更新新能源巡游出租车作为打好污染防治攻坚战、打赢蓝天保卫战的重大举措来抓，研究出台《运城市打赢蓝天保卫战2020年决战计划》，文件明确提出“2020年9月底前，中心城区建成区公交车、出租车全部更换为新能源汽车”。市政府对推广使用新能源出租车给予倾力政策支持，召开政府常务会进行专题研究推进，结合运城实际，明确市财政补贴标准，对于2021年以后到期的出租车每提前一年更换补助0.77万元，同时对提前更换的出租车每车给予1000元至5000元的奖励，市财政共补助4133.16万元。

运城市交通运输局加强政策宣传引导，强化部门协调联动，采取有力举措，推进该项工作落实落细。截至9月14日，中心城区9家巡游出租车公司1801辆出租车已全部更新为新能源出租车，其中2020年前已更新162台、2020年完成更新1639台。至此，该市交通运输部门提前圆满完成省、市部署的新能源出租车更新任务，为打好污染防治攻坚战、打赢蓝天保卫战做出交通运输部门应有贡献。

15日至17日 省交通运输厅党组成员、副厅长李贵顺带队赴运城开展省领导包联重点工程项目工作小组第三季度调研暨“两节”安全生产督查。

在临猗黄河大桥及引线工程、运三黄河大桥连接线建设工地现场，李贵顺强调，一是紧咬年度投资任务目标，加快征地拆迁进度，增加资金、机械设备、人员投入，力争增产增效；二是高度重视安全生产，针对近期公路施工生产安全事故，要深刻汲取经验教训，举一反三，持续抓好风险隐患排查治理，尤其是“两节”期间的安全防范、应急值守，确保安全生产工作稳定有序；三是加强质量控制，提升智慧建设管理水平，充分发挥监理单位、第三方检测单位的监管服务作用；四是严格落实生态环保要求，积极推广应用绿色施工工艺，做好工程扬尘污染防护、弃渣场污染防护以及场站区域污染防护措施；五是持续做好农民工工资支付工作，加强全省公路水运建设领域《保障农民工工资支付条例》的宣传，将此项工作作为落实“六稳”“六保”任务、创建“三零”项目的重要内容。在山西建筑产业现代化（运城）园区现场，他要求，要乘势而上，在基本完成达产达效目标任务的基础上进一步推动二期项目建设，同时积极开展产品的宣传推广工作。

16日 省交通运输厅晋交规划发〔2020〕345号文印发《关于调整2020年农村公路建设中央车购税补助资金计划的通知》，要求朔州、晋中、长治市交通运输局做好相关工作。

同日 省交通运输厅邀请山西大学法学院副院长、教授、博士生导师周子良作《中华人民共和国民法典》专题讲座。厅领导王晋、段新源、王建业及厅机关干部职工参加培训，厅一级巡视员雷天才主持。

教授周子良全面阐述《中华人民共和国民法典》颁布实施的重大意义，详细回顾《中华人民共和国民法典》的编撰历程，深刻剖析《中华人民共和国民法典》的制度特色。通过法律体系介绍、条文解读和案例分析，对《中华人民共和国民法典》作全面、详细的解读和诠释。讲座深入浅出、旁征博引、生动具体，具有较强的针对性和现实性。

大家纷纷表示，要深入学习领会，准确把握《中华人民共和国民法典》的精神实质，切实增强学习贯彻《中华人民共和国民法典》的思想自觉和行动自觉，坚持以身作则率先垂范，带头学好用好《中华人民共和国民法典》、带头维护《中华人民共和国民法典》权威、带头依照《中华人民共和国民法典》行使职权，履行职责开展工作，切实提高运用《中华人民共和国民法典》维护人民权益、化解矛盾纠纷、促进社会和谐稳定的能力和水平。

同日 山西省运输结构调整攻坚行动指挥部第一次月调度会议在省政府召开，副省长卢东亮出席会议并讲话。

会上，指挥部办公室主任、厅党组书记、厅长闫晨曦对运输结构调整主要任务指标完成情况、工作开展情况、存在的问题及建议进行通报；太原铁路局就铁路运量完成情况、运输结构调整工作落实情况及需要解决的问题进行汇报；长治、朔州、忻州市政府作经验交流，吕梁、运城、晋城市政府分别作表态发言。

卢东亮在讲话中，对各市、各单位一个多月来的工作和取得的成效给予肯定，要求勇于担当、迎难而上、攻坚克难，大战一百天，以苦干凝聚合力、以实干求得实效，坚持目标导向、问题导向、结果导向，创新工作方式方法，细化问题分解，落实责任部门，发挥好政府引导、市场调节作用，保证圆满完成全年目标任务，让企业获得实惠。

17日 省交通运输厅党组成员、副厅长王四小带队赴永和县就黄河一号旅游公路建设工作进行督导调研。

王四小一行实地查看黄河一号公路永和段主线工程和“零公里”标志文化驿站建设情况，认真听取山西路桥集团等参建单位负责人的汇报，详细了解目前工程进度和下一步施工计划。王四小在讲话中，对黄河一号旅游公路永和段的建设情况给予充分肯定。要求交通运输部门要认真贯彻落实习近平总书记关于"四好农村路"建设的重要指示精神和省委、省政府以及省厅的决策部署，全力打造高质量、有特色的旅游公路；山西路桥集团要科学管理、严把质量、倒排工期，继续抓好工程项目建设，确保黄河旅游公路建设目标任务按期保质完成；各参建单位要围绕"城景通、景景通"，统筹推进"五大系统"建设，突出旅游公路功能，加快推进项目的绿化、观景台、驿站等附属设施建设，为迎接全省三大板块旅游公路"零公里"标志文化驿站开通和"十一"黄金周的到来积极备战。

同日 运城市委书记丁小强深入河津市和万荣县调研黄河流域（运城段）生态保护和高质量发展工作期间，专程对黄河一号旅游公路建设进行实地查看调研。

丁小强强调，加快实施黄河一号旅游公路建设是贯彻落实习近平总书记在黄河流域生态保护和高质量发展座谈会上重要讲话精神的重大举措，是贯彻落实省委、省政府"三个一号旅游公路"建设、推进全省转型发展战略的具体行动。要进一步提高政治站位，将思想和行动统一到省、市各项决策部署上来，高质量、高标准推进黄河一号旅游公路建设，坚持把黄河一号旅游公路建设与生态保护、乡村振兴紧密结合起来，加大沿线景区的改造提升力度，真正打造一条生态之路、景观之路、富民之路。要做好黄河文化保护工作，深入挖掘黄河文化资源，促进文化产业发展与沿黄乡村振兴统筹联动，讲好运城的"黄河故事"。

18日 由省交通运输厅、省发展和改革委员会晋交城客发〔2020〕348号文联合印发《关于组织开展绿色出行创建行动的通知》，要求各市交通运输局、发展和改革委员会、省运输发展中心做好相关工作。

18日至20日 交通运输部专家组对太原市公交都市建设示范工程创建工作进行全面验收。省委常委、市委书记罗清宇，省政协副主席、市委副书记、市长李晓波，厅党组书记、厅长闫晨曦分别会见专家组一行。厅党组成员、副厅长王晋、段新源，太原市副市长张齐山出席相关活动并陪同检查。

验收期间，专家组听取太原市公交都市示范工程创建工作汇报，进行部门质询、台账核查等工作，实地考察太原公交集团公司、太原市火车南站综合枢纽站、山西省体育中心公交停保场等基础设施建设情况，以及公共交通智能化应用示范工程、公交专用道、信号优先系统、公共自行车、绿色出行系统自行车专用道建设和使用情况，并调研太原地铁2号线试运行情况。

20日，在专家组组长陈小钢主持的专家意见反馈会上，专家组对太原市公交都市示范工程创建工作给予充分肯定，一致认为山西省交通运输厅、太原市委、市政府高度重视，统筹推进创建工作，坚持以人民为中心和公交优先的城市发展理念，积极落实太原市创建公交都市示范工程实施方案，完善顶层设计，健全协同共建机制，逐步形成以公共交通为骨干、绿色出行为主导，多种公共交通融合发展的城市交通运行体系，有效提升公共交通服务能力和发展水平，公共交通体系建设取得显著成效。太原市提交的相关文件及资料齐全，总体上符合公交都市建设示范工程验收工作要求。

张齐山表示，太原市委、市政府将进一步提高认识、补齐短板、巩固提升，切实把发展城市公共交通作为满足人民群众基本出行需求的社会公益性事业和重大民生工程摆上重要位置，采取积极有效举措进行整改，不断提升公共交通服务质量和水平，努力打造高效便捷、安全舒适、经济可靠、绿色低碳的公交系统，建成人民满意、国内领先的公交都市示范城市。

21日 省交通运输厅晋交规划函〔2020〕406号文关于印发《山西省"一带一路"建设安全保障工作的贯彻落实意见》的通知，要求省交通运行监测中心、厅机关有关处室认真贯彻执行。

同日 省交通运输厅晋交运管发〔2020〕350号文下发《关于印发〈山西省医疗机构废弃物综合治理实施方案〉的通知》的通知，要求各市交通运输局、省运输发展中心做好相关工作。

23日 零时起，经过近4年时间建设和5个月试运营，由山西路桥集团投资建设的省道S65安阳高速阳城至蟒河段正式通车运营。阳城到济源的车程由原来2个多小时缩短为40分钟，山西南部又一条出省通道顺利打通。

项目由山西路桥集团以BOT模式投资建设，总投资概算56.85亿元，全长40.093公里，桥隧比例56%，起点位于西河枢纽接阳翼高速公路，终点在省界十里河大桥处接河南省S95阳济高速公路。

阳蟒高速的建成通车，倾注省委、省政府领导的亲切关怀和深情厚爱，得到省交通运输厅、山西交控集团和晋城市委、市政府的高度重视与帮助。这条快速通道有助于完善区域互联互通网络，推进山西省中南部与郑州城市圈的互利共赢，形成又一条全省通往中部省份和沪、浙、苏等东部发达地区的经济通道，有效连接青兰、荷宝、连霍等国家高速公路，对于加强全省与经济发达地区交流、促进区域经济发展、带动旅游产业发展具有重要意义。

同日 黄河、长城、太行三个一号旅游公路"零公里"标志文化驿站启用仪式举行。省委书记楼阳生讲话并宣布文化驿站正式启用。他强调，要深入学习贯彻习近平总书记视察山西重要讲话重要指示，推动文化旅游深度融合，高质量建设黄河、长城、太行三个一号旅游公路，高水平运营三个一号旅游公路"零公里"标志文化驿站，提升三大板块文化旅游产品竞争力带动力，加快打造国际知名文化旅游目的地。省委常委、秘书长廉毅敏出席，省委常委、常务副省长胡玉亭主持启用仪式。

黄河、长城、太行三个一号旅游公路是全省"四好农村路"建设的重要组成部分和打造三大旅游板块、推进乡村振兴的战略性基础性工程。截至2020年9月，已累计开工4250公里，建成2883公里，串联沿线66个A级以上景区、130处非A级旅游资源。三个"零公里"标志文化驿站项目，是依托黄河、长城、太行三个一号旅游公路和乾坤湾、老牛湾、王莽岭三个景区，按照"一站一主题、一站一特色"原则，打造的集观赏、体验、景点推介和休闲服务等功能于一体的主题文化公园，是三个一号旅游公路的画龙点睛之作。

启用仪式采用视频方式举行，主会场与三个一号旅游公路的"零公里"标志文化驿站现场连线。省交通运输厅、山西文旅集团、临汾市、忻州市、晋城市主要负责人，分别汇报公路建设进展、"零公里"标志文化驿站建设情况。

上午11时，楼阳生宣布三个一号旅游公路"零公里"标志文化驿站正式启用，主会场和活动现场响起热烈掌声。

楼阳生在讲话中指出，黄河、长城、太行三大板块，作为国家级品牌、中华民族符号，是山西得天独厚的文化旅游资源和优势。要以启用仪式为新起点，进一步推动全省旅游公路建设，推进三大板块文旅品牌和核心景区品质提升。一是高质量推进三个一号旅游公路建设。按照"城景通、景景通"一张网格局，坚持安全性、专用性、智能性和环境友好型旅游公路属性，以规划为引领，严格质量标准，加快建设进度，力争在"十四五"期末完成建设任务，把旅游公路建设成为样板工程。二是高水平运营三个"零公里"驿站。对标一流、打造经典，坚持市场化运营、标准化服务、专业化管理，把黄河、长城、太行深厚的文化底蕴挖掘出来，建设互动式景观，引入沉浸式体验，发展参与式旅游，打造人们可感知、可触摸的旅游产品，让游客悦目悦心悦神，把三个文化驿站培育成对外展示山西文化旅游的重要窗口和新的网红打卡地。三是大手笔建设快进慢游深体验文旅服务设施。要以民航、高铁、高速公路为支撑，通过旅游公路真正把沿线景点串联起来，串点成线、连线成网，构建全域旅游交通网络，有序推进驿站、观景台、房车营地等服务设施建设，让游客能够慢下来、停下来、住下来，观光休闲，欣赏美景，亲近自然，拥抱自然。四是推动沿线大力发展乡村旅游和产业振兴。旅游公路修到哪里，产业发展和乡村振兴就要带动到哪里。要紧扣乡愁抓好乡村旅游产品开发，坚持特色化差异化多样化，搞好乡村旅游示范村创建，把建好黄河人家、长城人家、太行人家"三个人家"作为重中之重，塑造民宿品牌，以乡村旅游带动乡村第一、二、三产业融合发展，带动更多农民增收致富。五是一盘棋统筹沿线基础设施建设和经济社会发展。充分发挥市县和企业等各方面积极性，加强统筹布局、整体规划、协同推进，避免重复建设和低层次开发。要加强组织领导，用足用好乡村振兴政策，统筹抓好产业结构优化、村容村貌整治、人居环境改善、公共服务提升、美丽乡村建设等各项工作，努力实现经济效益、社会效益和生态效益相统一。

楼阳生表示，国庆、中秋"双节"将至，三个一号旅游公路"零公里"标志文化驿站将接受游客检验，相信我们一定会以优质的服务交上好的答卷，让游客满意、让游客向往。

省直有关部门、省属有关企业负责人在主会场参加。各相关市县负责人、建设施工单位代表在各活动现场参加。

24日 省交通运输厅晋交安监函〔2020〕412号文印发《关于做好国庆节、中秋节期间安全生产工作的通知》，要求各市交通运输局，厅直各单位，山西交控集团、山西汽运集团、山西航产集团切实做好“两节”期间的交通运输安全生产工作。

27日 省交通运输厅晋交建管发〔2020〕359号文印发《关于进一步加强公路水运工程施工生态环境保护工作的通知》，要求各市交通运输局、省公路局、省交通建设中心、各项目建设单位做好相关工作。

29日 省交通运输厅晋交审批函〔2020〕419号文关于印发《山西省交通运输厅大件运输许可实施细则(试行)》的通知，要求各市交通运输局、行政审批管理局遵照执行。

同日 由省交通运输厅、省财政厅、省发展和改革委员会晋交财发〔2020〕361号文联合印发《关于阳城至济源高速公路阳城至蟒河段设置收费公路收费站等相关事宜的通知》，要求山西交控集团、山西路桥集团阳蟒高速公路有限责任公司做好相关工作。

同日 省交通运输厅晋交办发〔2020〕366号文印发《关于做好2020年国庆节、中秋节期间有关工作的通知》，要求各市交通运输局、厅直各单位做好相关工作。

同日 省交通运输厅晋交安监发〔2020〕369号文关于印发《山西省交通运输厅交通移动应急通信指挥平台管理规定》的通知，要求省交通运行监测中心遵照执行。

同日 临汾至晋城城际公交正式开通，由临汾城西客运站至晋城客运东站双向互开，全程230公里，运行时间约3小时。线路实行公交票价运营，票价由原客运班线的78元，调整为26元公交票价。日发来回12个班次，发车间隔约40分钟一趟。预计年客运量增加7万余人次。

两地政府根据“统一标识、统一定价、统一服务、统一调度”的原则，加强财政补贴力度，协调两地运输企业共同组织客车参加运营，运营车辆均安装4G视频系统，设立城际公交运行动态监控平台，配备监控人员全天候掌握车辆运行动态，确保安全运行。

临汾至晋城城际公交的开通，进一步拉近晋城、临汾两市间距离，拉动两市人员流通，打通山西省黄河、太行两大旅游板块，增强两市互联互通能力，加强区域经济、旅游、民生等各方面交流合作。

30日 省交通运输厅晋交安监发〔2020〕364号文印发《关于全面加强道路危险货物运输安全生产工作的实施意见》，要求各市交通运输局、厅直有关单位、山西交控集团、山西汽运集团高度重视，做好相关工作。

同日 在中秋、国庆佳节来临之际，省交通运输厅党组成员、副厅长王晋走访慰问参加过抗美援朝的志愿军老战士刘治源和赵联璧，送去组织的关怀与关心，并与老同志及家属亲切攀谈，了解老同志的身体和精神状态，鼓励他们保重身体，继续为山西交通事业发光、发热。厅人事处、离退休人员工作处相关人员陪同慰问。

10月

1日 省交通运输厅晋交安监函〔2020〕421号文印发《关于立即开展全行业安全生产大检查的通知》，要求各市交通运输局，厅直各单位，山西交控集团、山西汽运集团、山西航产集团做好相关工作。

2日 省交通运输厅召开第四次安委会暨2020年国庆期间安全生产大检查部署视频会议。会议传达全国安全防范工作紧急视频会议、全省安全生产工作视频会议精神，决定成立11个督导组，在全省范围内立即开展交通运输行业国庆期间安全生产大检查。厅党组书记、厅长闫晨曦主持会议并讲话。

会议指出，近期全省安全生产事故险情多发，暴露出安全生产方面的一些短板弱项。各单位各部门务必要清醒认识全省交通运输安全生产面临的严峻形势，认真汲取事故教训，举一反三、警钟长鸣、常抓不懈，始终坚持“生命至上”理念，着力消除妨害安全生产的每一处隐患，堵塞监督管理每一个漏洞，确保全省交通运输安全生产形势稳定向好，为决胜全面建成小康社会构筑强有力的安全保障。

闫晨曦在讲话中，要求提高站位，切实增强抓好安全生产工作的责任感。全省交通运输系统要从树牢“四个意识”、坚定“四个自信”、做到“两个维护”的高度，深刻认识抓好当前安全生产工作的极端重要性，切实担负起促一方发展、保一方平安的政治责任，采取针对性举措抓好安全生产工作。要突出重点，扎实开展交通运输安全生产大检查。各单位各部门要采取企业自查、行业检查、领导督查等方式，按照“全覆盖、严执法、零容忍”原则，突出人员密集场所、道路运输领域、城市客运领域、公路运营领域、水上交通领域、工程建设领域、民航机场等重点领域，开展安全隐患大排查大整治。各督导组要强化督导，坚持问题导向，对发现的问题隐患及时指出，并跟踪落实，限期整改，对不能确保安全的要停产停业。

闫晨曦强调，要紧密结合当前形势，坚决有力抓细抓实秋冬季节安全生产工作。要抓好安全责任落实和人员出行安全，强化应急值守，在统筹做好常态化疫情防控的同时，全力以赴加强道路运输安全监管，坚决遏制重特大事故发生，确保道路运输安全平稳有序。

厅党组成员、副厅长段新源部署2020年国庆期间安全生产督导检查工作，厅党组成员、副厅长王四小，厅一级巡视员雷天才参加会议。

5日 省交通运输厅党组书记、厅长闫晨曦深入太原高速公路管理公司杨家峪收费站、太旧高速公路晋中服务区、太原汽车客运西站，对“两节”期间安全生产工作进行专项督查。要求深入学习习近平总书记关于安全生产重要论述，认真贯彻国务院领导和省委、省政府主要领导关于全省“10·01”事故批示指示精神，严格履行行业安全监管职责，以防范化解安全风险为重点，紧盯安全生产责任落实，深入排查治理事故隐患，坚决杜绝重特大事故发生，确保人民群众生命财产安全。

在杨家峪收费站，闫晨曦认真听取“双节”期间应急保畅、值班值守、安全防范等工作汇报，仔细查看ETC车道车辆通行情况，重点检查收费广场车道减速带的拆除情况，要求做好拆除减速带后续工作，在提高通行效率、提升通行舒适度的同时，加强安全提示，确保路面平整美观。同时要科学做好返程车流高峰的应对工作，全面做好各类突发情况的应急准备，切实保障广大司乘人员顺畅出行。

在晋中服务区，闫晨曦重点检查危化品车辆停放管理情况。他指出，规划好、预防好、管理好高速公路服务区危化品运输车辆停放，事关公共安全，必须引起高度重视。要千方百计加强危化品运输车辆停放场区管理，最大限度降低安全威胁，最大程度提高防范处置能力，全力保障服务区安全。

在太原汽车客运西站，闫晨曦仔细查看旅客进站“三品”检查、车辆安全例检、视频监控等各个工作环节安全措施落实情况，认真查阅车辆检查检验记录和出站车辆检查登记表，并登上客车，叮嘱驾驶员和乘客佩戴好安全带，切实增强安全意识，时刻敬畏生命。他再三向车站工作人员强调，要加强安检工作，提前检修交通运输工具，提高司乘人员防灾避险、安全行车意识，加强站点治安防控，保障旅客安全出行。

6日 下午，省交通运输厅党组书记、厅长闫晨曦以“四不两直”方式深入山西汽运集团督导检查安全生产工作。厅党组成员、副厅长段新源一同检查。

闫晨曦仔细查看山西汽运集团调度指挥中心平台运行情况，详细了解监控平台层级管理、基层覆盖情况及各环节安全措施落实情况，并对发现问题提出明确整改要求。他指出，安全重于泰山，生命高于一切，要切实认清全省交通运输安全生产面临的严峻形势，清醒看到企业内部依然存在的安全隐患、安全漏洞、薄弱环节，采取更有效措施、坚持更严格标准、实施更严肃问责，确保安全生产各项工作落实落地，不断提升交通运输行业本质安全水平。

闫晨曦强调，要提高思想认识，切实把确保人民生命安全放在第一位落到实处，坚决克服麻痹思想、厌战情绪、侥幸心理、松劲心态，时刻绷紧安全生产弦，坚持问题导向、目标导向、结果导向，从严从深、从细从实全力做好安全生产各项工作。要严格安全生产责任制，坚持党政同责、一岗双责，夯实企业主体责任，层层拧紧责任链条。要深入细致开展安全风险隐患排查整治，加大常态化自查力度，检视短板弱项，建立问题台账，强化源头管理，对发现的问题和隐患立行立改、跟踪落实。要突出加强“双节”返程高峰安全防范，突出“两客一危”重点营运车辆安全监管，加大驾驶员安全教育和岗前培训力度，严查驾驶员违法违规行为，加强车辆安全技术状况检查，严格运输车辆动态监控，注重细节管控，确保道路运输安全平稳有序。要立足长远，对标一流，加强行业监管，加大安全投入，通过信息化管理手段提升监测预警、应急处突水平，实现安全管理提档升级、信息共享、资源共用，促进运输企业健康可持续发展。

9日 静兴高速公路张家圪埚大桥全线贯通。张家圪埚大桥位于兴县张家圪埚村，作为静兴项目最长正线桥，该桥分为左右幅，设计全长分别570米和540米，采用双向四车道高速公路标准，设计时速为80公里。

项目部在面临高温、雨季及梁场场地限制等众多不利因素下及确保“零疫情”和安全质量的前提下，采取倒排工期制定施工计划、现场作业人员“白加黑”施工、各施工环节“无缝”衔接等措施抢抓进度。确保大桥建设按期完成，为静兴高速公路通车目标打下坚实基础。

10日 省交通运输厅晋交运管发〔2020〕377号文印发《关于正式启用危险货物道路运输电子运单管理系统的通知》，要求各市交通运输局、省运输发展中心做好相关工作。

11日 2019年“最美公交司机”先进事迹报告会在湖南长沙隆重举行，会议正式发布全国100名“最美公交司机”及“十大最美公交司机”名单。大同公交冯冰、临汾公交乔志霞、长治公交柴晓军获“最美公交司机”荣誉称号。

由交通运输部、中华全国总工会联合主办的“最美公交司机”推选宣传活动自2019年8月启动，经过各省（区、市）选拔推荐，活动组委会资料审核、专家初评、媒体公示、网络投票、专家终选，最终推选出“最美公交司机”及“十大最美公交司机”名单。

省厅指导大同、临汾、长治市交通运输局做好典型宣扬和示范引领工作，并在全省城市公共交通领域开展”十大最美公交司机”事迹学习宣传活动。

11日至16日 交通运输部办公厅副主任王华春带领交通运输部安全生产检查组一行，对全省交通运输安全生产工作进行督导检查，并于16日在太原召开检查情况反馈会。厅党组书记、厅长闫晨曦在反馈会上作表态发言，厅领导李贵顺、段新源参加会议。

检查组一行深入太原、大同等地交通运输基层一线，通过听取汇报、查阅资料、现场问询、座谈了解、明察暗访等方式，对全省交通运输安全生产工作进行全面检查。检查范围涵盖省、市、县三级交通运输主管部门和道路运输、公路运营、工程建设、公路治超、反恐防范、扫黑除恶等各领域。

王华春指出，近年来，山西省交通运输厅深入学习贯彻习近平总书记重要指示精神，始终坚持政治站位第一、责任落实为先、安全监管高压态势为基、常规和专项整治为本，切实落实好中共中央、国务院决策部署和部、省安全生产、反恐防范和扫黑除恶工作要求，层层压实安全生产责任，扎实推进安全生产各项工作，不断提升交通运输安全水平，交通运输安全生产取得扎实成效。

王华春强调，针对检查中发现的问题要举一反三、认真整改，严守安全生产底线红线，扎实做好山西交通运输安全生产工作。一是提高政治站位。进一步深入贯彻落实习近平总书记关于安全生产工作的重要指示精神，增强“四个意识”、坚定“四个自信”、做到“两个维护”，切实把安全生产作为第一位的工作、首要的任务；二是坚持不忘初心，不断强化领导责任、监管责任、企业主体责任，狠抓安全生产责任落实；三是注重协调推进，着力构建双重预防机制。要深刻汲取典型事故教训，强化安全风险防范、风险辨识评估、风险监测预警、隐患排查治理，做到应查尽查、应治尽治；四是强化顶层设计，做到紧盯问题不放、紧盯工作实效、紧盯监管督查，扎实推进安全生产专项整治；五是强化责任担当，完善长效机制，持续做好行业反恐防范和扫黑除恶专项斗争，推动交通运输系统扫黑除恶专项斗争制度化、常态化发展。

闫晨曦在讲话中代表省厅衷心感谢交通运输部检查组对山西交通运输工作的指导支持。他表示，检查组反馈的意见将诚恳接受，照单全收，认真梳理，逐项落实，全力推动山西交通运输安全工作再上新台阶。一要始终把保障人民生命财产安全作为行业发展的基础和前提，始终把安全生产工作放在各项工作的首要位置，守住安全发展的红线底线。二要坚持立行立改，举一反三，坚决做好反馈问题的整改落实，切实健全完善防范化解安全风险和事故隐患的责任体系、管理办法和长效机制，坚决杜绝同类问题和类似现象再次发生。三要坚持问题导向，全力抓好交通运输安全生产重点工作，持续深化安全生产专项整治三年行动，着力整治道路客运非法违法经营行为，强化重点领域安全监管，扎实做好秋冬季交通运输安全保障。

12日至14日 为贯彻落实交通运输部《关于深化改革推进船舶检验高质量发展的指导意见》，省交通运输厅举办2020年度在职验船师业务培训班，全省47名船检人员参加培训。厅党组成员、副厅长段新源出席培训动员会。

此次培训采取理论授课与现场示范相结合的方式，提高全省验船人员的验船技能，为全省船舶检验事业高质量发展奠定坚实基础。

13日 省交通运输厅晋交科技发〔2020〕383号文印发《关于下达2020年科技项目计划的通知》，要求各有关单位、厅机关有关处室做好相关工作。

同日 省交通运输厅与太原市政府、省公安厅交管局和山西交通控股集团有限公司就太原环城高速公路功能调整进行协调座谈。厅党组书记、厅长闫晨曦主持会议。厅党组成员、副厅长郭丙福，太原市副市长张齐山，省公安厅交管局局长李安林，山西交控集团副总经理武艺，晋中龙城高速公路有限责任公司总经理陈振权以及各相关单位和部门负责人参加座谈。

会议通报省交通运输厅近期关于太原环城高速公路功能调整相关工作进展情况，听取省交通规划勘察设计院有限公司《关于太原环城高速公路功能调整工作方案（讨论稿）》的说明，就推进工作的目标、任务、机制、要求等作解读，各方就有关事项进行深入交流讨论。

会议指出，支持太原率先发展是贯彻落实省委、省政府决策部署的重大举措，是省直部门义不容辞的责任。各方要加强沟通协调，加快推进太原环城高速公路过境货车分流管控和功能调整工作，为打赢省会太原蓝天保卫战，进一步拓展城市发展空间做出贡献。要充分认识到太原环城高速公路功能调整的复杂性、艰巨性，预判未来可能发生的问题，充分考虑到存在的困难，进一步统一思想、明确目标、落实责任、加强协作、共同担当，把支持太原率先发展落到实处。

为打赢蓝天保卫战，进一步拓展太原市城市发展空间，现有太原环城高速公路将被调整为城市快速路。通过新建西北二环，利用西北二环、南二环已建路段，以及东二环在建路段，形成新的太原市绕城高速公路。

15日 省交通运输厅晋交审批发〔2020〕408号文《关于印发陈西河、柳东营公路超限检测站建设工程竣工验收鉴定书的通知》，要求省公路局朔州分局按照鉴定书要求，尽快将工程遗留问题处理完毕，确保项目运营安全。

16日 全省交通运输秋冬季大气污染综合治理攻坚电视电话会议召开，省交通运输厅党组书记、厅长闫晨曦出席会议并讲话。

会议指出，当前，打赢蓝天保卫战三年行动进入最后决战关头，交通运输秋冬季大气污染综合治理任务艰巨、责任重大。各级各部门要认清紧迫形势，提振精气神，紧盯重点任务，高挂“作战图”，吹响“冲锋号”，扎实推动蓝天保卫战各项任务全面完成。要提高政治站位，进一步增强打赢污染防治攻坚战的责任感、紧迫感，切实把思想和行动统一到党中央和省委、省政府决策部署上来，坚持问题导向、目标导向、结果导向，做到环保工作和业务工作同规划、同安排、同推进、同检查、同考核。

闫晨曦在讲话中，要求聚焦难点、重点，全力攻坚年度目标任务。一是加大运输结构优化调整攻坚力度。协调推进“公转铁”，积极推进公路货运转型升级，推动货运组织模式创新，大力发展公路甩挂运输，实施多式联运示范工程，推进城市绿色货运配送示范工程。深入推进柴油货车淘汰工作，完成国家和省下达的淘汰国三及以下排放标准营运柴油货车目标任务。大力推广新能源汽车，加快推动设区市建成区公交、出租车更换为新能源汽车。二是加大柴油货车污染防治攻坚力度。坚决落实《柴油货车污染治理攻坚战行动计划》，全面实施机动车排放检测与强制维护制度，实现机动车排放检测和强制维护的信息共享和闭环管理，推动全省各县（市）维修治理站全覆盖。三是加大公路扬尘污染防治攻坚力度。加强公路扬尘污染治理，严格落实施工工地扬尘整治“六个百分之百”要求，推行“阳光施工”“阳光运输”。强化科技治污，以科技创新提升大气污染防治水平。四是加大中央环保督查反馈问题整改攻坚力度。对整改工作任务实行台账化管理，确保年底前各项整改任务全面完成。同时要举一反三，抓好生态环境保护各项工作落实，坚决防止问题反弹和类似问题再次发生。

闫晨曦强调，各单位各部门要坚持生态环境保护“党政同责、一岗双责、权责一致、失职追责”，坚持稳中求进的总基调，坚持以人民为中心，牢固树立“一盘棋”思想，强化责任落实、督促指导、协调配合，细化分解任务，积极稳妥推进交通运输生态环境保护工作，服务好“六稳”，支持好“六保”，全力把突出环境问题“清零”进行到底，确保全省交通运输生态环境保护重点任务落实落细，推动防治措施见底见效。

厅党组成员、副厅长王晋主持会议并传达全省秋冬季大气污染综合治理攻坚行动推进会议精神，厅党组成员、副厅长段新源通报全省交通运输大气污染防治工作完成情况。

19日 省交通运输厅晋交建管函〔2020〕434号文印发《关于2020年部分公路项目建设市场督查情况的通报》，要求省交通建设中心，各高速公路建设单位做好相关工作。

同日 省公路运输工会举办“时代新人说——决胜小康、奋斗有我，山西职工在行动”职工演讲比赛。

此次演讲活动得到全省交通运输系统各基层工会和广大职工的积极响应，通过各参赛单位预赛，省公路局、省交通运输执法局、山西交控集团和省交通干部学校4个单位的7名优秀选手最终进入决赛。活动现场，选手们用朴实无华的语言讲述他们立足本职、无私奉献、爱岗敬业的奋斗故事，赢得台下观众热烈掌声。

经过紧张角逐，运城公路分局杨宁、忻州南高速公路公司邢田甜、阳泉公路分局司帅分别获得一、二、三等奖，大同交通运输执法局唐磊、运城南高速公路公司任良森、临汾交通运输执法局冯雪、省交通干部学校陈宁获得优秀奖。

20日 省交通运输厅党组书记、厅长闫晨曦与交通运输部科学研究院院长石宝林一行就加强深度合作交流举行工作会谈。厅党组成员、副厅长王四小出席并主持座谈会。

闫晨曦代表省交通运输厅对石宝林一行表示欢迎，对部科研院长期以来给予山西交通运输事业的支持表示感谢，并介绍全省交通运输重点工作情况。他说，多年来，省交通运输厅与部科研院进行良好合作，特别是2019年以来，部科研院为全省交通强国建设和各项规划的科学编制提供有力智力支撑和技术保障。他希望部科研院一如既往地支持山西交通运输工作，进一步加强沟通交流，强化工作对接，加快项目落地，在更深层次、更广领域深化务实合作，实现互利共赢，在新的发展格局中共同推动山西交通运输事业高质量转型发展和交通强国建设在晋深入落地落实。

石宝林高度赞誉山西省交通运输事业取得的积极工作成效和良好发展态势。他指出，山西交通运输事业前景广阔，发展势头令人瞩目，部科研院将继续深化扩大务实合作，探索合作新模式，发挥科研、技术、人才、渠道等优势，为加快交通强国建设山西新征程，更好服务山西经济转型和社会发展贡献力量。

同日 省交通运输厅举办全省交通强国建设专题讲座，厅党组成员、副厅长王四小主持。

本次培训特邀请交通运输部科研院院长石宝林、交通运输部科研院发展研究中心副主任李晓峰分别从全国交通发展历程、交通强国建设的重大使命和推进交通强国建设重点工作，省委、省政府《贯彻落实〈交通强国建设纲要〉的实施意见》和全省推进交通强国建设重点任务等方面进行讲解。讲座内容翔实、案例生动、政策性强，为下一步推动全省交通运输事业高质量发展明确方向。

会后大家纷纷表示，要深刻理解交通强国建设的丰富内涵和时代特征，牢牢把握全省推进交通强国建设的“四个定位”“三个阶段目标”“七项主要任务”，确保各项任务落地落实，在更高水平上为推动山西交通运输高质量转型发展发挥积极作用。

21日 省交通运输厅晋交财函〔2020〕438号文印发《关于做好2020年“二上”预算编制工作的通知》，要求厅直各预算单位、厅机关有关处室做好相关工作。

同日 山西省交通运输厅机关工会第二次会员代表大会召开。会上，37名会员代表以无记名投票的方式，选举产生厅机关工会第二届委员会、第二届经费审查委员会和第二届女职工委员会。副厅长级干部郭贵堂出席会议并讲话。

郭贵堂指出，厅机关工会作为厅党组联系厅机关干部职工的桥梁和纽带，是服务厅机关职工的重要平台。多年来，厅机关工会在厅党组正确领导下，认真学习贯彻中共十九大、十九届历次全会精神和习近平总书记系列重要讲话精神，紧紧围绕全省交通运输中心工作，解放思想，忠诚履职，真抓实干，积极为职工群众办实事、做好事、解难事，为全省交通运输科学发展做出积极贡献。

郭贵堂就开展好厅机关工会第二届委员会工作提出4点要求：即树牢“四个意识”，把准政治方向；主动服务大局，展现工会作为；维护职工权益，增强工会凝聚力和向心力；加强作风建设，树立良好形象、发挥表率作用。

同日 省交通运输厅机关工会召开二届一次全委会、二届一次经费审查委员会和二届一次女职工委员会，选举产生第二届委员会主席、副主席，第二届经费审查委员会主任，第二届女职工委员会主任。

同日 省政府新闻办举行新闻发布会。厅党组成员、副厅长王晋代表省厅介绍贯彻落实全省秋冬季大气污染综合治理攻坚行动推进会议精神，决战决胜蓝天保卫战有关情况并回答记者提问。

在发布会上，王晋指出，近年来，全省交通运输部门坚决贯彻落实省委、省政府关于大气污染防治工作的部署，积极推进11个设区市城市建成区公交车、出租车更换新能源汽车。公交车方面，全省11个设区市建成区公交车总数为9405辆，新能源车和清洁能源车占比达97.2%。忻州、临汾、晋城市建成区公交车已于2019年全部更换为新能源车。2020年在受疫情影响的情况下，太原、吕梁和运城市克服重重困难，加大财政投入，分别购置新能源公交车1057辆、230辆和208辆，燃油公交车将全部得到更新和淘汰。出租车方面，全省11个设区市建成区巡游出租车总数为25488辆，新能源或清洁能源车占比为100%。为鼓励经营权未到期出租车主更新车辆，运城、临汾市政府分别安排4000万元补助资金，用于新能源出租车更换。他表示，下一步，省交通运输厅将继续统筹推进新能源车更换工作的节奏和力度，对全省11个设区市建成区公交车更换新能源车工作全面实行清单制管理，持续跟踪调度进展情况，力争年内将剩余的267辆燃油公交车全部更新为新能源车，实现“设区市建成区公交车、出租车基本更新为新能源汽车”的目标。

王晋指出，在扬尘治理方面，全省各级交通运输部门和公路管养机构加大道路清扫力度，2019年至2020年，先后投资5000多万元，购置近百台清扫车和洒水车；加强道路改造力度，通过PPP模式，投资60亿元对普通国省干线公路2200公里老龄路段进行改造；加强道路执法力度，重点对货运车辆不苫盖篷布或苫盖不严、抛撒等问题进行查处，加强源头治理工作。下一步，将按照全省大气污染防治工作的部署，加大城市周边路段路面清洁和病害处治，减少抛撒扬尘污染；加强通行秩序管控，减少车辆拥堵缓行造成的尾气排放；加强密闭不严、“冒黑烟”、抛撒扬尘等车辆的管控处置；继续加大投入，对重点路段进行升级改造；合理规划车辆特别是重型货车和散装物料车的行驶路线，科学、有序、高效引导过境城区的重型货车和散装物料运输车安全通行。

21日至22日 交通运输部在贵州省黔南州长顺县组织召开全国推动完善“四好农村路”高质量发展体系现场会。交通运输部、中央和国家有关机关、部分全国人大代表和政协委员以及31个省、自治区、直辖市交通运输系统的100余位代表参加本次会议。山西省和贵州省、陕西省西安市、江西省婺源县等6个省交通运输部门和市县地方政府分别作交流发言。厅党组书记、厅长闫晨曦代表山西省以“创新投融资模式，多措并举破解资金难题”为主题作典型经验发言。全省在“四好农村路”建设中蹚新路破解资金难题和取得的成效受到与会代表高度评价。交通运输部党组书记杨传堂、部长李小鹏批示指出，取得显著成效，提供有益借鉴。

杨传堂、李小鹏在批示中指出，近年来，在省委、省政府坚强领导下，山西省交通运输系统认真贯彻落实习近平总书记关于“四好农村路”的重要指示精神，多措并举破解建设资金瓶颈，探索经济欠发达地区推进农村公路建设的新路子，“四好农村路”发展取得显著成效。在2020年全国推动完善“四好农村路”高质量发展体系现场会上，山西省交通运输厅围绕创新农村公路投融资模式作经验交流，为推进“四好农村路”高质量发展提供有益借鉴。希望在下一步工作中，部省合力、砥砺奋进，加快健全完善“四好农村路”高质量发展体系，奋力在脱贫攻坚与乡村振兴有效衔接中当好先行。

近年来，省委、省政府牢固树立以人民为中心的发展思想，深刻认识习近平总书记“四好农村路”指示批示的重大意义，将“四好农村路”建设摆上重要位置，加以强力推动。2018年以来，省政府先后审定出台“四好农村路”和作为农村公路重要组成部分的“黄河、长城、太行三大板块旅游公路”建设专项规划，提出用三年时间完成5.5万公里农村公路、十年时间完成1.3万公里旅游公路的建设任务；并以省政府办公厅名义制定出台“四好农村路”建设实施意见。省财政厅会同省交通运输厅联合出台“四好农村公路”和三大板块旅游公路建设资金管理办法，交通运输部科学研究院帮助山西省配套制定旅游公路设计技术指南等系列标准和规范。与此同时，市县两级政府主要领导靠前指挥亲自协调解决困难问题，全省上下形成“顶层推动、规划先行、上下联动、齐抓共建”的建设格局和浓厚氛围。预计到2020年年底，近三年全省农村公路完成投资约800亿元，完成新改建“四好农村路”5.5万公里以上，建成投用旅游公路3500公里。

下一步，省交通运输厅将按照交通运输部工作安排，结合省委、省政府要求和全省实际，开展养护体制改革试点工作，大力推进“四好农村路”和三个一号旅游公路建设，编制农村公路“十四五”规划纲要，推进农村公路云平台信息化建设，加大农村客运扶持力度，进一步推动全省“四好农村路”高质量发展。

21日至27日 交通运输部评价组对全省“十三五”全国干线公路养护管理治理能力进行现场核查和评价，10月21日，“十三五”全国干线公路养护管理治理能力评价工作山西汇报会在太原召开。海南省交通运输厅党组成员、总工程师刘闯为组长的交通运输部评价组全体成员出席会议。厅党组成员、副厅长李贵顺主持会议并致辞。

会上，省公路局局长胡钢成向评价组全面汇报全省“十三五”以来干线公路养护管理基本情况、取得的主要成效，重点汇报山西公路聚焦科学发展、厘清“十三五”公路管养工作思路，聚焦转型升级、全面构建现代养护体系，聚焦优质高效、着力强化路网运营管理与服务，聚焦推进行业治理体系和治理能力现代化、全面深化体制机制改革，聚焦创新引领、着力推进智慧公路绿色公路建设等五个方面的工作。

刘闯在讲话中高度评价山西省“十三五”干线公路养护管理工作，传达“十三五”全国干线公路养护管理治理能力评价工作的相关要求，并对下一步评价工作进行部署。

刘闯指出，开展“十三五”全国干线公路养护管理评价是深入贯彻落实党中央、国务院关于推进基础设施高质量发展、建设现代化经济体系的决策部署，为全面总结“十三五”全国公路养护管理工作，科学谋划“十四五”公路养护管理工作提供依据。

此次评价工作重点评价公路行业践行“创新、协调、绿色、开放、共享”新发展理念情况，主要内容包括国家公路网规划实施和推进、公路行业涉及交通运输综合行政执法改革、公路养护管理制度体系建设、公路养护管理资金投入、养护科学决策、桥隧专项养护、养护市场化、路网运行监测、收费公路管理、路政管理及超限治理、行政许可及执法、应急保障、公路服务、地方政府和省级交通运输主管部门对公路养护管理工作的检查与监督指导力度等。

22日 省交通运输厅晋交安监函〔2020〕441号文印发《关于做好秋冬季节安全生产工作的通知》，要求各市交通运输局，厅直各单位，山西交控集团、山西汽运集团、山西航产集团切实做好秋冬季节交通运输安全生产工作，确保全省交通运输安全形势持续稳定。

同日 省交通运输厅晋交水运函〔2020〕442号文印发《关于组织开展水上交通安全大排查的通知》，要求各市交通运输局做好相关工作。

同日 8时，静兴高速全线控制性工程汾河大桥实现半幅贯通，同时也标志着静兴高速静乐县境内全线实现单幅贯通。

23日 省交通运输厅晋交审批发〔2020〕393号文下发《关于印发省道马走线马市口至瓦夭口段公路改建工程竣工验收鉴定书的通知》，要求省公路局大同分局按照鉴定书要求，尽快将工程遗留问题处理完毕，确保项目运营安全。

同日 省交通运输厅晋交审批发〔2020〕394号文下发《关于印发省道大忻线与洗朔线交叉改造工程竣工验收鉴定书的通知》，要求省公路局朔州分局按照鉴定书要求，尽快将工程遗留问题处理完毕，确保项目运营安全。

同日 由省交通运输厅、省财政厅、省发展和改革委员会晋交财发〔2020〕396号文联合印发《关于太原二环高速公路凌井店至龙白段（东二环）设置收费公路收费站等相关事宜的通知》，要求山西交控集团、山西路桥东二环高速公路有限公司做好相关工作。

25日 2020年冬春航季第一天，太原机场开通“并沪公交快线”，这是山西开通的首条公交化运营航班路线。

“并沪公交快线”往返票价最低800元起。目前，每日6时30分至21时30分期间均有航班执行，达11个班次。“并沪公交快线”航班多调整为整点或半点出发，基本满足乘客即走即定需求，在方便乘客记忆的同时，也为误机或有改签航班需求的乘客提供更多选择。

太原机场为“并沪公交快线”开通优化资源配置，开辟专属值机柜台，分别位于T2航站楼值机A岛13、14号柜台及B岛28号柜台；同时设置T2航站楼2号安检通道为快线专用通道，配备快线醒目屏显标识；快线专用登机口位于距离安检通道最近的203及204登机口，有效缩短乘客前往登机口的时间，不仅提高登机效率，也为乘客提供更加优质的体验。

26日 上午，山西路桥集团投资建设的太原二环高速公路凌井店至龙白段（以下简称太原东二环高速）在平头收费站外广场举行通车活动。省交通运输厅党组书记、厅长闫晨曦讲话并宣布太原东二环高速通车。太原市委副书记、代市长张新伟，副市长张齐山，晋中市委常委、常务副市长王建忠出席。山西交控集团党委书记、董事长袁清茂主持通车活动，山西路桥集团党委书记、董事长杨志贵介绍项目建设情况。

太原东二环高速是全省高速公路网“三纵十二

横十二环”规划中太原二环高速公路的重要组成部分，全长33.199公里，概算投资39.098亿元，山西路桥集团采用BOT模式历时三年建成。起点位于太原市阳曲县凌井店乡南庄村，与平阳高速（京昆）和太原北二环高速公路（在建）相接，终点位于晋中市榆次区什贴镇龙白村，与太旧高速公路和南二环高速公路（龙城高速公路）相连。全线采用六车道高速公路标准建设，设计速度100公里/时，整体式路基宽度33.5米，公路桥涵设计汽车荷载等级为公路Ⅰ级。

闫晨曦在讲话中指出，太原东二环高速公路是太原市东拓西进、南联北上的重要战略通道。它的建成通车，对于太原市实施南移东进战略，拓展太原城市发展空间，提升太原都市区综合承载力，加快推进建设具有国际影响力的国家区域中心城市具有十分重要的意义。他希望山西交控集团、山西路桥集团要紧紧围绕省委、省政府决策部署，以服务经济社会发展为己任，坚持精细化管理，守牢安全底线，不断提升运营、管理和服务水平，把太原东二环高速打造成畅通高效、安全绿色、现代文明的黄金走廊，为推进太原都市区和中部盆地城市群一体化发展提供有力保障和支撑，为开启交通强国建设山西篇章新征程做出更大贡献，向省委、省政府和全省人民交一份满意的答卷。

太原东二环高速连续3年被列入省级重点工程，是省政府2020年唯一计划建成通车的高速公路。建设过程中，山西路桥集团始终坚持新发展理念和高质量发展要求，深入贯彻《交通强国建设纲要》精神，在全省高速公路建设领域率先开启“品质工程”示范创建，率先推广全建设周期BIM技术应用，率先引入全寿命周期绿色施工理念，为提升全省公路投资建设水平发挥示范引领作用，在全省推动“转型出雏形”的起步之年交出合格路桥答卷。

同日 省交通运输厅党组书记、厅长闫晨曦赴太原西北二环项目凌井店枢纽G匝道检查指导工作，太原市委副书记、代市长张新伟，副市长张齐山，晋中市委常委、常务副市长王建忠一同检查指导。

闫晨曦一行认真听取太原西北二环项目负责人杨勇对工程情况的详细汇报，并深入施工现场实地查看凌井店枢纽G匝道的施工进展情况。

闫晨曦强调，项目部要在保证安全、质量前提下，组织最强力量抢工期、抓进度、保目标、树形象，加强沟通配合，加快推进工程建设。

杨勇表示，将进一步强化现场管理，继续抓好工程质量和安全工作，践行“六新”理念，建设“四高”二环，给太原人民交一份满意的答卷，为山西交通运输事业添砖加瓦。

29日 省交通运输厅晋交农路发〔2020〕403号文印发《关于全国推动完善“四好农村路”高质量发展体系现场会有关情况的报告》，上报省人民政府。

30日 省交通运输厅召开全省“四好农村路”和三个一号旅游公路建设工作推进会，厅党组成员、副厅长王四小出席会议并讲话。

会议指出，2020年是“十三五”规划的收官之年，脱贫攻坚战、全面建成小康社会以及全省完成新改建农村公路4年6万公里建设任务将进行交账验收。各相关单位和部门要有“军令状”和“交总账”意识，全面盘点任务，认真梳理建设项目，压紧压实责任，加快推进各项工作，确保全年工作高质量收尾，2021年工作高标准开局。“四好农村路”方面，要加紧推进剩余建设任务，加快构建农村公路现代治理体系，积极开展“百乡千村万里美丽农村路”示范创建综合评价，高质量推进农村公路“十四五”发展规划编制工作，高标准做好部省脱贫攻坚考核迎检任务。三个一号旅游公路方面，要加快推进旅游公路前期工作和工程建设进度，高标准做好三个一号旅游公路规划调整工作，高质量开展旅游公路示范段创建，切实将“三性一型”要求落实落地。

王四小在讲话中，要求增强自觉抓好“四好农村路”和三个一号旅游公路建设的政治责任感和历史使命感，在深学精研政策制度上使长劲，在多方并举筹措资金上出新招，在紧盯全领域责任落实上下真功，细化措施，全力推进，确保2020年既定任务圆满收官，2021年各项任务顺利起步。全省2017年至2020年新改建农村公路任务为6万公里，实际完成7.51万公里。

11月

2日 省交通运输厅晋交规划发〔2020〕407号文下发《关于印发〈交通扶贫收官交总账工作方案〉的通知》，要求各市交通运输局、厅直各单位、厅机关有关处室认真贯彻执行。

同日 省交通运输厅晋交财发〔2020〕405号文印发《关于进一步规范收费公路收费站公示工作的通知》，要求各市交通运输局，厅直有关单位，各高速公路经营管理单位做好相关工作。

同日 省交通运输厅晋交规划函〔2020〕453号文印发《关于开展2020年交通脱贫攻坚成效专项评价的通知》，要求各市交通运输局做好相关工作。

4日 省交通运输厅党组召开扩大会议暨中心组学习会议，传达学习中共十九届五中全会精神，并对全省交通运输系统兴起学习热潮、抓好贯彻落实进行部署。厅党组书记、厅长闫晨曦主持会议并讲话。

会议指出，中共十九届五中全会是在实现“两个一百年”奋斗目标的历史交汇点上召开的一次重要会议，为我们在开启全面建设社会主义现代化国家新征程中锚定基点、找准坐标、明确任务提供遵循，为谱写建设交通强国山西篇章指明前进方向。全省交通运输系统要自觉增强“四个意识”、坚定“四个自信”、做到“两个维护”，切实把思想和行动统一到全会精神上来，把学习贯彻中共十九届五中全会精神作为当前的首要政治任务抓实抓好，迅速掀起学习全会精神的热潮。

闫晨曦在讲话中，要求不断增强贯彻中央决策部署的自觉性和坚定性，切实把全会部署贯彻落实到交通运输工作各领域、各方面。一要坚持贯彻新发展理念，围绕构建新发展格局，加快建设布局合理、集约高效的综合立体交通网。二要坚持以供给侧结构性改革为主线，围绕公路发展主要矛盾变化，大力加强养护管理。三要坚持推动高质量发展，围绕构建现代流通体系，加快构建结构优化、经济高效的现代物流体系。四要坚持以满足人民日益增长的美好生活需要为根本目的，围绕人民群众高品质出行需求，加快构建便捷舒适、一体多元的交通出行体系。五要坚持以改革创新为根本动力，围绕加快“六新”突破的战略要求，打造一批智慧交通、绿色交通、平安交通示范(基础)工程。六要坚持推进行业治理体系和治理能力现代化，围绕提升治理水平，推动交通运输依法治理、共治共享。七要坚持推进交通强国建设，围绕交通运输部批准的《山西省交通强国建设试点实施方案》，落实好各项试点任务。

厅领导李贵顺、王四小、郭丙福、王建业、郭贵堂、雷天才参加学习。

同日 省交通运输厅召开扫黑除恶专项斗争领导组第十次会议暨“三零”创建第三次推进会。会议传达全国扫黑除恶专项斗争第3次推进会、省扫黑除恶专项斗争领导小组第19次会议和全省“三零”单位创建工作推进会精神，通报2020年以来省交通运输厅扫黑除恶专项斗争工作开展情况，并对坚决推进“行业清源”、夺取专项斗争全面胜利、谋划常态化开展扫黑除恶和推进深化“三零”单位创建工作进行部署。厅党组成员、副厅长王四小出席会议并讲话。

王四小在讲话中，要求坚决把思想和行动统一到党中央、省委决策部署上来，认真学习领会郭声琨、商黎光讲话精神，坚决夺取全省交通运输系统扫黑除恶专项斗争全面胜利。要坚持源头治理不停歇，全力提升“行业清源”行动工作质效。要深入谋划“六建”工作，建立健全扫黑除恶专项斗争长效机制。要深刻认识当前“三零”单位创建面临的严峻形势，坚持问题导向、目标导向、结果导向，把开展“三零”单位创建作为提升行业治理能力和治理体系的有力契机，扎实深入推进各项工作，不断夯实安全稳定根基。

5日 省交通运输厅党组书记、厅长闫晨曦赴厅发展研究中心宣讲习近平总书记视察山西重要讲话重要指示和中共十九届五中全会精神。

闫晨曦系统全面地阐述深刻领会习近平总书记视察山西的重大意义，对习近平总书记提出的6项重大任务一一作了讲解，强调要从3个方面抓好习近平总书记重要讲话重要指示学习贯彻。一是学深悟透，进一步增强书写山西践行新时代中国特色社会主义新篇章的历史使命感和政治责任感；二是坚定转型，进一步在培育新动能、实现高质量发展上久久为功；三是立党为公，进一步以政治建设为统领，坚持不懈抓好党内政治生态建设。

闫晨曦在讲话中，要求自觉增强“四个意识”、坚定“四个自信”、做到“两个维护”，切实把思想和行动统一到全会精神上来，把学习贯彻中共十九届五中全会精神作为当前的首要政治任务抓实抓好，迅速掀起学习全会精神热潮，切实把全会部署要求贯彻落实到交通运输发展研究具体工作上来，同心协力，同向发力，完成好中心各项工作任务，为确保脱贫攻坚决战完胜、全面建成小康社会、乘势而上书写山西践行新时代中国特色社会主义新篇章做出应有贡献。

同日 省交通运输厅召开决战完胜交通扶贫脱贫攻坚视频会，传达习近平总书记近期关于脱贫攻坚的重要指示精神和全国、全省脱贫攻坚表彰大会精神，对决战完胜交通扶贫脱贫攻坚战进行部署。厅党组书记、厅长闫晨曦出席会议并讲话，要求对标对表交通脱贫攻坚决战完胜目标，细化部署，压实责任，查漏补缺，补短强弱，确保交通脱贫攻坚决战完胜、兑现军令状，向党和人民群众交上合格答卷。

闫晨曦指出，“十三五”以来，全省各级交通运输部门和广大干部职工共同努力，艰苦奋斗，交通扶贫脱贫攻坚取得显著成效，目前全省58个贫困县公路通车里程7.3万公里，实现具备条件建制村100%通硬化路、100%通客车，为农民群众打造一条条脱贫路、致富路、幸福路。

闫晨曦要求，当前要全力推进交通扶贫规划内剩余任务，确保高质量完成交通扶贫各项指标和目标任务。要加快推进撤并建制村等较大人口规模自然村通硬化路、安全生命防护工程、窄路基路面加宽等项目，省市县合力，坚决打好深度贫困歼灭战。各级交通运输部门要全方位总结扶贫成效、制度成果、特色做法和经验启示，讲好交通扶贫故事，研究建立巩固交通脱贫成果的政策保障机制，确保群众切实感受到交通脱贫攻坚成果。

闫晨曦强调，脱贫攻坚收官在即，全省各级交通运输部门要坚持问题导向、结果导向，抓紧整改问题，加快补齐短板，精神再提振、责任再压实、作风再过硬，全力以赴打赢打好交通扶贫脱贫攻坚战。要深入贯彻中共十九届五中全会关于实现巩固拓展脱贫攻坚成果同乡村振兴有效衔接的要求，加快编制“十四五”巩固交通脱贫攻坚成果规划，将脱贫攻坚、全面小康、乡村振兴贯通起来，统筹做好交通脱贫攻坚与服务乡村振兴战略的有机衔接，全面推进乡村振兴。

厅党组成员、副厅长王四小主持会议。省扶贫办党组成员、副主任张玉宏围绕做好脱贫攻坚收官交账工作做专题讲座。

同日 省交通运输厅晋交审批发〔2020〕414号文下发《关于印发国道209线鲁家河至十里河段吉县过境改线工程竣工验收鉴定书的通知》，要求省公路局临汾分局按照鉴定书要求，尽快将工程遗留问题处理完毕，确保项目运营安全。

同日 省交通运输厅晋交审批发〔2020〕415号文下发《关于印发省道洪永线车家坡至岔口段改建工程竣工验收鉴定书的通知》，要求省公路局临汾分局按照鉴定书要求，尽快将工程遗留问题处理完毕，确保项目运营安全。

6日 省交通运输厅晋交水运函〔2020〕459号文印发关于贯彻执行《水运工程建设标准管理办法的通知》，要求各市交通运输局，省交通运输综合行政执法局、省运输事业发展中心、省交通建设中心做好相关工作。

同日 全省公路平安百年品质工程建设推进暨隧道施工标准化现场会在静兴高速召开。厅党组书记、厅长闫晨曦出席会议并讲话。

会前，与会代表集体观摩静兴高速静乐互通及汾河大桥、轮胎骨架护坡样板段和大万山隧道施工现场，听取静兴高速项目总体概况和品质工程创建、隧道施工标准化建设情况介绍，实地查看隧道施工成套设备以及BIM平台、人员定位系统、施工监控系统等信息化手段的应用展示。

会议指出，省交通运输厅启动品质工程创建以来，全省交通运输行业紧紧围绕建设“交通强国”“质量强国”战略部署，努力践行高质量发展理念，以提升工程耐久性和安全性为目标，在体制机制完善、现代工程管理应用、示范创建引领、科研技术创新、标准规范建设等方面多点发力，取得阶段性成果。

闫晨曦在讲话中强调，要深入贯彻落实习近平总书记建设“精品工程、样板工程、平安工程、廉洁工程”重要指示精神，深刻认识全省公路平安百年品质工程建设的新形势新要求，严字当头、坚定扛责，迎难而上、攻坚克难，持续推进全省公路平安百年品质工程建设，为全省在转型发展上率先蹚出一条新路贡献交通力量。下一步重点要做好“五个深化、五个发展”。

深化体制机制建设。要健全管理机构，加强长效机制建设，将平安百年品质工程建设与“十四五”规划、交通强国试点工作机制有机衔接。深化示范引领建设。要尽快在高速公路、普通干线公路新改建项目中再确定一批示范创建项目，在分项工程、分部工程、单位工程、关键节点工程以及部品部件上率先打造出平安百年品质工程亮点、特点。深化绿色公路建设。要深入实施可持续发展战略，坚持节约优先、保护优先、自然恢复为主的方针，守住自然生态安全边界，建设资源节约环境友好型公路。深化基层班组建设。要弘扬劳模精神和工匠精神，推动造就知识型、技能型、创新型劳动者大军。深化标准体系建设。要注重标准与科技互动、与专利结合，尽快形成基本完善的品质工程创建标准体系，促进科技成果向标准转化。推动勘察设计创新发展。设计单位要做好“前、中、后”三阶段的服务保障工作，将设计质量把控关口进一步前移，加强现场设计服务，注重动态设计，全面核实数据一致性，杜绝设计缺陷。推动公路建设智慧发展。要紧紧把握“两新一重”建设战略机遇，以“六新”为突破，促进数字技术与公路建设融合，为公路建设增势赋能。推动施工生产安全发展。要坚持“生命至上、安全第一”，强化底线思维和红线意识，压紧压实安全生产工作责任，坚决防范和遏制各类生产安全事故发生。推动建设管理均衡发展。要坚持问题导向，调整工作目标，统筹发展方向，研究制定科学的指标体系，将平安百年品质工程创建工作成效向普通干线公路、农村公路拓展。推动建设市场健康发展。要加强监督检查，确保项目建设依法依规进行，同时将平安百年品质工程建设纳入信用评价、平安工地考核等体系中一体推进。

厅一级巡视员李贵顺主持会议。吕梁市市长王立伟，交通运输部安全与质量监督管理司公路处处长李洪斌、公路局工程管理处正高级工程师卢建，中铁晋鲁豫区域总部（中铁发展）总经理舒畅，副总经理、山西总部指挥长王兴出席会议。

同日 省交通运输厅党组成员、副厅长郭丙福赴天镇县玉泉镇调研交通扶贫工作，并看望慰问一线扶贫队员。

在李家庄村，郭丙福实地调研村史馆、现代农业实验园等项目，考察农作物产业发展情况及现代化技术运用情况，同贫困群众亲切交谈。他对省厅驻村工作队千方百计帮助贫困户脱贫致富付出的辛勤劳动和取得的显著成效给予充分肯定，鼓励驻村干部继续团结当地干部群众因地制宜，培育壮大特色优势产业，确保贫困群众持续增收、稳定脱贫。

郭丙福指出，脱贫攻坚已经到了决战完胜交总账最后关头，任务艰巨，使命光荣。全体驻村干部要进一步提高政治站位，切实增强决战决胜思想和行动自觉；要统筹考虑脱贫攻坚与乡村振兴战略有机衔接，从基层党组织建设、基础设施完善、产业发展利益链接等方面下工夫，努力打造一支本领过硬工作队，决战决胜脱贫攻坚战伟大事业，为夺取全面建成小康社会伟大胜利做出交通人应有贡献。

7日至8日 由中国图学学会指导、山西路桥集团承办的“数字建造·智慧交通”第六届全国BIM学术会议在太原召开，全国相关行业的专家学者、高校师生和BIM科技人员共500余人参加会议。省交通运输厅党组书记、厅长闫晨曦出席会议并致辞。

在主旨报告环节，中国科学院博士生导师钟耳顺作“新一代三维GIS技术服务BIM应用新进展”的报告；清华大学博士生导师、交通研究所所长陆化普，北京市市政工程设计研究总院副总工程师杨冰分享智慧交通和BIM技术应用经验；山西路桥集团BIM中心主任荆冰寅作“可视化管理数字化建造蹚出一条企业高质量发展的新路”的报告。大会同期举办BIM交流论坛、BIM展厅洽谈等活动，与会代表还观摩昔榆高速公路项目标准化智慧场站建设、BIM技术应用实践成果和智慧工地调度演示，参观山西路桥智慧交通科技公司。

闫晨曦在致辞中表示，全省交通运输行业将进一步打造一流交通运输创新生态，高起点、高质量开展“数字交通”建设研究，大力推动公路BIM技术继续向纵深发展，充分挖掘和发挥BIM技术价值，助推山西数字公路建设，助推交通运输企业增强核心竞争力，切实凝聚起山西交通运输创新发展的磅礴力量，全面开启交通强国建设山西篇章新征程。

9日 省交通运输厅晋交水运发〔2020〕418号文下发《关于印发〈加强水上搜救工作实施方案〉的通知》，要求各市交通运输局，省交通运输综合行政执法局、省运输事业发展中心、省交通运输运行监测与应急处置中心，厅机关有关处室结合实际，认真抓好贯彻落实。

同日 D555602次动车组列车从高平市穿城而过，驶向太原方向，标志着太焦高铁联调联试工作结束，正式进入试运行阶段。

高铁试运行是在联调联试阶段测试线路达标基础上，测验运输最佳方案的必要环节和动态验收的重要内容。主要通过列车运行图参数测试、故障模拟和应急救援演练、按图行车试验3个阶段，为完善科学合理的运输组织方案提供技术依据，从而全方位确保列车运行安全。试运行所使用的列车与正式开通运行的动车组基本一致，不同的是试运行列车是模拟办理客运业务。

太焦高铁是国家《中长期铁路网规划》中“八纵八横”高速铁路主通道之一“呼南通道”（呼和浩特至南宁）的重要组成部分。项目建成后，与郑焦城际铁路共同构成郑太高速铁路，太原至郑州间高铁旅行时间由原来的4小时压缩到2个多小时，进一步增强山西、蒙西与中南、华东地区间的联系，对进一步促进全国城市群尤其是中西部欠发达城市群的发展具有重要意义。

10日 省交通运输厅晋交安监发〔2020〕419号文印发《关于进一步加强新冠肺炎疫情防控工作的通知》，要求各市交通运输局，厅直各单位，山西交控集团、山西航产集团做好相关工作。

同日 山西省高速公路综合行政执法人员资格培训在忻州开班，厅一级巡视员雷天才出席开班仪式并作动员讲话。

雷天才在讲话中，提出4点要求：一是迅速转换身份，兢兢业业认真学习。参训学员要端正态度，把课程内容弄通吃透，踏实掌握高速公路综合行政执法的基本技能，不断提高自身专业素质。二是严格遵守纪律，踏踏实实树好形象。要模范遵守各项规定要求，全面展示良好的精神风貌和职业素养。三是认真抓住机会，扎扎实实学习技能。要围绕培训目标，掀起比学赶帮超热潮，沉下心来，排除干扰，以积极的心态、昂扬的斗志迎接新的挑战。四是努力做好实践，勤勤恳恳起步开局。要以这次资格培训为起点，勤思考、勤总结，把抽象的理论知识转化为具体的实践操作，为高速公路综合行政执法开局起步奠定坚实基础。

11日 省交通运输厅举办领导干部党性修养、履职能力研修班暨交通基础设施建设高质量发展业务能力提升培训班开班仪式。各市和部分县（市、区）交通运输局长，厅机关各处室主要负责人、厅属单位党政主要负责人及相关人员共100余人参加培训。厅党组书记、厅长闫晨曦出席开班仪式并作动员讲话。

闫晨曦强调，要深刻学习领会中共十九届五中全会精神，全面了解掌握全会的重要意义、核心要义、精神实质和主要内容，深化对“立足新发展阶段”“贯彻新发展理念”“聚焦新发展格局”的认识，增强把握大局的能力，提升系统性谋划工作的思维，在学习和实践中深刻领悟习近平新时代中国特色社会主义思想的真谛，准确把握交通强国战略的内涵要义，坚定地扛起交通运输高质量发展的历史责任，为山西转型发展贡献智慧和力量。

闫晨曦在讲话中，要求坚持问题导向、目标导向、结果导向，带着思考、带着问题进行学习，坚持理论和实践相结合，增强学以致用能力。要增强战略思维，全面总结“十三五”规划实施情况，明确“十四五”发展方向，确保“十四五”规划全省交通运输发展开好局、起好步。要严格遵守学习纪律，端正学习态度，强化理论武装，促进知识更新，培养形成主动学习、终身学习的好习惯，争当学习型干部，创建学习型组织。

本次培训为期4天，邀请具有深厚专业理论知识和丰富实践经验的专家授课。培训采取课堂学习、分组讨论、座谈会等形式，设置理论学习课程，以及交通运输治理能力提升、“四好农村路”高质量发展、新基建、科技创新等专业课程。

12日 由省交通运输厅主办，山西交控集团吕梁南公司承办的国道G20青银高速汾离段山体滑坡突发事件综合应急演练取得圆满成功。来自省交通运输厅、山西交控集团、山西交通养护集团应急保障区队、高速交警以及吕梁市、汾阳市的应急管理、生态环境、消防救援、医院等部门和单位共150余人参加本次演练活动。

此次综合应急演练旨在提升国防交通专业保障队伍和高速公路应急队伍的协同反应水平和实战能力，建立各部门“资源共享、优势互补、快速反应”的应急联动机制，确保遇到突发事件时，应急救援工作能高效有序进行。演练场景模拟青银高速离石往太原方向K953+100处发生山体滑坡，落石砸中正在行驶的1辆客运中巴车，后方1辆大货车躲避不及，随之发生追尾，事故可能造成五、六名司乘人员伤亡，并造成交通中断和人员车辆滞留。本次演练共有应急、消防、交警、环保、路产、路政6支队伍，设置发现警情与先期处置、信息处置、指挥调度、应急救援、交通恢复五个环节。在演练全过程，各参演单位、部门密切协作、高效配合，“突发事件”得到高效妥善处置。

演练结束后，专家组对本次演练进行点评。厅一级巡视员雷天才在讲话中指出，各参演单位精心准备、密切合作、高效有序进行应急救援行动，展示高速公路和各参演单位较高的协同反应水平与应急救援能力。他强调，要健全风险防范化解机制，坚持从源头上防范化解重大安全风险，真正把问题解决在萌芽之时。要加强应急救援队伍和应急处置指挥能力建设，不断提高应急应变指挥能力和复杂情况的处置能力。要切实抓好当前安全应急工作，牢固树立生命至上、安全第一的理念，守住安全生产底线和红线，把人民生命财产安全放在首位。

14日 为期4天的交通运输系统领导干部党性修养、履职能力研修班暨交通基础设施建设高质量发展业务能力提升培训班圆满完成所有课程并举行结业仪式。厅党组成员、副厅长王晋主持结业仪式并讲话。

王晋在讲话中指出，在中共十九届五中全会刚刚落下帷幕，全省上下认真学习习近平总书记在中共十九届五中全会上的重要讲话精神和全会精神，持续深入学习贯彻习近平总书记视察山西重要讲话重要指示之际，省交通运输厅举办此次培训，就是为了进一步领会好、落实好中共中央和省委、省政府的部署要求，进一步明确"十四五"规划发展方向，为"十四五"全省交通运输发展起好步、开好局打下坚实基础。他表示，下一步，省交通运输厅将把培训学习制度化常态化，逐步做到交通运输行业领导干部培训全覆盖，让培训"走出去"，把经验"引进来"。他希望大家在今后的工作中勤于学习、精益求精，勇于担当、善于作为，以优良的学风进一步增强学习的主动性与自觉性，以优良的作风进一步促进工作的高效率和高质量，把各项工作放在心上、扛在肩上、落到实处、抓出成效，为开启交通强国建设山西新征程体现新担当、展现新作为、做出新贡献。

结业仪式上，厅农村公路管理处处长姬鸽，省公路局朔州分局党委书记、局长任永，省交通运输厅驻天镇县玉泉镇石家庄村扶贫工作队第一书记兼工作队长孟九文，长子县交通运输局局长王鹏飞分别从不同岗位、角度作交流发言。大家纷纷表示，此次培训既有理论课程又有业务课程，既有精彩授课又有互动交流，实用性、针对性比较强。通过此次学习培训，提高政治站位，明确中心大局，找准工作定位，坚定目标方向，进一步开阔视野，拓展思维，提升党性修养，增强履职能力和业务能力。

14日至15日 省交通运输厅联合省交通建设中心举办全省公路建设质量安全管理培训班。省公路局、省交通建设中心、各公路分局以及全省在建高速公路、普通国省干线项目建设单位等相关质量安全负责人共90人参加培训。厅一级巡视员李贵顺出席培训动员会，并对全省公路建设质量安全监管工作提出明确要求和具体目标。

本次培训邀请交通运输部科学研究院交通运输安全研究中心总工程师肖殿良、河北省京雄高速公路筹建处工程科科长高海波两位专家为大家讲授推动交通基础设施高质量发展等有关内容。授课内容翔实、案例生动、政策性强，视角有广度、内容有深度，为下一步推动全省公路建设高质量发展明确方向。

15日 全省首家普通公路"司机驿站"在314省道西殿超限站建成并启动。314省道横穿阳曲县境，是连接太原和阳泉的省级通道，也是全省最重要的运煤通道之一。此条道路过往大型车辆众多，日均流量1万余辆，而且多数运输车辆驾驶员由陕西省去往河北省、山东省等地从事煤炭运输业务，极易因疲劳驾驶引发道路交通事故。为有效解决这一问题，从维护公路安全畅通、保障社会经济健康发展的角度出发，在阳曲县委、县政府大力支持下，太原公路分局西殿公路超限检测站和县公安交警大队在314省道西殿公路超限检测站共同挂牌成立首家"司机驿站"，为广大驾驶员提供一个温馨的休息场所，让他们感受到家的温暖。

"司机驿站"内干净整洁，洗脸池、热水器24小时开水供应，手机充电器、图书、药品、雨伞、电视等各种"家庭式"设备一应俱全，还设有供司乘人员小憩的休息区。同时，"司机驿站"还向公路养护保洁人员、沿线村民等有需要的群体免费开放。

16日 省交通运输厅晋交人发〔2020〕421号文印发《关于同意山西省公路构件厂等6户企业国有股（产）权划转的批复》，要求省公路局督促相关企业依法履行相关程序，尽快办理变更登记等手续，结合深化改革，彻底完成处置工作。

17日 省交通运输厅晋交科技发〔2020〕424号文印发《关于进一步加强秋冬季大气污染综合治理攻坚工作的通知》，要求各市交通运输局，省公路局、省交通执法局、省运输发展中心、省交通建设中心，厅机关有关处室，山西交控集团做好相关工作。

18日 省交通运输厅晋交路网发〔2020〕426号文关于印发《山西省自然灾害综合风险公路承灾体普查工作实施方案》的通知，要求各市交通运输局，省公路局，山西交控集团，京大、汾平、龙城、阳五、翼侯高速公司，厅机关各处室认真贯彻落实。

19日 省交通运输厅党组书记、厅长闫晨曦赴天镇县调研交通扶贫工作，并代表厅党组看望慰问一线驻村工作队员。

在天镇县扶贫产业园区，闫晨曦走进生产车间，详细了解工人们的工作状况、园区带动贫困户就业等情况。在石家庄村，闫晨曦走进贫困户石德生、石守日家中走访慰问，与他们亲切交谈，详细了解他们的生产生活状况并向他们送上慰问金。同时，他特别叮嘱工作队要尽全力多关心贫困户的生活，给予他们更多的帮助支持，努力解决他们生活中的实际困难。

座谈会上，闫晨曦对全体驻村工作队员付出的艰苦努力、取得的工作成效给予充分肯定。他指出，脱贫攻坚已经到了决战完胜的收官阶段，任务艰巨、使命光荣，要继续用真心做好帮扶工作，切实解决贫困群众的实际需求，不断提高贫困群众的满意度和认可度，凝心聚力、苦干实干，坚决打赢脱贫攻坚收官战，确保脱贫成果经得起历史、人民和实践的检验。

20日 省交通运输厅晋交路网函〔2020〕477号文印发《关于做好冬季国省干线公路养护保通和安全运行管理工作的通知》，要求省公路局，山西交控集团，汾平、京大、翼侯、龙城、阳五高速公司结合山西省实际，做好相关工作。

同日 随着两对动车组列车分别从郑州站、太原南站驶出，相向而行，郑太高铁拉开全线试运行序幕。至此，山西东南部革命老区的首条高铁进入开通倒计时，预计12月中旬具备开通运营条件。

郑太高铁北起山西太原，南至河南郑州，全长约432公里，由新建太原至焦作高速铁路与既有郑州至焦作高速铁路衔接而成。新建太原至焦作段全长358.8公里，山西境内325.4公里，设计时速250公里，是全国“八纵八横”高速铁路网呼南通道的重要组成部分。

此次全线试运行将完全模拟实际列车运行图组织动车组列车开行，调度、客运、维修、施工等一切工作均按正式开通运营后进行，以检验各系统和整体系统的适应性和稳定性，科学合理完善运输组织方案。

郑太高铁开通运营后，太原至郑州间高铁旅行时间最快压缩到2个多小时。太原、中原两个城市群紧密牵手，对巩固老区脱贫攻坚成果，加快促进山西、内蒙古、宁夏等地与长三角、珠三角、成渝等区域经济社会交流，助力中部崛起、西部大开发具有积极作用和深远影响。

同日 省交通运输厅党组书记、厅长闫晨曦与河南省交通运输厅厅长李卫东一行就晋豫两省加强省际通道项目建设对接进行座谈并签署合作联动工作机制，双方在省际公路互通项目建设、路网运行协同管理等方面达成共识。

闫晨曦代表省交通运输厅对李卫东一行表示欢迎，对河南省交通运输厅长期以来对山西交通运输工作的关注和支持表示感谢，并介绍全省交通运输重点工作情况。他说，近年来，两省交通运输厅紧抓发展机遇，在公路建设、客货运输等方面持续加大合作力度，取得积极工作成效，为促进两省经济社会协同发展提供有力交通运输支撑。他表示，当前进一步加大省际公路互通项目建设，打通更多省际通道，建立长效联动工作机制，最大程度保障两省出省口贯通，已经成为两省实现高质量协同发展的共同需要。他希望河南省交通运输厅一如既往对省厅工作给予大力支持，在今后工作中双方继续加强沟通交流，携手共同为晋豫两省高质量协同发展提供更加有力的交通运输支撑，为双方实现优势互补、共建共赢、共同发展奠定坚实基础。

李卫东高度赞誉山西省交通运输事业取得的积极工作成效和良好发展态势。他表示，此次座谈为加快推动两省省际通道项目建设、形成系统完备的路网运行联动机制提供有效方案，凝聚广泛共识。河南省交通运输厅将继续深化扩大务实合作，为加快交通强国建设、更好服务经济社会发展贡献交通力量。

厅党组成员、副厅长段新源出席座谈会，厅党组成员、副厅长王四小介绍省交通运输厅对接情况。

同日 省交通运输厅召开安委会第五次全体会议，传达国务院安委办对山西安全生产专项督查反馈意见和省疫情防控领导小组关于进一步严格新冠肺炎疫情防控措施的通知精神，并对近期全省交通运输安全生产工作及新冠肺炎疫情防控工作进行部署。厅党组成员、副厅长王晋主持会议并讲话。

会议指出，1—10月，全省交通运输安全生产形势总体稳定，但仍然存在部分单位抓安全工作不实不细、汽车客运站安全管理隐患多、危化品道路运输监管不到位、部分高速公路服务区夜间危货车辆大量聚集等问题，安全生产工作决不能有丝毫松懈，必须引起高度重视。要对标一流，细化方案，坚持目标导向、问题导向、结果导向，高标准推进安全生产专项整治三年行动。要抓牢抓实安全生产工作，认真组织专家开展安全生产大检查，进一步加大监管和处罚力度，切实抓好当前安全生产重点工作，确保全省交通运输安全生产形势持续稳定向好。

会议强调，要进一步严格新冠肺炎疫情防控措施，持续从严做好常态化疫情防控，加强国际航班经停太原入境疫情防控闭环管理，着力抓好冷链物流疫情防控工作，切实加强疫情防控知识宣传，坚决守牢防输入、防反弹、防复燃底线。

同日 中共山西省交通运输厅党组、山西省纪委监委驻交通运输厅纪检监察组晋交党发〔2020〕68号文印发《关于在全系统认真组织开展用好〈警示录〉扎实推进警示教育活动的通知》。

23日 省交通运输厅一级巡视员李贵顺带领省厅调研组赴朔神高速公路调研工程建设及质量安全情况。

在柴家塄隧道施工现场，李贵顺强调，当前已进入冬季施工阶段，各单位要积极落实冬季施工技术、安全保障措施，抓好在建工点的冬季施工管理，确保工程进度质量安全。一是根据工程特点，编制冬季施工专项方案，加强基层施工人员冬季施工的教育和培训，做好相关技术交底工作，确保方案落实到位。二是严格落实防冻保温、扬尘防治等措施，按照规范标准施工，加强施工工序管理和安全管理，确保冬季施工质量安全、人员安全。三是开展拉网式冬季施工隐患自查工作，重点排查隧道施工安全隐患，加强对冬季室内外用电、消防等方面的排查，对发现的问题隐患，建立台账、跟踪整改，及时消除隐患。四是继续加强冬春季常态化疫情防控工作，进一步完善防控预案，严格落实各项防控措施，慎终如始，巩固"工地无疫情、人员零感染"成果。

同日 全省首家高速公路服务区彩色防滑地面标线标识在山西交通实业集团长治分公司潞城服务区落地，这是山西交控集团服务区提档升级"六大工程"中设施完善及品质提升工程的交通工程设施功能提升项目。潞城服务区是山西省首家采用彩色防滑路面标线标识的高速公路服务区。该项目累计完成铺装面积10643平方米，采用双组份涂料37.1吨、陶瓷颗粒用料53吨、罩面树脂7.4吨，施划大车位62个，其中大货车位35个、大客车位14个、危化品车位6个、畜牧车位6个、超长车位1个；小车位77个，含无障碍车位4个、充电车位16个；人行横道6组，含立体人行横道4组。所有停车位全部采用双组份彩色标线铺装，路面标线采用反光热熔型道路标线施划，车辆分流引导由红、黄、蓝、绿四种颜色喷涂。

双组份彩色标线色泽鲜艳持久、不褪色、使用寿命长，可耐77℃的高温和–23℃的低温；不同颜色的标线标识提示驾驶者在规定路面（车道）上行驶、停靠，可避免不同车辆的混行停靠；超薄无震动型彩色防滑路面可提高摩擦系数，有效解决原有路面光滑的弱点；彩色防滑路面在提高路面性能和功能的同时，还可使服务区环境更加五彩斑斓，让人耳目一新。更重要的是，彩色防滑路面能缓解驾驶员的过度疲劳和汽车在使用上的极限状态。

潞城服务区停车场环境优美，车辆停放秩序井然有序。小型车和大型车、客车和货车的停车位十分醒目，大小型车辆交织运行，极大地提高停车场的利用率，而且成为高速公路上的一道亮丽的风景线。

25日 省交通运输厅、省公安厅、省生态环境厅、省住房和城乡建设厅晋交路网发〔2020〕431号文联合下发《关于印发〈山西省道路限高限宽设施和检查卡点专项整治行动实施方案〉的通知》，要求各市交通运输局、公安局、生态环境局、住房和城乡建设局，省公路局、省交通运行监测中心、山西交控集团认真贯彻落实，做好相关工作。

26日 省交通运输厅党组成员、副厅长郭丙福带领厅有关处室人员赴省运输事业发展中心开展工作调研。

郭丙福认真听取中心关于贯彻落实习近平总书记视察山西重要讲话重要指示、中共十九届五中全会精神及年度目标任务、重点工作、机构改革等情况的汇报，对中心新班子组建以来所做的工作和取得的成效给予充分肯定。

郭丙福在讲话中，提出3点要求：一是提高政治站位，统一思想认识，深入学习贯彻中共十九届五中全会精神和习近平总书记系列讲话精神，特别是习近平总书记关于交通运输的重要论述，结合本职工作，学原文悟原理，创新学习方式，学思践悟，为山西交通运输事业发展和山西交通强省战略实施做出新贡献。二是做好改革的后半篇文章，坚决拥护改革、支持改革，强化创新意识，积极主动作为，坚持科技引领，增强主动为行业、企业服务的意识，充分运用大数据分析，科学决策，开拓中心工作新局面，推进运输事业科学发展。三是树立大局意识，积极与厅机关相关处室通力合作，合力攻坚，特别要全力完成好运输结构调整任务、"国三"及以下柴油货车淘汰等重点工作，成立专班，全力以赴抓落实、抓推进，确保圆满完成省政府下达的目标任务。

同日 省交通运输厅晋交路网函〔2020〕487号文印发《关于开展2020年度全省高速公路技术状况检测评定工作的通知》，要求省公路局，山西交控集团，阳五、汾平、龙城、翼侯、京大高速公司做好相关工作。

27日 省交通运输厅晋交财函〔2020〕490号文印发《关于开展2019年度交通重点项目绩效评价工作的通知》，要求各市交通运输局，省公路局，山西路桥集团做好相关工作，确保绩效评价工作顺利开展。

27日 省交通运输厅晋交政法发〔2020〕434号文下发《关于印发〈山西省交通运输厅2020年“12·4”国家宪法日宣传周系列活动实施方案〉的通知》，要求各市交通运输局，厅直各单位、驻厅纪检监察组、厅机关各处室结合各自实际，认真贯彻落实。

30日 省政府召开全省机场一体化管理工作领导组第一次会议，副省长卢东亮出席会议并讲话，省政府办公厅副主任张红良主持会议。厅党组书记、厅长闫晨曦，厅党组成员、副厅长、省民航机场管理局局长段新源参加会议。

卢东亮指出，全省机场一体化管理工作是全省民航机场高质量发展的必然选择，有利于全省充分发挥自身优势融入国内大循环，打通国内国际双循环，为全省民航机场领域转型发展蹚新路提供有力支撑和保障。按照省委、省政府统一部署和要求，经过各方共同努力，全省机场一体化管理工作取得积极进展，管理体制改革迈出新步伐，管理水平得到新提升，管理能力实现新进步。下一步，各相关地市和部门要进一步明确职责、齐抓共管、部门联动、群策群力、勠力同心，讲大局、讲契约，积极对标一流，抓实航空传统业务发展和新业态培育，力促通航产业发展、航空货运物流枢纽建设、国内重点城市航班公交化、国际直航航线开通等重点任务取得突破性进展，切实深入推进各项工作，奋力拼搏开启全省民航事业发展新征程。

会议以视频形式召开，太原、大同、朔州、忻州、吕梁、长治、晋城、临汾、运城9市相关负责人在分会场参会。省交通运输厅、省发改委、省财政厅、省人社厅、民航山西空管分局、省国运公司、山西航产集团等省直成员单位在主会场参会。

同日 中共山西省交通运输厅党组晋交党发〔2020〕72号文印发《关于调整厅领导工作分工的通知》。

30日至12月1日 省交通运输厅举办新进人员培训班，对近3年公开招录、部队转业安置、选调优秀生共33人进行集中培训。厅党组成员、副厅长王晋作动员讲话。

交通运输部办公厅文秘处副处长罗丙辉和厅机关有关处室负责同志就机关政治建设、公路基础设施、财务管理、《中华人民共和国民法典》、道路运输管理、公文处理工作等内容进行专题辅导，培训内容翔实、案例生动、政策性强，大家一致表示受益匪浅。

王晋在动员讲话中，殷切希望新进人员进一步提高政治素质和业务素养，领会掌握机关工作的要求、特点、程序和方法，尽快实现角色转换，掌握工作标准，熟悉程序流程，适应岗位要求，打牢理论功底，培养务实作风，善于协调关系，勇于严于律己，做一名合格的公务员，为全省交通运输事业发展添砖加瓦。

同日 省交通运输厅一级巡视员李贵顺带队赴运城开展省领导包联重点工程项目第四季度调研暨安全生产督查。

在临猗黄河大桥施工现场，李贵顺指出，各参建单位要严格落实冬季施工保障措施，强化冬季施工管理，确保工程质量安全。一要系统开展冬季施工质量安全管理，从专项方案的编制、审核、技术交底、监督落实等方面严格管理，保证方案的全面落实。二要严格按照黄河流域生态保护和高质量发展相关要求，做好各项生态保护和环境保护工作。三要持续开展质量安全隐患排查活动，重点排查临猗黄河大桥桥梁施工、隧道施工、高边坡施工环节的安全隐患，及时整改，彻底消除隐患。四要慎终如始，继续加强冬春季常态化疫情防控工作，严格落实各项防控措施，巩固和扩展“工地无疫情、人员零感染”战略成果。五要严格执行工资保证金、农民工实名制管理、农民工工资专用账户和农民工工资支付台账等制度措施，保证农民工工资及时足额支付。

12月

1日 省交通运输厅一级巡视员、厅直机关党委书记雷天才赴山西诚达公路勘察设计有限公司宣讲中共十九届五中全会精神。

雷天才结合公路勘察设计工作实际，围绕深刻认识中共十九届五中全会精神的重大意义和历史地位，对全会精神进行全面深入阐释。他强调要从4个方面抓好学习贯彻，一要把深入学习领会中共十九届五中全会精神作为当前和今后一个时期重要政治任务，与贯彻落实习近平总书记视察山西重要讲话重要指示结合起来，与落实省委十一届十次全会精神结合起来，切实增强“四个意识”、坚定“四个自信”、做到“两个维护”；二要把全会精神转化为积极应对新使命、新任务的强大动力，紧紧抓住改革的发展机遇，既当改革的促进派，又当改革的实干家，以奋进者的姿态披荆斩棘，不断开创新局面；三要牢牢把握“中国进入高质量发展阶段”的重大节点，坚持把人民群众对美好生活的向往作为奋斗目标，扎实做好各项工作；四要以支部建设为重点，全面推进“十个起来”党建工程，组织丰富多彩的主题党日活动，发挥公司年轻化优势，勇于创新实践，用实际行动谱写交通强国山西征程新篇章。

2日 省交通运输厅晋交办发〔2020〕441号文印发《关于调整〈山西交通年鉴〉编辑委员会、〈山西交通大事记〉编辑委员会的通知》。

同日 省交通运输厅在省交通干部学校举办2020年基层党组织书记培训班。全系统基层党组织书记100余人参加培训。厅一级巡视员、厅直机关党委书记雷天才出席开班仪式并作动员讲话。省直工委副书记余国琦出席会议并作专题讲座。

雷天才在讲话中，代表厅党组对省直工委多年来的大力支持表示衷心感谢，要求充分认识这次培训的意义，不断增强做好新形势下基层党组织书记工作的责任感和使命感；要注重结合实际，切实把这次培训的过程当作提升自我、推进工作的过程；要坚持理论与实际、学习与运用、言论与行动相统一，真正做到学以致用、用有所成。

本次培训为期三天，邀请省直工委和省委党校的党建专家集中授课。培训采取集中学习、专题培训等形式，设置中共十九届五中全会精神解读、省委十一届十次全会精神解读、《中国共产党党和国家机关基层组织工作条例》等党内法规解读以及党建业务工作等课程。

3日 零时，太原绕城高速公路过境货运车辆实行分流管控。《太原市人民政府关于绕城高速公路过境货运车辆分流管控通告》明确，除绕城高速北环段阳曲枢纽至西墕枢纽和古交方向过境货车外，将对太原东环绕城高速全线（阳曲枢纽至武宿枢纽）、南环绕城高速全线（武宿枢纽至罗城枢纽）、西环绕城高速全线（罗城枢纽至西墕枢纽）过境的重中型货车（危化品运输车辆除外）、工程运输车辆、各类重中型专项作业车辆实施24小时禁止通行。

4日 省交通运输厅晋交水运函〔2020〕502号文印发《关于做好全国水路运输市场信用信息管理系统运行管理工作的通知》，要求各市交通运输局，省交通运输综合行政执法局做好相关工作。

6日 太原市轨道交通2号线一期工程顺利通过竣工验收，为初期运营获得又一张“通行证”，标志着地铁2号线工程建设完美收官，本月底进入试运营阶段。

4日至6日 来自北京、天津、沈阳、石家庄、常州、太原等地的12位专家及太原市各相关行政主管部门代表共同参与，设置综合、土建、机电装修、系统4个专业验收组，通过听取参建单位汇报、查阅工程建设资料、查验工程实地质量、测试系统功能等方式，对车站、区间、轨道、供电、信号、车辆段、停车场、控制中心及系统工程等进行严格验收和评审。经过为期3天的严格评审，验收委员会一致认为，该工程符合设计及相关质量验收规范要求，同意通过工程竣工验收。

太原地铁2号线的建成运营对进一步提升太原公共交通质量和效率，缓解城市交通压力，优化城市空间布局，拉动经济增长有极大促进作用。

6日 省交通运输厅党组书记、厅长闫晨曦对太原绕城高速公路过境货车分流管控情况进行调研。

闫晨曦先后赴龙白枢纽、龙湖收费站，详细了解货车分流管控工作落实情况，询问车流量增长及过境货车分流情况，并对货车分流引导提示设施设备安装情况进行实地查看。

闫晨曦强调，要提升政治站位，牢固树立“人民至上、生命至上”理念，坚持底线思维，加强安全防范，强化安全监管，紧盯安全生产责任落实，深入排查治理安全风险隐患，切实做到防范于未然，坚决杜绝重特大事故发生，确保人民群众生命财产安全。要进一步强化提示警示，密切关注车流量增长情况，完善优化分流引导设施设置，加强分流管控车辆秩序管理，切实做好太原绕城高速公路过境货车分流管控工作，保障道路安全畅通。

7日 省交通运输厅晋交政法发〔2020〕445号文印发《关于做好2019年度全省道路运输相关业务

经营企业质量信誉考核工作的通知》，要求各市交通运输局、省运输发展中心做好相关工作。

7日至8日 为进一步提升全省交通运输系统干部职工平安建设工作能力和业务水平，省交通运输厅在省交通干部学校举办平安建设业务培训班，各市交通运输局、厅直各单位、山西交控集团分管领导和部门负责人共90余人参加培训。厅党组成员、副厅长郭丙福作动员讲话。

本次培训围绕“三零”创建和反恐防范工作等内容进行专题辅导，内容翔实、政策性强，为下一步推动全省交通运输行业平安建设迈向更高水平指明方向。

郭丙福在讲话中，要求提高政治站位，切实把思想和行动统一到中央、省委决策部署上来，以守土有责、守土尽责的使命感和时不我待、刻不容缓的紧迫感，扎实做好平安建设工作。要注重结合实际，严肃培训纪律，端正学风，真正做到学以致用。要把平安建设作为提升行业治理能力和治理体系的重要抓手，不断增强工作本领，全力推进各项工作，夯实行业安全稳定根基。

8日 省交通运输厅晋交水运发〔2020〕446号文印发《关于贯彻落实〈400总吨以下内河船舶水污染防治管理办法〉的通知》，要求各市交通运输局，省交通运输综合行政执法局、省运输事业发展中心结合实际贯彻落实。

同日 省交通运输厅晋交建管函〔2020〕504号文印发《关于做好2020年度干线公路建设市场信用评价工作的通知》，要求省公路局、省交通建设中心、各有关单位做好相关工作。

同日 省交通运输厅晋交民航综函〔2020〕505号文印发《关于开展2020年全省民航机场一体化运营管理督导评估工作的通知》，要求大同、忻州、吕梁、临汾、运城市人民政府，山西航产集团做好相关工作。

8日至10日 省交通运输厅党组成员、副厅长郭丙福赴朔州就国三及以下排放标准中重型柴油货车淘汰工作进行督导。

郭丙福传达省领导指示精神，听取朔州市国三及以下排放标准中重型柴油货车淘汰工作情况汇报，深入平鲁区、朔城区实地督导，并与市、区及相关部门领导进行深入交流。

郭丙福强调，国三及以下排放标准中重型柴油货车淘汰是党中央、国务院及省委、省政府的重大决策部署，朔州各级各部门要提高政治站位，加大工作力度，加快工作进度，确保在规定时间内完成淘汰任务，交出满意答卷。

9日 运城市委常委、常务副市长陈杰带领市交通运输局、市发改委等相关部门负责人，就黄河一号旅游公路建设、黄河流域（运城段）生态保护和高质量发展区示范带建设，深入临猗县和永济市开展专题调研。

调研组先后到黄河一号旅游公路临猗段和永济段实地查看旅游公路“五大系统”建设情况，详细听取关于旅游公路后期规划建设、产业集聚、文旅融合等工作情况汇报，并要求沿黄相关县（市）提高政治站位，压实工作责任，高标准、高质量推进“黄河一号”旅游公路建设，同步加快主体、慢行、服务、景观、信息等系统的建设完善工作。根据各自地域特色和产业特色，打造独具地方特色的景观旅游路段。围绕黄河一号旅游公路，从美丽乡村建设、人居环境整治、文旅融合、生态治理、粮食产业、特色小镇建设等方面，高标准、高质量打造黄河流域（运城段）生态保护和高质量发展区示范带，为全市经济社会高质量转型跨越发展做贡献。

同日 省交通运输厅一级巡视员李贵顺深入省交通建设中心宣讲中共十九届五中全会精神，并对全省重点公路土地报批和概预算审核工作进行调研。

李贵顺在宣讲中指出，“十四五”时期是全省交通基础设施建设的重大机遇期，要认真思考，把谋事和谋势、谋当下和谋未来统一起来，坚持问题导向、目标导向、结果导向，围绕切实担负起厅党组赋予的重要职责、发挥好“技术支撑服务保障”职能作用、精心谋划好“平安百年品质工程”等重点工作，主动作为，强化担当，有力支撑“十四五”时期全省交通建设高质量发展。

李贵顺要求，要定期动态掌握各项目土地手续办理情况，适时通报进展情况，督促项目建设单位按议定时间完成土地手续办理，同时加强与相关部门的沟通联系，为建设单位提供补充耕地信息和相关政策依据。要积极转变工作理念，提高设计和咨询单位的造价管控意识，进一步完善审查程序、改进审查模式、加快审查进度，保证造价文件编制和审查质量。

10日 省交通运输厅晋交审批函〔2020〕533号文关于印发《山西省交通运输厅“证照分离”改革全

覆盖试点工作实施方案》《山西省交通运输厅“证照分离”改革全覆盖试点工作实施细则》的通知，要求太原市交通运输局、晋中市交通运输局，厅直有关单位，厅机关有关处室做好相关工作。

同日 省交通运输厅一级巡视员、厅直机关党委书记雷天才赴太原交通运输执法局宣讲中共十九届五中全会精神，并对党建、“三零”单位创建等工作开展调研指导。

雷天才在讲话中，提出4点要求：一是深入学习宣传贯彻中共十九届五中全会精神，坚持原原本本学、全面系统学、融会贯通学，做到应知应会、学懂弄通，同时结合交通运输综合行政执法改革形势和任务要求，深入思考、谋篇布局、制定计划，使全会精神落到实处。二是扎实抓好党的建设工作，全面落实新时代党的建设总要求，坚持党要管党、全面从严治党，加强党支部建设，强化党员的思想政治教育，实现党的建设与业务工作的深度融合、互促互进。三是认真开展好“三零”单位创建工作，站在讲政治、顾大局、保稳定的高度，进一步压实工作责任、狠抓工作落实，为交通运输综合行政执法工作提供保障。四是积极拥护改革、支持改革、参与改革，将聪明才智及改革过程中迸发的激情和热情投入到新职能、新岗位、新工作中，为交通运输事业的改革发展稳定和开启交通强国建设山西新征程做出积极贡献。

同日 省交通运输厅举办全国交通运输系统抗击新冠肺炎疫情先进个人先进集体奖章、奖牌、证书现场授予活动。厅党组成员、副厅长王晋宣读《交通运输部关于表彰全国交通运输系统抗击新冠肺炎疫情先进个人和先进集体的决定》，并为先进个人、先进集体颁发奖章、证书和奖牌。

太原高速公路管理有限公司长风西收费站、晋中市交通运输局荣获“全国交通运输系统抗击新冠肺炎疫情先进集体”称号；太原公共交通控股（集团）有限公司电车分公司二车队305驾驶员马森林、山西汽运集团晋龙捷泰运输贸易有限公司捷泰快客分公司驾驶员王俊民、山西交通控股集团有限公司安全环保部业务主办牛彦峰、山西省交通运输厅民航综合协调处二级调研员刘树伟荣获“全国交通运输系统抗击新冠肺炎疫情先进个人”称号。

王晋向全省获得全国交通运输系统抗击新冠肺炎疫情先进个人和先进集体表示祝贺，对他们在交通运输一线为抗击新冠肺炎疫情斗争做出的重大贡献致以崇高敬意、表示衷心感谢，希望他们珍惜荣誉、再接再厉、勠力同心、锐意进取，继续发挥模范带头作用，当好伟大抗疫精神的践行者。同时号召广大干部职工深入学习贯彻习近平总书记在全国抗击新冠肺炎疫情表彰大会上的重要讲话精神，学习先进、崇尚先进、争当先进，让伟大抗疫精神在全行业落地生根、蔚然成风，为奋力谱写新时代交通强国建设山西新篇章做出新的更大贡献。

同日 省交通运输厅召开专题会议，通报全省高速公路服务区检查情况，对发现的有关问题提出整改要求。厅党组成员、副厅长王晋出席。

省交通运输厅于11月16日至25日组织对全省129对高速公路服务区的标志标线、车辆停放、环境卫生、经营服务、连续服务等内容进行专项检查，发现部分服务区存在问题，与人民群众出行需求有一定差距，一定程度上影响全省高速公路形象。

王晋在讲话中，要求高度重视高速公路服务区管理，坚持以人民为中心和高质量发展理念，在兼顾经济效益的情况下，保障社会效益和公益属性；要大力加强高速公路服务区管理，对标先进省份，向相邻省份看齐，强化顶层设计，统筹做好服务区管理各项工作；要针对发现问题，迅速制定整改方案，限期完成整改，同时举一反三，提升服务区管理整体水平；要针对未开通运营的服务区、加油站等，逐站提出解决办法，确保尽早投入运营。

11日 省交通运输厅晋交建管函〔2020〕513号文关于进一步做好《必须招标工程项目规定》和《必须招标的基础设施和公用事业项目范围规定》贯彻落实工作的通知，要求各市交通运输局，省公路局、省交通建设中心，山西交控集团落实好相关工作。

同日 省交通运输厅晋交科技发〔2020〕451号文印发《关于开展全市交通运输生态环境保护监督帮扶工作的通知》，要求各市交通运输局，省公路局、省运输发展中心、厅机关有关处室做好相关工作。

12日 郑州至太原高速铁路太原至焦作段（以下简称郑太高铁太焦段）开通运营，郑太高铁实现全线贯通，太原至郑州最快2小时36分可达。

郑州至太原高速铁路是首条纵贯太行山的高铁，线路北起山西省会太原市，途经山西省晋中市、长治市、晋城市，河南省焦作市，南至河南省会郑州市，线路全长432公里，其中郑州至焦作段已于2015年6月26日开通运营。此次开通的太原至焦作段长372公里，设太原南、晋中、太谷东、榆社西、武乡、襄垣东、长治东、长治南、高平东、晋城东、焦作西、焦作12座车站。

郑太高铁太焦段开通运营当日，铁路部门安排开行动车组列车12对，最高运营时速250公里；开通次日至2021年1月全国铁路运行图调整前，每日安排开行动车组列车11对；2021年1月全国铁路运行图调整时，将按照日常线、高峰线安排列车开行，列车开行对数进一步增加。

郑太高铁的全线通车，进一步完善区域路网布局，缩短晋东南、蒙西等地与中东部地区时空距离，极大便利沿线群众出行，对促进沿线经济社会发展，助力中部崛起发展战略实施具有重要意义。

14日 省交通运输厅晋交人发〔2020〕455号文印发《关于赵李剑等438名同志具备交通运输专业工程师任职资格的通知》。

同日 全国交通运输行业精神文明建设工作电视电话会议举行，传达学习习近平总书记在全国劳动模范和先进工作者表彰大会上重要讲话精神以及全国精神文明建设表彰大会精神，表彰2018—2019年度全国交通运输行业精神文明建设先进集体。

根据交通运输部决定，山西省交通运输执法局、山西省运输事业发展中心、临汾市交通运输局、山西交控集团太旧高速公路管理有限公司、山西中交翼侯高速公路有限公司、太原国际机场有限责任公司6个单位被授予“全国交通运输行业文明单位”称号；山西交控集团运城南公司运城东收费站、山西交控集团大同北公司大同东收费站、长治市道路运输管理处、长治市汽车客运东站有限公司4个单位被授予“全国交通运输行业文明示范窗口”称号。

15日 省交通运输厅、省财政厅、省发展和改革委员会晋交财发〔2020〕459号文联合印发《关于调整新原高速等5条政府还贷高速公路收费期限的通知》，要求山西交控集团做好相关工作。

同日 山西交控集团召开联网收费稽核工作推进会，进一步加大逃漏费分析和追缴力度，全力确保通行费应收尽收。此次会议标志着“一张网”收费模式下全省高速公路收费稽核追缴工作全面启动。

取消高速公路省界收费站后，车辆跨省通行单次缴费额增加，面对偷逃通行费带来的非法利益诱惑，大车小标、屏蔽通行卡、倒换通行卡等新型逃漏费行为时有发生，造成通行费流失。

面对新形势、新情况，山西交控集团多措并举，全面织就一张密网，抓治逃、堵漏洞、促增收。一是建立三级稽核管理体系和稽核追缴长效机制，全面排查封堵服务区掉头通道、入口治超丢轴等潜在漏费点；二是开发应用AI数据稽核平台，全面筛查大车小标、货车客标等恶意逃费车辆，复核非法调头车、跟(闯)关车等“特情车”轨迹，常态化开展稽核工作；三是全面启动黑名单限行制度，禁止未补缴逃漏费车辆驶入高速，维护良好的收费秩序；四是对没有主动补缴通行费的客户寄送律师函开展司法追缴，对违反《道路交通安全法》、逃费金额达到立案标准的车辆，联合司法、运管等部门联合惩治，并配合交通运输部推进跨省联合追缴，形成打逃高压态势。另外，交控集团还建立完善通行费稽核追缴奖励激励制度，充分激发内部职工和社会公众打击偷逃漏费行为的积极性。

全省高速公路通行费追缴方式主要有4种类型：一是补费告知主动补缴。二是本省限行补缴，车道系统自动拦截逃费车辆。三是司法途径追缴。四是全网限行补缴，对无法取得联系方式且省内各收费站未在规定时间内拦截到的逃费车辆，或律师函寄达未在规定时间内完成补费的逃费车辆，录入部级稽核系统，实施全国限行追缴。逃漏费车辆可就近去往收费站ETC网点、收费站票证室、ETC营业厅补缴通行费，补缴通行费后系统自动解除追缴名单。

开展新形势下联网收费稽核业务，不仅是打击偷逃通行费行为需要，更是构建诚信和法制化社会需要、维护社会公平与公开性需要、维护高速公路运营秩序需要。

17日 省交通运输厅党组成员、副厅长王晋赴阳泉公路分局调研智慧公路建设工作。

近年来，分局充分利用智慧公路平台，整合基层公路路产管理、设备物资管理、公路事件管理、公路养护管理、公路治超管理、数据统计分析等功能，全面实现路产数据电子台账化管理。在指挥公路综合指挥中心，王晋详细了解运行情况，观摩智慧公路综合信息管理平台操作演练，并对平台运作的全域视角、全流程、高效率管理给予充分肯定。

王晋指出，智慧公路是交通强国的重要组成部分，要进一步整合现有智慧公路智慧平台信息数据，应用最新的信息技术手段，构建形成全面感知、深度融合、科学决策、快速反应的综合智慧公路应用平台，更好地为阳泉国省道干线公路路网建设和人民便捷出行服务。

17日至18日 省交通运输厅党组成员、副厅长王晋，厅党组成员、副厅长段新源带领省交通运输厅第一、第二监督帮扶组分赴阳泉、运城、临汾开展交通运输生态环境保护监督帮扶工作。

监督帮扶组先后深入国道G307和国道G207阳泉市绕城改线辛兴互通段、大众出租车公司，运城市公交西停保场、运临路口柴油货车污染管控巡查点、国道G209、运城汽车运输有限公司、临汾市省道S232、山西大唐国际临汾热电责任公司等地，组织召开座谈会，听取各市交通运输局和公路分局关于交通运输生态环境保护的工作情况汇报。

监督帮扶组强调，交通运输领域是治理大气污染的主战场之一，各单位各部门要根据各自职能和任务分工，坚持生态环境保护“党政同责、一岗双责”“管业务就要管环保”要求，对照中央生态环境保护督查“回头看”各项整改任务和完成时限，细化工作流程，从严做好整改问题检查验收工作。要加快推进交通强国试点，推动小型公交、轨道交通、ETC停车场等建设，不断完善综合交通运输体系。积极推进运输结构调整，推进公路货运转型升级，大力推广新能源和清洁能源车辆，构建绿色运输体系。抓好柴油货车、扬尘污染等专项整治，确保问题按期“清零”，坚决打赢污染防治攻坚战。

18日 省交通运输厅召开厅安委会第六次全体视频会议，贯彻落实习近平总书记关于安全生产的重要指示精神和中共十九届五中全会精神，分析研判当前安全生产形势，部署元旦春节、省“两会”等重点时段的安全生产工作。厅党组书记、厅长闫晨曦出席会议并讲话。

会议指出，2020年全省交通运输安全生产形势总体平稳，关键指标与2019年同期相比有所下降，但稳中有险、稳中有忧，制约行业安全发展的问题依然存在。各单位、各部门要进一步强化安全发展理念和本质安全水平，完善安全责任体系，时刻绷紧安全生产这根弦，全力做好安全生产工作。要扎实开展安全生产监督检查，重点查处一些突出问题，对重点领域严督实查、追查到底，对发现的突出问题和重大隐患，曝光通报、约谈、跟踪督办、逐项逐条整改销号，坚决遏制重特大事故发生。

会议要求，公路运营领域要强化急弯、陡坡、桥隧等重点路段的日常监测维护，完善交通安全设施及警示警告标志，及时处理路面病害。道路运输领域要督促运输企业密切关注雨雪、冰冻等恶劣天气和路况信息，优化运输调度，加强“两客一危”、重型货车等重点运营车辆动态监管。水上交通领域要强化安全预警，督促水运企业、船舶严格遵守恶劣天气条件下禁限航要求，切实压实属地政府责任，强化渡口、渡船安全管理。工程建设领域要强化冬季施工现场安全管理，落实桥梁隧道施工、高边坡和临崖临水作业等复杂条件下安全防护措施，严禁违章作业和不顾安全赶抢工期。同时，要切实加强和保持监管执法高压态势，重点抓好应急处置工作，毫不放松抓好常态化疫情防控工作。

闫晨曦对深入学习贯彻习近平总书记重要指示精神，抓好交通运输安全生产工作提出要求。他指出，要全面梳理检点全年目标任务，科学谋划2021年安全生产工作，特别是约束性指标和硬性任务必须不折不扣确保完成。要切实提高政治站位，推进深化安全生产专项整治三年行动，认真对照任务清单，扎实推进道路客运、危险货物运输、公路水运工程建设、城市公共交通重点领域专项治理，着力消除制约交通运输安全发展的顽症痼疾。要强化形势研判分析，及早启动春运筹备工作，在保畅通、保运力基础上，系统安排春运期间交通运输疫情防控、安全生产、便民服务等工作。要认真分析本行业领域存在的突出问题和关键症结，进一步完善安全责任体系，健全安全工作机制，提高风险防范水平，使全系统的安全生产工作基础更扎实、成效更明显，为2020年圆满收官和2021年良好起步履好职、尽好责，全力以赴确保全省交通运输安全生产形势持续稳定向好。

厅党组成员、副厅长王晋主持会议。晋中市交通运输局、阳泉市交通运输局、省公路局作交流发言。各市交通运输局、各公路分局、各市交通执法局负责人和安全部门负责人在各市分会场参加会议。

同日 省交通运输厅党组成员、副厅长王四小带队赴长治市开展交通运输生态环境监督帮扶工作。

王四小先后深入长治市柴油货车和散装物料运输车污染治理北石槽联合执法站，现场查看联合执法行动开展情况，到上党区车辆报废回收点实地调研柴油货车排放污染深度治理、国三及以下营运中重型柴油货车报废车辆回收工作，并在上党区交通运输局召开座谈交流会，听取长治市、上党区交通运输局生态环境保护工作情况汇报，与上党区委、区政府领导及市、区交通运输局负责人进行座谈交流。

王四小在讲话中，对长治市交通运输生态环境保护工作取得的成效给予充分肯定。他强调，要思想上高度重视，行动上加快脚步，层层分解任务，压紧压实责任，切实把淘汰国三及以下排放标准柴油货车工作抓紧、抓实、抓出成效，确保如期完成各项目标任务。要深入贯彻落实习近平总书记关于“四好农村路”重要指示精神，按照“十四五”交通发展新理念，坚持农村公路建设与产业、旅游及乡村振兴融合发展，推动“四好农村路”高质量发展。要先试先行，实现农村公路网络化、管理养护标准化、农村客运公交化，不断提升农村公路形象档次，优化群众出行环境，服务旅游、服务乡村，不断提高人民群众获得感、幸福感、安全感。

同日 省交通运输厅党组成员、副厅长郭丙福赴太原冷链物流运输企业调研督导冷链运输疫情防控工作。

郭丙福认真听取太原市交通运输局、市执法总队关于冷链运输疫情防控工作汇报，与山西晋捷顺达物流有限公司、同军冷链运输有限公司负责人进行座谈，检查冷链物流运输车辆运行、防疫消毒等工作开展情况，对太原市交通运输局及运输企业所做工作给予充分肯定。

郭丙福强调，要深入贯彻落实省委、省政府和交通运输部关于疫情防控决策部署，严格落实车辆运输装备消毒、场站管理等疫情防控工作。各有关冷链物流运输企业等经营单位要严格执行《冷链食品生产经营新冠病毒防控技术指南》相关要求，加强从业人员防护，配备必要的个人防护、消毒用品和装备，进一步加强对冷链物流一线工作人员的个人防护，防止感染风险。市交通运输主管部门要准确掌握冷链运输企业、车辆、人员信息，冷链物流企业要严格落实信息登记制度，形成闭环管理。

18日、21日 省交通运输厅一级巡视员雷天才带领第五监督帮扶组深入忻州、吕梁两市开展交通运输生态环境保护监督帮扶工作。

雷天才先后深入吕梁华达汽车维修服务有限公司、忻州远东汽修厂、忻州市禹王焦化厂，现场检查两市I/M制度落实情况、M站建设和运行情况以及货运源头企业货车出场（厂）苫盖落实情况，实地查看国道G307吕梁田家会段、国道G208和国道G108忻州过境段道路扬尘综合治理情况，分别听取两市交通运输局、公路分局的工作汇报。

雷天才对两市扎实推进中央环保督查“回头看”整改、新能源公交车和出租车更新、柴油货车淘汰以及M站建设等工作给予充分肯定。他强调，2020年是打好污染防治攻坚战的决战决胜之年，各级交通运输部门要进一步提高思想认识，认真贯彻落实省委、省政府以及省交通运输厅各项生态环境保护工作部署，加大工作力度，不折不扣完成各项目标任务，交出一份让人民群众满意的答卷。

21日 省运输结构调整攻坚行动指挥部办公室召开第三次月调度视频会。厅党组成员、副厅长郭丙福出席会议并讲话。

会上，指挥部办公室通报运输结构调整和国三及以下排放标准营运柴油货车淘汰工作进展情况。阳泉市就运输结构调整工作进行经验介绍，北京铁路局、临汾市、晋城市、忻州市分别就运输结构调整、国三排放标准及以下营运柴油货车淘汰工作作了表态发言。

郭丙福在讲话中，提出3点要求：一是紧盯目标任务，增强信心、狠抓落实。运输结构调整是党中央、国务院的重大决策部署，是省委、省政府安排要求的重点工作之一，各级各部门要以高度的政治责任感和时代使命感，履职尽责、全力以赴、不折不扣坚决予以贯彻落实。二是对标先进一流，补齐短板、赶超进度。铁路货运量的完成情况和国三柴油货车的淘汰情况都存在进度不一、差距悬殊的问题，暴露出一些单位、一些人员在政治站位、思想认识、工作态度上存在一定问题。任务完成比例低的单位要向排名靠前的单位学习，在最后决战时间里超惯性思维、超常规举措、超水平发挥，争取把短板补上、把进度赶上。三是坚持结果导向，完成指标、交好答卷。各市要倒排工期任务，明确时间节点和目标进度，及时调整修订，制定考核奖惩措施，层层压实责任，强化督促指导。货运量统计工作再做细一些，做到应统尽统；国三柴油货车淘汰工作要统计、分析、通报每日进展情况。完成年度目标任务是底线，要对没有完成任务的市继续加强督导，该表扬的表扬，该批评的批评，该约谈的约谈。

22日 省交通运输厅晋交运管发〔2020〕462号文印发《关于公布2020年“司机之家”验收结果的通知》，要求山西交控集团做好相关工作。

同日 省交通运输厅晋交人发〔2020〕464号文印发《关于山西省交通运输厅后勤服务中心公司制改制有关事项的批复》，要求山西省交通运输厅后勤服务中心履行批复。

23日 省交通运输厅、省发展和改革委员会、省财政厅晋交财发〔2020〕465号文联合印发《关于延长高速公路货车收费标准动态调整机制和货车桥梁收费标准暂缓执行的通知》，要求各高速公路经营管理单位做好相关工作。

同日 省交通运输厅机关开展职工计算机技能比赛活动。厅党组成员、副厅长段新源出席并为获奖者颁奖。

本次比赛采取无纸化机试的方式，考试内容分为文本录入、公文写作和表格运用三部分。厅机关各处室处长、副处长及机关干部按不同组别进行“同台”竞技，经过激烈角逐，最终评选出一、二、三等奖。评分采取计算机自动打分与人工裁判组评定相结合的方式，体现公平、公开、公正原则。

25日 省交通运输厅直机关党委召开2020年度基层党组织书记抓基层党建工作述职评议考核会议。厅一级巡视员、厅直机关党委书记雷天才主持会议并讲话。省直工委第五督导组程晓彬、于乐到场督导。

雷天才在讲话中充分肯定各党组织书记在抓党建工作中取得的成效。强调各级党组织要对照中央和省委关于全面从严治党的新要求，清醒认识加强党的建设方面存在的差距，进一步增强适应新时代、新任务的能力，防范化解思想意识形态领域各类隐患风险，完善履行管党治党责任的体制机制，切实提升全面从严治党的效能和水平。要继续坚持以习近平新时代中国特色社会主义思想为指导，深入贯彻落实习近平总书记关于全面从严治党的重要指示精神，坚决落实好中共十九届五中全会精神，增强“四个意识”、坚定“四个自信”、做到“两个维护”，团结带领广大党员干部乘势而上、砥砺前行，为走好交通强国建设山西新征程贡献力量，以优异的成绩迎接建党一百周年。

同日 省交通运输厅召开全系统党政领导干部违规入股企业专项清理推进会。厅党组书记、厅长闫晨曦出席会议并讲话。

会议强调，全系统各级党组织要从思想上高度警醒起来，进一步提高政治站位，充分认识专项清理工作的重大意义和自身担负的职责使命，认真落实主体责任，稳妥有序组织好填报、自查、退出、立制等各环节工作。各级党组织书记要靠前指挥，做到重要工作亲自部署、重大问题亲自过问、重点环节亲自协调、重要案件亲自督办，切实履行好专项清理工作的首责、主责和全责，确保专项清理工作取得实实在在的成效。

闫晨曦在讲话中强调，专项清理工作事关交通运输系统改革发展和全面从严治党大局，各级党组织要进一步严筛细查，摸清问题底数，对本单位在此次清理范围内的人员进行一一核实，实行清单化管理，确保清理工作不留死角、不落一人。工作中必须坚决防止形式主义、官僚主义，进一步讲明组织要求，讲清政策规定，鼓励如实报告，坚决杜绝弄虚作假、欺瞒组织的情况发生。

闫晨曦要求，要进一步严肃纪律，加大问责力度。各级党组织要进一步加强对省纪委监委汇编的19部制度文件、法律法规和18起省内外党政领导干部违规入股企业典型案例的学习，切实起到严明纪律规矩、举一反三、引以为鉴的作用。各级纪检部门要主动开展监督，对不如实报告、刻意隐瞒、在规定时间内没有及时纠正的，从严从重处理。要聚焦“关键少数”，重点对拒不纠正、“由明转暗”、“自己转家人”、“家人转他人”的问题深挖彻查，对违规入股企业背后的腐败问题，发现一起查处一起。同时要加大通报曝光力度，用身边事教育身边人，强化震慑作用。

会上，厅党组成员、驻厅纪检监察组组长王建业传达全省党政领导干部违规入股企业专项清理推进会精神，对做好专项清理工作提出明确要求。

厅一级巡视员雷天才主持会议。厅直各单位、厅机关各处室负责人、厅直单位负责专项清理工作的部门负责人参加会议。

26日 中午12时，全省首条地铁线路——太原地铁2号线一期正式开通运营。

工程于2016年3月全面开工建设，是全省建成的首条地铁线路，也是太原市贯通南北的交通主动脉，对有效缓解交通压力、优化城市空间布局、促进经济社会发展具有重要意义。全线南起小店西桥站，北至尖草坪站，连接中心城区和山西转型综改示范区，全长23.65公里，设23座车站，总投资208.64亿元。线路采用全自动运行，最高速度80公里/时。

截至2020年年底，太原地铁1号线已全面开工，3号线正在加紧前期准备。3条地铁线全部建成后，将构建起太原城市轨道交通“中”字型骨架线网，推动太原都市区进入立体交通时代。

同日 作为山西交控集团深化混合所有制改革的又一成果，山西交控数字交通科技有限公司正式揭牌成立。标志着集团公司数字化转型变革和新旧动能转换迈上新台阶，公司成立也赋予集团公司市场化领域更强竞争力。

数字交通公司由山西交通控股集团有限公司、山西千方交通科技有限公司、招商新智科技有限公司及山西四和创想交通工程有限公司共同出资组建。交控集团占股51%，山西千方占股20%，招商新智占股15%，山西四和创想占股14%。随着新的混改公司落地，集团公司将联手混改战略投资者，进一步实现资源互补、业务协同，在科技创新、拓展市场等方面开展更深入更广泛的合作。

数字交通公司致力于打造交通数字化、数字产业化的智能交通领域上市公司，以“数据链”为主线，构建数字化采集、网络化传输和智能化应用体系，服务集团经营业务向数字化、网络化、智能化转变。主营业务包括，信息技术开发、技术推广、技术转让、技术咨询、技术服务；计算机系统服务；数据处理(数据处理中的银行卡中心、PUE值在1.5以上的云计算数据中心除外)和存储服务；软件开发；计算机维修；计算机软硬件及辅助设备，电子产品销售；电子产品设计；计算机系统集成。

28日 省交通运输厅晋交运管发〔2020〕471号文印发《转发交通运输部办公厅关于进一步做好总质量4500千克及以下普通货运车辆“放管服”改革有关工作的通知》，要求各市交通运输局，省交通执法局、省运输发展中心做好相关工作。

同日 省交通运输厅、省财政厅、省发展和改革委员会晋交财发〔2020〕472号文联合印发《关于落实国家免费通行支持保障政策对太原东山国境高速公路先行延期补偿的通知》，要求山西交控集团做好相关工作。

同日 省交通运输厅晋交审批发〔2020〕476号文下发《关于印发繁峙至大营高速公路竣工验收鉴定书的通知》，要求山西交通控股集团有限公司按照鉴定书要求，尽快将工程遗留问题处理完毕，确保项目运营安全。

同日 省交通运输厅晋交审批发〔2020〕477号文下发《关于印发长平高速公路杜公岭隧道特殊地质病害处治工程竣工验收鉴定书的通知》，要求山西交通控股集团有限公司按照鉴定书要求尽快将工程遗留问题处理完毕，确保项目运营安全。

同日 省交通运输厅建设管理处与省交通建设中心联合举办全省重点公路施工质量安全技术规范和标准培训班。13个重点公路在建项目的150多名骨干从业人员参加培训，厅一级巡视员李贵顺出席开班仪式并讲话。

培训邀请省交通监理咨询集团公司、省交通科技研发公司以及省交通工程质量检测中心等单位实践经验丰富的专家授课，主要围绕一线参建单位专业人员安排课程，着力解决施工过程中的具体问题，提高一线参建人员实操能力和水平。

李贵顺强调，全省公路建设从业人员要紧紧围绕提升全省公路工程建设质量安全工作目标，扎实贯彻落实厅长闫晨曦在全省公路平安百年品质工程建设推进现场会上做出的“五个深化、五个发展”要求，聚焦行业发展需求，学好规范、用好规范，为我省公路建设持续推进高质量发展、走好山西推进交通强国建设开篇之路奠定基础。

同日 省交通运输厅晋交审批发〔2020〕478号文下发《关于印发黎城(冀晋界)至长治高速公路改扩建工程竣工验收鉴定书的通知》，要求山西交通控股集团有限公司按照鉴定书要求，尽快将工程遗留问题处理完毕，确保项目运营安全。

同日 省交通运输厅晋交审批发〔2020〕479号文下发《关于印发太原至古交高速公路竣工验收鉴定书的通知》，要求山西交通控股集团有限公司按照鉴定书要求，尽快将工程遗留问题处理完毕，确保项目运营安全。

30日 省交通运输厅晋交办发〔2020〕482号文印发《关于调整厅征文公开工作领导组组成人员的通知》。

31日 省交通运输厅晋交审批发〔2020〕483号文下发《关于印发霍州至永和关高速公路东段竣工验收鉴定书的通知》，要求山西交通控股集团有限公司按照鉴定书要求，尽快将工程遗留问题处理完毕，确保项目运营安全。

(资料提供：侯金铃　师国梁　陈瑞丽　李文瑾)

厅直属单位

山西省公路局
大事记

1月17日 省公路局局长胡钢成带领有关处室负责人赴忻州分局调研指导工作，慰问离退休老干部。胡钢成在讲话中，对忻州分局各项工作取得的成绩给予肯定，对下一步工作提出7点要求：即全力抓好工程建设；全面提升养护水平；努力推进PPP项目建设任务；狠抓制度建设；稳步推进用工方式改革；认真抓好党建工作；坚守安全和廉政底线。

调研期间，胡钢成看望忻州分局离退休老干部，为他们送去新春的问候与祝福。

1月19日 新春佳节到来之际，省公路局党委书记尹新平、副局长许秀銮带领有关处室负责人分别对省局离退休老干部进行慰问。尹新平在讲话中指出，各位老干部为全省公路事业发展做出很大贡献，现在虽然退下来了，但仍然是我们宝贵的财富。希望老干部们一如既往关心和支持公路事业的发展，继续发挥余热，积极为公路事业改革稳定发展建言献策、贡献力量。

1月20日 省公路局党委书记尹新平带领有关处室负责人对晋中分局离退休老干部进行走访慰问。慰问组一行深入离退休老干部家中进行走访慰问，送上大米、面粉、食用油、春联等物品，并详细询问生活起居及身体健康等情况，向他们致以新春祝福和深深敬意，感谢他们对晋中公路事业改革发展做出的贡献，希望他们一如既往地关心支持晋中公路，为晋中公路事业更快更好地发展贡献力量。

新冠肺炎疫情发生以来，按照省委、省政府和省交通运输厅疫情防控领导组的一系列部署，省公路局把做好国省干线公路疫情防控工作作为当前最重要的工作，紧急动员、细化措施、迅速行动，举全系统之力全力做好疫情防控工作。从1月27日开始，在大同、忻州、临汾等49个普通国省干线公路入省口设置卫生检疫站，积极配合相关部门做好检查、隔离、留验和转运等工作。

2月1日 省公路局局长胡钢成带领办公室、生活服务中心负责人督导检查办公区域防疫工作。

2月3日 省公路局召开专题会议，传达学习习近平总书记重要指示和党中央、国务院关于做好疫情防控工作有关精神，以及省委、省政府、省交通运输厅有关部署要求，通报前一阶段工作，全面分析研判当前疫情防控形势，对全省公路系统下一步疫情防控工作进行再部署再动员。

会议强调，今后一段时间重点抓好4个方面工作：一是加强自我防控，全面落实内部防控10条措施，切实保证广大干部职工身体健康和生命安全；二是全力保障全省干线公路畅通；三是全力保障绿色通道顺畅高效通行；四是坚决守好疫情防控“公路阵地”。

会议指出，各单位各部门要认真贯彻落实《山西省公路局做好新型冠状病毒感染的肺炎疫情防控一级响应工作专项应急预案》及职责清单，统筹抓好细化完善和推进落实，合力把疫情防控各项工作做得更加扎实。省局5个督查组结合疫情形势，灵活采取“四不两直”和音视频、电话、现场等方式进行督导检查，确保各项要求和措施落到实处。

2月4日 省公路局局长胡钢成深入晋中分局督导新冠肺炎疫情防控工作。在国道滨榆线北合流疫情检查点，胡钢成听取晋中分局防疫工作汇报，详细了解检查人员防护及工作情况，并对榆次段人员密集场所疫情防控、物资储备和卫生清洁等工作进行检查。胡钢成在讲话中，对晋中分局疫情防控特别是网格化管理的做法给予充分肯定，提出4点要求：一是提高政治站位，认真贯彻落实省委“五严五防”措施，积极主动配合地方政府开展国省干线公路防疫检查联防联控工作；二是认真贯彻落实交通运输部“一断三不断”“三不一优”防控措施；三是做好自身防控；四是统筹推进重点工作。

2月28日 省交通运输厅党组成员、副厅长李贵顺带领厅建管处、路网处负责人深入省公路局调研指导工作。李贵顺在讲话中，要求省公路局要以更坚决态度、更有力措施、更务实作风，扎实推动和做好国省干线公路改革发展稳定各项工作，确保全年目标任务圆满完成。

3月4日 省公路局安委会2020年第一次全体（扩大）会议召开。会议学习传达省厅会议精神，并就贯彻落实省厅会议精神、进一步做好全局安全生产工作进行部署。

会议指出，要强化责任担当，压实安全生产责任。各单位要严格落实党政同责、一岗双责、齐抓共管、失责追究的要求，坚持管行业必须管安全，管业务必须管安全，管生产经营必须管安全，建立健全安全生产监管权责清单、监管台账、问题整改清单、挂牌督办清单、追责问责清单和联合惩戒清单，落实监管责任。要严格落实安全生产责任制，建立安全生产全过程追溯制度，认真开展"反三违"行动。继续推进安全生产挂牌责任制，消除安全监管盲区和漏洞，保证监管全覆盖。要强化问责追责，建立依法依规追究事故单位责任工作机制。

3月6日 全省交通运输工作会暨党风廉政建设和反腐败工作会议召开后，省公路局迅速就贯彻落实会议精神、做好当前各项重点工作作部署，要求重点做好6项工作：一是坚持做到疫情防控和复工复产"两手抓、两不误"；二是加快新开工项目前期准备工作，按预定目标有序开工；三是全力协调推动路面改造PPP项目和安防工程前期收尾工作，力争3月底最迟4月初全面开工建设，8月底前全面完成；四是抓好春季养护；五是抓好安全生产工作；六是坚决贯彻落实好组长王建业重要讲话精神，驰而不息抓好党风廉政建设和反腐败斗争不放松，确保公路系统政治生态风清气正。

3月20日 全省公路工作会议在太原召开。会议深入贯彻落实省委经济工作会议和全国、全省交通运输工作会议精神，总结2019年工作，部署2020年工作。省交通运输厅党组成员、驻厅纪检监察组组长王建业，驻厅纪检监察组副组长聂洪、一级调研员刘杰涛出席会议。省公路局党委书记尹新平及领导班子成员在主会场参加会议。局长胡钢成作工作报告。

会议指出，2019年，在省委、省政府和省交通运输厅坚强领导下，省公路局扎实推进改革发展稳定各项工作，公路建设有力健康发展，路网综合服务保障能力稳步提升，三大攻坚战成效显著，重点领域改革全面加速，安全稳定局面持续巩固，党的建设全面加强，较好地完成年初确定的各项目标任务，畅行公路、人文公路、法治公路、智慧公路、绿色公路、平安公路建设取得新进展。

会议强调，新冠肺炎疫情发生以来，全省公路部门按照省公路局党委统一部署，全力以赴投入战"疫"，为切断疫情传播、保障公路畅通、服务战"疫"大局、支持复工复产做出积极贡献。

会议由省公路局党委副书记赵玉生主持，副局长许秀銮宣读《山西省公路局关于表彰2019年度先进集体和先进个人的决定》。会议以视频形式召开。省公路局机关正副处长，局直驻并单位党政主要负责人和纪委书记在主会场参加会议。各分局、三门峡大桥管理处、霍侯路征费管理处领导班子成员在分会场参加会议。

同日 2020年省公路局党的建设工作会议在太原召开。会议认真回顾总结2019年全局党建工作，客观分析研判当前面临的形势，着重从5个方面对2020年党建工作进行部署。厅党组成员、驻厅纪检监察组组长王建业，驻厅纪检监察组副组长聂洪、一级调研员刘杰涛出席会议。省公路局党委领导班子成员在主会场参加会议。局党委书记尹新平作工作报告。

会议指出，2019年，全局坚持以习近平新时代中国特色社会主义思想为指引，以"改革创新、奋发有为"大讨论为牵引，以"不忘初心、牢记使命"主题教育为主线，以党支部规范化建设为抓手，顺利完成各项党建工作任务，党建水平持续提升，党建功能作用得到有效发挥，保障全年公路建养管工作再上新台阶。

会议由省局党委副书记赵玉生主持，以视频形式召开。局机关正副处长，局直驻并单位党政主要负责人和纪委书记在主会场参加会议。各分局、三门峡大桥管理处、霍侯路征费管理处领导班子成员在分会场参加会议。

4月8日 由山西建工集团中标承建的晋中境内国省道路面改造工程举行开工仪式，标志着晋中境内国省道路面改造工程全面开工。

4月15日 省交通运输厅党组书记、厅长闫晨曦带领厅相关处室负责人深入忻州分局调研指导普通国省道路路面改造PPP项目推进工作。省公路局党委书记尹新平、局长胡钢成陪同调研。

在调研中，闫晨曦一行实地查看省道忻五线路面现状，详细了解忻州境内省道忻五线等6条普通省道路面改造PPP项目概况、改造方案、前期工作等情况。随后，在忻州分局召开座谈会，听取社会资本方与忻州分局相关推进情况汇报。闫晨曦强调，国省干线路面改造PPP项目是厅党组十分重视的一项工作，各参建单位一定要勇于负责，加紧协调，认真抓好工程质量、进度、管理等各方面工作，坚决按要求完成预定任务。

4月16日 省公路局召开迎接“十三五”国省干线公路养护管理评价工作专题会议，学习传达4月9日厅长办公会议精神和厅长闫晨曦4月15日在忻州调研时的重要讲话精神，分析当前迎国检存在的困难和问题，研究部署下一步重点工作。

会议提出5点要求：一是高度重视、提高站位，全面提升干线公路服务水平；二是坚定信心、赶超进位，以优异成绩完成迎检备战任务；三是梳理问题、突出重点，确保重点工作提前完成；四是落实责任、细化措施，精准精细推进迎检工作；五是加强宣传，广泛动员，营造浓厚氛围。

会议研究讨论《山西省公路局迎接“十三五”全国干线公路养护管理评价实施方案》，决定进一步修订完善后印发实施。省公路局领导、机关有关处室负责人参加会议。

4月20日 省公路局党委领导班子集中学习交流研讨会召开。驻厅纪检监察组二级巡视员刘杰涛到会指导，局领导班子成员、局办公室、党工部、人事处、机关纪委负责人参加会议。

参会人员集体学习《中国共产党廉洁自律准则》《关于实行党风廉政建设责任制的规定》《党政主要负责人履行推进法治建设第一责任人职责规定》和中央事业单位改革相关文件，局领导班子成员围绕全面从严治党、认真落实党风廉政建设“两个责任”、严明纪律和规矩等重点结合自身学习体会和工作实际进行深入的交流研讨。

“党风廉政宣传教育月”活动在全系统已全面展开，局属单位各级党组织和广大党员干部职工正按照局党委部署，围绕活动主题和总体要求，扎实开展学习理论、集中研讨、警示教育、典型引领、制订清单和监督检查等活动，积极参加“山西交通在线”教育平台党风廉政宣传教育月专栏学习，踊跃撰写学习笔记和心得体会，营造出党风廉政宣传教育的浓厚氛围。

4月24日 省公路局迎国检预安排工作座谈会召开。会议听取各单位迎国检整体准备、安全生命防护工程和路面改造PPP项目推进情况，分析当前工作中存在的困难和问题，对迎国检相关工作做了具体安排。副局长许秀銮作总结讲话。

会议解读《交通运输部“十三五”全国干线公路养护管理评价方案》《路面改造工程PPP项目建设管理办法》《PPP项目建设期绩效考核办法》，特别强调公路防汛、地质灾害防治、扬尘污染治理和桥梁安全运行等工作。各分局、三门峡大桥管理处分管养护副局长、养路科长，养路处全体参加会议。

4月25日 长子公路段被长子县委、县政府评为支持地方发展优秀单位。

5月7日 省公路局赶超进位迎国检攻坚战调度会议召开。会议听取各分局迎国检工作准备、路面改造PPP项目、公路安全生命防护工程推进情况，查找存在的问题，对深入贯彻省交通运输厅党组迎国检决策部署及厅长闫晨曦指示精神做了进一步安排调度。局长胡钢成出席会议并讲话，局党委副书记赵玉生主持会议。

胡钢成指出，在迎国检前一阶段工作中，各分局站位有高度、工作有思路、行动有措施、落实有力度，各项重点工作推进平稳有序，整体向好。在下一阶段工作中，各单位要按照厅党组、局党委要求，进一步抓好各项任务的落实。

局领导结合各自分管工作做具体安排，各分局局长就迎国检工作进行汇报。局机关有关处室及质检中心、晋路公司负责人参加会议。

5月13日 省交通运输厅党组成员、副厅长李贵顺深入临汾分局调研路面改造PPP项目、安防工程、安全生产等重点工作，实地查看国道G209线、临夏线路面改造PPP项目施工现场，省道S342线乡宁境内公路安全生命防护工程施工现场，详细了解施工进度和管理、新技术应用、疫情防控等工作情况，并对做好下一步工作提出要求。省公路局副局长许秀銮及相关部门负责人陪同调研。

5月15日 省公路局党委书记尹新平主持召开局党委扩大会议，传达学习习近平总书记视察山西重要讲话重要指示和省委常委扩大会议、厅党组扩大会议学习贯彻有关要求，对公路系统掀起学习热潮、抓好贯彻落实进行部署。

尹新平指出，在全国战“疫”取得决定性战略成果，经济发展、社会生活有序全面恢复的关键时期，在山西转型发展的重要历史时刻，习近平总书记再次到山西，做出一系列重要指示，发表重要讲话，充分体现党的领袖对山西人民的最大关心，对山西工作的最大支持，全省公路系统广大干部职工精神振奋、深受鼓舞。

尹新平在讲话中，强调要把习近平总书记重要讲话重要指示精神和省委书记楼阳生提出的七点要求、厅长闫晨曦强调的三点意见，迅速在全系统进行传达贯彻，把学习宣传、贯彻落实习近平总书记视察山西重要讲话重要指示，作为当前和今后一个时期的首要政治任务，切实增强贯彻落实的自觉性和坚定性，为推进全省国省干线公路改革发展稳定提供坚强的政治保证。

5月20日 省交通运输厅党组书记、厅长闫晨曦深入省公路局，就公路系统改革工作进行调研指导，厅党组成员、副厅长李贵顺，厅党组成员、副厅长王晋，省委编办省直事业处处长王家富及厅人事处负责人参加调研。局党委书记尹新平、局长胡钢成分别就公路系统改革整体进展情况、存在的困难和问题、改革的主要思路等作汇报。

闫晨曦在讲话中，对省公路局党委前一阶段的改革工作给予肯定，再次强调中央和省委对事业单位改革的有关精神，结合近年来普通国省干线公路建设管理中存在的问题和困难，阐明改革的必要性和紧迫性。

局领导、局机关有关处室负责人参加座谈，局党委副书记赵玉生，部分分局局长、公路段段长和局直涉改单位负责人就改革有关情况分别发言。

5月21日 省交通运输厅党组成员、副厅长李贵顺深入朔州市开展全国“两会”期间安全生产专项检查，省局党委副书记赵玉生及相关部门负责人陪同检查。李贵顺一行先后深入大忻线安全生命防护工程施工现场、路面改造PPP项目基层铺筑现场以及水稳和沥青混合料拌厂，详细了解当前施工进度、质量管控及安全生产等情况，听取朔州分局及施工单位安全生产方面的情况汇报。

李贵顺在讲话中，提出4点要求：一是高度重视安全生产，严格落实各项规章制度，坚决避免发生安全责任事故；二是加强质量管理，坚持用试验数据指导生产，科学组织施工，全力打造精品工程；三是加快公路安全生命防护工程和路面改造PPP项目施工进度，确保工程8月底前全部完工；四是统筹推进疫情防控和维稳安保工作，确保安全稳定。

5月23日 省公路局党委副书记赵玉生深入朔州分局朔城区公路段检查指导安全生产工作。通过实地查看工地实验室、道路施工现场、翻阅安全生产资料、听取汇报等形式，全面了解该段安全生产工作开展情况，并对下一阶段安全生产工作提出要求。

近日，省交通运输厅党组成员、驻厅纪检监察组组长王建业先后深入朔州、忻州、太原分局就全面从严治党情况进行调研。王建业先后查看3个分局党建文化阵地、纪委谈话室等设施，分别听取各单位重点工作开展情况汇报，对3个分局各项工作取得的成绩给予肯定，并就党员领导干部进一步树立纪律规矩意识、强化责任担当、提升履职能力等方面提出要求。

5月25日 省公路局国省干线公路工程项目招投标领域专项整治行动工作推进会议召开。局长胡钢成在讲话中，要求全局上下要以坚决态度、务实作风，认真贯彻落实省交通运输厅党组、驻厅纪检监察组的部署要求，深入整治工程招投标领域存在的突出问题，坚决遏制各类违法违规行为的发生，为规范公路工程市场、促进干线公路健康有序发展做出应有贡献。

胡钢成指出，开展专项整治是提升公路行业治理能力和水平的必然要求，是创优营商环境的现实需要，工程项目招投标也是公路系统党风廉政建设和反腐败斗争的重点领域。

胡钢成强调，要紧紧围绕省交通运输厅明确的重点项目和重点内容，全面抓好自查工作，做到不漏项、不走过场，从严从实查找存在的问题。要对发现的问题要列出清单，分析原因、找出对策，建立整改清单，确定解决方案以及要求和时限。

局总工程师马德文主持会议，副局长许秀銮传达省交通运输厅、省公路局有关文件精神，3个分局负责人分别作表态发言。局机关相关处室负责人、各分局分管领导及有关部门负责人参加会议。

5月27日至28日 省公路局局长胡钢成，副局长许秀銮、郭晓军同有关处室负责人到临汾、晋中分局调研督导。胡钢成一行先后调研临汾、晋中境内路面改造PPP项目推进、公路日常养护、公路综合治理工程复工复产等情况，并走访部分公路段机关和道班、场站，分别听取两个分局近期工作情况汇报，对各分局各项重点工作推进情况给予肯定，并对下一阶段工作提出要求。

同日 省公路局总工马德文带领机关相关处室负责人赴太原分局进行督导检查。马德文一行沿国道G339、国道G241、国道G108、省道S104线先后深入各路面改造PPP项目路面铣刨作业、安全生命防护工程砌筑现场以及拌合站、监理中心试验室进行现场查看,详细了解工程质量、进度、安全、环保等方面的工作,并听取太原分局工作汇报。

同日 省公路局副局长杨转科带领局机关相关处室负责人赴运城分局督导检查。杨转科一行先后深入路面改造PPP项目基层试验段铺筑现场、底基层试验段、矮挡墙成型路段,国道G209线安全生命防护工程施工现场,详细了解施工情况,听取运城分局工作汇报。

6月3日 省公路局在临汾召开全省国省道路面改造PPP项目质量管理现场会,深入贯彻省委、省政府和省交通运输厅有关决策部署,牢牢把握质量是工程建设的生命这一主题,交流经验,研判形势,研究部署下一阶段任务,确保高质量完成路面改造PPP项目建设任务。局长胡钢成出席会议并讲话。

胡钢成在讲话中,充分肯定临汾境内项目进度、质量、管理等方面的经验做法,要求通过召开此次现场会,选树典型,宣扬典型,做到学有榜样,做有标杆,充分发挥典型的示范引领作用,激励和带动全省工程建设顺利进行。

胡钢成在讲话中,要求锁定目标,统筹兼顾,全面打好打赢工程建设攻坚战。以8月底全面完工为限,正排工序,倒排工期。各联合体牵头方要尽快协调理顺内部关系,落实各方责任。施工企业要积极争取集团公司合理优化授权审批事项,精简流程,提高效率,突出抓好资金筹措,确保工程建设需要。同时统筹抓好安全生产、疫情防控、环境保护、廉政建设、新闻宣传、农民工工资支付等各项工作,为工程顺利推进创造良好环境。

会议组织观摩临汾境内部分施工现场,临汾、晋中分局、山西路桥晋运管理有限公司和山西中咨公路建设养护有限公司作交流发言。总工马德文从技术层面对工程质量管理作具体要求。副局长许秀銮主持会议。

省公路局机关有关处室负责人,各分局、项目公司、施工单位、监理单位、试验检测单位主要领导、分管领导、相关部门负责人以及技术咨询专家组参加会议。临汾市、襄汾县有关领导一同参加现场观摩。

6月4日至5日 省公路局局长胡钢成、副局长许秀銮带领局机关有关处室负责人赴临汾分局调研指导工作。胡钢成一行先后深入吉县、乡宁、安泽、洪洞、古县等地,实地查看国道G309公路安全生命防护工程、交通运输部挂牌督办薄弱路段改造实施情况,询问了解部分服务区及停车休息区、道班运营管理情况,就养护用工机制创新、事业单位改革等情况进行调研。胡钢成在讲话中,要求全省公路系统要认真学习领会厅长闫晨曦在推进公路系统改革调研座谈会上的讲话精神,深刻理解并准确把握深化事业单位改革的任务和要求,统筹抓好养资质、养机制、养人才、养时机等各项工作,为顺利推进改革打牢基础。

6月10日至12日 省公路局局长胡钢成、副局长许秀銮带领相关处室负责人及诚达公司、路面改造PPP项目专家咨询组有关人员赴吕梁、忻州分局进行调研。胡钢成一行先后深入吕梁、忻州境内交通运输部挂牌督办路段、生命安全防护工程、路面改造PPP项目施工现场,详细询问现场施工流程中的各项关键环节,分别听取两个分局近期工作情况汇报。

胡钢成在讲话中,对吕梁、忻州分局各项重点工作推进情况给予肯定,要求各单位要继续振奋精神,科学谋划,精准施策,确保各项工作有序推进。针对国道G307薛公岭部挂牌督办路段整改和兴县利民隧道改造工程,胡钢成要求按照"总结经验、提升水平,深度设计、精准施策,科技创新、提高技术,三方共担、加快推进,尽快比对、确定方案"的原则,吕梁分局及诚达公司尽快研究提出可行性方案。

6月22日 省公路局党委召开全系统2020年上半年落实全面从严治党"两个责任"汇报会,驻厅纪检监察组副组长聂洪到会指导,局党委书记尹新平出席会议并讲话,党委副书记赵玉生主持会议并提出要求。

会议听取吕梁和长治分局党委书记、忻州和临汾分局纪委书记关于落实全面从严治党主体责任和监督责任的情况汇报,局属各单位就2020年上半年"两个责任"落实情况进行书面交流。

尹新平在讲话中,从统筹推进疫情防控与改革发展稳定,坚决把党的路线方针政策落实在公路工作方方面面;持续深化思想建设,致力打造信念坚定昂扬进取的干部队伍;注重结果导向,努力形成真抓实干严谨高效的工作作风;坚持抓党风廉政建设不松懈，持之以恒营造风清气正的政治生态四个方面，对全系统上半年全面从严治党“两个责任”情况做了总结，并认真分析存在问题，要求局属单位党委、纪委要坚决扛起全面从严治党的主体责任和监督责任，按照年初党建工作会议和公路工作会议的部署，切实抓好各项工作任务的贯彻落实。

省局领导，省局机关各处室负责人，局属各单位党委书记、纪委书记参加会议。

6月22日至24日 省公路局局长胡钢成、副局长许秀銮带领机关相关处室负责人赴大同、朔州分局调研。胡钢成一行先后深入大同、朔州境内路面改造PPP项目及标准化养护示范路段进行调研，详细了解施工进度、安全生产、质量管控等情况，听取两个分局近期工作情况汇报，对两个分局有关工作进展情况给予肯定，并对下一步工作提出要求。

6月28日 在中国共产党成立99周年华诞即将来临之际，省公路局党委组织机关各支部党员代表，正式划转省公路局的原省高管局党员代表，太原分局及阳曲公路段党员代表赴太钢集团公司、太原分局路面改造工程PPP项目工地和阳曲公路段开展“走总书记视察之路、重温入党志愿书、赶超进位坚决打好迎国检攻坚战”主题党日活动。

在太钢集团公司，党员代表们沿着习近平总书记视察足迹，参观公司厂区、生产车间和太钢博物园，了解太钢发展成为全球不锈钢行业领军企业的不凡历程。在太原分局路面改造PPP项目施工一线，举行“党旗插在工地上”授旗仪式。在阳曲公路段，3名党员代表重温入党志愿书，局党委书记尹新平为党员代表们上党课。尹新平与大家分享活动感悟，并围绕“创新”“忠诚”“担当”三个关键词提出要求。一是善创新；二是讲忠诚；三是勇担当。

6月 截至月底，全省国省干线公路完成建养投资70.41亿元，是年度目标任务140亿元的50.3%。一是统筹推进疫情防控和复工复产。17个续建项目于3月底全部复工，同时新开工3个项目，力争完成最多工程实物量。二是全力推进三项工程建设，打响赶超进位迎国检攻坚战。其中，路面改造PPP项目完成投资16亿元；安防工程完成1287.3公里，占总里程的90%；部挂牌整改路段前期工作已基本完成。三是多措并举促进度保质量。党政主要领导不断加强与地方沟通，创优发展环境；成立5个督导组，定期督促指导工作；全面推行节点控制、清单管理，将任务细化到每人、时限明确到每天；召开工程建设质量现场会，以点带面，推动全局；扭住路面改造PPP项目质量管控，引入专家咨询、首件产品质量认证等制度，确保工程质量安全。四是围绕养建抓党建、抓好党建促养建。所有项目全部成立临时党支部，广泛开展各类党建活动，做到党的建设和工程建设双促进、双提升。

7月1日 省公路局党委副书记赵玉生带领局机关相关处室负责人赴三门峡大桥管理处调研。赵玉生一行观看治超人员军事化演练、廉政公开承诺仪式，查看监控稽查中心和茅津渡超限检测站，并与管理处班子成员就单位改革进行座谈。

赵玉生听取大桥管理处单位改革合并后人员安置、工作开展等方面的意见和建议，对管理处近期工作给予肯定。运城分局有关领导和相关部门负责人参加座谈。

7月13日 省公路局召开路面改造工程PPP项目攻坚战调度会，贯彻落实省交通运输厅路面改造PPP项目质量管理有关精神，分析形势，研判问题，对下一阶段工程建设进行再安排再部署。局党委书记尹新平、局长胡钢成出席会议并讲话。

胡钢成指出，PPP路面改造项目建设已经进入关键阶段，参建单位要以背水一战的姿态，全力投入工程建设。尹新平强调，PPP路面改造工程是省委、省政府和省交通运输厅做出的重要决策，是省公路局年内必须交账的政治任务。希望参建各方以本次会议为新起点，更加扎实细致地做好各项工作。副局长许秀銮主持会议并传达省交通运输厅有关会议和文件精神，总工程师马德文就工程质量管理工作提出意见和建议。省公路局专家组通报工程建设巡查发现的问题。

会议以视频形式召开。省公路局领导、机关各处室负责人，省局5个督导组成员、高级专家技术咨询组在主会场参加会议。各分局局长、路面改造工程PPP项目分管领导及部门负责人；各项目公司董事长、总经理、分管领导、施工单位主要负责人及技术负责人；各监理单位总监和试验室主任；各试验检测单位负责人和试验室主任、片区专家组组长在分会场参加会议。

7月21日 省公路局党委书记尹新平带领局机关有关处室负责人深入筑机厂、构件厂，实地考察两户企业生产经营情况，了解企业现状，听取企业干部职工对改革的意见和建议，共商改革发展之策。

尹新平在讲话中，对两户企业近年来在生产经营、维护稳定等方面的努力工作给予肯定。认为两厂成立时间长，历史遗留问题多，企业负担重，根本出路在于继续加快改革。

7月22日至24日 省公路局党委书记尹新平赴晋城、长治分局，实地查看晋城、长治境内路面改造PPP项目与重点工程实施情况，深入省道长晋线凤凰山隧道收费站、国道G309线八泉服务区、党员示范路段、综合文化展厅等基层单位和一线窗口，就迎国检、基层党建等工作进行调研。

调研期间，尹新平与基层干部职工共同参加劳动，就贯彻落实习近平总书记视察山西重要讲话重要指示作专题宣讲。尹新平在讲话中，要求全省公路系统要把学习贯彻习近平总书记视察山西重要讲话重要指示作为当前和今后一个时期的首要政治任务，以扎实有效的举措，推动习近平总书记视察山西重要讲话重要指示精神往深里走、往心里走。省公路局机关有关处室负责人陪同调研。

7月23日 省公路局党委书记尹新平听取晋城分局工作汇报，对分局各项工作给予肯定，并对下一阶段工作提出3点要求。一是以迎国检为契机，高标准、高质量推进重点项目建设，加快路面改造PPP项目、公路安全生命防护工程建设进度，全面加强日常养护及预防性养护，以精益求精的态度抓好外业与内业各项准备，坚决打赢赶超进位迎国检攻坚战。二是学习贯彻中共十九届四中全会精神，把加强基层党组织建设作为提升行业治理能力和水平的关键，不断增强基层党组织的吸引力、凝聚力、组织力、战斗力。三是深入开展“三零”单位创建。

7月24日 省公路局党委书记尹新平听取长治分局工作汇报，对分局2020年以来的工作予以肯定，对今后工作提出3点要求。一是充分发挥自身优势，借助良好外部环境，稳步推进公路养护、建设、党建等各项工作全面发展，在新一轮高质量发展中实现赶超进位，让老分局焕发新光彩。二是在围绕推进党建高质量发展持续抓好行业党建工作的同时，不断创新并及时总结党建与养建深度融合的典型做法，形成可借鉴、可推广的经验。三是学习贯彻事业单位改革和事业单位办企业脱钩改革等有关精神，按照省交通运输厅党组的部署要求，做好全面深化改革的各项准备工作，努力通过改革蹚出公路系统转型跨越发展新路。

7月28日 省公路局事业单位改革国有资产清查工作部署会议召开。局长胡钢成出席会议并讲话，要求按照省交通运输厅党组要求，进一步提高政治站位，强化责任意识，高质量完成国有资产清查工作。

胡钢成强调，此次资产清查工作时间紧、任务重、涉及部门多、工作难度大，各单位要紧紧围绕工程项目、往来资金、自有资金、债务等重点，细致做好资产清查。要把资产清查工作中工程项目总体投资、新改建项目投资、养护工程投资、固定资产核算、公务用车、各类账务等数据审核职责，分解至相关处室，压实各自责任，确保此次资产清查数据真实准确。副局长杨转科、省局有关处室负责人，各分局、有关直属单位分管领导、计划科、财务(资产)科负责人参加会议。

7月30日 省公路局信访工作专题会议召开，深入贯彻落实省委“三零”单位创建工作动员会精神和省交通运输厅做好信访维稳工作有关部署要求，分析研判全系统信访形势，部署下一阶段信访稳定保障工作。局党委书记尹新平主持会议并讲话。

尹新平在讲话中，要求进一步提高政治站位。公路系统摊子大，历史遗留问题多，新老矛盾相互交织，在全系统整体深化改革全面启动的关键时期，全局上下要时刻保持清醒头脑，始终站在讲政治、讲党性、讲大局的高度，充分认清当前和今后一段时间做好信访维稳工作的紧迫性和重要性，采取切实有力措施，确保改革发展稳定大局。

党委副书记赵玉生、副局长郭晓军出席会议，机关相关处室、部分分局和律师事务所负责人参加会议。

8月9日至10日 省公路局局长胡钢成、副局长许秀銮带领机关有关处室负责人赴运城分局，对迎国检各项准备工作、路面改造工程PPP项目建设、公路安全生命防护工程实施、限速标志示范路创建等工作进行调研指导。

胡钢成一行先后深入河津、闻喜、夏县等地，实地查看路面改造工程PPP项目基层铺筑现场、标准化养护示范路段、国道G108禹门口黄河大桥山西连接线施工现场，详细了解施工进度、质量管控、新技术运用等方面情况。

8月14日 省公路局局长胡钢成与中交集团华中区域总部副总经理熊友山举行工作会谈。省局领导马德文、郭晓军及有关处室负责人出席。

胡钢成代表省公路局对熊友山一行来局洽谈

深化合作表示欢迎，对中交集团长期以来给予山西公路工作的支持表示感谢。在简要介绍省公路局基本情况后，他说，当前全省公路系统正在深入学习贯彻习近平总书记视察山西重要讲话重要指示，积极响应省委、省政府“沿着总书记指引的金光大道奋勇前进”的号召，奋力推进山西公路转型发展，努力提升全省国省干线服务质量和水平。熊友山感谢省公路局对中交集团在晋公路项目的关心和支持，简要介绍中交集团战略布局和业务发展情况。他表示，中交集团愿意主动服务山西公路发展战略，在国省干线公路建设、公路监测、智慧公路、技术服务等重点领域深化务实合作，助力山西公路健康持续发展。

8月30日 2020年以来，省公路局认真贯彻落实习近平总书记关于安全生产工作的重要论述，按照省委、省政府和省交通运输厅一系列部署，严格落实安全生产责任制，坚持生命至上、安全第一，把狠抓干线公路安全生产贯穿于公路工作全过程、各环节，为人民群众出行提供坚实安全保障，全省干线公路安全综合治理能力进一步提升。一是严格落实安全生产责任；二是推进工程项目建设；三是全力做好汛期安全生产工作。

8月下旬 省公路局机关第六支部党员一行赴左权县，在左权将军纪念亭和乡道035（羊角至山庄）开展“太行左权文明路 英雄足迹志愿行”主题党日活动。局党委副书记赵玉生、副局长许秀銮以普通党员身份参加此次活动。

在左权将军纪念亭，支部党员观看左权将军纪录片，进一步了解左权将军生平事迹；在乡道035（羊角至山庄）路段，大家粉刷树木、清理杂草，积极投入志愿者义务劳动中。大家纷纷表示，左权之行使自己受到一次生动的党性教育，是一次学习历史、增长知识、提升修养的过程。今后，一定要把革命先烈英勇奋斗、勇于担当精神带到工作中，进一步做好各项工作。

9月1日 省公路局2020年度财政预算资金执行推进会议召开。

9月14日 省公路局党委书记尹新平深入党支部工作联系点——晋路公司第二支部，就企业党的建设、生产经营、技术创新等方面进行调研。

在调研中，尹新平详细了解新能源节能环保产品相关情况，实地查看晋路公司太谷园区产品展示区、车间生物质锅炉生产作业区、党建活动场所等地。在查阅党建工作台账、资料，听取支部工作汇报后，尹新平与支部全体党员一起参加党员大会，共同学习习近平总书记在抗新冠肺炎疫情表彰大会上的重要讲话，分享交流入党初心、党性修养等方面的心得体会，并就如何提升基层党组织规范化标准化建设质量进行探讨。

9月16日 省公路局组织机关全体职工参与省科协“全民健康，从我做起”健康科普讲座。

9月22日 省公路局局长胡钢成深入党支部工作联系点——省公路物资供应总公司第二支部，就公司党的建设、业务经营、事转企改革等进行调研。

胡钢成实地查看公司沥青存储情况和党建活动场所，听取公司经营情况和支部工作汇报，参加支部“崇科学、敬英雄、讲贡献”主题党日活动，同公司党员干部一起观看全国抗疫表彰大会视频，交流理想信念、职业操守等方面的心得体会，并就如何突出支部政治功能、提升组织力、解决工作中存在的问题进行探讨。

胡钢成在讲话中，对公司领导班子在拓展主营业务市场、解决资金债务难题、加强干部职工队伍建设、克服新冠肺炎疫情影响等方面取得的成绩给予肯定，并围绕公司如何做大做强主营业务和谋划长远发展给予指导意见。

胡钢成对习近平总书记视察山西重要讲话重要指示进行宣讲，要求大家深刻理解习总书记对山西工作的总体要求，贯彻落实习总书记提出的六大任务以及省委转型发展蹚新路的决策部署，为公司发展蹚出新路贡献智慧和力量。

9月25日 晋中市首个采用收费还债模式建设的一级公路、2020年全省重点工程之一——国道G208线清徐县常家庄至晋中长治界一级公路新建工程举行开工仪式。省公路局局长胡钢成出席开工仪式并讲话，晋中市纪委书记丁利军、副市长郝向明出席仪式。

9月下旬 中秋、国庆将至，省公路局多措并举努力打造安全、畅通、和谐的通行环境，确保“两节”期间道路安全畅通。一是完善各类应急预案，组建应急处置队伍，备足应急物资，并加强应急演练，确保预案可执行、有成效。二是对所辖国省干线公路实施拉网式排查，特别是针对地质不良路段、事故多发地段加大安全隐患排查治理力度，发现问题及时处理。三是加大巡路力度，及时掌握公路通行情况，做好重点路段和桥梁的监控。对正在施工的路段，合理设置警示标志，做好交通引导。四是严格执行24小时值班和领导带班制度，确保各类路况信息及时传达、突发应急情况立即处理、安全保畅责任层层落实。五是健全与交警部门联动机制，全力做好应急处置，防止发生交通堵塞和车辆长时间滞留情况的发生。六是通过广播、电子屏等及时发布公路路况、气象、交通管制、分流绕行等信息，在各公路服务区、超限检测站、道班等场所为过往司乘人员提供维修工具、热水、药品等，尽力做好便民服务工作。

10月2日 省公路局召开紧急会议，局长胡钢成主持。会议议定下发安全大检查通知，并选派4名处级干部和3名一般干部参加省交通运输厅组织的安全检查。

10月3日 省公路局公路党委书记尹新平深入晋中分局太长线潇河桥、试验检测中心、唐晋公司、榆次公路段应急物资储备库，实地检查各单位安全责任落实、公路安全运营、安全风险排查管控等情况，并慰问节日期间仍然坚守一线的养护工人。尹新平在讲话中，要求深刻汲取太原台骀山景区安全事故教训，进一步提高政治站位，聚焦重点领域、紧盯关键环节，强化责任担当、层层压实责任，按照"全覆盖、严执法、零容忍"的原则全面开展安全生产大检查和隐患大排查，确保防患于未然，确保国省道路安全畅通。

同日 省公路局副局长许秀銮深入长治分局国道G208线襄垣段、省道长平线淮海防护通道等养管一线，实地查看值班值守、应急物资储备、重点路段安全保畅及安防工程和煤矿采空区、水毁路段恢复处治等情况。许秀銮在讲话中，要求进一步增强政治意识、责任意识，牢固树立"生命重于泰山"的理念，以严的要求、实的举措把安全生产工作落实到位。要进一步加强干线公路日常巡查和养护工作，及时处置各类路面病害，为群众出行提供安全畅通的交通保障。

10月4日 省公路局副局长郭晓军深入运城分局国道G209线收费站、超限检测站，对公路保通保畅、车辆拥堵、公路安全生产等情况进行实地查看，慰问"两节"期间仍坚持在基层一线的干部职工。郭晓军在讲话中，要求时刻绷紧安全生产这根弦，严格落实安全管理责任，全面排查隐患，尤其要抓好养护作业安全，把各环节安全措施落到实处，切实维护人民群众生命财产安全。

10月7日 省公路局局长胡钢成赴吕梁分局，深入机关办公区、部分公路超限检测站、国道G307线等地，对公路安全运营、应急物资储备、单位值班、安全隐患排查等情况进行检查。胡钢成在讲话中，要求把安全生产作为当前工作的重中之重，不断提高政治站位，准确把握形势，增强做好安全工作的自觉性和主动性，深刻吸取太原台骀山景区突发火灾事故惨痛教训，强化安全防范意识，增强安全隐患排查力度，避免安全事故发生；加强内部管理，切实做好应急保障和值班值守工作。

10月12日 省公路局组织机关全体职工参与省科协"全民健康，从我做起"健康科普讲座。

10月16日 在全国第7个"扶贫日"到来前夕，省公路局党委书记尹新平、副书记赵玉生带领局机关结对帮扶人员赴天镇扶贫点走访慰问。在扶贫点滹沱店村，开展"金秋助学"活动，为三名考上大学的学生发放助学金，鼓励他们要继续刻苦学习，争取早日成才；开展"消费扶贫"活动，与帮扶村签订胡麻油及小米购买合同。随后，尹新平、赵玉生分别来到滹沱店村、三里屯村敬老院看望五保户，详细了解其基本生活、入冬取暖等情况。结对帮扶人员深入各贫困户家中，向他们耐心讲解国家有关扶贫政策，了解当前生产生活状况。此外，省公路局领导带领机关结对帮扶人员及驻村工作队开展志愿者秋收活动。

10月中旬 省政协主席李佳对所包联重点工程项目——长治市国道环线公路改扩建工程建设进行调研。省交通运输厅一级巡视员雷天才陪同调研。在调研中，李佳先后深入长治市国道环线公路改扩建工程长邯铁路跨线转体桥、北社大桥、广武互通、集店互通，实地调研项目推进情况，召开座谈会听取汇报、现场办公。

10月21日 省交通运输厅"十三五"干线公路养护管理治理能力评价汇报会议召开。检查组组长、海南省交通运输厅党组成员、总工程师刘闯出席会议并讲话。省交通运输厅党组成员、副厅长李贵顺主持会议并致辞。

检查副组长、江苏省交通运输厅公路事业发展中心副主任杨伟东，检查副组长、海南省公路管理局副局长欧阳平及检查组全体成员出席会议。省公路局党委书记尹新平及班子其他成员，交控集团党委委员、副总经理武艺，省交通运输厅、省公路局、交控集团有关部门负责人列席会议。

会上，省公路局局长胡钢成向评价组全面汇报全省“十三五”以来干线公路养护管理基本情况、主要成效，重点汇报山西公路聚焦科学发展、厘清“十三五”公路管养工作思路，聚焦转型升级、全面构建现代养护体系，聚焦优质高效、着力强化路网运营管理与服务，聚焦推进行业治理体系和治理能力现代化、全面深化体制机制改革，聚焦创新引领、着力推进智慧公路绿色公路建设等5个方面工作。

10月21日至27日 根据交通运输部统一部署，由海南省、江苏省组成评价检查组，对全省“十三五”干线公路养护管理治理能力进行评价。

11月4日 省公路局局长胡钢成赴晋路公司，深入太谷厂区、国道G108线太谷东服务区，现场查看分布式光伏发电项目样板工程、清洁能源展示厅及服务区等设施。在听取晋路公司及部分子公司工作汇报后，对企业发展取得成绩给予肯定，对下一步工作提出要求。

11月15日 全省首家普通公路“司机驿站”在省道S314西殿超限站建成并启动。省道S314横穿阳曲县境，是连接太原和阳泉的省级通道，也是全省最重要的运煤通道之一。此条道路过往大型车辆众多，日均流量1万余辆，而且多数运输车辆驾驶员由陕西省去往河北省、山东省等地从事煤炭运输业务，极易因疲劳驾驶引发道路交通事故。为有效解决这一问题，从维护公路安全畅通、保障社会经济健康发展的角度出发，在阳曲县委、县政府大力支持下，太原公路分局西殿公路超限检测站和县公安交警大队在省道S314西殿公路超限检测站共同挂牌成立首家“司机驿站”，为广大驾驶员提供一个温馨的休息场所，让他们感受到家的温暖。

11月24日 省道董榆线(S318)寒湖岭隧道工程开工仪式在和顺县举行。省交通运输厅二级巡视员王大为应邀出席，省公路局副局长许秀銮出席并讲话。晋中市委副书记、市长常书铭，相关市县领导，施工、监理、设计单位代表共300多人参加开工仪式。

该项目是晋中市“十三五”国省干线公路重点规划建设项目，全长16.06公里，设计速度60公里/时，概算批复投资10.67亿元，项目建设模式为收费还债模式。全线共设两个施工合同段、两个监理合同段，建设工期26个月，计划2022年年底竣工通车。

12月1日 省交通运输厅一级巡视员、厅直机关党委书记雷天才赴山西诚达公路勘察设计有限公司宣讲中共十九届五中全会精神。雷天才结合公路勘察设计工作实际，围绕深刻认识中共十九届五中全会精神的重大意义和历史地位，对全会精神进行全面深入阐释。

1日夜间至2日凌晨 全省大部分地区普降中到大雪。为确保广大人民群众出行安全，全省公路系统以雪为令，各分局立即启动应急预案，迅速组织养护队伍、机械设备在所管养干线公路尤其是急弯陡坡、背阴路段及桥面展开除雪防滑作业，同时加强道路巡查，对可能发生冰冻灾害的重点路段实施24小时巡查保畅。雪情期间，全省干线公路全部保持畅通。

12月2日 省公路局国省干线PPP项目运营管理办法及绩效考核管理办法讨论会议召开。

12月3日至4日 省公路局局长胡钢成率领机关结对帮扶人员赴天镇扶贫点走访调研。胡钢成一行分别深入滹沱店、三里屯、葛家屯3个村村委会、党建活动中心、驻村扶贫队宿舍，了解各村脱贫攻坚项目，听取扶贫政策开展情况。省公路局总工程师马德文陪同调研。

在调研期间，胡钢成还分别深入3个村部分贫困户家中，同村干部、驻村工作队及贫困户促膝长谈、拉起家常。交谈中，胡钢成就脱贫后不返贫、持续保持脱贫成果等问题，同当地村干部进行深入交流。各村村干部表示，2020年，各村均有脱贫攻坚项目，能确保村民们收入稳定且持续增长。胡钢成在讲话中，要求驻村工作队继续发挥驻村优势，为当地经济发展贡献自己的智慧和汗水。在与贫困户交谈中，胡钢成详细询问其家庭收入、基本生活等情况，并勉励要增强信心，用勤劳和智慧创造美好生活。贫困户们纷纷表示党的扶贫政策好，收入一年比一年多，日子一年比一年好。

12月9日 国道G340(原省道S319)线榆社县城过境段(寨沟隧道)改线工程在榆社举行开工仪式。晋中市副市长郝向明、省交通运输厅二级巡视员杨增梅、省局总工程师马德文出席，晋中市及榆社县有关部门领导，施工、监理、设计单位代表共300多人参加开工仪式。

12月17日 省交通运输厅党组成员副厅长王晋深入阳泉分局调研智慧公路建设工作。在阳泉智慧公路综合指挥中心，王晋详细了解指挥中心运行情况，观摩智慧公路综合信息管理平台操作演练，对平台运作的全域视角、全流程、高效率管理给予充分肯定。

王晋指出，阳泉分局充分利用智慧公路平台，整合基层公路路产管理、设备物资管理、公路事件管理、公路养护管理、公路治超管理、数据统计分析等功能，全面实现路产数据电子台账化管理。他强调，智慧公路是"交通强国"的重要组成部分，阳泉分局要进一步整合现有智慧公路数据，应用最新信息技术手段，构建全面感知、深度融合、科学决策、快速反应的综合智慧公路应用平台，更好地为阳泉国省道干线公路路网建设和人民便捷出行服务。

12月25日 省公路局领导干部违规入股企业专项清理工作推进会议召开，会议由党委书记尹新平主持，全体干部职工参加会议。

12月30日 省公路局2020年度部门决算编制工作布置会议召开。

同日 由省公路局和部公路科研所共同承担的"普通干线公路重载交通关键技术研究及应用"科研项目，顺利通过省交通运输厅组织验收。省交通运输厅邀请同济大学、长安大学、北京建筑大学、重庆交通大学等高校知名专家和教授组成验收委员会，对该项目研究取得的成果给予高度评价，经专家一致认定，该项目科技成果达到国际领先水平。截至2020年年底，该项目成果已成功应用于国道G207线长治过境段、国道G207线晋城瓶颈路段并已建成通车。同时，项目成果在晋中部分新改建项目中进行推广应用。

（资料提供：薛东梅）

山西省交通运输执法局大事记

1月14日 省交通运输执法局印发《关于做好机构改革中档案处置工作的通知》，明确职责任务、工作要求、时间节点，要求各单位认真做好档案的收集、整理、移交、接收、保管等工作。

1月23日 省交通运输执法局印发《做好新型冠状病毒感染的肺炎疫情防控工作的实施方案》，成立疫情防控工作领导组，领导组下设疫情防控办公室，主要负责疫情应急防控工作协调，疫情信息收集、汇总、上报，防控措施落实情况的督导检查等工作。

1月28日 省交通运输执法局印发《关于进一步做好新型冠状病毒感染的肺炎疫情防控工作的通知》，要求全系统各单位进一步压实工作责任、完善工作机制、加强摸底排查、严控人员聚集、加强值班值守、强化舆论引导、强化督导落实，以高度负责的精神做好全系统疫情联防联控工作。

1月31日 省交通运输执法局成立5个督导组，由局领导带队，对全系统11个市局、省局机关疫情防控落实情况进行督导检查。督查组结合当前疫情形势，灵活运用督导检查方式，采取微信语音视频、电话查岗、邮件、文字、图片、现场等方式，对各单位疫情防控工作进行督导检查。

2月14日 上午，省交通运输执法局局长、党委书记曹居月先后深入省交通运输执法局王村北街宿舍区、太原交通运输执法局机关及宿舍区，实地查看出入登记、体温监测、消毒、防控人员到岗等情况，认真听取疫情防控措施落实情况，对做好下一阶段疫情防控工作提出更高要求。省局副局长段志伟和省局办公室、安全生产监督处负责人陪同调研督导。

2月26日 上午，省交通运输执法局党委召开第四次专题会议暨省局疫情防控工作领导组会议，传达省交通运输厅统筹做好疫情防控加快交通运输复工复产支撑经济平稳运行电视电话会议精神，研究应对新冠肺炎疫情防控工作方案。

3月20日 省交通运输执法局印发《关于做好2020年安全生产工作的通知》。

3月24日 省交通运输执法局印发《关于落实境外入晋人员管理措施的通知》，要求全系统各单位要高度重视，进一步落实单位法人责任，严防境外疫情输入，认真排查单位职工及直系亲属近期有无旅居侨居情况，近期有无返境情况。

4月27日至5月15日 省交通运输执法局在全系统开展资产清查工作。省局成立资产清查工作领导组和办公室，委托资产清查服务机构对省局机关、11个市局、4个局直属单位、119个县级分局、市局直属的11个督查支队进行资产清查。

4月28日 上午，省交通运输执法局召开警示教育会，重温省交通运输厅党组《关于严明事业单位改革期间工作纪律的通知》，用身边案例警示教育全体干部职工，时刻把纪律规矩挺在前面，时刻保持头脑清醒，知敬畏、存戒惧、守底线。

同日 省交通运输执法局党委印发《2020年党的工作要点》，从加强党的政治建设、坚持深化理论武装、规范基层党组织设置、强化纪律作风建设、扎实做好精神文明创建和群团工作等5个方面19个细化目标，对全系统2020年党建工作进行安排部署。

4月30日 省交通运输执法局印发《关于开展"零上访零事故零案件"单位创建工作的实施方案》，明确指导思想、工作目标、创建标准、主要措施和工作要求，通过开展"三零"单位创建工作，推动全系统符合"三零"单位创建标准的单位数量逐年上升，力争到2022年，全系统"三零"单位数量占比达90%以上。

5月6日 省交通运输执法局印发《关于加强近期新冠肺炎疫情等重点传染病疫情防控工作的通知》，要求局属各单位加强组织领导，进一步强化主体责任，加强联防联控，强化源头管控，全面开展精准摸排，严把输入关口，持续强化"外防输入、内防反弹"防控策略，落实和完善常态化疫情防控举措，毫不放松抓紧抓实抓细常态化疫情防控工作。

5月12日 中共山西省交通运输执法局纪律检查委员会印发《山西省交通运输执法局深化"三转"实施方案》，从指导思想、目标要求、方式方法、工作要求等方面对深化"三转"工作进行部署。

5月14日 上午，省交通运输执法局召开深化"三转"大学习、大讨论，传达驻厅纪检监察组深化"三转"实施方案，重温赵乐际、杨晓渡、王拥军对"三转"工作重要论述及王建业组长对"三转"工作的具体要求，集中学习讨论如何深化纪检部门"三转"工作重要部署等内容，就统筹做好"三转"工作提出具体要求。

5月15日 省交通运输执法局党委召开扩大会议，传达学习习近平总书记视察山西重要讲话重要指示，省委常委会扩大会议和厅党组中心组扩大会议精神，对全省交通运输执法系统抓好学习宣传贯彻工作进行部署。

5月20日 下午，省交通运输执法局召开"三零"单位创建暨"两会"期间安保维稳工作部署推进视频会议，对全系统深入推进"三零"单位创建、全力抓好"两会"期间安保维稳工作进行部署。晋中局、长治局分别就本单位"三零"单位创建工作及"两会"期间安保维稳工作进行表态发言。

6月9日 上午，省交通运输执法局召开传达贯彻全国"两会"精神暨安委会第二次全体（扩大）视频会议。会议传达习近平总书记在全国"两会"期间重要讲话精神、全国"两会"精神，传达省交通运输厅安委会第二次全体（扩大）会议精神和《山西省交通运输安全生产专项整治三年行动方案》，对全系统安全生产工作、开展安全生产专项整治三年行动进行部署。

6月24日 下午，省交通运输执法局党委理论学习中心组集中观看央视专题片《习近平总书记在山西考察时强调，全面建成小康社会，乘势而上，书写新时代中国特色社会主义新篇章》。

6月 省交通运输执法局结合《全省安全生产专项整治三年行动计划》精神，以"消除事故隐患，筑牢安全防线"为主题，组织全系统开展"安全生产月"活动。

7月3日 上午，省交通运输执法局举办《中华人民共和国民法典》专题讲座，邀请山西大学法学院教授何建华进行专题辅导。何建华从《中华人民共和国民法典》出台的背景和价值、主要内容和特点，实施《中华人民共和国民法典》应注意的几个问题等方面，作了深入浅出、全面系统的讲解。

7月3日 上午，省交通运输执法局党委召开扩大会议，传达学习省委十一届十次全会精神，对全省交通运输执法系统贯彻落实工作进行部署。省局领导班子成员、直属单位负责人和局机关全体干部职工参加会议。

7月9日 上午，省交通运输执法局2020年安委会第三次视频会议召开，传达贯彻交通运输部2020年部安委会第三次全体会议暨交通运输安全生产专项整治三年行动推进工作视频会议、省交通运输厅防汛会议精神，对下半年特别是有序恢复生产生活秩序后的安全生产工作进行部署。晋中局、运城局就2020年上半年安全生产工作情况作交流发言。

7月17日 省交通运输执法局开展“沿着总书记视察之路，牢记领袖嘱托，重温入党誓词”主题党日活动，组织省局机关和直属单位21名党员干部赴大同市云州区，重走习近平总书记视察之路。

9月18日 省交通运输厅党组会议研究，鉴于曹居月到龄退休，按期办理退休手续。为确保省交通运输厅综合执法改革和省交通运输执法局工作顺利开展，由雷天才暂时负责省高速公路综合行政执法总队、省交通运输执法局党政工作。

10月15日 省交通运输执法局、大同交通运输执法局结对帮扶干部一行，赴定点帮扶村大同市天镇县玉泉镇李家庄村开展爱心助学、消费扶贫和帮助秋收等系列活动。

10月22日 省交通运输执法局印发《关于改革期间开展正风肃纪强化纪检监督工作的通知》，要求各市局党委、局直各支部全面履行“两个责任”，强化五项监督，通过定期开展廉政提醒、积极开展警示教育、逐级签订责任书、认真撰写心得体会、健全完善廉洁档案、加强明察暗访等形式，在改革关键时期切实加强全省交通运输执法系统作风纪律建设。

10月至12月 省交通运输执法局开展为期3个月的安全隐患排查整治专项行动，深刻汲取“10·01”台骀山事故教训，举一反三、警钟长鸣，扎实做好全省交通运输执法系统安全防范工作，有效防止和杜绝重特大事故发生。为使专项行动深入开展，省交通运输执法局成立3个检查督导组，于10月12日至18日对局属11个市局、29个基层分局（支队）及省局机关大院进行安全生产隐患排查专项检查督导，采取“听取汇报、实地检查、查看资料、询问谈话”的方式，对安全生产、信访维稳、疫情防控等情况进行检查督导。

11月4日 省交通运输执法局理论学习中心组（扩大）会议召开，传达学习中共十九届五中全会精神，开展专题研讨。

11月10日至18日、11月28日至12月6日、12月21日至29日 省交通运输执法局共组织410名业务骨干，开展3期省高速公路综合行政执法人员资格培训班。培训采取全封闭军事化管理，课程设置有基本法律知识、高速公路综合执法专业知识、高速公路综合执法实务操作、中共十九届五中全会精神解读等内容，同时安排早操队列训练和手势操比武。

11月24日 省交通运输执法局安委会第四次会议召开，传达省交通运输厅安委会第五次会议精神，对全系统抓好安全生产工作提出要求。各市局汇报安全生产风险隐患排查专项行动发现的问题和整改落实情况。

12月3日 省委决定：刘清平任省高速公路综合行政执法总队（省交通运输综合行政执法局）党委书记。

12月11日 省政府任命：刘清平为省高速公路综合行政执法总队（省交通运输综合行政执法局）总队长（局长）。

12月17日 省高速公路综合行政执法总队召开干部大会，宣布省委、省政府关于总队主要领导任职的决定：刘清平任省高速公路综合行政执法总队（省交通运输综合行政执法局）党委书记、总队长（局长）。省委组织部干部五处副处长、二级调研员荆沛宣布决定，省交通运输厅党组书记、厅长闫晨曦出席会议并讲话，厅一级巡视员雷天才主持会议，刘清平作表态发言。省交通运输厅人事部门负责人，省高速公路综合行政执法总队各整合单位处级干部、中层干部，各市交通运输执法局党政主要负责人参加会议。

12月18日 省交通运输厅党组印发《关于调整省高速公路综合行政执法总队改革领导小组组长的通知》，明确山西省高速公路综合行政执法总队机关（山西省交通运输综合行政执法局）改革领导小组组长由刘清平担任。

12月28日 省高速公路综合行政执法总队召开传达全国交通运输工作会精神视频会议，传达学习中共中央政治局委员、国务院副总理刘鹤重要批示精神，交通运输部党组书记杨传堂、部长李小鹏在全国交通运输工作会议上的讲话精神，传达《中共中央办公厅、国务院办公厅关于做好2021年元旦春节期间有关工作的通知》。省高速公路综合行政执法总队(省交通运输综合行政执法局)党委书记、总队长(局长)刘清平主持会议,并对贯彻落实全国交通运输工作会精神进行部署。

同日 省高速公路综合行政执法总队党政领导干部违规入股企业专项清理推进视频会议召开。会议通报前一阶段全系统专项清理工作的开展情况和存在的问题。驻厅纪检监察组副组长任玉胜传达省纪委、厅党组专项清理推进会精神,并对做好专项清理工作提出明确要求。总队(局)党委书记、总队长(局长)刘清平对全系统推进专项清理工作进行部署。

12月30日 省高速公路综合行政执法总队召开全系统安全委员会第五次全体视频会议。会议传达省交通运输厅安委会第六次会议精神、通报2020年度全省交通运输执法系统安全生产、疫情防控工作的落实情况,部署下一阶段工作。

12月31日 省高速公路综合行政执法总队印发《关于进一步做好改革期间国有资产与资金管理工作的通知》,对改革期间加强预算执行管理、做好银行账户变更工作、严格实有资金支付管理、强化资产管理工作、做好政府采购工作、组织部门决算及相关工作、严肃财经纪律等工作进行部署。

(资料提供:杨金成)

山西省运输事业发展中心(山西省城市客运服务中心)大事记

1月22日 为做好新型冠状病毒感染的肺炎疫情防控工作,省道路运输管理局成立疫情防控领导小组。

1月24日 省道路运输管理局印发《加强新型冠状病毒感染的肺炎疫情防控工作的实施方案》的紧急通知。

1月29日 省道路运输管理局印发《关于做好新型冠状病毒感染的肺炎疫情防控人员物资应急运输保障工作的紧急通知》。

1月 省运输事业发展中心(以下简称中心)贯彻落实省交通运输厅事业单位改革有关会议和文件精神,成立改革领导小组。

2月1日 为进一步做好新型冠状病毒感染的肺炎疫情防控工作,根据全省道路运输行业疫情防控工作需要,省道路运输管理局疫情防控领导组决定,调整“山西省道路运输管理局疫情防控领导组”及有关工作组,在疫情防控领导组下设9个疫情防控工作组(疫情形势研判组、综合协调保障组、道路旅客运输疫情防控组、城市公交疫情防控组、道路货物运输及汽车租赁疫情防控组、道路维修行业疫情防控组、驾培行业疫情防控组、新闻宣传组、党建工作组),指导协调疫情防控有关工作。

2月3日 为加强对新型冠状病毒感染的肺炎疫情联防联控,落实好省委、省政府、省交通运输厅疫情防控的相关要求,有效应对人员、物资应急运输保障工作,按照“统一指挥、分级管理、统筹安排、确保应急”原则,省道路运输管理局结合当前实际情况,制订《关于新型冠状病毒感染肺炎疫情防控道路应急运输保障工作方案》。

同日 为贯彻落实省委专题会议精神及省委、省政府、省交通运输厅重大突发公共卫生事件一级响应工作要求,省道路运输管理局特制定《山西省道路运输管理局做好道路运输领域新型冠状病毒感染的肺炎疫情防控一级响应工作专项应急预案》。

2月4日 为更好地指导维修企业做好复工准备和疫情防控工作,省道路运输管理局印发《关于加强疫情防控做好维修企业复工指导工作的通知》。

2月28日 省道路运输管理局印发《关于切实加强疫情防控复工复产期间道路运输安全工作的紧急通知》。

3月16日 省道路运输管理局积极指导帮助

全省汽车租赁企业统筹做好疫情防控和复工复产工作,印发《关于统筹做好疫情防控和汽车租赁企业复工复产工作的通知》。

3月31日至4月30日 中心在全省范围内开展道路运输安全生产专项检查,检查重点是企业负责人、安全管理人员履职、隐患排查及风险管控、营运车辆安全行车守规守纪、车辆和工作人员的疫情防控情况等。

4月10日 中心对年报数据进行整理,编制完成《2019年道路运输统计资料汇编》,为各级领导和相关部门提供统计服务。

4月29日 省交通运输厅宣布省运输事业发展中心领导班子组成人员,刘清平任主任,时晋杰、肖为民、王建民任副主任。

4月 中心印发《省运输事业发展中心(省城市客运服务中心)组建工作方案》,明确指导思想、工作机构、工作任务(包括责任领导、承办处室、完成时限等)、组织实施等事项。

5月6日 中心成立以中心主要领导为主任、其他领导为副主任、机关各支部书记为成员筹备委员会,印发《中共山西省运输事业发展中心委员会第一次党员大会筹备工作方案》,先后5次召开筹委会会议,全面推进各项筹备工作。

5月11日 中心召开2020年度"党风廉政宣传教育月"活动推进会。会议由中心副主任时晋杰主持,各党支部书记、党委工作部负责人参加会议。

5月15日 中心党委中心组学习(扩大)会议召开,传达学习习近平总书记视察山西重要讲话重要指示,按照省委常委会(扩大)会议和省交通运输厅党组(扩大)会议精神,对抓好学习贯彻进行研究部署。中心党委书记、主任刘清平主持会议并讲话。

6月3日 上午,中共山西省运输事业发展中心委员会第一次党员大会召开,选举产生中共山西省运输事业发展中心第一届委员会委员。会议中心副主任时晋杰主持,121名在职和离退休党员参加会议。

同日 中共山西省运输事业发展中心委员会第一次党员大会在省交通大厦胜利召开,选举产生中共山西省运输事业发展中心第一届委员会,同时中共山西省运输事业发展中心第一届委员会第一次全体会议同期召开,选举刘清平为党委书记,对新当选的党委委员进行职责分工。

6月16日 中心派相关人员赴太原钢铁(集团)有限公司、森林公园协助省交通运输厅参加安全宣传咨询日活动,为当地群众进行道路水路行业应急管理、安全生产方针政策、法律法规、安全标准规程和自救互救、防灾减灾救灾知识宣传,共发放宣传资料2000余份。

6月18日 中心完成法人变更登记工作(山西省道路运输管理局变更为山西省运输事业发展中心)。

6月29日 中心隆重召开庆祝中国共产党成立99周年暨"七一"表彰大会,会议对4个先进基层党组织、30名优秀共产党员和10名优秀党务工作者进行表彰,进一步激励先进,鞭策后进,推动工作。

6月29日 中心党委书记、主任刘清平讲授题为"坚定理想信念,践行初心使命"的专题党课,勉励中心全体党员干部要坚定理想信念,树牢政治意识,勇担时代重任、顽强拼搏、开拓进取,立足于岗位,做好本职工作,做信念过硬、政治过硬、责任过硬、能力过硬、作风过硬的干部。

7月1日 中心全体党员赴高君宇故居纪念馆党员教育基地开展"践行领袖嘱托,率先蹚出新路"主题党日活动。通过缅怀革命先烈的丰功伟绩,进一步坚定广大党员入党初心,激发全体党员干事创业的热情。

7月29日 中心组织30名复转军人及职工赴全省第一个集教育、宣传、训练于一体的防空防灾专题体验场所——山西省防空防灾体验馆参观学习体验,开展庆祝建军93周年暨防空防灾教育活动。

7月31日 中心组织全体复转军人、中心领导、相关处室负责人等30余人,召开庆祝建军93周年复转军人座谈会,中心党委书记、主任刘清平主持会议并讲话。

8月6日 中心党委专题会议召开,研究推进道路、水路运输领域"三零"单位创建和扫黑除恶专项斗争工作。中心党委书记、主任刘清平主持会议。

8月7日 中心召开党委理论学习中心组第七次集体学习。会上学习习近平总书记视察山西重要讲话重要指示宣讲提纲、学习《全球战役背景下我国意识形态工作的"破"与"立"》,专题学习《习近平谈治国理政》(第三卷)。学习由中心党委书记刘清平主持。

8月12日 中心2020年上半年工作总结汇报会议召开,传达学习交通运输部半年工作会议精神和省交通运输厅半年工作情况,贯彻落实交通运输部、省交通运输厅决策部署，总结上半年工作，安排下半年工作。中心党委书记、主任刘清平主持会议。

8月13日 中心党委会会议研究，讨论并通过《山西省运输事业发展中心调整任用中层干部工作方案》。

8月18日 为积极培育和践行社会主义核心价值观，争创2020年度省直文明标兵单位，中心携手太原市红十字血液中心开展义务无偿献血活动。在活动现场，参加义务献血的干部和职工，谨遵医嘱，严格按照无偿献血相关规定流程，登记信息、填表、检查、验血、献血井井有条。献血后，参与人员一致认为活动行为虽小，但真爱无价，非常有意义。2015年至今，中心每年8月中旬都开展义务献血活动，截至2020年年底，参加献血的干部职工累计179人次，献血总量66400毫升。

8月27日 中心党委召开新任中层干部廉政集体提醒谈话会议。会议由中心党委书记、主任刘清平主持。

8月28日 中心完成内设机构人员调配及中层干部任用工作。

8月31日 中心专家咨询工作组举行成立仪式。中心领导班子全体成员、中层以上干部及受聘专家60余人出席聘任仪式。

8月至10月 中心开展山西省千家企业（道路运输）2019年度节能目标责任评价考核工作。参加山西省千家企业（道路运输）2019年度节能目标责任评价考核工作的17家考核企业中，涉及公路客运业务的有十三家企业，十三家被考核企业全部完成目标任务，完成考核目标的比例为100%；涉及城市公交业务的有四家企业，四家被考核企业全部完成目标任务，完成考核目标的比例为100%；涉及公路货运业务的有九家企业，九家被考核企业全部完成目标任务，完成考核目标的比例为100%。

8月 为进一步适应全省运输事业发展需要，提高中心科学决策水平，凝聚专技人才的智慧力量，中心党委挑选12名具有高级职称或从事专业技术工作20年以上且具有中级技术职称的专家共60余人，组成专家咨询工作组。

9月初 中心专家咨询工作组第一次会议召开，讨论职能定位和下一步工作重点，事业发展部就如何更好地服务专家组，进而服务于全行业的科技创新提出意见及建议。根据《山西省交通运输厅关于征集2021年度科技计划项目的通知》，事业发展部在征求相关部室意见的基础上，经专家组审议，提出“基于地理信息技术（GIS）的农村客运服务均等化评价研究与应用”“多源数据融合的城市公交资源利用效率评估研究与应用”“山西水域100吨以下船舶船员适应研究”3个科技计划项目上报省交通运输厅。在借鉴省内外突发公共卫生事件应急处置以及铁路、民航等其他运输方式的旅客安全检查工作，结合全省汽车客运站实际的基础上，组织专家组及相关人员起草《汽车客运站安全管理技术规范：突发公共卫生事件应急处置（草案）》和《汽车客运站安全管理技术规范：旅客安全检查（草案）》两项标准，并召开第一次专家评审会议，进一步修改和完善草案。

9月18日 中心开展2020年度“博爱一日捐”募捐活动，此次捐款活动。本次活动共收到140人捐款，捐款金额5130元，所收款项上交至省红十字财务处。

9月21日至27日 中心积极开展2020年绿色出行宣传月和公交出行宣传周活动。紧紧围绕“践行绿色出行，建设美丽山西”这一主题，制定活动实施方案，引导全省城市客运行业全面开展“公交出行宣传周”活动，开展以“绿色出行、公交优先、言传身教、从小树立”“倡导低碳出行、传播绿色能量”“公共交通、战役力量”“践行绿色出行、用行动丈量”“每周少开一天车”“低碳生活这是我的选择”“共享绿色生活”七个主题宣传日活动，深入街道、社区、学校、机关单位、公交企业、客运站点、公交场站等，印制、发放、张贴宣传海报6000份。鼓励分享和传播绿色出行理念，在全社会营造良好活动氛围。

9月27日至10月15日 根据《中国共产党章程》《中国共产党党和国家机关基层组织工作条例》《中国共产党支部工作条例》，中心新组建的10个党支部在中心党委的统一部署和周密安排下，圆满完成选举工作。

9月28日 中心主任刘清平、副主任时晋杰一行赴天镇县玉泉镇唐八里村开展中秋慰问、金秋助学活动。

9月29日 中心工会第一次会员代表大会召开，选举产生中心工会第一届委员会、第一届经费审查委员会、第一届女职工委员会，同时召开各委员会第一次会议，产生工会主席、副主任、各委员会主任，完成工会组建工作。

10月17日 中心干部职工在太原市森林公园

开展“金秋健步走”活动。此次活动，丰富干部职工文化生活，展现广大干部职工乐观向上、积极进取的精神风貌，增强干部职工的向心力和凝聚力，为推动中心各项工作发展奠定坚实群众基础。

10月至11月 中心组织全体干部职工进行体检。同时邀请医疗保健专家进行健康知识讲座，有力地保障中心干部队伍健康发展。

10月 中心印发《工作人员考勤管理办法》《干部职工年度考核管理办法》《职工继续教育管理办法》《职工带薪年休假管理办法》《退休调出管理办法》5项管理制度。

11月2日 中心党委理论学习中心组第十三次(扩大)学习会议召开，传达学习中共十九届五中全会精神，集中学习《中国共产党第十九届委员会第五次会议公报》和《人民日报》社论，并就抓好学习贯彻全会精神进行部署。

11月9日 中心精神文明建设暨省直文明单位标兵创建动员会召开。会议宣读《山西省运输事业发展中心精神文明建设委员会关于印发〈山西省运输事业发展中心创建省直文明单位标兵实施方案的通知〉》，就中心2020年度省直文明单位标兵创建工作进行周密部署，细致安排。

11月10日至13日、11月16日至20日 由省运输事业发展中心承办，在晋城市阳城县九女仙湖培训中心举办山西省内河船员考试考官和评估员培训班，各市交通运输局、海事管理机构、各市航运企业等单位的船员管理业务人员和船员，共46人参加培训。通过本次培训，参训人员基本掌握船员考试和评估工作的任务及标准，对船员考试、评估工作有全面系统了解，并以优异成绩通过考试，为全省船员考试和评估工作，建立覆盖全省范围的考官和评估员队伍，也为全省内河船员考试、评估工作的规范化、正规化建设迈上新台阶打下坚实基础。

11月17日至18日 中心在太原举办全省道路运输驾驶员从业资格业务培训。各市分管道路运输驾驶员从业资格业务工作的局(处)长、从业资格业务部门负责人、工作人员，共计80余人参加此次培训。通过此次培训，全省道路运输驾驶员从业资格业务工作人员的业务知识水平进一步提高，对全省道路运输驾驶员从业资格业务工作起到积极推动作用。

11月26日 省交通运输厅党组成员、副厅长郭丙福带领厅公路运输管理处相关人员赴中心开展工作调研。中心领导班子成员、部室负责人参加调研座谈会。

12月4日 中心开展宪法日学习宣传活动。先后召开中心党委扩大会议，中心领导和各部室负责人参加，学习通读《中华人民共和国宪法》。制作横幅和相关宣传资料，资料涵盖宪法、中共十九届五中全会、《中华人民共和国民法典》等内容，在办公楼大屏上滚动播放，组织中心全体党员干部职工集体观看太原市万柏林区法院直播的关于“合同纠纷”的庭审。参加省交通运输厅举办的集体观看视频直播庭审，直播内容是省司法厅在太原高级人民法院组织78家省级重点单位厅级单位干部旁听庭审现场活动。通过普法学习，进一步强化干部职工法治观念，在全单位形成学法、用法、尊法、守法的良好氛围，着力运用法治思维和法治方式谋划工作、解决问题、化解矛盾、推动发展。

12月9日 中心组织各市道路运输统计部门负责人、统计人员及部分县所统计人员，共计50余人召开全省道路运输统计工作布置培训会，全面讲解交通运输统计调查相关制度3项，涉及报表24张，统计指标570余个，对每一张报表的统计范围及填报注意事项提出详细明确要求。

12月14日 中心开展“送温暖、献爱心”社会捐助活动。根据省交通运输厅《关于开展“送温暖、献爱心”社会捐助活动的通知》(晋交工会函〔2020〕471号)精神，各部室认真组织，中心干部职工积极踊跃参加捐助活动，有110人共捐款3619元。

12月25日 中心召开专题会议，传达学习贯彻中央经济工作会议和2021年交通运输工作会议精神，中心党委书记、主任刘清平主持并部署相关学习传达贯彻工作，领导班子成员、各部室负责人参加会议。

12月29日 中心召开专项清理工作推进会，对专项清理工作进行再动员、再部署、再落实，中心符合专项清理范围的80名副科级以上干部及相当科级层次职级干部参加会议。

全年工作

1.1月20日、6月9日至25日、9月27日、10月21日，省交通运输厅组织处级干部帮扶责任人对144户贫困户，进行入户走访调研，帮助解决实际困难，清洁家园等活动。

2.自1月底以来，中心全力做好新冠肺炎疫情防控工作。先后组织起草《加强新型冠状病毒感染的肺炎疫情防控工作的实施方案》《做好道路运输领域新型冠状病毒感染的肺炎疫情防控一级响应工作专项应急预案》《新型冠状病毒感染肺炎疫情防控道路应急运输保障工作方案》等20余份疫情防控文件，并按照公共卫生事件应急响应等级，配合省交通运输厅及时调整道路运输行业各领域疫情应急响应措施，全面阻击疫情蔓延，确保各项疫情防控工作措施落实到位。同时，加强疫情工作宣传报道，及时收集行业疫情防控信息，每日编写工作动态，共编印工作简报93期，协助组织召开疫情防控会议18次。截至2020年年底，全省道路水路运输行业没有发生一例疫情感染。

3.中心利用科技信息手段，协助做好新冠肺炎疫情防控。快速搭建疫情防控信息采集系统。其间，系统共计上报使用人数258人，上传疫情信息14621条，申领健康码人数258人。

4.中心开展《山西省危险货物道路运输安全监管系统建设》。截至2020年年底，已完成项目工可、初步设计编制、立项申请与项目资金报告评审、建设单位及监理确定等工作。

5.中心开展道路运输电子证照管理系统研究工作，完成山西省道路运输电子证照管理系统、危货电子运单监管端和企业端等相关系统的部署及与运政管理系统、联网联控系统的数据对接。截至2020年年底，全省全部道路运输人、车、户（除城市客运数据）证照存量数据共162.2万，已经全部生成电子证照，并为378家省内危险货物运输企业开通系统账户，271家企业已使用系统创建运单，聘用录入危货驾押人员共计22462人（驾驶员10380人、押运员12082人），累计创建运单54994单，4417辆车关联线上运单，车辆覆盖率41.8%。

6.中心持续推进全省“两客一危”重点营运车辆安装智能视频监控报警系统，截至12月31日，全省“两客一危”应安装智能视频车辆数为18117台（其中危货车辆10600台、旅游客运车辆3556台、班线车辆3961台），已累计安装18117台（其中危货车辆10600台、旅游客运车辆3556台、班线车辆3961台），已实现“两客一危”车辆智能视频监控报警系统全覆盖，圆满完成省政府下达的三年100%安装任务。

7.中心细化年度预算编制，确保年度预算编制科学、准确，并按规定建立省运输事业发展中心中期财政规划及项目库。

8.中心认真落实省财政厅及省交通运输厅加快预算执行进度有关要求，确保2020年预算执行率达到95%以上，实际执行率为98.66%。

9.中心制订年度审计工作计划并报省交通运输厅备案；进一步落实《厅长履行经济责任风险防控办法（试行）》相关要求，杜绝经济责任风险问题的发生；完成原省运管局机关及7个局直单位2019年度预算执行及财务收支情况内部审计工作及扶贫专项资金的审计工作，积极配合省交通运输厅完成涉改单位领导干部经济责任审计，年度审计工作实行全覆盖，并建立完善整改问题台账，审计发现问题整改率达到100%。

10.中心圆满完成原省运管局及直属机构经费划转，确保改革前后有效衔接，为中心成立后的正常运转提供经费保障。

11.中心率先完成银行账户的开立、撤销（变更）等工作，7月31日、8月12日分别完成基本户和零余额账户的变更手续并正式启用，确保改革人员到位及预算资金划转完成后工资发放、各项工作顺利展开；同时，及时撤销原省运管局及直属机构、省海事局等5个零余额账户。

12.中心完成所有涉改单位的国有资产清查工作，固定资产已经根据实际情况进行分离，并根据资产清查上报，等待上级部门审批后办理财务交接和账务合并事项；完成划入人员住房公积金手续移交、税务登记变更及注销等其他工作。

13.中心规范各项财务管理工作，制定出台中心财务管理、预算管理、差旅费管理等7项规章制度。

14.中心积极做好农民工返工运输保障的组织协调相关工作，全省疫情期间，共组织车辆运输3404台次，运输务工人员69841人次。

15.2020年，全省城市建成区新增公交运营车辆1124辆，全部为纯电动车辆。

16.2020年，全省共有62.54%的公交车辆安装驾驶区域防护隔离设施，29.24%的公交车辆安装一键报警系统，83.42%的公交车辆安装视频监控，60.26%的公交车辆设置安全警戒线和安全警示标识。

17.中心全力推进交通一卡通互联互通工作，已完成社会保障卡加载交通一卡通功能，2020年共发放一卡通互联互通卡108万张。

18.2020年，中心完成交通运输企业“一套表”联网直报2019年年报（1078张）、2020年第一至第三季度季报(396张)和2020年1月至11月月报(5335张),共计约7000张企业报表的审定上报工作和11个月交通运输企业名录库月度实时更新工作。

19.按照省交通运输厅规划处要求,中心完成疫情期间(3月10日至6月1日)共12周的道路运输经济运行周报。按照省厅规划处要求,配合久其公司完善统分系统功能。申请采购交通运输企业单位名录库维护及一套表联网直报项目技术服务经费30万元。为各级领导及相关单位、部门提供统计数据资料。

20.中心开展2020年党风廉政宣传教育月活动。召开动员会、推进会,印发《2020年度"党风廉政宣传教育月"活动实施方案》,制定"任务安排表""学习安排表""对照党章党规党纪找差距清单",召开重温习近平总书记"三篇光辉文献"学习研讨会,组织学习党内法规制度,并对照习近平总书记重要讲话和关于交通运输工作指示批示精神,提出关于建制村通客车、在疫情防控常态化做好客运管理工作、优化营商环境、全省I/M制度建设、道路运输安全监管、票证管理及推进驾培服务模式改革等7项落实举措,截至2020年年底,全部落实完成。

21.中心开展2020年"社会主义核心价值观主题实践教育月活动"。印发《中共山西省道路运输管理局委员会关于开展2020年"社会主义核心价值观主题实践教育月"活动的通知》,制定活动方案,开展"学思践悟"主题活动、疫情防控期间精神文明教育活动、"两路"精神等新时代交通精神学习宣传教育活动,"文明交通绿色出行"宣传教育专项活动,进一步引导干部职工履职尽责,争创一流业绩。

22.中心开展"厉行勤俭节约 杜绝餐饮浪费"主题党日活动。通过发出一次号召和倡议、开展一次集体学习、做出一项承诺、开展一次专项监督检查,强化干部职工勤俭节约意识,建立节俭节约的长效机制,进一步认真贯彻落实好习近平总书记对制止餐饮浪费行为做出的重要指示精神,坚决遵从党的决策部署,树立厉行节约意识,崇尚粮食节约理念,切实培养节约习惯,营造浪费可耻、节约为荣的良好氛围,为开启全面建设社会主义现代化国家新征程提供作风保障。

(资料提供:王 梅)

山西省交通运输运行监测与应急处置中心(山西省交通运输厅新闻中心)大事记

1月3日 省交通运输厅新闻中心2019年度目标责任考核大会召开。根据2019年全系统年度目标责任考核工作安排,省交通运输厅第六考核组一行7人对中心开展年终集中考核。考核组组长、厅一级巡视员雷天才出席会议并讲话,厅新闻中心主任李兴代表中心领导班子及个人作述职报告,会议就中心领导班子运行及领导干部综合表现情况、干部选拔任用情况进行测评和评议。全体干部职工参加考核测评。

1月7日 厅新闻中心传达学习厅属事业单位改革文件精神。厅新闻中心领导李兴、杨春兰及全体职工参加会议。会议由杨春兰传达学习《关于印发省交通运输所属事业单位改革的实施意见》《中共山西省交通运输厅党组关于切实做好事业单位改革人员划转安置工作》和《中共山西省交通运输厅党组关于做好事业单位改革实施工作有关事项》的通知文件精神。李兴传达学习《中共山西省交通运输厅党组关于严明事业单位改革期间工作纪律》的通知文件精神。李兴在讲话中,要求要从政治和全局的高度认识事业单位改革和省级交通运输综合行政执法改革的重要性,严格遵守政治纪律,坚决做到令行禁止,确保事业改革工作顺利开展。

1月27日 厅新闻中心发挥党支部先锋模范作用,第一时间成立新型冠状病毒感染的肺炎疫情防控工作领导小组，由厅新闻中心领导李兴担任领导小组组长，杨春兰、崔鸣原担任副组长，领导小组成员全部由党员构成，确保在疫情防控期间，日常新闻宣传工作及疫情防控工作能顺利开展。

2月2日 厅新闻中心印发《新型冠状病毒感染的肺炎防控工作方案》，制定加强人员防控管理、实行办公区域消毒制度、加强应急值守、做好新闻报道等方面的措施，要求厅新闻中心工作人员高度重视、履职尽责、遵守纪律，切实做好疫情防控工作。

2月7日 新闻联播《同舟共济各地积极支援湖北》栏目宣传报道山西快成物流运送大型医疗设备和防控设备驰援湖北黄冈。

2月17日 厅新闻中心联合交通运输部新闻办开展"疫情防控、交通在行动"活动，在快手App"中国交通"和"学习强国"App客户端进行直播，直播时长1时2分，观看人数高达387.2万人，此次直播得到交通运输部新闻办和各界的一致好评。厅道路运输管理处处长吴秀武参加直播。直播主要内容是：山西快成物流科技有限公司（柳林向杰车队）2辆车继续承担免费承运工作，运输的物资为来自文水县山晋昌盛源果品有限公司和山西快成物流共同捐赠的2500箱价值15万元的梨，以及由民间团体陈伟霆爱心物资捐赠团队捐赠价值2万元的消毒液。这些物资将送往山西省第二批和第四批援鄂医疗队、以及武汉市金银潭医院、武汉市中心医院以及武汉市协和医院。

2月25日 厅新闻中心邀请中央驻晋媒体和省内主流媒体参加X8436次图定中欧班列（中鼎物流园—白俄罗斯明斯克市）正式恢复常态化开行采访活动，分别在各媒体做宣传报道，特别是2月26日，中央电视台新闻频道和新闻直播间分别两次宣传报道山西中欧班列恢复常态化开行。

3月2日 厅新闻中心党支部积极响应省委组织部、省交通运输厅通知要求，组织全体党员开展支持疫情防控自愿捐款活动。19名党员干部接到通知后，积极响应参与，仅用一天时间共捐款2020元，并第一时间在公示栏公示捐款名单，上交厅直属机关党委。在捐款活动中，部分退休党员也参加捐款活动。这次捐款活动充分体现党员干部关键时刻的责任担当、大爱情怀和奉献精神，发挥基层党组织的战斗堡垒作用和党员先锋模范作用。

5月15日 山西省交通运输运行监测与应急处置中心（山西省交通运输厅新闻中心）（以下简称中心）在八楼会议室召开主任办公会议。中心领导董化金、倪津和赵小鹏及有关人员参加会议。会议传达学习习近平总书记视察山西重要讲话重要指示、省委常委会扩大会议学习贯彻有关要求。会议传达学习厅党组书记、厅长闫晨曦在5月14日厅党组扩大会议上的讲话精神；厅党组书记、厅长闫晨曦在全省交通运输行业"三零"企业、单位创建工作推进会上的讲话精神；会议对中心开展"三零"单位创建工作进行部署。会议强调，要扎实开展"三零"单位创建工作，及时成立领导组、制定实施方案，积极动员干部职工参与到"三零"单位创建中，推动创建工作取得实效。要突出抓好"三零"单位创建工作，全力维护安全稳定局面。会议研究确定中心领导分工：主任董化金主持全面工作；副主任倪津分管综合办公室、党群工作部、运行监测部、技术保障部、信息服务部；副主任赵小鹏分管出行服务部、应急预警部、新闻采编部、新媒体部。

同日 中心召开扩大会议，传达学习习近平总书记视察山西重要讲话重要指示，省委常委会扩大会议和厅党组组扩大会议精神，对抓好学习贯彻落实进行部署。会议要求，要把学习宣传、贯彻落实习近平总书记视察山西重要讲话重要指示，作为当前和今后一个时期的首要政治任务，切实增强贯彻落实的自觉性和坚定性。一是提高政治站位，迅速掀起学习宣传贯彻高潮。要组织全体党员、干部职工认真学习，深刻领会讲话的精神实质，把思想和行动统一到习近平总书记重要讲话重要指示上来，切实增强做好各项工作的责任感和紧迫感。二是充分利用《山西交通》报纸、微信、微博、抖音等媒体平台，加大对全系统学习贯彻落实的具体举措和措施宣传报道，营造全系统学习贯彻习近平总书记重要讲话重要指示的浓厚氛围，进一步凝聚正能量。三是紧密结合工作实际，突出抓好当前的各项重点工作。要认真贯彻落实习近平总书记视察山西重要讲话重要指示，围绕中心六项主要职责，全力推动中心各项工作。

5月19日 中心在八楼会议室召开主任办公会议。中心领导董化金、倪津和赵小鹏等人参加会议。会议传达学习《山西省交通运输厅关于切实做好全国"两会"期间维稳安保工作的通知》，并结合中心实际进行部署。会议强调，要加强组织领导，成立领导小组，制定实施方案，明确责任分工，扎实做好维稳安保工作；要强化信访接待，积极开展纠纷隐患排查化解行动,滚动梳理各类不稳定、不安定、不安全因素;要强化值班备勤,严格落实好领导带班制度和24小时值班备勤制度,严格执行重大情况请示报告制度,坚决杜绝迟报、漏报、瞒报等问题发生。会议传达《关于申报2020年度目标责任考核工作任务指标的通知》要求,议定中心目标责任考核八项任务指标。

5月29日 中心在八楼会议室召开第一次党委会会议议。中心领导董化金、倪津、赵小鹏、李文革、李奋先及陈阳、武作华等人参加会议。会议表决通过《中共山西省交通运输运行监测与应急处置中心委员会第一次全体会议选举办法》,并根据《选举办法》通过监票人和计票人;选举董化金为中共山西省交通运输运行监测与应急处置中心委员会书记、倪津为副书记。经集体研究决定,倪津任组织委员、李奋先任宣传委员、李文革任纪律检查委员。新当选的中心党委书记、副书记、委员分别作表态发言。

同日 中共山西省交通运行监测与应急处置中心委员会第一次党员大会召开。厅直机关党委专职副书记赵振伟出席会议。选举产生中共山西省交通运输运行监测与应急处置中心委员会。赵振伟对于贯彻落实全面从严治党要求、推进中心党的建设,提出3点意见:一是突出政治建设的统领地位,坚定不移筑牢政治信仰之基;二是切实加强基层党组织建设和班子自身建设;三是坚定不移强化纪律作风建设。会后,中心党委会会议随即召开第一次全体会议,选举产生党委书记,并对委员进行工作分工。

6月4日 中心在九楼会议室召开安全专题会议。中心领导倪津、李文革和李奋先等人参加会议。会议传达省交通运输厅安委会第二次全体(扩大)会暨全省交通运输安全生产专项整治三年行动动员部署视频会议精神。会议要求,要认真学习深刻领会,充分认识当前做好安全生产工作的极端重要性,切实把思想和行动统一到习近平总书记的重要论述、重要讲话和重要指示批示上来,统一到交通运输部和省委、省政府的决策部署上来,坚决扎实贯彻,有力有效落实。要进一步提高政治站位,增强责任担当,夯实工作作风、增强敬畏之心,树牢红线意识,毫不放松抓紧抓实安全生产工作。会议强调,各部门要抓紧研究制定实施方案,加强组织领导,加强统筹协调,狠抓工作落实,强化督导考核,努力减少一般事故,遏制较大事故,杜绝重特大事故"三大目标"。

6月5日 中心党委在五楼会议室组织全体党员集体学习。先后学习全国"两会"精神、习近平总书记2020年全国"两会"重要讲话精神、刘鹤副总理参加山西代表团审议政府工作报告时的讲话精神和山西省召开传达贯彻全国"两会"精神会议。

6月16日 中心党委会会议在八楼会议室召开。中心领导董化金、倪津、赵小鹏、李文革、李奋先及陈阳、梁毅 、武作华、吕婷等人参加会议。研究上报2020年全省交通运输系统优秀共产党员、优秀党务工作者候选人名单事宜。经党小组推荐、党委研究、公示等评选程序,中心党委最终确定:李奋先、池晓宏分别为优秀共产党员、优秀党务工作者推荐人选;研究确定各部室临时负责人及组成人员、成立专家技术咨询组有关事宜。根据晋编办字〔2020〕19号文件、厅属事业单位改革有关精神,结合中心实际,经请示厅人事处,确定各部室临时负责人及组成人员。综合办公室:陈阳(临时负责人)、武作华、吕婷、车艳琴、李云、屈建军;党群工作部:梁毅(临时负责人)、刘晓蕾、殷楠;运行监测部:秦绯(临时负责人)、单威、刘超;出行服务部(新闻通联部):徐爱莉(临时负责人)、武洁;应急预警部:曹海涛(临时负责人)、崔海明、李剑锋;技术保障部:张蓉(临时负责人)、郑孟龙、刘煜、池晓宏、檀林、贾佳;信息服务部:樊小丽(临时负责人)、梁平、郭晋军、李洁;新闻采编部:李奋先(临时负责人)、陈蓉、张苗苗、刘文柱、季和平;新媒体部:牛宇(临时负责人)、王璐、曹湛;鉴于中心高学历、高职称人员多的特点,中心决定成立专家技术咨询组,成员为张春琳(牵头)、彭刚、李明瑞、侯春生、李岸、王建功。

7月3日 中心主任办公会议在八楼会议室召开。中心领导董化金、赵小鹏、李文革、李奋先等参加会议。会议传达省委十一届十次全会精神及省交通运输厅党组书记、厅长闫晨曦在厅党组学习传达贯彻省委十一届十次全会精神扩大会议上的讲话精神;听取中心各部室、专家咨询组临时负责人关于近期工作开展情况及下一步工作计划的汇报;听取中心关于迎接"十三五"全国干线公路养护管理评价工作的准备情况。会议强调,要把学习宣传贯彻省委全会及厅党组扩大会议精神,作为当前和今后一个时期的一项重要政治任务抓好抓实,进一步提高政治站位，切实把思想和行动统一到省委和厅党组的决策部署上来，采取灵活方式将会议精神传达到每名干部职工。新闻采编部、新媒体部要通过开辟专栏等多种形式，对全系统学习贯彻情况进行及时报道，在全系统大力营造学习贯彻会议精神的浓厚氛围；要把学习贯彻省委全会及厅党组扩大会议精神与做好中心当前各项工作结合起来，在政治自觉、思路理念、节奏作风上跟上省委和厅党组步伐，不断提高工作水平和工作效率；要不折不扣抓落实，作风要实、措施要实、结果要实，切实把习近平总书记视察山西重要讲话重要指示和省委全会及厅党组扩大会议精神转化为工作思路、具体举措和发展成效，确保各项目标任务顺利实现。

会议结合学习贯彻省委全会精神和厅党组扩大会议精神，对中心下一步重点工作进行部署。会议要求，要紧紧围绕中心六项主要职责，进一步细化部室职责、岗位职责及工作流程，把任务分解到岗位，把责任落实到每个人；要加强与中央驻晋及省内主流媒体、公路和民航部门的沟通和联系，建立信息沟通等多种工作机制；要建立健全基层党组织及工会组织，扩大组织覆盖面；要加强机关作风建设，强化人员考勤管理，严格工作纪律，营造守纪律、讲规矩的工作氛围。会议还研究讨论了其他事项。

7月9日 中心党委理论学习中心组成员在八楼会议室专题学习《中华人民共和国民法典》。观看颁布实施《中华人民共和国民法典》的重大意义的视频；学习习近平总书记重要讲话《充分认识颁布实施〈中华人民共和国民法典〉重大意义依法更好保障人民合法权益》。

7月15日 中心党委会会议在八楼会议室召开。中心领导董化金、倪津、赵小鹏、等参加会议。会议宣读《山西省财政厅关于提前做好2021年省级部门预算项目储备和单位基础信息填报工作的通知》，听取各部室2021年预算编制情况汇报，驻厅纪检监察组李宇作发言。他指出，预算的编制、执行要符合国家法律法规和相关政策，目前中心的项目编制工作更多是延续以前的内容，严格意义上讲是一个新单位，要充分考虑下一步需要延伸和拓展的工作内容，进一步提高预算编制的前瞻性和有效性；财务部门要严格按照职能划分，做到立项有理有据，经费独立核算，专款专用，同时要贴合工作实际，做好后期预算项目的调整，为“二上”报送做好准备，科学合理地完成好2021年预算编制工作。

7月16日 中心党委组织党员干部开展庆祝中国共产党成立99周年系列党建活动，激励各级党组织和党员继承和发扬党的光荣传统和优良作风，取得良好成效。

中心认真开展专题学习研讨和“不忘初心、重温我的入党志愿书”主题党日活动，交流认识，分享心得，表达全体党员不忘初心跟党走、牢记使命勇担当的铮铮誓言。党委书记、主任董化金重点围绕讲政治、讲学习、讲团结、讲实干、讲作风五个方面为全体党员讲授党课，进一步坚定党员理想信念，提升党性修养。

中心党委走访慰问困难党员，充分体现党组织对党员的关怀和爱护。重点将各部门作为主要联系点开展走访调研，研究破解存在的困难和问题，部署重点任务和发展措施。此外，还组织党员观看抗疫公益专题片，表彰宣传先进典型，鼓励广大党员向先进学习、向先进看齐，立足新职责、新任务，积极担当作为。

此次系列活动进一步激励和引导广大党员领导干部坚持党建引领，将党建工作和业务工作深入融合，树牢“四个意识”，坚定“四个自信”，充分发挥先锋模范作用，扎实推进标准化党组织建设，凝心聚力、履职尽责、锐意进取，努力开创中心各项工作新局面。

7月17日 中心主任办公会议在八楼会议室召开。中心领导董化金、倪津、赵小鹏、李奋先、李文革等参加会议。会议听取中心九个部室职责细化情况，要求根据厅党组29号文件精神，厘清职责边界，明确部室责任，确保边界清，职责明，责任到人；内容要文字精炼，相关负责人要严格把关。

8月19日 中心党委会会议在八楼会议室召开。中心领导董化金、倪津、赵小鹏、李文革、李奋先及陈阳、梁毅、曹海涛、樊小丽、牛宇、刘超、武洁、王璐等人参加会议。

会议审议通过中心各党支部第一次全体大会选举结果，选举结果如下：第一党支部委员：侯春生（支部书记）、吕婷、武作华；第二党支部委员：池晓宏（支部书记）、单威、张蓉；第三党支部委员：张苗苗（支部书记）、刘文柱、李剑锋；第四党支部委员：刘晓蕾（支部书记）、郭晋军、樊小丽。会议听取运行监测部、出行服务部、应急预警部、技术保障部、新媒部等相关部门关于迎接“十三五”全国干线公路养护管理评价工作情况汇报,分析存在的问题和面临的形势,对下一步工作进行安排;会议审议通过《山西省交通运输运行监测与应急处中心内设机构细化职责(试行)》;会议提名牛宇、殷楠、池晓宏、车艳琴为中心工会第一届委员会委员候选人,牛宇为中心工会主席候选人。车艳琴、刘文柱、吕婷为中心工会第一届经费审查委员会委员候选人,车艳琴为经费审查委员会主任候选人,池晓宏、武洁、王璐为中心工会第一届女职工委员会委员候选人,池晓宏为女职工委员会主任候选人。

9月8日 中心安全专题会议在九楼会议室召开。中心领导倪津、李奋先及徐爱莉、曹海涛、陈阳、梁毅、秦绯、张蓉、樊小丽、牛宇、武作华、刘超、陈蓉等人参加会议。

会议传达学习厅党组书记、厅长闫晨曦在厅安委会第三次全体会议暨秋冬季疫情防控部署会上的讲话精神,并专题部署下一阶段安全生产重点工作。会议要求,中心各部门务必要清醒认识全省交通运输安全生产面临的新形势和新特点,牢固树立安全生产永远在路上的理念,严格标准,狠抓落实,确保安全生产各项工作落实落地。一是有效加强源头预防,做好机房、设备、网络等重点区域、重要环节巡检工作,并做好相关巡检记录,确保各业务系统安全稳定运行。二是有效加强应急管理,做好“12122”紧急救援信息报送工作,建立完善应急处置体系。加强应急值守工作,严格落实岗位责任制和信息监控人员24小时值班制度。出行服务部要及时、多渠道发布出行提示信息,引导公众安全出行。应急预警部要加强部门和区域间沟通协作,提升整体应急管控能力,不断完善应急处置体系。三是有效加强综合治理,做好日常办公区域安全隐患排查和整改工作。综合办公室要定期组织各部室开展安全自查整改工作,强化安全责任,防患于未然。要做好中心公务用车及应急车辆的日常维护和保养,确保车辆安全技术状况良好。会议强调,中心全体干部职工必须要警钟长鸣,常抓不懈,始终把安全生产放在心上、抓在手上,有效防范化解重大安全风险,将省交通运输厅各项安全生产工作要求落到实处,为中心高质量转型发展提供安全保障。要认真贯彻落实省委、省厅疫情防控有关精神指示,慎终如始做好疫情防控各项工作。

9月18日 中心党委会会议在八楼会议室召开。中心领导董化金、倪津、赵小鹏、李文革、李奋先等参加会议。会议宣读省公路运输工会《关于山西省交通运输运行监测与应急处置中心工会第一次会员大会选举结果报告的批复》,同意印发中心党委《关于牛宇等同志任职的通知》。听取2020年以来各项工作涉及的经济合同签订、资金支付情况,包括2020年全国高速公路通信、13710网络维护项目、2020年通信系统维护项目、互联网专线接入使用协议、电话系统维护、1166交通通信专网维护项目、机电信息化管理平台及收费系统网络安全系统运维、防雷检测费、联网收费网络安全评估费、全省联网收费核心网络运维、机电信息系统机房特种气体消防系统运维、全省核心机电信息系统机房供配电及环境运维、监控系统维护费、值班值守系统TIMS向厅网站推送实时路况信息、省中心三期监控平台维护、TIMS系统维护经费、全国高速公路行车指南路网图编制印刷费、“12122”呼叫中心改造项目网络接入合作协议、气象服务、通信系统维护费、光缆租用费和短信平台使用费、印刷费、照排系统维护年保服务、厅新闻中心志书出版等,共计29个项目内容。要求各项目工作主体责任部门认真履行政府采购程序,严格把控合同签订手续,高效率推进项目实施。原山西省高速公路管理局机电管理平台(现网络机电平台)已按省公安厅规定纳入三级网络等保标准。同意在列入省公安厅具有测评资质的第三方机构中选择1家机构做测评,项目费用11万元,预算在2020年“二上”编报。讨论研究韩涛今后不能履职的情况。根据韩涛2020年9月2日向中心提出的个人申请,议定在韩涛调离前由中心代缴养老保险、职业年金、医疗保险(单位及个人费用全部由个人承担),中心与韩涛的经济往来按国家有关规定办理。同意印发《合同管理办法》《公务用车管理办法(试行)》《党委理论学习中心组学习制度(试行)》,讨论通过《2020年党委工作要点》。

10月10日 中心安全专题会议在九楼会议室召开。会议传达学习关于开展2020年国庆、中秋节日期间安全生产专项督查工作的通知,学习厅党组书记、厅长闫晨曦在厅安委会第四次全体会议暨2020年国庆期间安全生产大检查部署会上讲话精神,专题部署下一阶段安全生产重点工作。

会议指出,近期全省安全生产事故险情多发,暴露出安全生产方面的一些短板弱项。中心各部门务必要清醒认识全省交通运输安全生产面临的严峻形势,认真汲取事故教训,举一反三、警钟长鸣、常抓不懈，始终坚持“生命至上”理念，着力消除妨害安全生产的每一处隐患、堵塞监督管理每一个漏洞。要提高站位，切实增强抓好安全生产工作的责任感。要从树牢“四个意识”、坚定“四个自信”、做到“两个维护”的高度，深刻认识抓好当前安全生产工作的极端重要性，切实担负起促一方发展、保一方平安的政治责任，采取针对性举措抓好安全生产工作。

会议强调，要紧密结合当前形势，坚决有力抓细抓实秋冬季节安全生产工作。中心各部门要抓好安全责任落实和人员出行安全，强化应急值守，严格落实岗位责任制和信息监控人员24小时值班制度，值班期间值班人保存通信畅通。在统筹做好常态化疫情防控的同时，全力以赴加强道路运输安全监管，坚决遏制重特大事故发生，确保道路运输安全平稳有序。

10月19日 广西壮族自治区交通运输厅对全省“12328”交通运输服务监督电话建设运行情况进行实地调研并召开座谈会。

座谈会上，调研组详细了解全省“12328”交通运输服务监督电话系统建设、运行模式、考核管理、话务员梯队建设以及经费投入等情况，对全省运行过程中取得的工作成果给予高度评价，并与相关工作人员进行深入交流。座谈会后，调研组实地观摩山西省“12328”电话受理平台、太原市“12328”电话受理平台以及高速公路运行监测平台。“12328”电话已成为全省交通运输服务监督、业务投诉、信息咨询、意见受理等服务“一号通”，在交通运输部的考核中名列前茅，6月获全国第一的好成绩。

11月5日 中心党委理论学习中心组学习扩大会议在八楼会议室召开。中心组成员、各支部书记、各部室负责人、专家咨询组组长参加会议。会议传达学习中共十九届五中全会公报、《习近平谈治国理政》(第三卷)，省纪检工作推进会会议精神。会议提出4点要求：一是把思想和行动统一到全会的要求和安排上来、全会的精神上来；二是迅速掀起全省交通运输系统学习全会精神热潮。作为省交通运输厅新闻宣传部门，要充分利用报纸、网站、新媒体，及时把中共十九届五中全会的精神宣传出去，各个支部要迅速掀起学习热潮；三是把具体要求与全省交通运输系统，特别是中心主要工作结合起来，推动全年各项工作有序按照2020年年初目标任务向前推进，圆满完成全年任务；四是按照厅党组、厅直机关党委的具体要求，在2020年底前全部学习完成《习近平谈治国理政》(第三卷)学习任务。要做好“开展政治建设自查自纠的通知”的工作，按时上报，厅里有关文件要及时办理、办结，做好各项工作的归档和记录。

11月6日 中心主任办公会议在八楼会议室召开。

会议传达学习《中国共产党第十九届中央委员会第五次全体会议公报》、《习近平谈治国理政》(第三卷)及纪检相关文件精神，并对学习贯彻相关文件精神和下一步工作进行部署。

会议强调，要把学习中共十九届五中全会精神作为当前和今后一个时期的一项重要政治任务抓好抓实，进一步提高政治站位，切实把思想和行动统一到中央、省委、省政府和厅党组的决策部署上来，采取灵活的方式将会议精神传达到每名干部职工。新闻采编部、新媒体部要通过开辟专栏等多种形式，对全系统学习贯彻情况进行及时报道，在全系统大力营造学习贯彻全会精神的浓厚氛围。

会议强调，要紧紧围绕中心6项主要职责，进一步细化部室职责及工作流程，把任务分解到岗位，把责任细化到每个人。一是加快建设综合交通运行监测平台。逐步构建符合当前全省交通运输行业特点的路网运行监测工作新模式。二是建立完善道路运输应急保障体系，形成道路运输应急保障长效机制。三是承接省厅信息平台，完成省级治超平台建设，并与相关部门互联互通、数据共享。四是尽快完成中心供配电系统UPS电池的更换工作，确保安全可靠运行。五是建立“12122”值班人员长效管理机制，进一步完善考核机制。六是进一步修改完善中心纪检工作汇编，尽快印发各部门。七是提升新媒体应用水平，完善新闻宣传工作机制。八是做好事业单位改革“回头看”工作。

12月9日 中心党委理论学习中心组学习扩大会议召开，专题传达贯彻中共十九届五中全会精神，对持续掀起学习宣传贯彻热潮进行安排。

会议强调，要把学习宣传贯彻全会精神作为当前和今后一个时期的重要政治任务，通过多种形式，全方位、多角度深刻领会全会的重大意义和精神实质，切实把思想和行动统一到全会的要求和部署上来。要充分发挥新闻宣传的主阵地作用，利用报纸、网站、新媒体，及时把全会精神宣传好，营造全系统深入学习贯彻全会精神的良好氛围。要把学习全会精神与中心主要工作结合起来，以更高政治站位、更强思想自觉，有序推进今年各项工作，真正把学习成效体现在推动中心事业发展上来，确保圆满完成全年工作任务，为“十四五”起好步、开好局贡献力量。

12月17日至18日 由中心主任董化金带队，一行8人赴交通运输部路网监测与应急处置中心观摩交流学习。

在交流学习座谈会上，交通运输部路网监测与应急处置中心副主任张志军介绍部路网中心成立的背景、组织架构、人员配备等基本情况；部路网运行处副处长王虎介绍运行监测与服务现状、“四型中心”建设面临的形势与挑战以及今后展望。董化金详细汇报中心机构建设、业务职责、路网运行监测与应急处置工作现状和工作思路。双方还就路网监测“十四五”规划、路网运行信息采集报送、制度建设和出行服务、跨省联动工作机制及应急网络平台与媒体融合等进行探讨交流。

董化金表示，要按照部路网中心建设人民满意的服务型中心、协同高效的参谋型中心、数据赋能的智慧型中心、科技引领的创新型中心“四型中心”工作的要求，全省将结合6项重要工作职能，以完善综合交通运行监测体系为抓手，不断加快信息化建设、优化服务体系、扎实做好运维保障工作，全面提升全省路网运行监测平台和应急处置及出行服务业务能力；进一步加强与部路网中心的工作对接，形成上下联动、协同一致的工作格局，做到监测全面高效、应急及时可靠、服务便捷优质、运营智慧精准，推动全国公路数字化、信息化“一张网”体系的形成。大家还赴中国交通报社进行观摩学习。

（资料提供：吕秉洮）

山西省交通建设中心
大事记

1月2日 山西省交通建设中心（以下简称中心）完成省交通运输厅对省交通质监局、厅重点办、厅定额站三家涉改单位的2019年度目标责任考核工作。

1月6日至7日 省交通质监局、厅重点办、厅定额站三家涉改单位组织完成单位内部目标责任考核工作。

2月 省交通质监局、厅重点办、厅定额站三家涉改单位积极应对新冠肺炎疫情，做好疫情防控和知识宣传工作。

3月2日 省交通质监局、厅重点办、厅定额站三家涉改单位组织新冠肺炎疫情防控捐款工作。

3月 省交通质监局、厅重点办、厅定额站三家涉改单位完成法人年检工作。

4月8日至27日 省交通运输厅重点办和省交通质监局联合3个检查组对静兴等11个高速公路和省道三大线石楼县过境公路工程等9个国省干线公路项目进行复工复产安全生产专项检查，实现重点公路工程建设项目全覆盖。

4月24日 中心参加省交通运输厅和省自然资源厅共同召开的用地报批座谈会，协调解决高速公路用地报批存在的问题。

4月26日 根据中共山西省交通运输厅党组《关于陈俊等同志任免职务的通知》（晋交党发〔2020〕24号）：陈俊任省交通建设中心党委书记、主任；王润民任省交通建设中心副主任，保留正处级待遇；郝瑞军任省交通建设中心副主任。免去：陈俊的省交通质量监督局局长、厅重点办党委书记职务；王润民的厅重点办社会资本项目管理处处长职务。

同日 省交通运输厅公布2019年度信用评价结果。监理信用评价包括省内外监理单位共28家，评价结果AA级4家、A级22家、B级2家;试验检测信用评价包括60家等级检测机构,22个在建设项目的123个工地试验室和761名试验检测人员,评价结果为全省注册的等级检测机构AA级8家、A级48家、B级4家,另有138人次记入失信行为,其中检测工程师85人次、助理检测师53人次。

4月27日 中心全体干部职工大会召开,省交通运输厅领导宣布中心领导班子任免决定。

4月28日 中心事业单位章程报厅人事处审核流转。

同日 中心领导参加省交通运输厅、省交通强国办公室组织的2020—2035年交通国土空间规划座谈会,研究2020—2035年公路土地规划指标安排,细化2020—2035年公路土地规划指标。

4月29日 中心领导班子第一次会议召开,按照省交通运输厅党组《关于事业单位改革人员划转名单的通知》,认真研究核对每一名划转人员的基本信息,制作人员花名册。明确筹备小组负责人及人员名单。

同日 中心领导参加在晋城市举行的省领导包联项目晋阳高速公路改扩建项目推进会,进一步明确前期工作目标。

5月4日 中心领导参加省交通强国办公室组织的国土规划交通设施土地指标座谈会,进一步研究2020—2035年公路土地规划指标安排。部署项目前期工作进展情况。

同日 中心组建中共山西省交通建设中心党委筹备委员会,在党员管理系统上划转3家涉改单位党员组织关系,做好党员大会召开前的各项筹备工作。5月14日报厅直党委召开第一次党员大会的请示,5月26日厅直党委批复同意。拟定于6月2日召开第一次党员大会,选举第一届党委。

同日 中心报省交通运输厅经费划转的方案,5月11日审计单位进驻,完成三家涉改单位的资产清查工作。

同日 中心部门及时跟省交通运输厅相关处室对接技术支撑保障工作,对接厅建设处、行政审批处批转的行政审批、土地报批、压缩矿产、“公路工程造价文件”委托审查等事项,对接厅规划处的“国土空间”规划、“项目前期工作会”;各部门结合厅相关处室的意见建议,梳理完成规章制度的立改废,形成新的目录,初步完成建章立制工作,制订年度工作计划,报送2020年度目标考核建议指标。各项工作衔接到位、推进有序,确保在改革期间思想不乱、工作不断、队伍不散、干劲不减。

5月12日至14日 中心对静兴高速公路项目的质量、安全、进度进行综合检查。检查结束后,采用PPT的形式及时同各建设单位、监理单位、施工单位的相关人员进行反馈,指出存在的问题,并就下一步的工作提出5点具体要求。一是持续深化“品质工程”创建工作,细化落实相关要求和措施,不断提升工程质量;二是结合全年开展的几个专项行动扎实推进“平安工地”创建工作,狠抓施工现场管理,做好常态化疫情防控工作,做好防汛准备工作,保持安全生产形势平稳;三是进一步强化工地试验室管理,充分发挥试验检测作用,严把原材料进场关,严格控制产品质量;四是进一步强化现场监理作用,督促监理切实履行职责,落实监理报告制度;五是不断动态调整施工组织,确保按期完成建设任务。

5月13日 中心完成事业单位法人年检、变更事项。

5月14日 中心印章刻制完毕,正式启用。

5月15日 中心召开会议,传达学习习近平总书记视察山西重要讲话重要指示、省委常委扩大会议、省交通运输厅党组扩大会议精神,对在中心内部兴起新的学习热潮、抓好工作落实、推动服务保障转型工作进行部署。会议要求,全体干部职工要把学习宣传习近平总书记视察山西重要讲话重要指示作为当前头等大事和首要政治任务抓紧抓好,要认真按照上级部署和自身实际,成立工作专班,强化督导,不断推进各项任务落到实处。会议强调,全中心上下要持续深入贯彻习近平总书记视察山西重要讲话重要指示精神,“三篇光辉文献”精神,省委书记楼阳生提出的7点要求,省交通运输厅党组书记、厅长闫晨曦强调的3点意见,全面加强各项工作,乘势而上,久久为功,不反复、不折腾,为加快推进中心改革发展提供有力政治保证,在交通基础设施建设技术支撑保障的转型发展中蹚出一条新路来。

5月19日 中心领导深入山西路桥集团试验检测中心有限公司,就企业疫情防控、复工复产及试验检测工作开展等情况进行调研。在试验检测中心,通过实地查看母体试验室功能布局、仪器设备配置、与企业负责人座谈交流等形式,详细了解中心的市场开拓和生产经营情况,认真听取企业负责人对目前发展情况介绍和下一步思路愿景,并围绕企业发展、政策落实和产业推动等方面进行深入探讨，积极为解决企业实际困难出实招、谋实效。一是积极争取山西路桥集团更大支持，依托路桥优势打造一流试验室，为申报“综甲”创造有利条件；二是不断完善中心各项管理制度，特别是人才培育培训方面，要通过“筑巢引凤”吸引更多的专业技术人员充实试验检测队伍，提升检测人员的综合素质；三是立足于服务路桥、服务交控、服务山西交通，大胆创新工作方式，加强与外省同行的交流合作，不断壮大中心实力；四是探索“新基建”给试验检测行业带来的新机遇，积极参与“新基建”实践，利用好“新基建”带来的技术红利，推动行业进入新一轮快速升级发展阶段。

5月20日至21日 中心对闻垣高速实施质量、安全综合检查。

5月22日 中心对国道G307线寿阳段改扩建工程进行交工验收前的质量检测。

5月26日 为深入学习贯彻习近平总书记视察山西重要讲话重要指示精神，强化党员“一句誓言，一生作答”的思想自觉和行动自觉，中心举办“不忘初心、重温入党志愿书”主题党日活动，组织全体党员回顾入党初心，回忆入党故事，审视入党以来个人思想政治发展脉络，引导党员进一步强化党性观念，更好地发挥先锋模范作用，做好新时代交通建设技术支撑保障工作。在活动中，中心不同年龄段党员代表发言，回想当年填写入党志愿书时的场景和初心，围绕“初心是什么、入党为什么、为党做什么”，感悟党性、讨论党性、反思党性，抒发对党忠诚的初心，坚定理想信念。广大党员纷纷表示，一定要以习近平新时代中国特色社会主义思想为指导，牢固树立“四个意识”，坚定“四个自信”，做到“两个维护”，始终铭记入党誓言，不忘初心、牢记使命，乘改革东风，抢抓机遇，开拓创新、勇于担当，切实发挥好技术支撑保障作用，为推动新时代山西交通基础设施建设做出新的贡献。

5月至10月 中心对4条高速公路和9条国省干线公路实施安全监督检查，累计排查各类事故隐患262条，同时开展安全“回头看”活动，逐条落实问题清单，隐患整改完成率达100%。

5月至12月 中心先后参与完成太原东二环、国道G307寿阳张靖至西丰头段公路改建工程等12个项目的交工质量检测工作，以及7个项目的竣工质量鉴定和验收工作。

6月1日 中心组织全省重点公路工程建设项目开展第19个全国“安全生产月”宣传教育和隐患排查活动，并在太原东二环工地现场举行活动启动仪式，拉开活动序幕。在启动仪式上，中心对“安全生产月”各项活动进行部署，并对疫情防控常态化提出要求，发放主题公益海报、宣传材料及安全文化扇。要求各项目建设单位认真贯彻执行习近平总书记有关从根本上消除事故隐患，有效遏制重特大事故发生的重要指示精神，落实省交通运输厅部署，在全省重点公路工程项目建设领域扎实开展好以“消除事故隐患，筑牢安全防线”为主题的“安全生产月”活动。要求太原东二环全体参建者要牢固树立安全发展理念，强化底线思维和红线意识，坚持问题导向、目标导向、结果导向，按“四铁”要求和创建“零事故”单位总体要求，深入排查安全风险隐患，扎实推进问题整改，坚决遏制重特大生产事故，切实维护人民群众生命财产安全。

同日 按照中心2020年上半年工作计划安排，中心组成综合组、质量组、安全组、试验检测及监理组4个专业检查组，采取现场检查、实地抽检、相互交流、查看资料的形式，对东二环高速公路的质量、安全、进度等情况进行综合检查。检查结束后，各检查组于6月5日向建设单位、监理单位、施工单位进行通报反馈，指出发现问题，并就下一步工作提出4点具体要求。一是继续坚持不折不扣落实“品质工程”创建的相关要求和措施；二是结合全年开展的几个专项行动扎实推进“平安工地”创建工作，狠抓施工现场管理，做好常态化疫情防控工作和防汛工作，确保安全生产形势平稳；三是进一步强化路面工地试验室管理，加强人员和技术力量配置，充分发挥试验检测作用，严把原材料进场关，严格控制路面铺筑质量；四是进一步强化现场监理作用，督促监理切实履行职责，落实监理报告制度。

同日 中心印发《公文处理办法》，进一步规范了公文处理程序。

6月2日 在省交通执法局C座二楼会议室，中国共产党山西省交通建设中心委员会第一次党员大会召开。根据党章规定，大会采取无记名投票方式和差额选举办法，选举王润民、任鹏、张于良、陈俊、郝瑞军（按姓氏笔画为序）5人为中共山西省交通建设中心委员会委员；党员大会之后，中国共产党山西省交通建设中心委员会召开第一次全体会议，会议采取无记名投票方式和等额选举办法，选举陈俊为中共山西省交通建设中心委员会书记。

6月4日 中心领导参加省交通运输厅组织的第二季度项目前期工作调度会,部署项目前期工作进展情况。

同日 中心印发《财务管理制度》。

6月8日 中心领导参加省交通运输厅组织的全省交通建设项目前期工作暨新基建政策解读视频会,加强前期工作(邀请省国土资源厅专家讲课)。

6月9日 中心党委会召开学习“习近平总书记关于安全生产的系列重要论述”,研究科级干部推荐、考察等“三重一大”事项。

6月17日至19日 中心对国道G342线晋城市过境段改线工程实施安全检查。

6月19日 中心领导参加省领导包联项目例会。

同日 中心印发《印鉴管理制度》等8项制度,进一步建立健全规章制度。

6月20日至30日 中心领导参加省交通运输厅同忻州、长治、阳泉、晋中、太原、朔州、吕梁市政府组织召开的座谈会,研究“十四五”项目对接。

6月23日 按照《中共山西省委宣传部关于全省各级党委(党组)理论学习中心组专题学习〈中华人民共和国民法典〉的通知》要求,中心党委理论学习中心组举行学习会,听取民法学家、中国人民大学常务副校长、教授王利明专题视频辅导讲座。会议要求深刻认识颁布实施《中华人民共和国民法典》的重大意义,切实把思想和行动统一到以习近平同志为核心的党中央决策部署上来,认真组织学习宣传,抓好贯彻实施,要大力营造学习宣传《中华人民共和国民法典》的浓厚氛围。要抓好干部教育,将《中华人民共和国民法典》纳入党支部理论学习的学习内容,不断提高党员干部运用《中华人民共和国民法典》维护人民权益、化解矛盾纠纷、促进社会和谐稳定的能力和水平。要加强普法工作,将《中华人民共和国民法典》作为“十四五”普法工作的重点,让《中华人民共和国民法典》走到职工身边、走进职工心里,教育引导干部职工养成自觉守法的意识,形成遇事找法的习惯,培养解决问题靠法的能力。

6月28日 中共山西省交通建设中心委员会印发《山西省交通建设中心“三重一大”事项集体决策制度》和《山西省交通建设中心党委会会议制度》。

同日 中心召开2020年第二季度全省高速公路工程建设安全生产会,总结2020年第二季度全省高速公路工程建设安全生产工作,结合全国第19个安全生产月“消除事故隐患、筑牢安全防线”主题,部署下一阶段安全生产重点工作。会议传达习近平总书记关于安全生产工作的系列重要论述。各项目就2020年上半年安全生产工作及6月安全生产月活动开展情况进行总结交流,并对下一阶段安全生产工作作汇报。会议对上半年全省高速公路工程建设安全生产工作检查情况进行通报,就上半年全省高速公路工程建设安全生产工作进行回顾总结,分析当前安全生产形势,并对下阶段七个方面重点工作进行布置落实,要求各项目参建单位积极应对安全生产新形势,在思想上高度重视、在行动上干到实处,时刻绷紧安全生产这根弦,做到警钟长鸣、常抓不懈,在疫情常态化防控条件下全力以赴盯紧落实好各项目安全生产工作,确保全省高速公路工程建设安全生产形势持续稳定向好。

6月29日至7月1日 中心组织有关人员对国道G307、国道G207阳泉市绕城改线工程项目的质量、安全、进度进行综合检查。检查结束后,并于7月1日向建设单位、监理单位、施工单位进行通报反馈,指出发现问题,并就下一步工作提出4点具体要求:一是按照“品质工程”创建的相关要求进一步提升建设管理水平;二是结合全年开展的几个专项行动扎实推进“平安工地”创建工作,狠抓施工现场管理,做好常态化疫情防控工作和防汛工作,确保安全生产形势平稳;三是对照明年通车总目标要求,加强施工组织,加大人力物力投入,加强人员和技术力量配置,严把原材料进场关,严格混凝土构造物质量,确保2021年如期通车;四是进一步强化现场监理作用,督促监理切实履行职责,充分发挥好监理现场指导和监督施工的职能。

6月30日 经中心党委研究,印发《关于同意中共山西省交通建设中心第一至第四党支部委员会选举结果的批复》,同意各支部党员大会选举结果,确定第一届支委名单及分工:王小兰为一支部书记、王志勇为宣传委员、池浩为组织委员;吕雪冰为二支部书记、雷晓明为组织委员、程乾为宣传委员;温炳为三支部书记、耿介为组织委员、王凯为宣传委员;覃俊杰为四支部书记、王丽光为组织委员、刘志远为宣传委员。

同日 中心组织对国道G239线阳泉郊区过境河底至荫营段改线工程实施安全检查,并结合纪念中国共产党成立99周年,以“践行领袖嘱托,率先蹚出新路”为主题，组织党员干部前往省级爱国主义教育基地阳泉狮脑山“百团大战”纪念馆开展主题党日活动。全体党员站立在主碑前，缅怀革命先烈，面对党旗，再次庄严宣誓，重温入党誓词。之后全体党员来到狮脑山公园管理处党支部的党建活动室参观，学习和借鉴支部的先进经验和好的做法。

6月至12月 中心组织各重点公路工程建设项目开展安全生产“专项整治三年行动”，开展排查隐患，逐月报送进展情况清单。

7月3日 中心领导在省人大参加离隰项目征占用林地评审会。

7月7日 中心领导在省人社厅参加失地农民社保协调会。

7月8日 在省交通运输厅、省林草厅、省国土厅分别参加太原西北二环压覆矿产及征拆协调会、黎霍高速霍山保护区协调会、压覆矿产协调会。

7月10日 中心组织对国道G108禹门口黄河大桥实施质量安全检查服务。

7月14日 中心领导在省交通运输厅与省国土厅参加补充耕地协调会。

7月16日 中心领导在清徐县协助省自然资源厅调研太原西北二环高速公路。

7月14日至17日 中心组织对隰吉高速实施质量安全检查服务。

7月21日 中心领导参加省交通运输厅组织的加快推进纳入国土空间规划公路工可视频会。

7月22日 中心领导在省国土厅参加国土空间规划座谈会。

7月23日 中心领导在省发改委参加简化程序座谈会。

7月27日至28日 中心领导赴大同客运综合枢纽调研，积极开展服务工作。

7月至8月 中心领导对4个高速公路项目、6个国省干线公路项目开展汛期安全专项综合检查，摸查涉水构造物共计247处，其中涉水桥梁104座、涉水涵洞114道、隧道29座，排查隐患42项，隐患整改完成率达100%。

8月7日 中心印发《山西省公路工程工地试验室管理办法》和《工地试验室登记备案工作实施细则》的通知。

同日 中心领导参加省交通运输厅组织的脱贫攻坚会议。

8月12日 中心组织对省道汾屯线松罗至上滩段改建工程实施质量安全检查服务。

8月20日 中心领导参加省交通运输厅组织的第三季度重点公路工程调度暨安全生产会，汇报当季度质量、安全、工程进度、前期进展及问题，分析质量安全状况，提出下一步工作建议。

8月23日至25日 中心领导赴长治、晋城交通运输局学习先进经验、了解客运枢纽运营及发展情况，为《山西省“十四五”综合客运枢纽发展研究规划》编制做好调研工作，确保规划“接地气、见实效”。

8月31日至9月2日 中心组织对国道G209线吕梁新城区方山县城至中阳金罗镇段公路改线工程实施质量安全检查服务。

8月 中心印发《山西省重点公路工程建设突发事件应急预案》。

9月4日 中心印发《高速公路试验检测数据专项治理工作通知》。从9月7日至12月15日，分四个阶段开展实施高速公路试验检测数据专项治理工作。

9月8日 中心党委制定并印发《中共山西省交通建设中心委员会工作规则(试行)》《中共山西省交通建设中心委员会党委中心组学习制度》《中共山西省交通建设中心委员会关于落实党风廉政建设党委主体责任的实施办法》《建立党委书记和班子成员党支部联系点制度》4项制度。

9月10日 中心组织2020年度公路工程试验检测机构进行能力验证。本次能力验证采用“统一样品，统一标准，统一试验方法”的方式进行比对试验，省内69家检测机构积极参与。活动首次创新采用“钉钉平台”视频会议的模式，中心与69家检测机构远程连线、实时互动，及时发现问题解决问题，不仅实现远程监控的管理目的，也达到避免人员流通与密集的防疫预期效果。历时3小时17分，各检测机构均顺利提交检测结果。经汇总，结果为59家满意，7家基本满意，3家不满意。

9月14日至20日 中心扎实开展网络安全宣传周各项工作。

9月16日 中心领导参加省发改委组织的企业承包项目承诺制改革试点方案座谈会。

9月22日 中心领导参加省交通运输厅民航处传达省政府关于“研究全省通用航空产业发展有关工作，并设立全省通用航空产业发展基金”工作会议，积极协助省厅编写《全省通用航空业务发展基金的管理办法》。

9月23日至24日 中心组织对国道G209线交口县城段公路改线工程实施质量安全检查服务。

9月24日至25日 中心组织对省道三大线石楼县过境孟塔至板桥段工程实施质量安全检查服务。

9月27日 中心召开2020年全省重点公路工程建设第三次安全生产工作会议暨“两节”及秋冬施工部署视频会议。会议传达省交通运输厅党组书记、厅长闫晨曦在厅安委会第三次全体会议上的讲话精神，重点分析全省高速公路项目在安全生产条件管控、施工现场安全管理、隧道作业隐患排查、风险辨识评估管控和事故隐患排查治理双重预防机制落实、参建单位管理水平五个方面存在的问题，指出要更加清醒认识全省重点公路工程建设安全生产形势的严峻性、复杂性，加强安全生产形势分析研判，认真查找事故隐患和薄弱环节，有效防范化解重大安全风险，及时消除安全隐患，加强安全基础保障。要求各项目参建单位充分认识秋冬季安全生产和疫情防控工作的紧迫性和极端重要性，做好秋冬季施工和疫情防控准备。汲取近期交通运输部及省厅通报的安全事故教训，着力加强对项目各参建单位安全管理人员的安全生产培训和一线工人的安全教育，扎实开展三年行动，深化平安工地建设，牢牢守住安全生产红线底线，切实强化源头管理，严审安全生产条件，完善安全管理体系，压实安全生产责任，加强工程关键部位、重点环节的施工安全保障，真正把贯彻习近平总书记“从根本上消除事故隐患”重要指示落实在行动上。

9月30日 中心下发《关于开展公路工程建设行业标准规范学习活动的通知》（晋交建质发〔2020〕73号）文件，列出11项需重点学习的施工技术标准和规范，分三个阶段组织各项目施工、监理、试验检测、监控量测等从业单位针对近期新颁布的公路施工技术标准和规范开展学习。

9月 按照省交通运输厅《关于转发〈市场监管总局等16个部门关于开展2020年全国“质量月”活动的通知〉的通知》要求，立即部署公路建设领域开展活动，以晋交建质发〔2020〕57号文件转发该通知，部署各项目开展活动。一是开展试验检测工作专项检查工作。重点针对施工和监理单位的试验检测工作开展情况、设备设施配备和人员履约到位等情况进行检查。通过专项检查，督促各有关从业单位继续坚持加强试验检测队伍建设，进一步规范试验检测工作。二是对部分重要原材料进行抽检。在活动期间抽查6个公路项目的原材料，共抽检28组。各建设项目重视对原材料质量的控制，在“质量月”活动期间加强对原材料的检测力度，确保已进场原材料的质量合格。

10月2日至6日 中心分4个工作组对全省12个高速公路项目重点开展安全生产专项检查，排查各类隐患50条，整改完成率达100%。

10月3日至6日 根据省交通运输厅《关于立即开展全行业安全生产大检查的通知》和《关于开展2020年国庆中秋节日期间安全专项督查工作的通知》，中心抽调骨干力量参加省交通运输厅第九督查组的安全专项督导活动。督导组通过召开座谈会及实地查看、查阅资料等形式，对吕梁市交通运输局、吕梁市公交公司、吕梁市客运总站、吕梁市机场、吕梁南高速公路公司隧道监控室、吴城服务区、山西黄河碛口旅游有限公司、国道G209线方山至中阳一级公路、静兴高速公路、离隰高速公路、碛口至兴县沿黄公路、离石西收费站等进行安全生产专项督查。要求吕梁市交通运输行业各单位、各企业要深刻汲取太原市迎泽区台骀山景区火灾事故教训，进一步提高政治站位，严格履行行业安全监管职责，认真落实安全生产制度，坚决防止重特大事故的发生，确保人民群众生命财产安全。

10月14日至16日 中心组织对国道G207左权至黎城界及南沁线左权桐峪至河北涉县界新建工程实施质量安全检查服务。

10月20日 中心印发《山西省公路水运工程监理人员从业登记管理办法（试行）》的通知。

10月22日 交通运输部路网中心赴晋源中心调研，就造价管理制度、日常工作、定额制定工作模式、动态制定、《公路养护预算编制导则》实施、信息化建设等方面进行充分沟通交流。

10月27日 中心领导参加省交通运输厅组织的晋阳高速公路改扩建协调会。

10月 为贯彻落实习近平总书记在决战决胜脱贫攻坚座谈会上的讲话精神，坚决打赢打好脱贫攻坚，推动山西省农村公路高质量发展，按照《关于开展2020年度农村公路扶贫公路质量安全检测志愿帮扶工作的通知》（交安监公函〔2020〕13号）的相关要求，中心组织检测机构对全省所辖11个地市开展2020年度农村公路扶贫公路质量安全检测志愿帮扶工作。共有33家检测机构报名参加本次志愿帮扶工作，并于2020年10月中旬前，对11个地市22个县区的127个建设项目，共计1083公里的农村公路、扶贫公路完成现场检测工作。检测机构严格按照规范标准，对路基、路面、桥隧和交通工程进行实体检测和外观检查，对检测数据进行统计分析。结合现场检测情况，指出当前农村公路质量安全方面存在的问题，提出解决办法和合理化建议，对全省农村公路质量全面提升起到积极推动作用。

10月至12月 中心对全省在建重点公路工程开展安全生产风险隐患排查治理专项行动。

11月14日至15日 为深入贯彻落实省交通运输厅党组公路建设高质量发展要求和交通强国部署，全面提升全省公路建设质量安全管理水平，省交通运输厅联合省交通建设中心举办全省公路建设质量安全管理培训班。省公路局、省交通建设中心、各公路分局以及全省在建高速公路、普通国省干线项目建设单位等相关质量安全负责人共90人参加培训。省厅一级巡视员李贵顺出席培训动员会，并对全省公路建设质量安全监管工作提出明确要求和具体目标。本次培训特别邀请交通运输部科学研究院交通运输安全研究中心总工程师肖殿良、河北省京雄高速公路筹建处工程科科长高海波两位专家为大家讲授推动交通基础设施高质量发展的有关内容。授课内容翔实、案例生动、政策性强、视角有广度、内容有深度，为下一步推动全省公路建设高质量发展明确方向。

11月16日至12月 省交通运输开展试验检测机构“双随机”监督检查，由厅法规处随机抽取11家机构作为检查对象，并抽取确定对应的检查专家组。

11月17日 中心领导参加省交通运输厅组织的第四季度重点公路工程调度暨安全生产会。

11月25日 中心组织召开土地报批专题推进会。

12月9日 中心印发《关于做好2020年度公路工程监理和试验检测信用评价工作的通知》。

同日 省交通运输厅一级巡视员李贵顺一行深入中心调研全省重点公路土地报批和概预算审核工作。厅建设管理处和中心领导、相关部室负责人参加调研座谈会。调研组听取中心成立以来主要工作成效，特别是全省重点公路建设项目土地报批和概预算审查进展情况、时间节点安排以及项目存在个性、共性问题的汇报，逐一分析并提出公路建设项目在土地报批过程中压覆矿产、补充耕地、失地农民社保等问题的解决办法，对中心前一阶段的工作给予充分肯定，并就下一步工作进行部署。李贵顺在讲话中，要求中心要定期动态掌握各项目土地手续办理情况，适时通报进展情况，督促项目建设单位按议定时间完成土地手续办理，要加强与省自然资源厅等部门的沟通联系，为建设单位提供补充耕地信息和相关政策依据。李贵顺强调，造价审查承担着工程建设成本管控的重要任务，要做的工作很多，任务艰巨，责任重大。要积极转变工作理念，提高设计和咨询单位的造价管控意识，会同厅建设管理处进一步完善审查程序、改进审查模式、加快审查进度，保证造价文件编制和审查质量。

同日 省交通运输厅一级巡视员李贵顺深入中心，与广大基层干部深入交流，宣讲中共十九届五中全会精神。李贵顺指出，“十四五”时期是全省交通基础设施建设的重大机遇期。中心上下都要认真思考，要把谋事和谋势、谋当下和谋未来统一起来，坚持问题导向、目标导向、效果导向，围绕如何担负起厅党组赋予的重要职责，如何发挥好“技术支撑服务保障”职能作用，精心谋划好“平安百年品质工程”等重点工作，有力支撑全省交通建设“十四五”时期的高质量发展。李贵顺在讲话中，要求中心要把全会精神的学习宣传贯彻，作为当前和今后一段时期极为重要而紧迫的政治任务来抓，持续在学懂弄通做实上下工夫。要认真对照2020年年初工作目标任务，全面梳理各项目标任务完成情况，确保按进度要求完成目标任务，实现“十三五”圆满收官。

12月22日至31日 中心完成“山西省2020年度监理工程师职业资格考试（交通运输工程）成绩合格人员现场资格审核”和“山西省2020年度一级造价工程师职业资格考试（交通运输工程）成绩合格人员现场资格审核”工作。

12月28日 为落实省交通运输厅第四季度重点公路工程调度暨安全生产会议部署，全面提升公路建设从业人员质量安全业务水平，厅建设管理处与中心联合举办全省重点公路施工质量安全技术规范和标准培训。培训邀请省交通监理咨询集团公司、省交通科技研发公司以及省交通工程质量检测中心等单位实践经验丰富的专家授课，主要围绕一线参建单位专业人员安排课程，重点针对各种施工规范、规程和标准的贯彻执行、正确理解、合理运用等给从业人员具体、实用的指导，着力解决施工过程中的具体问题，提高一线参建人员实操能力和水平。13个重点公路在建项目的260多名骨干从业人员参加培训。

12月 中心开展消防安全专项整治，对彩钢板使用建筑进行全面排查，排查彩钢板建筑面积64万平方米，发现隐患15处，全部整改，拆除违章彩钢板建筑180平方米。

是月 中心开展冬季施工安全检查，排查安全隐患153条，整改完成率达100%。

全年共完成106个项次的工可、概算、预算、招标限价审查任务，审查总金额1115.36亿元，调整不合理费用27.81亿元，调整率2.49%，其中核增3.48亿元、核减24.33亿元，总核减21.06亿元，核减比例1.9%。

（资料提供：王志勇）

山西省交通运输厅发展研究中心大事记

4月24日 中共山西省交通运输厅党组下发《关于印发山西省运输事业发展中心等6个事业单位内设机构设置方案（试行）的通知》（晋交党发〔2020〕29号），明确山西省交通运输厅发展研究中心设立综合办公室、战略研究所、综合规划所3个内设机构及其主要职责。

4月27日 省交通运输厅党组印发《关于厅属事业单位改革期间建立健全党组织的实施方案》，批准成立中共山西省交通运输厅发展研究中心支部委员会。

4月29日 山西省交通运输厅发展研究中心（以下简称中心）召开第一次全体干部职工大会，宣布中心领导班子任命。省交通运输厅党组成员、副厅长王晋出席会议并讲话。会上，省交通运输厅人事处处长杨斌宣读厅党组关于厅发展研究中心领导班子任命的决定，胡旭东任中心党支部书记、主任，白彦萍、侯金铃任中心副主任。胡旭东代表中心领导班子作表态发言。王晋在讲话中，对中心领导班子下一步工作提出4点要求：一是切实提高政治站位，积极支持改革、拥护改革；二是尽快建章立制，完善组织机构；三是认真谋划下一步工作思路，确保各项工作平稳运行、无缝衔接；四是抓好领导班子和干部队伍建设，强化履职能力和责任担当，扎实做好改革“后半篇”文章。

5月1日 中心副主任侯金玲参加会议，代表厅规划中心领取“五一劳动奖状”。

5月9日 中心整合原厅规划中心、厅资料中心、厅信息中心改革划转人员，实现集中办公。

5月18日 中心完成单位注册登记工作，通过省事业单位登记管理局审核，取得事业单位法人证书。

6月2日 中共山西省交通运输厅发展研究中心支部委员会召开第一次党员大会，选举产生支部委员会委员。会后，中心党支部委员会召开第一次全体委员会议，选举产生中心党支部书记，并对支委成员进行责任分工。

6月28日 中心党支部开展“不忘初心，重温入党志愿书”主题党日活动，集体重温个人入党志愿书，回顾入党初心，强化党员“一句誓言，一生作答”的思想自觉和行动自觉，把党员干部的思想和行动凝聚到推动交通运输科学发展上来。

7月1日 省交通运输厅召开“两优一先”表彰大会，中心邢益彰获省厅“优秀共产党员”称号。

7月10日 中心党支部开展“庆七一·纪念中国共产党成立99周年”主题党日活动，组织全体党员干部赴太原市晋源区杜里坪村“清太徐抗日旧址”参观学习，教育引导党员干部从党的光辉历程中汲取精神养分，进一步坚定理想信念，严守纪律规矩，锻造过硬作风，主动担当作为。

7月18日 中心领导班子、各部门负责人参加省交通运输厅在山西省交通科技研发有限公司（交通科学园区）组织召开的山西省交通运输规划编制推进会，厅党组成员、副厅长王四小主持会议并讲话。

8月31日 中心党支部开展“厉行勤俭节约，杜绝餐饮浪费”主题党日活动，深入学习贯彻习近平总书记重要指示精神，坚决制止餐饮浪费行为，切实培养节约习惯。会上，全体党员重温周恩来总理勤俭节约小故事，通过榜样力量，让节约光荣、浪费可耻的观念入脑入心。每名党员手抄“党员公开承诺书”并郑重签名做出承诺。

9月11日 省交通运输厅党组成员、副厅长王晋赴中心，检查指导事业单位改革后领导干部经济责任审计相关工作。

10月10日 中心党支部书记、主任胡旭东带领党员干部赴天镇县玉泉镇唐八里村，开展定点扶贫调研及慰问工作，了解贫困户“两不愁三保障”有关情况。

10月16日 中心主任胡旭东带队，赴江西省交通运输厅规划办公室开展调研交流。双方就两省经济运行分析报告编制情况、交通运输“十四五”规划编制、单位定位及发展等问题进行深入讨论。通过调研交流，中心充分学习外省先进理念和发展经验，进一步解放思想，拓展视野，有效提升服务能力和研究水平。

10月25日 中心领导班子成员参加山西省交通运输厅与交通运输部科学研究院在太原召开的技术交流会，省交通运输厅党组成员、副厅长王四小与部交科院副院长王先进出席会议并讲话，中心领导班子做交流发言。

10月29日 中心在太原组织召开专家座谈会，聚智赋能谋划未来发展蓝图。会议邀请来自交通运输部规划研究院、陕西省交通运输厅发展研究中心、省委政研室、省社科院、山西财大、省公路局、交控集团、晋龙捷泰等省内外相关单位和企业的专家，厅综合规划处、厅科技处相关领导参加会议。会议围绕交通运输部最新政策和规划、全省新型战略产业规划对山西交通运输发展的影响开展研讨，与会专家从各自的专业和视角提出独到的见解和看法，进一步明确中心未来发展方向，为中心下一步做好交通运输发展战略研究和规划技术支撑工作打下良好基础。

10月30日 中心在太原组织召开“山西能源革命交通先行研究”“交通强国山西篇章指标体系研究”“山西发展多式联运推进运输结构调整的对策和实施路径研究”三项课题专家评审会。课题于2019年立项，是原厅规划中心为更好地适应山西经济社会发展和交通运输发展新形势确立的研究项目。课题组经过深入调研和认真研究，完成课题送审稿。课题从服务山西能源产业发展，提出交通运输行业发展对策；针对做好交通强国山西篇章，提出了适合山西实际的交通强国指标体系；并对发展多式联运促进运输结构调整提出对策建议及具体实施步骤。经专家充分讨论，一致同意三项课题通过评审。

11月5日 下午，省交通运输厅党组书记、厅长闫晨曦深入中心党支部工作联系点，宣讲习近平总书记视察山西重要讲话重要指示和中共十九届五中全会精神。中心全体干部职工聆听宣讲。

宣讲中，闫晨曦系统全面地阐述深刻领会习近平总书记视察山西的重大意义，对习近平总书记提出的6项重大任务一一作讲解，强调要从3个方面抓好习近平总书记重要讲话重要指示的学习贯彻：一是学深悟透，进一步增强书写山西践行新时代中国特色社会主义新篇章的历史使命感和政治责任感；二是坚定转型，进一步在培育新动能、实现高质量发展上久久为功；三是立党为公，进一步以政治建设为统领，坚持不懈抓好党内政治生态建设。

闫晨曦在宣讲中共十九届五中全会时强调，在“两个一百年”奋斗目标的历史交会点上，中共十九届五中全会重点研究“十四五”规划问题并提出建议，将“十四五”规划与2035年远景目标统筹考虑，对动员和激励全党全国各族人民战胜前进道路上各种风险挑战，为全面建设社会主义现代化国家开好局、起好步，具有十分重要的意义。要求中心全体干部职工要自觉增强“四个意识”、坚定“四个自信”、做到“两个维护”，切实把思想和行动统一到全会精神上来，把学习贯彻中共十九届五中全会精神作为当前的首要政治任务抓实抓好，迅速掀起学习全会精神的热潮，切实把全会部署要求贯彻落实到交通运输发展研究具体工作上来，同心协力，同向发力，完成好厅党组部署的各项工作任务，为确保完成决战决胜脱贫攻坚目标任务，全面建成小康社会，乘势而上书写山西践行新时代中国特色社会主义的新篇章做出应有贡献。

11月27日 山西省人力资源和社会保障厅、山西省总工会印发《关于表彰2020年山西省五一劳动奖的决定》(晋人社厅发〔2020〕65号),中心获"山西省五一劳动奖状"。

12月4日 为弘扬宪法精神,进一步增强工作人员的法制意识、责任意识,中心在第七个国家宪法日,组织全体干部职工集中观看庭审视频,并进行宪法宣誓。

12月18日 中心组织召开"山西交通运输基本公共服务均等化研究"和"山西省交通物流若干重大问题与发展战略研究"两项基础课题大纲评审会议,研究大纲顺利通过专家评审。

12月29日 中心领导班子全体成员参加山西省交通运输厅在中心召开的"山西省综合立体交通网规划"和"山西省交通运输'十四五'发展规划"专家咨询会议,邀请来自省内外、行业内外的专家学者对规划内容进行座谈研讨。省交通运输厅党组成员、副厅长王四小主持会议并讲话。中心领导班子在会上做交流发言,为进一步完善规划内容积极建言献策。

(资料提供:李文越)

山西省交通运输厅联网收费结算与会计核算中心大事记

4月29日 山西省交通运输厅联网收费结算与会计核算中心(以下简称中心)在省高管局6楼会议室召开干部大会,厅人事处杨斌处长宣布中心领导班子任免决定:杨毅任中心主任,李亚东、魏晓菁任中心副主任。省交通运输厅党组成员、副厅长王晋出席会议并讲话。他强调,中心作为省交通运输厅直属事业单位,班子成员要树立远大目标和志向,在服务和落实厅党组中心工作上发挥更加积极作用,不断提高服务保障影响力;全体职工要加强自身建设,不断提高自身能力素质,更好地履职尽责;领导班子要主动谋划,充分发挥联网收费、会计核算资源力量,更好地服务全省交通运输发展大局和需要。杨毅主持会议并代表中心新领导班子作表态发言。他表示,坚决拥护厅党组决定,服从组织安排,决心带领全体职工旗帜鲜明讲政治,凝心聚力谋发展,努力把中心建设成为一流的服务保障机构,为交通运输高质量发展助力。

5月18日 中心领导班子召开扩大会议,传达学习习近平总书记视察山西重要讲话重要指示,对中心兴起学习宣传热潮、抓好贯彻落实进行研究部署。中心主任杨毅主持会议并讲话。要求把学习、贯彻落实习近平总书记视察山西重要讲话重要指示,作为当前和今后一个时期的首要政治任务,乘势而上,久久为功,在转型发展上率先蹚出一条新路来,交出一份让厅党组满意,让服务对象满意的优秀答卷,书写中心践行新时代中国特色社会主义的新篇章。

6月1日 经省交通运输厅直属机关党委批准,中心召开第一次党员大会,选举产生中心第一届党支部委员。党员大会应到正式党员16人,实际到会正式党员16人,会议按照《中国共产党基层组织选举工作条例》的有关规定,进行支部会委员的选举工作。杨毅、李亚东、魏晓菁当选为中心支部委员会委员。大会结束后,召开中心支部委员会第一次全体会议,以无记名投票方式差额选举产生支部委员会书记杨毅,同时,对支部委员会委员也进行工作分工。

6月22日 为进一步增强全体党员的责任感和使命感,中心党支部开展"不忘初心、牢记使命"重温入党誓词主题党日活动,全体党员参加此次活动。全体党员在党支部书记杨毅带领下,面朝鲜红庄严党旗,举起右手,庄严宣誓:"我志愿加入中国共产党，拥护党的纲领，遵守党的章程，履行党员义务，执行党的决定，严守党的纪律，保守党的秘密，对党忠诚，积极工作，为共产主义事业奋斗终身，随时准备为党和人民牺牲一切，永不叛党。”

7月3日 中心学习传达省委十一届十次会议精神。要求全体党员干部要认真对照《中共山西省委关于贯彻落实习近平总书记视察山西重要讲话重要指示在转型发展上率先蹚出一条新路来的实施方案》要求，以上率下、苦干实干，带头做到重要改革亲自部署、重要方案亲自把关、关键环节亲自协调、落实情况亲自督促，咬紧牙关、瞄准目标，不畏艰险、勇往直前，在率先蹚出转型发展新路的伟大实践中建功立业。

7月30日 为进一步加强中层干部队伍建设，激发广大干部奋发向上、开拓进取的精神，充分调动大家工作积极性，推进各项工作开创新局面，中心召开中层干部选聘工作方案和民主推荐动员会议。会上，党支部书记杨毅作动员讲话，要求全体干部职工要以高度的政治责任感和积极工作姿态来对待这项工作，以坚定党性和严格组织纪律性开展好这项工作，确保本次选聘健康有序进行。希望每一位中层干部充分认识、精准领会中层干部的重要性，提高认识，积极稳妥地推进中层选聘工作，要以正确心态面对“进退留转”。通过选聘工作，强化中层干部的竞争观念、危机意识，进一步激发干事创业活力。

8月10日 中心中层干部任职宣布会在省高管局9楼会议室召开，支部委员、副主任李亚东主持会议，中心全体职工参加会议。支部委员、副主任魏晓菁宣读中心关于中层干部的任职决定。支部书记、主任杨毅出席会议并讲话。希望新任职同志进一步提高政治站位，担负责任，恪尽职守，服务中心发展大局，并尽快完成交接工作，熟悉新的工作和岗位，带领部门职工共同推动联网收费、会计核算各项工作再上新台阶。

9月4日 中心内设机构职责职能和交接工作专题会议召开。结合编办19号文对厅收费核算中心（联网收费部分）的主要职责规定和中心实际情况，建议对厅收费核算中心（联网收费部分）主要职责界定为：一是负责高速公路联网收费和不停车收费的拆分核算、信息处理、数据统计分析等技术支持和服务工作。二是协助省厅拟定高速公路联网收费方面的规章规定、标准规范。三是负责指导全省高速公路收费拆分结算和收费稽核工作。四是牵头成立全省高速公路收费拆分结算管理委员会。管委会受省厅委托，总体负责全省高速公路收费拆分结算工作、统筹协调交控集团、京大、汾平、阳五、龙城、翼侯等高速公路运营公司收费拆分结算工作；制定收费拆分结算管理相关办法，报省厅同意后下发实施。五是受省厅委托，承办与交通运输部对接高速公路收费相关工作。六是负责指导收费拆分结算系统网络安全管理工作。七是承办全省高速公路联网收费数据统计分析和信息报送工作。

9月14日 中心重点工作任务推进会议召开。会上，各部门负责人分别汇报1—8月重点工作落实情况及取得的成效，分析当前存在的突出问题，明确下一阶段重点工作任务及落实措施。各部门分管领导充分肯定目前取得的工作成效，对工作中存在的问题提出具体应对措施。主任杨毅针对中心当前的现状和形势要求，要求突出党建工作引领作用，进一步明确责任清单和人员任务分工，真正把任务部署到位、分解到位，做到任务明确、人员明确、责任明确。各部门要乘势而上，以更加饱满热情、更加有力措施，启动文明单位验收和年终目标责任制考核的各项准备工作。

10月3日 中心副主任李亚东主持召开中心安全生产工作专题会议，传达学习上级领导批示及厅安全生产相关会议精神，部署中心加强涉及联网收费公共安全项目和中心自身安全生产问题排查、设施检修、隐患整改等工作。会议强调，“安全生产重于泰山”，事关人民群众安危，事关社会发展大局，任何时候都要把安全生产工作放在首位。要进一步压实各部门主体责任，落实“管业务必须管安全、管生产必须管安全”要求，牢牢守住安全生产底线；要进一步突出工作重点，围绕重点场所、重点部位、重点环节加强隐患排查，切实管控风险、消除隐患。

11月30日 中心“三重一大”制度专题学习会议召开，研究中心“三重一大”事项集体决策实施办法。会议由党支部书记杨毅主持，领导班子成员参加集中学习。会上，从什么是“三重一大”、如何管理“三重一大”等两个方面，集中学习“三重一大”相关业务知识。会议强调“三重一大”决策程序的合规性和坚持集体讨论的原则。“三重一大”决策时，与会人员要充分讨论并分别表达意见，由主要负责人最后发表结论性意见。若存在严重分歧，应当推迟做出决定。涉及“三重一大”的事项用专用记录本做好会议记录，并形成“会议纪要”督办有关事项。应做好有关会议材料的保密工作，并及时归档。

（资料提供：杨 俊）

山西省交通运输厅后勤服务中心大事记

1月 山西省交通运输厅后勤服务中心（以下简称中心）中心与山西省交通运输厅签订2020年度《山西省交通运输厅后勤服务合同》，合同约定本年度服务项目等相关费用共计821.5万元。

3月20日 中心2020年度安全生产工作会议召开，主任杨建平总结2019年中心安全生产工作，就切实做好2020年度中心安全生产工作进行部署。

4月10日 为提高全体干部职工的安全生产意识和有效处置突发应急事故的能力和水平，中心组织全体干部职工进行《中华人民共和国安全生产法》知识学习及答题活动。

5月28日 中心组织召开“安全生产月”专题会议，成立活动领导小组，并结合后勤工作实际，对相关部室“安全生产月”工作进行具体部署并提出相关要求。

7月1日 中心办公会议召开，领导班子成员及中层干部参加会议。会议主要研究3项内容：一是根据厅办公室“关于做好司勤人员安置工作的函”文件要求，就转岗安置郝建勇等6人进行研究；二是根据《省级事业单位办企业脱钩改革实施方案》等文件精神，研究中心名下的五个企业，在2020年年底前完成脱钩、移交、注销等相关工作。本次会议重点研究中心整体租赁的静乐、左权“两对”服务区的整体移交工作；三是研究中心所属企业“山西交通物业管理有限公司”退出交通小区物业管理事项。

7月31日 根据省交通运输厅《关于开展事业单位办企业脱钩改革的通知》精神，经中心领导班子会议集体研究，拟退出交通小区物业管理。为确保小区物业管理平稳有序移交，中心与现业主委员会沟通协商一致，主动联系并配合属地房管部门、街道办事处、社区等单位，尽快将物业管理事宜，通过“公开招投标选定”的方式，移交给中标的物业管理企业。

8月18日 中心向省级事业单位办企业脱钩改革工作领导小组办公室报送《山西省交通运输厅后勤服务中心关于事业单位办企业脱钩改革工作进展情况》。

8月28日 中心办公会议召开，主任杨建平传达省交通运输厅安委会会议精神厅党组书记、厅长闫晨曦在会议上的讲话精神，要求深入贯彻落实习近平总书记关于安全生产的重要指示批示精神和省委、省政府、交通运输部关于安全生产工作的部署要求，并对中心的安全生产大检查工作做进一步部署。要求中心相关部室深入开展安全生产大检查，严格落实各项安全防范责任和措施，切实减少一般事故，有效防控较大事故，坚决杜绝重特大事故，创造稳定的安全生产环境，为全省交通运输安全生产提供坚强有力的后勤保障。

10月28日 中心向省交通运输厅上报《关于后勤改革所涉及相关事项的请示》。

12月1日 中心领导班子办公会议召开。会议主要研究6项内容：一是关于拟支付原职工姜胜斌经济补偿金及相关事项的研究；二是关于进一步处置任夕俊假借厅劳动服务公司护栏护网厂名义非法集资诈骗，所引发的人群体性上访、缠访事项的研究；三是关于后勤机构改革、事业单位所办企业脱钩改制及相关事项的研究；四是关于中心整体租赁经营的静乐、左权“两对”服务区费用事项的研究；五是关于2021年机关后勤服务及相关事宜的研究；六是关于中心“留职停薪”职工王晋伟事项的研究。

12月8日 中心领导及相关部室负责人在中心会议室召开"安全生产大检查及今冬明春火灾防控"专题工作会议。主任杨建平传达省交通运输厅安委会第五次会议精神,并对中心安全生产大检查工作作了进一步部署。会后,中心副主任杜建武带领中心办公室、机关物业管理处、机关服务部等部门负责人,对厅机关、各宿舍区、机关食堂等有关部位就安全生产工作及火灾防控工作进行全面深入检查。

12月10日 根据省委及省交通运输厅文件精神及工作安排,省直机关后勤机构改革已进入正式实施阶段。按照省机关事务管理局工作安排,涉改单位划转分三步推进。为此,中心就过渡阶段的厅机关后勤服务保障工作向省交通运输厅上报工作意见与建议。

12月22日 山西省交通运输厅就《关于山西省交通运输厅后勤服务中心公司制改制有关事项》作出批复。

12月23日 中心上报《关于全民所有制公司改制工作方案》并请示省交通运输厅。

（资料提供：张选霞）

山西省交通干部学校大事记

1月3日 山西省交通干部学校(以下简称学校)召开2019年度目标责任考核大会。省交通运输厅第六考核组来到学校,通过听取汇报、实地查看、验证资料的方式,对学校2019年度目标责任完成情况、领导班子运行情况、领导干部履职情况、党风廉政建设情况进行检查考核。省厅一级巡视员、第六考核组组长雷天才就年度目标责任考核的意义,内容及要求做说明。校党委书记刘贵良代表校领导班子并就个人工作情况进行大会述职,学校全体教职工参会并进行民主测评。会后,考核组与校班子成员、中层干部及部分职工进行考核谈话。查阅学校目标责任完成情况的相关资料。

1月6日 上午,学校2019年度干部职工考核大会召开。会上,8名科室负责人代表科室及个人,对科室一年来目标责任的完成、工作运行、廉洁自律等情况进行述职。广大教职工对全体中层干部、教职工、编外人员进行民主测评。会后,校领导分别与中层干部进行谈心谈话,更深入全面地了解科室工作运行情况。

同日 下午,"公路小修保养技术在线课程开发"课题开题大纲评审会召开。会议特邀山西交通学院、山西交控集团、省公路局等单位5名专家进行评审。党委书记刘贵良代表学校致欢迎辞。课题负责人校长辛泉生介绍课题立项的背景,以及前期课题研发开展情况。课题组向专家组汇报课题开题报告编制情况并介绍课题研究思路和方法、研究内容、技术路线、预期成果和表现形式、经费使用计划等。专家组在查阅开题评审报告及相关资料、听取汇报后,对课题的研究方法、研究经费、成果呈现与评价等与课题组进行充分交流,并给予深入指导,认为课题组前期做了大量工作,课题开题报告准备比较完整充分,总体情况良好,一致同意课题开题。

1月31日 学校党委扩大会议召开,专题研究新型冠状病毒感染的肺炎疫情防控工作。会议传达国务院和省政府、省交通运输厅有关会议及文件精神,成立校新型冠状病毒感染的肺炎疫情防控工作领导小组,制定《学校新型冠状病毒感染的肺炎疫情防控工作方案》,明确各科室、驻校各单位责任分工,明确属地管理、科室监管和驻校单位主体防疫责任。结合学校实际情况,一事一策,有针对性地提出疫情防控措施,做出部署。

2月17日 针对新学期开学教职工返校等情况，学校召开专题会，研究制定网上开学、线上办公方案，对防控工作再部署，进一步明确工作内容、落实工作职责，确保疫情防控工作任务的落实。

2月20日至29日 学校开展线上"共抗新冠肺炎防护知识PK赛"。活动有个人练习、双人PK、竞赛三种形式，广大教职工全员参与。

3月1日 为打赢新冠肺炎疫情防控阻击战，学校严防死守，织密疫情防控网，做到"八个到位"，即领导带头部署到位；排查管控到位；人员培训到位；宣传教育引导到位；卡点值班到位；环境整治消杀到位；物资场所准备到位；党建引领到位。面对突如其来的新冠肺炎疫情，学校认真负责，严格把关，进一步加强校区和家属院管控力度，推行疫情防控通行证制度，制作一批临时"出入证"，居民凭出入证、身份证出入小区。

3月2日 为支援全国特别是湖北省疫情防控工作，学校党委开展爱心捐款活动。全校教职工总捐款共计7980元，其中党员62人捐款6500元，非党员16人捐款1480元。

3月4日 由于疫情期间的联防联控工作需要，许多理发门店暂不营业，学校工会开展为职工解忧，加强疫情防控，确保校园安全的理发上门服务活动。

3月6日 省交通运输厅下发《关于表彰2019年度完成工作目标任务优秀单位的决定》（晋交办发〔2020〕70号），学校获"2019年度完成工作目标任务优秀单位"称号。

3月10日 下午，学校校党委会会议议召开，认真学习贯彻2020年全省交通运输工作暨党风廉政建设和反腐败工作电视电话会议精神，提出3点要求：一是认真学习、深刻领会两个会议精神，自觉把思想认识统一到厅党组要求上来，进一步提高思想认识和政治站位；二是吃透会议精神，把会议精神贯彻到全年学校各项工作中去，确保各项工作取得实效；三是激扬正气，以过硬作风抓好落实；四是鼓足再取新成绩的干劲，再创佳绩。

3月13日 2020年学校工作暨党风廉政建设和反腐败工作会议召开，总结2019年工作，分析当前形势，部署2020年学校工作暨党风廉政建设和反腐败工作。校长辛泉生作工作报告，校党委书记刘贵良就党风廉政建设和反腐败工作讲话。会议强调，要以习近平新时代中国特色社会主义思想为指导，全面贯彻落实中共十九大和十九届二中、三中、四中全会精神以及全省交通运输工作会议精神，稳中求进，进中求新，奋力开创学校高质量发展新局面。会议要求，要重点做好7个方面的工作：一是全力做好疫情防控和复工复产工作。二是进一步深化学校改革。要进一步优化学校组织机构和干部队伍结构，进一步理顺学校职责关系，谋划好行业职业资格和职业技能培训、鉴定、咨询等服务工作。三是稳步推进"三个基地"建设。要坚持开放融合、创新为上，加快"三个基地"建设规模化、质量化、品牌化。要创造机会争取省交通运输厅政策资金支持。"交通培训基地"要高质量完成好系统内部培训，面向社会，打造培训新优势，适时出台培训奖励政策。"继续教育产业基地"要树立向市场要效益的意识，继续深化校际合作，加强教学管理，加强与社会各界的合作交流沟通，开放办学。"考试服务基地"建设要多方整合资源，创新工作方法，逐步完善考试服务体系。四是深入推进"山西交通在线"教育培训平台建设。要充分发挥在线培训学习的优势，逐步扩大平台覆盖面。挖掘平台效益，注重优质服务，加大平台技术支撑。要加大平台课程开发力度，加强平台运营管理。五是加快提升治理体系和治理能力现代化水平。要努力开创开放合作新局面，全面实施制度管理创新，着力推进"首问负责制""分工协作机制""奖励机制""考核机制"。要注重教育教学质量提高，强化教师队伍建设，深入推进法治学校建设，强化综合治理。六是全面加强党的建设。要坚持把政治建设摆在首位，全面提高党建工作质量和水平，加大干部和人才队伍建设，加强学校文化建设。七是牢牢守住安全发展底线。要从严落实安全生产责任，加强安全风险管控，强化应急处置能力。会议要求，要扎实做好2020年党风廉政建设和反腐败工作，重点抓好4方面工作：一是坚持以政治建设为统领，践行忠诚担当。要全面深化政治引领，巩固"不忘初心、牢记使命"主题教育成果，严肃党内政治生活，加大监督检查力度。二是坚持敢管敢严，抓实抓细党风廉政建设工作。要加强主体责任落实，加强日常廉洁教育，营造勤政廉洁氛围。三是以严肃执纪问责为主线，持续营造风清气正良好氛围。要全面加强制度建设，在健全完善制度体系的基础上，加强对权力运行的制约和监督，严明党的纪律规矩。要加大执纪问责力度，运用好监督执纪"四种形态"，紧盯重点工作流程、重要业务岗位、重要时间节点，始终保持反腐败高压态势。四是坚持强化作风整治，提升治学办校效能。要开展纪律作风专项整治，强化日常监督管理，发挥纪委专责监督作用，不断增强“两个维护”的能力和效果。要开展好专项整治，严肃责任追究，推动作风建设落到实处、收到实效。校纪委书记梁锦华主持会议。副校长孟万银宣读《山西省交通运输厅关于表彰2019年度完成目标任务优秀单位的决定》，副校长白贵生宣读《山西省交通干部学校关于表彰2019年度先进科室和先进工作者的决定》。

3月15日 为共同抗击新冠肺炎疫情，学校积极应对，在“山西交通在线”教育培训平台上线“面对疫情防护”专题。专题从认识新冠肺炎疫情及预防指南、面对疫情心理防护、个人居家防护、工作区域防护、疫情防控工作及应急管理到自身不良反应应如何应对等方面，共设置17门线上课程。

3月17日 上午，学校党委举办处级干部个人有关事项报告两项法规专题培训，并部署2020年集中填报工作。会上，学校班子成员对《领导干部报告个人有关事项规定》《领导干部个人有关事项报告查核结果处理办法》《领导干部个人有关事项报告表》和《领导干部报告个人有关事项工作培训手册》进行集中学习，并逐一进行承诺发言。党委书记刘贵良在讲话中，提出4点要求：一是进一步提高思想认识，统一思想，增强报告个人有关事项的自觉性。要强化责任意识，严格按照要求填报，确保如实、规范、完整、准确。要遵规守纪，自觉接受组织监督，做到既对个人负责，也对组织负责。二是加强学习，准确理解、掌握填报要求和注意事项。三是逐项认真核实填报信息，与家人充分沟通，认真核对检查，不漏报、不瞒报。全体填报人员要站在“对党忠诚”的政治高度做好填报工作，按规定时间节点完成好这份重要的政治任务。四是按照要求由党委书记按照“一问三审”的要求落实程序。

3月30日 学校校长办公会议召开，全面贯彻落实2020年学校工作会议精神，对学校重点工作进行再安排再部署。会议强调，一是顺应国家形势及政策，疫情防控毫不放松，有序发放防疫物资，做好出入门登记，坚决遏制疫情。要坚持“两手抓、两手硬”，既要坚决防范、杜绝发生因麻痹松劲疏漏产生疫情新燃点，又要加快学校复工复产。二是对各项工作进行再部署，明确目标任务。要紧紧围绕发展目标，细化任务、明确责任，把责任逐项分解到部门、落实到岗位、量化到个人，使各项工作和各个环节有人抓、有人管、有人负责，确保目标任务落到实处，取得实效。三是强化意识。要强化标准意识，争创一流。要强化责任意识，积极主动完成岗位赋予的职责。要强化考核意识，时刻反思、及时弥补不足。

4月29日 上午，根据省交通运输厅党组安排，学校召开干部大会，宣布省厅关于学校主要领导职务任免的决定。厅党组成员、副厅长王晋，厅人事处处长杨斌出席会议，学校领导班子成员和全体干部职工参加会议。杨斌宣布中共山西省交通运输厅党组决定：辛泉生任学校党委书记、校长，梁锦华、孟万银任副校长。王晋在讲话中，提出3点要求：一是提高政治站位，深化思想认识，正确理解和对待此次改革；二是尽快建章立制，推进高效整合，实现新机构良好开局；三是加强领导班子和干部队伍建设，切实提高履职能力。要将政治建设摆在首位，要不断提高履职能力和水平，要强化担当意识。新班子表示，感谢厅党组的信任和重托，将牢记使命，只争朝夕、尽心竭力、忠诚履职、勤勉工作，和全校干群一道以百倍信心，创新思维，扎实作风，奋力谱写学校发展新篇章。努力做到：一是以忠诚之心干事业；二是以谦虚之心强本领；三是以敬畏之心履职责；四是以担当之心抓落实；五是以律己之心葆本色。

4月30日 学校校党委扩大会议召开。校领导班子成员、部门负责人及部分中层干部参加会议。校党委书记、校长辛泉生主持会议。会议对山西省交通运输厅所属事业单位改革情况进行通报，按照中共山西省交通运输厅党组关于校领导班子成员任免文件精神，结合学校实际，对领导班子成员进行工作分工。会议还研究讨论了学校近期工作开展情况，对今后工作进行部署。会议强调，一是强化责任担当，积极主动作为。在疫情防控形势持续向好阶段，疫情防控意识仍不能松，经济发展不能松。要进一步压实责任、严肃纪律、强化担当，切实提高工作执行力，深入开展“党风廉政宣传月”活动，把各项工作抓实抓细，做到“两手抓、两手硬”。二是变压力为动力，用改革的办法解决发展中的问题。要充分展现在线教育培训优势，加大“山西交通在线”教育培训平台技术支撑，根据学校新增设的专业技术人才服务和职业技能培训、鉴定、咨询职能，加快研发公路养护工、公路收费及监控员、快递员、工程测量员等岗位在线培训课程及管理程序，加快完成厅立科研项目“公路小修保养标准化在线课程开发”，积极建设“山西交通在线”App，以“山西交通在线”教育培训平台建设为抓手，创造干校品牌。要强化合作办学力度，对合作办学机构加强管理，规范办学行为。三是抓重点，严要求，高标准，巩固提升办学治校能力。要扎实推进改革，按照统筹谋划、协同高效、平稳有序推进的原则，优化学校组织机构，理顺工作职责，完善规章制度。要做好改革期间的物资报废、资产清查工作，要以主动作为的状态保证各项工作落实，奋力开创学校发展新局面。会议还对《山西省交通干部学校章程》和改革期间的人事劳资事宜进行议定。

5月7日 上午，学校副校长孟万银一行4人前往太原理工大学继续教育学院，就成人学历教育招生、教学、学生管理以及行业培训等相关工作进行汇报学习交流。大家一致认为，今后双方要加强交流，积极合作，在确保函授站健康持续发展的同时，发挥优势，促进发展，不断提升服务行业、服务区域经济发展、服务社会的能力。

5月8日 下午，为深入开展2020年度“党风廉政宣传教育月”活动，强化党员干部的廉洁自律意识，全校教职工在12楼会议室观看廉政警示教育片《贪欲，引他们误入人生歧途》。

5月15日 学校理论中心组学习扩大会召开，传达贯彻全省交通运输行业“三零”企业、单位创建工作推进会精神和习近平总书记视察山西重要讲话精神。校党委书记、校长辛泉生主持并传达。校领导班子成员和各部门负责人参加会议。会议强调，要把学习宣传、贯彻落实习近平总书记视察山西重要讲话重要指示，作为当前和今后一个时期的首要政治任务，切实增强贯彻落实的自觉性和坚定性。要把学习贯彻落实习近平视察山西重要讲话重要指示和厅党组提出的落实要求紧密结合起来，把学习贯彻落实习近平总书记视察山西重要讲话重要指示和当前各项工作落实紧密结合起来，统筹做好疫情防控和复工复产工作，紧扣目标任务，制定实施方案，以事业单位改革为契机，全面加强纪律作风建设，坚实扛起全面从严治党主体责任，大力营造干事创业的优良作风和良好氛围。

5月16日 面对疫情，学校发动全体教职员工、招生团队利用微信、QQ平台、信函以及主办院校公众号等通信功能大力开展招生宣传。2020年春季，学校共招收新生131名，其中北京交通大学远程教育招收78人，国家开放大学网络教育招生43人，华东交通大学同等学力研究生10人。

5月18日 下午，按照党委安排，学校各支部集中学习习近平总书记视察山西重要讲话重要指示精神。全校教职工紧紧围绕学习贯彻习近平总书记重要讲话，畅谈学习体会认识。

5月20日 疫情当前，为更好地开展线上培训。校长辛泉生、副校长孟万银就在线教育培训主题与北京网梯科技发展有限公司进行座谈。

5月21日和22日 在北京交通大学继续教育学院统一部署下，在做好新冠肺炎疫情防控前提下，学校成功举办北交大山西交通学习中心2021届春季土木工程和交通运输专业本科生线上毕业论文答辩。这是学校首次举行线上答辩。答辩组建3个小组，建立微信工作群。在答辩过程中，学生按顺序汇报阐述，回答问题。全程录音录像，对关键画面截屏保留，认真做好线下答辩记录，整个答辩过程可回溯、可复查，保证答辩质量。

5月25日 上午，学校中层干部任职宣布大会召开，校党委书记、校长辛泉生主持会议。会议对全体中层干部提出6点要求：一是牢记使命，提高政治站位。要时刻把学校发展放在首位，统筹谋划干部培训、成人教育、在线培训、职业技能鉴定、专技人才服务五大主阵地发展，为树立学校新形象，打造学校新品牌努力奋斗。二是加强学习，提高素质能力。要积极探索和掌握新形势下做好学校工作的新思路、新途径、新方法，培养与时俱进、开拓创新的意识，不断提高自己的综合素质。三是协调配合，搞好部门团结。要坚持从大局出发，做到协作配合不拆台，履行职责不越权，执行决策不走样。四是要认真履职，再创工作佳绩。要尽快转换角色，厘清工作思路，把握关键环节，主动地、创造性地开展工作。五是廉洁自律，做到洁身自好。要认真贯彻执行党风廉政建设有关规定，严格遵守党的政治纪律、组织纪律和工作纪律，依法依规办事，严于律己。六是抢抓机遇，谋划好各项工作。要在“紧、严、细、实”上下工夫，做到时间要抓紧、管理要严格、落实要细致、工作要实效。

5月28日 学校通过山西交通干部在线教育培训平台开展山西交通控股集团有限公司“深化收费公路制度改革、取消高速公路省界收费站”专题培训。培训是为进一步规范取消高速公路省界收费站联网收费运营服务，统一操作流程标准，全面提升收费队伍技能水平，提高收费服务效能及特情处置能力。培训内容包括收费政策理论、运营规则、操作流程、系统维护及技术优化五个分专题，参与人员按学习专题分岗位培训。参与此次线上专题培训的学员达五万多人次，完成40多万学时的线上学习。

5月 学校开展为期一个月的“书香滋润、文化机关”读书月活动。本次活动以支部为单位组织实施，通过摘录读书笔记，撰写心得体会，精心选择朗读篇目并录制音频等方式，真正做到“形式好、内容好、效果好”。

6月2日 下午，学校召开校长办公会议召开，传达贯彻习近平总书记在全国“两会”期间重要讲话精神、全国“两会”精神、省交通运输厅安委会第二次全体（扩大）会议暨全省交通运输安全生产专项整治三年行动动员部署会议精神，对学校抓好贯彻落实进行部署。会议还对学校“安全生产月”活动进行部署。

6月8日 山西广播电视大学主任高创杰、副处长王秋娟带队赴学校就新建中心运行、“十四五”发展规划、教学质量等调研督导并进行座谈交流，学校分管副校长孟万银、成人教育部部长李斌参加座谈。2019年，在山西广播电视大学大力支持下，学校成立新建国家开放大学（山西广播电视大学）山西交通学习中心。

6月9日 学校开展“消除安全隐患，筑牢安全防线”安全生产月主题活动，通过“线上+线下”形式，进行安全生产专题学习、优秀作品征集、网上学习等活动，筑牢扎深安全生产意识。为开展好“安全生产月”活动，学校认真做好5项工作：一是将“安全生产月”活动纳入全年重点工作计划，建立“安全生产月”活动领导小组，制定“安全生产月”活动实施方案，明确分工、细化任务、精心落实，确保活动有力有序有效开展。二是加强组织实施，按照“安全第一、预防为主、综合治理”的方针和“以人为本、安全发展”的要求，学校与各部门签订《学校安全生产工作目标责任书》和《社会治安综合治理工作目标责任书》，形成上下一体、协同联动的工作格局。三是加强宣传，通过学校电子显示屏滚动播放安全宣传标语，在全校积极营造关心安全生产、参与安全发展的浓厚氛围。四是开通线上学习渠道。在学校OA办公系统开辟“安全生产专栏”，深入宣传学习习近平总书记关于安全生产重要论述。在“山西交通在线”教育培训平台开通“安全生产月专题”，上线13门课程25个学时，课程内容涉及习近平总书记关于安全生产的重要论述、公路工程、安全监管、安全生产以及公路安全事故案例分析等，能够满足山西交通运输系统所有干部职工上线学习，线上学习方式更加灵活，进一步增强学校“安全生产月”活动成效。五是安全生产与落实常态化疫情防控、推动落实各方面安全生产责任相结合，因地制宜开展好各项活动，切实达到以活动促工作、以活动保安全目的，全力推进“平安校园”创建活动。

6月9日至16日 在第13个国际档案日到来之际，学校以“档案见政小康路，聚焦扶贫决胜期”为主题开展系列宣传活动。在宣传活动期间，校综合档案室通过电子显示屏上滚动播放宣传语、张贴宣传挂图、给每个部门发放《走进档案》宣传册，还组织全员参加档案答题竞赛活动。

6月11日 学校副校长梁锦华代表校领导班子分别到两个扶贫点开展扶贫工作调研和走访慰问活动。梁锦华一行首先前往葛家屯进行调研，并看望慰问驻村扶贫工作干部和部分困难户，对葛家屯脱贫攻坚开展情况进行了解。随后，梁锦华一行深入唐八里村对贫困户进行走访慰问，通过“建档立卡”App核实对口帮扶贫困户信息，询问贫困户在生产生活上存在的困难，了解贫困户的生活状况，加强与贫困户的感情沟通。

6月12日 按照《山西省交通运输厅所属事业单位改革的实施意见》，山西省交通职工中等专业学校（山西省交通干部教育培训学校）调整设置为山西省交通干部学校，赋予新的职责。主要职责任务是：承担交通运输系统干部教育培训，交通运输专业技术人才和技能人才服务，高层次人才培养选拔，交通运输行业职业资格和职业技能培训、鉴定、咨询服务等工作。根据省编办相关规定，学校对法人证书记载的单位名称、主要职责任务、开办资金进行变更。经上级部门审核通过，于6月初领取新的法人证书。

6月16日 学校以党支部为单位，深入开展“扶贫工作重要论述”主题征文活动。各支部积极参与，共征集文章6篇。

6月19日 下午，省直机关工委组织部副部长程晓斌在厅直机关党委负责人陪同下，一行3人就入党积极分子培训工作深入学校调研指导。考察组一行实地考察学校多功能会议室、电教室、客房、教室等教学设施，参观党员活动室、健身房等活动场所，了解学校干部培训规模和情况。考察结束后，在学校401会议室召开调研座谈会。校党委书记、校长辛泉生、副校长梁锦华、孟万银及党群工作部、培训部、网教信息部部门负责人和相关人员参加会议。会议由辛泉生主持。座谈会上，辛泉生从学校基本情况、当前主要开展工作情况、学校五项职能作用的发挥、取得的成果、线上线下培训融合发展等方面进行介绍。通过PPT直观展示“山西交通在线”教育培训平台功能、优势，重点演示直播课堂。双方就党员教育、形式创新、特色创建、基地建设、资源共享等方面工作展开交流座谈，并对直播课堂功能的发挥，直播课堂与视频会场的连接，以及线上培训党员提出要求和期待。程晓斌在进话中对学校干部培训工作进行充分肯定。希望学校能够综合利用先进的信息化手段，以加强党的政治建设为统领，加强培训特色，着力建设党员活动基地，为下一步入党积极分子培训开好局。辛泉生表示，学校要在上级部门指导下，继续聚焦办学有特色、发展有优势、工作有亮点三项要求，稳步推进学校高质量发展。

6月22日 下午，学校领导班子成员分别在所在党支部开展调研交流。此次调研是为纪念中国共产党成立99周年，努力践行为人民服务的宗旨而开展的。调研采取座谈形式，面对面听取来自党员群众的需求与建议，实事求是摸情况、谋发展、解难题。调研从学校创新发展、部门职能作用发挥以及其他方面进行意见征求。共征求到意见和建议8条，内容包括办学能力的提升、办学条件的改善、办公电脑的配备、教职工的发展、绩效考核等方方面面。

6月23日 学校党委会会议议召开，省纪委监委驻省交通运输厅纪检监察组二级调研员李宇参加会议，对学校工作进行监督指导。会议由党委书记校长辛泉生主持，校领导班子成员、各部门负责人及相关人员参加会议。校党委会会议进行第6次中心组学习，校领导班子成员以“深入学习贯彻习近平总书记视察山西重要讲话重要指示，推动学校高质量发展”为主题开展研讨。会议还传达省交通运输厅扫黑除恶专项斗争领导组第九次会议暨“三零”单位创建第二次推进会精神，对学校相关工作进行部署。会议还对近期工作进行安排，提出4点要求：一是加强疫情防控，坚决做到“内防反弹、外方输入”，提醒广大教职工少聚集、少外出。外出人员一律实行报备。二是加强安全生产。要强化安全意识，把平安稳定放在首要位置，以零信访、零事故、零案件“三零”单位创建为目标，以发生在身边的校园安全事故为警戒，做到警钟长鸣，居安思危。要加大校园安全隐患排查，把风险控制在隐患暴露之前。各部门要增强责任意识和安全意识，认真履行职责，严把安全关。学校要加强对值班人员的管理，值班人员要责任到位，做到按时到岗，认真排查隐患，做好记录。遇到突发事件要及时汇报带班领导。门卫要加强对出入人员的管理。确保各项安全生产措施真正落实到实处。三是放假不停工。做到“放假思想不放松，工作不脱节”。要充分利用假期细致统筹谋划好各项工作。四要严守纪律防线，廉洁过节。端午节临近，公车一律封存。发送廉政提醒短信。李宇全程参加会议，指出山西省交通干部学校党委会会议议程序规范，议程严密，决策民主，能够严格执行“三重一大”有关事项的有关规定，始终坚持民主集中制，对涉及到人、财、物等“三重一大”的事项能够做到会前充分论证，会中充分研讨，会后认真贯彻落实。李宇指出，厅纪检组参加驻在部门党委会会议是新的工作模式，是做实日常监督，做到跟进监督，提高监督的针对性和精准性的有效举措。目的就是突出“三重一大”事项这个监督重点，不断加强日常监督，实现纪检监察全覆盖。

6月28日 上午，学校举行“践行领袖嘱托，率先蹚出新路”主题党日——赴北方机械有限责任公司参观学习活动，以此激励广大党员干部牢记初心使命、勇于担当，在学校改革创新发展中贡献力量。校领导、全体党员40余人参加主题党日活动。在太原兵工工运展览馆前，校党委书记、校长辛泉生领誓，全体党员面向党旗庄严宣誓，彰显广大党员对党绝对忠诚和坚定不移跟党走的信心决心。随后，全校党员干部职工实地参观山西北方机械制造有限责任公司展馆、原山西机器局旧址、晋造工坊以及太原兵工厂工运史展馆，对工厂百年发展历程、产品沿革、晋造工业、企业文化、早期党组织建设等内容有更加清晰了解。通过这次活动，广大党员更加坚定入党之初的奋斗决心，进一步增强“四个意识”，坚定“四个自信”，坚决做到“两个维护”。

6月29日 学校开展“不忘初心 重温入党志

愿书”主题党日活动,全体党员撰写重温我的入党志愿书心得体会。通过重温入党志愿,再一次感受到思想的洗礼和升华。

6月30日 上午,“致敬英雄,学习榜样——王俊平援鄂抗疫事迹报告会”在学校12楼会议室举行。学校全体教职工聆听英雄事迹,接受党性洗礼,锤炼党性修养。

6月30日 上午,学校举行纪念中国共产党成立99周年暨“两优一先”表彰大会,对学校涌现出来的先进党组织和优秀个人进行表彰。

6月 全国第19个“安全生产月”,“山西交通在线”教育培训平台以“消除事故隐患,筑牢安全防线”为主题,在平台上推出2020年“安全生产月”学习专题。此次线上培训专题主要邀请安全生产领域知名专家学者、企业安全生产负责人,围绕企业复工复产、隐患排查整治、安全风险防范、安全监督检查等内容,开设公开讲座。此次专题课程共计13门25学时,形式多样,内容丰富,涵盖习近平总书记关于安全生产重要论述的解读,安全警示教育片,交通运输、生产、建设等方面典型事故案例解析,及日常或特殊环境下安全风险防范须知等,从多角度阐述安全生产重要性,并结合典型案例给出工作生活中,面对实际安全问题时的解决办法及理论指导。为强化线上培训效果,在课后设置相关测试题,测试通过才能将学习成果记入学员电子学习档案。“安全生产月”线上学习专题面向平台43000多学员开放学习,覆盖省交通运输厅所属单位和交控集团全体干部职工。

6月 为全面提升公路养护人员业务技术能力,提高高速公路养护作业技术水平,山西交控集团与学校密切合作,依托“山西交通在线”教育培训平台,面向交控集团下属路桥集团、交投集团、高速集团、交科集团、养护集团、各高速公路管理公司,从2020年6月起,长期开展线上养护管理、养护技术以及养护新理念、新技术的培训学习。为配合交控集团做好此项工作,学校积极筹划,6月底在平台上推出“常态化养护技术培训专题”,并上线“公路桥梁维修与养护”“公路养护新技术应用”“公路桥梁运营养护与管理”“公路养护新理念与新政策”等培训课程。同时组建各参训单位平台信息管理员微信群,及时将常态化培训相关内容、要求发布在群里,并指导群内管理员按要求,组织本运营公司相关岗位人员进平台专题学习。随着常态化养护技术线上培训工作的推进,平台配合交控集团运营部每月开展一至两次线上技术交流,并按季度开展在线培训考核,为提升全省高速公路养护技术,促进养护作业标准化持续助力。

7月3日 经过精心策划组织,学校在“山西交通在线”教育培训平台上推出“全面依法治国新理念新思想新战略学习专题”。此次线上培训专题共设置16门课程,计15学时,主要邀请国内知名高校法学院教授,就“新时代中国特色社会主义法治理论的创新和发展”“依法行政:新时代服务型政府法治构建的路径选择”等主题进行解读,并邀请交通运输行业法制方面专家,就“重新思考新形势下的交通运输法治定位”“完善法规标准体系,推进交通运输法治政府部门建设”等主题进行探讨。

7月9日 为配合交控集团规范取消高速公路省界收费站联网收费运营服务,统一操作流程标准,全面提升收费队伍技能水平,努力提高收费服务及特情处置能力。依托“山西交通在线”教育培训平台,学校完成为期一个多月的“取消高速公路省界收费站专题培训”线上测评活动。此次测评活动涉及交控集团下属路桥集团、交投集团、高速集团交科集团,各高速公路分公司相关人员14000余人。共分为三个阶段。第一阶段,6月上旬,模拟练习,针对学习“取消高速公路省界收费站培训”5个专题群组,下发5套模拟练习题,可以进行无限次练习。 第二阶段,6月中下旬,正式考试。通过规范的试题上传、反复审核、精心组卷、制定详尽的考试策略,考试安排等,各个环节严谨把控,圆满高效地完成此次岗位能力在线测试任务。共13631人参加测评,13530人测评通过,通过率达到99.26%。第三阶段,7月初,第二次正式考试。针对第一次正式考试中因特殊原因未参加考试人员1007人再次下发考试。此次测评是对“取消高速公路省界收费站培训”5个专题学习效果的很好检验。此后,平台不断掘更多潜在实用性功能,助力山西交通事业更好更快发展。

7月10日 为了使“山西交通在线”教育培训平台App更具行业特色,使学员拥有更好的体验,学校与上海时代光华教育发展有限公司合作完成“交通e学”App个性化定制。此次定制对应用图标、应用名称、启动页、引导页,应用内部主题色做了个性化设计,应用图标采用蓝色高速公路背景的“交通在线”字样,别具一格;启动页设计“山西交通在线教育培训平台——交通运输系统在线学习服务的领跑者”字样，体现平台的先进性；引导页图片采用跟平台PC端登录首页一致的内容，引领学员进入学员界面，定制后的App视觉效果更加新颖。学员可以通过下载地址和二维码进行下载。另外，移动端功能会根据实际需要，每年进行两次应用升级，以满足学员多元化的学习需求。

7月10日至21日 学校同华图教育共同举办2020年特岗教师考试辅导班8期，共接待服务学员369人次。按照疫情防控要求，学校培训部在开班前期组建班级微信群，并选调三名具有多年管理经验和责任心强的教师负责查验培训学员的健康码与行程码。同时，与每一位参训学员签订“安全文明责任承诺书”，坚持每日两次体温监测和行程码查验，将防疫意识与培训要求落到实处。培训班采取小班制教学，授课教师与学员全程佩戴口罩。授课场所、电梯、大厅等公共区域每日进行两次清理消杀，并做到通风换气，确保教学环境的安全洁净，为培训班正常开展提供强有力的措施保障。

7月上旬 学校作为全省交通运输行业教育培训基地，响应省委组织号召，全面贯彻落实“六新”思想，面对疫情期间无法开展面授培训的困局，依托“山西交通在线”教育培训平台，积极探索直播授课新模式。学校完成平台直播测试，实现多教室同步授课。通过线上线下相结合，解决学校面授培训的场地限制问题，拓宽线上线下培训覆盖面。

7月20日 5月至7月，“山西交通在线”教育培训平台历时两个月，圆满完成山西交控集团党务干部在线培训与测评工作。此次线上培训测试，针对交控集团总部及所属企业不同的党群工作岗位设置党建、组工、宣传(统战)、纪检、团委、工会6个专题，内容涉及党的思想建设、组织建设、作风建设、制度建设、反腐倡廉建设、企业文化、意识形态、工会、团委等方面的业务知识，共开设95门课程，合计105个学时，创建2000余题的分类题库。已有500多相关岗位人员参加此次培训和测评。团委、组工2个岗位测评通过率达100%，其他4个岗位测评通过率达99%，通过测评对“交控集团党务干部在线培训”6个岗位专题学习效果做了检验。此次培训及测评的结果，将作为山西交控集团下设各企业年度党建考核打分的重要参考依据。与此同时，平台继续利用线上学习培训的便捷和规模优势，协助集团做好职工队伍的业务素质提升建设。

7月中旬 为深化人才发展体制机制改革，加快人才队伍建设，最大限度激发人才活力，山西交控集团与学校密切合作，在“山西交通在线”教育培训平台上推出“人才工作者业务能力提升培训专题”，面向交控集团下属各公司领导及人力资源、组织部门管理人员开放学习。此次线上培训共包含24门课程累计20.5学时，专题针对如何有效吸引、激励和保留人才，如何做好招才引智工作、服务地方经济发展，以及如何发挥创新人才对现代经济社会的引领作用等问题，设置“加强高技能人才队伍建设，助推高质量发展”“创新产业人才培养模式，服务数字经济产业发展”“人才治理体系和治理能力现代化创新思考”等培训课程。并通过全面解读《关于深化人才发展机制改革的意见》以及《“四协同”人才培养模式创新实践》，结合互联网大数据等科技成果，指导管理人员加强高技能人才队伍建设，最终助推企业走向高质量发展。

8月初 “山西交通在线”教育培训平台推出“《中华人民共和国民法典》解读专题”，向厅属单位及省交控集团全员4.3万多名干部职工开放学习。

8月2日至4日 学校举办2020年山西路桥集团桥隧公司新员工入职培训班，共22名新入职员工参加培训学习。学校认真谋划，精心组织，以高质量服务和高标准管理，做到培训工作同疫情常态化防控精准对接，确保培训防控“两不误、两促进”，有力地保证培训班的圆满成功。

8月4日至6日 由学校承办省交通信息通信有限公司公文处理及公文写作创新知识培训班圆满结束，共有61名从事公文处理工作的人员参加培训学习。学校邀请原省道路运输管理局局长、党委书记杨吉平、省交通运输厅政策法规处处长郭富平、省委党校教授程建明、山西日报社晋中分社副社长白续宏围绕“公文写作政策法规、政务信息编写、公文处理实务、新闻宣传编撰”为主要内容展开讲授。

8月9日 华东交通大学2020年同等学历申硕山西考生现场确认工作在学校顺利完成，共有18名交通运输行业考生顺利完成现场照片、指纹信息采集以及报名材料人工审核和提交。

8月上旬 山西省人力资源和社会保障厅为期11天的全国性会议在学校召开。专技部有力保障会议有序推进，充分运用新模式做到“精准服务”。

8月14日 省交通运输厅党组成员、副厅长王晋、厅人事处处长杨斌来到省交通干部学校，宣布副校长范向英任职决定，并对省交通干部学校的工作开展调研指导。会上，杨斌宣读厅党组关于范向英任职的决定，范向英表态发言。王晋在讲话中，对学校所取得的成绩予以肯定，提出3点希望：一是厘清思路、找准定位。要充分发挥学校作为系统干部职工教育培训的主阵地作用，深入调研不同类别、不同层次、不同岗位的干部职工能力提升诉求，有针对性地制定干部培训方案。特别是新冠肺炎疫情发生以后，在国际国内形势发生深刻变化的大环境下，如何更好地为系统内干部职工的知识更新做好服务，需要学校准确把握，认真研究。二是创新发展新职能。人才服务和职业技能鉴定是事业单位改革后赋予学校的新职能，学校要对标厅党组的任务和要求，统筹谋划高级技能人才培养方案，为高级技能人才知识更新提供渠道，实现高级技能人才知识与技能的与时俱进。要继续发挥好“山西交通在线”教育培训平台的作用，及时更新课程，善于利用新媒体，逐步扩大平台的受众面和影响力。学历教育要严把质量关，加强教学管理，保证教学质量。三是注重领导班子和干部队伍建设。要发挥领导班子“指挥部”“战斗部”的作用，讲政治、讲大局、讲担当、讲奉献。要加强制度建设，注重实效，工作要专业化、精准化。要以政治建设为统领，全面落实党委主体责任，认真履行“一岗双责”，筑牢党风廉政思想防线，守住党风廉政底线。会后，王晋一行参观学校新改建的多媒体会议室、教室、机房。

8月18日 省交通运输厅组织晋中市、运城市交通运输局50名交通运输综合执法人员，在学校以网络在线形式参加2020年交通运输综合执法检查执法人员考试。按照交通运输部要求，本次考试由各省自行设置考场，通过“2020年交通运输综合执法检查网上平台”开展集中考试。山西省参加考试的50名执法人员由交通运输部从提前录入的200名执法人员中随机抽取。这200人来自晋中市、运城市交通运输综合行政执法队伍，其中，执法机构领导班子成员占比20%。考试内容涉及《中华人民共和国宪法》、《中华人民共和国民法典》、交通运输行政执法程序规定，以及优化硬伤环境条例等交通运输行政执法基础知识。学校严格按照交通运输综合执法考试要求，提前安排考试机房，积极与交通运输部进行沟通，调试考试系统、视频监考系统、录音录像设备等，全力做好后勤保障。同时，主动协助做好来并考试人员的食宿安排，确保执法考试顺利进行。

8月20日 在中国交通教育研究会会员代表大会暨2020学术年会上，经过两轮选举，学校当选为“中国交通教育研究会常务理事单位”，校长辛泉生荣任“中国交通教育研究会常务理事”。

8月21日 学校开展“厉行节约、反对浪费”主题党日活动，倡议广大党员干部职工从自身做起，大力弘扬节俭光荣的传统美德，增强节约意识，保持和发扬中华民族勤俭节约的优良传统。本次活动主要分为3个环节：全体党员认真学习习近平总书记对制止餐饮浪费行为做出的重要指示精神等相关文章、全体党员签订“制止餐饮浪费，培养节约习惯”承诺书、争当勤俭节约美德的传播者，党员们走出办公室，积极向家人、邻里和朋友们开展宣传。

8月26日 上午，学校党委中心组（扩大）学习会议召开，专题学习《习近平谈治国理政》（第三卷）。校党委成员、各部门负责人等有关人员参加学习。会议强调，要把学习《习近平谈治国理政》（第三卷），同习近平总书记视察山西重要讲话重要指示、习近平总书记“三篇光辉文献”有效结合起来，要同认真贯彻落实省交通运输厅党组成员、副厅长王晋专题调研学校班子建设和干部培训工作的指示精神结合起来。要以干部教育培训为核心，以提升服务质量、提高办学水平、优化发展布局为目标，坚持发展抓规模、整体抓质量、保证抓党建，改革抓创新，着力推进首问负责制、分工协作制、奖励、考核“四个机制”，实现学校高质量发展。一是找准定位，深入调研。要改进提升干部培训工作，制定完善新进人员培训方案，狠抓落实，确保各项培训任务落实到地。二是推进新职能新业务的开展。要更新观念，敢想善谋，大胆创新，敢于突破，务实推动人才服务和职业技能鉴定两项事业单位改革赋予的新职能工作落地实施。三是巩固提高成人学历教育。要打开思路，积极作为，主动寻求新的合作院校和合作专业。要通过研究市场，开拓市场，开发新的合作发展点。四是全面落实党委主体责任。要认真履行“一岗双责”，守住党风廉政底线。要加强物资采购监管，严格工作程序，规范工作流程。五是加强文明学校建设。广大教职工要恪守文明礼仪，认真践行社会主义核心价值观，优化校园环境，创建美丽校园。

8月27日 学校积极应对新冠肺炎疫情，精心组织，顺利完成国家开放大学山西交通学习中心2020级春季班线上考试任务。本次考试共有计算机网络技术专科班，计算机科学与技术、土木工程和工商管理本科班的43人参加63门次的网考。本次考试是国家开放大学在学校设点以来举行的首次网上考试，成人教育部、后勤保障部在考前加班加点，合理安排考试机房，认真调试每台电脑，保证考试系统流畅稳定。考试当天，严格落实上级关于坚持疫情防控和严肃考试纪律并重的相关规定，一方面对考试学生进行体温测试和健康码查验，保证学生和教职工的健康安全。另一方面，严肃考风考纪，严格考试纪律，认真核实考生身份，严格防范和查处替考人员。

8月31日 上午，学校2020年上半年工作会议召开，对2020年上半年工作进行总结，下半年各项工作进行部署。校党委书记、校长辛泉生主持会议，校领导班子成员、全体教职工参加会议。2020年上半年，学校坚持抓党建、促改革、强责任、提质量，实现学校新发展。会议要求，2020年下半年，要努力在危机中育新机，于变局中开新局。要深入学习贯彻习近平新时代中国特色社会主义思想、习近平总书记视察山西重要讲话重要指示、《习近平谈治国理政》(第三卷)，学用结合，以理论指导实践、推进改革。要加强"三基"建设，深入推进党风廉政建设，压紧压实主体责任。

8月 经省教育厅审核，学校设立的长安大学、太原理工大学和长沙理工大学等三所高校函授教育辅导站顺利通过省教育厅2019年度函授站年检。学校从函授站总体情况(主要指办学资质和招生行为)、管理制度建设情况、执行教学计划情况、教学情况、财务情况五方面准备翔实的年检材料，同时变更3所函授站设站单位名称。

9月5日至6日 学校顺利完成国家开放大学山西交通学习中心2020级春季班线下考试，本次考试共有计算机科学与技术、土木工程、工商管理本科班和计算机网络技术专科班的41人参加，涉及考试科目8门。学校严格按照国开大学各项规定组织考试，实现考务管理"零差错"、保密措施"零疏漏"、考风考纪"零违纪"、考生服务"零距离"、考试安全"零事故"。

9月9日至18日 由学校举办的忻州南高速公司党支部书记及党务工作人员轮训班分两期圆满结束。共有93名党支部书记及党务工作人员参加培训。

9月10日 在第36个教师节来临之际，中共中央总书记、国家主席、中央军委主席习近平代表党中央，向全国广大教师和教育工作者致以节日的祝贺和诚挚的慰问。学校在全校范围内迅速掀起学习宣传贯彻习近平总书记重要寄语精神热潮，教育引导广大教职工切实把思想和行动统一到重要寄语精神上来。

同日 值此第36个教师节来临之际，学校向广大教职工致以节日祝贺和诚挚问候。长期以来，广大教职工以立德树人为己任，爱岗敬业、默默奉献，为山西交通运输行业培养一批又一批优秀人才。2020年以来面对突如其来的新冠肺炎疫情，广大教职工奋力战"疫"，确保学校安全有序。为打赢新冠肺炎疫情防控阻击战、打好脱贫攻坚战、推进山西交通运输行业发展做出积极贡献，书写新时代学校发展奋进篇章。

9月11日 学校深化教育、营造氛围、从我做起，开展拒绝浪费的"光盘行动"，号召更多人节约粮食，反对舌尖上的浪费，形成勤俭节约文明风尚。

9月14日 学校在"山西交通在线"教育培训平台上建立道路运输企业两类关键人员安全考核题库，并组织法律专业师资录制相关内容的解读课件。安全考核题库总计1000多题，题型涉及单选题、多选题、判断题。为方便全省道路运输企业两类关键人员对试题的学习研读，梅倩竹、姚琪、白玉三位法律专业教师课前精心备课，逐题结合法条和案例进行剖析讲解，共录制完成12节视频课件，总时长约610多分钟。开展道路运输企业两类关键人员安全考核工作是健全企业安全生产责任制、推动企业主要负责人和全员安全生产责任、促进行业安全发展的重要手段。为了广大学员能更顺利便捷地学习相关课件和使用题库以练代训，学校还编写了针对移动端和PC端的平台操作手册，力争为企业两类关键人员提供更好的线上学习服务。

9月18日至20日 山西省环境中心保护站(有限公司)在学校组织召开"员工素质提升营销专场"培训班，共有98人参加培训。讲师们就市场营销、企业成本控制问题、全面预算管理以及营销礼仪，结合实例进行充分详细、具体生动讲解。全体学员严格按照培训要求和日程安排，以饱满学习热情、积极学习态度、严肃学习纪律圆满完成本次培训任务，达到预期效果。

9月中旬 学校依托"山西交通在线"教育培训平台，推出"国家网络安全宣传周"学习专题，面向厅属单位及山西交控集团名单位，4.3万名干部职工开放学习。

学校按照省直工委要求，积极筹划，在"山西交通在线"教育培训平台上推出《习近平谈治国理政》（第三卷）主题教育系列专题一，包含15门课程、总计14个学时。

9月21日至23日 为期三天的山西交控集团首期外部董事业务培训班圆满落下帷幕。集团公司派出外部董事、所属企业董事会办公室负责人及相关办事人员共计87人参加培训。学校作为承办单位，精心组织，全面统筹，受到活动主办方及参训学员的一致赞誉。

9月25日 学校召开国庆节、中秋"两节"前集体廉政谈话会。会议通报省纪委监委中秋国庆前公开曝光4起违反中央八项规定精神的典型案例，针对学校中秋、国庆"两节"期间的廉洁自律作风建设进行部署。要求广大教职工一定要严格遵守廉洁过节各项纪律要求，切实提高政治站位，强化纪律意识、规矩意识，摒弃任何侥幸心理，坚决把纪律和规矩挺在前面，过一个安全、文明、祥和、廉洁的节日。

9月27日至9月29日 由省交通运输厅公路运输管理处主办的2020年度全省运管干部培训班在学校圆满结束。共有来自全省11个市交通运输局及厅直相关单位的50多名学员参加此次培训。培训班邀请交通运输部、长安大学、中安交科技有限公司、中交智运有限公司等单位的专家学者，分别围绕《危险货物道路运输安全管理办法》实施细则、危险品运输相关常识、危险品运输事中事后监管办法、《道路旅客运输及客运站管理规定》及道路运输电子证照等方面进行系统全面的讲解、答疑和座谈。学校培训部精心组织，严格管理，温馨服务，保证培训班的圆满成功。

9月30日 上午，中共山西交通干部学校党员大会召开，选举产生新一届党委委员。厅直机关党委主任科员孟辉到会指导，副校长梁锦华主持会议。校党委书记、校长辛泉生代表本届党委作"牢记使命，勇于担当，为全面推进学校高质量发展而努力奋斗"的工作报告。会议指出，在厅党组坚强领导下，本届校党委坚持以习近平新时代中国特色社会主义思想为引领，全面贯彻中共十九大和十九届二中、三中、四中全会精神，紧紧围绕学校中心工作，充分发挥党组织的战斗堡垒作用和党员的先锋模范作用，学校党的建设明显加强，党组织的凝聚力、向心力、战斗力显著增强，党员干部的积极性进一步提高，在推动学校高质量发展中发挥重要作用，取得丰硕成果，学校经济效益稳步提升，办学实力明显增强，学校风貌焕然一新，职工幸福指数得到提升，学校上下呈现出朝气蓬勃的良好发展势头。报告还对新一届党委的工作提出建议。大会审议并通过党委工作报告、大会选举办法，选举产生新一届党委委员。孟辉在讲话中，充分肯定本届校党工作，并就明确党委工作职责、充分发挥优势作用、切实加强自身建设等提出新要求，强调要全面贯彻落实中共十九大和十九届二中、三中、四中全会以及习近平总书记视察山西重要讲话重要指示精神，以习近平新时代中国特色社会主义思想为指导，全面加强党的建设，不断提升组织力，为山西交通运输事业发展做出新的更大的贡献。会后，新当选的党委委员召开第一次会议，选举产生新一届校党委书记、纪委委员、宣传委员。

同日 下午，学校工会第四次会员大会召开。共有54名工会会员参加会议。会议审议通过学校《工会第三届委员会工作报告》《大会选举办法（草案）》，并选举产生新一届工会委员会委员、经费审查委员会委员和女工委员会委员。会议采用无记名差额选举的办法，选举产生5人为学校工会第四届委员会委员，张健健任工会主席。采用无记名等额选举办法，选举3人为经费审查委员会委员，3人为女工委员会委员。选举结束后，校党委书记、校长辛泉生在进话中，对新一届工会委员会、经费审查委员会和女工委员会的成立表示热烈祝贺，对学校第三届工会委员会的工作成绩给予充分肯定，并对学校新一届工会委员会提出3点要求。一是明确职责，发挥好作用。新当选的工会委员、经审委员和女工委委员要牢记工会组织的宗旨，在校党委领导下，紧紧围绕学校的中心工作、重点任务，从工会工作的性质、特点出发，全面履行工会的各项职能，切实实现好、维护好、发展好工会会员的合法权益；调动好、发挥好、保护好工会会员的积极性和创造性，团结和动员全体会员在工作中以高度的主人翁责任感，发挥主力军的作用，切实把工会的工作做好，不辜负全体会员的信任和期望。二是提高素质，加强自身建设。充分发挥参与、管理和监督三大职能，加强工会干部的学习和培训，不断提高工会干部的素质；加强工会自身建设，通过工会组织有效地开展工作，集中广大教职工的智慧，最大限度地把教职工吸引和组织到工会中来，不断增强工会的吸引力和凝聚力。三是求真务实，努力开拓工作。工会干部要树立群众利益无小事的思想，通过富有特色的各项活动和工作的开展，丰富教职工文化娱乐活动，增强全体教职工的归属感，营造一个和谐、温馨的文化氛围和良好环境。要振奋精神、开拓进取，转变观念、服务职工，增强做好工会工作的使命感，以务实的作风，真正发挥好工会的桥梁和纽带作用。

9月至11月 根据省交通运输厅《关于开展2020年度交通运输专业中、高级工程技术职务任职资格评审工作的通知》要求，9月18日至11月30日，学校专技部在省交通运输厅指导下，开展交通运输专业中高级职称评审工作。9月中旬，完成交通工程中高级专业技术职务任职资格网上预审1000余份，下旬完成中高级申报材料现场复核收审，共收审整理985人的两万余份申报资料。10月，组织实施970多人的专业理论测试。11月，组织实施高级职称的分学科答辩及综合评审和中级职称的量化赋分评审工作。在职称评审工作的每一个环节中，本着认真负责、严把政策、严格标准的态度，评审出符合资格条件的申报人共802人，其中中级职称438人、高级职称364人。截至11月底，已在省交通运输厅官网上公示，交通运输专业中、高级工程技术职务任职资格评审工作圆满完成。

10月2日 接到省交通运输厅部署后，学校高度重视，迅速传达，通过微信的方式，第一时间将会议精神传达给每位教职工，并以部门为单位，对“两节”期间的安全工作进行再安排、再检点、再落实。要求各部门务必要提高站位，提高认识，切实增强抓好安全工作的责任感和紧迫感，要汲取教训，举一反三，深刻检视当前学校安全生产工作中的短板和不足，切实压紧压实安全生产责任，全面排查风险隐患，避免各类事故发生。

10月16日至19日 由学校承办的太原高速公路公司路政治超执法人员新思维能力培训班举办。共215人参加培训学习。省精神卫生中心医学心理分院的资深专家通过以基础理论讲解、案例分析点评、情绪体验分享、学员互动参与方式，为学员上了一堂内容丰富、形式多样的心理健康知识专题辅导。在课堂上，学员们通过聆听讲座、合唱《我和我的祖国》、两人一组模仿聋哑人搀扶盲人走路、小组集体绘画、做健身动作等方式，切实体验到培训乐趣，感受到学习愉悦，疏解内心压力，达到“开心工作、快乐生活”的培训效果和目的。

10月21日 根据省编办以及省交通运输厅的批示，学校从2020年起增添全省交通运输行业职业资格和职业技能培训、鉴定、咨询等服务的工作职能。面对新的工作任务，新的工作环境，学校领导高度重视，主动出击。不仅相应调整部门机构，成立履行相关职能的职业资格服务部。还主动联系省人社厅职业技能鉴定中心，积极鼓励学校教职工报名职业技能等级认定督导员、考评员资质，为学我校下一步开展顺利职业技能等级认定工作做准备。报名开始后，全校教职工积极踊跃，共计40名教师报名2020年全省职业技能等级认定相关工种的督导员、考评员资格认定。经省中心层层审核，最终有近30名教职工参加最后资格认定考核。

10月26日至30日 由学校承办的太原高速公司第二期机电员业务培训班举办，共有58名机电岗位学员参加培训。培训采用“理论授课+实操演练”授课模式，特邀资深专家讲授“山西援鄂抗疫报告会”“中国周边形势安全透析”“心理健康知识讲座”等课程，多角度提升学员综合素养。

10月 根据人力资源与社会保障部指示，经省技能鉴定中心批准，学校开始在山西省职业技能等级认定机构申报与评价平台进行备案工作。10月28日，经过前后三次报审后，顺利通过等级认定平台机构的备案工作。拥有1个站点、27个认定项目、6名工作人员、6名督导人员以及22名考评人员的认定规模。

11月2日 学校第一、第二、第三、第四党支部按照校党委批复，组织召开第一次党员大会，选举产生新的支部委员。会议听取并审议通过支部工作报告、大会选举办法，选举产生新一届支部委员。新当选的支部委员召开第一次会议，选举产生新一届党支部书记、组织委员、宣传（纪检）委员。

11月4日 根据《山西省人力资源和社会保障厅关于做好2020年度全省职称评审工作的通知》（晋人社厅函〔2020〕628号）要求，学校组建教师中级职称评审委员会（库），共31人，其中主任委员1人，副主任委员2人、委员28人。

11月6日 理论学习学校中心组扩大会议召开，传达学习厅纪检监察工作推进会精神，并结合实际对今后工作进行部署，校领导和各部门负责人参加会议。会议提了3点要求：一是与全年工作完成情况相结合，补齐工作短板；二是与教育教学管理相结合，压紧压实纪检监察责任；三是与干部队伍建设相结合，推动作风持续改进。

同日 学校党委理论学习中心组扩大会议召开，专题传达贯彻中共十九届五中全会精神。校党委班子成员和部门负责人参加会议。校党委书记、校长辛泉生领学，并对学校学习宣传贯彻做出安排。要求全校上下把学习贯彻中共十九届五中全会精神与做好当前各项工作结合起来，与疫情防控不放松的总体要求结合起来，对标2020年工作目标，瞄准重点、抓住细节、查漏补缺，力争2020年年底按时完成既定目标任务，为"十四五"开局打好基础、起好步。

11月9日 上午，2020年山西交通控股集团有限公司团干部素养能力提升培训班在学校举办。集团所属各公司共102名学员参加此次培训。培训结合当代青年特性，以思政教育为核心，大力弘扬革命精神和传统文化，践行社会主义核心价值观，构筑青年干部的精神支柱。重点介绍作为一名团干部的"任职条件""选拔与任用""权利与义务""责任与担当"，要求团干部们工作时要将理论与实践相结合、服务大家与发展自身相结合、继承与创新相结合。

11月9至13日 山西交控集团2020年审计业务培训班在学校成功举办。集团所属各分公司及二级子公司审计工作分管领导、审计部门负责人及专职审计人员共计67人参加培训。本次培训特邀省审计厅、省政府投资项目审计中心、中国审计学会、中国政府审计研究中心、山西财经大学相关领域专家教授就新形势内审工作如何干、集团管控模式下的风险管控如何落地、建设项目审计、审计技巧及案例等内容进行专题授课。

11月9日至19日 受省交通运输执法局委托，学校在忻州市繁峙县砂河镇成功举办2020年度第一期高速公路综合行政执法人员培训班，共计126人参加培训。培训聘请省交通运输厅政策法规处、厅安全监督处、省运输事业发展中心、省交通运输执法局、省司法厅立法处、省委党校、鼎信泽律师事务所、太原太航医院、省交通干部学校等专家、领导进行授课。课程内容紧密结合全省高速公路综合行政执法工作要求，涵盖公路行政执法、超限运输行政执法、行政执法三项制度，道路运输行政执法、行政执法与刑事司法衔接、公路工程质量监督执法、法律基础知识、交通运输行政执法职业道德与廉政要求、突发事件应急救援与处置、交通安全与应急管理知识、现场医疗救护基本知识等方面，针对高速公路综合执政执法涉及的理论依据、业务流程、操作规范等方面和内容进行详细讲解。培训实行封闭式、军事化管理，学员每天早晨六点半准时出操，进行队列、交通手势等基本训练，全天进行理论学习，晚上结合工作实际进行廉政警示教育及相关专业课程的视频教学。为提高学习效率，培训采用"线上、线下及现场教学相结合"的方式，学员在课堂学习、现场教学的基础上，可利用课余时间在"山西交通在线"教育平台进行课程学习及试题练习。此外，高速公路综合行政执法人员资格培训采用"教考分离"的形式，进一步激发参训学员学习热情，提高参训人员学习的自觉性和积极性。

11月13日至14日 长沙理工大学继续教育学院2020年校外站点工作会议召开，来自全国70余所函授站、教学站点的120多名领导和站点代表参加本次会议。会议对2019—2020年度函授招生和管理表现突出的14个优秀单位进行表彰。学校被长沙理工大学评为"2019—2020学年度先进成教函授站"。学校始终本着合作共赢的原则，以人才培养、服务社会为宗旨，优化办学结构，强化精细管理、精准服务，提升办学水平和效益，得到社会广泛关注，呈现出良好发展态势。尤其是近两年学校领导高度重视站点建设和发展，在加强与长沙理工大学协调沟通的同时，加强办学需要场地配备，强化年检、招生工作，确保年度联合招生人数始终保持在千人之上。2020年函授站在籍学生人数达到3500人，培养毕业生1000多名，取得社会和经济效益双丰收。

11月18日 为了更好地贯彻落实省交通运输厅安委办《关于加强交通运输安全生产教育培训工作的通知》(晋交安办发〔2020〕8号)要求，学校积极组织人员考察、调研，并结合全省实际情况，搭建"山西交通在线"安全教育培训平台(以下简称平台)。平台立足为企业减负，实行"现场培训免费+网络远程培训自愿付费"的模式。首先平台的现场培训系统不限制企业的培训时间、培训地点、培训人数、培训场次。同时为因特殊情况不能参加现场培训的人员，提供远程网络培训作为补充，解决从业人员工学矛盾。这种“现场+远程”的培训模式，有效解决教育培训师资力量不足的问题，确保安全教育培训全面覆盖，切实提升全员安全意识。

学校平台技术团队深入各地市开展平台应用培训工作，向相关企业介绍平台具体功能及操作方法，帮助企业、行业管理部门创建平台账号，建立企业安全培训服务群组。截至11月中旬，晋中市、吕梁市各个区县涉及的相关企业已逐步上线注册学习，其他地市也正在陆续推进中。

11月19日至20日 中国企业数字化学习大会在上海举办，来自全国1000多家名企参加，会上隆重颁发中国企业数字化学习领域的权威奖项“博奥奖”。学校因卓有成效地运营“山西交通在线教育培训平台项目”，荣获2020博奥奖的“优秀平台开发奖”。

11月24日 为进一步强化培训效果，学校紧密结合高速公路综合行政执法人员资格培训需求，结合全省交通运输执法实际，在“山西交通在线”教育培训平台搭建交通运输综合执法题库。题库设立公路法律规范、基础法律规范、运政法律规范、超限运输法律规范、城市客运法律规范、海事法律规范、路政法律规范、质监法律规范8个类别2200余道题，每20道题组成一套试卷，共有100余套练习题可供学员进行模拟练习。完成三套考试试题。交通运输综合执法题库的建成对着力提高全省交通运输行政执法能力培训，持续深化交通运输执法水平提升具有良好的促进作用。

11月25日 为加强普法宣传教育，推进法治交通建设，学校充分发挥行业干部教育培训主基地作用，积极打造以“一课堂、一平台、一屏”为核心的法治文化宣传教育阵地。“一课堂”即干部教育培训课堂。学校充分发挥课堂教学在法治宣传教育中的主导作用，让法治宣传教育“进课堂”“进教材”“进头脑”。在干部培训中，学校突出培训重点，坚持以厅管干部为重点，以增强法治意识，把握执政规律，提高执政能力为重点，把学习贯彻习近平新时代中国特色社会主义思想作为必修课，将法治思维、理论基础、党性修养、世界眼光贯穿培训始终。同时，在培训中突出体现“贴近时代、贴近实践、贴近干部需求”，适时举办法制干部教育培训班、《中华人民共和国民法典》专题讲座，主动深入各地市积极开展“送教到基层”活动，长年多次举办交通路政、道路运输与管理、行政管理等执法人员培训班，交通行政执法人员培训成为精品培训项目。“一平台”即“山西交通在线”教育培训平台。学校坚持以“山西交通在线”教育培训平台为依托，大力开展法制宣传教育。上线《中华人民共和国民法典》《全面依法治国》等法治教育专题，面向全省交通运输系统及山西交控集团全体员工共4.25万人开展宣传教育和在线培训。平台全员建立素质能力提升电子学习档案，多次开展法律知识和岗位能力测试，让法治观念深入人心。“一屏”即法治文化屏。利用教学楼LED电子显示屏循环播放法治宣传标语、法治警示语以及最新颁布及修订的行业法规规章等内容，充分发挥法治影视形象生动的特点，让广大教职工在潜移默化中接受法治文化的熏陶。

11月27日 按照省社保局安排，学校进行2018年度退休人员核定正式养老待遇工作，为2018年1月至12月期间退休人员重新核定养老金。

11月 按照交控集团高速公路运营管理实际需要，学校携手交通部路网监测应急处置中心，顺利举办两期收费业务及机电专项技能培训班，共计640人参加培训。本次培训班邀请交通运输部路网中心权威专家授课，课程内容全面、针对性强，对做好当前联网收费重点工作，解决实际困难问题具有重要现实意义。内容丰富，涉及面广，实现专业理论与管理创新相结合，精彩案例与实际工作相对比，平实语言与幽默风趣相补充，从多方面多角度对全省收费机电业务骨干进行一次全面培训。

是月 “山西交通在线”教育培训平台上线《中共十九届五中全会精神解读》专题。专题针对国家“十四五”规划建议的重点和亮点，上线“开启全面建设社会主义现代化国家的新征程”“落实“十四五”规划和远景目标的制度保障”“坚持创新在我国现代化建设全局中的核心地位，把科技自立自强作为国家发展的战略支撑”“加快新型基础设施建设，全面提速数字中国建设”等共17门课程、20个学时，面向省交通运输厅和省交控集团所属单位4万多学员开放学习。

是月 2021年是脱贫攻坚收官之年。为进一步提高广大村民的自身发展动力，省交通运输厅驻葛家屯村工作队利用冬季农闲时间，邀请学校联合开展“冬季村民种植养殖技能培训”活动，受到当地群众热烈欢迎。农民通过“交通e学”App观看和学习所需的农技知识课程。学校老师通过图片演示和手把手的指导，依次教给大家如何安装、登录和使用“交通e学”App，以及怎么通过App观看和学习自己所需的农技知识课程。现场气氛十分高涨。为促使活动顺利开展，学校派专人对贫困村百姓的学习需求进行详细考察调研，采购符合本次培训要求的专题课程，依托“山西交通在线”教育培训平台这种线上模式来完成深入贫困乡村的教育培训，让每个人只要有一部手机就能参加学习，不限制学习时间、学习地点，真正做到为群众谋福祉，为群众送便利。

12月4日 是全国第七个国家宪法日。11月30日至12月6日为第三个“宪法宣传周”。为深入学习宣传习近平法治思想，大力弘扬宪法精神，维护宪法权威，推动宪法进企业，学校开展“宪法宣传周”主题宣传活动热潮。“宪法宣传周”期间，在办公楼电子显示屏播放宣传标语，微信群分享宪法知识，组织“学习法治思想，弘扬宪法精神”主题党日活动，全体党员集中学习习近平法治思想，重点学习《中华人民共和国宪法》。集中组织观看旁听庭审直播，强化法治思维。在干部培训中，学校突出培训重点，把学习贯彻中共十九届五中全会精神作为必修课贯穿培训始终。在“山西交通在线”教育培训平台上线《中华人民共和国民法典》《全面依法治国》《中共十九届五中全会精神解读》等法治教育专题，搭建交通运输综合执法题库，面向全省交通运输系统及山西交控集团全体员工共4.25万人开展宣传教育和在线学习。当日，组织全体教职工开展宪法宣誓仪式。宣誓人全体起立，奏唱中华人民共和国国歌。校党委书记、校长辛泉生领誓，其他人在领誓人身后列队站立，右手举拳跟诵誓词。举行宣誓仪式，有利于推动广大教职工进一步增强履职责任感和使命感，提升学习运用法治思维和法治方式的意识和能力，是学校加强党的建设，提升治理能力的有力抓手和重要举措。通过一系列活动，在学校内营造起尊崇宪法、学习宪法、遵守宪法、维护宪法、运用宪法的浓厚氛围，引导广大教职工成为宪法的忠实崇尚者、自觉遵守者、坚定捍卫者，有力保障宪法及法律的有效实施。

12月7日 学校以支党部为单位，组织广大党员对《党的十八大以来查处的山西省交通运输系统违规违纪违法典型案件警示录》进行深入学习，“用身边案例教育身边人”，认真开展对照检查，深入进行剖析，每一名党员干部都结合工作实际撰写了一篇心得体会，真正做到谈思想、讲认识、摆问题、定举措、保落实，切实将警示教育活动成效落到实处。

12月8日 学校成立教师中级职称评审委员会，并在省教育厅备案。本年度参评人员进行现场述课，学校中评委主任、副主任及思政学科委员6人参与本次听课评议工作。讲课现场全程录像，秩序井然。课后评委们着重从教学内容、教学组织技能、教学效果等方面进行分析评价。同时，评委们依据职称评审条件认真细致地审核参评人员的条件。整个评审流程严谨审慎、科学客观。

12月11日 学校承办的山西交控集团2020年法律合规工作能力提升培训班圆满落幕。集团公司所属企业法律合规工作分管领导、部门负责人及专职法律合规工作人员共120余人参加培训。培训重点围绕国有企业清产核资、交控系统管理法律问题、企业刑事法律风险、法律思维与裁判、国有企业劳动关系合规等内容进行专题研讨。来自省财政厅、省高级人民法院、山西大学、律师事务所的专家学者们，通过理论与案例相结合的方式，针对大家普遍关注的难点和热点问题进行系统、专业、深入的解读和分享。

同日 学校党风廉政建设警示教育大会召开，组织全体党员、领导干部、教职工集中观看警示教育片《镜鉴》，通过警示案例，起到以案为鉴、以案明纪、以案促改作用。

12月14日 学校以“送温暖、献爱心”为主题，在全校范围内开展社会捐助活动。按照自觉、自愿原则，学校党员、干部职工63人参加此次捐助活动，收到现金捐款共计2410元。全部捐款送交至省民政厅社会捐助工作机构，获得公益事业捐赠收据和捐赠证书。

12月14日至16日 山西路桥集团在学校开展审计业务提升专题培训，来自公司审计、财务、工程等部门共计105人参加此次培训。特聘请老师为班级学员开展了一场企业模拟经营沙盘演练课程，通过体验式教学，助力审计人员创新能力。

12月25日 学校召开专题会议，传达学习贯彻2021年全国交通运输工作会议精神，并就贯彻落实好会议精神做出部署。校党委书记、校长辛泉生主持会议，班子成员和全体中层干部参加会议。学校专题会议就贯彻落实好全国交通运输工作会议精神做出部署。一是迅速传达学习。要求各党支部要把传达学习贯彻这次会议精神作为一项重要任务，与学习贯彻中共十九大和十九届五中全会精神相结合，真正把会议精神凝聚为谋划未来的共识、做好工作的动力、抓好落实的行动、推动发展的实效。二是认真抓好贯彻落实。要进一步提高政治站位，深化对立足新发展阶段、贯彻新发展理念、构建新发展格局的认识，深化对推动交通运输高质量发展、加快建设交通强国的认识。三是做好当前各项工作。要充分认识做好岁末年初各项工作的重要性，按照厅党组部署，统筹抓好贯彻落实，全力以赴做好本阶段学校各项工作；要毫不放松抓好常态化疫情防控；要扎实做好安全生产工作，全力维护学校稳定；要认真贯彻落实“八项规定”精神，坚持廉洁勤俭过节。

同日 学校召开专题会议，传达全系统党政领导干部违规入股企业专项清理推进会精神，并对学校党政领导干部违规入股企业专项清理工作进行部署。校党委书记、校长辛泉生主持会议，班子成员和中层干部参加会议。会上，辛泉生组织与会人员认真学习省纪委监委有关规定和领导干部违规入股企业问题等相关纪律规定，要求校副科级以上干部都要认真对照清理整治内容，积极进行自查，严格按照文件规定认真填写“党政领导干部主动纠正违规入股企业情况承诺书”，元旦前将个人情况如实上报，坚决杜绝弄虚作假、欺瞒组织的行为。3月底前全部完成违规入股情况的清退工作，确保该项工作落到实处。

2020年 学校坚持“管理就是服务”理念，在实际教学管理过程中变“管理者”为“服务者”，变被动服务为主动服务，在服务中提升管理效果。全年共组织在校生完成100多门课程的网络学习和考试，学生考试参与率大幅提升，考试一次通过率达95%以上，是近几年考试通过率最高的学年。学校还精细组织完成长安大学、太原理工大学、北京交通大学112名本科生毕业论文指导和远程线上答辩以及187名专科毕业生实习指导，确保每一名毕业生顺利通过论文审查和答辩。学校整个答辩工作组织服务到位、论文有质有量、答辩严格规范、组织过程踏雪有痕、材料上报及时，受到北交大和交干院领导的高度赞同和认可。2020年，12名毕业生在学校帮助下顺利取得学士学位证书。鼓励和帮助毕业生取得学位证书是学校全年提升教学工作高质量发展重要举措。

（资料提供：翟智慧　张警予）

公路系统单位

山西省公路局太原分局大事记

1月7日 太原分局春运部署工作会议召开，贯彻落实省交通运输厅、省公路局2020年春运会议精神，部署2020年春运及春运期间安全生产工作。会议要求各单位要把春运工作提升至现阶段工作的重中之重，提高政治站位，思想上高度重视，切实做好春运期间安全保畅工作，竭尽全力为广大人民群众提供安全、畅通的公路交通运输服务。

1月10日 为认真落实基层党建工作责任制，推动全面从严治党向基层延伸，太原分局党委召开2019年党组织书记述职评议会。分局领导、局属各党组织书记和党员群众代表，共计48人参加会议。局长闫志雄主持会议，党委书记赵湧文对各党组织书记述职情况进行点评。

2月11日至17日 春节期间，为贯彻落实省交通运输厅、省公路局关于新型冠状病毒感染的肺炎疫情防控工作各项决策部署，太原分局全力以赴做好新冠肺炎疫情防控工作，确保本单位安全平稳和所辖公路安全畅通。一是加强组织领导，成立疫情防控领导小组。积极传达落实省厅、省局指示安排，分析加强疫情防控的重要性和严峻性，成立以局长为组长、班子其他成员为副组长、机关相关科室负责人为成员的领导小组，加强对新冠肺炎疫情防控工作的组织领导和督促落实。二是做好联防联控，严密防控疫情。各公路段主动与地方政府对接，积极协助在国省干线关键路段设卡检查。截至2月28日，已在国道G108忻州界、国道G208线晋中界、国道G307吕梁界等路段共设点24个。

1月24日至3月 为做好新型冠状病毒感染的肺炎疫情防控，太原分局高度重视，迅速行动，强化各项防控工作，坚决打赢疫情防控阻击战。一是认真贯彻省公路局决策部署，强化组织领导，分局启动一级响应，制定《新型冠状病毒感染的肺炎疫情防控工作职责清单》，进一步压实责任，确保责任到人。二是所辖公路段积极协助地方防疫部门做好卫生检疫设卡，同时做好公路保畅工作。

1月24日至3月 疫情就是命令，责任重于泰山。自1月24日以来，为取得抗击新型冠状病毒肺炎疫情战役的彻底胜利，太原分局全体干部党员、全体职工认真学习贯彻习近平总书记的重要指示和发表的重要讲话精神，坚决执行省委、省政府、省交通运输厅和省公路局关于打好疫情防控阻击战的决策部署，根据省公路局统一部署，结合工作实际，为确保干线公路安全畅通、确保全体职工安全健康、确保太原市人民的生命安全，及时发出疫情应急预警，建立疫情防控组织机构，采取一系列疫情防控措施，确保分局疫情防控安全有效，为太原市打赢疫情防控战役发挥重要作用。

3月2日 太原分局党政联席会议召开，传达省公路局关于统筹做好疫情防控和复工复产工作的通知精神，听取相关部门对国道G241、省道岚马线汾河水库段改线工程，分局机械化养护中心规划建设等五项年度重点项目进展情况汇报，并对加快重点项目建设推进工作进行专题部署。

4月1日 太原分局2020年养护工作会议召开，贯彻落实全省交通运输工作会议和公路工作会议精神，部署2020年养护工作。会议由副局长曹力群主持，局长闫志雄、副局长张晋龙、相关科室负责人及各公路段段长、养护副段长共20余人参加会议。会议期间，严格执行疫情防控相关规定，参会人员会前测体温，全程戴口罩并保持1米间距。

4月8日 太原分局2020年党建暨党风廉政建设工作会议召开，贯彻落实省交通运输厅、省公路局和市委住建工委党建及党风廉政建设工作会议精神，全面回顾总结2019年工作，认真分析当前形势，部署2020年工作任务。会议由局长闫志雄主持，党委书记赵湧文作题为“践行初心使命，提升治理效能，奋力开创新时代公路党的建设新局面”工作报告。分局领导、机关科室负责人、基层单位党政一把手53人参加。

4月29日 上午，太原分局PPP项目建设推进会议召开。PPP路面改造项目公司、国道G241改建项目公司负责人，分局6个公路段、相关科室负责人参加会议，局长闫志雄出席，副局长张晋龙主持会议。

5月11日 太原分局迎国检、PPP路面改造工程项目、安防工程再安排会议召开。会议传达省公路局“赶超进位迎国检攻坚战调度会”精神，并就分局深入贯彻省局迎国检决策部署和近期工作进行再安排、再部署。副局长曹力群、张晋龙，养路科、公安路政科负责人及各公路段段长、养护副段长共20余人参加会议。

5月19日至20日 为推进太原分局路面改造工程，国道G241、省道岚马线汾河水库段改线工程PPP项目工程建设进展，确保项目质量、进度、安全等各项工作规范可控，分局领导及工程科、养路科、安全资产科、办公室等组成督导组，深入工程一线对分局两个PPP项目各参建单位驻地建设、组织机构建立、人员履约到岗、机械设备进场、原材料采购、工地试验室、拌合站建设及试验检测情况、施工现场交通管制、拆除及水稳基层摊铺等情况进行现场督导检查。

5月27日至28日 省公路局总工程师马德文带领第三督导组深入太原分局督导检查迎国检准备、太原境内国省道路面改造PPP项目、安全生命防护工程以及安全生产管理等工作，技术处副处长李永东、养路处孙宗明参加，分局局长闫志雄、副局长曹力群、张晋龙以及养路、工程、安全、办公室等部门负责人陪同检查。

5月至6月 为做好疫情防控新形势下路政宣传工作，进一步提高社会公众爱路护路意识，营造公路安全保护工作的良好社会环境，太原分局扎实开展以“防疫情、守安全、保畅通、优服务”为主题的路政宣传月活动。分局成立“路政宣传月”活动领导小组，负责整个活动组织、督导工作，同时基层各执法单位成立相应领导小组，负责各自辖区内“路政宣传月”活动的组织和实施。

6月2日 下午，为推动全省交通运输系统党风廉政建设和反腐败工作会议、厅属单位纪检工作推进会精神的落实，推进深化“三转”工作，做好交通扶贫监督工作，了解掌握太原分局纪检队伍情况。省纪委监委驻厅纪检监察组组长王建业一行3人赴分局进行检查调研。

座谈会上，党委书记赵湧文从分局基本情况、主要职能、全年重点工作开展情况、疫情防控监督工作、履行好管党治党、全面从严治党“两个责任”工作情况，分局纪委工作开展情况六个方面向驻厅纪检监察组进行详细汇报。局长闫志雄对分局纪委工作、重点工程进行说明。

6月28日 上午，在中国共产党成立99周年华诞即将来临前夕，省公路局党委组织机关各支部党员代表赴太原分局路面改造PPP项目工地和阳曲公路段开展授旗活动。分局领导班子及工程科、党工部、办公室等部门负责人陪同。

在分局路面改造PPP项目施工一线，省局党委书记尹新平亲手将“党员先锋队”队旗授予摊铺车司机，勉励所有参建党员干部职工紧盯“国检”攻坚战，充分发挥党员先锋模范作用，让党旗在迎“国检”攻坚战中高高飘扬。在阳曲公路段，省局党委书记尹新平以“传承党的历史、坚守入党初心、践行习近平总书记视察山西重要讲话重要指示、赶超进位坚决打好迎国检攻坚战”为题，为全体干部职工上了一堂生动的党课。省局机关二支部书记杨帅奇、分局工程科科长梁玉荣和阳曲公路段副段长冯凌作为党员代表，现场重温自己入党志愿书。

6月29日至7月5日 全国第30个节能宣传周，太原分局积极组织发动广大干部职工，身体力行，开展以“绿水青山 节能增效”为主题的节能宣传周活动。

本次活动领导高度重视，迅速贯彻落实。接省公路局通知后，分局迅速传达要求，要求局属各单位、机关各科室、各在建工程项目部在规定时间内精心策划，严密组织，发动广大职工踊跃参与节能宣传周活动的规定动作。各单位积极参与宣传活动，通过组织观看宣传教育片，悬挂“绿水青山，节能增效”等宣传标语，利用LED屏24小时滚动宣传节能减排标语，在办公区、卫生间等醒目位置张贴“节约用水”“节约用电”“节约用纸”等提示用语，在食堂开展“光盘行动”，在管养公路沿线向过往司乘人员发放倡议书等多种方式宣传环保低碳有关知识；7月1日，分局机关向全体职工发起节能宣传周倡议书，倡导“135”绿色出行方案；组织职工进行节能宣传周答卷活动，普及节能减排知识，提升全民节能意识。

7月1日 上午，为庆祝中国共产党成立99周年，进一步巩固“不忘初心、牢记使命”主题教育成果，弘扬广大党员干部在新冠肺炎疫情防控阻击战和推进重点工作任务中展现出的英勇无畏、拼搏奋进精神。太原分局党委书记赵湧文以“坚守初心勇担使命 从‘疫情防控’谈发挥党员先锋模范作用”为题，为机关、设计所、印刷厂、老干支部50余名党员上党课。

7月14日 太原分局开展“学习贯彻习近平总书记视察山西重要讲话重要指示”宣讲活动，分局领导、机关第一、二、三党支部，勘测设计所、后勤、印刷厂全体党员，老干支部在职党员及群众代表共计60余人参加。

7月16日 上午，按照省公路局7月13日路面改造工程PPP项目攻坚战调度会精神要求，太原分局组织项目公司、监理、试验检测单位、专家组和各公路段段长召开太原境内国省道路面改造工程PPP项目总结反思暨攻坚决战动员会，省局第三督导组总工程师马德文、处长李永东出席会议。

会上，副局长张晋龙强调省局7月13日路面造工程PPP项目攻坚战会会议精神和局长胡钢成讲话要求。各参建单位汇报近期工程建设情况及存在具体问题，明确整改任务清单。

局长闫志雄在听取汇报后，就目前存在主要问题和下一步工作要求进行安排，并作表态发言。决心继续加强监管力度，保持协调配合，咬住工期、紧盯质量，绝不能因为工期而牺牲质量，确保7月底完成70%的投资，8月底完成建设任务。

7月30日至31日 为进一步做好“迎国检”准备工作，太原分局领导深入太原境内PPP路面改造工程项目、国道G241、省道岚马线汾河水库段改线工程项目及国省干线公路安全生命防护工程项目等建设工地，通过听取汇报、现场检验的方式，对各建设项目的施工质量和进度、安全生产、防汛、疫情防控、内业资料等工作进行督导检查。

9月9日 上午，太原分局与山西建投建工集团合作框架协议签约仪式在分局机关五楼会议室举行。分局局长闫志雄和山西建投建工集团党委书记、董事长倪华光共同出席签约仪式并致辞，分局副局长张晋龙、山西建投建工集团公司专职党委副书记、工会主席、副总经理张增伏分别代表双方签订合作框架协议，分局党委委员蒋映东主持签约仪式。

9月28日 上午，太原分局机关召开主题为“加强党的领导 抓好机关作风建设”学习讨论会。分局领导、机关中层和后勤党政负责人参加会议，分局党委书记赵湧文主持学习讨论。

本次学习讨论会延伸“不忘初心、牢记使命”主题教育活动，结合9月14日中共中央办公厅印发的《关于巩固深化“不忘初心、牢记使命”主题教育成果的意见》的通知精神，和当前分局改革、发展、稳定大局和分局机关作风建设存在问题，组织参会人员进行学习讨论。

11月25日至27日 为全面了解和掌握一年来养建管工作开展情况及各单位目标任务完成情况，更好地总结成绩与经验，尽早部署2021年各项工作，分局局长闫志雄带领分管领导和相关科室负责人对局属各单位开展年终综合评价，实地查看所管养干线公路建设、养护情况(含PPP路面改造工程，国道G241、省道岚马线汾河水库段改建工程)，所管检测站目标任务完成情况，重点对各单位安全生产情况、疫情防控工作、2020年年内实施的养建工程项目、管养干线公路容貌、环境保护及路域环境综合治理等进行评价。下一步，分局将继续对标一流，查漏补缺，为完成年度各项任务做好准备。

2020年，太原分局按照全省交通建设项目前期工作会议精神，为切实贯彻落实省委“四为四高两同步”总体思路和要求，在深入研究太原地区路网结构、交通特性的基础上，结合太原市城市发展规划和产业布局，积极规划太原地区“十四五”干线公路建设发展目标，重点推动国道G241线、国道G108线、国道G307线、省道S314线及国道G339线5条国省干线公路项目，建设总里程265公里，总投资约238亿元。

2020年，按照全省经济工作会议部署，太原公路分局只争朝夕、真抓实干，持续推进规划项目“三个一”活动(签约一批、推动一批、实施一批)，用实际行动和务实举措，树立“项目为王”的鲜明导向，加强前期工作推进力度，对项目进行全过程全方位服务，为推动项目进展创造最优环境，促进项目尽早实施，为太原市“十四五”转型出雏型开好局提供坚强干线公路交通保证。

12月21日至22日 为深入贯彻落实省委全面从严治党有关部署及省纪委监委关于加强党员干部警示教育要求，进一步筑牢党员干部不想腐思想防线，太原分局机关各党支部组织全体党员干部开展“用好《警示录》扎实推进警示教育”主题党日活动。深入学习《警示录》中违规违纪违法典型案例，用身边案例教育身边人，起到以案为鉴、以案明纪、以案促改作用，强调支部全体党员要深刻汲取身边典型案例的教训，把警示录学习与学党章党规宪法及工作实际紧密结合，严明政治纪律和政治规矩，工作中严格遵循程序和规章制度，绝不能以随意性代替法制性、不能以指令化代替科学化，发挥工作能动性和创造性，以警示教育促进各项工作良好开展。

（资料提供：闫志雄　赵勇文）

山西省公路局大同分局
大　事　记

1月28日 大同分局新冠肺炎疫情防控工作会议召开，对疫情防控工作进行全面部署。成立5个疫情防控工作督导组，主要领导一线巡查督导，班子成员一线分片督导，为疫情防控有力开展、复工复产和经济社会正常运转提供良好交通保障。

4月8日 大同分局十二届二次职工代表大会暨2020年度工作会、2020年党建工作会议召开。

4月13日 大同分局组织全体职工参加全省“三零”单位创建工作动员部署大会。

4月15日至5月15日 大同分局在全局上下开展2020年度“党风廉政宣传教育月”活动。

4月22日 大同分局在局机关举办2020年度“社会主义核心价值观主题实践教育月”道德讲堂活动。

4月29日 大同分局2020年养护工作推进会议召开。

5月20日 大同分局组织局机关副科以上，基层主要负责人赴大同市党群服务中心参观学习。

6月18日 大同分局2020年落实全面从严治党上半年情况汇报会议召开。

6月24日 大同分局开展“我们的节日粽香端午”自包米粽活动。

7月31日 大同分局对分局相关人员进行保密知识培训。

8月4日 大同分局对分局机关及基层主要负责人进行《中华人民共和国民法典》培训。

8月10日 大同分局组织机关职工开展学雷锋爱心敬老志愿服务活动。

8月25日 大同分局顺利完成第六届全国文明单位测评组实地检查。

10月2日 大同分局安全生产专题会议召开，部署在全局范围开展安全生产大检查。

11月13日 大同分局举办2020年职工趣味运动会。

11月27日 大同分局召开学习贯彻中共十九届五中全会精神宣讲解读会。

12月3日 大同分局组织机关及基层负责人召开安全生产疫情防控会。

12月4日 大同分局组织机关副科以上及基层党政负责人、纪检委员召开党风廉政教育大会。

12月16日至18日 大同分局组织机关副科以上及基层领导班子开展党建专题培训。

12月25日 大同分局党政领导干部违规入股企业问题专项清理工作警示教育会议召开。

（资料提供：王进满　张建伟）

山西省公路局朔州分局大事记

1月3日 省公路局党委任命任永兼任朔州分局党委书记。

1月10日至17日 朔州分局对局属各单位开展2019年度干部考核工作，并对困难职工慰问和安全工作检查。

1月22日 朔州分局组织干部职工学习“三篇光辉文献”。

1月27日 朔州分局紧急召开新型冠状病毒感染的肺炎疫情防控工作，传达党中央、国务院、省委、省政府及市委、市政府和省交通运输厅、省公路局关于新冠肺炎疫情防控工作的部署，制定实施方案，并成立疫情防控工作领导组。

1月30日 朔州分局发出抗击新冠肺炎疫情倡议书。

2月3日 朔州分局党工部发出支援武汉的捐款倡议，截至2月25日，共收到捐款49876元。怀仁段和勘测设计所共捐款到红十字会6360元。

2月4日 朔州分局成立新冠肺炎疫情防控交通管控督导工作领导小组。

3月5日 朔州分局发出抗击新冠肺炎疫情宣传海报、视频、条幅等方式，加强正面宣传引导，普及疾病防治的基本知识，消除不必要的恐慌，发动群众，强化科学参与疫情防控。

同日 朔州分局开展“弘扬雷锋精神，做时代雷锋传人”活动。

3月16日 上午，朔州分局在七楼会议室组织召开2020年养护形势研判及养护工作部署专题会议。会议由分局党委书记、局长任永主持。分局领导班子全体成员、各公路段段长、党支部书记、分管养护副段长、分局相关科室负责人参加会议。

会上，各公路段根据2019年路况检测数据，对照2017年、2018年路况检测数据，全面深入地分析不同路段采取不同养护措施路面技术状况逐年变化情况，在此基础上，根据各自路况实际情况，结合养护资金计划，制定全年养护作业计划。会议还共同分析2020年养护工作所面临的困难、机遇和挑战，提出应对的方法和措施，并就新形势下如何做好2020年各项养护工作，实现路况水平和服务质量双提升进行研讨。

3月23日 朔州分局收到来自党员捐款共10600元，全部捐到朔州市委，由市委统一调配。

3月30日 朔州分局2020年党的建设暨党风廉政建设工作会议召开。

4月1日 朔州分局组织机关各单位开展“清明祭英烈”主题党日活动。

4月2日 朔州分局组织干部职工集中观看中华英烈网中英雄先进事迹相关视频资料。

4月2日至5月底 朔州分局开展“社会主义核心价值观主题实践教育月”活动。

4月7日 朔州分局党委调整党建领导组组成人员。

4月13日 朔州分局党委发出公筷公益广告，倡导干部职工文明就餐。

4月14日 上午，朔州市委常委、军分区司令员刘义清一行深入朔州分局调研民兵组织整顿建设工作。分局党委书记、局长任永，分管副局长及相关科室负责人陪同调研。

刘义清司令员一行听取分局民兵应急营建设工作开展情况，实地观摩工程机械经营部、民兵党建活动室、分局应急保障指挥中心以及青年民兵之家，对分局民兵组织整顿开展工作给予充分肯定和高度赞扬。

4月15日至5月15日 朔州分局组织干部职工在“山西交通在线”平台学习“党风廉政宣传教育月”专栏课程学习。

4月16日 朔州分局党委认真落实中央八项规定精神负面清单。

4月23日 朔州分局发出文明出行的公益宣

传；举办主题为“修身养德、敬业奉献”为主题的道德讲堂活动。分局党委领导班子成员和机关全体职工参加此次活动。

4月30日至5月31日 朔州分局开展“读书月”活动。

5月13日 朔州分局组织干部职工集中学习“三篇光辉文献”暨党章党规党纪、学习习近平总书记关于交通运输工作的指示批示精神。召开党风廉政宣传教育月领导班子集体学习研讨会；召开纪委集体约谈暨警示教育大会；分局纪委召开集体廉政约谈暨警示教育大会，通报《省纪委监委五一节前公开曝光4起“四风”典型问题》，开展警示教育讲话，观看警示教育片《政治掮客苏洪波》；领导班子及每位班子成员均列出“责任清单”，强化“一岗双责”意识。

5月19日 朔州分局着力解决党建工作“十个突出问题”的清单。

5月20日 朔州分局领导班子及全体干部职工集中学习习近平视察山西重要讲话精神。

5月21日 上午，省交通运输厅党组成员、副厅长李贵顺，省公路局党委副书记赵玉生等一行赴朔州督查全国“两会”期间安全生产工作。朔州公路分局局长任永、副局长郭养才，同朔路面改造PPP项目公司董事长王昀等相关人员陪同视察。

5月26日 朔州分局开展爱国卫生运动。

5月28日 省交通运输厅党组成员、驻厅纪检监察组组长王建业一行深入朔州分局，就贯彻落实全省交通运输系统党风廉政建设和反腐败工作会议和厅属单位纪检工作推进会精神、推进深化“三转”工作、做好交通扶贫领域及省厅扶贫点的监督工作情况进行专题调研。

6月11日 朔州分局党建工作汇报会议召开。

6月11日至12日 朔州分局举办各党支部书记暨纪检干部业务培训活动。培训活动通过召开动员大会、聘请专家授课、参观市区党建先进单位等形式，不断提升全分局党支部书记、纪检干部的政治素养和履职能力，进一步推动全面从严治党向纵深发展，为各项目标任务顺利实现提供坚强的政治保障。

6月29日 朔州分局开展党员政治生日主题党日活动。活动期间，还开展“党内关怀，帮扶暖心”活动。

7月1日 朔州分局庆祝中国共产党成立99周年暨“七一”表彰大会召开。

9月2日 朔州分局专题会议召开。会议深入学习贯彻习近平总书记关于厉行节约、反对浪费特别是制止餐饮浪费行为的重要指示精神，要求广大干部职工认真贯彻落实中央纪委国家监委印发的《关于贯彻落实习近平总书记重要批示精神加强监督执纪坚决制止餐饮浪费行为的工作意见》。同时，按照省交通运输厅、省公路局相关通知要求，研究部署贯彻落实措施，带头增强厉行节约、反对浪费的政治自觉，坚决制止餐饮浪费行为，大兴勤俭节约、艰苦奋斗之风。

11月20日 全国精神文明建设表彰大会在京举行，朔州分局荣获第六届“全国文明单位”荣誉称号。这是分局在连续多年保持“省级文明单位”荣誉称号的基础上，厚积薄发，全力冲刺，积极争创全国文明单位的重要成果，也是朔州公路高质量发展的重要标志。

同日 朔州分局组织召开中共十九届五中全会精神解读和廉政教育培训会议。会议邀请朔州市委党校客座教授王江，围绕“中共十九届五中全会精神”这一主题，从国学、国情、国计民生三个维度对中共十九届五中全会精神进行详细解读。邀请驻厅纪检监察组副组长任玉胜作“慎终如始，把纪律和规矩永远挺在前面”报告，并观看警示教育片《镜鉴》。

解读会对全分局干部职工更加全面、准确地理解和把握五中全会的精神实质有很强的指导意义。廉政教育会对进一步增强全分局党员干部的廉政意识，筑牢拒腐防变思想防线，营造“不敢腐、不能腐、不想腐”良好氛围起到积极推动作用，对分局深入推进党风廉政建设有很强的现实意义。

12月28日 朔州分局组织全局干部职工在敬德公园举行“庆元旦·健步走”活动。

本次活动旨在倡导强身健体、健康快乐的生活方式，展示分局机关良好的精神风貌。活动一经发起即得到广大干部职工积极响应。在活动中，分局领导带头参加，各科室积极协调矛盾，保证人人参与，干部职工不甘落后，形成团结协作、你追我赶良好局面。

活动结束后，干部职工一致认为，本次活动宣传到位、组织周密，形式轻松活泼、欢乐有趣，达到释放工作和生活压力，增强强身健体意识。

（资料提供：张金顺　王晓东）

山西省公路局忻州分局大事记

1月10日 为期40天公路交通春运工作正式启动。忻州分局结合工作实际，认真部署，周密安排，全力以赴保障春运期间干线公路安全畅通。一是加强组织管理和督导，落实工作责任。建立健全春运工作机构，成立领导组，明确责任分工，强化责任意识，落实服务举措，全力打好春运攻坚战；二是强化安全意识，加强春运安全生产管理，全力打造“平安春运”；三是加强应急准备，提高突发事件处理能力，认真做好降雪天道路应急保障工作；四是加大公路养护管理力度，全面提升春运服务质量；五是加强春运应急值班管理，确保信息报送渠道畅通，遇有紧急或突发事件能够快速响应，高效处置；六是加强协调配合，强化部门联动机制。积极与气象、交警等相关部门进行沟通，建立春运信息共享机制和交通安全保畅通工作联动机制，形成工作合力，努力为人民群众欢度春节营造安全、畅通、和谐的公路通行环境。

1月17日 上午，省公路局局长胡钢成赴忻州分局调研指导工作，看望慰问退休老干部。胡钢成一行在分局召开座谈会，听取分局近年来工程建设、养护管理、路政治超执法、人事管理、项目前期、党的建设及党风廉政建设等各项工作开展情况汇报，详细了解存在的困难及问题，并帮助分局分析研究解决办法。胡钢成在讲话中，认为分局领导班子能够凝心聚力、团结一致，积极谋篇布局，务实创新，各项工作取得优异成绩。

1月24日至3月8日 为坚决打赢新型冠状病毒感染的肺炎疫情防控这场人民战争，忻州分局全面部署落实相应措施，积极防范和应对疫情蔓延，并扎实做好公路保畅保通工作，用实际行动诠释公路人的责任和使命担当。一是统一思想认识、加强组织领导，坚决克服麻痹大意思想，压紧压实疫情防控责任，全面落实疫情防控各项措施；二是强化督查、以上率下、靠前作为，采取电话、微信、现场等多种方式强化疫情防控督查，及时全面掌握各单位疫情防控工作落实情况，确保各项防控措施落实到位；三是强化联防联控，积极与地方政府及相关部门沟通对接，主动配合地方政府及相关部门做好国省干线疫情排查防控检测点设置等工作，加强一线防控工作人员自身防护，做好集体食宿管理；四是加强信息报送，做到底清数明，严格按照相关规定和要求及时上报各类信息资料；五是扎实做好日常养管工作，加大干线公路日常保洁，及时清理沿线过村（镇）路段垃圾和杂物，对管养道路安全隐患进行全面排查治理，及时检查和修复受损的公路设施、处治路面病害，确保路况完好，为打赢疫情防控阻击战营造安全畅通的行车环境。

3月9日 忻州分局召开专题会议，传达贯彻2020年全省交通运输工作会暨党风廉政建设和反腐败工作会议精神。分局领导班子及各部门负责人认真学习厅长闫晨曦和驻厅纪检监察组组长王建业在全省交通运输工作会暨党风廉政建设和反腐败工作会议上讲话，按照省交通运输厅2020年工作部署要求，提出分局2020年总体思路和工作重点。要求通过多种形式，将全省交通运输工作会暨党风廉政建设和反腐败工作会议精神传达至基层一线，确保省交通运输厅各项决策部署落到实处，确保全年工作开好头、起好步。

3月27日 上午，忻州分局组织土地预审、工可咨询、工可编制、选址意见书编制等单位和忻州、原平、代县、繁峙公路段主要负责人及机关相关科室人员召开国道G108线砂河至石岭关段改建一级路前期工作推进会，部署规划编制及项目前期相关工作，明确任务，落实责任，推进工作。

3月31日 忻州市中医院向忻州分局赠送一批精心研制的辟疫香囊，浓郁的中药香囊为分局职工带来由衷的慰问。中医院院领导表示，在疫情防控期间，忻州公路人不提要求，不讲条件，恪尽职守，无怨无悔，始终坚守在干线公路疫情防控最前沿，确保疫情防控通道安全畅通，为区域经济发展和复工复产做出积极贡献。同时希望辟疫香囊能够为一线工作人员增添一份健康保障，尽一份绵薄之力。并就使用方法与禁忌人群提出建议。

4月15日 上午，省交通运输厅党组书记、厅长闫晨曦带领厅相关处室负责人一行，在省公路局党委书记尹新平、局长胡钢成陪同下，深入忻州调研指导普通国省道路面改造PPP项目推进情况。闫晨曦一行实地查看省道忻五线K42+300处路面现状，详细了解忻州境内省道忻五线等6条普通省道路面改造PPP项目概况、改造方案和建设规模投资、前期工作等情况，随后召开座谈会听取分局与社会资本方就普通国省道路面改造PPP项目相关推进情况汇报。

4月28日 忻州分局2020年公路工作会议召开，总结回顾2019年工作，部署2020年工作，动员全分局干部职工只争朝夕、锐意进取，奋力谱写新时代忻州公路事业高质量发展新篇章。会议以视频会议形式召开，设1个主会场，15个分会场。

5月10日 上午，忻州境内国道G108线神堂堡至砂河段一级公路在繁峙县东山乡举行建成通车活动。国道G108线神堂堡至砂河段一级公路，是全省首个采用BOT模式建造的一级公路，也是忻州境内第一条成规模的一级公路，投资概算14.8亿元，全长53.402公里，是由晋入冀、入京和晋煤外运的重要经济通道，也是自东向西进入五台山景区的主要旅游通道。该项目建成通车后，对提升国道G108全线的通行能力和服务水平，促进全省交通运输事业发展起着重要作用。

5月12日 上午，由忻州分局主办，山西交通运输投融资集团有限责任公司和中铁三局集团有限公司协办的忻州境内普通国省道PPP路面改造工程开工仪式在忻州市忻府区合索乡作头村工程项目部举行。忻州市市委常委、常务副市长赵新年出席开工仪式并宣布项目开工，忻州分局局长袁海鸿参加仪式并讲话，山西高速集团有限公司、中铁三局集团有限公司等单位相关负责人作表态发言。忻州境内国省道PPP路面改造工程，共涉及9个县（市、区）辖区内的6条国省干线公路，改造路线累计长度296.845公里，总投资额约7.2亿元。

5月29日 省交通运输厅党组成员、驻厅纪检监察组组长王建业赴忻州分局调研指导工作并召开座谈会。分局领导班子全体成员，机关各科室主要负责人参加会议。王建业详细听取分局主要领导和纪委书记分别就党委履行党风廉政建设主体责任及纪委履行监督责任情况和近年来分局重点工作开展情况汇报，对分局各项工作取得的成绩给予充分肯定。

6月12日 省公路局局长胡钢成、副局长许秀銮带领有关处室负责人及相关专家一行深入忻州调研国省道干线PPP路面改造项目建设进展情况。忻州分局主要领导、分管领导及项目公司、施工单位、监理单位主要负责人陪同调研。胡钢成一行沿忻峪线先后查看原水泥路面面板（25厘米）挖除施工、路面碎石化施工、路肩墙滑模施工和水稳碎石基层施工情况，详细询问现场施工流程中的各项关键环节，并征询专家对进一步改进和提升施工工序提出指导意见，检查工作结束后召开座谈会。

8月13日至14日 省交通运输厅党组成员、副厅长李贵顺在忻州先后就安全生命防护工程、国省道公路限速标志调整及忻州境内国省道路面改造工程PPP项目施工质量等情况进行调研督导。现场查看省道忻五线安全生命防护工程、国道G337公路限速标志调整情况和路面改造工程PPP项目水稳层施工及沥青面层施工。调研期间，李贵顺还参观宁武公路段隔合应急物资储备库。

9月10日 忻州境内路面改造PPP项目实现主线全部贯通。此次路面改造里程297公里，施工路段分布在忻州境内省道万瓦线、忻五线、忻峪线、平偏线等6条国省干线公路，涉及忻府区、原平市、静乐、保德、偏关等9个县（区、市）。项目建成后，进一步提升忻州国省干线公路通行能力，更好地满足人民群众对高品质公路出行服务的需求，为全市经济社会发展提供强有力的公路服务支撑和保障。

12月1日 17时，忻州境内普降中雪。为确保广大人民群众出行安全，忻州分局以雪为令，立即启动应急预案，迅速组织养护队伍、机械设备在所管养干线公路尤其是急弯陡坡、背阴路段及桥面展开除雪防滑作业。同时加强道路巡查，对可能发生冰冻灾害的重点路段实施24小时巡查保畅。雪情期间，分局所管养干线公路全部保持畅通。

（资料提供：张田培）

山西省公路局阳泉分局
大 事 记

1月8日 国道G307、国道G207线阳泉市绕城改线工程百日大干总结暨今冬明春再掀工程建设高潮动员会召开，总结百日大干建设成果及重点工作进展情况，表彰工作成绩突出的施工单位，部署项目总体目标和阶段目标，安排冬春会战任务及下一步工作。市长雷健坤出席会议并讲话，副市长郭少敏主持会议。

1月13日 省公路局副局长许秀銮带领省局第二考核组深入阳泉分局考核2019年工作完成情况，召开2019年度目标责任考核大会。分局领导班子成员，机关各科室、基层各单位负责人参加考核大会。

1月14日 省公路局副局长许秀銮带领慰问组一行深入阳泉分局看望慰问退休老干部刘志耀和困难职工杨俊新。分局党委书记李传书陪同慰问。

1月16日 省交通运输厅党组成员、副厅长雷天才一行赴阳泉检查春运安全保障工作。雷天才一行人先后深入阳泉客运总站、华润燃气公司、白泉治超站、阳泉东高速公路收费站，现场了解近期客运、燃气运送及储存、车辆超限超载治理和高速收费站车辆通行等情况。看望慰问省公路局阳泉分局、阳泉交通运输执法局和市交通运输局困难职工和离退休老干部，副市长李文兵陪同检查。

1月28日 阳泉分局召开新型冠状病毒感染的肺炎疫情联防控工作专题会议，成立疫情防控工作领导小组，深入学习贯彻习近平总书记重要讲话精神，会议由分局局长闫献忠主持，分局各疫情防控领导小组成员参加会议。

1月30日 阳泉分局局长闫献忠深入双山、盘口、杨树庄等干线公路入省口卫生检疫站检查防控工作。截至1月29日17时，分局管养干线公路6个入省口的卫生检疫站全部设置完成并正常开展检疫工作。

2月19日 阳泉市副市长王明厚组织召开国道G307、国道G207线阳泉市绕城改线工程2020年市政府第一次调度会。会议由市政府副秘书长闫立彪主持。会议围绕2021年建成通车的总体目标，对项目节后复工复产及疫情防控工作做出部署。项目副总指挥闫献忠、李传书，平定县副县长李小三，项目公司有关负责人参加会议。

同日 下午，阳泉市市长雷健坤赴国道G307、国道G207线阳泉市绕城改线工程检查督导疫情防控和项目复工复产工作。市人大常委会副主任、平定县委书记申济，副市长王明厚，平定县县长王建义，项目副总指挥闫献忠、李传书，市直有关部门、项目建管处、施工单位相关负责人陪同检查。

2月23日 阳泉国省干线公路4处卫生检疫站撤站停止检疫。其中，已撤销卫生检疫站包括：国道G207线盂县交口超限检测站设置的盘口卫生检疫站、国道G307线郊区旧街设置的旧街卫生检疫站、国道G338线盂县梁家寨超限检测站设置的闫家庄卫生检疫站、省道S314线（省道双阳线）盂县沙井超限检测站设置的双山卫生检疫站。

3月10日 阳泉分局召开国道G338、国道G239盂县境内工程前期工作推进会。分局局长闫献忠、盂县县长梁海昌、副局长冯仁科、局长助理张妹云出席会议，分局机关相关科室、盂县公路管理段和项目参建单位参加会议。会议由冯仁科主持。

3月25日 国道G307、国道G207线阳泉市绕城改线工程项目派出“点对点”专车，赴湖北十堰迎接阳泉项目在鄂工友安全返岗，推动项目复工复产再提速。

3月26日 阳泉分局2020年公路工作会议暨十三届二次职工代表大会召开。会议深入贯彻落实全省交通运输工作会议、全省公路工作会议精神，总结2019年工作，部署2020年工作任务。会议宣读分局《关于表彰2019年度先进集体和先进个人的决定》。

4月13日 全省“三零”单位创建工作动员部署大会在太原召开，省委书记、省人大常委会主任楼阳生主持会议并讲话，会议以视频会议召开。分局第一时间组织机关副科级以上领导干部收听收看会议实况。

5月9日 阳泉分局党委举行党支部书记学习交流研讨暨集体谈话活动。省公路局党工部部长段晓燕带领省局党工部主任张静、主任桑建军参加指导工作，阳泉市直机关工委书记刘连生应邀出席。

5月13日 阳泉分局通过对2019年度网络评论战线评论工作情况的量化考核，积极开展网络舆论引导工作，分局被授予“2019年度网络舆论引导工作先进集体”称号。

5月22日 阳泉分局召开赶超进位迎国检攻坚战动员调度会。分局领导、分局机关各科室负责人和有关人员和路面改造PPP项目项目公司主要负责人参加此次会议。

5月26日 国道G307、国道G207线阳泉市绕城改线工程举行标准化施工现场观摩活动。项目副总指挥、阳泉分局局长闫献忠，项目副总指挥、分局党委书记李传书出席指导，各分项目部共计50余人参加。

5月26日至27日 省公路局总工程师马德文带领省局督导组深入分局督导检查迎国检工作、路面改造工程PPP项目进展、安全生命防护工程及安全生产工作等情况。分局局长闫献忠、副局长冯仁科、中交一公局晋路工程建设有限公司总经理郑育林陪同督导。

6月2日 省交通运输厅纪检监察组副组长聂洪、处长冯御、处长李宇一行3人在阳泉分局党委书记李传书和纪委书记王卫华的陪同下到西郊超限检测站调研指导工作。

6月10日 阳泉市委宣传部副部长刘鹏、二级调研员王海明、市文明办主任史志亮等领导组成的调研组到阳泉分局进行第二批社会主义核心价值观建设申报示范点实地调研。分局党委书记李传书及党工部人员陪同调研。

同日 阳泉市授予阳泉分局“目标完成优秀单位”“促进阳泉经济社会发展突出贡献单位”的称号。

6月17日 下午，阳泉市副市长李文兵、市政府副秘书长梁爱卿一行深入分局调研指导工作。

同日 阳泉分局局长闫献忠、副局长吕彦明同市政协副主席王良义一行深入扶贫一线，赴盂县梁家寨乡邢家庄村，针对脱贫攻坚、“十个清零”、产业发展、政策保障、效益分红等方面工作开展走访调研，驻村工作队第一书记、工作队员以及该村村支“两委”等相关人员陪同调研。

6月22日 国道G307、国道G207线阳泉市绕城改线工程建设管理处党支部、中建基础河北公司阳泉项目党支部联合开展“体验政治生活、锤炼党性修养”主题党日活动，双方共产党员、入党积极分子、青年员工30余人参加活动。

6月29日 阳泉市副市长王明厚到国道G307、国道G207线阳泉市绕城改线工程调研征地拆迁工作进展情况，现场办公解决征地拆迁难点问题。市政府副秘书长闫立彪，项目副总指挥、阳泉分局局长闫献忠，项目副总指挥、分局党委书记李传书，平定县政府，郊区政府，平定、郊区征拆指挥部，建管处，项目公司，相关权属单位负责人陪同调研。

6月30日 阳泉分局PPP路面改造项目联合党支部开展迎七一“不忘初心、重温入党志愿书”主题党日系列活动。

7月1日 在阳泉市直机关“七一”表彰会上，分局冯仁科、蒋叶、张小建、吕新民、刘晋华5人被表彰为“优秀共产党员”，张丽芸、梁海军2人被表彰为“优秀党务工作者”，盂县公路管理段党支部被表彰为“先进基层党支部”。

同日 省公路局总工程师马德文、技术处副处长李永东、养路处孙宗明及专家组一行7人深入分局督导检查迎国检攻坚战工作，重点对路面改造工程PPP项目工程进展、质量管控、安全生产进行现场督导。阳泉分局局长闫献忠、副局长冯仁科、中交一公局晋路工程建设有限公司总经理郑育林及试验检测机构、监理单位负责人等陪同督导检查。

7月9日 阳泉分局机关党员干部到市直机关工委党员政治生活中心参观学习。分局局长闫献忠、副局长吕彦明以普通党员身份参加组织活动。市直机关工委书记刘连生应邀出席活动。

7月10日 阳泉市政府召开国道G307、国道G207线阳泉市绕城改线工程推进会，市长雷健坤出席会议并讲话，副市长王明厚主持会议。会上，阳泉分局、项目建设单位汇报项目进展情况，有关县区作表态发言。

7月21日至22日 省交通运输厅党组成员、副厅长李贵顺深入阳泉分局督导调研国道G307、国道

G207线阳泉市绕城改线工程、路面改造工程PPP项目、安全生命防护工程建设情况。省公路局副局长许秀銮、分局局长闫献忠、分局党委书记李传书和副局长冯仁科陪同。

7月27日 阳泉分局2020年上半年工作总结汇报会暨重大项目推进动员会议召开。分局领导班子、机关全体、局属各单位党政主要负责人、分局项目办成员和重点工程建管处负责人参加会议。

8月4日 阳泉分局被省精神文明建设指导委员会授予"山西省文明单位标兵"称号。

8月16日 由阳泉市宏大公路经营有限公司承建的阳泉境内省道S315娘阳线娘子关大桥危桥改造工程竣工通车。

8月17日 18时18分，随着120吨—30米型架梁机将长30余米、重78吨的T梁精准吊装在魏家庄窝大桥6-3号桥墩上，标志着国道G307、国道G207线阳泉绕城改线工程第四分部首片T梁架设成功，该桥上部结构施工正式拉开帷幕。

8月22日 省公路局建设处副处长刘军带领督导检查组深入国道G307、国道G207线阳泉绕城改线工程工地，对合同履约、转包和违法分包、信用评价、进度、质量、安全、环保、试验检测、设计变更、资金管理、造价管理、招标投标、农民工工资、疫情防控等工作情况进行调研和督导检查。阳泉分局党委书记李传书，副局长、总工程师冯仁科，分局工程科、项目建管处、总监办、项目公司等相关负责人陪同。

8月27日 阳泉境内国省道干线公路路面改造工程PPP项目完工。

9月15日 阳泉市委书记姜四清深入平定县郊区，专题调研国道G307、国道G207线阳泉市绕城改线工程，现场办公研究解决问题。市领导申济、王明厚一同调研。

9月24日 省公路局党委副书记赵玉生一行深入西郊超限检测站进行节前检查。阳泉分局党委书记李传书、纪委书记王卫华陪同检查。

同日 阳泉市副市长王明厚深入国道G307、国道G207线阳泉绕城改线工程西郊互通施工现场办公，推进项目建设，解决项目征拆等问题。

9月28日 国道G307、国道G207线阳泉绕城改线工程项目六分部北茹2号隧道右线顺利贯通。

10月5日 国道G307、国道G207线阳泉市绕城改线工程阳左高速立交桥顺利完成首件0号块砼浇筑，经过10小时连续奋战，实现主桥悬臂现浇梁"0"的突破，标志着阳左高速立交桥工作重点正式转入上部结构施工。

10月22日至23日 海南省交通运输厅党组成员、总工程师刘闯和山西省公路局局长胡钢成带队的交通运输部全国干线公路养护管理治理评价组，深入阳泉分局"十三五"规划期间国、省道干线公路养护管理工作。

10月28日 凌晨，随着南川河1号大桥右幅4-1号桩基最后一方混凝土浇筑结束，国道G307、国道G207线阳泉市绕城改线工程项目二分部桩基工程全部顺利完成，这是全线首个完成桩基任务的标段。

10月29日 阳泉市政协主席杨永生一行深入国道G307、国道G207线阳泉绕城改线工程施工现场，就重点项目建设情况进行实地调研。副市长王明厚，分局局长闫献忠及平定县、项目公司等相关负责人陪同调研。

11月2日 国道G307、国道G207线阳泉市绕城改线工程南坳隧道1号人行通道顺利贯通，为后期隧道现场管理及有序施工提供有利条件。

11月7日 盂县举行国道G239、国道G338盂县境内公路改线工程奠基开工仪式。奠基开工仪式在上社镇设立主会场，在梁家寨乡设立分会场。

11月15日 按照《关于印发〈阳泉市贯彻落实省生态环境保护专项督查反馈意见整改方案〉的通知》（阳办字〔2019〕21号）要求，阳泉分局组成验收组，对《整改方案》涉及本单位的第25号完成情况进行现场核查验收。经验收组确认，同意验收。

11月15日 按照《阳泉市〈关于彻落实省委、省政府环境保护督查"回头看"反馈问题整改方案〉的通知》（阳发〔2018〕36号）要求，阳泉分局组成验收组，对《整改方案》涉及本单位的第3号整改任务完成情况进行现场核查验收。经验收组确认，同意验收。

11月15日 按照《阳泉市〈关于贯彻落实省委、省政府将环境保护督查组督查反馈意见整改方案〉的通知》（阳发〔2017〕11号）要求，阳泉分局组成验收组，对《整改方案》涉及本单位的第13号整改任务完成情况进行现场核查验收。经验收组确认，上述任务完成整改，同意销号验收。

11月27日 山西省五一劳动奖表彰大会在太原隆重举行。省委书记、省人大常委会主任楼阳生代表省委、省政府，向全省受到表彰的全国劳模和先进工作者，向荣获山西省五一劳动奖章、五一劳动奖状和工人先锋号的先进集体和个人表示热烈祝贺，向奋战在全省各条战线上的广大工人、农民、知识分子和其他各阶层劳动群众致以诚挚问候。会上，盂县东公路管理段十八盘道班被授予“山西工人先锋号”。

12月1日 上午，省治超办治超检查组处长梁斌一行在阳泉市治超办、平定县治超办、阳泉分局路政支队等领导陪同下，深入西郊公路超限检测站调研指导工作。

12月3日 阳泉分局党委组织党支部书记在郊区公路管理段举办党组织书记学习贯彻中共十九届五中全会精神宣讲会暨基层党组织标准化规范化建设示范点创建观摩现场会。分局党委书记李传书，分局党委委员、副局长吕彦明参加会议。

12月8日 阳泉市副市长李文兵现场调研国道G239线阳泉郊区过境河底至荫营段改线工程。

12月11日 阳泉市副市长王明厚深入国道G307、国道G207线阳泉绕城改线工程调研项目征地拆迁情况和现场施工进展。阳泉市政府副秘书长闫立彪，项目副总指挥、分局局长闫献忠，平定县副县长李小三，平定征拆指挥部、建管处、项目公司负责人陪同调研。

12月10日 国道G307、国道G207线阳泉市绕城改线工程桑掌隧道比原计划提前52天完成双线贯通。

12月17日 省交通运输厅党组成员、副厅长王晋深入阳泉分局调研智慧公路建设工作。分局局长闫献忠、党委书记李传书、副局长吕彦明陪同调研。

同日 阳泉分局党委举行中共十九届五中全会精神宣讲会。邀请中央党校国际战略研究院教授钱镇，就当前国内外形势与“十四五”发展规划，为分局党员干部职工进行宣讲辅导。分局党委书记李传书主持宣讲会。

12月17日至18日 省交通运输厅党组成员、副厅长王晋一行3人深入阳泉市开展生态环境保护监督帮扶工作。副市长李文兵、市交通运输局局长梁庆、阳泉公路分局局长闫献忠等陪同。

（资料提供：崔海军 韩静）

山西省公路局吕梁分局 大事记

1月15日 根据省公路局党委统一部署，省公路局第一考核组一行7人深入吕梁分局，就2019年度目标任务完成情况、领导班子运行情况及领导干部综合表现情况等方面工作进行综合考核。

此次考核主要通过书面述职、综合测评及担当作为评议、考核谈话、查访核验等工作进行全面考核评价。考核组一行对分局2019年度各方面工作给予充分肯定。

考核组还代表省局党委对春运保畅、安全生产等工作进行检查，走访慰问分局困难职工代表和离退休老同志。

2月3日 吕梁分局党委响应上级党委号召，积极开展“抗击疫情·奉献爱心”捐款活动。一人力薄，万人力坚。病毒无情，人间有爱。分局系统党员432人、群众351人，充分发挥先进性，争当爱心排头兵，共计捐款99850元，捐出每一份爱心，献上每一片真情。

“一方有难、八方支援”，分局全体干部职工用真情与真爱筑起疫情防控的坚强屏障、托起疫情患者的生命之舟，彰显公路人家国情怀。

2月26日 吕梁分局召开疫情防控暨公路建设项目复工复产工作部署会，深入学习贯彻党中央、省委、省政府、市委、市政府关于疫情防控和复工复产会议精神，全面落实省交通运输厅、省公路局决策部署，全力以赴抓好疫情防控工作，有力有序推动公路建设项目复工复产，坚决打赢疫情防控和公路建设攻坚战。

会上，各项目单位负责人就项目进展、资金落实、征地拆迁进展、人员到位、疫情防控、复工计划等情况作详尽汇报。分局副局长郭兵兵对下一步统筹推进疫情防控和复工复产工作作具体部署，分局局长薛根平出席会议并讲话。

3月2日 省交通运输厅在太原组织召开汾石高速公路项目深入论证会。厅党组副书记、副厅长王四小及厅综合规划处有关负责人，吕梁市副市长杨巨才，吕梁分局局长薛根平参加。

3月9日至11日 为全面了解领导班子运行情况、领导干部工作实绩，准确掌握2019年度目标任务落实情况，吕梁分局对局属各单位进行2019年度目标责任考核。

此次考核工作是对分局公路事业发展各项工作的一次全面“体检”，分局高度重视，考核前专门召开会议进行研究，对考核工作提出严格要求，并在各科室抽调责任心强、业务熟悉的人，分为6个考核小组，通过书面述职、查访核验、谈心谈话、民主测评等方式，对局属各单位2019年度指标任务完成情况、领导班子运行情况及班子成员个人综合表现情况进行考核。

考核组要求，各单位要在做好疫情防控的同时，以考核工作为契机，总结经验、查找短板，尽早谋划部署2020年度工作，以新时代新使命、新担当新作为奋力谱写吕梁公路事业发展新篇章。

3月16日 15时，307养护中心所辖路段省道S340线K57+200处发生边坡塌方，大块落石掩盖半幅路面，堆积成一个小山坡，阻断来往车辆通行。

险情就是命令，责任就是使命。为确保道路安全畅通，中心立即启动应急抢险预案，组织抢险人员20余人，投入救援机械7台，赶赴现场应急处置，在塌方现场设置安全警示标牌，并对该路段采取交通管制。经过12小时连续奋战，2525立方米的塌方量在3月17日凌晨3时20分全部清理完毕，道路恢复正常通行。

4月9日 上午，吕梁分局组织工程技术科、养路科、计划科和设计院、监理公司、试验室主要技术骨干，召开普通国省道PPP路面改造工程路面结构再生技术服务交流培训会。

2020年全省计划实施国省道路面改造工程PPP项目68个2189.67公里，投资59.7亿元，其中吕梁境内10个子项目279.626公里，投资7.57亿元。此次路面改造工程再生技术在干线公路大规模应用，涉及到下面层、基层和底基层多个结构层，存在很多关键性技术和环节。

通过此次交流活动，分局有关人员熟悉掌握路面再生结构的技术特点和关键技术要求，再生混合料配合比设计及动态优化、再生材料、设备及工艺、实施关键环节及质量控制要点，能够更好地服务于国省干线路面改造工程建设。

4月10日 下午，省交通运输厅四好办处长郭转英一行深入吕梁开展《山西省旅游公路管理办法》立法工作调研。分局副局长马荣，吕梁市交通运输局、市督导组及相关县交通运输局和县督导组参加调研。

4月14日 吕梁分局八届五次职代会暨2020年公路工作会议召开，深入贯彻落实全省交通运输和公路工作会议精神，总结2019年工作，分析面临形势，部署2020年工作，动员全局干部职工坚定信心，提振精神，把握历史机遇，砥砺前行，奋力书写不负时代不辱使命公路篇章。

会议明确2020年主要目标和任务。一是新改建工程。推进国道G307线汾阳市过境改线工程，国道G307线柳林县城区段（张家湾隧道）公路改线工程，国道G209、省道S340中阳县过境公路（唐石板沟隧道）改线工程，国道G209线交口县城段公路改线工程，国道G209线吕梁新城区段公路改线工程，省道三大线石楼城区改线改线工程6项监管政府项目，完成投资23.42亿元。二是公路养护。完成7项公路安全生命防护工程3761万元，完成5座危桥改造2154.4万元，完成7个道班停车区服务设施改造160万元，完成地质灾害处置4处2664万元，配合省局完成PPP路面改造项目279.629公里75792万元。公路养护路况PQI值不低于省局下达的指标，认真做好迎接“十三五”部检工作，创建养护示范路100公里，积极争取整改部挂牌督办的次差路段。三是安全生产。保持安全形势稳定向好，杜绝重特大事故和安全生产责任事故发生。四是机构改革。按照省交通运输厅省公路局部署要求，全面稳妥地完成分局改革任务。不断适应改革要求，完善规章制度，规范工作程序，形成良好工作机制。五是超限治理。有效遏制超限车辆行驶公路，非法超限率控制在0.2%以内。六是高速公路建设。按照市政府委托授权，分局为汾石高速、祁离高速项目实施机构，负责离隰高速的协调工作。汾石、祁离、离隰3

条高速共计划完成投资57亿元。

会议要求，分局上下要围绕全年总体要求和主要目标，重点抓好7个方面工作。一是全力做好疫情防控和保通保畅，守好守住疫情防控“公路阵地”，为经济社会恢复活力提供支撑。二是高站位谋划，强化大局意识和战略思维，围绕省交通运输厅、省公路局决策部署，谋划好今后一段时期及住“十四五”公路工作。三是“项目为王”，统筹推进项目储备和项目建设。四是高质量备战国检攻坚战，全面推进路网服务水平。五是强化服务效能，全力提升行业治理能力和现代化管理水平。六是夯实发展基础，着力解决突出问题，补齐工作短板。七是全面加强党的建设和行业文明建设，为全局稳定发展提供坚强保障。

会上，分局还对2019年度成绩显著、表现突出的先进集体和个人进行表彰。

同日 吕梁分局2020年党的建设暨党风廉政建设和反腐败工作会议召开，会议深入学习贯彻习近平新时代中国特色社会主义思想和中共十九大精神、中共十九届中央纪委四次全会精神，贯彻落实省交通运输厅、省公路局党的建设、党风廉政建设和反腐败工作会议精神，总结2019年分局党的建设和党风廉政建设工作，部署分局2020年党的建设工作任务，动员全局党员干部进一步统一思想、强化措施、扎实工作，奋力开创分局党建和党风廉政建设工作新局面。

会上，分局党委书记刘庆爱提出要抓好6个方面工作。一是抓住“党的政治建设”这一根本，加强党的政治建设，做到“两个维护”；二是突出“学懂弄通做实习近平新时代中国特色社会主义思想”这一主线，强化理论武装，坚定理想信念；三是用好“抗击新冠肺炎疫情这场阻击战、总体战、人民战和五年一次的国检”这一战场，加强教育引导，发挥模范作用；四是抓住“创建基层党支部标准化建设品牌”这一关键，抓党支部标准化、规范化建设；五是凝聚“围绕养建抓党建，抓好党建促养建”这一共识，坚持党建先行，助推中心工作。六是强化“廉政”这一保证，压紧压实责任，转变工作作风。

会上，分局纪委书记白彦丞就抓好党风廉政建设工作要求重点开展好6方面工作。一是以政治监督为统领，践行“两个维护”；二是加强作风建设，驰而不息纠正“四风”；三是做实做细日常监督，完善风险防控；四是抓好廉政文化建设，营造风清气正的政治生态；五是进一步推进监督执纪，完善工作制度；六是建设高素质专业化纪检干部队伍。

4月 吕梁分局设计院在统筹做好新冠肺炎疫情防控工作的前提下，积极动员干部职工复产复工。组织专业技术人员对承揽的吕梁市凤山农村公路改造工程项目进行外业测量放线。

吕梁市凤山顶地形陡峭，沟深坡陡，荆棘密布，给工作人员带来极大挑战。为尽快完成测量放线任务，工作人员每天迎着朝阳出发，披着晚霞归来，中午吃着干粮。为掌握更精准的数据，几十米上百米的陡坡，说上就上，说下就下，毫不畏惧。经过十几天的艰苦作业，外业测量放线任务圆满完成，为内业设计的完成提供坚实基础。

该项目是吕梁市凤山区域循环四好农村道路，全长20.811公里，包括主线1条、支线9条、步道1条、观景台3处。继2019年5月15日，局长薛根平对设计院改革发展进行调研之后，设计院转变观念，解放思想，主动作为，对外承揽的工程项目之一。

5月8日 方山县境内普降中雨。方山段养护人员在巡查时，发现管辖的国道G209线K888+300处右侧（横泉水库路段）出现4×6米的水毁空洞，给过往车辆造成极大安全隐患。方山段立即启动抢险应急预案，由段长及分管领导，生技股全体人员，圪洞道班组成10余人抢险队伍，出动挖机1台、三轮车2辆，从13时奋战到19时终于抢险完毕，确保国道G209过往车辆安全畅通。

5月9日 上午，为进一步提升城市品位和人居环境质量，强化公共卫生体系，提升国省干线公路整体服务水平。吕梁分局离石段在国道307沿线开展2020年爱国卫生运动季专项整治行动启动仪式。段长王海棠在讲话中，要求充分利用70天时间按时全面完成各项任务，切实为社会公众提供一个“畅、安、舒、美”的通行环境，并由多辆洒水车、扫路车、铲车等机械对国道G307线进行全方位清洁。

接着，全体干部职工80余人以热情饱满的爱国主义情怀唱响《我和我的祖国》。

5月12日 上午，吕梁分局局长薛根平、副局长郭兵兵，办公室主任兼人事科科长王庆文、财务科科长房小斌一行4人深入经营性实体单位试验室、监理公司、沥青库进行调研。调研以召开座谈会形式开展，各单位班子成员参加。

座谈会上，各单位详细汇报人员结构、生产经营等情况，调研组详细了解各单位2020年工作思路、外揽业务情况、存在的问题以及采取的措施。调研组就扎实推进2020年工作提出3点建议，即牢固树立底线思维；多措并举外揽业务；强化管理创收增收。

5月14日 上午，吕梁分局党委基层党支部履行“两个责任”约谈会召开，各基层组织党支部书记和纪检委员参加会议。

会上，与会人员共同学习《党委（党组）落实全面从严治党主体责任规定》，传达驻省交通运输厅纪检组会议精神，并就如何履行好“监督责任”进行工作安排。要求全局党组织要坚决扛起“主体责任”，抓好党建、带好班子、管好队伍。抓住坚守初心之要，负起勇担使命之责，夯实忠诚履职之本，为坚决打好国检攻坚战提供政治保障。

会上，各党支部书记还签订2020年党的工作责任清单。

5月15日 上午，为普及消防安全知识，增强全体职工的防火消防安全意识，养护中心邀请消防队教官举办一场“生命至上、安全发展”消防安全知识讲座。

消防队教官围绕如何防火、扑救以及在公共场所逃生自救方法进行详细讲解；对身边存在的安全隐患，如煤气泄漏、电线老化、漏电、手机过夜充电等存在的安全隐患进行分析，详细介绍日常家用消防安全必备品，以及如何辨识电器老化程度，对家电进行简易检查等与日常生活息息相关的消防安全知识。培训会上，教官结合近年来发生在本市内的几起重大火灾事故，以真实案例给参加讲座的职工带来警示教育，参会职工积极与教官进行互动，更加深刻认识到安全生产重要性。

此次消防安全知识讲座，不仅让参会职工掌握防火消防安全知识，同时还提高防灾应灾能力和防范火灾意识。

6月3日 省交通运输厅党组成员、驻厅纪检监察组组长王建业、副组长任玉胜、综合办主任李栋然深入吕梁分局检查调研。在座谈会上，王建业听取分局党委和纪委专题汇报。6月4日，组长王建业一行3人深入分局庄子公路超限站、治超信息管理中心、汾阳市牧庄超限站、孝义公路段，查看路网监测平台、治超信息黑匣子、文化长廊、党员活动室、观看由主题党日编制的微电影《政治生日》。

王建业在讲话中，充分肯定分局推进从严治党工作取得的成效，对下一步工作提出5点要求。一是认真学习，提高政治站位。旗帜鲜明讲政治，把握“严”的主基调，以新要求增强政治建设，以学业务提高办事质量。二是心存敬畏，汲取“308”案、“李忠”案的惨痛教训，算清“亲情账”“金钱账”“政治账”，不断增强政治定力。三是严守各项纪律，严格执行中央八项规定精神，重要节点重点抓，既要完成好规定动作，又要做好“后半篇文章”。四是强化引领作用。党委在党内监督中的主体责任要传导到基层，班子成员切实履行好“一岗双责”，纪检部门要做到专责监督具体化，发现问题后紧盯整改落实，加大执纪办案力度，健全机制、完善制度，党委纪委要同向发力、精准监督。五是党员干部要真正懂得监督就是关心、保护、爱护，适应在监督的环境下生活，做到少犯、不犯错误，以此来回报党组织的关心厚爱和教育培养。

6月10日至11日 省公路局局长胡钢成、副局长许秀銮及相关处室负责人，专家咨询组，诚达公司等一行深入吕梁分局调研督导工作。调研督导组途经汾阳、离石、柳林、临县、兴县、岚县，行程533公里，就国道G307薛公岭部挂牌督办路段、省道S219线文水境内安防工程、省道S248线柳林境内路面改造工程PPP项目进展情况、省道S218线兴县境内利民隧道改造方案及国道G337线、省道S252线岚县境内路面改造工程PPP项目拌和站、施工现场、Z10监理部进行调研督导，并召集监管、施工、监理相关单位，召开座谈会。

在谈到全省国省道路面改造工程（吕梁境内）PPP项目时，胡钢成强调，8月31日交总账时间毫不动摇，提出4点要求。一是加强组织，确保各项工作有序推进。各单位要对工作进行再次梳理，总结经验教训，召开专题会议，重新规划、重新布局。二是倒排工期，以更加强有力措施确保目标任务如期完成。施工单位要发扬事不过夜的精神，结合实际重新制订工期计划，优化施工组织方案，提高主材料储备能力，严格按照工期推进。集团公司要特事特办、简化程序，加大资金、人员、机械等的投入力度。三是严格把关，以质量确保工期进度。监理单位要克服人情关，严格监理、大胆监理。技术人员要紧紧盯住材料、结构、工艺、试验路等质量的关键点，及时比对数据，实时动态管理。四是加强沟通，努力形成工作合力。各参建单位要建立有效联系的工作机制，勤沟通、勤联系。分局和公路段要树立“一家人”意识，融入合作、共同推进。要进一步完善监控设备,动态监管各施工现场。

在谈到国道G307薛公岭部挂牌督办路段和兴县利民隧道改造方案的问题时,胡钢成提出“总结经验、提升水平,深度设计、精准施策,科技创新、提高技术,三方共担、加快推进”和“尽快比对、确定方案”的工作原则,要求各单位各负其责,研究论证,尽快形成可行性方案。最后,胡钢成要求领导干部要始终坚持“一线工作法”,在一线发现问题,研究问题,解决问题,顺利推进各项工作。

6月16日 第十九个“全国安全生产宣传咨询日”。下午,吕梁分局局长助理马运带领有关科室及路政支队共10名工作人员在世记广场开展宣传咨询活动。活动现场通过设立咨询台、布置两块安全生产宣传版面、发放宣传资料、现场解答群众问题等方式向过往群众和在广场锻炼市民宣传安全知识。活动当日共发放传单3000余份,接受咨询200余人次。

6月16日至19日 吕梁分局联合市交通运输局,对分局监管的6个国省干线公路新改建项目进行全面督导服务。

按照省交通运输厅、省公路局要求,为进一步加强吕梁境内国省干线公路新改建工程建设项目的监督管理,严格基本建设程序,确保全年目标任务的顺利完成,督导服务组主要从疫情防控、建设程序、招投标管理、合同履约、转包与违法分包、设计变更管理、保证金清理和农民工工资支付、质量管理、安全生产、资金落实及造价管理、工程进度、信用管理、环境保护13个方面进行督导服务检查。检查通过听取汇报、查阅资料、现场督导,全面掌握各工程项目进展情况及存在问题,并在各项目部召开座谈会。

6月18日 下午,吕梁分局困难职工脱困解困第三方评估迎检工作部署会议召开。吕梁市总工会副主席刘海珍、市帮扶中心主任田严青对有关工作进行培训。分局各公路段、部分实体单位主要负责人及此项工作的承办人参加会议。

6月24日 一场突如其来的狂风暴雨,导致国道G209线方山境内公路两侧30余株树木倒地,有的横跨公路,有的斜倾路边,有的互相牵扯,形成较大安全隐患。

险情就是命令。方山段第一时间启动公路应急抢险预案,全段9名共产党员和50余名道工迅速集结,出动三轮车5辆,兵分两路冒着风雨,现场清障排险情。直到晚上20时许,倒地的30余株树木全部得到清理,国道G209线方山境内没有发生道路阻塞现象和交通安全事故。

风雨中,方山公路人用行动再一次彰显勇于担当,善于作为,敢于攻坚的良好形象,受到过往司乘人员一致好评。

7月20日 为认真贯彻落实7月13日路面改造工程PPP项目攻坚战调度会会议精神,全力推进吕梁境内路面改造工程PPP项目,吕梁分局组织召开吕梁境内路面改造工程PPP项目阶段性总结及周例会。会议由副局长刘介平主持,省公路局副局长、督导组组长郭晓军、主任张兴慧,分局养路科负责人,中部片区专家技术咨询组、试验检测单位以及PPP项目各相关参建单位主要负责人参加会议。

会上,各施工单位、监理单位、项目公司就目前工作进展情况、存在问题、下一步工作计划进行汇报;试验检测单位、专家技术咨询组通报吕梁境内现场巡查问题、上期问题整改情况及下期工作重点等进行通报;刘介平传达省交通运输厅、省公路局关于PPP项目攻坚调度会的会议精神,对吕梁境内路面改造PPP项目推进情况及监管小组履责情况进行通报;郭晓军对下一阶段工作进行部署。

7月21日至22日 省交通运输厅党组成员、副厅长王晋,厅财务收费管理处处长许有志等一行9人深入吕梁分局,对公路系统改革暨事业单位办企业脱钩改革工作进行调研。

8月18日至21日 为切实加强普通国省干线公路新改建工程监管项目的服务与监督,进一步规范行业监管工作,全面提升工程管理水平,省公路局总工程师马德文一行12人对吕梁分局监管的国道G307线柳林县城区段(张家湾隧道)公路改线工程,省道三大线石楼县过境(孟家塔至板桥段)改线工程,国道G209线交口县城段公路改线工程、国道G209线吕梁新城区(方山县城至中阳金罗镇)段公路改线工程,国道G209、省道S340中阳县过境(唐石板沟隧道)公路改线工程和国道G307线汾阳市过境改线工程6项新改建工程项目进行调研,分局副局长郭兵兵及各参建单位相关人员陪同。

调研组一行分外业、内业对工程建设整体情况进行检查。主要对疫情防控、市场准入、建设程序、招标投标、资金落实及管理、转包与违法分包、合同履约、质量管理、安全生产、环境保护、工程进度、造价管理、设计变更管理、农民工工资支付、保证金清理等开展情况进行检查。对工程进度缓慢的项目重点督促，并对项目各参建单位提出具体要求和建议。此次调研，对确保如期完成年度目标任务起到极大推动作用。

8月29日 17时，山西路桥集团晋吕路面施工总承包项目部一分部忻峪线最后一段沥青路面被压实平整。经过60多天日夜兼程艰苦奋战，按计划节点完成主体路面工程全部施工任务。

本项目建设里程123.04公里，其中岚古线16.23公里、忻峪线23.85公里、337线82.567公里。合同金额3.05亿元。

主线工程贯通，将改善周边交通出行条件，提升公路安全水平，拓展城市发展空间，促进区域经济发展。

9月8日 上午，省直工委一级巡视员王建成带领省直团工委书记张多波、省直工委宣传部副部长尹卫国一行深入吕梁分局，就贯彻落实《中国共产党党和国家机关基层组织工作条例》有关情况；党的建设情况、品牌特色和存在的问题及对策；贯彻落实机关党建工作责任制的有关情况进行实地调研。吕梁市市直常委、市委秘书长、统战部部长，市直工委常务副书记刘保平等陪同调研。

分局党委书记刘庆爱从分局党建工作、贯彻落实《中国共产党党和国家机关基层组织工作条例》有关情况、党建与养建相结合情况作汇报，并就分局党建工作中存在的问题和建议与上级调研组进行交流。调研组充分肯定分局党建工作。王建成指出，吕梁分局是一个为吕梁市发展做出突出贡献的单位，无论是公路管理、建设、服务上，还是党建工作上，都起到模范作用，"围绕养建抓党建、抓好党建促养建"更是突出公路党建的特色。在充分肯定成绩的同时，也指出分局在贯彻落实《中国共产党党和国家机关基层组织工作条例》中存在的问题，提出很好建议。乔晓峰、刘保平分别对分局工作进行点评。

刘保平在总结讲话中，要求分局党委要按照调研组领导讲话精神，特别是落实好王建成要求，保持好、坚持好分局党建成绩，在强化党员意识、严格党的纪律、优化组织设置与改革相结合健全组织配备四个方面继续努力，按照《中国共产党党和国家机关基层组织工作条例》中对基层单位的九项工作任务，把公路局党的建设做好，做全面。

10月1日 下午13时4分，太原市迎泽区小山岩村台骀山景区冰灯雪雕馆发生火灾，造成13人死亡、15人受伤的事故。为认真贯彻落实省委、省政府、省交通运输厅、省公路局、吕梁市委、市政府关于近期安全生产的有关部署，吕梁分局召集相关科室、各养护单位、路政支队、后勤中心、各超限站负责人召开安全生产工作紧急会议。会议通报太原市台骀山景区发生火灾事故的情况，传达省、市政府，省交通运输厅、省公路局关于安全生产工作紧急视频会议精神及省厅、省局、市政府安委办相关文件精神，就分局近期安全生产工作进行再强调、再安排、再部署。一是提高站位，牢固树立"生命至上""安全至上"理念，切实把安全生产抓在手上；二是聚焦重点，全力做好安全生产各项工作；三是未雨绸缪，扎实做好秋冬季节公路运营营安全保障；四是加强值守，严格落实各项工作制度。

10月7日 省公路局局长胡钢成赴吕梁分局，对交城、文水段国庆、中秋"两节"期间安全生产工作进行督导检查。胡钢成赴两段机关办公区、两县境内所辖部分公路超限检测站及国道G307线平交道口、过村路段等地，对公路安全运营、应急物资储备、单位值班、"两节"安全隐患排查等情况进行检查。

在分别听取交城、文水段两节安全生产情况汇报后，胡钢成在讲话中，要求提高政治站位，把安全工作当作当前工作的重中之重，深刻吸取"10·01"太原台骀山景区突发火灾事故惨痛教训，按照省局对当前安全生产工作紧急会议精神，强化安全防范意识，增强安全隐患排查力度，对所管辖国省道路进行地毯式排查，避免事故发生，确保国省干线公路畅通。一是提高政治站位、把握形势，不断增强安全做好安全工作的自觉性和主动性；二是突出重点、扎实工作，全面开展安全隐患排查工作；三是加强管理、领导带头，切实做好应急保障和值班值守工作，保持手机24小时畅通，遇到突发紧急事件，及时上报。

10月8日 吕梁市委书记李正印调研国庆期间道路交通安全工作，看望慰问坚守一线的工作人员。在吕梁分局，李正印仔细了解国道、省道干线公路运输安全工作后，指出干线公路是吕梁交通网络的重要组成部分，要加强公路养护管理工作，完善警示标识，加大宣传工作力度，进一步提升司乘人员安全意识。要未雨绸缪，做好秋冬季安全保畅各项准备工作。

10月 为进一步规范执法文书制作过程，提升治超人员业务能力，吕梁公路分局治超办对各超限检测站规范执法文书制作及内业资料整理进行实地培训指导。

培训采用“讲解+讨论+提问”的方式，从文书的封面制作到卷内文书格式，从立案审批到结案审查，对现场笔录、询问笔录、行政处罚决定书、责令改正通知书、文书送达回证等执法文书的规范化制作和使用进行详细讲解。同时运用案卷实例，指出执法文书制作过程中容易产生的问题，提出解决的方法和途径。参训人员也结合自身工作实际，对于日常工作中遇到的疑点、难点问题及文书制作过程中的疑问进行集体交流探讨，并对共性问题进行记录改正。

通过培训，治超人员进一步深刻认识到执法文书制作的重要性，提高治超人员执法办案的能力和法律文书的制作水平，增强治超人员的业务素质，为治超执法工作规范、有序、高效开展提供有力保障。

12月7日 吕梁分局在六楼会议室举行“省级文明单位授牌仪式”。

12月16日至25日 为进一步做好分局安全生产工作，赴细致排查安全隐患，切实夯实安全工作基础，严肃安全工作责任追究，确保安全生产形势持续稳定，分局四个安全生产检查组，赴局属各单位开展安全生产大检查。

（资料提供：薛根平　樊小兰）

山西省公路局晋中分局
大　事　记

1月14日 省公路局第二考核组赴晋中分局进行2019年度考核，考核组由省局副局长许秀銮带队。分局领导、机关全体人员、基层党政负责人共计90多人参加考核大会。会议对处级和科级担当作为干部进行推荐。省局考核组同时对分局领导班子、党风廉政建设等情况进行民主测评，通过查看资料、谈话等方式，对分局2019年度目标任务完成情况进行考核。

1月25日（正月初一） 晋中分局向全局干部职工印发“疫情防控倡议书”。

1月27日 晋中分局连夜召开视频会议，就落实省交通运输厅会议精神、做好联防联控进行详细部署。成立疫情防控领导组，修订下发疫情防控实施方案，下设8个工作组，对各单位贯彻落实进行督查，自上而下建立严密的网格化防控体系，4处省界出入口全部设立检疫检查点。截至1月29日下午，共配合晋中市政府在国省干线公路上设立检疫检查点32处，公路部门派出人员26人、车辆8台，全力协助做好检查、隔离等工作。

2月27日 晋中分局开展全分局目标责任绩效考核，分局已连续三年开展此项工作。受新冠肺炎疫情的影响，绩效述职采用视频会议形式进行。机关全体干部职工和34个单位行政一把手共90名干部职工在大会上进行述职。

2月28日 晋中分局党委积极响应党中央号召，组织全分局党员干部为新冠肺炎疫情防控工作捐款，65名党员干部共捐款48400元，其中，处级干部每人捐款1000元，科级干部每人捐款800元，科级以下党员干部每人捐款500元。

3月30日 上午，晋中分局召开2020年工作会、九届四次职代会暨安全生产工作会。省公路局党委副书记赵玉生、晋中市副市长郝向明应邀出席会议并讲话。分局领导、机关副科以上人员、职工代表、列席代表、专兼职安全员共160人参加会议。

4月8日 由晋中分局为项目监管执行单位、山西建工集团中标承建的晋中境内国省道路面改造工程举行集体开工仪式，标志着晋中境内国省道路面改造工程全面开工。

4月28日 晋中分局组织相关科室、各公路段和直属单位负责人、分管财务领导、财务会计、出纳、收费站和超限站报账员共100余人开展2020年财务管理培训。

4月30日 上午，晋中分局召开2020年养护工作会暨迎国检动员会，分局领导、各公路段段长和养护副段长、相关科室负责人及相关科室人员共58人参加会议。

5月16日 为落实好晋中境内路面改造PPP项目监管责任，晋中分局局长张惠民赴国道G339线路面改造PPP施工现场开展督导调研，项目公司、总监办、监理单位、第三方检测机构负责人一同参加。

5月22日 上午，由晋中市委宣传部、市直工委牵头，市教工委、市工信局五部门联合组织，在晋中市新华书店门前举办“学习强国”学习平台积分兑换活动启动仪式暨学习分享会，晋中分局代表市直工委参加。

6月1日 山西省发改委在省政务服务中心组织召开“国道G241(省道S222)线平遥香乐至沁源后沟段公路新建工程可行性研究报告”专家评审会，专家组一致认为该项目建设是必要且可行，同意项目建设方案。此次评审顺利通过，标志着该项目前期工作取得突破性进展。

6月2日至3日 驻省交通运输厅纪检监察组副组长聂洪、正处级纪检监察员李宇、副处级纪检监察员冯御一行3人，对晋中分局开展检查调研。

6月23日 下午，晋中市政府召集财政、发改、自然资源、水利、生态环境、交通、公路等部门负责人，专题研究晋中境内重点推进的国省干线公路建设及规划情况。

6月24日 晋中市直工委组织部副部长李学艳一行赴晋中分局开展“四个一”调研。对机关党委党建制度、“三会一课”执行情况、民主生活会开展情况、发展党员、党支部换届、党费专户管理、中心组理论学习等党建工作进行督导检查。

6月26日 晋中分局党委组织机关全体党员40余人，赴左权麻田开展“缅怀革命先烈，重温入党志愿书”主题党日活动。

6月29日 晋中分局组织召开赶超进位迎国检攻坚战暨养护管理现场推进会。分局副局长、工会主席游新宇带领各公路管理段段长、分管养护副段长、生产股长一行30余人，对南片5个公路段迎国检内业资料整理、路面中修养护、机械化养护中心建设、示范段班创建、危桥改造工程、安全生命防护工程、沿线设施养护等13个观摩点进行现场观摩检查。

6月30日 晋中分局召开庆祝中国共产党成立99周年大会，重温党的光辉历程，歌颂党的丰功伟绩，表彰先进集体和先进个人。分局领导、基层各单位党政负责人、分局机关全体党员、优秀党务工作者、优秀党员代表等共计140余人参加会议。

同日 晋中分局开展以“学习强国”为主题的答题竞赛活动。

8月4日至5日 省交通运输厅党组成员、副厅长李贵顺一行赴晋中督导调研路面PPP改造工程、国道G207新改建工程、生命安全防护工程、限速标志调整、汛期安全生产、疫情防控等重点工作，并开展“进工地、送清凉、解难题”活动。省公路局副局长许秀銮、养路处处长王文俊、晋中分局局长张惠民、党委书记赵保平一同参加督导调研。

8月13日 为深刻吸取网络媒体曝光榆社公路段执法人员违规违纪问题的教训，加强纪律作风建设，晋中分局召开纪律作风大整顿暨警示教育会议。分局领导、机关各科室负责人、各基层单位党政负责人及班组长以上人员，公安科、路桥中心全体人员共300余人参会。

同日 晋中分局邀请市委宣传部“最美”宣讲团老师郝丽萍为全体党员干部职工宣讲习近平总书记视察山西重要讲话精神及《习近平谈治国理政》(第三卷)。分局领导班子成员、全体党员，主会场、分会场500余人参加学习。

8月中旬至10月中旬 为切实加强执法人员纪律作风建设，杜绝微腐败问题发生，依法维护公路路产路权，晋中分局以全面实施“一方案四机制”为抓手，集中开展为期两个月以“杜绝微腐败”为主题的执法队伍纪律作风大整顿。

9月10日 上午，在全国第36个教师节到来之际，晋中分局局长张惠民、党委书记赵保平，党委委员于长生，副局长、工会主席游新宇到职工学校与全体教职工共庆教师节。

9月25日 晋中市首个采用收费还债模式建设的一级公路、2020年全省重点工程之一——国道G208线清徐县常家庄至晋中长治界一级公路新建工程举行开工仪式。该项目起点太原市清徐县常家庄，终点晋中与长治交界，全长55.4公里，批复概算投资39.18亿元。省公路局局长胡钢成、晋中市副市长郝向明出席开工仪式并讲话，晋中市市委常委、市纪委书记、监委主任丁利军宣布开工。

10月3日 下午，省公路局党委书记尹新平深入晋中督查"两节"期间安全生产工作。督查期间，尹新平先后深入太长线潇河桥、试验检测中心、唐晋公司、榆次段应急物资储备库，详细了解干线公路安全运营情况，慰问节日期间仍然坚守在一线的养护工人。

同日 晋中分局安全生产视频会议召开，部署安全隐患大排查工作。会议宣布成立以局长为组长、分管领导为副组长、基层党政负责人、科室负责人为成员的6个安全生产督查组，重点对"两节"期间旅游景点乔家大院、王家大院、平遥古城等重点旅游线路国道G108线、国道G207线、国道G208线进行全面巡查，共排查2个项目部、40余座桥梁、7个隧道、12个超限检测站、2个收费站，排查出一般隐患9项，截至2020年年底，全部整改。

10月23日 "十三五"全国干线公路养护管理治理能力评价检查组一行9人深入到晋中分局检查工作。晋中市副市长郝向明、省交通运输厅、省公路局、分局相关领导陪同。

10月24日至25日 "十三五"全国干线公路养护管理治理能力评价检查组先后深入祁县、平遥、灵石，对晋中"四新"技术、交通安全文明示范路创建、公路综合服务区运营情况、安全生产、疫情防控等工作进行认真考评。

10月30日 晋中分局召开国道G208线清徐县常家至晋中长治界一级公路新建工程合同签订仪式暨开工动员大会。祁县政协副主席申建平出席会议并讲话。分局领导、机关各科室负责人、项目部各部室长、业主代表，施工单位法人代表、项目经理，监理单位法人代表、总监等80人参加会议。会上，工程项目负责人与施工单位代表签订施工、安全、廉洁合同，与监理单位代表签订监理服务、安全、廉洁合同。施工单位、监理单位代表作表态发言。

11月3日至5日 晋中分局开展"四个全面提升"主题活动三年行动计划观摩评比暨年终检查考核。观摩考核组三天时间共行程1200公里，对11个公路段、10个超限检测站、2个收费站和3个直属单位共26个单位的"四个全面提升"主题活动开展情况和全年目标任务工作完成情况进行全面考核。分局领导、机关各科室负责人、各公路段段长共31人参加观摩考核。

11月24日 上午，省道董榆线(S318)寒湖岭隧道新建工程开工仪式在晋中市和顺县举行。晋中市委副书记、市长常书铭宣布开工。省交通运输厅二级巡视员王大为，市人大常委会副主任张拥军出席。晋中市副市长郝向明、省公路局副局长许秀銮出席并讲话。市政协副主席、市政府秘书长连建华出席。施工单位山西路桥集团董事长杨志贵作表态发言。监理单位山西路杰工程咨询有限公司项目总监杨红锁作表态发言。和顺县委书记孙永胜代表县委、县政府致辞，县委副书记、县长马海军主持开工仪式。省、市、县各级领导，施工、监理、设计单位代表共300多人参加开工仪式。

同日 晋中分局局长张惠民深入左权国道G207线新建工程施工现场督导检查安全工作。副局长、总工程师史军强参加督导。

12月9日 上午，国道G340(原省道S319)晋中市榆社县县城过境段(寨沟隧道)改线工程在榆社举行开工仪式。晋中市副市长郝向明出席并宣布开工。省交通运输厅二级巡视员杨增梅、省公路局总工程师马德文出席。施工单位中铁二十二局集团第四工程有限公司党委书记、董事长曾伟峰作表态发言。监理单位山西交通建设监理咨询集团有限公司第二总监办项目总监张中伟作表态发言。榆社县委书记张英杰代表县委、县政府致辞，县委副书记、代县长魏栋主持开工仪式。省、市、县各级领导，施工、监理、设计单位代表共300多人参加开工仪式。

12月11日 省公路局副局长许秀銮带领年终养护检查组一行，对左权2020年养护管理工作进行检查督导，晋中分局副局长游新宇及相关科室负责人陪同。

12月31日 上午，国道G339线昔阳县城过境段(建都隧道)改线工程正式开工。晋中分局局长张惠民，昔阳县委书记许利伟，县委副书记、县长侯文亮，县委副书记李军，县人大常委会主任李显鸣，县政协主席焦耀中等县四套班子领导，晋中市交通局副局长杨兴龙以及市县相关部门负责人，施工单位有关人员出席活动。开工仪式上，许利伟宣布国道G339线昔阳县城过境段(建都隧道)改线工程正式开工。张惠民介绍国道G339线昔阳县城过境段(建都隧道)改线工程概况。侯文亮致辞。县委常委、副县长陈昉主持活动。

(资料提供:张惠民 张志英)

山西省公路局长治分局 大事记

1月15日 省交通运输厅党组成员、副厅长段新源带领慰问组一行赴长治分局看望慰问离退休老干部。

同日 由省公路局副局长杨转科带队的省局第四考核组一行对长治分局领导班子和领导干部和年度目标责任完成情况进行年度考核。

同日 长治分局召开养护工程及超限检测站场站建设竣工会,国道G309线和省道沁长线路面大修工程、省道南沁线生命防护工程、下黄等7个公路超限检测站场站工程均被评为合格工程。

3月2日 经长治市中级人民法院终审判决,山西潞安集团余吾煤业有限公司向屯留公路管理段赔付国道G309线煤矿采空区路面恢复工程费2899.91万元。这是近年来长治公路分局获赔金额最大的一宗路产赔偿案件,不仅成功地维护干线公路产权,避免国家财产损失,而且为今后更好地维护公路产权,特别是处置普遍存在的煤矿采空区损路问题提供可借鉴判例模板。

3月18日 国道G208线晋中长治界至屯留小河北段改扩建工程可行性研究报告通过省发改委批复立项。

3月25日 长治市副市长尚日红深入国道G207环线现场调研办公,要求加强组织协调,强化服务保障,创优施工环境,确保工程保质保量如期完工。

3月26日 省政协主席李佳深入长治市,就所包联重点工程项目长治市国道环线公路改扩建工程的建设情况进行调研。省政协副主席李武章一同调研。长治市领导孙大军、杨勤荣、许霞、刘卓良、尚日红参加调研座谈。李佳深入长治市国道环线公路改扩建工程余庄互通,实地调研项目进展情况,并召开座谈会听取汇报、现场办公,协调解决项目建设中的痛点、堵点、难点问题。李佳对长治市深入贯彻省委、省政府决策部署,狠抓重大项目建设的做法和成效给予充分肯定。他强调,重点工程项目是山西省高质量发展硬核支撑,事关转型大计,事关民生福祉。要在思想认识上真提高,深入贯彻落实省委经济工作会议、全省项目建设暨招商引资动员大会部署,强化"项目为王"的鲜明要求,以项目建设稳投资促增长、提质量增后劲,以项目建成的结果论英雄定奖惩。要在项目建设上真发力,坚持"高标准",按下"快进键",以只争朝夕的精神倒排工期、挂图作战、奋力攻坚,推动项目建设再提标、再提速。要在依法依规上真到位,既要敢担当,又要有章法,善于运用法治思维、法治方式谋划和推进工作,让项目经得起历史检验。要在解决问题上真下功,全面梳理项目推进中的困难和问题,认真分析找准症结、分级分类限时解决、跟踪反馈长效服务,为项目建设提供有力保障。要在工作责任上真压实,包联工作小组、项目单位和相关部门要进一步加强沟通、密切配合、强化调度,形成一抓到底的工作合力,确保项目如期建成,以高质量项目建设为山西省高质量转型发展做出应有贡献。

3月29日 长治分局召开第十四届二次职工代表大会,局长韩洪泽作题为"乘势而上、砥砺前行、全面推进长治干线公路事业高质量发展"工作报告,提出2020年分局工作的总体思路,即以习近平新时代中国特色社会主义思想为指导,聚焦省委"四为、四高、两同步"总体目标要求,提高行业站位,找准部门定位,强化干线公路的服务保障作用,围绕省交通运输厅、省公路局和长治市委、市政府的部署,坚持贯彻"五大发展理念"、聚焦"三大主要任务"工作思路,牢固树立"一切工作在路上,路面就是脸面;一切工作到支部,党建也是养建"的工作理念,以党的建设为引领、以项目建设为支撑、以改革创新为动力、以行业治理能力提升为目标、以安全稳定为保障、以民生改善为落点,把握机遇、乘势而上、砥砺前行,全面推进长治干线公路事业高质量发展,促进各项工作再上新台阶。

4月10日 长治分局召开2020年养护工作会,明确2020年养护工作的总体要求是:全面贯彻全省交通运输工作会、公路工作会和分局职代会精神,紧紧围绕“改革攻坚、养护转型、管理升级、服务提质”这条主线,牢固树立“一切工作在路上,路面就是脸面;一切工作到支部,党建也是养建”的工作理念,全力以赴备战“十三五”全国干线公路养护管理评价,有效提升普通国省干线公路路况水平和管理效能;继续实施危桥(隧)加固改造、地质灾害治理、生命安全防护工程、路面中修工程,进一步提高普通国省干线公路运营安全水平;深入推进预防性养护,继续实施文明示范路创建,努力推动普通干线公路养护管理工作高质量健康协调发展。

4月19日 国道G309线潞城西村至史迴段公路工程召开交工验收会议。长治分局,长治市交通运输局、长治市交通建设质量安全监督站,国道环线改扩建工程项目部及设计、监理、施工单位相关负责人参加会议。在结合审阅交工验收资料和听取各相关单位的报告后,交工验收委员会审定工程为合格工程,顺利通过交工验收。

4月30日 在长治市召开的劳模座谈会上,长治分局被表彰为长治市模范单位。局长韩洪泽代表分局作为长治市模范单位代表受邀参加会议,围绕服务地方经济社会发展,推进干线公路提质升级以及基层党建等工作向市委书记孙大军,市委副书记、市长杨勤荣等市领导和参会人员作汇报交流。

5月20日 长治市委书记孙大军听取长治分局关于长治市国省干线公路建设规划的专题汇报,副市长尚日红一同参加。

5月23日至24日 省公路局副局长许秀銮一行带队省公路局督导组赴长治分局,对国省道路面改造PPP项目、安全生命防护工程和迎“国检”工作进行督导检查。

6月16日至18日 省公路局副局长许秀銮一行,深入武乡、沁源、长子、沁县等地,就路面改造工程和安防工程及迎国检等工作开展督导调研,要求相关单位按照省交通运输厅、省公路局部署,扎实做好各项工作,以良好的路况和服务水平迎接国检。

6月17日至18日 由省交通运输厅党组成员、副厅长李贵顺带队的调研组赴长治,就公路项目建设情况进行专题调研,先后深入黎霍高速和国道G309线路面改造工程、安全生命防护工程、长治市国道环线公路工程国道G207过境段、国道G341线平顺王庄至晋豫界段公路工程等项目施工现场,实地查看公路项目建设情况,详细了解在建公路的建设进度以及工程建设中遇到的困难和问题。省公路局副局长许秀銮陪同。副市长尚日红出席座谈会,市政府副秘书长郭进卫参加调研和座谈。

7月1日 长治分局党委召开庆祝中国共产党成立99周年表彰大会暨“七一”专题党课,回顾党的光辉历程,表彰先进,激励士气,鼓舞干劲,进一步动员广大党员牢记初心使命,解放思想、与时俱进、改革创新、团结拼搏,为长治公路事业振兴崛起而努力奋斗。

7月17日 长治分局召开国省道路面改造PPP项目再推进会议,深入贯彻落实省交通运输厅路面改造PPP项目质量管理的通知精神和省公路局路面改造工程PPP项目攻坚战调度会精神,以问题为导向,对前一阶段工程推进中存在的问题进行认真总结反思,并结合当前形势和省局目标任务,对下一阶段项目推进工作进行认真分析研判和再安排、再部署、再推进。

7月20日 长治市政府召开第92次政府常务会,听取长治分局关于国道G208线晋中长治界至屯留小河北段改扩建工程项目的有关情况汇报,同意项目采用PPP模式实施,并授权长治公路分局作为项目实施机构。

7月23日至24日 省公路局党委书记尹新平带领办公室、党工部、养路处、技术处负责人一行深入长治分局调研指导党建及重点工作推进情况。

尹新平一行先后深入国省道路面改造PPP项目国道G309线刘家坪至张店段,国道G309线公路生命安全防护工程,屯留公路段八泉道班服务区、预防性养护现场、省道黄龙线党员示范路和信息中心,在建的国道环线改扩建工程长邯铁路跨线转体桥施工一线,对在建工程质量、进度、安全及基层党建、智慧公路、养护管理等工作进行调研,听取长治分局2020年党建及重点工作推进情况汇报,对分局在养建管各项工作取得的变化和成效给予充分肯定,对下一步工作提出明确要求。

8月11日 长治市副市长尚日红深入国道G207环线现场调研办公,要求全力加快工程建设进度,确保国道G207环线如期完工。

8月14至16日 省公路局副局长许秀銮带队检查组一行深入长治市境内国省道路面改造PPP项

目施工一线，对项目建设质量进行全面督导检查。

8月17日 长治分局组织召开路面改造工程PPP项目质量检查反馈会，传达贯彻省公路局路面改造PPP项目质量检查精神，结合当前形势和省局目标任务，坚持问题导向，对下一阶段项目推进工作进行再安排、再部署、再推进。

8月28日 长治分局召开“十三五”全国干线公路养护管理评价工作宣贯会，对前一阶段迎“国检”工作进行总结，对下一阶段重点工作进行部署。

9月13日至14日 交通运输部“十三五”全国干线公路养护管理综合评价组对长治分局管养的省道李东线、国道G207线、国道G208线、国道G309线、国道G341线等路段进行路况检查。

10日3日 省公路局副局长许秀銮深入长治分局就“两节”期间国省干线公路安全保畅和应急值守工作进行督导检查。

10月12日 省政协主席李佳深入长治市，对所包联重点工程项目长治市国道环线公路改扩建工程的建设情况进行再调研、再部署。省政协副主席李武章、省政协秘书长张岐云一同调研。市领导杨勤荣、许霞、刘卓良、尚日红参加调研。省交通运输厅一级巡视员雷天才陪同调研。

调研中，李佳先后深入长治市国道环线公路改扩建工程长邯铁路跨线转体桥、北社大桥、广武互通、集店互通，实地调研项目推进情况，听取分局局长韩洪泽的现场汇报。国道环线项目累计完成投资47.6亿元，克服疫情等影响，抢回工期2个月，预计10月底可实现全线贯通。

李佳对长治市落实省委“四为四高两同步”总体思路和要求，强化“项目为王”的生动实践和包联重点工程项目取得的进展予以充分肯定。李佳强调，要一鼓作气抓工程进度，保持定力，保持节奏，统筹抓好扫尾工作，做到慎终如始、善作善成，力争早日竣工、早见成效；要一以贯之抓攻坚克难，突出问题导向和结果导向，建清单、划责任、定时限，做好跟踪服务，确保项目推进中梳理出的堵点、难点问题一个不留、妥善解决；要一丝不苟抓项目质量，进一步提高站位、拉高标杆，下足“绣花”工夫，严把工程质量关、安全关，把项目建成经得起历史和人民检验的精品工程、安全工程、民心工程，以高质量项目建设有力支撑全省高质量转型发展。

杨勤荣表示，长治市将进一步坚定信心、鼓足干劲，上下联动、多方配合，进一步完善项目包联制度，创新项目推进机制，主动服务项目建设，切实做到主要精力向项目集中、工作重心向项目集聚、资源要素向项目集结，全力推动项目建设不断取得新成效，切实增强全市高质量转型发展后劲，为全面完成2020年经济社会发展目标任务，确保“十三五”圆满收官奠定坚实基础。

11月4日 省发改委组织省交通运输厅、省公路局及相关单位，召开国道G208晋中长治界至晋城金村（长治司马至高平刘庄段）改扩建工程可行性研究报告评估会议，与会专家、各单位领导对该项目进行全面分析论证，对可研报告合法性、合理性、可行性和风险可控性进行深入研究，会上达成一致意见，可行性研究报告基本可行，评审顺利通过。项目评估工作的完成，为项目前期工作加快推进奠定坚实基础。

11月5日 历经三年多的建设，长治市国道环线公路改扩建工程全线试通车运行。

12月14日 国道G208线晋中长治界至晋城金村（长治司马至高平刘庄段）改扩建工程可行性研究报告通过省发改委批复立项。项目全长55.118公里，采用双向四车道一级公路技术标准，批复估算投资36.86亿元，其中长治市上党区境内21.088公里，投资13.24亿元。

12月24日 国道G208线晋中长治界至屯留小河北段改扩建工程初步设计通过省交通运输厅批复。项目全长107.57公里，采用双向四车道一级公路技术标准，批复概算投资54.59亿元。

（资料提供：姚建波 史骥）

山西省公路局晋城分局大事记

1月4日 晋城市境内普降大到暴雪，境内大部分干线公路积雪深度达10厘米以上，车辆通行受限，严重影响广大人民群众的安全出行。晋城分局第一时间组织人员、机械设备，全局养护，路政人员放弃周末休息，迅速集结上路，在管养的七百多公里干线公路上布开“战场”，全力开展清雪除冰，全力保障广大人民群众出行的“最先”和“最后”一公里。截至1月5日10时40分，累计出动人工224人次，除雪机械70台次，抛洒防滑料478立方米，融雪剂57吨，有效保障干线公路的安全畅通。

2月12日 晋城分局局长马远、副局长陈建国深入晋城晋建国道改线工程有限公司，就国道G342晋城市过境段改线工程疫情防控和复产复工工作进行调研指导，对项目公司返岗人员进行慰问。分局在全市第一家率先复工，助推地方经济快速有序恢复。截至2月11日，该项目全线进场管理人员210人，施工人员574人，所有标段已全部复工复产。

2月14日 晋城分局以手机视频会议形式，组织召开全局副科以上干部会议，学习传达习近平总书记在中共中央政治局常委会上关于疫情防控的重要讲话精神和习近平总书记在北京调研指导新型冠状病毒感染的肺炎疫情防控工作时重要指示精神，就强化疫情防控和近期工作做出部署。

2月26日 国道G207改线新增交叉工程红星东街互通坚持疫情防控和安全生产“两手抓、两手硬”，实现3月底跨越长晋高速桥梁贯通的预期目标。

2月28日 晋城分局积极响应党中央号召，组织广大党员为抗击新冠肺炎疫情防控工作自愿捐款奉献爱心。为避免人员聚集，分局采取视频会议部署、现场捐款、微信、支付宝转账捐款等多种形式进行。局领导班子成员带头捐款，全体党员干部和退休老干部党员积极响应。截至2月29日，分局机关和驻市单位党员227名，先后捐款共计35940元。其中102名党员本次自愿捐款14970元，另有128名党员共20970元捐款通过晋城市红十字会、晋城市慈善总会及其他途径捐赠(3名党员先后两次捐款)。

3月25日 晋城分局召开2020年工作会议暨七届七次职工代表会议。会议深入贯彻落实全国、全省交通运输工作会议精神、全省公路工作会议精神和晋城市委经济工作会议精神，总结回顾2019年工作，分析面临的形势，部署2020年工作。局长马远作题为《坚定信心、砥砺前行，全面谱写干线公路事业改革发展新篇章》的工作报告。

同日 晋城分局党委以视频会议形式召开2020年党的建设暨党风廉政建设工作会议。党委书记张根法部署2020年党建和党风廉政建设工作，纪委书记赵锁金就党风廉政建设和反腐败工作作强调。分局领导班子成员、局属各单位党政主要负责人和纪检委员、机关副科以上干部在主会场，局属各单位副科以上干部在各自分会场参加会议。

4月7日 下午，晋城分局局长马远带领分局养路科和各公路段段长、分管养护副段长、生产股长等一行25人到阳蟒高速进行参观学习，组织参观人员在阳城公路段进行座谈交流。

4月13日 晋城分局组织收看全省“三零”单位创建工作动员部署大会，分局领导班子成员、机关有关科室负责人参会。

4月26日 晋城分局纪委组织召开2020年度纪检委员履职工作推进会。会议进行集体学习，听取局属各单位党支部纪检委员1月至4月履职情况汇报，分析纪检工作存在的问题，就2020年纪检工作进行部署。分局党委书记张根法出席会议并讲话，纪委书记赵锁金主持会议，作工作安排，机关有关科室、局属各单位党支部纪检委员参加会议。

5月11日 晋城分局党委召开党风廉政建设形势分析研判会。分局领导班子成员、机关有关科室负责人参加会议。会议由党委书记张根法主持。

同日 晋城分局召开赶超进位迎国检攻坚战

调度会暨2020年养护工作安排会。局长马远主持会议并讲话。分局领导，各公路段段、各直属单位、机关科室负责人共40人参加会议。

同日 晋城分局召开加快重点工程建设推进会，向各在建项目发出“大干50天，时间任务双过半”的动员令。局长马远主持会议并讲话，局领导、机关各科室负责人，局属各单位主要负责人，各工程建管处、国道G342改线工程协调办、长陵线改造项目代表处负责人等，共计40余人参加会议。

5月15日 上午，晋城分局召开党委中心组学习(扩大)会议，传达学习习近平总书记在山西考察时的重要讲话精神。分局党委书记张根法主持会议并领学。分局领导、机关全体干部职工、局属驻市单位党支部书记参加会议。

5月28日 晋城分局举行2020年“安全生产月”活动启动仪式，拉开以“消除事故隐患，筑牢安全防线”为主题的“安全生产月”系列活动序幕。局长马远主持会议，分局领导、机关各科室负责人、局属各单位和各建管处负责人参加会议。

6月30日 在中国共产党成立99周年来临之际，晋城分局机关及部分局属单位负责人40余名党员深入结对帮扶村阳城县蟒河镇宫上村开展“践行领袖嘱托、率先蹚出新路”主题党日活动。

7月1日 上午，省交通运输厅党组成员、副厅长李贵顺一行到晋城分局，就干线公路重点工程和路面改造PPP项目进行调研指导。省公路局副局长杨转科陪同。分局局长马远，党委书记张根法，副局长王振明、陈建国、徐斌参加。

7月1日至3日 省公路局副局长杨转科带领有关科室负责人赴晋城分局，对路面改造PPP项目、安全生命防护工程、迎国检准备情况进行督导。分局领导马远、张根法、王振明、申济众、徐斌参加。

7月22日至23日 省公路局党委书记尹新平带领办公室、党工部、养路处、技术处负责人深入晋城分局，就学习贯彻省委十一届十次全会精神、纪律作风整顿、党建和养建深度融合等工作进行督导调研，就学习贯彻习近平总书记视察山西重要讲话重要指示作专题宣讲。

8月4日 晋城分局党政主要领导带领分局21名志愿者深入青杨掌社区开展“联点共建”主题党日活动，受到社区居民一致好评。

8月5日 上午，晋城市卫健委副主任李玉萍带领老龄部门一行3人，对晋城分局国家级敬老文明号工作进行复检，分管领导副局长徐斌参加。通过复检，检查团对分局工作表示认可，文明号工作资料完整、活动经常、内容丰富，活动开展到位。2019年以来，开展老年文化讲堂成为分局老年精神文化特色和亮点，受到一致肯定。

8月24日 省文明办副主任樊志强带领省文明办考核组一行，对晋城分局全国文明单位进行复查验收。局长马远、党委书记张根法等领导班子成员陪同检查。

8月25日 晋城市检察院党组书记、检察长张世荣一行对国道G207改线新增交叉工程项目进展情况进行实地调研。晋城分局领导张根法、王振明参加。

8月31日 晋城分局党委中心组召开专题(扩大)会议，传达学习全省城市工作会议精神。党委书记张根法主持会议并讲话。分局领导班子成员、局属驻市各单位党政主要负责人、机关副科以上干部共计31人参加会议。

9月4日 随着最后一片桥面板缓缓安装就位，由山西四建集团承建的国道G342晋城市过境段改线工程TJ01标段丹河特大桥主桥顺利合龙，正在建设中的丹河特大桥已初露芳容，呈现魅力。

9月11日 晋城市委常委、常务副市长张利锋深入包联重点项目国道G342晋城市过境段改线工程进行现场调研督导，在丹河特大桥、泽州县高都镇续家村路段等项目现场听取项目建设进展情况，详细了解项目建设中存在问题，逐一分析研究解决办法。

9月17日 晋城分局按照“党课开讲啦”活动安排，分局党委书记张根法深入党支部联系点——晋城南公路管理段讲授《中华人民共和国民法典》，南段全体党员职工聆听党课。

10月10日 晋城分局局长马远带领工程科、国道G342协调办负责人，深入国道G342晋城市过境段改线工程施工现场就工程推进工作进行调研，并开展安全生产专项督导。

10月13日 晋城分局召开扎实推进风险隐患排查治理行动、环境保护、疫情防控部署视频会议，对当前全局安全生产、环境保护以及疫情防控工作进行部署。局长马远主持会议并讲话，党委书记张根法出席会议并讲话。局级领导，局属各单位班子成员，机关各科室负责人，各在建工程项目负责人及分管安全负责人参加会议。

11月6日 晋城分局党委中心组(扩大)学习会议召开,深入学习领会中共十九届五中全会精神。局长马远出席会议并讲话,党委书记张根法主持会议并领学。分局领导班子成员、机关全体干部职工参加会议。

11月18日至20日 晋城分局举办为期3天的安全生产及应急管理培训班。局长马远出席开班仪式并讲话。分局机关、局属各单位、各项目管理处共70人参加培训。通过培训,全面提升全局安全人员的知识、能力和水平,进一步强化安全生产主体责任和监管责任的落实,增强全局安全生产隐患排查和事故预防能力。

(资料提供:裴振浩 宋永胜)

山西省公路局临汾分局
大 事 记

1月25日 临汾分局全力打好新冠肺炎疫情防控阻击战。疫情发生以来,分局高度重视,严密部署,迅速行动,认真学习贯彻习近平总书记、李克强总理关于疫情防控工作的重要讲话和重要批示指示精神,传达落实省交通运输厅、省公路局相关部署要求,结合分局公路工作实际,采取有力措施,全力打好疫情防控阻击战。一是强化组织领导,把疫情防控作为当前工作重中之重。深刻认识疫情防控形势的严峻性和紧迫性,迅速成立以局长刘晓明、党委书记李红为组长的应对新型冠状病毒感染的肺炎疫情工作领导小组,强化组织领导。召开紧急会议,坚持把干部职工生命安全和身体健康放在第一位,把疫情防控作为当前最重要的工作来抓,以坚决态度、严格措施、果断行动,全力把上级部门各项决策部署落到实处,全力打赢疫情防控阻击战。二是切实压实责任,推动各项防控工作落到实处;印发《加强新型冠状病毒感染的肺炎疫情防控工作的实施方案》,明确防控任务,压实防控责任,确保各项防控工作落到实处、取得实效。要求各科室、基层单位主要负责人要以高度的政治责任,坚决扛起疫情防控第一责任,及时了解官方信息,密切关注疫情变化,采取措施做好防控。要求各党支部和广大党员巩固深化“不忘初心、牢记使命”主题教育成果,发挥战斗堡垒作用和先锋模范作用,越是困难时刻,越要冲锋在前,在坚决打赢疫情防控阻击战中践行初心使命、彰显责任担当,展现应有形象。三是实施严格措施,周密有序开展防控工作。严格公路防控,配合地方政府,联合地方卫生、交警等部门,做好省界、市界交通防控工作,在全市国省干线公路范围内设立2个省界、17个市界出入口疫情防控检查站,对进入临汾境内车辆、人员进行严密排查,防止疫情传播。做好公路保畅,及时进行日常保洁和路面病害处治,开通绿色通道,确保运输应急物资和防疫物品车辆优先通行。加强值班值守,认真落实领导带班、专人值班24小时值班制度。严格疫情报告,要求各基层单位及时报告疫情情况,严格执行疫情“零报告”“日报告”制度,严禁迟报、漏报、瞒报等行为发生。及时购置防疫用品,购买口罩、消毒水、喷壶、红外测温计等物品,保证防疫工作正常开展。做好办公区域及家属小区防疫工作,以会议室、楼道、卫生间、饮水间为重点,严格进行全方位清洁、消毒和通风管理。根据工作实际,实行弹性上班工作制,倡导网络化、信息化办公方式,为上岗人员发放防护口罩。强化健康宣教,通过机关电子大屏、微信工作群、横幅、面板等载体,持续开展疫情防治知识宣教。同时,要求分局广大干部职工不信谣、不传谣,拥护党的领导,坚定防疫信心,科学应对疫情,做好自身防卫,树立正面榜样。四是严肃工作纪律,以严实作风保障防控成效。要求各单位主要领导干部把人民利益放在最高位置，树立大局意识，维护社会稳定，带头站在疫情防控工作最前沿，发挥好领头雁作用。分局成立5个专项督查组，由局领导带队，对各单位疫情防控工作开展情况进行包片督查。要求纪检部门对在防疫工作中不作为、慢作为，失职渎职的干部，严肃问责，绝不姑息。同时，引导教育全体党员和普通职工怀着对自己负责、对家人负责、对社会负责的态度，严格防控，杜绝侥幸，迎难而上，绝不懈怠，坚持到底，为打赢新冠肺炎疫情防控阻击战贡献最大力量。

3月1日至5月5日 为深入学习习近平新时代中国特色社会主义思想，贯彻落实中共十九大和中共十九届二中、三中、四中全会精神，让阅读成为增强文化自信、实现民族复兴的精神动力，临汾分局以"阅读强素质·奋斗建新功"为主题，开展"书香三八"读书活动，积极搭建阅读平台，促使干部职工养成阅读习惯，提升自身文化素养，为公路事业发展贡献智慧和力量。局属各单位、各部门结合自身实际，积极开展这项活动，并选送单位职工在读书活动中的读书征文、一封家书、书画阅读、摄影阅读、表演阅读等作品。

3月31日 临汾分局八届四次职工代表大会召开。会议以视频形式召开，分局领导和局机关、临汾段、局属企业职工代表在主会场参会，其他公路段、各超限站、西涧北收费站职工代表在各分会场参会。会议深入落实省委十一届九次全会、经济工作会议和省交通运输工作、省公路工作会议精神，总结2019年工作，部署2020年工作。会议由党委书记李红主持，副局长张碧玉致开幕词，局长刘晓明作题为"顺势而为，奋勇先行，谱写新时代临汾公路发展新篇章"工作报告。

2019年，在省交通运输厅和省公路局的正确领导下，分局以高质量发展为核心，坚持"巩固、增强、提升、畅通"八字方针，以"对标提升八大工程、推进改革创新发展"主题活动为抓手，立足公路主业，提升管理效能，打造养护品牌，畅行公路、人文公路、法治公路、智慧公路、绿色公路、平安公路建设取得新进展，全年各项目标任务全面完成，持续健康稳步发展势头保持良好。

会议明确2020年主要工作目标：开工建设国道G341线古县李子坪至洪洞梗壁段一级公路、国道G108线襄汾—曲沃—侯马过境公路、国道G241线翼城过境公路改线工程，完成国道G241线浮山县北王乡至县城段改线工程年度建设任务。完成临夏线等5条干线公路178公里路面改造任务。完成涉及17条干线公路398公里生命安全防护工程任务。完成省局下达公路灾害防治、危桥(隧)改造等养护任务。公路PQI值达83以上，优良路率82%以上。保持安全形势稳定向好，杜绝重特大事故和安全生产责任事故发生。按照省厅、省局部署要求，做好霍侯路征费管理处涉改人员接收、资产处置、档案移交等工作。全面稳妥地完成分局改革任务。有效遏制超限车辆行驶公路，非法超限率控制在0.2%以内。应征不漏，应免不收，完成省局下达收费任务。

会议要求，2020年要围绕全年总体要求和主要目标，重点抓好8方面工作：一是要同步做好疫情防控和保通保畅，为经济社会恢复活力提供支撑；二是坚持用好上级政策和强健自身发展，在建设交通强国中培育临汾公路新优势；三是统筹推进项目储备和项目建设，为从根本上实现路况大幅提升奠定基础；四是全力做好迎国检，实现公路管养有效投入和高效产出的正向循环；五是深入开展公路污染防治攻坚，全面落实环保生态要求；六是不断创优体制机制，稳步推进公路改革各项任务落地实施；七是大力夯实发展基础，提升行业治理能力和现代化管理水平；八是全面加强党的建设和行业文明建设，为改革发展提供坚强保障。

副局长杨英俊宣读分局《关于表彰2019年度先进集体和先进个人的决定》，号召全局干部职工学先进、赶先进，对标先进，争创一流，为实现全年工作目标，为实现"十三五"分局公路发展目标努力奋斗，做出新的更大贡献。

4月30日 上午，为落实省公路局2020年公路工作和迎国检预安排座谈会精神，完成好全年养护目标任务，以优异成绩迎国检，临汾分局召开2020年养护工作座谈会暨迎国检预安排会。会议由副局长张碧玉主持，局长刘晓明、副局长杨英俊、相关科室负责人、各公路段段长等20余人参加会议。

杨英俊传达省交通运输厅、省公路局有关"十三五"国省干线公路养护评价工作部署意见，并结合实际，分别从路基达标、路况提升、路域环境整治、二次扬尘治理、文明示范公路建设、养护工程管理、智能信息化建设、养护规范化管理等方面作具体安排。

刘晓明在讲话中，分析养路管理工作面临新形势，指出分局养护管理存在诸多问题，对全面做好

2020年养护管理工作,推动养管工作再上新台阶提出明确要求。全体党员干部要讲规矩、履职责、树形象,立足本职岗位做奉献。业务科室与养护单位要加强协调,督办落实。要以高质量要求,对养护工作效率、工作效果进行评价和考核排队,激励各养护单位奋勇争先,争创一流,形成浓厚的竞赛氛围,达到全面提升分局养护管理水平的目标,奋力谱写新时代临汾公路养护高质量发展新篇章。

5月13日 省交通运输厅党组成员、副厅长李贵顺、省公路局副局长许秀銮带领省交通运输厅、省公路局相关部门党组成员负责人,调研临汾国省道路面改造工程PPP项目、安全生命防护工程等公路建设项目推进情况,对安全生产工作检查指导。临汾分局局长刘晓明、副局长杨英俊陪同调研检查。

调研组一行首先来到国道G209线PPP路面改造工程路面试验段铺筑现场,听取项目简介,详细了解项目设计、预算投资、施工管理、新技术应用、安全生产及疫情防控等方面情况,充分肯定分局阶段性工作取得的成绩。李贵顺在讲话中提出4点要求:一是加强与交警部门联动,全力做好交通管制工作,保障施工安全有序进行;二是做好全深式冷再生技术、乳化沥青厂拌冷再生技术等新技术应用,严把质量关、考核关,算好成本账、效益账,有效提高工程质量,降低工程成本;三是在继续落实好各项防控措施前提下,做到安全生产、健康生产;四是增强紧迫感、使命感,抢抓黄金施工期,加快项目建设速度,确保按照时间节点,如期完成建设任务。

在省道S342线乡宁境内,调研组实地查看K8+800处安全生命防护工程波形护栏施工现场。李贵顺在讲话中提出,随着经济社会的快速发展,许多道路交通构成、交通流量已发生明显变化,按照原来标准修建的道路技术指标已不适应当前交通安全运行的要求。为保障广大人民群众安全出行,做好安全生命防护工程意义重大,分局要按照新技术规范要求,因地制宜科学设置安全防护设施;要注重安全作业,进一步规范作业现场的施工行为;要强化对施工各环节的检查,严格验收程序,确保工程质量安全可靠、经久耐用。

在临夏线襄汾境内,PPP路面改造工程已开工建设,施工地机械、人员已全面铺开。李贵顺听取铁矿尾砂固废处置技术、橡胶复合SBS改性沥青技术介绍,详细询问有关细节。他指出,新技术的应用与推广,是把科研成果迅速转化为生产力的重要措施,是依靠科学技术促进生产发展的重要环节,分局一定要注重提炼亮点和特色,形成可复制可推广的先进经验,为下一步在全省范围内推广打好基础。同时,在施工期间,要统筹考虑过村镇路段多、重载交通流量大、施工扬尘治理等多方面因素,全力打造“优质耐久、安全舒适、经济环保、社会认可”的品质工程。

调研活动结束后,省公路局副局长许秀銮、养路处处长王文俊一行又驱车赶往国道临延线,实地查看地质灾害路段。该路段路基涵洞沉陷、挡墙下沉滑坡,严重影响行车安全。许秀銮当即做出指示,一是做好文字影像记录,形成翔实报告,尽快抓紧上报;二是聘请专家研究方案,尽快拿出细致、操作性强的应急处置方案,确保科学妥善处置;三是与交警部门紧密配合,严格管控各类车辆通行,严防交通事故的发生。三方面工作要同步谋划、同步推进,尽最大努力、用最短时间清除滑塌渣土,消除隐患,恢复通车,确保安全通行。

5月21日 下午,临汾分局组织机关全体职工对读书活动中的优秀作品进行鉴赏和评选,大家一致认为这次展示的作品,艺术元素多,思想感情深,饱含作者内心深处的真情实感和对自然生活观察的独特视角,更表达对公路事业执着和对生活热爱,让人很受感动。局长刘晓明,副局长张碧玉、杨英俊,纪委书记张小军参加活动。

此次活动得到局领导和广大干部职工的大力支持,艺术作品充分体现临汾公路人的时代风采和文化风貌,展现分局公路文化建设的喜人成果。

5月27日至28日 省公路局局长胡钢成,副局长许秀銮、郭晓军同有关处室负责人深入临汾分局调研督导。调研组一行先后对路面改造PPP项目推进、国道G108养护、介霍路综合治理工程复工复产等情况进行实地查看。在行程中听取分局近期工作情况汇报,对各项重点工作推进情况给予肯定,并对下一阶段工作提出要求。

胡钢成在讲话中要求,紧紧抓住质量、进度、资金、安全和廉政5项工作,特别是要把工程质量作为生命线,严控严管,确保工程顺利推进和按时完工。要把为沿线群众提供优质公路服务作为自身责任,完成好试验段施工任务,为今后推广积累经验。要全面贯彻绿色发展和全寿命周期成本理念,因地制宜,把工程建成兼顾质量、经济、生态的品质工程和民生工程。要坚持立足养护主业,以迎国检为契机，大力加强公路养护力度，不断提高养护科学化水平。要充分做好全省国省道路路面改造工程PPP项目质量管理现场会的准备工作，把规范化、标准化、科技化元素和理念充分展示出来，让观摩人员观有所学，观有所动，观有所获。

6月3日 全省国省道路面改造PPP项目质量管理现场会在临汾召开。省公路局局长胡钢成、副局长许秀銮、总工程师马德文出席会议。会议由许秀銮主持，省局有关处室负责人，各分局、项目公司、施工单位、监理单位、试验检测单位及技术咨询专家组共97人参加会议。临汾市副市长潘海燕、市交通运输局局长冯小宁、襄汾县县长白建成陪同参加现场观摩活动。

3日上午，参会人员分四批参观正在进行路面改造施工的省道临夏线铁矿尾砂基层试验段、乳化沥青冷再生下面层施工段、橡胶复合SBS改性沥青面层试验段、水稳冷再生底基层施工段和宏坤通拌合站5个观摩点，现场观摩施工技术和工艺展示，听取山西中咨公路建设养护公司、施工单位专家及技术人员的详细介绍。观摩过程中，参会各方积极主动询问交流，尤其对新技术新工艺表现出极高的热情和兴趣。

下午，在华尧威尼斯大酒店会议室召开全省国省道路面改造PPP项目质量管理会议。参会人员观看临汾境内路面改造工程PPP项目建设汇报片，临汾分局、晋中分局、山西路桥晋运管理有限公司、山西中咨公路建设养护有限公司分别作交流发言，马德文结合现场观摩和全省养护工程情况谈了几点感受，从技术层面对路面改造PPP项目施工做出具体安排，要求施工作业既要符合国标规范要求，还要符合省局技术指南要求，做到源于规范又高于规范，同时就加强质量管理提出建议和要求。

胡钢成在讲话中，对分局工作给予肯定。他指出，本次会议选在临汾召开，是因为临汾分局在全省国省道路面改造PPP项目上走在全省前列，取得三方面阶段性成效。一是前期进展迅速，施工手续齐全，贷款资金到位良好，确保工程建设正常运转。二是新工艺、新材料、新技术应用多，充分发挥科技在施工生产中的先导、保障作用。三是施工进度快，质量把控严，形成一套科学质量管理体系。

胡钢成反复强调做好全省国省道路面改造PPP项目的重大意义，要求参建各方要切实认识到工程项目得来不易，要抓住这次难得机遇，以只争朝夕的紧迫感和时不我待的责任感全力推进工程建设。本次会议既是一次现场观摩会，大家相互交流、共同提高。也是一次技术培训会，分享新理念、新经验，培训新技术、新标准。还是一次再动员、再部署会，各参建单位一定要肯定成绩，查找问题，坚持问题导向，抓紧补齐短板，加快推进项目建设。

会议要求各参会单位一定要宣传贯彻落实好会议精神，组织好施工管理，牢牢把握质量这个关键，紧盯进度不放松，保证八月底全面完工。

6月4日至5日 省公路局局长胡钢成、副局长许秀銮带领有关处室负责人深入临汾分局调研指导工作。调研重点是交通运输部督办薄弱路段、公路安全生命防护工程施工情况、公路段、道班养护管理工作情况。调研组查看乡宁境内干线公路安全生命防护工程推进情况，到国道G309乡宁、吉县、安泽、古县、洪洞境内交通部督办薄弱路段现场查看路况，在高家河、屯里道班，义唐、郭都停车区，与基层公路段段长、道班班长促膝交谈，详细了解道班、停车区基础建设、养护及道工生产工作情况，传输改革理念，鼓励他们大胆尝试，走一条更加可行的提高公路养护资金使用效益的新路子。在安泽公路段召开座谈会，听取工作汇报，详细了解该段人员构成、道路养护、资金使用情况，为他们解决工作中存在的问题提出指导性意见。

6月5日 上午，在临汾分局机关召开调研座谈会，分局领导班子成员、机关中层干部参加座谈。调研组听取局长刘晓明的工作汇报，省公路局办公室、养路处、计划处负责人就相关工作做说明和安排，许秀銮在讲话中要求分局要以6月3日全省国省道路面改造PPP项目质量管理现场会的召开为契机，再接再厉，好上加好，在各方面工作中创出特色、做出示范。

胡钢成在讲话中，充分肯定分局近年来取得的成果，褒奖分局全体干部职工团结一致、凝神聚力干事业的良好精神状态。要求深入推进PPP路面改造工程、公路安全生命防护工程、交通部挂牌督办薄弱路段整治三大工程，坚决打赢迎国检攻坚战。

6月28日 临汾分局党委与国省道路面改造工程（临汾境内）PPP项目部临时党支部在临夏线施工现场开展党支部结对联创共建活动启动仪式。副局长杨英俊，党委工作部部长李扬军、PPP项目公司总经理肖利明、副总经理兼总工程师樊云龙、临夏线项目经理杨松参加仪式。

仪式上，联创共建双方负责人分别作表态发言，重温入党誓词，为“党员突击队”“党员先锋号”进行授旗。杨英俊在讲话中提出3点期望：一是提高站位，高度重视。要把结对联创共建作为落实习近平新时代中国特色社会主义思想的有益实践活动，坚持围绕项目抓党建，抓好党建促建设，使党建结对联创共建与项目管理相互渗透，共同提高。二是积极主动，形成机制。参与结对联创共建的党支部要积极主动对接，落实好“组织互联、党员联动、资源联用、联创共建”四位一体机制的途径和方法，实现结对联创共建在目标、措施、内容、制度上的有效衔接和有机统一，增强党建的生机和活力。三是优势互补，共同提高。结对双方党组织要按照“资源共享、优势互补、共同进步、共同提高”的原则，深化“支部建在项目上、党旗插在工地上、监督跟进项目中”党建品牌创建活动，积极开展“争创党员先锋岗”和“亮标准、亮身份、亮承诺，比技能、比作风、比业绩”为主要内容的“三亮三比”活动，通过活动深入开展，进一步架起双方在管理、技术、地方协调等各方面密切沟通的桥梁，确保党的建设和项目建设齐头并进。

6月29日 上午，临汾分局党委组织机关全体党员干部到侯马彭真故居开展“追寻初心 勇担使命——‘践行领袖嘱托·率先蹚出新路’”革命传统教育活动，深切缅怀老一辈无产阶级革命家彭真的丰功伟绩。

在第一展厅，参观人员为彭真铜像敬献花篮，行三鞠躬礼，重温入党誓词。随后，党员们分批进入瞻仰区、缅怀区和激励区三个展厅参观。通过对历史浮雕、图片资料、原始实物、声光视频认真观看与学习，深切感受到彭真报效国家、廉洁奉公、胸怀大局、无畏牺牲的家国情怀和革命精神。通过本次活动，进一步促使党员干部体悟到革命胜利的来之不易和新中国建设发展的艰辛过程。参观人员纷纷表示，要牢记入党初心，勇于担当使命，奋力砥砺前行，以更加饱满的热情、更加昂扬的斗志投入分局当前的各项重点工作中，用实际行动为党旗增光添彩，为公路事业添砖加瓦。

6月30日 上午，临汾分局召开庆祝中国共产党成立99周年暨“两优一先”表彰大会。本次会议以视频形式召开，主会场设在分局机关五楼会议室，分会场设在16个公路管理段，分局机关副科级以上干部及各基层单位领导班子成员、党员干部共200余人参加会议。会议由纪委书记张小军主持。

会上，刘晓明向参会人员讲授党课，带领与会党员干部一同回顾中国共产党发展壮大的历程和新中国砥砺奋进的历史，结合工作实际，就如何运用习近平总书记视察山西重要指示武装头脑、指导实践，如何加强党的建设，发挥党员先锋模范作用和支部战斗堡垒作用提出具体要求。大会对优秀共产党员、优秀党务工作者和先进党支部进行表彰，播放公益专题片《战“疫”一线党旗红》，激发参会人员向优秀基层党组织和优秀党员干部担当使命、勇毅逆行的先进事迹和精神风貌的学习热情，更加深刻认识到在重大困难面前中国共产党领导和中国特色社会主义制度的显著优势。

7月17日 为进一步加强路面改造工程PPP项目建设，加快推进迎国检各项工作，临汾分局召开路面改造PPP项目攻坚战和赶超进位迎国检攻坚战调度会。

在上午召开的路面改造PPP项目攻坚战调度会上，分局领导、相关科室负责人、工程监管服务部全体人员、山西中咨公路养护公司班子成员、专家组成员、试验检测单位负责人、总监办主任、总监理工程师、总承包项目部经理、总工程师、各分项目部经理、相关公路段负责人共40余人参加会议。省公路局副局长张晓军出席会议。会议传达省局7月13日全省路面改造工程PPP项目攻坚战调度会精神，专家组通报目前工程质量控制情况，山西中咨公路养护公司肖利明总经理围绕工期、质量、环保、管理等内容作发言，表态要努力建成品质、环保、民生工程，为中咨在临汾公路市场的发展和立足打好基础，确保按期完成建设任务。分局副局长杨英俊通报工程总体施工进度，对下一阶段重点任务做部署。局长刘晓明针对现阶段施工中存在的问题和下一阶段工作安排提出3点意见：一是统一思想，提高认识，坚决贯彻落实好省厅、省局会议精神；二是严控质量，确保进度，坚决打好路面改造工程攻坚战；三是担当作为，压实责任，坚决交好路面改造任务圆满答卷。省公路局副局长郭晓军在讲话中提出4点要求：一是高度重视，充分领会，全面落实全省路面改造工程PPP项目攻坚战调度会精神；二是再接再厉，同心同力，善始善终，保质保量全力推进工程建设进度，确保任务按时完成；三是开展常态化新冠肺炎疫情防控，保持高度警惕，确保安全生产；四是做好暑天劳保工作，杜绝事故伤害和职业病危害，实现施工安全和劳动保护双提升。

在下午召开的赶超进位迎国检攻坚战调度会上，分局领导、机关副科级以上干部、各公路管理段段长、支部书记和分管养护副段长共70余人参加会议。会议传达省交通运输厅、省公路局第二次迎国检调度会精神。曲沃段、洪洞段、隰县段段长对本单位迎国检工作情况作汇报和表态发言。杨英俊副局长根据交通运输部下发的"'十三'五全国干线公路养护管理评价标准"对迎国检工作进行全面安排。围绕一个中心即"养好路面为中心"，突出两个重点即"安全和环保工作"，抓好八项工作即"路基达标、路况提升、路域环境整治、二次扬尘治理、文明示范公路建设、养护工程管理、智能信息化建设、养护规范化管理"。局长刘晓明在讲话中提出5点要求：一是提高政治站位，突出工作重点，把迎检工作作为"头等大事"；二是准确把握标准，针对性制定措施；三是主动担当负责，抓好工作落实，各公路段要把迎国检工作列入"一把手"工程，段长亲力亲为，全员上阵，抓好落实；四是强化检查指导，确保全面提升；五是加强作风建设，严格责任追究。要求全局上下再鼓干劲，通过迎国检全面提升分局养护管理水平，全力以赴，砥砺前行，为建设"创新、协调、绿色、开放、共享"的临汾公路而努力奋斗，交好临汾答卷。

9月4日 临汾分局组织召开安委会全体会议暨九月安全生产例会。分局领导、机关科级以上干部、各公路管理段、超限检测站、收费站、直属企业党政负责人共60余人参加会议。

会议传达全市安全风险隐患大排查大整治暨建筑领域安全隐患专项整治文件精神，回顾总结1月至8月安全生产工作开展情况，剖析现存问题，提出整改措施。局长刘晓明针对下一阶段工作，提出5点要求：一是深刻汲取襄汾"8·29"饭店坍塌重大事故教训，进一步提高思想认识，切实增强安全责任意识；二是坚持问题导向，突出工作重点；三是加强组织领导，压实安全责任，全力提升安全保障能力和水平；四是严肃追责问责，倒逼责任落实，切实做到知责履责尽责；五是增强集体荣誉感，带着感情去工作，为树好临汾公路形象贡献力量。

10月11日 临汾分局安委会第四季度安全生产工作会议召开。分局领导、机关副科级以上干部、各公路管理段、超限检测站、收费站、直属企业党政负责人、公路管理段分管养护副段长共90余人参加会议。会议由党委书记李红主持。

会上，副局长杨英俊通报近期安全风险隐患排查治理检查情况，剖析存在问题，提出整改措施，并针对下一阶段工作，从思想认识、组织领导、深化整治、狠抓落实、应急值守、疫情防控和责任追究7个方面进行部署。副局长张碧玉、纪委书记张小军就各自分管领域工作，从安全管理、责任追究的角度分别作了安排和强调。乡宁公路段、临汾公路段、驿桥超限站作表态发言。

针对下一阶段工作，刘晓明局长从"认识、责任、落实"3个层面提出明确要求：一是全局上下要统一思想，厘清认识，做到安全生产警钟长鸣；二是勇于担当，履职尽责，做到安全生产责任全覆盖、全落实；三是爱岗敬业，提振精神，做到工作部署后快落实、严落实。要认真开展好安全生产三年专项整治行动及安全生产风险隐患大排查、大整治专项行动，对分局现存的安全隐患，除特殊情况外，要在10月底前完成整改。

李红在总结发言中，要求各单位、各部门要传达贯彻好此次会议精神，把安全生产确确实实放在心上、抓在手上、落实到行动上。要求广大党员干部要尽职履责，扛起安全生产的责任，为全局创建"三零"单位争做贡献。

（资料提供：于黎明　贾鑫）

山西省公路局运城分局大事记

3月17日 运城分局各党支部在全力投入抗疫工作同时，积极组织党员自愿捐款42580元支持疫情防控工作。

3月27日 上午，运城分局2020年工作会议召开。会议深入贯彻落实中共十九大和十九届二中、三中、四中全会，全省交通运输，公路工作，市委经济工作会议精神，总结2019年工作，分析面临形势，明确发展思路，部署2020年工作，动员全分局广大干部职工抢抓机遇，砥砺奋进，圆满完成“十三五”目标任务，全面开启运城干线公路事业高质量发展新篇章。分局党委副书记平华作题为“抢抓机遇，砥砺奋进，全面开启运城干线公路事业高质量发展新篇章”工作报告。

同日 上午，运城分局2020年党风廉政建设和反腐败工作会议召开。会议认真回顾总结分局2019年党的建设和党风廉政建设工作，分析当前存在的问题和差距，部署2020年工作，明确工作重点和任务。分局党委副书记平华代表分局党委作题为“高扬信念之帆，凝聚磅礴力量，以党建工作新成效开创运城干线公路新局面”工作报告。分局纪委书记黄立作题为“用好四种形态，强化监督问责，为分局高质量发展提供强有力纪律保障”纪检监察工作安排。会议由分局副局长张兆阳主持。分局领导班子全体、机关各部门负责人、局属单位党政负责人58人参加会议。

4月2日 运城分局国道G108禹门口黄河大桥接线工程项目建设推进会在河津召开。分局党委副书记平华、副局长张兆阳，分局技术、安全等相关科室负责人，指挥部全体、总监办负责人，运城路桥集团公司董事长周泽晓、副总经理姚峰及施工单位负责人参加会议。

4月7日 运城分局所属32个党支部组织全体党员及入党积极分子开展“战疫情、当先锋”主题党日活动。分局党委副书记平华、副局长吉王毅、副局长张兆阳和纪委书记黄立分别以普通党员身份参加所在支部主题党日活动。该活动严肃和规范党内政治生活，加强党员教育管理，提升基层党组织政治功能和组织力。

5月9日 为加快推进迎国检各项工作，运城分局召开赶超进位迎国检攻坚战调度会，分局领导、各科室负责人，养路、工程技术、计划科全体人员，各公路段段长、分管养护及工程副段长，PPP路面改造监管及各参建单位共计90余人参加。分局党委副书记平华主持会议。

5月13日 为扎实推进党风廉政宣传月活动，运城分局召开干部警示教育大会。分局领导、机关副科级以上人员、局属单位党政主要负责人及各支部纪检委员87人参加。会上，大家集体观看警示教育片，一个个案例发人深省，理想信念的动摇最危险，守住底线最保险，教育广大党员干部以案为鉴，以人为镜，警钟长鸣，始终紧绷廉洁自律这根弦，自我约束，严格要求，自觉遵守党风廉政建设各项规定，自觉把党风廉政建设抓紧抓好。

5月18日 早9时，运城分局在六楼会议室召开5月党委理论学习中心组学习（扩大）会议。分局领导及机关副科级以上人员参加会议。会议集中学习5月11日至12日习近平总书记在山西考察时的重要讲话和中共中央办公厅《关于持续解决困扰基层的形式主义问题，为全面建成小康社会提供坚强作风保证的通知》精神。

5月27日至28日 赴运城进行赶超进位迎国检攻坚战分片督导的省公路局副局长、第四督导组组长杨转科、路政管理处处长李永佑、养路处副处长霍翠兰一行，在运城分局党委副书记平华、副局长吉王毅等人陪同下，对运城分局迎国检工作、路面改造PPP项目建设、安全生命防护工程及安全生产工作进行督导检查。

6月9日 上午，为扎实推进党风廉政建设和反腐败工作，推动全面从严治党向纵深发展、向基层延伸，营造风清气正的政治环境，运城分局党委在机关九楼会议室举办“党规党纪专题培训班”，分局纪委委员、机关及局属单位党支部书记和纪检委员、党工部、纪检监察室共计65人参加培训。

6月15日至25日 在运城分局纪委书记黄立带领下，检查组一行8人对局属26个党支部进行2020年上半年党建、党风廉政建设督导检查。这次督导检查，是为全面掌握局属各单位党支部在疫情防控特殊时期党建、党风廉政建设工作开展及主题党日活动长效机制、意识形态工作责任制、“党风廉政宣传教育月”等重点工作任务落实情况。旨在不断总结工作经验，查找不足，提升整体水平。

7月7日 在康杰中学、运城中学、绛县第二实验中学、芮城中学等多处考点，运城分局设立“爱心”驿站，为过路考生提供口罩、矿泉水、绿豆汤、文具、防暑药品、遮阳伞、扇子等物资，为考生家长提供简易休息场所，并做好交警、武警部门的后勤保障服务工作，为炎炎夏日送去一丝丝清凉，为高考学子送去公路人的关爱。共出动志愿者44人，爱心车辆9辆服务考生和家长。

7月 省文明委授予运城分局“山西省文明单位”称号。

8月9日至10日 省公路局局长胡钢成、副局长许秀銮带领养路处负责人赴运城分局调研。调研组一行先后对河津、闻喜、夏县境内路面改造工程PPP项目、万荣段标准化养护示范路段进行调研，实地查看108线禹门口黄河大桥山西连接线项目，详细了解施工进度、项目管理、现场质量管控、完工成品路段质量效果等情况。

8月30日 运城境内路面改造工程PPP项目建设主体工程完工，历时98天。该项目共10项、15个段落，分布在运城境内7个县市内，建设总里程194.87公里，预算批复5.4亿元。

9月15日至16日 运城分局迎接交通运输部国评路况检测，省公路局养路处副处长霍翠兰、主任工程师孙宗民，分局党委副书记平华、副局长吉王毅、办公室主任李俊峰、养路科长雷崇国、副科长李奕磊陪同检测，涉及新绛段、闻喜段、夏县段、运城段、绛县段、平陆段相关道路。

9月26日 运城市城投集团和运城公路分局在中陈收费站举行运稷一级路项目整体移交仪式。

10月14日 运城分局在九楼会议室召开安全生产工作会议，机关副科以上、基层单位书记、段长及分管安全的副段长，共计90余人参加。分局安委办主任侯旺杰汇报1月至10月分局安全生产工作。平陆段、闻喜段、杜家坡超限站、北景收费站作表态发言。副局长张兆阳讲话。

11月25日至27日 为深入贯彻落实中央及省委关于干部教育培训要求，全面提升全局党员干部政治能力、领导能力和履职能力，运城分局举办“党性修养、履职能力提升培训班”。分局领导、机关各科室负责人、局属各单位党政主要负责人共计70余人参加培训。

12月4日 在“第七个国家宪法日”当天，为深入学习宣传习近平法治思想，大力弘扬宪法精神，维护宪法权威，推动宪法全面实施，上午9时，在运城分局党委副书记平华带领下，分局在机关门口开展2020年“宪法宣传周”集中宣传活动。

（资料提供：丰华　张霞）

山西晋路投资开发有限公司
大事记

4月8日 山西晋路投资开发有限公司(以下简称晋路公司)三届五次职代会议召开。

4月8日 晋路公司党的建设和党风廉政建设工作会议召开。

4月16日 晋路公司开展“学雷锋志愿者”专题活动。

5月15日 晋路公司开展“读书月”专题活动。

5月27日 晋路公司领导和全体干部职工积极准备，认真做好“省直文明单位标兵”验收工作。

6月24日 晋路公司西安办事处成立。

6月30日 晋路公司庆祝中国共产党成立99周年大会召开。

7月16日 晋路公司下属子公司晋路道生公司首座国省干线公路LN国道加气站开始试运行。

7月29日 晋路公司组织召开“党风廉政宣传教育”主题培训活动。

8月 晋路公司出台《基层党组织党建工作标准化规范化管理手册》。

9月14日 省公路局党委书记尹新平赴公司第二党支部进行调研。

9月15日 晋路公司组织下属子公司参加第十九届2020太原煤炭(能源)工业技术与装备展览会。

11月4日 省公路局局长胡钢成赴晋路太谷园区进行调研。

12月2日 晋路公司下属子公司联合六家单位共同成立山西晋谷能源环境研究院。

12月24日 晋路公司开展2020年领导人员综合能力提升培训活动。

（资料提供：王海馨 聂玉龙）

山西省筑路机械厂大事记

1月24日 面对突然来袭的新冠肺炎疫情，山西省筑路机械厂（以下简称筑机厂）党委早安排、早部署，对厂区和家属区进行严密管控，在厂门口设立卡口，配备检疫人员2名，值班人员2名，带班领导1名，实行24小时值守，对进出厂区、家属区的人员进行细致排查，测体温、登记行程等，入户走访居民172户，驻厂单位24家，并指定专人，定时对家属区和办公区进行全面消杀工作。

1月28日 为贯彻落实党中央、国务院及省委、省政府、省交通运输厅和省公路局关于新型冠状病毒感染的肺炎疫情防控工作的部署，在省委、省政府、省交通运输厅及省公路局的统一领导下，筑机厂有关部门结合实际情况，统筹协调全厂防范和处置工作，开展风险管控、监测预警、信息互通、部门联动和协调处置等工作，成立“疫情防控工作领导组”，并印发《疫情防控工作实施方案》，厂属各部门和驻厂单位严格执行。

1月29日 8时起，筑机厂区及家属区进行封闭管理，除正常值班人员外减少非必要的人员流动，做好职工身体健康统计，严禁外来人员和车辆进入厂区。假期结束后，疫情未排除前，正常工作日，职工需每日在门卫处测量体温后方可进入工作场所。减少各类会议，如必须举行的尽量简短或在室外举行和微信视频会议。同时要求厂区、家属区及驻厂单位所有人员关注正规媒体及社区发布的相关疫情信息，做到不信谣、不传谣。经过不懈努力，全厂疫情防控工作得到属地黄陵街办和农南二社区的认可，被列为疫情防控工作“标兵单位”，并将疫情防控工作相关经验、做法，向周边社区推广。

2月1日 为进一步加强新型冠状病毒感染的肺炎疫情的防控工作，有效阻断疫情的传播途径，确保广大干部职工身体健康和生命安全，筑机厂里印发《关于做好春节假期返岗后疫情防控工作的通知》，为做好春节假期返岗后的疫情防控工作做详细部署。

2月24日 根据太原市、小店区政府关于企业复工复产的要求，为搞好筑机厂区的复工复产工作，厂里成立“复工复产工作组”。制定《各驻厂单位复工复产方案》，并报请黄陵街道办事处疫情防控部门验收、批复，同时督促检查复工复产后各驻厂单位疫情防控方案的落实，确保疫情防控措施到位。

3月1日 筑机厂党委积极响应党中央号召，组织全体党员干部为疫情防控工作捐款，半天内收到45名党员干部捐款4700元，尤其是退休老党员，主动将捐款送到厂里，并在厂区门口协助值班人员做好人员登记和劝解工作，用实际行动彰显筑机人担当作为形象。

3月17日 筑机厂机关党支部举行“众志成诚，抗击疫情”向全省优秀共产党员张志民、杨双宝学习主题党日活动。在新冠肺炎疫情发生后，张志民、杨双宝冲锋在前、率先垂范，坚守在疫情防控第一线，用实际行动阐释共产党人的初心使命。疫情当前，要接过他们未竟的事业，与时间赛跑，与病毒斗争，坚决打赢疫情防控阻击战。

5月20日 为切实做好疫情常态化管控和全国“两会”期间安全生产工作，坚决杜绝安全责任事故，确保筑机厂区内安全生产形势持续稳定，厂里印发《关于做好“两会”期间厂区安全工作的通知》。各驻厂单位全面落实安全主体责任，做好疫情防控的各项措施，及时排查整治消除事故隐患，确保各项安全措施落实到位，有效预防各类事故发生，为厂区的稳定持续发展创造良好的环境。

同日 为推进省公路局所办企业脱钩工作，经研究，筑机厂里成立“事业单位所办企业脱钩改革工作小组”，协调事业单位所办企业脱钩改革工作事宜。

6月8日 筑机厂各党支部进行民主评议党员，评出优秀党员10名；在迎“七一”主题党日活动中，筑机厂党委对全厂评选出的优秀党员进行表彰，为全厂干部职工树立先进典型，更好地激励和鼓舞基层党组织、优秀共产党员充分发挥战斗堡垒作用和先锋模范作用。

7月2日 上午，由筑机厂机关党支部牵头，联合退休党支部和多种经营党支部组织党员到国民师范旧址参观学习。当年，许多革命先辈追求真理、热爱祖国、英勇无畏、艰苦奋斗、团结一致，善于斗争的光荣革命传统，值得我们永远铭记，代代相传。国民师范旧址作为爱国主义和革命传统教育的重要基地，被人民群众所仰慕。在国民师范旧址会议中心，由厂党委副书记徐志杰带领全体党员重温入党誓词。

同日 下午，为深化拓展“不忘初心、牢记使命”主题教育成果，强化党员“一句誓言，一生作答”的思想自觉和行动自觉，筑机厂党委在厂会议室，通过先进典型“重温”引领方式开展“不忘初心、重温我的入党志愿书”活动。会上，李原长、曹登奎、冯景霞、齐艳春、常传鹏五名先进代表重温各自入党志愿书，这五份志愿书，从中共“九大”到中共“十九大”跨越半个世纪，见证中国共产党艰难历程和辉煌成就。

8月底 省公路局党委在筑机厂机关党支部建立局领导班子党支部工作联系点，深入开展政策宣传，深入宣传习近平总书记视察山西重要讲话精神和“三篇光辉文献”。

9月8日 根据省公路局《转发山西省交通运输厅关于公路系统事业单位及所办企业资产清查（清产核资）工作方案的通知》晋公财函〔2020〕228号通知精神，筑机厂里成立“资产清查（清产核资）工作领导组”，对全厂财务清查、资产清查做全面核对清理，做到账账、账证、账表、账实相符，做到账务全面、准确和真实。

9月24日 省公路局党委委员、副局长许秀銮，深入筑机厂机关党支部进行调研，对开展标准化建设进行指导，并解决党建工作中存在的突出问题，进一步密切党群干群关系。与此同时，各党支部把好党员发展入口关，稳妥有序处置不合格党员，按照规定做好党费收缴使用管理和党组织关系转接等日常工作。

12月7日 筑机厂党委会会议议召开，对落实山西省政府疫情期间对服务业小微企业和个体工商户减免房产租金事项进行研究。根据《山西省人民政府办公厅关于印发加快促进服务业恢复稳定增长若干措施的通知》（晋政办发电〔2020〕45号）、《山西省财政厅关于积极落实对服务业小微企业和个体工商户减免房产租金事项的通知》（晋财资函〔2020〕149号）文件精神，并结合实际情况，对工厂符合减免条件的承租户减免3个月房租。

（资料提供：贺金明　常传鹏）

交通运输执法系统单位

山西省太原交通运输执法局大事记

1月18日 下午，在春节来临之际，省交通运输厅党组书记、厅长闫晨曦一行深入山西省太原交通运输执法局(以下简称太原局)，走访慰问因病致困职工王建新，送去慰问金2000元与慰问品。太原局有关领导陪同。

同日 太原局工会开展春节慰问工作，先后慰问基层困难职工10名，每人发放慰问金1000元，并给困难家庭送去福字、对联等。

1月19日 太原局党委开展春节慰问困难党员和老党员活动。

1月23日 接上级有关做好新冠肺炎疫情防控工作通知后，太原局立即部署防疫工作。成立由党委书记、局长为组长的防疫领导组，领导组下设4个工作组分别负责防疫期间的各项工作；从日常检疫、消毒、摸排等方面对防疫工作进行安排；对落实疫情日报零报制、外出报告报备制度和购置防疫物品、实行分散就餐、关闭活动场所、严格管控出入办公区或家属区人员等作安排。

2月3日 至3月10日 根据省交通运输厅《关于做好经济责任审计前期调查工作的通知》要求，太原局完成并向省交通执法局报送《关于主要领导人经济责任审计前期自查情况报告》。

2月18日 太原局防疫领导组一行先后深入所属万柏林区交通执法分局、督查支队、小店区交通执法分局、太原局家属楼区检查督导防疫工作。防疫领导组组长赵有恭在讲话中，要求将疫情防控工作作为头等大事来抓，坚决贯彻落实疫情防控各项工作部署，加大防控力度，做好防疫工作，保障干部职工身体健康和生命安全。一是严格落实各项防疫举措和制度，积极配合协助驻地政府、社区做好联防联控工作；二是在落实疫情防控的同时，根据太原局要求，扎实开展好年度各项工作，确保工作正常运转，做到工作、防疫两不误；三是各单位主要领导要率先垂范，做到守土有责、守土担责、守土尽责，党员干部要充分发挥先锋模范作用，确保防疫与日常工作有条不紊开展。

2月27日 根据《中共山西省直属机关工作委员会关于组织党员自愿捐款支持新冠肺炎疫情防控工作的通知》，太原局党委号召各党支部和党员踊跃捐款15141元，为打赢疫情阻击战贡献力量。

3月9日 下午，太原局安委会2020年度第一次全体会议召开。传达省长、省政府安委会主任林武在省政府安委会第一次全体(扩大)会议暨全省安全生产工作电视电话会议上的讲话精神、省交通运输厅党组书记、厅长闫晨曦在省厅安委会第一次全体会议暨全省交通运输安全生产工作电视电话会议上的讲话精神，通报太原局2019年安全生产工作，部署近期安全生产工作要点。

同日 下午，太原局防疫领导组召开会议，通报近期防疫工作开展情况，传达省纪委办公厅、省监委办公厅《关于印发〈关于新型冠状病毒性肺炎疫情防控精准监督工作导则〉的通知》。要求提高认识，切实增强打赢疫情歼灭战的责任感、使命感；强化作风，确保疫情防控举措落地成效；统筹兼顾，实现疫情防控与改革发展稳定各项工作双推进。

3月中旬 根据省交通执法局工会安排，太原局工会组织女职工积极参加省总工会组织的“书香三八”读书活动。

3月30日 太原局全面复工复产。

3月至10月 太原局完成2020年度行政事业单位内部控制报告、内部控制基础性评价报告。

4月13日 下午，太原局组织职工收听收看全省“三零”单位创建工作动员部署大会。会后，太原局就落实会议精神，扎实开展好“三零”单位创建工作进行部署。

4月20日至27日 根据太原局党委会会议议安排，局督导组一行先后深入所属11个基层单位，从“社会主义核心价值观主题实践教育月”活动，

"党风廉政宣传教育月"活动和明察暗访"落实中央八项规定精神负面清单"开展情况，防疫及"五一"假期安全生产隐患排查工作四个方面进行督导检查。对个别单位存在的问题提出整改要求。

4月27日 下午，太原局2020年度"党风廉政宣传教育月"廉政谈话会召开，与局属单位党政主要负责人和机关科室负责人、党支部书记进行廉政谈话。

4月30日 根据省总工会《关于组织收看"中国梦·劳动美"五一特别节目和关于组织收看2019"三晋工匠"年度人物发布晚会的通知》要求，各工会小组认真组织会员收看节目，并进行反馈。

5月至7月 太原局根据《关于对山西省交通运输执法系统机构改革资产清查专项审计》，配合山西中勤正和会计事务所完成市局机关及17个所属单位(场所)的资产清查工作。

5月18日 上午，太原局党委中心组召开学习习近平总书记视察山西重要讲话重要指示，同时传达省委常委会扩大会议精神。

5月20日 省总工会、省财政厅、中国人民银行太原中心支行动员引导全省广大职工积极消费促进经济发展的通知下发后，经太原局工会研究决定，通过"云闪付"平台为每位会员发放一次性300元的消费券。

6月1日至30日 太原局聘请山西德信昌工程造价咨询有限公司对局机关办公楼、招待所、职工食堂和车库防水补修工程进行审计，并出具审计报告。

6月2日 下午，驻交通运输厅纪检监察组组长王建业一行三人深入太原局，就全面从严治党"两个责任落实情况"进行督导调研，局领导班子成员、相关科室负责人参加会议。

6月28日 省交通运输厅党组表彰2020年厅直系统优秀共产党员、优秀党务工作者和先进基层党组织，太原局机关一支部、万柏林区分局党支部被评为"先进基层党组织"，有5人被评为"优秀共产党员"，有2人被评为"优秀党务工作者"。

6月30日 上午，太原局党委书记、局长赵有恭以"强化党员意识、坚持制度自信，积极为新时代中国特色社会主义制度建设做贡献"为题，为市局机关全体党员、群众讲党课。课后，组织观看《一句誓言 一生作答——中国共产党诞生纪念日特别节目》。

7月21日 山西省精神文明建设指导委员会表彰2018—2019年度山西省精神文明创建先进典型。太原局机关、万柏林区交通执法分局、尖草坪区交通执法分局、小店区交通执法分局4家获"山西省文明单位"称号。

8月3日 太原局工会选送25幅摄影作品参加由省总工会组织的"中国梦·劳动美"摄影大赛。

8月5日 上午，太原局组织干部职工前往山西省人民防空防灾体验馆进行参观学习。

9月8日 根据省交通运输厅文明办《关于转发〈关于继续开展2020年度"博爱一日捐"募捐活动的通知〉的通知》，太原局共募捐4620元。

9月10日 太原局特邀山西大学法学院教授、硕士生导师、法学院工会主席何建华就《中华人民共和国民法典》进行专题辅导。局机关全体、局属各单位党政主要负责人聆听讲座。

10月2日 省交通运输厅召开第四次安委会暨2020年国庆期间安全生产大检查工作视频会议。太原局领导就落实会议精神，要求各单位在国庆期间开展以办公楼等责任(管理)区为重点的安全生产自查工作，认真排查整治风险隐患，确保全局安全生产。

10月5日至7日 太原局安全生产专项督查组分别对市局机关及所属11个基层单位的安全生产大检查工作进行督查，并对发现的问题跟踪督促整改。

10月23日 根据省交通执法局部署，太原局特邀山西大学法学院教授、硕士生导师、法学院工会主席何建华就信用交通和法治政府建设开展专题讲座。局机关全体、局属各单位党政主要负责人聆听讲座。

10月26日 根据省交通执法局部署，太原局特邀山西大学军事教研室教授倪宁就国防教育开展专题讲座。局机关全体、局属各单位党政主要负责人聆听讲座。

11月2日 太原局党委2020年度第11次党委会会议议召开，传达学习贯彻中共十九届五中全会精神，领导班子成员及有关科室负责人参加会议。

11月24日 上午，太原局党委组织干部职工观看廉政教育片《镜鉴》，局领导、机关全体干部职工、局属单位党政主要负责人和纪检委员认真观看。

11月30日 经太原局党委会会议议研究决定，批准梁向东为中共预备党员。

12月10日 省交通运输厅一级巡视员、厅直机关党委书记雷天才一行深入太原局宣讲中共十九届五中全会精神，并对党建、"三零"单位创建等工作作调研指导。雷天才听取局党委书记、局长赵有恭工作汇报后，对太原局全年工作开展给予充分肯定，提出4点要求：一是进一步深入学习宣传贯彻中共十九届五中全会精神；二是扎实抓好党的建设工作；三是切实做好"三零"单位创建工作；四是积极拥护改革、支持改革、参与改革。

12月18日 上午，太原局召开会议传达省委、省政府的干部任命决定，学习省交通运输厅党组书记、厅长闫晨曦讲话以及省高速公路综合行政执法总队党委书记、总队长(局长)刘清平在全系统干部会议上的工作安排。会议提出3点要求：一是提高政治站位，积极拥护改革、支持改革、参与改革、服从改革；二是扎实开展工作，确保年度各项工作任务圆满完成；三是强化责任担当，谋划做好职能转变有关工作。

12月20日至24日 根据上级党组织要求及太原局党委安排，局领导班子成员分别深入所属十五个党支部宣讲中共十九届五中全会精神，使中共十九届五中全会精神深入人心、落地生根。

12月30日 上午，省高速公路综合行政执法总队安委会召开第五次视频会议后，太原局认真落实会议精神，随即召开会议对近期安全生产及疫情防控工作进行部署。

12月 太原局按要求完成机构改革划转省邮政业安全中心5人(杏花岭区分局李培刚、尖草坪区分局黄俊卿、阳曲县分局王璐、娄烦县分局杨波和赵虎)的档案移交、工资和社保关系衔接工作。

是月 太原局工会组织全体会员为全省困难群众"送温暖、献爱心"捐款4720元。

是月 根据省委宣传部文件精神和省交通运输厅、省高速公路综合行政执法总队工会安排，太原局工会为全体会员购置发放《风雨日升昌》云端观影票。

(资料提供：周海燕)

山西省大同交通运输执法局大事记

4月21日 山西省大同交通运输执法局(以下简称大同局)在帮扶村大同市浑源县官儿乡李家庄村展开"联手群众、清洁村庄"春季行动。

5月28日 省纪委驻省交通运输厅纪检组组长王建业赴大同局检查指导工作。

7月1日 大同局党委组织市局机关全体、基层11个支部党政负责人，联合开展以"沿着总书记视察之路、牢记领袖殷切嘱托、重温入党誓词"为主题的特别党日活动，庆祝伟大的中国共产党成立99周年。

7月2日 大同局组织部分退休老党员赴大同市云州区唐家堡村有机黄花儿标准化种植基地和坊城新村，开展"沿着总书记视察之路，牢记领袖嘱托，永远跟党走"活动，庆祝中国共产党成立99周年。

7月9日 大同局组织市直机关、督查支队党员赴大同市雕塑博物馆观看抗"疫"主题展览"致敬！英雄"。

7月20日 大同局抽调4名干部职工，参加全市高速公路治超工作专项检查。

8月5日 大同局邀请山西军安消防科技中心教官，对全局干部职工进行消防安全培训和应急演练。

(资料提供：昝成继)

山西省朔州交通运输执法局大事记

1月 山西省朔州交通运输执法局(以下简称朔州局)认真贯彻落实中央、省委、省交通运输厅、省交通执法局疫情防控部署要求,成立疫情防控领导小组,出台《朔州交通运输执法局关于新型冠状病毒感染的肺炎疫情防控工作工作方案》,制作疫情防控微视频宣传片,悬挂防控宣传标语,并通过微信、"学习强国"平台、工作群等网络渠道宣传普及疫情防治知识和防控要求,购置消毒液、口罩、喷壶、电子测温计、防护服等防控物资,严格防控措施,认真开展摸排,坚决打赢疫情防控阻击战。

4月 朔州局党风廉政宣传教育月活动动员会召开。专题学习习近平总书记"三篇光辉文献"和对交通运输工作的指示批示精神,系统学习《中国共产党党章》《中国共产党党内监督条例》《中国共产党党和国家机关基层组织工作条例》,组织全体党员认真观看警示教育片,学习宣传太行精神、"两路"精神等形式多样、内容丰富的活动,开展"党风廉政宣传教育月"系列活动。

4月13日 朔州局认真收看全省"三零"单位创建工作动员部署大会后,研究制定《关于开展"零上访零事故零案件"单位创建工作的实施方案》,确定领导责任落实,严格执行情况报告、信息反馈等制度,积极开展"三零"创建和综合治理宣传工作,总结交流工作经验,实现工作成效不断深化,长效机制健全完善。

6月 朔州局开展全国安全生产月系列活动。通过组织机关和基层各支部干部职工安全生产和应急技能知识答题活动,在飞马广场举办安全生产月宣传咨询日活动,并在显著位置悬挂布标、张贴宣传海报、电子屏循环播放宣传口号等,进一步提高干部职工群众的安全防范意识,积极营造人人重视安全的浓厚氛围。

6月16日 上午,朔州局通过设立咨询台,为市民答疑解惑。发放安全生产宣传单,现场讲解安全生产的法律法规以及安全知识等,向群众传播安全理念,增强群众安全意识,提高群众安全防范能力,形成"人人重视安全生产、人人维护安全生产"的良好氛围。

7月至8月 朔州局开展庆"七一"系列活动。局党委通过走访慰问生活困难党员、慰问山阴慈爱儿童福利院、应县白马石敬老院等党员志愿服务活动,举办书法、摄影培训等多项活动,有力推动全局各项工作健康发展。

9月 朔州局采取组织观看视频宣传、张贴安全标语、举办知识竞答等形式,开展以"网络安全为人民 网络安全靠人民"为主题的网络安全宣传周活动。

(资料提供:雷 娜)

山西省忻州交通运输执法局大事记

1月6日 上午，山西省忻州交通运输执法局（以下简称忻州局）2019年度目标责任考核大会召开。省交通执法局第四考核组组长、副局长段志伟，副组长陈振玉、冀建斌及考核组成员出席会议。忻州局党委书记曲恒卯主持会议，机关全体人员、基层党政负责人参加会议。会上，段志伟强调年度目标责任考核的重要意义，明确考核的方法和具体步骤，并严明考核纪律。曲恒卯代表领导班子及个人作述职述廉报告。在考核组指导和监督下，全体参会人员对党委领导班子进行民主测评。会后进行考核谈话以及印证材料查阅。

1月9日 上午，忻州市扶贫办第三考核组一行3人深入忻州局进行2019年度扶贫工作年终考核，党委书记曲恒卯主持会议，机关办公室、党群部、人事科、纪检监察室负责人和扶贫工作队员参加会议。会议由考核组组长对本次考核工作的目的、内容和方式进行介绍。本次考核主要听取汇报、查阅台账等方式。听取汇报后，考核组仔细查阅忻州局扶贫工作台账，并当场反馈检查考核情况，对忻州局扶贫工作提出几点建议。听取考核组反馈意见后，曲恒卯作表态发言。他表示，扶贫工作队将认真总结，针对考核组的意见和建议，认真补短板、强弱项，进一步提升扶贫工作水平。

1月15日 省交通运输厅总会计师郭贵堂、省公路运输工会主席王大为等一行5人组成慰问小组冒着深冬严寒，在新春佳节来临之际开展春节“送温暖”活动，登门看望忻州局困难职工张彦玲，送上慰问金和节日问候。随后，局党委书记曲恒卯、副局长李红光又登门看望退休老干部张振荣。被走访对象纷纷表示感谢，感谢党和组织送来的深情厚意，在困难的时候能够想到他们，切实帮助他们解决实际问题。通过本次“送温暖”活动，广大群众感受到省厅、省局以及忻州局党委和工会组织的温暖。

2月18日 上午，忻州局防控疫情领导组一行4人在局党委书记曲恒卯带领下，先后深入局机关及宿舍区、忻府区分局机关及宿舍区，检查指导新冠肺炎疫情防控工作。督查组实地查看各单位出入登记、体温监测、消毒及防控人员到岗等情况。认真听取各单位关于落实疫情防控措施的情况汇报。并与基层一线防控人员交谈，询问解疫情防控情况。就进一步加强机关及宿舍区疫情防控工作提出新要求，尤其要加强人员和车辆动态防控。

2月27日 忻州局党群部通过微信工作群，传达学习习近平总书记在统筹推进新冠肺炎疫情防控和经济社会发展工作部署会议上重要讲话精神等内容，局党委积极响应党中央对广大党员的号召，党委班子成员带头进行捐款。

2月28日 忻州局所属各基层党组织和广大党员积极行动，用实际行动支持新冠肺炎疫情防控工作，广大党员纷纷通过电子转账等方式进行捐款，部分离退休党员由于无法操作电子转账，主动让子女联系工作人员进行捐款，以实际行动支援全国疫情防控工作，为战斗在疫情防控斗争第一线的医务人员、基层干部群众、公安民警和社区工作者以及因在疫情防控斗争中牺牲的干部群众家属献上一份爱心。140名党员共捐款30600元，全部上缴忻州市直工委。

3月9日 忻州局党委组织中心组理论学习。认真传达学习闫晨曦在全省交通运输工作暨党风廉政建设和反腐败工作电视电话会议上重要讲话精神，结合当前防疫工作对2020年重点工作做出部署。

6月24日 忻州局党委书记曲恒卯带队深入保德县分局、岢岚县分局，实地检查安全生产工作，对加强安全生产防范各项措施提出要求。曲恒卯一行详细询问查看开展“消除事故隐患，筑牢安全防线”为主题的“安全生产月”活动情况，看望一线工作人员。要求认真落实省交通运输厅、省交通执法局部署，扎扎实实做好常态化安全生产工作。

7月1日 下午，为纪念中国共产党成立99周年，回顾党的奋斗历史和取得的光辉成就，增强党组织的创造力凝聚力战斗力，激发广大党员归属感荣誉感、使命感，激励广大党员永远听党话、跟党走，不忘初心、牢记使命，忻州局党委召开中心组理论学习专题研讨会议。各党委委员围绕学习贯彻落实习近平总书记视察山西重要讲话重要指示，在转型发展上率先闯出一条新路来，通过谈认识、谈体会、谈打算，准确领会、全面把握习近平总书记视察山西重要讲话重要指示的核心要义，进一步统一思想、凝聚共识。

7月17日 上午，为有效推进机构改革中档案处置工作，科学管理和合法处置单位档案，根据省交通执法局《关于做好机构改革中档案处置工作的通知》要求，忻州局及时制定《档案处置工作实施方案》，召集机关各科室、15个基层单位主要负责人再次召开机构改革档案处置工作部署会，对前期档案整理工作进行梳理、再部署，档案处置工作扎实有序推进。

8月25日 为深入贯彻落实习近平总书记对制止餐饮浪费行为做出的重要指示精神，按照忻州局党委关于开展“厉行勤俭节约 杜绝餐饮浪费”主题党日活动的通知要求，局机关党支部联合督查支队党支部开展“厉行勤俭节约 杜绝餐饮浪费”主题党日活动，认真学习《习近平总书记关于坚决制止餐饮浪费行为切实培养节约习惯，在全社会营造浪费可耻节约为荣的氛围》等重要指示精神，并观看百家说故事《曾国藩教女节俭》电视节目，从思想上提高认识，广大党员意识到餐饮浪费的严重性、珍惜粮食的必要性，全体党员现场签订“党员公开承诺书”。

9月8日 上午，为进一步加强党支部建设、激励广大党员充分发挥先锋模范作用，助力忻州市全国文明城市创建活动，忻州局组织机关全体党员到交通小区开展党员志愿服务活动。局机关和督查支队2个党支部共20余名党员参加活动。在活动中，党员们对社区主干道路、垃圾死角、墙面“牛皮癣”广告，地面杂草进行彻底清理。党员们充分发扬不怕脏、不怕苦、不怕累的奉献精神，齐心协力，有效改善社区环境，赢得居民称赞。

10月12日 上午，省交通执法局安全生产隐患排查第二督导组组长、副局长刘宝东一行3人对忻州局安全生产专项整治三年行动、“三零”单位创建和秋冬季安全生产、疫情防控工作进行检查指导。先后听取安全生产工作情况以及近期部署，查看台账资料，实地检查机房、楼梯、家属院等安全生产措施落实情况，签订安全生产责任书。通过听取汇报和查阅资料，督导组对忻州局安全生产工作给予肯定，对于存在问题，均向单位负责人指出，并要求其尽快落实整改。

12月3日 忻州局工会号召全局广大干部职工开展“送温暖、献爱心”“博爱一日捐”活动。发出倡议后，局领导班子全体成员带头捐款，其他干部职工纷纷慷慨解囊，奉献爱心，希望通过自己微薄之力，为救助弱势群体、改善民生和维护社会稳定做出积极贡献。全局107名干部职工捐款8300余元。活动所募集捐款全部送交民政部门社会捐助工作机构，做到善款善用，使更多受困群众真切感受到社会温暖和人间关爱。

12月18日 忻州局党委按照省局党委要求，迅速部署，以党委中心组和支部集中学习的形式，及时传达学习省交通运输厅党组书记、厅长闫晨曦在干部任职宣布会上的讲话精神。通过学习会议精神，忻州局党委深刻认识到综合行政执法改革的重要意义，全局干部职工表示要尽快适应综合执法改革要求，勇于探索实践，不断开拓进取，勇于担当，主动作为，为实现交通运输综合执法行业形象重塑开创新工作局面。

（资料提供：杨淑娟）

山西省阳泉交通运输执法局大事记

1月23日 按照省、市疫情防控工作安排，阳泉局启动重点卫生事件一级响应程序，组建以局长范文生为组长的疫情防控领导组，制定《做好新型冠状病毒感染的肺炎疫情防控的实施方案》，建立阳泉局疫情防控微信报告群，落实省交通执法局日报零报工作要求，及时解决疫情防控过程中出现的问题，确保单位职工安全健康。

1月29日 山西省阳泉交通运输执法局（以下简称阳泉局）及时召开疫情防控安排会议，传达省交通运输厅防控电视电话会议精神，阳泉局对疫情防控工作重新做出6项具体安排。即：强化宣传，正确引导；严禁一切集聚性活动；加强值班值守，做好登记工作；采购消毒液、口罩、体温计等防护物资；强化单位环境卫生治理，做好消毒工作；所有干部职工一律不得离开工作所在地。

2月26日 阳泉市局进行消防安全知识在线培训，由太原政安科技消防中心教官王晋军授课。通过培训，加强全体职工防疫期间家庭安全意识，提高全员疫情防控意识和自防自救能力，为实现全局全年安全生产无重大责任安全事故目标奠定良好基础。

3月3日至5日 阳泉局副局长张晓阳带队对基层分局的疫情防控工作的督导检查情况进行统计通报，发现部分单位的防控工作存在短板，没有完全按照省交通运输厅、省交通执法局和市交通运输局的相关安排执行，措施上存在漏洞，有的没有来人登记，有的没有消毒记录，防控设施、设备不全。通报要求工作存在缺陷单位3月8日前补齐短板，严格按照阳泉局方案进行整改，整改情况3月8日17时前报局防控领导组办公室。

3月12日 阳泉局党委专题（扩大）会议召开，传达贯彻2020年全省交通运输工作会暨党风廉政建设和反腐败工作会议精神。

4月15日 根据市直工委《关于开展“4·15”全民国家安全教育日宣传活动的通知》精神，阳泉局认真开展“4·15”全民国家安全教育日宣传活动。

4月16日 上午，阳泉局机关全体干部职工、基层单位主要负责人在局五楼会议室参加阳泉市直机关党建暨组织工作视频会。会上，机关工委书记刘连生部署2020年市直机关党建工作要点，市委秘书长、统战部部长讲话。

4月22日 按照省交通运输厅党组、省交通执法局党委关于开展2020年度“党风廉政宣传教育月”活动的部署要求，阳泉局党委结合实际，就如何具体开展好此次宣传教育月活动做出专门部署，力求活动取得实效。局属7个党支部均按照市局党委的部署要求，开展“党风廉政宣传教育月”活动。为“三零”单位创建和交通综合执法改革奠定良好基础，为交通强国建设山西篇章新征程贡献力量。

同日 阳泉局党委积极响应省委“三零”单位创建的号召，组织带领全局干部职工认真贯彻落实会议精神，并把“三零”单位创建作为阳泉局当前及今后一个时期的重要政治任务，要求全局上下不断提高政治站位、深化思想认识，切实增强“三零”单位创建的自觉性、主动性和创造性。要不断深入贯彻落实习近平总书记关于社会治理的重要论述和中共十九届四中全会精神，立足本职统筹推进疫情防控、安全生产、“三零”单位创建、交通综合执法改革等各项工作，不断提升基础效能建设、提高基层治理能力，为交通强国建设山西新篇章贡献力量。

4月24日 上午，阳泉局机关党支部按照局党委关于开展“党风廉政宣传教育月”活动部署要求，在局机关五楼会议室举办“党风廉政宣传教育月”专题党建知识测试。活动采取支部学习、个人自学、在线学习、微信工作群等多种学习方式，深入学习习近平总书记“三篇光辉文献”、中共十九届四中全会精神、中共十九届中纪委四次全会精神及党章党规，以及关于交通运输工作的最新指示批示精神等。通过学习,切实增强党员干部“不想腐”的自觉,全面筑牢思想防线,确保活动取得实效。

4月28日 上午,阳泉局纪委组织纪委全体工作人员及阳泉交通运输局党委主要负责人召开专题会议,就全面贯彻落实驻省交通运输厅纪检监察组深化“三转”实施方案相关事宜进行部署。会上,大家就如何开展深化“三转”进行讨论,一致表示将按照会议精神,切实做好实施方案要求的各项工作。

同日 上午,阳泉局党委组织全局党员干部在局五楼会议室集中观看警示教育片《国家监察——擘画蓝图》和先进典型宣传片《老申还是老申》,随后由局长范文生对全局党员干部进行廉政集体谈话并与班子成员、各单位第一责任人签订党风廉政建设目标责任书。

5月8日 上午,阳泉局机关党支部在五楼会议室开展“党风廉政宣传教育月”主题党日活动。活动分为两部分,重温入党誓词和邀请局长范文生讲授专题党课。活动由机关支部书记尚迎锋主持。通过重温入党誓词和聆听“抗疫”专题党课,进一步坚定共产主义理想信念,强化党员的先锋模范作用。在工作中,要切实担牢初心使命、认真履职尽责,为打赢疫情防控阻击战、复工复产振兴山西经济、山西交通综合执法改革、建设交通强国山西新篇章贡献力量。

5月9日 上午,阳泉局开展以“提升基层应急能力、筑牢防灾减灾的人民防线”为主题的“5·12防灾减灾日”安全线上培训。此次宣讲以微信直播方式,对近几年国内发生的一些重大火灾案例进行讲解。通过这次讲座,进一步增强广大职工在工作和生活中“关注消防、平安你我”消防意识,为确保全局安全工作打下坚实基础。

5月20日 阳泉局召开专题会议,传达学习习近平总书记视察山西重要讲话重要指示,并对全局如何深入学习贯彻落实好习近平总书记视察山西重要讲话重要指示进行部署。机关全体人员、基层单位主要负责人参加会议,局长范文生传达并主持会议。

5月29日 按照驻省交通运输厅纪检监察组《深化“三转”工作实施方案》的工作部署,阳泉局认真做好各项工作。通过开展各项活动,局纪委已全面实现“三转”,有力推动党风廉政建设和反腐败工作、“两个责任”进一步落实。

6月2日 省交通运输厅纪检监察组副组长聂洪带队一行3人赴阳泉局进行检查调研工作。旨在对阳泉执法局就贯彻落实全省交通运输系统党风廉政建设和反腐败工作会议、厅属单位纪检工作推进会精神,疫情防控专项监督及推进深化“三转”等工作开展情况进行实地调研。调研组一行主要采取听取汇报、查阅资料、实地走访的方式开展专项检查调研。

6月16日至23日 按照《山西省交通运输厅关于开展建制村通客车督查工作的通知》(晋交运管发2020〔199〕号)的文件精神,省交通运输厅抽调局纪检监察室副主任张磊,参加督查工作组中开展督查工作。此次督查效果显著,为下一步有效提升农村“村村通”客车便民交通服务提供保障。

6月17日 阳泉局局长范文生一行深入定点扶贫村盂县上社镇大西外村调研督导扶贫工作。在上社镇党委书记、村支两委、驻村工作队员陪同下,先后走访慰问贫困户、视察生猪养殖基地、研讨产业脱贫项目等。上社镇党委书记贾廷志对大西外村产业项目进展情况作详细介绍,对阳泉局多年来的帮扶工作给予高度肯定,同时也提出存在的困难,希望帮扶单位帮助解决。

6月29日 阳泉局党委在市局五楼会议室开展“庆祝中国共产党成立99周年”活动,机关党支部全体党员、基层党支部党员代表参加活动。

7月9日 上午,阳泉局安全生产委员会第三季度会议召开,传达省交通运输厅及省交通执法局安委会第三季度会议精神,对近期的安全生产工作做出安排。

7月24日 阳泉局参与义务献血的干部职工们一大早来到阳泉市中心血站,进行无偿献血。在工作人员引领下,依次填表、体检、验血、抽血,献血现场秩序井然,展示勇于承担社会责任的行为。

7月30日 阳泉局领导走访慰问13名退役军人,为他们送去慰问信和慰问金,送去关怀和温暖,并致以节日问候。

8月至9月 按照《阳泉市国家卫生城市创建办公室关于印发“阳泉市创建国家卫生城市病媒生物”的通知》要求,阳泉局充分发挥党员干部的模范带头作用,抽调三人积极参加阳泉市直机关工委病媒生物集中清理活动。

9月8日 上午,阳泉局开展秋季消防安全讲座。讲座结束后,局长范文生传达省交通运输厅安委会第三次全体会议暨做好秋冬季疫情防控工作视频会议内容，对2020年以来阳泉局安全生产和疫情防控工作进行总结分析并部署下一阶段重点工作。

10月15日 阳泉局在局三楼会议室组织召开2020年度工作推进会。基层单位主要负责人、机关各科室负责人参加会议。要求全局干部职工主动作为，以“有为、有位”的思想迎接改革。要在省交通运输厅、省交通执法局、阳泉市委、阳泉市直机关工委正确领导下，凝心聚力，振奋精神，统筹推进全局各项工作有序高效开展，为改革顺利进行夯实基础。

10月17日 省交通执法局副局长段志伟一行3人赴阳泉局实地检查安全生产隐患排查工作。经过实地检查和听取汇报后，段志伟在讲话中对阳泉局安全工作给予肯定，要求进一步提高政治站位，深刻汲取太原台骀山火灾事故教训，重点做好阳泉局所属范围内的安全防范工作，加大排查力度，做到不留死角、不留后患，确保阳泉局安全稳定。要不断提升每一位干部职工的政治素质和业务素质，提高抵御风险的能力。

10月19日 根据省交通运输厅《法治政府建设成就宣传报道活动方案的通知》，结合省交通运输厅《关于印发〈2020年“信用交通宣传月”活动实施方案〉的通知》文件要求，阳泉局开展“一把手谈法治建设”、利用电子显示屏滚动播放宣传学习内容、张贴悬挂横幅标语宣传活动主题、微信群分享主题相关政策文件等方式，广泛进行学习宣传。

同日 根据省交通运输厅《关于印发〈2020年“信用交通宣传月”活动实施方案〉的通知》文件要求，阳泉局紧紧围绕“诚实守信 一路畅行”主题，组织机关开展信用建设知识答题活动，各分局自行组织，及时检验学习成效。

10月30日 阳泉局局长范文生带队一行4人，赴盂县分局就前段时间市局2020年度工作推进会后工作开展情况进行检查督导。检查盂县分局在岗情况、请销假执行、公务用车、安全生产等各项制度执行情况。随后，盂县分局负责人就如何深入贯彻落实市局工作推进会精神，开展好各项工作作详细汇报。

同日 阳泉局长范文生带队一行4人，赴定点扶贫村——盂县大西外村走访慰问帮扶对象，调研扶贫工作开展情况。

11月3日至12月31日 按照阳泉局《2020年度法治宣传教育工作计划》，阳泉局再出台《关于做好岗前培训学习的通知》，详细制定“学习计划安排表”。要求全体干部职工结合专题讲座和个人自学，利用“学习强国”“三晋先锋”“山西交通在线”等学习平台，随时随地接受教育培训。制定考核机制，严格执行签到制度、年底组织结业考试，将学习签到情况与考试结果与各基层单位目标责任挂钩。

11月9日至12月30日 根据省交通执法局《关于组织高速公路综合行政执法人员资格培训的通知》文件要求，阳泉局分三批（共22人）参加执法资格培训，22人圆满完成培训任务，考核合格，取得高速公路综合行政执法资格。

11月30日至12月6日 阳泉局学习习近平总书记全面依法治国新理念新思想新战略，特别是关于宪法的重要论述、中共十九届五中全会精神、《中华人民共和国宪法》、《中华人民共和国民法典》、疫情防控等法律法规、“七五”普法工作成就为学习重点，开展学习宣传，利用网络授课形式，开设讲座，集体学习新出台的《中华人民共和国民法典》。

11月至12月 按照阳泉市直机关工委要求，实现标准化、规范化建设，大力提升党建工作的层次和质量。阳泉局按照“六有”标准，完成党建基地建设。基地一室多用，既体现执法特点、又体现地域特色的组织生活室、党员活动室。为开展各项党员学习活动提供充分硬件设备支持，供党员学习使用，开展丰富多彩、形式多样的活动。

12月3日 上午，按照省交通执法局《工会委员会关于转发〈山西省交通运输厅关于开展“送温暖、献爱心”社会捐助活动的通知〉的通知》文件要求，阳泉局工会组织全体干部职工、工会会员开展2020年“送温暖，献爱心”捐款活动，所捐款项按要求全数送交阳泉市民政局。

12月10日 阳泉局党委开展中共十九届五中全会精神宣讲，机关全体、基层单位主要负责人参加会议。会议要求认真组织好中心组（扩大）学习、开展好支部集中学习、主题党日和讲党课，确保全会精神入脑入心；要结合当前疫情防控形势和单位改革重点任务，继续落实好疫情常态化防控举措，抓好收官开局，为交通强国建设山西新篇章贡献力量。

12月18日 阳泉局党委在局五楼会议室组织召开专题会议，传达学习省局干部大会精神。机关全体人员、基层单位主要负责人参加会议。会议强调，各单位要切实加强党的领导，提高政治站位、聚焦重点关键，高标准高质量推进全局各项工作顺利开展；要坚持底线思维，切实抓好安全生产和“三零”单位创建；切实抓好常态化疫情防控；切实抓好目标导向、结果导向，确保全年目标任务完成。

（资料提供：吴 沁）

山西省吕梁交通运输执法局大事记

1月10日 山西省吕梁交通运输执法局（以下简称吕梁局）2019年度目标责任考核大会召开，省交通执法局第二考核组及吕梁局领导班子、局机关全体干部职工、各基层单位党政负责人参加会议。会上，副局长刘宝东首先对省局2019年度工作情况进行通报，并就此次考核工作提出具体要求。随后，局长张联信代表吕梁局领导班子并就个人履职情况进行述职。他指出，一年来全体干部职工通过共同努力，全局上下思想政治建设得到新加强、执法监督业务取得新成效、党建和党风廉政建设迈上新台阶、基层基础管理实现新突破，较好地完成省交通执法局下达的各项目标任务。2020年，在交通运输厅党组和省局党委坚强领导下，要进一步凝聚人心士气、积极发扬吕梁精神，确保改革发展各项工作顺利推进，用实际行动为全省交通运输事业科学健康发展做出更大贡献。最后，经过考核测评和民主推荐，此次目标责任考核大会圆满结束。

1月15日 吕梁局2019年度党建工作目标责任制考核会议局召开，吕梁市直工委党建第一考核组书记刘保平一行对吕梁局2019年度党建工作目标任务完成情况进行考核。会上，刘保平作考核动员讲话，听取张联信工作汇报。刘保平在讲话中，提出“以党建促改革、以党建聚人心、以党建提素质、以党建保稳定”具体工作要求和努力方向，同时通报2020年度吕梁市直机关党建工作“一个指导、两个学习、贯彻两个围绕”的工作思路。张联信在讲话中，要求务必要将刘保平讲话精神第一时间传达给全吕梁交通执法系统的每一个党组织和每一名党员干部，要深度聚焦2020年党建工作思路，深入学习领会，全面贯彻落实，务必做到提前谋划，提前部署，提前推进，争取党建工作取得更大的成绩。最后，考核组仔细查阅吕梁局2019年度目标任务完成情况的相关材料，给予充分肯定，考核结束。

1月17日 吕梁局2019年度干部考核大会召开，受省交通执法局党委委托对基层单位领导班子和省局管领导干部进行考核，并对局管副科级干部和一般干部进行考核。局机关及各基层单位全体干部职工参加会议。此次考核以德才兼备为基本原则，从“德、能、勤、绩、学、廉”六个方面展开。基层单位领导班子和机关各科室对全年工作进行回顾总结，各单位、科室负责人在大会上依次进行述职。在考核测评环节，分别对被考核单位、领导干部及一般干部进行考核测评，同时开展正科级干部、副科级干部非定向推荐及“担当作为先进典型”干部候选人推荐工作。经过局领导与部分基层单位、机关科室负责人考核谈话，此次干部考核大会结束。

1月下旬 面对突如其来的疫情，吕梁局坚持机关、基层一盘棋，密集调度、精准施策，推动建立“市局领导班子—基层单位党政负责人—防控工作具体承办人”三级责任落实机制，构建起“点线面”网格化立体防控体系，明确防控重点区域，展开全面排查，定期进行消杀，深入开展线上督导，迅速筹集援鄂捐款，认真坚持疫情日报送和清单式管理制度，全方位、多层次推进疫情防控工作，全力以赴打好疫情防控阻击战。

2月12日 根据省交通运输厅党组2020年2月12日（第2号）会议纪要和省交通执法局党委2020年2月17日（〔2020〕2号）会议纪要，吕梁局原局长张联信调离，日常工作由副局长孙权平负责。

3月12日 吕梁局召开会议，传达贯彻全省交通运输工作暨党风廉政建设和反腐败工作会议精神。受新冠肺炎疫情影响，局机关、离石区分局、督查支队全体职工现场参会，其他基层单位职工以视频会议形式参会。会议指出，省厅站在改革发展的新起点上，总结回顾2019年向全省交出的交通“答卷”，深刻分析全省交通运输领域存在的短板和差距，展望2020年，动员号召全系统广大干部职工砥砺奋进，继续前行，全面拓展交通强国建设山西发展新局面。孙权平在讲话中，要求各单位要主动把学习贯彻落实厅长闫晨曦讲话精神作为一项重要的政治任务，在学习中谈认识、悟体会、找差距、理思路、谋办法，确保讲话中提出的各项工作在吕梁执法系统落地生根。

4月26日 根据省交通运输厅党组、省交通运输执法局党委相关部署，吕梁局深入开展2020年度“党风廉政宣传教育月”活动。召开由局机关全体、基层各单位党政负责人参加的动员部署会议，全面部署党风廉政宣传教育月活动各项工作，切实将活动开展到基层一线。通过专题学习查摆问题、“三篇光辉文献”学习研究、开展警示教育、组织明察暗访，活动成果显著。

5月27日、6月9日 吕梁局党委组织机关全体、基层单位党政负责人先后开展2次习近平总书记视察山西重要讲话重要指示专题学习。全体党员干部切实以深入学习贯彻习近平总书记视察山西重要讲话重要指示为契机，把习近平总书记重要讲话重要指示精神真正吃深吃透，落到实处，不断推动全局改革发展稳定和党的建设各项事业迈上新的台阶。

5月 由吕梁市政府统一出资，按规定标准完成对机关办公楼和机关、离石区分局家属区共17530平方米楼体外墙保温改造工程，解决多年来因建筑老旧导致的冬季采暖效果差、外墙损坏严重等历史问题。

是月 针对吕梁局属文水县分局部分办公场所和原胡家窑收费站办公场所租赁合同到期，但未能按时腾退的问题，吕梁局在多次与两家承租方沟通协商，督促腾退无果后，已依法将其起诉至人民法院，为下一步综合行政执法改革扫清障碍。

6月3日 省纪委监委驻交通运输厅纪检监察组组长王建业深入吕梁局调研指导工作，副组长任玉胜、室主任李栋然陪同。会上，副局长孙权平就全局基本情况、2020年以来工作开展情况、以及单位存在的问题，党委副书记刘玉平就纪检方面8项重点工作推进情况作汇报。王建业在讲话中，对吕梁局日常工作和纪检监察工作给予肯定，并对局纪委深化“三转”工作提出明确要求。一是认真学习，提高政治站位；二是心存畏惧，手握戒尺；三是严守改革期间六大纪律，严格落实中央八项规定；四是贯彻好党委主体责任，纪委监督责任和班子成员“一岗双责”；五是正确对待监督，把监督作为一件好事。

6月中旬 在省交通执法局严格指导下，吕梁局积极配合乙方对全局3800余万元账面资产开展全面盘点清查，在深度清查资产、支出的基础上，实施对各项固定资产核对、盘点，共清查净资产3546.64万元，待处理90.92万元，切实做到底清数明、账实相符。

6月17日 吕梁局邀请太原市政安消防科教中心教员开展消防安全知识培训。

6月29日 按照吕梁市直工委庆祝中国共产党成立99周年“不忘初心 久久为功”系列活动组织一次专题党课的安排，吕梁局邀请吕梁市委讲师团团长吴新元为全体党员讲授一堂以“认真学习贯彻习近平总书记视察山西重要讲话重要指示精神，书写吕梁践行新时代中国特色社会主义的新篇章”为题的党课。

6月 全国第十九个“安全生产月”，吕梁局组织干部职工开展安全生产宣传活动。以《安全生产法》《山西省安全生产条例》等内容为重点，吕梁局分别印制宣传资料，在机关大院门口向过往行人、车辆散发宣传单，详细讲解安全生产法律法规和相关知识。形式多样、内容丰富的宣传教育活动，在全局范围内营造关心安全生产、参与安全发展的浓厚氛围。

10月16日 吕梁局依托《镜鉴》《警示录》《天网》系列纪录片——《守护三晋之一线扫黑、重拳出击》等警示教育视频、书籍，先后多次组织干部职工学习集中开展警示教育活动。活动内容扎实丰富，成效显著。党委副书记、纪委书记刘玉平在讲话中，要求全局党员干部要围绕党风廉政建设工作，切实做到严格遵守党的各项纪律和规定，时刻绷紧廉洁自律这根弦。各级党组织要切实扛牢压实主体责任，把预防改革期间不正之风作为一项重要任务抓紧抓实。

11月10日 吕梁局以诚实守信为主题，组织干部职工开展道德讲堂活动。此次道德讲堂分“作一番自省”、齐唱歌曲《诚信》、观看视频故事《曾参教子》、诵读经典、讲述“信义兄弟”孙水林与孙东林人物事迹、畅谈对诚实守信的认识和理解、向全体人员送上精美礼物7个环节依次进行。经过此次活动，干部职工对诚实守信有更加深刻理解，在诚实守信的激励下，全局上下谦恭礼让、重信践诺的氛围愈发浓厚。

11月24日 吕梁局工会第三次会员大会在市局机关隆重召开，局领导、机关各科室、基层各单位全体在职会员参加。大会分预备会议和正式会议两部分进行，副局长孙权平主持预备会议，按照程序向与会人员介绍大会筹备情况，组织表决通过大会主席团、秘书长名单和会议议程，宣布大会执行主席名单和会议纪律，详细介绍会议分团情况。正式会议在雄壮的国歌声中拉开帷幕，孙权平主持，工会副主席王保明致开幕词，并受大会主席团委托作工会工作报告。经过分组讨论、投票选举，产生吕梁局第三届工会委员会、经费审查委员会和女职工委员会。

12月4日 在全国第七个国家宪法日和第三个宪法宣传周到来之际，吕梁局严格按照吕梁市政府和省交通执法局部署，积极参与和开展一系列宪法宣传活动。根据市政府安排，吕梁局由主要负责人带队，积极开展宪法宣传活动。在机关大院门口，悬挂宣传横幅，组织干部职工向过往行人和车辆散发宣传单，主动普及并讲解宪法、行政诉讼法等法律法规。

12月17日 下午，吕梁局组织干部职工召开“传达学习贯彻省交通执法局干部大会精神专题会议”，迅速传达省交通执法局干部大会精神，深入学习贯彻省交通运输厅、省交通执法局领导讲话。要求全局上下要迅速统一思想认识，提高政治站位，务必做到“三个坚决”：一是坚决拥护省委、厅党组和省局党委决策部署。二是坚决维护安全稳定。三是坚决投身事业发展。会议由副局长孙权平主持，市局机关、离石区分局、督查支队全体干部职工参加，其他单位以书面形式传达。

12月30日 根据上级统一部署，吕梁局党委深入开展党政领导干部违规入股企业问题专项清理工作。成立局违规入股企业专项清理工作领导小组，发挥好牵头抓总作用，加强对各部门工作的协调指导，进一步明确专项清理领导机构，对6项具体工作任务统筹做出部署。当日，吕梁局组织全局副科以上干部召开专项清理工作推进会，对开展专项清理工作进行再发动、再部署，推动形成全局“一盘棋”的专项清理工作格局。按照“四个讲清楚”要求，领导班子和基层各单位党政负责人、机关各科室负责人，各单位各部门负责人和所在单位、部门符合清理范围的在职党员干部，局党委深入基层单位与退休不满三年的副科以上干部面对面逐一开展分级谈话。经过广泛发动，普遍谈话，全局符合清理范围的50名干部均认真填报“党政领导干部主动纠正违规入股企业情况承诺书”，共2名党员干部填报本人或亲属入股企业，其中1人属违规情形，涉及企业2家（厂址均位于新疆），金额共计2500万元，但受疫情影响，新疆全面封闭，此人目前身处山西本地无法入疆，等待封闭解除后，将尽快赴疆处理股权清退事宜。

12月 疫情形势较为平稳后，吕梁局坚持常态化精准防控和局部应急处置有机结合，高度重视职工防护教育，加强所属人员管理，坚持出入测温登记，严格落实人员出区报备制度，全力保障防疫物资供应，积极查找疏堵疫情防控漏洞隐患，全年共发布涉及疫情防控文件28份，努力做到防控工作精细化、“零死角”，认真做到疫情防控常态化。针对秋冬季节疫情形势，认真贯彻省交通运输厅第三、四次安委会精神，积极部署全局防控准备工作，全力确保“外防输入、内防反弹”，坚决守住疫情防控阵地。

2020年 面对突如其来的疫情，吕梁局坚持机关、基层一盘棋，推动建立“市局领导班子—基层单位党政负责人—防控工作具体承办人”的三级责任落实机制，全方位、多层次推进疫情防控工作。疫情形势较为平稳后，坚持常态化精准防控和局部应急处置有机结合，高度重视职工防护教育，加强所属人员管理，努力做到防控工作精细化、“零死角”。全年开展中心组集中学习14次，机关支部集体学习64次，以严明制度充分保障学习质量和成效。深入基层单位宣讲中共十九届五中全会精神，组织党员赴文水县刘胡兰纪念馆、岢岚县宋家沟新村、昔阳县大寨村等教育基地开展党日活动，邀请专家讲授专题党课，分批次选派干部参加党务培训。严格落实“三会一课”等党的组织生活制度，全年保质保量开展主题党日活动12次。按时足额收缴党费，深入开展“七一”系列活动，严格按照党员发展流程新发展预备党员3人、按期转正2人。全年共通过“四不两直”方式深入基层一线监督检查52次，发现和纠正问题、线索3条。严格按照换届工作流程完成工会“三委”换届。主动配合乙方对全局3800余万元账面资产开展全面盘点清查，按程序积极协调解决部分局属单位所属部分办公场所多年无法腾退的历史问题，由属地政府统一出资按规定标准监督完成对机关办公楼和机关、离石区分局家属区共17530平方米楼体外墙保温改造工程。

（资料提供：宋 文）

山西省晋中交通运输执法局大事记

1月23日 按照党中央、国务院、省委、省政府、晋中市委、市政府的决策部署，晋中局全面启动疫情防控工作。通过强化组织领导、防控机制、健康教育、摸底排查、疫情监测、值班值守、督查指导等工作，落实落细联防联控、群防群控措施，扎紧扎牢“防输入、防扩散、防反弹”防线，科学、精准、高效推进防控工作，全力打赢疫情防控阻击战。

5月22日 山西省晋中交通运输执法局（以下简称晋中局）党委下发《关于学习贯彻习近平总书记视察山西重要讲话重要指示的通知》，要求全局党组织和广大党员兴起学习贯彻热潮。

6月2日 省纪委监委驻省交通运输厅纪检监察组副组长聂洪一行深入晋中局调研。

6月4日 晋中局党委颁发《“三重一大”事项集体决策制度实施办法》。对“重大决策、重要人事任免、重大项目安排和大额度资金的使用”事项决策进行修订，进一步强化党内监督，规范决策行为，提高决策水平。

6月30日 “七一”前夕，晋中局党委开展庆祝中国共产党成立99周年“十个一”系列活动。通过讲好一堂专题党课、开展一次交流研讨、开展一次调研走访、进行一次集中走访慰问、开展一次主题实践活动、观看一次抗疫公益专题片、举办一次“学党史、学榜样、颂党恩”活动、表彰宣传一批先进典型、举办一系列纪念活动，在全局上下营造共庆党的生日、共享伟大荣光的浓厚氛围。

7月1日 晋中局党委印发《关于表彰2019—2020年度先进基层党组织和优秀共产党员、优秀党务工作者的决定》，对评选出昔阳分局党支部等3个先进基层党组织、李楠等17名优秀共产党员、李立盛等4名优秀党务工作者予以通报表彰。

7月21日 山西省精神文明建设指导委员会表彰2018—2019年度山西省精神文明创建先进典型，晋中局机关和平遥县分局获“山西省文明单位”称号。

7月29日 晋中局党委被晋中市直工委命名为“市直机关标准化建设首批示范型党组织”。

10月15日 晋中局赵晓磊参加由晋中市委宣传部主办、晋中市广播电视台和晋中市委讲师团承办的“学习强国”学习平台晋中市答题挑战赛中，荣获全市“学习强国”挑战达人称号、“学习强国”学习平台晋中市答题挑战赛挑战达人“十佳”称号。

12月15日至16日 晋中局举办2020年度履职能力提升培训，90余名干部职工参加培训。

12月30日 晋中局13个党支部在创建“星级党员活动室”中通过达标验收，受到市直工委奖励。

同日 晋中局完成本年度晋中市委下达的定点扶贫任务。在帮扶工作中，晋中局坚持一手抓防疫，一手抓生产，积极开展结对帮扶、扶贫捐助、消费扶贫、节日慰问等活动，持续推进“十个清零”行动，积极做好迎检工作，全力答好收官答卷。2020年内投资10万元新开发花椒种植园3.33公顷项目，惠及村民117户，受到当地政府及村民群众好评。

（资料提供：陈建文）

山西省长治交通运输执法局大事记

1月15日 省交通运输厅党组成员、副厅长、省民航管理局局长段新源一行，在山西省长治交通运输执法局(以下简称长治局)局长王京会、党委书记赵庆新陪同下，代表厅党组对晋中局退休干部郭子瑜进行慰问，送去慰问品、慰问金，使退休老同志感受到组织的关怀和温暖。

2月26日 长治局武乡县分局按照县委、县政府统一部署，积极组织精干力量投入新冠肺炎疫情防控工作。一是积极响应县委、县政府要求，由分局牵头，联合卫健、公安系统人员，在武乡县火车站建立临时测温筛查医疗检测站点，对出入辖区的人员进行体温监测。同时，由组站所有成员成立临时党支部，分局负责人潘静洁为党支部书记，负责组织调度宣传临时站点的疫情防控工作，并由梁辉具体带班执行，负责协调各方人力物力进行建站并尽快投入运行，做到守土有责，守土尽责。二是充分发挥基层党组织战斗堡垒作用和党员先锋模范作用，在火车站临时检测点建设和运行过程中，全体党员在党支部带领下，不论男女，不分老少，放弃休假，不讲代价不提条件，使得站点在一天时间内就顺利建成并投入运行。分局女职工们也参战一线，每天坚持值守不少于8小时，检测登记人员不少于100人次，做到疫情面前，党旗飘、党徽亮、党员冲在前，充分彰显交通执法部门党员干部和群众职工的责任担当。

2月 长治局认真贯彻落实省交通运输厅、省交通运输执法局和长治市关于新冠肺炎疫情防疫工作的部署，多措并举推进新冠肺炎疫情防控工作：一是长治局迅速成立新冠肺炎疫情防控工作领导组，由局长王京会担任组长，班子其他成员担任副组长，结合全局实际制定疫情防控实施方案，明确防控责任、防控重点、防控措施，在第一时间通过办公OA系统、长治局办公微信群等渠道迅速传达到14个基层单位和每一个干部职工，要求大家提高政治站位，统一思想认识，全力以赴投入疫情防控工作。二是对长治局家属院和各分局可能存在的湖北武汉返晋人员进行全面排查，并将排查情况及时向省局和街道社区报送；同时，积极做好宣传工作，教育引导广大职工、群众正确认识疫情，科学对待防控工作。三是全局党员领导干部，勇于担当负责，带头落实防控责任和防控措施。在做好本单位防控工作同时，按照驻地党委政府安排，组织党员干部深入疫情防控一线，参与到社区、火车站等重点部位的疫情监测站点。长治局向奋战在抗击疫情一线的太东街道工作人员捐赠价值3000元的物资，全力支持疫情防控工作。充分展示交通执法部门勇于担当负责的良好行业形象。

4月28日 长治局开展党风廉政建设警示教育会，局领导班子成员和机关全体职工参加会议。会上，党委副书记、纪委书记郭建军宣读省交通运输厅党组、省交通运输执法局党委发布《关于对晋城交通运输执法局违反改革期间“六项纪律”有关问题的通报》，要求干部职工深刻领会通报精神并引以为戒，不断强化自身约束，正确履职尽责。之后，长治局纪检监察室组织学习陕西省政府原党组成员、副省长冯新柱案等反面教材。要求党员干部认清冯新柱严重违纪问题的巨大危害性，以案为鉴，坚持党性原则和纪律。大家一致认为，中央查处冯新柱严重违纪违法案，充分体现以习近平同志为核心的党中央持之以恒全面从严治党的鲜明态度和坚强意志，必须深刻汲取冯新柱等案教训，肃清恶劣影响、流毒影响，不折不扣把中央决策部署落到实处。

5月26日 省纪委(监委)驻厅纪检监察组副组长聂洪、处长李宇深入长治局调研指导工作，与长治局领导班子成员进行工作座谈。长治局领导班子成员、纪委委员和纪检监察室工作人员参加会议。会议由局长王京会主持，党委书记赵庆新围绕长治局学习贯彻习近平总书记视察山西重要讲话精神重要指示、全省交通运输系统党风廉政建设和反腐败工作会议、省厅纪检工作推进会部署工作落实情况、深化"三转"工作开展情况及取得的成效、"五一"端午期间"四风"问题监督检查、履行管党治党主体责任监督责任情况、落实中央八项规定精神、一体推进"三不"等方面工作作详细汇报。聂洪听取汇报后对长治局工作给予肯定,并就下一步工作提出3点要求:一是加强信访及线索处置的力度,发现苗头及时上报;二是遵守中央八项规定精神,抓住廉政风险点;三是认真落实好主体责任和监督责任,抓好改革期间的稳定工作。

同日 下午,长治局党委中心组召开(扩大)会议,认真传达学习贯彻平总书记视察山西重要讲话重要指示,按照省委常委会扩大会议部署和省交通运输厅党组及省交通执法局党委要求,对长治局兴起学习宣传热潮、抓好贯彻落实进行研究部署。会议由党委书记赵庆新主持,长治局机关全体干部职工参加会议。局长王京会在讲话中,要求全局党员干部职工要认真仔细深学细研、融会贯通,切实落实好习近平总书记重要讲话和指示精神,进一步压实责任,抓好车辆、机房、涉改人员等维稳工作,严格执行值班制度,值班人员确保24小时在岗,及时排查安全隐患,确保安全稳定。

6月中旬 长治局督查支队白海涛的摄影作品《留下瞬间》《铮铮誓言》《坚守阵地》入选山西省摄影家协会举办的全省"众志成城,春暖花开"摄影作品展。同时,白海涛的摄影作品《浊漳河上飞彩虹》被省交通运输厅编著的《平安交通山西实践》选为封面。

6月23日 上午,长治局党委理论学习中心组开展集中学习暨机关党支部"七一"主题党日系列活动。会议由党委书记赵庆新主持,长治局机关全体干部职工参加会议。会上,副局长李斌带领大家学习《中华人民共和国民法典》。党委书记赵庆新在讲话中,要求深入学习贯彻习近平总书记在中央政治局集体学习时的重要讲话精神,深刻认识颁布实施《中华人民共和国民法典》的重大意义,大力营造学习宣传浓厚氛围,不断提高贯彻实施《中华人民共和国民法典》的法治自觉。在"七一"主题党日活动中,党支部书记薛庆飞带领全体党员重温入党誓词。全体党员表示,一定要坚定跟党走的信念,追随党的步伐,履职尽责,始终保持昂扬的精神状态,发挥共产党的先锋模范作用,永葆共产党的政治本色,以更加饱满的热情投身各项工作。

7月14日 长治局党委围绕"学扶贫楷模、做合格党员,让党旗高高飘扬在防疫一线"主题,组织直属党支部全体党员赴市局扶贫点壶关县黄山乡神后村开展主题党日暨以购代捐活动。在活动中,看望驻村扶贫工作队,组织召开座谈会,走访慰问结对帮扶贫困户,开展以购代捐活动。

7月30日 长治局组织局机关和14个基层单位对全局退役复转军人进行走访慰问。局长王京会、副局长王保川带领相关职能科室,对市局"两参"退役军人李占胜进行走访,送去慰问品。

9月19日至20日 长治局机关职工韩建华经长治市文联推荐,参加由山西省作家协会主办的"2020山西中青年作家高级研修班"。韩建华现为中国诗歌学会会员、山西省作家协会会员、长治市作家协会理事。在工作之余,创作大量诗歌和诗歌评论作品,先后刊登在《中国文化报》《中国诗坛》《中国公路文化》《诗选刊》《黄河》等和《山西中青年作家代表作选》《山西文学年度作品选》《中国诗歌档案》《中国诗歌排行榜》等,个人辞条收入《中国当代诗人大辞典》。

9月29日 上午,长治局党委理论学习中心组召开扩大会议,传达贯彻全省交通执法系统干部大会精神。局领导班子成员、各基层单位党政主要负责人和机关全体职工参加会议。会上,党委书记赵庆新重点传达省交通运输厅党组成员、副厅长王晋和一级巡视员雷天才讲话精神。局长王京会就如何贯彻好会议精神提出3点要求:一是提高政治站位,统一思想认识,不断强化政治理论学习,加强干部队伍管理,做好维护稳定工作,做到思想不散、队伍不乱,确保综合执法改革平稳过渡;二是强化责任意识,细化工作措施,努力做好疫情防控、安全生产、廉洁自律、日常考勤和政务值班工作,确保不发生各类安全责任事故;三是强化学习培训,提高综合素质,不断加强法律法规和交通综合执法业务知识的学习,努力提高业务能力水平,为下一步履行好综合执法新职能奠定坚实基础。

10月21日 长治局开展"九九重阳节"慰问活动,为局机关和各县区分局的71名离退休干部职工发放米面粮油等慰问品并送上节日关怀和祝福。在慰问活动中,对于一些不在市区的老同志,安排专人上门走访慰问。各县、区执法分局的领导也非常重视此项工作，亲自到老同志家中慰问，在送上慰问品的同时，详细了解他们生活中存在的困难，积极想办法帮助解决，尽最大努力做好服务，为离退休老同志们安度晚年创造良好的条件，进一步提升他们的获得感、幸福感和安全感，让他们感受到交通执法行业的温暖及党和政府关怀。

11月3日 上午，长治局党委中心组召开（扩大）会议，认真传达学习中共十九届五中全会精神和《习近平谈治国理政》（第三卷）部分章节内容。会议由党委书记赵庆新主持，局领导班子和机关全体干部职工参加会议。会上，赵庆新传达学习省委（扩大）会议及省交通执法局党委会会议议精神，要求全局上下迅速兴起学习贯彻中共十九届五中全会精神热潮，切实把思想行动统一到重要讲话重要指示上来。副局长李斌领学中共十九届五中全会公报原文和《习近平谈治国理政》（第三卷）第五部分内容。局长王京会在讲话中，要求全体党员干部把学习《习近平谈治国理政》（第三卷）与贯彻落实中共十九届五中全会精神紧密结合起来，努力做到学懂弄通做实、入脑入心入行，真正学出责任担当、能力本领和工作成效。

12月18日 上午，长治局召开专题会议，传达贯彻省高速公路综合行政执法总队干部大会精神。局领导班子成员、局属各单位副科以上领导干部和机关全体职工参加会议。会议由局长王京会主持。会上，党委书记赵庆新传达省委组织部对省高速公路综合行政执法总队（省交通运输综合行政执法局）党委书记、总队长（局长）刘清平的任职文件，传达省交通运输厅党组书记、厅长闫晨曦在大会上的重要讲话精神，传达省高速公路综合行政执法总队（省交通运输综合行政执法局）党委书记、总队长（局长）刘清平的表态发言和讲话精神。局长王京会传达刘清平对全系统当前工作的部署，要求全局干部职工统一思想，提高认识，认清形势，强化学习，提高责任意识，找准工作定位，认真学习贯彻省总队干部大会精神，积极做好年终各项工作，确保全年各项工作任务的完成。

（资料提供：韩建华）

山西省晋城交通运输执法局
大事记

1月7日 山西省晋城交通运输执法局（以下简称晋城局）2019年度目标责任考核大会召开。

1月20日 郝素珍、卫爱英两人光荣退休座谈会召开。

1月29日 晋城局成立新冠肺炎疫情防控工作领导组，印发《做好新型冠状病毒感染的肺炎疫情防控工作的实施方案》。

2月2日 晋城局印发《防控新型冠状病毒感染的肺炎疫情督导检查工作方案》《局机关新型冠状病毒感染的肺炎疫情防控工作方案》。

3月24日 晋城局领导班子专题民主生活会召开。

3月25日 省交通运输厅专项检查组深入晋城局检查工作。

4月2日 晋城局机关举办“文明祭祀，从我做起”倡议活动。

同日 晋城局党委扩大会议召开，部署以后各项工作，科室负责人全部列席。

4月13日 晋城局领导和科室负责人，集体观看山西公共频道全省“三零”单位创建工作动员部署会。

4月14日 机关支部组织全体党员学习《习近平在厦门》《习近平在宁德》启动。

4月16日 晋城局2020年度党风廉政宣传教育月活动动员会召开，机关全体和基层单位党政负责人参加。

4月26日 晋城局“三洗六见一红旗”活动动员大会召开。

同日 晋城局开展"三零"单位创建暨党风廉政宣传教育月警示教育会召开。

5月18日 晋城局党委扩大会议召开,传达学习习近平总书记视察山西重要讲话指示、省交通运输厅党组扩大会议和省交通执法局党委扩大会议精神,对抓好贯彻落实做出部署。

5月20日 省交通执法局"三零"单位创建暨"两会"期间安保维稳工作部署推进视频会议召开,晋城局领导、机关科室负责人、基层党政负责人参加。并对全局相关工作进行再动员、再部署。

5月27日 驻省交通运输厅纪检监察组副组长聂洪、李宇一行深入晋城局检查调研,晋城局领导、纪委全体人员,党群部、办公室负责人参加汇报。

6月9日 省交通执法局传达贯彻全国"两会"精神暨第二次安委会全体(扩大)视频会议召开。

6月10日 晋城局全体党员赴赵树理文学馆开展"不忘初心使命 重温我的入党誓词"主题党日活动。

6月30日 根据省交通执法局工作安排,晋城局精心制作,认真组织,在省委宣传部和省总联合开展的"立足岗位奋勇争先"主题劳动竞赛选树宣传活动中,获得全省职工微视频大赛"晒岗位故事秀技能绝活"二等奖。

7月1日 晋城局开展庆祝中国共产党成立99周年主题活动"践行领袖嘱托 率先蹚出新路",党委书记王卫华讲党课。

7月9日 全省交通执法系统2020年安全生产委员会第三次视频会议召开。

7月10日 驻省交通运输厅纪检组副组长任玉胜一行赴晋城局,召开全局干部职工警示教育大会。

7月20日 晋城党委书记王卫华主持召开习近平总书记视察山西重要讲话重要指示专题宣讲大会。

8月25日 省交通运输厅经济责任审计小组赴晋城局开展审计工作。

8月27日 晋城局党委举办"厉行勤俭节约、杜绝餐饮浪费"主题党日活动,机关全体人员参加。

8月28日 晋城局派队参加2020年晋城市第二届市直单位篮球赛。

同日 晋城局工会会员大会召开。

9月23日 晋城局持续开展"三洗六见一红旗"活动,助力晋城创建全国文明城市,在晋城市直工委组织的环境卫生大整治活动中获评"流动红旗"单位。

9月30日 晋城局城区分局在晋城市直工委、晋城市总工会、晋城市体育局联合组办的第八届"凝心聚力系列体育大赛"中,荣获毽球混团赛季军。

10月23日 晋城局2020年度九九"重阳节"座谈会召开。

12月18日 晋城局传达学习省交通执法局干部大会精神会议召开,宣布刘清平任省高速公路行政执法总队总队长。

12月30日 晋城局党政领导干部违规入股企业专项清理推进会议召开。

(资料提供:元军鹏)

山西省临汾交通运输执法局大事记

1月24日 山西省临汾交通运输执法局(以下简称临汾局)全力做好新冠肺炎疫情防控工作。第一时间成立疫情防控工作领导组,制定《支援社区一线疫情防控工作实施方案》,层层分解目标任务,分别组成疫情形势研判组、综合协调保障组、党建工作组及新闻宣传组。通过设立疫情防控点、悬挂党旗、张贴挂图,严格监测体温、填报健康信息登记表以及建立微信群发布疫情防控倡议书和宣传册等一系列硬性措施，全面落实疫情联防联控机制运行、疫情监测防控等具体工作。同时积极响应上级号召，充分发挥省级文明单位主动引领作用，组织全局党员干部为支持新冠肺炎疫情防控工作进行捐款，全局累计捐款23650元。在疫情防控过程中，全局干部职工及其家属无一人感染确诊病例和疑似病例。

4月22日 临汾局2020年度“党风廉政宣传教育月”活动动员会召开。目的是全面深刻领会习近平总书记在中共十九届中纪委四次全会上的重要讲话精神，在大力做好疫情防控工作和推动综合执法改革关键时期，进一步严明党的政治纪律和政治规矩，强化党风廉政建设“两个责任”和一岗双责意识，教育引导全局各单位和广大党员干部筑牢思想之基，补足精神之钙，着力增强“不想腐”“不能腐”“不敢腐”的思想自觉和行动自觉。

5月22日 临汾局召开传达学习贯彻习近平总书记视察山西重要讲话重要指示专题会。全体人员集中观看习近平在山西考察时《全面建成小康社会，乘势而上书写新时代中国特色社会主义新篇章》视频。通过开展学习，机关全体党员干部进一步深刻领会习近平总书记视察山西重要讲话重要指示的精神实质，为全局下一步开展好各项工作提供根本遵循。

6月下旬 临汾局积极开展庆祝中国共产党成立99周年系列活动。先后组织全局各单位和广大党员干部认真观看学习太行精神、“两路”精神和优秀共产党员的先进事迹纪录片，引导党员自觉对标先进典型，自觉加强党性修养和党性锻炼。集中观看抗疫公益专题片《战“疫”一线党旗红》和革命传统教育片《红船精神》《长征精神》《没有共产党就没有新中国》，激发爱国热情和昂扬斗志，坚定践行初心使命的信心。参加临汾市直工委举办的庆祝中国共产党成立99周年党内法规知识现场答题，1名党员获“优秀奖”。

10月30日 省交通运输厅一级巡视员雷天才一行对临汾局2020年以来党建工作开展情况进行检查调研指导。检查组实地查看局办公环境、机关文化设施建设，参观党群活动室、阅览室、会议室、道德讲堂、职工餐厅等活动场所，对机关软、硬件设施建设予以充分肯定。

11月15日 临汾局组织志愿者积极参加临汾市志愿服务联合会组织的“扶贫济困，爱心众筹，志愿我先行”志愿服务活动。活动中，局长李建勋带领3名志愿者专程走访慰问尧都区尧庙镇下靳村张新春老人，为老人送去米、面、油、奶等生活物资。

12月10日 上午，临汾局向帮扶的扶贫点——蒲县黑龙关镇邱家窑村捐赠办公用品和生活用品。局领导一心想改善扶贫驻村村委办公条件和扶贫队员生活状况，经过精心筹备，资助非常实用和数量不等的办公椅子、公文柜、农业科技用书、投影仪、电暖气等办公和生活用品。

12月 临汾局全力决战决胜脱贫攻坚取得显著成效。联系点位于临汾市蒲县黑龙关镇邱家窑村，下辖六个自然村，总人口175户、629人，建档立卡贫困户96户、291人，贫困发生率为46%，2018年年底已全部脱贫，随后两年进入巩固提升阶段。临汾局始终把脱贫攻坚作为重大政治任务来抓，立下“军令状”，签订“责任书”。在局党委坚强领导和党政主要领导齐抓共管大力支持下，保持脱贫攻坚强劲势头，力度始终不减，帮扶责任人经常深入贫困户嘘寒问暖、捐款捐物、排忧解难，紧紧围绕产业发展、就业帮扶、健康义诊、阵地建设、道德银行、疫情防控、基础设施改善等工作，战报频传、亮点纷呈，全力奏响决胜脱贫攻坚的“最强音”。临汾局积极争取协调、立项投资270余万元拓宽硬化三条农村公路，攻克三个自然村有史以来出行难的“困境”；多方筹资建立土鸡养殖基地、连翘种植基地和香菇培育大棚；自筹资金为扶贫点邱家窑村建立“脱贫攻坚”作战室、图书室，购置安装健身器材；联系县联社帮助村民办理“富民贷”小额贷款15户；督促有关部门为村委安装100千瓦扶贫光伏发电、24千瓦商业光伏发电；协调包带企业为村委投入资金34万元，购置消防设备等等。有力保障国家扶贫政策和项目落地生根、开花结果，得到市、县、镇、村的充分肯定和好评。

（资料提供：郭 旗）

山西省运城交通运输执法局 大事记

1月15日 省公路运输工会开展“两节”送温暖活动。省交通运输厅领导和有关单位负责人深入运城局走访慰问离休干部。山西省运城交通运输执法局(以下简称运城局)党委书记杨宏伟、副局长兼工会主席文志坚及工会干部一同慰问。

1月21日 春节来临之际,运城局领导班子成员带领相关科室人员对市局机关21名离退休人员进行走访慰问。

1月31日 运城局督查支队积极协助运城市盐湖区疫情防控指挥部设立疫情检查点,全力抓好新冠肺炎疫情防控工作。

2月10日至12日 运城局临猗县分局干部职工进入临猗县渠南社区王村站口,协助渠南社区王村工作人员对外来进入村里所有车辆、人员进行登记、体温监测、卫生消毒。

3月5日 运城局临猗县分局学雷锋志愿者小分队赴南城与环卫工人开展义务清扫街道卫生活动。

4月1日 运城局召开审计整改工作推进会。传达学习省交通运输厅、省交通执法局和运城局安排审计整改工作部署要求,对前一阶段审计整改进度进行通报,就下一步审计整改工作做出具体部署。

4月7日 运城局机关党支部组织全体党员干部开展4月主题党日活动。

4月22日 运城局安全生产专题会议召开,全面落实上级有关安全生产决策部署,安排近期安全生产工作。

4月下旬 “五一”关键节点,运城局围绕党风廉政宣传教育月活动主题,对局属14个单位进行监督检查。

5月6日 下午,运城局机关党支部“当好三个表率、建设模范机关”主题党日活动在机关支部的精心安排下如期举行,达到预期效果。

5月16日 运城局“三零”单位创建暨主题党日活动推进会召开,全面落实上级“三零”单位创建工作有关决策部署,进一步深化主题党日活动。

6月初 运城局组成4个检查组,对局属各分局、督查支队“三零”单位创建、业务学习、安全生产、工作纪律、党建和党风廉政建设等方面工作进行明察暗访。

6月23日 上午,为庆祝中国共产党成立99周年,按照运城市委和省交通执法局党委安排,运城局党委在局四楼会议室开展一趟生动、精彩的“迎七一”专题党课活动。

6月30日 运城局党委在局机关、局属各单位全体人员中,分别开展“以案明鉴,警钟长鸣”专题警示教育活动。

7月17日 运城局组织局机关全体干部职工、局属各单位副科级以上干部,开展“以案肃纪”专题警示教育。

8月3日 下午,运城局机关党支部在局四楼会议室组织全体党员及积极分子开展8月主题党日活动。

9月7日 下午,运城局机关支部举行了9月主题党日活动,活动围绕“加强学习 向我看齐 铭记历史 砥砺奋进”进行,局党委全体及机关所有党员参加,运城市直机关工委督导组全程参加。

9月30日 运城局召开专题会议,传达贯彻省交通执法局重要会议精神并对近期全局工作进行部署。会议传达省交通执法局干部大会会议精神及省交通运输厅一级巡视员雷天才在全省交通执法系统工作汇报会上的讲话精神。并就进一步贯彻好省局会议精神和做好当前工作提出4点要求,即切实做好安全生产疫情防控工作;切实做好迎接改革的相关工作;切实维护好职工切身利益;切实做好党建、党风廉政建设工作和精神文明创建工作。

11月6日 运城局工会在局机关四楼文体活动室举行2020年职工乒乓球比赛活动。

12月4日 运城局在机关四楼会议室举办中

共十九届五中全会精神宣讲会，邀请运城市委宣讲团成员、市直工委副书记刘兆军作主题宣讲，局机关全体人员和局属各单位党政负责人共50余人参加会议。

12月8日 运城局机关党支部举行12月主题党日活动，活动主题“弘扬劳模精神、劳动精神、工匠精神，争做新时代交通执法的排头兵”。

（资料提供：李　鑫）

山西省交通运输执法网络监控中心大事记

2月 山西省交通运输执法网络监控中心（以下简称中心）积极开展新冠肺炎疫情防控工作。疫情期间，进行全员摸排，夯实联防联控基础。在为单位职工准备好消毒液、口罩、洗手液等的基础上，把人员摸排作为联防联控工作重点，做到全面覆盖、全程管控、不落一人，从1月25日（大年初一）开始，坚持每天一查、每日一报。

是月 中心组织“山西省交通运输执法局办公信息网”“山西省交通运输执法局业务学习及考试管理系统”两个信息系统的开发单位与政务云运营单位山西云时代技术有限公司进行相关工作，并将两个信息系统迁移上云。截至2020年年底，使用正常。

7月 中心开展一系列专题党组织活动。先后认真开展纪念中国人民抗日战争暨世界反法西斯战争胜利75周年主题党日活动、庆祝中国共产党成立99周年系列活动、“七一”主题党日活动等。

是月 按照省交通运输厅要求，中心组织人员开展全省交通运输执法系统网络安全自查工作，加强信息系统和网络安全工作。根据国家信息安全等级保护工作要求，结合全省交通运输执法系统工作实际，中心完成办公OA信息系统和业务学习及考试管理系统的定级备案测评工作。

10月 受疫情影响，全系统各市局改用自查形式对全系统全省范围内现有的网络通信传输系统、信息安全系统、软件应用系统（含省局中心机房和11个市局及所辖各分局的重要信息化设备、业务软件的运行管理等）等重要信息化系统梳理检查，全面排查网络信息安全隐患和漏洞，健全网络安全管理制度，完善防护措施，全面保障各重要信息化系统的平稳、高效运行。

11月 中心发展中共预备党员1名。

是月 中心分别对办公OA、业务学习及考试管理系统、全系统基础环境运行及音视频会议系统进行预算编制工作，相关编报文档已上报省交通运输厅。

是月 根据省局部署，中心组织相关技术人员对朔州执法局进行办公OA培训。

是月 中心积极开展廉政宣传教育活动，认真完成改革期间开展正风肃纪强化纪检监督工作中6个内容。

12月 中心组织完成全省交通执法系统网络与计算机日常维护工作，包括OA办公系统、内线IP电话系统和视频会议系统的管理与维护、会议保障、机房巡查等。

（资料提供：王　烨）

邮政管理系统单位

山西省邮政管理局大事记

1月5日至8日 山西省邮政管理局局长秦红保在京参加2020年全国邮政管理系统工作会议和述职会议。

1月8日 省邮政管理局局务会议召开，专题传达学习2020年全国邮政管理工作会议精神，就贯彻落实会议精神进行部署。局党组书记、局长秦红保主持会议并讲话。局党组成员、各部门负责人参加会议。

同日 省邮政管理局联合共青团山西省委印发《关于开展2020年"快递从业青年服务月"活动的通知》，在全省范围内启动"快递从业青年服务月"主题活动。

1月10日 国家邮政局召开全系统第二批"不忘初心、牢记使命"主题教育总结电视电话会议。山西省局及其11个地市局设分会场，全体党员干部参加会议。

同日 省邮政管理局党组中心组理论学习扩大会议召开，重温习近平总书记"三篇光辉文献"。局党组书记、局长秦红保主持会议并讲话。局党组理论学习中心组成员及全体公务员参加会议。

1月13日 省邮政管理局开展新提任领导干部集体廉政谈话，局党组书记、局长秦红保寄语新提任干部。局党组成员、人事处处长以及2019年以来新提任领导干部参加谈话。

1月13日至14日 省邮政管理局召开2020年全省邮政管理工作会议，局党组书记、局长秦红保作工作报告。局党组成员，机关全体人员和11个地市局局长、副局长、办公室主任，以及县级机构负责人共60余人参加会议。

1月14日 省邮政管理局举行新任职干部宪法宣誓仪式，局党组书记、局长秦红保监誓并讲话。全省系统2018年以来新任职的副处级以上领导干部、党组成员17人参加宣誓仪式。

同日 省邮政管理局对2019年度全省邮政管理系统"管理杯"活动中涌现出的先进集体进行表彰。局党组书记、局长秦红保出席会议并颁奖。

1月17日 省邮政管理局举办2020年春节团拜会。局党组书记、局长秦红保出席并致辞，代表局党组向全体干部职工致以节日问候和新春祝福。省局全体干部职工参加团拜会。

1月20日 中国邮政集团公司山西省分公司召开全省工作会议。省邮政管理局党组成员、副局长高日勇出席会议并讲话。

同日 国家邮政局召开全国邮政管理系统党风廉政建设电视电话会议。山西省局及其11个地市局设分会场，全体党员干部参加会议。

1月21日 省邮政管理局印发《2020年工作要点、工作任务目标分解安排》，对全年重点工作任务提出明确要求，并逐项进行责任分解安排。

1月22日至27日 省邮政管理局联发两次《关于全力做好新型冠状病毒感染的肺炎疫情防控工作的紧急通知》，多措并举全力以赴落实疫情防控工作。

1月27日 省邮政管理局专题会议召开，就全省邮政行业加强新型冠状病毒感染的肺炎疫情防控工作进行再部署。局党组书记、局长秦红保主持会议并作具体部署，机关各部门负责人参加会议。

1月28日 省邮政管理局成立山西省邮政业新型冠状病毒感染的肺炎疫情防控工作领导小组，全力做好全省邮政行业疫情防控应对工作。

1月31日 省邮政管理局分别印发《关于全力防控疫情科学有序做好节后恢复生产工作的通知》和《山西省邮政业疫情防控期间营业网点操作规范》，为科学有序做好复产工作提出明确要求。

同日 省邮政管理局党组扩大会议召开，认真学习国家邮政局党组和省委、省政府《关于认真落实习近平总书记重要指示精神坚决打赢疫情防控阻击战的通知》精神，局党组书记、局长秦红保主持会议并对近期疫情防控工作进行部署。

2月4日 省邮政管理局编制《山西邮政和快递从业人员疫情防控指南》，指导全省邮政、快递从业人员便捷掌握防控知识，为全省邮政业打赢疫情防控阻击战提供保障。

2月9日 省邮政管理局联合省交通运输厅印发《关于确保邮政、快递寄递“绿色通道”畅通保障抗击疫情物资运输的紧急通知》，确保疫情期间邮政、快递车辆畅通出行。

2月10日 省邮政管理局成立三个调研组，由省局党组书记、局长秦红保等局领导带队分赴太原邮区中心局和各省级快递分拨中心开展疫情防控工作慰问及复产复工情况调研。省局办公室、市场处，太原局有关负责人陪同调研。

2月12日 省邮政管理局党组印发《贯彻落实让党旗高高飘扬在邮政行业防控疫情斗争第一线工作方案》，切实加强党对全省邮政业疫情防控工作的集中统一领导，强化政治引领，确保工作安排不折不扣落到实处。

2月18日 省邮政管理局召开会议积极贯彻落实国家邮政局关于新型冠状病毒感染的肺炎疫情防控工作电视电话会议精神，对下一步邮政业疫情防控和恢复生产工作进行再动员、再部署。

2月19日 省邮政管理局印发《关于建立严格的岗位责任制坚决防止复工后发生新冠肺炎聚集性感染的通知》，严防全省邮政行业复工后发生新冠肺炎聚集性感染。

同日 省邮政管理局印发《2020年山西省邮政业更贴近民生七件实事》，着力解决社会和消费者关注的突出问题，更好地满足人民群众日益增长的用邮需求。

同日 省委常委、副省长胡玉亭，副省长吴伟对省邮政管理局提交的《关于邮政业新冠肺炎疫情防控工作的报告》做出批示肯定。胡玉亭批示“继续发挥优势，服务全省大局”，吴伟批示“感谢邮政管理局大力支持配合”。

2月20日 省邮政管理局协调山西省新冠肺炎疫情防控工作领导小组办公室印发《关于邮政快递企业复工保畅通的指导意见》，有力促进邮政业复工保畅通。

2月28日 省邮政管理局积极响应党中央对广大党员的号召，局领导班子成员带头捐款，以实际行动为战“疫”献力。局机关27名党员共计捐款5600元。

3月2日 省政府印发《山西省有效应对疫情促进服务业稳定增长的若干措施》。加大政策支持力度，助力企业减轻负担，加快恢复生产，全省邮政业获政策利好。

3月3日 省邮政管理局召开2020年全省邮政管理系统党建暨党风廉政建设电视电话会议。局党组书记、局长秦红保作工作报告。局党组成员、副局长高日勇主持会议。省局机关全体公务员在主会场参会，各市局党组书记、纪检组长和部门负责人在分会场参会。

3月4日 省邮政管理局参加省政府新闻办举行的新闻发布会，全面介绍当前全省邮政业疫情防控和复工复产情况并就如何保障快递小哥健康安全、市民收寄快递时应注意的方面等回答记者提问。局党组成员、副局长、新闻发言人高日勇参加新闻发布会。

3月5日 省邮政管理局召开全省邮政市场监管工作电视电话会议，局党组成员、副局长高日勇作工作报告。省局机关公务员、省快递协会、各主要品牌省级快递企业负责人在主会场参会，各市局局长、副局长，办公室负责人和市场监管（行业管理）科全体人员在分会场参会。

3月6日 省邮政管理局召开2020年全省邮政普遍服务监管工作电视电话会议，局党组成员、副局长高日勇作工作报告。省局机关公务员、省邮政分公司相关负责人在主会场参会，各市局领导班子成员、普遍服务（行业管理）科全体人员在分会场参加会议。

同日 省邮政管理局印发《关于开展“诚信快递、你我同行”“3·15”主题线上宣传活动的通知》，对全省邮政管理系统“3·15”主题宣传活动进行部署。

3月9日 国家邮政局召开邮政快递业服务新冠肺炎疫情防控和复工复产工作电视电话会议。山西省局设分会场，机关全体公务员参加会议。

3月10日 省邮政管理局专题会议召开，要求严格落实国家邮政局疫情防控和复工复产电视电话会议精神，继续做好全省邮政快递业服务疫情防控和复工复产工作。

同日 省邮政管理局党组印发《全省邮政管理系统2020年党风廉政建设工作要点》，全面部署全年党风廉政建设工作。

3月11日 省政府印发2019年度安全生产工作考核结果通报，省邮政管理局被评为省级安全生产工作优秀单位。

同日 省邮政管理局印发《2020年行业生态环境保护工作要点》，全面部署全年生态环保工作。

3月13日 省邮政管理局印发《关于组织动员党员干部在防控疫情工作中建功立业的通知》，号召全省邮政快递业党员干部在防控疫情工作中积极建功立业。

3月16日 省邮政管理局党组印发《党建工作领导小组2020年工作要点》，扎实推进党的各方面建设。

3月25日 省邮政管理局印发《全省快递末端网点专项治理行动方案》，从5月起至10月开展全省快递末端网点专项治理检查工作，提升行业服务质量。

同日 省邮政管理局印发《关于做好2020年全省邮政快递业安全生产工作的通知》，这是山西局连续3年以1号文件形式部署行业安全生产工作。

3月27日 省委组织部相关部门赴省邮政管理局调研非公快递行业党建工作并开展座谈。

同日 省邮政管理局召开党组中心组理论学习会议，传达学习贯彻中央政治局常委会会议精神和《党委（党组）落实全面从严治党主体责任规定》。局党组书记、局长秦红保主持会议并讲话。局党组成员、各部门负责人参加会议。

3月31日 省邮政管理局印发《关于做好邮政快递领域防范境外新冠肺炎疫情输入工作的通知》，全面部署全省邮政快递领域防范境外新冠肺炎疫情输入有关工作。

4月1日 省邮政管理局工作例会召开，局党组书记、局长秦红保出席会议并讲话，要求全省邮政管理系统要锤炼作风壮筋骨，强化担当抓落实，全力以赴确保高质量完成全年各项目标任务。局党组成员、各部门负责人参加会议。

4月2日 省邮政业安全中心筹备组成立。

4月7日至10日 省邮政管理局党组成员、副局长高日勇带队在太原、长治就快递服务网点标准化提档升级推进工作、邮政快递业复工复产、邮快合作、邮政服务三农和安全生产等工作开展调研。太原局、长治局负责人，省局市场监管处相关负责人陪同调研。

4月14日 省邮政管理局修订印发《市级邮政管理局财务管理工作考核办法》，进一步加强和提升全省邮政管理系统财务管理质效。

4月20日 省邮政管理局、省发展改革委员会联合召开专题座谈会，就推进省级快递综合物流园区建设工作进行深入交流。省发改委和省邮政管理局主要负责人及有关工作人员参加会议。

同日 省“扫黄打非”工作领导小组印发《关于通报表扬2019年全省“扫黄打非”工作先进集体、先进个人和优秀信息员的通知》，省邮政管理局获先进集体，1人获先进个人荣誉。

4月24日 省邮政管理局组织召开2020年第一季度邮政普遍服务监督与保障政企联席会，局党组成员、副局长高日勇参加会议并讲话。普遍服务处、市场监管处相关人员，省邮政分公司分管负责人以及六个相关部门负责人参加会议。

4月27日 省邮政管理局党组印发《关于驰而不息纠治“四风”确保“五一”端午期间风清气正的通知》，对2020年“五一”端午期间驰而不息纠治“四风”提出明确要求，确保风清气正、廉洁过节。

同日 国家邮政局召开《统一思想 凝心聚力 攻坚克难化危为机 努力完成邮政快递业全年目标任务》电视电话会议。山西省局及其11个地市局设分会场，全体公务员参加会议。

4月28日 省邮政管理局被山西省年度目标责任考核领导小组评为“促进山西经济社会发展突出贡献单位”。

4月29日 省邮政管理局印发《邮政行政处罚自由裁量规范(试行)》，规范行政处罚自由裁量权的适用和监督。

4月30日 省邮政管理局对保管期满的2018年无法投递又无法退回信件在山西省涉密载体销毁中心进行监督销毁。

同日 省邮政管理局印发《关于开展邮政普遍服务达标检查和建制村通邮专项检查的通知》，决定6月底前在全省开展邮政普遍服务网点达标检查和建制村通邮专项检查。

5月6日 省邮政管理局专题会议召开，深入学习习近平总书记畅通、循环重要论述，贯彻落实国家邮政局完成邮政快递业全年目标任务电视电话会议精神。局党组书记、局长秦红保主持会议并讲话。局党组成员、各部门负责人参加会议。

5月8日 省邮政管理局印发《关于做好2020年全国“两会”期间全省寄递渠道安全服务保障工

作的通知》，全面部署全国“两会”期间全省寄递安全服务保障工作。

5月11日至13日 省邮政管理局党组成员、副局长高日勇带队深入太原、阳泉调研快递末端网点提档升级、全国“两会”寄递渠道安全保障等邮政快递业发展情况。市场监管处相关人员，太原局、阳泉局领导班子成员及市场监管（行业管理）科全体人员参加调研。

5月11日 省邮政管理局理论学习例会召开，学习中共中央《关于在全党开展“不忘初心、牢记使命”主题教育总结报告》，机关全体党员参加学习。

5月14日 省邮政管理局召开全省邮政快递业安全生产暨专项整治三年行动动员部署电视电话会议。局党组书记、局长秦红保出席会议并讲话。局党组成员以及相关部门负责人，市场监管处全体人员，中国邮政集团有限公司山西省分公司和主要品牌快递企业省级公司负责人在主会场参加会议；各市局局长、副局长，办公室、普遍服务科（行业管理科）负责人，市场监管科全体人员，许可企业负责人在分会场参加会议。

同日 省邮政管理局党组扩大会议召开，传达学习习近平总书记视察山西重要讲话重要指示。局党组书记、局长秦红保主持会议并讲话。省局机关处级以上干部参加会议。

同日 省邮政管理局召开会议，研究指导邮政快递企业积极对接农户、黄花生产基地和电商企业，助力品牌创建，推动“小黄花”走向全国各地、进入千家万户。

同日 省邮政管理局成立专项检查组，通过“四不两直”方式对省级分拨中心进行突击检查，确保全国“两会”期间全省寄递渠道安全平稳畅通。

5月18日至19日 省邮政管理局党组书记、局长秦红保带队深入临汾市、晋中市调研全国“两会”期间寄递渠道安全服务保障和邮政快递业发展工作。省局市场监管处、临汾局、晋中局主要负责人，省局办公室有关人员陪同调研。

5月20日 省邮政管理局印发《预算绩效管理工作方案》和《预算绩效目标管理实施细则》，进一步加强预算管理与绩效考核工作。

同日 省邮政管理局成立督导组，深入长治市平顺县针对企业安全生产主体责任落实情况开展专项检查。

5月22日 省邮政管理局组织全体党员干部收看第十三届全国人民代表大会第三次会议实况直播，李克强总理作《政府工作报告》。局党组书记、局长秦红保参加学习并对落实政府工作报告相关工作精神提出要求。

5月28日 省邮政管理局印发《山西省邮政管理局机关工作效能考核暨“高效机关、和谐团队”红旗部门评比办法（试行）》和《山西省邮政管理局劳务派遣员工“创先争优”评比办法（试行）》的通知，决定在省局机关开展红旗部门评比和劳务派遣员工“创先争优”活动，打造“高效机关、和谐团队”。

6月1日 省邮政管理局专题会议召开，传达学习第十三届全国人民代表大会第三次会议、中国人民政治协商会议第十三届全国委员会第三次会议精神和习近平总书记在两会期间的重要讲话精神。局党组书记、局长秦红保主持会议并讲话，机关处级以上干部参加会议。

同日 省邮政管理局印发《关于开展2020年全省邮政快递业“安全生产月”活动的通知》，决定于6月1日至30日在全省范围内广泛深入开展“安全生产月”活动。

6月4日 国家邮政局召开全国邮政行业统计督查整改工作部署电视电话会议。山西省局及其11个地市局设分会场，负责统计工作的相关人员参加会议。

6月5日 省邮政管理局召开中共国家邮政局党组第一巡视组巡视山西省邮政管理局党组工作动员会议。省局机关全体公务员，各市局领导班子、内设机构负责人、系统内各级人大代表、政协委员、各级劳模以及省级品牌邮政快递企业代表参加会议。

6月8日 省邮政管理局理论学习例会召开，学习习近平总书记在山西省考察工作结束时的讲话，机关全体党员参加学习。

同日 省邮政管理局与省商务厅联合召开座谈会，就推进电子商务与快递协同发展、快递进村和国际互换局扩容升级等工作进行深入交流。省商务厅、省邮政管理局主要负责人和相关工作人员参加会议。

6月10日 省邮政管理局党组理论学习中心组会议召开，专题学习交流研讨2020年政府工作报告。局党组书记、局长秦红保主持会议并讲话。局党组成员、各部门负责人参加会议。

同日 省邮政管理局党组印发《中共山西省邮

政管理局党组会议制度及议事规则》,进一步规范党组会议制度、规则等。

6月11日 省邮政管理局邮政、快递企业负责人座谈会召开。国家邮政局党组第一巡视组相关人员,中国邮政集团有限公司山西省分公司分管领导和服务质量部负责人以及各主要品牌快递企业省公司负责人参加座谈。

6月13日 省邮政管理局印发《关于进一步做好邮政快递业新冠肺炎疫情防控工作的通知》,督促企业落实主体责任,主动作为、周密部署、严加防范,坚决做好防范疫情输入工作。

6月15日 省邮政管理局理论学习例会召开,学习习近平在中央政治局第二十次集体学习时的讲话精神以及《两会1+1》解析《中华人民共和国民法典》,机关全体党员参加学习。

6月16日 省邮政管理局党组印发《关于开展违规享受政策性住房等四个方面问题专项整治和违规使用财政预算资金专项整治工作的通知》,在四个方面问题整治基础上,同步开展违规使用财政预算资金专项整治,称为"4+1"专项整治。

同日 省邮政管理局印发《全省邮政管理系统2020年度"管理杯"考核办法》,持续在全省邮政系统开展"管理杯"考核活动。

6月16日至17日 省邮政管理局成立由党组成员、副局长高日勇带队的调研督导组,赴太原国际邮件互换局,联邦、敦豪等国际快递企业和主要品牌快递企业省级分拨中心开展专题调研督导。

6月17日 省邮政管理局印发《2020年培训计划》,对全年培训工作做安排。

6月19日 省邮政管理局党组印发《落实全面从严治党主体责任清单》,对党组和党组班子成员责任进行分工量化,进一步强化党组守土有责、守土担责、守土尽责的政治担当。

同日 省邮政管理局印发《山西省"快递进村"三年行动方案(2020—2022年)》,确保山西省"快递进村"年度目标任务如期落地。

同日 省邮政管理局印发《关于全面推进城市快递自营网点提档升级工作的通知》,通过四项举措全面推进全省城市快递自营网点提档升级。

6月22日 省邮政管理局理论学习例会召开,观看抗疫公益专题片——《战"疫"一线党旗红》,机关全体党员参加学习。

同日 省邮政管理局党组书记、局长秦红保深入长治市武乡县岭头村、安乐庄村调研"快递进村"与电子商务协同发展情况,走访慰问长治局驻村扶贫干部。省局市场监管处、长治局主要负责人,省快递协会相关人员陪同调研。

6月23日 省邮政快递业绿色环保暨"快递进村"三年行动座谈会在长治召开。局党组书记、局长秦红保出席会议和观摩活动并讲话。省局市场监管处、环京及汾渭平原地区8个市局负责人和相关人员、其余市局有关负责人,省快递协会、11家省级寄递企业负责人及代表参加会议,黎城邮政管理局、长治市快递协会、长治市主要品牌寄递企业负责人列席会议。平顺县政府主要负责人陪同实地观摩。

6月28日 省邮政管理局党组书记、局长秦红保深入大同市云州区黄花菜种植基地、大坊城新村、三利农副产品有限公司调研黄花菜产业与电子商务、邮政快递业协同发展情况。省局人事处主要负责人、市场监管处相关人员、大同局主要负责人,大同市快递协会相关人员陪同调研。

7月1日 省邮政管理局庆祝中国共产党成立99周年座谈会召开,局党组书记、局长秦红保出席会议并讲话。开展"颂党恩、跟党走"主题诗歌朗诵会、重温入党誓词以及集中缴纳党费等活动。

7月6日 省邮政管理局党组扩大会议召开,传达学习省委十一届十次全会精神,对全省邮政管理系统贯彻落实工作进行部署。局党组书记、局长秦红保主持会议并讲话。局机关处级以上干部参加会议。

同日 省邮政管理局理论学习例会召开,开展《业务讲堂》活动,市场监管处讲解"依法落实寄递渠道安全三项制度",机关全体党员参加学习。

7月7日 省邮政管理局印发《关于进一步做好防汛保生产安全工作的通知》,对全省邮政快递业防汛保生产安全工作进行部署。

7月9日 省邮政管理局组织召开2020年全省寄递渠道安全管理领导小组会议。领导小组各成员单位相关负责人参加会议,省寄递渠道安全管理领导小组组长,省邮政管理局党组书记、局长秦红保出席会议并讲话。

7月17日 省政府办公厅印发《关于加快发展流通促进商业消费的实施意见》,加大对邮政快递业发展支持力度,推动邮政、交通、电商、快递融合发展,提升行业服务质量。

7月24日 省邮政管理局召开省邮政业安全中心座谈会，局党组书记、局长秦红保出席会议并讲话，局党组成员、副局长高日勇主持会议。省局办公室、市场监管处、人事处主要负责人，省邮政业安全中心已到位全体人员参加会议。

同日 省邮政管理局组织召开2020年第二季度邮政普遍服务监督与保障政企联席会，局党组成员、副局长高日勇参加会议并讲话。省局普遍服务处、省邮政分公司分管负责人以及六个相关部门负责人参加会议。

同日 省邮政管理局印发《落实〈政府工作报告〉重点工作实施方案》，方案结合全省实际，细化职责，确保各项任务有措施、可量化、能落地。

7月27日 省邮政管理局组织机关全体党员干部观看中央纪委国家监委法规室主任邹开红解读《中华人民共和国公职人员政务处分法》的在线访谈视频。局党组书记、局长秦红保参加学习并讲话。

同日 省邮政快递业安全生产委员会(山西省邮政业安全和应急工作领导小组)召开2020年年中全体会议，主任秦红保出席会议并讲话，全体成员及办公室主要工作人员参加会议。

7月28日 省邮政管理局召开全省邮政快递业安全生产重点工作暨涉枪涉爆专项整治三年行动动员部署电视电话会议，局党组成员、副局长高日勇出席会议并讲话。省局普遍服务处、邮政业安全中心负责人，市场监管处全体人员，中国邮政集团有限公司山西省分公司和主要品牌快递企业省级公司分管安全负责人在主会场参加会议；各市局副局长，普遍服务科(行业管理科)、邮政业安全中心负责人，市场监管科全体人员，辖区主要品牌企业负责人在分会场参加会议。

同日 省邮政管理局党组理论学习中心组会议召开，集中学习《习近平谈治国理政》(第三卷)，局党组书记、局长秦红保主持会议并讲话。局党组成员、各部门负责人参加会议。

同日 省邮政管理局印发《山西省邮政快递业安全生产专项整治三年行动实施方案》，通过三年行动，全面提升全省邮政快递业本质安全水平。

同日 省邮政管理局党组召开会议，专题研究2020年下半年党建工作，局党组书记、局长秦红保主持会议。局党组成员、相关部门负责人参加会议。

7月29日 省邮政管理局印发《山西省邮政管理系统法律顾问和公职律师管理规定》，规范全省邮政管理系统法律顾问和公职律师管理工作。

7月30日 省邮政管理局召开全省邮政管理局长座谈会，局党组书记、局长秦红保出席会议并讲话，局党组成员、副局长高日勇主持会议并作总结发言，省局机关各部门、省邮政业安全中心筹备组和各市局主要负责人参加会议。

8月3日 省邮政管理局印发《关于强化落实邮政机要通信保密安全生产主体责任的通知》，进一步强化落实邮政企业机要通信保密安全主体责任，提升邮政机要通信保密安全整体水平。

8月4日 省邮政管理局与省工业和信息化厅联合印发《山西省促进快递业与制造业深度融合发展的意见》，形成快递业与制造业深度融合的发展格局，为实现山西省经济高质量发展提供支撑保障。

同日 省邮政管理局印发《关于开展2020年山西邮政行业统计检查工作的通知》，制定检查工作方案，坚持多措并举，深入开展统计专项检查。

8月4日至5日 省邮政管理局党组成员、副局长高日勇带队深入吕梁、晋中调研"快递进村"工程、快递自营网点提档升级、快递末端网点专项治理、行业绿色发展和寄递渠道安全保障等邮政快递业发展情况。省局市场监管处主要负责人，吕梁局、晋中局主要负责人和相关人员陪同调研。

8月11日 省邮政管理局印发《山西省寄递渠道安全管理领导小组2020年工作要点》，对年度寄递渠道安全管理重点工作提出明确要求。

同日 省邮政管理局印发《关于切实做好邮政快递业秋冬季新冠肺炎疫情防控工作的通知》，对切实做好全省邮政快递业秋冬季疫情防控工作提出明确要求。

8月12日 省发改委、省委宣传部、省财政厅、省交通运输厅、省商务厅等23个部门联合印发《关于促进消费扩容提质加快形成强大国内市场的实施方案》，全省邮政快递业在推进城乡高效配送、推动消费物流基础设施建设等方面获政策利好。

同日 省邮政管理局印发《合同管理办法》，规范合同行为，防范合同风险，预防和减少合同纠纷。

同日 省邮政管理局印发《政府采购管理办法(试行)》，规范政府采购行为，提高政府采购资金使用效益。

8月14日 省邮政管理局召开中共国家邮政局党组第一巡视组巡视山西省邮政管理局情况反

馈电视电话会议。巡视组相关人员，省局机关全体人员，中国邮政集团有限公司山西省分公司负责人在主会场参加会议；各市局全体人员，省级品牌快递企业负责人在分会场参加会议。

8月17日 省邮政管理局理论学习例会召开，组织学习省委讲师团编写的《学习贯彻习近平总书记视察山西重要讲话重要指示宣讲提纲》，机关全体党员参加学习。

8月19日 省邮政管理局与省人力资源和社会保障厅、省财政厅联合印发《山西省快递从业人员职业技能提升培训实施方案》，明确快递从业人员职业技能培训方式和管理内容、政府补贴范围和申请流程。

同日 省邮政管理局“快递进村”试点城市工作推进研讨会召开，局党组成员、副局长高日勇出席会议并讲话。省局市场监管处全体人员，太原局主要负责人及相关人员参加会议。

8月24日 省邮政管理局向山西兔喜网络科技有限公司核发全省首张企业开办服务站快递业务经营许可证，标志着企业开办服务站经营快递业务依法纳入监管范围。

8月25日 省邮政管理局党组书记、局长秦红保深入太原市娄烦县、阳曲县就快递进村工作推进情况开展督导调研。省局办公室、市场监管处，太原局主要负责人陪同调研。

8月31日 省邮政管理局党组中心组理论学习会议召开，集中学习习近平总书记对制止餐饮浪费行为做出的重要指示。局党组书记、局长秦红保主持会议并讲话，局党组成员、各部门负责人参加会议。

同日 省邮政管理局理论学习例会召开，局党组书记、局长秦红保作题为“践行新时代党的组织路线 把党组织建设得更加坚强有力”的形势报告，机关全体党员干部聆听报告。

9月3日 省邮政管理局印发《关于开展全省邮政快递业安全隐患专项排查整治工作的通知》，在全省范围内开展邮政快递业安全隐患专项排查整治工作。

同日 省邮政管理局联合省禁毒委员会办公室印发《关于适应新形势进一步加强寄递渠道禁毒工作的通知》，进一步强化全省寄递渠道禁毒工作。

9月4日 省邮政管理局举办全省系统党务干部电视电话培训班，局党组成员、副局长高日勇出席开班仪式并讲话。省局机关党委、纪委委员，各党支部委员、党务干部在主会场，各市局党务工作负责人及相关人员在分会场参加培训。

9月8日 省邮政管理局举办“全民健康·从我做起”健康科普讲座（第一期），特邀山西医科大学第一医院专家围绕高血压的防治与脑血管病进行详细讲解，省局机关全体干部职工聆听讲座。

9月16日 省邮政管理局党组召开全省邮政管理系统警示教育电视电话会议，局党组书记、局长秦红保出席会议并讲话，局党组成员、副局长高日勇主持会议，省局机关全体党员干部，省邮政业安全中心负责人在主会场参加会议，各市局全体党员干部，各市邮政业安全中心负责人在分会场参加会议。

9月21日 省邮政管理局党组印发通知，要求各级党组织紧盯中秋、国庆“两节”廉政建设，严防“四风”问题反弹。

同日 省邮政管理局印发《贯彻落实邮政强国建设行动纲要实施方案》，充分发挥邮政业基础性先导性作用，全力推动邮政业高质量发展。

同日 省邮政管理局理论学习例会召开，学习习近平总书记在全国抗击新冠肺炎疫情表彰大会上的重要讲话精神，机关全体党员参加学习。

9月22日至24日 省邮政管理局党组成员、副局长高日勇带队深入临汾、运城调研快递进村、普遍服务“两转”、行业绿色发展和安全生产工作，省局普遍服务处、市场监管处，临汾局、运城局负责人陪同调研。

9月28日 省邮政管理局印发《关于全面加强全省系统内部监督检查工作质量的通知》，对全省系统内部监督检查工作提出新要求，全面强化监督检查工作质量。

同日 省邮政管理局理论学习例会召开，组织机关全体党员开展“纪念中国人民抗日战争暨世界反法西斯战争胜利75周年主题党日”活动。

9月30日 省邮政管理局多措并举，扎实推进“快递进村”工程。截至9月底，快递服务已通达全省12772个建制村，覆盖率已达55.97%，提前三个月完成年度覆盖率目标。

10月9日 省邮政管理局党组书记、局长秦红保发表第51届世界邮政日致辞——“持之以恒推进山西邮政业高质量发展 决胜全面建成与小康社会相适应的现代邮政业”。

10月10日 省邮政管理局印发《关于开展全省邮政快递业安全生产风险隐患排查治理专项行动的通知》，从即日起至12月31日，分三个阶段在全省邮政快递业深入开展安全生产风险隐患排查治理专项行动，坚决杜绝重特大事故发生。

10月12日 省邮政管理局党组印发《中共山西省邮政管理局党组讨论和决定的重大问题清单》，从12个方面制定党组讨论和决定的重大问题清单。

10月15日 省邮政管理局召开全省邮政管理局长座谈会，局党组书记、局长秦红保出席会议并讲话，局党组成员，局办公室、人事处负责人，各市邮政管理局局长，省邮政业安全中心筹备组负责人参加会议。

10月16日 省邮政管理局党组印发《山西省邮政管理系统领导干部操办婚丧嫁娶事宜若干规定》，对领导干部操办婚丧嫁娶事宜进行明确规定。

10月22日 省邮政管理局组织召开全省2020年快递业务旺季服务保障动员部署电视电话会议。省局机关各部门，省邮政业安全中心，省快递协会，主要品牌快递企业省级公司负责人在主会场参加会议；各市邮政管理局，市邮政业安全中心，市快递协会，市级快递企业负责人在分会场参加会议。

同日 省邮政管理局印发《2020年快递业务旺季服务保障工作方案》，对全省旺季服务保障工作进行部署。

同日 省邮政管理局举办2020年邮政行政执法电视电话培训班，省局相关部门人员在主会场参会，各市局分管局领导、各部门负责人在分会场参会。

10月26日 省邮政管理局党组理论学习中心组会议召开，围绕习近平总书记在深圳经济特区建立40周年庆祝大会上的讲话开展学习交流研讨。局党组书记、局长秦红保主持会议并讲话，局党组成员、各部门负责人参加学习。

同日 省邮政管理局理论学习例会召开，学习习近平出席纪念中国人民志愿军抗美援朝出国作战70周年大会上的重要讲话，机关全体党员参加。

10月27日 省邮政管理局2020年全省邮政特邀监督员管理电视电话培训班举办。省局普遍服务处及相关人员在主会场参会，各市局普遍服务科（行业管理科）及各市监督员在分会场参会。

同日 省邮政管理局2020年第三季度邮政普遍服务监督与保障政企联席会召开。局党组成员、副局长高日勇参加会议并讲话，省局普遍服务处负责人、相关人员，省邮政分公司分管领导以及相关部门负责人参加会议。

10月28日 省邮政管理局全省邮政快递业生态环保法律法规知识电视电话培训班举办。省局市场监管处，各市局市场监管科（行业管理科）科长及相关人员，各级邮政快递企业负责人共计260余人参加培训。

10月29日 省邮政管理局印发《山西省邮政管理系统主要领导干部履行经济责任重要风险点提示手册》，对全省邮政管理系统主要领导干部履行经济责任重点事项和重点风险进行预警提示。

同日 省邮政管理局印发《关于全面加强全省邮政管理系统县级机构管理工作的指导意见》，进一步规范和提高县级机构管理水平。

同日 省邮政管理局组织召开山西省邮政业发展“十四五”规划编制工作座谈会，局领导班子、机关各部门、太原市邮政管理局、“十四五”规划编制工作组、山西省分公司及主要品牌快递企业相关负责人参加会议。

同日 省邮政管理局联合省生态环境厅出台《关于推进邮政快递业包装绿色治理的实施意见》，进一步推进全省邮政快递业包装绿色治理。

10月30日 省邮政管理局组织召开2020年快递业务旺季申诉处理保障会。省邮政业消费者申诉中心、各品牌省级快递企业相关人员共计30余人参加会议。

11月2日 省邮政管理局印发《关于做好第三届中国国际进口博览会期间寄递渠道安全服务保障工作的通知》，对做好进博会期间山西省寄递渠道安全服务保障工作提出明确要求。

同日 省邮政管理局理论学习例会召开，学习《中国共产党第十九届中央委员会第五次全体会议公报》，机关全体党员参加学习。

11月2日至9日 省邮政管理局领导分别带队深入主要品牌省级寄递企业分拨中心，就寄递渠道旺季服务保障、安全生产、疫情防控及第三届中国国际进口博览会期间寄递渠道安保工作开展督导检查。太原市邮政管理局、晋中局负责人，省局市场监管处相关人员陪同督导检查。

11月3日 省邮政管理局印发《2020年“邮来已久、绿动未来”主题宣传活动工作方案》，有效实施行业生态环保“9792”工程，推动行业绿色高质量发展。

11月6日 省邮政管理局党组中心组理论学习扩大会议召开，围绕中共十九届五中全会公报等重点内容进行学习。局党组书记、局长秦红保主持会议并讲话，局机关副处级以上干部参加会议。

同日 省邮政管理局专题会议召开，迅速传达学习国家邮政局2021年工作务虚会精神，就贯彻落实工作提出具体要求。局党组书记、局长秦红保主持会议并讲话，局机关副处级以上干部参加会议。

11月9日 省邮政管理局理论学习例会召开，学习“中共十九届五中全会精神，观看《焦点访谈》——新征程 新蓝图”，机关全体党员参加学习。

11月10日 省邮政管理局举办全省邮政管理系统纪检干部电视电话培训班，局党组成员、副局长高日勇出席开班仪式并讲话，全省邮政管理系统近40名纪检干部参加培训。

11月11日 中国快递协会副会长兼秘书长韩瑞林来晋调研“双11”服务保障工作并慰问快递从业人员，省局党组书记、局长秦红保陪同调研慰问。

11月13日 省邮政管理局印发《山西省绿色快递进校园实施方案》，推动全省绿色快递进校园工作。

同日 省邮政管理局印发《山西省邮政快递业过度包装和随意包装治理工作方案》，进一步推动全省邮政快递业绿色包装治理工作。

11月18日 省邮政管理局印发《进一步做好冷链生鲜寄递渠道疫情防控工作的紧急通知》，对做好全省寄递渠道防范境外新冠肺炎疫情输入工作进行部署。

11月20日 省邮政管理局印发《执纪审查期间谈话安全预案（试行）》《谈话室使用管理规定（试行）》，有效应对谈话安全风险，保障谈话工作安全有序顺利进行。

11月23日 省邮政管理局理论学习例会召开，观看全国抗击新冠肺炎疫情先进事迹报告会，机关全体党员参加学习。

同日 据省邮政管理局监测显示，2020年“双11”快递业务旺季（11月11日至20日）期间，全省规模以上快递企业（15家）共处理快件9858.16万件，同比增长17.66%。其中：快递业务量完成2393.22万件，较上年同期增长26.34%；投递量完成7464.94万件，较上年同期增长15.12%。

11月27日 国家邮政局召开全国邮政管理系统警示教育电视电话会议，山西省局及其11个地市局设分会场，全体党员干部参加会议。

同日 省邮政管理局积极与省发改委、省生态环境厅沟通协调，将快递包装治理纳入全省塑料污染治理体系，积极推动快递包装协同治理，努力营造行业生态环境协同治理的良好氛围。

11月30日 省委常委、常务副省长胡玉亭在省邮政管理局上报的《关于2020年“双11”快递业务旺季服务保障情况的报告》上做出批示，对山西局“双11”旺季服务保障工作取得的成效予以肯定，表示将于近期深入行业调研座谈，了解行业发展现状。

同日 省邮政管理局召开中共十九届五中全会精神宣讲报告会，局党组书记、局长秦红保以党课形式进行宣讲，局机关和省邮政业安全中心全体人员认真听取报告。

同日 省邮政管理局举办“全国交通运输系统抗击新冠肺炎疫情先进个人”颁奖仪式，局党组书记、局长秦红保为获奖者颁奖，局机关和省邮政业安全中心全体人员参加颁奖仪式。

12月1日 省邮政管理局举办全省邮政管理系统新闻宣传工作培训班，并对2019年新闻宣传工作先进单位和优秀个人进行表彰。省局相关人员及各市局办公室主任、新闻宣传工作人员参加培训。

12月1日至3日 国家邮政局党组成员、副局长戴应军深入山西省部分乡镇的邮政局所、快递网点、村委会，专题调研农村邮政普遍服务和“快递进村”工作。省邮政管理局局长秦红保陪同调研。

12月3日 省邮政管理局党组印发《学习宣传贯彻党的十九届五中全会精神工作方案》，为切实做好全会精神学习宣传贯彻工作进行部署。

12月3日至4日 省邮政业安全中心组织召开全省“绿盾”工程建设推进会暨“绿盾”工程建设应用培训会议，各市局“绿盾”工程相关责任人及部分市邮政业安全中心、服务中心负责人参加会议。

12月4日 第二十个全国法制宣传日和第七个国家宪法日到来之际，省邮政管理局组织全体公职人员举行庄严而神圣的宪法宣誓仪式。

同日 省邮政管理局印发贯彻落实《交通强国建设纲要》实施方案，全面贯彻交通强国建设决策部署，进一步提升邮政快递业建设水平。

同日 省邮政管理局印发《关于推动邮政业服

务晋北肉类出口平台、山西(长治)中药材商贸平台、山西(吕梁)干果商贸平台建设发展的指导意见》,充分发挥行业优势,全面助力全省农特产品走出山西。

12月9日 省委常委、常务副省长胡玉亭深入山西顺丰速运有限公司、太原邮政速递物流公司桃南营业部调研邮政快递业发展及末端服务情况,并在省邮政管理局组织召开座谈会。省发改委、省政府办公厅相关人员,省邮政管理局负责人陪同调研检查。在省局机关座谈中,胡玉亭认真听取邮政管理工作汇报,并就太原国际邮件互换局建设、邮政快递业应急管理等工作进行交流。

12月10日 省邮政管理局举办全省邮政管理系统人事工作电视电话培训班,省局人事处全体人员以及各市局办公室主任、人事干部参加培训。

12月11日 省邮政管理局学习贯彻中共十九届五中全会精神专题培训班举办。局党组书记、局长秦红保出席开班仪式并讲话,省局副处级以上领导干部、各市局党组成员共计40余人参加培训。

12月14日 省邮政管理局党组会议召开,专题研究部署全省邮政快递业关爱快递员“暖蜂行动”相关工作,切实保障快递员合法权益。

12月18日 省邮政管理局党组中心组理论学习会议召开,重点学习习近平总书记在中央全面依法治国工作会议上的重要讲话和在中央全面依法治国委员会第三次会议上的讲话精神。局党组书记、局长秦红保主持会议并讲话。

12月28日 省邮政管理局党组印发《关于紧盯“四风”问题确保元旦春节期间风清气正的通知》,对严防“四风”问题反弹工作进行部署,着力营造风清气正、廉洁过节氛围。

12月29日 省邮政管理局举办全省邮政行业统计调查制度电视电话培训班。省局政策法规处全体人员,普遍服务处、市场监管处相关人员,各市局办公室负责人,统计人员,中国邮政集团有限公司山西省分公司,主要品牌快递企业省级公司分管负责人和统计人员参加培训。

(资料提供:常 敏)

太原市邮政管理局
大 事 记

1月5日 太原市邮政管理局(以下简称太原局)执法人员对当日发行的《庚子年》生肖“鼠”特种邮票进行监督检查。

1月10日 在太原局和太原市交通运输局有关人员见证下,负责邮运工作的邮政企业太原邮区中心局与负责太原西客站运营的国有企业太原市通达运输代理总公司就客运车辆底仓搭载邮件报刊项目举行交邮合作项目签约仪式。

1月15日 太原局专题会议召开,迅速传达学习贯彻全省邮政管理工作会议精神,全体党员干部参加会议。

1月19日 太原局与山西省邮政管理局、共青团山西省委有关领导共同前往太原邮政速递物流桃南营业厅,对生产一线快递小哥进行慰问。

同日 太原局举行2020年春节团拜会,共迎新春佳节,共话美好未来。局领导班子成员出席团拜会,并为全体干部职工拜年。

1月20日 太原局“不忘初心、牢记使命”主题教育总结会召开,党组书记、局长董刚作总结发言,机关全体党员干部参加。

同日 太原局印发《关于〈太原市寄递渠道安全管理领导小组重点任务分工方案〉的通知》。根据全市寄递渠道安全管理工作实际,结合各部门监管职责,制定领导小组重点工作任务方案。

1月28日 太原局党组扩大会议召开,对全市邮政快递业新型冠状病毒感染的肺炎疫情防控工作进行再动员、再部署，局党组书记、局长董刚在讲话中，要求坚决落实好上级决策部署，坚决打赢全市邮政业疫情防控阻击战。

2月4日 太原局转发山西省邮政管理局《关于加强疫情防控强化企业安全生产主体责任落实的紧急通知》，要求各企业明确安全生产主体责任，有序复工复产。

2月5日至6日 根据省邮政管理局和市委、市政府的疫情防控与服务保障部署安排，太原局将春节期间和节后行业整体疫情防控部署、复工复产、服务保障、防护投入、助力支援疫区等阶段性情况形成专题报告，分别报市委、市政府，并向分管副市长张齐山进行专题汇报，市委、市政府领导对专题报告作批示。

2月9日 太原局转发省交通运输厅、省邮政管理局《关于确保邮政、快递寄递“绿色通道”畅通保障抗击疫情物资运输的紧急通知》，要求各企业严格疫情防控要求，全面落实疫情防控责任，加强对运输工具及邮件快件的消毒、通风工作，主动配合相关部门进行疫情检查。

2月11日 太原局党组扩大会议召开，学习传达《关于确保邮政、快递寄递“绿色通道”畅通保障抗击疫情物资运输的紧急通知》《关于做好疫情防控期间企业复工复产的通知》，对全市行业疫情防控工作和行业复工工作进行再动员、再部署。

同日 太原局向山西省邮政管理局报送《关于邮政快递业新型冠状病毒感染的肺炎疫情防控工作的报告》，省局党组书记、局长秦红保对太原局和太原邮政行业在疫情期间所做的工作给予充分肯定，并做出批示。

2月12日 太原局转发太原市人民政府办公室《关于做好疫情防控期间企业复工复产工作等通知》，要求各邮政快递企业要坚持把疫情防控作为首要任务，在防控措施到位的前提下，有序推进复工复产工作。

2月14日 为落实好省交通运输厅、省邮政管理局有关寄递“绿色通道”畅通保障抗击疫情物资运输的要求，市交通运输局、市邮政管理局联合印发紧急通知至各县（市、区）交通运输局、各邮政快递企业等单位，全力保障邮政快递车辆优先便捷通行，保障民生通道。

同日 太原局与市交通运输局召开部分快递企业座谈会，听取企业反馈运营受疫情影响情况汇报，及时掌握和协调解决寄递企业复工运营存在的困难，确保服务民生的配送运输加快恢复正常。

2月27日 太原市寄递企业实现复工复产区县全覆盖。行业复工网点1413个，复工率达86.26%。

3月2日 太原局主动作为，勇担社会责任，积极开展“同心战疫·大爱有我”爱心捐款活动。

3月4日 太原局成立检查组赴快递企业营业网点，就疫情防控和复工复产情况开展督导检查。

3月6日 太原局专题会议召开，学习传达省邮政管理局党组书记、局长秦红保在2020年全省邮政管理系统党建暨党风廉政建设工作会议上的精神，提出贯彻落实要求。

3月9日 太原局专题会议召开，传达学习2020年全省邮政普遍服务监管工作会议精神，科学谋划2020年全市邮政普遍服务监管工作任务。

3月12日 根据省邮政管理局工作要求，太原局组织辖区各寄递企业进行“诚信快递、你我同行”“3·15”主题活动线上宣传。

3月17日 太原局组织召开2020年全市邮政管理工作会议。局党组书记、局长董刚作工作报告，局领导班子成员、机关全体公务员参加会议。

同日 太原局召开2020年党建暨党风廉政建设工作会议，总结回顾2019年党建和党风廉政建设工作，部署2020年工作任务。局党组书记、局长董刚作党风廉政建设工作报告，局领导班子成员、机关全体公务员参加会议。

同日 太原局联合国家税务总局太原市税务局印发《关于做好邮政快递业疫情防控期间减税政策的通知》，助力太原市邮政快递企业复工复产，共渡疫情难关。

3月18日 太原局印发《关于物流降本增效综合改革试点工作方案》，推动全市邮政快递业降本增效和高质量发展。

3月23日 中共太原局党组印发《太原市邮政管理局党建工作领导小组2020年工作要点的通知》（并邮党组〔2020〕5号），要求各部门加强落实，推动全市邮政快递业和市局机关全面从严治党向纵深发展。

3月24日 省委常委、太原市委书记罗清宇在批示中，对全市邮政快递业在疫情防控期间应急保障和服务民生中做出的贡献表示肯定，并对太原局继续抓好行业疫情防控和行业发展工作提出新要求。

3月25日 太原市召开2020年全市文明交通综合治理工作部署会，通报2019年文明交通综合治理考核结果，太原局文明交通综合治理工作在全市15个市直单位中名列第3名，受到市文明交通综合治理领导小组表扬。

3月27日 太原局印发《2020年邮政快递行业生态环境保护工作要点》，对2020年行业生态环保工作进行部署。

3月30日 太原局机关党支部围绕“从新冠肺炎疫情防控看中国制度优势”为题，开展第一季度党课交流，机关全体人员参加。

4月7日 省邮政管理局党组成员、副局长高日勇一行赴太原局调研快递服务网点标准化提档升级推进工作并召开座谈会。

4月8日 太原局印发《关于做好2020年全市邮政快递业安全生产工作的通知》（并邮管〔2020〕1号），就2020年全市邮政快递业安全生产工作进行部署。

4月16日 太原局召开2020年全市邮政市场监管工作会议暨安全生产工作会议。局党组成员、副局长、纪检组组长薛伟民出席会议并作工作报告。

4月17日 太原局组织召开2020年全市邮政普遍服务监管工作会议。市局党组成员、副局长、纪检组组长薛伟民出席会议并作工作报告。

4月24日 太原局党组书记、局长董刚带队赴太原国际邮件互换局（交互站）进行专题调研，并督导太原国际邮件寄递安全生产和疫情防控工作。

4月26日 太原局党组书记、局长董刚带队前往中国人民解放军太原试验接待站开展慰问活动并进行座谈。市局办公室、机关党支部负责人及行业代表山西京东企业负责人参加座谈。

4月28日 太原局文明办以“担当使命同心战疫 致敬最美劳动者”为主题，开展道德讲堂，机关全体人员参加活动。

同日 太原局联合市公安局交通警察支队印发《太原市邮政快递电动三轮车管理领导小组会议纪要》，切实保障全市邮政快递电动三轮车安全规范运行。

4月30日 太原局印发《太原市邮政快递业2020年文明交通整治工作方案》的通知，明确2020年度文明交通工作计划及时间表，保障2020年全市文明交通综合治理工作会议精神，持续深化太原市邮政快递业文明交通综合治理工作。

5月9日 太原局推动提档升级工作，25家提档升级店完成初步建设，并组织制作相关工作纪录片。

5月11日 省邮政管理局党组成员、副局长高日勇一行赴太原局召开快递末端网点提档升级建设工作汇报会，并对提档升级先期示范点进行实地调研。

5月12日 太原市委、市政府印发《关于2019年度全市安全生产和消防工作目标责任考核结果的通报》，太原局获得市直部门“优秀”等次。

5月14日 太原局印发《全市寄递渠道“零事故”创建工作实施方案》，以“零事故”创建工作为切入点，着力化解全市寄递渠道安全生产不稳定因素，维护全市邮政快递业安全稳定运行。

5月18日至22日 太原局开展全市邮政机要通信第一轮专项检查。营业、处理、接发转运场所及各生产环节均按照《邮政机要通信保密管理规定》要求设置及执行，未发现违法违规行为。

5月19日 太原市交警支队联合太原局开展太原市邮政快递专用电动三轮车“一盔一带”安全守护专项行动启动仪式，由省快递协会具体承办，邮政、顺丰、京东等14家邮政、快递企业参加启动仪式。

6月8日 太原局机关工会召开换届选举大会，选举产生第三届机关工会委员会，局机关15名工会会员参加会议。

6月16日 太原市“三零”单位创建工作第八督导组赴市邮政管理局检查督导“三零”单位创建工作，并深入企业基层网点现场检查安全生产落实情况。

6月23日 太原局开展“‘不忘初心、牢记使命’重温入党誓词，争做‘三强’模范机关践行者”主题党日活动，机关全体党员干部参加。

7月2日 太原局在“中国醋都”清徐组织召开太原市“快递+老陈醋”项目建设座谈会，搭建制醋企业和快递企业协同发展平台，努力推动快递、电商与制醋企业互助共赢。

7月6日至10日 太原局志愿者在坞城路南中环街口开展为期一周的“文明交通、安全出行”志愿服务活动，以实际行动践行志愿服务精神和理念。

7月8日 太原局印发《全市邮政快递业深入开展“零上访零事故零案件”创建工作实施方案》，着力化解行业内因上访、事故和案件引发的不稳定因素，不断提高全市寄递渠道综合治理能力和水平。

7月14日 国家邮政局发文表彰在新中国成立70周年庆祝活动、邮政快递业服务保障等工作中做出突出贡献的集体和个人，太原局公务员集体受国家邮政局嘉奖。

7月15日至16日 太原局联合市统计局开展邮政快递业统计工作专项执法检查。

7月17日 太原局制定《推进"快递进村"试点工作方案》，分别与清徐、阳曲、古交主要品牌快递企业负责人座谈，掌握有关推进"快递入村"工作的意见建议，开展农村快递网络建设情况摸底调查，夯实"快递入村"工作基础。

7月21日 太原局督导邮政企业加深改制，通过政企合力，高质量高标准提前完成25个委（代）办普遍服务网点改自办工作，全市163处邮政普服网点全部实现自办经营。

7月22日 中共太原邮政管理局机关党总支召开党员大会，选举产生第一届机关党总支委员会。

7月28日至31日 太原局开展全市邮政机要通信疫情期间专项检查。

7月31日 太原局与解放军太原试验接待站联合开展"庆八一"军地联欢活动，市局副局长、机关党总支及行业代表山西中通企业负责人参加联欢活动。

8月3日 太原局专题会议召开，迅速传达学习贯彻全省邮政管理局长座谈会精神和省邮政管理局党组书记、局长秦红保讲话精神，市局全体党员干部参加会议。

同日 太原局开展全国平信、包裹时限测试工作。

8月21日 太原局组织监督员参与2020年度邮政普遍服务消费者满意度调查工作。

8月25日 省邮政管理局党组书记、局长秦红保深入太原市娄烦县、阳曲县就快递进村工作推进情况开展督导调研。

8月26日 太原局联合市文旅局、市促投局等13家市直单位共同开展"时代新人说——牢记领袖殷殷嘱托"时代新人宣讲暨主题党日活动，山西中通、顺丰公司党组织负责人一同参加主题党日活动。

8月28日 太原市直机关工委副书记郭炳一行4人深入太原局督战调研机关党建工作，市局党组书记、局长董刚，机关党总支全体委员参加座谈会。

9月8日 中共太原市委、太原市人民政府联合印发《关于命名太原市2018—2019年度文明县城、文明单位、文明校园的通报》。太原局获"文明单位"称号，市局连续3年获此称号。

9月9日 中共太原市委、太原市人民政府、太原警备区联合印发《关于2018—2019年度全市双拥工作考核结果的通报》，太原局被评为"全市拥军优属先进单位"，市局首次获此称号。

9月12日 太原局积极响应创城冲刺号召，与结对共建社区桃园二巷南社区联合组建学雷锋志愿服务队，积极开展"下沉一线，创城有我"志愿服务活动。

9月18日 太原局对全市辖区的"巡视专用邮政信箱"设置、收寄、分拣、投递等重要环节进行抽查。

9月22日 太原局在中通快递山西省管理中心组织召开太原市快递行业党委筹备会暨快递企业"两个覆盖"工作推进会。市局党组成员、副局长、机关党总支书记薛伟民主持会议，市委非公经济组织和社会组织工委书记杨红梅和山西省、太原市两级市场监督管理局分管非公党建的领导出席会议。

9月29日 太原局组织召开全市快递进村邮快合作项目推进会，引导邮政快递企业深化合作，加速推进快递进村试点工作。市局党组成员、副局长、纪检组组长薛伟民出席会议并讲话。

同日 太原局开展全市邮政快递行业统计培训，全市各邮政快递企业分管统计工作负责人及统计工作人员80余人参加培训。

10月6日 太原市委常委、常务副市长王立刚率领检查组赴山西申通转运中心（山西瑞泽快递有限公司）实地检查寄递企业安全生产工作。

10月16日 太原局召开全市邮政快递业安全生产集中教育整顿暨专项整治动员会，市局党组书记、局长董刚出席会议并讲话。

10月19日 省邮政管理局办公室印发《关于2020年上半年新闻宣传工作情况的通报》（晋邮管办〔2020〕16号），太原局获第一名。

10月22日 太原局组织中国邮政集团太原市分公司分别与中通、顺丰等12家省级快递企业签署太原市"邮快合作"共建三级物流配送体系合作备忘录，进入快递进村合作实操阶段。市局党组成员、副局长、纪检组组长薛伟民出席签约仪式并讲话。

10月27日 太原局组织召开全市邮政特邀监督员培训会。

10月28日 太原局联合市人社局、市财政局印发《太原市快递从业人员职业技能提升培训实施细则》，为快递企业开展职业技能提升培训工作提供明晰的指导和遵循。

10月29日 太原局组织召开第三季度政企联席会议和2020年邮政普遍服务“两项审批”培训会。

10月30日 太原局印发《关于2020年快递业务旺季服务保障工作方案的通知》(并邮管〔2020〕97号)，要求确实保障全市快递业务旺季寄递服务和行业平稳运行。

11月3日 太原局召开2020年快递业务旺季服务保障工作部署会议。市局党组成员、副局长、纪检组组长薛伟民出席会议并讲话。全市邮政、快递企业负责人50余人参加会议。

同日 省邮政管理局党组成员、副局长高日勇深入太原市主要寄递企业，就寄递渠道旺季服务保障、安全生产、疫情防控及第三届中国国际进口博览会期间寄递渠道安保工作开展督导检查。

11月9日 省邮政管理局党组书记、局长秦红保同志采取“四不两直”方式先后深入山西顺丰、中通、韵达、极兔等快递企业分拨中心，就旺季服务保障、疫情防控、安全检查制度执行及绿色包装使用等开展督导检查。

11月10日 太原局与结对共建的桃园二巷南社区共同召开党建联席会暨“铭记初心使命、牢记领袖嘱托”主题党日活动。

11月16日 太原局联合市人社局举办快递从业人员职业技能提升培训班,全市邮政快递企业培训工作负责人约40人参加培训。

11月23日至25日 太原局开展全市寄递渠道服务保障工作培训班。

11月24日 太原局开展全省信件、包裹时限测试工作。

同日 太原局开展同城信件、包裹时限测试工作。

11月25日 省邮政管理局办公室印发《关于2020年第三季度新闻宣传工作情况的通报》(晋邮管办〔2020〕22号)，太原局获第一名。

12月1日 国家邮政局党组成员、副局长戴应军带队深入太原阳曲县检查指导邮政普遍服务工作。

12月2日 太原局组织召开2020年工程系列(快递专业)初级职称评审会。

12月3日 太原局举办快递网点分支机构及末端网点备案专题培训，全市快递企业相关负责人参加培训。

12月4日 太原局组织机关全体人员开展以“弘扬宪法精神，依法履职作表率”为主题的宪法宣誓活动。

12月9日 太原市寄递渠道安全管理领导小组召开年度会议，对近期全市寄递渠道安全管理工作进行通报，并研究部署下一阶段重点工作。太原市委政法委调研员、市法学会专职副秘书长冯少华和市邮政管理局党组成员、副局长薛伟民出席会议并讲话。

12月10日 中共太原市委、太原市人民政府印发《关于表彰太原市模范单位(集体)和劳动模范的决定》，山西京邦达供应链科技有限公司被授予“模范单位(集体)”称号，中国邮政集团公司太原市分公司古交公司寄递事业部投递员康吉维获“劳动模范”称号。

12月22日 太原市总工会联合太原局共同开展快递小哥暖冬慰问活动，为太原各品牌快递企业的1000名快递员送上1000套口罩、手套、围巾、护膝、保温杯等慰问品。太原市人大常委会副主任、市总工会主席张磊，市总工会党组书记、常务副主席薛之东，市邮政管理局党组书记、局长董刚等领导参加慰问活动。

同日 太原市快递行业工会联合会成立暨第一次会员代表大会隆重召开，太原市已成立工会的快递企业会员代表、未成立工会的快递企业负责人、邮政快递行业一线代表130余人参加会议。太原市总工会副主席黄小飞、市邮政管理局副局长薛伟民出席会议并讲话。

12月24日 省邮政管理局“管理杯”考核组胡福海处长一行赴太原市邮政局进行“管理杯”考核，市局党组书记、局长董刚及党组成员作廉政述职报告。考核组查阅市局管理杯印证资料。

12月28日 太原市安全生产委员会印发《关于表彰2019年度安全生产工作先进单位和先进个人的通报》(并安发〔2020〕13号)，市局2人获先进个人。

(资料提供：魏胖胖)

大同市邮政管理局大事记

1月 大同市邮政管理局(以下简称大同局)联合共青团大同市委深入快递企业开展"快递从业青年服务月"暨春节"送温暖"慰问活动,向奋战在一线的6个品牌40余名快递员送上包含有暖手宝和充电宝的新春礼包。

2月 大同局由负责人带队,深入一线指导企业做好疫情防控工作,督导全市寄递企业迎难而上、逆势作为,开通寄递"绿色通道"。邮政企业第一时间将社会捐赠的药品等物资安全送抵湖北疫情重灾区,韵达主动承接市政府"惠民""惠企"口罩运送任务,顺丰、圆通、速递物流等企业积极配合教育、农业农村等部门做好复课教材、春耕化肥等配送工作,累计配送防疫物资、民生用品225万余件,打造疫情期间永不中断的供给线。

3月17日 《大同新闻联播》首次较大篇幅专题播报全市邮政快递行业抗疫及复工复产情况,引起社会热烈反响。

3月 大同市精神文明建设指导委员会印发《关于2017—2018年度大同市精神文明创建先进典型的表彰决定》,大同局获大同市市级文明单位标兵称号。

4月下旬 大同局组织邮政企业和8家快递企业举行"邮快合作"下乡进村签约仪式。会议要求5月底前开展邮快合作先行试点,通过"先易后难""先小后大""先无后有"的方式,9月在全市各县区全面推广。

4月 大同局、市卫生健康委、市场监管局等11部门联合印发《大同市关于进一步做好短缺药品保供稳价工作的实施意见》,鼓励邮政企业探索在不具备配送经济性的地区开展配送工作,加强协作配合,不断提高短缺药品供应保障能力,为全市短缺药品配送保驾护航。

5月11日 中共中央总书记、国家主席、中央军委主席习近平考察大同市云州区有机黄花种植基地点赞云州黄花后,大同局迅速学习贯彻习近平总书记重要讲话精神,采取快递进厂、线上销售等模式全面助力黄花产业做大做强。并召开专题会议,牵线搭桥,助力"秦晋之好""星光行动""大同好粮"助农专场直播活动,保障农副产品寄递服务。

5月 国务院发布《关于同意在雄安新区等46个城市和地区设立跨境电子商务综合试验区的批复》,大同市入选新一批跨境电子商务综合试验区。此次获批设立跨境电商综合试验区,对推进邮政业高水平对外开放,加快实施"快递出海"工程具有重要意义,全市邮政业获新发展机遇。

6月 大同局专题会议召开,部署2020年邮政业"安全生产月"活动,推动企业落实安全生产主体责任,全力保障寄递渠道安全畅通,进一步加强企业安全生产管理工作。全市寄递企业安全管理人员20余人参加会议。

7月3日 为加强邮政快递行业监督管理,确保寄递渠道安全畅通,大同局在邮政转运中心开展2020年大同市邮政快递业突发事件综合应急演练,市国安、公安等部门负责人与全市邮政、快递企业40余人观摩演练活动。

7月28日 大同局联合公安部门召开全市邮政快递业警示教育大会暨禁止寄递物品专题培训。分析当前寄递渠道安全所面临的严峻形势,通报近期违法违规典型案例,邀请森林公安专业人员讲解禁止运输珍贵濒危野生动物制品的相关法律法规,重点申明违法后果,提升从业人员法律意识。各寄递企业负责人、安全管理人员、分拨中心负责人30余人参加会议。

8月11日 大同局在云州区召开"邮快合作"座谈会。确定首先以峰峪乡、杜庄乡、吉家庄乡为试点,推动以"邮快合作"综合服务点为支撑实现"快递进村"。市快递协会代表、各寄递企业负责人、云州区快递负责人30余人参加会议。

9月14日 中共大同市委机构编制委员会办公室正式批复同意设立大同市邮政业安全中心。批复明确，大同市邮政业安全中心为市交通运输事业发展中心内设机构，正科级建制，核定财政拨款事业编制5名。业务接受市邮政管理局指导，主要承担全市邮政业安全监管信息平台建设维护、安全运行监测预警、安全知识教育培训、突发事件应急处置等工作。

9月 在大同局和邮政公司共同努力下，大同市高标准完成全市42处网点的营投分离和72处网点的代办改自办工作，强化农村地区邮政普遍服务网络建设。与此同时，积极推动邮政企业进驻全市6县4区所有政府政务大厅，真正助力政务服务“最多跑一次”，实现“政通人和”。

10月22日 大同局联合市公安局、市国家安全局召开2020年快递业务旺季和重大活动期间寄递渠道安全服务保障工作动员部署会。督导企业确保寄递渠道安全，加强调度平稳度过旺季。

11月 为深入实施“快递进厂”工程，有效推进快递业与制造业融合发展，大同局与市工业和信息化局联合出台《大同市关于促进快递业与制造业深度融合发展的实施方案》。方案重点围绕服务全市“136”发展战略和“快递进厂”工程进行部署。

12月 大同局2020年度工程系列快递专业初级职称评审会召开，45名快递技术人员通过评审。

（资料提供：李 东）

吕梁市邮政管理局
大 事 记

1月 吕梁市邮政管理局（以下简称吕梁局）认真做好2项工作：一是联合吕梁市交通运输局发文，推进农村物流高质量发展，常务副市长李建国在讲话中充分肯定市局工作；二是联合共青团吕梁市委、吕梁市留守儿童关爱协会共同开展“小善大爱”春节慰问活动。

2月 吕梁局认真做好3项工作：一是开展复工复产企业新冠肺炎疫情防控专项检查；二是开展助力新冠肺炎疫情防控捐款活动；三是常务副市长李建国在讲话中充分肯定全市邮政行业新冠肺炎疫情防控工作，并对提出的困难做出明确批示。

3月 吕梁局认真做好4项工作：一是联合团市委率先成立“吕梁市邮政行业抗击新冠肺炎疫情复工复产青年突击队”；二是解决行业困难，为一线寄递企业争取到7000只防疫口罩；三是召开2020年全市邮政管理工作会议；四是召开2020年全市邮政普遍服务监管工作电视电话会议以及2020年全市邮政普遍服务监管工作电视电话会议。

4月 吕梁局认真做好4项工作：一是启动全市邮政快递业“调研月”活动；二是促进中阳县快递企业与中阳县电子商务物流配送中心签订合作协议，打响吕梁电商合作第一枪；三是与市铁塔公司签订战略合作协议，推进全市邮政业智慧监管；四是方山县“邮政+司法”送达模式运行成效显著。

5月 吕梁局认真做好9项工作：一是推动柳林县中通等快递品牌与柳林荞歌碗团签订合作协议，“一县一品”再添新成果；二是组织召开邮政普遍服务监督与保障政企联席会议；三是联合市公安局交警支队召开“一盔一带”安全守护行动布置会；四是组织举行《吕梁市邮政快递合作下乡进村框架协议》签约仪式；五是召开邮政业智慧安全工程推进会；六是积极参与2020年吕梁特色农产品直播带货节活动；七是市委书记李正印在讲话中，充分肯定邮政管理工作并寄望邮政业为助力快递出山做出更大贡献；八是联合市国家安全局开展全国“两会”期间邮政快递行业安全监督检查；九是作为成员单位带领辖区内快递企业代表参加吕梁市“一盔一带”安全守护行动启动仪式活动。

6月 吕梁局认真做好3项工作：一是开展邮政普遍服务达标专项整治行动；二是开展"安全生产月"宣传活动；三是开展邮政业疫情防控严防疫情反弹工作专项检查。

7月 吕梁局认真做好6项工作：一是全面完成全市邮政普遍服务营业场所数据核实工作；二是联合市禁毒办召开2020年全市邮政业安全生产培训会；三是成立快递行业协会；四是联合市"扫黄打非办"开展邮政快递业"扫黄打非"专项行动；五是积极推进"快商合作"，方山县实现"快递进村"全覆盖；六是全市首批邮政业"扫黄打非"乡镇级联络站正式挂牌。

8月 吕梁局认真做好3项工作：一是成立吕梁市快递行业工会联合会；二是联合市总工会开展"情系职工·清凉一夏"慰问活动；三是开展高考录取通知书寄递及汛期安全生产工作专项检查。

9月 吕梁局认真做好5项工作：一是召开秋季安全生产培训会；二是成立吕梁市快递行业党委；三是成立邮政快递业安全生产委员会；四是联合市人社财政部门出台方案加快推动全市快递行业"人人持证、技能社会"建设；五是联合市工信局出台快递业与制造业深度融合发展方案。

10月 吕梁局认真做好4项工作：一是吕梁市22处"营投合一"单人网点全部转"营投分离"；二是吕梁市物流降本增效行动计划出台，邮政快递业再获利好；三是召开寄递渠道安全管理工作联席会；四是召开2020年快递业务旺季服务和安全保障工作动员部署会。

11月 吕梁局认真做好5项工作：一是首期快递从业人员职业技能提升培训班正式开班；二是组织召开2020年度第三次邮政普遍服务政企联席会议；三是开展"双十一"旺季督导检查；四是联合市生态环境局印发《吕梁市邮政快递业包装绿色治理方案》；五是开展实名收寄信息异常问题专项整治工作。

12月 吕梁局认真做好4项工作：一是联合交警部门开展交通安全劝导宣教活动，助力122交通安全日；二是召开寄递渠道安全领导小组会议；三是举办全市邮政快递行业学习贯彻中共十九届五中全会精神专题培训班；四是市邮政业服务中心正式揭牌成立。

（资料提供：秦舒阳）

运城市邮政管理局大事记

1月9日 根据省邮政管理局关于年度公务员考核工作要求，运城市邮政管理局（以下简称运城局）2019年度公务员考核测评会召开，全体公务员参加。为保证考核工作顺利进行，确保公平公正，一是专门成立以局长为组长、各科室负责人为成员的公务员年度考核领导组，制定印发《年度目标责任考核实施方案》；二次是组织全体公务员进行年度工作总结，填写"公务员年度考核登记表"，并进行述职；三是从"德、能、勤、绩、廉"五个方面进行全面考核，重点考核公务员政治表现、履行岗位职责、完成年度重点工作任务情况；四是根据被考核人员日常工作和个人总结情况，结合民主测评结果，经市局党组研究，确定优秀等次，并在全局范围内进行公示。

1月22日 运城局研究部署全市邮政业对新型冠状病毒感染的肺炎疫情防控工作。即高度重视，形成防控合力；加强从业人员健康防控工作；全力保障寄递服务畅通；加强应急值守，确保处置高效；强化宣传教育，做好舆论引导。

1月 运城局采取多种措施，确保"两节"期间风清气正。

是月 全省邮政管理工作会议之后，运城局立即召开专题会议，组织学习讨论工作报告，研究贯彻落实工作。

是月 运城市副市长梁清燕深入快递企业，专题调研督导邮政快递业疫情防控工作。运城局负责人陪同调研。梁清燕一行先后来到中通、顺丰等品牌快递市级分拨中心，现场查看企业在测温登记、人员防护、快件消杀、内部管控等重点部位和关键环节的疫情防控措施，详细了解各企业开展核酸检测和疫苗接种等具体情况，并看望慰问坚守在企业疫情防控一线的快递人员。梁清燕在讲话中要求各企业要把疫情防控作为当前工作的头等大事，清醒认识全市特别是邮政快递渠道疫情防控工作面临的严峻性、复杂性、长期性，把人员全员登记、快件全部消杀、场所全面防控作为基本要求牢牢坚持下去，结合实际制定细化针对性措施，确保各项措施不打折扣、不留死角。梁清燕强调，各企业和邮政管理部门要把疫情防控工作提到对自身负责、对社会负责、对党和人民负责的政治高度，认真履行主体责任，坚决扛起政治责任，把最高标准、最严要求、最实措施明确到各场所、各岗位、各环节、各人员要求上，落实到认真贯彻市委、市政府疫情防控行动中，体现到邮政快递渠道安全平稳发展成效上，坚决筑牢行业疫情防控防线。

2月6日 为推动企业顺利复产复工，有效强化行业疫情防控，运城局靠前指挥、联防联控、谨慎应对，全力保障寄递渠道安全平稳运行。一是建立联控机制。市局与市快递协会、36家邮政快递企业及时建立新冠肺炎疫情寄递渠道应急协调机制，逐日通报汇总上级部署、行业疫情、在岗人数、业务量收、防疫物资等运行动态，全盘掌握市情业态，研判趋势、掌握主动。二是加强宣传动员。通过微信工作平台，迅速传达《全省邮政业疫情防控期间营业网点操作规范》《山西邮政和快递从业人员疫情防控指南》《关于确保邮政、快递寄递"绿色通道"畅通保障抗击疫情物资运输的紧急通知》等行业疫情防控、复工复产相关政策，宣传疫情防治相关知识，切实提升企业疫情防控警惕性、警觉性和规范性。三是加强支撑保障。及时与相关部门协调解决防疫用品紧缺、车辆通行困难等问题，局内为企业开辟不见面审批"绿色通道"，简化行业资质证明材料等业务办理流程，解企业所急，帮企业所需。四是积极协同防控。配合办公驻地社区开展疫情期间居民出入登记检测。配合属地党委政府对行业疫情和疑似人员进行排查隔离，及时切断疫病传染源。五是保障有序运行。坚持自身防疫与保障防疫物资及时准确运送并重，不断把防控工作落细落实落具体。截至2020年年底，全市寄递企业累计配备口罩、橡胶手套等防疫用品2万余个(套)，投入干线运输车辆497台，营业网点138个，共计1861人在岗值守，有力保障疫情防控和民生物资及时、安全、有序转运。六是压实主体责任。坚持没有预案不复工、不签责任书不复工、防护措施不到位不复工，做好疫情期间值班值守工作，执行政企负责人带班、24小时值班和每日"零报告"制度。

2月24日 运城局党组扩大会议召开，总结前一段疫情防控工作，分析当前疫情形势和对全市邮政业发展的影响，部署企业复工复产后续工作，积极推进疫情防控期间全市邮政业平稳有序运行。

2月 运城局采取多项举措严防严控新冠肺炎疫情在行业渗透，全力保障全市寄递渠道安全平稳运行。即：建立防控领导机制；明确管控内容；强化实时管控；压实企业主体责任；研判预警。凝聚全行业力量，继续全力做好疫情防控工作，切实保障好人民群众身体健康安全、寄递安全和服务安全，共同打赢疫情防控阻击战。

是月 中共运城市直工委向运城局划拨专项党费，支持市局新冠肺炎疫情防控工作。

3月4日 运城局专题会议召开，学习传达2020年全省邮政管理系统党建暨党风廉政建设工作会议精神，研究部署全局2020年党建和党风廉政建设工作任务。

3月6日 运城局办公会议召开，集中学习传达全省邮政普遍服务监管工作会议精神，深刻分析全市邮政普遍服务面临的新形势，对2020年工作目标任务进行探讨研究，并要求扎实开展好2020年全市邮政普遍服务监管工作。

3月18日 上午，运城局党组理论中心组（扩大）学习会议召开，党组书记主持会议，市局二级主任科员以上干部参加会议。会议要求，全局上下要学习贯彻好习近平总书记重要讲话和省局、市委领导的讲话、批示精神，以昂扬斗志和激情投入下一阶段工作中。

3月24日 运城局组织召开2020年邮政普遍服务监管工作会议，学习传达全省邮政普服工作会议精神，对2020年运城市普遍服务重点工作做出部署。市局党组书记、局长出席会议并讲话。会议期间，运城局领导与邮政分公司主要负责人签订“运城市寄递安全工作（机要通信保密）责任状”。市局分管领导，普服科全体人员，运城市邮政分公司领导班子成员及13个县（市、区）邮政分公司主要负责人参加会议。

3月26日 中共运城局支部委员会召开换届选举大会，全体党员参加会议。

3月 为推动邮政快递网络标准化建设等重点工作进展，助力全市邮政业转型、提质、升级，运城局建立领导干部分区包联工作机制。包联制度确定市局二级主任科员以上干部每人对口联系两个县（市、区），实时跟踪督导全年重点工作进展。具体包括快递“四化”建设，构建快递营业网点标准化、分拨中心自动化、作业流程制度化、快递车辆规范化，提升快递企业品牌形象；邮政普服网点“两转”，实现单人局所“营投合一”全部转为“营投分离”，委代办局所全部转为邮政企业自办；以及乡镇邮政局所标准化、规范化、信息化“三化”建设，努力实现营业场所、邮政设施、服务保障标准化，业务流程、寄递安全、时限频次规范化，社会监督、服务跟踪、质量管理信息化。在此基础上，根据实际需要，随时将省局和市局相关重点工作纳入干部包联范畴。要充分发挥领导干部示范带头作用，强化担当意识，深入一线，主动服务企业，推进重点工作实施，每两个月对包联情况进行汇总反馈，并纳入年度评先评优考核。

是月 运城市印发《运城市交通运输领域财政事权和支出责任划分改革实施方案》，明确邮政快递业监管与发展地方支出责任；市县两级邮政快递业财政事权和支出责任等。

是月 运城局研究制订《运城市创建快递产业发展示范城市实施方案（征求意见稿）》，从构建区域快递物流枢纽、健全乡村快递网络、提升行业服务质效、促进产业融合、延伸末端配送体系、服务农产品扩消、筑牢安全基础、扩展监管体系、推动绿色发展、加快行业文明建设等方面明确创建工作责任单位、所需要素、创建主体、实施步骤等举措，形成清晰完整的施工图、路线图广泛征求市直有关部门意见建议。

4月1日 运城局多措并举、积极组织、稳步推进和督导邮政企业从即日起开展党报党刊投递质量百日整治专项行动。

4月7日 下午，按照运城市直工委要求，运城局在党员活动室开展“战疫情、当先锋”主题党日活动，全体党员参加。在活动严格落实“一室两挂五带（戴）”规定，党员活动室内悬挂党旗、入党誓词，党员戴党员徽章及带党章、党费证、支部主题党日活动学习资料和党员组织生活纪实手册参加。活动中，全体党员齐诵《中国共产党党章》部分章节，现场缴纳党费，集体学习《习近平在决战决胜脱贫攻坚座谈会上的讲话》《为打赢疫情防控阻击战提供强大科技支撑》《习近平2020年3月10日在湖北省考察新冠肺炎疫情防控工作》重要文章，对运城市邮政管理局党建工作领导小组2020年工作要点进行民主讨论，公开“党员自愿捐款支持新冠肺炎疫情防控工作明细表”，党支部书记为全体党员讲授“战疫情、当先锋”专题党课。通过此次活动，全体党员进一步锤炼党性，增强责任感和使命感，有力发挥党支部的战斗堡垒作用。

4月24日 为贯彻落实习近平总书记在河南光山县视察时对邮政业做出的重要指示精神，认真执行国家邮政管理局、省邮政管理局推进邮快合作下乡进村要求，运城局组织邮政、快递企业集体签约。运城局坚持“自愿合作、平等协商”原则，对企业间的合作加强指导、协调和服务，不包办、不干预，因势利导，在前期反复会商的基础上达成共识。签约仪式由市快递协会承办，在运城局见证下，市邮政分公司与申通、中通、圆通、韵达、顺丰、百世等快递企业代表现场签订《运城市邮政快递合作下乡进村协议》。此次签约，邮政和快递企业从农村地区快件揽收、运送、代投等几个方面展开务实合作，对于补齐农村邮政快递基础设施短板，提升农村寄递服务水平，实现136个乡镇和3196个村邮（快）件投递全覆盖，助力脱贫攻坚和乡村振兴具有非常重要意义。

4月29日 运城局“青春勇担当，共筑强邮梦”“五四”青年主题座谈会召开。缅怀五四先驱崇高的爱国情怀和革命精神，进一步弘扬“爱国、进步、科学、民主”的“五四”精神，激励青年干部职工立足岗位、担当作为。座谈会上，青年代表踊跃发言，结合自身工作岗位实际，回顾入职初心，交流工作心得，分享感悟收获，纷纷表达立足工作岗位，积极进取、担当作为决心。

座谈会后，运城局全体青年干部通过朗诵讴歌青春、弘扬“五四”精神诗歌方式，追忆缅怀仁人志士不朽奋斗精神和爱国情怀，活动在高亢的“英雄赞歌”声中落下帷幕。运城局全体人员参加座谈会。

4月30日 “五一”、端午将至，为深入落实中央八项规定及其实施细则精神，持续强化正风肃纪，运城局采取三项举措确保“两节”期间风清气正。即加强廉政教育，注重廉政提醒，严格监督执纪问责。

4月 清明将至，为严格落实中央八项规定精神，树立文明节俭祭扫新风，运城局严明作风纪律，确保节假日期间风清气正。

是月 运城局4月党组理论中心组（扩大）学习会议召开，传达学习贯彻习近平总书记在中央政治局常委会会议上的重要讲话精神和中央办公厅印发的《党委（党组）落实全面从严治党主体责任规定》。会议要求，要把常态化疫情防控、推进行业复工复产和学习贯彻《规定》结合起来，共同担起全面从严治党责任，以更科学更有效的举措，强化政治监督，助推行业健康发展。

是月 经运城市委常委会、市政府常务会议审议通过，运城市人民政府办公室印发《关于有效应对疫情推进服务业发展十四条措施的通知》，邮政快递业获支持。通知明确提出，要保障快递车辆通行和便利入区，保障邮件、快件运输投递需求的通行时间和路线，保障寄递服务车辆干线运输，市内中转。在疫情防控期间，为解决快递车辆通行问题，运城局主动作为，积极协调，向运城市新冠肺炎疫情防控指挥部申请办理快递车辆通行证，极大缓解快递车辆最后一公里派送难题；与市大气污染防治领导小组、市交通运输管理局、市交警支队等部门沟通协调，为受大气污染防治通行受限的快递柴油货车办理通行证，保障快递柴油货车正常通行；及时传达省邮政管理局《关于确保邮政、快递寄递“绿色通道”畅通保障抗击疫情物资运输的紧急通知》精神，向企业开具符合复工条件的情况说明，为快递网点正常营业、车辆通行证办理提供便利。运城局表示，将深入贯彻落实省局和市委、市政府的决策部署，推动行业优惠政策落地实施，继续为邮政快递企业复工复产提供有力支持，更好地服务地方经济社会发展。

是月 运城市某快递企业将印有“为民生开通途，为战疫做先锋”锦旗送到运城局，感谢在新冠肺炎疫情防控和复工复产工作中给予的指导帮扶。疫情期间全市寄递企业发运疫情防控车辆678辆，承运寄递疫情防控包裹6.68万件、物资31.54吨，保障应急物资和群众生活必需品寄递服务。

5月6日 下午，运城局党支部开展“当好‘三个表率’、建设模范机关”主题党日活动，全体党员和入党积极分子参加。

5月19日 运城市委书记丁小强听取工作汇报，对运城局统筹推进疫情期间行业防疫与快递物流园区重点项目建设工作给予充分肯定，要求再接再厉、再创佳绩，服务地方经济发展。丁小强指出，要立足打造黄河金三角区域性综合快递物流园区，构建理念超前、技术先进、功能完备的品牌工程，对已开工项目要全程紧盯项目进度，确保建设质量并如期投入运营，带动“南果”和晋南农特产品扩大外销市场，助力加快河东农业产业现代化提质升级，帮助农民增收致富。尚未开工项目，鼓励运城局继续主动作为，会同有关县（市、区）及相关部门进一步对接投资建设企业，因地、因势、因业施策，推动项目建设后续工作，力争尽早开工建设。丁小强强调，要以地区农业发展为重点，大幅提升邮政快递业与农业协同发展水平，为经济发展创造良好的营商环境。运城局要积极投身运城地方经济社会建设，发挥好行业监管职能，通过服务项目建设和发展，力争把疫情耽误的时间抢回来、造成的损失补回来。运城局表示，认真贯彻市委书记丁小强的指示精神，主动作为，积极跟进快递物流重点项目，加快推动项目建设进度，致力服务地方经济发展。紧紧围绕省邮政管理局和市委的年度工作部署，加强邮政快递业服务现代农业力度，打造更多快递服务现代农业金牌项目，推动更多农特产品“走出去”，促进市邮政业快速发展，为全市经济社会发展做出更大贡献。

5月25日 运城局专题会议召开，传达学习李克强总理在十三届全国人大三次会议上所作的《政府工作报告》。

5月 运城局印发《关于做好疫情防控常态化下校园邮政快递服务工作的通知》，对各邮政快递企业提出4点要求。

是月 为加大寄递渠道禁毒宣传力度，进一步提高行业识毒、防毒、拒毒意识和能力，运城局在全行业开展“禁毒承诺书”签订活动，已有800余名从业人员签订。

是月 运城局开展“当好‘三个表率’，建设模范机关”活动。

6月1日 运城局党支部开展“感党恩、展作为”

主题党日活动,全体党员和入党积极分子参加。

6月18日 运城局组织全局党员领导干部赴南风广场参观运城撤地设市20年成就展。此次展览以“壮丽二十年·奋斗新时代”为主题,共分为前言、结束语、运城荣耀、运城时刻、运城记忆、运城巨变、运城展望七个篇章,从不同侧面生动回顾运城20年间在工业、农业、科技、卫生、体育、文化、社会保障等方面变化,一幅幅照片让全体党员领导干部现场感知运城20年来巨大变迁和辉煌成绩,进一步激发投身建设运城工作激情。

6月28日 运城局专题会议召开,传达学习全省邮政快递业绿色环保暨“快递进村”三年行动座谈会精神,对推进行业2020年绿色环保工作进行再部署。即统一思想,提高认识抓落实;突出重点,对照任务抓落实;多方共治,压紧责任抓落实。

6月 为落实省邮政管理局和运城市委、市政府关于安全生产工作的部署,运城局以“消除事故隐患、筑牢安全防线”为主题,深入开展全市邮政业“安全生产月”活动。

是月 运城市委、市政府正式将运城市邮政监管工作纳入全市综合目标绩效考核体系。此次列入对运城局考核内容分值100分,工作目标包括行业发展、“放管服”改革、快递下乡、绿色包装、寄递渠道安全等七项内容。

7月10日 运城局组织邮政企业负责人及社会监督员召开2020年上半年邮政普遍服务监督检查情况通报会,对上半年的日常监督检查和各项专项检查情况进行通报,要求邮政企业限期整改反馈,对下一阶段重点监督检查工作进行安排。

7月28日 按照《中国工会章程》《中华人民共和国工会法》的有关规定,运城局工会组织召开第二次会员大会进行换届选举,全体干部职工参加会议。

7月 为庆祝中国共产党成立99周年,运城局组织全局党员领导干部前往夏县堆云洞红色革命教育基地,缅怀革命英烈,重温入党誓词,接受党史教育。

是月 运城局党组理论中心组(扩大)学习会议召开,传达学习省委十一届十次全会精神。

是月 运城局2020年上半年安全生产工作会召开。会议通报上半年全市邮政市场安全服务质量情况,对下半年行业疫情期间防控工作和安全服务工作进行强调,对城市快递自营网点提档升级和快递进村工作进行部署,督促各企业按照时间节点按时完成各项任务目标。市邮政分公司、各品牌快递企业市级公司及县级许可企业负责人共计50余人参加会议。

是月 运城局召开会议,专题学习《中华人民共和国公职人员政务处分法》。

是月 运城局组织召开2020年邮政特邀监督员培训会。

是月 运城局月度工作考评会暨半年工作总结会召开,以“六查六看”对照总结2020年上半年工作,就下半年重点目标任务做出安排。一查会议记录、学习笔记,看政治理论学习到不到位。先后开展重要会议精神、主题党日、政治理论、业务知识等集中学习20余次,党员干部认真撰写学习心得体会,政治理论水平明显提高。二查组织活动开展情况,看党建工作扎不扎实。始终坚持一手抓制度建设,一手抓制度落实,机关党建工作逐步形成“关键在领导、基础在支部、落实靠党员”的三位一体的工作格局,全面落实各项党建制度。三查党员干部政企8小时以外交往情况,看廉洁纪律过不过硬。廉洁纪律落实“全天候”,加强“8小时以外”监督管理,要求党员干部在“8小时以外”牢记党纪法规要求,自觉约束“8小时以外”言行举止,防止权力滥用和影响公众形象行为的发生。四查干部工作包联机制执行情况,看干部担不担当。党员干部对所承担的包联工作任务进行细化分解和有序落实,34个普服代办网点转为自办,346个快递网点完成标准化建设,邮政快递网点提档升级工作取得阶段性成果,党员干部担当作为,事业心和责任心明显增强。五查重点工作落实情况,看行业治理过不过关。对标“管理杯”考核要求,把重点工作放在突出位置,确保行政监管责任落实到位,坚持规范管理,坚持问题导向,按质按量按时抓好落实,治理一类问题,规范一个层面,营造行业治理良好局面。六查末端服务提升情况,看民生工程见不见效。引导推动快递末端集约化服务,3个县级行政区域4家品牌快递实现共同配送,形成规模发展效益。持续开展快递末端加价专项整治活动,维护消费者权益。加强智能快件箱建设,提升行业智能化、自动化、科技化水平,更好服务群众。

会议强调下半年要继续贯彻落实,推动邮政行业治理能力提升,保持工作干劲,激发创业激情,以“管理杯”考核为主抓手,高标准推动各项工作深入发展。

8月3日 运城局专题会议召开，学习传达全省邮政管理局长座谈会议精神，全文学习局长秦红保讲话，按照副局长高日勇总结讲话要求，结合运城局工作实际，即知即行，对贯彻落实好会议精神做出部署。

8月 运城市文明办考核组一行3人，对运城局创建文明单位工作进行2020年年中检查考核。

是月 运城邮政管理局召开2020年全市邮政快递业绿色环保工作推进会，对下半年行业绿色生态环保工作重点进行部署。全市各品牌总部企业18家及各县许可企业21家40余人参加会议。

是月 在运城局积极推动下，运城极兔与夏县北坡村四季飘香花椒专业合作社达成合作意向，实施“快递+花椒”项目，助力地方精准扶贫。从8月初开始合作，通过寄递渠道销售花椒7000余件，助力当地农民增收近10万元。

9月3日 运城市委常委、政法委书记邓雁平一行深入寄递企业调研督导安全管理工作，对运城局寄递渠道平安建设工作表示充分肯定。在尚东城快递驿站、空港南区中通、申通营业网点，邓雁平认真听取网点负责人对寄递行业“三项制度”落实情况汇报，详细询问从业人员安全管理和网点运行情况。在运城顺丰、中通快件分拣中心，邓雁平实地查看快件分拣、消毒、过机安检等情况，听取运城局和企业关于行业安全保障、末端配送寄递服务、分拨中心建设等情况汇报。邓雁平在讲话中对运城局寄递行业安全管理工作充分肯定，要求企业坚持安全为首的经营理念，进一步夯实安全管理基础工作，严格落实“收寄验视、实名收寄、过机安检”三项制度，确保网点运营安全平稳。进一步提升寄递物流从业人员识别各类违禁品能力，抓紧员工培训，提高服务质量。邓雁平指出，寄递行业在服务民生、促进商品流通和社会政治、经济发展中发挥着重要作用，肩负着重大责任和神圣使命。随着农民丰收节的到来，寄递业务量会大幅度增加，寄递渠道安全将面临更大挑战。要注重源头治理，确保寄递渠道安全畅通；要加强排查力度，将违禁物品堵截在寄递渠道之外；要查堵行业漏洞，完善寄递行业管理制度；要加强部门联动，邮政、公安、国安等部门要协调解决寄递行业安全管理难点、盲点，形成齐抓共管局面。

9月28日 为进一步落实中央八项规定精神，严明纪律要求，确保节日期间风清气正，运城局组织召开节前廉政警示教育会，全局人员参加会议。

9月 为贯彻落实习近平总书记关于制止餐饮浪费行为的重要指示精神，运城局采取多种措施，引导全员树立节约理念，营造浪费可耻、节约为荣氛围。一是专题学习。召开会议组织全局人员传达学习习近平总书记关于制止餐饮浪费行为的重要指示精神，要求充分认识重俭抑奢的重大意义，坚决把反对餐饮浪费、节约粮食作为一项重要政治任务，切实增强思想自觉、政治自觉和行动自觉。二是制定并印发倡议书。倡议全局领导干部职工大力弘扬节约美德，把重俭抑奢作为一种责任融入日常工作和生活，继续倡导文明新风；深入开展节俭养德宣传活动，培养厉行节约的良好习惯；持续开展“光盘行动”，共建绿色文明的就餐环境。三是加强食堂餐饮管理。完善用餐人员统计制度，继续加强用餐人员报名和登记，做到按用餐人数采购、做餐，从源头上科学定量核算数量，按需制作；在食堂实行自助用餐，方便按食所取，在就餐区域摆放宣传标语，号召“光盘行动”，引导科学文明 用餐。

是月 在运城局持续推动下，全市快递企业45毫米以下瘦身胶带封装比例达98.9%；98%以上的电商快件不再二次包装；循环中转袋使用率达到89.1%；所有许可备案企业和新增快递末端网点全部设置包装废弃物回收装置。

是月 运城市邮政管理局、市公安局、运城市国家安全局联合印发《第三届中国农民丰收节期间寄递渠道安全保障工作实施方案》，对农丰节期间全市寄递服务和安全保障工作进行部署。

是月 为深入贯彻落实全国、全省邮政普遍服务工作电视电话会议精神，提升全市邮政普遍服务总体水平，运城局认真筹划部署、精心组织、督导邮政企业加深改制，通过政企合力，实现全市59处委代办网点全部改制，切实解决委代办网点基础管理能力不足、窗口形象差、设施破旧、代办人员不稳定、服务质量差等问题。

是月 运城局深入开展中秋、国庆节前寄递渠道安全检查，为“双节”营造良好的寄递环境。分别由局领导带队，分组深入辖区内邮政、快递企业分拨中心和营业网点，重点对新冠肺炎疫情防控、寄递安全“三项制度”落实、消防用电安全隐患排查治理、车辆道路交通安全等多个方面进行督导检查。

是月 经市邮政企业申报，运城局分批现场核验，对全市36个符合条件的普遍服务网点予以升级，普遍服务网点总升级率达到25%，提前一个季度完成年度目标计划。

10月20日 第五届山西（运城）国际果品交易博览会盛大开幕，省邮政管理局副局长高日勇出席开幕式，其间深入调研快递网点提档升级和快递末端网点专项整治工作。运城局在省局大力支持下，积极与地方党委、市政府沟通协调，在果博会首次设置邮政快递专题展区。高日勇亲临邮政快递展区，详细了解展区现场展示情况，询问展区中新技术、新装备在推动快递服务精准对接现代农业、打造高效便捷安全的收寄服务体系中的用途及优势。在出席果博会期间，高日勇随机走访盐湖区快递末端网点建设和提档升级情况，仔细询问快递绿色包装、循环中转袋等工作进度，强调在做好疫情防控工作同时充分认识快递网点提档升级的重要意义，并对运城快递驿站末端网点整合工作给予肯定，要求认真总结经验，形成可复制、可借鉴模式在全省推广。运城局主要负责人和相关人员陪同。

10月21日 运城市委书记丁小强来到第五届山西（运城）国际果品交易博览会首次设立的邮政快递专区，了解邮政快递业助力脱贫攻坚和果业发展等情况，对2020年以来邮政管理工作给予充分肯定。丁小强饶有兴致地查看快递无人机、智能投递车和寄件筒、环保包装箱、冷链包装袋等新技术、新装备、新材料应用情况，听取运城局负责人现场汇报。听到前三季度，全市通过邮政快递渠道寄递苹果达到1500余万件，拉动果业产值7.5亿余元，到年底寄递量将超过2000余万件，继续保持全国行业领先时，他对行业发展取得的成绩表示祝贺。他指出，邮政快递业与民生息息相关，为全市脱贫攻坚、富民强市、乡村振兴做出积极贡献，邮政管理部门要按照上级要求和市委、市政府部署安排，继续发挥行业优势，扩大"南果"和晋南农特产品外销市场，助力加快河东农业产业现代化提质升级，帮助农民增收致富。丁小强十分关心快递物流重大基础设施建设项目，询问重点项目推进情况，得知顺丰晋南农产品分拨处理中心项目主体已全部完工，正在加紧完善布设配套设施设备，预计2021年1月正式运营时，他向随行人员讲到，邮政管理部门敢于担当，主动积极推动重点项目实施落地，工作做得不错。他叮嘱市局负责人，要继续紧盯项目进度，加紧后续工作，确保如期投入运营，择期将再次深入行业调研。运城市委常委、秘书长乔登州，副市长卫再学和市直相关部门负责人陪同。运城局表示，将认真贯彻省局党组和市委书记丁小强指示精神，持续用力、积极协调、主动作为，统筹推进"快递进村"和重大基础设施工程项目建设，着力破解农村末端快递服务难题，不断释放运城苹果快递服务"金牌项目"效应，帮助贫困群众减负增收，致力服务地方经济高质量转型发展。

10月 为优化全市配送设施布局，加快推进智能化末端服务体系建设，运城局与运城市商务局、机关事务管理局、住建局、城市管理局、教育局6部门联合印发《关于推进智能快件箱建设实施方案》，共同推进全市智能快件箱建设。

是月 为巩固和深化实名收寄信息异常问题治理成果，确保旺季期间寄递渠道安全平稳，运城局采取多项措施，出重拳严厉整治收派员自寄件和身份证信息异常情况。成立两个检查组，深入邮政、快递企业开展实名收寄专项执法检查。

11月2日 运城局开展11月主题党日活动，全体党员干部集体诵读党章，自觉缴纳党费，集体学习习近平新时代中国特色社会主义思想——中国共产党第十九届中央委员会第五次全体会议公报、习近平总书记在纪念中国人民志愿军抗美援朝出国作战70周年大会上重要讲话、习近平对脱贫攻坚工作做出的重要指示、李克强总理的批示精神等。

同日 运城局启动为期4个月的过度包装和随意包装治理工作。印发《运城市邮政快递业过度包装和随意包装治理工作方案》，重点治理包装物选用、操作不符合标准，包装箱封装不符合标准等行为。要求企业充分认识的重要性，结合企业实际制定具体方案，细化任务目标和工作措施，确保专项治理活动取得实效。

11月3日 运城市精神文明建设指导委员会检查组赴运城局，对文明单位创建工作进行检查指导。

11月 运城局组织辖区各品牌寄递企业举办邮政快递业生态环保法律法规知识培训班。

是月 运城局党组理论中心组（扩大）学习会议召开，传达中共十九届五中全会精神，全文学习《中国共产党第十九届中央委员会第五次全体会议公报》。

是月 运城局多项举措开展绿色快递进校园活动。一是强化行业绿色宣传。要求寄递企业围绕"邮来已久、绿动未来"主题，充分利用自身宣传载体，多渠道、多形式开展宣传活动；二是完善企业设施设备，要求企业在校园网点配置符合标准的快递包装回收装置、标准托盘、货架等设备；三是规范企业用品用具，要求校园快递服务企业采购使用符合标准的快递封套、快递包装袋等产品，45毫米以下“瘦身胶带”封装比例达90%以上；四是加大培训力度，要求企业严格落实《邮政业寄递安全监督管理办法》，将包装操作列入员工岗前培训和在岗培训内容，提高从业人员环保意识。

是月 运城局联合运城市人社局、运城市财政局印发《运城市快递从业人员职业技能培训培训实施方案》，对全市行业从业人员职业技能培训工作做出具体安排，着力提升行业服务水平。《方案》明确，2020年至2021年，全市各快递企业计划组织职业技能提升培训3000人次以上，新增持证技能劳动者600人次以上，分两期开展。首期培训人次500人次，持证技能劳动者200人次。各快递企业职工参加岗前培训、安全技能培训、岗位技能提升培训等均按规定给予职业培训补贴。培训符合职业技能培训补贴范围的，按照参加培训人数给予企业每人300元的职业技能培训补贴。

12月22日 运城市市长储祥好听取市邮政管理局年度工作汇报，对运城邮政管理工作和邮政快递业发展成效给予充分肯定并就专项工作给予明确支持。运城局从体制机制、行业概况、市场发展、服务“三农”、重点项目、行业治理等方面工作进行详细汇报。在汇报过程中，储祥好十分关心邮政快递行业治理效能，仔细询问行业监管手段、企业效益、员工收益等情况。当了解到1月至11月，全市通过寄递渠道出口农特产品3304万件，其中，仅苹果寄递达2200万件，占到全市苹果总产量近六分之一时，他表示，邮政快递业服务“三农”，助力脱贫攻坚功能得到充分发挥，服务经济发展和民生作用愈加凸显，取得成效值得肯定。他强调，要进一步发挥邮政管理部门双重管理和行业监管特殊优势，以规范提升行业品牌形象和服务地方经济社会高质量转型发展为核心，持续推动治理体系和治理能力提升，市政府将对行业管理工作给予专项支持。

12月 运城局召开全市邮政快递业疫情防控部署会，对冬春季行业常态化疫情防控工作进行部署。即严格落实外防输入责任，扎实做好精准防控工作，加大进口国际邮快件防控力度，做好应急处突各项准备，切实保障寄递渠道安全和人民群众生命健康。

是月 运城局召开2020年度快递工程初级职称评委会，全市12名快递工程技术人员通过评审，经公示后，向全市首批12名快递工程技术人员颁发初级职称证书。

是月 中共运城市委非公经济组织和社会组织工作委员会下发《关于同意成立中国共产党运城市快递行业委员会的批复》，同意成立中共运城市快递行业党委，党组织关系隶属于市委非公和社会组织工委，具体业务由市邮政管理局直接领导和管理。

是月 运城局节前廉政提醒谈话会召开，全局人员参加会议。会议传达省邮政管理局党组《关于紧盯“四风”问题确保元旦春节期间风清气正的通知》文件精神，要求严守党纪党规，远离违纪红线。既要管住自己，又要管住身边人，自觉抵制不正之风，谨言慎行，树立好党员干部良好形象。

（资料提供：刘 翔）

临汾市邮政管理局
大 事 记

2月5日 临汾市邮政管理局（以下简称临汾局）向全市邮政行业从业人员发出共抗疫情“倡议书”，号召全行业主动参与疫情联防联控、群防群治，在疫情防控一线书写新时代邮政业新风采。

2月27日 临汾局由局领导带队，分赴4个市级邮政快递分拨中心、侯马邮区中心局开展疫情防控工作慰问和复产复工调研督导，鼓励企业在做好疫情防控工作同时，切实做好民生保供各项工作。

3月9日 中共尧庙镇委员会印发《关于表彰优秀单位、优秀在职党员、优秀志愿者的通报》，临汾邮政管理局获评优秀单位。

3月19日 临汾局2020年度党建暨党风廉政建设工作会议召开，研究部署2020年重点任务，临汾局主要负责人与各科室负责人签订“2020年度党风廉政建设责任书”。

3月25日 临汾局市级邮政快递企业负责人会议召开，对全市邮政行业市场监管和安全生产领域重点工作进行部署，并与部分企业代表签署《2020年安全生产目标责任书》。

3月31日 临汾局组织召开2020年全市邮政普遍服务监管工作电视电话会议，对2020年邮政普遍服务监督保障工作任务进行总体部署，会议以电视电话形式开至乡镇一级，全市198个普遍服务网点负责人通过腾讯会议系统平台同时参加会议。

4月15日 临汾局开展2020年临汾市邮政行业“4·15”国家安全教育日宣传活动，动员企业通过投递车辆粘贴宣传标语、在邮快件上粘贴宣传标签、投递人员佩戴宣传袖标等方式，积极履行国家安全宣传义务。

4月21日 临汾局召开会议，专题研究部署零上访零事故零案件“三零”单位创建工作，要求全面摸排行业矛盾纠纷、全面压实企业安全生产主体责任，推进行业安全部门联动机制建设。

4月23日 在临汾局牵头推进下，临汾顺丰与临汾乔李机场达成合作协议，自5月起，由临汾发往北京、上海、杭州、武汉四个方向的快件可实现次日达，这标志着临汾市“快递上机”工程取得阶段性成效。

4月26日 临汾局联合市交警支队印发《邮政快递专用电动三轮车交通安全管理工作实施方案》，明确“八统一”“九不准”标准。

5月1日 由临汾市政府主办的“庆五一、惠民生、悦生活”5000万消费礼包大派送暨“网红直播+电商服务+助农惠农”县级领导直播带货活动正式启动。临汾局组织邮政快递企业积极参与，全市邮政快递企业累计发货量突破71万件，支撑线上线下销售额共计3194.53万元。

5月8日 临汾局校园快递网点复工复产专题工作推进会议召开，部署疫情防控常态化下校园邮政快递服务工作。

5月11日 临汾市邮政企业“一市一品”扶贫助农项目——吉县苹果上线“学习强国”App“强国商城”，成为全省首家上线产品。

5月12日 “众志成城 抗击疫情”特别发行邮票正式发售，临汾局在现场监督和邮政社会监督员监督基础上，邀请临汾电视台、临汾日报等新闻媒体，全程报道邮票销售全过程。

5月12日 中共临汾市委非公有制经济组织和社会组织工作委员会印发通知，决定增补临汾局为市委非公经济和社会组织党工委委员单位，临汾市邮政快递业党建工作取得新进展。

5月18日 山西省邮政管理局党组书记、局长秦红保带队深入临汾市区和浮山县、古县、安泽县调研全国“两会”期间寄递渠道安全服务保障和邮政快递业发展工作。

5月26日 临汾市首届万户大樱桃直播活动在曲沃县万户村正式开幕。临汾局组织邮政快递企业积极参与，开幕当天通过邮政快递渠道外销樱桃超过1200件，销售量达2.4吨。

5月28日 临汾局联合市禁毒办开展全市邮政快递业禁毒安全知识培训，深入贯彻寄递安全“三项制度”，有效落实市委平安临汾建设工作会议精神，全面提升寄递渠道识毒、禁毒、防毒能力。

6月22日 临汾市副市长闫建国一行深入山西顺丰临汾贡院集散中心，调研邮政快递业疫情防控工作，充分肯定临汾市邮政快递业疫情防控工作，并对下一步行业疫情防控提出具体要求。

6月30日 临汾局针对建制村投递打卡问题组织邮政企业召开建制村投递打卡工作专项约谈会，就进一步加强建制村直接通邮工作进行深入讨论。

7月1日 临汾局组织全体党员开展“践行领袖嘱托、率先蹚出新路”主题党日活动，再次深入学习习近平总书记重要讲话重要指示精神，在回顾党的光辉历史中汲取前进力量，庆祝中国共产党成立99周年。

7月9日 临汾市第四次全国经济普查领导小组办公室印发《关于表扬临汾市第四次全国经济普查先进集体和先进个人的决定》，临汾邮政管理局办公室获评先进集体称号。

7月14日 临汾局召开全市快递行业非公党建工作推进会，了解行业党员发展摸底情况，并对进一步做好快递行业非公党建工作进行具体部署。

7月17日 临汾局开展2020年全市邮政特邀监督员培训会议，进一步加强全市邮政业社会监督工作，切实提高特邀监督员的履职能力，全市17个县(市、区)特邀监督员参加培训。

8月5日 临汾局组织召开全市邮政快递业生态环境保护工作推进电视电话会议，持续推进全市邮政快递业生态环境保护工作,保障“9792”年度工作目标圆满完成，坚决打赢行业污染防治攻坚战。

8月10日 临汾局主要领导及班子成员赴大宁县易地扶贫搬迁小区，对太古乡东庄村定点帮扶贫困户进行实地走访和调研，进一步压紧压实驻村帮扶责任，切实做好定点扶贫和行业扶贫工作。

8月26日 临汾局印发《关于认真贯彻落实习近平总书记重要指示精神坚决制止餐饮浪费行为的通知》，全面加强机关食堂及公务接待用餐管理。

8月28日 临汾市直属机关精神文明建设指导委员会印发《关于表彰2018—2019年度精神文明创建先进典型的决定》，临汾局获市直文明单位荣誉称号。

9月22日至23日 省邮政管理局党组成员、副局长高日勇带队深入临汾调研快递进村、普遍服务“两转”、行业绿色发展和安全生产工作。

9月23日 临汾局联合市商务局召开全市“快递进村”工作推进会议，加快推动“两进一出”工程实施。

10月30日 临汾局召开2020年快递业务旺季安全生产服务保障工作会议，深入贯彻省局部署，对快递业务旺季和重大活动期间安全服务保障工作进行细化部署。

11月13日 临汾局组织召开2020年全市寄递渠道安全管理工作领导小组会议，市委政法委、市公安局、市国安局、市市场监督管理局、市交通运输局、临汾海关等单位相关负责人就进一步加强协作配合，做好全市寄递渠道安全管理工作进行深入讨论。

12月6日 临汾局主要负责人率领班子成员及办公室有关人员深入定点帮扶村至大宁县太古乡东庄村，走访慰问贫困群众，看望扶贫干部，切实保障定点扶贫任务圆满完成。

12月24日 临汾市快递行业联合工会召开第一次会员代表大会，标志着临汾市快递行业联合工会正式成立。

12月30日 临汾市政府办公室印发《关于印发临汾市交通运输领域财政事权和支出责任划分改革实施方案的通知》(临政办发〔2020〕66号)。

2020年 党旗在新冠肺炎疫情防控一线高高飘扬。新冠肺炎疫情发生后，临汾局扎实做好行业防控工作：一是成立党员先锋队，组织机关8名党员和2名入党积极分子全部到社区报到，配合开展疫情防控工作，获评党员支援社区一线疫情防控优秀单位。二是科学谋划复工复产。督导企业做好邮件快件消杀处置和从业人员安全防护、应急值班值守等工作，指导企业科学制定预案，“一企一策”有序复工。3月中旬，全市邮政、快递网点实现全面复工。三是积极畅通“绿色通道”。一季度组织邮政企业先后向省内30多所防疫定点医院运输物资，中通、德邦、京东等快递企业先后承运防疫物资20余吨，有力保障疫情期间一线防疫物资的有效供给。四是纾解困难服务民生。指导邮政快递企业发挥先行官作用，助力春耕备耕，为135个乡镇76个农村合作社配送化肥4200吨；助力教材配送，为临汾一中等9所学校1万多名中小学生配送教材1.6万册。五是常态化开展疫情防控。进入秋季后，印发《关于切实做好邮政快递业秋冬季新冠肺炎疫情防控工作的通知》，要求企业每日报告快件、场地、人员消杀情况。同时，积极配合属地卫健部门做好疫苗接种、核酸检测工作，抓好常态化疫情防控。

2020年 临汾局认真做好“快递进村”工程。按照省邮政管理局党组统一部署，临汾局第一时间成立“快递进村”工作领导小组和工作专班，针对目前存在的农村网点运营不稳、偏远地区网点开办难投递难、基础设施薄弱等问题确定品牌快递先行、贫困地区先行等思路，一县一策、分步推进。通过引导邮政快递企业综合采用“邮快合作”“快快合作”“快商合作”等方式，取得初步成效。截至2020年年底，临汾市共有建制村2359个(仍在裁撤中)，已通快递的建制村2359个。其中，2359个建制村实现邮政EMS、京东快递服务全通达(100%)，2266个建制村实现顺丰快递服务通达(96%)，406个建制村实现所有快递品牌通达(17.2%)。快商合作进村95个。快递企业驻村设快递网点475个，快快合作设点89个，合计设立564个网点。

2020年 临汾局努力做好全市快递从业人员职业技能提升培训工作。10月28日，临汾局联合市人社局、市财政局印发《临汾快递从业人员职业技能提升培训实施方案》，对全市快递从业人员职业技能提升培训工作进行具体部署。12月，临汾局联合市人社局推动全市行业圆满完成首批200名快递从业人员技能提升培训工作，年内完成500人培训目标。在此基础上，临汾局还积极与市人社局沟通，将2020—2021年度补贴计划由2292人提升至2500人，为行业人才队伍建设提供有力支撑。

2020年 临汾局全力打好行业“三大攻坚战”。一是精准扶贫持续发力。积极培育“一县一品”特色项目，吉县苹果、隰县玉露香梨、曲沃樱桃等“邮政快递+特色农产品”项目业务量达495.1万件，带动销售额超过1.5亿元。推动吉县苹果扶贫助农项目上线“学习强国”商城，助推销售7万余斤。定点扶贫工作扎实开展，两名干部长期驻村开展帮扶，落实“十个清零”，东庄村实现脱贫。二是“9792”工程稳步推进。快递包装废弃物回收装置实现全覆盖，全市1117个邮政快递企业全部配置包装废弃物回收箱；电子面单使用率持续保持在99%以上，45毫米及以下宽度瘦身胶带使用率保持在96%以上，快递企业累计投入循环中转袋7万多个，循环中转袋使用率达到90%，新能源运输车辆保有量达1600辆，行业绿色向前迈进一大步。三是积极应对行业运行风险。开展集体约谈，督导圆通等企业及时处理内部纠纷，保持行业稳定。

（资料提供：郎 超）

晋中市邮政管理局大事记

1月5日 晋中市邮政管理局（以下简称晋城局）开展《庚子年》特种邮票发行与销售专项监督检查。

1月20日 为认真贯彻落实习近平总书记有关关爱快递小哥的重要指示精神，晋中局联合晋中市团委、榆次区文心书院开展“学子送真情 温暖回家路”为快递小哥写春联送祝福递温暖公益活动。

2月20日 晋中局密切关注省卫健委每日通报的病例增长情况，强化全市邮政行业新冠肺炎疫情防控工作。

2月21日 晋中局指导晋中市邮政分公司、省德邦快递转运中心分别按照晋中市商务局和榆次区红十字会委托，从山西恒茂现代农业集团有限公司、晋中粮库为平遥县紧急配送一批18吨左右的粮油与生鲜蔬菜。两家企业接到通知后，高度重视，积极行动。市邮政公司开通绿色服务通道，调配2辆4.2米邮车，省德邦物流安排一辆9.6米运输车辆，均选派经验丰富的驾驶员担任运输任务，当日下午，该批应急生活物资顺利运抵平遥县，有力支援平遥县生活必需品供应工作，对保障平遥县生活必需品市场稳定，满足群众日常生活必需起到重要作用。

2月27日 晋中局与晋中市教育局、晋中市新华书店、邮政企业多番协商，采取“三专”方针开展“送教材上门”工作，及时将中小学教材配送到学生家中手中。

3月4日 晋中局指导邮政企业积极对接税务部门，深度优化邮税合作方式和内容，提高协作办税能力，全市邮税合作实现创新突破。

3月12日 晋中市市委书记在讲话中高度肯定市邮政快递业在疫情防控工作中的成绩及行业发展情况。

4月2日 经共青团晋中市榆次区委组织部批准，晋中市首个快递行业团支部获批成立，受共青团榆次区委直接领导。

4月20日 晋中局组织全市主要品牌快递企业开展末端网点安全经营管理及服务质量专项培训，市县两级品牌企业70余名负责人参加培训。

5月19日 省邮政管理局党组书记、局长秦红保带队深入晋中市调研全国“两会”期间寄递渠道安全服务保障和邮政快递业发展工作。

5月28日 为进一步提高全市邮政普遍服务质量和水平，保障广大用邮群众权益，晋中局与晋中市邮政分公司联合举办邮政普遍服务知识竞赛活动，全市11个县（市、区）邮政分公司12支代表队参赛。

8月5日 省邮政管理局党组成员、副局长高日勇带队赴晋中市调研"快递进村"工程、快递自营网点提档升级、快递末端网点专项治理、行业绿色发展和寄递渠道安全保障等邮政快递业发展情况。

8月12日 为贯彻落实习近平总书记关爱快递小哥重要指示精神，推动企业做好防暑降温和安全生产工作，晋中局联合晋中市总工会组成慰问团，深入快递企业对快递员开展"心系一线工程、情系一线职工、助力转型发展"送清凉慰问活动。

8月18日 为切实保障广大考生的切身利益，确保高校录取通知书安全、准确、快速送到每一位考生手中，晋中局积极部署录取通知书投递工作，督导邮政工作全力做好高考录取通知书寄递服务保障工作。

9月1日 为切实提高全市邮政行业统计工作水平，保障统计数据质量，晋中局举办全市邮政行业统计工作培训会，全市29家许可企业负责人及统计工作人员参加培训。

10月10日 晋中局受邀走进晋中综合广播直播间，通过"1034新闻会客厅"栏目就广大听众关心的邮政业发展等情况进行互动交流。

10月22日 榆次区快递行业工会联合会正式成立。至此，快递行业工会联合会实现全市11个县（区）市全覆盖。

11月11日 中国快递协会副会长兼秘书长韩瑞林一行在省邮政管理局党组书记、局长秦红保陪同下赴晋中市快递企业，调研企业旺季运行情况，并亲切慰问旺季时期不畏严寒坚守一线的快递小哥。

11月13日 省邮政管理局党组成员、副局长高日勇一行深入晋中市，就业务旺季寄递渠道安全及服务保障工作进行督导检查。

12月24日 晋中市快递行业协会成立大会暨第一届会员大会召开。会议通过协会章程并选举产生协会领导机构，同时向全市快递企业发出自律倡议书，呼吁从业企业不断完善服务、规范竞争，促进行业良性发展。

（资料提供：彭耀宇）

忻州市邮政管理局大事记

1月13日 山西省邮政管理局组织召开2020年全省邮政管理工作会议，忻州邮政管理局（以下简称忻州局）迅速召开专题会议传达贯彻2020年全省邮政管理工作会议精神，部署全年重点工作。

1月18日 忻州局联合共青团忻州市委、忻州市红十字会开展"快递从业青年服务月"活动，切实解决快递从业青年工作和生活中困惑，有效维护快递小哥的发展权益。

1月19日 忻州局成功申请成立忻州市邮政业标准化技术委员会，进一步提高全市邮政业标准化水平，推动行业转型升级、提质增效。

1月20日 忻州局"不忘初心、牢记使命"主题教育总结会召开，局党组书记作总结讲话，总结"不忘初心、牢记使命"主题教育取得的主要成效、积累的新经验，巩固拓展主题教育成果。

1月21日 忻州局、忻州市公安局、忻州市国家安全局三部门联合召集忻州市级快递企业负责人，就邮政业安全工作召开邮政业寄递安全工作会议。

2月3日至28日 忻州局出台多项举措部署新型冠状病毒感染的肺炎疫情防控工作，并开展专项检查，指导邮政、快递企业做好节后复工复查工作。

3月2日 忻州市中通速递有限公司获“抗击疫情先进单位”称号。

3月30日 忻州市委常委、常务副市长赵新年听取忻州局工作汇报，高度肯定邮政快递行业发展疫情防控和复工复产情况，并对邮政行业安全生产提出新要求。

4月6日 忻州局专题会议召开，部署开展全市快递末端网点专项治理工作。

4月15日 忻州局开展2020年“4·15”全民国家安全教育日宣传教育活动，送法入企，不断增强邮政快递从业人员安全风险防范责任意识和服务消费者安全责任意识。

4月20日至28日 忻州局开展交通运输、消防安全专项治理工作和开展视频监控达标专项行动，持续压实各企业安全主体责任。

4月24日 忻州局开展《中国第一颗人造地球卫星发射成功五十周年》《中国剪纸（二）》《吴冠中作品选》等特种邮票监督检查，切实维护集邮用户合法权益。

5月13日 忻州局召开2020年全国“两会”期间全市寄递渠道安全服务保障工作动员部署会，对“两会”期间寄递渠道安全保障工作进行部署，确保全国“两会”期间忻州市寄递渠道安全平稳运行。

5月15日 省邮政管理局党组成员、副局长高日勇一行深入忻州市督导“两会”期间寄递安全保障工作。

5月19日 忻州市邮政业一集体（原平市韵达快递有限公司桥东营业部）被评为“2019年度全国邮政行业青年安全生产示范岗”。

6月7日 忻州局正式获批纳入地方目标责任考核。

6月15日 忻州局邀请忻州市直机关工委副书记程福明为全体党员干部开展讲授一堂主题为“加强基层党组织规范化建设”的讲座。

6月22日 忻州局联合忻州市公安局交通警察支队组织召开关于快递电动三轮车规范化管理的工作会议，进一步推动邮政快递电动三轮车规范化管理。

6月23日 忻州局党支部赴高君宇纪念馆开展庆“七一”主题党日活动，带领党员深刻感受高君宇等老一辈无产阶级革命家追求真理、投身革命、矢志不渝、无私奉献的革命精神。

7月13日 忻州局在前期对全市147个自营网点进行调研和组织市级企业召开座谈分析会基础上，忻州局制定并印发《关于全面推进城市快递自营网点提档升级工作的通知》，加快推动城市快递自营网点提档升级工作。

8月11日 忻州市邮政管理党建微平台工作获得忻州市直机关工委表彰。

8月20日 忻州局深入开展“三亮三比一提升”活动，激发基层党建工作新活力。

8月21日 在忻州局5月获批组建“忻州市快递工程中级专业技术职称评审委员会”基础上，经过近2个月努力，成功与41名专家完成对接，“忻州市快递工程中级专业技术职称评审委员会”正式组建完成。

8月23日 忻州局开展专项检查为高考录取通知书投递“保驾护航”。

8月24日 忻州局局长带队深入一线，调研指导忻州古城主题邮局建设。

8月25日 忻州局举行邮快合作协议签订仪式，中国邮政集团有限公司忻州市分公司与中通、圆通、申通、百世等12家快递企业签订合作协议，加速打通快递服务“最后一公里”。

8月28日 忻州局获山西省“2018—2019年度省级精神文明单位”。

9月6日 忻州市邮政管理局联合忻州市交通运输局、忻州市城市管理局、忻州市交警支队召开邮政行业安全主体责任座谈会，助力文明城市创建。

9月8日 忻州局打造“邮政+网红直播”新模式，培育“线上线下”联通新示范。

9月9日 忻州局以打造“五型机关”为抓手推动模范机关创建深入开展；忻州局圆满完成《人民日报》寄递服务质量监测工作。

9月22日 忻州局认真分析形势，科学研判，坚定信心，以快进、推进、跟进“三进”举措完成“两转”工作。

10月25日 为促进邮政社会监督的规范化，提升监督员的监督水平，忻州局开展2020年邮政特邀社会监督员培训。

11月1日 忻州局联合忻州市国安局、市公安局召开2020年快递业务旺季服务保障部署会。

11月6日 忻州市直机关工委书记王殿君、副书记程福明、主任边军伟一行深入忻州局开展机关党建工作调研指导，局领导陪同调研。

11月11日至12日 忻州局党组书记、局长柴茂林带队，以"四不两直"方式，深入一线督导旺季期间寄递安全和服务保障工作。

11月20日 忻州市快递行业工会联合会第一届会员代表大会正式召开，标志着忻州市快递行业工会联合会正式组建成功。截至2020年年底，忻州市共组建24家工会组织，吸纳会员969人，其中工会联合会涵盖企业102家，快递小哥终于有了维护自己权益的"娘家"。

12月2日 国家邮政局党组成员、副局长戴应军冒雪深入山西省忻州市忻府区、原平市、代县、繁峙县4个县(市、区)的10余个乡镇的邮政局所、快递网点、村委会，专题调研农村邮政普遍服务和"快递进村"工作。

12月4日 忻州局结合邮政快递行业实际，积极开展"12·4"国家宪法宣传日暨宪法宣传周活动。

12月17日 忻州局召开中共十九届五中全会精神宣讲会，全面学习贯彻落实中共十九届五中全会精神。

12月22日 忻州局高标准完成邮政普遍服务网点标准化建设，各网点从外到内均有明显质的提升，是全市邮政普遍服务工作水平迈上新台阶的重要基础。

12月27日 忻州市快递行业协会首届会员大会顺利召开,全市共94家快递企业参加大会。

12月30日 忻州市首个非公快递企业党组织正式获批成立，标志着忻州市非公快递企业党建工作迈出重要步伐，为确保快递业持续快速健康发展提供强有力组织保证。

(资料提供：范馨月)

晋城市邮政管理局 大事记

1月17日 晋城市邮政管理局(以下简称晋城局)联合晋城市团委一同走访慰问春节前依然坚守岗位一线的快递小哥，对他们的辛勤工作表示感谢。

3月5日 晋城局"强化担当落实、践行'两个维护'"警示教育月动员部署会议召开。

3月18日 晋城局召开全市邮政市场监管工作暨年度安全生产会议。

3月31日 晋城局组织全体党员赴山西省党史教育基地——中国人民解放军长江支队纪念林，开展"参观长江支队纪念林，重温入党誓词"主题党日活动，接受党史教育、红色革命传统教育。

4月8日 晋城市快递协会正式成立。

5月13日 晋城市快递行业工会联合会成立大会暨第一届第一次全体会议顺利召开。

5月22日 晋城局组织市40余名快递小哥代表参加由晋城市文明办、晋城市交警支队主办晋城市"一盔一带"安全守护行动暨警企联合共治主题宣传活动。

6月16日 晋城局联合晋城市公安、国家安全部门采取"线上直播+线下培训"新模式，开展邮政行业安全生产专题培训班，督导企业在疫情期间落实好安全生产主体责任。

同日 晋城局在山西蓝远快递物流园区开展邮政快递行业安全应急演练。

7月1日 晋城局、晋城市邮政分公司联合举办"庆七一 践行普遍服务 真诚服务用户"事迹展演活动。

7月15日 晋城局联合阳城县政府、县人力资源和社会保障局举办"皇城相府杯"首届职业技能大赛快递项目组的比赛。

8月5日 晋城局联合市总工会到蓝远物流快递园区开展"情系职工·清凉一夏"暨"创文·快递在行动"夏送清凉慰问活动，向持续奋战在高温一线的快递小哥表示关心和慰问。

8月12日 晋城局举办《中华人民共和国民法典》

培训班,邀请山西君宜律师事务所律师做专题讲座。

8月31日 共青团晋城市邮政快递行业委员会成立暨第一次团员代表大会召开。

9月29日 晋城局联合晋城市快递行业工会联合会、共青团晋城市邮政快递行业委员会、晋城市快递协会,共同举办以“喜迎国庆 欢度中秋”为主题的演讲比赛。

10月9日 晋城局精心组织、积极推动全市邮政行业开展“邮来已久、绿动未来”主题宣传活动。

10月20日 晋城局召开“晋城快递”职业技能提升培训动员部署会。

11月6日 晋城市政府对晋城局在直播带货节和网络购物节等活动中寄递服务保障工作给予肯定,给予晋城局及做出突出贡献的寄递企业奖励金共10万元。

11月11日 晋城局联合市公安局内保支队组成督导检查组,深入辖区主要品牌快递企业分拨中心检查督导“双11”业务旺季服务保障工作。

11月23日 晋城局组织寄递企业在晋城市职业技术学院开展“绿色快递进校园”主题宣传活动。

11月24日 晋城局召开2020年快递工程初级职称评审会。

11月25日 “晋城快递”职业技能提升培训首期培训班正式开班,邮政、顺丰、申通、韵达、中通等10家品牌快递企业部分快递人员,共计120余人参加培训。

12月11日 晋城局召开岁末年初安全生产工作会议。

12月17日 晋城局联合市发改委、生态环境局等部门,开展“绿色生活伴我行,晋城禁塑在行动”塑料污染治理宣传活动。

12月24日 晋城市邮政业安全事务中心正式挂牌成立。

(资料提供:张馨月)

长治市邮政管理局大事记

1月5日 中国邮政发行《庚子年》特种纪念邮票。为确保发行工作顺利,长治市邮政管理局(以下简称长治局)开展专项检查。整个销售过程秩序井然,没有发现企业违规销售问题。

1月7日 为进一步做好全市邮政行业安全生产集中整治工作,长治局组织召开专题会议,部署岁末年初行业安全生产工作。全市各寄递企业负责人参加会议。

1月15日 长治局专题会议召开,传达学习2020年全省邮政管理工作会议精神,并就贯彻落实会议精神进行部署。要求紧紧围绕全省邮政管理工作会议提出的7个方面重点工作,以党建统领邮政业改革发展各项工作;以本次工作会议为新的起点,高标准完成治理能力提升年的各项改革发展任务,坚决贯彻省局党组和市委、市政府决策部署,只争朝夕、不负韶华,为决胜全面建成与小康社会相适应的现代邮政业、建设现代化邮政强国而努力奋斗。

同日 长治局召开“不忘初心、牢记使命”主题教育总结会,强调持续加强思想教育,树牢问题意识,注重制度建设,务求工作实效。

同日 下午,长治局联合共青团长治市委向全市各寄递企业发出慰问信,向他们致以新春祝福和节日问候。要求企业要进一步加强管理,切实关心员工身体健康,优化工作环境,合理调节轮班、作息时间,让快递小哥安全高效出行,为广大市民群众提供快捷、准确、方便的快递服务。

1月 长治局对春节期间全市寄递渠道新型冠状病毒肺炎疫情防控工作进行部署。一是加强组织领导。成立以党组书记、局长为组长的疫情防控工作领导小组,确保党中央、国家局党组和省局党组的部署落地。二是加强宣传引导。对国家邮政局、省邮政管理局和长治市委、市政府的有关要求通过网络的形式进行传达到各企业,要求企业提高安全防范意识,加强疫情的风险提示和防控知识宣传。三是强化疫情防控。关注疫情发展动向,保障疫情防控相关物资寄递服务,企业负责人靠前指挥,做好企业和家庭的疫情的科学防范。加强对投递、揽收、营业等一线从业人员的防护,佩戴防护装备,做好分拨(处理)中心、员工宿舍、办公场地、营业场所的环境卫生。四是严格落实疫情期间寄递安全管控措施。严格落实寄递安全三项制度,禁止省内邮政、快递企业收寄活禽和各类野生动物,对于武汉方向的邮件坚决落实落地安检。五是做好应急值守。加强行业监测,每日汇总企业报送的运营情况,及时处置突发情况,确保工作有序开展;做好本局全体干部职工自我防护,及时掌握单位所有人员及家属出行健康情况,严格执行每日零报告制度。下一步,长治局将加大对寄递企业疫情防控工作的指导,加强对企业落实防控举措的检查,确保全市邮政行业做好疫情防控工作。

2月3日 长治局通过“学习强国”App召开强国视频会议,对疫情防控工作进行再部署再安排,并强调“收假即收心”,要求全体干部职工迅速进入工作状态。会议传达省邮政管理局疫情防控领导小组及长治市委、市政府的最新文件精神,对节后复工和疫情防控工作进行部署和安排。

2月10日 下午,中国邮政集团长治分公司收到一封来自长治市委统战部的感谢信。长治是全省民族宗教工作重点市,回族人数居多,宗教活动场所是全市新型冠状病毒感染的肺炎疫情防控重点之一。2月7日,山西省统战部划拨到长治一批防疫物资,以保障宗教活动场所疫情防控工作,但因正值春节放假和疫情防控特殊时期,各寄递公司均无法承接此事。中国邮政集团长治分公司相关领导在知悉后高度重视,第一时间安排调度车辆并选派专业能力一流的驾驶员,连夜赶赴太原将防疫物资运回长治交给统战部,保证防疫物资能及时分发到全市宗教活动场所,助力宗教领域的疫情防控狙击战。长治市统战部对该公司给予的支持和优质服务表示感谢,并高度赞扬邮政公司讲政治、勇担当、不畏难、善作为精神。

2月18日 长治局党组书记、局长胡福海,党组成员、副局长郭宏发带领长治局相关人员对辖区部分快递企业的疫情防控和复工复产情况进行实地调研。调研组首先来到顺丰紫金营业部,看望慰问坚守岗位、奋斗在一线的快递行业从业人员,并对网点防疫和快递配送情况进行了解,对顺丰春节期间一直坚持配送表示肯定。随后调研组赴长子县轩阳物流园对圆通、韵达分拨中心进行认真调研。在圆通,调研组详细询问企业复工复产、防疫具体措施、快递业务量及转运情况等具体内容;在韵达,对企业防疫物资和制度落实进行检查督导。调研组强调,各企业必须要提高政治站位,强化大局意识和责任担当,坚决贯彻地方政府关于防疫工作的相关精神,严格落实各级邮政管理部门提出的各项具体要求,认真按照《寄递企业复工预案编制指南(试行)》实行复工,做好本行业的防疫工作,打赢疫情防控阻击战。同时要坚守初心,不断提升快递服务质量,继续为服务民生保供做贡献。最后,长治局向被调研企业捐赠消毒水等防疫物资。

2月19日 为保障疫情期间应急物资寄递顺畅和邮件快件正常收寄配送,山西成功集团为长治邮政公司免费提供20辆电动汽车无偿使用,助力长治邮政业打赢疫情防控阻击战。长治局党组书记局长胡福海、成功集团领导和长治邮政公司领导班子成员出席交付仪式。

同日 长治局领导深入长治邮政分公司邮件处理中心,督导企业做好疫情防控工作。

在邮政处理中心,长治局党组书记、局长胡福海详细了解疫情防控详细情况,包括配备的口罩、手套、温度计等防疫物品准备情况,以及生产场地每日例行消毒举措等相关工作。他提出3点要求:一是提高政治站位。邮政企业在疫情期间要扛起国企的担当和社会责任,组织到位、积极行动,生产一线防疫物料要充足、防疫措施要细致,积极配合当地卫生防疫等部门做好有关疫情的预防和物资调配运输,确保邮政业安全稳定运行。二是提高思想认识。尤其是一线员工对疫情防控工作要点要熟练掌握,尤其是在当下疫情防控关键时期不能掉以轻心,要继续提高警惕,防止疫情蔓延。三是让党旗在防控疫情斗争第一线高高飘扬。充分发挥国企内党建引领和党员模范作用,加强疫情防控宣传和帮扶,做好安全防范和行业发展两不误,切实履行“人民邮政为人民”的职责。

2月24日 长治市交通运输局、长治局、中国邮政集团公司长治市分公司联合印发《关于做好疫情防控期间邮政行业服务保障的紧急通知》，就加快推动复工复产、保障邮政快递车辆优先便捷通行、切实保障末端投递、加强一线从业人员防护和建立健全上报机制等工作做出安排。

2月 新冠肺炎疫情发生以来，长治局在做好寄递安全和复工复产工作的同时，采取多种方式，帮助定点扶贫村安乐庄村开展疫情防控工作。一是筹措物资，开展慰问。筹措价值1000余元的医用口罩、消毒液等防疫用品向安乐庄村进行捐赠，并为值守卡口的村民送去慰问品。二是全面摸排，掌握需求。驻村干部结合日常帮扶工作，对贫困人口的外出务工意愿和产业发展需求进行全面摸排，做到信息准确，不漏一户一人。三是引导舆论，做好宣传。配合乡镇和村支部开展疫情防控期间宣传工作，引导广大村民自觉抵制谣言、树立必胜信心，保持村情舆情稳定。

3月3日 长治局召开局务会议，传达学习全省邮政管理系统党建暨党风廉政建设工作会议精神。

3月5日 长治局组织全体干部职工召开专题会议，传达学习2020年全省邮政市场监管工作会议精神。

3月9日 长治局组织全体党员干部收听收看全国邮政快递业服务疫情防控和复工复产电视电话会议，迅速学习贯彻会议精神，进一步部署全市邮政快递业疫情防控和复工复产工作。

同日 长治局传达学习2020年全省邮政普遍服务监管工作会议上的讲话精神，分析研判当前形势，部署全年邮政普遍服务监督与保障重点任务。

3月17日 长治局组织召开2020年全市邮政市场监管工作会议。局领导、市场监管科相关人员，黎城邮政管理局、全市邮政快递市级品牌企业负责人、快递协会参加会议。全行业坚定信心、同舟共济，发挥好邮政快递在畅通经济社会循环中的先行官作用，加快复工复产，为疫情防控提供有力支撑，满足民生需要，努力实现全市行业发展任务目标。

3月23日 长治市副市长尚日红专题听取长治局关于全市邮政业疫情防控和推进复工复产情况的汇报，充分肯定长治局在督导邮政快递业抗击疫情和推进复工复产工作中做出的成绩。尚日红指出，长治局在抗击新冠肺炎疫情工作中认真践行把人民群众生命安全和身体健康放在第一位的要求，带领全市邮政、快递企业在春节疫情期间不休息，坚守一线、连续奋战，彰显共产党员的无私奉献精神；充分发挥行业优势，全力保障防控医疗物资“绿色通道”运转顺畅，保证发往武汉防疫物质及时运送，助力长治宗教领域的疫情防控阻击战；严格贯彻落实行业疫情防控工作，确保全市邮政快递业零感染、零疑似，为全市疫情防治和社会稳定做出积极贡献。尚日红表示，要积极响应李克强总理关于支持交通运输、快递等物流业纾解困难加快恢复发展的重要指示精神，协调相关部门尽快落实快递企业应得的政策资金补助，加大政策和资金扶持力度，重点推进在高速路、高铁站等区域快递物流园区的规划建设，推动邮政快递业更好服务全市经济社会发展。尚日红要求进一步强化行业疫情防控各项措施落地，抓紧疫情防控，助推复工复产，继续做好寄递保障，确保防疫和生产“两不误”，推动全市邮政快递业高质量发展。长治局领导表示，将认真贯彻落实市领导的指示精神，主动作为，充分发挥邮政快递业在“打通大动脉、畅通微循环”方面的先行官作用，为地方经济社会发展做出更大贡献。

3月24日 上午，长治局召开2020年全市邮政普遍服务工作会，市邮政公司主要领导及相关部门负责人参加会议。会议认真贯彻落实国家局、省局邮政普遍服务工作会议精神，总结2019年全市邮政普遍服务监督与保障工作，分析研判当前形势。充分肯定在当前形势下邮政企业抗击疫情所做出的贡献，部署2020年邮政普遍服务监督与保障重点任务。

3月 长治局积极谋划，多措并举，全力做好全市邮政业禁毒工作。争取加强组织领导，开展宣教活动，严抓制度落实，联合监督检查等措施。广泛发动行业力量参与禁毒斗争，积极营造“健康人生绿色无毒”的行业氛围，坚决遏制毒品流入寄递渠道，保障行业健康发展，全力做好新时代邮政业禁毒工作。

是月 长治局机关党支部组织全体党员开展支持新冠肺炎疫情防控工作的自愿捐款活动。此次捐款活动充分尊重党员意愿，坚持自觉自愿、量力而行，不提硬性要求，不搞强迫命令。支部党员全部进行自愿捐款，共筹得捐款千余元。捐款汇总后及时上缴市直工委党费账户，对所捐款项严格管理、如数上缴，杜绝以任何名义截留或挪作他用。

是月 长治局联合市商务部门，开展“线上线下”“一对一”产销对接，畅通农副产品“出村进城”渠道，做好贫困地区滞销农副产品帮销工作，帮助贫困群众增加收入。

是月 长治局组织快递企业开展新冠肺炎疫情防控应急处置模拟演练。演练在市防控部门指导下，模拟快递一营业网点工作人员间歇性咳嗽，体温监测伴有高烧，企业负责人立即向邮政管理部门报告。长治局情防控工作领导小组立刻启动应急预案，紧急召开领导小组会议，布置突发疫情防控相关工作。整个演练过程指挥有力，环节紧凑，应急人员分工明确，较好完成演练任务。

是月 长治局专题学习会召开，学习“最美快递员”汪勇先进事迹，局机关全体党员干部参加。要求以汪勇为榜样，以更加昂扬向上、拼搏奋斗的精神状态做好本职工作，呈现邮政人的使命担当。

4月9日至10日 省邮政管理局党组成员、副局长高日勇一行深入长治市调研指导邮政快递业复工复产、邮快合作、邮政服务三农和安全生产等工作。在平顺县中五井邮政所，高日勇现场检查邮政网点疫情防控工作，询问营业员在疫情期间对普遍服务业务的开办情况，查看邮件实名登记簿及便民汇兑开办情况；在惠民服务中心，观看花椒、黑小米等农特产品称重、封装、打包等工作流程。高日勇指出，在当前疫情防控的关键时刻，更要做好农村电商服务，加快邮快合作，提高服务质量，实现资源共享、企业共赢，使邮政业的发展成果普惠城乡。来到长治顺丰军营驿站，军营驿站是解决军营快递进不来、官兵难联系、保密不托底等问题的有效手段，是服务部队、普惠官兵的重要举措，也是改善末端投递环境，更好服务官兵的实际突破。高日勇强调，要针对军队的特殊性量身打造服务产品，做到提高部队寄递服务水平、确保部队寄递安全、强化部队寄递服务“四个最”（人员配备最强、安全措施最严、产品价格最惠、服务质量最好）。随后深入到圆通、韵达、顺丰分拨中心和营业网点，详细询问返岗复工、疫情防控措施、推进保障力度、收寄运输、投递服务和后勤保障等情况，听取企业负责人对下属分支机构的疫情防控保障措施和复工复产、日均业务量、企业产能等情况的汇报，高日勇对企业复工复产成效给予充分肯定。高日勇强调，一是毫不放松抓好疫情防控工作，全力以赴守好安全生产底线红线，精准施策推进复工复产，充分认清当前依然存在的疫情风险，把应急防控与常态防控结合起来；二是履行好企业主体责任，提高思想认识，继续提高警惕，严格落实岗位责任制、加强从业人员疫情防护装备、认真执行从业人员动态监测，切实做到消杀到位、规范操作，坚决防止复工复产后发生聚集性感染；三是坚持安全生产不放松，要在统筹好疫情防控和复工复产的同时，抓实抓细安全生产风险防范各项工作，守住安全底线，严格落实“三项制度”，推动企业安全生产主体责任落实，确保每个环节都抓到位、落到底。长治局主要负责人、省邮政管理局相关负责人员陪同调研。

4月 长治局出奇招、想妙招，全力帮助企业复工复产。一是抓好行业疫情防控。要求企业严格落实主体责任，采取有效防控措施，切实做好复工复产后的防疫工作。疫情防控期间，行业生产严格执行“七个一律”要求。在全市邮政、快递企业中实施疫情防控承诺制度，各企业签署“新型冠状病毒感染的肺炎疫情防控承诺书”。二是强化安全监督检查。加大安全生产监督检查力度，对复工复产的寄递企业疫情防控工作进行检查，重点检查防控措施及执行情况。制定专项计划，制作专项检查记录表，分批次、分层级、分重点、分内容对各级企业进行督导检查及详细调研。三是帮助企业排忧解难。成立复工复产指导组，一对一走访企业，有针对性地纾困解难。积极与地方政府相关部门沟通、协调、解决寄递企业复工初期通行不畅、投递困难、物资短缺等问题。截至4月底，全市15个品牌快递企业，225个营业网点全部复工，复工人数为2291人，复工率100%，从业人员“零感染”。疫情期间，2月1日到3月31日快递业务量为257万件，投递量为1600万件；日业务量已接近去年同期水平，企业产能恢复90%以上。长治局将认真贯彻落实习近平总书记关于疫情防控重要指示和省局决策部署，严格落实防疫防控措施，切实做好寄递保障工作，坚决打赢疫情防控和复工复产两场硬仗。

是月 长治局多措并举在全行业广泛开展“全民国家安全教育日”宣传活动。

是月 长治局在全国电子商务进农村综合示范县平顺县召集主要快递品牌负责人就快递进村、快递电商融合发展进行座谈并现场办公。座谈会上，申通、圆通、韵达等快递品牌负责人对平顺农村电子商务发展现状进行介绍，就农村电子商务与快递进村融合发展及快递企业之间合作前景进行深入探讨，并提出工作推进中的具体困难。局领导在讲话中，要求充分利用电子商务进农村综合示范县的政策优势和资金优势，依托平顺县丰富的特色农产品资源和较为成熟的电商服务平台，做好快递进村这篇文章。快递企业之间要找准竞争与合作的平衡点，发掘快快合作的特有优势，在业务向农村延伸的过程中保证市场平稳运行，充满活力。要坚守安全红线，确保业务拓展到哪里，“三项制度”就执行到哪里。针对企业提出的困难，局领导赴西沟、中五井等地电商便利店进行实地走访，就末端网点备案及网点标准化建设进行现场办公。要求在推进快递进村的过程中，将始终细致周到服务，解除企业后顾之忧。坚持包容审慎监管，营造良好市场氛围。做到依法依规办事，持续提升工作成效。

是月 长治局党组印发《关于驰而不息纠治“四风”确保“五一”、端午期间风清气正的通知》，要求严明过节纪律，在统筹推进疫情防控和全面复工达产、更好服务地方经济社会发展大局的关键时期以优良作风抓好工作落实。要求压紧压实责任、严明纪律要求、严肃执纪问责。

5月8日至9日 省邮政管理局市场监管处负责人深入长治市平顺县调研快递进村工作推进情况，就快递进村与电子商务进农村协同发展进行深入调研。要求在合作过程中注意处理好电商平台与快递企业的议价问题，引导快递企业之间良性竞争，加强涉及快递业务各环节全过程监管。

5月11日 长治局组织人员对发行《众志成城抗击疫情》特种邮票进行监督检查。

5月15日 长治局联合市交警支队开展快递骑手安全行车示范劝导活动，促进快递骑手佩戴安全头盔，规范使用安全带，遵章守纪，文明行车。

5月25日 长治局召集各县域许可企业召开《快递业务经营许可管理办法》宣传贯彻落实会。会议系统解读《快递业务经营许可管理办法》有关规定，深入查找县域许可企业在贯彻落实中存在的差距，并对下一步工作提出要求。

5月27日 长治局党组书记带领全体班子成员赴定点扶贫村安乐庄村开展走访慰问和现场办公。班子成员走访结对帮扶贫困户，详细了解贫困户脱贫后的巩固提升措施和效果，询问脱贫户现阶段遇到的困难并提出解决问题。通过现场办公，为村集体解决文印设备陈旧、村民使用不便等问题。

5月29日 长治市“‘一盔一带’安全守护共筑城市交通文明”行动示范活动启动仪式在市八一广场举行，长治局局领导受邀出席启动仪式并以嘉宾身份向志愿者赠送头盔，市邮政快递企业的快递小哥代表参加仪式。

5月 长治局党组中心组（扩大）学习会议召开，专题传达学习习近平总书记视察山西重要讲话和重要指示精神。以总书记视察山西为新起点，不忘初心、牢记使命，奋发进取，担当作为，为山西转型发展和长治市打造省域副中心城市提供坚强邮政业保证。

是月 长治市市长杨勤荣专题听取长治局工作汇报，充分肯定全市邮政快递业近年来发展成果和邮政管理部门在安全监管、优化行业营商环境、疫情防控及推动复工达产等方面取得的成绩。市长杨勤荣认真听取全市邮政快递业总体发展情况、邮政管理部门持续优化行业发展环境情况、疫情防控和推进复工达产情况和寄递安全服务保障情况汇报，仔细询问邮政业在打好“三大攻坚战”中采取的措施、发挥的作用和待挖掘的潜力。杨勤荣表示，邮政快递业近年来的飞速发展为全市社会经济转型发展、打造省域副中心城市和民生保障提供重要支撑，邮政快递业在打通上下游、畅通微循环方面发挥着不可替代的作用，在常态化疫情防控和做好“六稳”工作大背景下，其积极作用尤为突出。邮政管理部门在落实寄递渠道安全生产措施、推进快递与电子商务协同发展等方面做出的努力卓有成效。杨勤荣要求，邮政管理部门要继续深化“放管服”改革，不断优化行业营商环境；树牢底线意识，确保全市寄递渠道安全生产形势不断向好；加强沟通协调，与相关部门加强合作，发挥工作合力。局领导表示，将在市委、市政府、省局坚强领导和大力支持下，以提升安全监管“人防”“技防”能力、推进快递服务现代农业为突破口，持续发挥行业在服务地方经济、保障基本民生等方面作用。

是月 长治市委副书记、市政法委书记唐立浩听取全市关于邮政管理工作专题汇报，对长治市寄递渠道市场监管工作表示肯定并提出要求。唐立浩在仔细听取关于重大活动期间和旺季期间寄递渠道安全服务保障、推动“三项制度”落实到位、全面压实企业安全生产主体责任、强化安全监管责任落实等工作情况汇报后表示，长治市邮政管理部门成立以来，在保障寄递渠道安全、维护社会大局稳定方面做出积极贡献，政法部门将一如既往地关心和支持邮政管理工作。唐立浩要求，邮政管理部门要做到守土有责，守土尽责，进一步厘清安全监管权责边界；要加强与有关部门互动协作，最大限度发挥联合执法、应急响应等机制的效能；要注重产业协同，更好支持地方社会经济发展。局领导表示，将充分发挥双重管理的制度优势，进一步加大全市行业对市委、市政府决策部署的落实力度，持续为全市政治、社会和公共安全持续提供寄递渠道保障。

是月 长治局召开全市邮政业安全生产会，传达全省邮政快递业安全生产暨专项整治三年行动动员部署电视电话会议精神，部署全市邮政业安全生产和专项整治三年行动工作及末端网点专项治理工作。市邮政公司负责人，市级各品牌快递企业、县级许可企业负责人，市快递协会负责人等40余人参加会议。

6月1日 长治局召开专题会议传达学习第十三届全国人民代表大会第三次会议、中国人民政治协商会议第十三届全国委员会第三次会议精神和习近平总书记在“两会”期间的重要讲话精神。

6月3日 长治局召开2020年创建全国文明城市动员会，会议传达长治市创建全国文明城市动员会精神，学习《长治市2020年创建全国文明城市指挥部各工作组工作职责》，对创建全国文明城市工作进行部署。会议要求，将以开展2020年创建全国文明城市为载体，与邮政快递业监管工作“两手抓、两促进”，加大对行业的监管力度，提高行业服务能力和水平，推动全市邮政快递业高质量发展。

6月16日 长治市副市长景普秋一行深入快递营业网点就邮政快递业当前疫情防控工作进行走访调研。长治局有关人员陪同调研。在山西顺丰速运有限公司长治漳泽营业部，景普秋仔细查看快件消杀情况，对网点严格执行邮政管理部门有关要求，每天三次对快件和营业场所进行消杀，落实进入人员佩戴口罩、体温监测、实名登记等措施表示充分肯定。景普秋强调，疫情防控形势依然严峻复杂，一刻也不能放松，邮政管理部门要加强对分拨中心、集散场地等快递运营场所防疫工作的检查指导，寄递渠道相关企业要强化各项措施，高度重视对自京入港和境外入港快件的消毒工作。长治局领导表示，要切实提高政治站位，继续高度重视疫情防控常态化要求，严格落实疫情防范措施和安全管控措施，在市疫情防控领导小组统一指挥下，进一步加强与卫健等部门的协同联动和信息共享，确保全市邮政快递业安全平稳运行。

6月17日 长治局召开专题会议。传达省邮政管理局疫情防控最新通知要求和市委、市政府相关会议精神，通报邮政快递业相关情况，并对当前疫情防控工作进行再动员、再部署。要求邮政系统要守土尽责，迅速行动，担当作为，继续为疫情防控斗争贡献行业力量。

6月22日 省邮政管理局党组书记、局长秦红保深入长治市武乡县岭头村、安乐庄村调研“快递进村”与电子商务协同发展情况，走访慰问长治局驻村扶贫干部。岭头村有“山西微商第一村”称号。秦红保一行深入该村微商农户网店，仔细了解线上销售各类农特产品，详细询问快件收发情况。得知农户张小英通过微店销售各类农特产品，日均发件量可达10单，每月收入可达3000元时，秦红保十分高兴，他表示快递进村与电子商务协同发展前景可观，潜力巨大，要抢抓机遇，培育市场，注重内涵式发展。他强调，将快递网点设在农村的同时，要充分考虑后续的服务质量、安全生产等各环节易发问题，提早谋划，精准施策，既调动快递企业积极性，又帮助农户降本增效，实现联通上下游、服务新动能的行业价值。在岭头村艾草加工基地，秦红保仔细查看加工设备和艾草制品，在了解该村艾草种植情况、加工能力和线上销售量后，他表示，中药材产业和邮政快递业合作空间广，契合点多，要力戒急躁冒进心理和畏难退缩情绪，久久为功，真正培育出“新型农业+电商+快递”龙头产业。安乐庄村是长治局的定点扶贫村，秦红保十分挂念邮政管理部门驻村扶贫干部。到达该村后，他亲切慰问驻村干部，对驻村干部无私奉献、艰苦奋斗、积极帮助村民脱贫给予充分肯定。他勉励驻村干部再接再厉，完成好脱贫攻坚冲刺阶段各项工作任务，交出党和群众满意的脱贫答卷。长治局驻村干部纷纷表示将牢记组织重托，以不获全胜决不收兵的韧劲和决心坚决完成脱贫任务。走访期间，秦红保还慰问部分困难群众。省局市场监管处主要负责人、长治局主要负责人，省快递协会有关人员陪同调研。

6月30日 上午，长治局联合交警部门组织辖区内邮政快递公司开展快递从业人员交通法规和文明交通素质培训。将安全教育工作持续化、常态化，制度化，持续督导企业落实安全生产主体责任，分批次，分阶段对行业从业人员进行全覆盖。

6月 由长治局全体班子成员组成的调研组赴

武乡县上司乡就快递进村与电商协同发展情况进行调研。要求认真梳理全市农村地区用邮用快的需求和特点,对照全市快递企业的网络和能力,对接电子商务类运营企业和管理部门,引导各方力量整合资源、打通堵点,构建平台、补齐短板,扎实推进快递进村工作。

是月 在“七一”来临之际,长治局开展“五个一”系列活动,取得积极效果。一是开展一次专题学习研讨。在专题研讨会上,全体党员干部围绕习近平总书记视察山西重要讲话重要指示,在转型发展上率先蹚出一条新路来这一主题,通过谈认识、谈体会、谈打算,进一步统一思想,凝聚共识。二是开展一次主题党日活动。机关支部以“践行领袖嘱托,率先蹚出新路”为主题,采取线上线下相结合方式,深入西沟教育基地接受党性教育,为“七一”前后入党的党员过“政治生日”,增强党员贯彻落实有关精神的坚定性、自觉性。三是观看一场抗疫专题公益片。组织机关全体干部职工集体观看《用忠诚担当书写勇毅前行的山西答卷——新冠肺炎疫情防控斗争启示录》《战“疫”一线党旗红》两部公益专题片,激励全局干部职工不忘初心、牢记使命,扛起责任、经受考验。四是讲好一堂专题党课。邀请长治市老干部宣讲团团长为机关全体工作人员讲一堂以“学习习近平总书记视察山西重要讲话重要指示的几点体会”为主题的专题党课,让党员干部在学习中锤炼党性修养。五是开展民主评议党员,评选出党员中的先进典型,激励广大党员以先进典型为榜样,担当作为、干事创业,形成比学赶超、见贤思齐的良好风尚。

是月 长治市精神文明建设指导委员会印发《关于表彰2018—2019年度市级文明单位、文明校园的决定》,长治局被授予市级文明单位称号。

7月8日 根据省邮政管理局统一部署,针对全市汛期情况和近期连续降雨实际,长治局部署全市邮政快递业防汛相关工作。高度重视,细致谋划,形成防汛合力,确保全市寄递渠道安全平稳度过汛期。

7月10日 上午,长治局组织召开2020年上半年邮政特邀监督员工作总结暨培训会议。要求建立健全各项制度措施,为开展监督工作提供坚实的保障。

7月15日 长治局在市邮政公司召开邮政普遍服务质量提升培训会,市邮政分公司各县级分管副总经理和相关部门人员50余人参加。要求切实践行“人民邮政为人民”的服务理念,一手抓日常检查一手抓责任落实,完善内部管理机制,为人民群众创造优良用邮环境,确保全市邮政普遍服务水平再上新台阶。

7月17日 上午,长治局组织全市寄递企业召开会议,宣布成立“全市邮政快递业安全生产委员会”。要求长治局安委会要肩负起全市邮政快递业安全保障职责,切实维护好全市寄递渠道安全。安委办要履行好指导、协调和督促职责,尽快建立完善全市邮政快递业的安全体系,筑牢全市寄递渠道安全基石。安委办全体人员表示,将不负重托、认真履职,与全市寄递企业共同努力,开启长治寄递业安全发展新征程。

7月 长治局组织召开全市快递从业人员提升思想、看齐典型宣贯会,来自全市15个快递品牌60人参加会议。不断创新载体和形式,打造一支政治可靠、业务精湛、奋发向上的快递从业人员队伍。

是月 长治局组织召开全市邮政业生态环保工作推进会。要求加强沟通协调,推进综合治理,紧盯主体责任落实,常态化日常监督检查,抓实抓细抓好行业生态环保工作。

是月 为庆祝中国共产党成立99周年,长治局特别邀请长治市老干部宣讲团为机关全体工作人员讲了一堂以“学习习近平总书记视察山西重要讲话重要指示”为主题的庆“七一”专题党课,让党员干部在学习中锤炼党性修养。

7月至8月 长治局联合交警部门深入长治市潞州区、屯留区、上党区、潞城区开展行业从业人员文明交通巡回宣讲,实现主要快递品牌全覆盖。要求邮政快递从业人员积极、主动、自觉地参与到文明出行活动中,形成全市共创文明交通的良好氛围。

8月3日 长治局召开专题会议,传达学习贯彻全省邮政管理局长座谈会会议精神。会议认真学习省局局长秦红保在座谈会上所作的工作报告,全面总结2020年上半年工作,分析当前全市邮政业面临的新形势、新任务,部署下半年重点工作任务。要求坚决贯彻国家局和省局的各项决策部署,全面提升行业治理体系和治理能力,不断推进全市邮政业高质量发展。

8月12日 在长治局指导下,市快递协会牵头组织中国邮政集团有限公司长治市分公司与顺丰、申通、圆通、中通等9个品牌快递企业在市邮政公司举办“长治市邮快合作下乡进村框架协议签订仪式”。签订仪式由市快递协会秘书长李文艺主持。要求全市各邮政快递企业要充分认清当前推进邮快合作下乡进村的重大意义,提高政治站位,增强合作意识;积极主动实施,通力密切配合;精诚合作,确实取得实效。签订仪式上,分公司党组书记、总经理王宝明,快递企业代表长治中通旺达速递有限公司总经理王凯分别作表态发言。随后,各企业进行框架协议签订、交换以及合影留念。签订仪式在自愿合作、平等协商的友好氛围中进行。框架协议的签订为企业进一步合作指明方向,为推进快递下乡进村奠定坚实的基础。

8月21日 长治市鑫凯越电子商务有限公司(中通)党支部在上党区鑫凯越电商物流综合产业园区举行成立揭牌仪式,这是长治市成立的首个非公快递企业党组织。长治局局领导、上党区委组织部领导、信义开发区服务中心党委领导出席揭牌仪式。长治局在揭牌仪式上强调,要坚持用习近平新时代中国特色社会主义思想武装头脑、指导实践,以增强党组织政治功能和组织力为重点,建强组织、提升服务,充分发挥党支部的战斗堡垒作用,有效融入基层党建的大格局,把这个支部打造成全市非公经济组织的样板党支部,为全市快递行业党组织的建立开好头、起好步。长治局表示,将认真履行“管行业就要管党建”的职责,站在新的起点上,积极探索快递业党建工作的新途径,不断开创行业党建工作的新局面。

8月26日至28日 第三届长治技能大赛举行开幕式,市委常委、政法委书记,组织部部长,副市长等市领导出席,长治局局领导受邀参加开幕。

8月 在长治局的协调和推动下,长治市快递企业获地方政府奖励、快递物流园区获地方政府补助,共计70万元专项扶持资金。

是月 长治局根据省邮政管理局党组和市委宣传部相关通知精神,深入开展学习《习近平谈治国理政》(第三卷)。要求学出坚定信念,学出绝对忠诚,学出使命担当,学出过硬作风。

是月 为保障高考录取通知书在寄递服务环节安全、可靠、可控,确保“零误投、零丢失”,近日,长治邮政管理局要求切实维护人民群众合法权益,将高考通知书寄递服务工作做细做实,确保投递及时,准确无误。

是月 长治局联合市快递协会开展“送清凉,保健康”慰问活动。慰问组一行先后赴中通、圆通、韵达、顺丰、百世、申通等分拨中心,看望坚守在一线的快递员工,送上矿泉水、绿茶饮料等降暑慰问品,要求认真落实作业现场各项防暑降温措施,注意员工身体健康及安全。

是月 长治局顺利完成国家邮政局2020年度信件和包裹传递时限监测工作。

9月29日 长治局召开廉政警示教育会,传达市委干部警示教育大会精神,传达省局党组和省、市纪委监委有关文件和通报精神,部署中秋、国庆“两节”期间节俭文明廉洁过节事宜,进行廉政提醒谈心谈话,并对全局党员干部进行有关党纪法规培训。

9月30日 长治局联合长治市公安局、交通运输局等多部门对全市寄递企业展开安全大检查。检查组深入长子县宋村乡轩阳物流园区对圆通转运中心、韵达分拨中心、顺丰分拨中心进行安全检查。要求高标准严要求开展此次执法检查,确保推动邮政快递业安全生产专项整治三年行动扎实开展,有效保障国庆、中秋“双节”期间全市寄递渠道安全稳定畅通运行。

9月 长治局坚持以党建为引领,充分发挥党支部战斗堡垒作用和党员先锋模范作用,积极开展多种举措,以党建引领文明创建,以文明创建助推党建,为全市创建活动做出应有贡献。

是月 长治市老干部宣讲团走进长治局,就学习《习近平谈治国理政》(第三卷)进行专题宣讲。局机关全体工作人员参加活动。

是月 长治市兔子快递有限公司负责人在公司驻地平顺县乡村三级电商快递物流体系建设运营中心拿到长治局工作人员送来的快递业务经营许可证,这是长治市首个获此资质的本土快递品牌企业。此外,还将该公司设在各行政村的网点获得的快递末端网点备案回执一并送达。平顺县快递网点已覆盖全县12个乡(镇)和262个行政村,实现包裹快件从县级物流配送中心到乡村配送站(点)12小时内完成。

10月9日 长治局开展第51届世界邮政日系列宣传活动,向社会各界展示全市邮政业改革发展成就,扩大邮政业社会影响力。

10月12日 长治局第四季度安全生产工作会召开,传达国务院安委会分别约谈山西省人民政府、吉林省人民政府负责人情况,学习省、市系列安全生产工作会议精神和有关文件精神,部署第四季度全市邮政快递业安全生产工作。长治局机关全体工作人员参加会议。

10月 长治局、市人力资源和社会保障局、市财政局联合印发《关于做好快递从业人员职业技能提升培训工作的通知》，旨在以普惠化培训为原则，提升快递从业人员职业技能和服务技能，扩大快递从业人员就业创业范围，保持快递从业人员就业稳定、缓解就业结构性矛盾，将全市快递从业人员建设成为一支知识型、技能型、创新型劳动者大军。

是月 长治局联合市公安局对全市寄递企业开展禁毒知识专项培训。全市17家快递品牌的负责人及安全员40余人参加此次培训。

是月 长治局受邀赴山西中科潞安紫外光电科技有限公司调研快递进厂事宜，市级品牌快递企业负责人陪同调研。局领导在讲话中，希望结合双方实际情况，因地制宜探索打造一批仓配一体化、嵌入式电子商务等代表性项目，实现互利共赢。

11月8日 长治局安委办主动谋划，启动"寄递安全大讲堂"活动。活动从11月上旬开始对全市市级寄递企业开展关于寄递安全内容的巡回培训，并逐步向县域寄递企业延伸，合力从根源杜绝安全隐患。

11月19日 长治局联合共青团长治市委、长治市快递协会等部门组成慰问工作组开展"暖蜂"行动，为奋战在旺季服务保障一线的快递小哥送去关怀。

11月 长治局召开快递业务旺季安全生产会，各市级企业及全部许可企业共计50余人参加此次会议。要求各寄递企业切实抓好常态化疫情防控工作，严格落实各项措施，做好旺季期间疫情应急保障和处置工作。

是月 长治局党组中心组理论学习扩大会议召开，集中传达学习中共十九届五中全会公报、《中共中央关于制定国民经济和社会发展第十四个五年规划和二〇三五年远景目标的建议》（以下简称《建议》）、习近平总书记对《建议》的说明。要求紧密结合实际，贯彻新理念、构建新格局，提高行业治理体系和治理能力现代化水平。

是月 长治局多措并举开展快递业务旺季期间新闻宣传工作，为全市邮政快递业发展营造良好舆论氛围。即统一思想、部署；邀请媒体、深入一线；积极服务、加强引导。全方位、多角度展示全市"双11"服务保障工作的举措及成效，努力为行业营造良好发展环境。

是月 第二届全省职业技能大赛在太原落下帷幕，经过两轮紧张激烈的比赛，来自长治市代表队刘敏、呼雷开在物流服务（快递方向）项目中取得优异成绩，包揽该项目的冠亚军。根据大赛有关规定，两名选手将分别获得3万元、1万元奖励。

12月1日 长治市寄递渠道安全管理领导小组2020年工作会议召开，市政法委副书记王忠强，领导小组组长、副组长及各成员单位相关科室负责人参加会议。会议传达学习山西省寄递渠道安全管理领导小组2020年工作要点，回顾总结近年来全市寄递渠道安全管理工作，分析当前寄递安全形势，并就下一步发挥领导小组工作机制作用、合力做好寄递渠道安全管理工作进行研究部署。会议要求，各成员单位要深刻认识寄递渠道安全管理工作面临的形势，进一步加强部门间协调配合，做到信息互通，采取有力措施，形成监管合力，确保寄递渠道安全平稳畅通。

12月3日 长治市首期快递职业技能提升培训班正式开班。本期培训班由长治局和长治市人社局联合主办，长治市快递协会协办，专业培训机构具体承办，为期3天，培训内容涵盖快件处理、职业道德、安全生产、绿色环保等方面，全市100余名快递从业人员参加本次培训班。开班式上，长治局和长治市快递协会分别对本期培训班的正式开班表示祝贺，对培训班高质量开展工作提出希望和要求。按照计划，培训班共开展18期，培训范围基本覆盖全市快递从业人员。局领导在讲话，要求以首期培训班开班为新起点，加强部门间沟通协作，激发企业和从业人员积极性，持续扩大培训规模，不断提升培训质量，取得良好培训效果，为全市邮政快递行业实现"技能社会、人人持证"目标提供持续助力。

12月10日 长治局召开全市邮政快递业12月安全生产会，各市级品牌企业及县级许可企业50余人参加。会议梳理总结当前全市行业安全生产状况，传达学习近期各级关于安全生产工作的最新指示批示精神，对下一步安全生产重点工作进行部署，要求严格落实属地管理责任，强化执法监督检查，督导企业进一步强化落实安全生产主体责任，全力做好"两节"前全市寄递渠道安全保障工作。

12月 长治局与长治市生态环境局联合印发《关于推进邮政快递业包装绿色治理的实施意见》，标志着长治市邮政快递业包装绿色治理工作进入综合治理、协同治理的新阶段。明确行业包装绿色治理的指导思想、基本原则和主要目标，确定推动绿色包装产品标准化、减量化、无害化、可循环化，推动邮政快递行业节能减排，加强绿色文化培育建设等五项重点工作任务。长治局要求以本次联合出台实施意见为契机，深入开展行业绿色环保各项工作，加强执法协作，开展联合监督检查，以实际行动贯彻落实习近平总书记关于快递包装绿色治理的重要指示批示精神。

是月 长治市委政法委书记唐立浩对长治局平安建设工作专项报告做出批示，充分肯定行业平安建设工作。批示指出，近年来，长治局认真贯彻落实市委、市政府决策部署，积极推进邮政快递业平安建设工作，充分发挥寄递渠道安全管理小组作用，实现部门协调常态化，行业安全基础不断夯实，成效显著。希望邮政管理部门再接再厉，抓紧抓细抓好邮政快递行业平安建设应急管理、安全保障等工作，确保寄递渠道安全畅通。

12月末 元旦、春节将至，为深入落实中央八项规定及其实施细则精神，严防“四风”问题反弹回潮，长治局开展系列工作，部署廉洁过节事宜。一是印发《关于紧盯“四风”问题确保元旦春节期间风清气正的通知》，要求严格责任落实，注重以上率下；严明纪律要求，增强自律自觉；突出问题导向，紧盯关键环节；强化监督执纪，保持高压态势。二是组织全体党员干部签订“元旦春节期间廉洁自律承诺书”，提醒广大党员干部遵守八项规定，坚持尚俭戒奢，随时接受组织和群众监督。三是重点关注县级机构节日期间廉洁过节事宜，通过下发通知、谈话提醒等方式督促县级机构严格执行相关纪律，确保风清气正度过“双节”。要求节日期间强化监督检查，通过开展明察暗访、抽查检查等，及时纠治苗头隐患和违纪行为。对违反中央八项规定精神的典型问题，坚决予以通报曝光，切实维护党纪政纪严肃性。

（资料提供：韩国芳）

阳泉市邮政管理局大事记

1月7日 阳泉市委书记关建勋专题调研全市物流快递业发展情况。

1月16日 阳泉市邮政管理局（以下简称阳泉局）传达学习2020年全省邮政管理工作会议精神。

同日 阳泉市邮政管理局开展安全生产集中整治暨春节节前行业安全服务检查。

1月20日 阳泉局部署春节期间邮政业寄递渠道安全服务保障工作。

1月22日 阳泉局领导班子成员春节前走访慰问邮政快递企业“一线员工”。

同日 阳泉局采取三项措施做好春节期间行业安全生产服务保障工作。

2月3日 阳泉局积极开展春节前行业走访慰问“三送”工作。

同日 阳泉局“不忘初心、牢记使命”主题教育总结会召开。

同日 阳泉局党组扩大会议召开，传达学习落实行业、地方要求，进一步部署节后疫情防控与复产工作。

同日 阳泉局落实行业地方要求，深入一线部署邮政业全力防控疫情有序复工复产复营工作。

同日 阳泉局传达省邮政管理局会议精神布置疫情防控工作。

同日 阳泉局落实省邮政管理局《关于做好疫情预防控制工作的通知》，要求切实做好机关疫情防控，保障行业疫情防控。

2月6日 阳泉局联合快递协会，发出邮政快递行业疫情防控倡议书。

2月24日 阳泉市政府出台措施保障疫情防控期间寄递渠道畅通。

3月4日 阳泉局大力助力企业安全复工复产工作。

同日 阳泉局开展寄递企业复工复产专项督导工作。

3月10日 阳泉局传达国家局邮政快递业服务新冠肺炎疫情防控和复工复产工作电视电话会议精神。

3月12日 阳泉市委书记关建勋高度肯定邮政快递业复工复产畅通经济循环工作。

3月15日 “诚信快递、你我同行”“3·15”主题宣传活动举行。

3月20日 阳泉市邮政快递业全面复工复产。

同日 阳泉市邮政分公司工作会议召开。

3月24日 阳泉市邮政业安全中心获批成立。

3月26日 阳泉局以“治理能力提升”为中心做好“1451”重点工作。

同日 阳泉局部署2020年全市邮政快递业市场监管重点工作。

3月27日 阳泉局2020年党建暨党风廉政建设工作会议召开。

3月30日 阳泉市政府专项督查组肯定邮政快递业复产复工工作。

4月2日 阳泉局科学分析邮政业经济运行要素，引导行业健康发展。

同日 阳泉局部署2020年全市邮政普遍服务监督管理重点工作。

4月14日 阳泉局试点推进“邮快合作”获突破。

4月15日 阳泉局开展“4·15”全民国家安全教育日普法安全活动。

4月17日 阳泉局出台三项举措落实省邮政管理局《关于加强和规范邮件快件安全检查工作的指导意见》。

4月26日 阳泉局开展快递末端网点专项整治工作。

4月29日 阳泉局联合市公安局开展邮政快递业禁毒知识培训。

4月30日 阳泉局快递业工会联合会表彰邮政快递业职业技能先进集体和个人。

5月9日 阳泉局安全中心法人登记工作完成。

5月13日 省邮政管理局党组成员、副局长高日勇调研阳泉邮政快递业发展情况，并督导全国“两会”期间寄递渠道安全保障工作。

5月18日 阳泉局迅速落实省邮政管理局邮政快递业安全生产暨专项整治三年行动动员部署电视电话会议精神。

5月21日 阳泉局传达学习贯彻习近平总书记视察山西重要讲话重要指示。

5月22日 阳泉局开展“两会”期间寄递渠道安全专项检查。

6月4日 阳泉局开展关爱慰问贫困留守儿童和结对贫困户活动。

6月5日 阳泉局传达学习全国两会精神部署当前重点工作。

6月17日 阳泉局开展“作风纪律提升月”活动。

6月18日 阳泉局六个“百分百”开展“安全生产月”活动。

同日 阳泉市副市长靳润喜要求做好寄递渠道安全稳定工作。

6月19日 阳泉局出台三项措施开展“防范遏制行业事故发生专项行动”。

6月22日 阳泉市委常委会要求邮政管理部门做好邮政快递业疫情防控工作。

6月23日 阳泉局开展“强化党建引领 助力脱贫攻坚”主题党日活动。

6月30日 盂县邮政管理局开展“安全生产月”咨询日宣传活动。

同日 盂县安委办、盂县邮政管理局联合开展安全生产应急演练。

同日 阳泉局开展“4+1”专项整治行动。

7月2日 阳泉局机关党建行业党建双抓双促进。

7月9日 阳泉局党支部换届选举大会召开。

同日 阳泉市邮政行业一名快递小哥获“市劳动模范”称号。

同日 盂县邮政管理局开展“关爱快递小哥”健康体检活动。

7月22日 阳泉局开展乡镇邮政普遍服务局所整治工作显成效。

7月23日 阳泉局开展普遍服务重点专项督导工作。

7月30日 阳泉局在全省2020年上半年工作

会上做经验介绍。

8月3日 阳泉局考察李亚芬、廖正两名新公务员。

8月4日 阳泉局召开传达学习全省邮政管理局长座谈会精神大会。

8月5日 阳泉局出台三项措施持续推进邮政业绿色发展工作。

8月12日 阳泉局进一步强化汛期邮政快递业安全生产专项检查。

同日 阳泉市邮政管理采取多项举措保障高考录取通知书邮寄投递保障工作顺畅。

8月13日 阳泉局积极部署寄递渠道危化品整治工作。

8月18日 阳泉局三管齐下，积极推进财政事权支出责任落实。

8月19日 阳泉局开展专项统计检查。

8月20日 阳泉局2020年上半年度安全生产工作通报会召开。

8月21日 阳泉市气象局、市邮政管理局合作推动公共服务“最后一公里”双延伸。

8月26日 阳泉局开展乡镇邮政局所专项检查。

8月27日 阳泉局全面部署高校开学季寄递服务保障工作。

同日 阳泉局再督导、再落实邮政快递业汛期安全生产工作。

8月28日 阳泉局开展“寻找绿色使者”活动塑行业社会形象

9月7日 阳泉局开展快递包装胶带使用专项治理工作。

同日 阳泉局传达学习贯彻市委十二届九次全会精神。

9月11日 阳泉局开展服贸会寄递渠道安全保障专项检查。

同日 阳泉局积极推进邮政快递专用电动三轮车规范管理。

9月18日 阳泉局采取三项举措确保廉政过节。

9月25日 阳泉局联合公安开展邮政业安全大检查工作。

同日 阳泉局召开国庆期间安全保障工作培训会。

9月28日 省邮政管理局调研阳泉党建工作。

9月29日 阳泉局认真做好三落实扎实开展巡视整改工作。

同日 阳泉市人社局邮政管理局联合推进技能提升培训。

同日 阳泉局将智能信报（快件）箱建设纳入老旧小区改造成功。

9月30日 阳泉局开展国庆节前寄递渠道安全生产专项检查。

同日 阳泉局开展邮政特邀监督员培训工作。

10月9日 阳泉局第51届世界邮政日，阳泉局局长曹阳致辞。

10月10日 阳泉局开展2020年邮政快递行业安全应急演练。

10月14日 阳泉局召开绿色环保推进会。

10月16日 阳泉局开展扶贫日入村扶贫活动。

10月22日 阳泉局开展邮政快递业各类场所安全风险排查整治工作。

11月1日 新录用李亚芬、廖正两名公务员正式到岗。

11月2日 阳泉局开展邮政普服专项检查。

11月3日 阳泉局联合市公安局、阳泉市国安局、阳泉市交通运输局联合开展邮政业旺季服务保障工作。

11月5日 阳泉局传达学习中共十九届五中全会精神。

11月12日 阳泉局夜查分拣中心，开展旺季督导检查工作。

11月13日 阳泉市政府将快递职业技能培训纳入地方行动。

同日 阳泉局联合团市委开展“服务新兴领域青年”慰问活动。

11月19日 阳泉局联手市生态环境局发文，共同推进邮政快递业环保治理工作。

11月20日 阳泉局多措并举保证旺季平稳运行。

同日 阳泉市邮政快递业筑牢禁毒新防线。

同日 阳泉市深入开展实名收寄专项行动。

同日 阳泉局积极开展低碳绿色办公，创建节能绿色机关活动。

11月23日 阳泉局积极部署行业雨雪天气防范应对工作。

11月24日 阳泉局深入推进邮政快递业安全隐患大排查大整治工作。

同日 阳泉局积极开展打击侵权假冒伪劣工作。

同日 阳泉局积极开展绿色快递进校园活动。

11月25日 阳泉局开展邮政快递业生态环保专项检查。

12月7日 阳泉局持续开展邮政快递行业生态环保工作专项督导检查。

同日 阳泉局开展国家宪法日宣传活动。

同日 阳泉局进一步做好疫情防控工作。

12月10日 交通运输部验收阳泉市平定县城乡交通运输一体化示范县创建工作。

12月17日 阳泉局大力发展交邮合作，打通寄递渠道"最后一公里"。

12月18日 阳泉局多举措狠抓寄递渠道安全管理工作。

同日 阳泉局开展末端网点安全生产专项整治工作。

12月23日 省委书记楼阳生在《山西信息》(第199期)上就农村三级物流体系建设做出"推广平定做法"批示。

12月24日 阳泉局2020年寄递渠道安全管理领导小组会议召开。

同日 阳泉局采取多项措施保障寄递车辆畅行。

(资料提供：苏 蕾)

朔州市邮政管理局大事记

1月16日 为深入贯彻落实习近平总书记关心关爱快递小哥重要批示指示精神，朔州市邮政管理局(以下简称朔州局)、团市委联合启动2020年"快递从业青年服务月"活动。在全社会营造理解、尊重、关爱快递小哥良好氛围。

1月20日 朔州局就邮政业疫情防治工作情况书面呈报朔州市人民政府。副市长武跃飞给予高度肯定，要求全行业继续发挥行业社会基本公共服务功能，打通特殊时期社会运行"民生通道"，为全市打赢疫情防控攻坚战做出贡献。

3月2日 为全力支持疫情防控工作，朔州局开展"抗击疫情，党员先行"爱心募捐主题党日活动，以实际行动践行党员模范先锋带头作用。

3月18日 经朔州市政府同意，朔州市直属机关事务服务中心决定将朔州市政银城市投资有限公司1层办公场地(建筑面积790平方米)分配至朔州局作为办公业务用房长期无偿使用。

4月16日 为深入贯彻落实习近平总书记关于禁毒工作重要指示精神，进一步加强青少年禁毒宣传教育工作，朔州局联合团市委在全市快递行业内开启为期百天的"青春禁毒、你我同行"主题禁毒宣传活动，市电视台全程跟踪报道。

5月19日 上午，朔州市副市长武跃飞赴朔州局视察指导工作。市政府副秘书长霍永生陪同视察。武跃飞实地查看办公场所情况，亲切慰问机关干部职工，详细了解当前邮政业疫情防控和复工复产情况。

5月29日 朔州市委常委、组织部部长崔巍听取非公快递企业党建工作情况报告，专题批示予以支持，要求做好政策倾斜保障，促进非公快递企业党建工作开展。

7月2日 为切实推动邮政业高质量发展，充分发挥双重管理制度优势，经过朔州局积极协调，邮政管理工作顺利纳入地方目标考核责任体系。

7月28日 在朔州局推动下，朔州市财政局同意将邮政监管罚没收入纳入财政预算管理。

8月25日 朔州市精神文明建设委员会下发《关于表彰2018—2019年度朔州市精神文明创建先进典型的决定》(朔文明委〔2020〕6号)，朔州局获得"市级文明单位"荣誉称号，连续三届获得该称号。

8月 朔州局充分发挥行业点多面广优势，选派人员组建宣传服务队，主动积极参与团市委组织的禁毒防艾公益宣传活动,获6.8万元项目补贴。

9月7日 朔州市人大常委会副主任、市总工会主席李玉兰一行到朔州市"快递员之家"调研关爱快递小哥工作、行业工会组织建设和职工权益维护等情况,朔州局相关负责人等陪同调研。

11月26日 为深入贯彻习近平总书记在全国劳动模范和先进工作者表彰大会上的讲话精神,朔州局以开展关爱快递员"暖蜂行动"为契机,积极探索"关爱同行、服务同业"新模式,指导顺丰、圆通、韵达等企业打造一批"爱心驿站"暖心服务广大户外劳动者。

12月7日 经中共朔州市委非公经济组织与社会组织工委批准,中共朔州市快递行业委员会成立,这标志着朔州市快递行业非公党建工作取得重要进展。

12月8日 上午,为贯彻落实习近平总书记关于维护好快递员等就业群体的合法权益重要指示精神,共青团朔州市快递行业工作委员会成立大会顺利召开。朔州局、共青团朔州市委负责人出席会议并讲话,市快递行业品牌企业负责人、市快递企业团员代表50余人参加会议。

12月2日 在2020年朔州市劳动模范表彰大会上,右玉县恒达申通有限公司贺鹏飞获"朔州市劳动模范"称号,中国邮政集团公司朔州市山阴分公司王明如作为2020年"山西省五一劳动奖章"获得者,受到市委书记陈振亮等市领导会见。

(资料提供:高 伟)

山西省邮政业安全中心大事记

7月24日 省交通运输厅党组成员、省邮政管理局党组书记、局长秦红保,主持召开省邮政管理局省邮政业安全中心机构组建工作座谈会,对山西省邮政业安全中心(以下简称中心)机构组建工作进行动员部署。

9月1日 中国共产党山西省邮政业安全中心第一次党员大会召开,选举产生第一届支部委员会,郭天文、李宏、吴广晖担任支委委员;第一届支部委员会第一次全体会议选举郭天文担任党支部书记。

9月15日 中心开展"博爱一日捐"募捐活动,全体工作人员自发捐款970元,全部上交山西省红十字会。

9月27日 中心工会第一次会员大会召开,选举产生第一届工会委员会,李宏、杜云淑、李培刚担任工会委员,赵虎担任经济审查员。会后,第一届工会委员会召开第一次全体会议,选举李宏担任工会主席。

同日 在国庆节即将来临之际,中心党支部举行"重温入党誓词,牢记初心使命"主题党日活动,全体党员干部参加宣誓仪式。

12月3日至4日 中心召开全省"绿盾"工程建设推进会暨"绿盾"工程建设应用培训会。各市邮政管理局"绿盾"工程相关责任人及部分市邮政业安全中心、服务中心负责人参加会议。

12月7日 中心党支部专题党课活动举行,党支部书记、主任郭天文为中心全体党员干部讲授题为"抗疫斗争伟大彰显中国自信"党课。

(资料提供:赵 虎)

交通控股集团

山西交通控股集团有限公司大事记

1月1日 零时，山西交通控股集团有限公司（以下简称集团公司）顺利完成取消高速公路省界收费站工程并网切换工作。

1月3日 集团公司2020年安委会第一次全体（扩大）会议暨“12·30”事故警示教育视频会议召开，与所属各企业签订2020年安全生产目标责任书。

1月9日 集团公司党委书记抓基层党建述职评议考核会议召开。

同日 集团公司总部2019年度述职大会召开。

2月1日 省国资委党委副书记马进，省国资委党委委员、副主任张红谱等一行赴长风收费站现场检查指导新冠肺炎疫情防控工作，看望慰问奋战在疫情防控一线的干部职工。

2月9日 集团公司党委书记、董事长袁清茂先后深入太旧分公司、实业集团基层一线调研疫情防控工作。

同日 集团公司党委副书记、副董事长、总经理郝玉柱前往太原高速公路管理公司迎西收费站调研指导新冠肺炎疫情防控工作，看望慰问坚守在一线的工作人员。

2月28日 集团公司统筹推进新冠肺炎疫情防控和复工复产工作视频会议召开。

同日 集团公司党委书记、董事长袁清茂前往发车点送工友返岗复工。

3月26日 集团公司高速公路管理公司干部大会召开，正式全面推行高速公路分公司管理体制改革。

4月3日 集团公司党委副书记、副董事长、总经理郝玉柱深入太旧公司盂县南收费站调研督导取消高速公路省界收费站第十战役重点工作落实情况，以及收费管理体制改革等相关工作。

4月8日 大同南分公司所辖广源高速与河北张石高速蔚县支线（京蔚西段）出省进京段全面贯通，这标志着从广灵、浑源等地到达河北、北京的时间将缩短半小时左右，对改善区域经济发展环境，促进晋北贫困地区脱贫致富具有重要作用和意义。

4月9日 集团公司党委书记、董事长袁清茂会见内蒙古公路交通投资发展有限公司总经理刘学武，双方就加强合作进行深入交流。

4月15日 集团公司党委书记、董事长袁清茂会见晋中市副市长郝向明，双方就高速公路投资建设等相关领域进行深入交流。

同日 全省首家高速公路“中化石油和高速能源”双品牌加油站在实业集团晋城服务区正式营业，标志着以高速公路为基础，共同打造合作共赢的新模式、新经验取得实质性进展，构筑起“中国石油、中化石油、壳牌优选、国新华储、高速能源”等油品供应圈，打造一批便民、快捷、优质的高速公路加油站又迈出新步伐。

4月20日 集团公司以视频形式召开取消高速公路省界收费站第十战役推进会议，专题研究部署实车测试发现问题整改及恢复收费运营准备工作。

4月22日 集团公司一届三次职代会暨2020年工作会议召开。

同日 集团公司党的建设和党风廉政建设工作会议召开。

4月26日 “山西省公路建设智慧监管指挥调度平台”上线试运行。

4月28日 集团公司恢复收费工作调度视频会议召开，进一步部署高速公路收费系统优化完善工作。

5月5日 集团公司和省公安厅交管局联合召开全省应对恢复收费运营视频调度会，就加强高速公路恢复收费运营工作、“五一”返程高峰叠加安全风险管控，以及深化事故“减量控大”等工作进行部署。省公安厅党委委员、交管局局长郭丙福出席会议并讲话。

5月6日 高速公路恢复收取车辆通行费的第一天，集团公司党委副书记、副董事长、总经理郝玉柱深入吕梁南公司就恢复收费等运营管理工作进行调研。

5月13日 集团公司党委书记、董事长袁清茂深入山西交控资本管理有限公司、山西路桥股份有限公司进行调研并分别座谈。

5月14日 集团公司“零上访、零事故、零案件”单位创建工作部署推进会召开。

5月15日 山西交控集团旗下实业集团打造的全省首家高速公路提档升级改造服务区——盂县服务区正式全新亮相。当日，集团公司在盂县服务区召开高速公路服务区提档升级观摩推进会。省交通运输厅党组成员、副厅长李贵顺，阳泉市委常委、盂县县委书记张其光，招商公路副总经理杨旭东，中国公路学会服务区工作委员会常务副秘书长马健出席。

5月18日 集团公司生产调度视频会议召开，就全面落实集团公司2020年生产工作目标任务，进一步加快推进工程项目建设进行部署。

5月20日 按照省委第六轮巡视整改工作要求和省纪委监委统一部署，集团公司召开领导班子巡视整改专题民主生活会。

5月21日 集团公司党委书记、董事长袁清茂深入五台县包扶村调研扶贫工作，并就项目、资金和政策等方面与当地党委、政府进行深度对接。

5月25日 集团公司与阳泉市在总部举行工作座谈会，就围绕交通条件改善优化，加强合作交流，积极谋划项目，推动双方互惠共赢、共同发展进行深入交流。

同日 省交通运输厅党组成员、副厅长李贵顺走进山西交控集团子公司路桥集团，开展公路建设质量安全调研和入企服务工作。

5月26日 集团公司党委书记、董事长袁清茂深入监理集团进行调研，并结合企业当前经营情况、工作打算及发展思路进行座谈交流。

同日 集团公司党委副书记、副董事长、总经理郝玉柱深入五台县、团城村包扶村调研指导扶贫工作。

6月3日 集团公司党委副书记、副董事长、总经理郝玉柱深入太原东二环高速公路、国道G207左涉和太行一号旅游路项目现场调研工程建设。

6月4日 集团公司党委副书记、副董事长、总经理郝玉柱深入长治公司，就运营管理工作进行专题调研。

6月5日 集团与中国石化山西分公司战略合作签约仪式在集团公司总部举行，中国石化山西分公司党委书记吴劲松出席并致辞。

6月10日至12日 集团公司党委书记、董事长袁清茂分别前往临汾北、临汾南、太原公司就高速公路管理公司深化改革、运营管理、党的建设等方面进行调研。

6月15日 集团公司党委副书记、副董事长、总经理郝玉柱深入实业集团、养护集团、吕梁南公司等基层单位，就危化品运输车辆管理、养护基础建设运营、服务区提档升级等方面进行调研。

6月16日 全省首家高速公路VR安全体验馆在平遥服务区正式开馆。

6月17日至18日 省交通运输厅党组成员、副厅长李贵顺深入黎霍高速公路调研指导项目建设工作。

6月28日 山西省交通运输安全应急保障技术中心在山西交科集团揭牌运营。

6月29日至30日 晋阳高速公路改扩建工程通过省交通运输厅组织的初步设计外业验收。

6月30日 集团公司举行庆祝中国共产党成立99周年暨“七一”表彰大会，对优秀共产党员、优秀党务工作者、先进基层党组织和优秀党建项目进行表彰。

7月3日 集团公司与阳泉市在总部举行工作座谈会，双方围绕进一步加强政企合作进行深入交流。阳泉市委副书记、市长雷健坤出席并讲话。

7月10日 集团公司“六定”改革动员部署会议召开。

7月21日至22日 集团公司高速公路经营管理工作推进现场会在吕梁南公司召开。

7月28日 集团公司党委书记、董事长袁清茂与清华大学学术委员会副主任黄翊东举行工作会谈。

8月4日 集团公司党委书记、董事长袁清茂深入党建联系点交投集团龙城服务区发展分公司、晋中公司开展调研。

同日 集团公司党委书记、董事长袁清茂在集团公司总部与航天信息股份有限公司董事长马天晖举行工作会谈。双方就人工智能、大数据、区块链等方面的合作进行深入交流。

8月12日 集团公司党委书记、董事长袁清茂在所属企业交科集团主持召开集团公司人才工作专题调研座谈会。

8月14日 集团公司重点项目建设暨第三季度生产调度现场会在隰县召开。

8月19日 集团公司党委副书记、副董事长、总经理郝玉柱赴太旧公司平阳高速、路桥集团和榆高速、交投集团太长高速就“迎国检”工作进行调研督导。

8月20日 集团公司以视频形式组织举办《山西省省属企业违规经营投资与重大决策终身责任追究实施办法》专题培训会。

8月24日 集团公司党委书记、董事长袁清茂与招商公路董事长王秀峰在总部举行工作会谈。双方就加强高速公路主业、交通新基建等领域合作，做强做优做大实业集团，以及共同拓展海内外市场进行全面和深入探讨，并充分交换意见。招商银行太原分行行长马红霞出席。

9月4日 山西交控集团与山西云时代公司战略合作协议签约仪式在集团公司总部举行。集团公司党委书记、董事长袁清茂，山西云时代公司党委书记、董事长盛佃清分别致辞。

9月9日 集团公司党委书记、董事长袁清茂在总部与云南省西双版纳州中国老挝磨憨至磨丁经济合作区管理委员会党工委书记、管委会主任赵刚举行工作会谈。双方就进一步加强跨省域合作，实现互利共赢进行深入友好交流。

9月22日 集团公司党委书记、董事长袁清茂与省公安厅交通管理局局长李安林举行工作会谈。

9月24日 山西交控集团与晋能集团战略合作协议签约仪式在太原举行。

9月26日 柯立沃特拟更名山西交控生态环境股份有限公司仪式正式启动。

9月29日 山西交控集团2020年安委会第四次全体(扩大)会议暨做好秋冬季疫情防控工作视频会议召开，并学习传达省政府安委会第三、第四次全体(扩大)会议精神。

10月5日 省交通运输厅党组书记、厅长闫晨曦深入集团公司太原杨家峪收费站和晋中服务区，对“两节”期间安全生产工作进行专项督查。

10月8日 集团公司党委书记、董事长袁清茂深入集团公司基层单位督导检查安全生产工作。

10月14日 集团公司党委书记、董事长袁清茂与中铁十五局集团党委书记、董事长张喜胜在集团公司总部举行工作会谈。

10月26日 太原二环高速公路凌井店至龙白段在平头收费站外广场举行通车仪式。

10月29日 省国资委党委书记、主任冯志君赴集团东社收费站、西山隧道、太原服务区对安全生产工作进行现场检查督导，并代表省国资委党委向坚守岗位的干部职工致以节日问候。

11月1日 山西交控集团与华为公司深入推进战略合作协议，共同在太原举行“山西交科华为联合创新实验室”揭牌仪式。华为董事、企业BG总裁彭中阳出席并致辞。

11月7日 由中国图学学会指导、集团公司主办、路桥集团承办的“数字建造·智慧交通”第六届全国BIM学术会议在太原召开，来自全国相关行业的专家学者、高校师生和BIM科技人员共500余人参加。

11月12日 集团公司党委书记、董事长袁清茂与中国农业银行首席专家常亚峰举行工作会谈，就进一步深化银企合作实现共赢发展深入交流。

11月19日 集团公司干部大会召开，宣布省委、省政府关于山西交控集团主要领导任职的决定：任命武艺为山西交通控股集团有限公司党委副书记、副董事长，提名为山西交通控股集团有限公司总经理人选。省委组织部副部长齐海斌出席。

11月25日 集团公司在总部召开经营运行分析会。会议主要任务是总结前10个月经营工作，盘点经营目标完成情况，研究分析当前形势，部署下一步工作。

11月26日 集团公司党委书记、董事长袁清茂深入忻州北、忻州南公司，与企业一线职工深入交流，并组织座谈会向基层工作人员宣讲中共十九届五中全会精神。

11月30日 学习贯彻中共十九届五中全会精神省国资委宣讲团宣讲报告会在集团公司举办。省国资委宣讲团成员、集团公司党委书记、董事长袁清茂作宣讲报告。

12月7日 集团公司党委书记、董事长袁清茂与葛洲坝集团总经理宋领举行工作会谈。

12月11日 集团公司在总部召开12月建设管理调度会议。

12月15日 集团公司联网收费稽核工作推进会议召开，旨在加大逃漏费分析和追缴力度，全力确保通行费应收尽收。

12月17日至18日 集团公司党委书记、董事长袁清茂赴云南中老磨憨至磨丁经济合作区调研。

12月18日 全省消费扶贫示范单位座谈会召开,集团公司被评为“全省消费扶贫示范单位”,此次共有5家单位获此称号。

12月25日 交控公司、省交管局召开高速公路协同共治座谈会,省公安厅交管局局长李安林出席。

12月26日 山西交控数字交通科技有限公司正式揭牌成立。

(资料提供:周应华 高永清 程才锋)

山西路桥集团有限公司大事记

1月2日 山西路桥集团有限公司(以下简称山西路桥集团)连夜召开安全生产警示教育大会,深刻汲取“12·30”析城山隧道塌方事故教训。山西路桥集团党委副书记、副董事长、总经理杨建红主持会议,党委书记、董事长杨志贵出席会议并讲话。山西路桥集团领导班子全体、总部部室负责人在主会场参加会议。主会场参会人员110人,分会场参会人员512人,共计622人参加安全生产警示教育大会。晋城太行旅游公路公司、晋中路桥公司作检讨发言。

1月10日 山西路桥集团成功取得国道G241、省道岚马线汾河水库段改线工程PPP项目社会资本方第一中标候选人资格,中标价为39.35万元。

1月12日 山西路桥集团清理拖欠民营企业中小企业账款专题会议召开。山西路桥集团党委副书记、副董事长、总经理杨建红主持会议,党委书记、董事长杨志贵讲话。山西路桥集团总部相关部室负责人,所属各单位主要领导、财务部门负责人参加会议。

1月13日 山西路桥集团召开隧道施工安全管控技术研讨会。会议邀请交通运输部专家委员会成员王华牢等行业专家及行业主管部门、设计单位、监理单位代表参加会议。山西路桥集团党委副书记、副董事长、总经理杨建红,总工程师荆冰寅,总经济师杨利军,总部相关部室负责人,所属建设单位、施工单位代表参加会议。

1月14日 经山西路桥集团党委会会议议研究,董事会同意,决定免去祁会祥山西路桥建设集团有限公司法规部部长职务。

1月15日 山西路桥集团组织召开2020年高速公路春运工作部署视频会议。会议围绕打造“平安春运、便捷春运、温馨春运、诚信春运、绿色春运”,全面部署集团运营高速公路春运工作。山西路桥集团党委委员、副总经理杨海龙主持会议。党委副书记、副董事长、总经理杨建红从春运工作和撤站工作两个方面作讲话。

同日 经省住建厅审核,山西路桥集团成功取得工程勘察专业类(工程测量)乙级资质。

同日 “山西路桥集团人力资源(HR)管理系统V1.0”“山西路桥集团建筑工人劳务实名制系统V1.0”两项系统软件取得“中华人民共和国国家版权局计算机软件著作权登记证书”,国家版权局予以登记。

1月16日 山西路桥集团印发《落实党风廉政建设纪委监督责任的实施办法(试行)的通知》(晋路桥集团党发〔2020〕5号)。

1月17日 山西路桥集团2019年度所属单位党委书记抓基层党建述职评议考核会议召开。集团公司党委副书记、副董事长、总经理杨建红主持会议。所属单位党委书记对照党建工作责任制及重点工作任务就抓基层党建工作情况进行现场述职和书面述职。山西路桥集团党委书记、董事长杨志贵对党委书记抓基层党建工作进行现场点评，并对下一步党委书记抓基层党建工作提出明确要求。

同日 上午，山西路桥集团党委2019年度落实全面从严治党述责述廉会议召开，山西路桥集团党委副书记、副董事长、总经理杨建红主持会议，山西路桥集团领导、所属各单位党委书记、纪委书记及集团总部相关部室负责人参加会议。所属各单位党委书记、纪委书记围绕落实全面从严治党主体责任和监督责任向大会述责述廉，山西路桥集团党委书记、董事长杨志贵对党委书记述责述廉进行点评，党委委员、纪委书记刘伟威对纪委书记述责述廉进行点评。

同日 下午，山西路桥集团党委纪检监察体制改革动员部署会议召开，山西路桥集团党委副书记、副董事长、总经理杨建红主持会议，山西路桥集团领导、所属各单位党委书记、纪委书记、山西路桥集团总部部室负责人及集团纪委本部人员参加会议。山西路桥集团公司党委书记、董事长杨志贵出席会议并做动员讲话，党委委员、纪委书记刘伟威解读纪检监察体制改革要求和集团纪检监察体制改革实施方案。

1月19日 山西路桥集团2020年第一次安全生产委员会全体（扩大）会议召开。山西路桥集团专职党委副书记、副董事长、副总经理贾振卜主持会议，党委书记、董事长杨志贵出席会议并讲话。会议以视频形式召开，集团公司领导、副书记、副主席、副总会计师、总部各部室（中心）负责人出席会议，所属各单位党委书记、董事长、总经理及分管安全副总经理在主会场参会。所属各单位其他班子成员、各部室负责人、各项目部主要负责人及管理人员在分会场参会。会上，隰吉公司、路桥二公司、运营分公司作表态发言。

同日 山西路桥集团发布2019年《新时代 新征程 山西路桥集团巡礼》企业宣传片（解说版、简版、航拍版）以及2019年《新时代 新路桥》宣传画册。

1月20日 山西路桥集团党委书记、董事长杨志贵一行深入阳白乡调研扶贫攻坚工作，并召开脱贫攻坚专题会。山西路桥集团专职党委副书记、副董事长、副总经理贾振卜，党委组织部负责人丁林虎，综合办公室负责人王鹏飞陪同调研。

2月6日 经山西路桥集团党委会会议议研究决定，任命张军为山西路桥建设集团有限公司机关党委委员、党委副书记（中层正职）。免去刘中华山西路桥建设集团有限公司机关党委副书记、党委委员职务。

2月10日 山西路桥集团东二环公司在确保疫情防控有力、有效的前提下，分类别、分步骤，弹性安排精准复工复产。该新闻在《山西日报》《中国交通报》报道。

2月19日 经山西路桥集团党委会会议议研究决定，提名秘春明为山西路桥建设集团有限公司工会副主席人选。

2月21日 山西路桥集团召开项目精准复工动员部署视频会议，山西路桥集团党委书记、董事长杨志贵出席会议并讲话。

2月26日 下午，省交通运输厅党组成员、副厅长李贵顺一行前往太原东二环高速项目调研指导疫情防控和复工复产工作，山西路桥集团党委书记、董事长杨志贵及项目各参建单位有关负责人参加。

2月28日 按照山西交控集团统一部署，山西路桥集团经过充分防疫准备，以“点对点”包车运输组织方式，3辆客运大巴统一在太原集结出发，分别将60余名农民工工友送往晋中市左涉国道G207新建工程项目部、浙江景宁国道G322改线工程项目部，确保农民工工友安心、放心、舒心地返岗复工。山西交控集团党委书记、董事长袁清茂代表山西交控集团党委赴路桥集团欢送农民工工友返岗复工，并向即将奔赴工地的农民工工友赠送口罩、酒精、消毒液、测温仪等防疫物资。车队出发前，山西路桥集团党委书记、董事长杨志贵致欢送词。

3月1日 山西路桥集团召开统筹推进疫情防控、复工复产、安全生产工作视频会，党委副书记、副董事长、总经理杨建红主持会议并传达2月28日山西交控集团会议精神，党委书记、董事长杨志贵出席会议并讲话。

3月3日 经山西路桥集团党委会会议议研究，董事会同意，决定任命：姚永春为山西路桥建设集团有限公司副总工程师。李素勤为山西路桥建设集团有限公司成本控制中心副主任（主持工作）。免去：冯沅山西路桥建设集团有限公司副总工程师职务。罗康生山西路桥建设集团有限公司成本控制中心副主任职务。

同日 山西交控集团副总经理韩文军一行深入国道G207左涉新建公路工程项目一线，调研指导疫情防控和复工复产工作。山西路桥集团总工程师荆冰寅、安全质量环保监督部负责人孟旭峰、左涉公司领导陪同调研。

3月5日 上午，山西路桥集团党委书记、董事长杨志贵代表项目投资方受邀参加吕梁市2020年中心城区第一批重点项目开工仪式。中午，杨志贵在吕梁国道公司主持召开离隰高速、国道G209吕梁改线工程建设推进座谈会，调研指导疫情防控和复工复产工作。

3月13日 山西路桥集团党委书记、董事长杨志贵一行应邀前往国家开发银行山西省分行，与分行党委书记、行长郭振兴进行战略合作交流洽谈。

3月15日 为进一步统一思想，全面做好路面改造项目策划，加快推进各项工作进程，确保如期高效完成建设施工任务，山西路桥集团召开国省道路面改造项目专题视频会。党委书记、董事长杨志贵出席会议并讲话，集团领导杨建红、郭聪林、李殿勤、荆冰寅，总部相关业务部室、所属相关单位主要负责人、分管领导、项目负责人参会。

3月17日 上午，山西路桥集团与南方路机公司签订战略合作协议。党委书记、董事长杨志贵，南方路机公司执行董事、总经理方凯分别致辞。党委副书记、副董事长、总经理杨建红与南方路机公司方凯总经理代表双方签约。总工程师荆冰寅主持会议。会上，双方就共同建立"山西路桥集团固废资源再生循环经济产业园"，致力于打造"研发、设计、制造、销售、施工"一体化的固废资源综合利用研发中心达成共识。

同日 下午，山西路桥集团改革发展专题视频会召开。党委副书记、副董事长、总经理杨建红主持会议，党委书记、董事长杨志贵出席会议并作讲话。领导班子、相关部室负责人在主会场参会，各单位领导班子、相关部室负责人、项目经理部班子在分会场参会。

同日 山西交控集团副总经理韩文军深入山西路桥集团隰吉高速项目施工现场，就认真贯彻落实集团公司近期工作部署，统筹做好疫情防控和复工复产工作进行调研指导。

3月19日 为进一步深入了解在建项目疫情防控工作和精准复工复产工作情况，山西交控集团副总经理韩文军一行深入晋城太行一号高平子项目进行调研，山西山西交控集团工程部部长刘瑞斌、工程部副部长汪伟等陪同调研。

同日 吉林省交通运输厅网站发布关于对2019年度吉林省公路建设市场设计、施工企业信用等级评价结果的公示，山西路桥建设集团有限公司被评为AA级信用企业。

3月20日 上午，山西路桥集团召开施工板块企业整合重组动员部署会。党委副书记、副董事长、总经理杨建红主持会议并简要回顾集团推动施工企业改革发展的全过程，党委委员、工会主席崔君毅宣读《施工企业整合重组的工作方案》和《山西路桥集团关于成立施工板块企业整合重组领导小组的通知》，党委书记、董事长杨志贵作讲话。领导班子全体，总部相关部室负责人、所属施工板块单位主要负责人参会。

同日 下午，山西路桥集团党委书记、董事长杨志贵深入昔阳县，与晋中市委委员、昔阳县委书记许利伟，县委副书记、县长侯文亮就昔榆高速公路项目推进进行工作会谈。

3月24日 经山西交控集团党委会会议议研究决定，崔君毅任山西路桥集团专职党委副书记、董事、副董事长；郭聪林任山西路桥集团党委委员。提名聘任杨利军为山西路桥集团副总经理人选；决定提名丁林虎为山西路桥集团总经济师人选。

免去贾振卜山西路桥集团党委委员、专职党委副书记、董事、副董事长职务。建议崔君毅不再担任山西路桥集团工会主席职务。提名解聘贾振卜山西路桥集团副总经理职务；杨利军山西路桥集团总经济师职务。

3月25日 山西交控集团副总经理韩文军一行深入由路桥三公司施工的偏关旅游公路沿黄河段进行疫情防控及复工复产工作检查。

3月26日 山西路桥集团党委副书记、副董事长、总经理杨建红，副总经理李殿勤一行在京雄高速SG3合同项目经理部检查指导工作，第一事业部经理王涝谦陪同检查。

3月30日 山西路桥集团党委书记、董事长杨志贵在路桥科技中心、龙锦花园项目调研疫情防控和复工复产工作。综合办公室负责人王鹏飞，房地产公司主要负责人、项目经理陪同调研。

3月30日至4月2日 山西路桥集团连续召开国省道路面改造PPP项目策划评审会，党委书记、董事长杨志贵组织对运城、晋城、吕梁境内国省道路面改造PPP项目的两个投资建设项目和四个施工项目策划进行策划评审。山西路桥集团有关领导，投资建设策划领导组、施工策划领导组成员,策划工作组、外勘调查组成员,设计分公司、检测公司负责人,实施单位运城路桥公司、晋城路桥公司、吕梁公路建设公司、路桥一公司主要负责人及项目负责人参加策划评审会。

4月1日 山西路桥集团积极响应省委、省政府号召,坚持复工复产和市场开发“两手抓、两不误”,集团总部统筹推进、所属单位主动作为,在全省10地市成功中标7个、总额3.24亿元的安全生命防护工程,为首季“开门红”集聚新动能。

4月3日 上午,山西路桥集团2020年安委会第二次全体(扩大)会议召开。会上,党委副书记、副董事长、总经理杨建红传达交控集团2020年安委会第二次全体(扩大)会议精神;副总经理李殿勤总结集团第一季度安全生产工作情况,部署集团第二季度安全生产重点工作;党委书记、董事长、安委会主任杨志贵出席会议并讲话。会议以视频形式召开。山西路桥集团领导、总部各部室负责人、副书记、副主席、副总工程师,隰吉公司、路桥一公司、运营分公司负责人在主会场参会,所属各单位班子成员,各部室负责人、各项目部主要负责人及管理人员在分会场参会。会上,隰吉公司、路桥一公司、运营分公司作表态发言。

同日 山西路桥集团国道G209吕梁改线工程成功铺筑国内首例CFB炉渣土台背回填试验段,工程部位K31+052盖板涵台背回填,涵长37.94米。试验段的成功铺筑,标志着国内首例CFB炉渣土台背回填新型材料成功应用,为国内CFB炉渣土台背回填应用打开一个良好开端。

4月7日 经山西路桥集团党委会会议议研究决定,任命王蒙为山西路桥建设集团有限公司党委办公室副主任(主持工作)。免去穆霄峰山西路桥建设集团有限公司党委办公室主任职务;潘鹏飞山西路桥建设集团有限公司纪检监察二室副主任(主持工作)职务。

同日 经山西路桥集团党委会会议议研究,董事会同意,决定任命:白志刚为山西路桥建设集团有限公司副总工程师;部晋生为山西路桥建设集团有限公司人力资源部部长;吴亮为山西路桥建设集团有限公司法规部副部长(中层正职);王鹏飞为山西路桥建设集团有限公司综合办公室副主任(主持工作)。免去:部晋生山西路桥建设集团有限公司人力资源部副部长职务;吴亮山西路桥建设集团有限公司前期办主任职务;王鹏飞山西路桥建设集团有限公司综合办公室副主任职务。

4月9日 山西交控集团副总经理韩文军一行在武乡县“四好农村路”调研指导疫情防控和复工复产工作。武乡县县委副书记、县长阎新平,交通运输局局长连树国,武乡县“四好农村路”建设管理有限公司董事长杜建政陪同。

4月10日 晋中市委书记赵建平一行深入太原东二环高速公路项目一线调研指导,现场办公解决压覆矿产影响工程建设有关问题。

同日 山西路桥集团成功发行山西首单疫情防控私募公司债,也是深交所首单高速公路企业疫情防控债券。该笔债券由五矿证券作为主承销商,规模10亿元、期限3+2年,利率4.85%、创路桥集团历年私募类债券新低,发行认购1.5倍,充分体现投资人对企业资质实力高度认可。

4月15日 省交通运输厅重点办共表彰两家2019年度全省重点公路工程建设优秀单位,山西路桥集团东二环公司入选。

4月16日 山西交控集团副总经理武艺带队深入晋城太行一号阳城段子项目施工一线进行安全专项调研。

4月17日 上午10时,路桥·龙锦花园项目开工奠基。山西路桥集团党委副书记、副董事长、总经理杨建红,党委委员、副总经理郭聪林,房地产公司领导班子成员以及参建单位有关领导出席项目开工仪式并为项目奠基。

4月21日 上午,山西路桥集团召开阳蟒高速、国道G108项目建成通车运营专题会议。会议听取参建单位工作汇报,详细了解工程进度和目前存在的问题,对下一步工作进行部署。党委副书记、副董事长、总经理杨建红主持会议,党委书记、董事长杨志贵出席会议并讲话。山西路桥集团公司有关领导、总部相关部室负责人一并参会。

4月23日 上午,山西交投集团总工程师付宏一行到访山西路桥集团公司,双方就建设项目策划管理、招标限价管理、招标采购管理、施工项目成本管控、科技研发、税务核算、资金管理等方面进行深入交流。会议由山西路桥集团公司党委委员、副总经理郭聪林主持。

4月26日 由省交通运输厅建设管理处组织策划,山西路桥集团智慧交通公司历时5个月开发的山西省公路建设智慧监管指挥调度平台上线试运行。

4月28日 下午，山西路桥集团与西山煤电集团在西山大厦举行战略合作协议签字仪式。山西路桥集团党委书记、董事长杨志贵出席仪式，与西山煤电集团党委书记、董事长郭文仓进行深入交流座谈。受双方集团委托，再生资源公司董事长张宏、西山华通水泥公司董事长于刚签署战略合作协议。山西路桥集团党委委员、总会计师李军，副总经理杨利军，综合办公室主任王鹏飞，技术中心（总工办）主任张青江共同见证签约。

4月29日 上午10时38分，阳蟒高速公路通车试运营仪式在晋城市阳城南收费站广场举行。省交通运输厅，晋城市委、市政府，山西交控集团及沿线地方政府、有关单位出席，共同见证这一重要出省口顺利开通。

同日 经过为期1个月的"美颜"，山西路桥集团新版官方网站正式上线。新网站以"路桥蓝"为基础色调，网站布局更加优化精简，新增"公司治理"和"路桥图库"板块，更加突出企业文化阵地和形象窗口的核心功能，以最为直观、全面、及时的信息内容，让大家发现路桥，走进路桥，感受路桥。

4月30日 山西路桥集团党委书记、董事长杨志贵带领全体领导班子成员，深入交通物流园区、交通绿化苗木培育基地、东二环高速鹿泉山服务区等建设项目一线，现场办公，加快推进项目建设落实落地见效。

同日 《山西路桥集团项目部建设标准化执行手册》经过2个月的精心设计，新鲜出炉。在《视觉识别规范手册》的基础上，山西路桥集团对标借鉴国内先进企业经验，结合项目管理实际，科学规范指导项目部标准化建设，全力打造"六美项目部"，让路桥项目不仅成为"颜值"担当，更体现山西路桥集团的管理内涵和文化内涵。

同日 山西省建筑业协会公布2019年度建筑业企业等级评价名单，山西路桥集团获2019年度（A级）山西省优秀建筑业企业。

5月8日 山西路桥集团党委副书记、副董事长、总经理杨建红一行赴京雄高速SG3合同项目经理部，冒雨对工程全线施工生产工作进行检查指导。山西路桥集团第一事业部经理王涝谦、副经理王小兵陪同检查。

5月10日 上午10时28分，山西路桥集团投资建设的国道G108线神堂堡至砂河段一级公路在繁峙县东山乡举行建成通车活动。忻州市委、市政府，山西交控集团，省公路局，忻州市交通运输局，忻州公路分局及相关单位出席。

5月11日 山西路桥集团2019年度中层管理人员述职大会召开。总部各部室负责人分别就2019年度目标工作任务完成情况、业绩影响程度、业绩提升程度、工作创新程度作述职汇报。山西路桥集团考核领导组依据目标责任书及评分标准进行评定。山西路桥集团党委书记、董事长杨志贵出席会议并讲话。

5月12日 山西路桥集团推进改革暨复工复产专题视频会召开。山西路桥集团党委副书记、副董事长、总经理杨建红主持会议，党委书记、董事长杨志贵出席会议并讲话。山西路桥集团领导班子、相关部室负责人、所属单位主要领导在主会场参会，各单位其他班子成员、中层管理人员，项目经理部班子全体在分会场参会。

同日 省交通运输厅党组成员、副厅长李贵顺带领厅相关处室、省交通建设中心、交控集团、路桥集团等一行10人，深入隰吉高速施工一线调研项目建设进展情况，并就安全生产工作进行专项检查。隰吉高速项目建设单位及施工单位主要负责人陪同调研。

5月14日 山西路桥集团党委书记、董事长杨志贵会见中国建研院固废处置与资源化研究中心主任、研究员、博士周永祥，围绕"固废资源化利用"主题进行深入交流座谈。山西路桥集团党委副书记、副董事长、总经理杨建红，总工程师荆冰寅，再生资源开发公司董事长张宏，技术中心主任张青江，综合办公室主任王鹏飞参加座谈。

同日 山西路桥集团党委书记、董事长杨志贵赴晋城与路桥七公司领导班子成员进行座谈，山西路桥集团晋城城区项目总指挥张卫庆、山西路桥集团后勤管理服务中心主任刘晋国陪同。座谈会后，杨志贵前往丹河新城房地产公司调研工作，深入了解当前公司工作进展情况，要求全体干部职工要撸起袖子加油干，努力在晋城地区打造具有路桥特色的房地产品牌。

5月16日 上午，受吕梁市委、市政府邀请，山西路桥集团党委书记、董事长杨志贵参加吕梁市第三批重点项目开工仪式，并与省政协副主席、吕梁市委书记李正印，吕梁市市委副书记、市长王立伟等领导共同为项目奠基。仪式结束后，杨志贵立即赶赴吕梁国道G209改线工程对峪口隧道等施工现场进行实地调研，并在吕梁改线工程路基总承包项目部三分部召开项目调研会。

5月18日 山西路桥集团“三零”单位创建工作暨全国“两会”期间安全生产工作部署推进会议召开。会议主要任务是：进一步提高政治站位，统一思想认识，扎实推进安全生产稳定各项措施落实落地，全力确保“三零”单位创建工作有序推进，保持“两会”期间和谐稳定局面。党委书记、董事长杨志贵出席并讲话。山西路桥集团领导、总部各部室负责人参加会议。会议以电视电话形式召开。东二环公司、路桥一公司、太佳东高速公司在会上作表态发言。

同日 新疆生产建设兵团第六师五家渠市招商引资云推介暨签约仪式在山西省工信厅会议室召开。第六师王家渠市党委书记、政委、五家渠市人大常委会主任齐新平，第六师王家渠市党委副书记、师长、五家渠市市长王胜平等师市相关领导，以及省工信厅、省投资促进局、山西转型综合改革示范区、省环保产业协会、省焦化行业协会、相关受邀企业领导参加。山西路桥集团党委副书记、副董事长、总经理杨建红出席仪式，并与第六师王家渠市签订战略合作框架协议。

5月19日至20日 山西路桥集团党委书记、董事长杨志贵一行赴孝义市拜访吕梁市委常委、孝义市委书记梁志勇，就当地交通基础设施建设、市政建设、经济开发区建设、工业园区建设、生态文明建设等方面进行洽谈，并实地查看当地重点项目建设情况。山西路桥集团公司副总经理杨利军，山西路桥吕梁国道公司党委书记、董事长王勇，山西路桥市政公司董事长郭涛一同参加上述活动。

5月21日至22日 省交通运输厅党组成员、副厅长李贵顺一行深入同朔地区国省道路面改造PPP项目进行建设调研及安全生产督查，省厅相关处室负责人、省公路局党委副书记赵玉生、大同公路分局局长王进满，交控集团工程管理部部长刘瑞斌、路桥集团总工程师荆冰寅陪同。

5月22日 上午，山西路桥集团五届二次职代会暨2020年工作会议召开。党委书记、董事长杨志贵作题为“推动改革新突破 实现发展大提升 奋力书写山西路桥高质量发展新篇章”工作报告，专职党委副书记、副董事长崔君毅主持会议。会上，党委委员、总会计师李军作《2019年度财务决算暨2020年财务预算报告》；分组审议并通过《2020年工作报告》《2019年度财务决算暨2020年财务预算报告》《2020年集体合同及专项合同》及需要职代会通过的各项制度和方案；表彰2019年度综合考核12个优秀单位、专项考核5个优秀单位、10大杰出项目经理和集团公司5家优秀供应商、10家优秀协作单位；党委委员、副总经理杨海龙解答职工提案；党委副书记、副董事长、总经理杨建红代表集团公司与所属单位负责人签订“2020年经营目标责任书”、与集团工会代表签订“2020年集体合同及专项合同”；宣读并通过《山西路桥集团五届二次职代会决议》。大会以视频会议形式召开。山西路桥集团领导刘伟威、郭聪林、李殿勤、荆冰寅、杨利军、丁林虎，总部职工代表在主会场参会，山西路桥集团所属各单位职工代表在分会场参会。按照既定日程，顺利完成各项议程。

同日 下午，山西路桥集团党的建设和党风廉政建设工作会议召开，总结回顾2019年工作，分析当前面临的新形势、新要求，部署2020年任务。党委书记、董事长杨志贵出席会议并讲话，党委副书记、副董事长、总经理杨建红主持会议，党委委员、纪委书记刘伟威就党风廉政建设工作进行部署。会上，杨志贵与山西路桥集团所属单位党委（支部）负责人签订“党委落实全面从严治党主体责任目标责任书”。会议以电视电话形式召开。集团公司领导，总部中层干部，各派驻纪检组组长、副组长在主会场参会。山西路桥集团所属各单位领导班子成员、各部室负责人在分会场参会。

5月25日 省交通运输厅党组成员、副厅长李贵顺与厅建设管理处、安全监督处、路网运行管理处负责人，及山西交控集团、省交通建设中心一行赴山西路桥集团开展公路建设质量安全调研和入企服务工作。山西路桥集团党委书记、董事长杨志贵，党委副书记、副董事长、总经理杨建红等班子成员，相关部室负责人参加调研。

同日 在2019版基础上，修订完成的《2020版施工定额（试行）》《公路工程施工项目目标成本编制办法（试行）》《施工项目主要材料价差调整管理办法》正式印发执行，标志着山西路桥集团项目成本管控工作向着科学化、规范化、制度化目标又迈进了一步。

同日 山西路桥集团信息中心自主研发的“三重一大”决策、督查督办管理系统荣获计算机软件著作权登记证书，国家版权局予以登记。

5月28日 山西路桥集团党委书记、董事长杨志贵，党委副书记、副董事长、总经理杨建红及集团公司相关部室负责人对隰吉高速项目建设情况进行实地调研并召开座谈会，听取各参建单位项目进展工作汇报，研究剖析在工程进度、质量、安全、环保、技术等方面存在问题，并提出指导意见。

5月29日 山西路桥集团成功召开工业固废规模化应用技术交流暨项目建设推进会。党委书记、董事长杨志贵与交城县副县长郭强、晋能电力董事长史晓文、美锦能源总裁姚俊卿，围绕山西路桥固废资源再生循环经济产业园项目推进中存在的问题进行深入交流。并就固废规模化应用技术与中国建研院、省建筑设计院、武汉理工大学、山西大学、盈创科技、利勃海尔、西山煤电华通水泥等高校专家和企业代表做进一步的交流探讨。山西路桥集团党委委员、副总经理郭聪林，总工程师荆冰寅，投资开发部部长曹红军，技术中心（总工办）副主任范瑞，再生资源开发公司负责人张宏参加会议。

6月2日 上午，山西路桥集团三大板块旅游公路项目建设推进会召开。党委副书记、副董事长、总经理杨建红主持会议。党委书记、董事长杨志贵出席会议并讲话。山西路桥集团相关领导、总部相关部室负责人，三大板块旅游公路建设、施工单位主要负责人参加会议。

同日 下午，山西交控集团党委委员、副总经理武艺与集团安全总监、安全生产监督部部长李新杰，工程管理部部长刘瑞斌，安全生产监督部副部长陶云川等一行赴山西路桥集团开展安全生产督查座谈。山西路桥集团党委副书记、副董事长、总经理杨建红，总工程师荆冰寅，相关部室负责人参加座谈。

同日 从省人社厅获悉，山西路桥集团姚永春等45人被评选为第六批山西省新兴产业领军人才。其中，创新型人才30人、创业型人才15人。

6月3日 山西路桥集团党委副书记、副董事长、总经理杨建红一行在东二环高速调研指导。山西路桥集团建设运营管理部部长李贵龙等陪同调研。

同日 山西交控集团党委副书记、副董事长、总经理郝玉柱一行赴国道G207左涉项目调研指导。山西路桥集团党委委员、副总经理杨海龙，左涉公司相关领导参加调研。

6月4日 山西路桥集团党委书记、董事长杨志贵深入阳白乡开展“十项清零”专题调研。山西路桥集团专职党委副书记、副董事长崔君毅，总经济师丁林虎，综合办公室主任王鹏飞，承担帮扶任务的包村单位负责人，阳白乡乡长白旭一同参加调研。

6月5日 世界环境日当天，山西路桥集团党委书记、董事长杨志贵组织召开隰吉高速固废资源化应用推进会。党委副书记、副董事长、总经理杨建红，总工程师荆冰寅，副总工程师姚永春，总部相关部室、隰吉高速及相关基建单位、再生资源公司、科研协作单位负责人参加会议。

6月6日 山西路桥集团党委副书记、副董事长、总经理杨建红出席路桥房地产公司科研生产基地建设项目开工仪式，并与山西转型综改示范区唐槐产业园区党委委员、示范区职业技术实训服务中心主任王震寰及副主任王栋、房地产公司、机电公司、试验检测公司等参建单位主要领导共同为项目奠基。

6月9日 山西路桥集团党委书记、董事长杨志贵专程赴交城县政府，与交城县县委副书记、县长宋志江洽谈固废资源化利用项目。山西路桥集团党委委员、副总经理郭聪林，交城县副县长郭强，再生资源公司董事长张宏，交城县相关部门、单位、企业主要负责人参加洽谈。

6月10日 山西路桥集团党委副书记、副董事长、总经理杨建红，党委委员、副总经理杨海龙一行深入太佳东公司调研指导。山西路桥集团建设运营管理部部长李贵龙及检测公司、机电公司、交通公司、太佳东公司相关负责人陪同调研。

6月11日 山西交控集团副总经理韩文军一行在京雄高速SG3合同项目经理部检查指导工作。山西交控集团工程部长刘瑞斌、山西交投集团总工程师付宏、山西路桥集团第一工程事业部副总经理王小兵陪同。

同日 晋中市委书记赵建平赴寿阳县平头镇对山西路桥集团投资建设的交通产业项目进行调研。山西路桥集团党委书记、董事长杨志贵，党委委员、副总经理郭聪林陪同。

同日 下午，在结束对寿阳县交通产业项目“山西交通物流园区”“山西交通苗木培育基地”调研之后，山西路桥集团党委书记、董事长杨志贵随即赶赴雄安新区，调研指导第一工程事业部京雄高速SG3合同项目。山西路桥集团副总经理李殿勤、综合办公室主任王鹏飞、第一工程事业部副总经理王小兵陪同。

6月12日 上午，山西路桥集团召开内控体系建设专题视频会。党委副书记、副董事长、总经理杨建红出席会议并作讲话。咨询机构进行专题辅导。副总经理杨利军主持会议。

6月15日 下午，山西路桥集团党委书记、董事长杨志贵与介休市市委书记张鹏就介休PPP项目推进情况进行交流洽谈。党委委员、副总经理郭聪林，副总经理杨利军，介休市副市长张卫东、段燕瑞，山西路桥集团投资开发部部长曹红军，总承包分公司总经理王恩奎，以及介休市相关部门主要负责人参加洽谈。

6月16日 山西路桥集团党委副书记、副董事长、总经理杨建红，副总经理李殿勤一行在甘肃银百高速（国道G69）甜永段TYSY4项目经理部检查指导工作，路桥一公司总工程师段宝红陪同。

6月17日 山西路桥建设集团有限公司成功中标介休市张兰镇镇区市政设施改造工程PPP项目，该项目是山西路桥集团疫情期间复工复产后中标的第一个省内投资项目。项目采用BOT模式，总投资为14523万元，建设期2年，运营期15年。

同日 省交通运输厅党组成员、副厅长李贵顺一行赴路桥七公司黎霍高速襄垣段项目检查指导工作。山西交投集团总工程师付宏，黎霍高速公路公司董事长王力杰，路桥七公司董事长张文红、总经理王文明、副总经理刘建伟陪同调研。

6月23日 上午，山西路桥集团在隰吉高速公路项目现场开展公路施工标准化观摩暨隧道综合应急演练。由省交通运输厅、临汾市政府、山西交控集团、山西路桥集团、隰县政府等相关单位、部门组成观摩团100余人参加活动。

同日 下午，山西路桥集团在隰吉高速召开上半年生产调度会暨安委会第三次全体（扩大）会议。党委副书记、副董事长、总经理杨建红主持会议，党委书记、董事长杨志贵出席并讲话。党委委员、副总经理杨海龙，副总经理李殿勤，总工程师荆冰寅，副总经理杨利军出席会议。总部相关部室负责人及所属各单位董事长、总经理参加会议。

6月24日 山西路桥集团与山西交科公路勘察设计院组成联合体，成功中标介休市人行天桥EPC工程总承包项目（中标价为4908.46万元），该项目是集团今年中标的第一个EPC项目。

6月29日 晋中市副市长郝向明、晋中市交通运输局局长赵俊生一行赴昔榆公司召开项目推进会。山西路桥集团党委书记、董事长杨志贵，党委委员、副总经理郭聪林，中铁交通投资集团有限公司山西区域指挥长刘世富，昔榆公司党委书记、董事长温郁斌及相关领导参会。

6月30日 路桥集团召开庆祝中国共产党成立99周年暨“七一”表彰大会，隆重纪念党的生日，表彰山西路桥集团改革发展进程中涌现出来的先进典型，进一步提升党组织的号召力、凝聚力、战斗力，激励广大党员干部努力成为干事创业的表率、企业发展的先锋。党委书记、董事长杨志贵出席会议讲话并讲授党课，党委副书记、副董事长、总经理杨建红主持会议。山西路桥集团领导，纪委副书记、工会副主席、副总工程师，总部各部室负责人，驻并单位党组织负责人，受表彰集体及个人代表在主会场参会。山西路桥集团所属单位领导班子成员、相关部室负责人和全体受表彰人员通过视频形式在分会场参加会议。

7月1日 省交通运输厅党组成员、副厅长李贵顺一行赴路桥七公司国道G207改线新增交叉工程红星东街互通和晋运路面SG1标段总承包项目部二分部施工现场调研指导工作。晋城公路分局局长马远，路桥七公司党委书记、董事长张文红、总经理王文明等相关人员陪同。

7月3日 省交通运输厅党组书记、厅长闫晨曦深入隰吉高速公路建设一线调研项目建设情况，临汾市交通运输局局长冯小宁、临汾公路分局局长刘晓明、隰县副县长韩继锋一同参加调研。隰吉公司、路桥二公司等项目参建单位领导陪同调研。

7月8日 山西路桥集团与沁源县人民政府战略合作框架协议签约仪式在沁源县举行。党委书记、董事长杨志贵，沁源县县委书记金所军出席签约仪式并致辞。党委委员、总会计师李军，沁源县县长徐计连代表双方签约。投资开发部部长曹红军，路桥七公司党委书记、董事长张文红，路桥二公司党委副书记、副董事长、总经理程志康，以及沁源县四大班子领导、相关单位负责人参加签约仪式。

7月9日 山西路桥集团党委副书记、副董事长、总经理杨建红，副总经理李殿勤一行现场督导沿黄扶贫旅游路临县境ZB1分部工程建设情况。

7月10日 山西路桥集团党委副书记、副董事长、总经理杨建红一行赴路桥五公司吕梁国道改线工程路基总承包项目部五分部开展"情系职工、清凉一夏"慰问活动，为项目部一线施工人员送去防暑用品，送上组织关怀和夏日清凉。

7月11日 山西路桥集团党委书记、董事长杨志贵会见北京林业大学副校长李雄一行，双方就山西交通苗木培育基地下一步定位和发展进行深入交流。山西路桥集团党委委员、副总经理郭聪林，投资开发部部长曹红军，技术中心（总工办）副主任范瑞，东二环高速公司党委书记、董事长白永胜，绿化公司党支部副书记、副董事长胡雪瑞参加交流座谈。

同日 山西路桥集团党委副书记、副董事长、总经理杨建红，副总经理李殿勤一行对吕梁片区离隰高速项目进行督导检查。

7月15日 山西路桥集团党委理论学习中心组开展2020年第4次专题学习研讨。会议由党委书记、董事长杨志贵主持。山西交控集团中心组专项督查第三督查组组长庞军艺、成员柴瑾、曹雪到会旁听指导。

7月16日 山西交控集团专职党委副书记、副董事长刘宏武一行赴山西路桥第六工程有限公司就上半年生产经营情况、党建工作等方面进行调研。山西路桥集团党委书记、董事长杨志贵，专职党委副书记、副董事长崔君毅及相关人员陪同调研。会后，刘宏武一行还深入路桥六公司正在承建的农谷大道南延项目部调研指导工作。

7月21日 山西交控集团副总经理韩文军一行在甘肃银百高速（国道G69）甜永段TYSY4项目经理部检查指导工作。交控集团工程部部长刘瑞斌，路桥一公司党委书记、董事长王涝谦，总工程师段宝红及相关人员陪同。

7月23日 山西路桥集团与长治市上党区人民政府共同签署战略合作框架协议。党委书记、董事长杨志贵，长治市上党区区委书记张弛出席仪式并致辞。山西路桥集团投资开发部部长曹红军，上党区委常委、常务副区长常永峰代表双方签约。党委委员、副总经理郭聪林，第一纪检室主任王永强，路桥七公司党委书记、董事长张文红，副总经理刘建伟，上党区委、区政府相关单位、部门负责人员参加签约仪式。

7月25日 山西路桥集团党委书记、董事长杨志贵赴大同，与大同市副市长郝献民共同调研督导长城一号农村扶贫旅游路项目。党委委员、纪委书记刘伟威，总经济师丁林虎，大同市新荣区区委书记邓志蓉，综合办公室主任王鹏飞，路桥四公司党委书记、董事长王昀，常务副总经理杜建政陪同。

7月27日 山西国资运营公司党委副书记、副董事长、总经理洪强在三维华邦公司调研。参加调研的有洪洞县委书记黄巍，路桥集团党委书记、董事长杨志贵，山西国资运营公司有关部门领导和专家，洪洞县委、县政府有关部门领导，山西路桥集团总会计师李军、总经济师丁林虎，三维华邦公司党委书记、董事长白志刚及领导班子全体成员。

同日 山西路桥集团成功发行10亿元超短期融资券，由光大银行主承销，利率3.3%，创历史新低。

7月29日 上午10时30分，由山西路桥建设集团有限公司及中铁交通投资集团有限公司联合投资建设的昔阳（晋冀界）至榆次高速公路PPP项目正式开工建设。晋中市副市长郝向明主持开工仪式并致欢迎词。省交通运输厅党组成员、副厅长李贵顺，山西交控集团副总经理武艺，山西路桥集团党委书记、董事长杨志贵，晋中市市长常书铭四大班子领导，晋中市交通运输局局长赵俊生，昔阳县委书记许利伟等相关省、市、县政府及单位领导应邀出席开工仪式。

同日 继介休市张兰镇镇区市政设施改造工程PPP项目、介休市人行天桥建设工程项目EPC工程总承包之后，山西路桥集团成功中标介休市天峻山旅游基础设施PPP项目，总投资21193万元。

7月31日 山西路桥集团2020年项目经理大会召开。党委副书记、副董事长、总经理杨建红主持会议。会上，山西路桥集团专职党委副书记、副董事长崔君毅宣读"2019年项目经理部考核结果"，项目经理代表交流发言。党委书记、董事长杨志贵出席会议并讲话。领导班子、副总工程师、总部各部室负责人、所属单位主要领导、在建项目合同总价5000万以上项目经理参会。

8月4日 山西路桥集团召开第十三次总经理办公会，听取内控咨询机构关于集团总部内控体系建设及制度流程优化项目中发现的问题，研究应对策略及今后内控制度流程的工作方向。山西路桥集团党委副书记、副董事长、总经理杨建红出席会议并作讲话。副总经理杨利军主持会议。山西路桥集团经理层全体领导及总部业务部室负责人参加会议。

8月5日 省交通运输厅党组成员、副厅长李贵顺深入国道G207左涉公路新建工程项目进行调研。省公路局副局长许秀銮、山西路桥集团副总经理杨海龙、左涉公司领导陪同调研。

8月5日至8日 山西交控集团副总经理韩文军赴浙江调研国道G322景宁段改建工程PPP项目、仙居至庆元路松阳水南至枫坪段PPP项目。

8月7日 山西路桥集团BIM中心第一次调度会召开，会议由副总经理杨利军主持。总工程师、BIM中心主任荆冰寅讲话，党委副书记、副董事长、总经理杨建红出席会议。同时，为有效满足路桥BIM技术人员深度建模需求，进一步提升工程项目BIM技术应用水平，会上正式宣布山西路桥集团BIM云族库全面上线。

8月11日 山西路桥集团2020年新员工入职培训开班仪式举行。开班仪式由山西路桥集团专职党委副书记、副董事长崔君毅主持，党委副书记、副董事长、总经理杨建红出席开班仪式并致辞。党委委员、副总经理杨海龙，党委委员、纪委书记刘伟威，集团人力资源部部长部晋生、综合办公室主任王鹏飞参加开班仪式。

同日 山西路桥集团深入贯彻落实习近平总书记关于安全生产重要论述和视察山西重要讲话重要指示，对标《中共中央国务院关于推进安全生产领域改革发展的意见》要求，以交通运输部“全国安全生产专项整治三年行动”为引领，以安全创新典型案例为指导，以“管理创新、科技兴安、数据共享、安全发展”为目标，研发应用“平安交通”安全管理信息化平台，进一步完善安全生产“五大体系”，通过平台应用实现数据来源可查、信息去向可追、责任问题可究、安全规律可循，提升安全管理实效，推进平安交通建设。该平台是集安全生产责任、风险管控、安全生产保障、隐患排查治理、应急救援处置“五大体系”于一体的安全生产大数据平台，结合安全监督视频报告、智能安全监测硬件终端融合，实现“一张图”全面掌握安全生产动态，通过PC端、App端全过程安全管理数据汇总，多视角、全方位展现安全生产态势。

8月14日 上午，山西交控集团在隰吉高速公路项目举办施工现场标准化观摩暨品质工程建设典型经验交流会。山西交控集团党委书记、董事长袁清茂，党委副书记、副董事长、总经理郝玉柱等领导，及交投集团、高速集团、交科集团等相关单位人员组成的观摩团参加活动。

8月17日 经省市场监督管理局批准，由山西路桥集团主编的《工业固废 CFB灰渣注浆充填采空区施工技术指南》《工业固废 煤气化炉渣路面基层施工技术指南》两项省级地方标准正式发布。这是全省首次出台的公路建设领域固废利用技术标准，为工业固废在全省公路工程中的规模化、资源化、常态化应用掀开崭新篇章。

8月18日 从省住房和城乡建设厅官网公布的《关于认定2020年度山西省骨干、优秀骨干和十强骨干建筑业企业的决定》（晋建市字〔2020〕120号）获悉，山西路桥建设集团有限公司获评“山西省优秀骨干建筑业企业”，是省内唯一入选的交通企业。

8月21日 为深入学习贯彻习近平总书记视察山西重要讲话重要指示，千方百计巩固好脱贫攻坚成果，山西路桥集团党委召开脱贫攻坚座谈会，全面梳理2020年脱贫攻坚工作开展情况，研究解决脱贫攻坚推进过程中遇到的重点、难点问题，加压奋进、狠抓落实，确保高质量完成脱贫攻坚任务。

8月26日 “山西路桥建设集团有限公司（施工+投资建设）项目管理系统V1.0”取得“中华人民共和国国家版权局计算机软件著作权登记证书”，标志着山西路桥项目管理信息化建设进入新的里程碑。

9月1日 由“国家文化奖”“曹禺戏剧奖”“文化部‘五个一工程奖’”得主教授姚宝瑄歌词编审，国家一级歌唱家、著名作曲家教授马啸作曲，山西路桥集团副总经理杨利军作词的《路桥之歌》正式发布。

9月2日 山西路桥建设集团有限公司成功中标西纵高速公路右玉至平鲁段右玉西互通连接线（玉林街西延段）景观绿化工程，中标价为2338.39万元。

9月3日至4日 山西路桥集团举办2020年度安全生产管理高级研修班。总工程师荆冰寅主持开班仪式并宣布“山西路桥集团‘平安交通’安全管理平台”上线，总经理杨建红作开班动员讲话。省交通运输厅安全监督处处长任大为，省国资委一级调研员、信访综合处副处长牛宏斌，山西交控集团安全总监李新杰，安全监督管理部副部长陶云川出席开班仪式并讲话。山西路桥集团所属各单位董事长、总经理、安全应急工作分管领导、部门负责人及业务骨干等135人参加培训。本次研修班是山西路桥集团首次以各单位主要负责人、分管领导、部门负责人及业务骨干为对象举办的安全管理工作研修活动，是山西路桥集团压实生产安全责任、夯实生产安全基础、推动山西路桥集团安全稳定高质量发展一项重要举措。

9月4日 山西路桥集团召开2020年农民工工作专题会议。党委书记、董事长杨志贵出席会议并讲话，会议由党委副书记、副董事长、总经理杨建红主持。会上，专职党委副书记、副董事长崔君毅对农民工信访工作情况、农民工管理工作存在的问题进行通报，并对下一步工作重点进行部署。

9月5日 山西路桥集团与左权县人民政府“六新”项目推介活动签署合作框架协议仪式在左权县举行。党委委员、副总经理郭聪林出席签约仪式并与左权县副县长温慧贤代表双方签约。投资开发部、物资公司相关负责人及左权县班子领导、相关单位负责人参加签约仪式。

9月7日 山西路桥集团党委书记、董事长杨志贵一行赴介休调研介休市PPP项目，总承包公司、路桥七公司、三维华邦公司主要负责人陪同调研。

9月10日 上午，西双版纳州委常委、中国老挝磨憨至磨丁经济合作区党工委书记、管委会主任赵刚率队考察调研山西路桥集团交通产业和房地产项目。党委书记、董事长杨志贵，党委副书记、副董事长、总经理杨建红，党委委员、副总经理郭聪林陪同调研。下午，山西路桥集团与中国老挝磨憨至磨丁经济合作区举行交流座谈。座谈会上，双方就合作区内具有合作前景的投资项目展开深入交流，会议在友好和谐的氛围中进行。

9月16日 山西路桥集团内控体系建设总结会召开。会议主要总结2020年5月以来集团内控建设所取得的工作成果和有益经验，分析当前内控建设工作存在的不足和缺陷，并对下一阶段的内控建设工作进行部署。会议由山西路桥集团党委副书记、副董事长、总经理杨建红主持，山西路桥集团党委书记、董事长杨志贵出席并讲话。山西路桥集团领导、总部全体中层管理人员在主会场参会，所属单位领导班子全体成员及各部室负责人以视频会议方式在各分会场参会。

9月17日 “山西路桥建设集团有限公司电商直采系统V1.0”顺利通过国家版权局审核，获得计算机软件著作权登记证书，这是山西路桥集团在采购电子化平台建设方面取得的一项重要成果。

同日 从省人民政府办公厅获悉，由山西路桥集团投资建设的路桥科技中心建设项目（新兴产业类），呼北国家高速公路山西省隰县至吉县段工程项目，国道G241、省道岚马线汾河水库段改线工程项目（基础设施类）入选2020年省级重点工程第二批项目名单。

9月22日 山西路桥集团成功发行10亿元永续中票，由中国国际金融股份有限公司作为牵头主承销商、簿记管理人，中国银行作为联席主承销商，中国投融资担保股份有限公司提供增信服务，期限3+N年，利率5.90%，该笔永续中票是交控系统首笔标准化永续债券，在补充集团流动资金同时，有效优化路桥集团资产负债结构。

9月23日 经过近4年时间建设和5个月试运营，由山西路桥集团投资建设省道S65安阳高速阳城至蟒河段正式通车运营。阳城到济源车程由原来2个多小时缩短为40分钟，山西南部又一条出省通道顺利打通。

9月24日 上午，在山西交控集团与晋能集团共同见证下，山西路桥集团与晋能电力集团签订战略合作协议。山西交控集团党委书记、董事长袁清茂，晋能集团党委书记、董事长李国彪，文水县委副书记、县长王峰出席签约仪式并致辞。山西路桥集团党委书记、董事长杨志贵，晋能电力集团党委书记、董事长史晓文签订战略合作协议。山西交控集团党委委员、副总经理韩文军，建设管理部部长刘瑞斌，董事会办公室副主任牛力强，晋能集团党委委员、副总经理王大力，党委委员、董事会秘书、总经理助理、综合办公室主任纽立峰，企业管理部部长王亚安，新闻舆情中心主任、宣传部部长靳永春，路桥集团党委委员、副总经理郭聪林，总工程师荆冰寅参加。

同日 下午，山西路桥集团与金隅冀东水泥签订战略合作协议。党委书记、董事长杨志贵，金隅冀东水泥党委书记、董事长孔庆辉出席仪式并讲话致辞。党委书记、董事长杨志贵，金隅冀东水泥党委书记、董事长孔庆辉代表双方签约。党委副书记、副董事长、总经理杨建红，党委委员、副总经理郭聪林，金隅冀东水泥副总经理刘宇及双方相关部门负责人参加签约仪式。

9月25日 山西国资运营公司在国际金融中心第一会议室召开省属企业财务工作会议。会议主题为总结分析省属企业前期经济运行情况，部署下一阶段财务重点工作。党委委员、总会计师李军，资金证券部部长、财务共享中心主任范志红参加会议。山西交控集团为此次交流会唯一受邀发言单位，所属山西路桥集团资金证券部部长、财务共享中心主任范志红代表交控集团交流发言，详细介绍山西交控集团财务信息化建设的规划思路，全景展示建设统一集中的智慧财务管理中心的总体目标，向全省国有企业传递交控集团“数据标准化、流程信息化、管理智能化”的财务管理工作名片。

9月27日至28日 山西路桥集团党委书记、董事长杨志贵一行深入长城一号施工现场进行督导。党委委员、纪委书记刘伟威，总经济师丁林虎，综合办公室主任王鹏飞，晋北公司王国瑞、路桥四公司王昀、总承包公司王恩奎等负责人陪同。

9月30日 山西路桥集团安委会第四次全体（扩大）会议暨秋冬季疫情防控工作会议召开。会上，党委委员、副总经理杨海龙传达交控集团安委会第四次全体（扩大）会议精神，总工程师荆冰寅对第三季度安全生产工作进行总结回顾，分析当前面临的形势及问题，就第四季度安全生产工作及秋冬季疫情防控工作做部署。党委副书记、副董事长、总经理杨建红出席会议并讲话。山西路桥集团领导班子，副总工程师，副书记，总部各部室（中心）负责人，所属各单位主要负责人及分管负责人在主会场参加会议。所属各单位领导班子、部室负责人，各施工项目部领导班子及主要管理人员在分会场参加会议。

10月1日 山西路桥集团公司组织开发的“山西路桥进度管理日报”App正式上线，该软件的正式上线将使项目进度管理的时间节点落实到每一天，为山西路桥集团产值统计、季度考核提供有效依据，对全集团进度管理具有里程碑意义。

10月3日 山西路桥集团党委副书记、副董事长、总经理杨建红赴太佳东公司全线就“两节”期间运营安全保畅工作进行现场检查督导，并向坚守在一线的干部职工致以节日问候。太佳东公司总经理穆川川陪同检查。

10月4日 山西路桥集团党委书记、董事长杨志贵一行赴昔榆高速检查督导并召开安全专项检查部署会议。山西路桥集团所属各单位、项目部经理班子及相关部室负责人在分会场参加此次会议。

10月4日至7日 省交通运输厅第九督查组王润民、温晓明、吕雪冰深入山西路桥集团吕梁国道公司国道G209吕梁改线工程进行安全生产大检查。吕梁国道公司领导班子陪同。

10月8日 山西交控集团党委书记、董事长袁清茂深入山西路桥集团太佳东公司泥屯收费站督导检查安全生产工作。袁清茂来到山西路桥集团听取和检查“两节”期间安全生产大检查工作落实情况，通过平安交通安全管理平台督导在建公路建设项目安全生产，与隰吉项目部、三维集团等进行视频会议和语音对话，叮嘱他们要加大安全管控力度，确保项目建设质量、安全、进度平稳可控，并代表山西交控集团党委对节假日奋战在一线的干部职工表示祝福和感谢。山西路桥集团党委书记、董事长杨志贵陪同调研。

10月10日 晋中市副市长郝向明一行赴昔榆高速公路项目调研。山西路桥集团党委书记、董事长杨志贵，市交通运输局、榆次区政府及昔榆公司等相关单位主要负责人陪同。

10月12日 山西路桥集团六公司以EPC模式成功中标国道G338盂县境内闫家庄至梁家寨段公路改线工程设计施工总承包ZCB1标段项目，中标价10.8亿元。

10月13日 中共山西省委主管主办的《前进》杂志（总第338期）刊发山西路桥集团党委书记、董事长杨志贵署名文章《聚焦高质量 推动新发展 做优做强交通企业》。该稿在全国公路交通行业的大型综合性半月刊《中国公路》（总第575期）同步刊发。

同日 晋中市市委书记赵建平一行深入昔榆高速公路项目进行现场调研，协调解决存在的困难和问题。市委常委、秘书长、统战部部长，市人大常委会副主任、榆次区区委书记张祖祁，副市长郝向明，山西路桥集团党委书记、董事长杨志贵，昔榆公司党委书记、董事长温郁斌陪同调研。

10月15日 山西路桥集团党委书记、董事长杨志贵一行赴临汾地产调研指导工作，党委副书记、副董事长、总经理杨建红，总经济师丁林虎，党委办公室负责人王蒙，临汾地产公司张浩等陪同。

同日 山西路桥集团党委书记、董事长杨志贵一行赴三维华邦公司调研指导工作，党委副书记、副董事长、总经理杨建红，总经济师丁林虎，党委办公室负责人王蒙，三维华邦公司党委书记、董事长白志刚及班子成员陪同。

10月16日 山西路桥集团在隰吉高速召开“施工工艺标准化”推进会暨桥梁防撞护栏滑模施

工现场交流观摩会。山西路桥集团领导、副总工程师、相关部室及所属单位主要负责人参加此次会议。

同日 由吕梁市离石区人大主任刘俊禄带队，省、市、区人大代表、政协委员一行110余人赴国道G209吕梁改线工程项目施工一线视察调研。吕梁国道公司领导班子成员及业务部室负责人陪同。

10月21日 山西路桥集团党委书记、董事长杨志贵专程赴晋中寿阳，先后在太原东二环高速平头收费站、山西交通物流园区、寿阳县北大街（平阳路—滨阳路）道路改建工程进行调研。党委委员、副总经理郭聪林，综合办公室负责人王鹏飞陪同。

10月22日 山西路桥集团党委副书记、副董事长、总经理杨建红，总工程师荆冰寅深入昔榆公司项目施工一线进行现场调研。昔榆公司党委书记、董事长温郁斌陪同。杨建红一行先后来到昔榆高速LJ11标BIM展示馆、涂河特大桥防火瞭望台、LJ10标庄皮沟大桥、白坡头隧道详细了解施工进度，认真听取相关负责人对目前工程建设情况的介绍，并对下一步工作进行部署。

10月26日 上午10时30分，山西路桥集团投资建设的太原二环高速公路凌井店至龙白段在平头收费站外广场举行通车活动。山西交控集团党委书记、董事长袁清茂主持通车活动。山西路桥集团党委书记、董事长杨志贵介绍项目建设情况；太原市代市长张新伟、副市长张齐山、市政府秘书长薛维柱，晋中市市委常委、常务副市长王建忠出席；省交通运输厅党组书记、厅长闫晨曦讲话并宣布太原东二环高速通车。省交通运输厅、太原市政府、晋中市政府、山西交控集团、阳曲县、寿阳县、榆次区及相关单位出席活动。

10月27日 山西交控集团党委委员、副总经理韩文军，建设管理部部长刘瑞斌一行深入山西路桥集团隰吉高速LJ5标段施工现场调研指导工作，听取工作情况汇报，了解工程进展情况，并就下一步工作做出部署。监理集团副总经理杨军、交科集团设计院副总经理姚毓章、隰吉公司有关负责人陪同调研。

10月28日 山西交控集团党委委员、副总经理韩文军，建设管理部部长刘瑞斌，监理集团、交科集团有关领导一行7人深入离隰高速施工现场进行综合调研督查。离隰公司领导班子成员陪同调研。

同日 山西路桥集团党委书记、董事长杨志贵与介休市委书记张鹏就项目建设、强化政企合作进行会谈。介休市委副书记、市长范亮珍，副市长张卫东、段燕瑞，市政府党组成员赵辉，山西交控置地有限公司党委书记、董事长贾建国，集团公司总经济师丁林虎参会。

11月2日 陕西路桥集团董事长、总经理程道虎一行到访山西路桥集团进行交流座谈，党委书记、董事长杨志贵出席座谈会。双方就公司转型发展、项目投资管理、人才培养机制、施工成本管控、考核激励举措等方面进行交流。党委副书记、副董事长、总经理杨建红，副总经理李殿勤，投资开发部部长曹红军、建设运营管理部部长李贵龙参加交流座谈。

11月5日 山西路桥集团成功中标董榆线（S318）寒湖岭隧道新建工程路基、桥隧施工项目LJ1标段，中标价37661万元。

11月6日 山西路桥集团党委书记、董事长杨志贵会见浙江省景宁畲族自治县交通运输局党组副书记、副局长徐文权一行，双方就加快完善国道G322景宁段改建工程前期手续、推动项目建设提速等进行深入交流。

11月7日 上午，由中国图学学会指导、山西路桥集团承办的“数字建造·智慧交通”第六届全国BIM学术会议，在晋阳古城、锦绣太原成功召开，来自全国相关行业的专家学者、高校师生和BIM科技人员500余人参加大会。中国工程院院士、中国图学学会理事长、清华大学教授孙家广视频致辞，中国图学学会副理事长兼秘书长、北京航空航天大学党委副书记、机械工程及自动化学院院长赵罡，省交通运输厅党组书记、厅长闫晨曦，山西交控集团总经理武艺，山西路桥集团党委书记、董事长杨志贵出席会议并致辞。中国图学学会BIM专委会主任委员、清华大学教授张建平出席开幕式，中国图学学会BIM专委会秘书长、清华大学副教授胡振中主持会议。

同日 下午，山西路桥集团与北京超图软件签署战略合作协议。借助BIM学术会议这座桥梁，山西路桥集团与全球前列、亚洲第一的地理信息系统软件商——超图软件进行战略合作。这是山西路桥集团数字化转型进程中的一件大事。山西路桥集团党委书记、董事长杨志贵与北京超图软件董事长钟耳顺签约。

11月8日 中国图学学会BIM专委会主任委员、清华大学教授张建平等专家学者，全国BIM科技人员100余人在山西路桥集团昔榆高速公路项目和智慧交通公司现场观摩。

11月10日 山西交控集团党委委员、副总经理韩文军，工程管理部部长刘瑞斌一行赴昔榆高速公路现场调研。交科集团副总经理申俊敏，监理集团副总经理杨军，交通勘测设计院副院长董建兴，昔榆公司党委书记、董事长温郁斌及领导班子成员陪同。

11月11日 山西路桥集团党委副书记、副董事长、总经理杨建红，总工程师荆冰寅一行调研评审国道G209吕梁改线工程碌碡梁隧道(K24+016)溶洞处置方案。评审特邀省内有关专家组鼎力支持。吕梁国道公司、监理单位、设计单位、监控量测单位、施工单位代表数十人一同参加。

11月13日 上午，山西路桥集团2020年度建设、运营项目综合检查通报暨第四季度生产调度会议召开。山西路桥集团专职党委副书记、副董事长崔君毅主持会议，党委书记、董事长杨志贵出席会议并讲话。党委委员、副总经理杨海龙，党委委员、副总经理郭聪林，副总经理李殿勤，总工程师荆冰寅，副总经理杨利军，总经济师丁林虎出席会议。山西路桥集团总部各部室负责人，所属建设、运营单位董事长、总经理、分管生产副总经理、总工程师参加会议。

同日 下午，山西路桥集团召开2020年度施工项目综合检查通报会。党委副书记、副董事长、总经理杨建红主持会议。山西路桥集团领导班子，总部各部室负责人，所属施工单位董事长、总经理、分管生产的副总经理、总工程师，以及隰吉、离隰、昔榆高速等施工项目经理参加会议。

同日 山西交控集团党委委员、副总经理韩文军，建设管理部部长刘瑞斌，山西路桥集团党委委员、纪委书记刘伟威赴路桥四公司调研。路桥四公司党委书记、董事长王昀，副总经理曹格平，党委副书记秦保华，副总经理杨小晶陪同调研。

11月16日 山西路桥集团党委副书记、副董事长、总经理杨建红，党委委员、副总经理郭聪林，建设运营管理部部长李贵龙一行赴太原国道公司项目施工现场调研。太原国道公司董事长尤智浩、总经理靳文源、常务副总经理刘俊峰、路桥五公司纪委书记贾晓辉陪同。

11月17日 山西交控集团党委委员、副总经理韩文军，建设管理部部长刘瑞斌一行深入延崇高速赤城支线Z3合同项目调研指导工作。山西路桥集团八公司党委副书记、副董事长、总经理李红锋，副总经理朱建国，工程管理部部长杨家荣陪同调研。

同日 山西路桥集团成功中标国道G341线李子坪至梗壁(沁源古县界至洪洞国道G108)公路改建工程施工第SG1标段，中标金额10.37亿元。

11月18日 下午，山西路桥集团党委书记、董事长杨志贵赴吕梁文水县，与文水县委、县政府交流对接意向静脉产业园项目落地事宜。山西路桥集团总工程师荆冰寅、综合办公室主任王鹏飞，再生资源公司董事长张宏陪同。

11月22日 副省长卢东亮赴吕梁市调研山西路桥集团国道G209吕梁新城区(方山县城至中阳金罗镇)段公路改线工程。省交通运输厅党组书记、厅长闫晨曦，吕梁市委副书记、市长王立伟，山西路桥集团党委书记、董事长杨志贵，党委副书记、副董事长、总经理杨建红，副总经理李殿勤陪同调研。

同日 山西路桥集团党委副书记、副董事长、总经理杨建红，副总经理李殿勤，安全质量环保监督部部长孟续峰赴吕梁国道公司宣讲中共十九届五中全会精神，宣讲会在路基五分部召开，吕梁国道公司领导班子、中层管理人员、五分部项目经理及党员职工共计23人参会。

11月26日 晚上，山西路桥集团党委开展中共十九届五中全会精神专题培训会。培训特邀山西日报报业集团编辑委员会委员、《山西日报》理论评论部主任胡羽老师作题为“而今迈步从头越——学习党的十九届五中全会精神”专题讲座。

11月26日至27日 中国共产党山西路桥建设集团有限公司第一次代表大会隆重召开。这是路桥集团站在“两个百年目标交汇”“两个五年规划交接”的新起点，全面开启新时代高质量发展新征程的关键时期召开的一次具有里程碑意义的重要会议。党委书记、董事长杨志贵代表中共山西路桥建设集团有限公司委员会向大会作题为“贯彻新发展理念 构建新发展格局 全面开启山西路桥高质量发展新征程”的报告。

11月27日 下午，山西路桥集团召开经营运行分析会。党委副书记、副董事长、总经理杨建红主持会议。党委书记、董事长杨志贵出席会议并讲话。山西路桥集团领导班子、总部副总工程师、相关部室负责人，所属单位党委书记、董事长，总经理参加会议。

同日 晚上，山西路桥集团党委书记、董事长杨志贵与中国银行山西省分行党委书记、行长臧新军交流座谈。山西路桥集团党委委员、总会计师李军，资金证券部范志红，财务核算部韩学斌一同交流座谈。

12月1日 根据《山西交通控股集团有限公司董事会关于杨志贵等同志任职的通知》（晋交控董发〔2020〕6号），经山西交通控股集团有限公司第一届董事会2020年第14次会议审议，决定聘任杨志贵为山西交通控股集团有限公司副总经理。

12月2日 上午，贵州路桥集团党委书记、董事长杨传鲁一行到访山西路桥集团进行交流座谈。山西交控集团副总经理，山西路桥集团党委书记、董事长杨志贵热情接待并出席座谈会。双方就市场开发、工程管理、激励考核、运营养护管理等方面进行交流。党委副书记、副董事长、总经理杨建红，党委委员、副总经理郭聪林，投资开发部部长曹红军、建设运营管理部部长李贵龙、法规部部长王枭参加交流座谈。

同日 上午，中建路桥集团董事会秘书刘靖伟一行到访山西路桥集团进行交流座谈。山西路桥集团专职党委副书记、副董事长崔君毅热情接待并主持座谈会，党委办公室、综合办公室、人力资源部相关人员参加交流座谈。

12月3日 山西路桥集团信息化工作推进会召开。会议主题为"打造数字路桥 推进管理提升"，旨在立足企业实际推进信息化建设，推动数字化转型，持续改进管理，实现高质量发展。山西路桥集团副总经理杨利军主持会议，党委副书记、副董事长、总经理杨建红，山西交控集团副总经理，山西路桥集团党委书记、董事长杨志贵出席会议并讲话。党委委员、副总经理杨海龙，专职党委副书记、副董事长崔君毅，党委委员、副总经理郭聪林，副总经理李殿勤，总工程师荆冰寅，总经济师丁林虎出席会议，分别对相关信息系统建设情况进行点评。相关部室信息化人员、参建厂商参会。

12月10日 按照山西交控集团统一部署，学习贯彻中共十九届五中全会精神交控集团宣讲团宣讲报告会在山西路桥集团举办。山西交控集团宣讲团成员、交控集团副总经理、路桥集团党委书记、董事长杨志贵作宣讲报告。党委副书记、副董事长、总经理杨建红主持，山西路桥集团领导参加。会议以视频形式召开，全体中层干部、驻并单位党委书记、董事长及总部职工在主会场参加。各单位班子成员、中层管理人员以及各项目部人员在分会场参加。

12月11日 下午，山西路桥集团召开施工板块企业重组整合做强做优改革推进会。会议聚焦做强做优目标方向，深入持续推进施工板块企业重组改革，确保为"十四五"期间高质量发展谋好篇、开好局、起好步。山西路桥集团党委副书记、副董事长、总经理杨建红主持会议，山西交控集团副总经理，山西路桥集团党委书记、董事长杨志贵出席会议并讲话。

同日 山西路桥集团成功发行2020年度第三期超短期融资券，发行规模5亿元。该笔债券由晋商银行作为牵头主承销商和簿记管理人，上海浦东发展银行作为联席主承销商，债券期限270天，发行利率4.8%，全场认购倍数1.3倍。

12月12日 中国工程建设标准化协会标准（CECS G）《公路工程质量检验和评定资料管理标准》启动和评审会议在山西路桥集团总部召开。山西路桥集团党委副书记、副董事长、总经理杨建红，总工程师荆冰寅出席会议。

12月15日 从2020年工程建设科学技术奖励大会上传来喜讯，山西路桥集团主持完成的"深水多跨混合腹板桥梁施工关键技术研究"课题获"工程建设科学技术进步一等奖"。

同日 交通运输部安委会公布2020年"平安交通"创新案例名单，山西路桥集团选送的6项案例入选。其中，左涉公司"产业工人幸福小镇"、路桥二公司"应用智能化高端装备确保隧道施工安全"被评为重点案例，集团总部"'平安交通'安全管理平台"、路桥二公司"智能安全教育基地'VR体验馆'在项目安全管理中的应用"、晋南公司"智慧用电App安全管控技术"、东二环公司"落实'十个一'构建'五到位'平安工地"被评为优秀案例。

12月17日至18日 山西交控集团党委书记、董事长袁清茂赴云南中老磨憨至磨丁经济合作区调研。山西交控集团副总经理、山西路桥集团党委书记、董事长杨志贵，山西交控集团董事会办公室副主任牛力强，山西路桥集团专职党委副书记、副董事长崔君毅，党委办公室、董事会办公室主任王鹏飞陪同。18日，袁清茂与西双版纳州委常委、中国老挝磨憨至磨丁经济合作区党工委书记、管委会主任赵刚就磨憨口岸优化升级改造及基础设施工程项目投资开发事宜进行深入的交流会谈。

12月19日至20日 由山西路桥集团主持开展的“大跨径波形钢腹板组合结构部分斜拉桥及连续刚构桥关键技术与应用研究”等7项科技项目顺利通过省交通运输厅组织的鉴定验收。邀请中国工程院院士杨永斌、中国工程设计大师王用中等7名国内知名桥梁结构专家,对以运宝黄河大桥为载体的系列科技成果给予高度评价,经鉴定,4项科技成果达到国际领先水平,3项科技成果达到国际先进水平。同时,运宝黄河大桥开创国内首次全桥裸用耐候钢的先河。

12月26日至28日 山西路桥集团公司党委副书记、副董事长、总经理杨建红赴浙江景宁322项目、松阳项目调研。山西路桥集团副总经理李殿勤,总工程师荆冰寅,科技管理部部长张青江,成本控制中心主任李素勤,桥隧公司党委书记、董事长张伟斌,浙江景宁公司董事长于波,设计分公司总经理张正星及相关人员陪同。

12月29日 山西路桥集团承建的京雄高速SG3标全线胜利贯通。

12月31日 山西路桥集团成功中标晋阳高速公路改扩建工程项目LQ标段,中标价23.85亿元。

(资料提供:王 蒙 郭英辉)

山西交通开发投资集团有限公司大事记

2月1日 省交通运输厅党组书记、厅长闫晨曦一行亲临山西交通开发投资集团有限公司(以下简称山西交投集团)所属忻阜高速五台山服务区视察疫情防控工作,就进一步落实落细中央及上级党委各项防控措施进行检查指导。

2月10日 《中国交通报》头版以《战“疫”堡垒,救人被“隔离”,他们无怨无悔》为题,报道山西交投集团所属太长高速路政二中队6名路政员在高速事故救援中,果断救助新冠肺炎患者而被隔离的感人事迹。

2月28日 山西交投集团召开贯彻落实“交控防控疫情和复工复产会议精神”,推进疫情防控和复工复产工作视频会议。

2月28日 山西交投集团机关及所属各企业3262名职工共为疫情防控捐款366970元。

3月4日 山西交投集团所属黎霍公司在确保疫情防控工作到位的前提下,启动复工复产工作,安全、优质、高效推进黎霍高速项目工程建设。

3月9日 山西交投集团及所属太长公司、忻阜公司分别获“2019—2020年度山西交控集团文明单位标兵”称号;所属高新公司获“2019—2020年省级文明单位”称号。

3月23日 山西交投集团所属晋焦公司组织收费、路政、养护等部门与高速交警联防联动,在山西交投集团所属晋城东收费站设置执勤点,开通绿色通道,以最高规格、最高礼仪迎接晋城市援鄂医疗队凯旋。

3月31日 山西交投集团与中铁建大桥局集团就黎霍高速公路项目建设的各项工作举行业务交流洽谈会。

4月8日 山西交投集团与襄垣县委、县政府召开黎霍高速项目推进对接会,双方就项目进展情况及下一步打算进行交流探讨。

4月16日 山西交投集团邀请浙江高速信息工程技术有限公司、南京感动科技有限公司、山西省交通规划勘察设计院等企业召开信息化建设黎霍高速“阳光工程”项目协调会。会上就黎霍高速“阳光工程”项目建设方案进行讨论,明确下一步工作安排。

4月29日 山西交投集团成功发行12亿超短

融资券,创下2%的山西地区近十年来银行间及交易所市场同行业发行价格新低。

5月14日 山西交投集团工会二届一次会员代表大会召开。大会选举产生交投集团新一届工会委员会、经费审查委员会、女职工委员会等委员。

5月15日 山西交投集团以视频会议形式,召开二届一次职代会暨2020年工作会、党的建设和党风廉政建设会议。会议深入贯彻落实中央、省委和交控集团党委相关会议精神和部署要求,回顾总结2019年主要工作,深入分析当前形势,部署2020年目标任务。

5月18日 山西交投集团"党务干部开讲啦"内训课堂正式启动。

5月20日至21日 山西交投集团领导闫长学、史云海、李志刚、李效广等一行深入集团帮扶村五台县塔崖沟、长条坡村调研帮扶工作,重点就"十个清零"工作进行督导。

5月 山西交投集团张铮被人力资源保障部、交通运输部授予全国交通运输系统劳动模范称号。

5月至12月 组织所属企业参加山西交控集团2020年度"安康杯"竞赛活动,其中:太长公司太原收费站、长晋公司高平收费站、忻阜公司隧道管理站、晋焦公司隧道管理部被交控集团工会授予"交控集团2020年度安康杯竞赛优胜班组"荣誉称号。

6月2日 山西交投集团所属诺通公司被晋城市住房和城乡建设局认定为"2020年度晋城市优秀骨干建筑业企业"。

6月17日 省交通运输厅党组成员、副厅长李贵顺一行,深入黎霍高速施工现场视察项目工程建设情况,对黎霍公司强化施工组织,精心精细施工予以肯定并提出指导意见。

6月26日 山西交投集团所属诺通公司发明的"一种激光防护装置"获国家知识产权局授予"实用新型专利证书"(第10831927号)。

6月28日 山西交控集团专职党委副书记刘宏武带领交控集团机关第一党支部、第三党支部17名党员,赴山西综改示范区开展"践行领袖嘱托、率先蹚出新路""七一"主题党日活动,并到山西交投集团所属交投综改园区调研。

6月30日 山西交投集团党委获交控集团"先进基层党组织"称号。

同日 山西交投集团召开庆祝中国共产党成立99周年"七一"表彰大会并表彰先进。

7月15日 山西交投集团2020年安委会第三次全体(扩大)视频会议召开。总结2020年上半年安全生产工作、分析当前面临的形势和存在的问题,部署第三季度安全生产重点工作。

同日 山西交投集团所属黎霍公司会同浙江高速信息工程技术有限公司共同召开"阳光一体化平台"项目启动交流会。

7月17日 山西交投集团所属黎霍公司项目风洞山隧道正式开工,标志着黎霍高速的正线建设拉开序幕。

7月21日 山西交投集团获"2018—2019年度山西省文明单位称号"。

7月30日 山西交投集团2020年度财务工作会议召开,总结集团上半年财务工作开展情况,部署下半年财务工作。

同日 山西交投集团2020年经营工作推进会召开,就集团上半年经营工作情况进行总结并对下半年经营工作进行部署。

8月3日 山西交投集团所属黎霍公司召开"抢抓施工黄金期、打好百日攻坚战"动员大会,通报项目建设前期工作进展情况,宣布"百日攻坚"活动实施方案,参建单位签订2020年度目标责任书。

8月4日 山西交控集团党委书记、董事长袁清茂一行深入党建工作联系点交投集团所属龙城服务区发展分公司党支部进行调研并座谈,结合龙城公司发展实际,围绕服务区规划建设、招商模式、服务定位等方面工作进行交流。

同日 山西交投集团结合施工实际情况出台《公路工程项目成本价分析办法》,为加强集团工程施工项目管理、创新项目管理模式、建立企业成本控制的方法及标准奠定坚实基础。

8月11日 山西交控集团专职党委副书记、副董事长、副总经理刘宏武,工会主席孟仁贵一行赴交投集团所属太长公司太原收费站开展"送清凉"慰问活动。

8月12日 山西交投集团与常州恐龙园文化旅游管理公司举行座谈,双方围绕高速公路服务区经营思路、品牌价值及开放式、体验式服务区管理模式等方面展开交流。

8月19日 山西交控集团总经理郝玉柱、副总经理武艺一行就"迎国检"事宜深入山西交投集团所属太长公司榆社养护工区进行督导调研,并对

“迎国检”下一步工作提出具体性要求。

8月20日 山西交投集团举办2020年度法务工作座谈会，山西交投集团所属企业分别就2020年以来法务工作情况作汇报，并对当前存在问题及下一步法务工作开展进行交流探讨。

8月25日 省文明办副主任樊志强带领省文明办考核组一行对山西交投集团所属长晋公司申报第六届全国文明单位工作进行检查指导。

8月29日 山西交投集团重点项目龙城服务区正式开工建设。该项目由清华大学建筑设计研究院设计，占地12.3公顷，预计2021年投入运营。

9月17日 山西交投集团参股企业山西华翔集团股份有限公司实现IPO，成为全省2015年6月之后首家成功登录A股市场的企业。这是山西交投集团充分发挥投融资功能的具体表现，更是促进多元产业发展，优化国有资本配置，提高企业效益的大力举措。山西交控集团董事长袁清茂做出批示：“这是集团资产证券化工作中的又一大事，成绩值得肯定，应予表扬。”

9月25日 晋阳高速改扩建项目控制性工程先行开工启动。

9月至11月 山西交投集团组织参加山西交控集团“2020年服务区环境整治、服务提质”劳动竞赛。其中，长治服务区被交控集团工会授予“2020年服务区环境整治、服务提质劳动竞赛先进集体”称号；龙城服务区崔福文被授予“2020年服务区环境整治、服务提质劳动竞赛十佳服务区经理”称号；武乡服务区张敏被授予“2020年服务区环境整治、服务提质劳动竞赛服务区岗位能手”称号。

9月至12月 山西交投集团组织参加山西交控集团“2020年公路工程项目建设争先创优”劳动竞赛，黎霍公司被山西交控集团工会授予“2020年公路工程项目建设争先创优劳动竞赛先进集体”称号。

10月14日至15日 山西交投集团领导及结对帮扶党员干部一行等先后深入长条坡、塔崖沟村实地重点调研查看治沟造地项目、标准化养殖牛棚等集团扶贫重点项目落实及后期经营情况，实地调研脱贫攻坚帮扶成效，看望慰问贫困群众和驻村工作队员。

10月16日 定襄县政协主席郭丽云、定襄县政府副县长赵亚东一行赴交投集团所属凤凰山公司就全域旅游工作情况进行实地视察。

10月18日 山西交投集团所属龙城服务区招商推介会在太原同创谷召开。龙城服务区是山西首个开放、绿色、智慧、现代高速公路服务区，推介会共吸引来自全国各地75家企业代表参加招商。

10月20日至21日 山西交控集团专职党委副书记、副董事长、副总经理刘宏武，党委委员、纪委书记焦军及相关部室负责人在山西交投集团领导闫长学、武建新等陪同下，深入交投集团机关、通建融创项目、交投综改园区项目及龙城服务区建设工地、凤凰山教育培训基地、忻阜公司等地开展调研。

10月22日 山西交投集团联合长治属地应急管理局，在山西交投集团所属太长高速长治服务区开展危化品运输车辆突发事件应急演练。

10月26日至27日 山西交控集团党委委员、副总经理韩文军及相关部室负责人一行赴黎霍高速对项目建设情况进行调研。对黎霍公司克服困难，快速推进工程进度给予充分肯定，对一系列保证工程质量安全举措表示称赞。

11月7日 山西交投集团与重庆交通大学签订产学研战略合作协议，双方将在人才培养、科技攻关、平台共建、成果转化、技术培训、人才选聘等方面开展深入合作。

11月17日 山西交投集团所属龙城服务区公司与延长壳牌石油有限公司在项目施工现场举行加油站工程移交仪式。山西交投集团将所属龙城服务区加油站交付延长壳牌石油有限公司运营省管理。

11月20日 山西交投集团所属长晋公司获“2020年度全国文明单位”称号。

11月27日 山西交投集团分别在所属迈思公司和长晋公司召开非路单位和高速公路运营单位2020年度目标任务完成情况调研督导会。

11月 中共忻州市委、忻州市人民政府对脱贫攻坚做出突出贡献的先进集体和先进个人予以通报表彰，山西交投集团获“驻村帮扶工作模范单位”称号，长条坡村驻村工作队长牛京伟被评为“驻村帮扶工作模范队员”。

是月 山西交投集团所属长晋公司党委承担的课题研究成果“混合所有制企业党建工作与生产经营深度融合研究”被全国党的建设研究会国有企业党建研究专业委员会评为2019年度国有企业党建研究优秀课题成果优秀奖。

是月 山西交投集团所属长晋公司被中央文

明委评为“第六届全国文明单位”。

12月7日 按照山西交控集团统一部署，学习贯彻中共十九届五中全会精神交控集团宣讲团宣讲报告会在集团举办。山西交控集团宣讲团成员、集团党委书记、董事长闫长学作宣讲报告。同日，闫长学深入所属龙城服务区发展分公司开展中共十九届五中全会精神宣讲调研座谈活动。

12月8日 山西交投集团太长高速太谷东收费站学雷锋志愿服务点入选第二批省级学雷锋志愿服务站点。

12月17日 山西交控集团专职党委副书记、副董事长、副总经理刘宏武带领交控集团党办、战投部等相关部室负责人，赴山西交投集团调研并宣讲中共十九届五中全会精神，其间参加山西交投集团“十四五”规划专题研讨会。

12月21日 《山西日报》以《高新高速的提升之旅》为题，报道山西交投集团所属高新公司创新企业党建的先进做法。

12月29日 山西交投集团及所属太长公司、忻阜公司获“2019—2020年度山西省省属企业文明单位标兵”称号；所属高新公司获“2019—2020年度山西交控集团文明单位”称号。

12月31日 山西交投集团所属黎霍公司收到省交通运输厅感谢信，对在受疫情影响、有效工期不足5个月的情况下，黎霍项目超额完成全年投资目标和省领导包联项目各项任务表示感谢。

2020年 山西交投集团所属交投高速公司获得2020年质量管理小组活动成果二等奖和交通运输行业2020年度优秀质量管理小组。所属高新公司养护工区“提高圬工砌体勾缝的优良率”和郝庄收费站“提高高速公路收费站新收费模式业务考试合格率”、陵川收费站“提高高速入口客车放行速度”、棋子山收费站“提高新收费模式实操合格率”等课题获省级优秀质量管理小组；信息监控中心“提高交通事件位置信息采集率”课题获部级优秀质量管理小组；高新公司路政大队巡查班组、王莽岭景区收费站“小蜜蜂”收费班组获省级优秀质量信得过班组；高新公司隧道运营中心养护班组获交通运输行业质量信得过和全国质量信得过“双优”班组。所属忻阜公司养护二工区领航QC小组“利用高聚物注浆解决路面病害”获省级三等成果和省级优秀质量管理小组三等奖；养护三工区奋进QC小组“解决路面铁屑清理困难的问题”获省级三等成果和省级优秀质量管理小组三等奖；隧道管理站阳光QC小组“解决隧道配电室供配电设备及附属通信设施因凝露现象导致进水烧毁跳闸问题”获省级三等成果和省级优秀质量管理小组三等奖。

2020年 山西交投集团党建项目特色化载体助推党建“核心”引领融入发展“中心”，组织编撰《党建领航·我们在行动——党建项目优秀成果汇编(二)》，同时不断加强成果运用，推动基层党建先进经验交流，深化“一企一品一支部一特色”党建品牌建设，使党建活力与发展活力叠加迸发、互促共进。

2020年 山西交投集团引深“文化交投”建设，完成企业文化建设三年规划，打造全新企业形象识别系统，出版《山西交投企业文化读本》，举办《砥砺奋进普华章——推动高质量发展为建党100周年献礼》展览，编印《交投十年》画册，企业文化进一步落地生根。积极打造学习型企业，完成《长风破浪——学习型交投在成长》成果汇编，山西交投集团整体学习制度健全、学习风气浓厚，交投文化影响力和凝聚力明显增强，企业竞争力显著提升。

2020年 山西交投集团加强一体推进不敢腐不能腐、不想腐体制机制建设。紧盯企业“三重一大”、项目建设、资金密集等关键领域开展廉政监督，严肃查处各类违反党的“六大纪律”、中央八项规定精神和隐形变异“四风”问题，持续保持惩治和反对腐败的高压态势。内部控制体系进一步完善，逐步实现业务领域、流程全管控，规范约束权力运行的制度体系日益健全。以“四个一”为抓手，即一个微信公众平台、一本《崇廉交投》季刊、一册《崇廉家风》书籍、一部警示教育微电影，打造集团廉洁文化建设新“名片”，集团党员干部“不想腐”的政治自觉更加坚定。

2020年 山西交投集团新成立3个党委、1个党总支、26个党支部，撤销10个党支部。

（资料提供：贯秀莲）

山西省高速公路集团有限责任公司大事记

1月1日 取消省界收费站系统正式切换，山西省高速公路集团有限责任公司（以下简称省高速集团）相关工作人员深入基层收费站，实地了解系统切换期间存在的问题。

1月3日 省高速集团安委会第一次全体（扩大）会议召开。传达交控集团安委会2020年第一次全体（扩大）会议暨“12·30”事故警示教育视频会议精神，省高速集团总经理王敏主持会议，董事长刘胜出席会议并讲话。

1月14日 省高速集团党委书记、董事长刘胜到朔州市，分别与朔州市副市长武跃飞，朔州市朔城区区委常委、副区长何东锋，就朔神高速公路建设前期工作进行对接。朔州市政府秘书长霍永生、市交通运输局局长杨东锋，朔城区交通运输局局长郭向东，高速公路朔神公司党委委员、副总经理王小龙，王日军，彭义军参加对接会议。

同日 省高速集团党委书记、董事长刘胜来到朔州市朔州西收费站高速交警二支队十大队驻地，同高速交警二支队支队长宋胜澜就驻地对接准备工作进行座谈。

同日 省高速集团副总经理吕静伟带领相关部室人员对平榆高速公路公司2019年工作目标完成情况、领导班子履职情况进行考核评价。

1月15日 省高速集团纪检监察体制改革动员部署会召开。省高速集团公司领导，机关部室负责人，所属公司党委书记、纪委书记、纪检室负责人参加会议。

同日 省高速集团纪委组织召开2019年工作会暨所属公司纪委书记述职会。省高速集团党委委员、纪委书记高进才出席会议并讲话，纪委副书记陶云川主持会议。

同日 省高速集团扶贫办公室一行人员深入左权县石匣乡马家庄村开展春节送温暖慰问活动，为全村320户村民送去米、面、油等慰问品。

1月20日 省高速集团安委办赴平榆公司采取“四不两直”方式开展春节期间安全生产督导检查。

1月23日 省高速集团转发省公路局《关于加强春节假期高速公路保通保畅三级调度有关工作的通知》。

2月14日 省高速集团党委书记、董事长刘胜，副总经理赵善义一行，深入平榆公司平遥南收费站调研疫情防控工作应急保畅工作。听取平榆公司董事长杨文斌和总经理常增康关于公司疫情防控开展情况汇报，并向平榆公司、太原公司驻平榆项目部送来防疫专项党费。

同日 省高速集团党委副书记、副董事长、总经理王敏带队到吕环公司调研指导新冠肺炎疫情防控工作。

2月15日 省高速集团党委书记、董事长刘胜与到访的晋商信用增进投资股份有限公司一行人员进行座谈，双方就加强合作、实现互惠共赢进行沟通交流。

2月18日 省高速集团开展“一方有难，八方支援”疫情爱心捐款活动，组织全员共捐款15.29万元，通过交控集团送到防疫抗灾第一线。省高速集团工会下拨专项资金1.2万元用于基层防疫工作。

同日 省高速集团纪委转发《中共山西省纪委办公厅关于印发〈当前新冠肺炎疫情防控中的形式主义、官僚主义问题清单〉的通知》的通知（晋高速纪发〔2020〕1号）。

2月20日 省高速集团利用企业微信召开建设项目推进视频会议，省高速集团董事长刘胜、总经理王敏、总工程师温智勇、相关部室负责人、各子公司相关负责人以及朔神公司、国省道路面改造工程（忻州）境内两个建设项目负责人参加会议。

3月10日 省高速集团在马家庄村举行精准帮扶贫困人口复工复产农资及务工交通补助发放

仪式，共投入帮扶资金13.38万元，按照每人300元补助标准，对村内194户446名建档立卡贫困人口进行补助。

同日 省高速集团太原公司取得建设主管部门核发的建筑工程施工总承包三级、钢结构工程专业承包三级、地基基础工程专业承包三级、环保工程专业承包三级、输变工程专业承包三级5项建筑业企业资质。

同日 根据山西交控集团《关于赵善义同志免职的通知》（晋交控发〔2020〕66号），依据《山西省高速公路集团有限责任公司章程》，经省高速集团2020年第三次董事会审议决定，解聘赵善义山西省高速公路集团有限责任公司副总经理职务。

同日 经省高速集团党委会会议研究决定：免去赵庆文山西省高速集团监察部部长职务，免去李强吕环公司党委委员、副总经理职务。

3月18日 省高速集团纪委转发《中共山西交通控股集团有限公司纪律检查委员会关于做好当前疫情防控监督工作的几点要求》的通知（晋高速纪发〔2020〕3号）。

3月17日至18日 省高速集团党委委员、副总经理张补才带队分别到吕环公司、平榆公司督导检查工作，吕环公司党委书记、董事长霍建兵，平榆公司董事长杨文斌及相关负责人陪同检查。

3月19日 省高速集团完成山西交院大成高速公路有限公司委托管理协议的签订。

3月20日 省高速集团副总经理温志勇带队到平榆公司宝塔山隧道进行现场调研，平榆公司董事长杨文斌、总经理常增康及相关领导陪同调研。

3月25日 中共山西省高速公路集团有限责任公司委员会批准成立中共山西省高速公路集团太原有限责任公司委员会和中共山西省高速公路集团太原有限责任公司纪律检查委员会。

4月7日 山西交控集团组织召开山西交院大成高速公路有限公司委托管理专题部署会议，委托省高速集团以子公司管理模式对大成公司除资金管理缺口以外的日常经营进行管理，交控运营总监侯兴杰就委托事宜进行部署，副总经理武艺出席并讲话。

4月8日 根据山西交控集团《关于崔君毅等同志任免的通知》（晋交控发〔2020〕113号），依据《山西省高速公路集团有限责任公司章程》，经省高速集团2020年第四次董事会审议决定，聘任邓卫明为省高速集团公司副总经理。

4月15日 省高速集团和所属公司积极开展2020年全民国家安全教育日普法宣传活动。

4月27日 省高速集团党委中心组认真学习山西交控集团一届三次职代会暨2020年工作会、交控集团2020年党的建设和党风廉政建设工作会会议精神。省高速集团党委书记、董事长刘胜主持会议并传达交控集团领导在会议上的讲话精神、全省国资国企改革发展工作会议精神。

4月28日 平榆公司分水岭收费站团支部被高速集团授予“2019年度五四红旗团支部”称号。

4月29日 省高速集团一届二次职代会、2020年工作会暨党的建设和党风廉政建设工作会议召开。职工代表分组讨论并表决通过集团“2020年工作报告”和“山西省高速集团一届二次职代会决议”；签订“2020年度经营目标责任书”和“2020年度所属企业党组织落实全面从严治党主体责任目标责任书”。

同日 省高速集团纪委2020年第一季度工作会召开。省高速集团党委委员、纪委书记高进才出席会议并讲话。

4月30日 省高速集团团委召开纪念五四运动101周年表彰大会和省高速集团团委一届二次全委（扩大）会议。省高速集团专职党委副书记、副董事长、副总经理刘子兴，省高速集团党委工作部副部长及所属公司团干部、团员青年代表参加本次会议。

同日 省高速集团平榆公司平遥南收费站团支部被共青团山西省国有资产管理委员会授予“2019年度五四红旗团支部”称号。

5月1日 按照山西交控集团《关于在高速公路服务区开展“擦亮窗口，倡导文明”环境卫生整治月活动的通知》文件精神，省高速集团组织所属公司管辖服务区开展环境卫生整治月活动。

5月6日 零时整，高速公路恢复收费。

5月11日 省高速集团纪委印发《关于做好以案示警强化震慑实施“铁案工程”工作方案（试行）》（晋高速纪发〔2020〕9号）。

5月12日 山西省国省道路面改造工程（忻州境内）PPP项目开工仪式在忻州市合索乡作头村举行。忻州市常务副市长赵新年，省公路局忻州分局局长袁海鸿，集团公司党委委员、副总经理、总工程师温智勇等出席。

5月13日 省高速集团纪委赴朔神公司召开重点工程项目建设集体廉洁提醒谈话会。省高速集团党委委员、纪委书记高进才，省高速集团党委委员、副总经理、总工程师温智勇出席会议并讲话。

5月18日 省高速集团平榆公司工会被省总工会直属基层工会工作委员会授予“模范职工之家”称号。

5月19日 根据《山西省总工会、山西省财政厅、中国人民银行太原中心支行关于动员引导全省广大职工积极消费促进经济发展的通知》，省高速集团工会向省高速集团总部全体工会会员发放一次性特别消费券。

5月20日 山西高速集团建设投资有限责任公司经山西转型综合改革示范区管理委员会批准并依法设立。

5月21日 省高速集团总经济师吕静伟一行赴建投公司调研人力资源管理和法律事务工作情况。

5月26日 省高速集团党委副书记、副董事长、总经理王敏和党委委员、副总经理张补才出席集团驻村帮扶“十个清零”工作调研座谈会，马家庄村委干部、驻村工作队长、第一书记及机关第二支部党员参加座谈。王敏、张补才一行还分别看望慰问贫困帮扶对象并给每户帮扶对象送去慰问金。

5月27日 省高速集团安委办组织有关人员赴平榆公司进行“两会”期间安全生产督导检查，重点查看平榆高速宝塔山隧道隐患、K641+400路基空洞隐患处治施工现场以及路基防护和排水系统。

6月10日 山西交控集团考核组一行10人赴省高速集团开展领导班子成员2019年度经营业绩考核和薪酬收入稽核工作。

6月16日 省高速集团安委办组织所属公司开展以“消除事故隐患，筑牢安全防线”为主题的安全生产宣传咨询日活动。分别在代县北收费站、信义收费站、云竹湖服务区、国道3P路面改造项目驻地举行。

6月19日 省高速集团召开专题会议，安排近期疫情防控与安全生产工作，党委副书记、副董事长、总经理王敏主持会议并讲话。

6月24日 省交通运输厅党组书记、厅长闫晨曦一行调研指导朔神高速公路建设项目。朔州市市长熊燕斌、副市长武跃飞，厅党组成员、副厅长王四小，厅规划处处长武建勇，省公路局局长胡钢成，省交通建设中心主任陈俊，集团党委副书记、副董事长、总经理王敏、党委委员、副总经理、总工程师温智勇参加调研。

6月28日 根据省国资委办公室《关于开展纪念中国共产党成立99周年活动的实施方案》文件要求，省高速集团下发“开展纪念中国共产党成立99周年活动分解表”。

6月29日 省高速集团文明委组织广大党员干部职工举办“我为七一献热血”为主题的无偿献血活动。现场采血组严格筛选出23名献血者，累计献出近9200毫升。市中心血站工作人员将书有“热情尽责服务社会、抗疫捐血奉献爱心”的牌匾赠予集团。

6月30日 省高速集团平榆公司平遥南收费站党支部被交控集团党委授予“2020年度先进基层党组织”称号。

是日 省高速集团平榆公司隧道党支部、分水岭收费站党支部被高速集团党委授予“2020年度先进基层党组织”称号。

7月1日 省高速集团公司党委开展庆祝中国共产党成立99周年活动。

7月9日 省高速集团邀请省信息监控中心主任郝建宏对全国联网收费模式下信息监控管理工作进行相关业务解读。省高速集团领导及机关部室负责人，各所属公司分管领导、相关部门负责人、基层一线站级负责人、业务骨干共30余人参加培训。

7月14日至15日 省高速集团党委委员、副总经理张补才一行深入所辖高速运营公司督导检查防汛、安全、应急、运营等工作。

7月15日 山西交控集团党委中心组理论学习和意识形态工作督导组成员李志刚、张昊、李端一行到高速集团检查指导工作。

7月17日 省高速集团专职党委副书记、副董事长、副总经理刘子兴到吕环公司进行学习贯彻“习近平总书记视察山西重要讲话重要指示精神”宣讲。

7月26日 省高速集团大成公司申报的“关于掺和玻璃纤维的废弃沥青混合料再生现浇砼施工技术”科研项目顺利通过专家评审，该科研项目将废弃沥青路面铣刨料应用于水泥混凝土中，是回收利用废弃沥青路面铣刨料的一种新途径。

7月29日 由省高速集团作为社会资本投资

牵头人的朔州至神池高速公路项目施工监理合同签约仪式在集团举行。省高速集团党委书记、董事长刘胜，党委副书记、副董事长、总经理王敏，党委委员、副总经理、总工程师温智勇出席签约仪式。中铁二十二局、山西交科公路工程咨询监理公司、山西兴路交通工程监理技术咨询公司等参建单位负责人参加签约仪式。朔神项目负责人王小龙与各参建单位签约。签约仪式上，省高速集团党委书记、董事长刘胜发表致辞。

同日 省高速集团公司机关举行迎“八一”复转军人座谈会，庆祝中国人民解放军建军93周年。

8月3日至7日 省高速集团副总经理邓卫明、董事李晋文及检查组一行赴省高速集团所属各公司就内部控制管理、财经纪律执行情况进行现场调研检查。

8月4日 省高速集团专职党委副书记、副董事长、副总经理刘子兴到朔神公司调研，并向公司干部职工宣讲习近平总书记视察山西重要讲话重要指示和《习近平谈治国理政》(第三卷)等内容。

8月4日至6日 省高速集团党委副书记、副董事长、总经理王敏，党委委员、副总经理、总工程师温智勇一行赴建投公司山西省国省道路面改造工程(忻州境内)PPP项目进行现场调研督导。

8月11日 在山西交控集团大力帮助下，省高速集团大成公司与邮储银行签订贷款置换协议，贷款金额19亿元，利率4.35%，期限22年。

8月12日至13日 省交通厅党组成员、副厅长李贵顺、省公路局总工程师马德文一行赴省高速集团建投公司忻州PPP项目工地视察督导。省公路局、忻州公路分局，省高速集团建投公司相关人员陪同检查。

8月18日 国家脱贫攻坚普查组进驻省高速集团帮扶村石匣乡马家庄村开展脱贫攻坚普查工作。普查组入户面访马家庄村161户建档立卡户，电话访谈31户建档立卡户。马家庄村192户建档立卡户全部顺利通过国家脱贫攻坚普查。

8月28日 山西交控集团党委书记、董事长袁清茂，党委副书记、副董事长、总经理郝玉柱，专职党委副书记、副董事长、副总经理刘宏武，党委委员、纪委书记焦军带领相关部室负责人到省高速集团进行调研，省高速集团领导班子成员及相关部室负责人参加座谈。

8月31日 山西省国省道路面改造工程(忻州境内)PPP项目主体工程全部完工。

9月9日 省高速集团党委委员、副总经理张补才及相关部室负责人对大成公司迎检准备工作进行现场督导检查。

9月17日至18日 省高速集团党委书记、董事长刘胜，省高速集团党委委员、纪委书记高进才及相关部室负责人深入朔神公司就项目进展及征地拆迁情况进行调研，并召开座谈会及讲学述学形势报告会。

10月12日 省高速集团平榆公司原创微电影作品《脊梁》荣获2020第二届“清风正气”原创微电影展优秀作品奖。

10月17日 在第七个“10·17”全国扶贫日来临之际，省高速集团党委书记、董事长刘胜，专职党委副书记、副董事长、副总经理刘子兴一行深入省高速集团帮扶村左权县马家庄村开展“决战完胜在今朝”扶贫日系列活动，晋中市委常委、左权县委书记王兵，石匣乡党委书记李健共同参加。

10月20日 省高速集团第一届第三次会员代表大会召开，补选省高速集团公司第一届工会委员会委员、经费审查委员会委员和女工委员会委员，选举产生第一届工会委员会副主席、经费审查委员会主任和女职工委员会主任。

10月21日 省高速集团举办职工趣味运动会。

11月6日 山西交控集团文明单位测评组一行赴集团检查指导文明单位创建工作。省高速集团专职党委副书记、副董事长、副总经理刘子兴作汇报。

11月9日至10日 山西交控集团环保安全部部长陶云川一行赴山西交控集团朔神项目开展工程建设领域安全督导专项检查。

11月10日 省高速集团第十二次党委中心组(扩大)学习会召开，专题辅导中共十九届五中全会精神。省高速集团专职党委副书记、副董事长、副总经理刘子兴主持。

11月18日 山西交控集团第四检查组组长刘元元带队到平榆公司进行2020年度高速公路运营工作检查。

11月23日 省交通运输厅一级巡视员李贵顺、厅总工程师高新文、厅建管处长武建勇一行赴省高速集团朔神公司施工现场开展安全质量督查工作。

11月24日 省国资委省属企业2019—2020年

度文明单位创建测评组一行三人赴省高速集团检查验收省高速集团机关文明单位创建工作。省高速集团党委书记、董事长刘胜主持并汇报。

11月26日 安全标准化考评专家组到省高速集团平榆公司开展安全生产标准化一级达标建设评审工作，最终得分932分，取得国家一级资质。

12月2日至3日 省交通运输厅组织专家及相关部门对省高速集团大成公司负责管理的繁峙至大营高速公路进行竣工验收。经过专家现场检查和综合评议，项目综合评分91.03分。

12月4日 省高速集团举办学习贯彻中共十九届五中全会精神交控集团宣讲团宣讲报告会。山西交控集团宣讲团成员、高速集团党委书记、董事长刘胜作宣讲报告，省高速集团党委副书记、副董事长、总经理王敏主持。

12月16日 省高速集团党委委员、副总经理张补才带队到平榆公司调研指导安全生产及经营管理工作。

12月18日 省高速集团干部考察组到平榆公司开展干部考察工作。

12月21日至25日 省高速集团公司在山西省农科院润科酒店举办为期5天的管理人员综合能力提升（干部轮训第三期）暨基层党支部书记培训，省高速集团公司专职党委副书记、副董事长、副总经理刘子兴书记出席开班仪式并讲话。省高速集团领导、总部中层副职及以上干部，所属公司领导班子成员，省高速集团首次担任支部书记的党员干部及部分基层党支部书记等80余人参加此次培训。

12月23日 山西交控集团工程部尚渝超一行对朔神项目“2020年公路工程项目建设争先创优劳动竞赛”活动开展情况进行全面检查考核。

12月28日 山西省国省道路面改造工程（忻州境内）PPP项目交工验收资料全部完成。

2020年 省高速集团始终坚持“科技兴企”的发展理念，不断推进省高速集团科技项目建设、创新平台建设、合作开发，为省高速集团高质量发展提供有力的科技支撑。“装配式混凝土防撞墙关键技术问题研究”“掺和玻璃纤维的废弃沥青混合料再生现浇砼施工技术”两项科研项目通过交控集团评审获得立项，截至2020年年底已进入研究阶段。2020年向省交通运输厅申报两项科技项目“基于物联网的高速公路隧道智慧消防技术研究”“长寿命胶粉沥青混凝土应用关键技术研究”处于在审阶段。

2020年 省高速集团不断强化新技术降本增效。取消省界收费站后，货车可以从ETC专道直接驶入高速公路，部分车辆为逃避通行费，在治超车道采用超速、走S型等方式进行跳磅行驶，从而达到减少轴组，减少通行费支出。鉴于此类问题，吕环高速通过邀请交研、信通、四和等单位实地勘察及同德鲁泰、万利等地磅厂商对接，最终研究制定一套新技术方案。即在治超车道前面加装栏杆机，采用双雷达触发抬降杆方式，采用科技方式降低牵引车辆过磅速度，并对货运车辆进行隔离，从而进一步提升车牌抓拍率，有效解决车道丢轴率问题。雷达触发栏杆机为全省首例。

2020年 集团及下属单位受到上级部门的多项表彰奖励：

1. 省高速集团获“模范职工小屋”和“争当最美劳动者争创最美劳动集体”优胜班组的荣誉。

2. 省高速集团吕环公司的高速公路沿线变形监测科学技术研究应用在交通运输部“平安交通”创新案例评选活动进行通报。

3. 省高速集团吕环公司扎实推进安全生产标准化建设，通过与中国船级社质量认证公司合作，经过资料评审、现场评审，满足收费公路运营二级标准化达标要求，并于2020年9月23日取得达标证书。

4. 在2020年交控集团全省年度运营检查考核中，省高速集团公司总排名位列第七名，其中收费各项指标排名全省第二名。

5. 省高速集团公司平遥南收费站党支部被交控集团党委授予“2020年度先进基层党组织”称号。

6. 省高速集团平榆公司获2019年度交控集团“五四红旗团委”称号；平榆公司平遥南收费站团支部被共青团山西省国资委委员会授予“2019年度五四红旗团支部”称号。

7. 省高速集团公司发展中涌现出一批先进典型，得到交控集团表彰。根据《共青团山西交通控股集团有限责任公司委员会关于认定2019年度交控集团“青年安全生产示范岗”的通知》（晋交控团发〔2020〕4号）文件，养护工区团支部被评为2019年度交控集团青年安全生产示范岗；根据《共青团山西交通控股集团有限公司委员会关于“五四”评选表彰的决定》（晋交控团发〔2020〕21号）文件，贾辉获得首届“交控集团十大杰出青年”称号，授予高速集团吕环公司大武收费站团支部“交控集团五四红旗团(总)支部”称号;根据《共青团山西省高速公路集团有限责任公司委员会关于表彰先进集体和个人的决定》(晋高速团发〔2020〕4号)文件,授予吕环公司养护工区团支部2019年度“五四红旗团支部”称号。同时,吕环公司有10名共青团员获得集团表彰。

8. 省高速集团公司原创微电影作品《脊梁》荣获2020第二届“清风正气”原创微电影展优秀作品奖。

(资料提供:弓 俭)

山西交通科学研究院集团有限公司大事记

1月1日 山西交通科学研究院集团有限公司(以下简称交科集团)承担的山西省取消高速公路省界收费站工程顺利实现与全国高速公路“一张网”并网运行。

同日 交科集团所属省交通设计院公司申报的“公路采空区处治效果检测方法”专利获山西省市场监督管理局2019年第一届山西省专利奖三等奖。

1月3日 山西省人民政府下达关于2018年度山西省科学技术奖励的决定。省交通研发公司共获奖6项,其中:技术发明二等奖1项、技术发明三等奖1项、科技进步一等奖1项、科技进步二等奖2项、科技进步三等奖1项。

1月6日 交科集团印发《促进科技成果转化管理办法(试行)》(晋交科科技发〔2020〕1号),明确科技成果转化方式、机制建设、转化收益分配和激励政策。

1月16日 交科集团与中北大学签订战略合作协议。双方在联合申请承担重大科研任务、智能装备研发制造、自动驾驶与车路协同、交通大数据、安全应急、节能环保等方面达成广泛共识。交科集团党委书记、董事长魏鹏举,中北大学校长沈兴全分别致辞并代表双方签约。

1月19日 交科集团2019年度机关干部考核大会召开,总结回顾2019年度各项工作,对交科集团机关各部室工作及中层干部进行综合考核评价。集团党委书记、董事长魏鹏举主持会议。

1月20日 交科集团举办第三期“交科大讲堂”,邀请美国印第安纳州交通研究所研究员、美国国家科学院交通研究委员会专家组成员李硕作题目为“自动驾驶汽车对道路的深远影响”的讲座。

2月10日 山西省土木建筑学会印发《关于山西省第十五届“太行杯”土木建筑工程大奖评审结果的通知》(晋土建会字〔2020〕1号),省交通设计院公司“运城至灵宝高速公路运宝黄河桥”“青岛至银川高速公路(国道G20)太旧段护栏改造工程”“山西省集中连片特困地区(天镇县)省道马走线谷前堡至南环路口改线工程”“忻保高速公路隧道监控及水消防系统”4个项目获山西省土木建筑学会第十五届“太行杯”土木建筑工程大奖。

3月5日 交科集团印发《山西交通科学研究院集团有限公司工程施工项目质量监督管理办法(试行)》,加强交科集团工程施工项目质量监督管理。

3月9日 交科集团所属省交通研发公司申报的“一种共混接枝改性制备沥青混凝土抗辙裂剂的方法”(专利号:ZL201410246034.9)获山西省专利奖二等奖。

3月14日 晋中市副市长郝向明带领晋中市有关部门和县区主要负责人赴交科集团考察调研。交科集团党委书记、董事长魏鹏举,党委副书记、副董事长、副总经理(主持经理层工作)樊英华陪同调研。

3月27日 山西省科学技术大会在太原召开,表彰奖励2018年度获得山西省科学技术奖的优秀科研成果,交科集团所属省交通研发公司主持研发的"RAP高掺量温再生沥青路面关键技术及工程示范"项目获得2018年度山西省科技进步一等奖。这是全省交通运输行业唯一的一项科学技术进步类一等奖。

4月8日 交科集团聘任潘铁为交科集团副总经理，免去李晋文交科集团副总经理职务。

4月12日 省政协副主席李武章带队，赴交科集团开展以科技创新生态链为主题的工作调研。

4月17日 省交通运输厅党组成员、副厅长王晋深入交科集团，就科技创新与标准化工作进行调研。省交通运输厅科技处处长张俊生、交控集团科技管理部副部长申俊敏陪同调研，交科集团党委书记、董事长魏鹏举，交科集团专业技术人员和博士生代表参加调研座谈会。

4月29日 交科集团所属省交通研发公司主编的《公路沥青混合料用抗车辙剂》发布，并于7月1日起实施。该标准的实施，对于规范抗车辙剂产品使用，提高产品质量，提升沥青混合料综合性能，均具有重要意义，为抗车辙剂产品在公路工程中更广泛应用提供重要指导。

5月6日 交科集团圆满完成山西省拆除高速公路省界收费站项目，于零时开始正式并网运行收费。

5月8日 交科集团所属省交通设计院公司完成股权划转，股东由山西交通控股集团有限公司变更为山西交通科学研究院集团有限公司。

5月13日 交科集团在榆次园区开展消防应急演练，演练活动分为消防应急安全培训和灭火演练两个部分。交科集团总部及所属各企业分管安全领导、安管部门负责人及专职、兼职安全员等40余人参加活动。

5月14日 交科集团所属省交通研发公司完成股东变更，股东变更为山西交通科学研究院集团有限公司。

5月16日 交科集团召开党的建设和党风廉政建设工作会议。交科集团党委书记、董事长魏鹏举出席会议并讲话，党委副书记、副董事长、副总经理（主持经理层工作）樊英华主持会议，纪检组组长温军就党风廉政建设工作进行部署。

同日 交科集团召开"零上访、零事故、零案件"单位创建工作部署会。党委书记、董事长魏鹏举出席并讲话，会议由党委副书记、副董事长、副总经理（主持经理层工作）樊英华主持，专职党委副书记、副董事长牛铮，副总经理潘铁，副总经理多文英分别对"三零"单位创建工作进行部署。

同日 交科集团一届二次职代会暨2020年工作会议胜利召开。党委书记、董事长魏鹏举出席会议并讲话，党委副书记、副董事长、副总经理（主持经理层工作）樊英华作"交科集团2020年工作报告"，专职党委副书记、副董事长牛铮主持会议。会上，魏鹏举代表董事会与樊英华签订"交科集团2020年度生产经营责任书"。樊英华代表交科集团与所属企业负责人签订"2020年经营目标责任书"。樊英华代表资方与劳方代表签订"2020年度集体合同"。本次大会共有173名代表参加会议。

5月18日 交控集团党委第二巡察组巡察交科集团党委动员会召开。交控集团党委第二巡察组组长田冬通报巡察任务和工作安排，并作动员讲话，交科集团党委书记、董事长魏鹏举主持会议并作表态发言。

6月18日 交科集团所属省交通研发公司开展30000kN加载系统建成以来首次正式对外承接的隔震橡胶支座试验，本次试验检测屈服力、水平等效刚度、竖向压缩刚度、等效阻尼比等多项参数，并编制隔震橡胶支座检测报告。

6月28日 山西省交通运输安全应急保障技术中心揭牌仪式在交科集团举行。省交通运输厅党组成员、副厅长李贵顺，山西交控集团党委委员、副总经理武艺共同揭牌并讲话。交科集团党委副书记、副董事长、副总经理（主持经理层工作）樊英华主持仪式，省交通运输厅安全监督处处长任大为，交控集团安全总监李新杰，运营总监侯兴杰，相关部室负责人，交科集团领导班子成员、相关部室负责人及所属各企业主要领导等出席仪式。

6月29日 山西交控集团专职党委副书记刘宏武带队看望慰问交科集团困难党员，向困难党员送去党的关怀温暖和节日的祝福。

7月1日 交科集团召开庆祝中国共产党成立99周年暨"七一"表彰大会。会议授予杨莹等人"优秀共产党员"称号，动员和激励广大党员干部群众坚定信念、团结拼搏，不忘初心、砥砺前行，推动交科集团各项工作又好又快发展。

7月7日 山西交控集团党委副书记、副董事长、总经理郝玉柱赴党建联系点省交通新技术公司第二党支部调研并座谈，交控集团相关部室负责人陪同。

7月15日 山西交科集团总部获批省住建厅颁发的特种工程(结构补强)专业承包资质。

同日 山西省交通运输标准化技术委员会(简称“交标委”)在交科集团交科园区举行成立大会,标志着全省推进交通运输标准化工作权威技术机构的诞生,交科集团为第一届交标委秘书处承担单位。

7月25日 交科集团党委召开领导干部廉政警示教育大会,集中观看警示教育片《叩问初心》,交科集团领导、所属各企业班子成员、机关部门负责人参加警示教育。

8月4日 交科集团印发《山西交通科学研究院集团有限公司工程施工项目进度监督管理办法(试行)》,加强交科集团工程施工项目进度监督管理,提高工程项目管理效率。

8月10日 交科集团举办第四期“交科大讲堂”,邀请省政协经济委员会主任委员孙跃进作题为“打造一流创新生态”专题报告。

8月31日 交科集团所属省交通研发公司于交科园区举办第二期“交科沙龙”。邀请中国工程院院士、全国著名岩土与地下工程专家、中国人民解放军陆军勤务学院教授、博士生导师郑颖人作题为“数值极限分析方法在边坡与隧道工程中的应用”讲座。

9月11日 根据交通运输部关于公布2019年度公路建设市场全国综合信用评价结果公告(交通运输部公告2020年第75号),交科集团所属省交通设计院公司继续保持全国信用评价AA级。

9月14日 交科集团聘任申俊敏为集团副总经理。

9月21日 中国公路学会印发《2020年度中国公路学会“交通BIM工程创新奖”评审结果公示》,交科集团所属省交通设计院公司“山西省祁县至离石高速公路BIM技术应用开发”项目获交通BIM工程创新奖二等奖。

9月28日 交科集团所属省交通设计院公司的“新型路基桥梁中央分隔带的衔接研究”技术获中国公路学会首届全国公路“微创新”大赛铜奖。

10月3日 交科集团党委书记、董事长魏鹏举深入省交通新技术公司朔州右平高速完善环保项目和服务区清洁能源供暖改造项目施工一线,看望慰问节日期间坚守工作岗位的干部职工和技术工人,对项目安全生产工作进行现场督导检查。

10月16日至18日 中国公路学会青年专家委员会北部片区2020年工作年会在太原成功召开。会议主题为“智能交通与新基建学术研讨会”。此次会议由中国公路学会青年专家委员会主办,交科集团所属省交通科技研发公司承办。山西交通控股集团有限公司副总经理武艺、山西省公路学会秘书长冯尔钢、中国公路学会青年专家委员会北部片区司令尚云龙、山西交通科学研究院集团有限公司副总经理(主持经理层工作)樊英华分别致辞。

10月26日 交科集团所属省交通研发公司公路工程研究院周新星研究的项目“生物炭改性生物沥青的流动诱导结晶及相分离机理研究”获得国家青年科学基金。

10月26日至30日、12月14日至19日 交科集团组织部分领导干部职工赴华为培训,推动企业在基础管理、治理体系、管控模式等方面实现根本性变革,促进交科集团高质量转型发展。

10月27日 交科集团申报的“一种装配式T型梁的体外预应力加固结构”获山西省第二届专利三等奖。

10月30日 由交科集团主办,省交通研发公司承办,“清华大学—山西交控集团技术交流座谈会”在太原成功举办。

11月25日 中国公路勘察设计协会印发《关于公布2020年度公路交通优秀勘察设计奖获奖项目的通知》(中公设协〔2020〕16号),交科集团所属省交通设计院公司“阳城至济源高速公路阳城至蟒河段”获交通优秀勘察二等奖;“神池至岢岚高速公路”获交通优秀勘察三等奖;“国家高速公路网青岛至兰州公路山西境长治至临汾高速公路第CZ1、CZ2合同段”“运城至灵宝高速公路运宝黄河大桥”获交通优秀设计二等奖;“晋蒙黄河大桥工程”“汕(头)湛(江)高速公路云浮至湛江段及支线工程A1合同段”获交通优秀设计三等奖。

12月1日 交科集团聘任梅拥军为集团副总经理,免去黄仰收副总经理职务。

同日 交科集团党委书记、董事长魏鹏举深入省交通研发公司,调研基层党建联系点第三党支部工作开展情况,与企业一线职工深入交流,并组织座谈会向基层员工宣讲中共十九届五中全会精神,集团副总经理申俊敏参加调研。

12月2日 交科集团总部获批住房与城乡建设部颁发的公路交通工程(公路安全设施)一级和

公路交通工程(公路机电工程)一级两项资质。

12月10日 交科集团聘任樊英华为集团总经理,免去其副总经理职务。

12月11日 按照交控集团党委统一部署,学习贯彻中共十九届五中全会精神交控集团宣讲团宣讲报告会在交科园区举办。交控集团宣讲团成员、交科集团党委书记、董事长魏鹏举作宣讲报告,集团党委副书记、副董事长、总经理樊英华主持。

同日 交科集团在交通科学园区召开企业文化建设发布会,正式发布交科集团《企业文化建设工作手册》和《视觉识别系统》。

12月30日 交科集团聘任聂强为集团总经理助理。

12月30日 交科集团党委委员、专职党委副书记牛铮,党委委员、纪检组组长温军在集团总部对集团新提任中层干部进行集体廉政谈话,并签订廉政承诺书。

(资料提供:柳锐锋)

山西交通养护集团有限公司大事记

5月14日至6月28日 交控集团党委第三巡察组对山西交通养护集团有限公司(以下简称交通养护集团)党委进行为期45天的常规巡察。

6月10日 山西交控集团党委书记、董事长袁清茂,在交通养护集团党委书记、董事长高耀华陪同下,对交通养护集团承揽实施的青兰高速公路临吉段高家河隧道病害处治工程进行现场调研。

6月15日 山西交控集团党委副书记、总经理郝玉柱一行,深入山西交通养护集团有限公司汾阳养护基地调研指导工作。交通养护集团党委书记、董事长高耀华向郝玉柱一行详细汇报汾阳拌合厂环保改造和生产运行等情况,以及汾阳养护基地的未来建设规划。

6月19日 交通养护集团召开党委会会议议,研究决定成立中共山西交通养护集团有限公司委员会介休分公司支部委员会、中共山西交通养护集团有限公司原平分公司支部委员会、中共山西交通养护集团有限公司汾阳分公司支部委员会和中共山西交通养护集团有限公司交物路桥公司支部委员会。至此,交通养护集团基层党组织达到全覆盖,实现党组织应建尽建。

6月24日 交通养护集团办理取得建筑业特种工程(结构补强)专业承包资质。

7月28日 山西交控集团党委第三巡察组向交通养护集团党委反馈4方面18项41个具体问题。在为期60天整改期内,交通养集护团党委召开党委专题会议,成立巡察整改工作领导小组,召开6次周例会听取巡察整改工作推进情况汇报,对巡察发现问题真抓实改,于9月28日终期验收时全部销号。

8月28日 山西交通养护集团有限公司和中公高科养护科技股份有限公司举行“公路养护技术国家工程研究中心山西研发中心”揭牌仪式,标志着公路养护技术国家工程研究中心山西研发中心正式成立。双方致力于共同研发推广适合山西特点的养护新技术、新工艺,推动科研成果产业化,推进公路行业技术进步。

9月 拌和站环保达标改造取得重大进展。先后完成汾阳、长治协成、大营、介休四个拌和站环保改造,通过环保验收,取得排污许可证,实现投产。

10月15日 交通养护集团党委工作部曹阳受到省委宣传部通报表扬,被授予“学习强国”第一批挑战达人荣誉。

11月21日 交通养护集团制作的施工安全视频,被交通运输部安委会评为“优秀案例”。

11月23日至27日 为深入推动对标世界一流管理提升行动的开展,确保对标提升行动落地见效,给交通养护集团高质量发展注入强劲动力,山西交通养护集团总经理任靖峰,率领经营层管理人员一行8人赴浙江，对浙江交通资源投资有限公司和杭州湾绿色养护（嘉兴）股份有限公司进行学习考察。

12月25日 交通养护集团积极推进安全生产标准化工作，在取得二级达标证书基础上，所属6个子公司全部取得养护施工企业安全生产标准化二级达标证书。

12月24日 交通养护集团下属企业协成公司和交物路桥公司办理取得公路养护工程施工资质一类、二类甲、二类乙、三类甲、三类乙级资质。

12月31日 交通养护集团办理取得建筑业市政工程施工总承包三级资质。

（资料提供：张鸿斌）

山西交通物流集团有限公司
大事记

1月23日 山西交通物流集团有限公司（以下简称交通物流集团）印发《关于做好新型冠状病毒感染的肺炎疫情防控工作的紧急通知》，制定《新型冠状病毒感染的肺炎疫情防控工作实施方案》，成立疫情防控工作领导组，明确防控工作指导思想、防控措施和工作要求。

1月27日 交通物流集团印发《关于启动突发公共卫生事件一级响应的紧急通知》，及时启动集团公司应对突发公共卫生事件的一级响应程序。

1月30日 交通物流集团印发《关于贯彻落实全省交通运输系统新型冠状病毒感染的肺炎疫情联防联控视频会议精神切实做好疫情防控工作的紧急通知》，交通物流集团各位领导分工负责疫情防控工作，制定并落实7项切实有效的疫情管控措施。

2月8日 交通物流集团集团党委书记、董事长张庆华一行赴物资公司二营盘宿舍区慰问连日来持续奋战在防控一线的工作人员，调研指导疫情防控工作。总经济师褚跃峰、总经理助理陈宏伟及集团公司党委办公室和安监部有关人员参加。听取疫情防控工作措施落实、物资保障等情况汇报，要求进一步做好小区居民疫情防控知识的宣传工作。

2月9日 交通物流集团印发《关于做好节后复工疫情防控有关工作的通知》，对疫情防控和复工复产做出统筹部署，并安排从2月10日起执行弹性工作制。

3月 交通物流集团配合完成省审计厅对交控集团资产负债损益审计工作。

4月2日 山西交通物流枢纽研创商务基地（一期）项目设计开标，确定中标单位即华林中创建筑规划设计有限公司（联合体牵头人）、英联达奇（北京）国际工程顾问有限公司（联合体成员）；完成（一期）项目工程设计的招标采购工作。

4月7日 交通物流集团制定“十四五”规划编制工作方案，并通过专题会议、集体讨论等形式，面向全员征集业务发展思路，研判产业政策及行业趋势，对公司主辅业进行梳理、分析与定位，完成初稿编制，并按照要求向交控集团做出汇报。

4月15日 交通物流集团开展“4·15”全民国家安全教育日普法宣传活动。

4月22日至26日 交通物流集团开展全国知识产权宣传周普法宣传活动。

4月28日 交通物流集团一届一次职代会暨2020年工作会召开。党委书记、董事长张庆华出席会议并讲话。党委副书记、副董事长、副总经理（主持经理层工作）贾建国作题为“求真务实、锐意进取、努力开创物流集团转型发展新局面”工作报告。专职党委副书记、副董事长霍金相主持会议并提出要求。会上签订“2020年经营目标责任书”“2020年度集体合同”等。

4月28日 交通物流集团2020年党的建设和党风廉政建设工作会议召开。党委书记、董事长张庆华作部署讲话，党委副书记、副董事长、副总经理（主持经理层工作）贾建国主持会议，党委委员、驻物流集团纪检组组长李文平就党风廉政建设和反腐败工作进行部署。会上，党委书记张庆华与所属企业党委负责人签订"落实全面从严治党主体责任目标责任书"。

5月7日 交通物流集团与华林中创建筑规划设计有限公司（联合体牵头人）、英联达奇（北京）国际工程顾问有限公司（联合体成员）签订设计合同，开始初步设计和概算编制工作。

5月14日 交通物流集团"三零"单位创建工作部署推进会召开。会议由党委副书记、副董事长、总经理贾建国主持，党委书记、董事长张庆华作部署安排。会上，物资公司、办公室、安全监督部作表态发言。公司领导、所属企业负责人及机关各部室负责人参加此次会议。

5月15日 交通物流集团向设计单位华林中创建筑规划设计有限公司致函件——"关于对山西交通物流枢纽商务基地（一期）项目总体规划设计方案进行调整的函"根据函件内容，设计单位对总体规划设计方案作进一步深化、优化，最终完成方案修改，编制完成《山西交通研创商务基地项目方案》。

5月29日 交通物流集团开展"安全生产月"活动，并印发《2020年"安全生产月"活动方案》。

6月12日 山西交控集团党委书记、董事长袁清茂，专职党委副书记刘宏武，外部董事赵石岗，总会计师孙建秀，纪委书记焦军及交控集团相关部室负责人深入太原高速日常养护试验段，调研由物资公司推广应用的新技术、新设备应用成效。交通物流集团党委书记、董事长张庆华，党委副书记、副董事长、总经理贾建国等领导陪同。

在调研中，交通物流集团领导对物流集团物资公司应用新设备、新技术、新工艺取得的成效给予充分肯定，要求在全省高速公路加快推广，紧紧围绕交控集团"六大增效"工程，进一步拉高标杆，创新举措，优化服务，深化改革，为山西交控集团日常养护提档升级、降本增效做出积极贡献。

6月19日 经过赛前选拔，交通物流集团由六人组成的参赛团队参加交控集团安委办通过安全教育培训系统举办的"平安交控——知识竞赛"活动。最后四人成绩排名在前50，获得团体第5的好成绩。

6月至11月 交通物流集团所属企业物资公司完成太原高速公路分公司30974米的标准化护栏线性调整、设施补缺等工程。

6月至11月 交通物流集团所属企业物资公司采用国内先进的高压水除线技术完成太原高速公路分公司标准化标线清除、施划工程。

7月1日 交通物流集团庆祝中国共产党成立99周年暨"七一"表彰大会召开，对优秀共产党员、优秀党务工作者和先进基层党组织进行表彰。交通物流集团党委书记、董事长张庆华出席会议并讲话，同时讲授题为"牢记初心使命，率先蹚出一条新路"的"七一"专题党课，党委副书记、副董事长、总经理贾建国主持会议，专职党委副书记、副董事长霍金相宣读表彰决定。会上，优秀共产党员和优秀党务工作者代表作交流发言，交通物流集团领导、各党支部书记、支委成员、党员代表以及全体受表彰人员参加会议。

7月13日 交通物流集团党委理论学习中心组组长张庆华率队一行26人赴山西转型综改示范区开展学习。参观山西综改示范区改革创新展厅、党群服务中心、联合创业空间等，详细了解山西综改示范区在产业升级、创新发展、体制改革、党的建设、绿色发展等方面为全省作示范、立标杆的创新发展成果。

7月17日 交通物流集团以《关于批复山西交通研创商务基地项目方案设计的请示》（晋物流工程发〔2020〕73号）上报交控集团项目方案设计。

8月7日 交通物流集团印发《关于山西交通物流枢纽研创商务基地项目名称变更的通知》（晋物流战投发〔2020〕81号），将"山西交通物流枢纽研创商务基地"项目名称变更为"山西交通研创商务基地"。

8月14日 交通物流集团党委书记、董事长张庆华深入物资公司高速公路养护项目部一线宣讲《习近平谈治国理政》（第三卷），并开展调研。总经济师褚跃峰、党委办公室、董事会办公室、产业运营部相关人员一同参加调研。

8月22日 交通物流集团组织相关专家、交控集团战投部对《山西交通研创商务基地项目方案》进行评审，评审专家认为规划布局基本合理，综合办公楼位置恰当，并提出若干优化意见和建议。

8月31日 设计单位华林中创建筑规划设计有限公司按照专家评审意见，对《山西交通研创商务基地项目方案》做进一步完善优化，编制完成《山西交通研创商务基地项目建设工程规划设计方案》。

9月2日 交通物流集团收到交控集团《山西交通控股集团有限公司关于山西交通研创商务基地规划设计的批复》（晋交控战投发〔2020〕413号）批复规划设计。

9月11日 按照全省国企改革部署要求，交通物流集团科学制定"六定"改革时间表和任务书，编制上报《山西交通物流集团"六定"改革实施方案》。改革后，总部职能部室减少4个，减少比例30.77%；总部中层管理职数减少12个，减少比例38.71%；在编制人员减少40名，减少比例35.4%。

9月15日至25日 设计单位华林中创建筑规划设计有限公司与山西交控集团相关领导进行多次相关沟通及汇报，在充分听取山西交控集团相关领导意见后，设计单位对《山西交通研创商务基地项目建设工程规划设计方案》进行最终优化调整。

9月24日 交通物流集团就所属企业大运公司股东资格确认诉讼在太原市小店区人民法院立案。

9月28日 交通物流集团根据最终优化调整后《山西交通研创商务基地项目建设工程规划设计方案》报送至太原市行政审批局，提请审批。

9月30日 经太原市行政审批服务管理局审核，交通物流集团取得"太原市企业投资项目备案证"，项目部完成山西交通研创商务基地项目的立项工作。

9月 交通物流集团所属企业物资公司完成吕梁南高速公路分公司吴城收费站匝道标志牌采购项目。

是月 交通物流集团所属企业物资公司完成王成公司国道G108微表处应急工程。

10月14日 交通物流集团向太原市行政审批服务管理局递交"节能报告书"，通过审核后取得《关于山西交通物流集团有限公司山西交通研创商务基地节能报告的审查意见》。

10月15日 山西交通研创商务基地取得"建设用地规划许可证"，批准备用地文号（并政让〔2018〕039），用地面积124786.97平方米。土地用途为商业服务业设施用地。建设规模为项目总建筑面积306660.87平方米。土地取得方式为出让。

10月21日 交通物流集团所属企业物资公司同万厦公司合作开发房地产合同纠纷在太原市中级人民法院公开庭审。

10月28日 交通物流集团所属企业龙城公司就同路华公司租赁合同效力纠纷事宜在太原市中级人民法院立案。

10月30日 交通物流集团启动山西交通研创商务基地项目一期工程地质勘察工作。

11月3日 交通物流集团邀请山西省交通环境保护中心站环水保专家宋杰华和鑫全安消防科技中心主任王利明举办安全事故防范和救援知识培训，交通物流集团公司领导、总部全体工作人员、所属企业安全、环保有关人员参加此次培训。

11月7日 交通物流集团副总经理陈琳、褚跃峰、吕祺以及副总工程师韩建国一行在上海参加2020年第三届中国国际进口博览会期间，以招商引资方式与知名商业地产开发企业红星美凯龙集团进行二期项目合作洽谈。

11月9日 交通物流集团向山西交控集团上报《关于山西交通研创商务基地一期工程初步设计和概算书批复的申请报告》初步设计审批。

11月15日 山西省勘察设计研究院有限公司提交山西交通研创商务基地项目一期工程中期地勘报告。

11月16日 交通物流集团项目部完成招标代理机构选定，确定由中招神舟项目管理有限公司承担山西交通研创商务基地项目一期工程招标代理工作。

11月23日 交通物流集团与阿里巴巴（中国）有限公司、杭州数梦工场科技有限公司签约合作，积极打造新型物资供应链管理平台，引进北京大学信息技术研究院作为咨询机构，对企业资源与业务现状进行全面梳理，立足物资集采、路业开发、高速清障救援三大业务板块，打造贯穿企业横纵向一体的信息化管理体系，助力企业数字化转型。

11月 交通物流集团所属企业物资公司完成吕梁南高速公路分公司夏汾段锈蚀护栏防腐翻新处置养护工程。工程采用国内领先的铝锌合金涂料技术，具有优异的耐腐蚀性、耐候性和良好的外观装饰性。施工简便、省工省时，较重新镀锌或聚酯翻新的方式可节约20%以上的经济优势，且不含铅、汞等重金属，具有显著的环保优势。

12月1日 交通物流集团组织相关专家、交控集团相关部室对山西交通研创商务基地项目一期工程初步设计进行评审，评审专家经过充分讨论，原则上予以通过，并提出若干优化意见和建议。

12月1日至6日 交通物流集团开展“12·4”宪法宣传周普法宣传活动。

12月3日 太原市政府批准山西交通研创商务基地项目一期工程项目建设工程规划方案。

12月4日 交通物流集团项目部完成全过程造价咨询招标采购工作，选定全过程造价咨询机构为北京中兴恒工程咨询有限公司，为项目科学管控造价提供服务。

同日 交通物流集团所属企业龙城公司与山西智慧城市开发运营有限公司签订框架协议，就合作建设充电桩达成一致意见。

同日 交通物流集团党委书记、董事长张庆华宣讲中共十九届五中全会精神，正式拉开物流集团宣讲工作序幕，集团公司专职党委副书记、副董事长李文平主持。

12月9日 共青团山西交通物流集团有限公司总支部委员会第一次团员大会召开，交通物流集团党委书记、董事长张庆华出席会议并讲话。交通物流集团党委领导、所属企业负责人、总部相关部室（中心）负责人、共青团员及从事共青团工作的中共党员参加会议。会议选举产生共青团山西交通物流集团有限公司第一届委员会。

12月10日 经交通物流集团申请，太原市小店区人民法院裁定所属企业大运公司股东资格确认一案撤诉。

12月16日 交通物流集团工会第一届第二次会员代表大会召开，大会增补工会委员会、经费审查委员会、女工委员会等委员，选举产生工会主席。交通物流集团领导及会员代表38人参加会议。

12月17日 山西交通研创商务基地项目建设工程设计方案成果批复（并审建方〔2020〕第0159号）。

12月17日 太原市行政审批服务管理局以（并审建方〔2020〕第0159号）批复《关于山西交通物流集团有限公司山西交通研创商务基地建筑设计方案的请示》。

12月22日 山西省勘察设计研究院有限公司出具山西交通研创商务基地一期工程岩土工程勘察报告。

12月23日 北京中兴恒工程咨询有限公司对山西交通研创商务基地一期工程完成概算审核报告。

12月30日 山西交通研创商务基地项目一期工程1号综合办公楼、开闭所、换热站施工资格预审公告在太原市公共资源交易中心发布，同时在省招标公共服务平台以及交控集团招采平台同步发布，标志着山西交通研创商务基地项目正式启动。

（资料提供：王惠玲）

山西交通实业发展集团有限公司大事记

1月7日 山西交通实业发展集团有限公司（以下简称“交通实业集团”）2020年安委会第一次全体（扩大）会议暨春运期间“两保两提升”专项行动动员视频会议召开，回顾2019年安全生产整体情况，安排2020年安全生产工作，并对春运期间“两保两提升”专项行动进行部署。交通实业集团领导班子成员、职能部室（中心）、事业部负责人，子公司负责人和分管安全的负责人，太原、晋中分公司负责人及分管安全的负责人在主会场参会；所属各分公司领导班子成员和服务区（停车区）负责人在分会场参会。会议要求各单位、各部门要进一步提高政治站位，全力以赴做好安全生产工作，要坚持问题导向、目标导向和问题导向，以服务区的加油站、消防、食品、危化品运输车辆管理、人员密集场所安全为重点，深入开展安全生产集中整治专项行动，治小、治早、治苗头，出实招、出硬招，着眼安全防范重特大风险，消除安全隐患，打赢安全攻坚战。要坚持以人为本，全面推进服务品质提升，不断提高社会公众对高速公路交通的满意度，努力实现人民群众共享高速公路改革发展成果。要强化精准施策，高效推进“两保两提升”专项行动，在细微之处下工夫，在软环境上做文章，发挥典型事例作用，全面推进专项行动取得实实在在的效果。

1月23日 交通实业集团专题会议召开，传达党中央、国务院和省委、省政府及山西交控集团有关决策部署，下发《关于做好新型冠状病毒感染的肺炎疫情防控工作的紧急通知》，制定印发《关于做好新型冠状病毒感染的肺炎疫情防控工作实施方案》，实行疫情“日报告”“零报告”制度。要求各单位迅速成立疫情防控领导机构，设立疫情防控值班室，及时通报全国、全省疫情发展和防治情况，动员各方主动采取放弃休假、加配人员、充分发挥党员先锋模范作用等措施，充实一线防疫力量，并严格执行24小时值班和领导带班制度，严格落实早发现、早报告、早隔离、早治疗和集中救治措施，切实做到主动防控、精准防控、科学防控。

1月26日 交通实业集团下发《关于启动突发公共卫生事件一级响应的通知》，于当日15时启动服务区突发公共卫生事件一级响应，所属各分公司按照公司《突发公共卫生事件应急控制预案》，成立由主要负责人为组长的应急处置领导组和相应工作机构，切实加强疫情防控工作的组织领导；组织各服务区结合实际情况，制定完善《服务区新型冠状病毒感染的肺炎疫情防控现场应急处置工作方案》，建立发热登记转移、疫情信息报送等工作制度并严格执行，切实加强疫情防控工作的规范性和实效性。

1月27日 交通实业集团下发《关于进一步做好新型冠状病毒感染的肺炎疫情防控工作的通知》，认真贯彻落实全省交通运输系统新型冠状病毒感染的肺炎疫情联防联控视频会议精神，严防严控，联防联控，群防群控，加强与地方政府卫生健康、公安交警等部门的密切协作，实行最严格的科学防控措施，全力配合在全省高速公路23个入省口的第一个服务区设置卫生检疫站，为检查、隔离、留验和转运等工作提供必要的保障，并做好公共区域、经营场所的消毒工作，严格实行垃圾分类管理，加强疫情防范指南或注意事项的宣传，全力以赴做好疫情防控工作，确保人民群众生命安全和身体健康，确保服务区稳定安全。

1月29日 阳泉市市长雷健坤以“四不两直”方式，突击检查交通实业集团太原分公司阳泉服务区疫情防控工作。检查中，雷健坤认真查阅车辆登记表，听取情况汇报，详细了解执勤人员配备、执勤任务分派、应急情况处置等，并根据各站实际情况和存在问题现场办公，要求各级各相关部门自觉扛起重大政治责任，深入学习贯彻习近平总书记最新重要指示精神，提高政治站位，全面贯彻坚定信心、同舟共济、科学防治、精准施策的要求，切实做到守土有责、守土担责、守土尽责，坚决打赢疫情防控阻击战。

2月1日 大同市委副书记、市长武宏文深入交通实业集团大同分公司官堡服务区检查督导疫情防控工作，看望慰问疫情防控一线工作人员。武宏文查看服务区流动人员体温监测、卫生间消毒清洁、餐厅封闭、超市值守等疫情防控措施落实情况，对大同分公司官堡服务区疫情防控有力细致的举措表示肯定，要求各级各部门主要负责人合理安排好各项防控措施，对上岗员工一定要进行常规定时测温、分批次解决好安全吃饭问题，确保企业生产安全、员工身体健康。高度重视，严防死守，不能有丝毫麻痹大意，对入境司乘人员要一个不漏检测体温，加大排查力度，严把入口关，切实防止输入型疫情，有效切断病毒传播途径。要进一步明晰责任，严格落实各项防控措施，既严格把住关口，又要尽可能保障道路畅通，维护正常交通秩序，坚决维护社会大局稳定。

2月2日 阳泉市委书记、市疫情防控工作领导小组组长关建勋赴阳泉分公司盂县服务区督导疫情防控工作，看望慰问奋战在防控一线的工作人员。要求继续坚守岗位，严格落实设卡检疫办法，科学规范检查、检测、消毒等工作，确保不漏一车、不落一人、简便高效，严把关口防扩散；要合理安排工作人员轮班值守时间，严格人员防护措施，确保工作人员休息、安全有保障。要充分认识当前疫情防控的紧迫形势，众志成城，全力以赴，更加扎实细致有效地做好疫情防控各项工作，全面落实落细各项防控措施，切实维护人民群众的生命安全和身体健康。

同日 交通实业集团认真贯彻落实省政府《关于在全省高速公路和普通干线公路入省口及环京出省口开展联防联控有关工作的通知》精神，所有省界服务区设置卫生检疫站的场地和隔离场所全部准备完毕，配合地方公安、卫生健康等部门设置卫生检疫站12个，由专业人员在服务区驻点检疫查验，开展体温监测、疑似人员隔离等疫情防控工作。

2月9日 山西交控集团党委书记、董事长袁清茂，党委副书记、总经理郝玉柱分别深入交通实业集团晋中分公司晋中服务区、太原分公司太原服务区调研疫情防控工作。

在晋中服务区，袁清茂指出，目前疫情防控正处在关键时期、考验期，要坚决在省委统一领导、统一指挥、统一调度下，科学防治、精准施策，始终保持抗击疫情一刻不停歇、一丝不松懈的状态，按照“五严五防”要求，严把关口，严防死守，进一步做好疫情防控各项工作。他强调，要进一步提高站位。从政治上看问题、想办法、干事情，注重非常时期对党员干部的考察、识别、评价、使用，把疫情防控实效作为检验和考验的磨刀石、试金石，充分发挥党的政治优势、纪律优势、组织优势，坚决打赢疫情防控阻击战。要进一步落实责任。坚决扛起主体责任，坚守岗位，靠前指挥，以上率下，激励引导广大党员干部特别是领导干部在疫情防控斗争中挺身而出、冲锋一线，通过狠抓落细落实，加强联防联控、群防群控，严防死守、不留死角，坚决阻断疫情传播路径。要进一步统筹谋划。积极与地方政府及有关部门沟通协商，合理安排值守共同做好检查和防控。统筹抓好精准复工复产工作，科学调度，有序推进，做到防疫、生产要“两手抓、两不误”。科学有效加强防护消毒措施，确保应急防疫物资运输“绿色通道”充足畅通，急用物资运送及时、准确到位。

在太原服务区，郝玉柱详细询问车流量、员工体温监测、现场通风消毒等作业流程、基层员工口罩等防护物资保障情况，他指出，当前随着企业复工、春运返程，新冠肺炎疫情防控仍处于关键期，要求认真贯彻习近平总书记关于坚决打赢疫情防控阻击战的重要讲话和重要指示精神，把树牢“四个意识”、坚定“四个自信”、做到“两个维护”体现在具体行动中，从自身做起，积极主动作为，落实落细各项防控和保障措施。要坚持保安全、保畅通，全力协助配合卫生健康、公安交管等部门做好防疫检测工作，尽量避免因防疫检测引发车辆拥堵和人员聚集。同时，要高度重视、认真做好自我防护，严格落实员工体温监测、场所通风消毒、食堂用餐管理等防控措施，确保员工安全健康。他强调，要认真落实省委、省政府、省国资委、省交通运输厅精准复工复产部署要求，在做好疫情防控的前提下，有序推动精准复工复产工作，确保防控疫情和复工复产、企业正常运营和项目开工建设“两手抓、两不误”。

同日 交通实业集团按照属地管理原则，配合地方公安、卫生健康等部门，在17个服务区设置卫生检疫站；在具备条件的服务区设置登记台39个，对所有进入服务区人员登记基本信息、测量体温。

2月14日 交通实业集团党委书记、董事长秦阳在太原分公司太原东服务区疫情防控和复工复产一线检查指导工作，亲切慰问奋战在防疫和复工复产一线的干部职工。

3月4日 交通实业集团在盂县服务区召复(开)工复产动员会，听取各参建单位落实疫情防控措施和安全有序推进复工复产等情况汇报，传达学习山西交控集团在建工程复工复产的相关要求，对服务区复工复产工作进行部署。

4月3日 交通实业集团2020年安委会第二次全体(扩大)会议召开，贯彻落实山西交控集团2020年安委会第二次全体(扩大)视频会议精神，分析研判当前安全形势，部署第二季度安全生产工作。会议要求重点做好7个方面工作，即压实落实安全生产责任；抓紧抓实抓细疫情防控工作；开展安全生产综合大检查；做好清明、“五一”节假日安全工作；强化危化品车辆运输车辆停放管控工作；开展好“安全生产月”活动；加强应急值班值守工作。要求各单位要以“3·30”京广线列车撞上塌方体脱线事故为鉴，在全力应对新冠肺炎疫情的同时，科学研判形势，深入排查安全隐患，完善应急措施，提前做好应对。特别是针对汛期对施工项目造成的安全威胁，各单位要确保责任、措施、督查、应急保障落实到位。

4月15日 全省首家高速公路“中化石油和高速能源”双品牌加油站在晋城服务区正式营业，标志着以高速公路为基础，共同打造合作共赢的新模式、新经验取得实质性进展，构筑起“中国石油、中化石油、壳牌优选、国新华储、高速能源”等油品供应圈，打造一批便民、快捷、优质的高速公路加油站又迈出新步伐。山西交控集团党委委员、副总经理武艺，中化石油销售有限公司党委委员、副总经理韩建国，交通实业集团党委书记、董事长秦阳等领导出席开业仪式。

同日 山西交控集团党委委员、副总经理武艺深入晋城分公司调研。在晋城服务区现场，武艺询问疫情防控期间餐厅、超市采取的现场防控措施及近期安全生产工作开展情况，重点对加油站的开通及服务区断面车流量及消费车次进行了解询问。要求牢牢把握经营体制机制调整带来的新变化、新发展、新机遇，建立完善各项考核目标的，提供公共服务的优质供给，优化运营体制机制的改进，落实好疫情防控和安全生产管理工作，做好企业文化的培育和发展，发挥好党建引领作用。

4月24日 山西交控集团党委委员、副总经理武艺赴盂县、阳曲、薛公岭3对服务区，实地调研、督导服务区提档升级、环境卫生整治和安全生产工作。要求统一思想，提高认识，持续推动服务区提档升级，深化"厕所革命"；要坚持"物质不足精神补、资金不足市场补、硬件不足软件补、软件不足智能补"，不讲客观条件，积极主动作为，运用市场化思维、智能化手段，有效解决设施设备、环境卫生、建设资金、管理效率、服务质量等方面存在的问题，全力以赴补齐短板、提质增效；要高度重视宣传工作，进一步加大对改造后环境面貌焕然一新、管理服务高效优质的标杆性服务区的宣传力度，注重正面发声、讲好故事，引导社会舆论导向，树立高速公路服务区良好的社会形象。

4月28日 交通实业集团"五一"假期安全管理工作部署会召开，传达山西交控集团"五一"假期交通安全工作动员部署会精神，要求各单位在"五一"期间要切实做到保畅通、保安全、强应急、优服务、防疫情。要严格落实安全生产责任；全面排查整治隐患；强化服务区车辆安全管控；完善应急预案和措施；做好节假日期间应急值守；避免拥堵事件发生；确保密切配合交通、公安等相关部门，圆满完成"五一"期间各项任务。

4月30日 山西交控集团"擦亮窗口 倡导文明"环境卫生整治月活动启动仪式在平遥服务区举行，山西交控集团党委委员、副总经理武艺出席启动仪式。此次活动时间为2020年5月1日至31日，是山西交控集团深入贯彻省委"四为四高两同步"总体思路和要求、落实省委书记楼阳生在山西交控调研时重要讲话精神的有力举措，是推进建设美丽山西、更好地满足人民群众美好出行需求的具体实践。

5月9日 交通实业集团一届二次职代会暨2020年工作会议召开。交通实业集团党委书记、董事长秦阳作题为"凝心聚力开新局 砥砺奋进再出发 在新的起点上开创实业集团事业发展新局面"工作报告，回顾总结2019年经营管理工作，分析面临的形势和任务，提出2020年的5项主要工作任务。一是紧扣一个定位，即紧扣"打造山西交控集团新的经济增长点，创高速公路服务一流品牌企业"的定位不偏离，确保高质量发展频率不变。二是聚焦两大路径，即聚焦"创新驱动、开放融合"这两个路径不停步，激发内生动力不断增强。三是破解三大难题，即破解"资金保障、人才瓶颈、风险防控"三大难题不懈怠，促使动力潜能充分释放。四是把牢四个抓手，即把牢"解放思想大讨论、攻坚突破主题年、工作作风大提升、企业文化加速度"这四个抓手不松劲，推动发展根基更加稳固。五是着力五大突破，即着力"强化治理、提质增效、考核激励、安全应急、党的建设"这五大突破不迟疑，保障传统优势持续厚植。会议以视频形式召开，交通实业集团领导班子、总部职能部室职工代表在主会场参会，交通实业集团所属各企业职工代表在分会场参会。

同日 下午，交通实业集团2020年党的建设和党风廉政建设工作会议召开，贯彻落实中央、省委、省国资委党委和山西交控集团党委相关会议精神和部署要求，总结工作，分析形势，安排交通实业集团2020年党的建设和党风廉政建设工作。会议以视频形式召开，交通实业集团领导班子、总部职能部室（中心）中层管理人员和子（分）公司党支部书记在主会场参会。交通实业集团所属企业领导班子成员、党务工作者在分会场参会。

2020年党建工作，重点抓好7个方面工作：一是"铸魂工程"，即强化政治定力，始终把党的政治建设摆在首位，不断强根铸魂，锻造过硬的理论素养和政治本色。二是"凝心工程"，即强化思想引领，坚持思想建党、理论建党，突出习近平新时代中国特色社会主义思想的理论武装，坚定党员的政治信仰。三是"先锋工程"，即建强战斗堡垒，以"党的一切工作到支部"为导向，全力提升基层党建质量。四是"智云工程"，即创新党建管理，围绕建设应用全省统一的"三晋先锋"一体化平台工作，搭建"先锋荟"党建云平台，开辟"指尖上"的党建新阵地。五是"人才工程"，即激发组织活力，用事业造就人才、用环境集聚人才、用机制激励人才，为实业集团"创一流企业"提供坚实的人才支撑。六是"聚力工程”，即汇集发展动能，紧贴交通“大时代”发展的新走向、新特点、新要求，统筹实业集团精神文明建设和群团组织工作。七是“清廉工程”，即铸塑廉洁国企，围绕主责主业，汇聚监督合力，提升执纪能力、彰显问责震慑力，努力在净化政治生态、强化纪律建设、深化反腐败斗争等方面取得实效，打造“清廉实业”。

2020年党风廉政建设重点工作：一是加强廉政思想教育，筑牢廉政思想防线；二是发挥纪检监督作用，提高监督工作质量；三是持续加强作风建设，树立良好作风形象；四是融入纪检监察体制改革，锻造忠诚干净担当纪检队伍。

5月11日 山西高速泰化天然气有限公司创立大会暨第一次股东会在太原举行。交通实业集团党委书记、董事长秦阳，吕梁泰化集团有限公司董事长、总经理张子玉代表双方股东出席会议。

5月15日 全省首家高速公路服务区提档升级观摩推进会在盂县服务区召开。省交通运输厅党组书记、厅长闫晨曦，山西交控集团党委副书记、副董事长、总经理郝玉柱，省交通运输厅党组成员、副厅长李贵顺，阳泉市委常委、盂县县委书记张其光，招商局公路网络科技控股股份有限公司党委委员、副总经理杨旭东，中国公路学会服务区工作委员会常务副秘书长马键等领导出席会议，山西交控集团党委委员、副总经理武艺主持会议。省交通运输厅、山西交控集团，盂县县委、县政府和高速交警、招商局公路网络科技控股股份有限公司、路桥集团、交投集团、高速集团、交科集团、交通实业集团、养护集团、监理集团及太旧高速公路管理公司等相关单位领导、部门负责人参加会议。

5月18日 山西交控集团党委第一巡察组巡察交通实业集团党委动员会召开。组长李润喜通报巡察任务和工作安排，并作动员讲话，交通实业集团党委书记、董事长秦阳作表态发言，交通实业集团党委副书记、总经理唐耀祥主持会议。山西交控集团党委第一巡察组成员，交通实业集团领导班子成员、总部职能部室（中心）主要负责人、各党支部书记参加会议。根据山西交控集团党委统一安排，山西交控集团党委第一巡察组自2020年5月18日至6月28日，对交通实业集团党委开展 巡察。

同日 交通实业集团信访工作会议召开，学习传达全省、省国资委、交控集团2020年度信访工作会议精神，部署2020年信访工作和全国“两会”期间信访稳定工作。要求以习近平新时代中国特色社会主义思想为指导，全面落实省委“四为四高两同步”总体思路、省国资委和交控集团2020年信访工作部署要求，加强信访形势分析研判，着力矛盾纠纷排查化解，强化重点领域专项整治，夯实信访稳定基础工作，为交控集团实现“零上访”目标、创建“三零”单位做出积极贡献。

5月20日 交通实业集团“三零”单位创建工作暨全国“两会”期间安全生产工作部署推进会议召开。会议以视频形式召开，交通实业集团领导班子成员、职能部室（中心）中层管理人员、子（分）公司代表主要负责人在主会场参加会议，其他子（分）公司领导班子成员及内设机构负责人在分会场参加会议。晋中分公司、高速能源销售公司、物业公司分别作表态发言。会议要求各级党组织和党员干部要提高政治站位，紧盯目标任务，突出工作重点，严格落实“三零”单位创建和“两会”期间安全生产稳定各项措施；统筹谋划，狠抓落实，确保各项工作提质增效。

同日 下午，交通实业集团第七次党委理论学习中心组（扩大）学习会议召开，专题学习习近平总书记视察山西重要讲话重要指示。

会议认为，习近平总书记时隔三年再次赴山西考察指导，充分体现党中央、习近平总书记对山西人民的深厚感情，对山西高质量转型发展的殷切期望，全省上下备受鼓舞、倍感振奋、倍增信心。习近平总书记视察山西重要讲话重要指示，是习近平新时代中国特色社会主义思想的重要组成部分，是指导山西高质量转型发展，推进山西各项事业不断前进的行动指南和根本遵循。会议要求，交通实业集团各级党组织要把学习宣传、贯彻落实习近平总书记重要讲话重要指示精神，作为当前和今后一个时期的首要政治任务，迅速掀起实业集团系统学习宣传贯彻热潮；要坚持以习近平新时代中国特色社会主义思想为指引，把学习贯彻习近平总书记视察山西重要讲话重要指示，与学习贯彻习近平总书记“三篇光辉文献”结合起来，与习近平总书记关于交通运输工作的重要论述结合起来，与紧跟时代步伐、对标学习结合起来，一体学习、一体贯彻，推动学习贯彻往深里走、往心里走、往实里走；要加大宣传力度，切实做好学习宣传贯彻习近平总书记视察山西重要讲话重要指示相关工作，大力营造实业集团上下学习贯彻重要讲话重要指示的浓厚氛围，凝聚实业集团全体干部员工干事创业、担当作为的正能量;要结合国情、省情和企业实际贯彻落实,坚决做到用习近平总书记视察山西重要讲话重要指示指导工作,按照省委“四为四高两同步”总体思路和要求,以党的集中统一领导、全面从严治党为统领,在山西交控集团党委的坚强领导下,聚焦主业科学管控,围绕“实现经济利润最大化,努力打造山西交控集团新的经济增长点,创高速公路服务一流品牌企业”发展目标,做好公共服务、抓好经营业态发展,提升服务品质,确保顾客满意、员工幸福,为山西交控集团加快建设国内一流的科技型、实力型、智能型现代化交通企业做出新的贡献,真正把“两个维护”体现到行动上、落实到工作中,为我省转型发展、绿色发展、高质量发展做出更大贡献。

5月29日 交通实业集团全面从严治党专题会议召开,集中学习《党委(党组)落实全面从严治党主体责任规定》《中国共产党国有企业基层组织工作条例(试行)》《中国共产党支部工作条例(试行)》《中国共产党党员教育管理工作条例》等党内法规和规范性文件的基础上,研究制定《关于开展2020年第一次党建工作督导检查方案》《关于开展党员教育和意识形态工作责任制落实情况专项督导检查方案》。会议要求,压紧夯实主体责任,推动全面从严治党任务落地生根;严肃和规范党内政治生活,培育良好政治生态;深化党风廉政建设,巩固反腐败斗争压倒性态势;加强党务干部队伍建设,夯实全面从严治党工作基础。

6月3日 交通实业集团2020年“安全生产月”暨省级安全文化示范单位动员会召开。会议以视频形式召开,交通实业集团各职能部室(中心)、子公司负责人和分管安全的负责人,太原、晋中分公司负责人及分管安全的负责人在主会场参会;所属各分公司领导班子成员和服务区(停车区)负责人在分会场参会。会议要求,围绕主题,精心组织,扎实开展安全生产月活动;明确目标,协同推进,全面做好“省级安全文化示范单位”创建工作;强化责任,狠抓落实,确保两项活动取得实效。

6月11日 山西高速国新天然气有限公司创立大会暨第一次股东会在太原召开。山西国新能源集团党委书记、董事长刘军,山西交控集团党委委员、副总经理武艺,交通实业集团党委书记、董事长秦阳等股东方领导出席会议。

6月15日 山西交控集团党委副书记、总经理郝玉柱,党委委员、副总经理武艺深入交通实业集团清徐服务区、薛公岭服务区,就危化品运输车辆管理、服务区提档升级等方面进行调研。

在清徐服务区,郝玉柱实地查看危化品运输车辆专用停车区建设、入区危化品运输车辆现场管理,要求深刻汲取浙江温岭“6·13”槽罐车爆炸事故教训,严格落实专册登记、专区停放、动态巡查等管理措施,有效防范危化品运输车辆聚集停放风险;要按照“客货分区、布局合理、线路科学”原则,尽快对服务区入口匝道、停车场布局进行整体设计和综合改造,彻底解决因入口匝道设计不合理带来的车辆安全隐患,确保服务区安全稳定运行和司乘人员的生命财产安全。他还仔细检查公厕保洁情况,对服务区环境卫生整治工作给予充分肯定。要求进一步深化“厕所革命”,全力解决好公厕臭味、异味、污水等问题,实现厕所“设施标准化、管理专业化、服务人性化”,让公众享受到更高品质的如厕体验。

在薛公岭服务区,郝玉柱详细了解服务区提档升级改造情况,与入驻试运营的享当当等商户进行交流。他强调,服务区升级改造完成后,要更加注重经营管理和服务质量的全面提升,要围绕“把服务区建成旅途的驿站、文明的窗口、城市的延伸和温馨的家园”的功能定位,及时完善日常管理和监督检查机制,补短板、堵漏洞、强弱项,真正实现服务区的全面提档升级。同时要在突出地方特色、展现独特魅力、做到与众不同方面总结实业经验,打造出高速公路上的靓丽名片。

6月17日 交通实业集团“6·13”浙江温岭槽罐车爆炸事故警示教育及疫情防控会议召开,传达省安委会《关于浙江温岭“6·13”槽罐车爆炸事故的通报》、省交通运输厅疫情防控办关于高风险区人员入境管控的有关要求。会议以视频形式召开,交通实业集团各职能部室负责人、子公司和太原、晋中分公司负责人及分管安全的负责人在主会场参会;所属各分公司领导班子成员和服务区(停车区)负责人在分会场参会。

会议要求,浙江温岭“6·13”槽罐车爆炸事故教训惨痛,疫情防控出现反弹,各单位要统一思想、提高认识,切实履行安全生产职责;吸取教训、举一反三,狠抓服务区危化品车辆停放及油库安全生产管理;严防严控、抓实抓细,确保“内防输入、外防反弹”到位;加强督导、落实措施,全面做好安全生产工作。

6月23日 交通实业集团顺利通过安全生产标准化二级达标验收并取得交通运输部颁发的二级达标证书。

7月1日 交通实业集团庆祝中国共产党成立99周年暨"七一"表彰会召开，重温入党誓词，传达省委十一届十次全会精神，对优秀共产党员、优秀党务工作者、先进基层党组织进行表彰，进一步动员广大党员干部以先进为榜样，不忘初心、牢记使命，改革创新、担当作为，以更加饱满的热情投身实业集团改革发展各项事业。会议以视频形式召开，交通实业集团领导班子成员、党支部书记、党员代表和受表彰人员代表参加。

7月7日 交通实业集团第9次党委理论学习中心组(扩大)学习会议召开，专题学习"省委十一届十次全体会议"精神。要求全面传达、深刻领会，切实增强学习贯彻落实的政治自觉和行动自觉；明确方法路径，严细工作措施，确保高质量转型发展蹄疾步稳；充分发挥政治优势，切实提高治理效能，以党建引领高质量转型发展；争做执行落实先锋、追赶超越先锋、改革转型先锋，真正为企业高质量转型发展蹚出一条新路来。

7月14日 交通实业集团2020年上半年工作总结暨经营分析会召开，听取各分子公司、交通文化传媒筹备组上半年经营工作情况汇报，对交通实业集团上半年经营管理工作进行总结，对下半年经营管理工作做出部署。交通实业集团经理层、总部有关职能部门负责人、各分子公司和交通文化传媒筹备组筹备组负责人参加会议。

7月27日 交通实业集团第11次党委理论学习中心组(扩大)学习会议召开，专题学习《中华人民共和国民法典》和依法治国，重点学习《充分认识颁布实施民法典重大意义，依法更好保障人民合法权益》、关于《中华人民共和国民法典(草案)》的说明、新时代的人民法典——《中华人民共和国民法典》诞生记、中央政治局第二十次集体学习、楼阳生《在转型发展上率先蹚出一条新路来》、关于新时代加快完善社会主义市场经济体制的意见等内容。

7月29日 山西交控集团党委第一巡察组巡察交通实业集团党委情况反馈会议在四楼会议室召开。山西交控集团党委巡察工作领导小组成员张晓东、郜勇刚，第一巡察组组长李润喜出席会议，集团领导班子成员、总部职能部室(中心)主要负责人和交通文化传媒筹备组主要负责人及高速能源分公司负责人、各分(子)公司党支部书记参加会议。

李润喜反馈巡察情况，并提出整改要求：一是明确任务，压实责任。党委要履行巡察整改工作主体责任，党委领导班子要对整改负总责，切实发挥表率作用。党政主要负责人要对整改负首责，担起整改第一责任人的责任，其他班子成员要落实分管领域整改责任，切实履行整改"一岗双责"。二是细化措施，统筹推进。要认真研究反馈意见，制定整改方案，建立整改问题清单、任务清单和责任清单，逐一明确整改措施、目标成效、责任人、牵头部门、配合部门和整改时限。实行台账管理和动态管理，坚持挂图销号整改，倒计时推进，及时跟进"清零"。三是建章立制，举一反三。强化制度意识，既要有"当下改"的举措，推动解决具体问题、个性问题，更要有"长久立"的机制，总结共性问题、规律性问题。要将制度建设转化为治理效能，着力构建有效管用的制度体系。四是扎实整改，落实到位。要坚持全面整改与重点整改相结合，按照问题清单，逐项逐条落实，推动各项整改任务落到实处。五是以点带面，促进发展。充分发挥混改优势，以公共服务、经营业态、窗口形象为重点，积极构建集服务管理、经营管理、产业发展、财务核算、生产管控于一体的成本管控体系，创建全国高速公路服务一流品牌。

张晓东在讲话中，提出3点要求：一是提高政治站位，增强巡察整改工作的政治自觉、思想自觉和行动自觉；二是压实政治责任，推动形成上下齐抓整改的良好局面；三是落实整改要求，确保整改经得起历史和实践检验。

秦阳表示，交通实业集团党委对巡察组指出的问题，诚恳接受，全面认领，照单全收；对巡察组提出的意见建议，将认真贯彻、全面落实，不折不扣、不遗余力全面抓好整改落实。交通实业集团党委将坚决扛起巡察整改工作的政治责任，切实落实巡察整改工作的政治任务，努力达到巡察整改工作的政治效果。交通实业集团各级党组织将切实担负起全面从严治党的政治责任和领导责任，严格履行好思想建党、制度管党、从严治党的主体责任，确保交通实业集团"135"发展思路落地见效，全力推进实业集团党的建设和改革发展稳定各项工作再上新台阶，为山西交控集团打造"国内一流的科技型实力型智能型现代化交通企业"做出新的更大贡献。

同日 交通实业集团山西交控集团党委第一巡察组巡察交通实业集团党委反馈意见整改工作

动员会召开，交通实业集团党委书记、董事长秦阳作动员讲话，交通实业集团领导班子成员、总部职能部室（中心）主要负责人和交通文化传媒筹备组主要负责人及高速能源分公司负责人、各子（分）公司党支部书记参加会议。

会议提出4点要求：一是提高政治站位，增强巡察整改工作的政治自觉、思想自觉和行动自觉。抓好巡察整改工作，是与党中央、省委、省政府和山西交控集团党委保持高度一致的实际行动，是检验"两学一做"学习教育成效的重要标尺。在整改过程中，要确保"不贰过"，同样的问题绝不能再犯第二次。要聚焦巡察组提出的问题，全面审视自己，认真对照检查，只要不符合巡察组的要求，就要坚决整改。二是坚持从严从实，确保整改工作取得实效。各级党组织要把巡察整改工作与深化"不忘初心、牢记使命"主题教育结合起来，坚持思想整改和行动整改相统一，抓住主要矛盾和矛盾主要方面，坚持"挂图作战"、坚持对账销号、坚持阳光整改，以高度负责的态度、务实过硬的措施，以重点问题整改带动全面整改，坚决落实整改责任，做到立行立改、即知即改，真改实改、全面整改。三是加强组织领导，增强守土尽责的履职担当。强化主体责任，交通实业集团党委履行巡察整改工作主体责任，党委书记承担整改第一责任人的责任，其他班子成员要落实分管领域整改责任，切实履行整改"一岗双责"。要一级抓一级，一级对一级负责，把整改责任压实到岗、传导到人、延伸到"最后一公里"。狠抓考核问责，交通实业集团党委将整改落实情况作为各子（分）公司领导班子和党员干部履行工作职责的重要检验，纳入2020年度考核的重要内容。完善长效机制，强化制度意识，既要有"当下改"的举措，推动解决具体问题、个性问题，更要有"长久立"的机制，总结共性问题、规律性问题。促进成果转化，坚定发展的信心，以发展成果检验巡察整改工作成效。四是坚持问题导向，坚决把巡察反馈问题全面彻底整改与"守纪律，讲规矩，提升执行力"结合起来。要牢固树立纪律观念和规矩意识，自觉按照原则规矩办事、按程序办事，把严守纪律和严明规矩作为坚定的信念，内化成一种生活习惯和行为规范。要提升执行力。创新"制度体系"机制、创新"责任管理"机制、创新"效率管理"机制、创新"精准督查"机制、创新"写实考核"机制。

8月3日 交通实业集团党委巡察整改工作专题会议召开，集中学习《县以上党和国家机关党员领导干部民主生活会若干规定》、《中国共产党党委（党组）理论学习中心组学习规则》、《党委（党组）意识形态工作责任制实施办法》(中办发〔2015〕52号)》等文件精神，传达贯彻《山西交控集团党委第一巡察组关于对实业集团领导班子巡察情况的反馈意见》《山西交控集团党委第一巡察组关于对实业集团党委巡察情况的反馈意见》《山西交控集团党委第一巡察组巡察实业集团党委发现的问题清单》，研究讨论《专题民主生活会方案》《关于山西交控集团党委第一巡察组反馈整改意见落实方案》《领导班子对照检查材料》《秦阳同志对照检查材料》。

会议提出3点要求：一是坚持"挂图作战"。《整改落实方案》是向山西交控集团党委立下的"军令状"，是做好整改工作的"时间表""路线图"和"任务书"。对于能够立即解决的问题，要马上整改，立竿见影，确保在规定时间内整改到位；对于需要一段时间解决的问题，要认真研究、扎实整改，不等不拖、能快则快，打好提前量，尽量往前赶，尽快见到实质性效果；对于需要长期整改的问题，要持之以恒地抓，锲而不舍地改。二是坚持对账销号。围绕巡察反馈问题标本兼治挂号督办、全力攻坚，各级党组织、各部门、各单位要实行"接到整改任务立即挂号，已处理问题及时销号，问题未处理好一直留号"的对账销号制度，既要明确时间要求，又要确保整改质量，真正做到见人见事见责任，以老老实实的态度、扎扎实实的成效让山西交控集团党委认可、广大干部职工满意。对确实改到位的问题，认定一个、销号一个、巩固一个；对没有改到位的问题，要责成限时办结，坚决防止整改工作流于形式。三是坚持阳光整改。按照"双公开"要求，整改过程要置于企业干部职工的监督之下，及时回应各方关切，主动接受各方面监督，进一步推动整改落实。

8月10日 交通实业集团党委巡察反馈问题整改专题民主生活会召开。山西交控集团党委第一巡察组李润喜到会指导。会上，交通实业集团党委专职副书记杨优喜代表交通实业集团党委简要通报巡察反馈问题整改专题民主生活会准备情况，党委书记秦阳代表交通实业集团领导班子进行对照检查发言，深入查摆存在问题和不足，深刻剖析问题产生的原因，提出努力方向和整改措施。秦阳带头，班子成员逐一进行对照检查发言，每位对照检查后，其他人对其开展批评，针对收到的批评意见，大家都照单全收，虚心接受，现场表态并提出整改意见。大家本着实事求是、求真务实的态度，开门见山地批评和自我批评，不仅起到红脸出汗治病的效果，而且真正达到班子成员之间真心提醒、真诚帮助、共同提高的目的。

李润喜对交通实业集团党委巡察整改工作专题民主生活会进行点评，认为此次民主生活会，班子和个人对照巡察整改工作问题进行深入剖析和对照检查深刻到位，做到真正把自己摆进去，把职责摆进去，把工作摆进去，是一次高质量的民主生活会。希望交通实业集团领导班子进一步加强改进党的全面领导，全面提升基层党组织的凝聚力，牢固树立"一盘棋"思想，发挥好把方向、守规矩、带队伍作用，妥善处理守规矩和善创新的关系，做到处理问题遵循规矩，面对问题敢于打破常规、勇于创新，提高执行力，确保巡察整改工作取得实效。

8月13日 交通实业集团党委书记、董事长秦阳深入吕梁分公司，就服务区环境卫生整治百日行动整治成效、服务区餐厅超市运营现状等工作进行调研指导。秦阳实地查看离石西服务区、临县南服务区、临县服务区经营管理现场，就服务区物业人员配置、监管人员情况、公共服务设施配置和餐饮超市进行详细了解，重点对4对加油站的开通及服务区断面车流量及消费车次进行了解询问，与消费者进行现场交流。要求围绕"把服务区建成旅途的驿站、文明的窗口、城市的延伸和温馨的家园"的功能定位，及时完善日常管理和监督检查机制，补短板、堵漏洞、强弱项，瞄准目标，高点定位，精准发力，使服务区统筹发展更加科学、公共秩序更加规范、经营业态更加多样、现场环境更加靓丽、服务品质更加优良、发展前景更加美好，最终实现高质量发展。

8月19日 山西交控集团党委副书记、总经理郝玉柱和党委委员、副总经理武艺在盂县服务区，就迎接"十三五"全国干线公路养护管理评价工作进行调研。要求把迎"国检"作为全年工作的重中之重。把握国检精神、吃透检查内容、弄清检查要点、明确工作重点。突出提档升级改造的成就与特色，体现优良经营管理服务水平，充分做好迎"国检"各项准备工作。

8月24日 交通实业集团2020年服务区环境卫生专项整治百日行动总结表彰大会召开，传达环境卫生整治长效机制文件精神，基层单位代表作交流发言，对3个优秀单位、10个先进集体、13名先进工作者、40名服务之星进行表彰奖励。山西交控集团党委委员、副总经理武艺应邀出席会议并讲话，交通实业集团领导班子成员出席会议。武艺在讲话中，要求思想认识再提高，对标意识再增强，提升服务抓落实。必须以"等不起"的紧迫感、"慢不得"的危机感、"坐不住"的责任感，进一步转变服务观念，提高服务意识，注重服务效果，按照交控集团《关于建立高速公路服务区"厕所革命"长效机制的通知》要求，全面实施"五个一"工作法，推动实现服务区环境卫生整治常态化、整治成果长效化，全力打造干净整洁、环境优美、秩序井然的高速公路服务区，更好地满足社会公众安全、便捷、高品质出行需求，真正把服务区打造成为山西高速的"靓丽窗口"和"响亮名片"。

9月1日 交通实业集团财务共享中心揭牌暨启动会召开，标志着交通实业集团财务集中管控工作迈向一个新台阶。山西交控集团总会计师孙建秀出席会议并讲话。她强调，共享中心不仅是实业自身财务信息化建设的重要组成部分，也是山西交控集团在财务共享方面的积极尝试，为山西交控集团在多业态、多层级、跨区域的模式下，实现有效财务管控提供宝贵经验。共享中心启动后要推动财务从核算会计向管理会计转型，促进财务与业务前端尽快融合，实现管控与服务并重，注重大数据运用，提高会计信息质量，为管理决策提供及时有效的数据支撑。

同日 交通实业集团收到国家税务总局山西省税务局、山西省财政厅《关于山西交通实业发展集团有限公司汇总缴纳增值税问题的通知》文件，批准交通实业集团实行增值税汇总纳税，自2020年10月1日起，由总机构汇总计算总机构及其所属分支机构增值税应纳税额，分支机构以当期实现的全部应税销售额按照预征率1%计算预缴增值税，就地申报缴纳；总机构统一核算销售额、销项税额、进项税额、预缴税款和应纳税额，进行申报纳税。上述政策实施后，可有效降低实业集团财务管理成本，减轻企业资金压力，促进企业高质量发展。

9月3日 山西交控集团党委委员、副总经理武艺赴临汾分公司就加快完善服务区经营业态、推进加油站开通等工作进行调研。武艺实地了解曲亭、安泽服务区经营业态、加油站开通运营手续办理情况，查看白家庄、玉龙庄停车区场区、路面、土建等情况。要求尽快完善曲亭、安泽服务区经营业态工作，发挥服务区各自优势，更好地为司乘人员提供多种服务，提升服务质量。把推进加油站开通运营作为工作重心来抓，积极协调相关单位，提出确实可行解决办法，确保早日开通，实现区域内交通运输和经济社会快速发展。

9月25日 交通实业集团举办学习贯彻《习近平谈治国理政》（第三卷）专题辅导暨第一期“实业大讲堂”，邀请省委党校副教授桑艳军作专题辅导报告。实业集团领导班子成员、中层管理人员和基层管理人员代表参加。

9月29日 交通实业集团2020年安委会第四次全体（扩大）会议暨秋冬季疫情防控工作视频会议召开，传达省政府第三、四次安委会及交控集团第四次安委会会议精神，总结2020年第三季度安全生产工作，对第四季度安全生产工作以及中秋、国庆假期安全运营和常态化疫情防控工作进行部署。会议要求各单位要提高政治站位，深刻认识做好当前安全生产工作的重要性和紧迫性，以服务区的加油站安全、消防安全、食品安全、危化品运输车辆安全、人员密集场所安全为重点，加强安全隐患排查治理；坚持以人为本，全力以赴做好小长假期间服务区经营管理工作，切实解决客流高峰期的接待能力不足、停车难、加油难、如厕难等问题，确保“两节”期间服务区“进得来”“停得下”“出得去”，努力改善广大司乘人员出行体验，提高顾客满意度；强化责任落实，主动担当，主动作为，各尽其责，形成合力，切实做好常态化疫情防控和应急值班值守工作。

10月1日 山西交控集团党委委员、副总经理武艺深入交通实业集团大盂服务区，就国庆、中秋节日期间运营安全保畅工作进行调研，看望慰问节日期间坚持奋战在一线的职工。要求全力保障服务区基本功能，营造祥和节日氛围；认真落实省安委办《国庆期间消防安全七项严管严控措施》，防范化解重大消防安全风险；保证货源充足、质量合格、明码标价，设置临时备用厕所，更好地服务群众出行；落实常态化疫情防控措施，做好公共区域通风、消毒等工作。

10月5日 省交通运输厅党组书记、厅长闫晨曦深入交通实业集团晋中服务区，对“两节”期间安全生产工作进行专项督查。在晋中服务区，闫晨曦重点检查危化品车辆停放管理情况。他指出，危化品不同于普通货物，运输车辆进入高速公路服务区后，置于其他车辆和人流之中，无异于一个个移动的安全隐患源。规划好、预防好、管理好高速公路服务区危化品运输车辆停放，事关公共安全，必须引起高度重视。要千方百计加强危化品运输车辆停放场区管理，最大限度降低安全威胁，最大程度提高防范处置能力，全力保障服务区安全。

10月5日至6日 山西交控集团党委委员、副总经理武艺深入交通实业集团督导检查节日期间安全保畅工作。在平遥、杏花服务区，武艺详细询问节日期间服务区人流车流情况，以及秩序维护、食品卫生、清洁保洁及消防设施配置等各项措施落实情况。要求认真贯彻落实省委、省政府部署，提高政治站位，切实履行职责，时刻绷紧安全生产这根弦。深入开展安全风险隐患排查，针对性制定管控和治理措施，切实消除每一处隐患、堵塞每一个漏洞，坚决筑牢安全生产防线。

10月15日 团省委、省扶贫办、山西交控集团联合开展“山西高速公路服务区争创消费扶贫青年文明号”专项行动启动仪式在交通实业集团潞城服务区举行，交通实业集团商品零售品牌“晋行晋驿”线上平台同步上线，省少工委主任丁国栋、山西交控集团党委委员、副总经理武艺出席启动仪式。武艺表示，交控集团将在巩固提升现有高速消费扶贫专区的基础上，再选择一批车流量大、客流量大的服务区，设立一批消费扶贫专区，引导服务区团员青年勇担时代责任，广泛开展多种形式助力消费扶贫活动，力争将高速公路消费扶贫青年文明号打造成消费扶贫的新亮点、社会扶贫的新品牌。

10月16日 交通实业集团2020年第三季度经营分析会召开，总结各单位第三季度的经营情况，分析存在的问题和不足，对第四季度工作进行安排和部署。实业集团经理层、各分子公司、交通传媒公司筹备组、高速石化合资公司筹备组、中石油高速合资公司筹备组、有关职能部室负责人共计30余人参加会议。会议要求各单位认真对照年度经营目标任务，全力以赴努力完成各项工作。

10月22日 交通运输部“十三五”干线公路养护管理治理能力评价工作检查组在盂县服务区实地检查“服务区+”、大件运输车辆等规范化管理工作。省公路局局长胡钢成，山西交控集团党委委员、副总经理武艺，交通实业集团党委书记、董事长秦阳等陪同检查。检查组一行详细了解“十三五”

期间山西省交通运输厅、山西交控集团高速公路服务区管理情况，参观盂县服务区文化长廊、交通国旅门店、司机之家、扶贫超市、明厨亮灶，实地检查大件运输车辆停车场、公共卫生间、第三卫生间、开水间、妈咪小屋等公共服务设施建设、管理情况，现场观摩服务区智能管控平台，对服务区+旅游+文化+扶贫情况、充电站等新能源应用情况、大件运输车辆管理服务情况、公共服务设施建设管理情况、智慧服务区和绿色服务区建设情况进行现场检查，对服务区经营管理情况给予充分肯定。

11月3日 交通实业集团党委书记、董事长秦阳与山西广电信息网络(集团)有限责任公司党委副书记、总经理赵文华一行进行工作会谈，双方就高速服务区管理与服务需求、服务区信息化和智能化建设等方面展开深入交流。双方表示，希望能在智慧交通领域开展深度合作，以交通问题为导向，国家政策为引领，创新技术为驱动，为加快交通服务领域数字化、网络化、智能化发展提供有力支撑，为公众提供更好的出行服务体验。做好全省大数据战略新形势下信息化和数字化基础设施建设是共同责任，需要双方形成合力，强强联合、优势互补，基于各自优势开展联合创新，为全省高速服务区打造基于大数据平台的智慧服务体系，共同推动高速智慧服务区建设。

11月13日 交通实业集团党委2020年第14次中心组学习会议召开，集中观看学习贯彻中共十九届五中全会精神中央宣讲团报告会录像，传达学习中共十九届五中全会、省委常委扩大会议暨中心组学习会、省委常委会部署中共十九届五中全会精神宣传等工作精神，就交通实业集团兴起学习热潮、抓好贯彻落实做出部署。交通实业集团党委书记、董事长、中心组组长秦阳在主持会议时强调，要深刻领会和把握中共十九届五中全会的精神实质、核心要义，迅速掀起学习宣传贯彻中共十九届五中全会精神热潮，切实把习近平总书记重要讲话和中共十九届五中全会精神落到实处。

11月20日 晚上，省交通运输厅党组成员、副厅长王晋深入交通实业集团晋中分公司晋中服务区,对高速公路危化品车辆停放安全管理进行调研。王晋听取晋中分公司负责人对高速公路服务区危化品车辆停放引导、实时登记、现场巡查、限时停放告知、驶离登记等管理流程的汇报，询问了解服务区安全生产工作开展、危化品车辆管控措施和双重预防体系建设推进情况，实地查看服务区设立的限高杆、车辆指引行驶动线、危化品车辆停放专区、微型消防站、动态监控、重点巡逻、发放限停告知单等措施对危化品车辆停放进行有效管控情况，对服务区日常工作给予肯定。王晋指出，安全生产责任重于泰山，人民群众利益高于一切，服务区是高速公路服务司乘人员的重要窗口，一定要高度重视安全生产工作。省交通运输厅将争取通过有关渠道让政府尽快将危化品运输方式由公路运输转为铁路运输。王晋要求，一是提高政治站位和责任意识，切实落实好主体责任，着重加强危化品车辆管理工作，坚决守住安全生产的红线和底线；二是时刻紧绷安全生产这根弦，做到早预防、早准备、早发现、早处理，争取将安全隐患消灭在萌芽状态，一旦发现安全事故要及时、有序、高效、妥善处置，最大限度地减少损失；三是扎实做好危化品车辆停靠服务区的管控工作，牢固树立“一盘棋”思想，加强日常管理，注重宣传教育；四是强化安全工作监管，尤其要抓好重点领域、重点部位、重点环节的管控，不断优化应急预案和演练方案，把各项工作落到实处。

11月22日至25日 交通实业集团举办2020年安全应急培训。各分公司总经理和业务部室负责人、服务区(停车区)负责人及子公司负责人126人参加培训。培训坚持问题导向，密切联系工作实际，重点围绕习近平总书记关于安全生产的重要论述心得、安全法律法规相关知识、安全生产“五大体系”、安全生产事故典型案例及应急救援案例分析、消防应急管理知识等方面内容，帮助培训人员进一步把握当前安全生产形势，贯彻落实安全法律法规及相关文件，深入了解安全生产“五大体系”，为今后集团公司安全生产和应急管理工作的开展打造了良好的基础，推动集团公司安全生产形势持续稳定。

11月23日 交通实业集团长治分公司潞城服务区彩色防滑路面标线标识正式落地，这是山西交控集团服务区提档升级“六大工程”中设施完善及品质提升工程的交通工程设施功能提升项目。潞城服务区是全省首家采用彩色防滑路面标线标识的高速公路服务区。所有停车位全部采用双组份彩色标线铺装，路面标线采用反光热熔型道路标线施划，车辆分流引导由红、黄、蓝、绿四种颜色喷涂。

12月4日 交通实业集团干部大会召开，宣布山西交控集团党委干部任免决定：曹志刚任实业集团党委副书记，同时免去唐耀祥的实业集团党委副书记职务。交通实业集团党委书记、董事长秦阳主持会议并宣读山西交控集团党委《关于曹志刚同志职务任免的通知》。交通实业集团领导班子成员、总部职能部室（中心）、各子公司中层干部及职工代表在主会场参加会议，各分公司中层干部、基层干部和职工代表在分会场参加会议。

同日 按照山西交控集团党委统一部署，学习贯彻中共十九届五中全会精神山西交控集团宣讲团宣讲报告会在交通实业集团举办。山西交控集团宣讲团成员、交通实业集团党委书记、董事长秦阳作宣讲报告。交通实业集团领导班子成员、总部职能部室（中心）、各子公司中层干部及职工代表在主会场参加，各分公司中层干部、基层干部和职工代表同时在分会场聆听报告会。

12月20日 交通实业集团太原分公司盂县服务区分布式光伏发电项目正式并网发电，标志着全省首例高速公路服务区分布式光伏发电项目建设成功，开启分布式光伏发电项目在高速公路服务区领域应用新河。这是交通实业集团在分布式光伏发电领域与其他企业开展的第一个合作试点项目，也是在开发利用路网闲置资源业务中的一次重要尝试。项目建设不仅解决服务区车辆停放安全问题，为司乘人员提供更加舒适的服务体验，同时，也达到储能降耗、绿色环保目的，实现“双赢”。

12月26日 交通实业集团党委理论学习中心组2020年第16次学习会议召开，学习贯彻中央经济工作会议精神。要求坚定政治站位，坚持党的领导，坚持稳中求进，以高质量转型发展为主题，抓好“六定”改革、安全生产等重点工作。贯彻落实山西交控、省交管局高速公路协同共治座谈会精神，执行新版“11236”协同共治机制，为保障社会公众安全便捷出行，为全省在转型发展上蹚出一条新路做出新贡献。

12月27日 山西高速石化有限责任公司创立大会暨第一次股东会在太原召开，交通实业集团党委书记、董事长秦阳，中石化山西石油分公司总会计师邓红平等代表股东方出席会议。

12月31日 山西交通实业发展集团有限公司2020年第17次党委会会议召开，传达贯彻中共山西省委十一届十一次全体会议暨省委经济工作会议精神，并对近期有关工作进行部署。要求围绕省委“四为四高两同步”总体思路要求，结合企业实际工作，谋划好“十四五”规划；要明确路径、找准方法、强化抓手，为圆满完成2021年经营管理发展目标任务做出贡献；要认真做好近期各项工作，认真组织好春运和安全生产工作，抓好信访稳定工作，做好春节慰问工作，统筹安排好年度考核等工作，确保节日期间风清气正。

（资料提供：王立功　潘建峰）

山西交通建设监理咨询集团有限公司大事记

1月13日 山西交通建设监理咨询集团有限公司（以下简称交通监理集团）开展“送温暖、献爱心”社会捐助活动，捐赠8895元。

2月11日 交通监理集团党委、纪委对所属各子公司进行检查督导，重点对返岗人员信息登记、办公场所消毒、防控物资储备、日常工作安排及项目部返岗防控措施等进行检查，要求各子公司负责人要履行第一责任人职责，做好公司疫情防控各项工作，确保正常工作和疫情防控有序进行。

2月19日 交通监理集团交科监理公司监理的青海省国道G310线循隆段公路工程获“2019年度青海省建设工程江河源杯奖”。

2月27日 在交通监理集团范围内掀起“勠力同心·众志成城·共抗疫情”爱心捐助热潮。捐款人数共492人，捐款金额总计51774元。

3月18日 交通监理集团成功中标新疆京新高速（国道G7）梧桐大泉至木垒段公路项目机电交安工程施工监理WBZJ-JDJA合同包，中标金额710万元，成为交通监理集团成立以来机电项目中标里程最长的一条公路。

4月30日 交通监理集团2020年党的建设和党风廉政建设工作会议召开。交通监理集团领导、机关各部室负责人、所属各子公司领导班子成员和其他中层管理人员以及部分员工参加会议。

同日 交通监理集团一届二次职代会暨2020年工作会议召开。交通监理集团党委书记、董事长张跃峰出席会议并讲话，总经理何晓明作题为"求真务实强根基 开拓创新促提升 奋力谱写监理集团高质量发展新篇章"工作报告，党委专职副书记、副董事长王力杰主持。

5月18日 交控集团党委第一巡察组巡察集团公司党委动员会在交通监理集团六层会议室召开。

5月26日 交控集团党委书记、董事长袁清茂到交通监理集团调研指导，董事赵石岗、副总经理武艺、纪委书记焦军一同调研。

6月30日 交通监理集团对省重点项目隰吉高速公路3个总监办进行综合检查，启动2020年度第一阶段综合检查工作。

7月10日 按照省交通运输厅及交控集团关于"安全生产月"活动的部署安排，交通监理集团积极开展以"消除事故隐患，筑牢安全防线"为主题的一系列活动。

同日 交通监理集团及子公司交科监理成功中标黎霍高速公路和离隰高速公路施工监理项目，中标金额近2亿元，单项合同额再创新高。

7月28日 交控集团党委第一巡察组巡察集团公司党委情况反馈会议在交通监理集团六层会议室召开。第一巡察组组长李润喜、党委巡察工作领导小组成员、纪委常务副书记王忠明、党委巡察办副主任冀岚、第一巡察组联络员韩伟及集团公司领导班子成员、各职能部室及所属各企业主要负责人参加会议。

9月27日 交通监理集团静兴项目J1总监办汾河大桥监理组获2020年山西省质量信得过"一等班组"荣誉。

9月28日 交通监理集团申报的"嵌入式路面预埋车检线圈施工工法"和"隧道消防管道防漏防冻安全预警设备"两个项目在中国公路学会主办的"第三届品质工程论坛·延崇高速河北段绿色示范工程现场观摩会暨首届全国公路'微创新'大赛表彰活动"中均获得银奖。

9月29日 交通监理集团在2019年度全国公路监理企业综合信用评价及全国公路水运工程试验检测信用评价中均被评为"AA"级。

10月7日 为吸取"10·01"太原台骀山事故教训，迅速贯彻落实10月2日省交通运输厅、交控集团关于立即开展安全生产大检查的紧急通知精神，交通监理集团结合正在进行的项目综合督查开展安全生产专项检查，要求所属各单位进一步提高政治站位，严格履行监理职责，立即开展安全生产自查自纠。

11月13日 交通监理集团振兴监理公司取得住建部市政公用工程监理乙级资质证书及房屋建筑工程监理乙级资质证书。

11月18日 根据交控集团及交通监理集团《安全生产培训工作方案》要求，组织消防安全知识培训及消防安全应急演练。

10月19日 交通监理集团在青海加西项目召开以"品质创建·安全发展"为主题的品质工程现场推进会暨安委会第三次会议。这是交通监理集团成立以来首次组织的现场推进会，有力推动品质工程创建示范活动及品质提升三年攻关行动持续深入开展，得到青海省交通运输厅各级领导和建设业主的高度评价。

12月1日 交通监理集团干部大会召开，交控集团专职党委副书记、副董事长、副总经理刘宏武到会并宣读交控集团任命决定：经2020年11月30日山西交控集团党委会会议议研究决定，何晓明任交通监理集团党委书记。经2020年11月30日山西交控集团会议研究决定，何晓明任交通监理集团董事长；张跃峰任环保公司外部董事；提名聘任刘安民为交通监理集团资深专员。

12月3日 交通监理集团成功中标山西交通控股集团高速公路运营站区污水处理工程监理项目。该项目采用"EPCO"模式承担"设计+采购+施工+运营"任务，是全省规模最大的污水处理工程。实现交通监理集团承担EPCO环保监理零的突破。

12月4日 根据交通监理集团党委统一安排，交通监理集团在全集团范围内举办学习宣传贯彻中共十九届五中全会精神宣讲报告会，交通监理集团党委书记、董事长何晓明作宣讲报告，专职党委副书记、副董事长周留刚主持。

12月8日 交通监理集团干部大会召开，专职党委副书记、副董事长周留刚宣读交控集团任命决定：经2020年11月30日山西交控集团党委会会议研究决定，张晶尧任交通监理集团党委委员。经2020年11月30日山西交控集团会会议研究决定，提名张晶尧为交通监理集团副总经理。

12月9日 交通监理集团第一届董事会2020年第13次会议审议通过：同意聘任刘安民为山西交通建设监理咨询集团有限公司资深专员；同意聘任张晶尧为山西交通建设监理咨询集团有限公司副总经理。

12月10日 交控集团公司工会主席孟仁贵、经审委主任刘悦一行赴交通监理集团，就工会工作情况开展调研座谈。

同日 交通监理集团党委书记、董事长何晓明深入子公司宣讲中共十九届五中全会精神，并组织座谈会与干部职工深入交流座谈。

同日 交通监理集团监理的山西霍永西高速公路工程荣获"2020—2021年度第一批国家优质工程奖"。

同日 交通监理集团组织全体职工开展2020年度"送温暖，献爱心"社会捐助活动，募集善款13410元。

12月14日 交通监理集团自主研发的"隧道消防管道防漏防冻远程安全监测预警系统及安装方法"和"中短隧道照明安全节能远程可编程控制系统"案例获选"平安交通"创新案例"优秀案例"(科学技术方向)。

12月29日 交通监理集团被山西交控集团精神文明建设委员会授予"2019—2020年度山西交控集团文明单位标兵"称号。

(资料提供：王 青)

山西省交通环境保护中心站(有限公司)大事记

1月3日 山西省交通环境保护中心站(有限公司)(以下简称晋交环保)向交控集团提交关于报送2020年度用人需求的请示。

同日 以赵寿基为组长的考核组一行对晋交环保2019年度党建工作目标考核进行现场检查。

1月10日 晋交环保编制的《重庆市综合交通枢纽规划环境影响报告书》取得重庆市生态环境局批复，批复文号为渝环函〔2020〕3号。

1月13日 晋交环保组织召开2020年第1次党委会会议。

1月15日 晋交环保组织召开党支部书记抓基层党建工作述职评议会议。

1月16日 晋交环保赴晋中市预防职务犯罪警示教育基地开展党风廉政教育暨1月主题党员日活动。

1月20日 晋交环保组织召开2020年1月党委理论学习中心组学习会议。

1月21日 经山西转型综合改革示范区市场监督管理局委托，检验检测机构资质认定，评审组一行3人进行现场评审，晋交环保成功扩项土壤类别5项参数，填补检验检测资质土壤类别空白。

1月29日 晋交环保成立应对新型冠状病毒感染的肺炎疫情防控工作领导小组。

1月 晋交环保完成2019年招聘工作，聘用杨文涛、王雅琼、景胜元、秦敏、吕柏玮、吕东、张欣、贾彤、王琛、武天羽、张韡琦、王琨、董玥、杨扬、孔云蛟15人。

是月 晋交环保工程事业部马旭文入库2019年第二批国家级检验检测资质认定评审员名单。

2月4日 晋交环保以自学形式开展2020年2

月党委理论学习中心组学习。

2月10日 晋交环保组织召开2020年第2次党委(扩大)会议。

2月18日 经山西交通控股集团党委研究决定:任命冯丽琦为晋交环保党委委员、纪检组组长;免去赵兵党委委员、党委副书记职务。

2月25日 晋交环保召开冯丽琦任职干部大会。

3月4日 晋交环保印发《员工异动管理办法(试行)》。

3月12日 晋交环保在咨询事业部成立"创新工作室",针对人才培养、分工合作、效率提升、质量提升等方面存在的不足探索解决方案,总结经验成果。

3月19日 晋交环保向交控集团提交《关于签订员工劳动合同的请示》。

3月20日 晋交环保财务部组织召开山西柯立沃特环保科技股份有限公司的股权评估报告初审会,初审通过并购项目股权评估报告,后经党委会会议、董事会研究、审议通过"并购项目的股权评估报告初审意见"并对审核结果进行公示。

3月23日 晋交环保组织召开2020年第3次党委会会议。

3月24日 晋交环保向交控集团提交《关于"三定"方案(试行)的请示》。

同日 经山西交通控股集团研究决定:任命徐利民为晋交环保外部董事。

同日 山西省公路局太原分局局长闫志雄赴晋交环保调研。

3月26日 晋交环保组织召开2020年3月党委理论学习中心组学习会议。

3月27日 交控集团对晋交环保《关于报送2020年度用人需求的请示》进行批复。

同日 晋交环保编制的《山西省黄河、长城、太行三大板块旅游公路规划(2018—2027年)环境影响报告书》获得山西省生态环境厅批复,批复文号为晋环环评函〔2020〕145号。

3月28日 根据《山西交通控股集团有限公司关于晋交环保并购重组山西柯立沃特环保科技股份有限公司资产评估项目予以备案的函》,晋交环保编制"接受非国有资产评估项目备案表",并向交控集团提交《关于并购重组山西柯立沃特环保科技股份有限公司资产评估结果备案的请示》。

3月30日 交控集团对晋交环保《关于"三定"方案(试行)的请示》进行批复。

同日 晋交环保组织召开2020年第4次党委会会议会议。

同日 美晨生态副董事长、杭州赛石园林集团副董事长张磊一行来晋交环保交流座谈。

3月31日 晋交环保印发《薪酬管理办法(试行)》及《绩效管理办法(试行)》。

4月2日 财务部配合中天运山西分所开展对公司2019年度报表的审计工作,出具晋交环保2019年度财务报表决算审计报告。

同日 晋交环保印发《"三定"方案(试行)》,明确公司内设机构、部门职责及岗位编制。

4月3日 晋交环保举行创意形象设计作品征集比赛决赛。

4月6日 晋交环保财务部配合中介机构取得"拟定向增发收购山西柯立沃特环保科技股份有限公司股权项目资产评估报告"。

4月8日 晋交环保组织召开徐利民任职干部大会。

4月9日 内蒙古公路交通投资发展有限公司总经理刘学武一行到晋交环保调研座谈。

4月13日 重庆梅安森科技股份有限公司总经理周和华一行到晋交环保调研座谈。

4月14日 财务部配合中税网天运税务师事务所开展对晋交环保2019年度企业所得税的汇算清缴工作,出具2019年度汇算清缴报告并报送国家税务总局所得税年度申报套表。

4月20日 晋交环保组织召开2020年第5次党委会会议。

4月22日 财务部配合山西恒誉会计师事务所有限公司对晋交环保近三年的研发费用和2019年度高新产品收入进行专项审计,并出具公司2017—2019年度研发费用专项审计报告和2019年度高新收入专项审计报告。

4月23日 经晋交环保党委会会议、董事会研究,审议通过关于公司与柯立沃特公司并购重组方案和定向发行股票认购协议。

同日 晋交环保领导参加控股集团2020年度党的建设和党风廉政建设工作视频会议。

4月24日 晋交环保向交控集团提交《关于开展并购重组山西柯立沃特环保科技股份有限公司的请示》。

4月26日 晋交环保召开一届一次职工大会

暨2020年工作会及党的建设和党风廉政建设工作会。

4月27日 晋交环保对贾春峰等73人专业技术职务进行聘任。

4月29日 晋交环保印发《员工野外工作津贴和伙食补贴暂行办法(试行)》。

4月30日 交控集团对晋交环保《关于开展并购重组山西柯立沃特环保科技股份有限公司的请示》进行批复,同意并购并确定最终持股比例。

同日 晋交环保组织召开2020年第6次党委会会议。

4月 晋交环保成功授权一种用于边坡绿化固植器的高保水性能植生网的实用新型专利。

5月7日 晋交环保成立招标采购管理委员会及阳光采购工作组。

同日 晋交环保印发《询价采购管理办法(试行)》及《招标(采购)管理办法实施细则(试行)》。

同日 晋交环保向交控集团提交《关于申请注册资本的请示》。

同日 晋交环保组织召开专题党委(扩大)会议及2020年第2次党建双月例会。

5月13日 晋交环保领导参加集团公司党委巡察动员会。

5月14日 晋交环保领导参加交控集团纪委警示教育暨纪检培训会。

同日 晋交环保领导组织参加交控集团“三零”单位创建工作部署视频会。

5月18日 晋交环保组织召开山西交控集团党委第二巡察组巡察公司党委动员会。

同日 晋交环保印发《员工考勤管理办法》《员工带薪年休假实施细则(试行)》。

同日 晋交环保组织召开传达落实上级会议精神暨“零上访、零事故、零案件”单位创建工作动员部署会。

5月22日 晋交环保组织召开2020年第8次党委会会议。

5月25日 晋交环保印发《工资总额管理实施办法(试行)》。

5月26日 晋交环保组织召开5月中心组学习会议。

5月27日 交控集团党委委员、副总经理武艺一行来晋交环保调研座谈。

5月28日 晋交环保与杭州赛石园林集团有限公司签署战略合作协议。

5月28日至29日 晋交环保迎接干部选拔任用工作专项检查并召开干部选拔任用工作汇报会。

5月 晋交环保成功申报认定入库科技型中小企业。

是月 晋交环保成功授权一种适用于边坡植被的高保水性能植生网的实用新型专利。

5月至7月 晋交环保与岂琦等3人签订劳务派遣合同。

6月1日 经山西转型综合改革示范区管理委员会审批,专家组现场考核,环境监测中心技术负责人由马旭文变更为赵乾,质量负责人由贺胜义变更为杨宇,新增赵乾、杨宇为授权签字人,马旭文、贺胜义不再担任授权签字人。

同日 交控集团党委第二巡察组巡察晋交环保党委专题汇报会召开。

6月3日 晋交环保党委书记、董事长姚凯一行到山西路桥集团就环保领域业务合作等方面进行交流洽谈。

6月4日 晋能环保工程有限公司党总支书记、董事长段峰,董事长、总经理刘涌,副总经理韩树波等一行5人赴晋交环保考察。

同日 晋交环保顺利中标“陵川县交通运输局太行一号旅游公路国家风景道公路防洪评价报告编制等五项服务”项目,中标金额46.6万元,承揽晋交环保首个防洪评价业务,对于拓展建设项目防洪评价、林地调查等新兴业务具有重要意义。

6月5日 山东美晨生态环境股份有限公司董事长兼杭州赛石园林集团有限公司董事长窦茂功一行来晋交环保交流座谈。

6月11日至12日 晋交环保党委书记、董事长姚凯带队,就环保领域业务合作和党建工作等方面赴多家兄弟企业进行交流学习。

6月15日 晋交环保2020年第9次党委会会议召开。

6月18日 晋交环保2020年第10次党委会会议召开。

6月19日 交控集团对晋交环保领导班子成员2019年度经营业绩进行考核。

6月22日 晋交环保与副总经理周鹏解除劳动合同。

6月23日 晋交环保编制的《G2003太原绕城高速公路义望至凌井店段(太原西北二环)环境影

响报告书》获得山西省生态环境厅批复,批复文号为晋环审批函〔2020〕225号。该项目涉及凌井沟省级自然保护区、晋祠泉域、金牛森林公园、天龙山森林公园等多个环境敏感区,项目历时3年。

6月24日 晋交环保第三党支部组织“爱蓝天、爱碧水、踏足迹、环保行”主题党日活动。

6月29日 晋交环保组织召开6月党委理论中心组学习会议。

同日 晋交环保开展“七一”专题党课。

6月30日 晋交环保领导组织参加交控集团“七一”表彰视频会。

同日 晋交环保第一党支部被评为先进基层党组织,马旭文、穆江山被评为优秀党员,魏文慧、徐红被评为优秀党务工作者。

6月 晋交环保成功申报“高新技术企业销售收入首次达规模”和“鼓励企业加大研发投入”两项补助,补助金额总计49.67万元。

是月 晋交环保市场拓展部更名为经营开发部。

是月 晋交环保签订山西省水路交通“十四五”发展规划以及水路交通旅游融合发展项目,首次拓展公司水路方面业务,为交通行业综合服务奠定良好基础。

7月1日 晋交环保组织召开“七一”表彰大会和习近平总书记视察山西重要讲话重要指示宣讲会。

7月6日 晋交环保召开交控集团党委巡视整改验收测评会。

7月7日 晋交环保组织参加集团2020年第2期“交控大讲堂”视频会议。

7月9日 晋交环保项目管理中心贺胜义获得“山西交通控股集团有限公司2019年度安全生产先进工作者”称号。

7月10日 交控集团对晋交环保《关于申请注册资本的请示》进行批复。

7月14日 晋交环保财务部根据财务人员分工,制定财务人员AB岗补位制度,明确AB岗工作职责和责任人。

7月15日 晋交环保印发《车辆管理制度(修订)》。

7月16日 交控集团中心组学习和意识形态工作督查组来晋交环保进行检查指导。

7月20日 晋交环保第四党支部开展“传承红色经典、夯实理想信念”主题党日活动。

同日 晋交环保与中交一勘院合作编制的中国建设协会团体标准《公路工程水土保持技术标准》正式发布实施,是晋交环保参编的首部团体标准。

7月21日 晋交环保组织召开7月党委理论中心组学习。

同日 省交通运输厅组织召开山西省交通基础设施国土空间控制规划推进会,常铁深等2人代表晋交环保参加。

7月24日 晋交环保向交控集团提交《关于〈“六定”改革实施方案〉的请示》。

同日 晋交环保2020年第11次党委会会议召开。

7月29日 晋交环保组织召开交控集团党委第二巡察组巡察环保公司领导班子巡察情况反馈会和巡察公司党委巡察情况反馈会。

同日 晋交环保2020年第12次党委会会议召开。

7月31日 晋交环保被评为中国环境科学学会理事单位,有效期一年。

同日 晋交环保2020年第13次党委会会议召开。

8月4日 晋交环保2020年第14次党委会会议召开。

同日 晋交环保中标”二连浩特至广州高速公路二连浩特至赛汉塔拉段公路水土保持监测及设施验收技术服务、环境监测及验收调查技术服务“,中标金额108万元,首次在内蒙古承揽公路环保水保事中事后咨询业务。

8月10日 晋交环保召开交控集团巡察整改工作专题民主生活会。

同日 晋交环保2020年第15次党委会会议召开。

8月11日 省交通运输厅组织召开山西省交通基础设施国土空间控制规划涉及敏感问题专题讲座,设计事业部常铁深作为特邀专家进行汇报。

8月12日 晋交环保协助山西交控集团长治高速公路分公司召开青兰高速公路山西境黎城至长治段拓宽改造工程竣工环境保护验收会议,并顺利通过会议专家组成员技术评审,通过竣工环境保护验收。

8月19日 晋交环保2020年第16次党委会会议召开。

8月23日 晋交环保组织召开巡察整改工作中期验收初审会。

8月24日 晋交环保召开交控集团党委第二巡查组巡察整改工作中期验收会。

8月25日 经山西转型综合改革示范区管理委员会委托，检验检测机构资质认定评审组一行3人进行现场评审，环境监测中心成功扩项非道路移动柴油机械类别，新增烟度（光吸收系数）参数。晋交环保成为综改区首家取得非道路移动柴油机械类别资质的检验检测机构。

同日 交控集团党委委员、副总经理贾勇来晋交环保进行学习贯彻习近平总书记视察山西重要讲话重要指示的调研宣讲。

8月26日 晋交环保2020年上半年部门绩效考核会召开。

8月31日 全国股转系统发布《关于对山西柯立沃特环保科技股份有限公司股票定向发行无意义的函》。

同日 晋交环保党委书记姚凯、专职党委副书记庞军艺和纪检组组长冯丽琦共3人在交控集团参加“2020年集团公司党委第一轮巡察、选人用人专项检查整改推进会”。

同日 晋交环保党委2020年第4次党建双月例会和2020年上半年党风廉政建设分析研判会召开。

9月3日 晋交环保2020年第17次党委会会议召开。

9月4日 晋交环保上报山西交通控股集团《“六定”改革实施方案（试行）》。

9月8日 晋交环保向交控集团提交关于申请将王东卫调入的请示。

同日 经过董事会审议，通过对山西柯立沃特环保科技股份有限公司股票定向发行进行认购交易。

同日 晋交环保成立协作项目管理委员会。

同日 晋交环保印发《招标（采购）管理办法实施细则》《项目成本控制管理办法（试行）》《协作项目管理办法（试行）》《进度管理办法（试行）》及《专家库管理办法（试行）》。

同日 湖北交投智能检测股份有限公司副总经理何碧波，湖北省协诚交通环保有限公司总经理王利刚、副总经理徐亮一行来晋交环保考察调研。

9月10日 山西交通控股集团对晋交环保《“六定”改革实施方案（试行）》予以批复。

9月14日 晋交环保协助山西路桥集团运宝黄河大桥建设管理有限公司召开山西运城至河南灵宝高速公路运宝黄河大桥工程竣工环境保护验收会议，并顺利通过会议专家组成员的技术评审，通过竣工环境保护验收。

9月18日 晋交环保2020年第18次党委会会议召开。

同日 山西大地民基生态环境股份有限公司副董事长杨学全一行5人赴晋交环保进行调研交流。

同日 晋交环保出具山西柯立沃特环保科技股份有限公司权益变动报告书。

9月19日至20日 晋交环保在省交通干部培训学校举办“员工人才素质提升”培训。

9月22日 晋交环保印发《费用管理办法（修订）》《资金管理办法（试行）》及《全面预算管理办法（试行）》。

同日 晋交环保党委巡察整改工作推进会召开。

9月23日 晋交环保印发《档案管理办法（试行）》等十项管理制度及《工程项目管理办法（试行）》《重大决策法律审核管理办法（试行）》《合同审查管理细则（试行）》。

9月24日 晋交环保向交控集团提交《关于举行山西交控生态环境股份有限公司揭牌仪式》的请示。

同日 晋交环保印发《规章制度法律审查管理办法（试行）》《质量管理办法（试行）》《项目协作单位库管理办法（试行）》《项目经理管理办法（试行）》。

9月26日 晋交环保控股山西交控生态环境股份有限公司揭牌。

同日 晋交环保印发《安全生产管理制度汇编（试行）》。

9月28日 交控集团党委第二巡察组赴晋交环保开展巡察整改工作终期监督检查。

同日 江苏普利匡环保材料科技有限公司董事长薛平一行3人赴晋交环保洽谈商务合作事宜。

同日 中国环境保护产业协会对晋交环保企业信用等级评价结果为AA级（最高等级为AAA级）。

同日 晋交环保成功中标“G312线呼图壁至玛纳斯公路项目施工全过程水土保持监测”项目，中标金额98.6万元，是公司在新疆维吾尔自治区的又一重大项目。

9月 晋交环保首次开展流域范围入河排污口现状调查工作，对定襄县辖区内入河排污口进行全面排查，建立地表水考核断面—入河排污口—排污单位的关系清单，为定襄县打赢水污染防治攻坚战提供坚实基础,得到省生态环境厅入河排污口核查组、忻州市生态环境局高度认可。首次开展太原市及其下辖7县市的“两山七河一流域”环境保护规划工作。

10月10日 交控集团与晋交环保签订高速公路收费站区污水治理委托建设协议书,晋交环保负责本项目全面建设和管理。

10月15日 晋交环保编制完成高速公路收费站区污水治理委托建设实施方案。

10月18日 晋交环保成功中标“太原市轨道交通2号线一期工程环保验收评价”项目,中标金额79.85万元,是晋交环保中标的第一个省内轨道交通环保咨询项目。此前,晋交环保曾经在重庆市承担轨道交通的环保验收业务。

10月19日 晋交环保2020年第19次党委会会议召开。

同日 晋交环保董事会第10次会议审议通过公司2020年预算草案。

10月21日至23日 晋交环保工程技术中心配合交控集团在省委党校举办2020年第一期生态环境保护培训班。

10月22日 2020年交控集团党委巡察环保晋交环保党委巡察整改工作总结大会召开。

10月23日 晋交环保成立网络安全和信息化工作领导小组。

10月24日 晋交环保协助交控集团晋城高速公路分公司召开山西省高速公路网第十横高平至沁水段工程竣工环境保护验收会议,并顺利通过会议专家组成员技术评审,通过竣工环境保护验收。

10月27日 晋交环保印发《信息化管理制度(试行)》。

11月3日 晋交环保协助山西隰延高速公路投资有限公司召开霍永高速公路永和至永和关段竣工环境保护验收会议,并顺利通过会议专家组成员的技术评审,通过竣工环境保护验收。

11月12日 晋交环保2020年第20次党委会会议召开。

11月12日至14日 晋交环保代表交控集团参加由省政协经济委员会、省机关事务管理局等联合举办的“第十届山西省节能环保、低碳发展博览会”,圆满完成全部参展工作。

11月13日 晋交环保印发《专业技术人员管理办法(试行)》及《关于机构设置、机构职责、职数员额的通知》。

11月18日 交控集团对晋交环保进行精神文明单位创建工作测评检查。

11月19日 晋交环保财务部组织召开晋交环保主要经营指标完成情况分析及推进措施专题会。

11月20日 晋交环保完成2020年医疗保险和公务员补助基数的核定。

11月21日 晋交环保中标呼北国家高速公路山西省朔城至神池段环保、水保咨询项目,中标金额330.85万元。

11月24日 晋交环保成功取得水文、水资源调查评价单位水平评价乙级资质证书和水资源论证单位水平评价乙级证书,可开展交通运输、采矿、水利水电、石化化工、建筑等行业防洪影响评价、占用河道工程建设方案论证、泉域水环境影响评价、水资源论证、取水许可证办理等涉水咨询业务,加上已具备的水土保持方案资质,公司已具备全部涉水行政审批咨询服务能力。

11月26日 晋交环保中标“渝遂高速价款改造工程(铜梁至潼南段)环评报告编制咨询”项目,中标金额51.89万元。

同日 晋交环保印发《交通运输工程初级专业技术职务任职资格评审工作的通知》。

11月27日 晋交环保组织全体党员干部前往晋源区廉政教育基地进行参观。

11月29日 山西交通控股集团有限公司高速公路运营站区污水治理工程项目EPCO总承包项目和山西交通控股集团有限公司高速公路运营站区污水治理工程项目施工监理招标项目公示结束,下发中标通知书,完成年度重点项目的招标采购。

12月1日 经山西交通控股集团研究决定:任命张跃峰为晋交环保外部董事。

12月3日 晋交环保协助山西交通控股集团有限公司朔州高速公路分公司召开山西省西纵高速公路右玉至平鲁段竣工环境保护验收会议,顺利通过会议专家组成员的技术评审,通过竣工环境保护验收。

12月4日 晋交环保财务部组织召开预算管理委员会第二次会议 。

12月8日 晋交环保向交控集团提交《关于山西柯立沃特环保科技股份有限公司工商变更相关事宜的请示》。

12月10日 晋交环保初级工程技术职务评审

委员会评审吕东、贾彤、武天羽、姚晓宇、程文强五人取得交通运输工程专业助理工程师任职资格，刘静、霍雨濛取得技术员任职资格。

12月14日 根据交控集团批复，经晋交环保研究，提名姚凯、王玉喜、王东卫为控股子公司董事人选。

同日 交控集团对《关于山西柯立沃特环保科技股份有限公司工商变更相关事宜的请示》进行批复，同意变更。

同日 晋交环保中标“国道G241线绛县县城过境段改线工程环评、水保、防洪评价综合技术服务”项目，该项目是晋交环保首个包含环评、水保及防洪评价的咨询项目，为晋交环保下一步发展全过程咨询奠定基础。

12月16日 晋交环保成功中标“重庆市综合立体交通网规划（2021—2050年）”和“重庆市综合交通运输‘十四五’发展规划”环评，中标金额176万元。此次中标延续重庆市场交通规划环评的市场占有率，之前公司承担完成“重庆市综合交通运输‘十三五’发展规划环境影响报告书”“重庆市高速公路网规划（2019—2050年）环境影响报告书”“重庆市综合交通枢纽规划环境影响报告书”。

12月17日 晋交环保印发《承兑汇票管理办法（试行）》及《现金与银行存款的管理办法（试行）》。

同日 晋交环保2020年第21次党委会会议召开。

同日 晋交环保开展“拼出干劲 搏出精彩”主题党日活动。

同日 晋交环保完成54名员工“三龄两历一身份”党委会会议审核认定工作。

12月18日 晋交环保印发《岗位设置方案》《专业技术职务聘任管理办法（试行）》及修订后的《员工异动管理办法（试行）》。

同日 晋交环保完成调整公司本部2020年度全面预算、公司2021年度全面预算编制方案及对山西交控生态环境股份有限公司2020年度全面预算的批复。

12月22日 晋交环保组织召开12月中心组学习。

同日 晋交环保印发《规范员工出差乘坐飞机的规定》。

12月23日 晋交环保组织参加集团2020年第4期“交控大讲堂”视频会议。

12月29日 晋交环保党委会会议研究中层干部任命。

12月30日 晋交环保成立专业技术职务管理领导组。

同日 晋交环保在大汇嘉园星耀训练基地举行2020年冬季运动会。

同日 晋交环保报送年终财务快报。

12月31日 晋交环保对王振等20人的专业技术职务进行聘任。

（资料提供：马 阳）

山西交控置地有限公司
大 事 记

6月23日 山西交控置地有限公司（以下简称交控置地）股东由山西交通物流集团有限公司变更为山西交通控股集团有限公司。

7月14日 交控置地与襄汾县人民政府签署战略合作协议，共同掀开襄汾政企合作序幕，通过全方位参与襄汾县县域内项目建设，积极深化合作，实现优势互补，共建优质项目。

8月7日 交控置地与临汾南公司签署战略合作协议。

8月18日 交控置地与吕梁南公司签署战略合作协议，践行交控集团核心理念和系统理念，将在战略框架协议内，充分发挥资源优势，拓展全新合作模式，打造交控集团内部单位合作的示范地和新样板，为共同推动企业高质量转型发展占据主动，把握先机。

10月 交控置地党委研究成立机关五个党支部，按照“一支部一特色，一支部一品牌”建设理念，将党支部与业务部门捆在一起抓，既可以开展各自特色的党组织活动，又可以开展联合党建活动，增强组织建设的生动性和创造性。党委办公室牵头制定《党员应知应会手册》(第一期)、《党支部工作手册》(第一期)，指导和推进各党支部工作标准化建设，严肃党内政治生活，形成一个支部一座堡垒，切实增强党支部的战斗堡垒作用。

11月24日 交控置地完成“十四五”发展规划编制稿。系统分析企业现状与发展环境，提出发展战略与指导思想，设立规划目标、业务发展规划、职能发展重点和实施计划等，并提出规划实施的保障措施。

11月26日 交控置地取得房地产开发企业资质证书。

12月11日 交控置地工会第一次会员大会顺利召开，选举产生第一届工会委员会委员、主席、副主席，经费审查委员会委员、主任，女职工委员会委员、主任，为维护公司员工合法权益、共谋企业健康发展提供坚强保障。

12月14日 经交控集团团委批复，成立交控置地团总支，加强以党建带团建，服务青年员工的成长、成才，增强企业的“向心力”。还积极开展“迎国庆主题书画作品征集活动”，《我和我的祖国》《夺冠》集体观影活动，激发交控置地员工爱国主义情怀和干事创业热情。

（资料提供：石 磊）

山西交控金资管理有限公司大事记

5月13日 山西交控集团党委书记、董事长袁清茂深入山西交控金资管理有限公司(以下简称交控金资)调研。

8月 省国运公司批复交控集团组建山西交控金资管理公司。

9月1日 交控集团任命高鸿斋为党委书记、董事长。交控金资筹备组于2020年9月成立，组长为高鸿斋，成员为张志峰、李莉、田红波、刘钊希、郭姝雅。10月15日完成工商注册登记，正式成立。

11月16日 交控集团同意将持有的山西交控资本管理有限公司51%股权无偿划转至山西交控金资管理有限公司；同意将交控集团持有的山西交通产业基金8亿元份额无偿划转至山西交控金资管理有限公司。

12月8日 交控集团任命张羽中为交控金资专职党委副书记、副董事长；任命高洪生为交控金资纪委书记；任命张志峰为交控金资党委委员；提名张志峰和李莉为交控金资副总经理。

12月15日 交控金资任命张志峰和李莉为副总经理。

同日 交控集团同意交控金资《“六定”改革实施方案》，按照集团审定的机构、员额、职数等配置要求(总部机构6个，总部中层正职6人、副职6人，所属机构5个，公司总员额100人)。

截至12月31日，公司共印发制度9个：《部门设置及主要职责(试行)》《员工岗位职责(试行)》《董事任期管理办法(试行)》《中层干部选任管理办法》《党委会会议议事规则(试行)》《董事会议事规则(试行)》《董事会专门委员会议事规则(试行)》《经营管理层议事规则(试行)》《贯彻落实“三重一大”决策制度的实施细则(试行)》。

（资料提供：苏 超）

山西交控数字交通科技有限公司大事记

11月25日 山西交控数字交通科技有限公司（以下简称交控数字公司）第一次股东会召开，审议通过《山西交控数字交通科技有限公司章程》，选举侯兴杰、李日平、曹志刚、康俊德为公司董事，组成第一届董事会，任期三年。

12月1日 交控数字公司注册成立，法定代表人侯兴杰，注册资金1亿元。经营范围：信息技术开发、技术推广、技术转让、技术咨询、技术服务；计算机系统服务；数据处理（数据处理中的银行卡中心、PUE值在1.5以上的云计算数据中心除外）和存储服务；软件开发；计算机维修；计算机软硬件及辅助设备、电子产品的销售；电子产品设计；计算机系统集成。

12月18日 交控数字公司第二次股东会召开。增选韩昱、王晓宙为交控数字公司董事，任期三年。

12月21日 交控数字公司第一届董事会2020年第1次会议召开，选举侯兴杰为董事长，韩昱、李日平为副董事长，聘任韩昱为副总经理（主持经理层工作），王晓宙、毛振宇、张宇欢、康俊德为副总经理。

12月26日 交控数字公司在交控集团2309会议室举行揭牌仪式。山西交控集团党委书记、董事长袁清茂揭牌并讲话，北京千方科技股份有限公司总裁潘璠致辞。集团公司总经理武艺主持揭牌仪式。招商局公路网络科技股份公司高级总监杨国峰，山西四和创想交通工程有限公司总经理鲁煌，集团公司副总经理谢鹏远出席。

（资料提供：胡 兰）

大同北高速公路管理有限公司大事记

1月6日 省交通运输厅巡视员刘玉柱、民航处副处长杜志平包片督导大同北高速公路管理有限公司（以下简称大同北高速管理公司）取消高速公路省界收费站全国并网工作，大同北高速管理公司党委书记史寒冬、副总经理尉恩廷陪同。

1月10日 大同北高速管理公司2020年安委会第一次全体（扩大）会议召开，深入贯彻落实山西交控集团安委会第一次全体会议精神，传达近期两起典型事件警示通报和省交通运输厅关于部署2020年全省春运暨冬季施工安全工作会议精神，回顾总结大同北高速管理公司2019年安全生产整体情况部署2020年重点安全生产工作。

1月14日至15日 大同北高速管理公司党委副书记苏建中、纪委书记胡雅萍、副总经理李君、副总经理赵丽芳分别带队深入退休老干部、困难党员家中进行走访慰问，在春节前夕为他们送上节日慰问品，并提前送上节日祝福，表达浓浓的关怀情意。

1月21日 大同北高速管理公司党委书记史寒冬、副总经理李君、工会主席张立夫分别带队组成慰问组，前往定点帮扶村天镇县张西河乡下营村开展春节前走访慰问活动，为帮扶村乡亲们送去关怀和温暖，并提前送上新春慰问品及佳节的问候与美好祝福。通过与贫困群众"面对面"接触，"心连心"交流，拉近帮扶人与贫困户之间情感距离，展现大同北高速管理公司的浓浓情意。

1月25日 大同北高速管理公司党委书记史寒冬、党委副书记苏建中、副总经理李君分别赴基层单位对基层一线员工进行慰问。每到一处都深入了解一线员工的工作和生活情况，衷心感谢辛勤付出，向大家致以新春祝福，并叮嘱大家做好疫情期间自身防护。

2月14日 大同北高速管理公司党委副书记苏建中带领党委工作部、团委一行赴云冈收费站、大同东收费站，为奋战在一线的收费员、后勤工作人员、青年志愿者、巡特警、交警、运管人员和防疫工作人员送上口罩、酒精、消毒液等各类防疫物资和防疫药品，充分表达大同北高速管理公司的关心和关怀。

2月19日 山西交控集团党委组织召开大同北高速公路分公司主要领导干部调整视频会议。山西交控集团党委组织部部长郝左军主持会议，山西交控集团公司专职党委副书记、副董事长、副总经理刘宏武作重要讲话。大同北高速管理公司领导班子成员及各部室负责人在视频会议室参加会议。

2月25日 大同北高速管理公司开展"勠力同心·众志成城·共抗疫情"爱心捐款仪式，大同北高速管理公司领导班子成员及各部室负责人纷纷来到公司一楼大厅，党委副书记苏建中率先垂范，带头捐款。其他班子成员及各部室负责人依次代表个人及本部门将所捐款项投入捐款箱内，以实际行动奉献出自己爱心，为打赢疫情防控阻击战贡献绵薄之力。基层各单位募捐活动采取现场、微信、支付宝转账等多种形式进行。累计捐款人数1799人，党员343人，募集爱心捐款189403元。

3月2日 大同北高速管理公司统筹推进疫情防控和复工复产工作会议召开，学习传达山西交控集团统筹推进疫情防控和复工复产工作会议精神，部署大同北高速管理公司统筹推进疫情防控、复工复产和当前重点工作。大同北高速管理公司领导班子成员，各部室、各中心、各单位负责人参加会议，副总经理李君主持会议。

3月5日 在全国"学雷锋日"到来之际，大同北高速管理公司团委开展"抗击疫情·时尚义剪"学雷锋志愿服务活动，志愿者们先后走进大同南收费站、云冈收费站内为防疫一线工作人员义务理发。

3月11日 大同北高速管理公司通过视频会议形式，召开2019年度党支部书记抓基层党建述职评议会。此次会议分主会场和分会场两个会场。大同北高速管理公司领导班子成员、党支部书记代表和党委工作部全体人员在公司四楼会议室主会场参会，其他党支部书记在就近分会场参会，副总经理李君主持会议。

3月16日至18日 大同北高速管理公司组织人力资源、党务工作、纪检、有关业务部门对基层单位管理班子和中层管理人员开展2019年度综合考核测评工作。大同北高速管理公司不断创新考核形式，采用书面汇报和线上测评相结合的方式开展测评工作，规范考核管理。

4月3日 大同北高速管理公司干部大会召开。会上由党委书记、董事长苏建中宣布公司班子成员任职决定。党委副书记、副董事长郭强，党委专职副书记、副董事长张海宁，党委委员王志远分别作表态发言。苏建中作总结发言。他指出，从今天起，大同北高速管理公司正式运营。面对新的工作岗位，要继续履职尽责补短板，恪尽职守敢担当，安全运行不懈怠，廉洁自律严要求，带好队伍服好务，率先垂范做表率，当好班长、弹好钢琴，与广大干部员工同心同德，高标准管理、高质量工作，努力实现大同北高速管理公司改革发展和经营管理双赢。

4月16日 交投集团外部董事王强锁带队，山西交控集团党委组织部刘旭强、任国光参加的检查组，对大同北高速管理公司关于开展基层党组织建设及选人用人问题"回头看"进行检查，重点检查核实在省委巡视、集团巡查、主题教育专项检查等工作过程中发现的基层党组织建设及选人用人相关问题整改落实情况进行抽查。

4月16日至23日 大同北高速管理公司开展高速公路联网收费系统全流程实车测试。参与此次实车测试、现场记录等工作人员共计100余名，分3条路线进行实车测试，测试车辆共计45台（每条路线测试车辆15台），各路段路政配合指挥车辆1台。各收费站人员全员上岗，配合做好数据及影像采集、交通指挥协助等工作，同时维护、技术人员到岗待命，及时处置测试故障，保障完成好此次“全车型、全流程、全路段”实车测试任务，为下一步更好地提高高速公路通行服务质量打下坚实基础。

4月17日 在大同北高速管理公司成立伊始，大同北高速管理公司党委书记、董事长苏建中，党委副书记、副董事长、总经理郭强，专职党委副书记，副董事长张海宁，副总经理李君一行，前往定点帮扶村天镇县张西河乡下营村调研，与大同北高速管理公司驻村帮扶工作队队员进行座谈。下营村党支部书记高海将一面写着“繁荣农村经济，造福广大农民”12个大字的鲜红锦旗送到公司领导手中，对大同北高速管理公司在精准扶贫工作中为村民办实事、做好事、解难事表达诚挚谢意。

同日 大同北高速管理公司党委书记、董事长苏建中，党委副书记、副董事长、总经理郭强，专职党委副书记、副董事长张海宁，党委委员、副总经理赵福君，副总经理李君一行，赴天镇路产维护站进行调研，调研以座谈会形式进行。环城部分路产维护站，天大路段各路产维护站，大梁山、亮马台隧道管理站负责人参加座谈。

4月30日 大同北高速管理公司以全国第32个“爱国卫生月”为契机，向公司大楼全员发出卫生大清理倡议书，汇聚卫生清理千钧力，用行动捍卫公司干净整洁，共创优美、卫生、和谐的办公环境，全力打造“品质同北、美丽同北”。

5月4日 大同北高速管理公司恢复高速公路收费视频会召开。会议由党委书记、董事长苏建中主持，党委副书记、副董事长、总经理郭强，分管收费业务的党委委员、副总经理王志远分别对恢复收费前的各项工作作具体安排，对恢复收费后的各项工作提出明确要求。会议指出，全省收费系统运行各项指标和数据已明显好转，系统自测、互测整改已全部完成，系统复测验收没有出现“一票否决”事项等重大问题。根据山西交控集团主要领导指示要求，要继续高度重视，以问题和结果为导向，抓好各项工作落实。

5月7日 大同市团委副书记高晶、团市委组织部部长于洋与大同北高速管理公司专职党委副书记、副董事长张海宁，团委书记张静静等领导，在三层会议室进行座谈。座谈会上，双方就团建、志愿服务等方面工作进行交流，一致认为团建工作应该坚持党建、团建一起抓，以党建带团建，抓团建促党建，通过进一步提高基层组织建设的整体水平，切实服务好中心工作。

5月27日 大同北高速管理公司一届三次职工代表大会暨2020年工作会议召开，大会在雄壮的国歌声中拉开帷幕。会议由大同北高速管理公司专职党委副书记、副董事长张海宁主持，来自大同北高速管理公司各条战线的112名职工代表肩负重托、齐聚一堂，共商改革大计，共谋发展宏图。

6月1日 大同北高速管理公司机关工作人员竞聘上岗动员会（财务、养护、安全部、工会）召开。

6月2日 大同北高速管理公司路警联席会议召开，就协助建设高速二支队辖区入省“两客一危”重点车辆检查站相关事宜进行协商。会议议定依法依规做好“两客一危”重点车辆检查站设计工作。遵照设计院专家意见，在现有不符合设计规范和检查条件的情况下不强行建设“两客一危”检查站，采取临时性管理措施做好“两客一危”等重点车辆查控工作。待交通设计院进一步优化设计方案后，提请山西交控集团审批。大同北高速管理公司继续配合高速交警二支队做好区域设置及相关附属设施规划工作，提供办公用房及水、电、暖等后勤保障以及相关运行费用测算工作，做好治超检查站启用前期准备工作。

6月5日 上午，大同北高速管理公司路产维护站竞聘动员会召开。下午，机关工作人员竞聘上岗（财务、养护、安全部、工会）进行笔试。

6月8日 山西交控集团人力资源部部长周世俊带领考核组一行赴大同北高速管理公司对2019年度经营业绩完成情况进行考核。考核通过召开汇报会、召开座谈会、实地查阅资料等多种方式进行。汇报会在大同北高速管理公司三楼会议室召开，山西交控集团考核组一行、大同北高速管理公司领导班子成员、机关各部室、两中心一大队负责人参加会议。党委副书记、副董事长、总经理郭强主持会议。

6月12日 大同北高速管理公司开展各路产维护站、隧道管理站人员竞聘上岗考试。大同北高速管理公司不断创新考核形式，采用线上答题方式，现场公布成绩、现场签调令，在真正意义上做到不拘一格选拔人才，让“相马”变“赛马”。考试本着公开、公平、公正、竞争、择优和注重实际、坚持人岗相适、以岗定责的竞聘原则，通过按考试择选为主、自愿调整为辅的方式，对所有岗位进行定岗、定编、定员，明确岗位职责。对员工结构（学历、知识、专业技术、工作经验、年龄）进行优化配置，尽可能趋于合理，尽可能发挥每位员工的专长，做到与拟定岗位兼容匹配。

6月15日 大同北高速管理公司安全应急部、工会联合举办2020年“安康杯”知识竞赛活动。竞赛活动分初选和决赛两个阶段。参赛人员通过笔试考试完成初赛，并从中选出得分较高的九支竞赛单位登台较艺，以安全知识论高下，以安全实力争第一，以能力提升促安全。经过三轮环节比拼后，根据得分高低最终评选出一等奖1名、二等奖2名、三等奖3名、优秀奖3名。

同日 下午，大同市委副书记、市长武宏文在太原丽华大酒店主持召开专题会议，研究部署全市打造省域副中心城市规划建设中涉及的道路规划有关工作。大同北高速管理公司党委书记、董事长苏建中应邀参加会议。在全省加快改革发展大潮中，大同市全面铺开省域副中心建设工作，2019年省委经济会议提出的构建“一主三副六市域”城市空间布局，大同作为省级副中心规划之列，大同市委、市政府组织相关部门单位做了大量前期工作。

6月16日 大同北高速管理公司结合高速公路实际，在大同东收费站开展以“消除事故隐患，筑牢安全防线”为主题，以落实安全生产，抓好疫情防控为目标的2020年“安全生产月”宣传咨询日活动。活动现场设立安全生产宣传咨询区、宣传手册发放区以及便民服务发放点，为来往司乘人员提供国家安全生产方针政策、法律法规以及职业健康、消防安全等全方位的安全知识咨询服务，展开“零距离”交流，面对面为司乘人员解答高速公路行车安全方面相关问题，丰富安全知识，提升安全意识。

6月28日 为喜迎中国共产党成立99周年，激发广大党员干部员工爱党爱国、爱岗敬业热情，展示新形势下基层党组织活力，营造朝气蓬勃、积极向上的党建文化氛围，大同北高速管理公司下午举办以“党恩赋使命，改革蹚新路”为主题的诗歌朗诵比赛活动，重温红色记忆，诉说爱党情怀。

6月29日 大同北高速管理公司开展庆祝中国共产党成立99周年暨“七一”表彰大会。大会以庆祝中国共产党成立99周年为主线，缅怀党的历史，表彰先进典型，动员公司各级党组织和全体党员干部，不忘初心、牢记使命，勇于担当，为奋力谱写同北高速改革发展新篇章建功立业。大同北高速管理公司党委书记、董事长苏建中发表讲话并讲授专题党课，党委副书记、总经理郭强主持会议。大同北高速管理公司领导班子全体成员，机关各部室、各基层单位党政负责人和受表彰的先进代表参加会议。

7月1日 大同北高速管理公司党委积极做好关爱和慰问生活困难党员工作。带着大同北高速管理公司党委的殷殷深情，大同北高速管理公司领导到机械化养护中心，看望生活困难党员赵国军，详细了解有关工作情况，询问存在的困难、问题。在因病致贫困难党员董富春家中，询问目前身体状况、家庭存在的困难。在慰问过程中，大同北高速管理公司领导为他们送去慰问金、鲜花水果等慰问品和节日祝福，让困难党员充分感受到党组织的亲切关怀。

7月2日至24日 由大同北高速管理公司综合办公室、计划财务部及审计人员组成盘点小组，对机关各部室、各中心、收费站、路产维护站、路政中队等50家单位全面开展一次固定资产清查盘点工作。本次清查工作分自查、现场实物盘点及总结整理三个阶段进行。在盘点过程中，采取以物对账、以账对物、逐一查对的方式对各单位办公区、宿舍、食堂、锅炉房、机房、库房等场所内的固定资产进行全面盘点，并对现有固定资产的状态、存放地点、实际使用情况现场记录核查。对清查出的各类盘盈、盘亏及报废资产逐一登记，确保实物与账目一致。

7月6日至10日 全省交通运输系统QC小组成果交流会在山西省交通企业协会企业微信上以线上交流形式召开。会议由山西省交通企业协会组织，大同北高速管理公司右玉路产维护站参会。经过五天紧张成果发布交流，共推选出优秀质量管理小组成果100项，其中右玉路产维护站QC小组代表王添翼发表的“提高膨胀土边坡的稳定性”课题以优异的成绩获得部优秀QC小组推荐资格。

7月6日至8月6日 大同北高速管理公司组织全体治超人员280人，分两批在阳高专业培训基地开展军事化管理拓展训练和业务技能、中共十九大精神等多方面培训，每期培训时间为15天。军事化管理拓展培训主要包括体能、队列会操等系列体能训练以及内务管理、综合技能等军事训练和团建拓展、国防教育、团体操、夏令营等拓展训练，重点加强军容军姿、执法风纪等重点训练。进一步规范高速公路治超工作，加强治超队伍建设，强化治超人员执法行为规范化，全面提高治超人员综合素质和执法水平。

7月8日 大同北高速管理公司组织学习贯彻中共十九届四中全会精神暨习近平总书记视察山西重要讲话重要指示精神及重温“三篇光辉文献”专题培训。邀请大同市委党校管理学教研室主任杨晋昌和党建教研室主任宫增华分别作专题辅导讲座，大同北高速管理公司专职党委副书记、副董事长张海宁主持培训会。

7月16日至17日 大同北高速管理公司开展以“助力大安全，急救在身边”为主题的红十字应急救护培训。公司领导，各部室、基层各单位共计57人参加培训。培训特邀大同市第一人民医院门诊部主任、副主任医师、副教授孙月樵以及大同市红十字会资深专家，通过理论讲授、现场演示、实践操作等方式，围绕心肺复苏术、创伤救护四项技术（止血、包扎、固定、搬运）、气道异物梗阻的现场急救等内容进行详细讲解。

7月18日 大同北高速管理公司首批7个ETC服务网点（口泉收费站网点、右玉北收费站网点、左云北收费站网点、新荣南收费站网点、云州收费站网点、阳高收费站网点、天镇收费站网点）在所辖292公里高速公路7个行政区域收费站正式投入运营，实现第一批ETC服务网点全部进入指定站点并正式投入运营。

7月20日 大同北高速管理公司开展中国电信5G+智慧高速解决方案推介会，邀请中国电信资深工程师介绍。大同北高速管理公司领导班子成员、各部门负责人、数控中心全员共计30余人参加此次会议。此次推介会，中国电信针对智慧高速建设需要，提出5G+智慧高速解决方案，对设计思路、解决方案、成功案例、管理平台进行介绍。项目推介会后，参会领导和其他人员结合大同北高速管理公司实际对电信提出相关问题，并进行技术讨论。

7月30日 大同北高速管理公司党员干部和青年志愿者一行20余人集体乘车赶往大同市云州区瓜园村，走进田园帮助农民采摘黄花。本次采摘活动开展前，大同北高速管理公司已组织党员干部群众积极参与以认购代销为主的消费扶贫活动，共收到干部职工自愿出资的黄花采购款项17.94万元。

7月31日 大同北高速管理公司收费系统专项会议召开，落实部署收费治超各项工作。副总经理王志远、收费治超部副部长王元媛、数控中心负责人李晶晶、收费治超部相关人员和各收费站站长、稽核人员参加会议，收费治超部部长侯科佳主持。会议以“加强通行费征收管理，严厉打击逃漏通行费行为，维护良好的收费秩序”为主要议题。

8月5日 山西交控集团专职党委副书记刘宏武、纪委书记焦军一行赴大同北高速管理公司开展调研，大同北高速管理公司部分领导和中层管理人员陪同调研。调研组首先来到大同东收费站，饶有兴趣地参观并听取关于“云中微笑”服务品牌、双创基地“五室一吧一店一屋”硬件设施、党建项目化建设进展和党风廉政工作情况等方面介绍，观看大同东收费站党支部开展党风廉政建设工作纪录片。随后，山西交控集团领导赴大同北高速管理公司数控中心参观调研，听取中心成立背景、职能介绍和有关延伸服务等情况介绍，并观看“智慧同北”大数据综合管理主题宣传片。在随后召开的调研座谈会上，大同北高速管理公司总经理郭强围绕公司前一阶段党建工作、运营费收、定岗定员和安全管理等工作进行详细汇报。在听取汇报后，刘宏武和焦军充分肯定公司在“以党建促管理、以管理强党建”方面所取得的成效，并对进一步做好各项工作提出新要求。

8月19日 大同北高速管理公司联合大同南公司、朔州公司稽核人员以及高速交警二支队在口泉收费站进行重点布控，全面吹响“百日拉网打逃”清费专项联合稽查首战号角。活动采取数据稽核与现场管控相结合的方式有序开展，联合稽查首日共查处大车小标逃费车辆1辆、货车客标1辆、OBU设备未按规定安装1辆、车签不符1辆，追缴流失通行费11998元。

8月21日 大同市云州区瓜园乡瓜园村党支部书记李成一行将一面印有“消费扶贫暖人心，脱贫攻坚情意浓”的锦旗交到大同北高速管理公司工会主席师光手中，特别感谢大同北高速管理公司强力包联，解决群众所盼所急，让群众看得到、感受到带贫益贫的实效。

8月24日 大同北高速管理公司举办为期一天的党务工作人员专题培训，各党支部书记及基层党务工作人员90余人参加培训。培训通过系统性理论学习、针对性资料规范、实践性现场教学和互动性观摩讨论，全面提高公司党建队伍能力素质和业务水平，提高落实新时期基层党建工作新任务、新要求的履职能力，切实把大同北高速管理公司的党建工作推上一个新台阶。

8月28日 临汾南、运城南高速公路管理有限公司一行40余人来到大同北高速管理公司进行现场参观交流，大同北高速管理公司专职党委副书记、副董事长张海宁，纪委书记尚海波陪同参观交流。临汾南、运城南公司一行先后来到新荣南收费站、大同东收费站，现场参观收费站站区、"五室一吧一屋一店"等员工工作生活场所，并就企业文化建设、党建工作、收费站标准化管理、收费品牌建设以及运营管理特色工作等方面进行交流探讨。

8月31日 大同北高速管理公司2020年度党建工作双月例会暨党风廉政建设工作会议召开，总结1月至8月公司党建工作，对下一阶段党建工作进行部署。会议由大同北高速管理公司党委副书记、总经理郭强主持，大同北高速管理公司领导班子成员、机关各部室负责人和基层单位党政负责人参加会议。

9月11日 大同北高速管理公司举办为期一天的PPT、视频制作专题培训班，各基层单位近百名员工参加培训。培训邀请山西大同大学教育科学与技术学院副教授高晓晶进行授课。在PPT授课现场，高晓晶从PPT制作的基础知识讲起，通过实例，深入浅出地讲解色彩搭配、字体选择、图片处理、版式设计、表格制作、动画制作、音乐视频插入等相关内容，她还结合自己的经验讲解实际工作中如何根据题材处理好技术与艺术的关系。在视频授课现场，高晓晶结合现场实际操作从视频素材获取，常用软件介绍，剪辑思路、剪辑、转场、音乐、字幕、调色等相关内容进行讲解。

同日 大同北高速管理公司交通运输工程专业初级专业技术资格评审委员会7名评委对2020年度申报交通运输工程初级专业技术职务任职资格人员的申报材料进行现场评审，最终52名申报人员通过评审，其中申报道路与桥梁专业共21人、交通机电工程专业共29人、筑路机械专业1人、汽车运用专业1人。

9月15日 大同北高速管理公司与中星智能系统技术有限公司召开公安619智能卡口施工事宜协调会，就相关事宜达成共识。

9月18日 大同北高速管理公司与大同市公安局、朔州市公安局召开建立公安省界检查站联席会议，就依法依规做好公安省界检查站建立工作达成共识。

9月22日至25日 大同北高速管理公司在大同市安全应急培训基地举办为期四天的全封闭安全应急管理培训，邀请大同市应急管理教育培训中心的专家老师进行专题授课，大同北高速管理公司主要领导和分管领导，安全应急部、基层单位分管安全工作负责人及专（兼）职安全员参加培训。培训采取理论与实践相结合的方式进行。在理论培训中，老师用通俗易懂语言，采取图文并茂的方式讲述新冠肺炎疫情防控、安全生产法律法规、应急管理基本知识、用电安全、消防救护等内容，并结合工作实际，重点对公路生产安全事故应急救援知识作详细讲解。

9月24日至25日 大同北高速管理公司举办机电维护人员业务培训，各收费站50余名机电员参加培训。培训特邀山西路桥机电工程师林志强授课，以集中理论授课、现场实操、答疑交流形式为主。主要从高速公路机电系统架构、系统组成、功能介绍、设备简介等内容着手，主要包括收费、通信、监控、供配电四大系统以及隧道机电系统等内容，以及为保证高速公路机电系统正常运行维护人员应具备的业务知识、常用维护工器具的使用、常见设备一般性故障解决等应知应会知识和技能等方面进行授课。

9月27日 大同北高速管理公司举办"中秋话团圆 车辆享优惠"联合营销茶话会。大同北高速管理公司特邀云冈石窟、魏都水世界、方特乐园、农业嘉年华、旅游公司、雁运公司、古都旅汽客车公司、物流公司玉安水世界、私家车车队等有关企业、旅游景点负责人、业务代表参加。与会人员直奔相互给力、合作共赢主题，共同观看大同北高速管理公司企业宣传片、聆听公司发展规划和多方合作营销思路，大家畅所欲言，互相交流、沟通，提出许多宝贵的意见建议。

9月28日 大同北高速管理公司机关第二党支部开展"厉行节约党员先行，反对浪费从我做起"主题党日活动，全体党员通过学习文件精神、讲授主题党课、收看餐饮浪费视频、签写承诺书等方式，进一步提高大家节约的主动性和自觉性。

9月30日 大同北高速管理公司2020年安委会第四次全体（扩大）会议暨做好秋冬季疫情防控工作会议召开，总结回顾前三季度安全生产工作，部署中秋、国庆"两节"，第四季度安全生产和秋冬季疫情防控工作。大同北高速管理公司党委副书记、副董事长、总经理郭强出席会议并讲话，党委委员、副总经理王志远主持会议，党委委员、副总经理赵福君传达山西交控集团董事长袁清茂讲话精神，副总经理郭强就安全生产和秋冬季疫情防控工作进行安排。

10月14日 大同北高速管理公司开展一场以“党建+企业文化”与“职业素养的养成与提高”相结合的“道德讲堂”活动。此次活动以视频会议方式开展，大同北高速管理公司纪委书记尚海波主持，机关各部室负责人、基层各单位共计120余人参加活动，一同聆听道德故事，感受道德力量。活动共有三项内容，观看大同北高速管理公司《党建+企业文化》宣传片，观看大同东收费站《引领》宣传片，第六届中国最美路姐、大同东收费站“云中微笑”品牌带头人白洁现场讲解职业素养的养成与提高。

10月19日 2020年党建工作双月例会召开，此次会议主要对大同北高速管理公司9月、10月以来党建工作进行全面总结，并对下一阶段工作进行部署。会议由大同北高速管理公司党委副书记、副董事长、总经理郭强主持，大同北高速管理公司领导班子成员、机关各部室负责人和基层单位党政负责人参加会议。

10月21日 大同北高速管理公司纪委组织召开廉政监督员、廉心大姐聘任会。会上，纪委委员荆小平宣读《关于聘任“廉政监督员”“廉心大姐”的通知》，专职党委副书记张海宁和纪委书记尚海波为廉政监督员和廉心大姐颁发工作证。廉政监督员和廉心大姐代表张一平、庞慧分别作表态发言，她们表示在廉政监督员和廉心大姐岗位上，将恪尽职守，认真履职，不辱使命，做好员工和公司之间的沟通桥梁，为大同北高速管理公司全面从严治党向纵深发展做出积极贡献。

10月23日 大同北高速管理公司2020年度“道德讲堂”第二期开讲，第一届全国文明家庭、全国劳动模范孙秀兰应邀作有关家庭美德讲座。机关党员干部和基层单位职工代表，共100余人聆听讲座，共同学习弘扬劳模精神，激发干事创业劳动热情和创造活力。

同日 平旺收费站驻村扶贫人员李达代表大同北高速管理公司参加由大同市脱贫攻坚指挥部主办，中共大同市委宣传部、大同市扶贫开发办公室、大同广播电视台承办的大同市“牢记嘱托感恩奋进”脱贫攻坚主题演讲大赛活动喜获三等奖。李达以同北高速扶贫人视角，展现他们眼中的脱贫攻坚战役。

10月28日 大同北高速管理公司副总经理郭强带领安全环保部一行，对大同南收费站、云冈路产维护站、亮马台隧道管理站开展安全生产风险隐患排查治理专项行动巡查督导。督导组实地查看消防设施、特种设备和应急物资的安全管理情况并听取相关单位安全工作的简要汇报。郭强在讲话中，要求各单位要深刻汲取太原台骀山景区重大火灾事故教训，经常性组织自查自纠，切实抓好安全责任落实和措施落实，切实强化源头管理，坚决杜绝重特大事故发生，确保公司安全生产形势持续稳定。

10月29日 山西交控集团党委第三巡察组巡察大同北高速管理公司党委动员会召开。第三巡察组组长陈建华出席会议并讲话，大同北高速管理公司党委副书记、副董事长、总经理郭强作表态发言。第三巡察组副组长以及有关人员，大同北高速管理公司领导班子成员、近三年退出领导岗位的人员，机关中层以上干部及各基层单位党政主要负责人参加会议。

11月2日至3日 大同北高速管理公司组织所属党支部党务工作者一行50余人赴右玉干部学院公司及右玉北收费站现场教学点，开展为期2天主题教育暨理想信念教育培训。右玉县原政协主席王德功以“右玉县委书记们的政绩观”为题作专题教学，生动形象讲述历任右玉县委书记们的感人故事和可贵精神，深刻诠释一任接着一任干、一张蓝图绘到底的“右玉精神”。课堂教学结束后，全体党务工作者参加“绿化丰碑”“四五道岭”“松涛园”“右玉精神主题艺术馆”等地的现场教学，深刻领悟“右玉精神”的诞生历程、深刻内涵和时代价值。

11月10日 由大同北高速管理公司总经理郭强担任总指挥，云冈收费站、路政大队、环城监控中心和物业管理中心、大同市120急救中心和大同市消防特勤中队等多部门联合参演，在云冈收费站院内举办火灾事故应急疏散救援演练。

11月11日至12日 大同北高速管理公司举办“创立学习型企业 争做学习型员工”学习活动(党建)暨意识形态专题培训，来自大同北高速管理公司机关和基层各单位的100余人参加培训。培训邀请山西大学、山西省委党校的四名教授进行专题授课，分别围绕《习近平治国理政》第三卷、“科技发展对意识形态的影响”、《中国共产党国有企业基层组织工作条例（试行）》和“新时代如何做好舆情应对与风险沟通”等主题，全面深入解读意识形态工作领域重要思想和论述。

11月18日至19日 大同北高速管理公司80余名党员干部赴同煤党校，开展为期两天的党风廉政建设能力提升暨纪检业务知识培训。此次培训采取纪检业务培训和党性锻炼相结合、课堂教学与现场激情教学相结合、专题辅导与音像教学相结合等多种形式开展。来自大同大学教授、专家分别围绕“纪检干部有效开展整治监督”“弘扬山西优秀传统廉政文化，培养纪检干部的政治气节”作专题授课，大同市平城区纪检委主任乔利红就“纪检工作人员如何发挥监督作用”进行精彩解读。

11月20日 大同北高速管理公司通行费划后收入32450万元，完成全年计划任务102.37%，提前超额完成年度目标通行费征收任务。

11月25日 大同北高速管理公司召开专题学习会，传达学习中共十九届五中全会精神，就抓好贯彻落实做出部署。

12月7日至11日 由大同北高速管理公司领导带队，党工部、纪检室和工会人员组成检查考核组，分两组分别对公司所属单位开展党建工作责任制考核。检查组通过听取汇报、查阅文档资料等方式，对各党组织加强党的政治建设情况，基层基础工作，宣传思想文化工作，党风廉政建设和反腐败工作，群团、工会工作开展情况和党建重点工作任务落实情况进行检查考核，对检查出的问题和不足现场进行反馈。从检查整体情况来看，大部分单位各项工作开展良好，能够做到年初工作有计划、开展工作有步骤、年末工作有总结。但也存在着部分工作落实不到位、支部特色活动开展不扎实等不同程度的问题。

12月9日至17日 大同北高速管理公司党委组织近三年未参加过培训的党员赴晋能控股煤业党校开展2020年度集中轮训，此次轮训班分两期共213名党员参加。为确保本次轮训班取得实效，大同北高速管理公司党委精心编排课程内容、统筹轮训师资力量、科学编制轮训教材、合理制定集中轮训方案，切实抓好党员教育培训工作。

12月14日 大同北高速管理公司学习贯彻中共十九届五中全会精神宣讲报告会召开，大同北高速管理公司党委副书记、总经理郭强作宣讲报告，大同北高速管理公司领导、机关全体党员干部和各基层单位党政负责人100余人聆听报告会。

12月14日至16日 大同北高速管理公司纪委抽调工程、法务4名专业人员组成监督检查组，对2020年度服务、采购和工程类的招标以及竞争性谈判、询比等项目开展专项监督检查。本次监督检查主要围绕项目立项审批、程序执行、合同签订、交工验收、质疑投诉举报受理情况五个方面内容采用抽查的方式进行。

12月15日 山西交控集团通过视频会议方式组织召开“全省联网收费稽核推进工作会”，大同北高速管理公司副董事长、总经理郭强及收费治超部负责人、各收费站站长、数控中心、ETC中心、ETC网点负责人在大同北高速管理公司四楼视频会议室分会场参加会议。

同日 大同北高速管理公司举行以“离团不离心、青春不褪色”为主题的超龄团员离团仪式。仪式上，全体团员奏唱团歌并重温入团誓词，超龄离团代表代发言，回首入团以来自己在工作和生活中的成长，表示在以后的工作、学习中，要继续发扬团员敢于拼搏、积极向上的优良作风，在本职岗位上恪尽职守，为大同北高速管理公司发展做出应有贡献。

12月16日 分上午下午两场，举办普法知识讲座。讲座特邀集团顾问团队律师任彤彤、初骏红，两人分别围绕路政管理法律风险防控和企业合同管理两个专题内容进行讲解。大同北高速管理公司领导班子成员，机关全体人员和路政大队及各中队相关人员70余人参加。

12月17日 交通运输部发布《关于命名员2018—2019年度全国交通运输行业精神文明建设先进集体的决定》，公司大同东收费站获2018—2019年度“全国交通运输行业文明示范窗口”称号。据悉，此次获此殊荣的单位共211家，其中全省单位4家。

12月28日至29日 大同北高速管理公司在大同市示范性综合实践基地举办中层管理人员管理能力提升培训班，100余名中层管理人员参加培训。此次培训针对当前公司管理难点及管理人员自身业务需求，邀请知名讲师传授管理技能，并结合中共十九届五中全会精神进行全面解读，课程涵盖管理者角色认知与定位、管理者管理技能提升、准确把握2035年远景目标和“十四五”时期经济社会发展目标等多方面内容。讲师们分别从思维、执行、沟通、协作等方面进行系统讲授，管理理论丰富，讲解深入浅出，观点内涵丰富，并辅以大量案例作为佐证，启发性极强。

（资料提供：李 慧）

大同南高速公路管理有限公司大事记

1月3日 大同南高速公路管理有限公司（以下简称大同南高速管理公司）2020年安委会第一次全体（扩大）会议召开，会议传达省交通运输厅召开的2020年全省春运暨冬季施工安全工作视频会议精神，总结2019年安全生产工作情况，部署2020年安全生产重点工作，通报2019年冬季安全生产工作督查情况，大同南高速管理公司总经理谢鹏远作总结讲话，全体领导班子成员参加此次会议。

1月5日至17日 大同南高速管理公司全体领导班子成员分10组，深入困难职工家庭开展“两节”期间“送温暖”活动。

1月23日 大同南高速管理公司印发《关于做好新型冠状病毒感染的肺炎疫情防控工作的紧急通知》，制定《新型冠状病毒感染肺炎疫情防控工作实施方案》，第一时间成立疫情防控工作领导组，对疫情防控工作进行全面部署。疫情防控工作领导组成员坚守疫情防疫第一线。

1月25日 大同南高速管理公司再次印发《关于做好新型冠状病毒感染的肺炎疫情防控工作的紧急通知》，要求全体干部职工进一步提高思想认识，强化工作举措。

2月2日 为进一步贯彻落实省委、省政府、省国资委、山西交控集团等上级部门关于防控预防经验及做好节后返程、有序复工复产和高速公路免费保通保畅工作，大同南高速管理公司印发《疫情防控期间延期复工前阶段工作方案的通知》。

2月6日 大同南高速管理公司印发《关于疫情防控监督有关事宜的通知》。

2月11日 大同南高速管理公司印发《关于继续加强疫情防控和精准复工复产相关工作安排的通知》。

2月17日 大同南高速管理公司制定《新型冠状病毒感染的肺炎疫情防控应急预案》。

2月24日 反映大同南高速管理公司“防护利器”齐上阵做法的稿件被省交通运输厅官网转载。

2月25日 大同南高速管理公司积极开展“勠力同心、众志成城、共抗疫情”爱心捐款，34个基层单位和机关参加，捐款人数达到1079人，捐款金额137121.66元。

2月26日 大同南高速管理公司印发《关于进一步加强疫情防控监督工作的通知》。

2月28日 大同南高速管理公司印发《关于加强疫情防控期间安全生产管理工作的通知》。

3月5日 大同南高速管理公司印发《疫情防控期间工程项目开工复工工作方案》。

3月23日 反映大同南高速管理公司党建引领开启复工复产“红色引擎”的经验做法被中共山西省委组织部官网转载。

3月27日 反映大同南高速管理公司“细化除雪措施、助力复工复产”文章被省交通运输厅官网转载。

4月2日 大同南高速公路管理有限公司成立。

4月8日 大同南高速管理公司省道S36广源高速与张石高速公路蔚县支线（京蔚两段）全面贯通。

4月16日至5月3日 大同南高速管理公司积极配合路桥公司机电人员完成公司高速公路联网收费实车测试工作。

5月1日至6日 大同南高速管理公司完成高速公路恢复收费各项保障工作。

5月13日至14日 为实现“高速公路原生态绿

色走廊”建设目标，稳步推进绿化管护工作，打造与周围自然生态相协调的品质路域，大同南高速管理公司邀请林业专家对50余名一线养护人员进行绿化管护业务实地培训。

5月15日 反映大同南高速管理公司“加强涉路施工监管，保障道路安全畅通”的文章被省交通运输厅官网转载。

5月20日 大同南高速管理公司一届三次职代会暨2020年工作会议、党的建设和党风廉政建设会议召开并签订党风廉政建设目标责任书，全体领导班子成员及各部室负责人参加会议。

5月22日 大同南高速管理公司《“三步走”推进“五强+”标准化党支部创建工作落地见效》的通讯同时被交通运输部、省交通运输厅和中共山西省委组织部采纳。

5月25日 大同南高速管理公司路产维护系统组织2020年路面灌缝、桥梁养护培训，就路面灌缝试验研究成果进行讲解与讨论，并对山西交控集团新颁布《桥梁养护管理制度》等进行宣讲。

5月28日 山西交控集团应急中心副主任张慧燚带队赴大同南高速管理公司，就全国“两会”期间安全生产工作进行专项检查，大同南高速管理公司总经理张俊及安全应急部部长陪同。

6月5日 反映大同南高速管理公司“太阳花”女子班组开展“爱心助力，真情帮扶”志愿活动文章被省交通运输厅官网转载。

6月18日 大同南高速管理公司协同高速交警七大队进行突发事件应急演练，路产维护部、安全应急产部、信息监控中心、路政大队五中队、清障应急救援队、浑源东路产维护站、鸿福隧道管理站参加此次应急演练。

7月10日 大同南高速管理公司开通运营5个ETC服务网点。

7月14日 山西交控集团中心组学习意识形态第二督查组对大同南高速管理公司开展中心组学习、意识形态进行专项督查，并对督查情况召开反馈会议，大同南高速管理公司领导班子成员参加会议。

7月21日至22日 省治超办、大同市治超办联合大同市交通执法局对公司收费站入、出口治超工作情况进行专项检查，大同南高速管理公司副总经理李果来陪同。

7月22日 大同南高速管理公司团委组织团员青年开展“牢记总书记嘱托 助力农户富而忘忧”活动。

7月24日 山西交控集团工会主席孟仁贵赴大同南高速管理公司浑源北收费站对特色功能室的设置进行调研指导，大同南高速管理公司董事长谢鹏远、专职党委副书记蔚宏陪同。

8月5日 山西交控集团专职党委副书记刘宏武、纪委书记焦军赴浑源北收费站，对示范点特色文化站区建设进行调研，并在大同南高速管理公司会议室召开调研指导座谈会。与此同时，刘宏武对习近平总书记视察山西重要讲话重要指示精神进行宣讲。

8月13日至17日 大同南高速管理公司领导班子成员分赴各基层单位开展“夏送清凉”活动，倾听职工心声，主动关心职工诉求，并向职工发放防暑慰问品。

8月15日 为全力满足社会公众对高品质出行服务的需求，打造“畅、安、舒、美”行车环境，大同南高速管理公司开展“大干四十天，路貌换新颜”路域环境综合治理行动。

8月18日 大同南高速管理公司牵头联合高速交警二支队、大同北公司、朔州公司开展“百日拉网打逃”清费专项稽查行动，此次行动在大同南高速管理公司应县收费站启动。

9月15日 大同南高速管理公司组织召开党外人士座谈会，大同南高速管理公司全体领导班子成员参加会议。

9月22日 大同南高速管理公司举行军训拓展汇报表演。

10月1日 为进一步增强全体干部职工爱国爱岗意识，激发正能量、提升凝聚力，大同南高速管理公司隆重举行升国旗仪式，大同南高速管理公司机关全体人员参加活动。

10月16日 大同南高速管理公司“五大体系”示范成果推广应用技术咨询项目评审会召开。

10月18日 大同南高速管理公司工会组织爱好马拉松运动的员工，积极参加“九牛牧业杯”2020太原马拉松赛（线下跑）活动，21名参赛选手均按照报名组别圆满完成半程（21.0975公里）马拉松赛。

11月11日 山西交控集团文明办领导赴大同南高速管理公司开展实地考察工作，并在大同南高速管理公司会议室召开文明单位创建测评验收会议，听取大同南高速管理公司精神文明工作汇报，审核相关资料，大同南高速管理公司全体领导班子成员参加会议。

11月13日 山西交控集团党委第三巡察组赴大同南高速管理公司召开党委动员会，大同南高速管理公司全体领导班子成员及各部室负责人参加会议。

11月17日 大同南高速管理公司与山西交通科技研发有限公司战略合作协议签订仪式在大同南高速管理公司举行。总经理张俊、山西交研公司董事长张晓燕分别代表双方签订战略合作协议。大同南高速管理公司党委书记、董事长谢鹏远，山西交科集团党委副书记、副董事长、副总经理樊英华分别致辞。双方有关部门负责人出席签约仪式并参加座谈会。

11月24日 大同南高速管理公司召开山西交控集团党委第三巡察组巡察大同南高速管理公司党委、纪委、组织（人事）专题汇报会，大同南高速管理公司全体领导班子成员参加会议。

11月30日 大同南高速管理公司以视频会议形式参加山西交控集团董事长袁清茂“党的十九届五中全会宣讲报告会”，大同南高速管理公司全体领导班子成员、机关中层管理人员及职工代表参加会议。

12月8日 大同南高速管理公司同省交通信息通信有限公司就技术合作、收费机电系统及隧道机电设备维护模式进行交流会谈，大同南高速管理公司副总经理赵东宏、收费机电部部长张保中及路产维护部部长王保生，信通公司总经理续宏、副总经理郭俊凯、事业一部负责人李剑参加会议。

12月18日至23日 大同南高速管理公司领导班子成员分赴党委委员基层党建工作联系点，对中共十九届五中全会精神进行宣讲。

（资料提供：姚慧文）

朔州高速公路管理有限公司大事记

1月14日 山西交控集团党委巡察工作领导小组对朔州高速公路管理有限公司（以下简称朔州高速管理公司）巡察整改工作进行中期检查。对巡察反馈的6个方面13项46个具体问题整改情况进行逐项检查，对28个具备销号条件问题予以销号。

1月15日 山西交控集团党委巡察调研组在朔州高速管理公司召开党委巡察工作调研座谈会。

2月2日 按照朔州市新型冠状病毒感染的肺炎疫情防控工作领导小组办公室通知，疫情期间封闭朔州高速管理公司所属富甲园区、朔州南、平鲁东、平鲁北4个收费站。

2月3日 朔州市委书记陈振亮等一行到凤凰城收费站检查指导新型冠状病毒感染的肺炎疫情防控工作，看望慰问奋战在疫情防控一线干部职工。

2月18日 朔州高速管理公司聘任尉恩廷为副总经理。

2月21日 按照朔州市新型冠状病毒感染的肺炎疫情防控工作领导小组办公室通知，恢复朔州高速管理公司所属富甲园区、朔州南、平鲁东、平鲁北4个收费站正常通行。

3月16日 朔州高速管理公司对辖区路段里程、500米以上桥隧里程、行驶方向等信息进行核定，最终核定收费总里程为360.216公里。

3月25日 赵寿基任朔州高速管理公司党委书记、董事长，聘任赵寿基为朔州高速管理公司总经理；同时免去张俊的朔州分公司总经理职务。

3月27日 王卫青任朔州高速管理公司专职党委副书记、副董事长，聘任王卫青为朔州高速管理公司副总经理，尉恩廷任朔州高速管理公司党委委员，提名尉恩廷、闫红伟为朔州高速管理公司副总经理。同时，免去焦全民、尉恩廷、闫红伟、武保胜为朔州分公司副总经理职务。

3月28日 聘任赵丽芳为朔州高速公路管理公司外部董事。

4月2日 朔州高速管理公司在朔州市朔城区工商局注册营业执照，经营范围为“所辖区域内高速公路的经营与管理，不动产租赁，机械设备租赁”，朔州高速管理公司法人为董事长赵寿基，标志着朔州高速管理公司制改革全面完成。

同日 李明军任朔州高速管理公司党委副书记。免去聂奇聆的分公司党委委员、党委副书记职务，建议不再担任工会主席职务，仍保留朔州高速管理公司正职待遇。

4月3日 李明军任朔州高速管理公司副董事长，提名李明军为朔州高速管理公司总经理人选；提名焦全民为朔州高速管理公司总监人选。同时免去张俊为朔州分公司副总经理职务。

4月8日 朔州市图书馆与朔州高速管理公司联合在朔州公司共建朔州市图书馆分馆。

4月10日 朔州高速管理公司体制改革后的第一次全体会议召开。

4月30日 “费显”点亮和系统优化完善工程中共点亮辖区108套费显，完成124条车道系统优化完善工作。

5月6日 朔州高速管理公司实行“领导包片、部长包站、站长负责、班长包道”责任机制，全员行动，顺利实现系统平稳切换，恢复正常收费工作。

5月8日 朔州军分区司令员刘义清一行深入朔州高速管理公司就民兵建设情况进行调研。

5月12日 朔州高速公路管理一届三次职代会暨2020年工作会召开；朔州高速管理公司党的建设和党风廉政建设工作会召开。

5月13日 王尚任朔州高速管理公司党委委员、纪委书记。

5月22日 朔州高速管理公司印发《党委会会议议事规则(试行)》《经理层议事规则(试行)》。

5月27日 山西交控集团批复通过朔州高速管理公司《董事会议事规则(试行)》。

5月28日 朔州高速管理公司举办“增效益、降成本，我为企业添光彩”为主题的演讲比赛。与朔州绿能公司、福林大运公司签订《路企三方大件运输联动“手把手”互助帮扶机制》。

6月4日 朔州高速管理公司印发《员工考勤管理办法(试行)》《员工退出机制实施细则(试行)》。

6月5日 朔州高速管理公司印发《中层人员管理办法(试行)》。

6月29日 朔州高速管理公司印发《党费支出暂行管理办法》。

6月30日 朔州高速管理公司机关第一党支部党建项目“党建引领+科技创新双引擎助推公司应急抢险提质升级”获集团公司2019年度“1235”工作法推进党建工作项目化管理成果验收三等奖。

7月1日 朔州高速管理公司举行庆祝中国共产党成立99周年暨“七一”表彰大会。

7月2日 朔州高速管理公司及所属朔州东收费站、元营收费站继续通过验收，获“省级文明单位”的称号。

7月9日 朔州高速管理公司完成辖区朔州西、平鲁、怀仁、山阴、山阴北、应县西、右玉西7个收费站站级ETC服务点的建设，实现ETC服务点县域全覆盖。

7月23日 山西交控集团工会主席孟仁贵一行深入朔州高速管理公司，就工会工作开展情况进行调研指导。

7月28日 山西交控集团总监、运营管理部部长侯兴杰及专家组一行深入朔州高速公路沿线就养护工作开展调研。

7月31日 朔州高速管理公司组织机关党员干部赴大同市云州区有机黄花标准化种植基地开展“追寻领袖足迹、领略为民情怀”主题党日活动。

8月14日 朔州高速管理公司组织机关党员干部赴朔州市国防教育培训基地开展“军企共建”主题党日活动。

9月10日 朔州高速管理公司路政大队办证大厅入驻朔州市政务服务中心。

9月14日 朔州高速管理公司《“六定”改革实施方案》得到集团批复。

9月21日 朔州高速管理公司印发《企务公开实施细则(试行)》。

10月20日 朔州高速管理公司成功举办首届职工篮球赛。

10月28日 朔州高速管理公司开展“岗位大练兵、技术大比武”主题收费技能竞赛活动。

10月30日 朔州高速管理公司纪委拍摄原创微电影《以爱之名》。

11月4日 朔州高速管理公司联合高速交警、

地方消防、生态环境局、120急救中心在鸳鸯会隧道开展危化品车辆道路交通事故综合应急演练。

11月10日 朔州高速管理公司印发《基层单位劳务派遣用工管理办法(试行)》

11月11日 山西交控集团党委宣传部部长、中心组学习督查组组长岳晋峰一行到朔州高速管理公司督查指导中心组学习、意识形态工作责任制落实情况、保密工作和精神文明建设工作。

12月3日 朔州高速管理公司2020年度职工健康体检工作全面开始。

12月7日 朔州高速管理公司邀请环保部门、省交通环境保护中心站(有限公司)、省交通规划勘察设计院等有关专家成立环保验收组,对西纵高速公路右玉至平鲁段环境保护进行专项验收。

12月21日 朔州高速管理公司企业文化及VIS视觉识别系统编制完成并印发。

12月30日 朔州高速管理公司成功举办"美丽朔州·畅享高速"文艺会演。

(资料提供:周文君)

忻州北高速公路管理有限公司 大事记

1月3日 忻州北高速公路管理有限公司(以下简称忻州北高速管理公司)领导、机关各部室正副职人员、各基层单位负责人在三楼会议室参加集团公司2020年安委会第一次全体(扩大)会议暨"12·30"事故警示教育视频会议。

1月8日 省交通运输厅党组成员、副厅长段新源、厅公路运输处处长吴秀武赴忻州北高速管理公司督导取消高速公路省界收费站切换过渡期保畅保通工作。

1月10日 忻州北高速管理公司联合高速交警五支队举办2020年春运启动仪式,动员部署春运工作。

1月13日 忻州北高速管理公司2019年度党支部书记述职评议考核会议召开,忻州北高速管理公司领导班子成员、机关各部室负责人、各支部书记及党员、职工代表等参加会议。

1月14日 山西交控集团专职党委副书记刘宏武赴五台县东雷乡慰问贫困群众和一线扶贫干部,忻州北高速管理公司党委书记杨国华及相关部室负责人参加。

1月16日 忻州北高速管理公司组成春节"送温暖"慰问组,由党政领导班子成员带队,对困难党员、职工和派驻扶贫驻村队员家属进行走访慰问。

1月22日 忻州北高速管理公司各基层单位组织青年志愿者开展"平安春运连万家,情满旅途暖人心"主题党日活动,为过往司乘人员提供热水,发放宣传单。

2月11日 新型冠状病毒感染的肺炎疫情发生以来,崞阳派出所民警、原平交警、原平医疗集团、原平交管所在原平北收费站设置疫情防控检查点,为辖区群众筑牢第一道"防护墙"。忻州北高速管理公司领导班子一行赴原平北收费站外广场,为战疫卫士提供水电暖等生活物资,深入了解工作开展情况与防控形势。

2月12日 忻州北高速管理公司根据当前疫情期间特殊情况,采用钉钉办公软件视频直连工作方式召开复产复工期间疫情防控再动员再部署暨党建工作视频会议。

2月24日 忻州北高速管理公司党委组织召开扶贫专项工作例会,专题研究疫情防控下扶贫工作带来的影响及应对措施。

2月28日 忻州北高速管理公司采用钉钉视频会议传达山西交控集团关于统筹推进疫情防控和复工复产工作视频会议精神。

2月28日 忻州北高速管理公司组织全体干部职工开展为期三天的“勠力同心·众志成城·共抗疫情”爱心捐款活动。

3月5日 忻州北高速管理公司党委组织召开机关支部党建工作座谈会。

3月12日 在全国第42个植树节到来之际，忻州北高速管理公司组织机关一、二、三支部联合原平北收费站党支部、野马梁隧管站党支部开展植树活动。

3月19日 忻州北高速管理公司举办一场“燃烧青春、绽放活力、撞击精彩”为主题、人人戴口罩的特别运动会，来自公司五个党支部的50余名选手参加此次活动。

3月21日至23日 忻州北高速管理公司开展2019年度干部考核工作。

4月2日 山西交控集团召开2020年安委会第二次全体（扩大）视频会议，忻州北高速管理公司设立分会场，公司领导、机关中层副职以上人员参加会议。

4月7日 忻州北高速管理公司组织召开干部大会，忻州北高速管理公司领导、各部室各单位中层正职参加会议。

同日 忻州北高速管理公司组织召开2020年第二次安委会全体会议，忻州北高速管理公司领导、各部室各单位中层正职参加会议。

同日 山西交控集团副总经理武艺、运营总监侯新杰、战投部部长翟建峰、安全部副部长陶云川、运营部副部长续宏等一行深入忻州北高速管理公司对安全生产工作进行督导检查。忻州北高速管理公司党委书记、董事长李子东，党委副书记、副董事长、总经理胡慧恩等人陪同检查。

4月15日 忻州北高速管理公司组织召开路警协调会议。

4月20日 山西交控集团取消高速公路省界收费站专题视频会议召开，忻州北高速管理公司领导在分会场参加会议。

4月22日 山西交控集团一届三次职工代表大会暨2020年工作会议召开，党的建设和党风廉政建设工作会议召开，忻州北高速管理公司领导在分会场参加会议。

4月24日 忻州北高速管理公司组织领导班子成员、各部室负责人及各基层单位负责人召开会议，传达山西交控集团2020年工作会议暨党的建设和党风廉政建设工作会议精神。

4月28日 按照山西交控集团“恢复收费工作调度视频会议”精神，忻州北高速管理公司组织领导班子成员、各部室负责人召开恢复收费保通保畅工作会议。

5月5日 忻州北高速管理公司联合高速交警，组织领导班子成员、各部室负责人在高速交警五支队一大队会议室召开应对恢复收费运营工作会议。

5月12日 省审计厅在省交通运输厅战备办公会议室召开晋蒙黄河大桥高速公路项目竣工决算审计进点会，忻州北高速管理公司党委书记、董事长李子东，工会主席丁吉喜参加会议。

5月14日 山西交控集团“零上访、零事故、零案件”单位创建工作部署视频会议召开，忻州北高速管理公司领导班子成员、各部室负责人在分会场参加会议。

5月15日 山西交控集团2020年信访工作会议召开，忻州北高速管理公司董事长李子东、综合办公室负责人李文祥参加会议。

同日 忻州北高速管理公司联合忻阜公司、忻州南公司、凤凰山公司举办“凤凰山之约”单身青年联谊活动，此次活动40余名单身青年参加。

5月18日 忻州北高速管理公司干部大会召开，忻州北高速管理公司领导、各部室各单位中层正职参加会议。

5月19日 山西交控集团副总经理武艺、总法律顾问冯志强、组织部副部长、人才办主任薛海军一行到忻州北高速管理公司定点帮扶村五台县岭底村调研扶贫工作情况，并走访慰问贫困户，忻州北高速管理公司党委书记、董事长李子东，专职党委副书记、副董事长薛秀文，人力资源部部长张廷元陪同调研。

5月28日 山西交控集团专职党委副书记、副董事长、副总经理刘宏武，党委办公室主任张晓东，后勤中心主任魏网民一行到忻州北高速管理公司调研机关党建工作。忻州北高速管理公司党委书记、董事长李子东，党委副书记、副董事长、总经理胡慧恩，专职党委副书记、副董事长薛秀文，纪委书记宋志芬陪同调研。忻州北高速管理公司机关党支部书记分别进行党建工作汇报。

同日 忻州北高速管理公司组织各基层单位职工在线观看全省国资系统学习贯彻中共十九届

四中全会精神宣讲报告会，继续深入贯彻中共十九届四中全会精神。

5月29日 忻州北高速管理公司一届三次职工代表大会暨2020年工作会议在河曲管理分中心多功能会议厅召开，忻州北高速管理公司党委书记、董事长李子东，党委副书记、副董事长、总经理胡慧恩，专职党委副书记、副董事长薛秀文，纪委书记宋志芬及各部室负责人、各基层单位负责人、职工代表等80余人参加会议。李子东作题为"致敬来时路攻坚再出发——奋力谱写不负时代不负使命的忻北新篇章"工作报告，并与各单位负责人签订《2020年度经营目标责任书》。会议对2019年度先进集体和优秀个人进行表彰。

同日 忻州北高速管理公司2020年党的建设和党风廉政建设工作会议召开。忻州北高速管理公司党委书记、董事长李子东，党委副书记、副董事长、总经理胡慧恩，专职党委副书记、副董事长薛秀文，纪委书记宋志芬及各部室负责人、各支部书记、各基层单位负责人、党员代表等60余人参加会议。

同日 省档案局、省交通运输厅、忻州市档案馆、省交通建设中心等对原平大营至神池高速公路项目进行档案专项验收工作。忻州北高速管理公司党委书记、董事长李子东，党委副书记、副董事长、总经理胡慧恩，技术总监杨吉旺参加会议。

6月3日 忻州北高速管理公司党委副书记、副董事长、总经理胡慧恩，纪委书记宋志芬带队赴忻州南公司观摩学习，相关部室负责人、部分基层单位负责人及职工代表17余人参加学习。

6月5日 忻州北高速管理公司纪委书记宋志芬带队赴大同北公司观摩学习，相关部室负责人、部分基层单位负责人及职工代表10余人参加学习。

同日 忻州北高速管理公司党委书记、董事长李子东，工会主席丁吉喜陪同省审计厅领导对晋蒙黄河大桥建设及运营情况进行调研。

6月8日 忻州北高速管理公司党建工作双月例会和上半年意识形态领域形势分析研判工作会议召开，领导班子成员、各部室负责人、各党支部书记、各基层单位主要负责人参加会议。

6月9日 山西交控集团工会一届二次会员代表视频大会召开，忻州北高速管理公司相关部室人员在分会场参加会议。

6月12日 山西交控集团对公司领导班子成员2019年度经营业绩进行考核并对忻州北高速管理公司2019年薪酬收入进行稽核。

6月18日 山西交控集团党委召开关于开展2019年度"1235"工作法推进党建项目化管理成果验收终审视频会议，忻州北高速管理公司专职党委副书记、副董事长薛秀文，相关单位负责人在分会场参加会议。

6月19日 山西交控集团安全生产公开课视频会议召开，忻州北高速管理公司党委书记、董事长李子东，专职党委副书记、副董事长薛秀文，相关部室负责人在分会场参加会议。

同日 忻州北高速管理公司选派代表参加山西交控集团2020年安全生产月系列活动中"平安交控—知识竞赛"活动。

6月22日 忻州北高速管理公司召开原平大营至神池高速公路竣工验收工作筹备会议，领导班子成员、相关部室负责人、部分基层单位主要负责人、相关工作人员参加会议。

同日 忻州北高速管理公司召开关于廉政监督员2020年上半年钉钉视频工作会议，纪委书记宋志芬主持会议，各部室、各基层单位廉政监督员26人参加会议。

6月23日至24日 省交通运输厅组织原平大营至神池高速公路项目竣工验收，经专家委员会评审，该项目评为优良工程，顺利通过竣工验收。

6月24日 收费稽查部、收费站业务代表人员赴太原参加山西交控集团组织的高速公路收费站ETC网点业务培训。

6月29日 山西交控集团纪委书记焦军一行3人赴联系点忻州北公司、基层党建工作联系点原平北收费站党支部进行调研，忻州北高速管理公司党委书记、董事长李子东，党委副书记、副董事长、总经理胡慧恩，专职党委副书记、副董事长薛秀文，总监杨吉旺，纪委书记宋志芬陪同调研。

同日 忻州北高速管理公司工会一届三次委员会会议召开，专职党委副书记、副董事长薛秀文出席，女工委主任张丽虹主持，12名工会委员参加会议。

6月30日 山西交控集团2020年"七一"召开表彰视频大会，忻州北高速管理公司领导班子成员、相关部室负责人和全体受表彰人员在分会场参加会议。

7月1日 忻州北高速管理公司庆祝中国共产党成立99周年暨"七一"表彰大会召开，领导班子成员、各部室负责人、各党支部书记和受表彰代表参加会议。

7月2日 组织现场沿线观摩学习活动，领导班子成员、各部室负责人、各基层单位负责人参加学习。

7月7日 山西交控集团召开关于巡视整改验收测评视频会，忻州北高速管理公司领导班子成员、各部室中层副职以上人员、部分基层单位负责人及代表在分会场参加会议。

7月7日 山西交控集团召开2020年第2期“交控大讲堂”视频会议，忻州北高速管理公司领导班子成员、各部室及各单位中层副职以上人员在分会场参加会议。

7月10日 山西交控集团关于2020年安委会第三次全体(扩大)会议暨安全生产专项整治三年行动推进工作视频会议召开，忻州北高速管理公司领导班子成员、各部室负责人和受表彰人员在分会场参加会议。

同日 山西交控集团“六定”改革动员部署会议召开，忻州北高速管理公司党委书记、董事长李子东，专职党委副书记、副董事长薛秀文，人力资源部负责人张廷元参加会议。

同日 山西交控集团党建工作分管书记例会召开，忻州北高速管理公司专职党委副书记、副董事长薛秀文，党委工作部负责人李广参加会议。

7月13日 山西交控集团党委理论学习中心组学习工作专项督导组组长庞军艺一行3人赴忻州北高速管理公司对中心组和意识形态工作责任制落实情况进行督查，党委书记、董事长李子东，专职党委副书记、副董事长薛秀文陪同调研。

7月17日 忻州北高速管理公司开展2020年度“党风廉政宣传教育月”活动，领导班子成员、机关全体党员、各部室廉政监督员参加活动。

7月20日 忻州北高速管理公司2020年安委会第三次全体会议召开，公司领导班子成员、各部室负责人、各基层单位负责人及安全员参加会议。

7月23日 山西交控集团工会主席孟仁贵一行赴忻州北高速管理公司调研，党委书记、董事长李子东，专职党委副书记、副董事长薛秀文，纪委书记宋志芬陪同调研。

7月24日 忻州北高速管理公司组织收看全省国资系统学习贯彻习近平总书记视察山西重要讲话重要指示示范宣讲活动，领导班子成员、各部室全体人员参加活动。

7月29日 忻州北高速管理公司开展2020年度“廉政知识竞赛”活动，党委书记、董事长李子东，专职党委副书记、副董事长薛秀文，纪委书记宋志芬出席活动，各基层单位党支部书记、负责人及廉政监督员，相关部室负责人及廉政监督员参加活动。

7月30日 忻州北高速管理公司党委组织召开“迎八一、诉真情”复转军人座谈会，机关第一、二、三党支部全体党员、复转军人代表共30余人参加会议。

7月31日 上午，山西交控集团纪委召开《中华人民共和国公职人员政务处分法》专题视频培训和纪检监察工作2020年上半年工作总结暨下半年工作安排会议，忻州北高速管理公司领导班子成员、各部室负责人、各单位分管廉政的领导、相关部室人员在分会场参加会议。

同日 下午，山西交控集团召开《中华人民共和国民法典》专题视频讲座，忻州北高速管理公司领导班子成员、各部室及各基层单位中层副职以上人员参加会议。

8月4日 山西交控集团召开《中华人民共和国民法典》第二期专题视频讲座，忻州北高速管理公司领导班子成员、各部室全体人员在分会场参加会议。

8月6日 忻州北高速管理公司举办公文及新闻写作培训会议，分别邀请忻州市委党校老师李小华，山西日报社记者冷雪授课，各部室工作人员、各单位综合协调岗人员共85人参加培训。

8月7日 忻州北高速管理公司举办养护业务及安全知识培训讲座，邀请省交通科技研发公司副总工程师李忠陶授课，各路产维护站中层副职以上人员、技术负责人及安全员、相关部室人员共30余人参加会议。

8月9日 山西交控集团2020年度重点桥梁检测首次视频会议召开，忻州北高速管理公司专职党委副书记、副董事长薛秀文，各路产维护站负责人及技术负责人、相关部室人员在分会场参加会议。

8月12日 上午，山西交控集团2020年度重点桥梁(龙门黄河特大桥)监测会议召开，忻州北高速管理公司领导班子成员、各路产维护站负责人及技术负责人、相关部室人员在分会场参加会议。

同日 下午至13日下午，山西交控集团企业内部控制视频培训会召开，忻州北高速管理公司相关部室人员在分会场参加会议。

8月14日 忻州北高速管理公司创建省级安全文化示范企业培训会召开，邀请省应急管理厅教育训练处科长张华授课，领导班子成员、各部室负责人及安全文化建设联络员、各单位负责人及安全文化建设联络员参加会议。

8月18日 山西交控集团召开中国联通“5G+工业互联网”应用推进大会，忻州北高速管理公司党委书记、董事长李子东参加会议。

8月20日 山西交控集团纪委举办《山西省省属企业违规经营投资与重大决策终身责任追究实施办法》培训视频会，忻州北高速管理公司领导班子成员、各部室负责人在分会场参加会议。

8月20日至21日 山西交控集团召开2020年安全生产管理人员培训班举办，忻州北高速管理公司总监杨吉旺、安全应急部部长张鹏华参加培训。

8月21日 忻州北高速管理公司党支部书记党建责任落实专题会议暨党建工作双月例会召开，忻州北高速管理公司领导班子成员、党纪工团部室负责人、各党支部书记、各支部党务工作者参加会议。

8月25日 忻州北高速管理公司党委书记、董事长李子东，专职党委副书记、副董事长薛秀文，纪委书记宋志芬，相关部室人员赴岭底村开展结对帮扶暨爱心助学活动。

8月28日 忻州北高速管理公司纪委召开2020年党风廉政建设及反腐败工作专题会议和廉政宣传教育月活动总结表彰会，忻州北高速管理公司领导班子成员、各支部书记、各部室负责人、各基层单位负责人、廉政文化作品征集个人奖获奖人员参加会议。

9月3日 忻州北高速管理公司组织各收费站举行2020年度军训汇报表演。

9月15日 忻州北高速管理公司计划财务部开展财务报账业务知识培训，各部室报账员、各单位报账员及食堂账务管理员30余人参加培训。

9月16日至18日 山西交控集团开展新闻发言人业务培训，忻州北高速管理公司党委工作部部长李广及相关人员参加培训。

9月21日至23日 山西交控集团开展外部董事业务培训，忻州北高速管理公司外部董事武志杰、综合办公室负责人李文祥及相关人员参加培训。

9月25日 忻州北高速管理公司联合高速交警五支队及相关部门，在段家堡隧道内开展隧道突发事故应急处置演练活动，160余人参加此次演练。

9月24日 忻州北高速管理公司2020年度第一届职工运动会召开，领导班子成员出席，机关各部室负责人、各基层单位负责人、裁判员、运动员、工作人员共300余人参加活动。

9月28日 省公安厅交管局联合省交通运输厅、省文旅厅和山西交控集团共同召开关于参加2020年全省国庆、中秋假期旅游客运交通安全工作动员部署视频会议，忻州北高速管理公司专职党委副书记、副董事长薛秀文、安全部部长张鹏华参加会议。

10月10日 忻州北高速管理公司2020年安委会第四次全体会议召开，公司领导班子成员、各部室负责人、各基层单位负责人及安全员参加会议。

10月13日至14日 忻州北高速管理公司党委书记、董事长李子东带队赴临汾南公司观摩学习，相关部室负责人、部分基层单位负责人及职工代表30余人参加学习。

10月15日 山西交控集团总法律顾问冯志强、人力资源中心主任薛海军一行赴忻州北高速管理公司定点帮扶村五台县岭底村调研扶贫工作情况，并走访慰问贫困户，忻州北高速管理公司总监杨吉旺，人力资源部部长张廷元，团委书记朱宁陪同调研。

10月21日至23日 山西交控集团举办2020年生态环境保护培训班(第一期)，忻州北高速管理公司总监杨吉旺，安全应急部副部长贾利明参加培训。

同日 忻州北高速管理公司在省交通干部学校举办2020年度党务干部培训班，各支部书记、各支部党务工作者及相关人员45人参加培训。

10月29日 山西交控集团干部选拔任用专项检查组对忻州北高速管理公司进行选人用人专项检查。

10月30日 山西交控集团举办2020年第三期“交控大讲堂”暨学习《习近平谈治国理政》(第三卷)读书班，忻州北高速管理公司领导班子成员、机关中层副职以上人员、部分基层单位中层副职以上人员共计30余人在分会场参加视频学习。

同日 按照中共山西交通控股集团有限公司纪律检查委员会《关于第二届“清风正气”原创微电影展参选获奖的通报》文件要求，忻州北高速管理公司纪委组织观看“清风正气”原创微电影，机关全体人员观看学习，各基层单位以在站内组织人员观看的方式参加。

11月2日 山西交控集团党委第一巡察组对忻州北高速管理公司开展为期20天的巡察工作。

11月4日至6日 山西交控集团举办新闻宣传业务、保密工作培训班，忻州北高速管理公司相关部室人员参加培训。

11月12日 接山西交控集团要求，忻州北高速管理公司组织机关全体人员集中观看学习贯彻中共十九届五中全会精神中央宣讲团山西报告会。

11月18日 省政府安委办对公司安全文化示范企业建设进行评审，忻州北高速管理公司党委副书记、副董事长、总经理胡慧恩，安全应急部部长张鹏华及各部室负责人参加评审会。

11月19日至20日 山西交控集团对忻州北高速管理公司开展2020年度高速公路路况技术检测评定和运营工作检查。

同日 山西交控集团举办信访工作培训班，忻州北高速管理公司专职党委副书记薛秀文，综合办公室负责人李文祥参加培训。

11月23日 忻州北高速管理公司反面典型警示教育会议召开，领导班子成员、各支部书记、各部室负责人、各基层单位负责人及纪检室全体人员参加会议。

同日 山西交控集团2020年度法务工作座谈会召开，忻州北高速管理公司综合办公室刘晓旭参加会议。

同日 忻州北高速管理公司召开学习贯彻中共十九届五中全会精神宣讲报告会，党委书记、董事长李子东作宣讲报告。忻州北高速管理公司领导班子成员、各支部书记、各部室负责人、各基层单位负责人及机关党员、职工参加此次宣讲活动。

11月25日 山西交控集团经营运行分析会召开，忻州北高速管理公司党委书记、董事长李子东，党委副书记、副董事长、总经理胡慧恩参加会议。

11月26日 山西交控集团党委书记、董事长袁清茂一行6人赴忻州北高速管理公司，与企业一线职工深入交流并组织座谈会，向基层工作人员宣讲中共十九届五中全会精神。

11月27日 省交通运输厅召开全省高速公路2020年路况检测及桥梁隧道抽检工作安排会议，忻州北高速管理公司党委副书记、副董事长、总经理胡慧恩参加会议。

11月30日 山西交控集团召开学习贯彻中共十九届五中全会精神宣讲报告会，党委书记、董事长袁清茂作宣讲报告。领导班子成员、机关中层副职及以上干部、各支部书记、各基层单位主要负责人及部分基层单位职工代表在分会场参加宣讲活动。

12月4日 忻州北高速管理公司开展法治专题讲座，邀请山西大学法学院教授何建华授课，领导班子成员、机关全体干部职工、各基层单位负责人、部分基层单位职工在主会场约80人听讲，其余基层单位全体职工在分会场约200人。

12月18日 忻州北高速管理公司组织举办中共十九届五中全会精神解读专题讲座，邀请省委党校教授赵毅纯授课，忻州北高速管理公司领导班子成员、机关中层副职以上干部、各支部书记、各基层单位负责人、部分党支部党员代表在主会场参加，其余基层单位全体职工在分会场听讲。

12月23日 山西交控集团举办2020年第4期“交控大讲堂”视频讲座，忻州北高速管理公司领导班子成员在分会场听讲。

12月8日至10日 忻州北高速管理公司在太原科技大学开展安全管理人员业务知识培训，机关各部室及各基层单位安全管理员35人参加 培训。

12月9日至11日 山西交控集团举办2020年法律合规业务能力提升培训班，忻州北高速管理公司专职党委副书记、副董事长薛秀文，综合办公室李文祥及法务工作者参加培训。

12月15日 山西交控集团联网收费稽查工作推进视频会召开，忻州北高速管理公司党委副书记、副董事长胡慧恩，副总经理王霆，相关部室负责人、各收费站站长及稽核人员在分会场参加会议。

12月22日 忻州北高速管理公司廉政监督员2020年度工作会议召开，纪委书记宋志芬、相关部室负责人、纪检室全体人员、各部室及各基层单位廉政监督员参加会议。

（资料提供：李文祥）

忻州南高速公路管理有限公司大事记

4月1日 忻州南高速公路管理有限公司(以下简称忻州南高速管理公司)正式注册成立,是山西交通控股集团有限公司的全资子公司,担负着新广武至原平、原平至太原、忻州至保德、神池至岢岚,累计407.357公里高速公路的经营管理任务。

4月20日 忻州南高速公路管理有限公司揭牌仪式举行,为忻州南高速管理公司发展揭开新篇章。

4月29日 忻州南高速管理公司一届四次职工代表大会暨2020年工作会议召开。会上,总经理张彦斌做了题为“坚持改革创新 突出降本增效 全力开创忻州南高速高质量转型发展新局面”工作报告,对忻州南高速管理公司2019年度工作进行全面总结,对2020年度工作进行详细部署。与部分部门、单位签订2020年度经营目标责任书。

4月 为进一步转变管理理念,强化市场意识、经营意识、创新意识,推进各项经营管理工作优质高效发展。忻州南高速管理公司开展“干净、节约、安全”主题活动。各工作组、基层单位统一思想,提高认识,积极建言献策,查找不足,组织员工围绕“干净、节约、安全”就清洁工具改造、机械效率提升进行小发明、小创造。按照“三查三看”要求,建立问题清单、措施清单和责任清单,逐条逐项进行整改落实,全力推进各项经营管理工作的高质、高效、安全发展。

6月29日 山西交控集团纪委书记焦军一行深入公司调研指导工作。焦军来到奇村收费站,查看公司“廉政宣传教育月”活动情况、奇村收费站站区管理、班组文化建设和安全文化建设等内容,实地了解员工生活居住环境。随后,在奇村收费站视频会议室召开座谈交流会。忻州南高速管理公司党委书记、董事长潘东围绕公司2020年上半年经营管理、党的建设等工作开展情况进行汇报,纪委书记申晓飞就落实纪委监督责任进行汇报。焦军在讲话中,对忻州南高速管理公司党的建设、文化建设等工作给予充分肯定。要求从根本上转变思路,变运营管理理念为经营管理理念,以最优化服务、最大化通行费收入和最小化成本控制为目标,在疫情防控常态化下,完成山西交控集团下达的全年各项任务目标。忻州南高速管理公司党委要主动适应改革带来的新机遇和新挑战,充分发挥好党委把方向、保大局、管落实的核心引领作用,把降本增效这一总目标作为党建工作开展的出发点和落脚点,推进党建工作与生产经营深度融合;要盘活闲置资产,挖掘现有资源优势,努力在改革发展中蹚出一条适合自己的新路子。他强调,要继续发挥好党支部的战斗堡垒作用,激发党员干部、职工的“主人翁”精神,调动工作积极性、激发创新力,为忻州南高速管理公司降本增效出点子、想办法,建言献策,让好点子、小发明在实践中闪光,树立起“企业是我家,发展靠大家”的理念;要重点推进企务公开工作落实;要一体推进“不敢腐、不能腐、不想腐”体制机制,把国有企业党风廉政建设工作放到“三不”机制的政治高度上来,构建良好政治生态,合力为忻州南高速管理公司发展创造良好的环境。

7月2日 山西省交通环境保护中心站(有限公司)党委书记、董事长姚凯一行来到忻州南高速管理公司,就环保领域业务合作进行交流洽谈,党委书记、董事长潘东对姚凯一行表示热烈欢迎。主要领导、相关业务部门负责人参加交流洽谈。会上,双方以目前生态环境保护工作中的难点、热点为切入点,就如何让生态环境成为促进经济高质量发展的“绿色驱动力”进行深入交流。双方达成一致意见,今后要进一步加强交流,建立互动互联机制,共同为创造良好生产生活环境做贡献。

7月 按照山西交控集团统一部署,为进一步提升ETC客户服务能力,忻州南高速管理公司在黄寨、代县、奇村、岢岚、五寨、保德6个收费站增设

ETC服务网点，开展ETC推广及售后服务业务，为客户提供ETC申办、安装、激活、业务咨询、故障排查、投诉受理等服务，进一步拓展和弥补ETC自营服务网点、合作银行服务网点的覆盖范围和功能不足。

9月7日 全省第六次旅游发展大会在忻州召开，忻州南高速管理公司积极组织相关站区队做好道路安全保畅工作。党委副书记、副董事长、总经理张彦斌在新广武收费站进行前期准备督导工作。主要围绕周边环境、通行路线、道路状况等方面，现场成立道路清洁、施工管理、安全保障等6个小组，对存在问题提出整改方向并及解决措施。要求各单位全力以赴，抢抓时间、扬长补短，点线面全结合，做好旅发大会道路安全保畅，确保各项工作无遗漏全覆盖。当天下午，忻州市副市长安书田、代县县委书记田永清等一行进行实地指导。

9月10日 全省第六次旅游发展大会顺利召开，公司提前筹划部署，多次深入新广武收费站现场靠前指挥，统筹调度，模拟大会车队现场快速放行进行精准指导。在新广武收费站分点分片设立指挥引导、临时看护、文明服务、安全巡视等关键卡位，全力做好快速安全放行工作。

11月10日 山西交控集团安全总监李新杰一行深入公司就运营安全管理工作进行指导调研。李新杰一行实地查看辖区内风险较高路段、事故多发路段及隧道安全状况，对忻州南高速管理公司安全生产专项行动落实、专项工程进展、隐患排查治理等情况进行详细检查。随后，在忻州南高速管理公司召开工作调研座谈会，领导、相关部门负责人参加会议。党委副书记、副董事长、总经理张彦斌对忻州南高速管理公司全年运营安全管理工作进行详细汇报。李新杰对忻州南高速管理公司全年运营安全工作开展情况给予充分肯定，并围绕运营安全管理工作方面进行全面、精准点评。

11月 忻州南高速管理公司岢岚收费站稽查员邢田甜在省总工会举办的“时代新人说——决胜小康、奋斗有我”“山西职工在行动”职工演讲比赛中，以“那一刻我们同在”演讲荣获三等奖。

12月10日 为进一步推进年度各项经营管理工作目标任务落实，忻州南高速管理公司开展2020年主要部门单位负责人工作履职汇报谈话，忻州南高速管理公司党委书记、董事长潘东，党委副书记、副董事长、总经理张彦斌，各主要部门单位负责人参加。机关各部室、业务部门负责人对照年度工作目标任务、重点工作推进落实情况、工作中存在的困难问题及意见建议进行详细汇报，并围绕本部门存在的廉政风险点及预防措施、如何提升工作效率和工作质量进行谈话交流。董事长潘东和副董事长张彦斌详细了解各部门单位工作推进落实情况，对关键性重点工作任务推进落实提出具体要求，明确时间节点，为实现年度各项管理工作任务完成起到积极促进作用。

12月28日 下午，为表彰先进，鼓舞士气，激励全体干部职工奋勇争先，忻州南高速管理公司2020年推优表彰大会召开，会议回顾总结忻州南高速管理公司2020年党的建设工作，对在党建工作中和“干净、节约、安全”主题评比提升活动中涌现出的先进单位及个人进行表彰。忻州南高速管理公司领导、机关各部室负责人、党员代表、受表彰人员参加会议。会议由党委副书记、副董事长、总经理张彦斌主持。颁奖仪式在庄严的国歌声中拉开序幕。公司专职党委副书记、副董事长陶瑜宣读表彰决定，先进基层党组织、优秀共产党员、优秀党务工作者、先进单位和先进个人代表分别进行交流发言。党委书记、董事长潘东作题为“选典型树标兵惜荣誉再奋进，全力开创公司高质量发展新局面”总结动员讲话。潘东强调，受到表彰的单位和个人要珍惜荣誉，再接再厉，百尺竿头，更进一步，用实际行动干出一番令组织认可、群众公认，经得起实践检验的成绩；要肯定成绩、坚定信心，忻州南高速管理公司党委在集团公司党委的坚强领导下，聚焦党建目标任务，加强组织领导，完善党建制度，从严部署落实，深入开展“干净、节约、安全”主题评比提升活动和党建项目化管理，党建推进经营管理工作高质量发展的能力全面提升，努力营造团结稳定、管理精细、提质增效、风清气正的经营管理工作氛围。潘东指出，忻州南高速管理公司在党建工作和经营管理工作方面还存在一些不足，各基层党组织要正视差距，主动作为，坚持问题导向，增强抓好党建工作的紧迫感，以时不我待的精神和责任感查找不足，补齐短板。各级党组织要把“严”的主基调继续坚持下去，加强政治理论学习，严肃党内生活，严明纪律作风，提高党建质量。要坚持党建引领，按照一年转变理念养成习惯，两年形成制度对标提升，三年提质增效跨越发展的工作思路，不断推进“干净、节约、安全”主题评比活动深入开展，奋力开创高质量发展新局面。

张彦斌要求，忻州南高速管理公司全体党员要对标先进典型，各部门单位要巩固活动成果，全体干部职工要奋力攻坚作为，以饱满工作激情和强烈责任心，努力为公司高质量发展贡献力量。

12月31日 下午，忻州南高速管理公司举办2020年第三届“三星”人物颁奖典礼。忻州南高速管理公司领导，机关各部室中层管理人员，历届“三星”人物，第三届“三星”候选人，主会场片区党支部党政负责人、职工代表参加。忻州南高速管理公司自成立以来，积极转变经营理念，坚持以降本增效为中心，以提质创新为抓手，将“三星评选”作为载体，扎实推进企业文化建设，忻州南高速管理公司全体职工凝聚力和向心力显著提升。2020年，是忻州南高速管理公司开展“三星”评选活动的第三年，经过层层推选，从21位入围“三星”候选人中最终评选出“敬业、服务、创新”3名“三星”人物。他们是忻州南高速管理公司员工杰出代表，在各自岗位上恪尽职守，真诚服务，勇于奉献，务实创新，以身作则，为忻州南高速管理公司跨越转型发展贡献积极力量。

忻州南高速管理公司通过年度“三星”人物评选，弘扬“三星”精神，树立典型人物标杆作用，使全体员工学有榜样、行有规范、赶有目标，形成以点带面、辐射全员的良好效应，持续推动忻州南高速管理公司各项经营管理工作高质量发展。

（资料提供：吕 峰）

吕梁北高速公路管理有限公司大事记

1月23日 吕梁北高速公路管理有限公司（以下简称吕梁北高速管理公司）制定下发《新型冠状病毒感染的肺炎疫情防控工作实施方案》，要求即日起在各部门、两中心一大队、各基层单位开展新冠病毒感染的肺炎疫情防控工作。

1月31日 吕梁北高速管理公司党委书记潘铁、副总经理闫毅志赴基层检查指导疫情防控工作，看望慰问坚守在防控一线的干部职工。

2月11日 吕梁北高速管理公司总经理邓卫明深入基层站点调研指导疫情防控工作。

2月28日 吕梁北高速管理公司领导班子参加山西交控集团关于统筹推进疫情防控和复工复产工作视频会议。

3月9日 根据山西交控集团有关复工复产文件精神和吕梁北高速管理公司复工复产座谈会会议精神，所有在编职工回归正常工作状态。

3月21日 吕梁北高速管理公司干部大会召开。

3月25日 山西交控集团印发《关于组建16个高速公路管理公司的通知》，吕梁北高速管理公司按照通知要求进行准备工作。

同日 中共山西交通控股集团有限公司委员会下发通知，经3月24日山西交控集团党委会会议研究决定：李耀峰任吕梁北高速管理公司党委委员、党委书记。免去李耀峰在高速公路分公司担任的党内职务。

同日 山西交通控股集团有限公司下发通知，经3月24日山西交控集团会议研究，决定任命李耀峰为吕梁北高速管理公司董事、董事长；聘任李耀峰为吕梁北分公司总经理。免去李耀峰的晋中分公司副总经理职务。

3月26日 吕梁北高速管理公司领导班子全体成员，机关各部室、两中心一大队负责人，参加山西交控集团高速公路管理公司干部大会（视频会）。

4月2日 吕梁北高速管理公司顺利完成公司注册，拿到营业执照。

同日 吕梁北高速管理公司领导班子全体成员、机关各部室、两中心一大队负责人，参加山西交控集团2020年安委会第二次全体（扩大）视频会议。

同日 经3月24日山西交控集团会议研究决定：冯利强任公司董事、副董事长。提名冯利强为吕梁北高速管理公司总经理人选。聘任冯利强为吕梁北高速管理公司副总经理。

同日 经3月24日山西交控集团党委会会议研究决定：冯利强任吕梁北高速管理公司党委委员、党委副书记。

4月3日 吕梁北高速管理公司干部大会（视频会）召开。

4月4日 吕梁北高速管理公司基层单位举行默哀活动，深切悼念新冠肺炎疫情中牺牲烈士和逝世同胞。

4月8日 吕梁北高速管理公司总经理冯利强调研督导山西交控集团督办的养护工程项目推进情况。

4月10日 吕梁北高速管理公司第二季度安全生产工作视频会议召开。

同日 吕梁北高速管理公司以最高礼遇欢迎赴鄂医务人员凯旋。

4月13日 吕梁北高速管理公司干部职工观看"全省'三零'单位创建工作动员部署大会"实况。

4月15日 吕梁北高速管理公司与辖区高速交警部门召开路域安全整治协调会。

同日 吕梁北高速管理公司深入开展全民国家安全教育日活动。

4月16日 吕梁北高速管理公司干部职工开展植树活动。

4月21日 吕梁北高速管理公司收费系统实车测试存在问题及整改落实专题会召开。

同日 吕梁北高速管理公司第一届董事会2020年第一次会议召开，会议审议通过关于聘任吕梁北高速管理公司总经理提案。同意聘任冯利强为吕梁北高速管理公司总经理。

4月26日 吕梁北高速管理公司全面开展"2020年知识产权宣传周"活动。

4月27日 吕梁北高速管理公司下属路产维护站、路政联合交警、消防救援、医疗急救部门、保险公司等多部门开展"四位一体"联动型交通事故应急救援演练。

4月28日 山西交控集团恢复收费工作视频会议后，吕梁北高速管理公司召开相关会议，对恢复收费准备工作软硬件设备运行维护和联调联试进行再动员、再部署、再加压、再发力。

5月1日 为推进撤站项目系统优化完善工作，实现5月6日恢复收费工作目标，吕梁北高速管理公司与山西交科集团业务对接会召开。

5月3日 根据实车测试工作全网复检部署，吕梁北高速管理公司所属太佳西路段在交通运输部全网复检小组的统一指挥和山西交控集团协助检测下，顺利完成复检实车测试任务。

同日 吕梁北高速管理公司基层收费站认真学习宣传高速公路车辆通行费收费标准和差异化收费政策。

5月5日 吕梁北高速管理公司高速公路恢复收费保障工作会会议召开。

5月6日 高速公路恢复收费，吕梁北高速管理公司顺利完成恢复收费工作。

5月12日 吕梁北高速管理公司基层单位多种形式开展全国防灾减灾日文明实践活动。

5月14日 吕梁北高速管理公司党委书记、董事长李耀峰参加集团公司"三零"单位创建工作部署推进会并在会上作表态发言。

5月15日 吕梁北高速管理公司揭牌仪式举行。

同日 吕梁北高速管理公司一届三次职代会暨2020年工作会召开。

同日 吕梁北高速管理公司2020年党的建设和党风廉政建设工作会议召开。

5月19日 山西交控集团运营管理部续宏一行对吕梁北高速管理公司2019年度第一季度养护工作进行检查。

5月20日 吕梁北高速管理公司与吕梁公路分局召开国省干线公路改造协调座谈会。

5月21日 吕梁北高速管理公司路域环境整治项目进场安排及技术交底会召开。

5月26日 交科集团潘铁一行对交科集团在吕梁北高速管理公司的养护项目进行调研。

5月27日 吕梁北高速管理公司开展"路政宣传月"活动。

5月28日 吕梁北高速管理公司召开岢临高速公路竣工验收推进会。

5月29日 吕梁北高速管理公司邀请集团法务部部长兰晓林、晋中高速安全应急部部长牛腱就"依法治企——企业经营过程中的法律风险及防范措施"召开培训会议。

6月3日 吕梁北高速管理公司与交科集团召开打造科技创新路段推进会。

6月12日 吕梁北高速管理公司工会一届二次会员代表大会召开。

6月16日 吕梁北高速管理公司举行“平安交控—知识竞赛”活动。

同日 吕梁北高速管理公司开展2020年“安全生产月”宣传咨询日活动。

6月24日 吕梁北高速管理公司开展隧道危化品突发事件综合应急演练。省交通运输安全监督处、山西交控集团、高速交警一支队、吕梁市应急管理局、交科集团、各子公司、各分公司相关领导观摩应急演练。

7月1日 吕梁北高速管理公司以视频会议形式召开庆祝中国共产党成立99周年暨“七一”表彰大会。

同日 山西交通控股集团有限公司党委委员、副总经理贾勇在人力资源部部长周世俊陪同下，赴吕梁北高速管理公司调研临县3号隧道“危化品车辆过隧道跟踪辨识和自动警示系统”和“安全应急智慧管理系统”两个新科技成果、方山路产维护站党支部“创新工作室”、方山收费站六“心”服务和基层党建开展情况，查看吕梁北高速管理公司机关企业文化展厅及文化走廊等。

7月2日 吕梁北高速管理公司团委开展“青春吕北·扶贫助学”主题团日活动。

同日 吕梁北高速管理公司党委书记、董事长李耀峰在党委工作部部长薛建军、收费机电部部长刘剑锋陪同下，前往枣林收费站参加由枣林收费站党支部、枣林隧道管理站党支部、枣林路产维护站党支部联合开展的“庆祝中国共产党成立99周年”主题党日活动。

同日 吕梁北高速管理公司党委副书记、副董事长、总经理冯利强先后赴阳坪收费站、兴县东收费站两个集中授课点，结合公司当前发展形势，以“学习贯彻习近平总书记视察山西重要讲话重要指示，为吕梁北高速管理高质量发展再立新功”为题，对阳坪收费站、兴县东收费站、兴县北路产维护站和岢岚隧道管理站4家基层党建工作联系点进行授课。

同日 吕梁北高速管理党委专职副书记、副董事长董万森深入方山路产维护站党支部，为支部党员干部和职工群众进行学习贯彻习近平视察山西重要指示宣讲。

7月7日 山西交控集团副总经理武艺，运营总监兼运营管理部部长侯兴杰和产业经营部部长雷红锋一行，赴吕梁北高速管理公司调研指导工作，吕梁北高速管理公司领导班子成员陪同调研。

7月9日 吕梁北高速管理公司党委副书记、副董事长、总经理冯利强带领公司路产维护部、收费机电部和安全应急部等相关部门人员，督导调研辖区重点工作任务推进情况。吕梁北高速管理公司纪委书记刘元元参加调研。

7月10日 吕梁北高速管理公司领导参加山西交控集团2020年安委会第三次全体（扩大）会议暨安全生产专项整治三年行动推进工作视频会议。

7月13日 吕梁北高速管理公司党委委员、纪委书记刘元元深入兴县南路产维护站党支部、白文收费站党支部宣讲习近平总书记视察山西重要讲话重要指示精神。

7月15日 吕梁北高速管理公司开展“习近平总书记视察山西重要讲话重要指示宣讲”和党务干部业务能力培训。

7月16日 公司党委书记、董事长李耀峰为机关第一党支部党员解读“习近平总书记在中央政治局第二十一次集体学习时重要讲话精神”并讲授专题党课。

7月16日 吕梁北高速管理公司党建双月例会暨意识形态分析研判会召开。

7月17日 吕梁北高速管理公司安委会第三次全体（扩大）会议暨安全生产专项整治三年行动推进工作视频会议召开。

7月19日 吕梁北高速管理公司总经理冯利强带队，路产维护部、安全应急部、信息监控中心负责人及业务骨干赴长治、晋城、太长高速公司进行为期两天的参观交流学习。

同日 吕梁北高速管理公司开展企业文化讲堂活动。

7月21日 山西路桥集团榆和高速合规培训小组一行到吕梁北高速管理公司临县隧道管理站开展实地交流学习活动。

7月21日至22日 吕梁北高速管理公司邀请山西路桥机电公司机电工程师，对30余名收费站机电骨干进行业务技能专题培训。

7月23日 吕梁北高速管理公司组织召开OA协同办公系统V10.0培训会。

7月24日 吕梁北高速管理公司组织全体党支部收听收看省国资委举办的示范宣讲。

7月29日至30日 吕梁北高速管理公司党委副书记、副董事长、总经理冯利强连续两日深入临离和岢临路段调研指导养护、隧道等工作推进落实情况。路产维护部、信息监控中心负责人分别陪同调研。

7月31日 吕梁北高速管理公司领导参加山西交控集团举办的《中华人民共和国民法典》专题讲座。

8月5日 吕梁北高速管理公司与山西交科集团及其所属设计院、交研公司、信通公司、新技术公司在太原召开临离高速科技创新示范公路咨询方案汇报会议，交控集团运营管理部参加会议。

8月10日 吕梁北高速管理公司工会组织进行清凉礼包派送，将“一抹清凉”送到各个基层单位，每一位职工手中。专职党委副书记、副董事长董万森，工会主席薛建军一行对部分基层单位进行慰问。

8月18日 吕梁北高速管理公司专职党委副书记、副董事长董万森一行人赴五台县东雷乡宏塘村看望慰问驻村扶贫工作人员并调研，深入了解扶贫工作开展情况。

8月25日 山西交控集团纪委书记焦军一行深入吕梁北高速管理公司，就“一体推进‘不敢腐、不能腐、不想腐’，构建山西交控集团党风廉政建设和反腐败斗争长效机制”进行专题调研。

8月26日至28日 吕梁北高速管理公司组织全体党支部书记及党务干事70余人赴吕梁市委党校开展为期三天的党建业务培训。

8月27日 吕梁北高速管理公司充分利用党支部书记及党务干部党建业务培训的机会，召开省属企业文明单位创建暨党建项目化管理推进会。专职党委副书记、副董事长董万森出席会议，各党支部书记、党务干事和党委工作部相关人员70余人参加会议。

9月1日 吕梁北高速管理公司总经理冯利强赴陕西中交榆佳高速公路有限公司进行考察、交流。双方召开应急联动协议签约仪式暨座谈会，签署《晋陕省际交通事件应急联动工作协议》。

9月3日 吕梁北高速管理公司举办《习近平谈治国理政》（第三卷）专题宣讲会。党委书记、董事长李耀峰，党委副书记、副董事长、总经理冯利强进行专题宣讲，宣讲会通过视频会议的形式开至基层单位。

9月7日 吕梁北高速管理公司2020年迎国检部署会召开。党委书记、董事长李耀峰出席会议并讲话，路产维护部、信息监控中心、路产维护站、隧道管理站、交控集团养护分公司、交科集团新技术公司相关人员参加会议。

9月18日 “十三五”全国干线公路养护管理工作检查组到吕梁北高速管理公司展开检查。在山西交控集团正确领导下，统筹安排、提前部署，召开专题会议落实责任分工，吕梁北高速管理公司以一流路容路貌、一流精神状态和一流组织保障，顺利完成“国检”大考。

9月24日 吕梁北高速管理公司开展党支部建设标准化工作现场观摩活动，组织基层党支部书记和党务干事相互学习，相互借鉴，共同推进吕梁北高速管理公司党建工作质量和整体水平。

同日 吕梁北高速管理公司突发事件应急预案评审会议召开，邀请吕梁市应急管理局、省安全应急保障技术中心相关专家，对吕梁北高速管理公司《突发事件综合应急预案》和《道路交通事故专项应急预案》等14个专项应急预案进行评审，顺利通过专家评审。

同日 吕梁北高速管理公司召开“心敬道”企业文化宣贯动员部署会。党委书记、董事长李耀峰出席会议并讲话，党委副书记、副董事长、总经理冯利强主持会议，专职党委副书记、副董事长宣读公司《企业文化宣传贯彻实施方案》，党委委员、纪委书记刘元元参加会议。

9月28日 吕梁北高速管理公司举办庆祝中华人民共和国成立71周年“不负韶华 逐梦新时代”演讲比赛。

9月30日 吕梁北高速管理公司组织各部室、各单位副职及以上干部召开“两节”期间工作部署视频会议。会议由专职党委副书记董万森主持，总经理冯利强对“两节”期间工作进行部署，董事长李耀峰出席会议并讲话。

同日 吕梁北高速管理公司2020年安委会第四次全体（扩大）会议暨做好秋冬季疫情防控工作视频会议召开，专职党委副书记董万森主持会议，董事长李耀峰、总经理冯利强出席会议并讲话，机关各部室、两中心、一大队、基层各单位主要负责人、分管安全负责人、安全员参加会议。

10月10日 吕梁北高速管理公司邀请山西消安消防宣教中心主任杨鑫，在机关四楼会议室举办消防安全知识讲座，公司所辖各单位、部门主负责人，专、兼职安全员78人参加培训。

10月27日 10时28分，吕梁北高速管理公司阳坪收费站治超检测点正式启用。

同日 吕梁北高速管理公司机关第三党支部开展“弘扬企业文化，增强文化自信”主题党日活动，感受公司“心敬道”企业文化的感召力和凝聚力。

10月27日至28日 吕梁北高速管理公司外部董事茹冰赴基层进行调研。

10月28日 山西交控集团副总经理韩文军赴吕梁北高速管理公司考察调研，山西交控集团有关部门相关负责人和吕梁北高速管理公司领导班子成员陪同调研。

10月29日 吕梁北高速管理公司举办2020年度职工趣味运动会。

11月3日 吕梁北高速管理公司特邀原山西省交通环境保护中心站（有限公司）副站长王东伟、中核第七研究设计院有限公司高级工程师胡培源、山西财经大学教授行惠彦、山西省交通环境保护中心站（有限公司）博士李文军、山西交通控股集团有限公司运营管理部高级工程师张海蛟组成验收专家组，对污水处理工程进行交工验收。

11月4日 吕梁市方山县委组织部常务副部长崔志刚带领组织部副部长王建华、积翠乡党委副书记任丽军、纪检书记陈栋，县委办副主任、国安办专职副主任张少为，新闻办副主任肖继旺，县档案馆副馆长李永奇，团县委副书记薛勤卫等一行11人到吕梁北高速管理公司参观交流企业党建和文化建设工作。

11月5日 为深入贯彻集团公司新发展理念和高质量发展要求，推动吕梁北高速管理公司精细化、机械化、科学化、规范化、安全化“五化养护”建设，营造尊重知识、尊重劳动、尊重技能的良好氛围，吕梁北高速管理公司以比促学、比促练，成功开展首届养护技能比武大赛。

11月10日 太旧高速公路管理有限公司党委委员、纪委书记杨玉龙带领工会主席张克冰、综合办公室副主任宋晓波等一行5人来吕梁北高速管理公司交流学习企务公开工作。

11月12日、20日 吕梁北高速管理公司开展安全生产工作专题培训。所辖各单位、部门主要负责人、分管安全负责人、专兼职安全员及从业人员300余人次参加培训。

11月18至19日 吕梁北高速管理公司党委书记、董事长李耀峰深入白文收费站、兴县南收费站走访调研，与收费站职工代表就企业文化、“六定”改革、人才建设等方面进行座谈交流。

11月26日 吕梁北高速管理公司邀请山西交控集团运营总监侯兴杰、高级技术专员赵凯、主管张雷，专家组孙宗斌、张元文、王尚武参加吕梁北高速管理公司现代化高速公路养护发展交流研讨活动。

11月27日 吕梁北高速管理公司召开学习宣传中共十九届五中全会精神部署暨党建双月例会。吕梁北高速管理公司党委书记、董事长李耀峰出席会议，并对中共十九届五中全会精神进行宣讲。专职党委副书记、副董事长董万森主持会议，党委委员、纪委书记刘元元参加会议。

同日 吕梁北高速管理公司学习宣传中共十九届五中全会精神部署暨党建双月例会召开。党委书记、董事长李耀峰出席会议，并对中共十九届五中全会精神进行宣讲。专职党委副书记、副董事长董万森主持会议，党委委员、纪委书记刘元元参加会议。

11月30日 邀请招标投标（采购）行业资深专家李文高老师就招标投标（采购）工作进行专题培训。

同日 与山西高速交警一支队九大队就恶劣天气路警协同事宜召开座谈会议。党委书记、董事长李耀峰，党委副书记、副董事长、总经理冯利强，高交一支队九大队赵兴云、董文强出席座谈会。吕梁北高速管理公司有关部门、基层单位负责人参加座谈。座谈会由冯利强主持。

12月1日 吕梁北高速管理公司党委副书记、副董事长、总经理冯利强深入岢临段兴县片区，向兴县南收费站、兴县东收费站、兴县隧道管理站、兴县南隧道管理站支部党员和入党积极分子代表等宣讲中共十九届五中全会精神。

12月1日至2日 经过认真细致检查评审，吕梁北高速管理公司2019年、2020年养护专项工程顺利通过交工验收，为提升吕梁北高速管理公司公路路况水平、安全通行能力和服务经济社会发展，助力打造“六型吕北”奠定坚实基础。

12月2日 山西交控集团宣讲团成员、公司党委书记、董事长李耀峰赴临县片区开展宣讲活动，与基层干部职工围绕“贯彻落实中共十九届五中全会精神，畅谈公司改革发展未来”进行座谈交流。

同日 吕梁北高速管理公司党委委员、纪委书记刘元元赴兴县南路产维护站、白文收费站与干部员工深入交流，向支部党员和支部所在单位的职工宣讲中共十九届五中全会精神。

12月3日 吕梁北高速管理公司专职党委副书记、副董事长董万森来到阳坪收费站、兴县东收费站，为基层干部职工作中共十九届五中全会精神宣讲报告并进行座谈交流。

12月10日 吕梁北高速管理公司团委举办团干部及团工作人员业务培训会，邀请山西经济管理干部学院教授朱忠良授课，吕梁北高速管理公司团委委员、各团支部书记及团工作人员共计40余人参加业务培训。

12月11日 上午，吕梁北高速管理公司特邀山西经济管理干部学院教授朱忠良为广大党员干部职工作专题宣讲报告。

12月17日 吕梁北高速管理公司工会举办基层工会干部培训班。工会全体委员、所属34个基层分工会主席、工会干事等80余人参加培训。

12月24日至25日 吕梁北高速管理公司举办2020年法律合规工作能力提升培训班，邀请山西经济管理干部学院教授朱忠良授课，公司领导、中层副职以上干部以及法律合规工作人员90余人参加培训。

（资料提供：郭小华）

吕梁南高速公路管理有限公司大事记

1月1日 零时，吕梁南高速公路管理有限公司（以下简称吕梁南高速管理公司）省界军渡收费站取消，标志着自2007年12月通车运营的军渡收费站正式退出历史舞台；所辖高速公路收费系统成功并入全国“一张网”，同步实现全国联网收费运营。

1月6日 吕梁南高速管理公司2020年第一次安委会全体会议召开，党委书记孟仁贵主持会议，党委副书记张金锁、副总经理茹冰传达交控集团安委会全体会议精神，副总经理刘泽林简要总结2019年安全生产工作、部署2020年安全生产工作要点，总经理王占军就落实会议精神提出具体要求。

1月8日 省交通运输厅一级巡视员雷天才一行深入吕梁南高速管理公司，督导调研取消高速公路省界收费站联网收费、除雪保畅和备战春运工作。

1月26日、27日 按照吕梁市政府新冠肺炎疫情防控领导小组统一部署，为切实做好疫情联防联控，属地卫生防疫、公安、交警联合防控检疫点全部入驻吕梁南高速管理公司所属11个收费站，各检疫站点防疫人员防疫物资、办公场地、办公用房以及水电暖和食宿等后勤保障同步落实，全面做好过往司乘疫情检测工作。

2月1日 吕梁市卫健委印发《关于临时关闭吕梁市境内部分高速出入口的函》。为进一步加强疫情防控，吕梁南高速管理公司所辖汾阳、杏花、吴城3个收费站出入口临时关闭，其余8个收费站正常运行，出入口防疫检测工作有序推进。

2月7日 上午，山西晋蒙五谷速食食品有限公司总经理吕艳江一行赴公司交城收费站，对奋战在抗击新冠肺炎疫情一线干部职工进行慰问。

2月10日 吕梁南高速管理公司以网络会议形式召开总经理办公会议专题会议，会议认真学习贯彻习近平总书记关于坚决打赢防控疫情阻击战系列重要指示和讲话精神，按照防疫工作总要求，对吕梁南高速管理公司疫情防控和精准复工等进行再安排、再部署，做到防疫、生产“两手抓、两不误”。

2月17日 零时，吕梁南高速管理公司按照省交通运输厅《关于新冠肺炎疫情防控期间免收收费公路车辆通行费工作方案》要求，从即日起至疫情防控工作结束，依法通行收费公路的所有车辆免收车辆通行费。

2月20日 18时，按照吕梁市卫健委《关于开通高速出入口的函》要求，因疫情防控工作需要，为全力推进复工复产，做好农民工返程、防疫物资运输道路交通保通保畅工作，2月1日起临时关闭的国道G20青银高速公路汾阳、杏花、吴城3个收费站全部开通，届时吕梁南高速管理公司所辖11个收费站恢复正常运营，除汾阳境内以外的8个防疫检测站全部撤销。

2月22日 19时，国道G20青银高速公路山西汾阳境内杏花、汾阳、汾阳西3个收费站设立的新冠肺炎疫情防疫检测站撤销。

3月11日 吕梁南高速管理公司与山西高速交警一支队六大队联合召开高速公路免费通行期间路警联合巡查专题会议，就高效快速有序处置道路突发事件进行讨论研究并达成一致意见。

3月16日 吕梁南高速管理公司开始全面复工，一边做好疫情防控、一边全力推进工作，各项工作紧锣密鼓、有条不紊。

同日 下午，吕梁南高速管理公司参加吕梁市政府召开的青银高速吕梁段行车秩序专项整治工作会议，公司副总经理刘泽林参加会议，就高速公路保通保畅情况进行汇报。

3月18日至4月18日 按照吕梁市委、市政府统一部署，针对疫情期间车辆免费通行高速公路车流量持续高位运行的实际情况，为全力保障复工复产期间高速公路安全畅通和人民群众生命财产安全，青银高速公路汾阳至军渡段开展为期一个月的高速公路行车秩序集中整治，吕梁南高速管理公司紧急抽调路政人员24人，全力投入到路警联勤联动行车秩序专项集中整治工作中，并在沿线设点，为专项整治行动所有参战人提供全方位工作、生活保障，确保此次高速公路行车秩序集中专项整治行动取得全面胜利。

3月20日 山西交控集团干部考察组贾振卜一行到吕梁南高速管理公司进行干部考察。

3月24日 吕梁南高速管理公司首台大功率应急电源车正式交付使用，为高速公路应急抢险救援提供坚强电力保障。

3月25日 山西交控集团印发《关于组建16个高速公路管理公司的通知》（晋交控战投发〔2020〕110号），山西交控集团出资500万元，组建吕梁南高速公路管理有限公司等16个高速公路管理公司，山西交控集团分别与之签订"高速公路委托管理合同"，委托管理公司开展现有分公司所辖区域内政府还贷高速公路管理工作，行使和承担独立法人权利与责任。

同日 山西交控集团党委印发《关于谢鹏远等同志职务任免的通知》（晋交控党发〔2020〕30号），王占军任吕梁南高速管理公司党委委员、党委书记；山西交控集团印发《关于谢鹏远等同志职务任免的通知》（晋交控发〔2020〕112号），任命王占军为吕梁南高速管理公司董事、董事长。

3月26日 山西交控集团运营部牵头，交科集团、养护集团、路桥集团、国家养护中心和东南大学等单位的20多位专家组成咨询调研组，冒雨深入吕梁南高速公路开展重点路段重点养护工程规划试点调研工作。

3月27日 山西交控集团党委印发《关于刘泽林等职务任免的通知》（晋交控党发〔2020〕43号），刘泽林任吕梁南高速管理公司党委委员、专职党委副书记；免去孟仁贵的吕梁南分公司党委委员、党委书记职务；免去茹冰的吕梁分公司党委委员职务；免去郑瑞红的吕梁分公司党委委员职务，建议不再担任吕梁南分公司工会主席职务，按照有关规定履行程序。

同日 山西交控集团印发《关于刘泽林等职务任免的通知》（晋交控发〔2020〕135号），刘泽林任吕梁南高速管理公司董事、副董事长；免去孟仁贵、茹冰的吕梁南分公司副总经理职务。

同日 山西路桥建设集团公司党委干部考察组在吕梁南高速管理公司开展干部选拔任用工作。

3月28日 山西交控集团印发《关于贾振卜等任职的通知》（晋交控发〔2020〕148号），聘任李建东为吕梁南高速管理公司外部董事。

4月1日 吕梁南高速公路管理有限公司在汾阳市行政审批服务管理局登记注册，注册资本500万元。

4月2日 山西交控集团印发《关于张金锁任职的通知》（晋交控发〔2020〕163号），张金锁任吕梁南高速管理公司董事、副董事长，提名张金锁为吕梁南高速管理公司总经理人选，聘任张金锁为吕梁南高速公路分公司副总经理。

4月3日 山西交控集团印发《关于王占军等同志职务任免的通知》（晋交控发〔2020〕173号），聘任王占军为交控集团副总经济师。

4月9日 吕梁南高速管理公司召开“四抓四推进”专项行动工作部署会议，决定从4月8日到5月31日，吕梁南高速管理公司开展“四抓四推进”专项行动。

4月16日 吕梁南高速公路管理有限公司正式揭牌。

4月30日 上午，在“五四”青年节即将到来之际，吕梁南高速管理公司团员青年欢聚一堂，隆重举办“五四”青年座谈会。

同日 吕梁南高速管理公司邀请高速交警一支队六大队、八大队有关人员，联合召开“五一”假期暨恢复收费路警联动协作保畅座谈会，共商疏堵保畅良策。

5月6日 上午，在高速公路恢复收取车辆通行费的第一天，山西交控集团党委副书记、副董事长、总经理郝玉柱深入公司，就恢复收费后收费站运行情况进行调研督导。山西交控集团运营总监侯兴杰、办公室副主任崔小康陪同调研，交科集团董事长魏鹏举参加调研。吕梁南高速管理公司董事长王占军、总经理张金锁、专职党委副书记刘泽林陪同。

5月11日 上午，交通运输部科学研究院交安分院7名专家在吕梁南高速管理公司召开汾阳至军渡段高速公路限速方案论证调研座谈会。

5月13日 山西交控集团党委印发《关于尚海波等任职的通知》（晋交控党发〔2020〕114号），米源任吕梁南高速管理公司党委委员、纪委书记。

5月15日 上午，吕梁南高速管理公司第一届董事会2020年第一次会议召开，会议表决通过聘任张金锁为吕梁南高速管理公司总经理，同时表决通过其他事项。

5月20日 上午，吕梁南高速管理公司一届三次职代会暨2020年工作会议在机关五楼会议室召开。

6月15日 山西交控集团总经理郝玉柱、副总经理武艺深入青银高速公路离军段正在规划建设的柳林服务区建设现场调研。

6月18日 山西交控集团党委对2019年度“1235”工作法推进党建工作项目化管理成果进行终审，吕梁南高速管理公司机关第二党支部“党员当先锋、无人机倾斜摄影测量BIM技术应用”党建项目获三等奖。

7月1日 吕梁南高速管理公司开展庆祝中国共产党成立99周年暨“七一”表彰大会、党委书记讲党课活动，缅怀党的光辉历程，弘扬党的优良传统，表彰先进、树立典型，激励广大党员进一步牢记初心使命、践行责任担当。

7月21日 下午，山西交控集团总经理郝玉柱、总会计师孙建秀、副总经理贾勇与所属企业参会人员首先前往薛公岭汾离站区，沿途观看原生态绿色走廊建设和路域环境整治、连续30公里长大纵坡危险路段治理、大流量交通下的日常养护集中作业现场、“四新”技术应用路面就地热再生铺装施工处治现场、薛公岭路段隧道提质升级等成果。在站区现场观看汾离段高速公路协调联动应急救援处置工作成果，通过“7·02”隧道突发事件应急救援纪实片以及隧道智能监控管理平台演示进一步了解安全生产建设经验及成效。在汾阳收费站，在工作人员介绍下，他们深入了解收费改革后收费站机电运维、流程管控和人员配置，观看ETC系统运行情况、专用车道使用情况、收费站综合治理、综合放行能力以及ETC网点建设运营情况等。在吕梁南高速管理公司机关，集体观看党建、经营管理专题展板、制度建设和运营管理标准化建设成果以及职工书画、剪纸、摄影作品展，观看职工剪纸、插花技艺展示。

座谈会上，吕梁南高速管理公司党委书记、董事长王占军作典型交流发言。

7月21日至22日 山西交控集团高速公路经营管理工作推进现场会在吕梁南高速管理公司召开。山西交控集团党委书记、董事长袁清茂出席座谈会并讲话，山西交控集团总经理郝玉柱主持座谈会，总会计师孙建秀、副总经理贾勇出席。山西交控集团相关部室负责人、路桥集团、交投集团、高速集团以及16个高速公路管理公司党政主要负责人参加会议。路桥集团、交投集团、高速集团以及各高速公路管理公司主要负责人分别汇报2020年上半年整体工作情况及下半年工作打算。会议还部署集团公司迎国检工作。

7月30日 上午，吕梁南高速管理公司复转军人及现役军人家属“八一”座谈会召开，追忆军旅岁月，共续红色高速。

8月26日 山西交控集团纪委书记焦军深入吕梁南高速管理公司，就“一体推进‘不敢腐、不能腐、不想腐’，构建集团公司党风廉政建设和反腐败斗争长效机制”进行专题调研并座谈。

9月8日 上午，国道G20青银高速汾离段山体滑坡突发事件综合应急演练技术交底会议在汾阳市贾家庄裕和花园酒店召开，吕梁南高速管理公司董事长王占军对承办本次演练作表态发言。

9月22日至23日 由中国交通报社和中国交通报刊协会联合举办的“讲出你的品牌故事”第二届交通运输优秀文化品牌展示活动在广西南宁举行，吕梁南高速管理公司“平安高速 暖心吕南”文化品牌从参赛的369个品牌中脱颖而出通过初审，成功进入推广展示评选环节。

10月6日 山西交控集团副总经理武艺深入吕梁南高速管理公司，就“两节”期间安全保畅工作进行督导检查。

10月8日 省政协副主席、吕梁市委书记李正印深入吕梁南高速管理公司离石东、离石西收费站，调研国庆期间道路交通安全工作，看望慰问一线工作人员。

10月22日至23日 吕梁南高速管理公司举办中层管理人员素质能力提升专题培训班，培训在汾阳市贾家庄基层干部培训基地进行，59名中层管理人员参加培训。

11月4日 “品牌助力交通强国建设”第二届交通运输优秀文化品牌推选展示活动获奖名单公示，吕梁南高速管理公司“平安高速 暖心吕南”企业文化品牌荣获全国交通运输行业“企业类十佳文化品牌”，成为继2019年文水收费站“英雄感召 文心若水”获得首届全国交通运输行业优秀文化品牌后，公司文化创建结出的又一硕果。

11月22日 下午，副省长卢东亮在吕梁南高速管理公司调研疏堵保畅工作。省交通运输厅党组书记、厅长闫晨曦，吕梁市委副书记、市长王立伟陪同调研。

12月4日 吕梁南高速管理公司开展第七个“国家宪法日”暨第三个“宪法”宣传周宪法宣传活动。

12月29日 吕梁南高速管理公司被山西交控集团精神文明建设委员会授予“文明单位标兵”称号，党委书记、董事长王占军被授予“精神文明建设先进工作者”称号。

（资料提供：徐 仲）

晋中高速公路管理有限公司
大 事 记

1月17日 晋中高速公路管理有限公司（以下简称晋中高速管理公司）2020年春运、春节“双保”工作暨安委会第一次全体会议召开，要求进一步提高思想认识，扎扎实实做好安全生产各项工作。

2月10日 晋中高速管理公司党委扩大会议召开，学习贯彻习近平总书记关于新冠肺炎疫情防控工作系列重要指示精神，分析疫情防控工作面临的新形势，对公司疫情防控工作进行再部署、再安排。

2月 晋中高速管理公司领导分别赴一线单位检查督导疫情防控工作，向各单位发放防护物资，尽最大力量解决疫情防控第一线的实际困难和后顾之忧，努力将疫情风险降到最低。

3月25日 按照省国资委批复，山西交控集团决定开展16个高速公路管理公司组建工作，晋中高速管理有限公司注册资金500万元，注册地为晋中市。

3月26日 山西交控集团印发《关于谢鹏远同志职务任免的通知》（晋交控发〔2020〕112号）文件，决定任命张俊为晋中高速管理公司董事、董事长，晋中分公司总经理。

同日 山西交控集团组织召开高速公路管理公司干部大会视频会议，宣布交控集团所属16个高速公路管理公司领导任免决定。晋中高速管理公司领导班子成员及机关部室负责人参加会议。

4月3日 共青团山西交通控股集团有限公司

委员会印发《关于认定2019年度交控集团“青年安全生产示范岗”的通知》（晋交控团发〔2020〕4号）文件，晋中高速管理公司平遥收费站、韩信岭隧道管理站，获评集团公司团委2019年度交控集团青年安全生产示范岗。

4月8日 晋中高速管理公司干部大会召开。公司党委书记、董事长张俊宣布山西交控集团干部职务任免的通知，王刚任晋中管理公司董事、副董事长，提名晋中高速公路管理公司总经理人选，晋中分公司副总经理，李保任晋中高速公路管理公司董事、副董事长，刘银柱任晋中高速公路管理公司外部董事。

王刚任晋中高速管理公司党委委员、党委副书记，李保任晋中高速管理公司党委委员，专职党委副书记，宋文继任晋中高速管理公司党委委员、纪委书记。

4月9日、15日 晋中高速管理公司党委书记、董事长张俊到所辖祁临段各基层单位调研。对各基层单位标准化党支部建设、标准化站区建设、疫情防控和复工复产等工作进行检查，并详细听取各基层单位负责人工作汇报及当前生产生活中存在的困难，对下一步工作提出明确要求。

4月10日 晋中高速管理公司2020年安委会第二次全体视频会议召开。会议由党委副书记、副董事长李保主持，副董事长、总经理王刚总结通报晋中高速管理公司第一季度安全生产情况，传达山西交控集团2020年安委会第二次全体会议精神。会上，副董事长、总经理王刚与参会单位签订“2020年度安全生产目标责任书”。

4月14日 按照山西交控集团部署，晋中高速管理公司组织测试车辆30辆，测试人员34人，对晋中高速管理公司所辖120条车道进行实车测试，4月25日、5月3日、5月4日祁临段内蒙互测三天，5月3日顺利通过交通运输部验收。历时21天，圆满完成实车测试任务。

4月15日、16日 晋中高速管理公司副董事长、总经理王刚对晋中高速管理公司所辖路段专项工程进行实地调研。以问题为导向，先后到阳黎段蒙山隧道、K495+800路面车辙处、南安驿通道滑坡处，祁临段K558+300路面破损处、平遥收费站、张兰收费站、介休收费站、上庄沟大桥右线、仁义沟特大桥进行实地调研。对下一步如何推进晋中高速管理公司专项工程做出明确指示。

4月21日 晋中高速管理公司取消高速公路省界收费站收费系统优化工作推进会。会议由党委书记、董事长张俊主持，副董事长、总经理王刚，收费机电部负责人，收费站负责人，维护单位负责人和施工单位负责人参会。

4月29日 晋中高速管理公司召开一届三次职工代表大会暨2020年度工作会，会议听取并审议题为“抢抓改革发展新机遇，实现提质增效新突破，奋力开启晋中高速管理公司高质量发展新征程”工作报告，党委书记、董事长张俊代表董事会与副董事长、总经理王刚签订“2020年度生产经营责任书”。王刚代表晋中高速管理公司与基层单位负责人签订“2020年工作目标责任书”。大会还审议通过了“2020年集体合同和专项集体合同”，表彰晋中高速管理公司2019年度“创先争优”活动优秀单位和先进个人。

同日 晋中高速管理公司2020年党的建设和党风廉政建设工作会议召开。党委书记、董事长张俊作“2019年党建和党风廉政建设工作报告”，对晋中高速管理公司2020年党的建设和党风廉政工作进行部署。党委委员、纪委书记宋文继作“2019年党建和党风廉政建设工作报告”，对晋中高速管理公司2020年纪检监察工作进行部署。晋中高速管理公司党委书记、董事长张俊与各党支部书记代表签订“所属党支部落实全面从严治党主体责任目标责任书”。

同日 山西交控集团总经理郝玉柱带领山西交控集团运营部、办公室和交科集团有关负责人深入祁县收费站，现场调研收费联调联试稳定情况，并就恢复收费工作进行部署。晋中高速管理公司领导、有关部室和单位负责人全程陪同。

同日 省人力资源和社会保障厅印发《关于“五四”评选表彰的决定》（晋人社厅发〔2020〕24号）文件，晋中高速管理公司平遥收费站获第13届“山西青年五四奖状”。

4月30日 共青团山西交通控股集团有限公司委员会印发《关于“五四”评选表彰的决定》，晋中高速管理公司白福宝获评首届交控集团十大杰出青年，郎澎凯获评2019年度交控集团“优秀共青团员”，赵亚楠、王珂欣获评2019年度交控集团“优秀共青团干部”，左权东片区团支部获评2019年度交控集团“五四红旗团（总）支部”。

同日 共青团山西省国资委委员会印发《关于

表彰2019年度省属企业共青团先进集体和优秀个人的决定》(晋国资团字〔2020〕6号)文件,晋中高速管理公司团委获评“五四红旗团委”,降鹏飞获评“优秀青年志愿者”。

同日 晋中高速管理公司总经理王刚采取“四不两直”方式,对晋中高速管理公司所属各收费站撤站系统优化和恢复收费准备工作进行调研督导。

5月1日 7时44分,晋中高速管理公司所辖路段京昆高速K732+450主线桥下和临夏线公路交际处,桥底边沟发生大面积着火。经基层站队人员40分钟奋力扑救,8时33分现场火点全部扑灭。

5月1日至5日 晋中高速管理公司专题会议召开,全面梳理分析辖区路网监控信息,排查预判易影响实测的收费站和易拥堵路段,构建“五一”期间“领导包路段、部室包站点、基层单位包现场”的保障管理体系,确保晋中高速管理公司所辖收费站恢复收费后高效有序运行。

5月2日 晋中高速管理公司党委书记、董事长张俊深入阳黎段全覆盖调研,就撤站系统优化及恢复收费前准备工作进行重点督导。

5月3日 11时26分,晋中高速管理公司燕家岭隧道内一辆小型客车自燃。晋中高速管理公司立即启动隧道突发事件应急处置预案,经基层站队人员配合地方消防队奋力扑救,历时2小时成功处置。

5月5日 山西交控集团副总经理韩文军深入晋中高速管理公司祁县收费站调研收费公路恢复收费前的各项准备工作。就现阶段高速公路联网收费系统工作中存在的问题进行集中探讨和研究分析,晋中高速管理公司领导张俊、李保一同调研。

5月6日至7日 山西交控集团恢复收费保通保畅指挥督导组赴晋中高速管理公司督导恢复收费保障工作,督导组看监控、查数据,深入祁县、平遥、介休和明姜收费站,对现场人员配备和车道识别信息成功率进行实地查看。晋中高速管理公司总经理王刚、专职党委副书记李保一同督导。

5月7日 《山西青年报》将“晋中高速管理公司平遥收费站”编入山西战“疫”青年群英谱。

5月12日 晋中高速管理公司与太谷区消防队在公司机关大楼联合举办地震火灾疏散逃生应急演练和“防灾减灾日”宣教活动周。

5月22日 山西交控集团副总经理韩文军、贾勇,晋中高速管理公司党委书记、董事长张俊一行深入五台县东雷乡宏塘村看望慰问贫困户及驻村帮扶队员,为在村儿童赠送“六一”礼物,并就脱贫攻坚及“十个清零”工作进行座谈和实地调研。

5月25日 晋中高速管理公司“三零”单位创建工作部署推进会召开。会议由专职党委副书记李保主持,总经理王刚传达山西交控集团党委“三零”单位创建工作部署会议精神,董事长张俊提出公司“三零”单位创建工作部署具体要求。

5月27日 晋中高速管理公司党委书记、董事长张俊深入祁县、平遥、张兰收费站进行调研,实地查看站容站貌、工作环境和张兰匝道日常管护等情况,了解和掌握近期重点工作推进情况。晋中高速管理公司团委、安全应急部和相关单位负责人一同调研。

同日 晋中高速管理公司开展《信访条例》修订15周年系列宣传活动,营造学条例、用条例、守条例浓厚氛围。

5月28日至29日 晋中高速管理公司总经理王刚深入阳黎段基层单位进行调研,对基层日常工作、职工生活、站容站貌等进行实地查看,对蒙山隧道人行横洞门破损、路面裂缝等病害进行现场指导。

5月 晋中高速管理公司加快推进高速公路绿色走廊建设工作,完成所辖路段沿线两侧路肩、中央分隔带及遮挡标志牌的树木修剪、浇水管护,对枯死树木、不良攀援植物进行清理。

6月3日 山西交控集团公司专职党委副书记、副董事长、副总经理刘宏武,党委委员、纪委书记、监察专员焦军深入晋中高速管理公司就党风廉政建设和企业机关党建工作进行调研,并召开座谈会,山西交控集团总部相关人员参加。晋中高速管理公司党委书记、董事长张俊,党委副书记、副董事长、总经理王刚,党委专职副书记、副董事长李保,党委委员、纪委书记宋文继随同参加调研。

6月9日至16日 晋中高速管理公司开展主题为“档案见证小康路、聚焦扶贫决胜期”宣传系列活动。

6月10日 晋中高速管理公司党委书记、董事长张俊赴左权北收费站、和顺北收费站就机电系统运行、通行流量监测分析和收费精准营销工作开展专题调研。

同日 晋中高速管理公司组织所属各路产维护站、路政中队、隧道管理站主要负责人前往太长高速公路有限公司,对高速路政管理、路面养护、隧道救援、应急储备及施工安全管控、事故应急处置、路面清障救援等进行参观见学，发现自身不足，探究改进方法，为下一步提升晋中高速管理公司安全应急管理水平摸索思路。

6月15日 晋中高速管理公司开展安全宣传“五进”活动，进学校、进社区、进农村、进家庭、进企业。

6月17日 山西交控集团考核二组对晋中高速管理公司领导班子成员2019年度经营业绩进行考核，对晋中高速管理公司2019年薪酬收入进行稽核。

6月18日 晋中高速管理公司党建“双月”例会召开，晋中高速管理公司党委书记张俊讲授题为“以高质量的党建推动晋中高速管理公司高质量发展”主题党课；党建项目化评选：张兰收费站党支部两提一育；路政第二党支部“1235”工作法评审 答辩。

6月19日 晋中高速管理公司成功举办以“增动力、激活力、挖潜力、聚合力”为主题的青年职工创新创意金点子大赛。

6月23日 晋中高速管理公司党委、机关第二党支部赴五台县东雷乡宏塘村开展“聚焦精准扶贫、履行企业责任”党建交流活动和“结对共建、助力脱贫”主题党日活动。总经理王刚，专职党委副书记李保，实地调研扶贫工作进展情况，走访看望贫困群众，慰问扶贫工作队。

6月 晋中高速管理公司收费机电部联合路桥集团，分批次组织收费站、隧道管理站机电维护人员30余人进行为期四天的培训学习，进一步提升晋中高速管理公司机电业务水平，深入推进全线机电设备故障排查治理工作。

是月 晋中高速管理公司专项工程全面开工，山西交控集团挂牌督办的K725~K726、K731~K732+548段下行行车道路面进入攻坚时刻，重点处置主行车道次差路，改善主行车道中等路，以备国检。

7月1日 晋中高速管理公司纪念建党99周年暨“七一”表彰大会召开。会议对优秀共产党员、优秀党务工作者、2020年度先进基层党组织、“三基建设”先进基层党组织进行表彰。

7月2日 晋中高速管理公司纪检室、工会等相关人员赴太长高速公路公司就企务公开监督工作进行考察学习。双方主要针对党委推进落实企务公开工作，如何加强对权力运行制约和监督等方面的经验和做法，企务公开中如何把握监督重点、创新监督方式、提升监督实效等方面进行深入细致交流。

7月8日 晋中高速管理公司董事长张俊深入阳黎段各路产维护站及管辖路段调研。主要对阳黎段起点景观点建设、标准化路段建设、中央隔离带绿化项目进行实地查看，同时要求各单位要进一步提升防汛应急处置能力，加强防汛物资储备管理，细致做好沿线排水设施维修养护，确保能够及时高效排除险情。

7月8日至9日 晋中高速管理公司总经理王刚到祁县、灵石、霍州、临汾路产维护站进行调研。针对祁临段各维护站日常养护及养护工程进展情况，各维护站防汛、交通安全设施、维修保养及养护工程情况进行实地查看，了解情况。对绿化管护、日常保洁、专项工程以及工作中存在的重点及难点问题，明确下一步管养方向，进一步提升管养水平，灵活转变工作思路，实现降本增效。

7月10日 晋中高速管理公司祁县、平遥、灵石、霍州、和顺北5个收费站ETC服务网点同步投入运营。

7月13日 晋中高速管理公司董事长张俊、总经理王刚分别赴平遥收费站，对驿家服务中心建设、收费站标准化推进、站区专项改造规划、ETC营销推广等重点工作进行调研指导。

7月17日 晋中高速管理公司总经理王刚在机关第三党支部开展宣讲“习近平在中央政治局第二十一次集体学习时重要讲话精神”和专题调研，全体党员参加学习和交流研讨。

7月22日 晋中高速管理公司纪委书记宋文继到基层联系点祁县路产维护站党支部就“习近平总书记在中央政治局第二十一次集体学习重要讲话精神”“习近平总书记视察山西重要讲话重要指示精神”进行宣讲，并结合党风廉政宣传教育月活动要求，开展理想信念教育、党纪国法教育和廉政教育。

7月23日 晋中高速管理公司专职党委副书记、副董事长李保在机关第二党支部、路政党支部宣讲习近平总书记在中央政治局第二十一次集体学习时的重要讲话精神，并开展专题调研。

7月31日 晋中高速管理公司工会一届三次会员代表大会召开，晋中高速管理公司及所属各单位的83名代表参加会议。大会补选晋中高速管理公司工会第一届工会委员会委员3名，其中女职工委员1名。

同日 晋中高速管理公司2020年安委会第三

次全体视频会议召开。大会对获山西交控集团“平安交控”系列活动、晋中高速管理公司“防灾减灾周”“安全生产月”等活动的获奖单位与人员进行表彰，为实现晋中高速管理公司安全目标，选树先进示范典型。

同日 晋中高速管理公司纪委组织全体纪检委员、纪检联络员和纪检室工作人员参加山西交控集团纪委2020年上半年纪检监察工作会议暨《中华人民共和国公职人员政务处分法》专题培训会。晋中高速管理公司纪委组织召开2020年上半年纪检工作述职点评暨业务培训会。

7月 晋中高速管理公司拟定“十三五”全国干线公路养护管理评价工作方案，准备迎检资料，加大工作力度，全力抓好路容路貌整治，提升养护管理水平，以规范管理迎检。晋中高速管理公司所辖阳左段路面沉陷修复养护工程主体工程完工，已进入收尾阶段。

8月3日 晋中高速管理公司视频作品《平安高速 通达三晋》，获评省交通运输厅安委办三等奖。

8月4日 山西交控集团公司党委书记、董事长袁清茂一行赴晋中高速管理公司就生产经营和党建工作进行调研。袁清茂在讲话中对晋中高速管理公司信息中心突发事件反应、信息监控、人员业务素质培训、路况信息共享等方面进行详细了解，并主持召开调研座谈会。党委书记、董事长张俊作题为“着力强化党建引领，抢抓改革发展新机遇，实现提质增效新突破”工作汇报。

8月13日 山西交控集团工会主席孟仁贵，晋中高速管理公司总经理王刚、专职党委副书记李保一行到平遥收费站开展“送清凉”活动，向在酷暑时节依然奋战在第一线员工表示诚挚慰问，向他们送去消暑慰问品。

8月15日 晋中高速管理公司驿家服务中心平遥店所有营业类证件全部办理完毕，开始正式营业，并正式移交平遥收费站进行日常管理，标志着晋中高速管理公司经营开发工作迈出坚实一步，实现新突破。

8月17日 晋中高速管理公司“移动支付退费管理系统”平台正式开通上线。此平台的应用，确保通行金额和付款方式的准确性，减少人工审核流程繁复性，提升移动支付退费效率，有效避免投诉现象发生，为广大司乘人员提供更优质、便捷服务。

8月18日至21日 晋中高速管理公司开展2020年收费系统业务专题培训，收费站管理人员、一线员工共80余人参加培训。晋中高速管理公司立足实际，结合全面恢复收费以来收集的培训需求意见与形势政策分析，有针对性地制定培训课题，“量身打造”培训课堂。

8月25日 晋中高速管理公司董事长张俊就安全管理标准化示范班组创建工作及路面处置工程备战国检工作，分别赴平遥、介休收费站，韩信岭隧管站及祁临段路面处置现场进行督导调研，确保各项工作顺利推进。

同日 晋中高速管理公司机关第三党支部与平遥收费站党支部实地走访货运企业，深入开展“强化党建引领、推进精准营销”主题党日活动。此次活动主要包括两部分：一是聚焦货车通行量下降收费站点，实地走访运输企业；二是积极宣传高速公路“ETC优惠政策”。

8月27日 晋中高速管理公司党委委员、纪委书记宋文继赴平遥收费站，为基层党员干部宣讲《习近平谈治国理政》(第三卷)，并就党风廉政建设工作进行座谈。祁县至灵石各收费站、路产维护站、路政中队党支部书记、部分党员代表参加会议。

8月31日 晋中高速管理公司党委召开中心组《习近平谈治国理政》(第三卷)专题学习会。

9月1日 山西交控集团印发《关于张鹏同志任职的通知》(晋交控发〔2020〕409号)文件，提名张鹏为晋中高速管理公司副总经理人选。

9月2日 晋中高速管理公司召开《习近平谈治国理政》(第三卷)专题读书会视频会议。邀请山西农业大学继续教育学院院长郭建平与晋中高速管理公司党员和群众代表共同学习分享《习近平谈治国理政》(第三卷)的主要内容、核心要义、学用方法等19个专题内容。

9月3日 山西交控集团副总经理武艺深入工作联系点晋中高速管理公司就党建和党风廉政建设、经营管理、改革发展、安全生产工作开展调研。对晋中高速管理公司平遥收费站驿家服务中心进行实地查看，听取平遥收费站标准化改造和全国安全管理示范化班组创建工作汇报。并在调研期间向晋中高速管理公司干部职工宣讲习近平总书记视察山西重要讲话重要指示。

同日 晋中高速管理公司纪委对霍州收费站、路政二中队、路政三中队、霍州路产维护站、韩信岭隧道管理站等基层单位党风廉政建设和反腐败工作、企务公开监督工作进行实地督导，并在霍州收费站召开晋中高速管理公司祁临南段基层单位座谈会。

9月8日 山西交控集团印发《关于卢永旺等同志任职的通知》（晋交控发〔2020〕424号）文件，提名梁晨光为晋中高速管理公司副总经理人选。

同日 晋中高速管理公司干部大会召开。会议宣布集团公司党委的任命决定，张鹏任晋中高速管理公司副总经理；梁晨光任晋中高速管理公司副总经理。张鹏任晋中高速管理公司党委委员，梁晨光任晋中高速管理公司党委委员。

9月17日 晋中高速管理公司总经理王刚就“十三五”全国干线公路养护管理评价国检事宜，深入霍州站区进行国检前视察指导工作。

9月23日 晋中高速管理公司开展以“厉行节约，反对浪费”为主题的“光盘行动”签名活动。

同日 晋中高速管理公司召开中秋、国庆期间作风纪律建设工作安排和廉洁提醒会议。晋中高速管理公司纪委专题通报山西交控集团纪委通报的违反“四风”问题典型案例，就中秋、国庆期间纪律作风建设工作进行再安排、再部署，并就“两节”期间需要注意的问题进行廉政提醒。

9月28日至29日 晋中高速管理公司委托山西交通技师学院特邀职业礼仪老师对晋中高速管理公司所属14个收费站内训师进行文明礼仪服务专题培训。

9月29日 晋中高速管理公司2020年第四次安委会暨国庆、中秋安全保畅部署会召开。会议对节假日期间机电运维、服务保障、值班值守、安全管理、信息报送、路域环境等工作进行部署，进一步压实责任、强化纪律，确保节日安全、稳定，为司乘人员营造一个安畅通、祥和的假期出行环境。

9月 晋中高速管理公司开展以“建设质量强企、助推高质量转型发展”为主题的质量月活动。

是月 晋中高速管理公司领导班子成员分别赴各包片联系点以现场座谈的方式对《习近平谈治国理政》（第三卷）进行宣讲，并围绕基层关注的“六定”改革、组织建设、人才建设、基层管理等方面内容进行深入解读。

10月5日 山西交控集团副总经理武艺带队深入晋中高速管理公司督查“两节”期间安全保畅和消防工作。

10月14日 在全国第七个“10·17”扶贫日来临之际，山西交控集团在晋中高速管理公司包村扶贫点五台县宏塘村开展“巩固脱贫成果、助力乡村振兴”主题扶贫日活动。山西交控集团副总经理贾勇出席活动并进行座谈，晋中高速管理公司党委书记、董事长张俊参加活动。

同日 交通运输部办公厅副主任王春华、总工办副主任刘海涛等一行4人赴晋中高速管理公司，对应急救援、物资储备以及防疫情况进行检查指导，给予高度好评。

10月 晋中高速管理公司组织综合业务培训、安全教育培训暨安全员考核，有效提升员工业务水平，进一步将安全生产扎实、扎稳。

10月26日 晋中高速管理公司对经民主推荐、会议研究和公示的中层管理人员拟任人选进行聘用。

10月27日 为加强新任职干部的廉洁警示教育，提高拒腐防变能力，晋中高速管理公司召开中层管理人员任前集体谈话。

同日 为纪念中国人民志愿军抗美援朝出国作战70周年，晋中高速管理公司所属片区团支部开展主题为“致敬抗美援朝·争做时代新人”团日活动，大力弘扬革命英雄主义和爱国主义精神。

11月6日 上午，晋中高速管理公司2020年第三季度收费运营工作会召开，传达山西交控集团路网运行情况，分析通行费指标完成情况，安排下一阶段年度运营工作。

11月9日 晋中高速管理公司路产维护部举办“业务知识、内业资料”竞赛活动，不断提高养护人员业务知识和技能水平。

11月12日 山西交控集团测评验收晋中高速管理公司文明单位标兵创建工作。

11月16日至19日 晋中高速管理公司在汾阳市贾家庄山西省党性教育基地进行“守初心、担使命、蹚新路”主题教育培训班。

11月25日 晋中高速管理公司安全应急部联合祁临段各路政中队、路产维护站、隧道管理站及辖区高速交警共同召开冬季保畅协同联动暨安全生产形势研判会议。

11月26日 晋中高速管理公司举办第三届收费系统业务技能大比武活动。

11月30日至12月6日 晋中高速管理公司围绕“深入学习宣传教育形式，大力弘扬宪法精神”活动主题，采取形式多样的宣传教育形式，开展2020

年“宪法宣传周”暨普法宣传系列活动。

12月1日 晋中高速管理公司首届职工书画摄影展手工艺品展正式开展。

12月1日至14日 晋中高速管理公司安全应急部组织机电操作人员参加低压电工培训，进一步提高实操安全系数。

12月9日 交控集团印发《关于王霆等任职的通知》（晋交控党发〔2020〕185号）、《关于王霆等任职的通知》（晋交控发〔2020〕603号），任命贾中越为晋中高速管理有限公司党委委员、副总经理。

12月10日 晋中高速管理公司经营运行分析会召开，全面掌握2020年经营管理目标任务完成情况，准确分析公司发展形势，科学谋划2021年各项工作。

12月18日 晋中高速管理公司取得机关驻地不动产权证，并对机关现有土地完成估价。

12月15日至19日 按照《山西省交通运输厅关于开展2020年度全省高速公路技术状况检测评定工作的通知》（晋交路网函〔2020〕487号）文件要求，在晋中高速管理公司积极配合下，顺利完成路况组检测（路面自动检测、人工调查）、桥梁组检测。

12月22日至25日 晋中高速管理公司经四次评审，从31个单位中层层选拔，最终推选平遥收费站、昔阳收费站、路政三中队和韩信岭隧道管理站到山东济南参加由应急管理部、中国安全协会举办安全管理标准化示范班组终审评选活动，获得一致好评。

12月30日 山西交控集团安全总监李新杰到祁临段进行安全检查，分别查看雾区引导防撞系统、能见度检测仪及韩信岭隧道管理站应急物资库，并提出指导性意见。

同日 晋中高速管理公司成功举办“逐梦起航”2021年迎新春职工网络联欢会。

12月下旬 晋中高速管理公司完成从基层站队集中办公点中选取的6家首批建设试点，创建基层党支部标准化“清风室”工作阵地，有效提升基层党支部纪检工作法制化规范化水平。

（资料提供：梁 巍）

太原高速公路管理有限公司 大事记

1月3日 太原高速公路管理有限公司（以下简称太原高速管理公司）公司安委会第一次全体会议暨一月安全生产例会召开，深刻汲取“12·30”事故教训，全面落实山西交控集团安委会第一次全体会议精神，总结2019年安全生产工作，部署2020年安全生产重点。

1月5日 省交通运输厅党组书记、厅长闫晨曦来到杨家峪收费站，就取消省界收费站系统调试运行情况进行现场调研指导。太原高速管理公司领导赵伟、杨海滨等一同前往。

1月14日 山西交控集团专职党委副书记、副董事长、副总经理刘宏武走访慰问帮扶村的老党员和驻村扶贫干部。太原高速管理公司领导李强、闫瑞芬等一同前往。

1月20日 省交通运输厅检查组检查督导春运工作。太原高速管理公司领导赵伟、何广龙、杨海滨等陪同参与。

1月25日 省交通运输厅党组书记、厅长闫晨曦等一行来到清徐南收费站，就春运保障服务和疫情防控工作进行调研。太原高速管理公司领导赵伟、闫柏青等陪同参与。

2月1日 省国资委党委副书记马进，省国资委党委委员、副主任张红谱与山西交控集团专职党委副书记、副董事长、副总经理刘宏武等一行来到长风收费站，就新型冠状病毒感染的肺炎疫情的防控工作进行督导检查。太原高速管理公司领导赵伟、李强等陪同参与。

2月2日 省委常委、副省长胡玉亭深入长风收费站，就新型冠状病毒感染的肺炎疫情防控工作调研指导，山西交控集团党委书记、董事长袁清茂参加调研。太原高速管理公司领导赵伟、李强、杨海滨陪同参与。

2月9日 山西交控集团党委副书记、副董事长、总经理郝玉柱前往迎西收费站，就新型冠状病毒感染的肺炎疫情防控工作调研指导。山西交控集团工会副主席雷红锋、运营管理部部长侯兴杰、办公室副主任崔晓康参与调研。太原高速管理公司领导赵伟、杨海滨陪同参与。

2月22日 太原高速管理公司所属路段疫情期间封闭的7个收费站恢复正常通行，过往车辆及人员通过卡口身份检验和体温监测等相关检查后可正常通行。

4月2日 太原高速管理公司安委会第二次全体（扩大）会议暨四月安全生产例会召开，全面落实山西交控集团关于第二次安委会会议部署，总结第一季度安全生产情况，部署第二季度安全生产工作。

4月27日 经太原高速管理公司第一届董事会2020年第1次会议审议决定，聘任马东强为太原高速公路管理有限公司总经理；李强、丁秀春、杨海滨、戎斌生、付建光为太原高速公路管理有限公司副总经理。

4月29日 太原高速公路管理有限公司揭牌仪式隆重举行。

4月30日 太原高速管理公司团委被省国资委授予“五四红旗团委”称号。

5月3日 省交通运输厅党组书记、厅长闫晨曦前往滨河西收费站，就高速公路恢复收费前的各项准备工作进行调研。太原高速管理公司总经理马东强陪同参与。

5月6日 太原高速管理公司完成高速公路收费系统优化完善工作，为恢复收费做好准备工作。

5月12日 太原高速管理公司党委创新提出“党委领导有力、部门指导有方、支部自建坚强”的党建工作总体思路和“1234”党支部重点工作任务，开启太原高速管理公司以高质量党建引领太原高速管理公司高质量发展新局面。

同日 太原高速管理公司一届三次职代会暨2020年工作会召开。党委书记、董事长李强出席并讲话，总经理马东强作题为“聚焦主责主业夯实发展根基 奋力开创太原公司改革发展新局面”工作报告。

同日 太原高速管理公司2020年党的建设暨党风廉政建设工作会议召开，党委书记、董事长李强同志作“围绕中心抓党建，深化党建促发展，奋力开创党建引领企业改革转型发展新局面”报告，系统总结2019年党建工作，部署2020年党建工作任务。

5月13日 太原高速管理公司党委书记、董事长李强，副总经理戎斌生前往136隧道管理站、西北路产维护站、东社收费站调研指导工作。

同日 太原高速管理公司党委副书记、副董事长、总经理马东强，副总经理杨海滨分别前往晋祠收费站、长风西收费站调研指导工作。

5月21日 太原高速管理公司“零上访、零事故、零案件”单位创建工作部署推进会召开。

同日 山西交控集团党委书记、董事长袁清茂，专职党委副书记、副董事长、副总经理刘宏武等一行来到公司帮扶村五台县上庄村，督导调研脱贫攻坚十项“清零达标”任务情况，太原高速管理公司专职党委副书记闫柏青一同前往。

同日 太原高速管理公司党委创新提出“四知一跟”思想工作法，受到山西交控集团主要领导肯定。

5月27日 太原高速管理公司收费、治超工作专题会议召开。

5月29日 太原高速管理公司党委书记、董事长李强，总监何广龙深入太古高速公路路面改造工程施工现场检查指导。

6月11日 太原高速管理公司党委副书记、副董事长、总经理马东强带队前往五台县东雷乡上庄村，入户慰问结对帮扶群众。

6月12日 山西交控集团党委书记、董事长袁清茂，专职党委副书记、副董事长、副总经理刘宏武，外部董事赵石岗，党委委员、总会计师孙建秀，党委委员、纪委书记焦军等一行11人，就深化改革、撤销省界收费站、降本增效以及党的建设等工作赴公司调研指导。太原高速管理公司领导李强、马东强等陪同参与。

6月24日 省交通运输厅党组书记、厅长闫晨曦以“四不两直”方式，在太原高速管理公司所属杨家峪收费站就通行保畅工作进行走访调研。

7月10日 太原高速管理公司安委会2020年第三次全体会议暨七月安全生产工作例会召开，对第三季度安全生产工作进行部署。

7月17日 太原高速管理公司与高速交警一支队联合消防救援大队、120急救中心等多家单位，在太古高速公路西山特长隧道，共同开展隧道突发事件联合应急处置演练。

7月24日 太原市行政审批局组织专家进行消防复验，现场验收合格，并出具西山和周家山隧道工程出具《建设工程消防验收合格意见书》(并审消验字〔2020〕第0126号)，评定消防验收合格。

7月30日 太原高速管理公司ETC客户联络分中心正式投入运行。

8月28日 太原高速管理公司联合高速交警一支队召开涉路施工交通安全管理路警联席会议。

9月18日 交通运输部对太原高速管理公司所辖国道G5京昆高速太祁路段K547+256~K553+741进行"十三五"全国干线公路养护管理工作技术检测，这标志着太原高速管理公司迎"国检"外业检测任务完成。

9月29日 太原高速管理公司安委会2020年第四次全体会议暨十月安全生产工作例会召开，总结三季度安全生产工作，并对"两节"期间安全生产保障工作及第四季度安全生产工作重点工作进行部署。

10月1日 山西交控集团副总经理武艺深入公司杨家峪收费站，就国庆、中秋节日期间运营安全保畅及减速带拆除等工作进行调研。太原高速管理公司领导马东强、何广龙等陪同参与。

10月2日 省国资委党委书记、主任冯志君前往公司东社收费站、西山隧道，对安全生产工作进行现场检查督导，山西交控集团副总经理武艺参加，公司领导戎斌生陪同参与。

10月3日 太原高速管理公司党委书记、董事长李强赴运营一线督导检查安全生产工作。

10月4日 太原高速管理公司党委书记、董事长李强前往小店收费站、东南路产维护站、滨河收费站、东南路政中队、古城营收费站检查指导工作，督促各单位认真落实安全生产责任，确保"两节"期间安全生产形势稳定。

10月5日 省交通运输厅党组书记、厅长闫晨曦深入公司杨家峪收费站，就"两节"期间安全生产工作进行专项督查。山西交控集团副总经理武艺参加，公司领导李强，副总经理戎斌生陪同参与。

10月8日 太原高速管理公司党委书记、董事长李强在太祁路段各基层单位，督导检查"两节"假期返程高峰安全保畅工作。

10月14日 山西交控集团专职党委副书记、副董事长、副总经理刘宏武，党委委员、纪委书记焦军等一行，在太原高速管理公司包片扶贫村参加"10·17"扶贫日主题系列活动，慰问帮扶群众，表彰孝善典型，视察包村单位及驻村工作队帮扶成效。太原高速管理公司领导李强、张宇陪同参与。

10月29日 太原高速管理公司党委书记、董事长李强先后前往松庄收费站、杨家峪收费站、阳曲收费站督导检查冬季供暖准备工作。

11月17日 太原高速管理公司所属太原高速管理公司党委书记、董事长李强以"提升七种能力 争做奔涌后浪"为题，为太原高速管理公司党员干部讲授专题党课。

11月27日 太原高速管理公司所属太古高速公路工程竣工验收会议在太原召开。经验收委员会专家组现场检查和综合评议，评定工程等级为优良，一致同意太古高速公路工程通过竣工验收。

11月30日 太原高速管理公司完成阳曲枢纽匝道应急改造工程。

11月31日 太原高速管理公司完成"十三五"全国干线公路养护管理迎检工作。

12月8日 太原高速管理公司纪委2020年纪检工作总结会召开。

12月10日 山西交通控股集团有限公司太原高速公路分公司获"全国交通运输安全文化建设优秀单位"称号。

同日 山西交通控股集团有限公司太原高速公路分公司长风收费站获"全国交通运输文化建设卓越单位"称号。

12月11日 太原高速管理公司党委书记、董事长李强作学习贯彻中共十九届五中全会精神宣讲报告。

同日 太原高速管理公司召开干部大会，宣布部分中层管理人员聘任决定。太原高速管理公司党委书记、董事长李强进行任前集体谈话，纪委书记张宇进行任前廉政集体谈话。

12月17日 山西交通控股集团有限公司太原高速公路分公司滨河收费站获"全国交通运输文化建设优秀单位"称号。

12月31日 太原高速管理公司继续保持"山西省青年文明号一条路"称号。

（资料提供：邓 锐）

太旧高速公路管理(太原)有限公司大事记

1月1日 零时,根据交通运输部统一部署,太旧高速公路管理(太原)有限公司(以下简称太旧高速管理公司)撤销旧关、郝家庄主线收费站,接入全国"一张网",启动新收费模式。

3月25日 山西交控集团党委任命张显为太旧高速管理公司党委委员、党委书记;集团公司任命张显为太旧管理公司董事、董事长。

3月27日 山西交控集团党委任命张耀红为太旧高速管理公司党委委员、专职党委副书记;任命刘江涛、赵国荣、邓建中为太旧高速管理公司党委委员。山西交控集团任命张耀红为太旧高速管理公司董事、副董事长;聘任张耀红为太旧分公司副总经理。

3月28日 山西交控集团聘任郑瑞红为太旧高速管理公司外部董事。

4月3日 太旧高速管理公司阳曲隧道管理站、河底收费站、旧街收费站被认定为山西交控集团"青年安全生产示范岗"。

4月21日 太旧高速公路管理(太原)有限公司正式成立。

4月26日 根据山西交控集团提名,太旧高速管理公司第一届董事会2020年第1次会议审议,聘任李羚为太旧高速公路管理有限公司总监;聘任刘江涛、赵国荣、邓建中、夏磊、马冬青为太旧高速公路管理有限公司副总经理。

4月 山西交控集团总经理郝玉柱深入太旧高速盂县南收费站调研督导取消高速公路省界收费站第十战役重点工作落实情况,以及收费管理体制改革等相关工作。

5月6日 零时起,太旧高速管理公司所辖收费站全部完成ETC不停车收费系统联调联试,恢复正常收费。

5月13日 山西交控集团党委任命杨玉龙为太旧高速管理公司纪委书记。

8月6日 太旧高速管理公司与阳泉桃林沟风景区成功签约合作。

8月19日 山西交控集团总经理郝玉柱深入太旧公司调研督导"十三五"迎国评工作。

9月8日 山西交控集团党委任命卢永旺为太旧管理公司党委委员、党委副书记。

同日 山西交控集团决定卢永旺任太旧管理公司董事、副董事长,聘任为太旧分公司总经理。

9月18日 太旧高速管理公司第一届董事会2020年第5次会议审议,聘任卢永旺为太旧高速公路管理(太原)有限公司总经理。

9月11日、22日 太旧路131公里、五盂路10公里接受交通运输部"十三五"全国干线公路养护管理综合质量效益评价(外业)检查。

10月12日 太旧高速管理公司纪委选送原创微视频《隧道里的明灯》参加省纪委组织第二届"清风正气"原创微电影展,获"入围作品奖",受到山西交控集团通报表扬。

10月14日至11月2日 太旧高速管理公司接受山西交控集团党委第三巡察组为期20天的党委巡察工作。

10月22日 阳曲路产维护站等6家单位代表全省高速公路系统接受交通运输部"十三五"全国干线公路养护管理检查组养护管理治理能力(内业)印证检查。

12月10日 太旧高速管理公司被交通运输部授予"全国交通运输行业文明单位"称号。

同日 太旧高速管理公司纪委被中国交通企协授予"2020年全国交通运输廉政文化建设优秀单位"称号。

12月29日 太旧高速管理公司被山西交控集团文明委评为"2019—2020年度山西交控集团文明单位标兵"。

同日 山西交控集团党委委员、纪委书记、监察专员焦军赴太旧高速管理公司对企务公开情况进行调研。

（资料提供：李林飞）

临汾北高速公路管理有限公司大事记

2月16日 临汾北高速公路管理有限公司（以下简称临汾北高速管理公司）路政大队一中队柏宏愿事迹被央视《朝闻天下》以“春节坚守，只为护航回家路”为题予以报道，在全系统、全社会引起强烈反响。

4月14日 临汾北高速公路管理有限公司举行揭牌仪式，标志着临汾北高速公路管理有限公司正式成立。

4月14日 临汾北高速公路管理党委成立。其中，党委委员7名，基层党支部31个，党员224名，党员活动阵地22个。

4月23日 临汾北高速管理公司霍永高速西段永和乾坤湾景区收费站正式通车运营。

4月 临汾北高速管理公司团委获共青团山西省国资委委员会2019年度交控集团“五四红旗团支部”称号。

是月 洪洞收费站团支部获“共青团山西交通控股集团有限公司委员会”称号。

6月10日 山西交控集团党委书记、董事长袁清茂深入公司，就管理体制改革以来临汾北高速管理公司整体运营管理情况、党的建设及党风廉政建设、企业文化建设等工作进行调研指导。

8月12日至21日 临汾北高速管理公司党委领导班子成员集中开展职工思想动态情况专题调研。

12月7日 临汾北高速管理公司举办学习贯彻中共十九届五中全会精神宣讲报告会。

12月 襄汾收费站获交通运输部“全国交通运输行业文明示范窗口”称号。

12月 临汾北高速公路管理有限公司获评山西省人民政府安全生产委员会办公室“省级安全文化建设示范企业”。

12月 临汾北公司获山西交通控股集团有限公司精神文明建设委员会“山西交控集团文明单位标兵”称号。

12月 临汾北公司临汾收费站获山西交控集团“2020年度巾帼先进集体”称号。

12月 临汾收费站党支部、路政一中队党支部、隰县路产维护站党支部获集团公司“两优一先”“先进基层党组织”称号。裴伟、樊楠、刘勇华、席晓燕获集团“优秀党务工作者”称号。李慧霞、王江海、任炳宝、杜跃祥、李文、何宏平获“集团优秀共产党员”称号。

（资料提供：赵 祎）

临汾南高速公路管理有限公司大事记

1月13日至14日 山西交控集团党委巡察办主任栗志威一行赴临汾南高速公路管理有限公司（临汾南高速管理公司）巡查调研，并组织召开党委巡查工作调研座谈会，会议对本企业党组织巡察整改工作情况及下一步工作打算；分公司在党建及管理中存在的廉洁风险点；山西交控集团党委巡察工作在方式、方法上需改进的方面进行调查研讨。

1月20日 山西交控集团有关领导赴临汾南高速管理公司对临吉段高家河隧道瓦窑岭隧道进行调研。并召开山西交控集团临吉高速高家河隧道、瓦窑岭隧道技术状况等级现场复核及病害处治安排会。

2月28日 临汾南高速管理公司领导参加山西交控集团统筹推进疫情防控和复工复产工作视频会议。深入学习贯彻习近平总书记在统筹推进新冠肺炎疫情防控和经济社会发展工作部署会议上的重要讲话精神，认真贯彻落实省委、省政府疫情防控相关会议精神，以及省政府安委会第一次全体(扩大)会议暨全省安全生产工作电视电话会议精神，严格按照省国资委、省交通运输厅部署要求，进一步统一思想认识，强化工作举措，切实做好疫情防控、复工复产和安全生产相关工作，努力实现疫情防控和山西交控集团改革发展“两手抓、两不误”。

3月26日 临汾南高速管理公司领导参加山西交控集团干部视频会议。随后，召开临汾南高速公路管理有限公司任职大会。临汾南高速公路管理有限公司正式成立。

4月2日 10:00，临汾南高速管理公司领导参加山西交控集团2020年第二季度安委会视频会议。会议结束后，临汾南高速管理公司立即召开2020年第二次安委会视频会议。

4月13日 临汾南高速公路管理有限公司举行揭牌仪式。

4月14日 山西交控集团运营管理部副部长续宏、科技管理部副部长沈俊敏来临汾南高速管理公司对临吉段高家河、瓦窑岭隧道进行调研，并参加高家河、瓦窑岭隧道病害处治方案部级专家论证会。

4月15日 临汾南高速管理公司领导参加山西交控集团取消高速公路省界收费站系统优化工作推进视频会议。

4月17日 山西交控集团第一巡查组赴临汾南高速管理公司，对整改问题进行回头看，并参加专题会议。

4月20日 临汾南高速管理公司领导参加山西交控集团取消高速公路省界收费站系统优化工作推进视频会议。并召开公司取消省界收费站优化工作推进视频会议。

4月21日 交通运输部对临汾南高速管理公司路网系统进行检查。

4月22日 临汾南高速管理公司领导参加山西交控集团职工代表大会视频会议。

4月29日 临汾南高速管理公司一届三次职代会暨2020年工作部署会议召开；2020年党的建设和党风廉政建设工作会议召开。

5月5日 临汾南高速管理公司领导参加全省高速公路应对恢复收费运营视频调度会。随后，召开临汾南高速管理公司应对恢复收费视频调度会。

5月7日 山西交控临汾南高速公路分公司工会一届三次委员会会议召开。

5月13日 省交通运输厅党组成员副厅长李贵顺，山西交控集团副总经理韩文军赴公司，对临吉路段K1034+920处道路抢修处治情况、瓦窑岭隧道病害处治情况进行调研。

5月21日 山西交控集团对临汾南高速管理公司进行2020年第一季度养护工作检查。

6月10日 山西交控集团党委书记、董事长袁清茂，专职党委副书记、副董事长、副总经理刘宏武，外部董事赵石岗，党委委员、总会计师孙建秀，党委委员、纪委书记、监察专员焦军深入临汾南高速管理公司，就高速公路管理公司深化改革、运营管理、降本增效、党的建设等方面进行调研。并召开临汾高速片区调研工作座谈会。

6月29日 临汾南高速管理公司开展以“消除安全事故隐患、筑牢安全防线”为主题的“1+13”视频会议安全宣讲活动。省交通运输厅安全处主任科员刘佳、山西交控集团安监部主办牛彦峰、临汾市交警大队宣传办主任王新晋、山西和易晟消防设施检测有限公司主任杨帅现场授课。

6月30日 临汾南高速管理公司领导参加山西交控集团庆祝中国共产党成立99周年暨“七一”表彰视频会议。

7月1日 临汾南高速管理公司庆祝中国共产党成立99周年暨“七一”表彰大会召开。随后，召开2020年党风廉政宣传教育月活动启动部署会议。

7月9日 山西交控集团工会主席孟仁贵一行深入公司，就工会工作开展情况进行调研指导。

同日 临汾南高速管理公司党委书记、董事长杨国华和运城南高速管理公司党委书记、董事长李震签订跨区域党组织协同共建协议。进一步强化基层党组织建设，构建上下相通、左右联动的党建工作网络，促进区域间党组织协同共建。

7月14日 山西交控集团第一督导组深入临汾南高速管理公司，就党委中心组学习和意识形态工作责任制落实情况进行专项督查。

8月3日至5日 临汾南至运城南拓展党建联盟携手共赴太长、长治和晋城公司参观学习。

8月7日 临汾南高速管理公司与山西交控置地公司签署战略合作协议。

8月9日 临汾南高速管理公司领导组织有关部门负责人参加交通运输部2020年度山西重点桥梁监测工作首次视频会。

8月12日 临汾南高速管理公司组织有关部门负责人参加交通运输部2020年度山西重点桥梁监测工作末次视频会。

9月3日 山西交控集团党委委员、副总经理武艺赴临汾南高速管理公司就企业改革发展、安全生产、经营管理、党的建设和党风廉政建设工作进行调研。

9月4日 山西交控集团党委委员、副总经理武艺在临汾南公司讲党课。

9月8日 运城南公司专职党委副书记、副董事长黄河龙一行15人到临汾南高速管理公司，就基层党建、企业文化建设、纪检工作及站级文化建设等方面进行互学交流。

9月16日 全国干线公路养护管理检查路况综合检测车对公司管辖范围的呼北高速吉河段进行道路技术状况检测。

10月13日 忻州北公司党委书记、董事长李子东一行赴临汾南高速管理公司进行观摩交流。并签订全面合作共建协议。

10月14日 临汾南高速管理公司机关举行搬迁仪式。

10月27日 临汾南高速管理公司召开一届四次职工代表大会，审议并通过《临汾南高速公路管理有限公司机关部室、管理中心、路政大队绩效考核办法(试行)》等11项考核管理办法。

同日 山西交控集团副总经理韩文军一行赴临汾南高速管理公司调研指导工作。

11月5日 临汾南高速管理公司干部大会召开，对新调整岗位干部和全体挂职锻炼人员进行任前集体谈话和任前集体廉政谈话。

11月11日 山西交控集团实地测评第一组赴临汾南高速管理公司，现场测评验收临汾南高速管理公司2019—2020年度山西交控集团文明单位创建工作。

11月11日至12日 山西交控集团运营工作第五检查组一行赴临汾南高速管理公司检查指导工作。

11月18日 临汾南高速管理公司黄花岭收费站顺利开通运营。

12月15日 临汾南高速管理公司顺利完成迎“省检”工作。

12月23日 临汾南高速管理公司举办“魅力临南，同心同行”2021年元旦联欢会。

12月25日 临汾南高速管理公司“两桥一隧”处置工程顺利通过交工验收。

(资料提供：靳天功)

长治高速公路管理有限公司大事记

1月1日 长治高速公路管理有限公司(以下简称长治高速管理公司)公司全面完成高速公路取消省界收费站工作,所辖各收费站顺利实现全国并网切换运行。

3月28日 长治高速管理公司管理体制改革任务专题部署会议召开。

3月 长治高速公路管理有限公司成立,受托开展山西交控集团长治高速公路分公司所辖区域内政府还贷高速公路的运营管理工作。

4月7日 长治高速公路管理公司干部大会召开,宣布集团公司关于公司领导班子任命决定。

4月9日 长治高速公路管理有限公司正式揭牌。

4月28日 长治高速管理公司2020年度工作会议召开。

同日 长治高速管理公司2020年党的建设和党风廉政建设工作会议召开。

5月 长邯改扩建工程通过消防验收,经山西鑫翼安消防技术检测有限公司(具有防雷装置检测乙级资质)检测,结果符合规范要求。

6月4日 集团公司党委副书记、副董事长、总经理郝玉柱深入公司就运营管理工作进行调研,集团公司运营部、联网中心等相关负责人员一同调研,公司班子成员陪同调研。

6月30日 集团公司党委授予郭长庆、木丛等7人"优秀共产党员"称号,授予孙毅、王安宏等4人"优秀党务工作者"的称号。

6月 省交通运输厅对长邯改扩建项目进行档案验收,验收组通过对本项目档案资料进行检查后认为:该项目各类不同载体文件材料较为齐全、完整和准确,档案整理规范,符合交通建设项目工程档案验收要求,讨论通过专项验收。

7月1日 长治高速管理公司庆祝中国共产党成立99周年暨"七一"表彰大会召开。会上,共同回顾党的光辉历程,激励动员广大党员干部进一步坚定理想信念,不忘初心、牢记使命,为长治高速高质量发展做出新贡献。对先进基层党组织、优秀共产党员、优秀党务工作者以及在其他重点工作任务中涌现出的先进个人进行表彰。

8月12日 长治高速管理公司特邀环保专家,组织环评、设计、监理、施工、调查报告编制等单位对长邯改扩建项目进行环保验收。验收组通过现场检查、翻阅资料后认为:本项目执行环境影响评价制度,在建设过程中按照环境影响报告书及其批复要求采取相应环保措施;工程具备竣工环境保护验收条件,讨论本项目通过竣工环境保护验收。

8月28日 长治高速管理公司组织水保设施验收、监理、施工、监测等单位对长邯改扩建项目进行水保验收。验收组通过对本项目水土保持设施现场检查后认为:本项目建设期扰动地表基本得到治理,植被基本得到恢复,排水设施基本完善,讨论本项目通过水土保持设施验收。10月21日,在省水利厅进行备案。

10月12日至13日 交通运输部办公厅副主任王华春带领交通运输安全生产检查组到公司进行安全生产工作检查。

11月18日至19日 由省交通建设中心组织有关专家,对长邯改扩建项目工程质量工程进行专项验收,验收结论为:全线路基整体稳定,防、排水工程合理、有效,路面整体平整、密实,桥梁、隧道、通道涵洞等构造物质量良好,满足预定功能要求,沿线交通安全设施设置齐全,标志清晰,护栏及隔离栅安装整体稳固,房建工程结构稳定、功能完善,机电系统设施运行良好。工程整体满足设计和规范要求。质量鉴定得分92.82分,工程质量等级评定为优良。

12月8日至9日 山西省黎城(冀晋界)至长治公路改扩建工程项目及长平高速公路杜公岭隧道特殊地质病害处治工程通过工程质量竣工验收,并审定山西省黎城(冀晋界)至长治公路改扩建工程项目质量等级为优良。

12月29日 公司被山西交控集团精神文明建设委员会授予“文明单位”称号,吴晓渊家庭被授予“文明家庭”称号。公司以此为契机,进一步激发广大干部职工干事创业热情,为长治高速高质量发展奠定坚实基础。

(资料提供:赵 华)

晋城高速公路管理有限公司大事记

1月1日 按照全国取消高速公路省界收费站总体部署,晋城高速公路管理有限公司(以下简称晋城高速管理公司)管辖省界泽州收费站撤销,取消高速公路省界收费站工程并网切换如期完成,实现省界不停车快速通行,收费模式由原有的计重收费改为车型收费。

1月17日 晋城高速管理公司2019年度总结表彰大会召开。

2月10日 晋城高速管理公司提出2020年“1136”工作总体思路。

2月18日 晋城市副市长梁丽萍深入晋城高速管理公司晋城西收费站,代表市委、市政府看望慰问奋战在疫情防控一线志愿者,向他们表示衷心感谢,致以崇高敬意。

2月19日 晋城高速管理公司向晋城市疫情防控工作领导组递交请战书,经批准,全面接管晋城西、牛匠收费站卡口疫情防控任务,集结130名志愿者协助当地政府开展社区入户排查和卡口值守。

3月2日 晋城高速管理公司统筹推进疫情防控和复工复产暨“3·1”安全生产警示教育大会召开。

3月5日 晋城市委副书记姚逊深入牛匠收费站调研并慰问疫情防控一线人员。

4月8日 晋城高速公路管理有限公司正式挂牌成立。

4月15日 山西交控集团副总经理武艺深入晋城高速管理公司就复工复产、安全生产和经营管理进行调研。

4月16日至5月4日 根据山西交控集团安排,晋城高速管理公司组织内部测试车辆和社会营运车辆开展实车测试,完善收费系统功能,为高速公路恢复正常收费奠定基础。

4月19日 晋城高速管理公司完成晋阳高速收费监控集中回控工程。

4月29日 晋城高速管理公司制定印发《关于设立董事会工作机构及其职责的通知》。

4月 晋城高速管理公司制定下发《党委会会议议事规则(试行)》《中层管理人员选用办法》和《党委会会议前置研究事项清单》。

是月 贾旭光被授予山西交控集团首届“交控集团十大杰出青年”称号;陈一霄、李娜、田兆飞3人被授予“交控集团优秀共青团员”称号;李杨帆、张莉涛、孙江东3人被授予“交控集团优秀共青团干部”称号。

5月3日 国道G208线新房凹至河南省界段实行重中型货车分流管控,晋城高速管理公司晋济高速费收压力得到一定缓解。

5月5日 治超栏杆机在晋城高速管理公司晋城西收费站作为试点投入使用,有效控制车辆行车距离,提高车牌识别率和入口放行效率。

5月14日 晋城高速管理公司制定下发《贯彻落实“三重一大”决策制度的实施细则(试行)》。

5月19日 晋城高速管理公司一届三次职代会暨2020年工作会议召开。

同日 晋城高速管理公司2020年党的建设和党风廉政建设工作会议召开。

同日 晋城高速管理公司为职工谋福利的职

工住宅楼“玉屏家园”开工建设。

5月22日 晋城高速管理公司制定印发《经理层议事规则(试行)》《董事会议事规则(试行)》。

5月25日 晋城高速管理公司“零上访”“零事故”“零案件”单位创建工作部署会议召开。

5月26日 晋城高速管理公司周村北收费站车道改造由“二进二出”改“一进三出”，拥堵现象得到极大缓解，提高通行效率。

5月28日 晋城高速管理公司路政大队联合各中队在各收费站外广场开展以“防疫情、守安全、保畅通、优服务”为主题“路政宣传月”活动。

同日 晋城高速管理公司制定印发《绩效考核管理办法(暂行)》。

5月 晋城高速管理公司团委被省国资委团委授予省属企业“五四红旗团委”称号，美丽高速青年突击队被授予省属企业“优秀青年突击队”称号，牛匠收费站团支部被授予“交控集团五四红旗团(总)支部”称号。

6月1日 晋城高速管理公司在晋城西收费站实行ETC车道全覆盖，用科技手段解决治超与收费数据快速联动问题，有效解决收费站拥堵问题。

6月10日 晋城高速管理公司制定印发《党委领导人员落实意识形态工作责任制的责任清单(试行)》《中层管理人员选用办法》和《管理人员岗位管理办法》。

6月23日 晋城市2020年度高速公路综合应急演练在环城高速晋城西服务区举行，有效提升多部门快速联动、及时处置高速公路安全事故应急能力。

6月24日 晋城高速管理公司“七一”表彰大会召开。

7月1日 山西交控集团副总经理韩文军深入晋城高速管理公司开展党建工作调研。

7月9日 在山西交控集团组织的“安全生产月活动”中，晋城高速管理公司获得团体优秀奖，王玲霞、韩超、原飞宇3人获得三等奖，郭涛获得个人优秀奖，选送作品分别入选“优秀绘画作品”和“优秀视频作品”。郭峰、董向阳、李鹏3人被授予“安全生产先进工作者”称号。

7月10日 山西交控集团工会主席孟仁贵到晋城高速管理公司调研指导工作。

7月17日 晋城高速管理公司安全生产专项整治三年行动动员部署会召开。

7月24日 晋城高速管理公司制定《“六定”改革工作实施方案(试行)》，并取得山西交控集团批复，随后积极开展相关改革工作，按照机构、编制、职数“三不突破”和“一企一策”原则，组织架构和人员编制全部到位，“六定”工作顺利完成。

7月30日 山西ETC客户联络坐席晋城片区成功上线。

7月31日 晋城高速管理公司制定印发《财务等重大信息公开办法(试行)》《财务等重大信息公开实施细则(试行)》。

7月 晋城高速管理公司徐春团获“山西省三八红旗手”称号。

8月5日 运城南高速公路管理有限公司董事长李震、总经理薛炎龙，临汾南高速公路管理有限公司董事长杨国华、总经理李克军到晋城高速管理公司交流学习。

8月10日 晋城高速管理公司建立完善公司“1+17”应急预案体系。

同日 李相韬无人机工作室成立，无人机在高速公路线路巡检、植被保护、隐患排查等方面发挥积极作用。

9月1日 晋城西收费站ETC服务网点开始营业，随后，晋城高速管理公司的8个ETC服务网点相继投入运营，为广大司乘人员提供方便快捷的ETC卡充值、激活等业务。

9月8日 晋城高速管理公司被确定为集团公司首批党委理论学习中心组联系示范点。

9月14日至23日 晋城高速管理公司开展路政治超人员军事训练。

9月18日 晋城高速管理公司举办“厉行勤俭节约反对铺张浪费”职工演讲比赛和“光盘行动”海报设计大赛。

9月23日 晋城高速管理公司召开《习近平谈治国理政》(第三卷)宣讲暨形势报告会会，董事长赵升琪作题为“胸怀两个大局 得做好自己的事情”报告。

9月25日 晋城高速管理公司首个“匠心工作室”申乾工作室揭牌成立，标志着晋城高速管理公司以科技引领为内核的“匠心工作室”陆续投入运作。

同日 晋城高速管理公司迎国庆“交安杯”篮球邀请赛开赛，来自晋东南交通系统、交警系统13家单位的11支队伍参加比赛，喜迎中华人民共和国71周年华诞。

10月11日 晋城高速管理公司牛匠收费站站长李爱霞获第七届“最美中国路姐”称号，成为2020年山西唯一获此称号的高速人。

10月14日至11月2日 山西交控集团党委第一巡察组进驻晋城高速管理公司开展常规巡察。

10月20日 晋城高速管理公司制定印发《集中治理重复信访、化解信访积案专项工作实施方案》通知。

11月2日 晋城高速管理公司制定印发《全面预算管理办法(试行)》。

11月30日 晋城高速管理公司举行收费人员集中换装仪式。

11月 晋城高速管理公司李晋刚被省人力资源和社会保障厅、省总工会授予“山西省五一劳动奖章”称号。

12月3日 晋城高速管理公司举办中共十九届五中全会精神宣讲报告会，党委书记、董事长赵升琪作宣讲报告。

12月14日 晋城高速管理公司制定印发《组织架构及人员编制方案》。

12月18日 晋城高速管理公司完成高沁高速收费监控集中回控工程。

12月21日 晋城高速管理公司持续开展联网收费稽核工作动员会召开并举办打击偷逃通行费专项行动启动仪式，晋城高速公路收费稽核追缴工作全面启动。

12月25日 晋城高速管理公司举办中共十九届五中全会精神宣讲比赛。

12月 晋城高速管理公司被晋城市劳动竞赛委员会授予“五一劳动奖状”；董事长赵升琪和王雷利分别被晋城市劳动竞赛委员会授予“晋城市五一劳动奖章”；汪燕家庭获山西交控集团“文明家庭”。

是月 晋阳隧道管理中心“闪电”QC小组荣获“2020年全国优秀质量管理小组”“2020年度全国交通行业优秀质量管理小组”称号；晋阳隧道管理中心班组和信息监控中心班组分别获“2020年度全国交通运输行业质量信得过班组”称号。

2020年 晋城高速管理公司持续打造安全生产警示教育基地，增设党建、法治、廉政等文化元素，努力将安全生产警示教育基地打造成晋城高速管理公司文化形象的一张靓丽名片。

（资料提供：达菊霞）

运城北高速公路管理有限公司大事记

1月5日至7日 运城北高速公路管理有限公司(以下简称运城北高速管理公司)多措并举积极应对元旦后的首场降雪。应用“山西交控运城高速”微信公众平台、太阳能可变情报板、“预警精灵”智慧预警平台等，全力做好雪雾天气封路的文明服务、延伸服务，为公众出行提供方便。

1月6日 运城市年度目标责任考核领导组一行赴运城北高速管理公司就2019年绩效指标完成情况进行考核。

同日 运城北高速管理公司召开“取消高速公路省界收费路政治超防拥堵保畅通”工作会议，会议主要就当前路政治超疏堵保畅工作进行部署。会议要求，要切实履行“一岗双责”，单位负责人要明确“跟我上”而不是“给我上”工作理念，坚决发挥好基层党支部战斗堡垒作用，维护队伍团结稳定，做到执法严格文明。坚持问题和结果导向，发扬路政标准化建设真抓实干、一以贯之的精神风貌，拿出真招实招，以“功成不必在我”的境界和“功成必定有我”的作为，积极靠前服务，密切机动协作，将创优创效、疏堵保畅的目标任务一项一项抓牢抓实。

1月10日 运城北高速管理公司组织各单位、各部室共计100余人，开展《网报管理实施标准化手册》(以下简称《手册》)宣讲培训。《手册》以坚持管生产必须管财务,管业务必须管财务,管费用必须管财务的原则,涵盖全员财务行为规范标准。通过对《手册》制定的初衷、管控目的、新制度修改重点、票据规范填写、表格统一等业务环节进行多角度、深层次、全方位、浅显易懂的解读,使全体员工对制度修订的重要性、及时性有深层次理解和认同,加深对新修订手册的认识、理解,有效地推动制度落地,为实现现代化企业管理体系,提供决策依据和战略支撑。

1月13日 运城北高速管理公司第一次安委会全体会议召开,各部室负责人对近期安全生产和业务工作作具体要求,副总经理解荣对运城北高速管理公司2019年度安全生产情况做总结通报,各分管领导部署第一季度安全生产工作,总经理侯毅力对运城北高速管理公司安全生产工作做重要讲话。会后,运城北高速管理公司与各单位(部室)签订2020年安全目标责任书。

1月14日至15日 运城北高速管理公司党委组织全体党员进行为期2天的学习习近平新时代中国特色社会主义思想培训。此次培训主要邀请运城市委党校马克思教育研究室主任、副教授段笃屏,党建教研室主任刘俊恒,党委办公室主任、教授仇双婉就中共十九届四中全会精神、习近平总书记在“不忘初心、牢记使命”主题教育总结大会上重要讲话精神、习近平总书记视察山西重要讲话、在推动中部地区崛起工作座谈会重要讲话、在黄河流域生态保护和高质量发展座谈会重要讲话“三篇光辉文献”、《中国共产党国有企业基层组织工作条例(试行)》等内容进行专题授课。

1月28日 运城北高速管理公司总经理侯毅力督导检查防控处置新型冠状病毒感染的肺炎疫情工作。要求严格落实联防联控各项举措,确保防护用品配备到位,保障员工自身安全;普及冬春季呼吸道传染病防控知识,提高职工自我防范能力;开展好全体职工返乡、聚会摸排,做好隔离观察工作;提倡电子办公,减少人员非必要接触,党员领导干部要率先垂范,把疫情防控作为当前最紧要工作,切实做好联防联控,群防群控,坚决打赢这场疫情阻击战。

2月18日 经山西交控集团会议研究决定,聘任晋小刚为运城北高速管理公司副总经理。

3月3日 运城北高速管理公司党委会会议召开,研究讨论领导班子成员分工调整、26名中层副职选任以及15名中层管理人员岗位调整情况。会上讨论通过王国栋、续强、李学虎、张亚芬、杨振声、闫炳森、霍美线、张智磊、宁凯民、郭玲、卜黎辉、王春生、卢文力、高东升、常运平、杜建福、吴保国、杜春娟、范春娟、柴荣、朱强、赵彦斌、高伟、江安鹏、张晋源、刘健26人任命中层副职管理人员事宜;讨论通过孟光荣、赵玉峰、杨军、吕双全、王东川、杨江山、卢晓明、王瑞鹏、肖锋、张国栋、王爱云、邓壮荣、崔艳升、房永利14人工作岗位调整及郑李盼提名运城北高速管理公司团委副书记人选等相关事宜。

3月4日 经运城北高速管理公司会议研究,决定聘任续强为运城北收费站副站长,李学虎为机场收费站副站长,张亚芬为夏县收费站副站长,杨振声为闻喜收费站副站长,闫炳森为东镇收费站副站长,霍美线为侯马收费站副站长,张智磊为新绛收费站副站长,宁凯民为稷山收费站副站长,郭玲为河津西收费站副站长,卜黎辉为河津东收费站副站长,王春生为绛县西收费站副站长,卢文力为垣曲西收费站副站长,高东升为华峰收费站副站长,常运平为英言收费站副站长,杜建福为北垣收费站副站长,吴保国为阳隅收费站副站长,杜春娟为太阳收费站副站长,范春娟为万荣东收费站副站长,柴荣为王显收费站副站长,王国栋为闻垣隧道管理站副站长,朱强为稷山路产维护站副站长,赵彦斌为万荣路产维护站副站长,高伟为闻喜路政中队副中队长,江安鹏为河津路政中队副中队长,张晋源为绛县路政中队副中队长,刘健为万荣路政中队副中队长。

同日 下午,运城市市委常委、常务副市长陈杰就交通系统疫情防控和复工复产工作进行调研。

3月6日 运城北高速管理公司印发《关于个别班子成员职责分工调整的报告》并向集团党委组织部报备。李继超原分工的协助总经理负责分公司战略发展规划工作以及副总经理解荣原分工的协助总经理负责安全监督、安全风险防控、应急管理等工作均由副总经理晋小刚负责,晋小刚分管安全应急部。副总经理晋小刚协助总经理负责分公司战略发展规划工作以及安全监督、安全风险防控、应急管理,分管安全应急部。其他班子成员职责分工不变。

3月11日 经会议研究决定,运城北高速管理公司增设新绛收费站党支部、运城路政中队党支部;撤销龙门黄河大桥收费站党支部、蒲掌收费站党支部、二河禹门口公路超限检测站党支部。原龙门黄河大桥收费站党支部及二河禹门口公路超限检测站党支部的党员、预备党员组织关系纳入河津西收费站党支部;原蒲掌收费站党支部的党员、预备党员组织关系纳入英言收费站党支部。

同日 经运城北高速管理公司党委会会议研究决定,任命王锋为后勤中心党支部书记,王瑞鹏为闻喜收费站党支部书记,肖锋为东镇收费站党支部书记,房永利为河津西收费站党支部书记,吕双全为稷山路产维护站党支部书记,张力为运城路政中队党支部书记,王东川为闻喜路政中队党支部书记,杨江山为河津路政中队党支部书记。任命高宾为新绛收费站党支部副书记,孟光荣为运城路产维护站党支部副书记,江峰为闻喜路产维护站党支部副书记(任命的党支部书记、副书记属非中层管理岗位编制职数)。同时,免去薛红霞稷山路产维护站党支部书记职务,卢晓明二河禹门口公路超限检测站党支部书记职务,王瑞鹏蒲掌收费站党支部书记职务,房永利龙门黄河大桥党支部书记职务,吕双全闻喜路产维护站党支部书记职务,王东川河津路政中队党支部书记职务,杨江山闻喜路政中队党支部书记职务,张国栋东镇收费站党支部书记职务,肖锋河津西收费站党支部书记职务,郑李盼闻喜收费站党支部副书记职务,吴治国运城路产维护站党支部副书记职务。

3月12日 经运城北高速管理公司会议研究,决定聘任王瑞鹏为闻喜收费站站长,肖锋为东镇收费站站长,张国栋为新绛收费站站长,房永利为河津西收费站站长兼二河高速禹门口公路超限检测站站长,王爱云为华峰收费站站长,邓壮荣为阳隅收费站站长,崔艳升为万荣东收费站副站长(主持工作),孟光荣为运城路产维护站副站长(主持工作),赵玉峰为闻喜路产维护站站长,杨军为闻喜路产维护站副站长(主持工作),吕双全为稷山路产维护站站长,王东川为闻喜路政中队中队长,杨江山为河津路政中队中队长,卢晓明为绛县路政中队中队长。免去孟光荣路产维护部副部长职务,赵玉峰稷山路产维护站站长职务,杨军稷山路产维护站副站长职务(主持工作),吕双全闻喜路产维护站站长职务,王东川河津路政中队中队长职务,杨江山闻喜路政中队中队长职务,卢晓明二河高速禹门口公路超限检测站站长职务,王瑞鹏蒲掌收费站站长职务,肖锋河津西收费站站长职务,张国栋东镇收费站站长职务,梁彦存新绛收费站站长职务,王爱云闻喜收费站站长职务,邓壮荣运城路产维护站站长职务,崔艳升阳隅收费站副站长职务(主持工作),房永利龙门黄河大桥收费站站长职务。

3月25日 根据山西交控集团《关于组建16个高速公路管理公司的通知》(晋交控战投发〔2020〕110号),组建运城北高速公路管理有限公司,注册资本500万元,注册地址为运城市。

同日 经3月24日山西交控集团党委会会议研究决定,侯毅力任运城北高速管理公司党委委员、党委书记。

同日 经3月24日山西交控集团会议研究,决定任命侯毅力为运城北高速管理公司董事、董事长。

3月27日 经3月24日山西交控集团会议研究决定,戴波任运城北高速管理公司董事、副董事长,提名为运城北管理公司总经理人选;孙永安任运城北高速管理公司董事、副董事长;提名卫培孝、晋小刚、任振华、王直、解荣、王萍任运城北分公司副总经理职务。

同日 经3月24日山西交控集团党委会会议研究决定,戴波任运城北高速管理公司党委委员、党委副书记,孙永安任运城北管理公司党委委员、专职党委副书记;卫培孝、晋小刚、任振华任运城北高速管理公司党委委员。免去戴波运城北分公司党委委员、党委书记职务,许中义运城北分公司党委委员、党委副书记职务,卫培孝运城北分公司党委委员职务,建议不再担任运城北分公司工会主席职务。

3月28日 经3月24日山西交控集团会议研究决定,江家宏、秦世华为运城北高速管理公司外部董事(聘期至2023年3月)。

4月3日 运城北高速管理公司完成登记注册、公章刻制工作,组建工作已经迈出第一步。

4月7日 共青团运城北高速公路分公司委员会向集团团委请示撤销共青团运城北高速公路分公司委员会;4月24日,共青团山西交通控股集团有限公司委员会同意成立共青团运城北高速公路管理有限公司委员会。

4月14日 运城北高速管理公司第二季度安全生产月例会召开,回顾总结公司第一季度安全生产工作情况,部署第二季度安全生产重点工作。

同日 山西交控集团下发《中共山西交通控股

集团有限公司委员会关于同意成立中共运城北高速公路管理有限公司委员会和纪律检查委员会的批复》,同意成立中共运城北高速公路管理有限公司委员会和中共运城北高速公路管理有限公司纪律检查委员会。

4月15日 山西交控集团下发《中共山西交通控股集团有限公司委员会关于撤销大同北等15个分公司党委、纪委的通知》,山西交控集团党委撤销中共运城北高速公路分公司委员会和纪律检查委员会。

4月16日 运城北高速管理公司组织党支部书记、党务干事一行赴运城市中心医院交流学习。重点参观中心医院党员活动室,对中心医院“六梁六柱”构建党建工作大体系、党的政治建设、党的组织建设、党的思想作风建设、党的制度建设进行实地观看,对中心医院“指尖上的党建”品牌建设和“动车党建篇”特色党建工作进行认真深入学习。通过学习观看,大家了解到中心医院通过开通党建园地微信平台,精准传播学习资料,满足党员随时随地学习要求,扩大党建工作覆盖面,协调“党建动车组”各个引擎,释放党建车厢提速能力,激活车厢“动力源”,实现党建动车组“节节发力、节节卖力、节节尽力”,形成党建强起来、组织活起来、人心聚起来、发展快起来的生动局面。参观结束后,参训人员就党建工作与业务工作融合、党建知识宣传平台建设、发挥党支部战斗堡垒和党员先锋模范作用等进行深入交流。

4月17日 运城北高速公路管理有限公司隆重举行揭牌仪式,领导班子、机关部室全体、基层单位职工代表参加揭牌仪式。党委书记、董事长侯毅力出席并讲话。他指出,运城北高速管理公司的组建,标志着高速公路由运营管理向经营管理迈进。

同日 为贯彻落实山西交控集团省界收费站第十战役工作部署,加快推进ETC费显和清分结算系统优化工作,确保恢复收费后系统平稳运行,运城北高速管理公司“两部署两促进”做好恢复收费前期工作。一是全力以赴做好收费联网系统实车测试工作。运城北高速管理公司成立测试领导小组,明确职责分工,分管业务领导全程参与,采取“听报告、强学习、严测试、细探究”的模式,时刻掌握实车测试工作进展情况。根据8个“一票否决项”,强化实车测试人员前期培训,并要求在测试过程中做到全覆盖、全留痕。同时,要求收费站全员在前期业务学习的基础上,在实车测试阶段强化收费实操练习和考核,提升业务技能。二是全力以赴做好“五一”节前机电设施运行检测和完善车道拥堵预案工作。重点对收费、监控、供电、通信四大系统开展全面自查,采取“优带差”“大站带小站”的精准帮扶模式,定人定点定责开展排查,确保系统运行平稳。同时,所辖19个收费站在节前全面开展快速放行实战演练完善预案。日均车流量在3000台以上的收费站与所辖路段高速交警、路政、养护等部门开展联席会议,确保信息互通、科学预判和快速处置。

4月21日 运城北高速管理公司第一届董事会2020年第一次会议召开,会议审议通过戴波任运城北高速管理公司总经理,聘任卫培孝、晋小刚、任振华、王直、解荣、王萍为公司副总经理。

4月27日 运城北高速管理公司在信息监控中心三楼会议室主会场举办“弘扬‘战疫’精神,牢记初心使命”主题党课,会议以视频形式召开,领导班子成员、机关全体人员、直属单位及运城周边单位负责人、党员及职工代表共计74人参加党课学习。其他各基层单位负责人、党员及职工代表在各自所在路段视频会议室分会场参加党课学习。

5月6日 经运城北高速公司4月30日会议研究,决定提名卫晓君为运城北高速公路分公司工会主席人选;薛红霞为运城北分公司工会女工委主任人选(兼),建议李红英不再担任运城北分公司女工委主任。

5月7日 运城北高速管理公司印发《经理层议事规则(试行)》。

5月8日 运城北高速管理公司一届三次职代会暨2020年工作会议召开,会议听取、审议总经理戴波所作的“坚定改革信心 激发内生动能 奋力开创高质量发展新局面”的报告,同时审议通过《2020年度集体合同及专项集体合同》《绩效考核管理办法》《劳务派遣用工意见及部分岗位执行综合工时制意见》,与各单位、各部室签订2020年目标责任书,明确工作任务。会议要求全体干部职工要全面深化改革发展,以目标为导向,让经营管理“活起来”;以改革为动力,推进规范化建设驶入“快通道”;以标准化建设为主线,促进经营管理提质降本增效;以创新为驱动,全面发扬工匠精神;以培训为抓手,加强人才队伍建设;以“五大体系”建设为载体,坚定做好安全生产工作;以党的建设为统领,推动企业改革事业新发展,为实现山西交控集团打造国内一流科技型实力型智能型现代化交通企业奋力拼搏。

同日 运城北高速管理公司2020年党的建设和党风廉政建设工作会议召开,党委书记、董事长侯毅力,专职党委副书记、副董事长孙永安出席会议并讲话。侯毅力代表运城北高速管理公司党委与党支部负责人代表签订“党支部落实全面从严治党主体责任目标责任书”。

5月8日至27日 运城北高速管理公司党委印发通知,决定成立党建工作领导小组、保密工作领导小组、意识形态工作领导小组、督查督办工作领导小组、国家安全人民防线建设领导小组、扫黑除恶专项斗争工作领导小组、社会稳定风险评估工作领导小组、统一战线工作领导小组、网评工作领导小组、文明委及文明办、议稳领导组及议稳领导组办公室、“三基建设”领导组12个领导小组。

5月26日 运城北高速管理公司印发《造价管理办法(试行)》。

5月27日 运城北高速管理公司开展2020年质量管理(QC)小组培训会,特邀山西省质量协会郝春虎授课。特别针对问题解决型课题10个步骤、创新型课题8个步骤的关键点及常见问题进行讲解,通过案例分析加深印象。内容切合实际,讲方法,教技巧,学员们意犹未尽。课后对2019年质量管理(QC)小组活动成果报告进行审核与指导,现场气氛火热,讨论热烈,各小组认真听取郝春虎的意见和建议,立即修改调整成果报告,取得良好效果。

同日 运城北高速管理公司党委印发《基层党建工作联系点制度(试行)》《“三基建设”联系点制度(试行)》《领导班子成员担任党支部“第一书记”工作办法(试行)》3个联系点制度。

5月28日 运城北高速管理公司开展第一期“高速大讲堂”,进一步提升干部人才在教育培训的主体地位,提升管理人员干事创业能力,搭建学习交流平台。

5月29日 山西交控集团总会计师孙建秀一行赴运城北高速管理公司,深入东镇收费站、闻喜路产维护站、闻喜路政中队、闻喜收费站一线进行实地调研,现场观看养护、收费、路政等业务工作,详细了解员工工作环境和生活状况,认真听取基层党员干部工作汇报,并在运城北高速管理公司机关召开调研座谈会。要求运城北高速管理公司严格按照山西交控集团党委要求,持续做好党建与业务工作深度融合,进一步完善基层党建工作责任制,做好标准化党支部建设工作,不断提升基层党组织建设水平和基层党务干事能力素质,充分发挥好党员在实际工作和生活中的先锋模范带头作用。

同日 山西交控集团财务总会计师孙建秀、李宏一行就党建、财务工作进行调研。

5月 运城北高速管理公司运城北收费站、华峰收费站、万荣东收费站,获2019年度“山西交控集团青年安全生示范岗”称号;邢建斌、史鹏玉、吴志超、许莉获集团公司“2020年优秀共青团干部”称号;机场收费站团支部获集团公司“2020年度五四红旗团支部”称号;苏磊获省国资委2020年度省属企业“优秀共青团”称号。

6月2日 运城北高速管理公司印发《绩效考核管理办法》。

6月3日 运城北高速管理公司联合高速交警四支队在运城北收费站前广场举行2020年“安全生产月”活动启动仪式,运城北高速管理公司领导、各部室和直属单位负责人、运城北收费站、运城和闻喜路政中队、运城路产维护站、山西高速交警四支队100余人参加此次活动。启动仪式由副总经理晋小刚主持,总经理戴波作动员讲话,党委书记、董事长侯毅力宣布2020年“安全生产月”活动正式启动。与会职工在印有“消除事故隐患,筑牢安全防线”的主题墙上进行集体安全承诺签名,并现场向司乘人员发放道路安全宣传彩页。

同日 临汾南公司一行18人来到运城北高速管理公司考察,先后采取召开座谈会、听取介绍、走访参观、查阅资料相结合的方式进行交流学习。

6月18日 运城北高速管理公司开展档案专题培训活动。此次培训主要以国家档案局第10号令《企业文件材料归档范围和档案保管期限规定》等为主要内容,开展为期一天的档案管理专题理论培训和现场实操培训。

6月23日 运城北高速管理公司党委中心组全体成员深入到侯禹路段北王堡天桥顶升工程施工现场参观,学习研讨山西交控集团标准化管理相关要求,开启党委理论中心组“现场式”学习新模式。运城北高速管理公司10名中心组成员先后在施工现场查看桥梁管理人员及施工单位对桥梁病害的处置情况;在河津路产维护站会议室详细了解桥梁标准化管护相关内容;集体重温山西交控集团董事长袁清茂在2020年党的建设和党风廉政建设工作会议中、总经理郝玉柱在2020年工作报告中有关“标准化”工作的重要指示重要讲话精神；最后，大家结合分管业务对“标准化”工作谈看法、谈心得、谈感受，圆满完成“现场式”学习新尝试，唱响运城北高速管理公司中心组学习“好声音”“现场式”学习模式、解决党建工作与中心工作“两张皮”的问题，中心组成员在学习理论过程中现场指导业务工作，有效提升党建引领发展水平。

6月24日 运城北高速管理公司举办中共十九届四中全会精神、“三篇光辉文献”精神、视察山西重要讲话重要指示专题宣讲，会议以视频形式召开，公司领导班子、机关各部室负责人、机关全体党员，各基层单位党支部书记、副书记、负责人、全体党员、职工代表共计155人参加宣讲学习。宣讲邀请运城市委党校公共管理教研室主任、教授吕永俊授课，内容包括中共十九届四中全会精神、习近平总书记“三篇光辉文献”精神、习近平总书记视察山西重要讲话重要指示。培训过程中，吕永俊采取理论联系实际方式，结合自己学习贯彻切身体会，运用大量案例，找准精准防控和理论宣讲契合点，深入宣讲中共十九届四中全会重大思想观点、重点制度安排、重大工作部署，重温习近平总书记“三篇光辉文献”和视察山西的重大意义和工作要求，深化全体学员对习近平新时代中国特色社会主义思想认识，补足全体学员知识和视野上的短板。

6月29日 运城北高速管理公司总经理戴波向单位职工带头讲授一堂题目为“贯彻安全生产法，落实企业主体责任”的安全生产公开课。在疫情常态下，此次公开课宣讲活动机关设主会场，各路段设分会场。会后各单位积极做好安全生产公开课宣讲活动学习传达工作，进一步推动全员关心、支持、参与安全生产工作。

同日 运城北高速管理公司在信息中心三楼会议室召开2020年党建双月例会、党建工作推进会及“七一”表彰大会，会议以视频形式召开。会议由党委副书记、副董事长、总经理戴波主持，党委书记、董事长侯毅力和专职党委副书记、副董事长孙永安分别讲话，运城北高速管理公司领导班子成员出席会议，各部室（直属单位）负责人，各基层单位党支部书记（副书记）、负责人及受表彰的先进党支部负责人、优秀党员、优秀党务工作者81人参加会议。会议回顾2020年上半年党建工作、部署下半年党建工作及近期重点工作任务，并以热烈庆祝中国共产党成立99周年华诞为契机，对在“不忘初心、牢记使命”主题教育、在“改革创新、奋发有为”大讨论活动中，在疫情防控、复工复产、撤站工程、恢复联网收费及养护提质升级等重点工作任务中，以及在日常党建工作中带头服务一线的25名优秀共产党员、10名优秀党务工作者和10个先进基层党组织进行表彰。

同日 侯毅力、李卫国、温江、闫虹、王瑞鹏、吕双全、阎二恩获集团公司“2020年度优秀共产党员”称号；行于华、王万成、卫晓君、王锋、李沂芝获集团公司“2020年度优秀党委工作者”称号；东镇收费站党支部、闻喜路产维护站党支部、垣曲路政中队党支部获集团公司“2020年度行进基层党支部”称号。

6月下旬 运城北高速管理公司举行2020年第二季度收费系统业务考核，所辖收费站站长及员工共57人参加测试，分管业务领导和部门负责人进行监考。主要采取“三同一考”，即收费站长与一线员工同学习、同培训、同测试的管理模式，形成周学习培训平常化，月测试考核固定化，季考核测试站长同场地进行理论测试的常态化。

7月8日 山西交控集团工会主席孟仁贵一行赴公司，对基层工会工作开展情况进行调研。孟仁贵一行实地查看东镇收费站、垣曲西收费站职工工活动室、员工大讲堂、妈咪小屋、职工书屋、瑜伽室、无人超市等场所，与一线员工亲切交谈，详细了解职工工作生活情况、存在的突出问题和普遍关心的切身利益。在妈咪小屋现场，仔细询问女职工及家属居住情况和居住习惯，面对面征求职工关于站区生活设施和硬件设施改进意见及建议。

7月13日 山西交控集团党委第一督查组李志刚一行3人赴公司，督查指导运城北高速管理公司中心组学习和意识形态工作责任制落实情况。督查指导采取听取汇报、召开座谈、查阅资料、巡听旁听中心组学习研讨的方式进行。

7月15日 运城北高速管理公司印发《安全生产教育培训工作实施方案》。

同日 运城北高速管理公司开展“百名员工进百企”收费营销活动。主要聚焦市场化经营任务，围绕旅游+、加油站+、餐饮停车场+、保险公司+等营销重点，对所辖收费站周边100家企业进行精准“点对点”营销。通过开展高速公路差异化收费、包缴车辆政策宣传和ETC业务宣传、安装、服务等举措，全面做好OD调查研究，因企施策，一企一策，针对企业实际困难，有针对性地开展服务，使企业真正享受到高速通行政策实惠，实现收费营销和企业增效双赢。

7月20日 运城北高速管理公司党委中心组召开专题学习研讨会议，会上，领导班子领学中央政治局第二十一次集体学习会议精神，并展开积极研讨。

同日 运城北高速管理公司纪委扎实开展“三个一”系列活动，活动采取视频会议形式进行，运城北高速管理公司领导班子成员、基层支部书记、全体党员共238人参加活动。通过形式多样、内容丰富的警示教育活动，进一步增强党员干部纪律意识和规矩意识，一体推进“三不”机制落地生根。

7月22日 上午，运城北高速管理公司举办“习近平总书记在中央政治局第二十一次集体学习会议上的重要讲话精神”专题辅导培训，辅导培训以视频会议形式召开，运城北高速管理公司领导班子成员、机关各部室负责人、机关党员，各基层单位党支部书记、副书记、负责人、全体党员、职工代表共计112人参加培训。培训邀请运城市委党校公共管理教研室主任、教授吕衣俊授课。辅导培训过程中，吕永俊采取理论联系实际方式，结合自己学习贯彻体会，从新时代党的组织路线的重要意义、新时代党的组织路线的丰富内涵、全面推动新时代组织工作再上新台阶三个方面进行详细阐述，深化公司全体党员职工对学习贯彻习近平总书记在中央政治局第二十一次集体学习会议上的重要讲话精神的认识，不断提升党员干部政治理论素质水平，贯彻落实好新时代党的组织路线，不断把党建设得更加坚强有力。

8月5日 运城北高速管理公司纪委组织纪委委员、基层支部纪检委员代表，召开学习贯彻落实山西交控集团纪委2020年上半年工作总结暨下半年工作安排会议，回顾总结上半年工作，明确下半年工作方向和重点。

同日 运城北高速管理公司党委、工会受山西交控集团工会委托，由党委书记带领部分班子成员一行深入到河津龙门黄河大桥标准化桥梁养护施工现场开展“夏季送清凉”活动，向沿线养护管理及施工单位、高速交警、路政送去工会精心选配的消暑饮品凉茶、矿泉水、西瓜等慰问品，带去组织的关怀和清凉。

8月6日 运城北高速管理公司印发《员工教育培训管理办法（试行）》《员工请（休）假管理办法(试行）》《劳务派遣用工实施细则（试行）》《员工考勤管理办法》《收费站星级考核管理办法（试行）》《收费、机电工作考核管理办法(试行)》《收费稽核管理办法（试行）》《收费机电设备管理办法（试行）》。

8月9日 全省重点桥梁监测首次会议在运城北高速管理公司召开，交通运输部路网中心、省交通运输厅、省公路局、山西交控集团、监测单位苏交科检测认证公司及公司等相关领导及部门负责人30余人出席会议。各高速公路管理公司以视频形式参加此次会议。会议听取省交通运输厅全省国省干线桥梁养护管理工作情况和运城北高速管理公司龙门黄河特大桥养护管理工作情况介绍，监测单位介绍监测工作内容及流程，交通运输部路网中心处长虞丽云对监测工作提出相关要求。

8月9日至12日 交通运输部2020年度重点桥梁监测项目组对运城北高速管理公司侯禹路段龙门黄河特大桥进行现场检查。为以优良路况迎接交通运输部五年一度的全国干线公路养护管理评价工作，运城北高速管理公司结合实际，制定迎国评工作方案，明确分工，落实责任，组织相关各部门加班加点对河津龙门黄河大桥等桥梁进行标准化养护提档升级，全力以赴做好迎国评各项准备工作。

8月12日 全省重点桥梁监测末次会议在运城北高速管理公司召开。会上，监测单位对检查情况进行反馈，肯定省交通运输厅、省公路局、山西交控集团及运城北高速管理公司在桥梁管理方面做出的成绩，特别对山西交控集团及运城北高速管理公司桥梁养护标准化体系建设、桥梁检查通道优化提升以及定期检查标准化数据库、基于BIM的重点桥梁健康监测预警平台、养护信息化分析决策系统、桥梁日常巡查App系统等取得的成效给予一致好评，同时针对性提出全省桥隧安全运行管理的问题和建议，要求进一步细化桥隧行业监管职能职责，进一步加大桥隧安全风险防控以及桥隧安全运行技术培训，不断提高桥隧养护管理水平。国评项目组对龙门黄河特大桥养护管理工作给予高度评价。

8月18日 运城北高速管理公司在信息监控中心三楼会议室组织召开“1235”工作法党建项目化管理工作培训及推进会议，各党支部书记、副书记、单位负责人、党务干事共计69人参加会议。会议从什么是党建项目化管理、如何确定项目及党建项目化管理如何实施三个方面,对改进和完善党建项目化管理进行培训与阐释,并结合各单位实际,对各单位党建项目化管理工作进行再动员、再讲解、再安排和再部署。

8月26日 运城北高速管理公司举办"迎金秋、送酷暑"文艺联欢晚会,运城北高速管理公司干部职工150余人参加。晚会参演人员均为运城北高速管理公司内部职工,整场晚会内容丰富,形式多样,精彩纷呈。

9月1日 运城北高速管理公司路政专题研讨培训会召开,运城北高速管理公司分管领导、路政大队及各路政中队相关人员参加会议。此次研讨培训会对建筑控制区内违章建筑物(构筑物)的处置方法、在职责权限内依法有效收取路赔款等问题进行研讨,提出解决相关问题的合理化建议。

9月4日 运城北高速管理公司"推进绩效考核、落实企务公开"座谈会召开,运城北高速管理公司相关领导,各单位、各部室负责人参加会议。会议对各单位绩效考核过程中存在的主要问题进行通报,7家单位负责人就绩效考核方面存在的问题和绩效考核管理工作经验与大家进行分享交流。

9月10日至11日 运城北高速管理公司举办开展基层党务工作人员业务培训班,各党支部、各单位党务工作人员38人参加培训,有效提升基层党务工作人员业务能力和理论素养,全面落实习近平总书记关于新形势下加强国有企业党建工作的两个"一以贯之"的重要论断,全面推进"党建+企业文化"建设,全力提升基层党组织组织力。

9月15日 运城北高速管理公司印发《运城北高速公路管理有限公司会议费管理细则(试行)》《运城北高速公路管理有限公司信访工作管理办法(试行)》《运城北高速公路管理有限公司服务投诉管理办法(试行)》《运城北高速公路管理有限公司业务接待管理办法(试行)》《运城北高速公路管理有限公司企业微信管理办法(试行)》《合同管理办法(试行)》。

同日 运城北高速管理公司印发《招标采购管理实施细则(试行)》。

9月21日 经中共运城北高速公路管理有限公司党委会会议议研究决定,薛红霞任运城北高速公路分公司纪检室主任;苏磊任运城北高速公路分公司党委工作部副部长。

9月21日 经运城北高速公路管理有限公司党委会会议议研究决定,任命薛红霞为机关第二党支部书记;轩瑞丹为运城路政中队党支部书记;张泽锋为稷山路政中队党支部副书记(负责党务工作);丁志荣为闻喜路产维护站党支部副书记(负责党务工作);张凯为绛县路产维护站党支部副书记(负责党务工作)。

9月22日 运城北高速管理公司组织领导班子成员、各党支部负责人、机关部室负责人,各党支部纪检委员、部分党员代表150余人,分两批赴运城市区两级廉政警示教育基地参观学习,接受廉政警示教育。

9月23日 运城北高速管理公司修订《安全应急管理制度》。

同日 经山西交通控股集团有限公司运城北高速公路分公司会议研究决定,聘任王晓兵为综合办公室副主任,李卫国为路产维护部副部长(主持工作),赵彦斌为路产维护部副部长,赵峰为安全应急部副部长,杨军为王显收费站副站长,魏晓明为东镇收费站副站长,丁志荣为闻喜路产维护站副站长(主持工作),张凯为绛县路产维护站副站长(主持工作),高东升为垣曲路产维护站副站长,张泽锋为稷山路政中队副中队长(主持工作),尹永军为运城路政中队副中队长,卫平安为稷山路政中队副中队长。

9月25日 运城北高速管理公司聘请集团法律顾问北京德恒(太原)律师事务所律师王晶晶做"巡礼中华人民共和国民法典——关于合同法、担保物权法的解读"专题讲座。重点从《中华人民共和国民法典》颁布重大意义、合同法、担保物权法亮点等方面进行详细解读,通过新旧法条对比、并结合大量生动翔实案例,对合同资质、合同签订、合同履行中的关键环节及担保风险等方面提出专业性建议,对强化企业合规经营理念,提高法律风险防控能力具有很强指导性。

10月13日 经运城北高速管理公司党委会会议研究,任命薛红霞、行子华、李沂芝、吴晓凯4人为中共运城北高速公路管理有限公司纪律检查委员会委员。

10月26日至27日 运城北高速管理公司组织举办安全生产教育培训班,各单位、部室负责人和安全员93人参加培训。培训班积极营造"生命至上、安全发展”的浓厚氛围，坚持以人为本，人的思想认知是关键，要在安全生产中着力筑牢人的思想防线。

10月29日 运城北高速管理公司在信息楼三楼会议室召开山西交控集团党委第二巡察组进驻运城北高速管理公司党委动员部署会议，山西交控集团第二巡察组组长、副组长及组员，运城北高速管理公司领导班子成员及中层副职以上管理人员，党委工作部、纪检室、人力资源部全体人员116人参加会议。

11月18日 运城北高速管理公司举办中共十九届五中全会精神专题培训，培训以视频形式进行，运城北高速管理公司领导班子成员、机关全体党员，各基层单位党支部书记、副书记、负责人，全体党员155人参加集中学习。培训邀请运城市委党校教授刘俊恒，采取理论联系实际方式，结合个人学习贯彻切身体会，运用大量案例，对中共十九届五中全会精神进行认真解读，从深刻认识全国进入新发展阶段的重大意义、有利条件和重要特征，准确把握2035年远景目标和“十四五”时期国家发展的指导方针、主要目标、重点任务，牢牢把握构建新发展格局的战略构想和重要着力点，坚持党的全面领导、动员各方面力量为实现“十四五”规划和2035年远景目标而团结奋斗四个方面，进行系统宣讲和阐释。

同日 运城北高速管理公司党委书记、董事长侯毅力结合实际，为全体党员干部授一堂生动的专题党课。他从提高政治站位、广泛宣传宣讲、聚焦职责使命三个方面传达中共十九届五中全会精神，要求充分认识中共十九届五中全会的重要意义，营造学习贯彻中共十九届五中全会精神的浓厚氛围。

11月24日至27日 运城北高速管理公司路产维护部考核组对7个路产维护站2020年度开展星级路产维护进行考核。星级维护站共分一星级至五星级五个等级。本次考核严格按照公司《路产维护站星级考核办法》进行，分3个方面：一是外业方面，主要包含路基、路面、桥涵、沿线设施及绿化管护五项内容，分别考核2座大桥、2公里路基和1座隧道(如有)；二是内业方面，主要从日常管理、内业资料、除雪、防汛四项内容，通过集中查看内业资料的方式进行考核；三是综合管理方面，主要从办公标准化、养护设备管理、日常工作考核三项内容，通过现场查看维护站站区建设、队伍建设、设备管理等对外形象进行考核。考核结束后，将对维护站进行星级挂牌并发放星级薪酬，激励维护站人员在养护工作中积极进取、创先争优，进一步推动公司养护管理水平再上新台阶。

11月27日 运城北高速管理公司举办“2020年度路政治超业务培训”活动，邀请省高速公路综合行政执法总队治超科科长秦万能、闻喜中队负责人高伟为80余名参会人员授课答疑。副总经理王直、路政大队长杨鹏参加培训并进行总结发言。秦万能围绕典型案例、交通运输部62号令、特种车辆检测等内容，对治超工作意义、当前存在问题、运城北高速管理公司和站级治超管理方向作细致全面讲解。高伟对涉路施工、行政许可、路政案卷制作进行系统梳理。通过培训，参会人员进一步加深路政治超管理合法性、规范性和科学性的全面认识。

12月2日至4日 运城北高速管理公司开展桥梁养护业务能力提升培训活动，特邀高级工程师、交通运输部试验检测工程师、具有深厚理论知识和丰富桥梁检测经验的专家授课，就桥梁结构组成、运营期常见病害及检查评定，桥梁日常养护管理工作内容、方法和重点等进行深入浅出讲解，并结合桥梁重大安全事故案例及早期病害特征、《国家公路网重点桥梁和隧道监测评价规程》进行全面解读。同时，运城北高速管理公司就2021年桥梁养护标准化管理思路及要点、日常养护计划编制要点以及养护工程计划编制要点进行专题培训。

12月2日至9日 运城北高速管理公司分两批组织“青春逐梦跟党走、五中全会展新篇”共青团主题团建活动。团支部书记、团干及全体共青团员140余人参加活动。

12月 运城北高速管理公司荣获山西交控集团精神文明建设委员会2019—2020年度文明单位称号。

(资料提供：王晓兵 郭晓艳)

运城南高速公路管理有限公司大事记

1月1日 零时，运城南高速公路管理有限公司(以下简称运城南高速管理公司)新旧收费系统正式切换。全国29个联网省份的487个省界收费站全部取消，其中山西交控集团取消22个收费站，分公司取消1个省界收费站(龙门黄河大桥收费站)，彻底实现无需停车"无感出省"。

1月3日 运城南高速管理公司2020年安委会第一次全体(扩大)会议召开，总经理王强锁、党委书记李震出席会议，其他领导班子全体成员参加会议，党委副书记姚文勇主持会议。会议贯彻落实山西交控集团安委会第一次全体(扩大)会议精神，就"春运""两节""两会"期间安全生产工作作详细部署；总结回顾2019年安全生产工作，部署2020年安全生产重点工作及收费、养护、路政业务2020年重点工作。

1月5日 运城市迎来2020年首场大范围降雪天气。运城南高速管理公司迅速启动应急预案，所辖各单位以雪为令，第一时间开启除雪保畅工作，全力保障所辖路段。截至1月7日17时，共出动除雪设备23台次，撒布融雪剂11.5吨，出动人力78人次。

1月14日 运城南高速管理公司党支部书记抓基层党建述职评议考核会议召开。领导班子成员、机关各部室负责人、各党支部书记及党务工作人员共83人参加。会上，机关三支部、运城南收费站、芮城路产维护站、万荣西收费站、平陆路政中队、运风超限检测站、平陆收费站、中条山隧管站8个支部的党支部书记进行现场述职，其他支部的27位支部书记进行书面述职。与会人员对述职情况进行测评。

1月15日至16日 运城南高速管理公司开展送温暖活动，为1251名一线职工及7名困难职工送上慰问物资和浓浓温暖。在此次送温暖活动中，运城南高速管理公司领导班子组成11个慰问小组，冒着严寒对一线职工进行亲切慰问。关心了解职工生活，高度关注肉价飞涨、职工吃肉难的问题，给一线职工送上猪肉、带鱼、粮油等物品，给困难职工每人发放1000元慰问金和2.5千克猪肉，切实把党和企业及工会组织的关怀与温暖送到广大职工心坎上。

1月17日 省交通运输厅督查组巡视员郭全英、处长解宝平一行赴运城南高速管理公司督导检查2020年春运保畅工作及物资储备情况，运城南高速管理公司总经理王强锁、副总经理秦世华等陪同。督导组一行领导实地查看运城南高速管理公司基层单位春运保畅预案及各项准备工作，并听取春运保畅准备情况和物资储备等各项工作内容汇报。

1月26日 春节第一天，运城南高速管理公司各单位、各部门响应号召，做好自身防护措施，配合属地检测工作，积极开展新冠肺炎疫情防控工作。

2月4日 驻村第一书记和工作队成员按照运城南高速管理公司安排全部到村到岗，紧急成立由第一书记、驻村工作队员、支村两委、党员以及护林员组成先锋队，带领发动全体村民开展疫情防控。

2月14日 运城市中心医院第四批支援武汉医疗车队经过运城东收费站奔赴武汉抗击疫情第一线。收费站按照"三不一优先"原则，设立专用通道、安排引导车辆及现场指挥人员，接力护送运城市中心医院驰援武汉疫情医疗队，确保赴武汉支援医疗人员顺畅通行。

2月26日 运城南高速管理公司共收到1244名职工爱心捐款，捐款总额为79336元。工会将全部善款转至山西交通控股集团有限公司工会账户，再由山西交控集团工会捐至红十字会机构，用来支援武汉，早日取得战"疫"成功。

2月28日 按照山西交控集团统筹推进疫情防控和复工复产工作视频会议的统一部署，运城南高速管理公司在做好防疫工作基础上突出统筹兼顾，加快推进高速公路收费、养护、治超、机电等各方面的复工复产，努力把失去的时间"抢回来"，把各项工作进度“赶上去”，为抗击疫情提供安全畅通的交通支撑保障。

3月26日 山西交控集团召开高速公路管理公司干部大会，正式全面推行高速公路分公司管理体制改革。下发《关于组建16个高速公路管理公司的通知》，运城南高速公路管理有限公司正式组建。

4月2日 上午，运城南高速管理公司安委会第二次全体视频会议召开，总结通报运城南高速管理公司第一季度安全生产情况，部署第二季度安全生产工作。运城南高速公路理有限公司党委书记、董事长，运城南高速公路分公司总经理李震出席并讲话。运城南高速管理公司党委副书记姚文勇主持会议，副总经理薛炎龙就安全生产工作进行安排。

4月4日 运城南高速管理公司基层单位自发为抗击新冠肺炎疫情斗争牺牲烈士和逝世同胞举行默哀活动。

4月7日 上午，运城南高速公路管理公司召开干部大会，宣布山西交控集团对部分领导干部的任免职决定。管理公司领导班子成员、分公司机关中层及基层单位党政负责人参加会议。

4月13 运城南高速管理公司结合当前疫情防控形势和工作实际，在运城南高速管理公司开展为期一周的全国国家安全教育日教育活动。

4月17日 运城南高速管理公司召开党建双月例会，对2020年一季度党建工作进行总结。会上5个基层支部现场交流发言，党务相关部门就基层党建标准化等方面对近期工作进行安排。

同日 运城南高速公路管理有限公司正式揭牌成立。

4月29日 运城南高速管理公司一届三次职工代表大会暨2020年工作会议召开，参会代表86名，列席代表28名，同时特邀外部董事许中义参加会议。运城南高速管理公司党委书记、董事长李震出席会议并讲话，党委副书记、总经理姚文勇作题为“深化改革增效益内强管理促服务奋力推进运城南公司高质量转型发展”工作报告，副总经理薛炎龙主持会议。

同日 运城南高速管理公司以“主会场+分会场”视频连线方式召开2020年党的建设和党风廉政建设工作会议。会议全面总结2019年度党的建设和党风廉政建设工作，分析当前面临的形势，对2020年党建工作任务进行部署。党委书记、董事长李震作党建工作报告，党委副书记、副董事长、总经理姚文勇主持会议并提出具体要求。会议书面传达2020年党风廉政建设工作报告，运城南高速管理公司党委与基层支部签订“2020年度落实全面从严治党主体责任目标责任书”。

5月6日 零时起，高速公路恢复正常收费。运城南高速管理公司高度重视，各岗位人员全员在岗，紧密配合，各收费站系统运行平稳，车辆有序通行。

5月14日 运城南高速管理公司召开“零上访、零事故、零案件”单位创建工作部署会议。公司领导班子成员、机关各部室及相关基层单位负责人参加会议。

5月19日 运城南高速管理公司2020年信访工作推进会召开。运城南高速管理公司领导班子成员、全体中层管理人员参加会议。会议对山西交控集团2020年信访工作会议精神进行传达和学习，并结合“零上访、零事故、零案件”单位创建工作，对下一阶段信访工作进行安排。

5月28日 山西交控集团党委委员、总会计师孙建秀带领调研组赴运城南高速管理公司调研，运城南高速管理公司班子成员一同调研或参加座谈会。

同日 陕西省高速公路建设集团公司西渭分公司华阴管理所一行13人来运风高速风陵渡公路超限检测站，就治超业务、内业资料、监控管理、稽查管理、机电管理、安全管理以及站点标准化建设、大桥管控信息共享、降本增效等方面进行交流。

6月8日 山西交控集团考核一组一行8人赴公司，对领导班子2019年度经营业绩进行考核和2019年薪酬收入进行稽核。

6月16日至19日 运城南高速管理公司开展“学党史、知党情、跟党走”党团知识竞赛。竞赛分预赛和决赛两个阶段。来自23个团支部69名选手分四组参加为期两天的预赛。河津南收费站团支部获得团队第一名，河津南收费站团支部杨鑫获得个人一等奖。

6月17日至18日 山西民之冠注册安全工程师事务所有限公司组织相关人员对运城南高速管理公司进行安全生产标准化评价。运城南高速管理公司党委副书记、副董事长、总经理姚文勇，党委委员、副总经理薛炎龙参加会议。

7月1日 上午，运城南高速管理公司召开庆祝中国共产党成立99周年暨“七一”表彰大会。会议由总经理、党委副书记、副董事长姚文勇主持。领导班子成员、全体党员、各单位党政负责人参加会议。

7月8日 山西交控集团工会主席孟仁贵一行赴运城南高速管理公司，就工会组织现实情况、工会四大职能发挥情况等开展调研。运城南高速管理公司党委书记、董事长李震，党委副书记、副董事长、总经理姚文勇，专职党委副书记黄河龙陪同调研并参加座谈。

7月9日 运城南高速管理公司党委书记、董事长李震带领跨区域协同共建小组，赴临汾南公司交流学习，并就跨区域党组织协同共建进行对接。

7月29日 运城南高速管理公司党委举办入党积极分子专题培训，邀请运城市委党校2名专家教授为来自所属32个党支部的86名入党积极分子和团支部书记进行授课。

7月29日至30日 运城南高速管理公司举办治超业务技能比武竞赛活动。本次比武采取优中选优方式，在选拔业务尖子和技术能手同时，对取得优异成绩的集体和个人进行表彰及奖励。

7月30日 运城南高速管理公司机电培训正式拉开序幕。此次培训通过自主报名、站级审核、选拔考试的方式，从所辖22个收费站选出40人参加机电后备人员专题培训。

7月31日 上午，运城南高速管理公司2020年上半年经营管理工作分析会召开。领导班子成员、基层各单位、机关各部门负责人参加会议。会上，运城南高速管理公司分管领导就上半年工作进行总结回顾、点评分析，并结合实际对下半年工作重点进行安排。党委书记、董事长李震，党委副书记、副董事长、总经理姚文勇出席会议并讲话。

8月3日 运城南高速管理公司组织领导班子成员、基层单位负责人、机关中层管理人员和党员发展对象共计68人，赴运城市廉政警示教育基地参观学习，接受党风廉政警示教育和反腐倡廉教育。

8月3日至5日 运城南高速管理公司携手临汾南公司共赴太长、长治、晋城公司，开启为期三天的对标先进学习交流活动。运城南高速管理公司党委书记、董事长李震带队，部分班子成员和中层管理人员共11人参加交流学习活动。

8月13日 上午，受山西交控集团工会委托，运城南高速管理公司工会开展“情系职工、清凉一夏”慰问活动。党委书记、董事长李震带领部分班子成员来到侯平高速运三段施工现场慰问坚守岗位的一线职工，为一线建筑工人送去防暑降温食品。

8月21日 运城南高速管理公司工会举办“关注心灵，和谐人生”职工心理健康专题视频讲座，来自不同岗位的200余名职工听讲。

8月28日 运城南高速管理公司开展“人人讲安全，平安进岗位”主题宣讲活动，共有来自基层一线的170余人参加此次活动。党委副书记、副董事长、总经理姚文勇，党委委员、副部经理薛炎龙出席活动。

9月10日 运城南高速管理公司联合高速交警四支队十四大队在柳湾超限检测站开展隧道双洞并发交通事故的实践演练。

10月14日 下午，山西交控集团党委第二巡察组巡察运城南高速管理公司党委。山西交控集团党委第二巡察组组长田冬通报巡察任务、工作方式及工作要求并作动员讲话。运城南高速管理公司领导班子成员、全体中层管理人员参加动员会议。

10月19日 下午，运城南高速管理公司中条山隧道管理站配合运城市消防支队在运宝高速中条山隧道开展第四战区公路隧道火灾事故灭火救援实战演练。此次演练共调集芮城县、永济市、临猗县消防救援大队、高速交警、120急救等11辆消防救援车辆、60余名消防人员开展演练。管理站共出动1辆消防车、1辆排烟车、5名消防应急人员参与现场演练。

10月20日 山西交控集团选人用人专项检查第二检查组进驻运城南高速管理公司，对选人用人工作开展专项检查。

同日 运城南高速管理公司在山西交控集团工会主办的“时代新人说——决胜小康、奋斗有我，山西职工在行动”演讲比赛中，职工任良森、杜恩分别获得一、二等奖。

10月25日至27日 运城南高速管理公司开展“五比五看”综合业务技能比武活动。本次比武，将“收费、机电、稽查、票证、监控”五个岗位有机结合，共有45名选手和10名基层单位获得表彰。

11月16日至17日 运城南高速管理公司开展为期2天的安全教育培训，共有来自基层单位安全负责人和安全联络员80余人参加培训。

11月27日 圣天湖收费站党支部卫茜、运城西收费站党支部梁腾等2人受到省委宣传部通报表扬，获得“优秀学员”称号。

11月30日 下午，运城南高速管理公司召开经营运行分析会，会议总结前10个月经营工作，盘点经营目标完成情况，研究分析当前形势，部署下一步工作。党委书记、董事长李震出席会议并讲话，总经理姚文勇主持会议，分管领导黄河龙、薛炎龙、孙琳、李卓出席会议，各单位、机关各部门负责人参加会议。

12月10日 山西交控集团宣讲团在运城南高速管理公司宣讲中共十九届五中全会精神，山西交控集团宣传团成员、运城南高速管理公司党委书记、董事长李震作宣讲报告。运城南高速管理公司专职党委副书记、副董事长黄河龙主持，领导班子成员、各支部书记、党务干事、机关全体党员共90余人参加报告会。

12月10日至11日 运城南高速管理公司组织举办2020年度党务干部专题培训。本次培训邀请关公文化研究专家和市委党校教授授课，设置中共十九届五中全会精神宣讲、道德讲堂、习近平法治思想解读、学习习近平总书记关于意识形态工作的重要论述及《中国共产党宣传工作条例》等内容。运城南高速管理公司领导班子成员、支部书记、党务干事等93余人参加此次培训。

12月16日至17日 中国交通企业管理协会专家组深入运城南高速管理公司运城南收费站，就全国交通行业深入推进现场管理提升活动星级现场项目进行现场对标评价。根据《企业现场管理准则》，专家组对运城南收费站各项工作提出指导性建议。

12月22日 运城南高速管理公司举办2020年度养护业务知识竞赛。经过激烈角逐，永济路产维护站获得一等奖，运城路产维护站获得二等奖，平陆路产维护站获得三等奖；同时产生个人一等奖1名，个人二等奖2名，个人三等奖3名。

12月23日 运城南高速管理公司获"2020年度全国交通运输文化建设卓越单位"称号，运城南高速管理公司党委书记、董事长李震获"全国交通运输文化建设先进个人"称号。

12月24日 运城南高速管理公司运城东收费站被授予"全国交通运输行业文明示范窗口单位"称号。

12月29日 运城南高速管理公司被山西交控集团授予"文明单位标兵"称号。

（资料提供：李瑞芳）

航空产业集团

山西航空产业集团有限公司大事记

1月2日 省文明办一处处长邵骏率省文明委考核组一行五人赴山西航空产业集团有限公司(以下简称山西航产集团),通过资料审核、实地考察、问卷调查的方式对山西航产集团本部及太原国际机场有限责任公司申报2018—2019年度省级文明单位进行考核验收。

1月3日至4日 山西航产集团启动2020年结对帮扶工作。新任帮扶责任人走进帮扶村,走访建档立卡户,了解生活生产情况,送上新年祝福。

1月4日 山西航产集团党委书记、董事长、总经理,党委副书记、副董事长、工会主席邓保平深入吉县慰问帮扶村群众和驻村工作队员,主持召开帮扶工作座谈会,总结2019年和谋划2020年驻村帮扶工作。

1月5日 面对首场降雪,山西航产集团相关保障部门开展机坪、跑道、滑行道除雪工作及飞机除冰雪作业,确保航班顺利起降。

1月10日 省交通运输厅党组书记、厅长闫晨曦一行6人在山西航产集团副总经理高天光、太原机场相关负责人陪同下,深入太原武宿机场对春运安全生产工作进行检查指导。

同日 山西航产集团团委举办"青春志愿 情满旅途"春运启动仪式,党委副书记、副董事长、工会主席邓保平,直属党委委员,太原机场、后勤保障中心、贵宾公司党委书记及30余名志愿者代表出席本次启动仪式。与此同时,各支线机场同步启动春运保障工作。

1月15日 山西航产集团团委40名志愿者代表走进太原市社会福利精神康宁医院,开展"让爱成长"冬日献爱心活动。

同日 民航华北地区管理局"安康杯"竞赛考核组对山西航产集团2018—2019年度"安康杯"竞赛活动情况进行考核验收。

1月16日 民航华北局党委书记、副局长刘锋一行督导山西航产集团春运工作。山西监管局相关领导,山西航产集团党委书记、董事长、总经理,党委副书记、副董事长、工会主席邓保平陪同。

1月17日 山西航产集团举行离退休人员迎春团拜会。

1月21日 山西航产集团工会与工行民航支行联手举办"庆'两会' 迎新春 促和谐"银企联谊笔会。活动邀请四位知名书法家现场为集团广大职工书写春联。

同日 山西航产集团团委在太原武宿国际机场消防队餐厅举办"缘聚空港 青春有约"青年联谊活动,来自山西航产集团、驻场单位和驻并央企等单位的48名单身青年踊跃报名参加本次活动。

1月22日 山西航产集团纪委专题会议召开。

1月24日 太原机场对所有进港旅客实行体温监测,并设置留置观察室。

1月26日 6:00起,太原机场巴士全面停运。

1月29日 山西航产集团下发《关于坚决贯彻落实习近平总书记重要指示 充分发挥基层党组织战斗堡垒作用和共产党员先锋模范作用 团结带领职工群众打赢疫情防控阻击战的通知》,全面落实疫情防控举措,防疫力度再升级。

1月31日 山西航产集团防控新型冠状病毒肺炎疫情工作专题会议召开,部署疫情防控工作。

2月1日 省国资委党委书记、主任郭保民深入太原武宿国际机场防控疫情一线,检查指导疫情防控工作,看望慰问基层干部、医护人员。省国资委副主任负钊,山西航产集团党委书记、董事长、总经理陪同检查。

2月3日、5日 山西航产集团党委副书记、副总经理陈阳带队分别到大同机场、通航集团检查指导新型冠状病毒感染肺炎疫情防控工作,并看望慰问奋战在一线工作人员。

2月6日 山西航产集团党委划拨专项党费、

工会费13万元（含上级党委划拨党费）支持疫情防控工作。

同日 晚8点，3套红外体温探测仪在太原机场T2航站楼安装完毕并投入使用。

2月10日 山西航产集团向全体职工发出“抗击疫情行动”倡议。

2月12日 山西航产集团召开太原机场生活区疫情联防联控协调会。党委书记、董事长、总经理主持并讲话。民航社区、山西四建集团、东航山西分公司、中国航油山西分公司、中国航油山西石油公司、东方通用航空摄影有限公司、太原实验三中等驻场单位参加。

会议一致同意，当前新型冠状病毒肺炎疫情形势仍然十分严峻，民航社区、街道办、物业及太原机场各驻场单位要迅速建立联防联控协调机制，按照习近平总书记在北京调研指导新冠肺炎疫情防控工作的重要指示精神，把疫情防控工作抓细抓实，坚决守住社区这道最重要的防线，确保民航社区人民群众、民航员工生命安全和身体健康。

民航社区负责人表示，将充分发挥社区在疫情防控工作中的“阻击作用”，充实社区力量，并督促物业公司通过在民航社区设卡、严格小区封闭管理、强化宣传引导等方式，加强社区各项防控措施的落实，把社区工作做得更加扎实，使社区成为疫情防控的坚强堡垒。

山西航产集团和各驻场单位均表示，将以民航社区为主导，积极配合、主动配合，共同做好民航社区疫情联防联控工作，实现民航社区零感染、零传播，为打赢山西疫情防控阻击战奠定有力基础。

2月13日 山西航产集团在太原机场T1航站楼举行疫情防控新发展预备党员集体宣誓仪式。自新冠肺炎疫情发生以来，全体干部职工团结一致，严防死守，为山西把好“出入关”。在这场疫情阻击战中，战斗在一线的干部职工，主动请缨、无惧无畏，不分昼夜奋战在第一线，成为集团抗击疫情的中坚力量。根据中组部、省委组织部相关要求，山西航产集团13名在防控一线表现突出的积极分子优先吸收为预备党员。

2月23日 山西航产集团分别收到来自湖北机场集团有限公司和中国东方航空武汉有限责任公司的感谢信。疫情发生以来，山西航产集团向湖北地区，援鄂人员捐赠共计价值30万元的口罩、防护服、护目镜、医用手套、消毒剂等防控物资以及中药制剂8000余副。

2月24日 山西航产集团党委副书记、副董事长、工会主席邓保平，直属党委和集团工会相关领导一行深入中航兰田装备公司检查指导疫情防控、复工复产工作。邓保平一行还参观司党建阵地党员活动室和职工之家。

2月26日 太原市小店区交通运输局、黄陵街道办事处联合对公司机场巴士恢复运营工作进行审核。审核人员查看公司恢复运营方案、日常防控记录、员工教育培训及防疫物资储备等方面的内容，认为公司前期疫情防控工作扎实有效，防控措施到位，恢复运营前的准备工作及恢复后的防疫措施比较全面，实用性较强。方案最终向太原市道路运输管理局报备后，机场巴士将于2020年3月1日起恢复运营。机场巴士的恢复也是小店区第一家复工的道路运输客运企业。

2月27日 省委常委、副省长、太原机场三期改扩建工程建设指挥部总指挥胡玉亭主持召开太原机场三期改扩建工程建设指挥部第二次会议，听取太原机场三期改扩建工程前期有关工作推进情况，研究解决工程推进中相关问题。

会上，山西航产集团、太原市、晋中市、省发改委、省自然资源厅等汇报前期工作推进情况。太原机场三期改扩建工程前期工作正加快推进，目前总规修编经省委、省政府审议通过后，已报中国民航局审批，飞行程序修编已完成招标。与会人员围绕项目配套设施打捆立项、优化供地、管线迁改、土地供应等问题重点研究。

3月1日 因疫情原因停飞近一个月的首都航线恢复，根据山西航产集团及民航局要求，太原机场公司党委将进京航班保障作为重要的政治任务，按照之前制定的方案，加强防控措施，多次与航空公司驻地代办展开协调会议，商讨保障细节，统筹规划保障流程，多措并举，坚决守好进京防线。

3月4日 省政府新闻办举行新闻发布会，就当前全省交通运输行业助力社会复工复产情况进行介绍。山西航产集团党委副书记、副董事长、工会主席邓保平出席发布会并答记者问。省交通运输厅党组成员、副厅长、新闻发言人王晋，省邮政管理局党组成员、副局长高日勇，中国铁路太原局集团有限公司副总经理刘枫出席发布会并答记者问。

3月5日 山西航产集团2020年工资集体合同协商会议召开。集团党委书记、董事长、总经理主持会议，党委副书记、副董事长、工会主席邓保平，党委副书记、副总经理陈阳分别作为职工方和企业方首席代表就职工工资及福利待遇进行平等协商。最后，双方在协商一致的基础上，对“2020年工资集体合同（草案）”进行举手表决，全票一致通过。会后，“2020年工资集体合同（草案）”将提交职工代表大会审议，审议通过后签订。

3月7日 山西航产集团召开太原武宿国际机场三期改扩建工程现场指挥部干部大会。会议由集团党委书记、董事长、总经理主持。集团党委副书记、副董事长、工会主席邓保平，副总经理赵庆斌，纪委书记吴建庭，机关相关部室负责人及新任命干部参加大会。

大会宣布，组建太原武宿国际机场三期改扩建工程现场指挥部（以下简称“现场指挥部”），成立中共太原武宿国际机场三期改扩建工程现场指挥部委员会，邓保平兼任现场指挥部党委书记，赵庆斌兼任现场指挥部党委副书记、现场指挥部总指挥。大会宣布现场指挥部其他7名干部任命。新任干部依次作表态发言，并签订“廉洁从业承诺书”。

同日 山西航产集团2020年工作会议暨第一届第一次职工代表大会召开，会议以“主会场+分会场”视频连线方式召开，来自各单位133名职工代表参加会议。会议全面总结2019年工作，对2020年工作进行部署。集团党委书记、董事长、总经理出席会议并讲话，党委副书记、副董事长、工会主席邓保平主持会议，党委副书记、副总经理陈阳作2020年工作报告，副总经理赵庆斌、张希亮传达相关会议精神，纪委书记吴建庭、副总经理高天光出席会议，外部董事张丛林在长治分会场参加会议。会议期间，全体职工代表认真听取2020年工作报告、2020年财务经营工作报告、上级会议精神和董事长讲话。重点就两个报告和相关提案、议案进行分团讨论。审议并表决通过山西航空产业集团有限公司《第一届第一次职工代表大会决议》《2020年工资集体合同》《劳动用工管理规定》《员工学历教育奖励办法》《职工代表大会提案工作小组、巡视检查工作小组成员建议名单》《职工代表大会实施办法》《职工代表履职管理考核办法》《职工代表大会提案工作制度》《职工代表巡视检查制度》《职工代表大会表决办法》。

3月10日 中午12点，由太原飞往新疆若羌经停西安的SC2197航班从太原机场顺利起飞。该航班由山东航空执飞，搭载来自太原及周边地市的49名巴州中铁公司员工返新疆复工。

同日 2019年山西航产集团驻村帮扶工作考核进入省直单位第一方阵。近日，山西省干部驻村帮扶工作领导小组通报2019年驻村帮扶工作的考核结果，领导小组对山西航产集团驻村帮扶工作综合评价为“好”，进入省直单位第一方阵。

这次考核对象为203家省直帮扶单位，考核结果分“好”“较好”“一般”三个档次，对综合评价好的予以表扬，对综合评价一般的通报批评。考核内容包括责任落实、制度落实、“三保障”落实、问题整改、“六大行动”开展、“一网三超”开展6个方面。考核工作采取日常督查与年终考核相结合、牵头考核单位与县级评级相结合、考核单位驻村帮扶工作总结与省干部驻村帮扶联席会议办公室实地暗访相结合的方式。

同日 山西航产集团2020年复工复产座谈会召开。集团党委书记、董事长、总经理，党委副书记、副总经理陈阳出席会议，党委委员、副总经理高天光主持会议。集团相关部室、太原机场及山西地区11家航空公司主要负责人参加会议。

3月11日至12日 两批从法国布雷斯特进口的2000头种猪，搭乘着俄航波音747-8全货机安全飞抵太原机场。这是复工复产后，太原机场货运保障的首单大批量进口活体动物运输保障任务。据悉，该批进口种猪，将在长治市武乡县指定隔离场所进行为期45天的隔离检疫，在确保健康安全后投放养殖场。

3月12日 山西航产集团以视频会议形式召开2019年度党组织书记抓基层党建述职评议会，集团领导出席会议，二级正职干部及熟悉基层党建工作的党代表、人大代表、政协委员和基层党员干部群众代表参加会议。会上，各二级党委（党总支）书记围绕2019年工作作述职发言，集团党委书记、董事长、总经理逐一进行点评，党委班子其他成员结合工作分工和党建联系点进行点评，充分肯定各二级党委（党总支）书记在工作中取得的成绩，并对接下来的工作提出意见及要求。会后，参会人员对各二级党委（党总支）书记进行测评。

3月14日 经过对已满14天隔离观察无恙并按规定提交复工计划书的商户逐一检查后，航站楼内所有商铺恢复正常营业。在航站楼内商铺复工复产后，太原机场持续健全防疫举措，要求所有商户员工每日进行体温监测并记录数据，随时了解员工健康状况；商铺每日消毒不少于4次，并及时公示消毒记录，给旅客营造安心的出行环境；登记好每日进店旅客的基本信息、航班号，全面掌握人员流动接触区域；要求所有餐饮店铺桌椅摆放采取间隔一米一上、一人一桌、统一朝向原则，确保为旅客提供安全就餐环境。

3月15日 13时15分，南航包机从太原机场腾空而起，这是新冠肺炎疫情形势出现向好趋势以来，太原机场第二次保障出省复工复产的客运包机，也是人数最多的一次。机上120名旅客大部分都是返疆教育工作者，抵达新疆后他们立即投入新疆教育事业中去。自开展“复工包机”定制服务以来，太原机场已协调航司先后开通涉及广东、江苏、新疆等用工需求较大的复工航班。并在原有航班基础上，增加每日一班太原至无锡和太原至南京，以及每日两班太原至深圳复工航班。

截至当日，太原机场已保障复工包机2架，运送新疆若羌、和田等返岗人员近170人。后续，太原机场还将与航司和更多需求方主动联系，为复工复产架起便捷“空中通道”。

3月19日 10时50分，搭载着首批130名支援湖北医疗队的包机平稳降落在太原机场，一道迎着彩虹的“水门”从机身倾泻而下，山西航产集团用民航界最隆重的“过水门”仪式，迎接战“疫”英雄回家。山西航产集团还为所有支援湖北的医护人员准备了一份特殊的礼物——“纪念版登机牌”。

同日 山西航产集团党风廉政建设工作暨纪委工作会召开，回顾总结2019年党风廉政建设、纪委工作，对2020年党风廉政建设、纪委工作进行部署。山西航产集团党委书记、董事长、总经理作2020年党风廉政建设工作报告，党委副书记、副董事长、工会主席邓保平主持会议，纪委书记吴建庭作2020年纪委工作报告。会议传达中共十九届中央纪委四次全会精神、省纪委十一届六次全会精神。

山西航产集团党委委员，各二级党委（党总支）党政负责人、纪委书记，党群、纪检部门负责人，太原地区二级正职干部参加会议。

同日 山西航产集团2020年党建、统战工作会议召开。总结回顾集团党委2019年党建、统战主要工作，明确2020年工作思路，全面部署党建、统战工作。

集团党委书记、董事长、总经理作题为“突出党建引领 强化组织保障 持续推动山西航产集团党的建设质量再提升”党建工作报告，为加强党的建设、推进党建工作指明方向，明确重点工作任务。会议还传达全国组织部部长会议、全国宣传部部长会议、全国统战部部长会议精神，以及山西省组织部部长会议及省委书记楼阳生重要讲话精神、山西省宣传部部长会议精神。

会议由集团党委副书记、副董事长、工会主席邓保平主持，党委副书记、副总经理陈阳传达相关会议精神，集团党委委员出席会议。各二级党委（党总支）党政负责人、纪委书记，党群、纪检部门负责人，二级正职干部，统战人士分别在主会场和分会场参加会议。

同日 晚上，中国民航局、外交部、国家卫生健康委、海关总署、国家移民局发布联合公告，3月21日至22日多伦多至北京HU7976航班从指定第一入境点太原武宿国际机场入境。由此，太原武宿国际机场陆续迎来一批“临时”远程航线入境旅客。

3月20日 凌晨，山西航产集团接到省应急厅指令，要求紧急调派直升机，增援五台山地面消防部队进行灭火。接到任务后，山西航产集团统一协调内部资源，派出通航集团和五台山机场积极参与救援。一方面，通航集团利用双方股东资源优势，积极协调救援飞机，为火灾缩短救援时间；另一方面，调配五台山机场为救援飞机提供起降、航油及机组保障等工作。

此次救援中，山西航产集团圆满完成紧急调机、机场保障、空中指挥、空域协调、航空消防救援五位一体航空救援任务，得到省应急厅高度肯定。通用航空在应急救援方面凭借其机动性和快速性在难以通达的地方快速开辟一条生命线。通航集团将持续推进尧城机场航空应急救援及培训基地建设，充分发挥通用航空优势和作用，进一步完善全省救援应急体系。

3月21日 19时55分，首架由加拿大多伦多飞往北京的海航HU7976国际航班，成功降落太原武宿国际机场，分流首都国际航班的保障任务正式拉开序幕。

为确保保障工作能够顺畅、安全地开展，党委班子带头深入一线，把握现场情况，督导解决问题。各部门更是以“战时状态、战时要求、战时纪律”严格落实各项工作。机关办公室紧急采买防疫物资，并在退出通道搭设员工消毒集装箱，确保员工生命健康安全；安质部牵头保障工作，逐项理顺细化保障流程，协调各单位形成联动机制；安全检查站加强保障力量，制定AB组应急方案，保证每日26人可随时调配。很多安检同事为节省防护服而避免上卫生间，岗前几小时就开始禁食，“首战”就连续作业近10个小时；候机楼管理部派出多名技术骨干深入一线，加快安装安检设备、安全门、刷屏机等大型设备进度，并多次对登机桥、行李传送带、电梯进行测试，确保设备运转正常。同时还在特定区域集中对行李集装箱进行消毒，对废弃口罩等防护用品收集清理，避免造成二次污染；现场指挥中心作为机场运行的“大脑”，更是一刻不停歇地配合总指挥部，协调各保障单位开展工作，派专人守听频率信息，做好近百项数据的统计、分类、汇总最终形成报表；旅客服务部及时成立专项信息组、配载组、服务组等，将物资、数据、人员和初步流程进行反复商讨，确保技术经停保障的同时，也不放松正常航班运行监督。

3月23日 太原机场迎来真正“大考”，满载着342名旅客的埃塞俄比亚航空ET604（亚的斯亚贝巴—太原—北京）于15:05在太原武宿机场落地，后续紧跟着海南航空的HU7976（多伦多—太原—北京）航班，两个航班之间为5小时间隔。

太原机场党委班子在得知情况后，会同太原机场海关、边检，迅速协商临时调整预案。机坪增设咽拭子检测房，加派检测人手，引导接送留观车队到达指定地点，开通进场绿色通道，实现人员检测、转运、隔离的无缝对接。为使进度加快，太原机场还要求所有备勤人员全部上岗，同时组织机上待检旅客分通道下机，将已经下客完成的埃航客机拖至远机位进行消杀工作，然后腾出机位迎接即将到来的海航HU7976……。一次次实战经验积累起不只是保障入京国际航班的经验，更是太原机场人筑牢首都“护城堤坝”的决心和信心。

3月25日 太原尧城机场委托管理协议签约暨山西通用机场管理有限公司揭牌仪式在山西航产集团大会议厅顺利举行。省委常委、副省长胡玉亭出席仪式并为山西通用机场管理有限公司揭牌。

胡玉亭指出，在全国积极有序推进复工复产之际，太原尧城通用机场委托管理协议签约，标志着全省在“通航强省”的转型跨越发展道路上又迈出坚实一步。成立山西通用机场管理有限公司是省委、省政府整合省内机场资源，规模化发展，推进全省机场一体化管理、专业化运营的重要举措，对于山西省通用航空产业的发展有着极其重要的意义和作用。他要求，山西航产集团和省体育局要发挥各自优势，合作共赢，帮助企业完成自身造血能力的建设，尽快走上良性发展轨道；通用机场管理公司要建立高效运转的管理体制和运营机制，发挥机场管理平台作用，做好逐步接管省内通用机场的筹划；各省直相关部门和各地方要积极支持山西通用机场管理有限公司的发展，加大帮扶力度，帮助新公司健康发展。

仪式上，山西航产集团与省体育局签署尧城机场托管协议，标志着全省通用机场一体化运营正式启航。山西航产集团托管尧城机场、成立山西通用机场管理公司，是深入贯彻落实省委、省政府“转型为纲、项目为王、改革为要、创新为上”的重要举措，是加快推进国家通航发展示范省建设的关键一环，是通航和体育产业融合发展的有力之作，更是进一步推动全省经济高质量转型升级的有效抓手。

同日 国家民航局通过线上视频形式组织召开太原机场总体规划评审正式会议，克服疫情影响加快推进项目前期工作。本次会议设147个终端，来自国家民航局、相关行业管理部门和国内资深专家等300余人参会。省委常委、副省长胡玉亭组织省直有关单位在分会场参会并发言。

太原机场定位为区域枢纽机场，是北京首都和大兴国际机场的备降场。近年来，旅客吞吐量年均增幅11.51%，跑道、航站楼及设施设备超负荷运行，已不能满足山西对外开放和经济社会发展需要。经评审，与会专家一致认为，对太原机场总体规划进行修编、加紧推进机场改扩建，非常及时必要。

胡玉亭对国家民航局和各位专家对山西民航事业发展的关心支持表示感谢。他指出，推进太原机场改扩建，是推动全省经济社会发展的重要民生工程，对于加快太原都市圈建设、助推中部地区崛起具有重要的战略意义。省委、省政府高度重视，主要领导强力推动。他表示，要在国家民航局的指导下，按照“四型机场”的建设要求，充分吸收、采纳专家意见建议，认真做好总规修编完善。同时，统筹做好项目推进，确保按时开工。

同日 太原机场三期改扩建工程建设指挥部在山西航产集团组织召开指挥部打捆立项专题会议。省委常委、副省长胡玉亭主持会议，并就相关工作做出指示。指挥部相关成员单位领导和工作人员参加会议。

会议听取太原、晋中两市关于改扩建红线以外用地诉求和用地范围内主要建设内容、土地情况的汇报；听取省发展改革委、省住建厅、省自然资源厅关于打捆立项、配套规划等方面汇报，分析研究推进中的问题，对下一步工作做出部署。

同日 受新冠肺炎疫情影响，太原市血液采集量下降，血液供应紧张。在此情况下，山西航产集团积极践行社会责任，开展无偿献血活动。广大干部职工、团员青年、志愿者和突击队员纷纷报名，踊跃参加。

3月26日 中国人寿财险山西分公司向山西航产集团捐赠5000万元抗击疫情专属保险，为一线的民航职工送来一份关爱。此次捐赠的保险保期为一年，受保人员因疫情导致传染、感染身故，或参加抗击疫情中过劳死、猝死，公司将向被保险人或受益人支付保险金30万元，累计5000万元。

3月 山西航产集团组织广大党员为武汉疫区捐款，齐心协力渡难关集团共有1377名党员，累计捐款达到12万余元。

4月3日 山西航产集团采取线上培训形式，组织各单位共200多名一线员工和合约方员工参加民航华北局开展的机场疫情防控技术指南（第四版）宣传贯彻培训。此次培训，提升受训人“外防输入、内防反弹”的防范意识，规范个人防护、垃圾处理、消毒处理等各项防疫措施，掌握境外转机旅客的处置程序，为做好下一步疫情防控工作奠定基础。因工作需要没参加此次培训的人员，将通过视频回放形式分批次进行培训，确保做到宣传贯彻培训全覆盖。

4月27日 山西航产集团第一次党代会筹备工作会议暨党委书记工作例会召开。航产集团党委委员出席会议，第一次党代会筹备工作领导小组成员及各二级党委（党总支）书记参加会议。党委副书记、副董事长、工会主席邓保平主持会议。党委书记、董事长、总经理出席会议并讲话，要求充分认识开展山西航产集团党委换届工作的重要意义，扎实推进基层党建工作，认真履行第一责任人职责；积极谋划全年工作并进行部署，全面推进复工复产。

会议传达近期省委、省国资委党委重要会议精神。各二级党委（党总支）书记依次汇报第一季度党建工作开展情况。山西航产集团工会及组织人事部就第一届劳动模范表彰大会具体事宜和第一次党代会筹备工作事宜进行部署。

5月19日 山西航产集团党委中心组（扩大）学习会议召开，专题学习习近平总书记视察山西重要讲话、重要指示以及省委常委会扩大会专题学习会精神，并对山西航产集团学习贯彻做出安排。党委书记、董事长、总经理主持会议，党委班子成员出席，机关部室负责人参加会议。党委班子成员紧紧围绕学习贯彻习近平总书记重要讲话精神，畅谈学习体会认识，并结合工作实际提出意见建议。

5月29日 山西航产集团党委专职副书记、副董事长、工会主席邓保平深入吉县帮扶点督导工作。“十个清零”行动是全年驻村帮扶工作的重中之重，集团党委高度重视，5月召开党委会会议专题研究部署。

邓保平到建档立卡户毋石平家了解基本医疗保障政策落实情况及近期治疗情况，送上慰问金、慰问品和防疫用品。实地考察花椒地后，要求工作队帮助村民做好花椒后期管护技术培训工作，把花椒产业做强做大。

邓保平主持召开乡村两级干部和驻村干部参加的“十个清零”工作推进会，传达习近平总书记视察山西重要讲话重要指示和全国两会精神，听取“十个清零”行动开展和近期脱贫攻坚工作情况汇报。要求驻村干部要发挥“管道”作用，聚焦十类问题，深入开展“十个清零”专项行动，狠抓落实，坚决把问题解决在决战过程中，确保各类问题清仓见底。

6月2日 四川航空股份有限公司一行10人到访山西航产集团，就进一步深化合作进行座谈。山西航产集团党委委员、副总经理高天光主持会议，集团公司总经理办公室、资本运营部、市场营销部和太原机场公司相关负责人参加会议。

座谈会上，双方分别对各自公司航班运营情况及未来航线规划、发展方向进行介绍，同时对双方今后合作意向及需求交换意见。双方表示，在今后的发展中要深化务实交流，寻求更多合作契机，进一步加大四川航空在山西地区的市场份额，实现互惠互利，共同推动山西航空市场健康快速发展。

6月9日 省委常委、常务副省长胡玉亭在太原机场改扩建工程建设指挥部主持召开会议，专题审议预可研报告及供地、市政规划、管线迁改等配套方案，分析解决土地预审、征地拆迁、市政配套等问题，对下一步工作做出安排。省政协副主席、太原市市长李晓波出席会议。胡玉亭指出，按照省委、省政府决策部署，要力争机场改扩建年内开工。机场总规即将获批，预可研报告将于近期上报，前期工作正在加快推进，进展良好。下一步，各部门单位要牢牢抓住政策窗口期，认真履行职责、科学优化方案，切实做好拆迁安置、土地预审、市政配套、净空拆降等工作。要同步推进可研编制、军地协调，做好配套项目施工前各项准备。他强调，各成员单位要加强协同、密切合作，倒排工期、压实责任，以扎实的工作确保实现年内开工的目标。

6月19日 山西航产集团与山西空管分局签订战略合作框架协议。集团公司党委书记、董事长、总经理，党委委员、副总经理张希亮，党委委员、副总经理高天光，集团公司相关部室及太原机场、通航集团负责人出席签约仪式，山西空管分局局长徐坚伟、副局长马向清、副局长树军及相关部室负责人参加。

此次战略合作协议，是在民航局关于支持中小机场空管发展指导意见的主体框架下，在现有合作基础上，开展更为系统化、制度化、规范化的合作。双方将在技术支持、培训资源、设备维护、安全信息、空管统筹规划、空域优化、规章制度建设、安全管理体系建设等领域开展新型合作，进一步推进建立多领域、可持续的战略合作关系。此次协议的签署将为山西航产集团提升空管运行品质、保持良好发展态势打下坚实基础，也将进一步丰富空管、机场联动内涵，推动山西地区民航事业高质量发展。

6月29日 山西航产集团举办“迎七一·我为转型综改做贡献”演讲比赛，来自山西航产集团各二级党委（党总支）的14位选手，颂时代、话改革，为中国共产党的99岁生日献礼。比赛评委由山西航产集团宣传统战部、总经理办公室、工会、资本运营部、组织人事部、团委等部门负责人及党委办公室相关工作人员担任。

14名参加比赛的选手准备充分，他们或成熟稳重，或激情昂扬，或妙语连珠，或娓娓而谈，用充沛真挚的感情从不同角度立体地反映各党委在改革发展中的艰苦奋斗，在全省转型综改浪潮中涌现出的先进事迹，充分展现广大干部职工的昂扬斗志和精神风貌。

7月2日 副省长卢东亮到山西航产集团调研，航产集团党委书记、董事长、总经理，党委委员、副总经理高天光陪同调研。在太原机场现场指挥中心，卢东亮详细询问太原机场在疫情期间航班运行情况，对现场指挥中心的工作职能进行了解。表示，疫情对机场带来影响，但同时机场也对疫情防控起到积极作用，大家要鼓足勇气、克服困难，为打赢疫情防控阻击战守好空中门户。座谈会上，负责人从基本情况、主要工作两方面详细汇报山西航产集团安全、经营、通航、基建及全省机场一体化等工作情况，并就亟待省政府协调解决事项进行请示。

卢东亮在听取汇报后指出，未来五年，是山西转型发展的关键时期，航空产业是全省高质量转型发展中的重要平台，航产集团要做到观念转型，在危中寻机，以持之以恒的精神，依托全省机场一体化契机，发展壮大航空产业。要坚定战略目标，谋划好未来五年甚至十五年期间的发展方向，充分发挥航空业对我省转型发展的带动力。同时，与各驻场单位加强合作、抱团取暖，共同渡过疫情带来的困难阶段，共同做优做强山西航空产业，服务山西转型发展。

7月16日 省委书记楼阳生深入山西航产集团现场办公并主持召开座谈会，研究太原武宿国际机场三期改扩建工程航站区规划及航站楼入围设计方案。他强调，要深入学习贯彻习近平总书记视察山西重要讲话重要指示，着眼构建内陆地区对外开放新高地，以前瞻视野、历史眼光审视和规划设计太原机场改扩建工程，打造高水平高标准国际机场，为在转型发展上率先蹚出一条新路提供有力支撑。省领导廉毅敏、胡玉亭、王一新、卢东亮、李晓波参加。

太原武宿国际机场三期改扩建，是全省加快构建现代综合交通运输体系、全面提升太原国家区域中心城市地位的重点工程。楼阳生高度重视，先后三次到山西航产集团就工程推进专题调研、现场办公。在山西航产集团会议厅，楼阳生听取太原机场三期改扩建工程航站区规划及航站楼方案征集工作情况汇报，仔细审看航站区规划及航站楼入围设计方案的模型沙盘，了解机场空间布局、规划设计、交通配套等情况，并通过视频短片，研究比较各个设计方案的特点及专家评审会专家组的意见。

座谈会上，楼阳生同与会人员共同研究讨论设计方案，就进一步完善方案、推进改扩建工程提出要求。他说，太原机场改扩建工程的规划设计，要树立整体系统思维，把航站楼建设与太原都市区、综改示范区、空港经济区建设有机结合起来，打造充满活力的城市功能区。他强调,要把航站楼功能优和旅客体验感好作为设计的核心理念,统领整个设计工作。要高度重视现代综合交通属性,做到交通组织分层立体、有机接驳、无缝衔接、顺畅高效。建筑形态要重视中国传统建筑元素的运用,外力求经典、内力求现代,经得起时间检验。要充分体现绿色低碳要求,最大限度优化项目投资的性价比,将项目打造成能源革命综合改革的示范工程。

太原武宿国际机场是国内民航干线机场和首都国际机场备降机场,也是山西最大的航空口岸。2019年,太原机场旅客吞吐量达到1400万人次,跨入全国繁忙机场行列。三期改扩建工程将按照满足2035年旅客吞吐量4000万人次、货邮吞吐量20万吨、年起降28.43万架次的目标进行设计,建设内容主要包括新增1条平行跑道、新建40万平方米第三航站楼及相应配套设施。

7月24日 中国共产党山西航空产业集团有限公司第一次代表大会胜利召开,选举产生中国共产党山西航空产业集团有限公司新一届委员会委员、纪律检查委员会委员。省国资委党委马进到会指导。党委书记、董事长、总经理代表中国共产党山西航空产业集团有限公司委员会作题为“坚定信心 守正创新 砥砺前行 不辱使命 为实现改革发展做优做强目标而努力奋斗”报告。

8月5日 民航华北局副局长任超忠,工会副主席、工会办公室主任卢士斌一行深入太原机场基层“送清凉”,并与山西航产集团相关领导进行座谈。山西监管局局长朱春雷及相关领导陪同参加。

8月6日 全省干部人事档案专项审核“回头看”工作督导组对山西航产集团干部人事档案管理进行督导检查。党委专职副书记、副董事长、工会主席邓保平,组织人事部相关人员陪同检查。

8月7日 山西航产集团工会举办的“同舟共济·强体抗疫”第一届“安康杯”职工乒乓球比赛在太原正式开赛。各二级工会组织的10支代表队共60名运动员参加本次比赛。党委书记、董事长、总经理,党委专职副书记、副董事长、工会主席邓保平参加比赛开幕式并观赛指导。

8月10日至14日 山西航产集团开展三体系认证培训,中国质量认证中心专家石涛和苏慎之授课。山西航产集团太原地区、支线机场中层领导及内审员约120人参加此次培训。

8月12日 山西航产集团团委联合民航山西监管局团委、民航山西空管分局团委、东航山西分公司团委开展“空地携手青年行 提质增效保安全”山西民航青年“多员交流”活动。

8月17日至19日 山西航产集团党委书记、董事长出席第四届“数谷吕梁·智赢未来”大数据产业发展大会并与华为技术有限公司负责人开展座谈。会上,吕梁机场有限责任公司与华为技术有限公司签订合作协议,就面向机场信息化建设方向的ICT基础设施建设、人才合作培养、联合创新等方面进行探索合作。

8月20日 山西航产集团举办《中华人民共和国民法典》专题讲座。原山西大学法学院院长、二级教授、博士生导师、山西新学府律师事务所律师王继军授课。山西航产集团党委委员、副总经理高天光主持并讲话,山西航产集团党委中心组成员,山西航产集团本部、各成员企业领导干部及相关法律事务工作人员聆听讲座。

8月21日 山西航产集团召开干部大会。省委组织部部务委员、副部长齐海斌出席会议并宣布省委、省政府决定:陈阳任山西航空产业集团有限公司副董事长、提名为总经理人选,陈阳作表态发言。省委组织部干部四处处长孙小虎,山西航产集团领导、中层正职管理人员参加会议。会后,山西航产集团召开董事会,决定聘任陈阳为山西航空产业集团有限公司总经理。

8月25日 同程艺龙一行8人到访山西航产集团,就进一步深化合作进行座谈。山西航产集团党委委员、副总经理高天光主持会议并讲话,山西航产集团战略规划部、市场营销部、太原机场公司、改扩建工程现场指挥部、中天科技公司相关负责人参加会议。

8月26日 山西航产集团团委组织各级团干开展“学思践悟强团基 对标笃行促团建”主题团日活动。党委书记、董事长,集团党委专职副书记、副董事长、工会主席邓保平出席活动,组织人事部(团委)负责人及各级团干50余人参加活动。

8月26日至27日 山西航产集团开展巡察工作业务培训。党委书记、董事长,党委副书记、副董事长、总经理陈阳,党委专职副书记、副董事长、工会主席邓保平,纪委书记吴建庭出席开班仪式并全程参加培训。巡察工作领导小组成员、巡察库成员、专职党务工作者以及本次巡察抽调的工作人员参加培训。培训班上,省委巡视机构李志宏、臧运峰、杨仁鹏进行专业讲授。

8月27日 山西航产集团召开太原至上海航线“公交化”打造快线功能研讨及启动会。山西航产集团党委委员、副总经理高天光主持会议并讲话。省交通运输厅、中国东方航空山西分公司、吉祥航空公司相关负责人和山西航产集团市场营销部、太原机场公司有关负责人参加会议。

9月11日 省审计厅在山西航产集团组织召开经济责任审计进点会。会议由省审计厅企业审计处处长、审计组组长刘明秀主持,审计组主审党保国宣读审计通知书和审计工作纪律。党委书记、董事长从党政建设、安全保障、航线拓展、改革转型、经营效益等方面对其在2015—2019年任职期间的经济责任履行情况进行述职。省审计厅党组成员、总审计师王银燕参加会议,并对这次审计工作提出要求。山西航产集团领导班子成员、相关部室负责人、全资及控股子公司单位负责人和财务负责人、离退休及在职职工代表参加此次会议。

9月28日 第二届民航通航发展大会在山西太原开幕。此次大会由中国民航报社与山西航产集团联合主办,山西通用航空集团有限公司承办,中共山西省委前进期刊总社协办,省委常委、常务副省长胡玉亭,中国民用航空局副局长胡振江出席会议并致辞。集团党委书记、董事长出席会议并主持主旨演讲,党委副书记、副董事长、总经理陈阳围绕山西通航发展进行主旨演讲。

同日 “第三届中国通用航空创新创业大赛发布仪式”在太原隆重举行。此次大赛由中国航空工业集团有限公司、省人民政府主办,省发展和改革委员会、山西航产集团、中航信托股份有限公司联合承办,省委常委、常务副省长胡玉亭,中国航空工业集团有限公司副总经理陈元先联合宣布大赛正式落户山西。

9月29日 2020尧城(太原)国际通用航空飞行大会在尧城机场开幕。中国跳伞队和着雄壮国歌声,携带国旗从800米高空跃身而下,拉开2020尧城(太原)国际通用航空飞行大会大幕。集团党委书记、董事长,党委副书记、副董事长、总经理陈阳在展区巡展,并向巡场省领导进行讲解。

在山西航空产业重大项目成果展示馆中,设立山西航空产业集团有限公司、山西通用航空集团有限公司两个展台。山西航空产业集团有限公司展台对集团改制以来的概况及省内机场分布情况进行全面展示,着重突出太原机场在抗击新冠肺炎疫情防控工作中取得的优异成绩,吸引广大民众驻足观看,展示山西航产集团良好企业形象;山西通用航空集团有限公司展台简要介绍通航集团概况,并就通航集团“五化”发展战略进行介绍,展示通航集团致力打造集通航运营业务平台、通航产业发展平台、基础设施服务平台于一体的国内一流通用航空系统解决方案提供商的强大信心。

会上,山西航产集团与CCAR-141部航校、大型无人机运营、研发制造项目、中国通用航材基地、航空工业太航产业园区、恩斯特龙直升机生产线等项目签订合作协议。近年来,山西航产集团坚定不移地贯彻省委、省政府战略意图,以敢于担当、勇于创新精神,着力打造通用航空发展的山西样板。山西航产集团在引入重大产业项目上用非常之力,下恒久之功,汇聚高质量发展的磅礴力量,开启山西航空人梦想的新起点。

本次飞行大会围绕实现“南有珠海、北有尧城”航展格局目标,旨在把尧城(太原)国际通用航空飞行大会办成“国家级、国际性、专业化”通航飞行大会。大会共设置静态展示、飞行表演、航空论坛、通航赛事、公益互动和山西特色6大板块,共计13个主题活动。大会持续至10月2日。来自国内外的飞行表演团队持续为广大民众带来多机编队飞行表演、单机特技飞行表演、高空跳伞、动力伞编队飞行、动力悬挂滑翔机、应急救援演练等精彩绝伦的视觉盛宴。

10月14日至15日 山西航产集团党委书记、董事长,党委专职副书记、副董事长、工会主席邓保平,带领机关部门、各二级党委负责人及部分脱贫攻坚志愿者,到吉县3个帮扶村开展2020年全国扶贫日系列活动。吉县县委、县政府、县政协主要领导参加活动。

10月21日 2020年全省脱贫攻坚表彰大会在太原召开,山西航产集团扶贫干部姚晓奎获“山西省干部驻村帮扶工作模范第一书记”称号。

10月21日至22日 山西航产集团党委副书记、副董事长、总经理陈阳,党委委员、副总经理高天光先后到访吉祥航空总部、中国东方航空总部进行座谈。

10月23日 全国交通运输系统抗击新冠肺炎疫情表彰会在京隆重召开,山西航产集团后勤保障中心门诊部副主管郝巨伟获“全国交通运输系统抗击新冠肺炎疫情先进个人”称号。

同日 全省抗击新冠肺炎疫情表彰大会召开，太原机场候机楼管理部急救中心主任常宇获“山西省抗击新冠肺炎疫情三等功”。山西航产集团党委书记、董事长，太原机场公司党委书记、董事长王向东作为获全国“先进基层党组织”“全国先进集体”代表应邀参会。

10月25日 太原机场开通“并沪公交快线”，正式开启航班公交化运营。山西航产集团党委书记、董事长出席开通仪式并查看“并沪公交快线”专用值机柜台、安检通道、登机口，省交通运输厅党组成员、副厅长、省民航管理局局长段新源现场指导工作。

10月30日 由山西航产集团承办的民航华北地区2020年安检职业技能竞赛在山西太原圆满结束。来自山西航产集团各机场、中国邮政航空公司、鄂尔多斯机场、运城机场、临汾机场、唐山机场、满洲里机场和邯郸机场13支代表队的52名参赛选手全面展示精湛技艺和强劲实力。省总工会副主席张亚琳，中国民航工会常务副主席王铎，中国民航工会经费审查委员会主任齐金升，党委书记、董事长，党委专职副书记、副董事长、工会主席邓保平出席开幕式。民航华北局副局长、工会主席任超忠参加闭幕式。

同日 山西航产集团纪委以视频会议形式组织召开廉政警示教育大会，传达全省领导干部警示教育大会会议精神，集中观看警示教育片《镜鉴》。

11月12日 省纪委监委第十四政治监督专项检查组深入山西航产集团开展政治监督专项检查。集团党委书记、董事长主持会议并作工作汇报。党委班子成员、总部各部室负责人、成员企业党政负责人参加会议。

检查组组长李国敏对工作报告进行点评。他表示，山西航产集团按照省委、省政府、省国资委党委要求，改革布局不断深化，基础建设不断完善，常态化防控应对有力，安全管理规范有序，脱贫帮扶富有成效，党务业务不断融合，整体朝着稳中求进、进中求新、新中求质发展。他强调，政治监督检查是一项全方位、深层次、多角度的检查，接下来将重点对山西航产集团党委及所属各级党组织政治领导、政治决策、政治责任、政治纪律、政治生活开展监督检查，希望山西航产集团党委高度重视这次政治巡视任务，紧密配合、大力支持、认真对待。

11月13日 由山西航产集团工会组织牵头、太原机场王敬职工创新工作室制作的微视频《最美》获全省职工微视频大赛“晒岗位故事 秀技能绝活”主题一等奖。

11月21日 山西航产集团召开中共十九届五中全会精神宣讲会，集团党委书记、董事长以“深入学习中共十九届五中全会精神 推动山西航产集团高质量发展”为主题，向干部职工作宣讲，集团党委专职副书记、副董事长、工会主席邓保平主持会议。

山西航产集团党委委员、太原地区二级副职以上干部、太原机场支部书记在主会场参会，支线机场三级副职以上干部、支部书记、党员代表在分会场参会。

11月22日 山西航产集团党委获“全省‘学习强国’模范学习组织”称号。

12月23日 山西航产集团党委书记、董事长与到访的上海吉祥航空股份有限公司党委书记、副总裁于成吉等一行8人进行会谈。山西航产集团副总经理高天光、副总经理员佩刚出席会议，集团总经理办公室、战略规划部、市场营销部负责人参加会议。

12月24日至25日 第十九届机场高峰论坛在太原隆重召开，山西航产集团党委副书记、副董事长、总经理陈阳为大会致辞，发表“山西‘四型机场’建设及临空经济发展探索”主题演讲，全面深入地解析太原机场三期改扩建及临空经济建设的规划思路及发展设想，谋划全省“四型机场”建设，探索“港—产—城”一体化发展，受到与会嘉宾和代表的广泛关注和一致认可。

本次大会由比利时诺本集团主办，邀请民航业内航空公司、机场、设计院、学术机构、咨询机构、机场航空产业服务配套公司等企业共商中国机场发展的机遇与挑战，旨在为与会者提供项目对接、产业趋势研判、行业经验分享的合作交流平台。

12月25日 太原武宿国际机场飞行区西区滑行道改扩建工程正式开工。省长林武出席开工仪式并讲话，现场宣布工程开工。省委常委、常务副省长胡玉亭主持。山西航产集团党委班子成员、干部职工代表参加开工仪式。

太原武宿国际机场飞行区西区滑行道改扩建工程，是山西太原飞机维修拆解基地、太原武宿国际机场三期改扩建工程的重要配套项目，设计概算1.12亿元。

林武代表省委、省政府向工程开工表示祝贺，向长期以来关心支持山西航空事业发展的中国民航局、民航华北局、华北空管局等单位表示感谢，向参与工程筹备和施工的广大建设者致以亲切问候。他说，近年来，全省上下以习近平新时代中国特色社会主义思想为指导，深入贯彻落实习近平总书记视察山西重要讲话重要指示，按照省委“四为四高两同步”总体思路和要求，抢抓机遇、高点谋划，加快建设通用航空强省，不断增强太原机场硬件保障能力，全面提升开放能级。在全省人民即将满怀信心开启“十四五”新征程之际，太原武宿国际机场飞行区西区滑行道改扩建工程顺利开工，是山西省项目建设的又一件大事喜事，对于进一步提升太原机场保障能力、促进临空经济发展、做强做大航空产业、服务全省高质量转型发展和高水平对外开放，具有十分重要的意义。

林武要求，太原市、晋中市和省直相关部门单位要提高政治站位，强化责任担当，密切配合、通力合作，为工程建设做好一流服务、提供一流保障、营造一流环境。山西航产集团要发挥好综合协调作用，统筹抓好疫情防控和工程建设，确保项目顺利实施。各参建单位和监理单位要全面落实安全生产责任制和工程质量终身责任制，精心组织、精细施工，切实把这项工程建设成精品工程、平安工程和廉洁工程。

开工仪式前，林武听取太原武宿国际机场三期改扩建工程有关规划方案情况汇报，对相关工作提出明确要求。

中国民用航空华北地区管理局负责人出席开工仪式并讲话。机场建设指挥部负责人介绍工程基本情况。项目承建单位作表态发言。

同日 山西云时代技术有限公司党委书记、董事长盛佃清，党委副书记、副董事长、总经理阳军一行深入山西航产集团座谈并共同签署战略合作协议。山西航产集团党委书记、董事长，党委副书记、副董事长、总经理陈阳出席签约仪式。

同日 省交通运输厅党组成员、副厅长、省民航管理局局长段新源带队到山西航产集团督导全省机场一体化工作。本次督导是按照省政府办公厅《关于实施机场一体化管理的意见》开展的既定工作。集团党委书记、董事长出席座谈，战略规划部、组织人事部负责人参加座谈。

12月28日 晚23:00，山西航产集团机务工程技术分公司首次圆满完成昆明航空B737NG定检维修工作，成为华北地区首家具备定检维修能力的机场维修单位。

12月30日 山西航产集团工会在职工活动中心举办“同舟共济·强体抗‘疫’”第一届职工台球比赛。太原地区各二级工会共计78名选手参赛。

同日 山西航产集团召开资产管理运营分公司(以下简称“资产分公司”)成立大会。山西航产集团党委副书记、副董事长、总经理陈阳，党委专职副书记、副董事长、工会主席邓保平，党委委员、副总经理高天光出席会议并讲话。资产分公司全体人员参加会议。

陈阳在讲话中提出“摸家底、建规章、捋思路、定战略”12字要求，要求公司以“总部抓总”为思路，拿出精细化发展及管理措施。要以资产运营管理为抓手，统筹理顺各部门职责与权利的分界，并严谨做好资产管理的建章立制等系列工作。

会上，组织人事部宣读资产分公司机构设置及管理人员任命等有关文件。新任资产分公司总经理代表全体人员作表态发言。

12月31日 山西航产集团职工活动中心正式启用。这是山西航产集团党委践行“以人民为中心”发展思想的具体体现，要求工会充分利用中心这个阵地，开展更多更好的文化体育活动，不断提升广大职工的获得感、幸福感、安全感。

2020年 山西航产集团高度重视各项制度建设，制定《混改实施办法》《隔离人员防控实施管理办法》《党务公开实施办法》《公文处理办法》《档案管理办法》《干部廉政档案管理办法》等66项制度。

2020年 山西航产集团被山西省精神文明建设指导委员会授予“2018—2019年度山西省文明单位”称号。这是山西航产集团自2018年成功创建“省属企业文明单位”以来，在精神文明建设工作上取得的又一重大突破。

一直以来，山西航产集团党委以习近平新时代中国特色社会主义思想为指导，全面贯彻中共十九大和十九届二中、三中、四中、五中全会精神，全面落实省委“四为四高两同步”总体思路和要求，以“巩固、提高、延伸”为切入点，大力培育和践行社会主义核心价值观，扎实推进思想道德建设，深入开展群众性精神文明创建活动。开展“同心战疫·道德讲堂”“爱国卫生运动”“节约粮食 从我做起”“太原市文明创城”等系列活动；推选“山西好人”“第八届山西道德模范”“全国交通运输行业精神文明先进集体”等多项先进集体和个人，干部职工思想觉悟、道德水准、文明素养不断提高。

同时，广泛动员各成员企业参与到精神文明创建活动中，让文明创建成果在集团范围内遍地开花。截至12月31日，山西航产集团公司本部先后被评为“省属企业文明单位”和“山西省文明单位”；太原机场被评为“山西省文明单位”；大同机场被评为“大同市文明单位”；吕梁机场被评为“吕梁市文明单位标兵”；五台山机场被评为“忻州市文明单位标兵”；长治机场被评为“长治市文明单位”。

（资料提供：张 芮）

太原武宿国际机场三期改扩建工程现场指挥部大事记

1月14日 省委常委、副省长胡玉亭赴京拜访中国民航局，与党组成员、副局长董志毅座谈。胡玉亭介绍山西省社会经济发展状况、民航运输以及太原机场总体规划修编情况，邀请局领导来晋检查指导工作，商请民航局在规划批复、可研编制等方面给予支持和指导。

3月23日至25日 受国家民航局机场司委托，中设设计集团北京民航设计研究院有限公司组织，首次通过视频会议方式，对《太原武宿国际机场总体规划（2019年版报审稿）》进行评审。共计开通147个终端、300余人线上参会。省委常委、副省长、总指挥长胡玉亭全程参加25日正式评审会，并做重要讲话。省政府及相关部门、中国民航局及相关部门、口岸联检单位、山西省航产集团及太原机场驻场单位，总规修编单位共计48家单位的300余名领导和代表参加本次视频评审会。评审组由机场飞行区、航站区、货运区、空域规划、飞行程序以及综合交通等领域的24位专家组成。按照专家组和民航局机场司意见，改扩建工程现场指挥部立即对接设计单位、相关职能部门，全力做好总规修订工作。

4月24日 太原武宿国际机场三期改扩建工程现场指挥部（以下简称“指挥部”）办公室向省委财经委第七次会议汇报机场改扩建工作情况。省委书记楼阳生指示：一是年内开工的目标不变。二是拆迁安置由两市负责的原则不变。三是具体问题按照“谁家孩子谁家抱”原则落实，各负其责、各司其职，各单位一把手要亲自抓。四是需要审批的事项，统筹考虑，对内由胡玉亭副省长负责，对外需协调的，如军方、国家发改委、自然资源部、民航局等，由主要领导出面，但各职能部门要实实在在地推进前期工作，做好基础工作。五是T3设计方案要突出中国传统建筑的经典，吸收山西建筑元素，要经典经久，要突出晋风晋韵，不搞现代风格的，不要昙花一现。六是指挥部是省委、省政府成立的，全权负责工程所有事项，要积极发挥工作的统筹协调作用。

省委常委、副省长胡玉亭指示：一是咬定目标，争取年内全面开工。二是项目前期的整个审批过程，指挥部要发挥牵头作用，省内职能部门要发挥各自的职责作用，加强工作对接，把握批复节点。三是指挥部办公室要进一步强化牵头、统筹作用，继续强化规范化运作、廉洁透明、资料档案管理等方面的工作。

4月30日 为稳妥推进太原机场三期改扩建工程，根据《太原武宿国际机场总体规划（2019年版报审稿）》评审专家组及民航局机场司意见，太原机场三期改扩建工程顺利完成总规修编阶段的跑道构型专题论证工作。为做好此次专题论证工作，指挥部经过认真比选，委托中设设计集团北京民航设计院组织，邀请多位民航资深专家、主管部门负责人参与论证，并在会前与机场司、参编单位等进行多次交流和沟通，为论证会的顺利召开做好充分准备。由于疫情防控需要，为减少人员聚集，提高工作效率，会议采用远程网络视频形式进行，共开通60个网络终端、85人参加本次会议。

5月19日 省政府第69次常务会议召开，省委副书记、省长林武要求：加快编制太原机场改扩建工程预可研报告。指挥部办公室在每期简报中对预可研报告编制、审核进展情况进行上报。

6月11日 省委常委、常务副省长胡玉亭赴京与中国民航局副局长董志毅座谈，就加快推进太原机场三期改扩建项目等事宜进行深入交流。

7月8日 受中国民航局委托，民航机场规划设计研究总院有限公司通过视频，召开太原机场三期改扩建工程预可行性研究报告行业评估正式会议。省委常委、常务副省长、太原机场三期改扩建工程建设指挥部总指挥胡玉亭出席并致辞。山西航产集团公司党委书记、董事长、总经理，党委专职副书记、副董事长、工会主席邓保平，党委副书记、副总经理陈阳参加会议。省政府、中国民航局、民航华北地区管理局，省发改委、省财政厅等政府相关部门，太原市、晋中市、综改区以及各能源供应单位、各驻场单位等近50家单位的200余名代表，通过98个终端参加会议。在评估正式会议之前，6日到7日组织召开评估会预备会。

7月16日 省委书记楼阳生在山西航产集团现场办公，主持召开座谈会，研究太原机场三期改扩建工程航站区规划及航站楼入围设计方案。

8月14日 太原机场三期改扩建工程空域规划军民航协调会在太原顺利召开，此为疫情发生以来，中部战区同意并参加的首个军民航协调会。会议由中部战区空军参谋部航管处主持，海军参谋部、中部战区、省军区、驻晋部队、民航华北局、华北空管局及地方相关单位等59名代表参加会议。受省委常委、常务副省长、总指挥胡玉亭委托，副省长卢东亮出席并致辞。

8月24日 中国民航局正式批复《太原武宿国际机场总体规划(2020年版报批稿)》。本次总体规划按照满足近期飞机起降22.56万架次、旅客吞吐量3000万人次、货邮吞吐量15万吨，客运终端年飞机起降28.38万架次、旅客吞吐量4000万人次、货邮吞吐量20万吨，货运终端年飞机起降28.43万架次、货邮吞吐量30万吨的使用需求进行规划。近期及客、货运终端年规划总用地面积均为12.79平方公里。批复文件对太原武宿国际机场飞行区、航站区、机坪、货运区、机务维修区、工作区、空域、空管设施、供油设施、消防及救援设施、公用设施、综合交通、安全保卫、环境保护、四型机场、军民航协调、从严落实总规、机场集疏运功能、机场规划与城市发展规划相协调19个方面，提出具体要求。

12月25日 太原武宿国际机场飞行区西区滑行道改扩建工程正式开工。省长林武出席开工仪式并讲话，现场宣布工程开工，省委常委、常务副省长胡玉亭主持。山西航产集团党委班子成员、干部职工代表参加开工仪式。太原武宿国际机场飞行区西区滑行道改扩建工程，是山西太原飞机维修拆解基地、太原武宿国际机场三期改扩建工程的重要配套项目，设计概算1.12亿元。

(资料提供：胡建云)

太原国际机场有限责任公司 大 事 记

1月24日 太原国际机场有限责任公司(以下简称“太原机场公司”)坚持党对疫情防控工作的领导，第一时间启动应急响应，成立工作领导组。

2020年 全年召开34次专题会议，完善《突发公共卫生事件应急预案》等15项防控制度，印发7版《疫情防控保障方案》，提出“硬核14条”工作要求。疫情防控期间，积极吸纳5名表现突出、符合党员条件人员优先入党，全年共发展党员24个，消灭全部“空白班组”13个。

2020年 原机场公司开展规章制度体系建设工作，编制整理《太原国际机场有限责任公司2020年制度汇编》，收录原有、修订和新增各类制度共150余项。

2020年 太原机场公司围绕学习贯彻中共十九大和十九届四中、五中全会精神、习近平总书记重要讲话重要指示批示精神，全年开展党委中心组集中学习37次，交流研讨7场。组织各级基层党开展习近平总书记视察山西重要讲话重要指示精神和中共十九届五中全会精神学习宣讲127场。修订《党委会会议议事规则》，进一步厘清董事会、经理层和党组织的权责边界。完成所属各党支部机构及支部委员会改选调整工作，增设党群专职部门和工作人员。

2020年 太原机场公司孵化培育机场公司层级的职工创新工作室5个，其中张海峰劳模创新工作室、王敬职工创新工作室获得省直工委命名。

2020年 太原机场公司各单位积极开展五小创新，完成道面破损电锤钻头FOD防护罩、多功能便捷施工围挡、挖掘机多功能刷坡、整平装置、低压控制回路试验台、智能太阳能遥控驱鸟剂喷洒设备、旅客证件消毒盒、飞机仿真鼻轮模拟器、远程控制蝙蝠粉施洒装置等20个项目。2019年完成的航站楼卫生间引导系统项目获得2020年省总直属基层“五小六化”竞赛三等奖，质量控制平台项目、智能太阳能声光驱鸟器项目、单台车载台对讲机直通模式录音设备项目、工具扫码借还系统项目获得2020年省总直属基层“五小六化”竞赛优秀奖。

7月2日 山西省副省长卢东亮深入航产集团调研。调研期间，实地了解太原机场在疫情期间航班运行情况。

9月8日 中共中央授予太原机场公司党委“全国抗击新冠肺炎疫情先进集体”和“全国先进基层党组织”称号。

10月28日至30日 民航华北地区2020年安检职业技能竞赛在山西太原举办，太原机场代表队一队杨洋获理论考试单项第一名；太原机场代表队二队李磊、樊凯、太原机场代表队一队祁岩分获图像识别单项第一、第二、第三名；太原机场代表队二队姚宇宸、太原机场代表队一队祁岩分获人身检查单项第二、第三名；太原机场代表队二队姚宇宸获开箱包检查单项第一名；太原机场代表队一队杨洋、祁岩分获个人综合成绩第一、第二名，其中杨洋和祁岩同时被中国民航工会、民航局人事科教司授予“全国民航技术能手”称号。太原机场代表队一队、太原机场代表队二队两个代表队分别获得团体第一、第二名。

10月至12月 太原机场公司配合山西航产集团第一巡查组，完场太原机场公司党委全面从严治党工作专项巡察工作。

12月2日 C919大型客机总设计师、中国工程院院士吴光辉带队深入太原机场现场指挥中心、货库区进行实地调研。

（资料提供：胡 锐）

大同机场有限责任公司大事记

1月21日 中共大同机场有限责任公司委员会第三届第一次党员大会顺利召开，大同机场有限责任公司（以下简称“大同机场公司”）党委所属的5个党支部75名党员参加会议，民主党派干部和员工、扶贫驻村第一书记列席会议。全体党员以差额选举方式和无记名投票选举产生新一届党委委员（牛向荣、石虎、屈文忠、吴显伟、马雁良）和纪委委员（石虎、章海峰、孙浩）。

同日 大同机场公司新一届党委、纪委第一次全体会议产生通过党委书记（牛向荣）、纪委书记

(石虎)。

1月22日 大同机场公司成立新型冠状病毒肺炎疫情防控工作领导小组,研究部署新型冠状病毒肺炎疫情防控工作。

1月23日 大同机场公司设立3个旅客进出港、贵宾事业部测温点,实现候机楼各出入口"双防",全面启动打响疫情阻击战。并通过高防护、远机位保障武汉封城前最后一个武汉至大同航班。

2月3日 山西航产集团党委副书记、副总经理陈阳带队到达本场检查指导新冠肺炎疫情防控工作并看望慰问奋战在一线的工作人员。

2月8日 省委常委、大同市委书记张吉福按照"四不两直"方式到大同机场检查督导疫情防控工作,看望慰问坚守奋战在疫情防控和航班运行保障的一线员工,送来一批紧缺防控物资。

3月6日 大同机场公司制定《新冠肺炎疫情外籍旅客防控工作流程》,开始查控境外归国(来华)旅客。

3月20日 大同机场公司召开2020年工作会议暨三届一次职工代表大会。公司领导、各部门负责人及职工代表参加会议。

3月31日 下午,大同市口岸办主持召开大同航空口岸验收工作推进会议。会议在大同机场公司举行,大同海关、大同机场公司领导及相关部室负责人参加会议。

4月2日 大同机场公司2020年党建、纪检工作会议召开。回顾总结2019年党建、纪检工作,对2020年党建、纪检工作进行部署。

4月20日 民航华北地区管理局下发《关于山西大同云冈机场总体规划的批复》(民航华北局函〔2020〕130号),同意《山西大同云冈机场总体规划修编(2019年版)》。

4月29日 大同机场公司第五团支部被团省委授予"五四红旗团支部"称号。

4月30日 大同机场公司志愿服务队被省国资委团委授予"优秀青年志愿者组织"称号。

同日 大同机场公司团委被全国民航团委授予"五四红旗团委"称号。

5月1日 大同机场公司职工图书室正式开放。

5月2日 由山东航空执飞的重庆—大同—大连航线停航。

5月3日 大同—贵阳航线正式开通。该航班由多彩贵州航空执飞,每周二、四、六各一班,机型为190,航班号为GY7233和GY7234;于2020年10月25日停航。

5月3日 大同—重庆航线正式开通。该航班由多彩贵州航空执飞,每周二、四、六各一班,机型为190,航班号为GY7235和GY7236;于2020年10月25日停航。

5月5日 成都—大同—哈尔滨航线正式开通。由瑞丽航空执飞,每周一、三、五、日各一班,机型为73B,航班号为DR5009和DR5010。

5月15日 大同—南京航线正式开通。该航班由吉祥航空执飞,每天一班,机型为B737-800,航班号为HO1783和HO1784;于2020年10月25日停航。

5月15日 昆明—大同—长春航线正式开通。该航班由昆明航空执飞,每周一、三、五、日各一班,机型为B737-800,航班号为KY8247和KY8248。

5月18日 山西航产集团公司党委副书记、副总经理陈阳赴大同机场公司,就党建、生产经营、疫情防控、"两会"保障、三期改扩建和航空口岸正式开放等方面的工作开展督导调研。

5月25日 随着长沙航班平稳落地,大同机场公司"助力复学"行动的首批学生团队保障工作正式启动,全力以"复"助力学子安全返校。

5月29日 山西航产集团纪委副书记吕治水深入大同机场公司开展督导调研工作并召开座谈会。

6月11日 大同机场公司与山西东方物华农业科技公司携手开展复学助学捐助活动在广灵县壶泉镇政府会议厅举行,县民政局、镇政府、村委三级相关部门领导及工作人员,以及贫困村民、大同机场公司帮扶责任人出席活动。共捐助12名大学生、6名高中生、3名初中生,共8.1万元的助学金。

6月30日 大同机场公司党委组织60余位党员前往大同市红色记忆馆开展"追寻红色记忆、传承红色基因"联合党支部主题党日活动。

7月2日 大同机场公司引进中国国际航空股份有限公司ARJ21-700机型来本场飞行训练,为国航培养ARJ机型骨干飞行员和乘务员。当天共进行40个起降架次的训练。

7月5日 大同—重庆—茅台航线正式开通。该航班由多彩贵州航空执飞,每周一、三、五、日各一班,机型为190,航班号为GY7213和GY7214;2020年10月25日停航。

7月11日 桂林—大同—大连航线正式开通。

该航班由桂林航空执飞，每周二、四、六各一班，机型为A320，航班号为GT1023和GT1024；于2020年10月25日停航。

7月13日 山西航产集团党委委员、副总经理高天光前往大同机场公司开展调研。集团机关相关部室负责人陪同调研。

7月17日 大同机场公司与大同市消防救援支队签署战略合作框架协议。大同机场有限责任公司总经理高中元、副总经理吴显伟及机场消防、应急部门负责人，大同市消防救援支队支队长王鹏及相关负责人出席签约仪式。会上，双方签署《大同机场有限责任公司 大同市消防救援支队战略合作框架协议》，并就充分发挥各自资源优势、技术优势和管理优势，建立建全信息共享、消防安全管理、联勤联训、应急联动长效机制，提升机场消防应急救援和突发事件处置能力等问题进行深度交流。

7月25日 上海—大同—航线正式开通。由中国东方航空执飞，每天一班，机型为A319，航班号为MU5201和MU5202。

8月3日 山西航产集团公司党委副书记、副总经理陈阳在大同机场公司深入车保综保党支部联系点开展走访调研，掌握指导党支部党的建设工作。

8月19日 民航华北地区管理局党委书记刘锋率华北局运输处及民航山西监管局运输处负责人对大同机场公司航空运输工作进行调研。民航山西监管局党委副书记、纪委书记姜丽，山西航产集团党委副书记、副总经理陈阳陪同调研。

9月15日 山西航产集团党委第一巡察组在大同机场公司党委召开巡察工作动员大会，并正式进驻开展为期2个月的巡察工作。

9月25日 由天津航空执飞的天津—大同—乌鲁木齐航班停航。

10月1日 大同机场公司机坪扩建项目正式开工。该项目充分利用飞行区内现有场地，在现有机坪的西北侧布置2个自滑进顶推出C类机位，C类机位尺寸按36米×47米控制，将现有机位滑行道延长，并实施相关助航灯光、站坪照明、机务用电工程及安防工程等配套设施。

10月25日 厦门—济南—大同航线正式开通。该航班由山东航空执飞，每周一班，机型为B737-800，航班号为SC8875和SC8876。

同日 南京—大同—银川航线正式开通，由江苏东方航空执飞，每天一班，机型为A320，航班号为MU2933和MU2934。

10月27日 天津—大同至海口航线正式开通。该航班由奥凯航空执飞，每周二、四、六各一班，机型为B737-800，航班号为BK3033和BK3034。

11月5日 大同机场有限责任公司获大同市2020年度“119消防奖先进集体”称号。

11月9日 大同机场公司首次参加由大同市委宣传部、市政府新闻办在御东综合行政办公楼会议中心举行“大同机场全面开启2020年冬春航班换季工作”新闻发布会。

11月14日 山西省纪委第十四专项检查组到大同机场公司进行政治监督专项检查。

11月30日 山西航产集团扶贫工作队开展对大同机场公司定点帮扶脱贫攻坚工作的调研和指导。

12月2日 山西航产集团公司外部董事张丛林一行来到大同机场公司调研，通过现场走访和座谈交流，就大同机场公司日常工作、经营管理、生产运行等情况进行调研。

12月9日 大同机场公司安检护卫部被全国民航团委授予“青年文明号”称号。

12月17日至18日 中国民航局机场司、民航华北地区管理局分别对大同机场公司相关工作进行调研指导，山西监管局相关负责人陪同调研。

12月25日 在大同市委、市政府召开的“大同市劳动模范表彰大会”上，大同机场公司安检护卫部“阎梁班组”被授予2020年“模范集体”称号。

12月29日 大同机场公司地勤部客运室被山西团省委授予“青年文明号”称号。

（资料提供：韩向荣）

吕梁机场有限责任公司大事记

1月15日 吕梁市安全生产委员会对吕梁机场有限责任公司(以下简称“吕梁机场公司”)开展2019年安全生产和消防工作目标责任考核,同时对2020年“两节”“两会”期间安全生产工作进行督查。通过此次考核,吕梁机场公司与吕梁市应急管理局和吕梁消防支队加强联系,为以后机场安全运行打下良好交流基础。

1月15日 吕梁机场公司携手吕梁市外事办在吕梁机场开展“安全文明出境游”现场宣传活动。此次活动以“文明出行新常态 畅游境外中国年”为主题,旨在让广大市民了解领事保护常识、提高海外风险意识、增强海外安全防范能力、有效规避安全风险;活动倡导市民文明出游,引导市民在海外入乡随俗、举止得体,自觉展示良好形象。

1月16日 吕梁机场公司受吕梁市旅游协会邀请,参加吕梁市旅游、康养协会行业工作会暨年会,吕梁机场将继续打造精品航线,提升服务品质,来推动旅游市场、服务吕梁市民。

1月19日 吕梁市红十字会向吕梁机场公司捐赠一台AED自动体外除颤仪,“救命神器”AED设备入驻吕梁机场公司,为机场对突发疾病旅客的救治提供强有力的设备保障。

同日 离石区政协主席刘晓勤带队一行来到吕梁机场公司送来节日祝福,并送来两万元慰问金,进一步对机场旅客、货邮吞吐量、开通航班、航点和航线进行了解。他表示,吕梁机场公司作为吕梁市的窗口,为离石交通提供便利,是带动离石区经济发展的重要途径。同时在候机楼现场查看各岗位操作流程以及各商铺的经营情况,嘱咐一定要以真情服务理念,确保广大旅客能够平平安安回家。

1月20日 吕梁市副市长带队,市春运领导组办公室一行12人对吕梁机场公司春运工作落实情况进行督导检查,对一线运行保障人员进行春节慰问,代表吕梁市政府给机场全体员工送上新春祝福。

1月21日 吕梁机场(孝义)城市候机厅正式启用。吕梁市委常委、孝义市委书记梁志勇、副市长王勇、吕梁机场有限责任公司总经理温治纲参加揭牌暨启动仪式。孝义城市候机厅的启用,开启吕梁无缝连接地市区服务的先河,孝义以及周边地区的旅客都可以通过此项服务,享受到更加周到、便捷的航空出行服务。

1月23日 吕梁机场公司地勤服务部先后收到华夏航发来的“服务进步奖”荣誉证书和中联航发来的“最佳地面代理安全单位”奖杯及感谢信。

1月31日 为坚决打赢疫情防控阻击战,更好地发挥基层党组织战斗堡垒及党员先锋模范作用,按照《中国共产党支部工作条例(试行)》的规定,吕梁机场公司联合离石区西属巴街道办成立临时党支部,党支部由吕梁机场一线医疗队员、公安民警、机关志愿者及西属巴街道办卫生服务中心支援吕梁机场医护人员组成。

2月8日 山西卫视新闻联播、吕梁电视台报道吕梁机场公司疫情防控工作,对吕梁机场公司采取严格的防疫措施,严把空中门户防疫关,坚决打赢疫情防控阻击战进行跟踪报道。

2月10日 山西省政协副主席、吕梁市委书记李正印深入吕梁机场公司就疫情防控工作进行督导检查。他强调,要持续贯彻习近平总书记关于疫情防控工作的重要指示精神和中央、省委有关会议精神,紧盯“双返”高峰,守好“双防”底线,坚决打好疫情防控主动仗。同时要切实提高政治站位,扎实做好打大仗、打硬仗、打持久战的充分准备。市领导李小明、李安林、任磊一同督导调研。李正印指出,交通关口作为疫情防输入、防输出的第一道防线,要发扬冲锋在前、吃苦耐劳的奉献精神,要把责任落实到每位员工身上,严密排查监控,既严防输入又严防输出,认真做好旅客体温监测和公共区域清洁消毒工作，坚决守好吕梁的“空中门户”。他要求工作人员在加强自身防护基础上认真履职尽责，要详细了解每一位进出港旅客相关信息，对体温异常的乘客要立即采取措施，做好应急处置，坚决筑牢抵御疫情的第一道防线。

2月12日 吕梁市疫情防控工作领导小组下发表彰决定，对全市3826个疫情防控检查站的工作予以充分肯定，同时对疫情防控阻击战中涌现出的忠诚可靠、秉公执法、英勇善战、纪律严明、无私奉献的16个先进集体进行通报表扬。吕梁机场公司作为受表彰单位，收到吕梁市总工会下拨的5万元疫情防控专项慰问金。

自新型冠状病毒感染的肺炎疫情发生以来，吕梁机场公司作为吕梁市政府疫情防控工作领导小组成员和一级疫情防控检查站，把疫情防控作为头等工作来抓。严格落实山西航产集团和吕梁市疫情防控工作部署，迅速成立疫情防控工作领导小组，制定疫情防控工作方案；设置体温监测点，引导旅客自觉接受体温监测；设置发热旅客专用通道和临时隔离点；全方位、多频次、“零死角”消毒查杀；调整缩减航班；设立“党员先锋岗”，成立“青年突击队”引导广大党员职工在疫情防控阻击战中打头阵、当尖兵；同时，与吕梁市和方山县建立沟通机制，理顺发热旅客的转运程序，形成联防联控防疫机制等。通过采取严格的疫情防控措施，全力防控疫情输入、输出和扩散，筑起疫情防控“铜墙铁壁”，把严空中门户防疫关。此次表扬和慰问是市委、市政府对吕梁机场疫情防控工作的充分肯定，传递对疫情防控一线职工的关心和爱心，更为战疫前线职工带来巨大的精神动力，吕梁机场公司上下将继续齐心协力、众志成城，为坚决打赢疫情防控阻击战贡献力量。

2月13日 吕梁机场公司受吕梁交通广播邀请，参加FM90.5“直播大交通”众志成城阻击疫情访谈节目。吕梁机场代表就疫情防控期间航班具体运行情况和具体防控措施作说明，机场疫情防控有力有序开展，每日对航站楼进行2次消毒，进行半小时新风系统的通风，三道体温监测程序，设置发热旅客专用通道和临时隔离点、隔离车，有发热病人直接转运市医院。

访谈中，吕梁机场公司代表向广大市民介绍疫情期间机票退改签方法和时效，特别是对新出台的学生机票退改签方法作详细说明。告知出行市民封路管控下如何通过疫情防控点顺利乘机。

3月27日 吕梁机场公司以“主会场+分会场”视频连线的方式召开2020年工作会议暨党建、纪检、职工代表大会，班组长以上干部、职工代表参加会议。总经理、党委副书记温治纲作题为“勠力同心保安全 稳中精进求创新 奋力谱写吕梁民航发展新篇章”2020年工作报告。会议全面总结2019年各项工作，深入分析当前面临的形势和存在的困难，并对2020年工作进行部署。

同日 为畅通全市“空中通道”，实现快捷安全转运，吕梁机场公司在加强疫情防控工作基础上，恢复吕梁—太原（尧城）通用航空，助力复工复产务工人员快速转机。

同日 10时45分，太原尧城飞往吕梁的航班安全降落，6位务工人员平安落地，随后机场工作人员对落地务工人员完成体温监测、旅居史问询、信息登记等一系列保障任务。此次执飞机型为大棕熊100，限乘7人，首班执飞太原至吕梁6人，吕梁至太原7人。

3月31日 吕梁机场公司恢复运营青岛—吕梁—兰州航线，4月16日起恢复昆明航点。为有序推动复工复学，继续服务地方经济社会发展提供“加速度”。

3月 吕梁机场公司公安分局被评为“2019年度吕梁市反恐怖防范工作先进单位”，派出所民警王江被评为“反恐怖工作先进工作者”。

4月4日 上午10时，按照国务院发布的公告通知、山西航产集团文件要求，吕梁机场公司举行降半旗默哀活动，向抗击新冠肺炎疫情斗争牺牲烈士和逝世同胞表达默哀。

4月27日 共青团吕梁机场有限责任公司委员会第一次团员大会召开，39名团员选举产生共青团吕梁机场有限责任公司第一届委员会和书记。

5月1日至5日 “五一”期间，吕梁机场公司顺利开通“吕梁—南京”“杭州—吕梁—呼和浩特”航线，为市民出行提供更多选择和更便利的出行体验，同时促进吕梁与通达城市之间的经贸发展，为吕梁经济复苏增加活力。“五一”期间，吕梁机场公司共保障航班50架次，旅客吞吐量2844人次，货邮吞吐6.7吨；5月5日达到小长假高峰，旅客吞吐量为1267人次。由于疫情还未结束，全力做好特殊时期的各项航班服务保障工作尤为重要，吕梁机场公司提前部署，从航线航班、人员思想、设施设备等方面着手，积极行动，圆满完成保障任务。

5月15日 吕梁机场公司汾阳城市航站楼正式启用，这是吕梁机场暨孝义城市航站楼后第二个运营的城市航站楼。航空市场部参加此次开业仪式。

5月18日 山西航产集团副总经理张希亮到吕梁机场公司开展督导调研工作，召开座谈交流会。吕梁机场公司三级副职以上干部参加会议。张希亮在讲话中，提出3点要求：一是加强“两会”安保和反恐怖工作，严格按照工作标准和要求，排查各类安全隐患，从人员、物资、应急处置等各方面落实和强化安保措施、疫情防控及反恐怖工作，从严从细抓好各项安全防范措施落实，全力以赴保障好“两会”期间各项工作；二是加强市场开发，进一步加强与航空公司、吕梁市政府的沟通，多渠道挖掘客货源市场，在做好疫情防控的同时，借助吕梁市政府力量做好市场推广，强化复工复产工作；三是继续重视人员思想教育，及时关注关心一线职工思想动态，坚决落实好省委和山西航产集团“三零”工作任务部署，确保人员思想稳定。

5月19日 吕梁机场气象台与吕梁市气象局开展业务交流，吕梁机场气象台首先就引接市气象局MICAPS4.0运行情况及出现问题进行介绍，市气象局预报员对MICAPS4.0系统的诸多难点重点进行着重讲解及培训。双方进一步分析近期的天气形势，尤其针对接下来频发的强对流天气展开深入探讨。

5月24日至26日 吕梁机场公司开展跑道病害区维修工作。此次工程经吕梁机场公司长期多次评估、考察、缜密部署，主要采取对跑道道面铣刨重铺的方式，经过一天两夜紧张工作，跑道病害区整体铣刨重铺工程全部顺利完成。为安全快速高质量完成此次工程，实施部门综合保障部多次部署，场务队及灯光站所有人员取消休息，负责做好监管及特殊情况处置工作。此次道面铣刨重铺工程，设计、监理、施工单位共出动人员25人，车辆15台，跑道病害区改造面积约2000平方米，改造深度为19厘米（沥青面层全厚度置换）。

5月28日 装有1.6万千克临县大红枣的卡车进入吕梁机场物流区，吕梁机场物流人员开始一天紧张忙碌工作：卸车、包装、检查、称重、填制各类单据、过X光机、上托盘。经过半天有序工作，第一批发往西安、重庆、杭州等地的6000千克红枣进入待装区。下午17点，装有3吨红枣的东航2260航班顺利起飞，晚上，远在西安的红枣加工厂在西安机场提货，将红枣加工成为保健品、饮料、零食等产品。

在吕梁市脱贫攻坚大背景下，吕梁机场公司作为市航空物流的唯一通道，坚持服务于吕梁人民、服务于吕梁市政府，坚持自身特点与精准扶贫政策相结合，积极开拓吕梁农副产品“飞”出去。在深入上游种植户、种植企业的走访中发现，缺乏下游加工、销售渠道是制约吕梁农产品转化为收益的最大困难，吕梁机场多方寻找，积极联系各地机场物流公司，寻求下游承接商，最终在西安、杭州对接到两家专业做红枣饮料生产的企业，为吕梁临县兔坂镇农户结对下游销售方，并在运输环节帮助解决包装易破损的问题，让红枣顺利上飞机，奔向西安、杭州。

5月31日 在吕梁市创建全国双拥模范城的关键阶段，吕梁机场公司积极推进落实各项双拥工作，得到市委、市政府的充分肯定。吕梁电视台“第一民生”栏目对吕梁机场公司双拥创建工作进行专题采访报道。吕梁机场公司作为吕梁市双拥创建模范城的一员，始终坚持“拥军优属，拥政爱民”的宗旨。通过成立吕梁机场公司双拥工作领导小组，制定双拥工作制度，积极落实双拥工作各项职责，在候机楼值机柜台、登机口以及安全检查通道设立“军人优先”指示牌；在贵宾室休息区域设“军人休息区”；在“八一”、元旦和春节等重要节日对吕梁机场公司内部复转军人职工进行走访慰问；在春运、“五一”、国庆以及一些重大安保期间，机场公安分局协调吕梁市武警支队联勤巡逻等措施，扎实做好本单位双拥工作。

6月2日 2020年6月是全国第19个“安全生产月”。为贯彻落实习近平总书记“从根本上消除事故隐患，有效遏制重特大事故发生”的重要指示精神，牢固树立“生命至上、安全第一”的观念，扎实推进民航安全治理体系和治理能力现代化，促进民航高质量发展，吕梁机场公司召开“安全生产月”启动大会。为期一个月的“安全生产月”活动正式启动，吕梁机场公司以习近平新时代中国特色社会主义思想为指导，以“三个敬畏”为内核，结合安全生产和专项整治三年行动排查整治工作及安全宣传“五进”工作，精心组织、周密安排各项活动，努力营造关心安全生产、参与安全发展的浓厚氛围，确保“安全生产月”活动取得预期效果，以宣传教育活动促进行业持续安全。

6月12日 针对航空市场正值淡季这一情况，吕梁机场公司联合华夏航空在吕梁机场候机楼开展航班宣传活动。此次宣传活动主推华夏航空通程航班，特别是“经呼飞”、内蒙自由换乘的优惠政策，以扫码或邀请好友扫码进吕梁直客群发布群公告的方式，将航班优惠信息传达给广大旅客。为广泛宣传本次优惠活动，华夏航空特意准备飞机模型、卡通熊、行李牌等小礼物吸引旅客扫码关注，仅一天时间就拥有2个500人的微信群。

6月23日 吕梁机场航空市场部协同航行保障部、安全检查站在大武镇中心幼儿园开展吕梁机场安全应急宣传教育“七进”活动，旨在更广范围地播撒安全的种子，让越来越多的小朋友了解航空知识。

6月28日 为做好2020年度军民航防相撞工作，营造安全顺畅的空域环境，减少军民航飞行冲突，确保空管运行安全，吕梁机场公司前往汾阳陆航部队开展“军民航防相撞”交流活动。吕梁机场公司首先对军方多年来给予机场安全运行的支持和配合表示衷心感谢，并对吕梁机场公司航班发展现状、中长期发展规划，现阶段空域内飞行流量明显增长情况及飞行特点、难点等进行介绍。民航飞行流量在不断增加，部队飞行任务的复杂性和技术性也在逐年提高，军民航对空域需求矛盾凸显。加强军民航沟通协调，防止军民航飞机相遇相撞、合理利用空域必将会是今后的工作重点。双方一致同意要持续做好防相撞工作，在平时的工作中加强沟通联系，及时有效地处理现行问题，在今后的飞行中提高运行品质，实现和谐、安全、高效运行，续写双方和谐融洽的军民航关系。

同日 为深入贯彻落实安全生产月“消除事故隐患、筑牢安全防线”活动要求，结合“五进”安全生产宣传教育，吕梁机场公司邀请吕梁市无线电管理局召开电磁环境座谈会，并对吕梁机场开展电磁环境专项检查，查找无线电干扰隐患。确保民航专用频率使用安全。向广大职工和附近村民普及无线电使用和管理的基本常识，取得良好效果。

7月1日 吕梁机场公司与中国铁塔吕梁分公司、华为吕梁基地召开5G建设合作交流会。吕梁机场公司主要领导、中国铁塔吕梁分公司主要领导、华为全球交通业务部首席架构师、民航行业代表及华为吕梁基地负责人等出席会议。铁塔公司结合吕梁市政府下发《关于加快推进5G网络基础建设实施》通知要求，针对吕梁机场公司提出“宏站+室分”相结合的综合方案来解决机场及沿线道路5G信号整体覆盖，依托铁塔点多面广的站址资源，采取机场5G网络深入合作模式，最大限度实现共建共享，低成本、高效率地提供优质服务。华为公司与会代表就智慧机场建设方面的工作成果做细致讲解和全面展示，结合铁塔公司优势资源，针对中小机场运行现状及需求，提出智慧机场架构的建设性意见和合理化建议。三方就当前智慧机场建设的新技术架构、新运维模式等问题进行探讨与交流。随着5G技术日新月异发展，智慧机场的基础设施应支持新的技术架构，吕梁机场公司将选用更灵活开放的运维架构来适应未来智慧机场业务发展的需要，充分利用互联网、物联网、大数据、人工智能等技术推动机场服务、运行、安全和管理等方面的协同发展。

7月7日 山西航产集团党委专职副书记、副董事长、工会主席邓保平在吕梁机场公司开展习近平总书记视察山西重要讲话重要指示主题宣讲。机场公司领导、三级干部、党员和职工代表参加。在宣讲中，邓保平深入解读习近平总书记视察山西的重大意义、重要指示，山西省委十一届十次全会精神及中共十九届四中全会、全国“两会”精神，并分析山西航产集团党委对学习贯彻落实习近平总书记视察山西重要讲话做出的一系列部署。

7月17日 8时55分，一架承载着155名旅客的成都航空空客A320客机EU1949航班在淅淅沥沥的小雨中平稳降落在吕梁机场跑道上，标志着吕梁机场公司“贵阳—吕梁—青岛”航线正式开通。该航线原计划于夏秋换季时开通，但因受新冠肺炎疫情影响，一直延后至今。由计划每周一、三、五、日4班班期改为7月至8月每周五1班的班期执行，9月起恢复每周执行4班班期。

7月28日 山西航产集团工会经审会主任、组织宣传部部长张建红在吕梁机场开展“党的创新理论”宣讲活动。吕梁机场公司领导、三级干部、党员和职工代表参加。宣讲会上，张建红紧扣坚持和完善中国特色社会主义制度、推进国家治理体系和治理能力现代化、习近平总书记视察山西重要讲话重要指示以及新时代下走好工会工作的发展道路等方面进行深刻阐述和全面解读。

8月10日至12日 吕梁机场公司发生连续强降雨，为保证机场防汛工作万无一失，民航山西监管局副局长顾强一行3人对吕梁机场公司防洪防汛、跑道病害防治、鸟击防范、空管运行等方面工作进行实地督导检查。

检查组对防汛预案修订、防汛演练实施、防汛物资储备等情况进行检查,重点对雨后土面区、护坡、跑道道面、排水渠运行情况实地检查。副局长顾强指出,吕梁机场公司防汛工作准备充分,响应及时,措施有力,防洪防汛系统改造工程对雨水分流起到明显作用,降雨未造成损失,整体安全可控。但当前防汛任务十分艰巨,仍要深化各项治理防护措施,鉴于吕梁机场地质的特殊性和复杂性,应充分做好土面区的平整工作,密切关注跑道道面平行裂缝,将沉降观测工作做实做细,针对跑道和道面的运行情况积极申请资金,推动跑道雾封层项目的落地。当前受疫情防控影响,吕梁机场公司生产经营压力较大,副局长顾强对机场开源节流的意识和行为表示肯定;对吕梁机场上半年度鸟防工作进行表扬鼓励,要求继续严格落实各项鸟防措施,不可掉以轻心。

8月12日 21点45分,随着四川航空3U8103航班落地吕梁机场,吕梁迎来首批成都来吕梁旅游的团队。该团队的落地,意味着吕梁从之前的本地发往外地团,逐渐增加外地团来吕梁旅游的新模式。这种新模式是机场航空市场部与成都旅行社、吕梁文旅局、吕梁地接社和旅游景点共同努力的结果。

8月15日 为进一步维护军民航之间关系和谐稳定,吕梁机场公司前往陆航汾阳机场进行军民航防相撞工作交流。部队领导给予高度重视,给予热情的接洽。吕梁机场公司航行保障部、管制室相关人员参加此次交流活动。通过此次交流活动开展,推动吕梁机场公司与陆航汾阳机场的交流与合作,加深军地双方对军民航防相撞工作认识,更深层次地提升安全运行工作理念。

8月17日至19日 第四届"数谷吕梁·智赢未来"大数据产业发展大会在吕梁市举行,众多院士专家教授、知名企业代表云集吕梁,为推进吕梁市大数据产业发展建言献策。

本届大会举办多场院士专家讲座、吕梁市大数据应用成果交流会和国内最新大数据技术及应用案例推介交流会,共涉及"大数据+政务、煤化工、城建、旅游、交通、物流、养老"等多个领域的12个项目签约。吕梁机场公司与华为技术有限公司签订合作协议,就面向机场信息化建设方向的ICT基础设施建设、人才合作培养、联合创新等方面进行探索合作。在华为公司优质、可靠、先进、便捷的技术和服务支持下,吕梁机场公司将不断开展基础业务、能力提升及系列创新合作,探索和推动吕梁机场公司数字化、智能化转型发展。

8月26日 "吕梁机场沥青道面预防性养护工程立项(代可行性研究)报告"评估会在吕梁召开,会议由北京中航建研航空设计咨询有限公司主持,邀请民航华北地区管理局、民航山西安全监督管理局、山西省发展和改革委员会、吕梁市人民政府、山西航产集团、民航机场规划设计研究总院有限公司相关单位领导参加。上午,民航华北地区管理局计划处副处长韦新蓉、机场处处长项志华、民航山西安全监督管理局局长朱春雷、山西省发展和改革委员会交通处二级调研员侯建勇等一行来到吕梁机场飞行区就跑道现状进行实地踏勘,吕梁机场公司领导陪同。踏勘结束后,召开可研评估正式会议。评估会上,吕梁机场公司总经理温治纲就项目背景从跑道现状、针对跑道病害区近年所做工作、下一步工作计划作详细汇报。民航机场规划设计研究总院有限公司作为此项目的可研编制单位,从项目实施的必要性、工程规模、施工方案、投资估算等方面进行详细汇报。专家组就"吕梁机场沥青道面预防性养护工程立项(代可行性研究)"报告出具专家意见,与会人员分别就此项目进行发言。民航华北地区管理局计划处副处长韦新蓉表示:吕梁机场公司是华北地区第一个高填方机场,一直受民航华北地区管理局、民航山西安全监督管理局等部门重点关注,吕梁机场公司开航至今能安全平稳运行离不开各方的支持与帮助;希望可研编制单位和吕梁机场结合专家组、与会人员意见编制更为全面细致的可研报告,民航华北地区管理局会给予最大限度支持,也希望地方政府给予吕梁机场公司支持;吕梁机场公司要继续做好跑道道面检测、沉降观测等相关工作,发现问题及时治理,确保机场安全运行。

9月2日 12时30分,随着东海航DZ6387航班平稳降落机场跑道,标志着"深圳—郑州—吕梁"航线正式开通。该航线由东海航空执飞,机型为波音738,航班号为DZ6387和DZ6388,每周一、三、五、日各一班。06:15由深圳起飞,08:45抵达郑州,11:10由郑州起飞,12:30抵达吕梁;返程时间为20:55由吕梁起飞,22:10抵达郑州,23:10由郑州起飞,01:45抵达深圳。飞机在吕梁机场停留8小时25分钟。

9月11日 由江西快线执飞的"吕梁—大同"航线正式通航,执飞机型为皮拉图斯的PC-12,属涡桨型飞机,最高飞翔高度可达8000米,舒适宽敞的客舱可容纳8名乘客。该飞机于16点30分由吕梁机场起飞，18点降落于大同机场；19点由大同机场起飞，20点20分到达吕梁机场。该条航线的开通，为吕梁、大同两地的公务出行及旅游资源融合发展搭建起便捷的空中通道。根据山西省委、省政府发展通航运输的总体规划，在通航集团支持下，吕梁机场公司主动作为，坚持运输航空与通用航空协调发展，利用吕梁良好的空域环境，积极引进江西快线通用航空在吕梁机场建立基地，为两翼齐飞迈出坚实步伐，进一步壮大吕梁机场通航发展业务。

9月29日 山西航产集团战略规划部副部长赵论带队到吕梁机场公司开展“十四五”发展规划工作调研，公司三级副职以上管理人员参会。会上，赵论指出，2020年是国家“十三五”规划的收官之年，此次调研的目的是深入了解各机场具体运行情况、对机场“一体化”的想法以及“四型机场”建设等。副总经理王斐代表吕梁机场公司党委就吕梁机场概况、“十三五”期间机场在安全、航线、人力、经营等方面采取的措施及取得的成绩、运行过程中存在的问题、对吕梁机场机场公司“一体化”的设想以及“十四五”期间重点发展任务作详细汇报。

10月1日 清晨，吕梁机场公司为庆祝祖国71周年华诞举行升旗仪式。

10月9日至12日 华北局空管处及山西监管局行政处分别对吕梁机场公司空管、网络信息安全开展现场安全检查和调研工作。华北局检查组对吕梁机场公司管制、通信导航、气象等专业的人员情况、培训情况进行摸底，对空管设施、设备的保障情况进行深入了解，还对空管管理制度、管制协议、特情处置预案、应急检查单、安全信息报送、飞行情报服务等进行现场检查，对塔台、飞行服务、航行情报等岗位工作日志进行查阅，比对山西航产集团航务部的相关运行手册内容，对管制员的执勤时间记录提出建议。山西监管局行政处检查了吕梁机场公司网络安全等级保护建设情况，网络信息安全教育、培训情况，网络信息安全法定自查情况。深入运行一线对机房、弱电设备小间进行实地检查，并对广告大屏的管控提出要求与建议。山西监管局行政处指出，吕梁机场公司虽然无网站及公共服务器，受攻击的风险较低，但要对网络安全高度重视，高标准、严要求落实各项防范措施，确保网络安全。

10月12日 吕梁机场公司组织全体干部职工，参与“用热血为生命保驾护航”为主题无偿献血活动。参加献血的人员表示，无偿献血不只是献出一份爱心，还是每个公民应尽的义务和责任，更是中华民族助人为乐、救死扶伤、无私奉献传统美德的具体表现。

10月13日 晚上，吕梁机场公司携手东海航空在吕梁机场进行网络直播宣传活动。此次活动主要是对“深圳—郑州—吕梁”航线进行宣传，并借此对吕梁地区当地特产、旅游景点进行线上推广。通过对吕梁郑州往返特价机票抢购活动、土特产直播带货、旅游景点推广、吕梁机场公司换季的航线以及东海航空公司的一些新开航线优惠机票的宣传，为郑州、深圳等旅客提供出行便利。通过此次新媒体网络直播，打开吕梁机场公司新的宣传方式，在今后的市场推广宣传中抓住机遇，赢得市场，通过注入更多的“新元素”来提高大家对吕梁地区和机场方面的知晓率，为家乡的建设发展奉献出一份绵薄之力。

10月23日 太原海关副关长林跃飞、省口岸办副主任郭瑞一行就吕梁机场公司开放航空口岸事宜进行现场调研，吕梁市副市长刘晋萍及市政府相关部门负责人陪同调研并召开座谈会。吕梁机场公司就现阶段航空口岸规划情况进行汇报，市政府相关部门就口岸总体推进情况进行介绍。太原海关、省口岸办对吕梁机场公司航空口岸前期规划工作进行细致的指导和要求，机场口岸开放所需条件、开放的标准、海关、边检设置等内容进行讨论。刘晋萍强调航空口岸开放工作作为2020年的重中之重，是全市外向型经济发展重要节点，不仅可以拉动吕梁市经济发展，同时，也是打开吕梁通向世界的一个窗口。她要求吕梁机场、市相关部门要不惜余力、全力以赴地准备口岸规划前期材料，将推动航空口岸各项工作，尽快纳入“十四五”规划中，争取成为全省对外开放西部地区的桥头堡。

10月27日 8时50分，长龙航执飞的GJ8083航班平稳降落于吕梁大武机场，标志着吕梁机场公司引进长龙航空“杭州—吕梁—呼和”航线的运输新启航。“杭州—吕梁—呼和”航线是2020年冬春换季后的一条更改航司航线。换季前华夏航空公司执飞更改为长龙航空执飞，机型为空客320，航班号为GJ8083和GJ8084，时间不变，仍为每周二、四、六各一班，06:40由杭州起飞，09:05抵达吕梁，09:50吕梁起飞，11:05抵达呼和；11:55呼和起飞，13:10抵达吕梁，13:55吕梁起飞，15:55抵达杭州。

10月29日 吕梁机场公司与市气象局开展“精细服务,深化合作”的业务交流座谈会,双方就进一步在气象业务拓展、气象课题研究等方面的合作达成共识。双方就灾害性天气预警监测、机场防雷、气象信息共享、如何研判各类复杂天气、提高预报准确率、联合申报课题、组织技术人员交流等长期合作内容进行深入交流探讨,并达成一致意见。

10月30日 为期两天的民航华北地区2020年安检职业技能比赛圆满落幕。本次比赛共有来自内蒙古、河北、山西3个省及自治区13支代表队52名选手参加。吕梁机场公司安全检查站参赛选手张秋菊取得理论项目第三名、个人全能第十一名(支线机场第一),范晓燕取得X光机操作项目第十名(支线机场第一)的较好成绩。

11月6日 下午17点33分,一架载着连同机组共10人的小型飞机降落在吕梁机场跑道上,标志着“吕梁—临汾”短途运输航线正式开通。此航线是临汾机场首条省内短途运输航线,由新疆通航执飞,机型为(美国)大棕熊100,飞行高度3600米,载客数7人,飞行时长约1.5小时,每日正常计划1个往返,航班号为XX1643和XX1644。每日16点由临汾起飞,17点30分抵达吕梁;18点由吕梁起飞,19点30分抵达临汾。单程机票价格49元起。

11月26日 吕梁机场公司与中国农业银行吕梁分行举行贵宾业务合作签约仪式,双方相关人员参加。新冠肺炎疫情发生以来,吕梁机场公司经营收入受航班量影响锐减,资金链异常紧张,面对严峻的运营形势,机场公司积极挖掘区域内潜在冠名客户,充分利用机场贵宾资源,增加公司收入,截至11月26日,已完成所有闲置贵宾厅的冠名工作。仪式上,吕梁机场公司与中国农业银行吕梁分行签订合作协议。吕梁机场公司将为农行商务旅客提供专业的贵宾出行服务,为商务会员提供协办乘机手续、贵宾厅休息、专属安检通道、专属摆渡车及全程引导等贵宾服务以及礼仪培训等延伸服务。

12月4日 吕梁机场有限责任公司第二届工会换届选举大会召开。党委班子成员、会员代表共27人参加。按会议议程听取上一届工会“高举习近平新时代中国特色社会主义思想伟大旗帜,团结动员广大职工为开启新时代机场发展新征程不懈奋斗”报告,选举产生第二届工会委员会、经费审查委员会、女职工委员会。在随后进行的新一届工会委员会、经费审查委员会、女职工委员会第一次会议上,选举出工会委员会领导班子。

12月14日 吕梁机场公司正式接通空管系统协同放行系统(以下简称“CDM系统”),作为省内中小机场首家试点单位,吕梁机场公司大胆探索、先行先试,开启中小机场CDM系统放行数据同步的试运行工作,旨在提高航班正常率、提升民航服务质量。此次上线CDM系统后,可以针对影响航班延误的各类因素进行预判和信息交互,通过跟踪航班运行流程关键节点、实施起飞预排序等手段,创造透明、高效运行环境,从而减少关舱门后旅客长时间等待现象,提升机场运行效率。

12月16日 吕梁机场公司举行2020年新党员集体宣誓仪式暨党员教育主题党日活动。党委委员以及来自6个支部的40多名新老党员参加本次活动。新发展党员纷纷表示,通过参加此次组织活动,更加深刻感悟到“中国共产党”这几个字的庄严和神圣,会永远牢记宣誓的神圣时刻,牢记党员身份,在今后的学习和工作中,要自觉加强党性锻炼,不断提升综合素质,切实发挥先锋模范作用,以实际行动向党组织交一份满意的答卷。

(资料提供:杨 岚)

山西通用航空集团有限公司
大 事 记

2月 山西通用航空集团有限公司(以下简称“通行集团公司”)被山西省省属企业精神文明建设指导委员会授予“2019—2020年度山西省省属企业文明单位”称号。

是月 通行集团公司在省总直属基层2019年度立功竞赛中被山西省总工会直属基层工会工作委员会授予“标兵单位”。

3月19日 山西通用无人机有限公司成立。

3月25日 山西通用机场管理有限公司成立。

6月5日 航空航天首席学科带头人、航空航天学院名誉院长、中国工程院院士吴光辉率队赴太原尧城机场考察,与山西航空产业集团有限公司总经理陈阳及山西通用航空集团有限公司董事长、副总经理赵亮等领导进行座谈交流。

7月 通行集团公司被中共山西省军民融合发展委员会办公室认定为“山西省军民融合企业”。

8月18日 省委常委、常务副省长胡玉亭赴太原尧城机场调研2020尧城(太原)国际通用航空飞行大会筹备工作,并召开现场办公会议。

9月29日 由山西航空产业集团主办、山西通用航空集团有限公司承办的第二届民航通航发展大会在太原并州饭店召开。

10月16日 山西省政协经济委主任孙跃进深入尧城机场调研,山西航空产业集团总经理陈阳主持会议,山西通用航空集团有限公司副总经理赵亮就尧城机场通航产业发展情况作工作汇报,参会人员围绕如何推进通航强省战略展开深入座谈交流。

11月 通行集团公司被省人力资源和社会保障厅、省总工会授予“山西省五一劳动奖状”。

11月30日 通航集团在尧城机场航站楼举行2020年度“安康杯”技能比武竞赛暨“青年岗位能手”竞赛活动,来自通航集团生产经营部、机场管理部、运控中心,以及三晋通航公司、通航无人机公司的队伍参加竞赛活动。

2020年 新开三条航线、两个低空旅游景点。由江西快线通勤航空有限公司执飞吕梁—大同省内运输航线;由山西成功通用航空股份有限公司执飞长治—大同省内运输航线;由新疆通用航空有限责任公司执飞吕梁—临汾省内运输航线。由三晋通用航空集团有限公司执飞绵山风景区和晋阳湖低空旅游景点。

(资料提供:黄旭栋)

各市交通运输局

太原市交通运输局
大 事 记

1月16日 太原市副市长张齐山带领交通、规资、城管等部门负责人前往太原市汽车客运西站，对2020年春运交通安全和服务保障工作进行检查指导。太原市交通运输局局长张晓军、副局长张则福和局机关相关人员陪同参加督导检查。

张齐山一行首先来到车站售票大厅，查看实名售票制度落实情况，询问客流变化和高峰应对处置准备情况，并向客运站负责人详细询问该站车辆总数、驾驶人情况以及对车主及驾驶人安全教育情况。随后来到安检通道和候车大厅，认真检查安检仪运行使用、消防设施设备配置、客运车辆技术状况、春运运力储备、“三不进站、六不出站”制度落实等情况。

张齐山在讲话中，要求各汽车站必须严格执行市委、市政府相关要求，强化对车主及司机交通安全教育，使各项安全措施落到实处，保证把旅客平平安安送到家；各相关部门和单位要把春运安全放在首要位置，严格落实部门监管责任，强化企业主体责任，确保各项措施落实到位，严查非法运营、无证经营、超范围经营、站外上下客、驾驶员不按规定驾驶及“宰客”“甩客”“倒客”等违法违规行为，确保春运工作安全稳定有序，确保群众走得了、走得好、走得安全、走得舒心，努力实现“平安春运、便捷春运、温馨春运”。

1月29日 太原市副市长张齐山深入太原火车南站、东环高速长风东收费站，现场检查部署新型冠状病毒感染的肺炎疫情防控工作，太原市政府副秘书长张耀、太原市交通运输局局长张晓军全程陪同。

张齐山重点对火车站出站口、出租车上客区、公交车换乘区及高速收费站联合检测点等人流密集场所疫情防控检测和应急处置程序进行检查，对一线工作人员表示亲切慰问，听取各部门现场负责同志和值守人员工作汇报，详细了解近期防控工作开展具体情况，亲自检查检测设备和防护措施。

张齐山在检查中强调，交通场所作为疫情防控重点，要紧盯关键部位、重点场所、重点人群，强化火车站、出租车乘客区、公交场站等交通场所及市际重要通道来往人员的体温监测，严格落实对重点地区输入性旅客和车辆的重点监测。参与防控各部门要密切配合，加强对人流量的监控，加大防控力量、防控设施的投入，强化联防联控、群防群治，提升应急的科学性、针对性、有效性，做到早发现、早报告、早隔离、早治疗，确保防控工作万无一失。

4月1日 太原公交智能调度系统正式启动试运营，结束传统纸质单据调度历史，开启智能化发展新局面。

太原市城市公共交通智能化应用示范工程项目是省、市政府确立的重点工程项目，是信息化大数据时代实现“智慧城市”的重要组成部分，是如期完成国家“公交都市”的重要指标性任务，也是保障全市所有公交车能够正常生产运营所必不可少的支撑平台。

项目在公交公司现有人、车、场、站、线基础上，通过新装公交车车载卫星定位终端和监控终端，实现公交运行车辆状态实时采集；建设城市公共交通数据资源中心，在太原市公交集团数据资源建设基础上，整合公交及其他相关业务数据，形成统一的“行业—企业”两个层级以及相关部门的数据资源共享，建设城市公交智能调度智能控制中心，通过统一的业务和信息平台，实现城市公交的协同调度和运行监管。

该项目建设重点是公交智能调度平台。平台根据车辆运营、车辆调配、车辆保养、计划调整等情况进行综合分析并自动生成车辆调度计划，并根据已经生成的计划，结合驾驶员实际出勤、交通路况和线路客流等因素，进行智能动态优化。数据中心建设是本次项目数据管理建设的核心内容，按照

“两地三中心”模式，完成集团公司机房和南固碾机房建设内容。

乘客出行信息导乘方面，项目以乘客需求为核心，建设手机App、电子站牌，与原有公交网站、服务热线等方式相结合，形成一个覆盖乘客出行前、出行中、出行后的全程信息服务平台。

建成的太原市城市公共交通智能化应用示范工程，是围绕全市公共交通企业、乘客、行业管理部门三方面需求，集企业运营智能调度、乘客出行信息服务和行业监管三大功能于一体的智能化管理平台，最终建成以卫星定位公里数为基础的成本核算体系；以客流统计为基础的线网优化体系；以视频监控为基础的安防监管体系；以云计算为基础的出行导乘体系，为全市城市发展带来明显社会效益和经济效益。

6月1日 王封一线天旅游公路正式投入运营，该公路是通往太原西山旅游景点一线天的重要通道，全长13.93公里，路基宽度7.5米，总投资9000多万元，2020年3月25日开工建设，6月1日正式投入运营。

在全省全面复工复产之际，太原市万柏林交通运输局加强组织领导，强化力量保障，保证日均数百人的施工队伍投入到工程建设中。按照三个一号旅游公路主体、慢行、景观、服务、信息五大系统的建设要求，采用彩色沥青进行路面铺筑，加宽会车点，增设各类休闲广场、停车区、观景台等，公路两旁多种花草、树木，将旅游公路打造成绿色、低碳、环保、景观之路。王封一线天旅游公路的建成通车，绘就万柏林区路畅景明的新画卷，成为全区的一道自然风景线、生态富民线，拓宽农民增收致富的主渠道，激发出乡村经济发展新动能。

6月4日 太原市交通运输局举办“疫线旗帜”道德讲堂暨典型事迹宣讲会，聆听道德故事，感悟道德人生，沐浴道德洗礼，品悟道德力量。广泛弘扬全市交通运输系统广大干部职工在疫情防控斗争中涌现的先进典型和感人事迹，凝聚全系统众志成城、全力以赴、统筹做好疫情防控和交通运输各项工作的强大正能量。按照全市疫情防控工作要求，采取线上宣讲形式，200余名干部职工在局机关主会场和5个分会场参加活动，系统行业和全市近7万人次通过5G网络直播收听收看。

活动分为“唱歌曲、学模范、诵诗歌、发倡议和谈感悟”五个环节。

在“唱歌曲”环节，全场起立共同高唱《公民道德歌》，从歌声中学会感恩，从歌声中得到感悟。

在“学模范”环节，率先发起、义务免费接送医务人员的出租车司机王和龙，坚守一线、勇于担当的公交车队队长项勇，不惧风险、为医务人员保驾护航的龙亮通，旅游汽车公司总经理刘志奇，勇敢逆行、往返疫区运送物资的省道路运输协会大件运输工委会会长耿玮，深度分享抗击疫情中发生的点滴故事，感染着每一位观众，视频直播间2600余条评论刷屏，传递着满满的正能量。

在“诵诗歌”环节，一首《携起手 战疫情 勇向前》原创诗歌，点燃“龙城交通人”忠诚、担当、奉献的激情。

在“提倡议”环节，局党组向全市交通运输系统行业广大党员、干部、职工发出“交通先行我带头，立足岗位当先锋”倡议。号召大家做决策部署的“践行者”，做常态防控的“推动者”，做复工复产的“助力者”，做服务百姓的“诚心者”，做新风正气的“坚定者”，团结一心、砥砺前行，在落实常态化疫情防控举措、全面推进复工复产、推动行业高质量发展中继续争当先锋、争作表率。

在“谈体会”环节，5人结合各自岗位，分享心灵感悟。纷纷表示要用一颗感恩的心去生活，用一颗阳光的心去工作，当先锋、做表率，用实际行动去回报他人和社会。

局党组书记、局长张晓军在点评中，向默默奉献、无私付出的“交通运输人”致以崇高敬意，指出：中华民族传统美德源远流长，道德是中华瑰宝、是文明之光，在这次疫情防控阻击战中，在伟大的中国共产党带领下，全国人民牺牲小我顾全大局，展现中国人民超强的、空前的凝聚力、向心力和战斗力。回到我们全市交通运输系统行业，在局党组的带领下，机关干部兢兢业业，公交出租逆行“空城”，一线同志全力以赴，大家直面群众、不负重托、坚韧不拔，努力让百姓在我们交通运输行业领域中更安全、更安心、更放心，践行“疫情防控、交通先行”的光荣使命，为全行业乃至全市疫情防控做出积极贡献，发挥重要作用。

6月25日 省委常委、太原市委书记罗清宇，省政协副主席、太原市委副书记、市长李晓波一行深入东西山旅游公路暨公路自行车赛道督导检查、现场办公，要求深入学习贯彻习近平总书记视察山西重要讲话重要指示，按照省委“四为四高两同步”

总体思路和要求，强化精品意识、打造高质量赛道，完善综合配套、创造高品质生活，为建设“体育山西、健康山西、幸福山西”作太原贡献。市领导刘鹓、杨继承、张齐山参加，局长张晓军、副局长张智弘陪同参加。

太原东西山旅游公路是全市“3+1”旅游公路重点项目，也是环太原国际公路自行车赛事的重要基础设施。起点位于晋源区牛家口村，终点位于小店区县道255与民航街交叉口处，路线全长229.4公里，项目总投资14.38亿元。该项目于2019年11月开工建设，2020年7月已全线贯通，将沿线15处历史人文景观、9处红色革命遗址、14处自然景观、4处国家级传统村落、6处市级农业旅游点和30处城郊森林公园连为一体，辐射周边100余处观光景点，积极构建起融合绿色生态、承载人文历史、传承三晋文化的景观长廊。

6月30日 在中国共产党成立99周年之际，太原市交通运输局隆重举行迎“七一”集体政治生日暨深入学习贯彻习近平总书记视察山西重要讲话重要指示学习交流会，凝聚思想共识、汇聚奋进力量，进一步激励全系统各级党组织和广大党员干部，坚定信念、牢记宗旨，聚焦主业、奋力拼搏，不断推动全市交通运输事业高质量发展。

会议在庄严的国歌声中拉开序幕，党徽与党旗交相辉映，触及着每一位与会人员那份初心使命。党组书记、局长张晓军向长期以来辛勤工作在交通运输各领域各个岗位的全体党员，向为全市交通运输事业做出积极贡献的离退休老党员致以节日问候。

张晓军指出，当前，全市交通运输系统认真贯彻落实党中央关于做好常态化疫情防控下经济社会发展的决策部署，深入贯彻落实习近平总书记视察山西重要讲话重要指示精神和全国“两会”精神，按照省委“四为四高两同步”工作思路和要求，在市委、市政府的坚强领导下，全力推动行业领域复工复产、达产达效，全面向年度目标任务高水平、高标准、高质量完成发起冲刺。在这样一个重要的时间节点上，更需要坚持用习近平新时代中国特色社会主义思想武装头脑、指导实践、推动工作，切实以党的建设引领和推动全市交通运输事业高质量发展。

张晓军强调，要坚定不移地以政治建设为统领，全面加强党的领导核心作用，要持之以恒以提升组织力为重点，推动党的建设引领高质量发展，要久久为功加强作风建设，推动全面从严治党向基层延伸。

活动以视频形式进行，系统各级领导干部、党员代表400余人参加活动。

7月11日 上午，太原市“体育山西、健康山西、幸福山西”全民健身骑游活动启动。省委书记、省人大常委会主任楼阳生出席启动仪式并鸣枪发令。省委副书记、省长林武，省委常委、秘书长廉毅敏，副省长张复明出席。省委常委、太原市委书记罗清宇致辞，省政协副主席、太原市委副书记、市长李晓波主持活动启动仪式。

8月4日 省交通运输厅党组书记、厅长闫晨曦深入太原西北二环项目骆驼山隧道工地一线开展“进工地、送清凉、解难题”活动，向奋战在一线广大职工送去防暑慰问品，并致以亲切问候，对项目施工进展、资金拨付等情况进行调研，现场解决实际困难和问题。省厅办公室主任王亚虎、省公路运输工会主席王大为等省厅领导随同慰问。市交通运输局局长张晓军、三级调研员董菁、总工程师李朝阳等长治局领导以及阳曲县副县长周飞等县、乡、镇领导参加慰问活动。

闫晨曦一行实地查看太原西北二环高速公路骆驼山隧道施工现场，详细了解控制性工程推进情况，并对隧道施工安全生产工作提出明确要求，强调要切实吸取“12·30”晋城析城山隧道塌方事故教训，严格按照安全生产规程科学组织施工作业，施工监理要切实发挥作用，保障工程施工安全；随后，闫晨曦参观项目生产调度指挥中心、VR安全体验馆等场所，并现场组织召开座谈会，听取关于推进征拆情况、项目整体推进情况汇报。

闫晨曦在讲话中，充分肯定太原西北二环项目施工进度，认为项目参建各方认真贯彻落实省委“四为四高两同步”总体思路和要求，全力推动项目建设，施工进展快、形象进度好、完成投资多，走在全省高速公路项目建设前列，希望加快征地拆迁工作，加强项目科技攻关，积极推进智慧交通建设。

张晓军代表太原西北二环高速公路建设项目作表态发言，表示要在省交通运输厅和市委、市政府坚强领导下，全力以赴推动项目建设，加快土地征拆工作，努力实现项目全线开工，全力确保工程质量和安全生产工作落实，切实以优异成绩向党和人民交出满意答卷。

8月26日至27日 交通运输部运输服务司副司长李华强一行深入太原督查。督查组采取实地调研、召开行业主管部门和企业、从业人员座谈汇报会等形式，对全市重点工程建设、行业运行发展等八个方面进行全面系统检查指导。省交通运输厅党组成员、副厅长王晋及厅机关有关处室主要负责人、市交通运输局局长张晓军、副局长张智弘等局领导全程陪同，阳曲县委书记裴耀军、县交通运输局局长牛增泉以及全市运输企业、交通运输建设企业负责人参加督查汇报。

督导组一行实地调研太原东西山旅游公路、阳曲县棘三线、太原东二环高速公路建设有关情况；听取市交通运输局、阳曲县交通运输局关于疫情防控、脱贫攻坚、交通强国建设、交通固定资产投资、服务国家重大战略、推动交通运输高质量发展、运输结构调整、安全生产和应急管理等有关工作汇报；详细了解各行业企业运营发展现状、存在问题和困难等有关情况。

督查组对全市交通运输重点工作开展情况给予充分肯定，李华强围绕推进交通强国建设战略背景和新的历史起点上抓好交通运输工作提出3点要求：一是在工作重心上，从“盯着硬”向“关注软”趋势去转变；二是从改革导向上，要从“盯着量”向“关注质”趋势转变；三是从目标定位上，要从“盯着上”向“关注下”趋势转变。

9月8日 太原市发改委主任刘锋一行深入太原西北二环高速公路项目调研，就省重点工程推进情况进行考察，市政府副秘书长张耀，阳曲县委书记裴耀军，市发改委主任何爱萍，市交通运输局局长张晓军、副局长张智弘等相关领导陪同调研。

刘锋一行深入太原西北二环高速公路项目ZH11标牛金山隧道进口施工现场，详细了解项目建设进度，询问项目推进过程中存在的困难和问题，并召开座谈会听取相关工作情况汇报。

刘锋在活动中，对太原西北二环建设工作取得的阶段性成果给予肯定。他指出，太原西北二环项目是省委书记楼阳生包联的重点工程项目，对太原市建设国家区域中心城市、国家综合交通枢纽具有重要意义，市、县两级项目建设单位要按照省委“四为四高两同步”总体思路与要求，全面梳理项目建设中存在的问题，统筹做好协调解决工作，确保项目按时高质高效推进。对需要省级层面协调解决的问题，省发改委作为省重点工程领导小组办公室，将进一步加大督促督办力度，全力做好支持保障工作，确保重点项目建设顺利推进。

9月13日 由省交通运输厅、省直属机关事务管理局、省公安厅、省总工会联合主办，太原市人民政府承办的山西省2020年绿色出行宣传月和公交出行宣传周启动仪式举行。启动仪式由太原市交通运输局局党组书记、局长张晓军主持，省交通运输厅一级巡视员雷天才出席并讲话。

启动仪式上，市交通运输局副局长高海林介绍太原绿色出行发展情况，志愿者代表宣读“绿色出行倡议书”，雷天才致辞并指出，太原市作为国家公交都市建设示范工程第一批创建城市，在城市轨道交通建设、公交优先发展、新能源公交车、出租车推广应用以及公交智能化发展等方面工作成效显著。本次活动有助于进一步展示太原市在落实公交优先发展战略、倡导绿色出行等方面取得的积极成果，也将为全省其他城市推进绿色出行提供示范借鉴。他强调，要进一步加大宣传力度，扩大覆盖面和影响力，广泛动员社会公众积极参与到绿色出行行动中，大力营造“文明交通、绿色出行”良好氛围。

与会领导参观太原市公交优先发展成果展示，并乘坐新能源公交车体验绿色出行，职工代表共计200余人参加公共自行车、共享单车骑行活动。此次活动以“践行绿色出行、建设美丽山西”为主题，倡议广大市民优先选择城市公共交通、自行车、步行等绿色出行方式，力争做到1公里以内步行，3公里以内骑自行车，5公里以内乘坐公共交通，坚持每周少开一天车，上下班主动放弃汽车，将出行和运动锻炼结合起来，将绿色、环保、健康的出行习惯融入日常生活，争做绿色出行践行者。

9月17日至20日 交通运输部公交都市建设示范工程验收专家组陈小钢一行9人赴太原，对全市公交都市创建工作检查验收。在3天时间中，专家组采取听取汇报、查阅资料、进行质询、实地查看等方式，对全市创建工作进行全面检查验收，给予充分肯定，给出支持性意见。省委常委、市委书记罗清宇亲自出席实地考察活动，省政协副主席、市长李晓波，省交通运输厅党组书记、厅长闫晨曦分别会见专家组一行。太原市副市长张齐山，省交通运输厅党组成员副厅长王晋、段新源出席会议并陪同实地检查，市交通运办理局局长张晓军代表市公交都市创建领导小组办公室汇报全市创建国家公交都市示范工程整体情况，市直相关部门负责人分别就创建工作进行补充汇报。省交通运输厅城市客运处等厅机关相关处室负责人参加验收活动。

经过前三天实地考察，在充分了解全市公共交通基础设施建设及运行情况基础上，20日上午，专家组召开验收意见反馈会，会上，组长陈小钢及各位专家就全市公交都市创建工作进行反馈并给予充分肯定。陈小钢指出：在公交都市创建工作中，市委、市政府高度重视，组织有力，始终坚持以人民为中心的发展理念，积极践行公交优先发展战略，不断完善公交都市建设顶层设计，健全各部门协调共建机制，大力加强公共交通建设投入，持续改善城市交通基础设施建设，逐步形成以公共交通为骨干、绿色出行为主导、多种交通方式融合发展的城市交通运行体系，有效提升公共交通服务能力和发展水平。在此基础上，专家组指出存在问题，并全市继续贯彻落实城市公共交通优先发展战略提出指导性意见。

王晋、张齐山在专家意见反馈会上进行表态发言。王晋表示，省交通运输厅将继续大力支持太原公交都市创建工作，与市政府一道，进一步巩固创建成果、提升服务水平，让山西的城市交通更顺畅、更安全、更便捷、更经济、更舒适，使人民群众有更多的获得感、幸福感；张齐山表示，太原市将对照交通运输部领导和专家组给出的宝贵意见，采取积极有效的举措，认真全面整改，在巩固现有成果的基础上，持续提升公共交通服务质量和水平，不断推动全市公交都市创建工作迈向新台阶。

9月28日至10月2日 根据省、市两级政府对2020年尧城国际通用航空飞行大会专题会议部署和具体要求，太原市交通运输局特成立2020尧城国际通用航空飞行大会公交保障工作领导组，组织太原公交对筹备工作进行周密部署和充分准备，确保车辆、人员、任务“三落实”，实现飞行大会期间公交接驳运行服务保障工作安全稳定、高效有序、服务优质的既定目标。在飞行大会期间，市交通运输局副局长高海林和太原公交公司总经理郝铭生率各分公司经理、运营干部亲临现场调度指挥，切实强化组织领导，经统计，其间累计派发公交接驳专线3295趟次，服务保障232945人次，车辆共计运行27383公里，圆满完成2020年尧城国际通用航空飞行大会公交接驳运行保障任务。

11月24日 全国劳动模范和先进工作者表彰大会在北京隆重举行，太原公交驾驶员温中慧获“全国劳动模范”称号。

温中慧，女，43岁，太原公共交通控股（集团）第一汽车分公司四车队18路和855路公交车五星级驾驶员。从事驾驶工作19年来，她坚持“真诚微笑服务每一人，安全进出每一站，和谐共享每一刻”的服务理念，用心开车，用情服务。她视乘客为亲人，以“四心”（服务乘客贴心、日常工作细心、路上行车专心、对待社会宽心）为宗旨，总是把最美的微笑送给乘客；她注重安全行车，总结安全行车工作法，19年未发生一起事故；温中慧一心一意为乘客着想，一举一动为乘客负责。每当看到乘客购物满载上车时，她不忘上前去帮一帮，提醒大家互相谦让；每当看到年纪大或行动不便的乘客时，她不忘主动上前去扶一扶，帮他们落实好座位后再继续行车；每当遇到路口行人过斑马线时，她总是礼让在先，然后继续行车，确保大家安全。她不仅自己出彩，还向同事传授服务技巧，起到示范引领作用，在平凡岗位上做出不平凡贡献。

在2020年新冠肺炎疫情阻击战防控关键时期，温中慧献出自己一份力，向党组织上缴特殊党费300元。作为疫情防控突击队一员，做到随叫随到，在服务好每一位乘客的同时，严格落实车厢疫情防控要求，将乘客的生命安全放在首位。

她先后被评为省特级劳模、全国“五一”巾帼标兵，入选山西省“三晋英才”支持计划拔尖骨干人才。2020年，被评为全国劳动模范。载誉归来，温中慧立即投入工作，时刻发挥引领作用。11月30日下午，在太原市交通运输局举办的“弘扬抗美援朝伟大精神·砥砺奋进交通强国征程”道德讲堂上，温中慧以“初心的力量”为题，传递总书记的殷殷嘱托，分享她服务乘客的暖心故事。

12月11日 在轨道交通2号线龙兴街站（龙城大街与长治路交叉口东北角）开展运营突发事件综合应急演练，由副市长张齐山任总指挥，市交通运输局、市应急管理局、市消防救援支队主要负责人及太原中铁轨道公司董事长、总经理任副总指挥，15个市直有关单位参加演练，16个单位进行现场观摩，共出动人员350多人、应急车辆23台。在整个演练过程中，各单位、各部门行动迅速、配合有序、处置得当，圆满完成此次应急演练任务，为轨道交通2号线一期运营安全奠定基础。

12月26日 上午，全省首条地铁线路——太原地铁2号线一期开通仪式在太原大南门地铁站举行。省委书记楼阳生出席仪式并宣布太原地铁2号线开通。省委副书记、省长林武，省委常委、常务副省长胡玉亭，省委常委、秘书长李凤岐，中国铁路工程集团有限公司党委书记、董事长陈云出席。省委常委、太原市委书记罗清宇主持。

太原地铁2号线一期工程于2016年3月全面开工建设，是山西省建成的首条地铁线路，也是太原市贯通南北的交通主动脉，对有效缓解交通压力、优化城市空间布局、促进经济社会发展具有重要意义。全线南起小店西桥站，北至尖草坪站，连接中心城区和山西转型综改示范区，全长23.65公里，设23座车站，总投资208.64亿元。线路采用全自动运行，最高速度80公里/时。

按照三定方案职能定位，市交通运输局负责轨道交通运营管理。为全面推动全市轨道交通2号线一期按期投入初期运营并做好后续轨道交通运营监督管理工作，前期做了大量工作，积极推进初期运营前安全评估工作，组织编制《太原市城市轨道交通运营突发事件应急预案》《太原市轨道交通运营管理办法》《太原市城市轨道交通乘客守则》《关于保障城市轨道交通安全运行的实施意见》。

（资料提供：杨 婷）

大同市交通运输局大事记

1月8日 为加强出租车市场管理，大同市客运管理处由稽查队员和机关人员组成联合工作组，分三班在全市重要客流集散点执行全天候无缝隙值勤。100多名客运工作人员轮班驻守大同站、大同高铁南站、高速出口等客流集散地，无缝对接列车班次，确保没有一名乘客滞留。在大同高铁南站常年值勤的客运稽查人员平均每天接待和引导旅客300余人次，旅游高峰时段每天接待旅客800余人次以上，在疫情期间，平均每天消毒出租汽车达1500余台次。

1月14日 大同市交通运输局"不忘初心、牢记使命"主题教育总结大会召开。

1月26日 大同市客运班线车、旅游车（除接送铁路、同煤等职工的通勤车外）、农村客运和农村公交全部停运，汽车客运站全部关闭，市内公交停运8条线路并减少部分线路发车班次。为预防突发事件和政府紧急调令，储备30辆客车、50辆货车作为应急保障车队，随时做好人员和疫情物资运输的准备工作。吸取个别地市对出租车采取强制停运措施而造成出租司机聚集上访的教训，市交通运输局向出租汽车公司下发倡议书，由出租车主自主决定是否停运，同时，减免出租汽车经营者疫情防控期间两个月的管理服务费用，共计减免185万元，保证出租汽车市场的稳定。

2月17日 零时起，全国高速公路所有车辆免费通行政策实施，群众生活必需品运输车辆可在全市公路畅通无阻，顺利运送到各个集散地。同时，强化运力保障和调度，组建应急保障车队，客货运输车辆60辆，随时保障物资、人员应急运输。

2月18日 大同市交通运输局积极组织农民工返岗"点对点"包车运输。由山西汽运集团雁北汽车运输有限公司主动对接全市各大厂矿、企业，对有接送民工需求的，统一安排应急车辆，累计为富士康、市内各大型厂矿企业运送返岗职工、农民工1308人。全市驾校、危货企业、中巴车公司等重点交通运输企业全部恢复正常生产秩序。开启公路运输"绿色通道"，除应急防疫物资外，将重要生产生活物资运输全部纳入应急保障范围，确保"米袋子""菜篮子"等民生物资和工农业生产资料及时进城入村。全市四个重点农贸市场开通14条公交线路，投入259部公交车，为市民提供极大便利。积极协调省交通运输厅为全市运送应急物资、生活必需品车辆办理通行证，累计协调办理通行证210张。全力保障移动、电信、联通、铁塔等公司的通信抢修应急保障车辆的通行问题。

2月25日 大同市汽车客运站、市内县际班车、县际公交全部恢复正常运营，日均发送80个班次，日均客流约700人。市内公共交通线路全部恢复运行，公交运力恢复到正常时段70%以上，每日投入运营车辆约620台，日均客流约13万人次，公交乘客全部实行扫码实名登记。由山西汽运集团雁北汽车运输有限公司主动对接全市各大厂矿、企业，陆续组织农民工返岗"点对点"包车运输，累计为富士康、市内各大型厂矿企业运送返岗职工、农民工1308人。全市驾校、危货企业、中巴车公司等重点交通运输企业也全部恢复正常生产秩序。

同日 大同市汽车客运站、市内县际班车、县际公交全部恢复正常运营，日均发送80个班次，日均客流约700人。城乡公交、农村客运也全部恢复运营。省际、城际长途客运陆续恢复运行。

2月27日 大同市内公共交通线路全部恢复运行，公交运力恢复到正常的70%以上，每日投入运营车辆约620台，日均客流约13万人次，公交乘客全部实行扫码实名登记。

4月3日 大同市交通运输工作会议暨党风廉政和反腐败工作会议召开。

5月8日 大同市道路运输管理处印发《关于开展2019年度道路旅客运输企业质量信誉考核工作的通知》，按照属地管理原则，对辖区内道路旅客运输企业（不含农村客运企业）进行2019年度质量信誉考核工作。审验期间，执行审验签字制度，做到见车、见证件、见人，谁审核、谁签字、谁负责。

5月18日 大同市交通运输综合行政执法队成立大会召开。

8月8日 大同市交通运输局新开通69路，起止站为汇智南苑南门至五医院。

8月22日 大同市交通运输局开通去往云州区桑干河湿地公园旅游定制公交线路（试运行），实现大同市区向周边区、县旅游观光景点公交线路的延伸。

8月26日 大同市第十五届人民代表大会常务委员会第三十一次会议任命卫君为大同市交通运输局局长。

9月7日 交通运输部"小康路·交通情"重大主题宣传活动在大同市启动。

10月1日 晚上，为深刻汲取10月1日太原市台骀山事故教训，进一步加强全市交通运输安全生产工作，有效防范化解重大安全风险、排查治理重大事故隐患、遏制安全生产事故，大同市交通运输局立即连夜召开紧急会议，通报事故情况，并部署全市交通运输系统风险防控和隐患排查治理工作，连夜下发《关于立即开展交通运输领域安全生产风险防控和隐患排查治理的紧急通知》《关于对开展交通运输领域安全生产风险防控和隐患排查治理进行督导检查的通知》《关于进一步加强应急值守的通知》，转发省交通运输厅《关于立即开展全行业安全生产大检查的通知》等文件，要求各单位各部门文件不过夜，立即传达到位，并迅速开展交通运输领域安全生产风险防控和隐患排查治理工作。

10月2日 大同市交通运输局再次召开安全工作会议，部署在全市交通运输系统开展安全生产风险防控和隐患排查治理工作，传达省、市领导指示精神，要求各单位各部门立即开展隐患排查治理工作，同时要督促企业积极落实企业安全生产主体责任，立即开展安全生产隐患自查自纠。长治局成立9个督导组，分别由长治局处级干部带队，立即对全市四区、六县分片开展检查，确保全市交通运输系统节假日期间安全形势稳定有序。

11月 大同市交通运输局组成两个核查组，对各县区的"双通"工作进行现场核查。进一步巩固驻村帮扶沙河村脱贫成果，开展"联手群众、清洁村庄"活动。针对浑源县官儿乡土岭村，制定基础设施提质行动方案。坚决打好交通污染防治攻坚战。深化柴油货车和散装物料运输车污染治理，全面建立机动车排放检测与强制维护制度。推进公路扬尘污染常态长效治理，强化散装物料运输源头监管。认真落实山西省打赢蓝天保卫战三年行动计划明确的交通运输目标任务，制定印发《大同市交通运输生态环境保护2020年行动方案》。

12月8日 大同市交通运输局干部警示教育大会召开。

12月24日 按照"大同市打赢蓝天保卫战决战任务挂图"要求，联合生态环保、交警部门制定《落实打赢蓝天保卫战联合专项行动实施方案》。积极贯彻落实《大同市推进国三及以下排放标准营运中型和重型柴油货车淘汰工作2020年实施方案》，淘汰货车8300辆，完成年度任务的107.3%。

2020年 大同市县路政管理机构共检查货运车辆727614辆次，查处违法超限运输车辆113辆次，记分5160分，罚款13.51万元，排除公路安全隐患8处，清理道路两侧垃圾30余立方米，拆除非公路标志6处，发现损坏公路防护栏2次，损坏限高杆3次，对擅自非法建筑和非法悬挂物下达责令整改通知书2份。

（资料提供：高 青）

朔州市交通运输局大事记

1月14日 朔州市交通运输局"不忘初心、牢记使命"主题教育总结会议召开，市委主题教育第十巡回指导组组长孟德胜到会指导。局领导班子成员、全体干部职工参加会议。2019年以来，市交通运输局党组把开展好"不忘初心、牢记使命"主题教育当作一项重大政治任务，高度重视，精心组织，按照"守初心、担使命，找差距、抓落实"的总要求，把学习教育、调查研究、检视问题、整改落实等重点措施环环紧扣，贯穿始终，主题教育取得实实在在的效果。在实施"交通强市"战略目标中发挥积极作用，交通运输工作稳健推进，年度目标任务全面完成。

会议强调，2020年是决胜全面建成小康社会、打赢精准脱贫攻坚战、实现"十三五"规划收官之年，也是全市推进"交通强市"战略的关键之年，任务繁重、责任重大、使命光荣，全市交通运输系统职工一定要认真贯彻落实中央、省委和市委主题教育总结会议精神，持续抓好主题教育，坚持学习教育再加强，调查研究再加力，检视问题再加压，整改落实再加码，推动工作再加速，把主题教育激发出的激情和活力，转化到实施"交通强市"战略和建设现代化综合交通运输体系上来，以"赶考"心态向市委、市政府及全市人民交出一份满意的交通答卷。要特别打好春运工作保卫战、污染防治速决战、安全生产持久战、项目推进突击战、精准脱贫攻坚战五大战役，为建设生态美、产业新、百姓富的塞上绿洲、美丽朔州提供强有力交通运输支撑。

孟德胜在充分肯定市交通运输局主题教育成绩的同时，对巩固学习教育成果，引深主题教育工作提出希望和要求。

4月28日 朔州市交通运输工作暨党风廉政建设和反腐败工作会议召开。副市长武跃飞、市政府办公室副主任霍永生在主会场出席会议，副市长武跃飞发表讲话。2019年，在市委、市政府坚强领导下，在省交通运输厅大力支持下，全市交通运输系统干部职工改革创新、锐意进取，担当作为、真抓实干，各项工作迈上新台阶，实现新突破，为促进全市高质量转型发展做贡献。

武跃飞在讲话中，要求进一步强化加快交通运输发展，尽快补齐交通短板重要性、紧迫性的认识，树立责任意识、忧患意识，以只争朝夕、时不我待，争先进位、奋力赶超的精神狠抓交通重点项目落地落实，要做到落小、落细、落地，明确目标、明确期限、明确责任，聚力推进朔（州）神（池）高速、阳方口至市区至平鲁一级公路改扩建工程建设；合力抓好机场、高铁重点工程建设，全力加快"四好农村路"和旅游公路建设，确保圆满完成年度目标任务。武跃飞还就完成好交通扶贫攻坚、驻村帮扶、安全监管、道路扬尘治理和党风廉政建设工作提出要求。党组成员、驻局纪检监察组组长刘爱平对2020年党风廉政和反腐败工作进行部署。党组成员、副局长杨亚非宣读市交通运输局《关于表彰2019年度完成工作目标任务先进集体、先进个人的决定》。

会议以视频形式召开，设6个分会场。市交通运输局领导、科室负责人在主会场参加会议，各县（市、区）分管领导、交通运输局班子成员及相关人员在分会场参加会议。

5月9日 朔州市交通运输局高度重视，认真调研，科学安排，公交公司克服资金困难、人员不足等不利因素，主动与郑州宇通客车股份有限公司对接，在公司鼎力支持下，实现快速公交直通高铁站。601路快速公交正式运营。直达公交从市区美都汇公交站发车经卫生大楼公交站牌，由元朔高速转二广高速直达山阴动车站。往返共12个班次。乘客可通过微信公众平台、掌上公交和公交行App进行购票和车辆行驶查询。

5月31日 朔州市交通运输局、公交公司想群众所想，办人民所需，经过认真调研，在公司资金紧缺、运营困难情况下，克服线路路况差、客源散、成本高等不利因素，把公交线路延伸到小平易乡。已有43个村近50万名农民朋友同城里人一样享受到电动公交安全便捷、绿色环保、优质高效的服务，人民群众获得感、幸福感、安全感显著增强。

6月12日 朔州市公交公司在调度中心停车场举行组织严密、反应快速、救援及时的安全事故应急救援综合演练。朔州市消防救援支队战训科科长张晶带领消防员参与演练并进行现场指导。市应急管理局副局长年鹏，市交通运输局副局长杨亚非、调研员张仁英、应急安全科科长雷占彪现场观摩并点评。

7月31日 上午，朔州市交通运输局干部职工首期培训会举行，朔州市直机关工委书记赵金山应邀就区块链技术进行培训。为进一步加强学习型机关建设，着实提升全体干部职工干事创业、奉献交通事业的本领，市交通运输局决定成立交通大讲堂邀请专家教授对干部职工进行新理念、新知识、新技术培训。赵金山专注区块链技术研究和发展，着重从区块链技术的概念、中国区块链及相关技术发展、区块链技术的应用与风险以及未来前沿科技的展望等方面进行深入浅出、通俗易懂的讲解。与会人员受益匪浅。

8月10日 朔州市委副书记、市长熊燕斌带领市发改、财政、规划和自然资源、住建、交通等部门负责人深入部分市级城建交通重点工程建设现场调研。要求深入学习贯彻习近平总书记关于建设交通强国的重要讲话和重要指示批示精神，落实省委、省政府工作部署，加强交通基础设施建设，推动朔州城建交通事业高质量发展。副市长武跃飞参加调研。熊燕斌首先来到市公交调度中心，详细了解工程建设进展、公交车辆日常运营、线路设置、充电桩建设运营等情况，要求在满足调度功能化建设的需求下，探索创新运营模式，更好地服务城市发展、方便群众出行。在田家窑桥、振武街桥、安泰街桥、建设路桥及连接线施工现场，工人们正在紧张有序地作业。熊燕斌认真查看工程进度，了解项目情况和存在困难，要求相关部门和施工单位按照既定时间节点，抓紧解决影响工程进度的难点、堵点问题，在保持良好生态环境的前提下，科学合理开发利用周边土地，让市民更好享受城市建设成果。随后，熊燕斌主持召开全市城建交通重点项目工作会议，听取市交通局关于年度目标任务推进情况及朔州市交通运输"十四五"发展规划谋划、市住建局关于年度重点项目及工作推进等情况汇报，部署有关工作。

熊燕斌在讲话中，要求各级各相关部门要进一步提高思想认识，站在对人民负责、为人民打造美好生活的高度，抢抓重大战略机遇，以更大力度加快交通基础设施建设，带动高质量转型发展，为建设塞上绿洲、美丽朔州提供重要支撑。要主动作为、全力以赴，克服工作难点。认真梳理各类问题，逐一分析原因，找准对策措施，创造性破解用地、征迁、手续、融资难题，全方位保障项目建设。要勇于担当、压实责任，盯紧攻坚难点。牢固树立交总账意识，压紧压实主管部门、审批部门、属地政府责任，加强作风引领，以上率下、立说立行、敢于担当，以良好的干事创业状态加快推动城建交通重大项目建设，全面提升政府系统理解力、执行力、公信力。要抓紧抓实城市规划编制、盘活存量资产、市容环卫一体化、市属国企改革创新、地名名称规范、老旧小区改造等重点工作，真正把事关人民群众切身利益的民生工程落到实处，让人民群众共享城市发展成果，提高市民的归属感、幸福感。

10月16日 上午，市朔州交通运输局在"交通大讲堂"举办《中华人民共和国民法典》宣传贯彻讲座，为在交通运输系统干部职工中普及法律知识，营造学法、知法、守法、用法的良好氛围，推进依法治交进程，全体干部职工参加，局法律硕士闫佳丞进行学习辅导。

2020年 中央文明委公布全国精神文明先进典型表彰决定，朔州市交通运输局获第六届全国文明单位称号，成为本届评比表彰活动中全省地市交通运输局唯一获此称号的单位。

地处雁门关外的朔州市交通运输局坚持不懈开展文明单位创建活动，连续20多年被授予"省级文明单位、文明和谐单位、省级文明(标兵)单位”等称号。特别是近几年,局党组坚持以习近平新时代中国特色社会主义思想为指导,深入贯彻习近平总书记关于加强社会主义精神文明建设的重要指示精神,不断增强“四个意识”坚定“四个自信”,做到“两个维护”,大力弘扬社会主义核心价值观,深入开展文明单位创建工作,全局上下形成“人人讲创建、个个做贡献”的浓郁氛围,文明单位创建工作有声有色、卓有成效。在完成目标任务、服务人民群众、打赢脱贫战役中展现交通运输系统干部职工的新作为新担当,树立交通运输部门的良好形象,彰显交通力量,受到社会各界的高度认可,得到人民群众广泛点赞。

(资料提供:侯 兴)

忻州市交通运输局
大 事 记

1月1日 忻州市交通运输局“三措并举”维护客运秩序建树文明形象。按照市政府对忻州城区城市公交出租行业服务质量问题的批示精神和市创建全国文明城市总指挥部办公室相关整改通知要求,市交通运输局高度重视,从2020年1月1日开始到3月31日,集中开展为期3个月的专项整治行动,采取“闻风而动、周密部署,细化措施、强化责任,加强宣传、营造舆论氛围”三项措施,以高压态势推进和持续开展城区客运行业“乱象”整治行动,切实维护行业秩序,确保专项整治取得实效,确保人民群众度过一个文明祥和的春节。

1月3日 上午,忻州市保德县交通运输局安全生产工作例会暨道路水路春运工作动员部署会召开。要求提前研判,掌握春运客流动向、旅客出行需求,加强运力投入,增开客运班次,确保群众出行需求。

1月13日 忻州市定襄县交通运输局组织全体党员观看省市纪委监委近期通报的典型案例。

1月14日 忻州市交通运输局“不忘初心、牢记使命”主题教育总结大会召开。会议深入学习贯彻习近平总书记在主题教育总结大会上的重要讲话精神,贯彻落实中央、省、市主题教育总结大会精神,认真总结主题教育的成效、做法和经验,全面巩固和深化主题教育成果。忻州市委主题教育第十一巡回指导组组长马文波和市委组织部干部郑明霞参加会议并进行指导。市交通运输局长靳泽指出,通过开展主题教育,全局党员干部在理论学习、思想政治认识、干事创业担当、为民服务解忧、清正廉洁等方面发生较大变化,“不忘初心、牢记使命”的自觉性明显增强。在充分肯定主题成效的同时,也要清醒地看到差距,进一步巩固提升、延伸拓展。即坚持理论武装不松劲;强化政治建设不动摇;全面从严治党不懈怠;善始善终抓好整改落实;坚持把“不忘初心、牢记使命”作为永恒课题、终身课题;完善和发展制度,形成长效机制;发扬斗争精神,勇于担当作为。2020年是决胜全面建成小康社会、打赢精准脱贫攻坚战、实现“十三五”规划收官之年,全体干部职工要以理论滋养初心,以实干践行使命,以主题教育为新起点,自觉对表对标,进一步振奋精神、鼓足干劲,把每一项工作做扎实、做到位,真正把主题教育的成效,体现在忻州交通运输改革发展的实际工作中,努力建设人民满意交通,为全市全面完成脱贫攻坚任务、全面建成小康社会提供坚实的交通运输保障,奋力书写“交通强国”忻州交通篇章。

1月19日 忻州市交通运输局春运第七督查组对保德县交通运输局进行督查。要求各相关单位要深入开展事故隐患排查治理,确保车站、公路、水路各项设施设备符合安全要求。严格禁止技术状况不达标的车、船等运输工具投入运营,严格禁止逾期未检验、逾期未报废的客运车辆参加春运，确保2020年春运各项工作任务圆满完成。

1月21日 忻州春运热线自开通以来，全天候为公众提供交通运输方面的信息咨询、投诉举报、意见建议等接听服务，以“有问必答、有求必应、有诉必查、有查必果”的工作态度，9名热线工作人员实行三班倒24小时人工服务，较好地发挥倾听民声、畅通民意、汇集民智的作用，成为人民满意、社会认可、群众欢迎的交通运输服务“一号通”。

1月22日 忻州市交通运输局督导城市客运行业服务质量专项整治。副局长张祥生在忻州火车站、高铁站、客运中心对忻州城区城市客运行业服务质量专项整治活动进行督促检查。他对一线执法人员致以亲切慰问，要求细化措施、强化责任，加强宣传、营造良好舆论氛围，持续以高压态势开展和推进城区客运行业服务质量整治行动，切实维护好城市客运行业秩序，确保专项整治取得实效，确保人民群众度过一个文明祥和的春节。

2月12日 忻州市城市客运行业全力打好疫情防控阻击战。为全力做好新型冠状病毒感染的肺炎疫情防控工作，有效切断病毒传播途径，坚决遏制疫情蔓延势头，本着减少人员流动，确保人民群众生命安全和身体健康的原则，按照交通运输部、省委、省政府、市委、市政府、省交通运输厅关于新型冠状病毒感染的肺炎疫情期间加强客运车辆管控的文件精神和重大突发公共卫生事件一级响应要求，市交通运输局高度重视，局长靳泽，副局长张祥生多次召开会议安排疫情期间的各项工作，并实地对公交企业、出租汽车消毒点进行实地调研检查，要求各公交、出租公司要高度重视，明确责任，提高应对疫情防控的敏感性，增强自我保护意识，制定应急服务工作方案，通过各种渠道加大宣传力度，招募志愿者组建应急服务车队，落实好车辆标志标记完好、车辆卫生清洁消毒通风等工作。市城市客运行业紧急成立疫情防控领导组，印发紧急通知和工作方案，认真做好疫情防控工作，众志成城，共筑防线，坚决打赢新冠肺炎疫情防控阻击战。

2月19日至20日 忻州市岢岚县运管所检查指导企业复工复产疫情防控及安全生产工作。

2月24日 忻州市忻府区境内城乡道路客运有序恢复运营。根据省、市交通运输主管部门有关恢复道路旅客运输的部署，为全力保障疫情期间忻府区企业复工复产对运输的迫切需求，忻州汽车客运中心恢复运营，启动忻府区境内城乡道路客运班线，并认真按交通运输部《公共交通工具消毒指南》进行操作。省际、市际、县际道路客运班线根据省、市开通情况择机恢复运营。为保障农民工返岗、学生返校，启动“点对点”道路旅客包车服务。凡不具备疫情防控和安全生产条件的客运企业及车辆不得恢复运营，旅游运输业务不在此次恢复运营范围内。

2月24日 忻州市交通运输局部署推进“四好农村路”和三个一号旅游公路建设。市交通运输局组织召开全市公路建设推进会，会议传达2月23日市委常委会（扩大）会议暨市疫情防控工作领导小组第十七次会议精神，听取相关县（区）交通运输局三个一号旅游公路建设情况汇报，通报全市“四好农村路”项目备案情况，并对下一步工作进行部署。即讲政治、提站位，抓重点、保质量，添景观、出精品，抢工期、强安全，两统筹、两不误。要求各县（区）要按照习近平总书记在统筹推进新冠肺炎疫情防控和经济社会发展工作部署会议上的重要讲话精神和省市部署要求，积极完善疫情防控和安全生产措施，一手抓疫情防控，一手抓复工复产和项目开工建设，确保两不误，加快三个一号旅游公路和“四好农村路”项目推进，打表计时，挂图作战，确保圆满完成年度目标任务。

2月25日 忻州市交通运输局干部职工积极参与抗疫行动。2月以来，市交通运输局组织局属20个党支部，178名党员为新冠肺炎疫情防控捐款26200元。在疫情防控中，设置党员先锋岗4个，组建党员服务队、协查队等各类队伍9支，27名机关企事业单位党员干部深入社区帮助排查。运管、城市客运、路政、运政、治超等科室和市交通运输局党员，在公路联防联控、忻州交通枢纽疫情防控、太原机场疫情防控等工作中，不畏困难、不惧艰险，为疫情防控做出积极贡献，充分体现共产党员先锋模范作用。

3月3日 忻州市交通运输局印发《关于做好疫情期间治超工作的通知》。

3月18日 2020年忻州市交通运输暨党风廉政建设工作会议召开。副局长张刚邡主持会议，宣读忻州市交通运输局《关于表彰2019年交通运输工作优秀单位的决定》。局长靳泽作工作报告，强调要以习近平新时代中国特色社会主义思想为指导，全面贯彻落实中共十九大和十九届二中、三中、四中全会精神，深入贯彻习近平总书记“三篇光辉文献”精神，按照省委、市委经济工作会议和全省交通运输工作会议部署，保持交通先行发展，为确保脱贫攻坚决战完胜、确保本市与全国全省同步全面建成小康社会、确保“十三五”规划圆满收官、推进经济高质量转型发展提供支撑、做好保障。

2019年，交通基础设施建设再创“十三五”期最好成绩；综合运输服务能力实现全面提升；三大攻坚战取得重大阶段性成果；依法行政和行业治理能力显著提高；交通运输机构改革全面实施；交通运输安全生产形势保持总体稳定；党的建设全面加强，党风廉政建设和行业文明建设深入推进。

会议要求2020年重点做好10个方面工作：即全力做好疫情防控和复工复产工作；精心编制好“十四五”发展规划；全力推进“四好农村路”和三个一号旅游公路建设；积极配合推进境内重大交通项目建设；坚决打赢交通运输领域三大攻坚战；不断提高交通运输服务保障水平；深化交通运输综合行政执法改革；加快提升行业治理体系和治理能力现代化水平；抓好安全生产工作，推进平安交通建设；全面加强党的建设、廉政建设和文明建设，营造良好的政治生态环境。会上，局党组成员、驻局纪检监察组组长李玉牛对2020年全系统纪检监察工作提出新要求：精准提升政治监督，确实做到“两个维护”；着力夯实“主体责任”，推动全面从严治党向纵深发展；做实做细日常监督，一体推进“三不”机制，深化运用监督执纪“四种形态”；切实加强自身建设，打造忠诚干净担当的纪检铁军。

4月7日 忻州市交通运输综合行政执法队举行抗疫党员先锋队授旗仪式。为做好全省国际航班入境人员集中隔离和医疗救治工作，市交通运输综合行政执法队作为第二批疫情防控工作组赴太原武宿机场开展工作。为鼓舞士气、鼓励先进，特举行授旗仪式。

4月13日 忻州市交通运输局启动《忻州市“十四五”现代综合交通运输体系规划》编制工作。专门成立交通运输“十四五”发展规划编制领导组，具体负责编制工作。

4月19日 忻州市交通运输局组建境外来忻人员疫情防控党员先锋队。4月19日至5月3日期间，先锋队坚守太原武宿国际机场疫情防控一线，开展境外来忻人员体温监测、信息登记、转运安置等各项服务工作，做到防控无死角，接送有闭环，牢牢把住返境人员入忻的疫情防控第一关，充分发扬共产党员当先锋做表率，不畏艰险、无私奉献的红色精神。

4月20日 忻州市交通运输局坚决打赢疫情防控阻击战，多措并举保障复工复产。新冠肺炎疫情发生以来，市交通运输局第一时间成立疫情防控领导小组，明确职责任务，强化工作措施，深化防疫要求，各级党员干部奔赴一线，严格落实各项防疫措施，确保疫情防控期间行业稳定。按照“一业一策”要求，深入开展入企服务，指导企业“应享尽享”“用好用足”各项税收金融优惠政策，帮助企业渡过难关，全市1442户运输企业全部恢复正常运营。

4月21日 忻府区交通运输局“三零”创建工作部署大会召开。会议宣读《关于开展以“三零”创建为切入点扎实引深“平安忻府”建设的实施方案》。会议要求通过强化隐患排查整治、强化信访问题处理、强化社会治安防控、强化流动人口和特殊人群服务管理、强化源头预防工作等措施，切实做好全区交通运输系统“三零”创建工作，创造和谐稳定的社会环境。

4月29日 忻州市交通运输局组织行政执法人员参加法律知识考试工作。按照省司法厅《关于组织全省新申领行政执法人员公共法律知识考试的通知》要求，为加强管理，提升行政执法人员业务素质，组织62名从事行政执法人员进行行政执法人员法律知识考试，60人取得山西省行政执法证件。考试现场严格落实新冠肺炎疫情防控要求，统一佩戴口罩，主动进行体温监测登记，携带身份证件，全程全方位监控录像，完成考试任务。

5月5日 忻州市交通运输局深入开展“路政宣传月”活动。交通运输部将每年5月确定为“路政宣传月”，市交通运输局及时制定具体宣传实施方案，要求各县（市、区）交通运输局及公路管理机构加强对“路政宣传月”活动的组织领导，确保活动扎实有效开展。长治局成立“路政宣传月”领导组，分管路政和法制宣传的领导亲自挂帅，相关科室负责人各司其职，精心组织，活动期间采取多种形式，围绕“防疫情、守安全、保畅通、优服务”的主题，深入进行宣传，取得良好效果。

5月8日 忻州市交通运输局组建疫情应急保障车队，开展农民工返岗复工服务。为有效应对和稳妥处置因新冠肺炎疫情引发的各类突发事件，市交通运输局调用600余台各类客货运车辆组建道路应急运输和城市应急服务保障车队，时刻备战、随时开展防控应急运输。指导运输企业强化运输组织，按照一车一策精心制定运输方案，3月至5月期间组织“专人、专车、专厂、专线”运输方式，保障农民工返岗“点对点、一站式”直达运输服务，共组织“点对点、一站式”专车为46户企业运送农民工2000余人。

5月15日 忻州市定襄县交通运输局以“防疫有我，爱卫同行”为主题展开爱国卫生月活动，要求各单位开展“讲文明、讲卫生、强责任、促健康”专题活动，全面促进广大群众养成文明卫生习惯。

5月20日 忻州市交通运输局学习贯彻习近平总书记视察山西重要讲话精神，要求结合实际，认真抓好贯彻落实工作。

5月21日 忻州市委第三巡察组对市交通运输局党组巡察“回头看”工作动员会召开。按照市委第九轮巡察工作安排，由忻州市委巡察办副主任牛旭伟带队的市委第三巡察组进驻市交通运输局，开展为期2个月左右的巡察工作，此前已对开展脱贫攻坚专项巡视巡察整改工作“回头看”。局长靳泽在动员会上郑重表态，一是高度重视，深化认识，切实增强主动接受巡察的思想自觉和行动自觉；二是聚焦问题，立行立改，切实增强巡察整改工作落实的实效性和长效性；三是搞好结合，促进工作，切实增强巡察整改工作落实的成果运用和转化。以求真务实的工作态度和实际行动，真正把巡察工作的成果运用到“交通先行”发展上来，在党和人民群众的监督下，不忘初心、牢记使命，对标前行，苦干实干，推动交通运输事业高质量发展迈上新台阶。

5月25日 忻府区交通运输局开展货运源头治理和打击短途非法超限超载运输集中整治专项行动。召开专题会议，宣读实施方案。要求加强组织领导，健全工作机制；严格规范执法，加强检查督导；固化协作措施，完善长效机制；加强舆论宣传，营造良好氛围。

6月1日 岢岚县认真贯彻落实习近平总书记关于交通运输工作重要指示精神，严格按照“建好、管好、护好、运营好”四好标准，全面实施县乡村公路改造建设工程，“四好农村路”建设成为引领脱贫攻坚、服务经济社会发展、提升群众出行品质的重要支撑和保障。

6月5日 忻州市交通运输局组织学习国务院《保障农民工工资支付条例》。5月1日施行以来，为确保宣传贯彻到位，切实维护广大农民工合法权益，市交通运输局于6月5日、7月13日分别组织相关人员学习，并要求严格贯彻落实，切实保护好交通运输行业农民工合法权益。

6月9日 忻州市偏关县交通运输局实施“交通+旅游扶贫”助力脱贫攻坚决战完胜。依托黄河、长城、古村、古堡等得天独厚的优势资源，不断发展壮大乡村旅游经济，切实提高脱贫质量，巩固脱贫成效。

同日 忻州市忻府区交通运输局参加“共创‘三零’·共建平安”主题宣传月活动启动仪式。活动现场，通过设置咨询台和向广大市民发放宣传资料形式，让广大群众了解“三零”创建相关工作，受到热烈欢迎。

6月20日 忻州市定襄县交通运输局举办新冠肺炎疫情防控大培训。局长梁建义主持会议并进行重点解读，交通系统人员及养护人员参加培训。

6月28日至7月4日 忻州市交通运输综合行政执法队邀请市消防支队教官，对执法队员开展为期一周的队形队列训练，努力内强素质，外树形象，不断提高执法队伍的综合素质。

7月1日 忻州市交通运输局驻平型关镇扶贫工作队临时党支部开展“庆七一、树形象、促发展”主题党日教育活动。党支部书记、工作队队长殷宏伟为在场党员准备一堂以“庆七一、树形象、促发展”为题的党课。

同日 忻州市交通运输局召开庆祝中国共产党成立99周年暨专题党课大会。会上，全体党员重温入党誓词；局党组书记、局长靳泽以“不忘初心，乘势而上，坚定不移全面从严治党，蹚出忻州交通运输高质量发展新路子”为题，为大家讲授一堂生动党课；观看《习近平在山西考察调研时强调 全面建成小康社会 乘势而上 书写新时代中国特色社会主义新篇章》《战“疫”一线党旗红》《用忠诚担当书写勇毅前行的山西答卷——新冠肺炎疫情防控斗争启示录》专题片。靳泽在报告中，要求牢记总书记嘱托，蹚出交通发展新路，牢记管党治党职责，全面提升党建工作质量。

7月21日 忻州市交通运输局扫黑除恶工作推进会召开。会议通报交通运输系统扫黑除恶工作成效，并对市交通运输局下一阶段重点工作进行再部署、再要求。

同日 忻州市交通运输局召开忻州城区城市

客运行业创建全国文明城市决胜攻坚动员会。忻州城区公交、出租、网约车企业负责人、行业代表以及市城市客运服务中心机关全体职工参加会议。会上宣读《城市客运行业创建全国文明城市决胜攻坚实施方案》，市交通运输综合行政执法队负责人对规范运营执法和打击非法营运作安排，市文明办领导作具体工作指导。副局长张祥生对城市客运行业创建文明城市决胜攻坚，做出全面部署。

同日 忻州市交通运输局驻村扶贫干部工作会议召开。要求始终以习近平总书记关于扶贫工作重要论述为指引，深入贯彻落实中央、省、市脱贫攻坚的决策部署，对准“两不愁三保障”目标，按照“四个不摘”要求，把短板补得更扎实，把基础打得更牢靠，全力推进驻村帮扶工作，全面提高脱贫质量，全面提升群众满意度。

8月18日 忻州市交通运输局完成“七五”普法总结验收工作。按照中共忻州市委全面依法治市委员会守法普法协调小组关于印发《“七五”普法总结验收工作实施方案》的通知要求，市交通运输局就学习贯彻习近平总书记全面依法治国新理念新思想新战略情况、“七五”普法规划落情况、宪法学习宣传教育活动开展情况、“谁执法谁普法”普法责任制落实情况、重点人群普法情况、国家工作人员学法用法情况、法治文化建设情况等13项主要内容进行认真细致的验收准备，接受由省检察院二级高级检察官丁国军带队的省委督查组实地督导检查，顺利通过总结验收。

8月20日至10月4日 忻州市交通运输局开展《公路常规跨径钢结构桥梁建造技术指南》宣传贯彻培训。为落实《交通强国建设纲要》，推动公路基础设施建设高质量发展，加快推进钢结构桥梁建设，市交运输局组织各县（市、区）交通运输局相关技术人员参加中交公路规划设计院有限公司、中国公路勘察设计协会，《桥梁》杂志社共同组织培训，培训方式采用网络直播形式开展。

8月22日 忻州市交通运输局监管企业划归忻州市能交建资产经营有限公司。市交通运输局严格按照《忻州市人民政府办公室关于印发组建忻州市能交建资产经营有限公司实施方案的通知》要求，组织协调局监管企业忻州晋忻路桥工程有限公司、晋忻交通工程监理咨询有限公司、忻州市金运公路勘察设计有限公司、忻州市汽车综合性能检测中心4家单位，与忻州市其他10余家国有企业，整合成立忻州市能交建资产经营有限公司，划归忻州市国资委管理。

8月28日 忻州市交通运输运行监测与应急处置中心组建忻州市交通应急抢险队，作为交通应急救援力量，参加在忻府区双乳湖举行的忻州市应急先锋队宣誓大会暨2020年忻州市突发事件应急综合演练活动。在活动过程中，全体应急队员精神抖擞，整齐划一，认真完成活动各项规定动作。

8月29日 忻州市具备条件的行政村全部通客车。为确保农村公路真正“运营好”，给农村群众提供更加安全便捷的出行服务，市交通运输局全面推动行政村通客车民生工程。一是落实农村客运资金补贴政策，为客车运营兜底保障；二是及时发放农村客运燃油补贴，确保农村客车可持续经营；三是简化客运办事流程，激发经营者对农村客运市场的积极性；四是改革经营模式，由原单一的班线客运改革为“预约通”“定期包片通”等多种形式，极大地提高通客车率。截至8月底，忻州市2702个行政村全部通客车。

8月30日至9月1日 为深入贯彻落实省委、省政府“锻造黄河、长城、太行三大旅游板块”和“打造国际知名文化旅游目的地”的决策部署，进一步提高各建设单位和设计单位的业务能力，加快构建集专用性、安全性、智慧性、友好型于一体，设施完备、功能齐全的“城景通、景景通”旅游公路网，市交通运输局组织各县（市、区）交通运输局、长治局有关科室负责人参加省交通运输厅举办的全省黄河、长城、太行三个一号旅游公路五大系统设计技术指南专题培训会。

9月2日 上午，忻州市交通运输局客运中心携手荣盛地产公司，为忻州城区一线公交车司机出租车司机捐赠1000余件爱心衬衣，为创文助力。活动现场，副局长张祥生代表忻州市交通运输局向忻州荣盛发展公司表示衷心感谢，向忻州城区公交出租车师傅们表示亲切问候。

9月14日 忻州市交通运输局召开市委第三巡察组巡察“回头看”市交通运输局党组情况反馈会。忻州市委第三巡察组于5月21日至7月30日对市交通运输局党组开展巡察“回头看”工作。巡察期间，巡察组认真贯彻落实《中国共产党巡视工作条例》，紧盯“巡察整改”，紧扣“三个聚焦”，深入开展监督检查，先后进行个别谈话31人次，查阅相关资料和财务资料共计487件，对党组政治生态现实状况自我评估进行问卷调查，并开展指标量化评估和综合评估。局长靳泽作表态发言，表示自觉接受巡察反馈意见，将以求真务实的工作态度，切实抓好整改落实。

9月23日 忻州市召开长城一号旅游公路“零公里”标志文化驿站现场办公会专题会议。全省黄河、长城、太行一号旅游公路“零公里”标志文化驿站启用仪式结束之后，忻州市委书记郑连生第一时间在忻州市长城一号旅游公路“零公里”标志文化驿站现场主持召开会议，专题研究落实全省三个一号旅游公路启用仪式会议精神、加快推进全市三个一号旅游公路建设相关事宜，市长朱晓东，副市长裴峰，省交通运输厅、省文旅集团和市直有关部门及偏关县的负责人员参加会议。会议传达学习省委书记楼阳生重要讲话精神，并就下一步工作进行部署。即制定落实意见，形成贯彻落实报告；统筹协调推进，抓好沿线乡村振兴和产业发展；加快建设进度；加强规范管理，打造“三个人家”；要坚持市场化发展；推动沿途产业发展；建立健全工作机制。市长挂帅、多部门参与，确保各项工作高效推进。

9月29日 由忻州市偏关县交通运输局牵头，公安、交警（含辖区高速交警）、路政、收费、运管等部门配合，在高速路口开展联合执法行动，联合调查和查处、处理非法从事道路旅客运输经营行为，对非法客运经营车辆进行严厉打击，发现一起，打击一起，确保全县打击非法客运经营行为持续有效。

10月1日 忻州市定襄县交通运输局结合行业实际，在国庆节期间营造浓厚爱国氛围，激发全县干部群众的爱国之情，扎实做好中秋、国庆双节期间“倡导国庆新民俗、打造爱国活动周”活动。一是营造良好氛围，广泛悬挂国旗，在火车站栏杆悬挂国旗，共悬挂国旗30面，营造良好国庆氛围；二是致敬革命英烈，组织干部去西河头地道战，开展向革命英烈致敬的主题教育活动，进行爱国主义教育宣传。

10月10日 忻州市运输事业发展中心安全生产风险隐患排查治理工作会召开。会议深刻汲取台骀山景区安全事故教训，对做好当前运输行业安全生产工作进行部署。

10月28日 按照省交通运输厅《关于对黄河、长城、太行三大板块旅游公路规划（2023—2027年）进行调整的通知》要求，市交通运输局组织各县（市、区）开展调查研究，结合实际情况、对照规划重新梳理建设项目。经审核汇总，规划项目调整后，共有143个项目、建设里程1362.07公里（新改建940.94公里、利用421.13公里），总投资68.44亿元，所有项目将在“十四五”期全部落地实施。

11月8日 2020年是忻州市创建全国文明城市的攻坚之年，全市交通运输行业把创建全国文明城市作为年度重要政治任务，精准发力、落细任务，全面动员部署，勇当创文先锋队，争当创文排头兵。积极开展街道常态化整治志愿服务活动，累计出动千余人次。驻站督导火车站、忻州西站、汽车客运中心、五台山机场示范点位创建工作。着力创建文明公交，打造文明特色文化车厢，深化“微笑服务、温馨交通”品牌，向社会展现交通运输行业良好形象。市交通运输局被授予创建全国文明城市先进集体，局长靳泽受到嘉奖，副局长张祥生等5人被评为先进个人。

11月10日 忻州市交通运输局党组中心组专题学法会召开。会议以《中华人民共和国民法典》的时代意义、核心要义与重要问题为主题，从新中国的制定历程、颁布实施的重大意义、核心要义与重要问题、积极推动的有效实施四个方面进行解读。要求深入学习贯彻习近平总书记全面依法治国新理念新思想新战略，以贯彻落实《法治政府建设实施纲要（2015—2020年）》为主线，以交通运输法治政府部门建设为抓手，统筹协调、重点推进，运用法治思维和法治方式推动交通运输发展改革，把交通运输各项工作法治化提升到新水平，为实现全市交通运输高质量发展提供良好法治保障。

11月23日至27日 忻州市交通运输局右玉干部学院举办全市交通基础设施高质量发展业务能力提升培训班。为了进一步学习贯彻好中共十九届五中全会精神，积极落实《交通强国建设纲要》，全面提升全市交通运输系统党员领导干部政治能力、领导能力、专业能力，市交通运输局组织局领导、机关科室、局属各单位、各县（市、区）交通运输局及五台山风景区旅发局相关负责人，围绕党员党性修养、政治理论学习、行业政策解读、专业能力提升进行系统学习。经过培训，参训人员各方面能力获得显著提升，为全市今后交通建设打下坚实基础。

11月30日 忻州市交通运输局4个局属事业单位举行集中挂牌仪式。忻州市运输事业发展中心（忻州城市客运服务中心）、忻州市交通建设中心、忻州市邮政业安全中心（忻州市交通运输数据中心）、忻州市交通运输运行监测与应急处置中心挂牌仪式举行，市交通运输局全体党组成员出席仪式并揭牌。此次挂牌的4个单位与较早成立的忻州市交通运输综合行政执法队构成“一队四中心”的事业单位架构，标志着局属事业单位在深化事业单位改革进程中取得实质性突破，迈入新发展阶段。

12月4日 忻州市交通运输局积极开展“12·4”宪法宣传周工作。12月3日上午统一参加忻州市国家宪法宣传周系列宣传活动启动仪式并参观“七五”普法展。其间，开展“抖音普法”活动，围绕尊法、学法、守法、用法主题，创作抖音普法作品，营造依法治理良好氛围。按照“谁执法、谁普法”普法责任制要求，以宪法学习宣传教育为重点，集中开展宪法法律宣传活动，利用固定宣传屏、LED大屏幕以及公交车、出租车等交通工具移动宣传屏，循环播放宪法宣传标语，推动宪法精神真正深入人心。

12月25日 忻州市交通运输局完成所属事业单位机构改革工作。中共忻州市委机构编制委员会印发《关于市交通运输局所属事业单位机构编制调整的通知》，改革后保留5个事业单位。其中，副处级事业单位2个，分别是忻州市交通运输综合行政执法队、整合原有5个事业单位组建忻州市交通运输事业发展中心（忻州市城市客运服务中心）；正科级事业单位3个，均为公益一类事业单位，分别是整合原有4个事业单位组建忻州市交通建设中心，整合原有2个单位组建忻州市邮政业安全中心（忻州市交通运输数据中心），忻州市公路工程处更名为忻州市交通运输运行监测与应急处置中心。

12月29日 忻州市交通运输局组织行政执法人员参加公共法律知识考试。此次考试采用手机答题方式，试题由考试系统从题库中随机抽取，考试内容以公共法律知识为主，包括《中华人民共和国行政处罚法》《中华人民共和国行政复议法》《中华人民共和国行政诉讼法》《中华人民共和国行政许可法》《中华人民共和国行政强制法》等相关法律法规。为保证考试顺利进行，市交通运输局召开专门会议对考试工作进行部署安排，明确人员分工、考试流程、网络技术支持、应急工作等各方面工作。通过此次考试，提高行政执法人员文明执法、公正执法的法治意识，巩固扩展行政执法“三项制度”重要成果，有力推进全局依法行政工作进程。

12月30日 忻州市交通运输局深入推进“放管服”改革，积极开展优化营商环境考核工作。按照忻州市相对集中行政许可权改革和事业单位行政职权改革精神，市交通运输局在移交市行政审批局部分权力事项基础上，重新梳理部门涉及事项、编写办事操作指南、优化审批流程时限、梳理证明事项清单，及时向社会公示，探索实行“首问负责、一次性告知、一窗受理、并联办理、限时办结、统一窗口出件”的审批服务新模式，减少企业和群众等候时间，努力实现“只进一扇门”“一个窗口”“一次办成”的目标。一年来，进一步完善山西省政务服务事项动态管理系统，更新公共服务事项，所有政务服务事项全部进驻政务大厅，并率先联合邮政系统实现行政审批结果快递送达。全年驻政务服务中心交通运输窗口受理67537件事项，办结67537件事项，办结率为100%。

（资料提供：赵 勇）

阳泉市交通运输局
大 事 记

1月8日 国道G307、国道G207线阳泉市绕城改线工程百日大干总结暨今冬明春再掀工程建设高潮动员会召开，总结百日大干建设成果及重点工作进展情况，表彰工作成绩突出的施工单位，部署项目总体目标和阶段目标，安排冬春会战任务以及下一步工作。阳泉市市长雷健坤出席会议并讲话。副市长郭少敏主持会议。

会上，雷健坤为项目公司、平定县政府、郊区政府颁发项目建设目标责任书、征拆目标责任书。平定县政府等单位进行表态发言。

1月9日 主题为“文明城市全民共建，美好家园你我共享”第三届“最美出租汽车驾驶员”颁奖典礼举行。本次活动由市委宣传部、市文明办、市交通运输局、市出租汽车管理处、市出租汽车协会主办。市委副书记巩成、副市长李文兵等出席活动。

在此次网络评选活动中，活动页面访问量达240万次，累计投票178441张，最终在全市5000余名出租汽车驾驶员中评选出“最美出租汽车驾驶员”10名、“最美出租汽车驾驶员”提名奖获得者10名、“优秀出租汽车驾驶员”111名以及4支“文明服务车队”。

1月14日 阳泉市平定公交公司驾驶员王雪峰被评选为“山西好人”。王雪峰是平定公交公司公交一队613路公交车驾驶员。从2013年入职以来，无论是在日常客运任务，还是每周接送寄宿制学生、夜间加班接送高中走读生，他都尽职尽责，全心全意为乘客服务，安全行车21万公里无事故，服务乘客80万余人次无投诉。

1月16日 省交通运输厅党组成员、副厅长雷天才赴阳泉市检查春运安全保障工作。雷天才一行先后深入阳泉客运总站、华润燃气公司、白泉治超站、阳泉东高速公路收费站，在现场分别了解近期客运、燃气运送及储存、车辆超限超载治理和高速收费站车辆通行等情况，对各单位在保障春运安全方面做的大量工作给予充分肯定，同时对辛勤工作在一线的干部职工表示慰问和感谢。雷天才在讲话中指出，做好春运安全保障工作，是事关人民群众便捷出行、增强民众幸福感的重要民生工作。春节、“两会”临近，各单位要进一步提高政治站位，在保安全、保畅通、保服务上下工夫，要强化风险意识，严格执行24小时领导值带班制度；要制定应急预案，加强应急演练；要建立道路保通保畅联动机制，提高高峰时段的疏导通行能力；要加强工作人员业务培训，充分利用好“移动购票”等信息技术，深入开展便民服务，为人民群众提供良好出行环境，提高人民群众出行舒适感。

阳泉市副市长李文兵、市交通运输局局长梁庆、阳泉公路分局局长闫献忠陪等领导陪同检查。

2月5日 省交通运输厅党组成员、副厅长王晋以“四不两直”方式突击检查阳泉市环京出省口检查站、太旧高速公路阳泉服务区卫生检疫站、槐树铺卫生检疫站、旧关卫生检疫站、市公交总公司、顺达出租公司防疫工作落实情况。市交通运输局局长梁庆、阳泉公路分局局长闫献忠陪同。在检查中，王晋对全市在疫情期间落实防疫和维持运行所做的工作表示肯定，对出租行业支持政府防控，主动减免包车费和管理费的做法表示赞扬。

王晋在讲话中，提出4点要求：一是继续加强场站、车辆消杀工作，尤其是切实落实重点部位的消杀，继续要求乘客戴口罩乘车，保障市民和司乘人员的安全，坚决遏制疫情通过交通工具传播和交叉感染。二是使用先进设备，提高信息登记效率，既要完成卫生检疫站工作，又要提高通过率，避免拥堵；三是提前预判，做好车流量激增的准备，根据情况做好应对工作；四是加强后勤保障，配备好防护用品和保暖物品，关爱和保护好一线工作人员。

3月3日 阳泉市委书记关建勋督导检查进京通道检查站疫情防控工作，看望慰问奋战在疫情防控一线的工作人员。关建勋在讲话中，充分肯定检查站工作成效，对全体工作人员的付出表示感谢。他指出，阳泉是山西的“东大门”，是出省进京的重要通道，防控任务重、责任更重。当前疫情形势依然严峻复杂，防控正处在最吃劲的关键阶段。要以高度的政治责任感，认清自己的使命任务，坚决杜绝盲目乐观和麻痹大意思想，扎实履行疫情防控职责。要继续保持高度戒备状态，在做好自身防护的前提下，进一步加大对出省进京车辆和人员的登记检查力度，做到逢车必检、逢人必查、逢疑必报，切实阻断疫情传播通道，坚决守住环京护城河。

3月4日 阳泉市市长雷健坤到阳泉综合交通客运枢纽调研，市委常委、常务副市长黄海涛陪同调研。

雷健坤深入项目建设现场，详细了解疫情防控和项目建设进展、复工复产情况，现场协调解决项目推进过程中遇到的困难和问题。要求严格落实疫情防控主体责任，毫不松懈做好各项防控措施，全力保障工作人员身心健康。要倒排工期，提速保质，加快推进项目建设，真正将枢纽工程建设为让百姓放心、政府满意的精品工程。

3月5日 省长林武深入阳泉调研疫情防控和复工复产工作。要求坚决贯彻落实习近平总书记重要讲话精神，按照党中央、国务院决策部署和省委、省政府工作要求，落实分区分级精准防控策略，进一步巩固疫情防控持续向好态势，精准有序扎实推动复工复产，加快恢复正常生产生活秩序，努力实现第一季度经济社会发展良好开局。

林武深入阳泉综合交通客运枢纽调研时指出，项目建设对于优化区域交通格局、带动阳泉更好发展具有重要意义。要在保证工程质量和施工安全前提下，加快工程扫尾，如期高质量建成投运。市委书记关建勋、市长雷健坤等参加调研。

3月18日 阳泉市交通运输工作会议召开。会议贯彻落实中共十九大和十九届二中、三中、四中全会精神及中央和省、市经济工作会议精神，贯彻落实全国、全省交通运输工作会议精神，总结2019年工作，分析当前形势，部署2020年工作。

会议要求，做好2020年工作，要坚持问题导向、目标导向、结果导向，统筹兼顾、突出重点、全面推进。全面启动贯彻落实《交通强国建设纲要》各项工作，进一步推动"四好农村路"和太行一号旅游路高质量发展，加快推进重点项目建设，坚决打赢交通运输领域三大攻坚战，深化交通运输供给侧结构性改革，深化交通运输管理体制机制改革，加快提升行业治理体系和治理能力现代化水平，抓牢交通运输安全生产底线，全面加强党的建设，努力开创阳泉交通运输高质量发展新局面，为全面建成小康社会当好先行、提供支撑。

同日 阳泉市交通运输系统党风廉政建设和反腐败工作会议召开。会议认真贯彻落实中央和省、市纪委全会精神和全省交通运输系统党风廉政建设和反腐败工作会议精神，回顾总结2019年工作，深入分析当前形势，研究部署2020年任务。

会议要求，全系统各级党组织要把思想和行动统一到习近平总书记在中共十九届中央纪委四次全体会议上的重要讲话精神上来，深入贯彻落实省纪委十一届六次全会和市纪委十二届六次全会精神，扎实做好全年党风廉政建设和反腐败工作。切实加强政治监督，确保党对一切工作的领导；持续加强思想教育，巩固深化主题教育成果；常态化推进作风建设，营造风清气正政治生态；用好监督执纪"四种形态"，强化高压态势；压实"主体责任"，提高监督执纪效能，坚决推进党风廉政和反腐败斗争向纵深发展，不断开创全面从严治党新局面。

3月31日 阳泉市市长雷健坤深入阳泉综合交通客运枢纽工程施工现场调研指导工作，副市长王明厚陪同调研。雷健坤一行先后深入枢纽工程主站房、河渠工程、室外工程实地查看施工情况，听取市交通运输局局长梁庆关于工程总体建设、施工进度及疫情防控等方面的情况汇报。她强调，各级各有关部门要精心组织、统筹配合，为项目有力有序推进提供坚实保障。施工单位要抢抓时间、倒排工期、挂图作战、科学施工，全力以赴加快工程进度，确保工程早日竣工。同时，要着眼旅客需求，扎实做好配套设施建设，切实为人民群众出行创造良好条件。

4月9日 山西省交通运输厅"四好办"处长郭转英一行深入阳泉市平定县开展《山西省旅游公路管理办法》立法调研。

调研组就旅游专用公路内涵外延的界定和功能定位、前期规划中突出旅游公路的专用性及限制机车辆通行、旅游公路与国省干线和城市道路重合路段实现专用性等11个方面听取意见建议，表示将在认真收集整理意见建议基础上，对有价值意见建议提请采纳。

4月29日 阳泉市交通运输局局长梁庆带队赴省交通运输厅汇报"交通强国"试点项目及交通运输重点工程推进情况。厅党组书记、厅长闫晨曦指出，阳泉市交通运输系统认真贯彻落实省委、省政府部署要求和省交通运输厅工作安排，统筹推进疫情防控和保通保畅保运、项目复工复建等工作，当好先行，服务大局，为经济社会稳定发展做出积极贡献。"交通强国"试点项目是"功在当代、利在千秋"的重大民生工程，符合国家交通强国战略思路和当前新基建导向，契合阳泉带状城市发展需求，务必高水平谋划、高质量推进、高标准建设，省交通运输厅将加大对"交通强国"试点的支持力度。

5月1日 阳泉市委副书记巩成带领创卫督查组和有关部门负责人，深入阳泉市客运总站开展调研督查，并对节日期间坚守一线的工作人员表示慰问。巩成现场查看客运总站疫情防控和创卫工作开展情况后指出，创卫攻坚已到决战决胜的关键阶段，要进一步增强使命感和紧迫感，主动担当，积极作为，加强创卫长效管理，做到创卫攻坚和疫情防控"两手抓、两手硬"。在全面巩固现有成果基础上，对薄弱环节和存在问题全力攻坚整改，进一步提高卫生管理水平，为城市环境面貌改善和创卫攻坚做好保障。客运场站和车辆是防控的重点部位，要保持头脑清醒，毫不懈怠、慎终如始落实各项防控举措，坚决筑牢防控防线。

5月13日 省交通运输厅党组成员、副厅长王四小一行深入阳泉综合交通客运枢纽调研。阳泉市委常委、常务副市长黄海涛,阳泉市交通运输局局长梁庆陪同调研。

王四小一行实地查看阳泉综合交通客运枢纽工程施工现场,深入了解工程概况、施工进度等方面情况。他指出,综合交通客运枢纽建成后,将成为晋东地区第一个集多功能于一体的"零换乘"现代化综合交通枢纽,有效解决铁路、公共交通、公路客运等出行方式不能有效衔接的问题,满足全省东部交通发展需要,也将极大地推动和加快阳泉市新城建设步伐,方便百姓出行,完善城市功能,提升城市形象。各级各有关部门要精心组织、统筹配合,为项目顺利完工提供坚实保障。施工单位要抓紧施工,加快工程扫尾,同时做好防汛、安全、环保降尘、配套设施建设等工作,确保综合交通客运枢纽如期高质量建成投运。

5月21日至22日 省交通运输厅党组成员、副厅长段新源深入阳泉检查调研。副市长李文兵、市交通运输局局长梁庆陪同调研。

段新源先后深入阳泉客运总站、阳泉综合交通客运枢纽、晋东运输公司、市公交公司、平阳湖码头检查调研交通运输安全工作,到盂县检查指导"村通客车"工作。

段新源在讲话中,对全市工作给予高度肯定。他指出,阳泉市交通运输部门敢于担当任事,主动自我加压,疫情防控和安全生产抓得实、效果好。他强调,要进一步提高政治站位,强化底线思维,切实做好安全生产、信访稳定、常态化疫情防控工作,为全国"两会"胜利召开营造安全稳定的交通运输环境。

段新源指出,"村通客车"是硬指标、硬任务,宜快不宜慢,宜早不宜迟,要尽快完成剩余村通客车任务,要"一村一策、一路一策"抓好精细管理,坚决防止"通返不通",坚决防止"数字通车",为全面建成小康社会、服务乡村振兴战略提供坚实的运输服务保障。

6月2日 省交通运输厅专家组深入阳泉市调研城市公共交通发展情况。调研组由省厅城市客运处处长解宝平带队,交通运输部科学研究院、省交通运输厅、山西省交通科技研发有限公司组成的专家组一行8人参加。专家组先后深入阳泉综合交通客运枢纽、平定县东方世纪公交客运有限公司调研,查阅全市"十三五"期间城市公交行业管理的相关政策性文件、公交专用道建设使用情况、城市客运枢纽建设、公交智能化发展等资料。随后,在市交通运输局召开座谈会。解宝平对全市城市公共交通发展工作给予充分肯定。他强调,城市公共交通发展事关城市综合竞争力提升,要充分考虑阳泉山城特点,正确处理继承与革新的关系,将城市交通需求与客观现实条件紧密结合起来,以城市公共交通专项规划为重点,统筹兼顾,加强公共交通配套设施建设,发展多样化公交,建立与阳泉城市空间契合的公共交通体系。

6月3日 阳泉市委常委、常务副市长黄海涛深入阳泉综合交通客运枢纽调研指导工作。黄海涛一行实地查看工程施工现场,详细了解工程施工进度和总体建设情况。他强调,阳泉综合交通客运枢纽工程是新建阳大铁路的标志性工程,也是全市重要的民生工程,要进一步提高政治站位,强化责任担当,密切沟通协调,采取扎实有效的措施,统筹做好项目建设、工程防汛和环保降尘等工作,配合做好阳大铁路验收相关工作,确保工程如期竣工运营。

6月17日 阳泉副市长李文兵深入阳泉公路分局调研指导。调研中,李文兵现场观看阳泉市国省干线公路"十四五"规划演示资料片,详细询问规划编制、路线走向、项目入库和投融资等方面情况。阳泉公路分局负责人就阳泉市干线公路提质升级全域通达工程、干线公路迎国检、项目建设、路域环境整治等年度重点工作推进情况进行汇报。

李文兵在讲话中要求,公路部门要统筹做好全年各项工作任务,特别是迎国检等重点工作要抓实抓牢抓好,打造亮点。要坚持规划先行,科学合理布局,确保规划编制合理性和可行性。要切实增强做好重点项目紧迫感和责任感,高起点规划、高速度推进、高水平建设,切实把实事办好,好事办实。

同日 阳泉市副市长李文兵深入市交通运输局调研。在调研中,李文兵听取市交通运输局负责人工作汇报,并就安全生产、重点项目建设、行业监管服务和干部队伍建设等各方面工作开展情况进行交流。要求各级交通运输部门要以务实重行作风和攻坚克难精神将各项工作落到实处。要强化底线思维,全力抓好交通运输安全生产,牢牢守住安全底线。要以"两新一重"为抓手,加快谋划和推进一批契合国家新基建导向、契合交通强国建设战略、契合阳泉交通运输发展实际的好项目,抓住政策窗口期,抢抓机遇,争取支持。要加快交通建设步伐，找准交通发展定位，推动各项工作对标提升，努力实现全市交通运输工作新突破，为谱写阳泉转型发展新篇章当好先行、提供支撑。

6月23日至24日 省交通运输厅第三督查组一行对阳泉市乡镇和建制村通客车工作进行督导检查。督查组听取全市乡镇和建制村通客车工作汇报，查阅相关资料，并先后到盂县骆驼道村、长一铺村、猫铺村等建制村实地查看农村客运运营情况、服务质量等。要求相关部门要进一步完善农村客运发展扶持政策和财政补贴制度，通过政府购买服务、建立运营补助机制等方式，保障农村客运开通并可持续稳定运营。要坚持问题导向，建立科学高效的运行机制，强化农村客运安全保障和安全监管，提升农村客运安全运营水平。要持续强化工作督导和动态监测，切实巩固建制村通客车成效，防止“通返不通、虚假通车、数字通车”现象发生。

7月1日 阳泉市副市长王明厚深入阳泉综合交通客运枢纽，就站前交通组织情况进行专题调研。在枢纽工程站前广场，王明厚一行通过查看图纸、听取汇报等形式，详细了解进出站车辆通道和交通组织流线情况和站前区域规划管理情况。要求站前交通组织管理要综合考虑阳泉东站的整体功能布局，在做好长远规划的基础上，加大力度解决交通不畅和安全隐患问题。各有关单位要协调好工程建设，保证工程质量和安全，抢抓工程进度，确保枢纽工程尽快竣工并投入使用。

7月3日 阳泉市市长雷健坤赴山西交控集团对接交通强国试点车路协同项目、太旧高速出入口调整项目，与交控集团董事长袁清茂、总经理郝玉柱进行工作座谈。副市长李君和市交通运输局、市大数据局、平定县政府主要负责人参加座谈。

雷健坤首先对山西交控集团对阳泉市经济社会发展的支持表示感谢。她表示，阳泉过境高速出入口调整项目，对于拉大城市框架，提升门户形象，助力娘子关景区建设具有重要意义。希望双方携手并进，深化合作，加快推进项目建设。

袁清茂表示，交控集团十分重视和支持地方经济建设和发展，与阳泉市一直以来保持良好的合作伙伴关系。山西交控集团将发挥全产业链优势，积极支持阳泉过境高速出入口调整项目，推动项目早日立项开工。

7月8日 阳泉市委书记姜四清听取交通运输专题汇报，市委常委、市委秘书长、统战部部长，副市长李文兵等领导参加汇报会。市交通运输局局长梁庆作汇报。

听取汇报后，姜四清在讲话中充分肯定全市交通运输工作，指出交通运输系统在全市经济社会发展中定位准确，思路清晰，工作主动，举措有力，成效显著。姜四清强调，阳泉市地处石太走廊中心点、联系京津冀，区域优势明显。交通运输系统要着力发挥区位优势，积极抢抓政策机遇，加快谋划推进重点项目，前瞻规划交通路网，科学设计投融资模式，注重交通功能、历史文化及景观融合，打造地标性高质量交通运输基础设施，为阳泉市“重塑竞争新优势，倾力打造晋东区域中心城”当好先行，提供支撑。

同日 阳泉市市长雷健坤深入平定县冠山镇，调研太旧高速公路阳泉南互通项目。调研中，雷健坤深入太旧高速公路阳泉南互通项目选址地，实地查看周边环境，详细了解项目前期准备、规划设计、政策争取等情况。

她强调，太旧高速公路阳泉南互通项目对优化市域交通路网布局、方便群众出行、提升城市品质具有重要意义。各级各有关部门要提高思想认识，牢固树立“一盘棋”思想，市县联动，强化配合，全力以赴加快推进前期工作，争取项目早日开工建设。要用足用活政策，抢抓政策窗口机遇，积极争取国家、省资金支持，确保政策利用、资金使用效益最大化。

7月10日 阳泉市政府召开国道G307、国道G207线阳泉市绕城改线工程推进会。市长雷健坤出席会议并讲话，副市长王明厚主持会议。

雷健坤强调，国道G307、国道G207线阳泉市绕城改线工程是全市拉大城市框架、改善人居环境的重大举措。各级各部门各单位要坚持问题导向，对照项目推进中存在问题，每个标段都要成立服务保障组，建立问题清单，明确解决时限，强化责任落实，加强协调配合，及时解决项目建设中的堵点、难点。要强化交账意识，2021年6月30日实现通车是不能动摇的目标，各部门、各县区、各乡镇、建设单位要聚焦目标，提高政治站位，增强工作主动性，把解决问题、抢抓进度作为检验能力素质、作风状态的重要标尺，严格落实一周一调度工作推进机制，精准调度，全力攻坚，确保项目如期建成通车。

7月22日 省交通运输厅党组成员、副厅长李贵顺深入阳泉市交通运输局调研。李贵顺听取局长梁庆工作汇报，与局领导班子进行座谈，对阳泉市交通运输工作给予充分肯定。

李贵顺在讲话中，要求时刻绷紧疫情防控这根弦，慎终如始抓紧抓细抓实疫情防控工作，严格落实场站、客运、公交、出租等防控措施，坚决守住交通运输疫情防控防线；要从严落实安全生产领导责任和主体责任，深刻汲取近期国内交通运输事故教训，扎实做好公交、客运和危化品运输企业隐患风险排查整治，注重做好从业人员的思想稳定工作，牢牢守住安全生产底线；要突出抓好防汛和抢险救灾准备工作，完善各类预案，强化值班值守，加强路网巡查，做好物资储备，确保一旦发生险情能够有效应对、高效处置。

8月14日 阳泉市市长雷健坤赴阳大铁路现场办公，协调解决阳大铁路验收开通阶段相关工作。市委常委、常务副市长黄海涛，副市长靳润喜、李君参加。

雷健坤一行到阳泉东站站前广场，认真查看广场及配套工程建设进展情况。进入车站大厅，雷健坤听取阳泉东站运营准备工作情况汇报，详细了解列车运行、交通接驳、安检安防、站内服务等情况。雷健坤向铁路运营一线职工以及工程建设人员表示慰问和感谢。雷健坤乘坐城际动车组列车对铁路运行情况进行添乘检查，详细了解换乘标识、车票购买、便民设施配置等情况。

座谈会上，雷健坤认真听取阳大铁路总体工作情况汇报，现场办公解决铁路验收开通阶段存在的困难问题。她强调，阳大铁路是举全市之力建设的重大工程，更是全市"重塑竞争新优势，倾力打造晋东区域中心城"的有力支撑。各级各相关部门要强化大局意识，切实增强责任感、使命感、紧迫感，牢固树立全市"一盘棋"思想，强化时间观念，上下联动、协同配合，不为问题找理由，只为推进想办法，切实把这项民生工程办实办好。各级各相关部门主要负责人要强化担当意识，躬身入局、亲自协调、亲自推动，确保阳大铁路如期开通运营，为全市蹚出转型发展新路做出贡献。

8月23日至25日 交通运输部运输服务司副司长李华强带领部督查组深入阳泉市督查2020年交通运输重点工作。督查组对阳泉工作给予充分肯定，对整改提高提出明确要求，强调要深入贯彻落实《交通强国建设纲要》，推动交通运输高质量发展，为决战决胜脱贫攻坚、全面建成小康社会、深入推进乡村振兴当好先行、提供支撑。

省交通运输厅党组成员、副厅长王晋，阳泉市副市长李文兵等陪同。

8月25日 由省委全面依法治省第四督查组组长、省政协社法委二级巡视员张俊英带队的督查组一行8人深入市交通运输局开展专项督查。市交通运输局党组书记、局长梁庆结合全市交通运输工作实际，就普法宣传教育、依法治理、执法改革、执法监督、信用建设等工作进行汇报。督查组通过查阅资料、调取执法案卷、座谈交流、填写调查问卷等方式，全面了解全局法治建设情况。

督查组对全局法治建设所做的大量工作和取得的成绩表示肯定。要求进一步提高政治站位，切实增强做好普法工作的责任感和使命感，不断强化法治政府建设和普法工作，做到目标明确有指向、形式多样接地气、责任细化抓落实、思路创新有效果，积极打造工作亮点，发挥示范引领作用，为全面推动依法治理工作再上新台阶贡献力量。

9月9日 阳泉市货运业工会联合会成立，并召开第一次会员代表大会。

9月15日 阳泉市市委书记姜四清深入平定县、郊区，专题调研国道G307、国道G207线阳泉市绕城改线工程，现场办公研究解决问题。他强调，国道G307、国道G207线阳泉市绕城改线工程作为全市的重点工程项目，有关县区和部门要树牢项目发展理念，增强大局观念，强化服务保障，加大推进力度，确保如期建成，努力将项目打造成为品质工程、安全工程。

调研中，姜四清先后来到国道G307、国道G207线阳泉市绕城改线工程平定互通、辛兴互通现场，听取进展情况汇报、了解存在困难问题，对建筑物拆迁、土地交付、资金筹措等影响工程进度的问题提出明确要求。市领导申济、王明厚一同调研。

9月24日 阳泉市举行阳大铁路阳泉北至阳泉东段开通仪式。交通运输部部长李小鹏、国家铁路局局长刘振芳发来贺电表示祝贺。

市委书记姜四清宣布阳大铁路阳泉北至阳泉东段开通。市委副书记、市长雷健坤致辞，市人大常委会主任王旭明、市政协主席杨永生等市四大班子领导参加。市委常委、组织部部长任建华宣布表彰决定，市委常委、常务副市长黄海涛主持。

省发改委副主任李祥应邀出席，中国铁路北京局集团有限公司副总经理荆世明致辞。中国铁路太原局集团有限公司副总经理孙雁胜，华远国际陆港集团有限公司总经济师李兴忠等参加。中国铁路设计集团有限公司党委副书记单万水代表受表彰单位发言。受表彰集体和个人现场领奖。

雷健坤在致辞中代表市委、市政府对阳大铁路阳泉北至阳泉东段顺利建成开通表示祝贺，对国家有关部委、省直有关部门多年来给予阳泉的大力支持表示感谢，向为项目建设付出心血的老领导、老同志以及各参建单位、广大铁路建设者表示崇高的敬意。她指出，阳大铁路阳泉北至阳泉东段顺利建成开通，是省委、省政府坚强领导和关心厚爱的结果，是交通运输部、国家铁路局等国家有关部委鼎力支持的结果，是广大铁路建设者夜以继日、艰苦奋战的结果，是几届市委、市政府接续奋斗、真抓实干的结果。全市上下要深入学习贯彻习近平总书记视察山西重要讲话重要指示，按照省委十一届十次全会部署，聚焦“全省高质量转型发展的重要增长极、山西与京津冀区域合作的门户城市、山西向东开放的前沿阵地、山西东部生态经济核心区”的发展定位，努力把阳大铁路打造成一条产业转型之路、开放通达之路、旅游黄金之路、提振干劲之路，奋力书写新时代中国特色社会主义的阳泉篇章。

山西阳大铁路有限责任公司董事长杨栋善介绍，工程建设以来，完成14座桥梁、9座隧道、72座涵洞、5个车站、1座市域动车所、1座牵引变电所以及站后“四电”等工程的建设任务，于9月11日通过中国铁路北京局集团有限公司组织的各项验收。按照国铁一级标准实施，单线、客货两运、电气化、自动闭塞，牵引质量5000吨，时速120公里。

10月22日至23日 由海南省交通运输厅党组成员、总工程师刘闯和山西省公路局局长胡钢成带队的交通运输部全国干线公路养护管理治理评价组，深入阳泉市就“十三五”期间国省道干线公路养护管理工作进行调研指导。

11月3日 阳泉市客运总站新站运营启动仪式在阳泉东站站前广场举行，市长雷健坤出席启动仪式并宣布新站启用，市政协主席杨永生出席，副市长李文兵致辞。启动仪式上，市交通运输局负责人介绍阳泉市客运总站新站基本情况，相关线路驾驶员代表作表态发言。

正式运营的阳泉客运总站新站建设标准为一级客运汽车站，兼具长途客运、汽车修理检测、物流配送、停车场、车辆指挥调度和配套服务设施等功能。新站共开通运营线路46条，其中省际线路17条、省内线路25条、市内线路4条，现有进站营运客车240台。

11月7日 阳泉市盂县举行国道G239、国道G338盂县境内公路改线工程奠基仪式。

国道G239盂县境内夫城口至肖家汇段公路改线工程起点位于盂县与忻州交界夫城口村东太路与既有国道G239平面交叉处，终点为盂县上社镇肖家汇村东与既有国道G239顺接，路线全长28.451公里，全线新建桥梁12座、隧道4座。国道G338盂县境内闫家庄至梁家寨段公路改线工程，起点位于盂县与河北省交界对王只村，与河北规划国道G338一级公路顺接，终点位于盂县梁家寨乡西侧顺接既有国道G338，路线全长15.715公里，将按照双向四车道一级公路标准进行施工建设。

11月18日至20日 交通运输部验收工作组由江苏省交通运输厅副厅长方建华带队，到阳泉市平定县，就全国第一批城乡交通运输一体化示范县创建工作进行检查验收。省交通运输厅党组成员、副厅长郭丙福，市委常委、平定县委书记李明陪同验收。

在验收中，交通运输部验收工作组听取平定县有关负责人关于城乡交通运输一体化示范县创建工作的专题汇报，观看平定县《努力蹚出城乡交通运输一体化建设新路》专题片，随后到阳泉汽车客运南站、后沟村等处，视察村级综合服务站点、通村公路、通客车村、旅游公路等内容，通过听取汇报、观看展板、查阅资料等方式，详细了解各项工作开展情况。

交通运输部验收工作组要求，平定县及相关部门要继续巩固和利用城乡交通运输一体化建设的成果与资源，持续发挥交通在全县经济发展中的支撑作用，为全县实施乡村振兴战略提供更加强劲的交通运输保障。

11月24日 阳泉市副市长李文兵主持召开新型城轨交通项目前期工作部署推进会，要求相关部门和单位要高度重视，充分认清项目的重要意义，认真贯彻落实市委、市政府的部署要求，齐心协力、密切配合，全力推进项目前期；要加强组织领导，压实工作责任，加快工作节奏，按照会议明确的时间节点、具体任务和工作要求抓紧落实。

12月8日 阳泉市副市长李文兵现场调研国道G239线阳泉郊区过境河底至荫营段改线工程。李文兵指出，国道G239郊区改线工程作为省级重点项目，郊区政府要加快工程推进进度，加紧研究资源压覆问题，尽快拿出方案报市政府。同时，要综合考虑社会效益、经济效益，科学论证沿线出入口设计方案。

12月9日 省专项督导组由省财政厅二级巡视员温建栋带队，深入阳泉市督导国三及以下排放标准柴油货车淘汰工作。

督导组采取听取汇报、查阅资料、实地检查等方式，对全市国三及以下营运柴油货车淘汰工作情况进行全面督导检查。汇报会上，督导组详细解读国家和省各项政策，和与会人员共同研究解决实际困难问题，为全市下一步更好开展工作进行指导。

12月10日 阳泉市公路服务中心揭牌仪式举行。市交通运输局党组成员、副局长史连海出席仪式并讲话，中心负责人李喜忠主持仪式，中心全体干部职工参加仪式。

12月10日 阳泉市综合运输服务中心举行挂牌仪式。市交通运输局党组成员、副局长曹慧晟，市综合运输服务中心负责人尚保银共同揭牌。中心班子成员及全体干部职工参加挂牌仪式。

12月26日 阳泉新城大道平交道口匝道三正式通车，为郊区人民出行提供便利。

（资料提供：王九存）

吕梁市交通运输局
大事记

1月3日 吕梁市委书记李正印深入市交通运输局调研，听取交通项目建设情况汇报。要求深入学习贯彻中央、省委经济工作会议精神，认真落实市委四届八次全会暨经济工作会议部署，坚持项目为王，突出交通先行，加快谋划、建设一批交通重点项目，为全市经济高质量发展提供有力支撑。市领导李小明、杨巨才一同调研。

1月8日 吕梁市交通运输局组织召开全市交通运输系统2020年春运工作视频部署动员会议。会上，市运管处处长梁春祥对全市2020年春运工作进行部署，要求重点做好三项工作，即充分认清春运工作形势；全面落实安全保障措施；认真抓好会议精神的贯彻落实。

1月28日 山西快成物流有限公司携手柳林向杰车队成立应急小组，召集60位司机与30辆半挂车，免费为山西到湖北提供救援物资运输服务。

2月15日 上午，吕梁市交通运输局第八次防控领导小组会议召开，局党组书记、局长王吉对全市交通运输行业应对“双返”“四后”预案落实工作进行部署。要求进一步制定完善各领域复工复产预案，加大落实力度，切实做好“四后”疫情防控工作，为保障交通重点防疫物资运输，支持企业复工复产，稳定经济社会大局提供有力支撑，具体要做到“八个到位”，即组织领导到位；健康排查到位；消毒工作到位；物资保障到位；公共场所和生产服务场所管控到位；应急值守安排到位；督导检查到位；健康宣传到位。

2月20日 零时起，吕梁市内相邻县（市、区）之间及县（市、区）内乡镇间的检查点一律撤销，各高速公路收费站防疫检查点设置应急通道，确保应急物资、生活物资、重点生产物资运输车辆通行畅通。

2月25日 吕梁市交通运输局下发《关于做好全市恢复交通秩序保通保畅保运工作的通知》，对全市恢复交通秩序保通保畅保运工作做出部署，要求全市自即日起，恢复城市公交、出租汽车、道路客运班线和旅游包车服务。

3月19日 吕梁市交通运输局联合市扶贫办，与山西路桥集团吕梁国道项目建设管理有限公司、山西路桥第一工程有限公司、吕梁公路建设有限公司、山西远方路桥（集团）有限责任公司、太原路桥建设有限公司5家项目参建单位就吸收建档立卡贫困户参与沿黄扶贫旅游公路建设进行工作对接。

市交通运输局深入挖掘交通工程建设项目中本地就业岗位需求，精准对接施工单位，联系贫困户，对贫困户务工意愿、就业服务需求进行摸底，努力服务贫困群众就地就近就业。共吸收临县、兴县102名贫困户建档立卡贫困户，参与交通工程建设，既增加贫困户就业渠道，又增加贫困户收入。

4月5日至6日 吕梁市长王立伟深入国道G209线吕梁新区段改线、祁离高速、临离高速坪头互通、滴瓦线“四好农村路”、北武当山北线旅游路等公路项目施工现场，督导调研交通基础设施复工复产、项目建设情况。副市长杨巨才、市政府秘书长权威等陪同调研。

4月13日 吕梁市交通运输局组织全体干部职工集中收看全省“三零”单位创建工作动员部署大会。会后，局党组书记、局长王吉全就“三零”单位创建工作进行详细部署，提出3点要求。一是站在讲政治、顾大局、保稳定高度，认真贯彻落实上级有关要求；二是将“三零”单位创建工作与当前各项重点工作结合起来，压实工作责任、狠抓工作落实；三是充分发挥好领导干部率先垂范、党员的先锋模范作用，带领全局干部职工立足本职、真抓实干。

5月10日 吕梁市黄河一号旅游公路建设推进会在临县碛口召开，副市长杨巨才出席会议并讲话。要求沿途各县政府、各有关单位要提高政治站位，压实工作责任，一是做好疫情防控；二是加强工程管理；三是加强安全生产；四是建设廉洁工程。

5月14日 吕梁市交通运输局党组在全市交通运输系统开展“党风廉政教育年”活动，目的是以“五廉”活动（编发廉政微信、组织廉政培训、讲廉政党课、征集廉政书画、开展廉政教育）为抓手，推动党风廉政建设“进机关”“进系统”“进企业”“进项目”，达到以廉促责、以廉促制、以廉促管、以廉促效的目标，全面履行管党治党主体责任，推动全面从严治党不断深入。

5月18日 吕梁市交通运输局党组认真学习习近平总书记视察山西重要讲话精神。局党组书记、局长王吉在讲话中，提出4点要求：一是学深悟透；二是抓好贯彻落实；三是把学习习近平总书记视察山西重要讲话精神与“三篇光辉文献”结合起来，只争朝夕，久久为功，坚决打赢“三大攻坚战”；四是坚决扛起全面从严治党的主体责任。

5月21日 吕梁市副市长杨巨才深吕梁市入方山县北武当山景区环线公路北线工程调研全省三大板块旅游公路建设相关情况。方山县县长周小云、副县长高云林、县交通运输局局长李玉春，以及山西诚程建筑工程有限公司等有关人员陪同。

5月28日 吕梁市交通运输局党组开展“送温暖 解难题”慰问活动。局党组书记、局长王吉深入临县田家山和高家山两个贫困村，查民情、访民意、解民忧，慰问驻村工作队员和田家山村小学全体师生。

5月29日 吕梁市交通运输局党组书记、局长王吉召集领导班子成员和各党支部书记，进行集体廉政谈话，告诫党员领导干部要不忘初心，认真履职尽责，时刻念好纪律“紧箍咒”，系好廉洁“安全带”。一是全面落实习近平总书记关于推动全面从严治党向纵深发展的重大要求，进一步提高政治站位；二是坚定理想信念，强化思想道德修养；三是层层压实全面从严治党的责任，认真履行“一岗双责”；四是继续保持反腐高压态势，坚持有案必查、有腐必反；五是继续加强和改进作风建设。

6月2日 由鄂尔多斯市编委办主任千敖云达来和鄂尔多斯市交通运输局局长王水云带队，一行14人赴吕梁市考察调研交通综合行政执法改革及路政管理工作。吕梁市市委编委办主任刘晓春和市交通运输局局长王吉一同调研。

6月5日 吕梁市交通运输局召开市区更换新能源出租汽车听证会。市人大、市政协、市司法局、市发改委、市财政局等11个相关单位，市区出租行业、消费者代表，新闻媒体、法律顾问等40多位社会各界人士参加听证会。会上，参会人员针对《关于市区更换新能源出租汽车的实施方案》内容建言献策，踊跃发言。

6月16日 吕梁市“四好农村路”和旅游公路建设推进会召开。王吉在讲话中提出5点要求。即加快推进“四好农村路”建设；全力推进旅游公路建设；扎实推进交通扶贫和漠视侵害群众利益问题整改；创新完善农村公路养护管理体制；做好交通运输“十四五”规划编制工作。

6月26日 上午，吕梁市副市长杨巨才对方山县旅游公路建设进行检查，市交通运输局局长王吉、副县长高云林、县交通运输局局长李玉春陪同检查。

6月28日 中共吕梁市交通运输局党总组在帮扶村临县高家山村和田家山村开展“迎七一、感党恩、送温暖”活动，庆祝中国共产党成立99周年。局党组书记王吉带领局党组成员、全局帮扶党员以及高家山和田家山村支两委100余人参加此次活动。

6月29日 中共吕梁市交通运输局党组召开庆祝中国共产党成立99周年暨“七一”表彰大会。大会对疫情防控和2019年以来为全市交通运输行业做出突出贡献的2个先进基层党组织、2名优秀党支部书记、5名优秀党务工作者、16名优秀共产党员和10名“学习强国”优秀学员进行表彰。

7月10日 省委开发区常态化督导三组组长程银锁一行5人深入吕梁市方山县，就北武当山景区环线公路北线旅游公路建设进行督导检查。副市长刘晋萍，市政府副秘书长吴海明，市商务局局长陈爱保，方山县委副书记、县长、县生态文化旅游示范区党工委书记、管委会主任周小云，示范区常务副主任张瑞雪，县交通运输局局长李玉春陪同检查。

9月28日 吕梁市开通市区至临县碛口古镇旅游客运专线，方便群众“两节”期间出行。营运时间从9月28日至10月12日，共15天，每日对开8个车次，票价单次每人5元。

10月6日 国庆、中秋假日期间，根据省政府安委会统一部署，副省长卢东亮在市长王立伟陪同下，深入交城、汾阳等地，就“两节”期间国省道交通流量控制、高速公路通行情况、运输企业交通安全事故预防及运行情况进行督导检查。省交通运输厅党组书记、厅长闫晨曦、市政府秘书长权威等一同检查。

10月19日 吕梁市交通运输局平安交通建设专题会召开。局党组书记、局长王吉就第四季度平安交通建设（综治）工作做部署，提出3点要求。即进一步厘清思路，明确工作职责；围绕目标任务，加大工作力度；注重信息报送，加大宣传力度。

11月5日 吕梁市交通运输局党组学习传达中共十九届五中全会精神会议召开。局党组书记、局长王吉在讲话中，要求全局上下要充分认识中共十九届五中全会精神的重大意义，准确把握全会精神和实质，深刻领会全会提出的新思路、新举措、新规定，切实做到用全会精神来武装头脑、指导实践、推动工作。

11月6日 全省公路“平安百年品质工程”建设推进暨隧道施工标准化现场会在岚县召开。会议观摩学习静兴高速公路品质工程创建和隧道施工标准化建设经验做法，部署推进平安百年品质工程建设工作。市长王立伟，省交通运输厅党组书记、厅长闫晨曦出席会议并讲话。省交通运输厅一级巡视员李贵顺，市政府秘书长权威，以及静兴高速项目沿线地方政府负责人、在建高速公路项目建设单位主要负责人参加会议。

11月12日 省委副书记、省长林武视察黄河一号旅游公路临县段项目建设。

11月20日 吕梁交城举行县交城山旅游大通道工程开工仪式。县委副书记、县长宋志江出席并宣布项目开工，县委副书记、天宁镇党委书记张鹏耀主持开工仪式，副县长权扣维、交通运输局局长田秀云及各县直单位和沿线乡镇等相关人员出席。

11月22日 副省长卢东亮深入吕梁市调研山西路桥集团国道G209吕梁新城区(方山县城至中阳金罗镇)段公路改线工程。省交通运输厅党组书记、厅长闫晨曦，吕梁市委副书记、市长王立伟陪同调研。

（资料提供：陶建强）

晋中市交通运输局大事记

1月3日 晋中市交通运输局组织召开2020年全市春运工作视频会议，会议传达全省春运工作会议精神，市道路运输服务中心、市公路建养服务中心、市综合执法队、市城市客运管理处领导分别对道路运输、公路养护、综合执法和城市客运2020年春运工作做具体部署。

1月8日 晋中市交通运输局邀请市委党校副教授党红艳为全局广大党员干部专题讲解习近平总书记视察山西重要讲话、推动中部地区崛起工作座谈会重要讲话、黄河流域生态保护和高质量发展座谈会重要讲话“三篇光辉文献”。

1月10日 晋中市农村公路养护部门快速反应加班除雪,全力保障道路通畅。

1月11日 上午,晋中市委第三综合考核组在组长李向如带领下,对晋中市交通运输局2019年度目标责任任务完成情况、领导班子运行和领导干部综合表现情况进行综合考核。

同日 晋中市交通运输局“不忘初心、牢记使命”主题教育总结会大会召开,市委第六巡回指导组副组长杨美红出席会议并讲话。

1月13日 按照晋中市直工委《2019年度党组织书记抓基层党建述职评议考核工作实施意见》要求,市交通运输局机关党委召开2019年度党(总)支部书记述职大会。

1月15日 晋中市交通运输局组织召开传达学习中央、省、市一批典型案件警示教育会,参会党员占党员总数的76%,因春运检查、交通执法等原因未参会的党员,1月16日前由所在支部书记再次组织传达学习,做到基层组织全覆盖、党员全覆盖。

1月20日 上午,新春佳节来临之际,晋中市交通运输局党组书记、局长赵俊生陪同市直工委书记李军荣前往瑞达公交公司慰问公交一线党员,把党的关怀和温暖送到他们身边,并致以节日慰问和祝福。

1月27日 晋中市交通运输局制定下发《关于进一步做好新型冠状病毒感染肺炎疫情防控工作的通知》(市交办发〔2020〕5号),要求各县(区、市)交通运输局要向所在县(区、市)人民政府及时请示汇报,对接高速公路运营企业,协调相关部门做好辖区高速公路出入口封闭或卫生检疫站设置工作。

同日 下午,晋中市交通运输局召开党组会,研究部署交通运输系统新型冠状病毒感染肺炎疫情防控工作,坚决遏制疫情蔓延势头,全力做好本系统疫情防控工作。

1月28日 上午,晋中市交通运输局党组书记、局长赵俊生带队,副局长郭福生、王跃东陪同,局新型冠状病毒感染的肺炎疫情防控工作领导组成员一行深入市城区公交公司、出租汽车公司和汽车客运总站,调研指导疫情防控工作。

1月30日 上午,晋中市委副书记、市长、市新型冠状病毒疫情防控工作领导小组组长常书铭深入晋中高铁站检查指导新型冠状病毒感染的肺炎疫情防控工作。

1月31日 上午,晋中市交通运输局党组书记、局长、疫情防控工作领导小组组长赵俊生深入市城区工人文化宫、万达广场和公交公司等重点地段,宣传并督导城市客运领域疫情防控工作。

同日 由平安车队、三晋车队、聚缘车队、精英车队、友谊车队5支车队24名的哥组成一支专门为晋中市第一人民医院奋战在一线的医护人员提供免费接送的爱心志愿者车队。

1月 晋中市迎来2020年第一场雪,全市普降中到大雪。强降雪引发公路路面积雪、结冰等状况,极大影响着人民群众的出行安全。道路安全畅通牵动着养护人员的心,农村公路养护部门以雪为令,迅速组织清雪行动。

是月 新型冠状病毒感染肺炎疫情发生以来,晋中市交通运输局全面精准施策,举全行业之力强化疫情防控工作,遏制疫情传播扩散蔓延势头。

2月4日 上午,晋中市交通运输局党组书记、局长、疫情防控工作领导小组组长赵俊生深入榆次区和太谷县,就做好交通运输系统新型冠状病毒感染的肺炎疫情防控工作进行检查督导。

同日 下午,晋中市交通运输局疫情防控领导组召开第3次专题会议研究疫情期间落实出租汽车防控措施事宜。

2月6日 晋中市交通运输局妥善安置赴湖北省黄冈市运送应急物资司机。

2月9日 下午,晋中市交通运输局局长赵俊生带领检查组一行3人深入晋建客运服务公司、龙城明道出租车消毒站点检查防疫工作。

2月11日 下午,晋中市交通运输局党组书记、局长、疫情防控工作领导小组组长赵俊生深入市城区公交企业和晋中汽车客运总站,就统筹做好春节返程疫情防控和恢复道路旅客运输服务保障进行实地调研督导。

同日 晋中市疫情防控第五督查组一行4人按照《市委办公室 市政府办公室关于开展新型冠状病毒感染的肺炎疫情防控工作督查的通知》(市办电发〔2020〕9号)要求,对全局疫情防控工作进行督导检查。

2月16日 晋中市交通运输局已为79辆运输

车辆上报办理"新型冠状病毒感染的肺炎疫情防控应急物资及人员运输车辆通行证"，保障防疫各类应急物资、生活物资、重点生产物资和人员运输车辆"不停车、不检查、不收费"，优先便捷通行。

2月17日 下午，晋中市交通运输局召开党组扩大会议，专题研究交通运输疫情防控和运输服务保障事宜。

2月18日 晋中市交通运输局和市交警支队召开专题会议，针对目前全市道路通畅和车辆通行的问题进行深入研究，提出妥善解决办法。

2月20日至21日 晋中市交通运输局联合市工业和信息化局，按照《晋中市交通运输局2020年春节后工业企业疫情防控复工复产交通运输保障入企帮扶工作方案》，由市交通运输局副局长郭福生和王跃东带队，分2个帮扶工作组深入娃哈哈、经纬厂、梁汾醋业、斯纳德特种车辆、晨辉混凝土、苏宁物流、振东制药、海玉园食品等工业企业疫情防控和生产经营一线，及时协调指导，及时采取行动，重点协调帮助解决企业复工复产交通运输疫情防控与运输保障等问题。

2月24日 上午，晋中市交通运输局召开专题会议，传达学习习近平总书记在中央统筹推进新冠肺炎疫情防控和经济社会发展工作部署会议上的重要讲话精神和省委、市委统筹疫情防控与经济社会发展工作会议精神，研究贯彻落实措施。

2月25日 从即日起，按照省委、省政府、市委、市政府的部署和省交通运输厅《关于做好恢复交通秩序保通保畅保运工作的通知》(晋交路网发〔2020〕62号)文件精神，结合全市各类企业复工复产对交通运输的迫切需求，晋中市交通运输局决定按照分区分级、精准施策要求，在全市恢复城市客运和道路客运。

2月27日 上午，上海钧证网络科技有限公司(哈啰出行)工作人员将采购的700只医用口罩防疫物资捐赠给晋中市交通运输局，支持帮助全局更好地开展新冠肺炎疫情防控工作。

同日 晋中市客运处向晋中市平遥县客运管理处捐赠防疫用品。

3月1日 下午，为全面贯彻落实晋中市委、市政府和省交通运输厅关于加快交通基础设施建设复工的要求，统筹做好疫情防控和昔榆高速马坊至松塔连接线开工建设工作，市交通运输局党组书记、局长赵俊生深入寿阳县建设工地一线，就做好项目开工建设和疫情防控工作进行检查督导。

3月2日 晋中市交通运输局232名党员自愿捐款支持新冠肺炎疫情防控工作。

3月9日 下午，晋中市交通运输局疫情领导小组会议召开，研究部署当前形势下交通运输系统新型冠状病毒感染肺炎疫情防控和复工复产工作，全力保障人民群众安全健康出行。

3月17日 晋中市疫情防控第五督查组一行3人按照《市委办公室 市政府办公室关于开展新型冠状病毒感染的肺炎疫情防控工作督查的通知》(市办电发〔2020〕9号)要求，对全局疫情防控、复工复产和安全生产工作进行督导检查。

3月22日、3月29日 晋中市交通运输局局长赵俊生分别深入昔阳县、和顺县、左权县、榆社县就太行一号旅游公路建设情况进行实地调研。

4月5日 下午，晋中市副市长郝向明调研晋中市汾河廊带生态旅游通道项目，市交通运输局领导赵俊生、王根喜陪同调研。

4月11日 晋中市交通运输系统工会组织局机关工会、市邮政局管理工会、市道路运输管理局工会、市城市客运管理处工会等分批次前往榆次后沟、灵石红崖峡谷旅游景点，开展"游晋中美景·看晋商文化·促旅游发展"活动。

4月15日 昔阳(晋冀界)至榆次高速公路初步设计评审会在山西省交通规划勘察设计院召开。省交通运输厅党组成员、副厅长李贵顺出席，省交通运输厅处长高新文、晋中市政府副秘书长赵文军、晋中市交通运输局局长赵俊生、项目沿线地方政府和山西省路桥集团相关人员参加会议。

5月1日 晋中市交通运输局党组书记、局长赵俊生深入和顺县马坊乡柏木寨村，对结对贫困户进行走访帮扶，详细了解贫困户的生产、生活情况，并深入调研了解当前交通脱贫帮扶村产业发展情况，共同研究解决困难问题，进一步巩固脱贫成效。

5月8日 晋中市交通运输局"三治三零"创建工作部署会召开。传达全市"三治三零"创建动员大会会议精神和市委、市政府办公室《晋中市深入开展"三治三零"创建推进基层治理现代化工作实施方案》精神，并对全局全面落实全市"三治三零"创建工作进行动员部署。

同日 晋中市交通运输局党组书记、局长赵俊生主持召开中心组学习会议，重温习近平总书记"三篇光辉文献"并开展交流研讨。

5月15日 晋中市交通运输局学习贯彻习近平总书记视察山西重要讲话精神专题会议召开。

5月17日 上午，晋中市交通运输局党组书记、局长赵俊生带队深入祁县忠兴汽车运输有限公司，就运输企业安全生产和经济运行情况进行调研。

5月25日 下午，晋中市交通运输局局长赵俊生带领长治局分管领导和相关科室负责人，赴太原市交通运输局就打通两市交界区域道路断点涉及的道路连通项目进行对接。

5月27日 按照晋中市、太原市推进中部盆地城市群一体化发展联席会议要求，在晋中市委、市政府坚强领导下，在省交通运输厅大力帮助协调下，晋中市交通运输局与太原市交通运输局、山西航产集团多次对接达成共识后，开通晋中至武宿机场专线。

6月11日至19日 晋中市交通运输局实地抽查组赴各县（市、区），重点对优选通达路线路基路面宽度、技术状况、桥涵构造物、排水及安防设施进行现场查看，并对各县自查资料进行核实。共计抽查100个乡镇和437个建制村，抽查乡镇率84.7%，抽查建制村率20.8%，所有抽查的乡镇和建制村已通硬化路，通达率100%。

6月22日至24日 省交通运输厅公路运输管理处处长吴秀武等一行4人深入晋中市督查乡镇和建制村通客车完成情况，市交通运输局党组成员、副局长王跃东一起陪同检查。省厅督查组通过查阅资料、座谈交流、实地查访、发放调查问卷等形式，对全市建制村通客车情况工作进行重点督导。

6月29日 昔阳（晋冀界）至榆次高速公路建设推进组项目推进会议召开。晋中市副市长郝向明，市交通运输局局长赵俊生，山西省路桥集团公司党委书记、董事长杨志贵，山西省路桥集团公司党委委员、副总经理郭聪林，中铁交通投资集团有限公司山西区域指挥长刘世富，及昔榆公司有关人员参会。

7月1日 下午，晋中市交通运输局庆祝中国共产党成立99周年暨“七一”表彰大会召开。

7月11日 晋中市交通运输局党组书记、局长赵俊生带队赴和顺县马坊乡开展“脱贫帮扶六送”主题党日活动。

7月14日 省交通运输厅党组成员、副厅长段新源带队一行深入晋中市调研出租汽车改革工作。

7月28日 上午，晋中市交通运输局召开会议，部署全市乡镇的建制村通客车第三方评估工作。

7月29日 上午，昔阳（晋冀界）至榆次高速公路开工仪式在昔阳县大寨镇杜庄村举行。

8月4日 晋中市交通运输局联合市发展和改革委员会及市工业和信息化局召开全市运输结构调整工作推进协调会议，传达贯彻全国、全省运输结构调整推进会精神，全力推动完成全市运输结构调整三年行动计划实施方案所确定的各项目标任务。

8月23日 晋中市交通运输局局长赵俊生带领相关技术人员赴昔榆高速公路，对昔榆高速控制性工程建设进度、施工单位驻地建设、征拆完成情况等方面进行调研指导。

8月25日 交通运输部运输服务司副司长李华强一行深入昔阳县督导检查，省交通运输厅党组成员、副厅长王晋，晋中市交通运输局局长赵俊生，昔阳县委副书记、县长侯文亮，县委常委、副县长陈昉陪同，县交通运输局相关人员参加。

8月27日 省文明办综合处处长王康、临汾市文明办主任于黎明、晋中市委宣传部副部长赵丽华、晋中市文明办科长郝晓敏一行赴晋中市交通运输局检查全国文明单位创建工作。

8月28日 下午，晋中市交通运输局专题部署会召开，开展“找差距、补短板、抓落实”专项工作。

9月3日 上午，晋中市交通运输局举行《习近平谈治国理政》（第三卷）宣讲会。

同日 晋中市交通运输局党组书记、局长赵俊生主持召开2020年度第9次党组理论学习中心组（扩大）会议，会上，党组书记、局长赵俊生领学《习近平谈治国理政》（第三卷），传达学习习近平在经济社会领域专家座谈会上的讲话、习近平在《求是》发表的重要文章《思政课是落实立德树人根本任务的关键课程》和习近平在扎实推进长三角一体化发展座谈会上的重要讲话，组织与会人员集中学习《中华人民共和国史稿》和《中国制度面对面》相关内容。

9月25日 晋中市交通运输局“两节”期间安全生产工作会议暨“三治三零”工作推进会召开。

9月29日 下午，晋中市运输结构调整攻坚行动指挥部办公室组织召开运输结构调整工作调度会，市工信、发改、交警、介休市政府以及介休车务段、榆次站、阳涉公司等单位有关负责人参会，就省运输结构调整攻坚行动指挥部办公室提出的问题再次进行调度。

10月21日 晋中市交通运输局在重阳节来临之际开展"敬老月·送健康"志愿者活动。

11月2日 晋中市交通运输局党组书记、局长赵俊生主持召开2020年度第11次党组理论学习中心组(扩大)会议,专题传达学习中共十九届五中全会精神。

11月2日至4日 晋中市交通运输局派出工作专班,督查指导交通运输企业营收增长。

11月8日 上午,晋中市交通运输局全市"四好农村路"和太行一号旅游公路建设工作推进会召开。

11月20日 上午,晋中市交通运输局纪律作风集中整顿动员大会召开。

12月1日 司法部第六监督组赴晋中市交通运输局就全面推行行政执法"三项制度"工作和行政规范性文件合法性审核机制落实情况进行专项监督。

12月4日 晋中市交通运输局2020年度第12次党组理论学习中心组(扩大)会议召开。会上,党组书记、局长赵俊生领学《习近平谈治国理政》(第三卷)以及习近平关于国家安全的重要论述,组织与会人员集中学习《中华人民共和国史稿》《中国制度面对面》等相关章节,共同学习中央全面依法治国工作会议精神和《新时代加强和改进市直机关党的建设十八条措施(试行)》等内容。

12月14日 上午,晋中市交通运输局举办学习贯彻中共十九届五中全会精神宣讲会。

12月16日 晋中市文源路(清徐大道)连接道路工程、紫林路连接道路工程可行性研究报告评审会在晋中市交通运输局召开,文源路(清徐大道)连接道路工程、紫林路连接道路工程可行性研究报告通过行业审查。

12月23日 晋中市人大常委会主任赵庆华带领部分市人大财经工委和部分常委委员赴市交通运输局,进行审计整改督查专题调研。

(资料提供:张一飞)

长治市交通运输局大事记

1月4日 长治市交通运输局组织召开2019年全市道路水路春运工作会,认真传达上级有关春运工作的精神和要求,全面部署全市交通运输系统春运工作。会议由副局长吴志刚主持,局党组书记、局长连树斌,二级调研员王喜富,市运管处处长周会彦出席会议并讲话。

1月10日 长治市交通运输局在市客运东站举行2020年春运启动仪式。市交通运输局副局长吴志刚、市运管处处长周会彦,市交警支队副支队长岳峰,市运管处、执法处、长运公司、市一运公司负责人及相关人员、驾驶员和站务员代表110余人参加仪式。

1月13日 长治市交通运输局"不忘初心、牢记使命"主题教育总结大会召开。贯彻会议落实中央、省委、市委"不忘初心、牢记使命"主题教育总结大会精神,总结全局主题教育开展情况,对巩固深化主题教育成果做出安排。市委主题教育第十巡回指导组组长、市供销社党委委员、监事会主任赵强,市纪委监委驻市文旅局纪检监察组副组长武东升,市交通运输局领导班子成员、广大党员代表参加会议。

1月14日 长治市委第三考核组组长杨立宏一行7人对市交通运输局2019年度工作目标责任完成情况进行考核。考核组通过召开考核大会、听取工作汇报、开展民主测评、集中查阅印证资料、与相关人员进行谈话等方式进行考核。

1月15日 省交通运输厅党组成员、副厅长段新源带队,在长治市检查春运工作并走访慰问困难职工和离退休老干部，市交通运输局局长连树斌等陪同。

1月21日 长治市交通运输局印发《做好新型冠状病毒感染的肺炎疫情防控工作的实施方案》，成立以局党组书记、局长连树斌为组长的疫情防控工作领导小组，部署疫情防控信息日报、客运公交车辆消毒、交通场站设置体温监测点等工作。

1月22日 长治市交通运输局召开节前安全廉政工作部署会。局党组书记、局长连树斌主持会议，局领导班子成员、各科室和局属单位负责人参加会议。

同日 长治市交通运输局党组扩大会召开，认真学习习近平总书记对新型冠状病毒感染的肺炎疫情做出的重要指示精神，按照市委、市政府和省交通运输厅要求，进一步落实疫情防控工作。

1月24日 上午，长治市交通运输局疫情防控工作领导小组召开会议，部署进一步加强全市交通运输系统新型冠状病毒感染的肺炎疫情防控工作，细化职责分工，突出道路运输、城市公交、出租车和客运站场等重点领域防控。

1月25日 晚上，长治市交通运输局党组书记、局长连树斌主持召开局疫情防控领导小组紧急会议，针对全市启动重大突发公共卫生事件一级响应，研究客运、公交车辆停运事宜。会议决定，1月26日起暂停本市所有道路客运班线，市客运东站、客运中心暂时闭站；市区公交车1月26日减半运营，1月27日全面暂停运营；集中设立巡游出租车和网约出租车消毒点严格消毒并张贴消毒标识，免费给出租车司机派发口罩；认真做好司乘人员和站务人员的防护及停运车辆消毒工作；紧急动员组建客、货运二支应急保障车队。

1月27日 下午，长治市副市长尚日红带领市交通、卫健、公安等部门负责人，深入市客运东站、长治机场、长北火车站、长太高速长治口、长邯高速长北口等交通通道体温监测站检查指导工作。强调要严把车辆和人员出入关，精准做好疫情源头防控工作。

1月28日 长治市交通运输局运管处从市一运、长运公司选调10辆中巴车、20辆货车，正式组建疫情防控应急保障车队，并配备有经验驾驶员和防护用具，24小时待命；在市区完成设置9个出租车消毒点（其中巡游出租车消毒点7个、网约出租车消毒点2个）并展开消毒、发放口罩等相应工作。

1月29日 长治市副市长尚日红带领市交通、公路、卫健、公安、长治高速等部门负责人，深入平顺县和黎城县检查指导高速公路和国省干线公路入省口、环京出省口卫生检疫站设置工作。

1月30日 上午，长治市交通运输局党组暨疫情防控领导小组会议召开，学习习近平总书记关于疫情防控指示批示精神，贯彻落实中央、省、市疫情防控领导小组专题会议精神，部署全局疫情防控工作和节后上班疫情防控具体事宜。会后，局疫情防控领导小组专题研究制定应对节后客流高峰道路运输、城市客运运力保障方案。

2月10日 长治市交通运输局党组书记、局长连树斌，副局长王维斌一行深入长治北、上党、壶关等高速公路出入口疫情防控检测站督导检查境内高速公路保通保畅工作。

2月18日 从即日起，长治市交通运输局通过组织“点对点”包车客运和通勤定制公交车，全力做好务工人员复工复产返岗运输服务工作。截至2月23日，全市共运送复工复产返岗人员1022人，包车53辆次。

2月21日 长治市公交1路、2路、15路及长治机场D901专线共4条主城区公交线路恢复运营。

同日 长治市交通运输局太行一号旅游公路主线工程推进会召开，分析研判当前任务形势，部署统筹疫情防控和加快推进旅游公路建设进度，确保年度建设目标任务保质保量完成。局党组书记、局长连树斌，党组成员、副局长王维斌，壶关、平顺、黎城和武乡4个主线工程沿线县交通运输局长及长治局规划、公路、质监等有关部门负责人参加会议。

2月24日 下午，长治市交通运输局党组（扩大）会召开，认真学习习近平总书记在统筹推进新冠肺炎疫情防控和经济社会发展工作部署会议上的重要讲话，部署做好全市交通运输行业疫情防控和复工复产工作。局党组书记、局长连树斌主持会议，局领导和机关各科室、局属各单位负责人参加。

2月25日 省交通运输厅党组成员、副厅长段新源带队深入长治市督导检查交通运输重点领域疫情防控和复工复产工作，市交通运输局局长连树斌等陪同。

3月1日 下午，长治市交通运输局党组书记、局长连树斌，局党组成员、副局长吴志刚和市城市客运管理处负责人来到市公交公司，实地推进医护人员公交免费乘车卡办理工作。

3月6日 上午，在2020年全省交通运输工作会暨党风廉政建设和反腐败电视电话会上，长治市交通运输局被表彰为"2019年度完成工作目标任务优秀单位"，自2010年以来，长治市交通运输局连续10年获此殊荣。

3月9日 长治市政府组织召开全市交通重点工作推进电视电话会，围绕太行一号旅游公路、黎霍高速公路建设和省委脱贫攻坚专项巡视反馈问题整改三项交通重点工作任务，通报进展情况、分析存在问题、推进任务落实。副市长尚日红出席会议，副秘书长郭进卫主持。市交通运输、发改委、公安、财政、规划和自然资源、生态环境局等相关单位负责人在主会场参会，各县区政府及相关部门负责人在分会场参会。

3月26日 长治市交通运输局禁毒工作推进会召开。会议由副局长吴志刚主持，相关科室、局属单位和运输企业负责人参加会议。

4月10日 长治市交通运输局党组书记、局长连树斌在平顺县调研督导太行一号旅游公路建设和帮扶村脱贫攻坚。

4月14日 长治市交通运输局党组书记、局长连树斌带领长治局质检站相关人员，轻车简从，深入黎城县太行一号旅游公路施工一线，调研指导旅游公路项目建设工作。副县长王瑞岗陪同调研。

4月25日 长治市客运东站至壶关八泉峡景区、平顺通天峡景区两条免费旅游公交线路正式开通。

同日 长治市交通运输局局长连树斌一行深入武乡县太行一号旅游公路主线现场督导推进工程建设。

5月1日至5日 "五一"期间，长治市交通运输组织有序，安全平稳。全市共完成客运量218.09万人次，未发生一起安全责任事故。

5月8日 长治市交通运输局召开全市"四好农村路"和太行一号旅游公路建设推进会。副局长王维斌、副处级干部石秀成，局财务科、公路处、质监站、路政支队负责人及相关工作人员，各县区交通运输局分管副局长、公路股长30余人参加会议。

5月13日 省交通运输厅安全生产督查检查组由厅安全监督处副处长裴增武带队，深入长治市督查"两会"期间交通运输安全生产工作。市交通运输局局长连树斌、副局长吴志刚、运管处处长周会彦陪同检查。

5月14日 为贯彻市委经济会议和全市统战部部长会议决策部署，发挥好"党委出题、党派调研、政府采纳、部门落实"的民主党派考察调研机制，民革长治市委会专题调研组由市政协副主席、民革市委会主委焦吉林带队，深入市交通运输局就推进"一城四区"交通一体化建设召开调研座谈会。市交通运输局党组书记、局长连树斌，副局长吴志刚、王维斌，局规划、综运、公路、运管、城市客运等职能部门及市公交公司负责人参加座谈会。

5月20日 长治市交通运输局党组专题会议召开，传达学习习近平视察山西重要讲话重要指示，对全市交通运输系统抓好学习贯彻落实工作进行部署。

5月21日 山西省交通运输厅一级巡视员雷天才一行在长治市进行国防交通建设调研指导。市交通运输局局长连树斌、潞城区区委书记秦苏良等陪同。

5月22日 长治市副市长尚日红深入长治南高速路口现场办公，研究太长高速长治南互通提升改造方案并到长治东高速出口参加"路政宣传月"集中宣传日活动。市政府副秘书长郭进卫，市交通运输局局长连树斌、副局长王维斌陪同。

同日 长治市交通运输局脱贫攻坚专项巡视反馈问题整改专题会议召开。局党组书记、局长连树斌主持会议。局领导王维斌、王德强、石秀成及相关科室负责人，平顺、壶关、武乡等8个涉及问题整改县区交通运输局长和公路股长、运管所长参加会议。

5月28日 长治市交通运输局组织出租车车主和司机代表赴阳泉市开展新能源出租车更新交流学习活动。副局长吴志刚带队，局综运科、运管处、城市客运处负责人，市属出租汽车公司经理、部分车主和司机代表等约50人参加活动。

5月 长治市交通运输局部署在全市范围开展"百乡千村万里美丽农村路"创建活动，将建设示范乡镇14个、示范村157个、美丽农村路1040公里。

是月 长治市交通运输部门周密策划，精心组织，多形式、实举措、广渠道、全方位，深入开展"防疫情、守安全、保畅通、优服务"为主题的2020年"路政宣传月"活动。

6月1日 长治市交通运输局组织召开新能源出租车更新座谈会，认真倾听车主及司机意见和建议。市交通运输局局长连树斌、副局长吴志刚和相关科室负责人参会。

6月3日 为贯彻落实《交通强国建设纲要》，深入开展城市公共交通优先发展战略研究，高标准制定"十四五"城市公共交通纲要，更好服务人民群众安全快捷出行，省交通运输厅城市客运管理处处长解宝平带队，交通运输部科学研究院、山西交通科技研发有限公司专家组成的城市公共交通"十四五"纲要编制课题组在长治市进行专题调研。

6月10日 长治市交通运输局局长连树斌带领局规划、公路、运管等单位负责人深入长子县调研"十四五"交通发展规划工作。长子县县长赵永进陪同。

6月11日 长治市副市长尚日红深入武乡县、沁县，就脱贫攻坚巡视反馈问题的整改和重点交通项目建设工作进行现场办公。武乡县县委书记胡坚、沁县县委书记卢展明、市政府副秘书长郭进卫、市交通运输局局长连树斌等陪同。

6月12日 在交通运输部会同人力资源和社会保障部举行全国交通运输系统先进集体劳动模范和先进工作者表彰大会上，长治市交通运输局被授予"全国交通运输系统先进集体"称号，沁源县交通运输局下庄道班班长郭玉生被授予"全国交通运输系统劳动模范"称号。

6月16日 长治市交通运输局党组书记、局长连树斌带领局安全科、市道路运输管理处、城市客运管理处、海事局等工作人员，在市汽车客运东站开展"安全宣传咨询日"活动。

6月17日至18日 省交通运输厅副厅长李贵顺一行在长治市就公路项目建设情况进行专题调研。长治市副市长尚日红、副秘书长郭进卫，市交通运输局局长连树斌等参加调研或座谈。

6月18日 为坚决打赢脱贫攻坚战，确保高质量完成交通扶贫和驻村帮扶任务，长治市交通运输局对全体帮扶人员进行脱贫攻坚专题培训。平顺县龙溪镇党委书记曹江波、副镇长张玉芬受邀做脱贫攻坚专题培训，局总工程师王德强主持会议。

6月24日 长治市交通运输局在市客运东站站前广场组织召开全系统创建全国文明城市誓师动员大会。市委常委、宣传部部长孙刘琳出席会议。市委宣传部副部长、市文明办主任申秀琴，市文明办副主任郭卫平，市交通运输局领导班子全体成员，市区公交、出租、汽车客运站企业负责人，司乘人员及交通运输执法人员代表200余人参加会议。市交通运输局副局长吴志刚主持大会。

自6月中旬开始，长治市交通运输局重拳出击，在市域范围内全面开展打击非法客运经营专项行动，行动取得明显效果。共出动执法车辆211辆次、执法人员734人次，暂扣非法营运车辆42辆，纠正违法违规行为455起。有力震慑非法营运行为，切实维护正常交通运输市场秩序，保障人民群众及经营户的合法权益。

7月5日至7日 长治市交通运输局组织召开综合交通运输"十四五"发展规划对接会，就"十四五"期间综合交通运输基础设施建设规划项目与12个县区逐一进行对接研讨。市交通运输局党组书记、局长连树斌，副局长王维斌，局规划、公路、综运等科室负责人及长治公路分局规划负责人参加会议。各县区分管副县长、交通运输局长和公路、规划负责人参加对接。

7月10日 长治市交通运输局组织召开先进工作者座谈会，弘扬正气，表彰先进，激励全系统干部职工进一步振奋精神、争先创优。长治局领导班子成员，各科室、局属单位、扶贫工作队负责人和长治局表彰的2019年度先进工作者80余人参加会议。"全国交通运输系统劳动模范"称号获得者、沁源县交通运输局下庄道班班长郭玉生受邀参会。

7月13日至14日 长治市交通运输局开展道路危险货物运输安全和应急管理培训。局领导班子成员，局安全、综运、运管等相关科室负责人，各县区交通运输局运管所相关管理人员及全市33家危货运输企业负责人和安管员120余人参加学习培训。

7月18日 省交通运输厅第三调研组、厅建设管理处处长高新文带队一行六人深入长治市开展深化公路系统改革调研。长治市交通运输局副局长吴志刚、王维斌，局人事、公路等相关科室负责人和黎城、沁县、长子县交通运输局局长、副局长参加调研座谈会并个别谈话。

7月23日 长治市交通运输局组织党员干部100余人集中观看纪实专题片《国家监察》，进一步增强党员干部廉洁自律意识，筑牢拒腐防变思想道德防线。

8月4日 长治市交通运输局组织召开全市"四好农村路"和太行一号旅游公路座谈会。副局长王维斌主持会议并讲话。各县区交通运输局长、分管副局长，市、县两级公路、质监、规划、路政等部门负责人参会。

8月9日 长治市交通运输局局长连树斌、副局长王维斌及公路管理处负责人等一行深入屯留县、襄垣县督导推进太行一号旅游公路建设。

8月12日 长治市交通运输局召开干线公路执法转隶人员欢迎会，市交通运输局副局长王维斌、战备办专职副主任任贵平、省公路局长治分局副局长杜立新、局相关科室负责人及干线公路执法转隶人员参加会议。

同日 长治市城乡客运公交一体化现场推进会在平顺县召开。长治市副市长尚日红出席并讲话，副秘书长郭进卫主持。市交通运输局局长连树斌、副局长吴志刚及综运科、运管处负责人，各县区分管副县区长、交通局长、运管所长参加会议。

8月14日 长治市交通运输局开展《中华人民共和国民法典》专题培训。局党组书记、局长连树斌主持，全局干部职工参加。

8月17日 为贯彻落实市委、市政府全域文明城市创建动员会议精神，动员全市交通运输系统从业人员积极参与创建活动，进一步激发创建热情、凝聚创建活力，努力树立交通运输行业新形象，长治市交通运输局组织客运、公交、出租行业从业人员进行创建全国文明城市专题培训会。局党组书记、局长连树斌，副局长吴志刚，市运管处、城市客运管理处负责人及业务管理人员，全市出租、公交、客运行业从业人员参加培训。

8月26日 长治市交通运输局创建全国文明城市推进会召开。市交通运输局领导班子、机关各科室、局属单位负责人，市客运东站、客运中心、市公交公司及11家出租企业负责人参加会议。局党组书记、局长连树斌主持会议，市文明办副主任郭卫平应邀出席。

8月28日 为进一步倡导全市社会各界和广大市民绿色生活、健康生活，树立绿色低碳出行理念，养成文明交通习惯，长治市"绿色出行"宣传活动启动仪式在市汽车客运东站举行。副市长景普秋出席，市直机关工委、市交通运输局、市生态环境局、市总工会、市直属机关事务管理局和市公安交警支队相关负责人，以及市交通运输局、客运站场、公交公司干部职工及周边群众200余人参加，市交通运输局局长连树斌主持。

同日 长治市交通运输局积极开展科技活动周活动，组织全局干部职工赴长治气象科技馆、环湖旅游路观摩。

8月30日至31日 长治市城市客运管理处为市属11家巡游出租车公司1801辆出租车更换新制作的座套，发放新脚垫并对车内破损进行修补。出租汽车车容车貌有了大改观，行业服务品质得到大提升，擦亮出租车"城市窗口"名片。

9月8日 长治市交通运输局召开《长治市现代综合交通运输体系"十四五"发展规划研究（初稿）》汇报会。局领导班子成员，局机关各科室、局属各单位、市公交公司负责人参加会议。市发改委基础产业科、长治公路分局计划科、市发改委航铁办负责人受邀参会。

9月14日 长治市副市长尚日红带领市交通、财政、住建、交警支队，潞州区政府及长晋高速公路公司、长治供电、中国移动长治分公司、长治铁塔公司等单位相关负责人深入长晋高速长治南互通提升改造工程现场办公。市政府副秘书长郭进卫，市交通运输局局长连树斌、副局长王维斌参加。

9月22日 中国出租汽车暨汽车租赁协会在西安市举行全国出租租赁汽车行业抗击新冠肺炎疫情表彰大会，表彰在抗击新冠肺炎疫情中涌现出的先进典型。会上，长治市出租车驾驶员李天心被授予"全国出租汽车行业抗击新冠肺炎疫情工作先进驾驶员"称号。

9月23日 长治市交通运输局"决战一百天 任务全面完"攻坚动员大会召开，动员全市交通运输系统干部职工进一步统一思想，明确目标，振奋精神，凝聚合力，全力冲刺一百天，奋力完成各项年度目标任务，为全市交通运输高质量发展做出更大贡献。长治局领导班子成员，各县区交通运输局长，长治局机关各科室、局属各单位负责人参加会议。市交通运输局党组书记、局长连树斌主持会议并讲话。

9月29日 长治市交通运输局局长连树斌带领局规划科、公路处负责人深入上党区郝家庄镇高河村、白家沟村，东和乡屈家山村，八义镇北楼底村等村，分别就高河二桥改造、产业路建设、扶贫路建设、西八至长子界改造等农村公路工程建设情况进行调研。

9月30日 针对中秋、国庆"两节"期间群众旅游出行相对集中，旅游客运车辆需求增加的情况。为进一步加强旅游客运市场监管，确保旅游客运市场经营规范、有序。长治市交通运输综合行政执法处与市文化市场综合行政执法队开展旅客客运专项联合执法检查。

同日 国庆、中秋前夕，长治市交通运输局局长连树斌、综合行政执法队队长周会彦一行深入市汽车客运东站检查安全生产工作。

10月1日至8日 国庆、中秋节期间，长治市交通运输行业安全平稳有序。累计投入道路客运车辆5241辆次，客运量11.26万人次；公交车10259.9标台次，客运量189.68万人次；巡游出租车19901辆次，客运量130.66万人次；水运船舶317艘，客运量6.9859万人次，分别恢复至2019年度国庆黄金周假日水平的55%、80.3%、83.56和89%。

10月11日 全国2019年"最美公交司机"先进事迹报告会在雷锋故乡长沙望城隆重举行。会议正式发布100名"最美公交司机"名单，长治市推选的市公交总公司柴晓军榜上有名。

10月12日至13日 交通运输部安全生产检查组由部办公厅副主任王华春带队一行8人在长治市开展交通运输安全生产检查。省交通运输厅副厅长李贵顺、安全处处长任大为，市交通运输局局长连树斌等陪同检查。

10月13日 长治市长子县继2019年被评为全省"四好农村路"示范县后又被交通运输部、财政部确定为全国农村公路管理养护体制改革试点县。山西省被评为试点的共6个县区，长子县是长治市唯一上榜县区。

10月27日 长治市道路运输突发事件应急救援演练在上党区成功举办。演练由长治市交通运输局、上党区人民政府主办，市道路运输管理处和上党区交通运输局、区道路运输管理所承办。公安、安监、消防、医疗等多个部门和长运、客运西站、南垂驾校、上党区吉通安公共交通有限公司、阅利贸易有限公司、翔海永基运输有限公司、潞城区威毅汽车服务有限公司7家道路运输企业200余人参加演练。省交通运输事业发展中心、市交通运输局、市公安局、市应急管理局、市运管处、各县区交通运输局等单位领导及全市"两客一危"企业、汽车站及驾培机构负责人观摩演练。

10月29日 为进一步提升全市交通运输行业诚信意识，营造诚实守信的浓厚氛围，根据省交通运输厅的统一部署，长治市交通运输局开展信用交通宣传日活动。

10月31日 长治市主城区巡游出租车更新工作推进会召开，市委常委、常务副市长尚日红出席并讲话，市交通运输、发改、工信、公安、财政等部门负责人参加。

11月6日 12时30分，为期5天的长治市主城区巡游出租车更新车型公选工作在市汽车客运东站圆满完成，通过巡游出租车车主及代表两轮实名投票，比亚迪秦EV、北汽EU300、吉利几何帝豪EVpro三款纯电动汽车和长安铃木启悦一款天然气汽车被最终选定为主城区巡游出租车更新车型。

11月9日 上午，长治市交通运输局与山西森康新能源发展有限公司签署主城区新能源出租车充电桩建设合作协议。市交通运输局局长连树斌、副局长吴志刚、总工程师王德强及相关部门负责人，山西森康新能源发展有限公司董事长郑耀武、常务副总经理李吉龙及公司资本运营、财务、长治分公司负责人出席签约仪式。

11月13日 为贯彻落实好市委、市政府和省交通运输厅关于秋末冬初安全生产工作的部署和要求，长治市交通运输局召开2020年第四季度安全例会。副局长吴志刚主持会议，局相关科室和局属单位及市一运、长运、汽车客运东站等运输企业负责人参加会议。

11月15日 省交通运输厅党组书记、厅长闫晨曦一行在长治就平辛线战备公路改造进行前期调研。长治市人大常务副主任石建旺、市政协副主席于川、市政府副秘书长郭进卫及市交通、公路等部门负责人陪同调研。

11月23日至26日 长治市交通运输局在市委党校举办2020年全市交通运输综合执法培训。全市交通运输系统行政执法人员270人参加培训。

11月24日 长治市交通运输局召开《长治市现代综合交通运输"十四五"发展规划(修改稿)》汇报会。局党组书记、局长连树斌主持会议，相关局领导、各科室和局属单位负责人、退休干部代表及长治公路分局计划科负责人参加会议。

12月4日 长治市交通运输局举行宪法宣誓活动。局领导班子、局机关科室及局属单位副科级以上干部集体宣誓："忠于中华人民共和国宪法，维护宪法权威，履行法定职责，忠于祖国、忠于人民，恪尽职守、廉洁奉公，接受人民监督，为建设富强民主文明和谐美丽的社会主义现代化强国努力奋斗！"

12月7日 长治市召开郑太高铁开通运营筹备会，就开通前各项准备工作进行部署，全力以赴落实落细工作，迎接长治"高铁时代"的到来。

同日 长治市道路运输管理处组织的首场道

路运输企业两类人员(道路运输单位主要负责人和安全生产管理人员)安全考核在市道路运输考试中心正式开考。市区道路运输企业主要负责人和安全生产管理人员两类人员共34人参加本次考核,其中合格26人,合格率76.5%。自此,全市近千名道路运输企业两类人员将陆续分批参加考核。

12月12日 郑太高铁开通活动在太原、晋中、长治、晋城四地同步举行,标志着晋东南地区的出省高铁大通道正式开通运营,标志着长治正式迈入"高铁时代",融入全国"八纵八横"高速铁路网。

12月14日 交通运输部举行全国交通运输行业精神文明建设工作电视电话会议上,长治市交通局道路运输管理处和客运东站被表彰为"全国交通运输行业文明示范窗口"。全国共211个单位获此称号,其中山西省4个,长治市占2个。

12月18日 省交通运输厅党组成员副厅长王四小带领厅农村公路管理处、综合规划处、省交通建设中心等处室负责人、工作人员深入长治市开展交通运输生态环境监督帮扶工作。市交通运输局局长连树斌、总会计师石秀成、综合行政执法队队长周会彦,长治公路分局副局长杜立新等陪同。

12月22日 长治市交通运输局召开中共十九届五中全会精神宣讲会。局党组成员、二级调研员王喜富作主题宣讲,80余名党员干部到会聆听。

12月25日 长治市主城区新能源巡游出租车交车暨"出租车司机之家"启动仪式在市汽车客运东站成功举行,主城区首批210辆新能源纯电动出租车正式投入运营,标志着长治市出租车行业正式步入绿色出行新时代。市城市管理局局长王晓安,市行政审批局四级调研员杨端良,市公安交警支队副支队长李秋明,市交通运输局局长连树斌及局领导班子成员,比亚迪、吉利、哪吒等新能源汽车生产厂家和经销商代表,市区11家出租汽车公司经理、出租车车主代表等80余人参加仪式。

12月29日 由长治市交通运输局和市总工会联合主办的第二届最美交通人先进事迹报告会在长治广播电视台演播大厅成功举办。市交通运输局党组书记、局长连树斌,市总工会党组成员、副主席武彦平,长治广播电视台党组书记、台长赵雪冰,省公路局长治分局党委书记杨勇,长治交通运输执法局局长王京会、书记赵庆新,山西交通控股集团有限公司长治高速公路分公司董事长郭长庆、总经理王战兵出席报告会。来自市、县两级交通运输局和市区公交、出租、客运、货运、维修、驾培等交通运输企业的干部职工代表参会。经过遴选推荐、材料初审、座谈考察、集体评审、公开公示等程序,最终评选出十大最美交通人和十大最美交通人提名奖。

12月30日 长治市交通运输发展中心正式揭牌,标志着长治市交通运输局事业单位改革迈出重要一步。市交通运输局领导班子成员、副科以上干部参加仪式。局党组书记、局长连树斌与副处级干部郝素斌为市交通运输发展中心揭牌,副局长吴志刚主持仪式。

(资料提供:常晋美)

晋城市交通运输局 大事记

1月10日 晋城市2020年春运启动仪式在市客运东站举行。今年春运从1月10日持续到2月18日,为期40天。为确保给旅客一个安稳舒适的春运环境,市交通运输局、市公安交警等部门提前谋划,精心组织,周密安排,全面提升服务品质和保障能力。

1月14日 晋城市交通运输局"不忘初心、牢记使命"主题教育总结大会召开,市委"不忘初心、牢记使命"主题教育第九巡回指导组副组长成琳,成员张霞、张艳茹到会指导。局领导班子成员、机关全体人员、局属单位班子成员参加会议。在开展主题教育中市交通运输局,深入学习贯彻习近平新时代中国特色社会主义思想,坚决贯彻落实习近平总书记关于开展主题教育的系列重要指示精神和市委主题教育领导小组安排,全面贯彻落实各项工作部署,组织领导坚强有力,深入学习入心入脑,调查研究聚焦深入,检视问题深挖细凿,整改落实务实高效,主题教育开展得有声有色、特点鲜明,达到预期目的,富有成效。

1月20日 在新春佳节来临之际,晋城市交通运输局党组书记、局长张海芳,带领局党组成员、副局长乔宪民、四级调研员苏文、安全科、综运科干部一行,前往晋凤公交公司、苗匠公交车场站进行春节前安全检查。张海芳一行听取公司2019年工作情况汇报,详细查看GPS智能调度中心、车辆停放场地、24小时值班室、畅安路加气站、消防设施设备等重点安全部位,询问氢气新能源公交车运营情况,慰问一线公交职工,肯定冰雪恶劣天气期间公交人所做出的奉献。

1月28日 晋城市各级政府、全市交通运输部门与公安、交警、卫生等部门在高速路口、国省干线公路、县乡村道开展联防联控工作,实行24小时值班值守,严防疫情“输入”,截至29日晚18时,全市共设置重要交通防控卡点48个,劝返点4523个,出动人员740人。在每个疫情防控现场,所有工作人员都不畏严寒、无惧风雪,认真查验每一台过往车辆,对入境人员进行详细登记,对湖北籍车辆和人员进行耐心劝返,切实做到“不漏一车、不漏一人”,决不漏掉任何一个疑似病例。同时,积极开展防护知识宣传,全面落实联防联控措施,构筑群防群治的严密防线,紧紧依靠人民群众坚决打赢疫情防控阻击战。

2月4日 为解决晋城市各大出口防疫检查工作人员户外无处休息、无处办公难题,市交通运输局派出指令,要求公交公司马上调派应急保障公交车,公司及时响应,依从指挥,立即将3台应急保障车辆增派至晋城东高速路口、牛匠收费站、火车站站前广场三处指派地点,为防疫人员提供后勤防疫保障。疫情防控期间,市公交公司制定相应应急保障车辆预案,成立应急保障车辆车队,筹备技术状况良好的40台交通运输应急保障车辆,每车进行全面消毒,应急公交驾驶员调派有经验、素质过硬、作风过硬的职工,随时待命,随叫随到,公交广大干部职工全力以赴加入这场没有硝烟的战斗,为全市坚决打好疫情防控阻击战贡献公交力量。

2月5日 晋城市交通运输局各党支部向党员干部发出征集疫情防控先锋队员的号召后,各支部不断收到报名信息。不到半小时,60多名党员干部主动要求参加到这场没有硝烟的战役中。没有华丽词藻,没有推脱借口,他们选择逆向而行,主动请缨到防控一线,“疫情就是命令,防控就是责任,把忠诚写在党旗上”,一句句铿锵有力的誓言,彰显广大党员必胜信念和坚定决心。

2月7日 晋城市交通运输局驻村工作队员焦化军捐赠口罩100个、蔬菜1000斤、消毒液2桶,一并赠予市交通运输局扶贫联系点陵川县古郊乡马圈村,用实际行动支持和帮助贫困村的防疫工作,展现扶贫干部的责任与担当。疫情发生后,市交通运输局向各支部和广大党员发出倡议书,充分发挥基层党组织战斗堡垒作用和共产党员先锋模范作用,要求广大党员干部带头提高政治站位、带头加强自身防护、带头开展宣传引导、带头参战疫情防控,坚定信心、同舟共济、众志成城打赢疫情防控阻击战。

同日 晋城市各界支援疫情防控火线捐赠仪式在晋城东收费站举行。副市长梁丽萍、市委组织部、市总工会、市慈善总会、浩翔控股集团、市交通运输局、市工信局参加本次活动。市交通运输局局长张海芳代表交通场站应对组感谢社会各界及爱心人士捐赠,并郑重承诺一定会管好用好每一笔捐赠款物,全力以赴做好抗疫防控物资保障。同时,也借此机会向全社会宣扬他们的社会责任感和奉献精神,倡导大家积极投身到这场抗疫阻击战中,举全市之力,打赢、打胜这场疫情防控阻击战。

2月10日 晋城市区各小区全部实行封闭式管理,大部分群众年前“囤货”吃得差不多了,日常生活必需品采购成了困扰大家的难事。按照市委、市政府决策部署,市交通运输局充分发挥基层党支部战斗堡垒和党员先锋模范作用,想群众所想、急群众所急,与商务、市场监管、公安等部门联合,创新开通“移动超市”,通过公交车将生活物资配送到社区(小区),在最大限度减少群众外出的同时又能保障最基本生活需要,从源头上降低病毒感染可能性,为人民群众生命健康安全筑起一道防线。

2月13日 晋城市交通运输局调配34辆应急保障公交车,为富士康2万余名员工复工复产提供应急运输保障，确保分散在六个县(市、区)的富士康员工尽快顺利返岗。市公交公司全力保障富士康员工复工复产启动仪式在客运东站举行，34台应急保障公交车整齐排列，蓄势待发。市公交公司5支党员突击队83名党员进行集体宣誓，表示要众志成城、抗击疫情，坚定信心、迎难而上。全力以赴完成此项保障任务，让鲜红党旗在公交运营一线高高飘扬。

2月14日 根据晋城市委“万人入户，千人入企”服务活动部署，晋城市交通运输局高度重视，迅速行动，抽调9名党员干部，第一时间入村入企开展服务，确保工作落到实处。接到通知后，局党组委派5名党员，第一时间对接村委负责人，了解该村疫情防控情况。党员们在做好自身防护措施后，前往各自负责的村庄。在服务活动中，党员充分发挥先锋模范作用，积极向村委负责人了解基本情况和防疫工作开展情况，配合村委做好入户摸底工作。4名干部成立服务小组第一时间到对宏伍铸造业股份有限公司进行入企调查。

同日 在新冠肺炎疫情防控关键时刻，晋城市交通运输系统开展爱心捐赠活动，助力全市疫情防控工作。“一方有难，八方支援”，广大干部职工发扬爱国主义精神，纷纷伸出援手，为抗疫一线踊跃捐款。截至2月14日，通过现金、微信转账等方式共收到捐款24万余元，所有捐款转交晋城市慈善总会，定向用于全市抗击疫情一线防控工作。

2月25日 省交通运输厅党组成员、副厅长段新源带队深入晋城市督查复工复产情况，市交通运输局局长张海芳、四级调研员苏文陪同。段新源一行在晋城市客运东站检查进站口、登记处、出站口以及准备出发的车辆，详细询问客运东站疫情防控措施以及工作人员保护设施。段新源指出，晋城客运一直走在山西的前列，目前疫情期间复工复产的准备工作做得很有特色，设施设备齐全，人员保护到位，防控措施有效，彰显国企的责任担当。随后，到火车站检查公交车和出租车运营情况。

同日 晋城市交通运输局专题工作会议召开，深入贯彻落实习近平总书记统筹推进新冠肺炎疫情防控和经济社会发展重要讲话精神，落实省、市相关会议精神，进一步做好疫情防控工作，加快交通运输复工复产，支撑全市经济平稳运行，努力完成年度目标任务。

3月4日 太行一号旅游公路国家风景道复工复产推进会议召开，晋城市委书记张志川对太行一号旅游公路国家风景道建设提出明确批示要求。会议传达学习中央、省、市关于复工复产以及脱贫攻坚有关会议精神，听取太行一号旅游公路项目公司复工复产情况汇报，并对下一阶段工作进行部署。太行一号旅游公路国家风景道是贯彻省委、省政府打造黄河、长城、太行“三大旅游板块”的具体行动，是全市发展全域旅游的“一号工程”。

3月5日 按照市委、市政府疫情防控工作整体部署，晋城市交通运输局研究决定：在确保疫情防控工作到位的前提下，3月5日起全面恢复市域内城市公交、城际公交、城乡公交、镇村公交、旅游公交所有线路，出租车(含网约车)恢复正常运营秩序，对目的地城市恢复运营的长途客运班线恢复运营，全力保障企业复工复产和广大群众生活出行需求。

3月6日 晋城市交通运输局专题会议召开，部署“强化担当落实、践行‘两个维护’”主题警示教育月活动。同时，制定出台《关于开展“强化担当落实、践行‘两个维护’警示教育月”的实施方案》，对全局开展警示教育月活动提出具体要求。本次警示教育月活动旨在以开展一次主题学习、制定一个落实清单、开展一次反思剖析等八项内容为载体，教育引导广大党员干部牢固树立“既要忠诚干净又要担当落实”理念，统筹推进新冠肺炎疫情防控和交通运输行业复工复产。

3月25日 晋城市副市长冯志亮带领市交通运输局、市公路局、市水务局等单位负责人，深入全市重点工程项目进行实地调研。冯志亮一行先后来到晋城机场大道工程项目、晋城东南过境段(北义城—大箕)高速公路工程项目现场，与建设单位负责人亲切交谈，详细了解工程路线、走向及建设规模等情况。冯志亮在讲话中，要求要充分认识重点工程项目建设的重要意义，晋城东南过境段(北义城—大箕)高速公路工程项目及机场大道工程项目是全市2020年确定的重点工程项目，对优化晋城市及全省公路网布局，改善行车条件，促进晋城市乃至山西省的经济发展，改善城区大气环境，都起到巨大推动作用。

4月27日 晋城市太行一号旅游公路国家风景道建设推进会议召开，副市长冯志亮出席会议并讲话。会议通报太行一号旅游公路国家风景道建设情况并就下一步工作进行部署，山西路桥建设集团公司负责人进行表态发言。冯志亮在讲话中，要求加强合作，及时沟通，信息共享，细化目标，压实责任；进一步厘清责任关系、坚持问题导向、加强监督管理、落实资金保障等重点环节，改革创新、勇于担当、攻坚克难，确保10月1日完成全年各项建设任务。

4月30日 晋城市交通运输局安全生产工作部署会召开，学习传达市委工作会议精神，要求各单位深刻认识当前交通运输安全生产严峻形势，认真开展节日期间安全大检查，突出“两客一危”、城市公交、水上运输、在建工程等重点行业领域安全监管工作。同时，要切实加强疫情防控责任意识，把各项防控措施落实到位，确保安全生产和疫情防控两不误。局长张海芳深入汇盛物流公司开展节前安全检查，详细查看公司联合工房、停车区域、消控室等重点部位，了解车辆监控系统运行情况，要求企业扎实开展安全隐患排查，确保安全生产形势持续平稳。

5月6日 晋城市交通运输局召开全局干部大会，结合单位实际，对下一步工作进行部署。局领导班子成员、机关副科以上干部以及运管局、客运处、润丰公司的班子成员参加本次会议。会议强调，2020年是贯彻落实中共十九届四中全会精神的开局之年，也是全面深化改革的重要节点。全市交通运输系统要加强学习、提振精神、健全制度、完善体系，以“交通之制”推进“交通之治”，迅速掀起交通运输建设新高潮，确保完成2020年交通运输建设各项工作任务。

5月15日 “交通强国进行时晋善·晋美·晋城云锦太行画中游”项目，在市客运东站启动“云锦太行画中游”智慧旅游平台，同时正式上线，标志着晋城市交通和旅游业融合发展实现重大突破，交通和全域旅游无缝对接又迈出重要一步。市委书记张志川出席启动仪式并宣布启动，山西汽运集团董事长王均国、副市长梁丽萍讲话，副市长王宏微主持。近年来，全市先后开通跨省城际公交，加快推进“太行一号旅游公路国家风景道”建设，全力推动高铁和机场建设，构建“城际、城市、城乡、镇村、旅游”五级公交体系，全力补齐交通短板，打破交通制约瓶颈，蹚出一条晋城经济高质量转型发展的新路子。

5月21日 晋城市交通运输局组织召开创建全国文明城市工作部署会议。会议传达学习晋城市决胜全国文明城市誓师大会会议精神。局党组书记、局长张海芳出席会议并讲话，要求切实增强做好创建工作的责任感和使命感，加强组织领导，强化督促指导，加强信息反馈。局机关副科以上干部及客运处负责人参加会议。

同日 晋城市交通运输局党组书记、局长张海芳主持召开党组会，传达学习贯彻习近平总书记在山西考察时的重要讲话精神，研究部署有关落实工作，局机关副科以上干部、局属单位负责人参加会议。会议指出，习近平总书记在山西考察并发表重要讲话，深刻指出当前全国外防输入压力持续加大，国内疫情反弹的风险始终存在，要求大家时刻绷紧疫情防控这根弦，坚持外防输入，内防反弹，完善常态化防控机制，决不能前功尽弃。

5月23日 晋城市市长王震带领市直相关部门负责人深入陵川县，就太行一号旅游公路国家风景道建设和周边景观整治提升等工程进行实地调研。在太行一号旅游公路“零公里”标识文化驿站项目调研，在王莽岭旅游区古郊旅游集散中心项目选址地调研，要求提高政治站位，按照全省锻造三大旅游板块的决策部署，进一步加大施工力度，在做好生态保护的前提下，加快推进太行一号旅游公路国家风景道建设。

6月1日 晋城市交通运输局与河东社区居委会联合举办“共建文明社区 关爱儿童成长”儿童节志愿服务活动，为社区30名儿童送上节日慰问和祝福。在活动中，志愿者将书包、玩具、画笔等用品发放给每位儿童，并与儿童亲切交谈，了解他们的生活和学习状况。局党组成员、副局长王卫军勉励孩子们热爱生活、从小养成讲文明的良好习惯，健康快乐地成长。

6月10日 晋城市交通运输局党员干部积极响应局党组号召，下沉太行一号旅游公路陵川段督促工程进度，深入一线为施工单位排忧解难，监督管理项目安全质量，助力工程建设早日安全高效完工。当前，全省城市工作晋城现场会即将召开。太行一号旅游公路“零公里至王莽岭旅游景区”9.5公里路段作为现场会观摩点，承担着展示全市城市发展良好形象的重任。全体党员干部要充分发扬“白+黑”“5+2”“晴+雨”的精神，在建设工地与工人同吃同住，干中学，学中干，以实际行动诠释“哪里任务险重，哪里就有党组织坚强有力的工作，哪里就有党员当先锋作表率”。

6月15日至16日 省交通运输厅调研员靳茂林一行4人对晋城市建制村通客车情况进行督导检

查。市交通运输局副调研员苏文随行并介绍全市建制村通客车进展情况。

6月16日 督查组一行深入陵川县古郊乡崇文镇南坪村、潞城镇西八渠村、苇水村、平城镇后河村等地进行实地调研，认真听取陵川县“两通”工作汇报，并与县政府分管领导交换意见。

6月20日 晋城市人民政府新闻办公室举行新闻发布会，市交通运输局党组书记、局长张海芳对1元公交全覆盖情况进行介绍。目前，全市范围内城市、城乡、镇村公交全部执行1元票价政策，城际、旅游公交以每10公里1元的优惠公交票价政策，与原来的客运班线票价相比下降3倍。为进一步深化市域公交一体化改革，提升人民生活品质，使百姓群众有更多的获得感和幸福感，市委、市政府决定实行市域公交化和公交一体化。这是市委、市政府送给全市人民的大礼包，更是全国第一个实现“一元公交”市域全覆盖的城市。

6月23日 晋城市交通运输局党员干部心系蹲点在太行一号旅游公路国家风景道建设现场的人员和一线工人，为他们送去节日祝福和问候。为推进太行一号旅游公路国家风景道早日完工、推动全市全域旅游蓬勃发展，确保习总书记视察山西重要指示精神在晋城市落地生根。连日来，局长张海芳带领机关党员干部蹲点在太行一号旅游公路国家风景道施工一线，与工人一道，顶着烈日，为太行一号旅游公路国家风景道项目严把工程质量关、安全关，集中优势兵力、集聚优质资源，全力以赴抢时间、抓进度，确保工程项目按时间节点顺利推进。

7月3日 晋城市交通运输局在晋城市三馆中心，开展以“绿水青山，节能增效”为主题的节能宣传周宣传活动，倡导绿色低碳的生活方式，绿色环保出行。以“低碳绿色出行、文明和谐交通”为宣传口号，采用设置展板、悬挂横幅、发放宣传倡议书和纪念品等方式，大力宣传全市绿色交通工作开展情况。广泛宣传低碳生活知识，提高低碳意识，树立低碳理念，倡导低碳生活，积极向人民群众讲清“低碳绿色出行、文明和谐交通”的意义，努力营造绿色交通发展氛围，为交通强国建设提供有力支撑。

同日 晋城市第十三届“爱心送考”志愿服务活动启动仪式在市文体宫广场举行，活动主题是文明健康，爱心送考。市交通运输局二级调研员王余良、市城市客运事务中心负责人侯丽莉应邀出席，市区各出租汽车公司负责人及所属的出租车驾驶员代表参加此次活动。高考期间，贴有“爱心送考”车贴的爱心车辆将为所有考生无偿提供送考服务。启动现场，出租客运行业的送考队伍分外显眼，出租车师傅们统一着装、笑容满面；排列有序蓝白色“爱心送考”车队更是形成一道亮丽的风景线。

7月10日 全国“八纵八横”高速铁路网规划中呼南通道(呼和浩特至南宁)的重要组成部分，太原至焦作高铁山西段全线铺轨完成，为2020年年底按期开通运营奠定重要基础。项目北起太原南至河南省焦作，全长358.8公里，山西段325.4公里，设计时速250公里，全线于2016年10月开工，计划2020年年底建成线路，途经山西省太原市、晋中市、长治市、晋城市4个地级市的14个县、市、区，新建太谷东、榆社西、武乡西、襄垣东、长治东、长治县、高平东、晋城东8座车站，改建太原南、新鸣李、晋中站3座既有车站。

8月5日 晋城市交通运输局门户网站被市委网信办、市文明办、市政府办、市公安局授予“十佳文明网站”。近年来，市交通运输局高度重视网站平台建设，持续加强网站管理，充分发挥局门户网站的作用，传播党和政府声音、推进政务信息公开、及时回复信箱留言、营造良好舆论氛围，稳步提升公共服务水平，为展现交通运输行业风采做出贡献。

8月7日 晋城市交通运输局党组理论学习中心组(扩大)会议召开，专题学习贯彻《习近平谈治国理政》(第三卷)。局党组书记、局长张海芳主持会议并讲话，局机关副科以上干部参加会议。张海芳在讲话中，要求认真学习《习近平谈治国理政》(第三卷)，用习近平新时代中国特色社会主义思想武装全局每一名党员干部，为推动全市交通运输事业更好更快地发展做出新贡献。

8月20日 晋城市交通运输局与市公安交警支队联合组织全市共享单车运营企业，召开规范管理专题工作会，对乱停乱放等问题提出整改要求。会议对各单车企业提出具体整改要求，严格按照要求投放车辆数量，开放后台运行数据，运维人员以投放车辆不低于1%的标准进行配备。依法设立运营管理机构，并设立固定办公场所和仓储场地，在运营过程中坚决杜绝扰乱市场，不良竞争行为。为所有投放车辆购买保险、配备头盔，设置禁停区，在规划的停放区域设置蓝牙道钉、电子围栏等设备规范车辆停放，并提醒用户规范停放。

8月31日 晋城市交通运输局党组理论学习

中心组(扩大)会议召开,专题学习全省城市工作会议和省委书记楼阳生重要讲话精神。局党组书记、局长张海芳主持会议并讲话,局机关副科以上干部参加会议。

9月2日 晋城市交通运输局重点领域安全生产大排查大整治部署会召开。局二级调研员王余良主持,市交通运输局党组书记、局长张海芳出席会议并讲话,局机关全体干部职工、局属各单位副科以上干部及省运、市公交公司、汇盛物流有限公司主要负责人及分管安全负责人参加会议。局安全科传达晋城市交通运输局《关于立即开展重点领域安全生产大排查大整治工作的通知》文件精神,局长张海芳对全市交通运输安全生产工作进行全面部署。

9月9日 晋城市太行一号旅游公路国家风景道建设调度会在市交通运输局召开,副市长冯志亮出席会议并讲话,局长张海芳主持会议。会议听取工程进展情况汇报,对太行一号旅游公路国家风景道建设进行再调度、再推进,并就下一步工作进行部署。

9月23日 经过近4年时间建设和5个月试运营,由山西路桥集团投资建设的省道S65安阳高速阳城至蟒河段正式通车运营,山西南部又一条出省通道顺利打通。项目是山西省与河南省对接的省际公路通道之一,由山西路桥集团以BOT模式投资建设,总投资概算56.85亿元,全长40.093公里,桥隧比例56%,起点位于西河枢纽接阳翼高速公路,终点在省界十里河大桥处,接河南省S95阳济高速公路,2016年9月开工建设,采用双向4车道高速公路标准建设。

同日 晋城市交通运输综合行政执法队队长唐大海、教导员杨爱国带队,对辖区范围内的安全生产工作进行实地督导检查。执法队检查组通过查阅资料、与企业相关负责人座谈等方式,检查企业安全生产主体责任、有关制度、措施落实情况,了解企业紧急事故应急预案情况,并对改进和加强安全生产保障措施提出具体要求。

9月27日 晋城市交通运输局党组书记、局长张海芳带队深入交通运输行业生产经营单位,对中秋、国庆"两节"期间安全生产工作部署情况进行督查检查。张海芳一行先后深入市交通事业发展中心、城市客运事务中心、市客运东站、红运旅游汽车运输有限公司、骏通伟业货运公司及尉迟超限检测站,详细了解"两节"期间安全生产工作部署、隐患排查治理、安全管理、安全教育培训、安全措施落实等方面情况。

10月3日 晋城市交通运输综合行政执法队紧急会议召开。执法队各大队队长、相关科室负责人参加会议,会议由队长唐大海主持。会议传达10月2日长治局紧急会议及省交通运输厅2020年国庆期间安全生产大检查部署视频会议精神,部署节日期间安全检查工作。一是要求清醒认识到目前安全生产面临的严峻形势,认真汲取事故教训,举一反三、警钟长鸣、常抓不懈。二是重视节假日期间安全生产工作,突出"两客一危"重点领域,队领队带队,抽调行家里手,开展全方位、全覆盖、不留死角的安全隐患排查整治,坚决杜绝发生重特大事故。

10月9日 晋城市交通运输局安全生产暨秋冬季疫情防控工作部署会召开。会议传达贯彻近期省、市安全生产专题视频会议精神和省委、省政府、市委、市政府领导重要批示指示精神。市交通运输局副局长乔宪民主持会议,局党组书记、局长张海芳出席并讲话,长治局机关副科以上干部及局属单位班子成员参加会议。会议听取综合运输管理科、交通运输事业发展中心、综合执法队、客运事务中心近期安全生产工作三年攻坚专项行动及"三零"单位创建工作汇报。

10月16日 晋城市交通运输局党组成员、市纪委监委驻市交通运输局纪检组组长李红梅带队专程到马圈村开展国家扶贫日消费扶贫活动,看望慰问65岁以上老人并和老人们一起会餐,这份深切的牵挂让乡亲们倍感温暖。

11月12日 为追寻革命先辈足迹,感受红色文化熏陶,晋城市交通运输综合行政执法队党总支组织全体党员及干部职工奔赴红色教育基地泽州县山河镇青龛村,开启一段难忘的党性学习教育之旅。市交通运输局副局长乔宪民也参加此次活动。到达青龛村后,大家穿上八路军服,打起红旗,踩着"朱德出太行小道"足迹前行,虽然小道崎岖不平,但大家毫不退缩,坚持不懈,勇往直前,没有一个掉队,全都走到终点。

11月17日 晋城市交通运输局紧急召开会议,传达学习省委对晋城市安全生产专项巡视反馈精神。会议由局长张海芳主持,驻局纪检监察组、局相关领导、相关科室人员和各县(市、区)局长参会。

11月19日 由交通运输部主办、中国交通报社承办的“我的公交我的城”重大主题宣传活动“新能源公交高品质线路”经验交流会在北京举行。该活动自3月启动以来，吸引全国100余家公交、运输企业参与，经初选展示、实地走访调研等环节，市公交公司28路公交线路在130余条线路中脱颖而出，获得全国“新能源公交高品质线路”荣誉称号，这既是公交企业的荣誉，更是全体晋城交通人的骄傲。

经验交流会上，来自交通运输部、各地交通运输主管部门、公交企业和新能源汽车运营企业等150多位嘉宾齐聚一堂，共同探讨新能源公交车运营管理和企业发展经验，见证激动人心的授牌仪式。

12月4日 晋城市委书记张志川深入全市交通运输系统调研，要求认真贯彻落实中共十九届五中全会精神，贯彻落实习近平总书记视察山西重要讲话重要指示，立足新时代审视全市交通运输事业，紧紧围绕高质量转型发展要求，进一步解放思想、先行先试、狠抓落实，加快建设立体交通运输体系，为在新赛道上开创新时代美丽晋城高质量转型发展新局面提供交通保障。调研中，张志川先后深入市交通运输执法队、市公交公司，了解公共交通数据指标，实地查看交通设备运行、基础设施建设等情况，现场办公解决实际问题，召开座谈会，听取市交通运输局、省直驻市交通机构相关工作汇报。

12月7日 晋城市交通运输局召开以案促改警示教育大会暨专题廉政党课，局机关全体党员干部以及局属各单位副科以上干部参加会议。会议集中观看以案促改警示教育片《越界》，驻局纪检监察组组长、党组成员李红梅传达市纪委《关于2020年以来查处的六起违纪违法典型案例的通报》，并对2021来以来投诉、举报问题进行简要通报。党组成员、副局长乔宪民宣读中共晋城市交通运输局党组《关于开展警示教育暨以案促改的工作方案》。党组书记、局长张海芳作题为“对党忠诚、干净干事，做新时代忠诚干净担当的交通干部”专题廉政党课。

12月12日 晋城东站2号站台上D4618次列车缓缓启动，向着太原方向前进，从即日起，晋城正式“驶入”高铁时代。郑州至太原高速铁路是首条纵贯太行山的高铁，线路南起河南省会郑州市，途经河南省焦作市，山西省晋城市、长治市、晋中市，终至山西省会太原市，线路全长432公里，其中郑州至焦作段已于2015年6月26日开通运营。此次开通的焦作至太原段长372公里，设焦作、焦作西、晋城东、高平东、长治南、长治东、襄垣东、武乡、榆社西、太谷东、晋中、太原南12座车站。

12月22日 晋城市交通运输局举行挂牌仪式，是全市交通运输行业的一件大事喜事，标志着全局推进政事分开、事企分开、管办分离工作进入崭新阶段。大家一致表示，在市委、市政府坚强领导下，全体干部职工一定能够团结一致，开拓进取，奋勇争先，努力开创“晋城大发展，交通要先行”的工作新局面，为实现市委、市政府“两支翅膀腾飞、三足鼎力支撑、城市两翼发展”高质量转型格局，做出贡献。

12月31日 中共晋城市交通运输局机关委员会换届暨成立机关纪律检查委员选举大会顺利召开。市直机关工委书记樊小润到会指导，全系统共145名党员参加会议。张海芳代表上届机关党委向大会作工作报告，全面系统地回顾和总结机关党委三年来的工作成绩以及工作中存在的问题和不足，并对新一届机关党委工作提出建议。大会严格按照选举办法规定的程序，以无记名投票方式和差额选举的办法，选举出新一届机关党委委员和第一届机关纪律检查委员。

（资料提供：魏 嘉 董 芳）

临汾市交通运输局大事记

1月2日 临汾市交通运输局集中销毁28辆非法营运"黑出租车"。此次活动，既有力震慑非法营运者，更有效打击非法营运乱象，对规范城市客运行业经营秩序，维护广大乘客和合法经营者的正当权益，具有重大现实意义。

同日 中共临汾市交通运输局机关党委组织28个党支部集中开展习近平总书记"三篇光辉文献"、省委经济工作会议精神集中学习活动。通过学习，大力提升干部职工干事创业能力。

1月6日 下午，临汾市交通运输局召开2020年全市春运工作视频会议，贯彻落实全省春运和安全生产电视电话会议精神，对做好2020年全市春运工作进行动员部署。局党组书记、局长冯小宁出席会议并讲话。

1月10日 临汾市副市长潘海燕就交通运输行业春运工作深入市区各企业、场站进行检查。市交通运输局党组书记、局长冯小宁，党组成员、副局长许学民一同检查。潘海燕一行先后对临汾市尧庙汽车站、城西客运站、临汾公交北孝发车站、城北客运站进行逐一检查，认真查看车站售票大厅、候车大厅、发车区等春运现场，详细询问车站每日客流量、车辆检查、安全防范、三品检查等工作情况。

1月13日 下午，临汾市交通运输局"不忘初心、牢记使命"主题教育总结大会召开，深入贯彻习近平总书记在"不忘初心、牢记使命"主题教育总结大会上的重要讲话精神，扎实落实省委、市委主题教育总结大会精神，回顾总结全局主题教育工作情况，对下一步巩固主题教育成果工作进行部署。市交通运输局党组书记、局长冯小宁，驻局纪检监察组组长陈贵林，二级调研员景俊青、张雷志，四级调研员李春香出席会议，景俊青主持会议。市委主题教育第十巡回指导组组长杨清风到会指导。

1月14日 临汾市交通运输局党组书记、局长冯小宁带领由道路运输管理、交通运输综合行政执法、城市客运等部门负责人组成的检查组，就春运期间交通运输重点工作在尧都区进行督导检查。检查组一行先后深入临汾高速路口柴油车污染管控点、县底农村公路拆除违法标志标牌现场，对大气污染防治工作和路域环境整治工作进行现场督导，走访兴国四通运业危货运输公司、畅通达客运公司，对春运工作和安全生产工作进行现场检查。

1月16日 临汾市交通运输局四级调研员李春香带领局工会人员赴大宁县曲峨镇布业村开展春节慰问活动，代表局党组和市交通运输局全体干部职工对帮扶村民献上浓浓爱心和春节祝福。在驻村扶贫队长冯建荣和第一书记徐新平陪同下，李春香一行对该村贫困家庭逐户进行慰问走访，给他们送去慰问金、新春对联，并嘱咐他们新的一年到来之际，响应党的扶贫政策，更加坚定自力更生信心，早日奔向小康生活。

同日 副市长潘海燕带领市交通运输局、市公安局有关负责人，深入隰吉高速公路项目工地，就征地拆迁等项目建设推进工作进行调研。项目是《国家公路网规划(2013年—2030年)》国道G59呼和浩特至北海高速公路的重要组成部分，由北向南经临汾市境内的隰县、大宁县至吉县县城东9公里的车城乡窑科村，路线全长105.559公里。截至1月16日，控制性工程已开工建设96处。潘海燕一行先后深入隰吉高速隰县服务区建设现场、山西路桥集团隰吉高速公路有限公司，现场查看、听取汇报，并召开专题调度会，与隰县、大宁县、吉县政府及工程项目沿线乡镇有关负责人座谈，详细了解隰吉高速公路项目建设征地拆迁工作及项目推进情况。

1月17日 临汾市交通运输局长座谈会召开，局党组书记、局长冯小宁，局党组成员令狐文选、许学民、陈贵林、景俊青、张雷志出席会议，局机关各科室、各县(市、区)交通运输局局长参加会议。会议逐一听取各县(市、区)交通运输局局长关于2019

年工作情况、2020年工作思路和"十四五"规划情况的有关汇报；局相关科室还通报近期工作情况，局党组成员就各自分管工作进行安排。会议还特邀省交通运输厅规划中心主任安小平、中心战略研究室副主任王丽就"十四五"公路网规划大纲进行解读。

1月18日 临汾民航机场开通昆明、长春航线，通航城市达到20座，为春运工作提供有力保障。机场作为临汾对外展示形象的窗口，示范和辐射效应不断扩大，2019年完成起降架次10063次，同比增长84%；完成旅客吞吐量76.82万人次，同比2018年实现翻番。该机场通航城市中，北京、上海、天津、杭州、武汉、温州、银川、呼和浩特8座城市实现"每天一班"；广州航线从原来的"每周三班"增加为"每周五班"，航线网络布局进一步完善。

1月19日 省交通运输厅党组成员、副厅长王四小带领工作组深入临汾开展节前慰问活动并检查春运工作。副市长潘海燕，市交通运输局党组书记、局长冯小宁，临汾公路分局、临汾交通执法局有关领导分别陪同。

1月20日 下午，副市长潘海燕带领市政府办公室、市交通运输局、市生态环境局、市公安局交警支队有关负责人，前往临汾市"大气污染防治绿色运输示范区"优化通行管控点，慰问坚守在执法一线的交通运输执法人员和公安交警。潘海燕一行深入到土门管控点、临汾高速管控点，对坚守一线的执法人员的工作表示肯定和感谢，叮嘱要注意安全，并给执法人员送去慰问品。

同日 下午，副市长潘海燕带领市政府办公室、市交通运输局、市生态环境局、市交警支队、临汾北高速有关负责人，前往尧都区土门高速口、临汾北高口执法检查点，慰问坚守在柴油车污染治理一线执法人员。

1月21日 临汾市交通运输局党组书记、局长冯小宁带领局机关党委、工会、离退中心有关负责人开展节前慰问活动。党组成员、二级调研员景俊青，四级调研员李春香一同慰问。

1月25日 临汾市范围内的机场、高铁站、火车站等交通场站以及国省干道市界口等重要交通场站设立站卡，严密排查新冠肺炎疫情。

1月26日 交通运输部网站发布《农村公路养护预算编制办法》(JTG/T 5640-2020)作为公路工程行业推荐性标准，该办法自2020年3月1日起 施行。

同日 临汾市成立新冠肺炎疫情防控工作领导小组交通场站应对组，牵头单位市交通运输局采取交通运输、交警、卫生健康等多部门联合管控的方式，牢牢把握"车、路、船、场、站"重点交通运输环节，在辖区内高速公路出入口、国省干道出入境口、客运站场等重要交通部位设卡检测，对过往车辆人员、过往旅客实施双向检测，有疑似病例及时办理移交，全力以赴坚决打赢疫情传播阻击战。为确保管控到位，市交通运输局成立7个督导组，多批次深入17个县(市、区)，对高速路出入口、汽车站、高铁站、火车站、公交站点及运输车辆等重点部位的疫情防控部署工作进行督导检查。全市运管、城市客运、综合执法、公路等部门加强应急值守，强化应急保障，取消休假，全面进入应急状态，严格执行24小时领导带班和专人值班制度。及时启动市级旅客、货物、危货运输三支应急运输保障车队，配有运输车辆48台、人员96人。启动一支公路应急抢险保障队伍，配有设备15台、人员30人，4支应急保障队伍24小时待命，确保有令能战、有战必胜。

2月1日 为全力做好疫情防控工作，临汾机场结合航线运行情况以及销售情况，经与相关航空公司协商决定，对临汾机场进出港航班进行调减。临汾机场2月正常计划每周进出港航班66班，现调减43班，每周保留执行23班，并将根据疫情防控情况再作调整。

2月5日 临汾市交通运输局下发通知，要求各县、市、区交通运输局，临汾市道路运输管理局、临汾市城市客运管理处提前做好道路客运班线、旅游包车及城市客运恢复运营前准备工作。

2月11日 临汾市交通运输局成立抗击疫情党员志愿消毒先锋队，并组织全体队员进行消毒业务培训，立即开展重点场所消毒防疫行动。

同日 临汾"公交移动爱心超市"开进社区，将方便面、鸡蛋、香肠、粮油及各式各样新鲜蔬菜等生活用品送到各住宅小区，为"宅"在小区的群众送"菜"上门。自新型冠状病毒感染肺炎疫情防控以来，市交通运输局在积极做好疫情防控交通场站应对工作之外，牵头组建由临汾市公共交通有限公司与"永辉""万家福""大丰"等三家超市共同组成的"公交移动爱心超市"，让"宅"在家中足不出户的广大市民，在家门口就能享受到"超市"的服务。此项工作的顺利推进，得到市商务局、市住建局等部门大力支持和相关社区(小区)物业的全力配合。

2月17日 零时起至疫情防控工作结束，全国收费公路免收车辆通行费。此次免费范围为符合《中华人民共和国公路法》《收费公路管理条例》规定，经依法批准设置的所有收费公路(含收费桥梁和隧道)；免费对象为依法通行收费公路的所有车辆。

2月18日 为期40天2020年春运结束。春运期间，交通运输部指导各地坚决制止阻断公路通行行为，确保“一断三不断”，实行“三不一优先”政策。

同日 临汾市交通运输局开展“众志成城、你我有爱”募捐活动，筹集爱心捐款14302元。在支援湖北应急保障运输车队临行前，及时将爱心捐款为车队购买防护镜、水杯等防护及生活用品，为出征期间队员全面加强自身安全防护做好后勤保障。

2月19日 晚上，临汾市支援湖北应急保障车队组织15辆应急保障运输车满载水果、蔬菜和1500名山西支援湖北医护人员的生活物资、防护用品等，星夜向武汉、仙桃、天门、潜江4市对口驰援，市交通运输局党组成员、二级调研员张雷志，市运管局副局长骆晋浙带队奔赴武汉。2月21日晚8时许，应急保障车队圆满完成运输任务，凯旋而归。

2月19日至27日 临汾市全市累计发车119趟次、运送农民工2821人次。城市公交已恢复29条运营线路，11家出租车企业已正常运营。尧庙、城西、城北、安泽、霍州、侯马东站(西站)、隰县、古县、浮山、大宁、曲沃等13个客运站场恢复正常运营。临汾民航已经执行和即将恢复上海、广州、深圳、杭州、天津、南京、长沙、昆明、长春9条航班。

2月21日 根据全国恢复交通运输秩序电视电话会议精神，临汾市属于低风险地区，要实施“外防输入”策略，在落实疫情防控措施的同时，全面恢复正常生产生活秩序，全面取消高速公路出入口、国省道一般干线市界口交通防疫检测点，保留临汾民航机场、高铁站、火车站12个交通防疫检测点。

2月22日 21时，临汾市人民政府新闻办公室举行第四次新闻发布会。市交通运输局局长冯小宁，通报市交通场站防控工作情况。全市疫情防控阻击战打响以来，交通场站作为第一道防线，第一时间响应，立即成立指挥部，迅速开展布控，在全市境内的机场、高铁站、火车站、高速公路出入口、出市出省口布设69个交通防疫检测点，由交通、交警、卫健部门联防联控，全天候严防死守。至2月21日12时，全市累计投入27158人次，检测车辆582640辆，检测人员1244643人，上报移交湖北籍来临返临人员18人，转运发热人员21人，有效防止疫情输入输出。

2月26日 临汾至长治城际公交恢复运营，每日暂发12个班次，从7时至18时，每个整点从临汾城西客运站发车，终点至长治汽车客运东站。临汾至长治城际公交实行线上和线下同时售票，暂定预售期一天(每日18时预售次日客票)。

同日 随着新冠肺炎疫情防控的形势发展，临汾市区商户陆续实现复商复工，百姓生产生活秩序日渐恢复正常，市交通运输局牵头组织的“公交移动爱心超市”进社区活动圆满结束。

同日 由山西路桥集团投资建设的呼北国家高速公路山西省隰县至吉县段工程顺利实现复工复产。自疫情发生以来，隰吉公司作为项目建设单位，认真履行项目疫情防控首要责任，与各参建单位紧密配合，坚持把疫情防控与精准复工工作同部署、同落实，在第一时间成立“疫情防控领导小组”，全面统筹落实隰吉高速公路项目疫情防控和复工复产工作。

2月27日 临汾机场在严抓疫情防控的同时，携手多家航空公司推出定制包机服务，主要是提供指定专人24小时“一对一”对接，提供全程贴心业务办理服务；“一企一制”个性化定制服务；低价优质的包机成本价等3项服务。助力各地政企单位复工复产，降低返程运输的疫情传播风险。

2月28日 全市道路客运开通临汾至长治城际公交(早7时至晚18时)，每小时1个班次，尧都、大宁、隰县、安泽、侯马、浮山6县部分道路客运恢复运营。农民工外出返岗包车运输全面开通，

同日 根据疫情防控和复工复产工作要求。临汾公交在已运营5路、6路、7路、10路、11路、17路、20路7条公交线路的基础上，恢复运营3路、13路、23路线路，恢复后公交运营线路共10条。

3月1日 临汾机场结合当前复工复产形势需要，合理统筹安排，积极协调航司，已经执行并恢复上海、广州、深圳、杭州、天津、南京、长沙、昆明、长春等城市的航班。

3月2日 临汾公交中心城区线路恢复运营。在已运行线路10条线路的基础上，继续恢复9条线路，中心城区19条公交线路全部恢复运营。

3月3日 临汾市交通运输局离退休党支部收到一笔笔捐款，广大离退休党员响应组织号召，以实际行动自愿捐款抗击疫情，在国家危难时刻尽显老党员的先锋模范作用。

3月11日 上午,临汾市城市客运管理处与临汾市公安局直属分局就“滴滴出行”在临汾市区违规运营问题,约谈“滴滴出行”平台相关负责人。

3月16日 临汾市交通运输局组织客运部门开展联合执法,对临汾市非法营运的“黑出租车”采取定点监督、对过往车辆进行检查、在停靠站点对车辆进行摸排等方法进行整治,维护营运市场秩序。

3月19日 由长治市交通运输局局长连树斌带队的观摩团就三大板块旅游公路和公交都市创建及道路客运工作赴临汾市观摩学习。市交通运输局党组书记、局长冯小宁陪同。

3月26日 2020年全市交通运输工作、党风廉政建设工作暨安全生产工作电视电话会议召开。会议贯彻落实市委经济工作会议和全省交通运输工作会议精神,总结工作,分析形势,部署2020年工作任务。局党组书记、局长冯小宁在工作报告中,要求全面贯彻中共十九大和十九届二中、三中、四中全会精神,深入贯彻习近平总书记“三篇光辉文献”精神,贯彻落实市委经济会议和省交通运输工作会议部署及要求,动员全系统干部职工凝心聚力、抢抓机遇、砥砺前行、开拓进取,不断加快交通运输高质量发展,奋力谱写交通强国建设临汾新篇章,为决胜全面建成康社会当好先行。

同日 临汾市交通运输局发布清明节“文明祭扫 共同战‘疫’”倡议书,倡议树立文明礼葬新观念,开展文明祭祀、网上祭祀,防范疫情,不在道路、广场、林区、田野等场所焚香烧纸。并通过网上祭英烈等方式缅怀先烈,传承红色基因。

3月28日 早上8:50,华夏航空G54837次航班在临汾民航机场平稳降落,“重庆—临汾—沈阳”航线顺利完成首航。航线由华夏航空公司执飞,机型为空客A320,班期为每周三班。

3月30日 永和县阁底乡黄河一号旅游公路“零公里”标志文化驿站开工仪式举行。省交通运输厅党组成员、副厅长王四小出席开工仪式,临汾市副市长潘海燕致辞。项目紧邻乾坤湾、红军东征纪念馆、黄河蛇曲地质公园、天然地质石雕园林,以“零公里”标志景观石为中心,结合周边环境,挖掘文化元素,建设旅游标识文化公园,并植入房车营地、直升机低空旅游等现代时尚旅游业态。

3月31日 下午16时许,临汾市第三批援鄂医疗队返临,市交通运输局志愿者70余人自发欢迎英雄回家。疫情发生以来,临汾市支援湖北医疗队分3组进驻仙桃市、潜江市、天门市,组成重症治疗组、筛查治疗组、护理组等小组,开展新冠肺炎患者救治工作。他们主动请缨、奔赴前线,出色地完成医疗救治任务。

4月9日 临汾市副市长陈忠辉深入临汾西站、临汾民航机场、临汾火车站就防止境外输入以及疫情防控等工作进行突击检查。陈忠辉一行现场查看入境人员登记、有隔离史人员的出行记录等相关台账,详细询问防疫措施、健康码的查验、旅客体温测试以及境外入临人员、全市入京人员等情况。

4月10日 6:00起,因隧道养护施工,青兰高速临吉段乡宁收费站至光华收费站(吉县去往临汾方向)路段进行全幅封闭施工,改造工程8月31日24:00完工。

4月17日 上午,临汾市道路运输管理局相关负责人带队对市区汽车客运站疫情防控情况进行督导检查。检查组重点对乘客“健康码”核查、进出站体温测量、进出站信息登记等情况进行检查,并对候车室乘客接触设备设施、设备及区域消毒频次进行了解。检查组对临汾城西汽车客运站、尧庙汽车站的疫情防控工作落实情况给予肯定,并就存在的不足之处提出整改要求。

4月23日 霍永高速永和乾坤湾互通建成通车。临汾市副市长潘海燕出席通车仪式,并宣布永和乾坤湾收费站开通运营。项目是山西省高速公路网规划“三纵十二横十二环”第九横的重要组成部分,乾坤湾互通位于永和县黄河东岸,是永和县西部乡镇及沿黄旅游车辆上下高速的唯一出入口,收费站共设3入5出8条车道。它的建成通车,不仅优化路网结构,改善交通发展环境,打通沿黄景区旅游的交通瓶颈,对于拉动区域经济发展,助力扶贫攻坚,决胜全面建成小康社会,都具有极其重要的意义。

同日 上午11时,临汾市交通运输局党组成员、四级调研员景俊青,局工会主席李春香带领局工会一班人到临汾西站慰问奋战在抗疫一线的交通志愿者,为他们送去牛奶、方便面、牛肉等物品,并表达局党组及全体干部职工的热切问候及关心。

4月24日 临汾市生态环境局、市工信局、市交通运输局联合组织召开重点企业座谈会,就《临汾市重点行业(焦化、钢铁、铸造)企业提标升级创A行动计划》征求意见并讨论。来自全市的焦化、钢铁、铸造行业有关企业代表参加会议。此次会议旨在全面解读政策、吸纳企业意见、动员推动实施。会议解读《临汾市重点行业(焦化、钢铁、铸造)企业提标升级创A行动计划》相关内容，对企业清洁运输提出建设要求，就企业代表提出的标准设定、清洁运输、对应减排措施等内容进行深入论证。

4月27日 上午，临汾市交通运输局党组书记、局长冯小宁在市区解放路调研城市道路交通站点设置工作。冯小宁一行对解放路鼓楼北大街路口至平阳广场路口等沿途站点逐一实地查看，详细了解各站点的规划情况，仔细询问公交站点线路、路段出租车流量、公共自行车使用数据及安全保障措施等情况，并就城市道路交通站点建设过程中存在的困难和问题提出建议及意见。

4月28日 临汾市交通运输局组织全体干部职工开展“迎五一”知识答题活动，通过活动迎接“五一”国际劳动节的到来。号召全市交通运输系统干部职工凝心聚力、抢抓机遇、砥砺前行、开拓进取，为加快交通运输高质量发展，决胜全面建设小康社会当好先行。

4月30日 临汾市交通运输局党组书记、局长冯小宁组织召开全局第二季度安全生产会议，对疫情防控和安全生产工作进行再安排、再部署，要求全体党员干部深入贯彻落实习近平总书记关于安全生产工作的重要指示精神，牢固树立以人民为中心的发展思想和生命至上、安全第一的理念，进一步提高政治站位，全面落实“外防输入、内防反弹”的总体防控策略，抓实抓细常态化疫情防控措施，全力以赴抓好“五一”期间疫情防控和交通保安全、保畅通、保服务任务。

5月1日至5日 “五一”期间，全市交通运输行业处于复工复产的关键时期，同时疫情防控常态化条件下，安全生产压力持续加大，安全形势不容乐观。市交通运输局提前部署，强化督查检查，加强应急值守，按照市委、市政府、省交通运输厅关于疫情防控和安全生产的决策部署，严密开展“五一”节期间安全生产工作，严格落实疫情防控措施，严防各类安全生产事故，为人民群众欢度假日营造和谐稳定的交通运输环境。

同日 “五一”期间，临汾市交通运输局领导班子成员带队组成6个交通场站应对督查组，采取“四不两直”、明察暗访、突击检查、随机抽查等方式，深入各县(市、区)基层一线和企业现场督查，重点排查交通运输、在建工程等重点领域的风险点，持续加大对“两客一危”和大型货车的检查执法整治力度，督促各客运场站做好公共场所和营运车辆及相关交通工具的通风、消毒，加强人员防护，坚决防范各类事故风险，加强应急值守和应急管理，确保疫情防控与安全生产两不误。各督查组从严从细严格检查，针对发现问题要求相关单位立即整改，杜绝安全隐患。

5月6日 零时起，经依法批准的收费公路恢复收费(含收费桥梁和隧道)。

同日 晚上，临汾市交通运输局紧急电视电话会议召开，就新冠肺炎疫情防控和安全生产工作进行再安排、再部署。党组书记、局长冯小宁出席会议并讲话。会上，党组成员、副局长许学民通报近期省内外发生的安全事故和交通运输疫情防控存在问题，对下一步疫情防控和安全生产工作进行部署，市道路运输管理局负责人通报“五一”期间对各县(市、区)交通场站的督查情况。

5月11日 为加快推进全市复工复产复学工作，临汾市调整市区部分线路趟次间隔时间，公交101路、108路、201路恢复运营。

5月12日至13日 省交通运输厅党组成员、副厅长李贵顺带队在临汾开展公路建设、运营情况调研及安全生产督查。李贵顺一行在隰吉高速公路建设工地、国省道PPP路面改造、安全生命防护工程施工现场进行排查。

5月12日 临汾市交通运输局组织举办机要保密教育培训。邀请市委办公室保密室主任董学武进行授课，市交通运输局机关各科室负责人、局直各单位办公室负责人和从事文书工作人员共50余人参加培训。此次培训，组织观看保密工作纪录片，董学武通过讲解失泄密的典型案例，进行保密警示教育，阐述现今大数据时代计算机、网络信息面临着易发性、隐蔽性、危害性特点，指出新形势下保密工作的紧迫感和严峻性。

5月18日至19日 福川未来交通科技有限公司董事长安德烈斯·劳和总裁周楠一行就投资交通运输项目赴临汾市考察。临汾市政府副秘书长、办公室副主任刘玉平，市交通运输局党组书记、局长冯小宁以及市能源局相关负责人陪同。安德烈斯·劳一行先后在蒲县、安泽县、洪洞县、尧都区的部分煤矿、洗煤厂、焦化厂、电厂、储煤厂、铁路发运站、旅游集散地进行考察，并与相关企业负责人进行座谈，认真了解企业生产情况、运输形式、运输成本，仔细询问运输流程、流量、流向等具体细节。

5月22日 临汾市交通运输局开展“文明礼仪从我做起”“抗疫有我 爱卫同行”两个主题道德讲堂，内容主要有：对文明礼仪知识的讲解，开展全国第32个爱国卫生月及全市“爱国卫生季”的相关活动。

5月26日 临汾市交通运输局加强安全监管力度，开展汛前及汛期安全检查，确保汛期全市交通运输系统不发生生产安全事故。

6月1日 从即日起，临汾公交对线路趟次进行加密，运行线路：3路、4路、5路、6路等14条线路，另外，恢复运行线路105路，30路与航班对接发车。

同日 临汾市“安全生产月”活动启动。市委常委、常务副市长常青出席启动仪式并宣布活动启动。市政府办公室、市安委会成员单位主要负责人及中石化临汾东芦油库相关工作人员参加。启动仪式上，常青向“平阳平安媒体行”代表授旗，并现场观摩危险化学品储油罐区应急演练。

6月2日 临汾市交通运输局安全检查组对蒲县汽车站、运输企业、公交公司进行检查指导。检查组一行对蒲县汽车站、公交公司的运营情况、职工队伍、充电设备等进行详细询问，并实地查看当前客流状况。要求提前对车辆性能和技术设备等做好充分的安全检查，将各项检查工作做精做细，全力保障人民群众的出行安全。

6月5日 下午，第25个全国“爱眼日”来临之际，临汾市交通运输局举办健康知识讲座，特邀请临汾市中医医院专家进行中医健康保健方面的知识宣传，开展中医护眼科普宣传，局直各基层工会负责人及机关干部职工参加此次活动。

6月10日 临汾市交通运输局发出关于建设节约型机关的倡议书。全面落实市委、市政府缩减办公经费的要求，建设节约型机关，发扬勤俭节约优良传统，切实做到节能降耗、过好“紧日子”。

6月11日 共青团临汾市委授予山西路桥集团永和沿黄旅游公路有限公司“青年文明号”荣誉称号，并举行授牌仪式。公司由山西路桥集团授权晋南公司委托管理，对永和沿黄公司的制度建设、人事管理、资金使用、公司运营等方面进行全方位管理，主要承担临汾市沿黄扶贫旅游公路（永和段）PPP项目的投资、建设、运营管理等工作。在晋南公司党委、团支部带领下，始终把“青年文明号”创建活动作为凝聚青年、团结青年、培养青年，带领青年建功立业的有效形式。借助“青年文明号”创建活动不断培育青年，展现青年风采，公司所属青年员工在团组织带领下，积极践行“一线工作法”，在项目管理最需要的关键的岗位、在工程建设的重难点部位，以青年人干事创业的激情，奋勇争先的热情，迎难而上的豪情，不断地攻坚克难，推动工程建设管理高质量发展。

6月12日 交通运输部网站公开《人力资源社会保障部、交通运输部关于表彰全国运输系统先进集体劳动模范和先进工作者的决定》，198个单位荣获“全国交通运输系统先进集体”称号。临汾公交榜上有名，获全国交通运输系统先进集体。

6月17日 临汾市安委会发出《关于在全市开展危货运输环节安全风险隐患专项排查行动的通知》。要求充分认识危险化学品安全生产工作的复杂性、严峻性，始终把危险化学品安全生产放在重要位置，扎实做好各项工作，防范事故发生，确保全市安全生产形势稳定向好。

同日 临汾市交通运输局首批120名党员走进市委党校进行“党员进党校”集中轮训。局领导冯小宁、景俊青、张雷志、贺文喜、李春香参加开班仪式。市交通运输局党组精心组织、周密部署轮训活动，要求机关党员参训全覆盖，企业党员、离退休党员统筹安排参加轮训，轮训计划分两批进行，每批120人，轮训时间为两天。轮训内容为党章党规、《习近平新时代中国特色社会主义思想学习纲要》、习近平视察山西重要讲话精神、2020年全国“两会”精神、党史、新中国史、省域副中心城市建设规划等。

6月19日 临汾市危险化学品运输车辆道路交通事故应急救援演练在桂冠运业有限公司举行。演练的内容是：桂冠运业拉运液碱的车辆，被后方驰原物流拉运LNG的车辆追尾，造成左侧阀门泄漏，后方车辆因紧急刹车轮胎冒烟，副驾驶位押运员受伤昏迷。前车押运员立即拨打110、120，并向公司汇报。交警大队指挥中心接到报警后，立即向秩序中队和事故中队下达出警指令，报告大队领导启动应急预案，同时向县公安局和市交警支队上报警情。根据市交警支队指令，启动临汾市公安局交警支队处置运输危险化学品车辆交通事故应急预案三级响应。消防大队到场紧急处置险情，120医护人员随后也到场救治伤员。经过全体参演人员共同努力，本次演练取得圆满成功，极大地提高全县相关各部门在危化品运输车辆道路交通事故应急救援方面的处置能力。

同日 省交通运输厅第四督查组组长、省运输事业发展中心副主任肖为民等一行5人在临汾市蒲县就乡镇和建制村通客车工作进行督查。

6月23日 中共临汾市交通运输局机关委员会组织基层党组织书记、党员干部及部分党员100余名赴侯马彭真故居，开展“走进红色基地、传承红色基因”党日活动。

同日 山西路桥集团围绕“品质工程”和“安全生产”两大主题，在隰吉高速公路项目现场开展公路施工标准化观摩暨隧道综合应急演练。由省交通运输厅、临汾市政府、山西交控集团、山西路桥集团、隰县政府等相关单位、部门组成的观摩团共100余人参加演练。

6月25日至27日 临汾市增开直达尧庙景区的公交频次，延长运营时间，在此期间直达尧庙景区的公交车免费乘坐。同时，市交通运输局还同步启动出租车、公共自行车等城市客运的优质服务措施，以实际行动，保障活动成功，推动农旅产品销售渠道拓宽，助力全市经济高质量转型发展。

6月28日 临汾民航机场开展机场应急救援综合演练。演练模拟某航空公司航班因航空器空中故障在临汾民航机场紧急迫降，迫降后右发动机发生着火的预设情景。接到应急救援指挥部通知后，机场立即全面启动应急救援保障程序，各救援保障部门严格按照责任分工，组织人员进行救援信息发布、指挥部署、接警出动、灭火救援、疏散逃生、隔离警戒、伤员救治转运等一系列应急处置程序。

6月30日 临汾市交通运输局庆祝中国共产党成立99周年暨“七一”表彰大会在家思博尔会议厅隆重举行。局领导冯小宁、许学民、陈贵林、景俊青、贺文喜、李春香以及机关党委副书记王福记出席会议并为受表彰的优秀共产党员和优秀党务工作者颁奖。会后，与会人员观看临汾市交通运输局抗击疫情故事会——“交通战‘疫’党旗红”演出。

7月1日 交通运输部《公路工程建设标准管理办法》实施。该管理办法进一步推进公路工程建设标准化工作，规范公路工程标准管理，保障人身健康和生命财产安全，促进公路工程技术进步和创新，提升技术和服务质量。

7月2日 第8个全国低碳日，临汾公共自行车运营中心开展以“绿色低碳·全面小康”为主题绿色骑行活动。

同日 临汾市交通运输局党组书记、局长冯小宁一行深入大宁县布业村开展“十个清零”专题调研。冯小宁一行先后对产业发展、环境卫生整治、爱心超市运营、改善人居环境等方面的工作进行查看，给予精心指导。

同日 临汾市交通运输局组织建管科、公路处、质监站、设计院等单位相关负责人和技术人员20余人前往正在改造的临夏线，对在此路段采用路面革新工程项目创新应用多项新技术进行观摩。

7月6日 临汾市邮政管理局对近期监督检查发现的“不打卡、少打卡、乱打卡、不会打卡”等建制村邮政投递打卡存在的突出问题，对部分邮政企业进行约谈，就问题整改落实提出明确要求。

7月10日 临汾市交通运输局工会第三届第二次全委会召开，总结换届以来工会工作，部署2020年下半年工作任务。

7月12日 下午，黄河一号公路推进誓师大会在永和沿黄旅游公路SG3项目部召开。与会人员决心齐心协力、全力以赴，克服一切施工困难，努力完成“920”贯通路基任务目标。

7月13日 省交通运输厅党组成员、副厅长、省民航机场管理局局长段新源一行就深化出租汽车行业改革在临汾召开座谈会，听取广大出租车企业、从业驾驶员的意见和建议。副市长潘海燕出席座谈会。临汾市17个县（市、区）共有36家巡游出租车公司4463辆巡游出租车，其中临汾市区现有6家巡游出租车公司1862辆巡游出租车。

7月20日至22日 中考期间，临汾公交所有线路全部免费，所有线路广大乘客及考生免费乘坐。

7月21日 在参加省交通运输厅加快推进纳入国土空间规划公路项目工程可行性研究视频会后，临汾市交通运输局立即召开会议，对相关工作进行部署，要求主动征求国土、发改等相关部门意见，认真开展交通基础设施国土空间控制规划公路建设项目工可深度线位研究，确保交通基础设施国土空间控制规划按时，高质量完成。

7月29日 临汾市交通运输局组织全市交通运输系统干部职工开展《中华人民共和国民法典》暨“信用交通市”创建视频培训。此次培训内容为《中华人民共和国民法典》及颁布实施《中华人民共和国民法典》的重大意义、国家社会信用体系建设政策解读。局机关人员在主会场参培，各县（市、区）交通运输局相关人员在各分会场参加培训。

7月31日 临汾市交通运输局召开会议庆祝建军93周年,向交通运输系统全体军转干部送去组织的关切关怀。局党组成员、副局长许学民代表局党组对奋战在全市交通运输战线上退役军人的无私奉献和表率作用表示感谢,并送上节日问候和祝福。

8月1日 全省高速公路、一级国省干线公路限速标志于8月1日前整改完善。此次规范整改,重点解决社会强烈的“断崖式”“隐蔽式”等不合理的限速问题,提升公路行车安全保障管理水平。

8月3日 省交通运输厅党组成员、副厅长王四小带队深入沿黄旅游公路调研,查看项目施工进展情况。要求加快工程进度,确保按期保质保量完成工程建设任务。市交通运输局局长冯小宁,永和县委副书记、县长范洋平同调研。

8月4日 临汾市区出租车更新纯电动工作提前完成,临汾市区实现出租车、公交车纯电动双覆盖。临汾市区现有出租车1862辆,公交车423辆,全部更换为纯电动车辆,市区公共交通实现“零排放”。

8月6日 临汾市交通运输局下发通知,启动暴雨Ⅳ应急响应。要求各单位各部门按照响应要求及本级防汛预案做好应急准备,密切关注气象、水文和地质情况,及时上报交通以及道路受气象灾害影响情况,及时恢复被破坏的农村公路及交通设施,保障农村公路通行;督促在建工程单位加强防范,及时撤离危险区域人员;协助征用应急运输车辆,做好抢险救援人员、物资和灾民疏散的运输工作。

同日 临汾市交通运输局召开精神文明创建工作推进会,对2020年上半年精神文明创建工作进行总结,对下半年工作进行再动员、再部署、再推进。会议要求,以高度负责的态度认真开展一次精神文明创建“回头看”,确保各自工作安排到位、落实到位。

8月11日 省交通运输厅副厅级干部郭贵堂一行深入黄河一号旅游公路永和段阁底至大宁界项目施工现场,开展“夏送清凉”慰问活动。省公路运输工会主席王大为,临汾市交通运输局副局长令狐文选,永和县副县长马健,以及临汾市交通运输局工会、永和县交通运输局有关负责人一同慰问。在活动中,郭贵堂代表省交通运输厅向奋战在交通建设工程一线的广大职工致以崇高敬意和亲切的问候,并发放防暑降温慰问品。

8月18日 下午,临汾市召开“公转铁”工作推进会。副市长潘海燕主持会议。会上,市交通运输局负责人通报全市“公转铁”工作进展情况;市工信局、市能源局、市发改委、市生态环境局以及铁路部门有关负责人就各自工作情况分别作发言;尧都区、霍州市、侯马市等10个县(市、区)政府有关负责人分别作表态发言。

8月20日 沿黄旅游公路一期工程南庄至阁底段全长36.924公里,三级公路总投资55636万元,经过一年多紧张施工,全段竣工通车。并被评为全国“十大最美农村路”。

8月24日至26日 临汾民航机场开展危险品专项检查。此次检查主要对机场相关运行保障部门的危险品风险源数据库建立情况、收运货物行李时隐含危险品安全管控措施、危险品日常培训开展情况和危险品应急演练等重点工作进行检查。针对检查中发现的问题已要求责任部门限期整改。

8月28日 临汾市在全市交通运输系统开展为期一个月的危险化学品储存运输安全专项检查整治活动。本次专项检查将采取企业自查自改、市县交通运输监管部门分工检查的方式,重点通过“四不两直”、突击检查、明察暗访等对企业进行监督检查。在专项检查中,市交通运输局要求各地各部门要严格落实属地管理责任、部门监管责任和企业主体责任,全面压实爆炸危险性化学品运输等相关环节的安全监管,确保监管责任链条无缝衔接。

9月1日 晚上,临汾市交通运输局召开全市交通运输安全生产工作紧急视频会议,连夜部署全市交通运输系统安全风险隐患大排查、大整治工作。认真贯彻国家、省、市领导关于安全生产的系列批示指示要求,落实全市安全风险隐患大排查大整治电视电话会议精神,深刻汲取襄汾县陶寺乡陈庄村聚仙饭店“8·29”坍塌事故教训。全面排查整治,切实强化道路运输领域、水上交通领域、公路水运工程建设领域、公路运营领域、人员密集场所等重点领域安全生产工作;狠抓工作落实,扎实开展好安全生产专项整治三年行动。

9月9日 临汾市交通运输局就农村公路管理养护体制改革工作召开专题座谈会。会议认真贯彻《国务院办公厅关于深化农村公路管理养护体制改革的意见》《山西省农村公路管理养护体制改革实施方案》精神要旨,进一步明确农村公路管养职责以及落实养护资金补助政策、优化养护资金支出结构、全面推行“路长制”等工作的具体要求。各县(市、区)交通运输局局长在座谈会上逐一发言,直面问题,坦诚交流,实事求是,畅所欲言,积极探讨农村公路管养体制改革办法,全面探索推进改革工作。

9月10日 临汾市“四好农村路”暨黄河板块旅游公路建设永和现场推进会召开。截至8月底,全市“四好农村路”建设任务完成1355公里,完成投资83770万元,占年度投资目标任务的74.8%。

9月16日 临汾市2020年绿色出行宣传月和公交出行宣传周活动在尧庙华门东广场举行。副市长潘海燕出席并宣布活动正式启动。市交通运输局、市公安局、市直属机关事务管理局、市总工会等相关部门参加启动仪式。活动期间,全市交通运输行业以“践行绿色出行、建设美丽临汾”为主题,通过线上线下等多种宣传方式,广泛动员社会公众积极参与到绿色出行行动中,加快推动形成绿色生活方式。在活动中,市公交公司推出8大便民服务举措。

9月17日 省交通运输厅党组成员、副厅长王四小带队赴永和就沿黄一号旅游公路建设工作进行督导调研。王四小一行实地查看黄河一号公路永和段主线工程和“零公里”标志文化驿站建设情况,认真听取山西路桥等参建单位负责人的有关汇报,详细了解工程目前进度和下一步施工计划。

9月23日 黄河一号旅游公路“零公里”标志文化驿站举行正式启动仪式。省交通运输厅党组成员、副厅长王四小,临汾市委书记董一兵,市交通运输局局长冯小宁、永和县四大班子领导参加启动仪式。黄河一号旅游公路“零公里”标志文化驿站,位于临汾市永和县阁底乡,地处乾坤湾景区核心地带,占地面积8000平方米,建筑面积1334平方米。驿站以“零公里”标志景观石为中心,主要包括黄河文化体验馆、红军纪念园、观景休闲空间、黄河景观墙及黄河步道、直升机停机坪、停车场、简易房车营地等配套服务建筑。黄河、长城、太行三个一号旅游公路是全省“四好农村路”建设的重要组成部分和打造三大旅游板块、推进乡村振兴的战略性基础性工程。截至2020年9月,已累计开工4250公里,建成2883公里,串联沿线66个A级以上景区、130处非A级旅游资源。

同日 2020“丰百杯”黄河一号旅游公路(临汾—永和段)自行车邀请赛在永和县黄河乾坤湾景区开赛。临汾市委书记董一兵,市委副书记、市长李云峰,省体育局局长赵雁峰出席,副市长潘海燕出席并鸣枪开赛。本次邀请赛的口号是“骑行沿黄路、感悟黄河情”,赛道全长31公里,起点为黄河一号旅游公路“零公里”处,终点为刘家山农耕文化记忆园,设置精英组、大师组和女子组三个组别,共150余名自行车运动员参加此次大赛。

9月24日 下午,临汾市运输结构调整暨“公转铁”月调度视频会议召开,副市长潘海燕出席。会议通报全市运输结构调整暨“公转铁”工作进展情况,对公路货运升级、拓展多式联运和推进城市绿色货运等工作进行部署。

9月27日 上午,临汾市委书记董一兵,市委常委、尧都区区委书记陈纲,临汾市交通运输局党组书记、局长冯小宁一行赴城西客运站,就“两节”期间安全工作进行调研。董一兵一行首先来到城际公交调度中心查看临汾至长治城际公交实时监控画面,随后走近临汾至长治公交车厢对车辆安全、消防、卫生等情况进行检查。

9月28日 临汾市交通运输系统行政执法队伍纪律作风集中整治活动动员大会召开,副市长潘海燕出席会议并讲话。会议落实市委、市政府、市纪委指示精神,部署在全市交通运输系统行政执法队伍中开展为期两个月的“严明纪律、敬畏法规、转变作风、建好队伍”纪律作风集中整治。

9月28日至10月8日 “两节”期间运输,共计11天,临汾西站发送旅客8万人次,日均发送旅客1万人次,方向以太原、北京、西安等为主。为缓解“两节”期间客流压力,该站加开D4034次西安北至大同南、G4280次运城北至天津西、G4279次天津西至运城北、D9204次运城北至太原南、D9205次太原南至永济北、D5311次太原南至临汾西、D5313次太原南至运城北7列动车(高铁)。

9月28日至10月10日 临汾市陆续增开7趟次动车(高铁)。

9月29日 临汾至晋城城际公交开通仪式在临汾城西客运站举行,副市长潘海燕出席并宣布临汾至晋城城际公交正式开通。城际公交由临汾城西客运站至晋城客运东站,全程230公里,中途无停靠,运行时间由原来的5小时缩短为3小时。两地运输公司共同组织16辆高级客车参加运营,随车配备导乘员,利用“临汾智行”联网售票系统预售车票。运营车辆均安装4G视频系统，设立城际公交运行动态监控平台，配备4名监控人员，全天候掌握车辆运行动态，确保安全运行。

10月2日 上午，临汾市交通运输局党组书记、局长冯小宁一行深入城西客运站及市区相关旅游运输及危货运输企业，就“两节”期间疫情防控和安全生产工作进行检查督导。

10月9日 临汾市结合预防道路交通事故“减量控大”工作要求，开展电动自行车交通违法整治行动。在全市范围内全面开展严查电动车违法载人、驾乘人员不佩戴安全头盔、闯红灯、不按规定车道行驶、不满16周岁驾驶电动车等交通违法行为；对未上牌的电动自行车进行检查并实名登记。

10月11日 2019年“最美公交司机”先进事迹报告会在雷锋故乡长沙望城举行，并正式发布100名“最美公交司机”。临汾公交21路驾驶员乔志霞获全国“最美公交司机”荣誉称号。此次由交通运输部、中华全国总工会联合主办的“最美公交司机”推选宣传活动自2019年8月启动，经过各省(区、市)选拔推荐，活动组委会资料审核、专家初评、媒体公示、网络投票、专家终选，最终推选出广州公交集团驾驶员丁建民等100人为2019年“最美公交司机”。

同日 临汾公交乘车实现人脸支付。

10月16日 上午，临汾市治理非法超限超载车辆工作视频会议在市交通运输局召开，会议分析当前形势，研究解决存在的问题，部署下一阶段工作。副市长潘海燕出席并讲话。

同日 山西路桥集团在投资建设的隰吉高速举办“施工工艺标准化”推进会暨桥梁防撞护栏滑模施工现场交流观摩会。观摩组在隰吉高速LJ9标大回宫3号桥施工现场观看桥梁防撞护栏滑模施工工艺施工操作。这是国内首次在高速公路上大规模应用此项工艺，直观展示路桥集团施工工艺机械化、标准化的先进水平。

10月20日至30日 国道G520线(原省道S329线)尧都区至平垣乡段家凹村圪垛组路段，因路面裂缝出现塌陷，存在较大安全隐患，威胁行车行人安全，急需开展应急抢修工作，决定对该路段道路实行半封闭通行，实施道路交通管制。

10月21日 临汾市交通运输局党组书记、局长冯小宁带领市道路运输管理局、交通质监站相关负责人就交通运输安全生产工作在洪洞县督导检查。要求进一步健全长效机制、强化责任意识，全力以赴抓好安全生产工作，确保交通运输系统安全生产形势稳定。冯小宁一行采取不发通知、不打招呼、不听汇报、不用陪同和接待、直奔基层、直插现场的“四不两直”方式开展督查。

10月23日 临汾市交通运输局举办全市交通运输系统行政执法队伍纪律作风集中整治廉政与法治培训。党组成员、二级调研员景俊青主持开班仪式。培训特邀市纪委监委政研室副主任路俊、市司法局行政复议应诉科科长贾民远分别就行政执法廉政与交通运输法治进行专题讲座。培训采取视频形式举行，各县(市、区)交通运输局设立分会场。

10月27日 临汾市交通运输局获得省人力资源和社会保障厅、省扶贫开发办公室授予“山西省干部驻村帮扶工作模范单位”称号，市交通运输局城市客运管理处许聪获“山西省农村模范第一书记”称号。

10月29日 交通运输部、财政部印发《关于组织开展深化农村公路管理养护体制改革试点工作的通知》，开展农村公路管理养护体制改革试点工作，蒲县被确定为深化农村公路管理养护体制改革试点。这些试点地区经省级遴选、专家评审等程序，共确定167个深化农村公路管理养护体制改革试点地区，其中省级10个、市级42个、县级115个。山西省蒲县、长子县、沁水县、太原市晋源区、晋中市榆次区5个县(市、区)被确定为深化农村公路管理养护体制改革试点。此次改革试点工作周期为3年(2021—2023年)，各改革试点地区围绕深化农村公路管理养护体制改革有关要求和所选试点主题开展试点工作。

同日 临汾市人民政府发布《关于对柴油货车和散装物料运输车过境“大气污染防治绿色运输示范区”实施优化通行措施的通告》，对过境进入“大气污染防治绿色运输示范区”的柴油货车和散装物料运输车实施优化通行措施。大气污染防治绿色运输示范区范围为临汾环城高速以内，并向西延伸至省道S232线和国道G520线(尧都区土门口至襄汾南辛店高速口)。

10月30日 临汾市召开“秋冬防”期间“一城三区”绿色运输示范区柴油货车及散装物料运输车管控工作会议。副市长潘海燕出席会议并讲话。会上，市交通运输局负责人对“秋冬防”期间“一城三区”绿色运输示范区柴油货车和散装物料运输车管控工作进行部署；市生态环境局、市公安局交警支队、尧都区政府等单位代表分别作表态发言。

11月3日 晚20时，临汾公交“大美临汾、微笑公交、靓城助力、共筑梦想”微笑礼仪操大赛在市区家思博尔酒店会议室拉开帷幕，来自临汾公交的200余名工作人员参加比赛。此次比赛内容涵盖公交驾驶员礼仪、形体、文明用语等日常工作标准，同时，结合手指操、舞蹈等动作推出一套独具公交特色的“微笑礼仪操”。

11月4日 永和旅游路阁底至大宁段圪列源大桥第一片T梁被稳稳地架设在桥墩之上。首片T梁的成功架设，标志着大桥上部结构施工正式拉开序幕。

11月6日 中国出租汽车暨汽车租赁协会联合高德、美团、滴滴、携程、哈啰五家典型聚合平台企业，在京共同签署发布《聚合平台联合倡议书》，进一步加强行业自律，更好保障乘客权益，共同维护良好市场秩序，助力行业规范健康发展。

同日 临汾机场开通首条省内短途运输航线——“临汾—吕梁”航线。

11月7日 临汾市交通运输系统行政执法队伍“敬畏法规、严明纪律、转变作风、建好队伍”纪律作风集中整治工作推进会召开。会议传达贯彻市委、市政府主要领导指示批示精神，对集中整治活动进行再安排、再部署、再推进，进一步拧紧螺丝、上紧发条、传导压力，确保集中整治取得实效。会议以电视电话会议形式召开，各县（市、区）交通运输局设立分会场。市纪委副书记、监委副主任成功，市纪委常委、秘书长冀红喜，市纪委监委监督检查六室主任王保民，市纪委监委综合室主任樊记虎，市交通运输局党组书记、局长冯小宁参加会议。

11月11日 下午，临汾市政府与华舰体育控股集团有限公司举行座谈，就临汾市通用航空机场开发建设有关工作进行交流。华舰体育控股集团有限公司党委书记、董事长赵晓春，副市长潘海燕出席座谈会。市发改委、市体育局、市交通运输局等部门以及侯马市、乡宁县、永和县政府有关负责人参加座谈会。

11月16日 临汾市举行鼓楼西大街上跨中大街立交桥工程通车仪式，经过8个月紧张施工，市区鼓楼西大街上跨中大街立交桥正式通车。从11月18日起，临汾公交6路、7路、15路、103路、106路、107路恢复原线路运行。

同日 临汾市举行鼓楼西大街上跨中大街立交桥工程通车仪式，经过8个月紧张施工，市区鼓楼西大街上跨中大街立交桥正式通车。从11月18日起，临汾公交6路、7路、15路、103路、106路、107路恢复原线路运行。

11月17日 临汾市副市长潘海燕赴洪洞县调研普速铁路沿线安全隐患综合治理工作。潘海燕一行先后到洪洞县赵城镇及万安镇兰家节村等地，对公跨铁立交桥防护设施不完备、临近铁路路基违建违占、防洪及地质灾害治理存在隐患等问题进行现场分析研究，并提出解决办法。市交通运输局、市规划和自然资源局及洪洞县政府等部门负责人随同调研。

11月24日 上午，临汾市客运部门召开客运行业法规集中再培训，就中华人民共和国交通运输部令2016年第63号中的《交通运输部关于修改〈出租汽车驾驶员从业资格管理规定〉的决定》和中华人民共和国交通运输部令2016年第64号中的《交通运输部关于修改〈出租汽车经营服务管理规定〉的决定》中巡游出租企业、巡游出租车驾驶员、网约车企业及网约车驾驶员相关法律责任进行详细解读。

11月25日 临汾市交通运输局在市运通驾校多功能教室对全市“两客一危”及重点运输企业进行“全市道路运输安全生产培训”。培训邀请行业安全专家，就安全、消防、应急风险辨识、安全技术管理、隐患排查和典型事故案例分析等方面一一做了详细讲解分析。此次培训共组织43家“两客一危”及重点道路运输企业60余人参加培训。

11月29日 临汾市交通运输局四级调研员李春香带领长治市交通运输局督导组就交通运输行业文明城市创建工作在市区进行督导检查。督导组一行先后来到城西客运站、城北客运站、尧庙客运站，按照成果要求和实地指标，对标任务分解表逐项进行检查，并对公益广告、信用建设、诚信建设等方面工作落实情况行认真了解和督导。

11月30日 临汾高铁西站、临汾火车站升级自助售取票机，增加电子客票退票功能，在符合一定条件时办理退票业务，只需简单三步，就可以快捷完成退票操作。

12月2日 上午9点40分，由龙江航空执飞的LT4341航班降落在临汾尧都机场，标志着“哈尔滨—临汾—海口”航线正式开通。

12月3日 为深刻汲取襄汾县“8·29”重大房

屋坍塌事故和太原市台骀山景区冰雕馆“10·01”火灾事故教训，临汾市安委办制定《落实安全风险隐患大排查大整治五条措施》。要求建立隐患排查整治三方签字确认制度、建立安全生产执法检查手册、建立“一企一册”执法检查档案、强化行业主管部门监管责任、充分发挥专家“技术保安”作用。

12月4日 临汾市交通运输局开展“道德讲堂”第四季度活动。活动特邀市交通驾校理论教师贺咏芳就“安全驾驶、文明出行”专题进行授课。

12月6日 从即日起，临汾机场联合青岛航空恢复(开)通“沈阳—临汾—重庆”航线，执飞机型为空客A320。

12月8日 临汾市交通运输局举办意识形态和网络意识形态知识专题培训讲座。局党组书记、局长冯小宁主持讲座。讲座特邀市委党校政治建设教研室主任李霄主讲，主题为“意识形态关乎国家政治安全”。局领导班子、机关党委、各科室负责人参加培训。

12月10日 在全国交通运输行业精神文明建设工作电视电话会议上，临汾市交通运输局被授予“全国交通运输行业文明单位”称号。

12月14日 临汾民航机场开展“送温暖、献爱心”捐助活动。所有捐款将分别转交至民政部门社会捐助工作机构和机场驻村扶贫队。

12月29日 临汾市交通运输局在市图书馆开展迎元旦“读好书 诵经典”活动，进一步丰富干部职工精神文化生活，推进学习型机关建设。局领导冯小宁、许学民、景俊青、李春香出席活动。局机关及局直各单位职工代表150余人参加活动。

（资料提供：庞燕东）

运城市交通运输局 大事记

1月6日 运城市人大检查组一行深入运城市交通运输局对2019年度履职情况进行年终检查。局党组书记、局长李晋学向检查组一行汇报2019年度履职情况。局领导班子成员和各科室、下属单位负责人参加会议。

1月13日 运城市交通运输局召开全系统“不忘初心、牢记使命”主题教育总结大会，学习贯彻中央、省、市主题教育总结大会精神，对交通运输重点工作做出部署。局党组书记、局长李晋学作总结讲话，市委第十三巡回指导组到会指导。局领导班子成员和各科室、下属单位负责人参加会议。

1月13日 运城市委第十三考核组一行深入市交通运输局对2019年度目标责任完成情况进行专项考核。局党组书记、局长李晋学作述职报告，局领导班子成员和各科室、下属单位负责人参加会议。

1月27日 运城市交通运输局党组(扩大)专题会议召开，传达贯彻中央、省、市关于新型冠状病毒感染的肺炎疫情防控工作的部署精神，对全系统做好疫情防控工作进行全面部署。局领导班子成员、各科室和下属事业单位负责人参加会议。

1月30日 运城市交通运输局党组专题会议召开，再次深入学习贯彻习近平总书记重要指示精神，学习贯彻中央、省委、市委和交通运输部、省交通运输厅一系列部署精神，紧密结合交通运输行业实际，研究出台《关于进一步加强交通运输管理 认真做好疫情防控工作的通知》，突出“七个强化”，着力抓好疫情防控工作。

1月30日 运城市交通运输局研究出台《运城市新型冠状病毒感染的肺炎疫情期间交通运输应急保障方案》，确保及时、高效、有序做好疫情防控期间交通运输应急保障工作。

2月1日 运城市交通运输局印发《关于统筹做好疫情防控和交通运输保障工作的紧急通知》，

对全系统加强疫情防控和交通运输保障工作进行再次部署。

2月5日 运城市交通运输局党组会议召开，传达学习贯彻习近平总书记2月3日在中央政治局常委会上的重要讲话精神，学习贯彻省委、省政府、市委、市政府关于疫情防控工作系列部署精神，学习贯彻交通运输部和省交通运输厅具体部署，对统筹做好全市春节后错峰返程疫情防控和交通运输保障工作进行部署。

2月24日 运城市交通运输局党组（扩大）会议召开，深入学习贯彻习近平总书记2月23日在统筹推进新冠肺炎疫情防控和经济社会发展部署会议上的重要讲话精神及省委、市委会议精神，对统筹做好疫情防控和交通运输保障工作进行安排部署。

3月10日 运城市交通运输局召开全市交通运输工作电视电话会议，传达学习中央、省、市重大部署精神，总结2019年交通运输工作，表彰2019年度优秀单位，部署2020年重点任务。

3月26日 运城市委书记丁小强带队深入调研永济市、芮城县黄河一号旅游公路建设工作。市领导储祥好、陈杰、王志峰、乔登州、梁清燕、董旭光，各县（市、区）委书记和交通、发改、财政、农业、文旅等市直部门负责人陪同调研。

4月7日 运城市交通运输局党组开展“战疫情、当先锋”主题党日活动，贯彻落实市委《关于健全完善党支部主题党日长效机制的实施意见》精神和市直工委具体部署要求，进一步巩固拓展“不忘初心、牢记使命”主题教育成果。市直工委第一督导组现场指导市公交总公司党支部主题党日活动，局党组书记、局长李晋学就统筹做好当前疫情防控和交通运输等方面工作进行党课辅导。

同日 运城市交通运输局党委组织200余名党员干部分别到南风广场、沃尔玛商场、亿适家超市门口等场所，以“爱护家园 绿色出行”为主题，向广大市民宣传讲解国家、省、市打赢蓝天保卫战的各项政策精神及推广使用新能源公共交通的重大意义。

4月16日 运城市交通运输局党组书记、局长李晋学组织召开专题会议，传达贯彻市委、市政府关于支持大运集团做强做优和运城开发区率先发展的决策部署精神，印发《关于进一步推进更新纯电动出租车工作的通知》，鼓励优先选用大运车型，支持大运集团做强做优，深入推进“运品运用”。

5月14日 运城市交通运输局党组书记、局长李晋学主持召开党组（扩大）学习会，传达学习习近平总书记在山西考察时的重要讲话精神，对全系统贯彻落实工作做出部署。科级以上干部及支委委员参加学习会。

5月19日 运城市交通运输局举办援鄂医疗队先进事迹报告会，邀请运城市支援湖北医疗队、市中心医院4名抗疫英雄作先进事迹报告。局领导班子成员、机关全体人员及下属单位班子成员参加报告会。局党组书记、局长李晋学讲话，党组成员、一级调研员权志学主持报告会。

5月21日 运城市交通运输局在平陆、芮城、永济召开全市“四好农村路”暨黄河一号旅游公路现场观摩推进会。局党组书记、局长李晋学参加观摩推进会并讲话，市、县交通部门领导班子有关成员和业务部门负责人100余人参加观摩学习。

6月22日 为深入贯彻落实中央、省、市关于开展安全生产专项整治三年行动的一系列部署精神，市交通运输局制定印发《关于落实安全生产专项整治三年行动任务的通知》，对全市交通运输行业安全生产专项整治三年行动做出全面部署。

7月20日 运城市“深化道路运输转型发展定制客运线路开通仪式”在大运新能源汽车基地举行。山西汽运集团总经理段素宏，市委常委、常务副市长陈杰，市行政审批、公安交警等相关职能部门负责人参加开通仪式，市交通运输局党组书记、局长李晋学主持开通仪式。

7月23日 运城市交通运输局党组书记、局长李晋学带领党员干部职工180余人深入圣惠绿城社区开展“帮建共创”志愿服务活动，贯彻落实市委、市政府创建全国文明城市部署精神。

8月14日 运城市交通运输局党组书记、局长李晋学主持召开全市运输结构调整工作推进会，深入贯彻落实全国、全省运输结构调整工作视频会议精神和市政府决策安排，对运输结构调整工作进行再研究、再部署、再推进。市发改委、工信局、规划和自然资源局、生态环境局、市场监管局、商务局、交警支队、侯马车务段、邮政局、治超办等相关职能部门负责人出席会议。

8月18日 运城市委书记丁小强主持召开全市道路交通规划专题汇报会，对全市道路交通基础设施建设进行统筹部署，市交通运输局党组书记、局长李晋学作专题汇报，市委副书记、市长储祥好，市领导陈杰、董旭光出席会议。

8月27日 运城市政府开展黄河一号旅游公路提升、美丽乡村建设和农村人居环境整治观摩活动,进一步推动黄河一号旅游公路高质量建设和乡村振兴。市委常委、常务副市长陈杰,市政协副主席徐志英参加观摩并讲话,市交通运输局党组书记、局长李晋学,市农业农村局主要负责人,沿黄八县(市)政府县(市)长及交通运输部门负责人参加观摩活动。

8月28日 省交通运输厅与市政府召开高速公路风陵渡黄河大桥及连接线项目研讨会,就风陵渡黄河大桥及连接线工程技术方案进行研讨论证。省交通运输厅党组成员、副厅长王四小,市委常委、常务副市长陈杰参加会议并讲话,市交通运输局党组书记、局长李晋学及公路部门相关负责人参加研讨会。

9月8日 运城市交通运输局党组书记、局长李晋学带领班子成员、科级干部、机关纪委委员、各支部委员共60余名干部到市廉政警示教育基地参观学习,接受廉政警示教育。

9月9日 运城市政府召开全市道路交通规划推进会,对重点道路交通项目进行研究部署。市交通运输局党组书记、局长李晋学汇报有关项目进展情况。市委常委、常务副市长陈杰,副市长董旭光参加会议。

9月16日 运城市政府召开全市运输结构调整工作推进会,贯彻落实全省运输结构调整月调度视频会议精神,对全市运输结构调整工作进行再部署。市委常委、常务副市长陈杰参加会议并讲话,市交通运输局党组书记、局长李晋学主持会议,各县(市、区)政府分管领导及市直相关部门负责人参加会议。

9月25日 运城市运输结构调整攻坚指挥部副总指挥、市交通运输局党组书记、局长李晋学主持召开全市运输结构调整双周例会,贯彻落实9月16日全市运输结构调整工作推进会精神,对运输结构调整工作进行调度推进。

10月12日 运城市交通运输局党组书记、局长李晋学主持召开"十四五"综合交通运输规划方案汇报会,听取编制单位规划方案汇报,征求各部门意见建议,要求突出专业化、精细化、规范化、项目化,科学做好"十四五"综合交通运输规划工作。

同日 运城市交通运输局在市区南风广场集中开展2020年"信用交通主题宣传日"活动,贯彻落实省、市部署,进一步提升交通运输行业诚信意识。

10月20日 运城市交通运输局在万荣县召开全市"四好农村路"暨黄河一号旅游公路现场观摩推进会,全面推动公路建设高质量发展。局党组书记、局长李晋学参加推进会并讲话。

10月21日 运城市运输结构调整攻坚指挥部副总指挥、市交通运输局党组书记、局长李晋学主持召开全市运输结构调整推进会,贯彻落实全省运输结构调整月调度视频会议精神,对该项工作进行协调推进,确保省、市目标任务如期完成。

11月4日 运城市交通运输局党组书记、局长李晋学主持召开党组中心组(扩大)学习会议,专题传达学习贯彻中共十九届五中全会精神和省委、市委会议精神。局领导班子成员、机关全体人员、下属事业单位科级干部、党员和入党积极分子共180余人参加学习会议。

同日 夜间,运城市交通运输局党组书记、局长李晋学带领班子有关成员和盐湖区交通运输部门负责人,深入主城区9个入口就中重型柴油货车管控工作进行明察暗访,贯彻落实市政府打赢蓝天保卫战部署要求和"秋冬季大气污染防治攻坚十大行动"任务安排。

11月10日 运城市交通运输局举办"学用习近平新时代中国特色社会主义思想"形势报告会,落实市委宣传部和市直工委部署。局党组书记、局长李晋学作专题党课辅导。局领导班子成员、机关全体人员、下属事业单位环节以上干部、党员200余人参加报告会。

12月1日 运城市交通运输局举行学习贯彻中共十九届五中全会精神宣讲报告会,邀请市直工委副书记刘兆军作宣讲报告。局领导班子成员、机关全体人员、下属单位环节以上干部、党员及入党积极分子共200余人参加报告会。

12月2日 运城市国三柴油货车淘汰工作领导小组副组长、市交通运输局党组书记、局长李晋学主持召开全市国三柴油货车淘汰工作办公室主任会议,贯彻落实12月1日省长林武关于加快推进国三柴油货车淘汰工作的重要批示精神,对该项工作进行调度推进。各县(市、区)国三柴油货车淘汰工作领导小组办公室主任和市直成员单位相关负责人参加会议。

12月9日 运城市委常委、常务副市长陈杰带领市交通运输局、市发改委等相关部门负责人，就黄河一号旅游公路建设、黄河流域（运城段）生态保护和高质量发展区示范带建设，深入临猗县和永济市开展专题调研。市交通运输局党组书记、局长李晋学陪同调研。

12月10日 根据市政府安排，市国三柴油货车淘汰工作领导小组副组长、市交通运输局党组书记、局长李晋学主持召开全市交通运输局局长工作会议，对加快推进国三及以下排放标准营运柴油货车淘汰和“公转铁”运输工作进行再调度、再推进。

12月16日 运城市交通运输局党组书记、局长李晋学再次主持召开“十四五”综合交通运输规划方案讨论会，对《运城市综合交通运输“十四五”发展规划（初稿）》进行研究讨论，要求在规划编制中坚持目标导向、结果导向，科学做好“十四五”综合交通运输规划。

12月22日 运城市交通运输局党组书记、局长李晋学主持召开国三及以下排放标准营运柴油货车淘汰和“公转铁”工作调度会。长治局领导班子成员、各部门负责人、各县（市、区）交通运输局局长及相关人员参加会议。

（资料提供：柴苏坡）